Beate Zoellner

Bessere Fotos – leicht gemacht!

Kreative Techniken und fotografisches Sehen

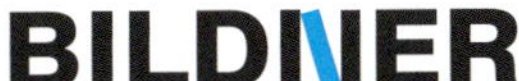

Verlag: BILDNER Verlag GmbH
Bahnhofstraße 8
94032 Passau
http://www.bildner-verlag.de
info@bildner-verlag.de
Tel.: + 49 851-6700
Fax: +49 851-6624

ISBN: 978-3-8328-0113-7

Covergestaltung: Christian Dadlhuber
Produktmanagement: Lothar Schlömer
Layout und Gestaltung: Astrid Stähr
Autorin: Beate Zoellner
Herausgeber: Christian Bildner
Rückseitenfoto: von Beate Zoellner, © Dagmar Clausen

Wichtige Hinweise

Die Informationen in diesen Unterlagen werden ohne Rücksicht auf einen eventuellen Patentschutz veröffentlicht. Warennamen werden ohne Gewährleistung der freien Verwendbarkeit benutzt. Bei der Zusammenstellung von Texten und Abbildungen wurde mit größter Sorgfalt vorgegangen. Trotzdem können Fehler nicht vollständig ausgeschlossen werden. Verlag, Herausgeber und Autoren können für fehlerhafte Angaben und deren Folgen weder eine juristische Verantwortung noch irgendeine Haftung übernehmen. Für Verbesserungsvorschläge und Hinweise auf Fehler sind Verlag und Herausgeber dankbar.

Fast alle Hard- und Softwarebezeichnungen und Markennamen der jeweiligen Firmen, die in diesem Buch erwähnt werden, können auch ohne besondere Kennzeichnung warenzeichen-,marken- oder patentrecht- lichem Schutz unterliegen.

Vorwort

Mathematik: 5, Physik: 5 – mein Abiturzeugnis ist nicht gerade ein Ruhmesblatt. In den sprachlichen Fächern, in Kunst und Sport stand ich jedoch ganz passabel da.

Das ist einige Jahrzehnte her und somit Schnee von gestern. Warum ich es dennoch hier offenbare? Weil es deutlich zeigt, auf welchen Gebieten meine Talente liegen und wo ganz offensichtlich nicht.

Und was hat das alles mit Fotografie zu tun? Es hat etwas damit zu tun, wie ich Fotografieren gelernt habe. Ich, eine Frau mit – sagen wir mal – eingeschränktem Verständnis für Technik und Zahlenlogik. Ich kann das hier so offen bekennen, weil ich weiß, dass ich damit glücklicherweise nicht allein auf der Welt bin, sondern dieses Schicksal mit zahllosen anderen netten Menschen teile.

Rückblickend stelle ich fest, dass Fotografie eigentlich schon immer „mein Ding" war. Dennoch habe ich mich damals entschlossen, beruflich Bilder und Geschehnisse lieber mit Worten zu beschreiben, als sie zu fotografieren: Ich wurde Journalistin. Ein Grund dafür war sicher meine Angst vor dem „Schreckgespenst" Technik.

Meiner Vorliebe für Bilder blieb ich auch in der Freizeit treu. Ich zeichnete und malte gern und viel. Bloß keine Technik! Dennoch habe ich manchmal auch fotografiert. Im Automatikmodus. Die Fotos sollten ja nur als Vorlage für die Bilder dienen, die ich malen wollte – dafür waren sie ausreichend tauglich belichtet, nicht weniger, aber auch nicht mehr.

Irgendwann hatte ich dann meine erste digitale Kamera: eine Canon PowerShot G3. Das „Ding" zog mich mehr und mehr in seinen Bann. Die Faszination, gleich auf dem Display zu sehen, was ich auf den Chip gebracht hatte, war enorm! Die G3 wurde zu meinem ständigen Begleiter. Ich knipste, wo ich ging und stand – völlig planlos –, und nervte damit Familie und Freunde.

Doch so ganz allmählich begriff ich die Funktionen der einzelnen Knöpfchen und Schalter der Kamera. Das Verhältnis von Masse und Klasse verschob sich ganz langsam in Richtung Qualität. Learning by Doing nennt man das wohl ...

Die Schritte in Richtung „mehr Klasse" wurden zunehmend größer, als ich mich im Internet einer Fotocommunity anschloss. Dort bekam ich wertvolle Tipps auch zu meinem Will-ich-nicht-wissen-Thema Technik. Und zwar so, dass sogar ich es verstehen konnte.

Das war wesentlich einfacher und unterhaltsamer als das Lesen der Kamera-Gebrauchsanweisung oder das Hindurchquälen durch den Fachbegriff-Dschungel diverser Fotobücher. Denn in meiner knapp bemessenen Freizeit konnte ich mir wahrlich Spaßigeres vorstellen – Fotografieren zum Beispiel!

Meine ehemaligen Hobbys, das Malen sowie Zeichnen, dauerte mir mittlerweile bis zum fertigen Bild einfach zu lange. Nebenbei bemerkt: Ich habe bis heute kein einziges Bild mehr gemalt. Das macht stattdessen seit einigen Jahren meine Schwester – häufig mit meinen Fotos als Vorlage.

Oft verabredete ich mich mit netten Leuten aus der Fotocommunity zu gemeinsamen Fototouren durch Hamburg und Umgebung. Meine Fotofreunde erklärten mir, wie ich ein gutes und in der Fotocommunity herzeigbares Foto mache – das Warum (ich diese oder jene Kameraeinstellung wählen sollte) erfuhr ich dabei eher beiläufig. Und so verlor das Thema Technik ganz allmählich für mich seinen Schrecken. Nach und nach verstand ich immer mehr Fotografie-Fachtermini und begriff immer mehr Kapitel meiner umfangreichen Kamera-Gebrauchsanleitung, die bislang ein Buch mit sieben Siegeln für mich war.

Ein Satz, der bei einer der vielen Fototouren fiel, hat sich bis heute in mein Hirn eingebrannt: „Think before shooting!" Frei übersetzt: Denke vor dem Auslösen!

Bis dahin hatte ich nach dem Rezept fotografiert: Oh, ein reizvolles Motiv! Knips – fertig! Und zur Sicherheit gleich noch mal: Knips – fertig. Hätte ja sein können, dass das Motiv wegläuft, das Licht sich ändert oder ein Baum darauf fällt.

Der „Think!"-Satz ging mir nicht mehr aus dem Kopf, und so verpasste ich zwar das eine oder andere Motiv, aber die Menge der brauchbaren Fotos wurde stetig größer. Dass mir gute Motive durch die Lappen gingen, lag aber weniger daran, dass ich zu lange über die richtigen Kameraeinstellungen nachdachte (anfangs brauchte ich dafür auch mal ein bis zwei Minuten, weil mir jegliche Routine fehlte), sondern am lahmen Autofokus meiner digitalen Kompaktkamera.

Eine Szene, die ich bis heute nicht vergessen habe, sorgte schließlich dafür, dass ich in meine erste Spiegelreflexkamera investierte: Bei einem Spaziergang durch das Wattenmeer vor der Insel Sylt fühlte sich eine riesige Wollhandkrabbe von mir gestört und stellte sich mit drohend erhobenen Scheren auf ihr hinterstes Beinpaar. Ihre Augen funkelten mich im allerbesten Fotolicht sehr böse an.

Was für ein Motiv! Das äußerst praktische Klappdisplay der G3 verhinderte wenigstens, dass ich mich bäuchlings auf den nassen Boden werfen musste, um mit der Krabbe auf Augenhöhe zu gehen. Doch bis der Zeitlupenautofokus der G3 die Krabbe scharf gestellt hatte, hatte die sich längst rückwärts immer tiefer in den Sand gebuddelt und verschwand letztendlich völlig in ihrem Biotop. Nie wieder wollte ich in einem Duell mit einer Krabbe derart kläglich als Verlierer dastehen! Und so nannte ich wenig später eine Canon EOS 20D mein Eigen mit einer noch dickeren Gebrauchsanweisung und noch mehr technischen Einstellungsmöglichkeiten, aber mit einem rasend schnellen Autofokus!

Das alles ist schon einige Jahre her (gefühlte Jahrzehnte!). Eine solche Szene wie seinerzeit im Wattenmeer ist mir leider bisher nicht wieder vor die Kamera gekommen. Aber ich arbeite daran – auch wenn ich mich jetzt (ohne Klappdisplay) dafür auf den matschigen Boden des Wattenmeeres werfen muss!

Mittlerweile fotografiere ich beruflich und mache mit diesem Buch einen Ausflug in meinen früheren Beruf als Journalistin/Redakteurin. Ich möchte damit etwas von dem zurückgeben, was ich durch befreundete Fotografen (Amateure und Profis) gelernt habe. Klar ist: Ohne technisches Wissen funktioniert gute Fotografie definitiv nicht. Diesen Zahn muss ich leider dem einen oder anderen geneigten Leser ziehen. Aber es ist eine Frage der Art, wie dieses technische Wissen verpackt wird.

Ich nehme Sie in diesem Buch „an die Hand" und gehe mit Ihnen zusammen auf Fototouren, die Spaß machen und unterhaltsam sind. Ich werde Ihnen zeigen und erklären, wie ein gutes Foto entsteht – das Warum erfahren Sie dabei eher beiläufig.

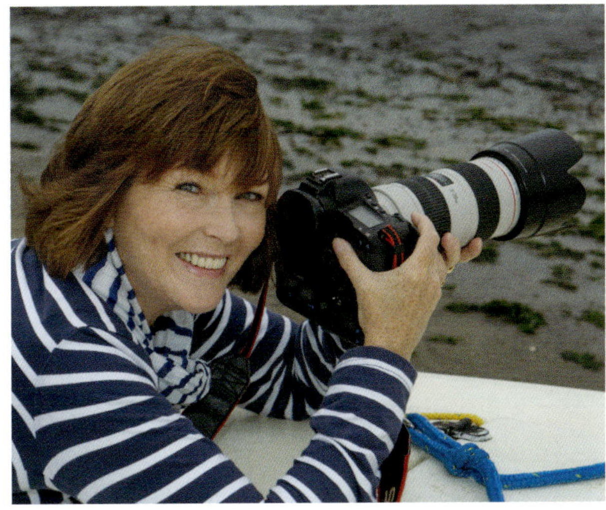

Autorin und Fotografin Beate Zoellner – fotografiert von ihrer Sylter Freundin Dagmar Clausen.
© Dagmar Clausen

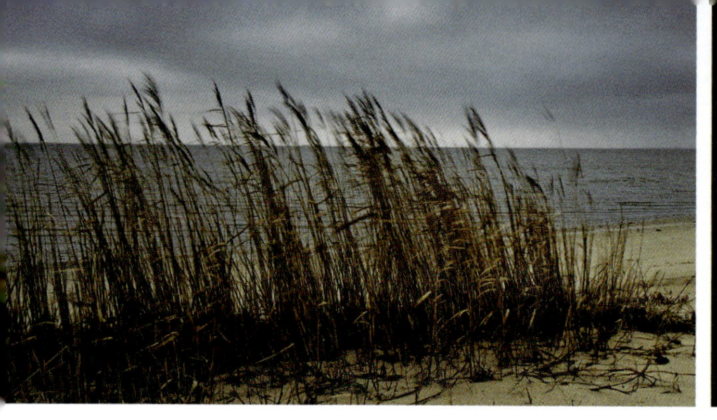
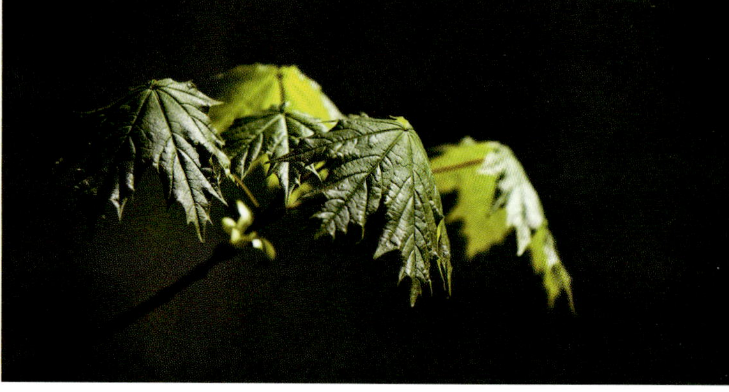

Zusammenhänge und Abhängigkeiten 13

Landschaftsfotografie 43

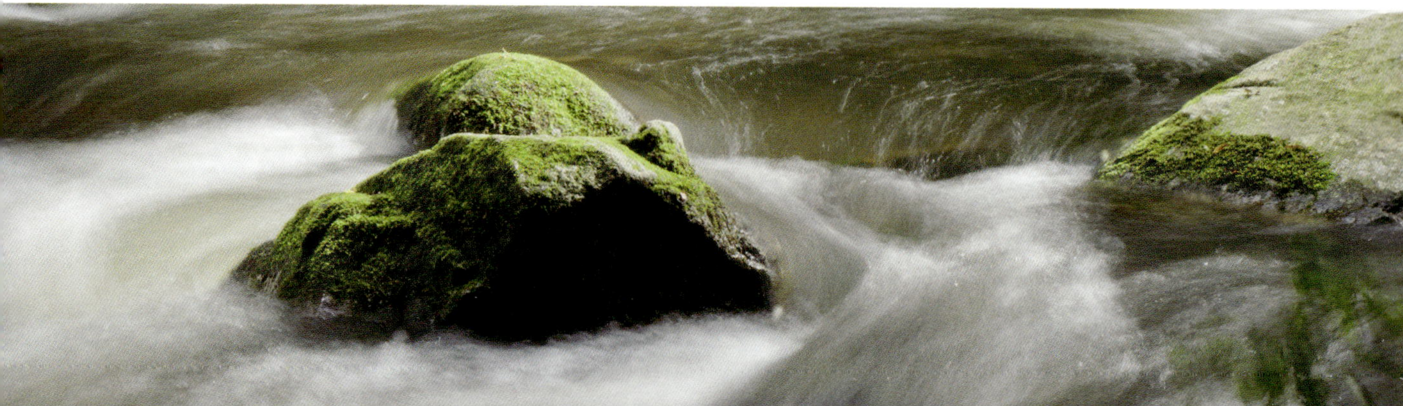

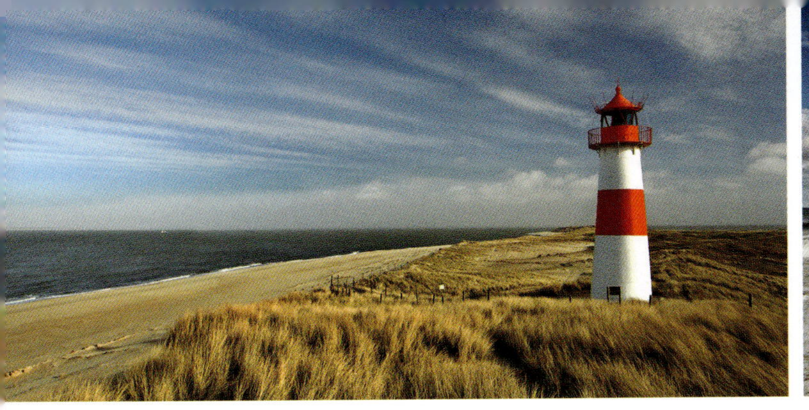

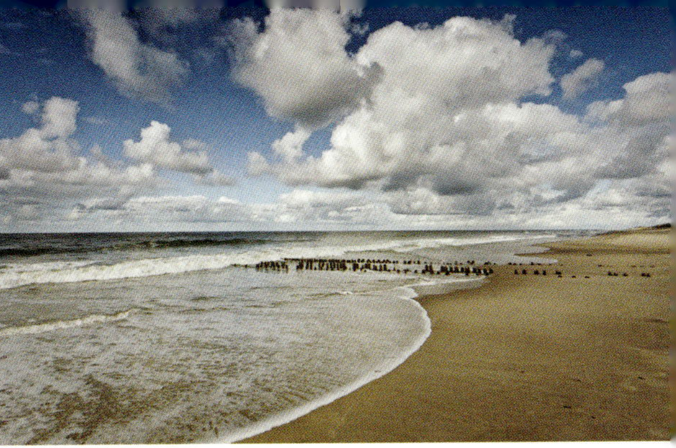

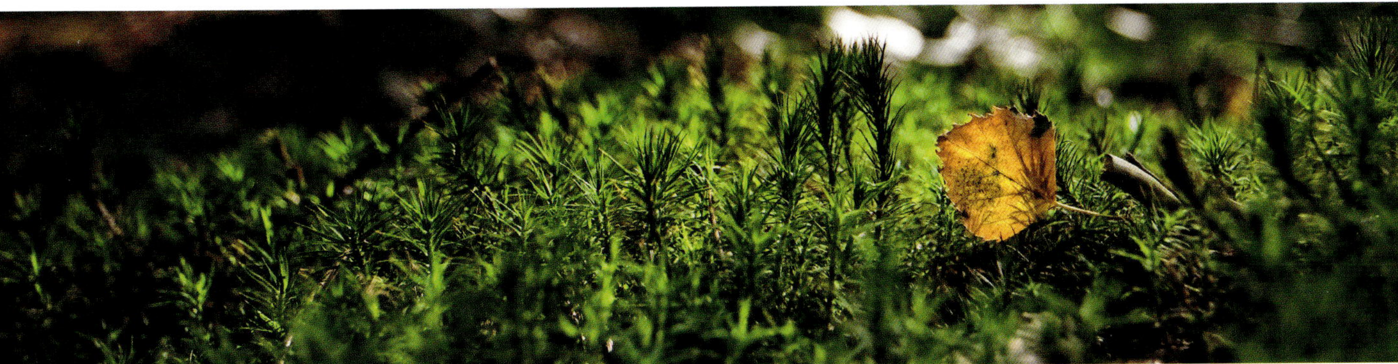

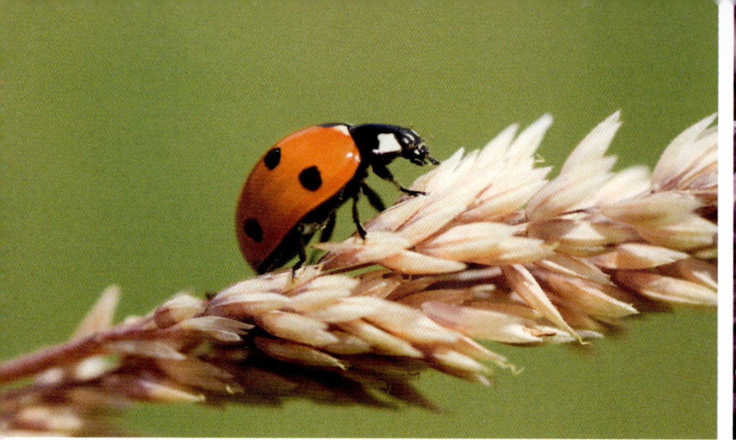

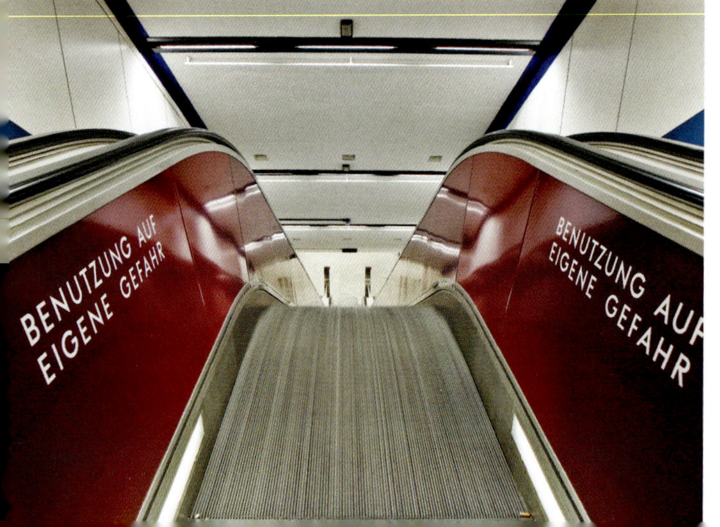
BENUTZUNG AUF EIGENE GEFAHR
BENUTZUNG AUF EIGENE GEFAHR

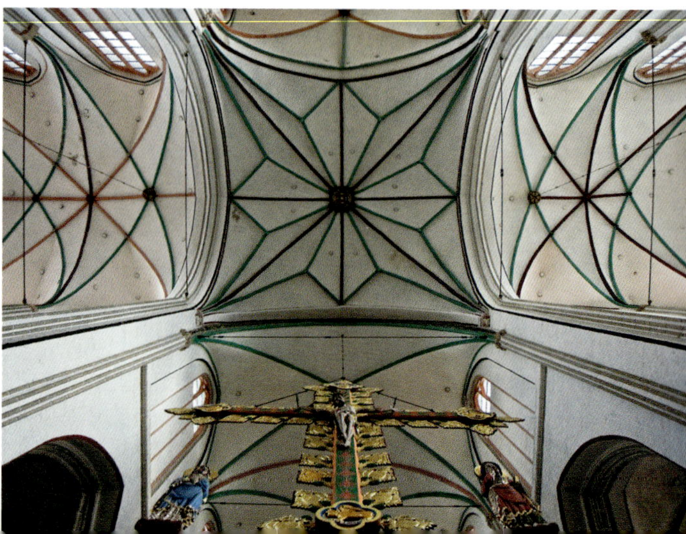

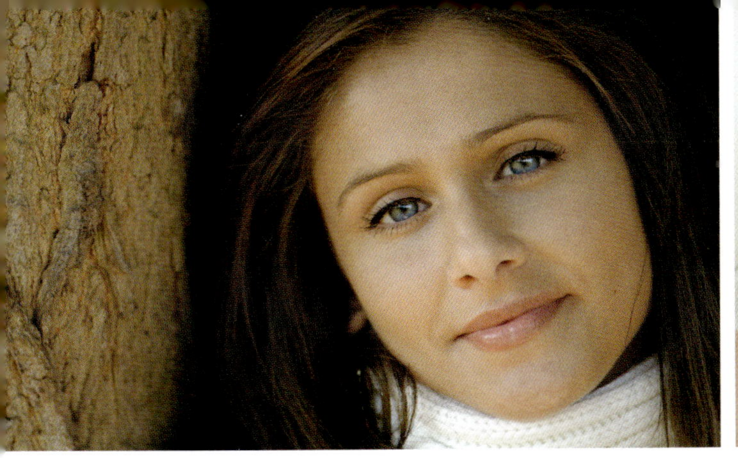
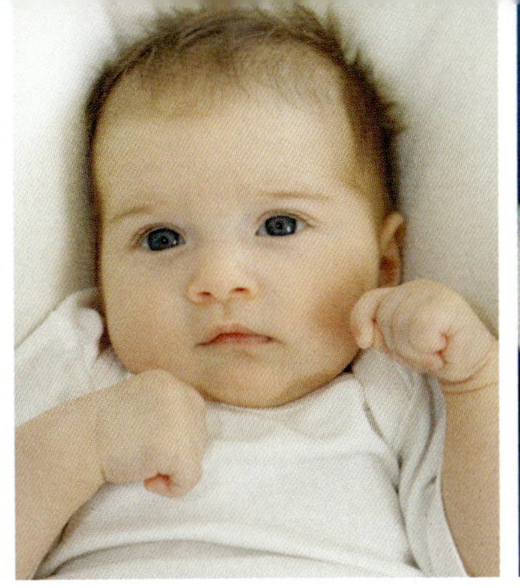
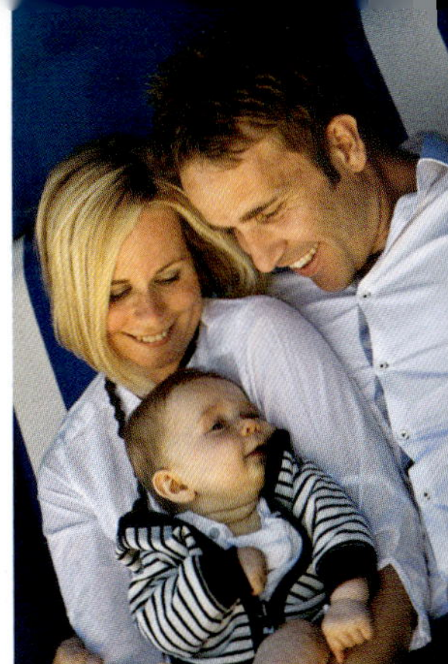

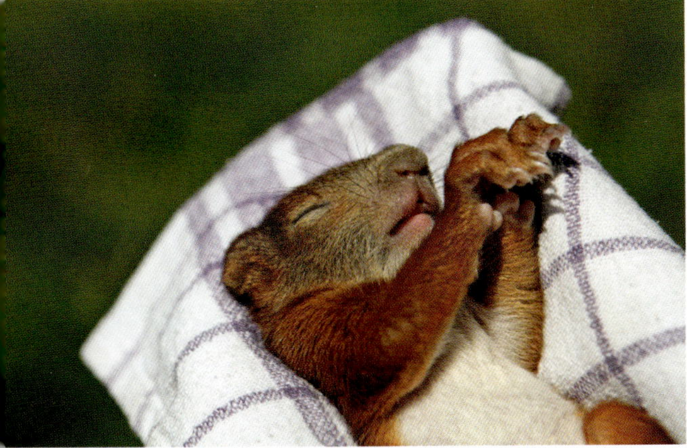
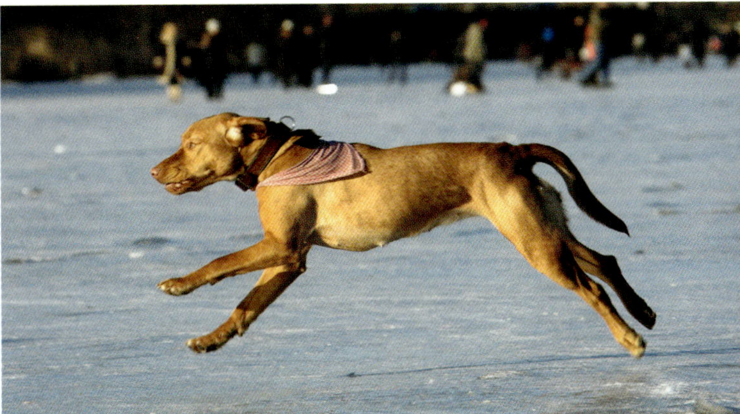

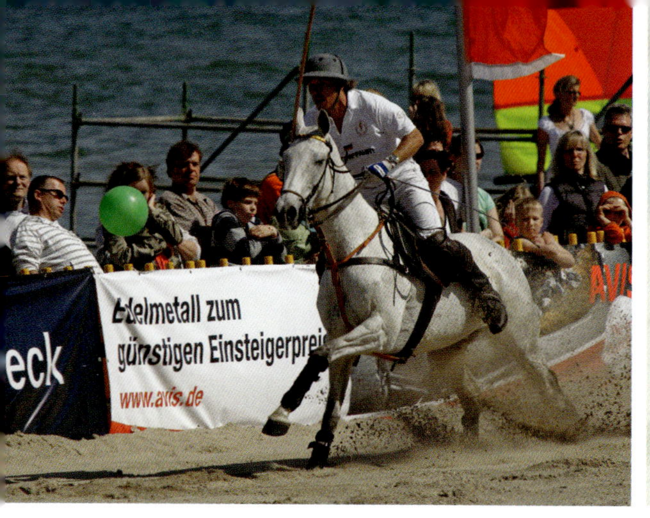

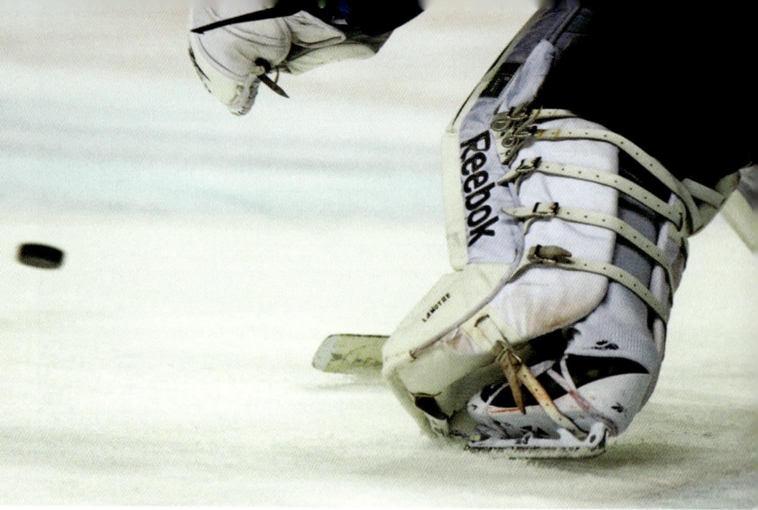
Reebok

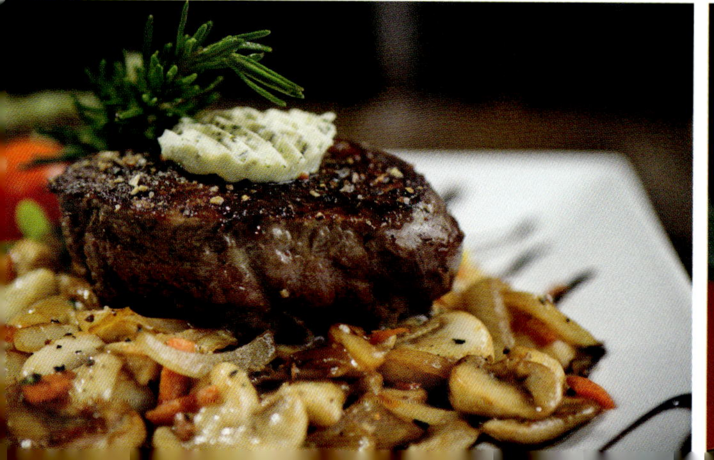

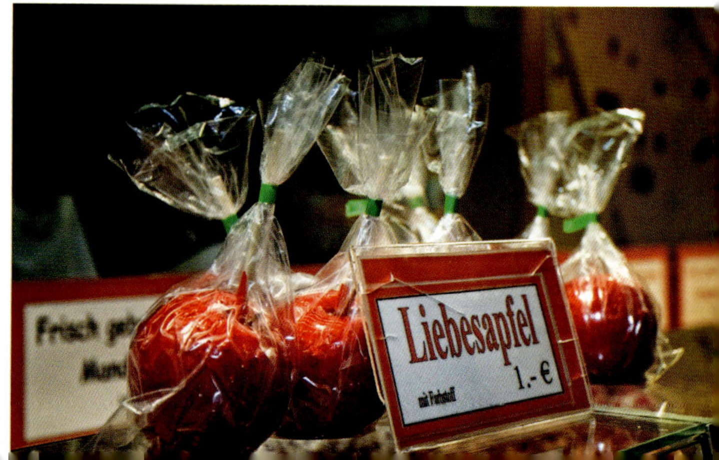
Liebesapfel
1.- €

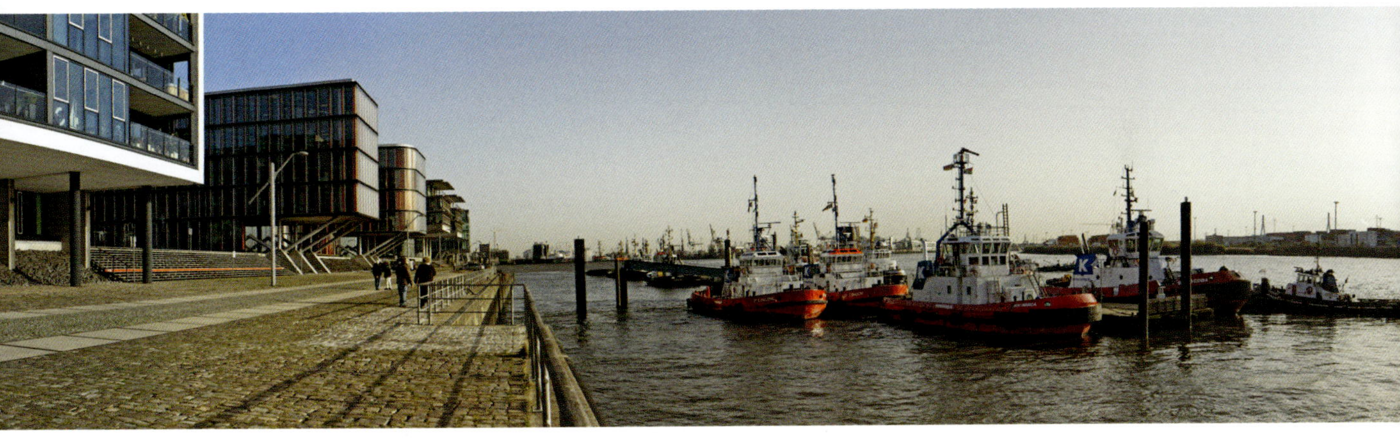

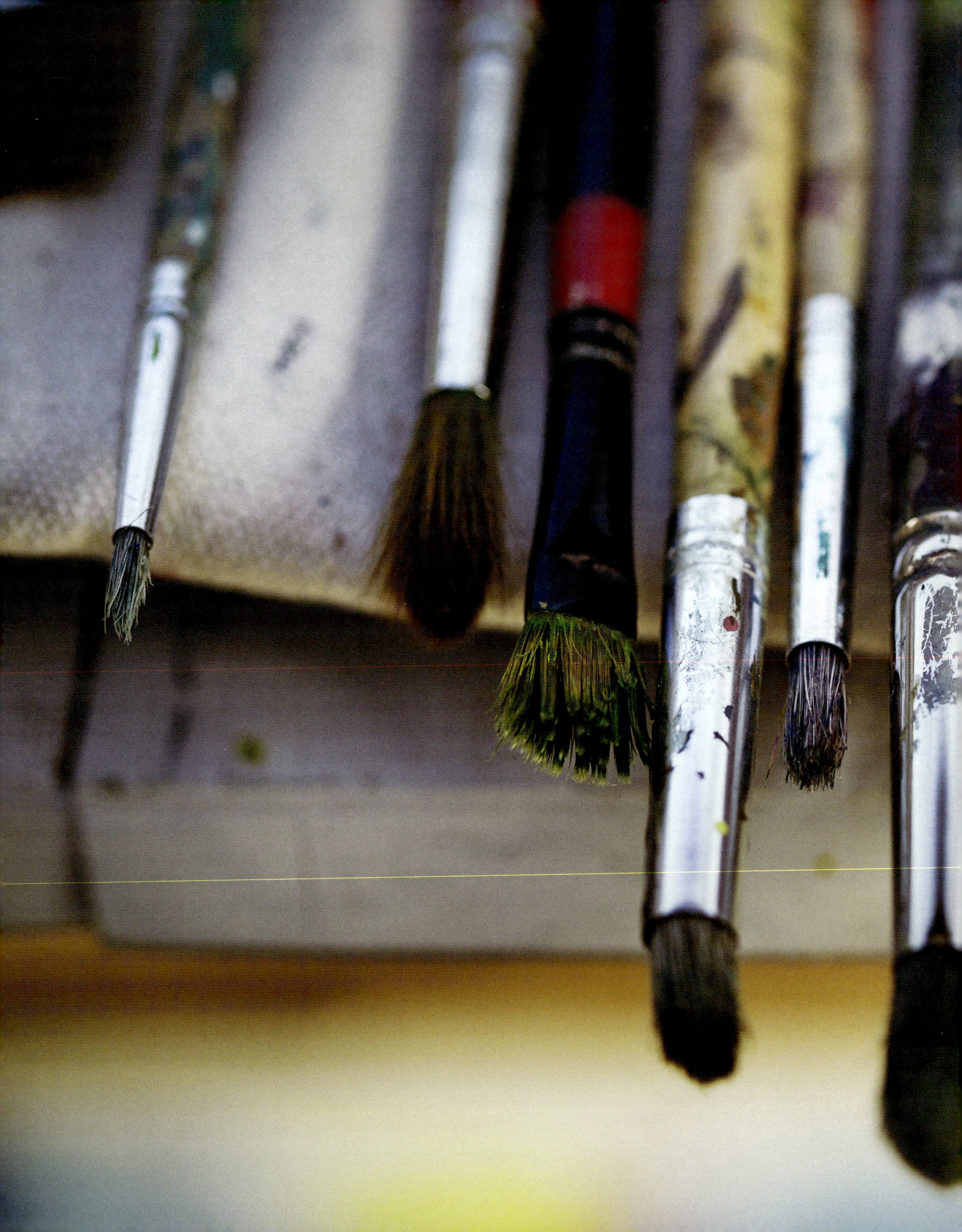

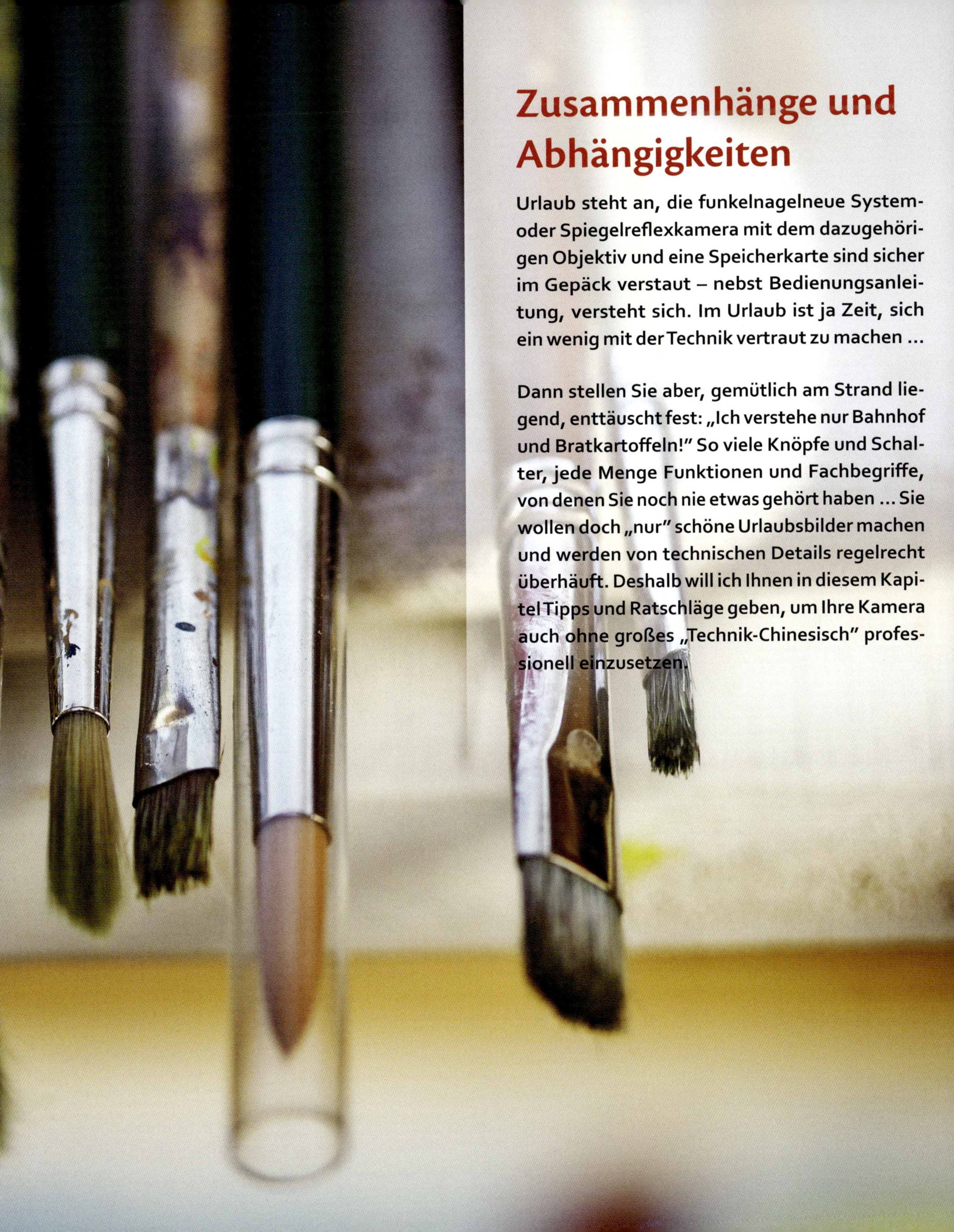

Zusammenhänge und Abhängigkeiten

Urlaub steht an, die funkelnagelneue System- oder Spiegelreflexkamera mit dem dazugehörigen Objektiv und eine Speicherkarte sind sicher im Gepäck verstaut – nebst Bedienungsanleitung, versteht sich. Im Urlaub ist ja Zeit, sich ein wenig mit der Technik vertraut zu machen ...

Dann stellen Sie aber, gemütlich am Strand liegend, enttäuscht fest: „Ich verstehe nur Bahnhof und Bratkartoffeln!" So viele Knöpfe und Schalter, jede Menge Funktionen und Fachbegriffe, von denen Sie noch nie etwas gehört haben ... Sie wollen doch „nur" schöne Urlaubsbilder machen und werden von technischen Details regelrecht überhäuft. Deshalb will ich Ihnen in diesem Kapitel Tipps und Ratschläge geben, um Ihre Kamera auch ohne großes „Technik-Chinesisch" professionell einzusetzen.

1.1 Blende, Belichtungszahl und ISO-Wert – eine Übersicht

Allzu viele Einsteiger in die anspruchsvolle digitale Fotografie schalten dann auch aufgrund der unverständlichen Technikerklärungen in den Gebrauchsanweisungen gefrustet die Kamera auf das Automatikprogramm. Aber das ist nur eine Notlösung und wird einer DSLR-Kamera nicht gerecht.

Denn so aufgenommene Fotos unterscheiden sich nicht so ohne Weiteres von Bildern, die mit Kompaktkameras gemacht wurden. Irgendwie fehlt den Fotos das Besondere, der Pep.

Behandelt das Buch nur DSLRs?

Wenn im Buch von Spiegelreflexkameras oder DSLRs gesprochen wird, schließt das keineswegs gute System- oder hochwertige Kompaktkameras aus. Wir können nur nicht jedes Mal alle Modellreihen auflisten, das wäre etwas umständlich. Sehr viele der in diesem Buch behandelten Themen passen auf alle diese Kameras. Aber nicht immer passt jedes Detail auf jede Kamera. Trotzdem bin ich sicher, dass Sie dieses Buch mit jeder hochwertigen Kamera, die manuelle Kontrolle erlaubt, gewinnbringend nutzen können.

Einfluss auf die wichtigen Kenngrößen einer Kamera haben Sie aber meist nur in den Kreativprogrammen und nicht in der Vollautomatik oder in den Motivprogrammen.

Dies ist der wesentliche Grund, weshalb es sich empfiehlt, die Vollautomatik zu meiden. Aber keine Angst! Die wichtigsten Grundlagen sind schnell erklärt und erleichtern den gekonnten Einsatz der Kamera ungemein. Ich verzichte bei der Darstellung ganz bewusst weitestgehend auf eine technische Ausdrucksweise und halte die Beschreibungen kurz und sehr verständlich.

Die grundlegenden Einflussgrößen einer Kamera sind:

- die Blende,
- die Belichtungszeit,
- die Lichtempfindlichkeit.

Ich stelle alle drei Größen der Reihe nach vor und werde anschließend auch die Beziehungen zwischen ihnen ansprechen.

Die Rolle der Blende für die Lichtmenge

Die Blende befindet sich im Objektiv der Kamera und besteht aus steuerbaren Lamellen, die die Öffnung des Objektivs verändern. Damit steuert sie die Menge Licht, die durch das Objektiv auf den Sensor fallen kann. Ist die Blende weit geöffnet, fällt mehr Licht auf den Sensor, als wenn sie weiter geschlossen ist.

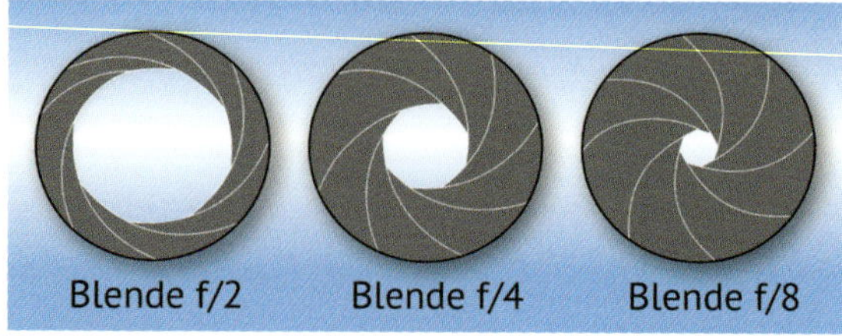

Paradoxer Blendenwert?

Anfangs führt es häufig zur Verwirrung, dass weit geöffnete Blenden, die viel Licht durchlassen, mit einem kleinen Blendenwert be-

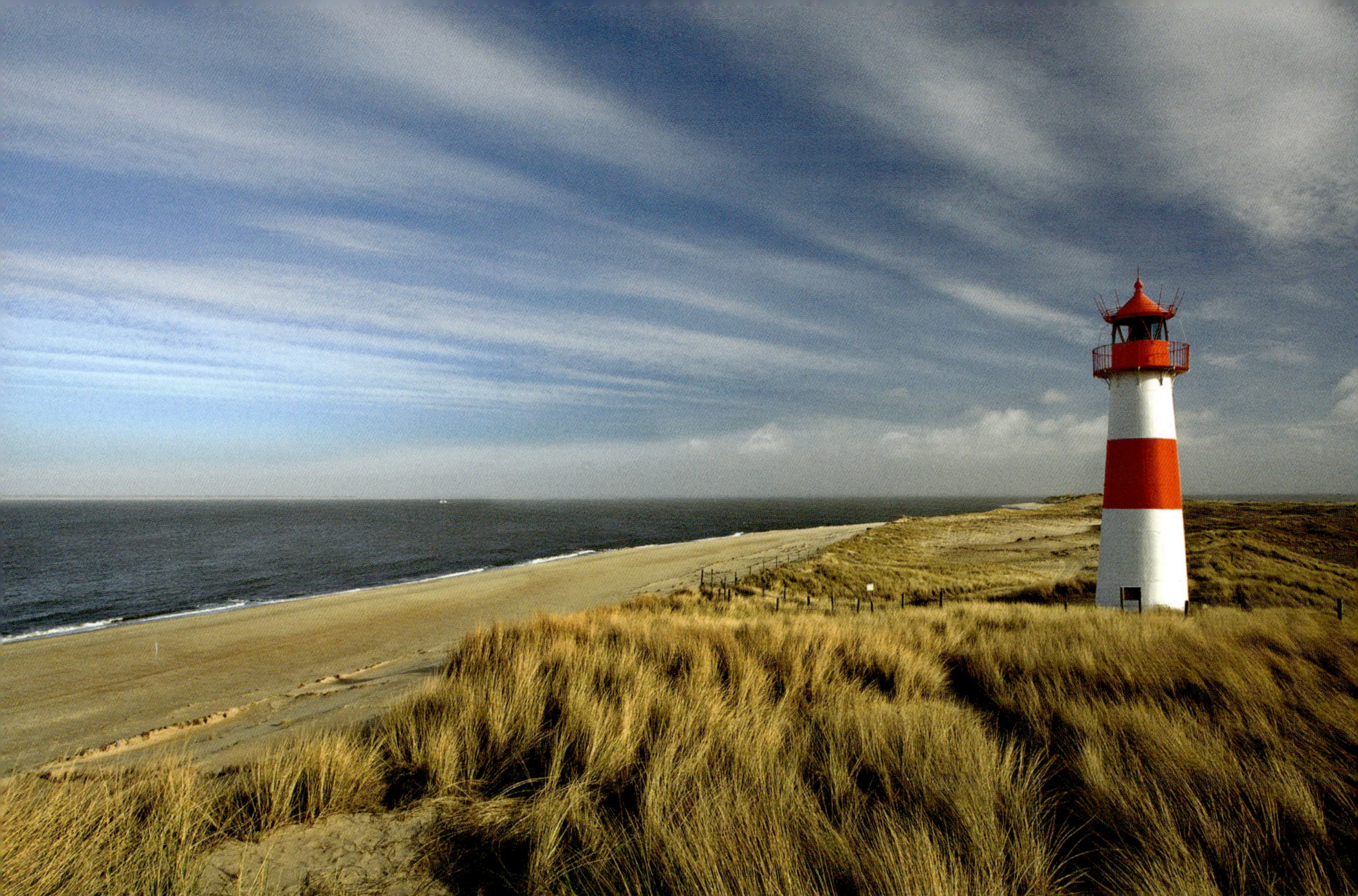

Blende f/7.1 | Belichtungszeit 1/160 Sek. | ISO 100

nannt werden und geschlossene Blenden, die wenig Licht passieren lassen, einen hohen Blendenwert bekommen.

Vom Gefühl her würde man wohl eher einer großen Blendenöffnung einen hohen Blendenwert zuordnen. Der Blendenwert f gibt aber im Prinzip nur die Lichtmenge an, die durch die Blende fällt. Beim Blendenwert 4 fällt ein Viertel der Lichtmenge auf den Sensor und bei Blende 22 nur noch 1/22stel der Lichtmenge.

Aus Bequemlichkeit hat man dann nicht immer den Bruchwert angegeben, sondern nur noch den Zählerwert. Die Schrittweite der Blendenöffnungen hat man international genormt, sodass Sie sie an allen Objektiven wiederfinden. Diese genormten Werte umfassen die Blendenreihe f: 1.4 – 2 – 2.8 – 4 – 5.6 – 8 – 11 – 22 – 32 – 45. Allerdings hat nicht jedes Objektiv alle Blendenwerte zur Verfügung, sondern meist nur einen Teil davon, z. B. 2.8 bis 22. Es gibt auch noch Zwischenwerte, da viele Kameras ebenfalls halbe oder drittel Blendenschritte unterstützen. Wundern Sie sich also nicht, wenn Ihnen ein Objektiv mit Blende 3.5 über den Weg läuft.

Die Blende verändert die Bildwirkung

Neben der Steuerung der Lichtmenge, die auf den Sensor fällt, hat die Blende einen weiteren sehr interessanten und praktischen Effekt: Sie beeinflusst die Schärfentiefe. Sie kennen vielleicht schon Fotos, auf denen das Motiv

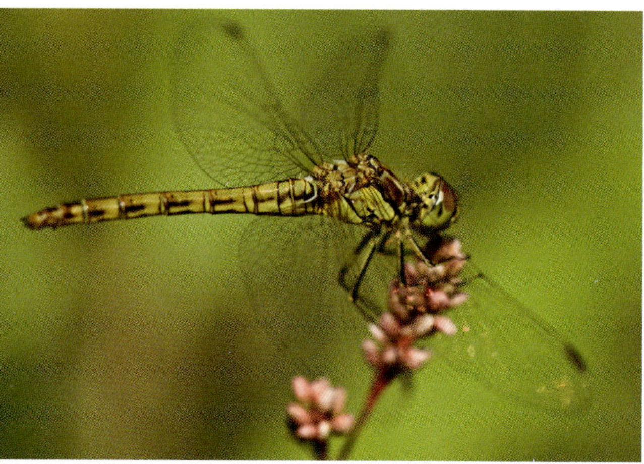

Kleiner Blendenwert, geringe Schärfentiefe: Nur das Motiv ist scharf, der Rest des Bildes ist unscharf.

scharf abgebildet, der Hintergrund aber völlig unscharf ist. In einem solchen Fall spricht man von geringer Schärfentiefe.

Gesteuert wird die Blende in den Programmen A oder Av (je nach Hersteller ist die Benennung eine andere) oder im manuellen Programm. Die maximale, also größtmögliche Blendenöffnung eines Objektivs (viel Licht fällt auf den Sensor) wird in der Fotografie auch Offenblende genannt.

Wird sie genutzt, hat das zur Folge, dass nur ein kleiner Bereich und wenige Details scharf zu erkennen sind (geringe Schärfentiefe). Je weiter Sie die Blende schließen (geschlossene Blende – wenig Licht fällt auf den Sensor), desto größer wird der Schärfebereich. Also hier noch einmal kurz zusammengefasst:

Einfluss der Blendenöffnung

- Kleiner Blendenwert ⇒ große Blendenöffnung ⇒ geringe Schärfentiefe. Sie sorgt im Foto für einen kleinen Bereich, der scharf abgebildet ist. Typisch z. B. für Porträtaufnahmen.
- Großer Blendenwert ⇒ kleine Blendenöffnung ⇒ hohe Schärfentiefe. Sie sorgt im Foto für einen großen Bereich, der scharf abgebildet ist. Typisch z. B. für Landschaftsaufnahmen.

Die Blende ist in meiner kleinen Zusammenstellung sicherlich der schwerste Brocken – und den haben Sie schon fast überstanden. Auf konkrete Beispiele und weitere Wechselwirkungen, z. B. den Einfluss der Blende auf die Belichtungszeit, werde ich etwas später noch eingehen, wenn auch die anderen Kameraparameter vorgestellt sind.

Die Belichtungszeit

Die Belichtungszeit zu verstehen, fällt den meisten angehenden Fotografen wesentlich leichter. Mit der Belichtungszeit steuern Sie die Zeit, in der das Licht auf den Kamerasensor fällt. Sie können sich das ganz bildlich so vorstellen, dass vor dem Sensor ein Verschlussvorhang angebracht ist, der je nach der Zeiteinstellung weggezogen wird und am Ende der Belichtungszeit wieder vor den Sensor fällt und so den Lichteinfall stoppt.

Die Belichtungszeit ist ebenfalls vor allem dazu da, unterschiedlich hohe Lichtmengen gesteuert auf den Sensor gelangen zu las-

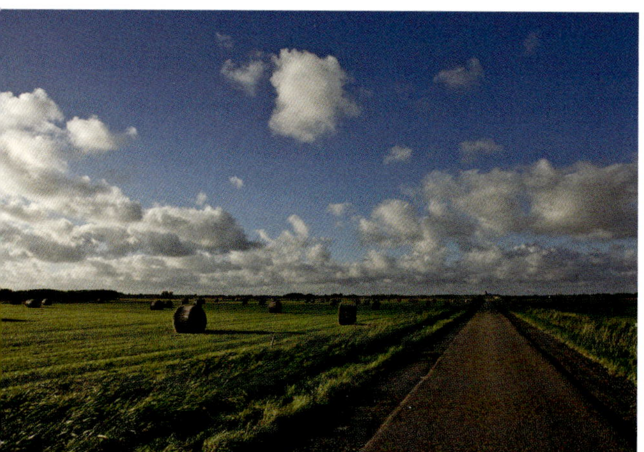

Großer Blendenwert, hohe Schärfentiefe: Das Foto ist von vorn bis zum Horizont scharf.

sen. Eine relativ lange Belichtungszeit macht das Foto (zu) hell (Überbelichtung), eine sehr kurze Belichtungszeit macht es tendenziell dunkel (Unterbelichtung). Auch kann man die Belichtungszeit für viele kreative Aufnahmen einsetzen.

Ist das Tageslicht z. B. im Urlaub bei strahlender Sonne sehr hell, benötigen Sie nur eine sehr kurze Belichtungszeit. Ist das Licht hingegen eher schlecht, z. B. abends oder bei bewölktem Wetter, sind längere Belichtungszeiten nötig.

Werden die Belichtungszeiten zu lang, können Sie die Kamera nicht mehr während der gesamten Belichtungszeit ruhig halten. Dies führt dann leider zu verwackelten Bildern. Die notwendige Belichtungszeit wird nicht nur von der tatsächlich gegebenen Lichtmenge beeinflusst, sondern auch von der gezielt gesteuerten Lichtmenge, die die Blende durchlässt. Wie wir oben erfahren haben, lässt die Blende mehr oder weniger Licht durch das Objektiv auf den Sensor fallen. Bei gleichen Lichtverhältnissen wird deshalb eine offene Blende (kleiner Blendenwert) eine kürzere Belichtungszeit erfordern als eine weitgehend geschlossene Blende (hoher Blendenwert).

Besonders deutlich wird die Wirkung der Belichtungszeit bei bewegten Motiven. Bewegt sich das Motiv, z. B. ein herumtollender Hund oder ein Blatt im Wind, wird das Motiv durch eine kurze Belichtungszeit praktisch eingefroren, sodass auch die Bewegung scharf abgebildet wird. Ist die Belichtungszeit (zu) lang, führt die Bewegung zu einem verwischten und unscharfen Bild.

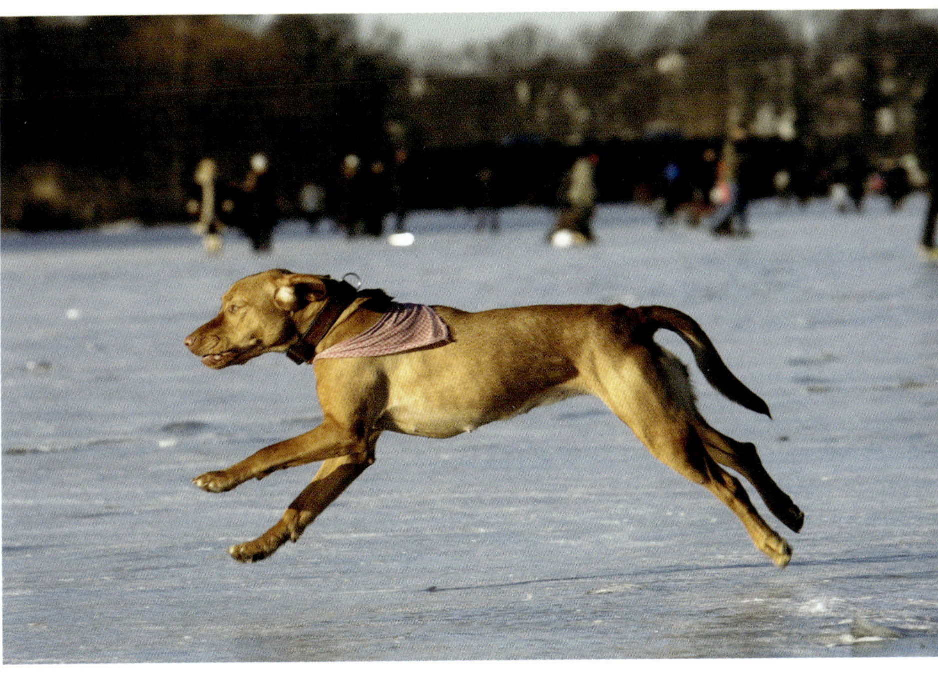

f/8 | 1/400 Sek. | ISO 100 | 200 mm

Tobender Hund auf einem zugefrorenen See. Etwas kürzer (etwa 1/600 Sek.) hätte die Belichtungszeit sein dürfen, weil an den Pfoten bereits Bewegungsunschärfe erkennbar ist.

Hohe Belichtungszeiten bei schlechtem Licht führen auch bei unbewegten Motiven zu verwackelten Bildern. Kein Fotograf der Welt kann ab einer bestimmten Zeit die Kamera absolut ruhig halten! Für lange Belichtungszeiten wird deshalb die Kamera auf ein Stativ montiert und ist dann unbeweglich – es gibt keine Verwackler mehr, sofern das Stativ nicht versehentlich während der Belichtung bewegt wird. Auf das Thema Stativ gehe ich später in einigen Kapiteln noch genauer ein.

Wirkung der Belichtungszeit

Eine lange Belichtungszeit verwischt Bewegungen und macht sie weich. Tendenziell macht sie die Bilder, abhängig vom verfügbaren Licht, hell.

Eine kurze Belichtungszeit friert Bewegungen ein und bildet das Motiv scharf ab, lässt aber auch nur für kurze Zeit Licht auf den Sensor und macht Fotos somit tendenziell dunkler. Gesteuert wird die Zeiteinstellung an den Kameras in den Programmeinstellungen Tv bzw. S. Wir besitzen jetzt also schon zwei Einflussgrößen auf die Lichtmenge: die Blende und die Belichtungszeit.

Die Sensorempfindlichkeit

Digitale Kameras sind in der Lage, die Lichtempfindlichkeit ihres Sensors zu verändern. Gemessen wird die Lichtempfindlichkeit in ISO-Werten. Als Ausgangsstandard wird meistens ISO 100 (oder 200) angegeben. Die weiteren Werte geben eine Verdopplung der Lichtempfindlichkeit an. Moderne Kameras unterstützen in der Regel mindestens die Werte ISO 100, 200, 400, 800, 1600, 3200 und 6400. Mittlerweile gehen etliche Kameras noch weit darüber hinaus. Die Werte lassen sich auch meist auf Zwischengrößen einstellen.

Der Vorteil eines hohen ISO-Wertes ist es, die Belichtungszeit in vernünftigen Grenzen zu halten. Möchten Sie am späten Abend noch ein schönes Bild (ohne Stativ) aufnehmen, kann es schnell passieren, dass bei ISO 100 die Belichtungszeit schon so lang ist, dass ein verwackeltes Bild das Ergebnis wäre. Durch die Erhöhung des ISO-Wertes können Sie allerdings die Belichtungszeit verkürzen, sodass doch noch ein nicht verwackeltes Foto möglich ist.

Allerdings wird die höhere Lichtempfindlichkeit auch mit einem gravierenden Nachteil erkauft. Durch die Erhöhung der Lichtempfindlichkeit steigt das Bildrauschen. Beim Bildrauschen handelt es sich um zufällige Pixelfehler, die bei jedem Kamerasensor auftreten.

Die simple Faustregel für den ISO-Wert lautet deshalb: So hoch wie nötig und so niedrig wie möglich. Die Frage, ob bei einem bestimmten ISO-Wert tatsächlich subjektiv als störend empfundenes Bildrauschen auftritt, kann pauschal nicht beantwortet werden.

Die Wahrscheinlichkeit steigt aber mit zunehmender Höhe des ISO-Wertes stetig an. Bei vielen Kameras lässt sich der ISO-Wert übrigens nur in den Kreativprogrammen frei ändern.

Zusammenspiel von Blende, Zeit und ISO-Wert

Wirklich interessant wird die Fotografie eigentlich erst dadurch, dass der Fotograf mit diesen drei Belichtungsparametern spielen kann und so immer neue Kombinationen und gestalterische Möglichkeiten entstehen.

Die erste Aufgabe ist es, die Parameter so aufeinander abzustimmen, dass eine möglichst optimale Belichtung des Motivs erreicht wird.

Es können natürlich auch Lichtverhältnisse bestehen, unter denen eine beste Einstellung der Belichtung gar nicht möglich ist, dann müssen Kompromisse gefunden werden – wenn z. B. bei schlechtem Licht eine sehr schnelle Bewegung eingefroren werden soll.

Welche Möglichkeiten Sie dann haben, erkläre ich im Verlauf dieses Buches.

Wenn Sie mit der Kamera vertrauter sind und einige Erfahrungen gesammelt haben, wird es auch immer häufiger vorkommen, dass Sie die Einstellungen der Kamera bewusst verändern, um eine bestimmte Bildwirkung zu erzielen.

Soll z. B. bei einem Porträt der Hintergrund unscharf werden, um nicht vom Motiv abzulenken, müssen Sie die Blende relativ weit öffnen, um die Schärfentiefe zu verringern. Schon erwähnt wurde auch ein anderes Beispiel: Wenn Sie herumtollende Kinder oder Tiere fotografieren wollen, dann muss die Belichtungszeit sehr kurz sein, um die Motive scharf zu bekommen. Die beiden Hauptspieler sind die Blende und die Belichtungszeit. Die Wechselwirkung möchte ich in einem kleinen Schaubild verdeutlichen.

Es können also die folgenden grundlegenden Wechselwirkungen festgehalten werden:

- Je weiter die Blende geöffnet ist (kleiner Blendenwert), umso mehr Licht fällt auf den Sensor und umso kürzer kann die Belichtungszeit werden.
- Je kleiner die Blendenöffnung (großer Blendenwert), umso weniger Licht fällt auf den Sensor, die Belichtungszeit wird länger.

Der ISO-Wert beeinflusst jetzt wiederum die Blende wie auch die Belichtungszeit. Wenn die Kamera auf Auto-ISO steht – das bedeutet, dass die Kamera den ISO-Wert automatisch bestimmt –, werden sowohl die Blende als auch die Belichtungszeit angepasst, sobald sich der ISO-Wert verändert. Die Kamera kann Ihnen also mit den Automatikprogrammen schon einiges an Arbeit abnehmen. Doch sollten Sie wegen des drohenden Bildrauschens den ISO-Wert immer mit Bedacht erhöhen,

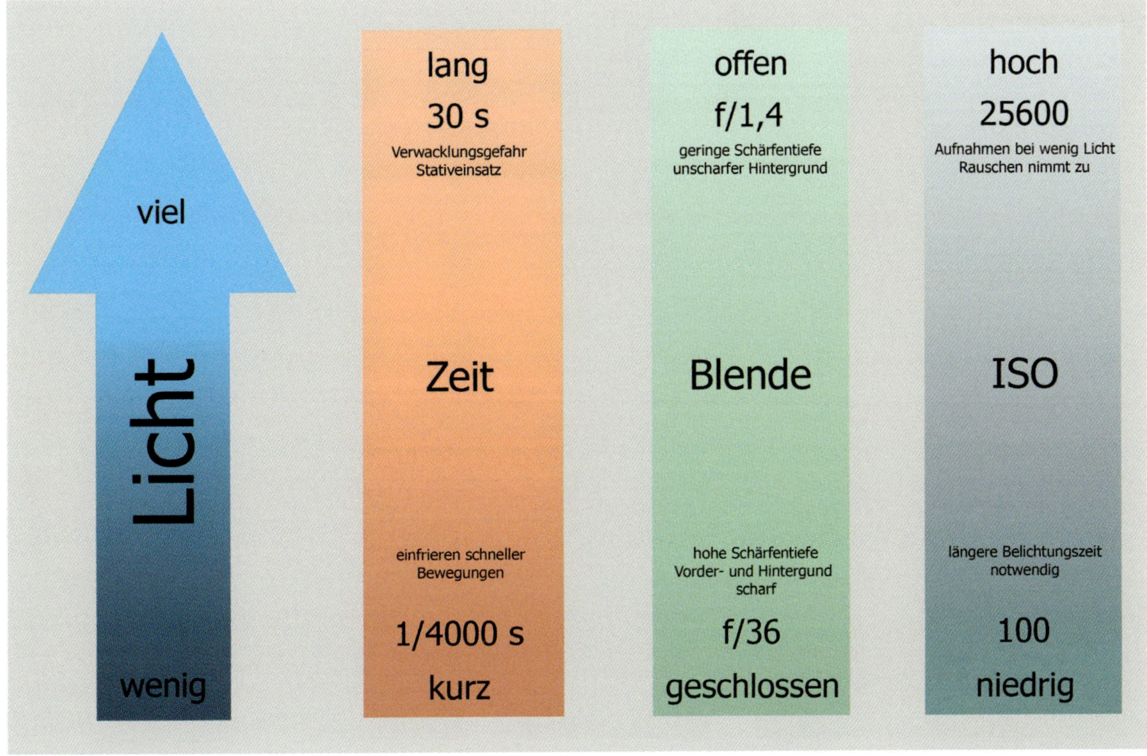

wohingegen Sie Blende und Zeit ohne Vorbehalte variieren können.

Wirkung des ISO-Wertes

Fotografieren Sie mit festgelegter Blende, sinkt die Belichtungszeit mit steigendem ISO-Wert.

Analog schließt sich die Blende, wenn bei fest vorgegebener Belichtungszeit der ISO-Wert erhöht wird.

Der Fokus

In Kapitel 1.5 wird dann auch endlich ein weiterer zentraler Mitspieler ausführlicher vorgestellt, der an dieser Stelle nur kurz angesprochen werden soll: der Fokus. Die Wahl bzw. Platzierung des Fokus (Fokuspunkt) bestimmt, auf was die Kamera scharf stellt, also was auf einem Foto auf jeden Fall scharf abgebildet wird. Das ist natürlich in aller Regel das Hauptmotiv. Auch beim Fokussieren können Sie zwischen einer Automatik und einer individuellen Steuerung wählen. Ist die Automatik aktiv, versucht die Kameraelektronik quasi zu erraten, was scharf ins Bild soll. Moderne Kameras sind schon ziemlich gut darin geworden, das Motiv richtig zu erkennen. Denken Sie nur z. B. an die Funktion der Gesichtserkennung. Wirklich gut ist die Automatik aber in der Regel nur in Standardsituationen. Möchten Sie Ihr Bild individuell gestalten, greifen Sie besser zur manuellen Wahl des Fokuspunktes.

Die Brennweite

Die Brennweite ist eine Eigenschaft der Objektive. Grundsätzlich unterscheiden wir zwi-

Ein eher lustiges Beispiel für eine Fisheye-Aufnahme.

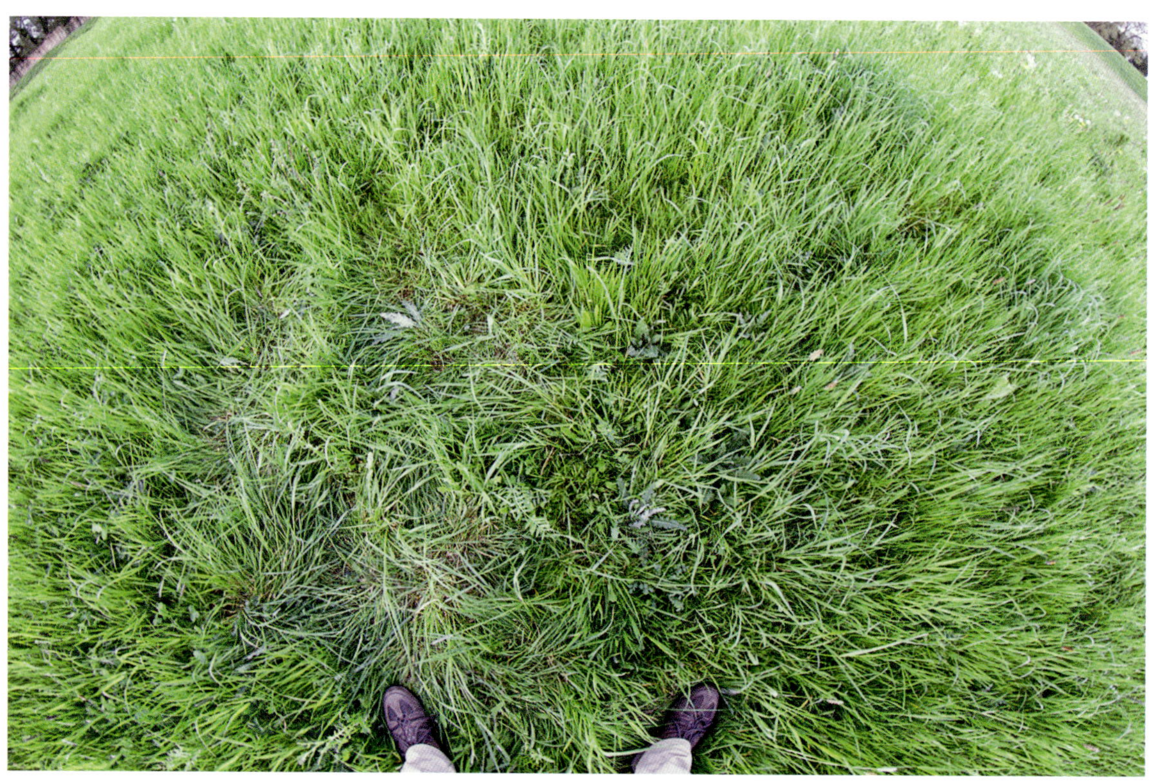

schen Objektiven, die nur eine einzige feste Brennweite besitzen (Festbrennweiten), und solchen, die einen Brennweitenbereich unterstützen: die Zoomobjektive. Ursprünglich galten Festbrennweiten als qualitativ deutlich besser, heute gilt das nur noch bedingt. Die Zoomobjektive haben qualitativ stark aufgeholt.

Außerdem werden Brennweiten weiter differenziert in Weitwinkel-, Normal- und Telebrennweiten. Als Maßstab dient das menschliche Auge, dessen „Brennweite" in etwa 50 mm entspricht. Geringere Brennweiten werden als Weitwinkel, höhere als Tele bezeichnet. Eine exakte Abgrenzung gibt es dabei nicht.

Ein wesentliches Element der unterschiedlichen Brennweiten ist der sichtbare Bildausschnitt. Mit extremen Weitwinkelobjektiven, ca. 10 mm Brennweite, können Sie eine 180°-Sicht realisieren. Dabei kommt es aber zu derartigen Verzerrungen, dass diese Objektive (Fisheye genannt) nur in speziellen Fällen zum Einsatz kommen. Steigt die Brennweite an, verengt sich der Bildwinkel entsprechend. Simpel ausgedrückt: Es passt nicht mehr so viel auf das Bild.

Der Cropfaktor

Kommen wir zum vorerst letzten Technikbegriff, dem Cropfaktor, der mit der Sensorgröße und (scheinbar) der Brennweite zusammenhängt.

In den verschiedenen Digitalkameras sind Sensoren unterschiedlicher Größen eingebaut. Das gilt auch für die DSLR-Kameras. Der Grund sind die hohen Kosten für die Sensorherstellung: Kleine Sensoren sind preiswerter

Schematische Abbildung des Cropfaktors. Das innere Rechteck entspricht der Größe des Cropsensors.

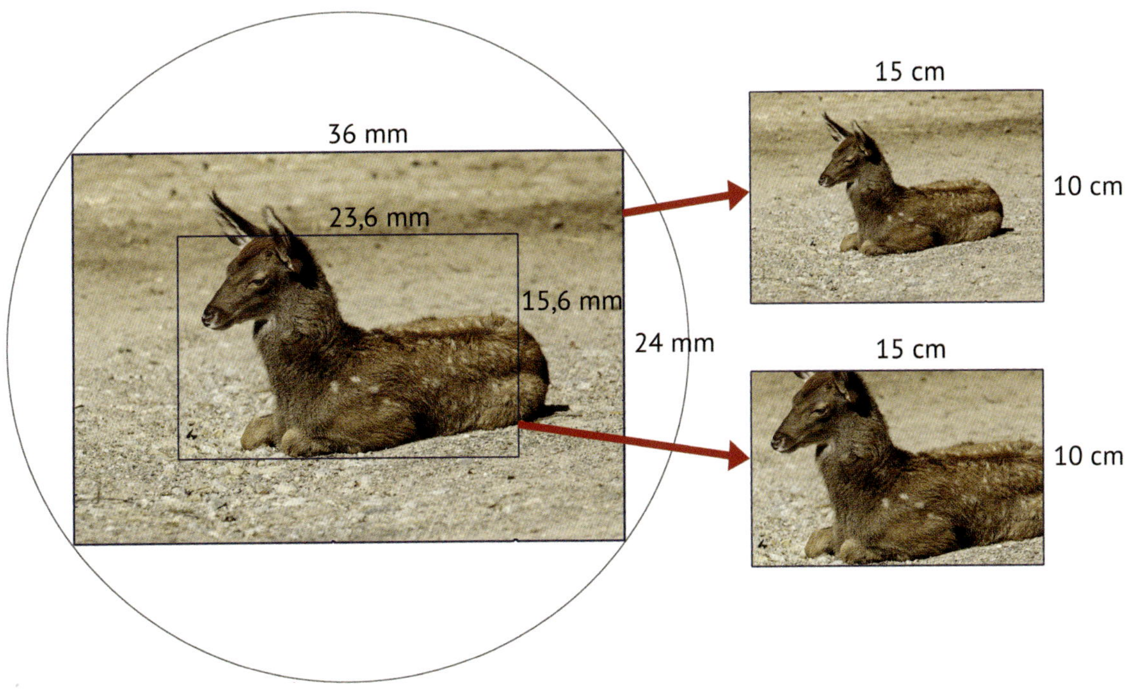

als große. Die meisten Kamerahersteller haben sowohl Kameras mit großem als auch Kameras mit kleinem Sensor im Programm, die dann preiswerter angeboten werden können.

Der Einfachheit halber will ich mich auf die beiden wohl wichtigsten Formatunterschiede zwischen dem Vollformatsensor (auch Kleinbildformat) und dem APS-C-Sensor (Canon, Sony) bzw. DX-Sensor (Nikon) beschränken. Die folgende Grafik veranschaulicht die Größenunterschiede der Sensorformate.

Bei einem gegebenen Objektiv wird auf den kleineren Sensoren praktisch nur ein Ausschnitt des Bildkreises aufgenommen, die Ränder werden abgeschnitten. Es handelt sich also faktisch um einen kleineren Blickwinkel. Der Bildwinkel ist meist um den Faktor 1,5 oder 1,6 kleiner. Der Cropfaktor kommt nun dadurch zustande, dass das Bild später z. B. am Monitor mit einer bestimmten Größe angezeigt wird, unabhängig von der Sensorgröße. Das Bild eines kleineren Sensors wirkt dann – durch den kleineren Bildwinkel –, als wäre es mit einer höheren Brennweite aufgenommen worden.

Ohne jetzt weiter auf Details einzugehen, können Sie sich Folgendes merken: An einer Kamera mit APS-C- bzw. DX-Sensor erscheint die Bildwirkung, als wäre das Foto mit einer Brennweite, die um den Faktor 1,5 bzw. 1,6 höher liegt, aufgenommen worden.

Zur Veranschaulichung eine kleine Tabelle mit Umrechnungswerten:

Vollformat	DX	APS-C
12 mm	18 mm	19 mm
24 mm	36 mm	38 mm
50 mm	75 mm	80 mm
80 mm	120 mm	128 mm
150 mm	225 mm	240 mm
200 mm	300 mm	320 mm
300 mm	450 mm	480 mm

Wie Sie sehen, kann der Cropfaktor einen erheblichen Einfluss auf die (scheinbare) Brennweite haben. Auf den Objektiven selbst ist immer die Brennweite angegeben, die sich auf das Vollformat bezieht.

Alle Beispielfotos werden (soweit vorhanden) im Folgenden mit den zentralen Werten Blende, Belichtungszeit und ISO-Wert sowie der Brennweite angegeben. Wenn Sie sich diese Werte einmal genauer anschauen und sich die Fotos dazu ansehen, können Sie schon einiges über die Wirkung dieser Parameter lernen.

1.2 Blende offen, Blende zu – wie wirkt sich das aus?

Um es noch einmal zu betonen: Im Automatikprogramm ist Ihre Kamera der Boss und Sie entscheiden gerade noch, welches Motiv fotografiert wird. Zum Glück hat Ihre Kamera aber noch weitere Programme, die Sie meistens über ein Wahlrad einstellen können. In diesen Programmen können Sie auch auf die wichtigsten Einstellungen der Fotografie – Blende und Belichtungszeit – Einfluss nehmen.

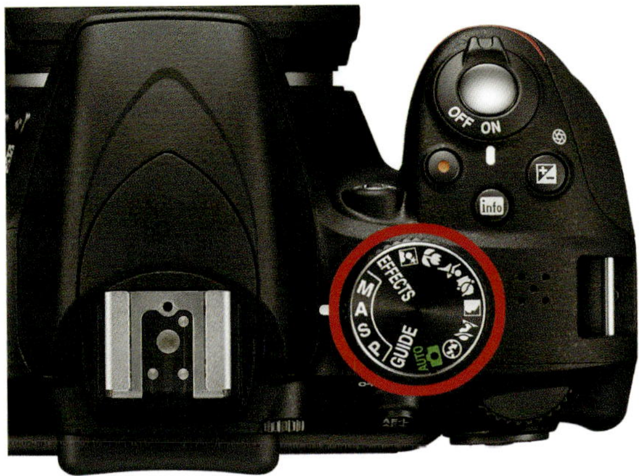

Typisches Programmwahlrad, in diesem Fall von einer Nikon D3300.

Doch kommen wir zurück zum Thema Blende, ich möchte Ihnen dazu kurz das Programm Zeitautomatik an Ihrer Kamera vorstellen.

Das klingt paradox? Nein: Das heißt so, weil Sie in diesem Programm die Größe der Blendenöffnung selbst bestimmen und diese vorwählen können. Die Kamera fügt sich dann Ihrer Anweisung und stellt automatisch die zu den Lichtverhältnissen passende Belichtungszeit ein. Das ist doch ein echter Machtgewinn für Sie gegenüber der Komplettautomatik, oder? Um aber die richtige Blende selbst bestimmen zu können, stelle ich den Einfluss der Blende auf das Foto in der Praxis vor. Dazu sehen Sie hier Beispielfotos unserer Hunde: Socke ist ein Border Collie und hat eine lange Nase. Wähle ich in der Zeitautomatik eine weit geöffnete Blende und fokussiere auf seine Augen, zeigt das Foto zwar die Augen scharf, aber die lange Nase ist bereits wieder unscharf (Fotounten links). Wähle ich eine kleine Blendenöffnung, wird der Schärfebereich deutlich größer (Foto unten rechts).

Zum Vergleich: Faule-„Socke"-Porträt mit weiter geschlossener Blende: Der Schärfebereich ist deutlich größer. Aber der Bildhintergrund ist weniger verschwommen und kann so leichter vom eigentlichen Motiv ablenken oder allgemein unruhig wirken. Wenn ich allerdings unseren Mops Hilde fotografiere, spielt die Wahl der Blende wegen ihrer platten Nase nur eine geringe Rolle: Auch bei weit geöffne-

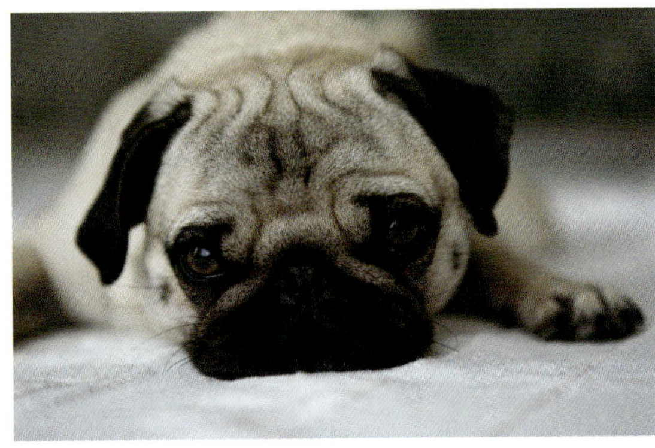

f/2.8 | 1/125 Sek. | ISO 200

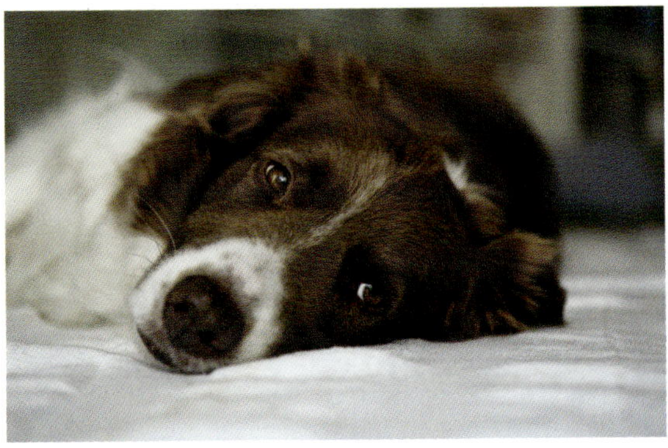

f/2.8 | 1/160 Sek. | ISO 250

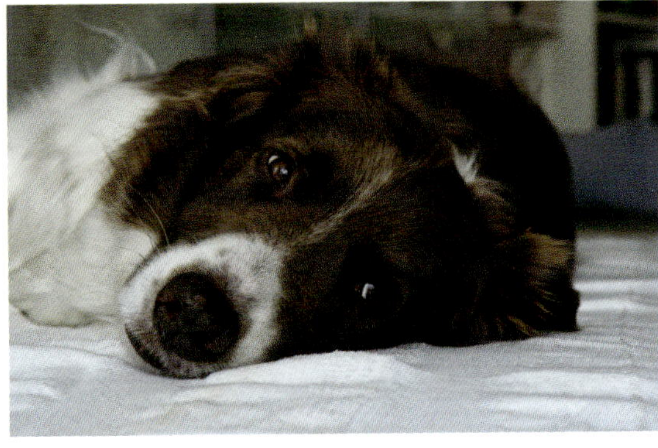

f/9 | 1/50 Sek. | ISO 1250

ter Blende sind sowohl Nase als auch die Augen scharf abgebildet:

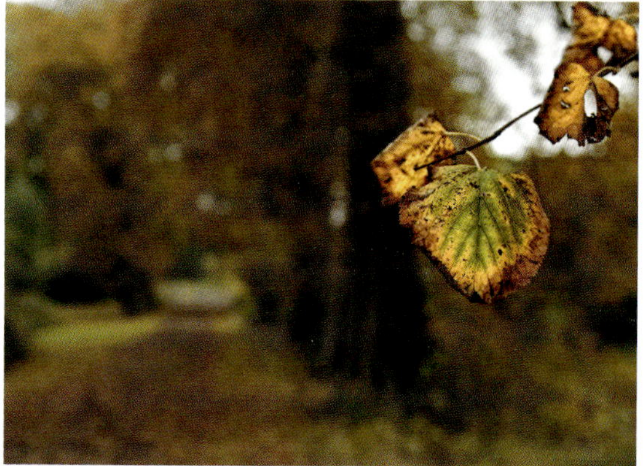

f/4 | 1/60 Sek. | ISO 400

Noch ein weiteres Foto soll die geringe Schärfentiefe verdeutlichen. Wie unschwer zu erkennen ist, entstand das folgende Foto an einem trüben Herbsttag bei miserablen Lichtverhältnissen. Folglich musste ich für ein herzeigbares Foto die Blendenöffnung weit aufreißen. Die maximale Blendenöffnung bei dem von mir hier benutzten Objektiv ist Blende 4 (f/4). Durch die große Blendenöffnung ist nur ein kleiner Bereich im Foto scharf: nämlich die Herbstblätter an dem herabhängenden Zweig. Der Bildhintergrund verschwimmt in der Unschärfe. Dennoch sind die Baumreihe und der Weg noch als solche zu erkennen.

Noch eine Randbemerkung: Wenn ein Fotograf von einem lichtstarken Objektiv spricht, meint er, dass die kleinste Blendenzahl (und die größte Blendenöffnung – umgekehrt denken!) noch niedriger als f/4 ist. Aber es gibt leider noch eine Faustregel, die Sie sich merken können: Je kleiner die kleinstmögliche Blendenzahl eines Objektivs ist, desto höher ist dessen Preis im Fotoladen!

Aber ich bin Ihnen noch ein Beispielfoto für die Variante der hohen Schärfentiefe schuldig. Ich habe etwas Taugliches in meinem Archiv gefunden – nur sind es hier nicht Blätter, die scharf im Vordergrund abgebildet sind, sondern ein Teppich aus Löwenzahnblüten. Die schon relativ weit geschlossene Blende führt zu einem breiten Schärfebereich, in dem die Blüten deutlich erkennbar abgebildet sind.

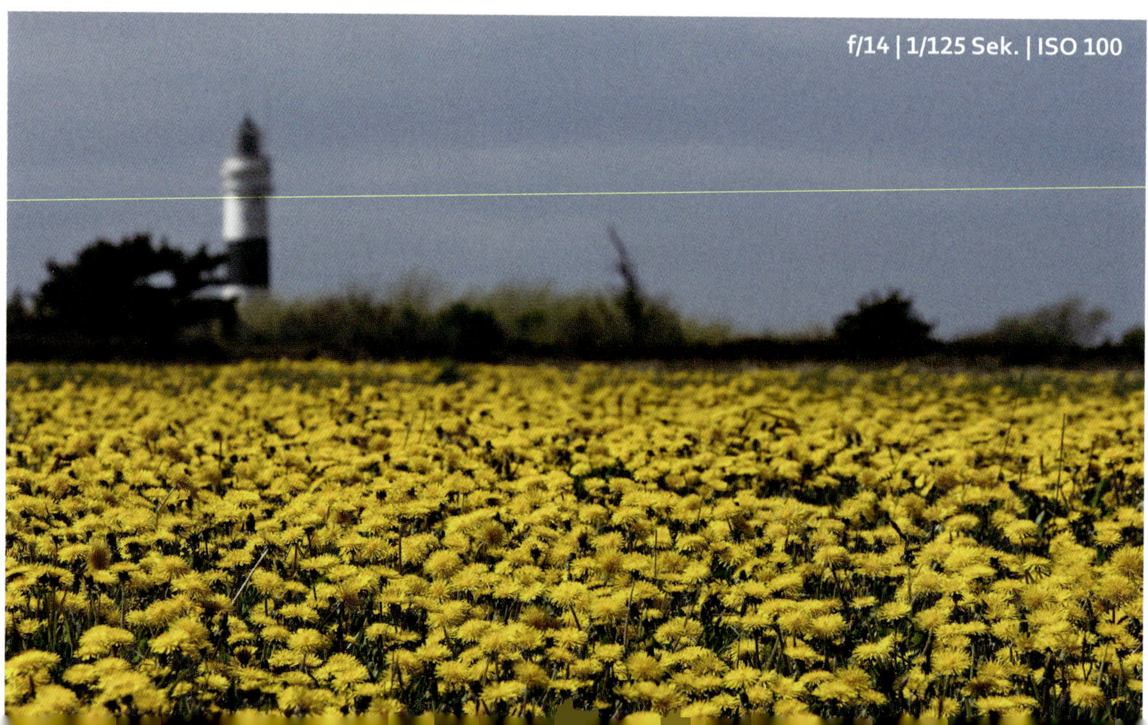

f/14 | 1/125 Sek. | ISO 100

1.3 Belichtungszeit richtig wählen

Ich gebe ja zu, dass es mir schwerfällt, hier auch meine missglückten Fotos als Beispiele zu zeigen. Bei diesem Bild war die Belichtungszeit von 1/40 Sek. eindeutig zu lang: Die Schnauze des vorderen Hundes ist zwar noch scharf – aber nur, weil er so nett still gehalten hat. Doch der nasse Setter bewegt sich, und damit ist das Foto verhunzt und gehört in den virtuellen Papierkorb. Um meinen Fehler beim Namen zu nennen: Ich habe da eine ungewollte Bewegungsunschärfe produziert und damit das Foto vermurkst. Mit einer sehr viel kürzeren Belichtungszeit (z. B. 1/500 Sek.) hätte es recht nett werden können, weil die Bewegung des schnuppernden Setters quasi „eingefroren" und somit unsichtbar wäre.

f/5.6 | 1/40 Sek. | ISO 100

Die unten stehende Nordseewelle habe ich mit einer sehr kurzen Belichtungszeit von 1/1000 Sek. fotografiert und sie sozusagen im Moment der Brechung angehalten.

Die Belichtungszeit spielt neben Blende und ISO-Wert eine Hauptrolle in der Besetzungsliste für ein gutes Foto. Ist sie zu lang, ist das Foto entweder zu hell (Überbelichtung) oder es gibt Unschärfe, die entweder durch Bewegungen des Motivs (mein missglücktes Hundebeispielfoto) oder durch die Bewegung Ihrer Kamera selbst entsteht. Im schlimmsten Fall ist Ihr Foto beides: zu hell und unscharf. Ist die

f/8 | 1/1000 Sek. | ISO 160

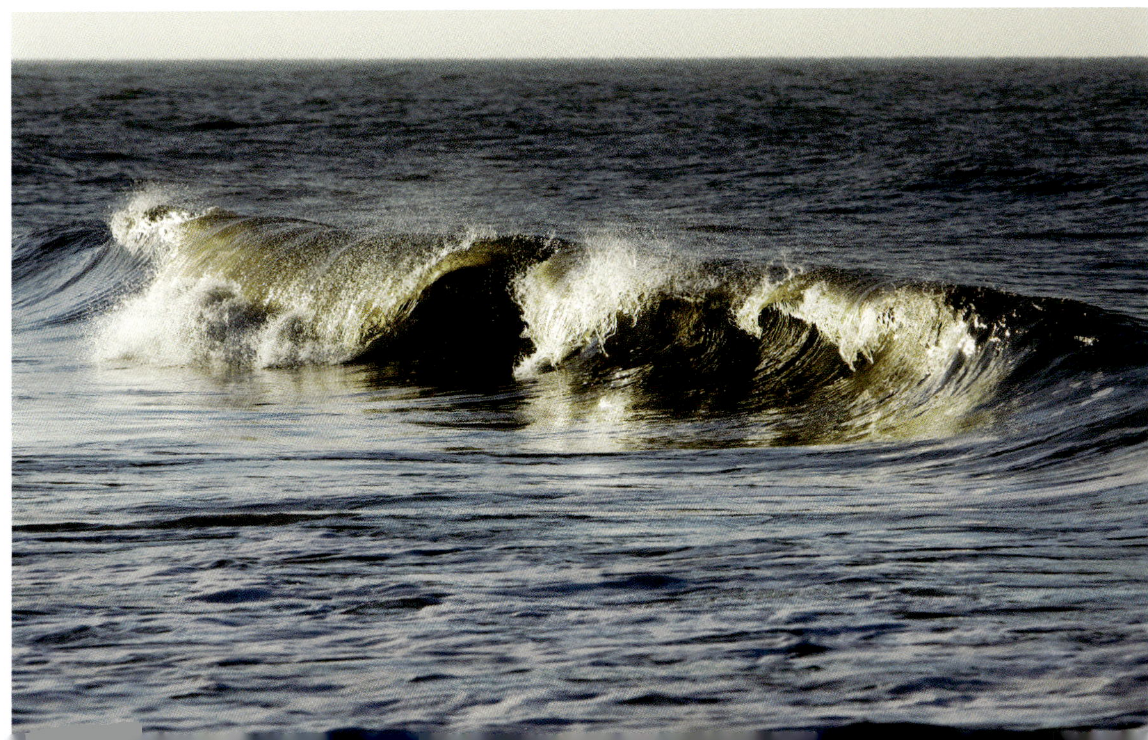

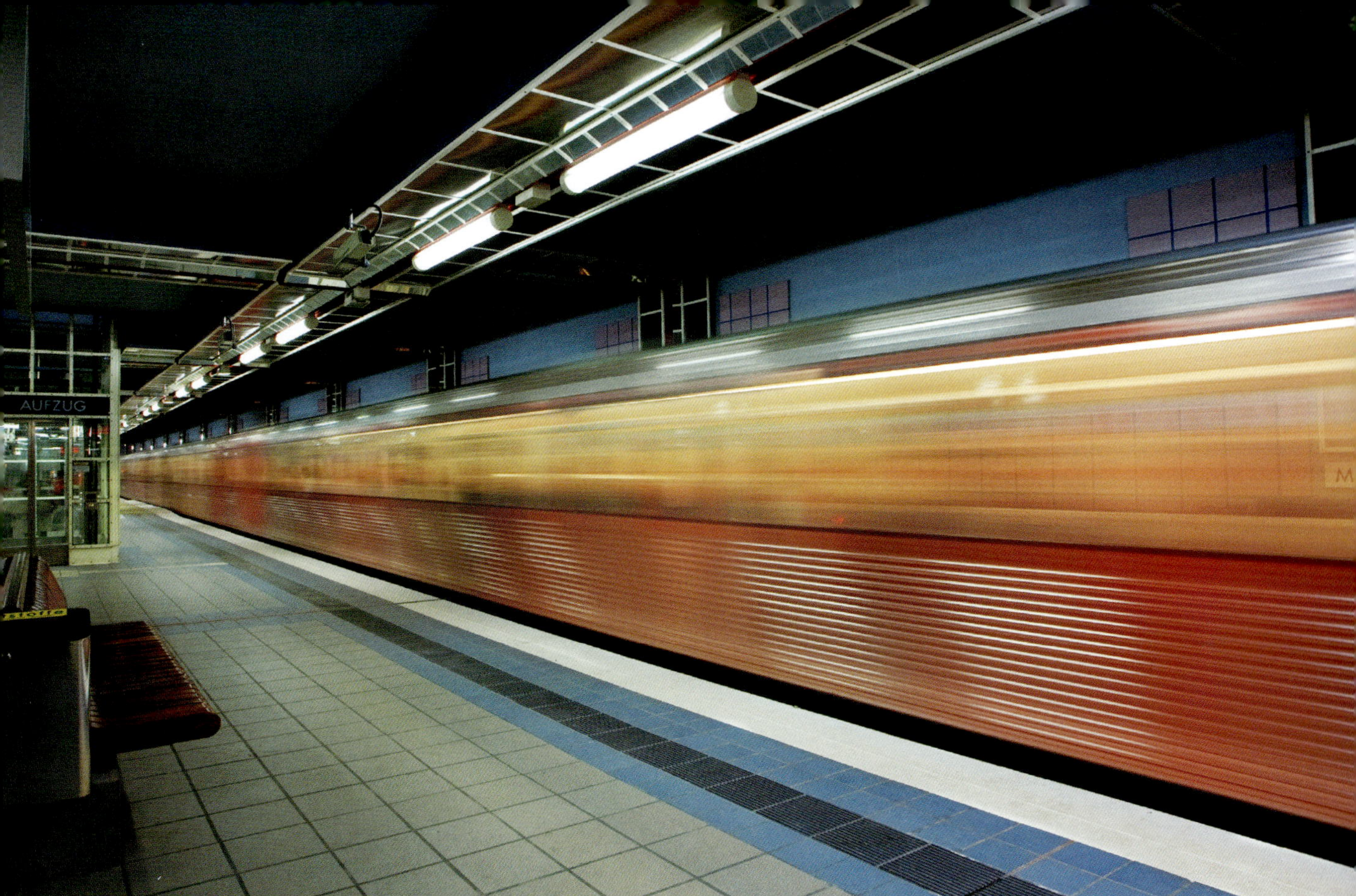

f/8 | 0,8 Sek. | ISO 250 | 17 mm | mit Stativ

Ein schönes Beispiel für den kreativen Einsatz einer hohen Belichtungszeit mit Bewegungsunschärfe.

Belichtungszeit zu kurz gewählt, wird das Bild zu dunkel (Unterbelichtung).

Und um im Bild zu bleiben: Nur die gut abgestimmte Kommunikation zwischen den Hauptdarstellern sorgt für Applaus bei den Zuschauern – sprich bei den Betrachtern Ihrer Fotos.

Ich selbst habe keine besonders ruhige Hand. Deshalb wähle ich meist kürzere Belichtungszeiten, die unter 1/100 Sek. liegen – vorausgesetzt, das Motiv hält still (Landschaften, Gegenstände, Architektur etc.). Längere Belichtungszeiten wie 1/50 Sek. schaffe ich nur dann aus der Hand, wenn ich mich beispielsweise auf einer Tischplatte abstützen kann. Werden die Belichtungszeiten noch länger, nutze ich ein Stativ. In vielen Fotobüchern ist nachzulesen, dass frei Hand 1/60 Sek. das Maximum ist. Für mich liegt der Wert eher bei 1/100 Sek., andere schaffen noch recht sicher 1/30 Sek. Probieren Sie aus, wo Ihre persönliche Toleranzgrenze liegt. Je stärker Sie jedoch ins Bild hineinzoomen, also die Brennweite verlängern, desto größer wird die Gefahr des Verwackelns.

Allerdings ist die kürzeste Belichtungszeit, die ein Fotograf noch einigermaßen sicher aus der Hand fotografieren kann, noch von anderen Faktoren abhängig, nämlich dem Vorhandensein eines Bildstabilisators, der Brennweite und dem Gewicht des Objektivs. Das Gewicht sollte unmittelbar einleuchten: Eine große Kamera mit einem langen, 1,4 kg schweren Teleobjektiv kann man nicht so sicher ruhig halten wie ein kurzes Objektiv von 400 g.

Die Brennweite hat aufgrund der unterschiedlichen Bildwinkel Einfluss auf die kürzeste Belichtungszeit. Je enger der Bildwinkel (und damit je länger die Brennweite), umso eher wird das Foto verwackelt. Als grobe Faustregel hat sich folgende Formel bewährt:

$$1 / \text{Brennweite in mm} = \text{längste Belichtungszeit}$$

Bei einer Normalbrennweite von 50 mm läge dann die kürzeste Belichtungszeit aus der Hand bei 1/50 Sek. Ein Teleobjektiv von 300 mm benötigt dann schon 1/300 Sek. Der eventuell vorhandene Cropfaktor muss ebenfalls berücksichtigt werden:

$$\frac{1}{\text{Brennweite in mm}} \times \text{Cropfaktor}$$

Bei einem 50-mm-Objektiv an einer Cropkamera ist dann ab einer Verschlusszeit von 1/75 Sek. Schluss:

$$1 / 50 \times 1{,}5 = 1/75 \text{ Sek.}$$

Viele der besseren Objektive besitzen auch einen leistungsfähigen Bildstabilisator, bei manchen Herstellern ist er auch schon in die Kamera integriert. Sie erlauben in vielen Fällen eine deutlich längere Belichtungszeit, als es ohne Stabilisator möglich wäre. Es gilt also: Probieren geht über Studieren!

Die Programmwahl

Eine größere Kontrolle als in der Vollautomatik haben Sie mit der Programmautomatik, die bei den meisten Kameras mit dem Buchstaben P gekennzeichnet ist. In diesem Programm schlägt die Kamera Ihnen taugliche und aufeinander abgestimmte Blenden- und Belichtungszeiten vor. Sie können auf den Vorschlag Ihrer Kamera eingehen oder ihn abwandeln, wenn Sie z. B. mehr Schärfentiefe erreichen wollen. Dann schließen Sie die Blende weiter und die Kamera verändert die Belichtungszeit

f/16 | 1/5 Sek. | ISO 100 | Stativ

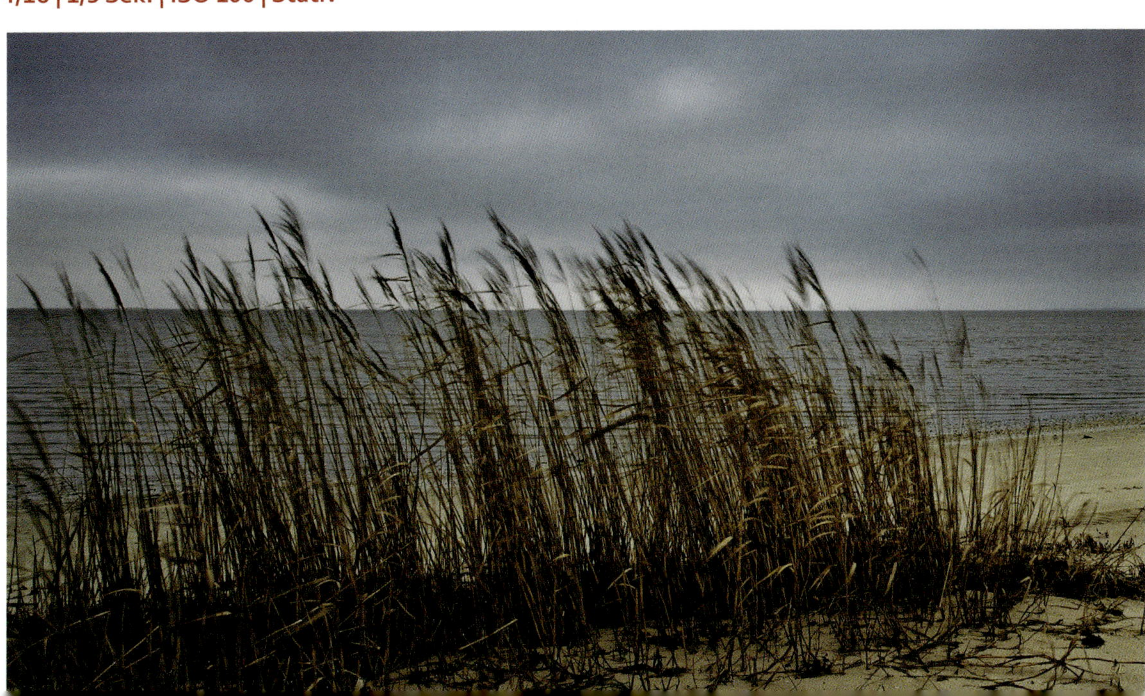

entsprechend. Oder Sie verändern die Belichtungszeit und die Kamera passt die Blende der von Ihnen gewählten Zeit an.

Diesen Vorgang nennt man Programmverschiebung oder auch Programmshift. Probieren Sie einfach aus, welcher Vorschlag der bessere ist: Ihrer oder der Ihrer Kamera – ein Foto mehr oder weniger auf der Speicherkarte spielt wahrlich keine Rolle. Und die Schrecksekunde beim unvorhergesehenen Ausklappen des Blitzes bleibt Ihnen im Modus P ebenfalls erspart: Das passiert nur dann, wenn Sie es wollen und den entsprechenden Schalter an Ihrer Kamera betätigen.

Das Programm P eignet sich dann besonders gut, wenn Sie auf Schnappschüsse aus sind, auf ganz spontane Situationsfotos, für die Sie keinen Blitz benötigen.

Eine gute Kontrolle über die Belichtungszeit bekommen Sie, wenn Sie in der Kamera die Blendenautomatik wählen. Damit bestimmen Sie, mit welcher Belichtungszeit Ihr Foto gemacht werden soll. Die Kamera folgt dann Ihrer Anweisung und wählt automatisch die passende Blende.

Welches Programm Sie wählen, hängt auch vom Motiv ab. Ich nutze die Blendenautomatik z. B. gern, wenn ich es mit Action und Bewegung zu tun habe (Sport- und Tierfotografie). Bei Landschafts- und Naturaufnahmen sowie bei Porträtfotos bemühe ich lieber die Zeitautomatik oder stelle ohne Programm alle Werte manuell ein.

In den halbautomatischen Kameraprogrammen Zeitautomatik und Blendenautomatik bestimmen Sie also zumindest einen Faktor: Bei der Zeitautomatik ist es die Blende – bei der Blendenautomatik die Belichtungszeit. Damit sind Sie nicht mehr Sklave Ihrer Kamera, die mit Ihnen macht, was sie will (Blitz ausklappen, wenn Sie nicht damit rechnen, und

f/16 | 1/500 Sek. | ISO 100

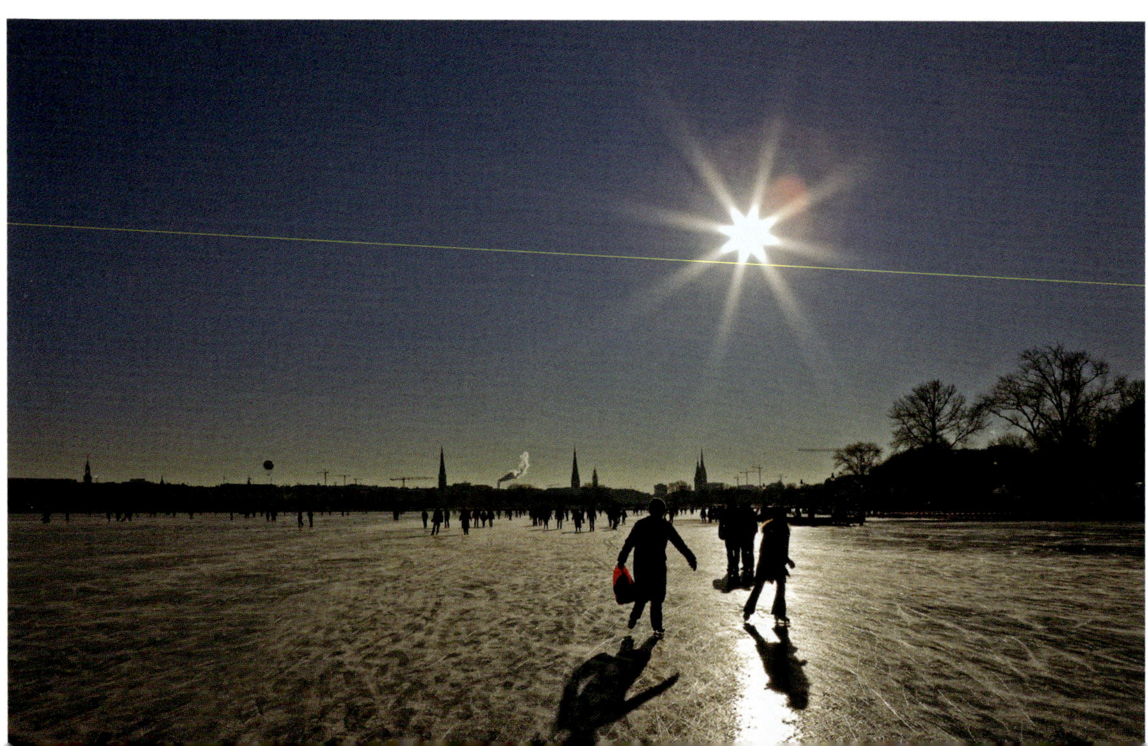

ähnliche Späßchen), sondern Sie können auf jeweils einen Faktor Einfluss nehmen. Volle und alleinige Kontrolle über Blende, Belichtungszeit und ISO-Wert (auf diesen letzten entscheidenden Faktor gehe ich im nächsten Abschnitt näher ein) haben Sie im manuellen Modus – meist auf dem Programmwahlrad der Kamera mit M gekennzeichnet. Die Kamera hat ausschließlich nach Ihren Vorgaben zu handeln – jetzt sind Sie der oberste Boss und haben die alleinige Macht.

Vom Sklaven zum obersten Boss – eine prima Karriere! Jetzt haben Sie die volle Kontrolle über alle technischen Faktoren, die ein gutes Foto ausmachen, und müssen sich nicht mehr den automatischen Einstellungen Ihrer Kamera beugen. Besonders bei schwierigen Lichtverhältnissen, z. B. bei Gegenlicht, ist der manuelle Modus das Mittel der Wahl, um ein gutes Ergebnis zu erzielen. Das Beispielfoto entstand auf der zugefrorenen Außenalster in Hamburg.

1.4 Wenig Licht, hoher ISO-Wert – viel Licht, niedriger ISO-Wert

Sie haben schon erfahren: Je höher der ISO-Wert an Ihrer Kamera eingestellt ist, desto höher ist die Lichtempfindlichkeit Ihres Sensors (endlich mal ein Wert, bei dem Sie nicht umgekehrt denken müssen). Aber ein hoher ISO-Wert – und damit eine hohe Lichtempfindlichkeit des Sensors – hat nicht nur die angenehme Wirkung, dass Sie auch bei schlechtem Licht mit einer kleinen Blendenöffnung und kurzen Belichtungszeiten fotografieren können. Er hat leider auch eine negative Auswirkung auf die Bildqualität. Denn je höher der ISO-Wert ist, desto unangenehmer fällt das Bildrauschen auf – besonders in den dunklen Bildanteilen.

Schauen Sie sich den verrauschten Teil des Fotos einmal genauer in der Vergrößerung an. Dann stellen Sie fest, dass das Rauschen durch viele kleine bunte Pixel verursacht wird – die auf einer eigentlich gleichmäßigen Fläche auftauchen. Das Foto von Hilde auf der nächsten Seite, unserem Mops, entstand an einem düsteren Regentag in der Wohnung – also bei denkbar schlechten Lichtverhältnissen. Nur mit einem ISO-Wert von 1000 konnte ich eine Belichtungszeit von 1/125 Sek. erreichen. Im Bildausschnitt sehen Sie bereits, wie unruhig besonders die dunklen Flächen wirken.

Grundsätzlich stelle ich meine Kamera auf ISO 100 ein. Diese Einstellung ist optimal für eine gute Fotoqualität. Sind jedoch die Lichtverhältnisse nicht gut und Sie wollen nicht mit Offenblende und langer Belichtungszeit fotografieren, dann ist eine höhere ISO-Zahl das Mittel der Wahl. Dafür müssen Sie dann das Bildrauschen, das vor allem in den dunklen Bildpartien auffällig ist, in Kauf nehmen.

Es gibt diverse Bildbearbeitungsprogramme, mit deren Hilfe sich das Rauschen gut reduzieren lässt – meistens allerdings auf Kosten der Bildschärfe. Zum Glück steht der technische Fortschritt nicht still, und so ist bei neueren Kameramodellen das unschöne Phänomen deutlich geringer, sodass Sie getrost den ISO-Wert auf 1600 und manchmal noch höher einstellen können. Probieren Sie mit Ihrer Kamera einfach einmal aus, wie stark der Effekt bei

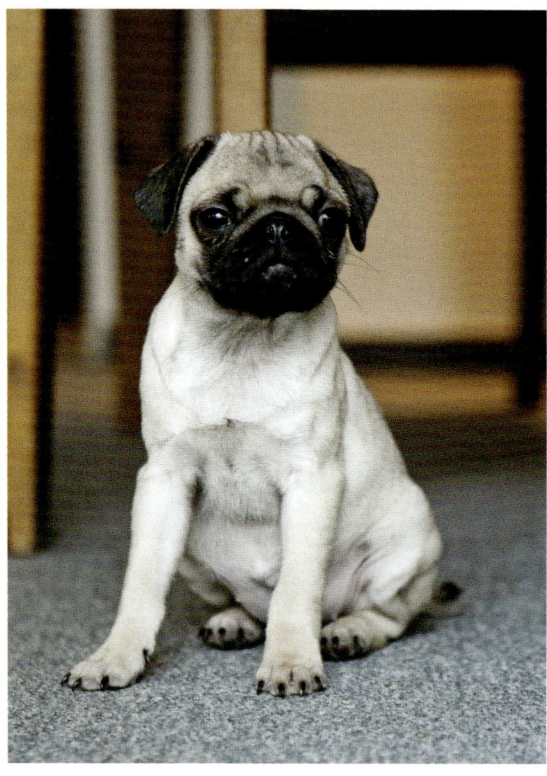

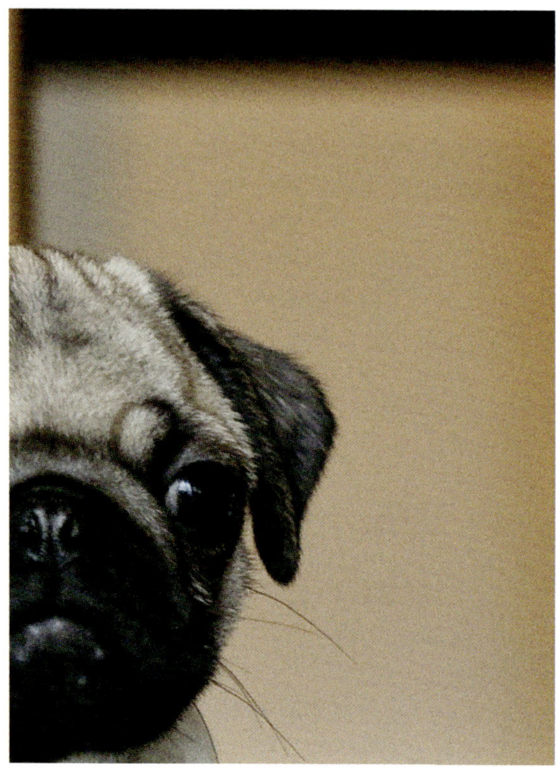

f/2.8 | 1/125 Sek. | ISO 1000

In der Ausschnittvergrößerung ist das Bildrauschen noch deutlicher zu erkennen.

unterschiedlichen ISO-Werten auftritt. Wenn Sie wegen schlechter Lichtverhältnisse z. B. am Abend die Kamera auf einen hohen ISO-Wert eingestellt haben, dann sollten Sie daran denken, ihn nach dem Fotografieren wieder auf 100 zurückzusetzen. Es ist wohl jedem Fotografen (egal ob Profi oder Amateur) schon passiert, dass er am nächsten Tag mit der hohen ISO-Einstellung des Vorabends fotografiert und es nicht gleich bemerkt hat. Das ist sehr ärgerlich, weil die Fotos mit dem richtigen ISO-Wert eine deutlich bessere Qualität gehabt hätten.

Bei vielen Kameramodellen findet sich im Menü eine Option, mit der Sie das Bildrauschen generell und auch speziell bei langer Belichtungszeit verringern können.

1.5 Der Autofokus bringt Schärfe ins Bild

Um die Funktion des Autofokus zu erklären, bemühe ich gern den Vergleich „Kamera – menschliches Auge". Schauen Sie auf Ihre Armbanduhr: Ihre Augen fokussieren sofort automatisch Ziffern und Zeiger. Möchten Sie die Uhr jedoch fotografieren, müssen Sie Ihrer Kamera mitteilen, dass Sie die Schärfe genau auf dem Ziffernblatt und nicht etwa auf der Tischoberfläche haben möchten. Unsere Augen stellen im Gegensatz zur Kamera glücklicherweise automatisch das Objekt scharf, das wir mit unserem Blick ins Visier nehmen. Beim oberen Foto wurde der Autofokusmesspunkt korrekt auf das Ziffernblatt der Uhr gerichtet – beim unteren liegt er daneben auf der Tischplatte. Beide Fotos entstanden mit den gleichen Kameraeinstellungen.

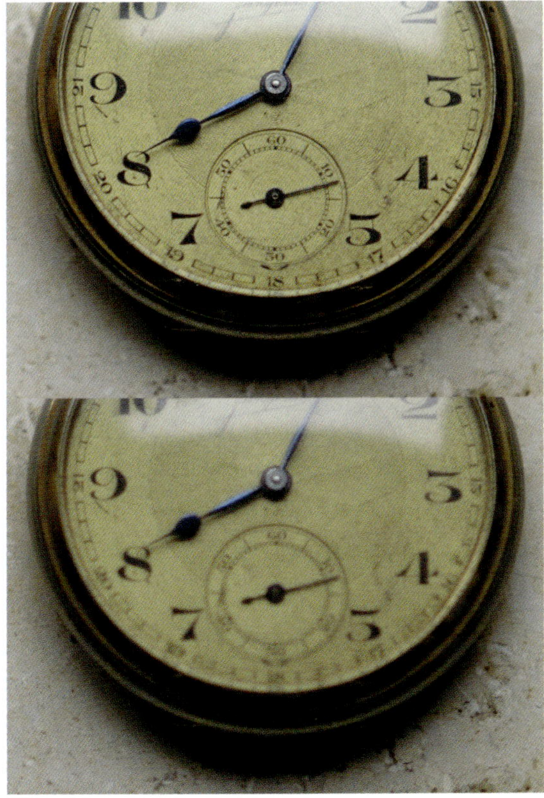

f/1.8 | 1/250 Sek. | ISO 100

Oben: Fokus auf dem Ziffernblatt, unten: Fokus auf dem Hintergrund.

Doch wie kann ich dem Autofokus sagen, welchen Bildbereich er scharf stellen soll? Nehmen wir uns dazu noch einmal das Foto mit der Löwenzahnwiese (Seite 24) und dem Leuchtturm (Seite 15) vor. Sie wollen die Schärfe im Vordergrund auf dem Blütenteppich haben. Der Leuchtturm soll unscharf im Hintergrund bleiben. Wenn Sie durch den Sucher Ihrer Kamera schauen und dabei den Auslöser nicht voll, sondern nur halb drücken, sehen Sie ein aufleuchtendes Viereck oder einen Punkt – meistens genau in der Bildmitte.

Genau auf diesen Punkt stellt der Autofokus (AF) das Bild just in diesem Moment scharf. Sie können jetzt ein Foto machen, indem Sie den Auslöser ganz durchdrücken. Aber dann werden Sie feststellen, dass die Schärfe genau in der Bildmitte sitzt. Das ist ziemlich unspektakulär und war ja auch so nicht geplant. Jetzt gibt es zwei Möglichkeiten, wie Sie den Autofokus in das untere Bilddrittel, also den Vordergrund, verlagern können.

Die Variante, die Sie nutzen sollten, wenn Sie die Bedienungsanleitung Ihrer Kamera nicht auswendig gelernt haben oder gerade nicht dabeihaben: Sie senken die Kamera ein wenig nach unten ab, sodass der leuchtende AF-Punkt (bei halb gedrücktem Auslöser) in der Mitte des Suchers genau dort prangt, wo Sie später den Schärfepunkt haben möchten. Also im Gelb der Löwenzahnblüten. Dabei darf der Leuchtturm ruhig aus dem Blickfeld verschwinden. Dann bringen Sie die Kamera (ganz wichtig: den Auslöser dabei halb heruntergedrückt halten!) wieder in die ursprüngliche Position, sodass im Sucher der eigentlich gewünschte Bildausschnitt zu sehen ist.

Die Kamera hat sich den zuvor eingestellten Schärfepunkt im Löwenzahn gemerkt! Jetzt den Auslöser ganz durchdrücken und fertig! Auf dem Kameradisplay können Sie nun kontrollieren (dafür bitte in das Bild hineinzoomen), ob die Schärfe jetzt tatsächlich im unteren Bilddrittel liegt. Ein wenig Übung und mehrere Versuche sind sicher am Anfang für diese Methode nötig. Genauso gut können Sie – je nach Motiv – die Schärfe im Bild an den rechten oder linken Bildrand setzen, indem

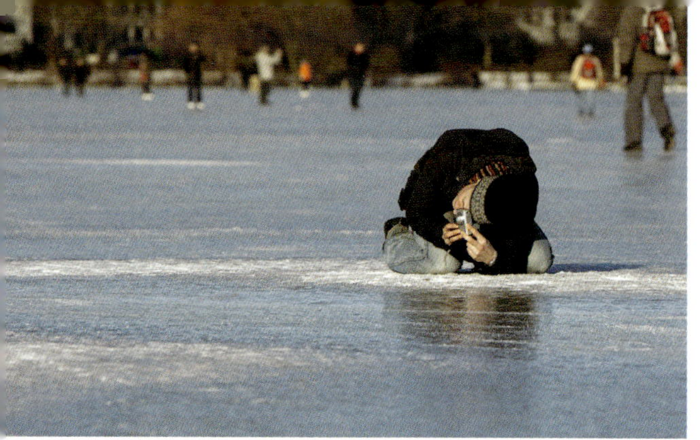

f/7.1 | 1/640 Sek. | ISO 100

Sie die Kamera in die entsprechende Richtung bewegen, per halb gedrücktem Auslöser den Autofokus Maß nehmen lassen, zurückschwenken und erst dann den Zeigefinger das satte Klicken ertönen lassen. Bei diesem Foto liegt der Fokus/die Schärfe rechts von der Bildmitte.

Wenn Methode eins nicht geklappt hat oder Ihnen zu umständlich ist, probieren Sie die zweite Variante aus: Ihre Kamera hat die Möglichkeit, den Autofokus von der Mitte an den oberen, unteren, linken oder rechten Bildrand (und je nach Modell auch noch dazwischen) zu rücken. Höherwertige Modelle haben zahlreiche AF-Messfelder, die Sie per Schalter, Rädchen oder Joystick ansteuern können. Schauen Sie bitte in der Bedienungsanleitung Ihrer Kamera nach – jeder Hersteller, jedes Modell funktioniert anders.

Nun können Sie den aufleuchtenden AF-Punkt (der sich nur dann zeigt, wenn Sie den Auslöser halb gedrückt halten) nach Lust und Laune an die Stelle verschieben, an der Sie im Foto die Schärfe haben möchten.

Der Autofokus Ihrer Kamera funktioniert auch dann zuverlässig, wenn Sie ein bewegtes Motiv fotografieren möchten. Wie das funktioniert, werde ich weiter hinten im Buch in den Kapiteln zur Sport- und Tierfotografie zeigen und erklären. Als kleinen Appetithappen serviere ich hier schon mal vorab ein Beispielfoto unserer beiden rennenden Hunde Socke und Hilde. Und leite damit zum dritten entscheidenden Faktor für gelungene Fotos über. Es geht um die Belichtungszeit.

f/5 | 1/500 Sek. | ISO 200

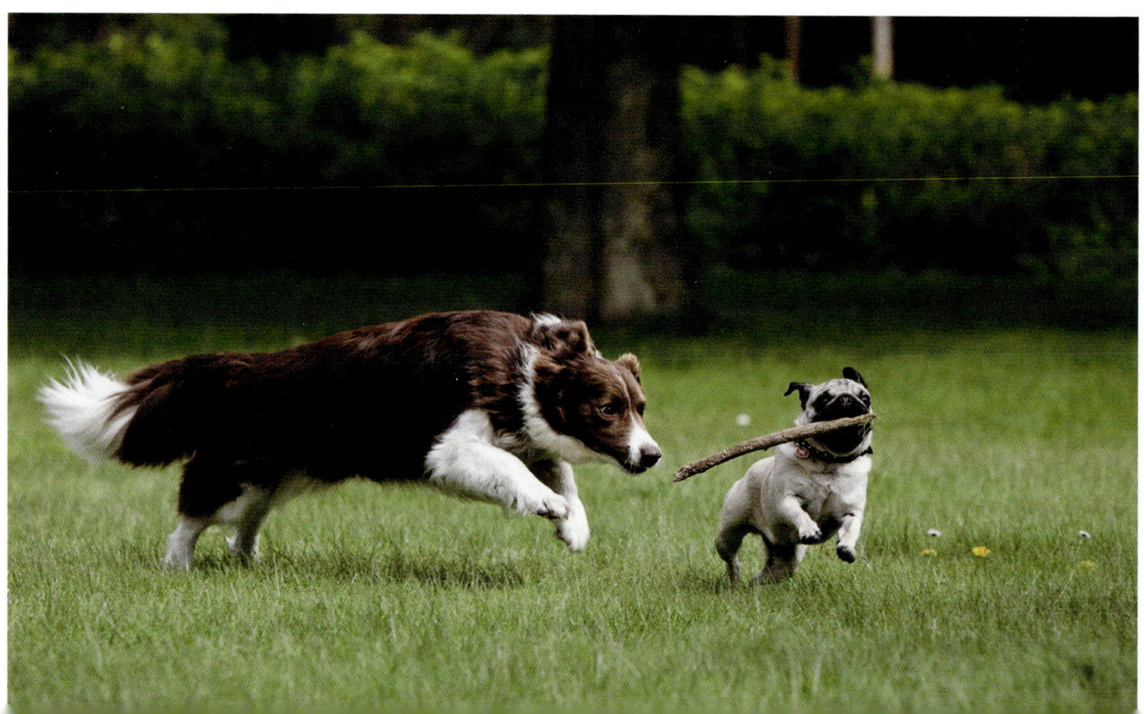

1.6 Die Belichtungsmessung sorgt für ausgewogene Kontraste

Unsere Kameras können mit vielen Lichtsituationen umgehen. Die drei gängigsten Methoden der Belichtungsmessung, die abhängig von der jeweiligen Lichtsituation eingesetzt werden können, möchte ich hier kurz vorstellen. Die Messung erfolgt – genau wie das Scharfstellen durch den Autofokus – durch leichtes Drücken auf den Auslöser. Die am häufigsten verwendete Methode ist die Mehrfeldmessung, auch Matrixmessung genannt. Sie passt bei den meisten Motiven und misst die einfallende Lichtmenge an zahlreichen Stellen im Bild und errechnet die korrekte Belichtung. Schauen Sie in die Bedienungsanleitung Ihrer Kamera, welche Symbole für die unterschiedlichen Belichtungsmessmethoden stehen.

Bei diesem Beispielfoto habe ich die Mehrfeldmessmethode verwendet und die Belichtung etwas nach unten korrigiert – sprich: ein wenig unterbelichtet. Ohne diese Unterbelichtung wären die von der Sonne angestrahlten frischen Ahornblätter zu hell geworden. Dafür habe ich mich an dem im Sucher eingeblendeten Balken orientiert und den Zeiger ein wenig in den Minusbereich rutschen lassen, indem ich die Belichtungszeit erhöht habe.

Die Spotmessung hingegen misst die Lichtmenge exakt auf den Punkt in der Mitte Ihres Motivs und belichtet diesen korrekt. Die umgebende Fläche wird entsprechend dunkler oder heller belichtet. Diese Messmethode wird z. B. häufig bei Theater- oder Konzertfotos verwendet, wenn Scheinwerferspots auf die Schauspieler oder Sänger gerichtet sind und der Hintergrund eher dunkel ist. So wird der Akteur richtig belichtet, der Hintergrund wird dunkler, als unser Auge ihn wahrnimmt.

f/4.5 | 1/500 Sek. | ISO 100 | Mehrfeldmessung | Belichtungskorrektur

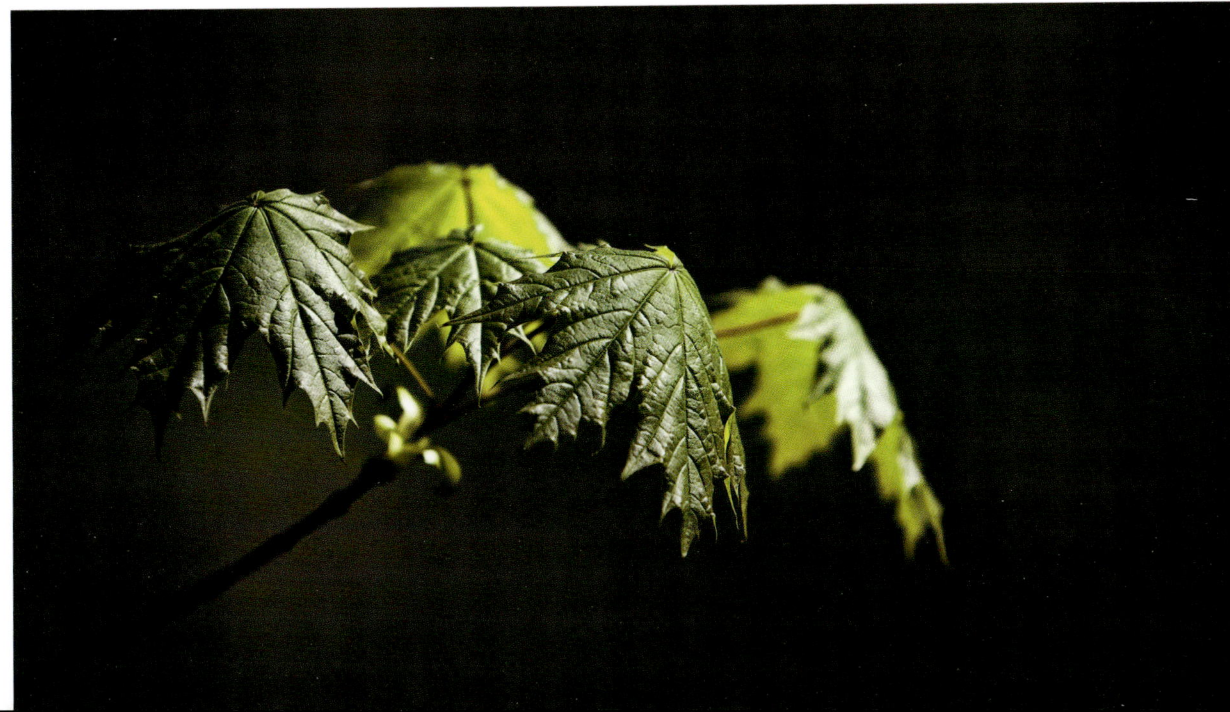

Die Selektiv- oder Integralbelichtungsmessung errechnet einen Mittelwert aus der gesamten Bildfläche und richtet die Belichtung daran aus. Diese Methode bietet sich vor allem für Motive an, die sehr gleichmäßig hell oder dunkel sind, also wenig Kontrastumfang haben.

Manche Kameras bieten noch eine weitere Belichtungsmessmethode, und zwar die mittenbetonte Integralmessung.

Dabei liegt der Messschwerpunkt in einem großen, zentralen Bildbereich. Die Bildränder werden bei der Messung weniger stark berücksichtigt. Diese Messmethode habe ich bei folgendem Beispielbild eingesetzt:

Probieren Sie die unterschiedlichen Messmodi aus, wenn Ihr Motiv nicht gleichmäßig vom umgebenden Licht ausgeleuchtet ist.

Es gibt aber durchaus Lichtsituationen, bei denen keine der genannten Belichtungsmessmethoden zufriedenstellende Ergebnisse bringt, weil der Kontrastumfang (gleichzeitig sehr helle und sehr dunkle Bildbereiche in einem Foto) einfach zu groß ist. Ein mögliches

f/9 | 1/800 Sek. | ISO 100 | mittenbetonte Integralmessung

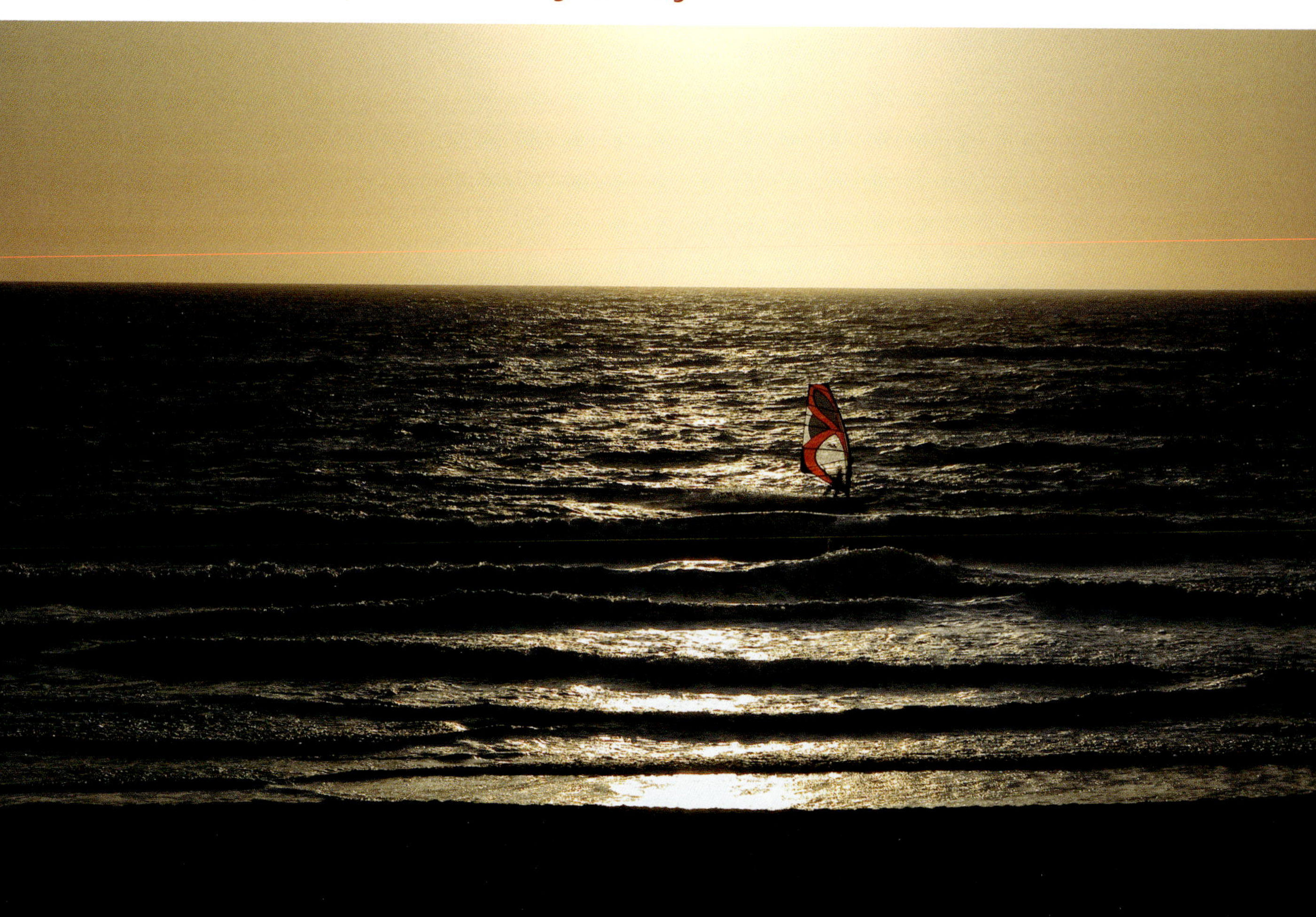

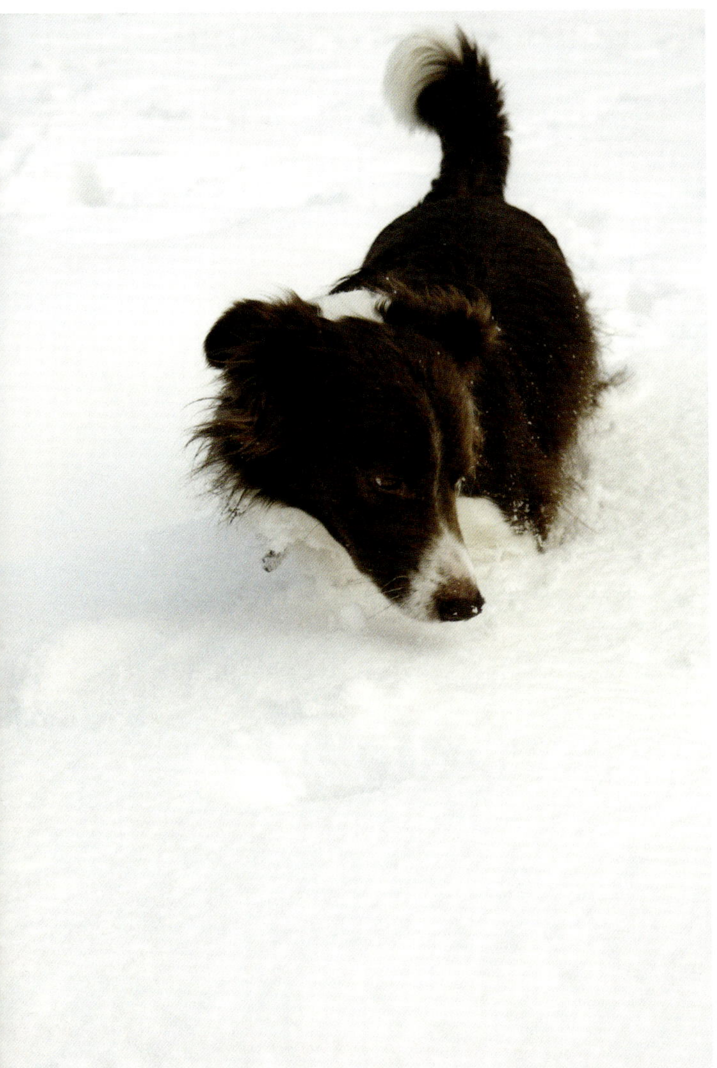

f/6.3 | 1/640 Sek. | ISO 200 | Mehrfeldmessung

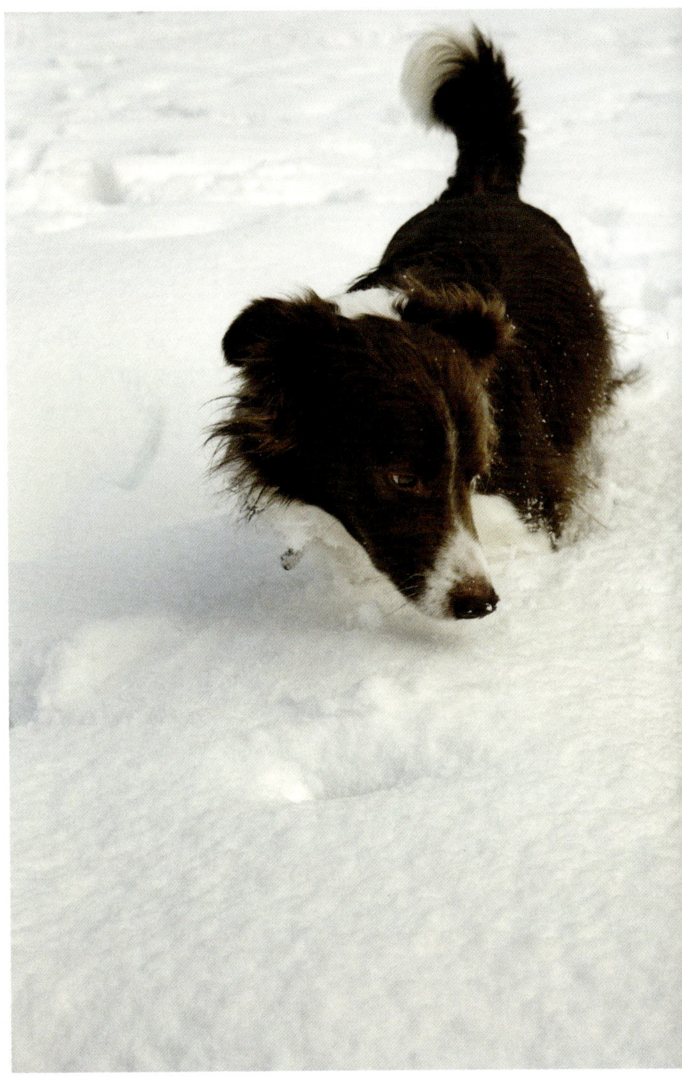

Das gleiche Bild nach der Bearbeitung mit Photoshop.

Motiv wäre ein schwarzer Hund im weißen Schnee. Da ich aber nur einen braunweißen Hund habe, muss Socke als Beispiel herhalten.

Der Schnee im Vordergrund ist zu hell geraten, seine Struktur ist kaum wahrzunehmen. Das Hundefell ist zu dunkel. Bei einem schwarzen Hund würde das Ergebnis noch deutlicher ausfallen – einzelne Fellsträhnen wären dann nicht mehr zu sehen. Der Hund wäre als solcher nur durch seine Umrisse zu erkennen – jegliche Fellstruktur verschwindet in einer schwarzen „Suppe".

Beim Socke-Foto half da nur eine Nachbearbeitung des Fotos am Computer z. B. mit Photoshop. Der Schnee ist jetzt abgedunkelt und das Hundefell aufgehellt.

1.7 JPEG oder RAW – das ist keine Glaubensfrage

Mit JPEG und RAW werden unterschiedliche Dateiformate bezeichnet. Einem reinen Hobbyfotografen, der seine Fotos lediglich zur Dokumentation und Erinnerung aufnimmt, empfehle ich, im JPEG-Format zu fotografieren.

Dabei sollte Ihnen allerdings klar sein, dass ein JPEG-Foto bereits in der Kamera komprimiert wird. Vorteil: Es passen wesentlich mehr Fotos auf Ihre Speicherkarte – je nach Größe mehrere Hundert bis Tausend. Ihre Kamera bietet Ihnen mehrere Qualitätsstufen im JPEG-Format an – je niedriger die Auflösung/Qualität, desto größer ist die Komprimierung Ihres Fotos in der Kamera.

Das JPEG-Format ist ein verlustbehaftetes Format. Das bedeutet, dass jedes Mal, wenn Sie das Foto bearbeiten und wieder abspeichern, Informationen verloren gehen. Stark komprimierte JPEG-Fotos eignen sich gerade noch für das Herzeigen im Internet. Großformatige Ausdrucke wären grauenvoll verpixelt.

Sie sollten also besser immer die höchste Auflösungsstufe wählen. Es könnte schließlich durch Zufall (zur richtigen Zeit am richtigen Ort) ein Fotodokument von globaler Bedeutung entstehen! Stellen Sie sich vor, Sie haben diesen „Schuss Ihres Lebens" nur in der geringsten Auflösungsstufe auf der Karte abgespeichert – Sie würden sich sonst wo hin beißen!

Also: Lieber ein paar mehr Speicherkarten mit in den Urlaub nehmen und die Bilder immer in der höchstmöglichen Qualität abspeichern!

Schauen Sie dazu bitte in Ihrer Bedienungsanleitung nach, welche Menüeinstellung für die JPEG-Qualität zuständig ist.

Wenn Sie Ihre Fotos nachträglich am Computer bearbeiten müssen/wollen, z. B. weil die Belichtungssituation schwierig war, haben Sie bei JPEG-Fotos sehr viel weniger Einflussmöglichkeiten, als wenn Sie im RAW-Format fotografieren.

Deshalb sind viele Kameras in der Lage, beide Formate gleichzeitig aufzunehmen, sodass Sie jedes Bild gleich doppelt auf der Speicherkarte haben.

Natürlich ist Ihre Speicherkarte dann deutlich schneller gefüllt. Ich fotografiere grundsätzlich im RAW-Format. Eine Ausnahme mache ich lediglich in der Sportfotografie, weil die

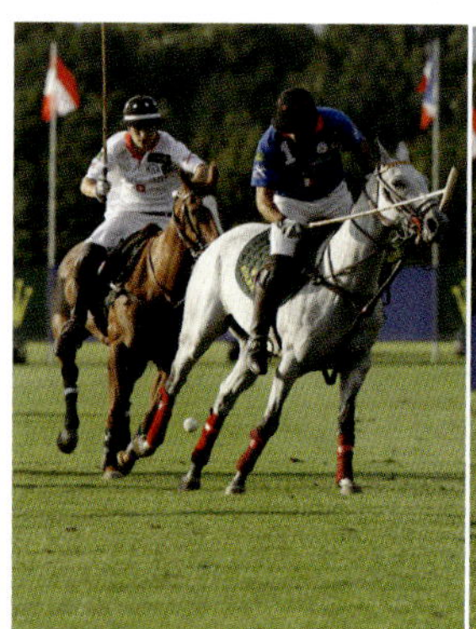
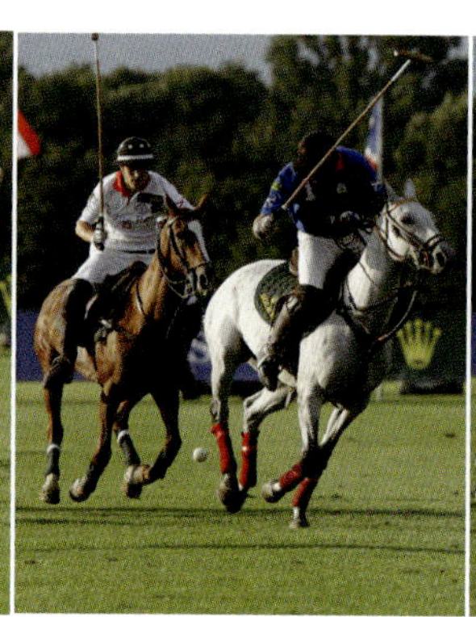
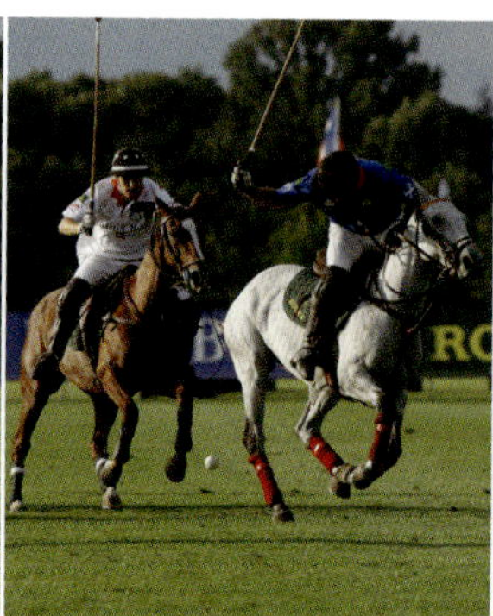
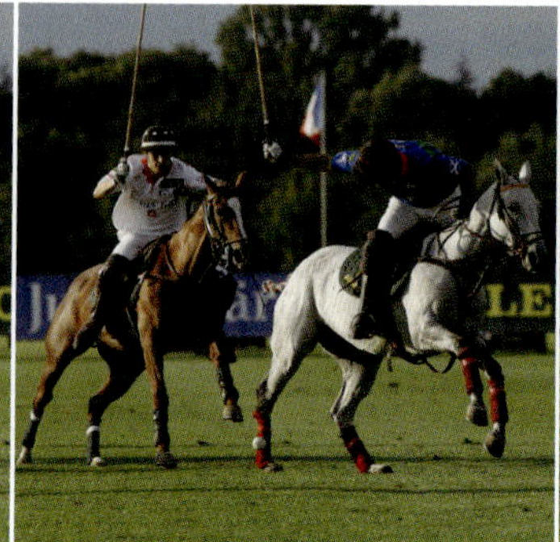
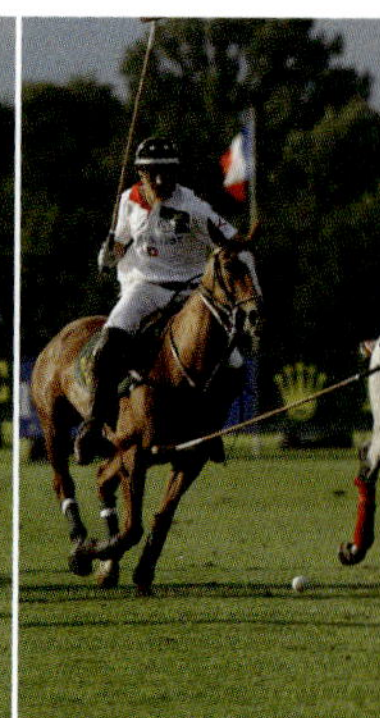

Anzahl der Fotos durch zahlreiche schnelle Serienaufnahmen der Bewegungsabläufe immens hoch wird. So kann ich mehr Fotos auf meinen Speicherkarten unterbringen. Auch fotografiert meine Kamera dann wesentlich mehr Fotos in größerer Geschwindigkeit hintereinander weg als im RAW-Format, weil sie weniger Arbeitsspeicherleistung benötigt, um die geschossenen Bilder auf der Karte abzuspeichern.

Das ist wichtig, um z. B. Spielszenen in ihren Abläufen zu dokumentieren. Schaut man sich die Fotos schnell hintereinander auf dem Kameradisplay an, wirken sie beinahe wie ein leicht ruckelig ablaufender Film – absolut faszinierend!

RAW-Dateien sind deutlich größer als JPEGs, weil sie von der Kamera gar nicht oder nur wenig komprimiert werden. Nachteil: Sie müssen zwingend am Rechner bearbeitet werden.

Leider gibt es auch kein einheitliches RAW-Format – jeder Kamerahersteller kocht sein eigenes Süppchen (bei Canon-Kameras lautet die Dateiendung z. B. ***CR2***, bei Nikon ***NEF***, bei Sony ***ARW***, bei Olympus ***ORF*** usw.).

Aber der unschlagbare Vorteil beim Fotografieren im RAW-Format ist, dass Sie in weitaus stärkerem Ausmaß als beim JPEG-Format Belichtungsfehler korrigieren können.

Wenn Sie das möchten, kommen Sie allerdings nicht umhin, sich einen RAW-Konverter mit Bildbearbeitungssoftware auf den Rechner zu laden und sich Grundkenntnisse in der Bildbearbeitung anzueignen.

Die meisten Kameras haben ein solches (firmeneigenes) Programm im Lieferumfang enthalten. Das hat allerdings zur Folge, dass Sie unter Umständen mehr Zeit am Computer als beim Fotografieren verbringen.

Mir bereitet das durchaus Freude: Ich habe viel Spaß daran, mithilfe geeigneter Software die Stimmung eines einzigen Fotos immer wieder so zu verändern, dass es mit jeder neuen Bearbeitung wie ein völlig anderes Bild wirkt.

Reine und unbearbeitete RAW-Dateien sind wie Negative in den Analogzeiten der Fotografie – sie sind kaum zu manipulieren. Es gibt Nachrichtenagenturen und -magazine, die sich von ihren Fotografen in aller Welt für die aktuelle Berichterstattung die unbearbeiteten RAW-Dateien liefern lassen, um die Möglichkeiten des Schummelns auf ein Mindestmaß zu reduzieren.

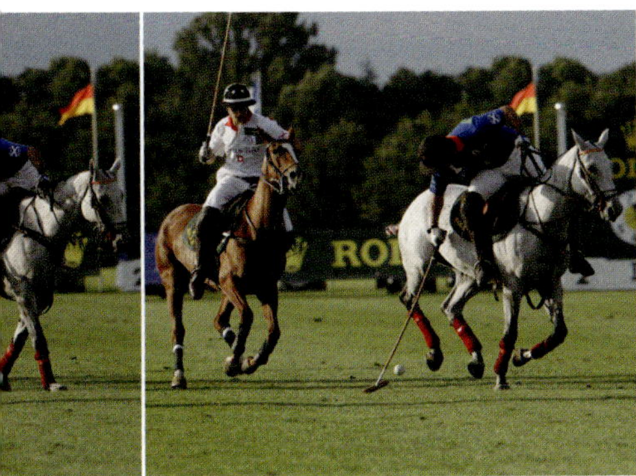

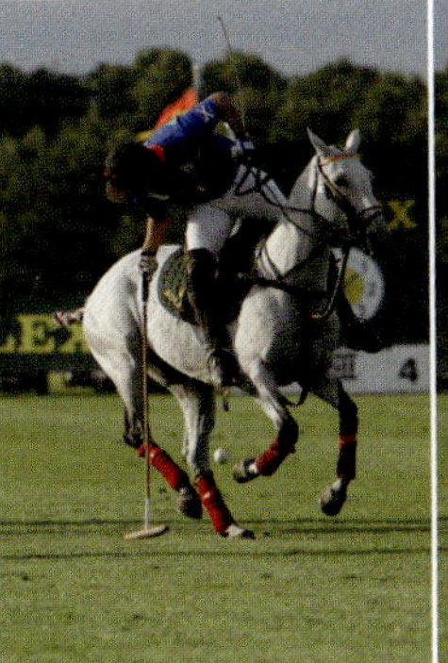

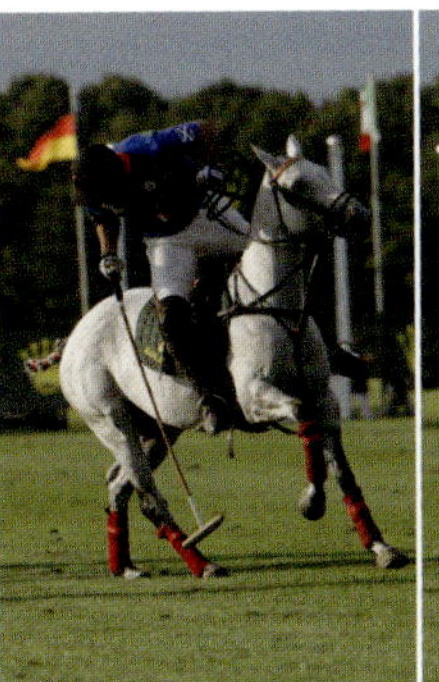

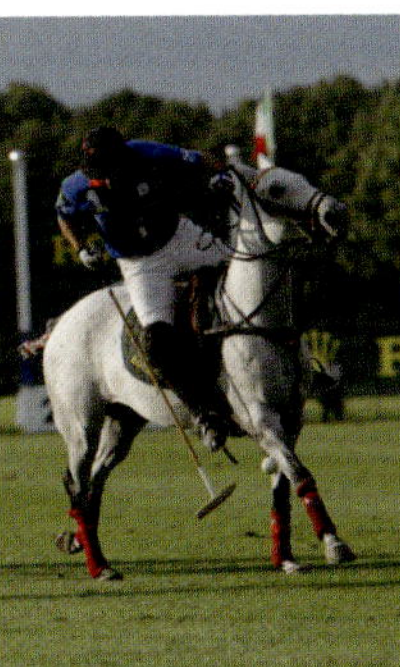

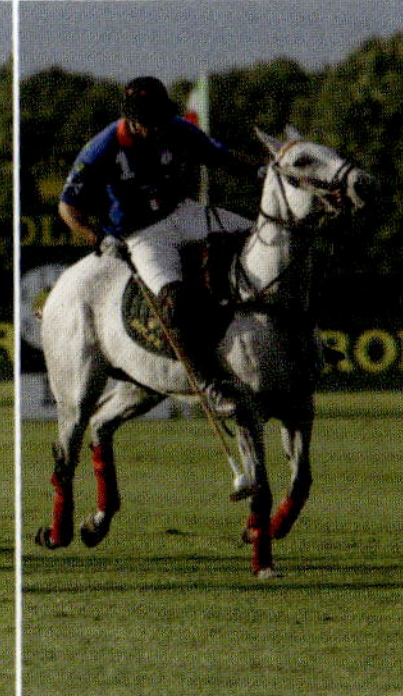

1.8 Die wichtigsten Objektive und Brennweiten

Sie haben sich für eine DSLR entschieden und vermutlich ein passendes Objektiv dazu gekauft. In den großen Technik-Kaufhäusern werden meist die Kamera und ein bis zwei Objektive (sogenannte Kit-Objektive) zu einem relativ günstigen Paketpreis angeboten. Diese Objektive sind jedoch nicht so hochwertig wie die teuren Spezialobjektive der Kamerahersteller.

Grundsätzlich rate ich Hobbyfotografen, eher an der Kamera als an den Objektiven zu sparen. Der technische Fortschritt sorgt dafür, dass jedes Jahr neue Kameras mit noch mehr Finessen auf den Markt kommen – die Objektive haben eine weitaus längere technische Überlebensdauer.

Wer sich heute eine DSLR mit allem möglichen technischen Schnickschnack kauft, wird in spätestens zwei, drei Jahren feststellen, dass das einstige Schmuckstück beinahe schon museumsreif ist. Hochwertige Objektive hingegen, die ich vor sechs Jahren gekauft habe, werden auch heute noch nahezu unverändert im Fachhandel verkauft.

Ich habe „nur" drei Objektive im ständigen Einsatz und decke mit ihnen Brennweiten von 17–200 mm ab. Dazu kommen zwei Objektive für den Spezialeinsatz (Makro- und Wildtierfotografie) sowie ein 2-fach-Konverter, der die Brennweite für meine beiden größeren Teleobjektive verdoppelt und dazu zwischen Kamera und Objektiv gesetzt wird.

Die folgenden Beispielfotos zeigen, wie sich die jeweiligen Brennweiten auf das Foto auswirken. Alle Fotos wurden von exakt dem gleichen Standort mit Blende 8 (Zeitautomatik) geschossen. Der Fokus liegt bei jedem einzelnen Foto immer an der gleichen Stelle: auf der Baumkrone im Vordergrund.

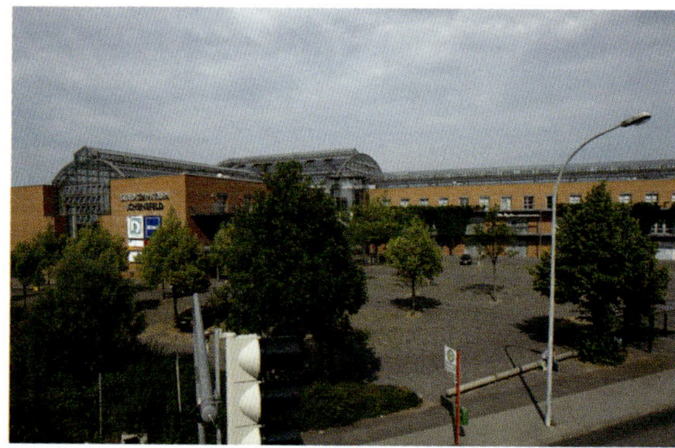

17 mm Brennweite (Weitwinkelzoom)

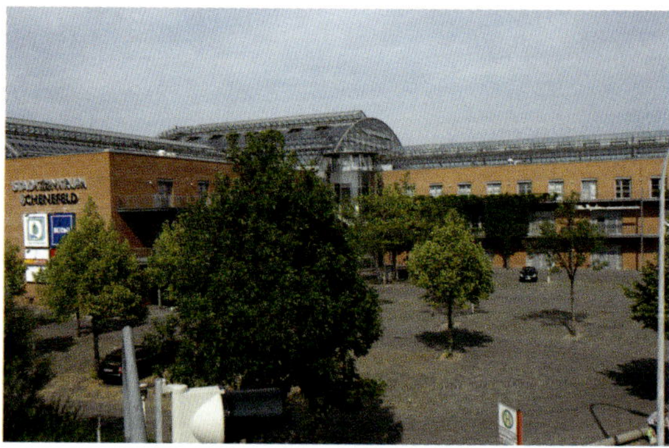

26 mm Brennweite (Weitwinkelzoom)

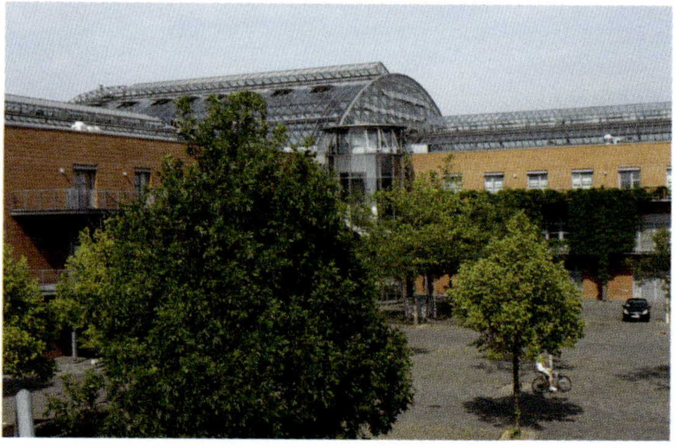

40 mm Brennweite (Weitwinkelzoom)

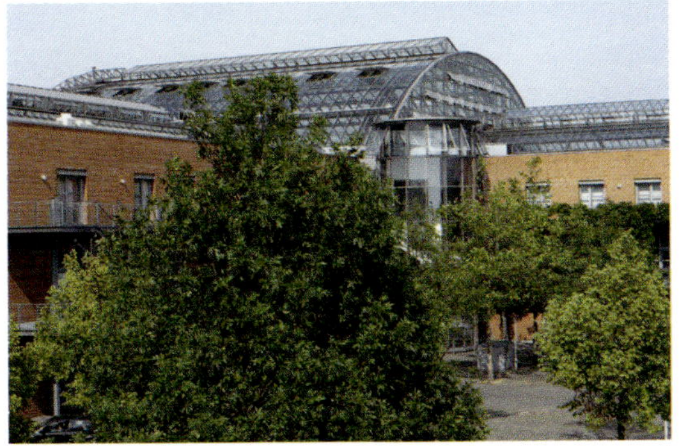
50 mm Brennweite (Standardzoom, 24–70 mm Brennweite)

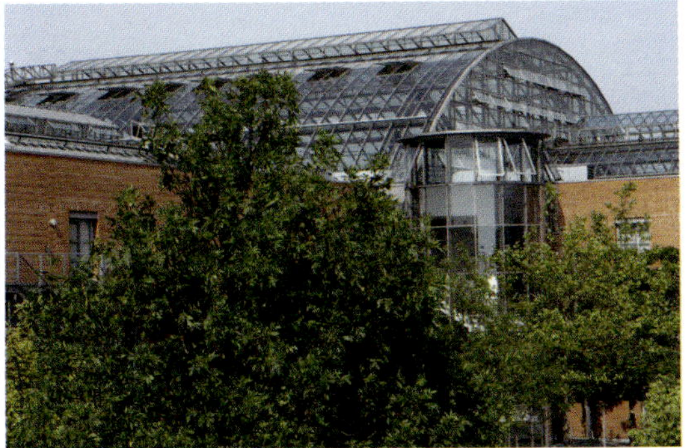
70 mm Brennweite (Standardzoom, 24–70 mm Brennweite)

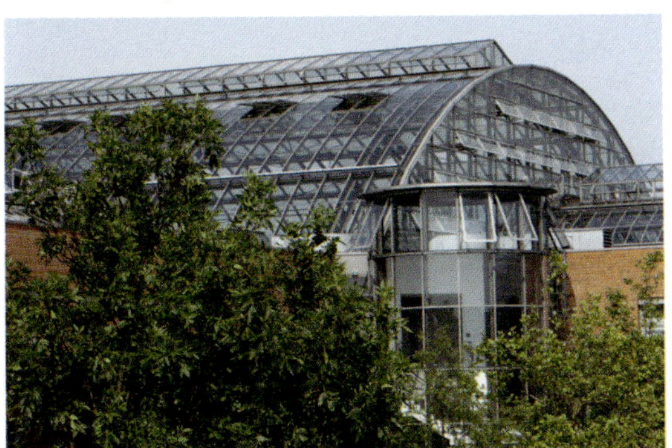
85 mm Brennweite (Telezoom, 70–200 mm Brennweite)

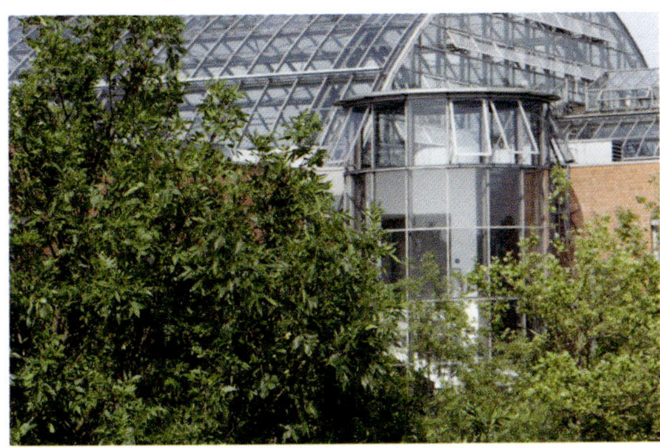
105 mm Brennweite (Festbrennweite)

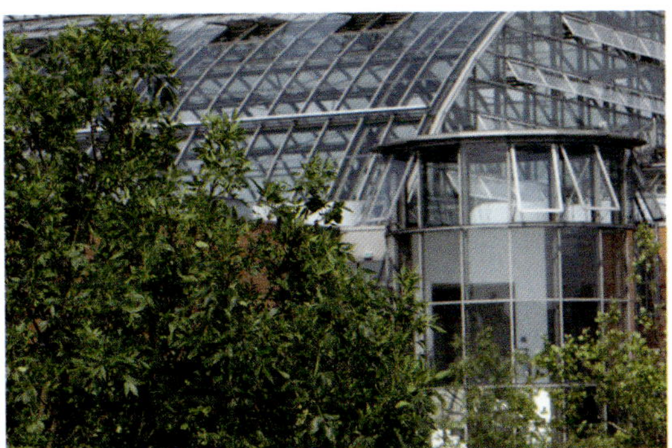
125 mm Brennweite (Telezoom, 70–200 mm Brennweite)

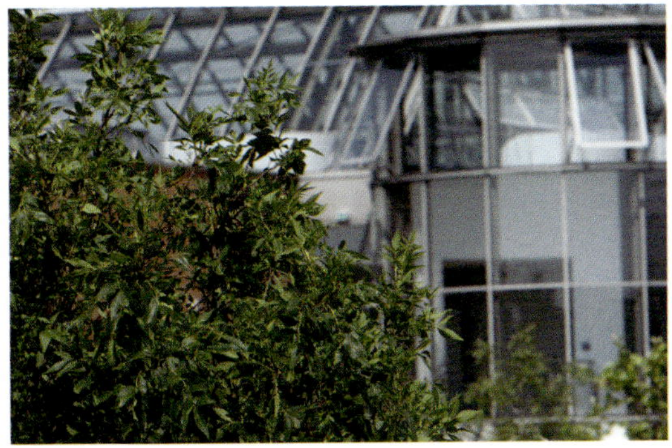
200 mm Brennweite (Telezoom, 70–200 mm Brennweite)

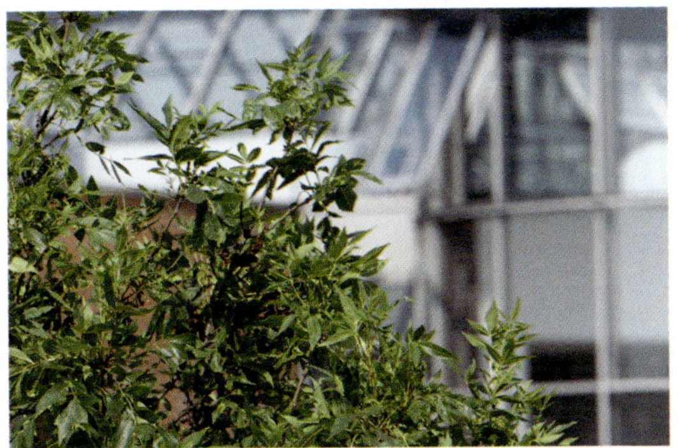
300 mm Festbrennweite

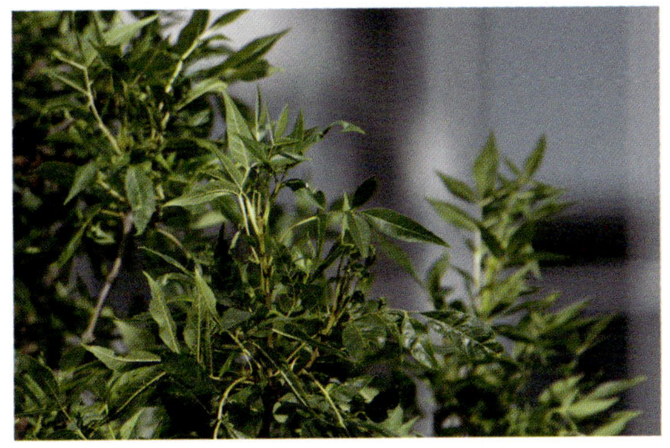
600 mm Brennweite (durch 300 mm Festbrennweite mit 2-fach-Konverter)

Die beste Abbildungsleistung bieten Festbrennweiten. Ich besitze zwei: ein Makroobjektiv mit 105 mm Brennweite und ein 300-mm-Objektiv (das setze ich schon wegen seines enormen Gewichtes nur selten ein). Was knackige Schärfe angeht, sind sie den Zoomobjektiven meist noch überlegen.

Meine anderen Linsen sind dafür variabler einsetzbar, weil ich die Brennweite verändern kann. Da ist zum einen mein Weitwinkel mit einer Brennweite von 17–40 mm. Das nutze ich hauptsächlich für Landschaftsfotos. Mein Standardobjektiv (und das am häufigsten genutzte) hat einen Brennweitenbereich von 24–70 mm und damit eine Überschneidung mit dem Weitwinkelzoom. Es eignet sich jedoch für weit mehr Fotoszenarien als das Weitwinkel. Ich setze es z. B. bei Porträt- oder Gruppenfotos ein, auf Partys und Events, aber auch in der Landschaftsfotografie. Mein persönliches Lieblingsobjektiv ist das 70–200-mm-Teleobjektiv. Ich setze es in der Porträt-, Sport- und Tierfotografie ein.

1.9 Zu hell oder zu dunkel – das Histogramm zeigt es an

Das Histogramm ist die grafische Darstellung der Belichtung Ihres Fotos und sehr nützlich bei der Qualitätskontrolle Ihrer Aufnahmen. Sie können es sich bei den meisten Kameras im Display anzeigen lassen. Bei vielen Kameras muss dazu der INFO-Knopf gedrückt werden. Mithilfe des Histogramms können Sie kontrollieren, ob Sie Ihr Foto richtig belichtet haben oder mit anderen Kameraeinstellungen doch besser einen zweiten oder gar dritten Versuch unternehmen sollten, um das Motiv – dieses Mal richtig belichtet – auf den Chip zu bannen.

Das eingeblendete Histogramm in der Monitoransicht, im Beispiel an einer Nikon D3300.

Das Histogramm zeigt Ihnen an, wie die Tonwerte auf Ihrem Foto verteilt sind, ob dunkle oder helle Töne dominieren und wie diese auf dem Foto verteilt sind. Im idealisierten Fall entspricht das Histogramm einer Glockenkurve.

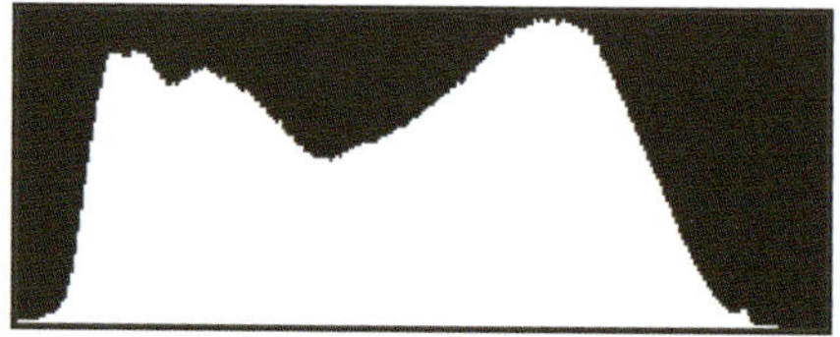

Diese Histogramme werden in der Bildbearbeitung auch Tonwertkurven genannt und können mit geeigneten Programmen auch nachträglich beeinflusst werden. Ein „gutes" Histogramm nutzt den Helligkeitsbereich möglichst komplett aus, wird aber nicht an einer oder beiden Seiten abgeschnitten. Abgeschnittene Histogramme deuten auf eine Unter- oder Überbelichtung hin.

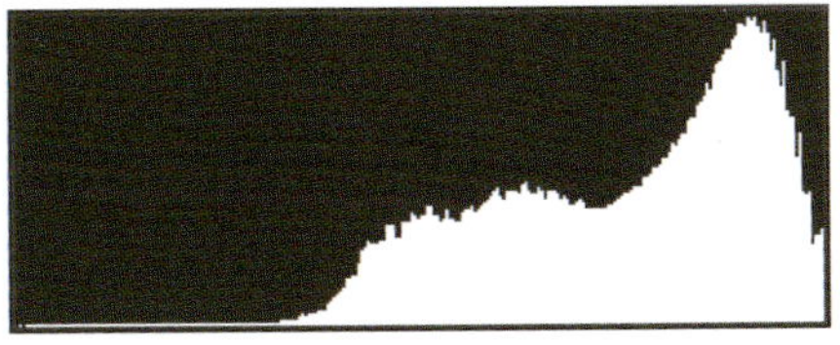

Das Histogramm eines stark überbelichteten Fotos. Die Kurve ist in den linken Bereichen sehr flach, und ein großer Teil der Tonwerte wird am rechten Rand abgeschnitten.

Das Histogramm eines stark unterbelichteten Bildes. Die rechten Bereiche sind extrem flach, und das Histogramm ist diesmal auf der linken Seite abgeschnitten.

Viele Bildbearbeitungsprogramme zeigen das Histogramm direkt an. Einige, wie z. B. Photoshop Elements oder Adobe Camera Raw, können vor solchen unter- und überbelichteten Bildteilen warnen. Auch bei vielen Kameras werden vor allem überbelichtete Stellen schon auf dem Kameramonitor kenntlich gemacht.

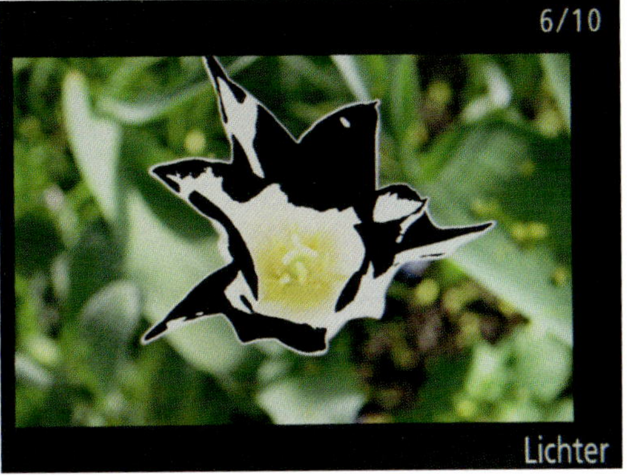

Überbelichtete Stellen (Lichter) im Bild werden auf dem Kameramonitor (hier eine Nikon D3300) schwarz markiert.

Auch hier bestätigen Ausnahmen natürlich die Regel. Sind Fotos aufgrund einer gewünschten Bildwirkung mit sehr hellen und/oder sehr dunklen Bildanteilen aufgenommen worden – das betrifft z. B. die sogenannten High-Key- und Low-Key-Aufnahmen –, kann man das Histogramm getrost ignorieren.

Ein typisches Foto in Camera Raw mit Warnungen vor überbelichteten Bildbestandteilen. Überbelichtete Stellen werden rot eingefärbt.

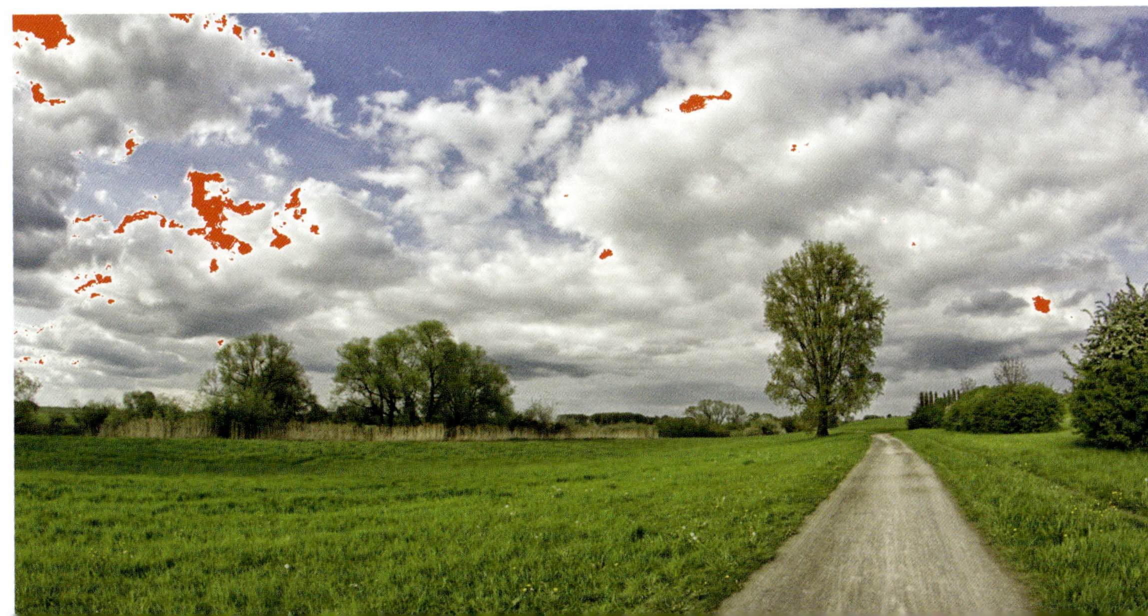

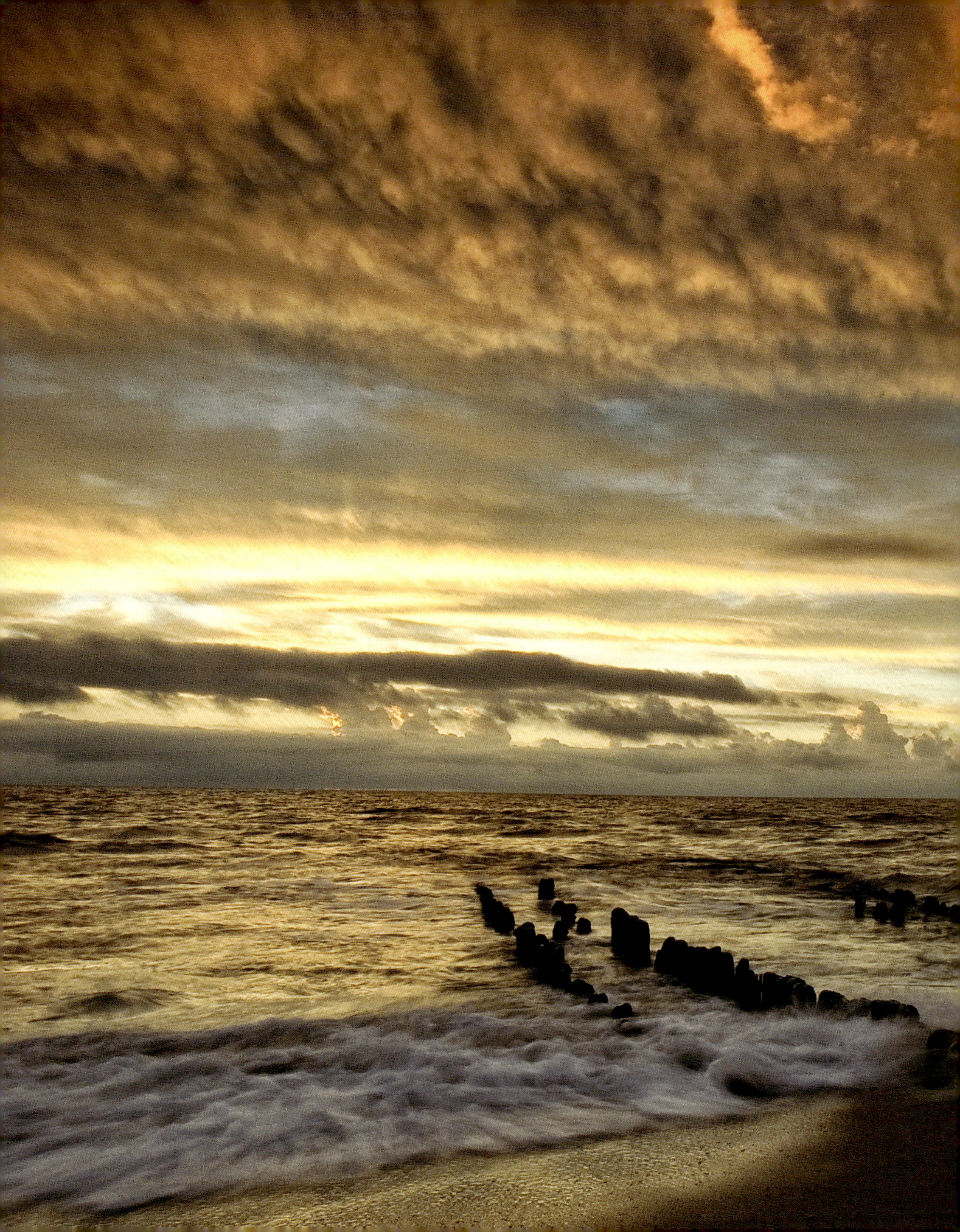

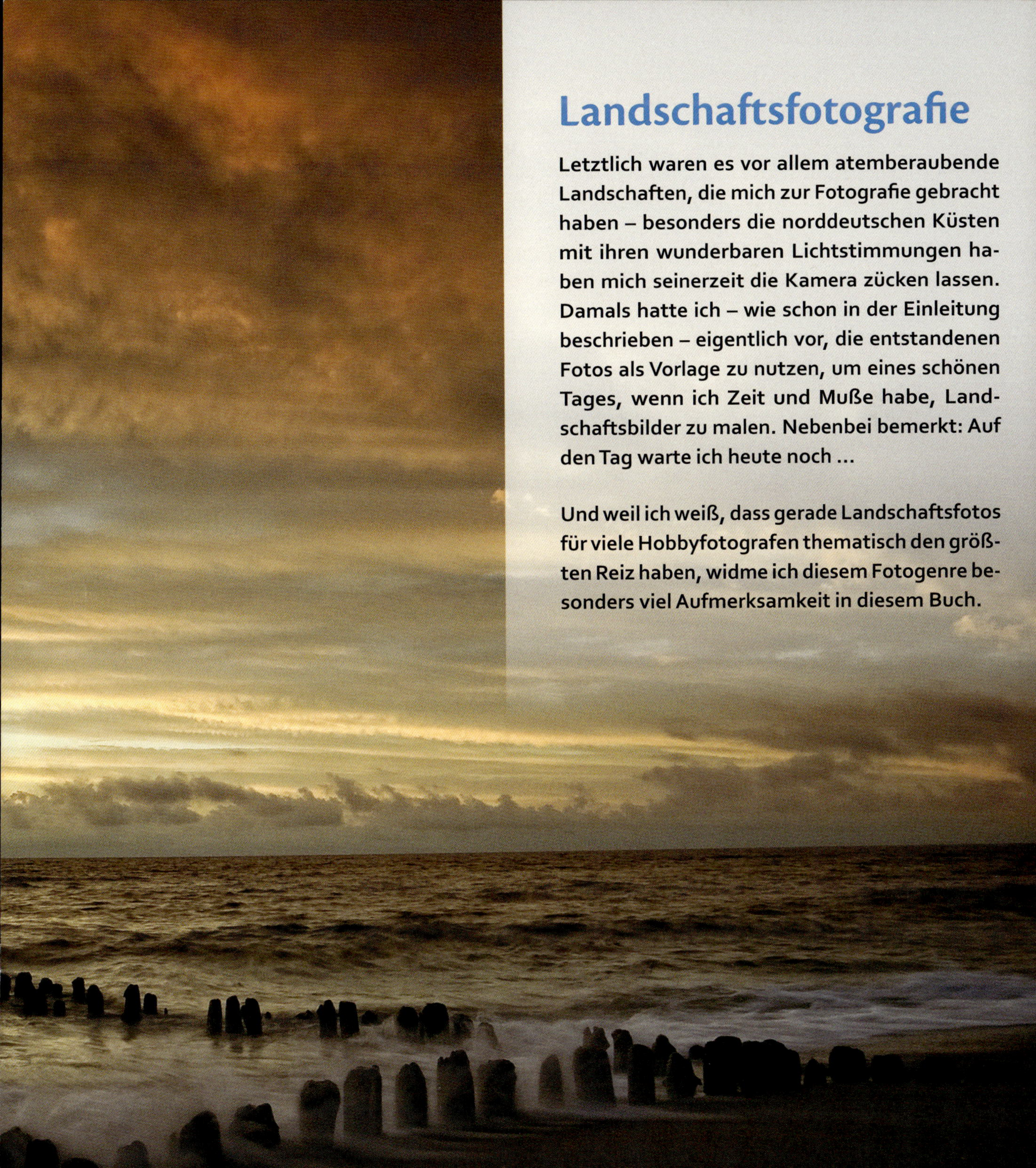

Landschaftsfotografie

Letztlich waren es vor allem atemberaubende Landschaften, die mich zur Fotografie gebracht haben – besonders die norddeutschen Küsten mit ihren wunderbaren Lichtstimmungen haben mich seinerzeit die Kamera zücken lassen. Damals hatte ich – wie schon in der Einleitung beschrieben – eigentlich vor, die entstandenen Fotos als Vorlage zu nutzen, um eines schönen Tages, wenn ich Zeit und Muße habe, Landschaftsbilder zu malen. Nebenbei bemerkt: Auf den Tag warte ich heute noch ...

Und weil ich weiß, dass gerade Landschaftsfotos für viele Hobbyfotografen thematisch den größten Reiz haben, widme ich diesem Fotogenre besonders viel Aufmerksamkeit in diesem Buch.

2.1 Die wichtige Rolle der Bildgestaltung

Fotos schöner Landschaften sollen die Menschen, die sie betrachten, fesseln und ihren Sinn für Ästhetik ansprechen. Sie sollen sich im Idealfall gedanklich in das Foto „hineinbeamen" können und still genießen …

Um Landschaftsfotos von einer so großen Faszination zu schaffen, brauchen Sie ein bestimmtes Grundwissen, das ich Ihnen in diesem Kapitel vermitteln möchte. Denn es sind ganz bestimmte Faktoren, die aus einem durchschnittlichen Landschaftsfoto ein wirklich gutes Bild machen. Mithilfe dieses Buches können Sie lernen, diese Faktoren souverän für die tolle Wirkung Ihrer Fotos einzusetzen. Von ganz entscheidender Bedeutung ist dabei ein guter Aufbau des Bildes – es ist beinahe der wichtigste Faktor in der Landschaftsfotografie. Das ist der Grund, weshalb ich diesen Aspekt gleich zu Beginn des Themas ausführlich erkläre – natürlich anhand entsprechender Beispielfotos. Denn wenn der Bildaufbau eines Landschaftsfotos nicht optimal ist, lässt sich der Zauber einer schönen Landschaft oder einer atemberaubenden Lichtstimmung kaum adäquat auf einem Foto abbilden – der Funke springt dann meistens nicht auf den Bildbetrachter über.

Es ergibt also Sinn, sich vor dem Drücken auf den Auslöser ein paar Gedanken zum Thema

Der idyllische Jägersee im Salzburger Land, Österreich.
f/9 | 1/5 Sek. | ISO 250 | 17 mm

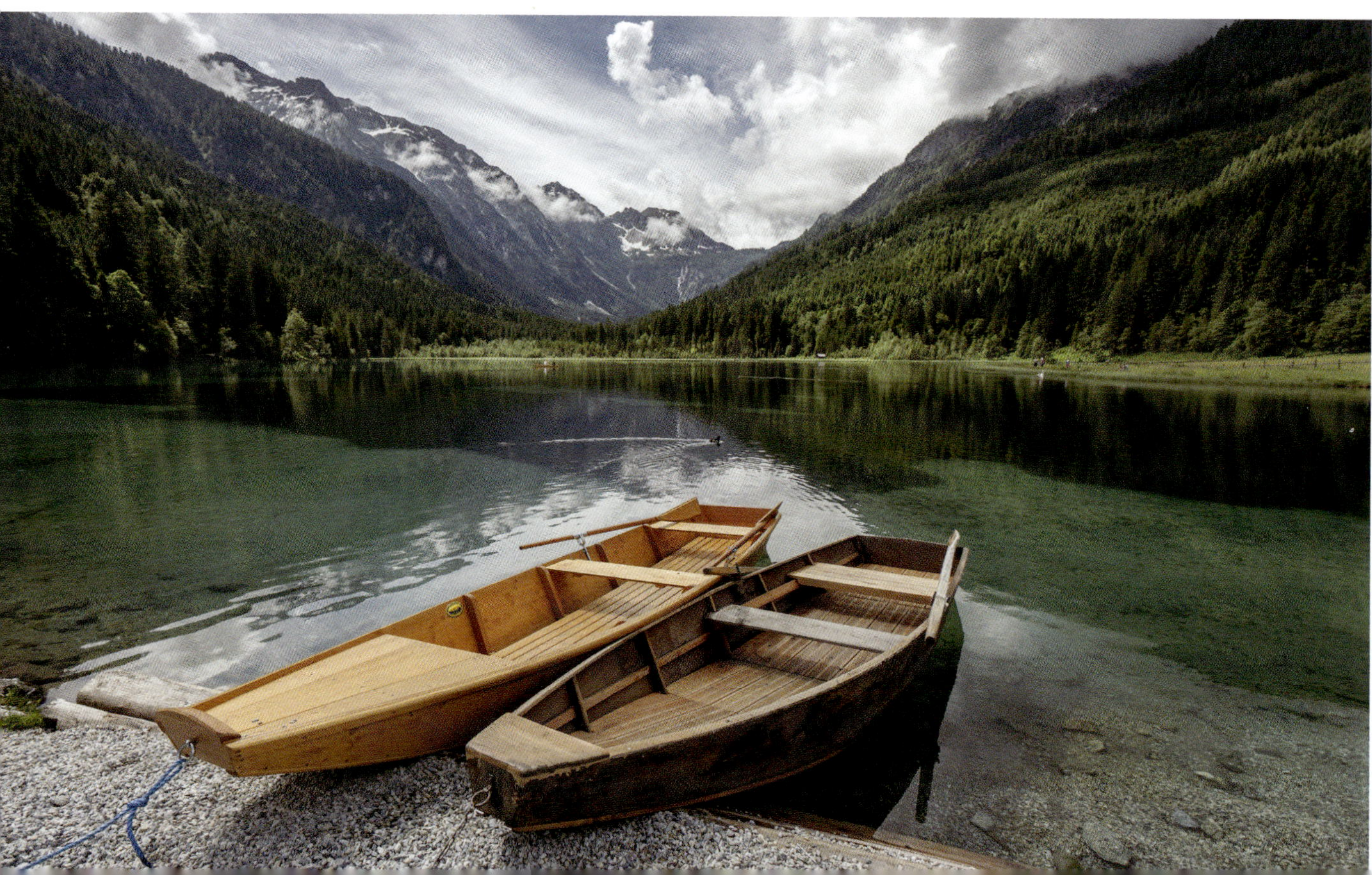

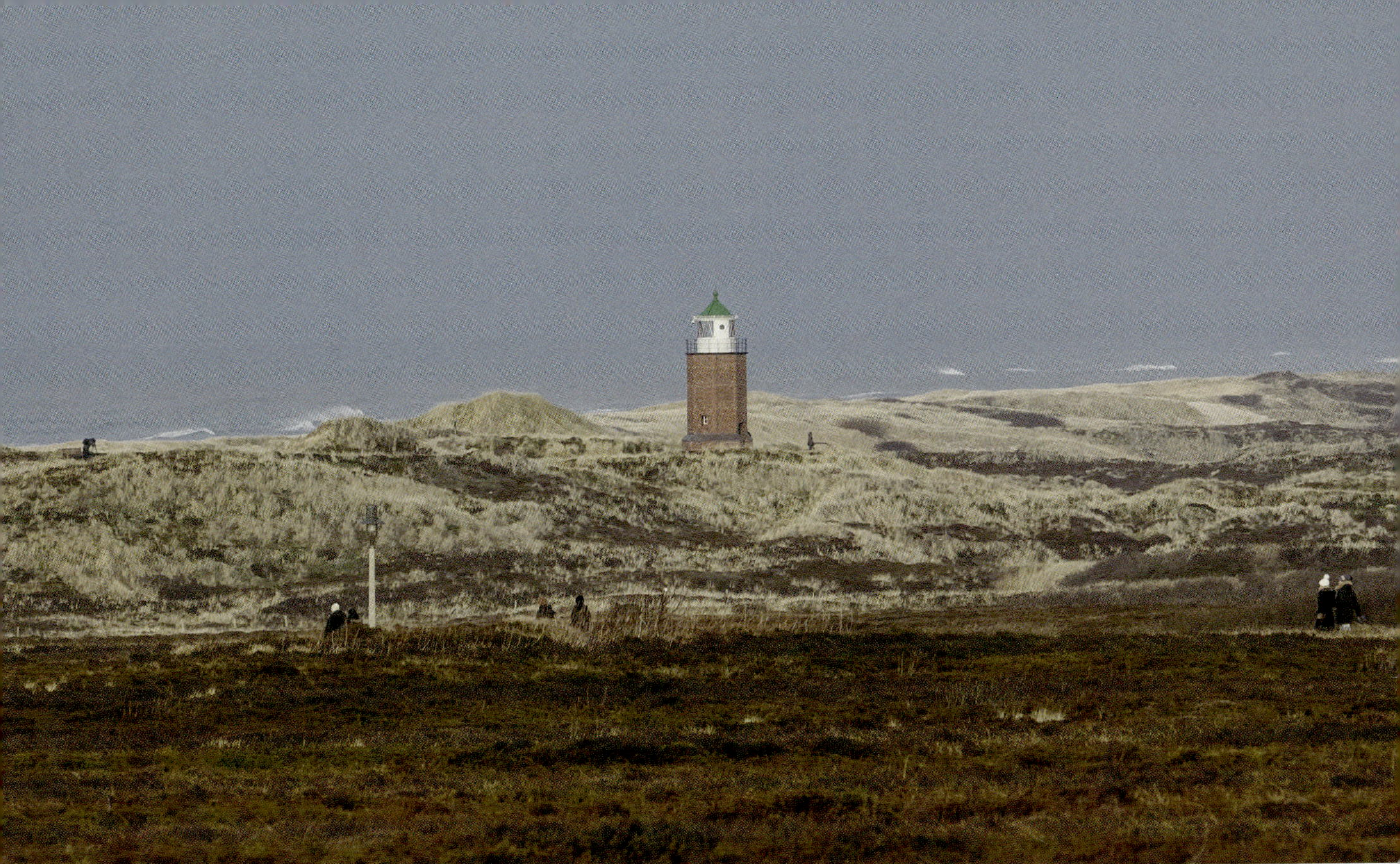

f/7.1 | 1/640 Sek. | ISO 500 | 200 mm

Das Quermarkenfeuer in Kampen prangt genau in der Bildmitte. Okay, ich habe geschummelt und es so zurechtgeschnitten, weil ich die Fotos mit einem mittigen Bildaufbau (Ausnahmen bestätigen die Regel – da komme ich später noch drauf zurück) nicht mehr im Archiv habe, sondern sie gelöscht habe.

Bildaufbau zu machen. Das Wort „richtig" vermeide ich in diesem Zusammenhang. Es gibt zahlreiche Möglichkeiten, eine gelungene Bildgestaltung zu erreichen, und letztlich ist auch der eigene Geschmack nicht ganz unwichtig.

Für den Einstieg sind aber zwei Regeln besonders interessant: Da ist der Goldene Schnitt und dessen Vereinfachung (manche sehen es auch als eigenständige Regel an), die Drittel-Regel.

Eines haben beide Gestaltungsregeln gemeinsam: Das Foto wird in neun Felder aufgeteilt. In den folgenden Abschnitten werde ich, neben anderen Dingen, die Grundlagen dieser beiden Gestaltungsregeln erläutern. Als Beispielfoto dient hier ein Leuchtturmmotiv: Bietet sich Ihnen im Urlaub ein solches Bild – das Licht stimmt, der Himmel ist toll, der Leuchtturm frisch rot-weiß lackiert und glänzt im Sonnenlicht –, dann hüpft das Fotografenherz und der Finger drückt allzu schnell den Auslöser der Kamera.

Und ich könnte jetzt wetten, dass auf den meisten Fotos der Leuchtturm genau in der Bildmitte steht. Als falsch möchte ich das nicht unbedingt bezeichnen. Aber: Fotos können auf unterschiedlichste Art und Weise gestaltet werden, und es ist sinnvoll, mehr als immer nur die Bildmitte für Ihr Hauptmotiv zu reservieren.

Der Goldene Schnitt

Nach diesem Gestaltungsprinzip wird das Hauptmotiv aus dem Bildmittelpunkt herausgerückt und meist auch der Horizont aus der Mitte verschoben. Sie werden feststellen, dass solche Fotos häufig mehr Interesse wecken und Eindruck machen als Bilder, auf denen das Hauptmotiv immer wieder und nicht sehr fantasievoll in der Mitte prangt. Für viele Menschen wirkt ein Bild harmonischer und ästhetischer, wenn Sie das Hauptmotiv – in diesem Fall den Leuchtturm – nach der Regel des Goldenen Schnitts aus der Mitte herausnehmen und es weiter rechts oder links ins Bild setzen. Der Goldene Schnitt ist eine alte und sehr bewährte Form der Gestaltung. Er wirkt besonders gut in Fotos mit viel Natur. Achten Sie beim nächsten Besuch einer Kunstausstellung einmal darauf: Auch zahlreiche Gemälde sind nach diesem Prinzip aufgebaut. Dabei wird eine Strecke in zwei ungleiche Teilstrecken aufgeteilt.

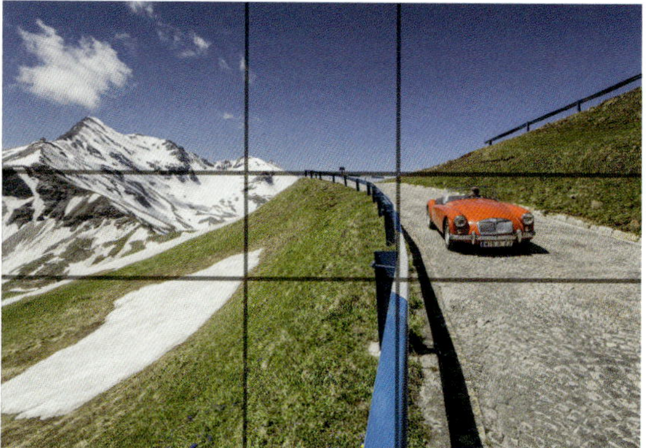

Einblenden des Goldenen Schnitts in Lightroom 5.

In einigen Bildbearbeitungsprogrammen kann man sich die Gestaltungsraster einblenden lassen, zum Beispiel in Adobe Lightroom.

Bildgestaltung nach der Regel des Goldenen Schnitts. Das Foto wirkt harmonisch und ausgeglichen.

f/7.1 | 1/250 Sek. | ISO 100

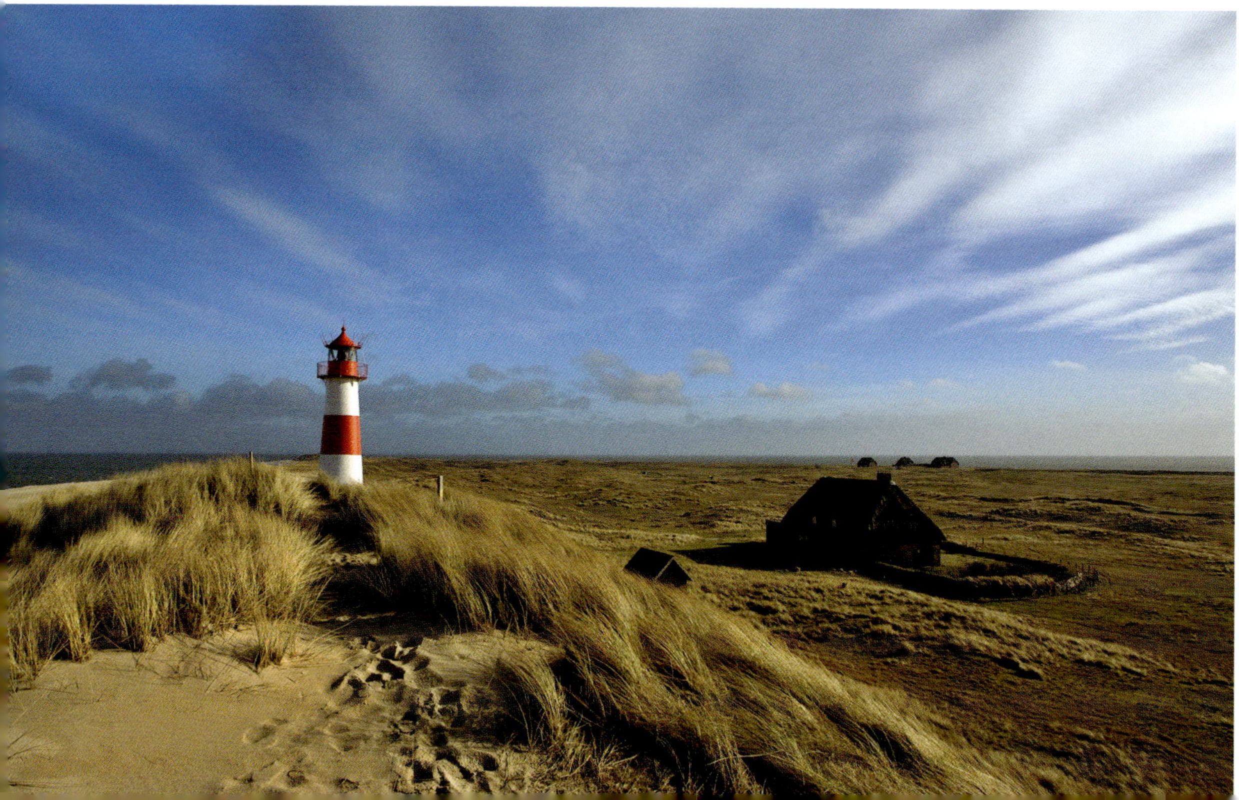

Wer es gern genau wissen will

Mathematisch ausgedrückt lautet die Regel: Die Teilstrecke a verhält sich zur Teilstrecke b wie die Gesamtstrecke a + b zu a. Vereinfacht ausgedrückt: Sie teilen Ihr Foto im Verhältnis 1 zu 0,618 (für die Reststrecke verbleiben 0,382). Gute Näherungswerte sind 3 zu 5 oder 8 zu 13.

Die Drittel-Regel

Einfacher umzusetzen, vor allem für Einsteiger, ist die Drittel-Regel. Nach diesem Grundsatz wird das Foto mithilfe von zwei waagerechten und senkrechten Linien in neun gleich große Felder aufgeteilt. Wenn Sie Ihre Hauptmotive wieder an den Schnittpunkten oder entlang der gedachten Linien platzieren, werden die Fotos häufig ausgewogener aussehen. Hauptmotiv und Horizont „dürfen" z. B. auch auf den waagerechten Linien liegen. Probieren Sie es aus, und Sie werden schnell überzeugt sein. Bei vielen neueren Kameramodellen besteht die Möglichkeit, dieses Linienraster in den Sucher einzublenden. Dieses Hilfsmittel macht es deutlich leichter für Sie, das Bild gut zu gestalten.

An vielen Nikon-Kameras kann allerdings nur ein Gitterraster eingeblendet werden, dass das angezeigte Bild in 4 x 4, also 16 Felder aufteilt, also nicht dieser Regel entspricht.

Trotzdem können die Rasterlinien noch eine Orientierungshilfe sein. Bei der Drittel-Regel können statt der harmonischen Linien auch die Felder des Rasters betrachtet werden.

An der Ostsee am Ausgang der Kieler Förde – hier teilen sich Himmel, Wasser und Landschaft etwa je ein Drittel des Bildes.

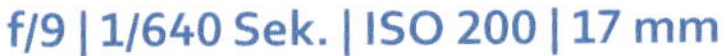

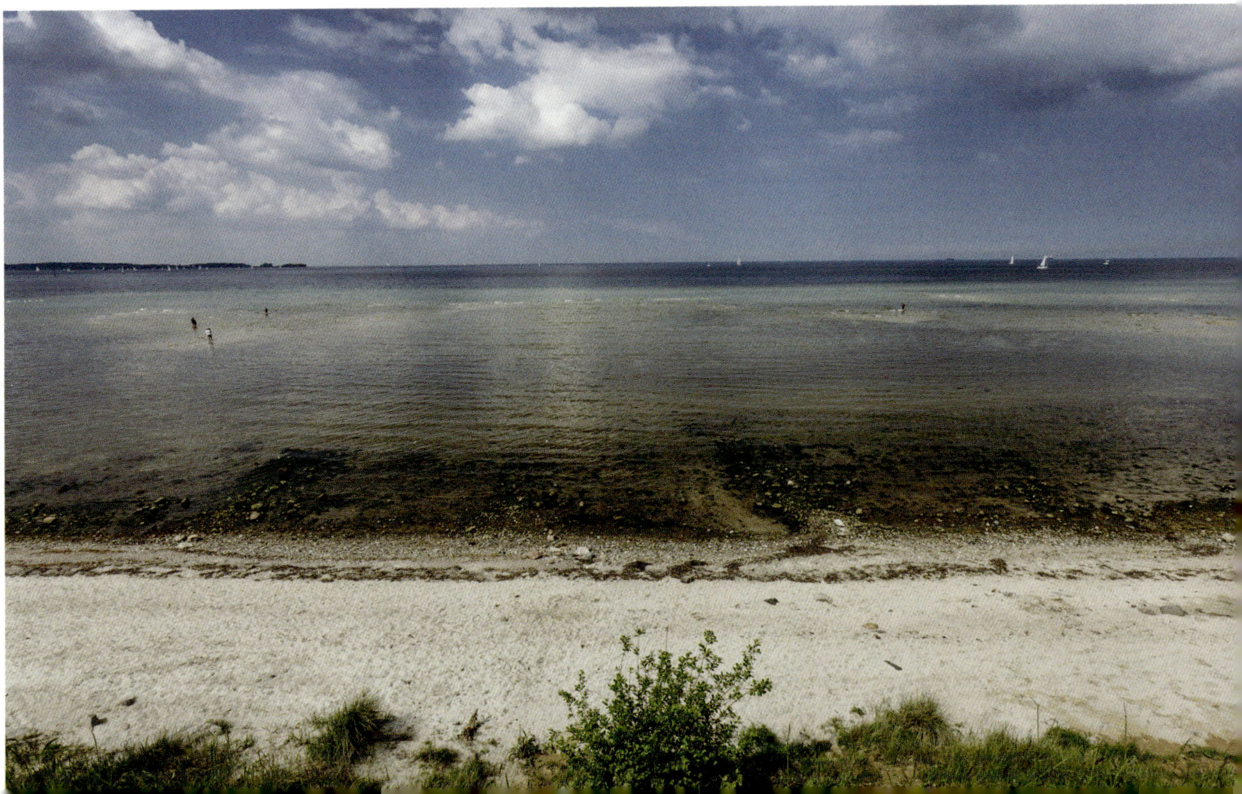

Werden wichtige Bildteile in die äußeren Bereiche verlegt, gibt das dem Foto eine gewisse Spannung oder gar Dramatik. Derart gestaltete Fotos finden deshalb oft im Fotojournalismus Anwendung. Dazu zwei Bildbeispiele:

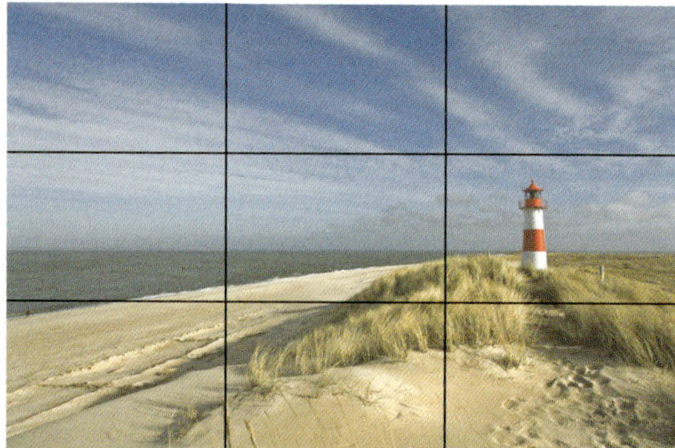

f/7.1 | 1/400 Sek. | ISO 100

Bildgestaltung nach der Drittel-Regel: Der Leuchtturm befindet sich relativ weit am rechten Bildrand. Das Foto wirkt eher dynamisch als harmonisch.

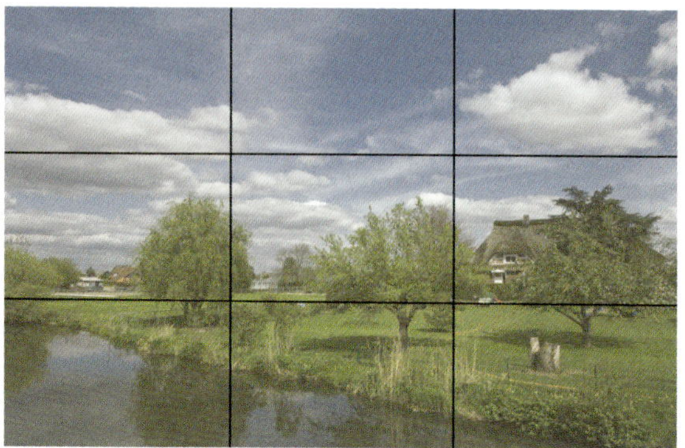

Hauptelemente dieses Motivs sind das reetgedeckte Bauernhaus in Hamburg-Vierlande und der Flusslauf der Dove Elbe. Beide Elemente sind außerhalb der Bildmitte angelegt.

Der Bildaufbau gewinnt also nach der Regel des Goldenen Schnitts oder der Drittel-Regel beträchtlich.

Besonders stark fällt der Effekt bei Natur- und Landschaftsaufnahmen ins Gewicht, er funktioniert aber auch in vielen anderen fotogra-

Ein reetgedecktes Bauernhaus auf einem Grundstück am Fluss – der Horizont liegt unterhalb der Bildmitte. Das Foto ist nach der Drittel-Regel gestaltet.

f/9 | 1/500 Sek. | ISO 160

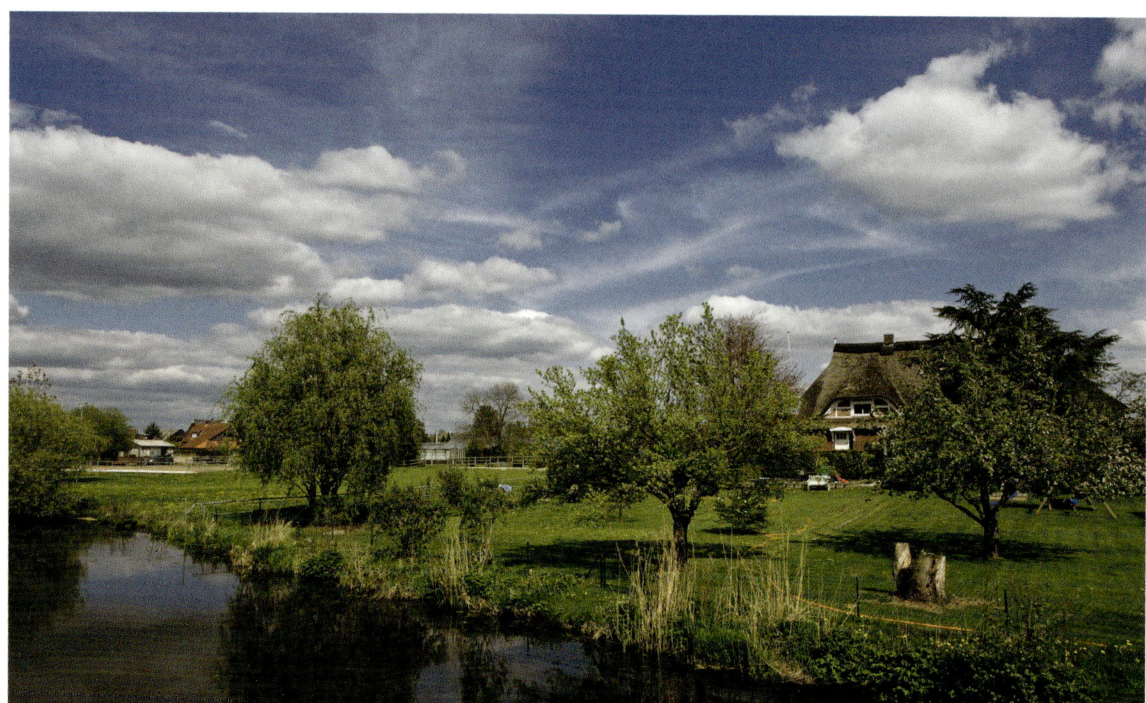

fischen Bereichen. Ausnahmen von diesen Regeln gibt es allerdings zum Beispiel in der Architekturfotografie, wenn etwa eine vorhandene Symmetrie unterstrichen werden soll. Doch dazu kommen wir später in Kapitel 4.

Ein weiteres wichtiges Element bei der Gestaltung guter Landschaftsfotos (und nicht nur da) sind führende Linien, besonders die Diagonale. Mit ihrer Hilfe können Sie den Blick des Betrachters zusätzlich in Richtung Hauptmotiv verstärken.

2.2 Linien lenken Blicke

Legen Sie jetzt einmal statt des Gitterrasters in Gedanken eine transparente Folie auf das Leuchtturmfoto und ziehen Sie mit einem imaginären Bleistift die wichtigen Linien nach: die Wolken, die Grenze zwischen Strand und Wasser, den Horizont, die Fußspuren im Sand, die Richtung, in die der Wind die Dünengräser weht …

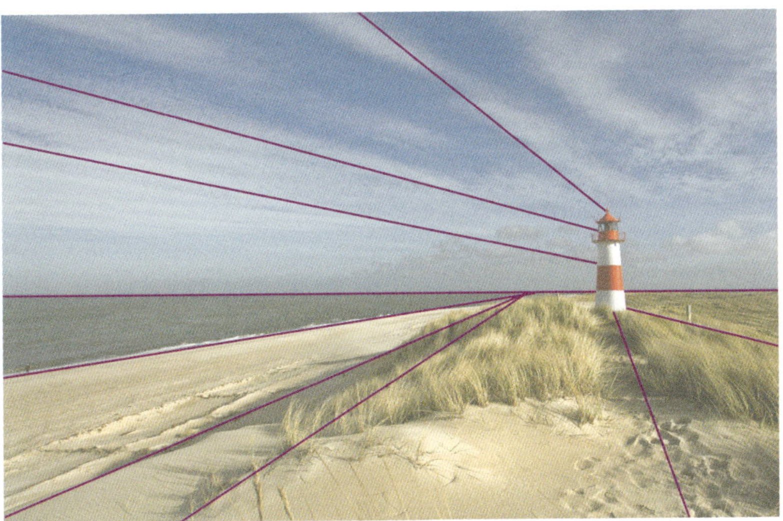

Sie stellen fest: Alle Linien laufen diagonal (bis auf den Horizont) auf den Leuchtturm zu, sodass er der Star im Bild ist – und das, obwohl er gar nicht in der Bildmitte steht, sondern rechts am Rand. Durch diese Diagonalen schaffen Sie zusätzliche Spannung und können den Blick des Betrachters noch einmal verstärkt in Richtung Hauptmotiv lenken.

Diagonalen bringen Dynamik ins Bild

Suchen Sie in Ihrem Motiv nach diesen Linien, bevor Sie auf den Kameraauslöser drücken. Sie sind in fast jedem Motiv zu finden. Stellen Sie sich wieder die transparente Folie vor und legen Sie diese gedanklich über die Landschaft, die vor Ihnen liegt. Dann ziehen Sie die Linien nach. Lassen Sie sich Zeit – Landschaftsmotive haben die angenehme Eigenschaft, nicht wegzulaufen. Das Foto auf Seite 50 zeigt besonders deutlich, wie stark diagonal verlaufende Linien im Foto dessen Wirkung positiv beeinflussen können.

Ohne diese diagonalen Linien im Bild wären Sie vermutlich beim Anschauen des Fotos eingeschlafen: Die Landschaft ist öde und platt wie ein Brett. Sie können schon morgens sehen, wer nachmittags zum Kaffeetrinken zu Besuch kommt. Doch durch die Diagonalen gewinnt diese landschaftliche Einöde enorm an Wirkung.

Noch ein Beispiel: Jede Wette, dass ich das Motiv nicht einmal gesehen hätte, wenn das

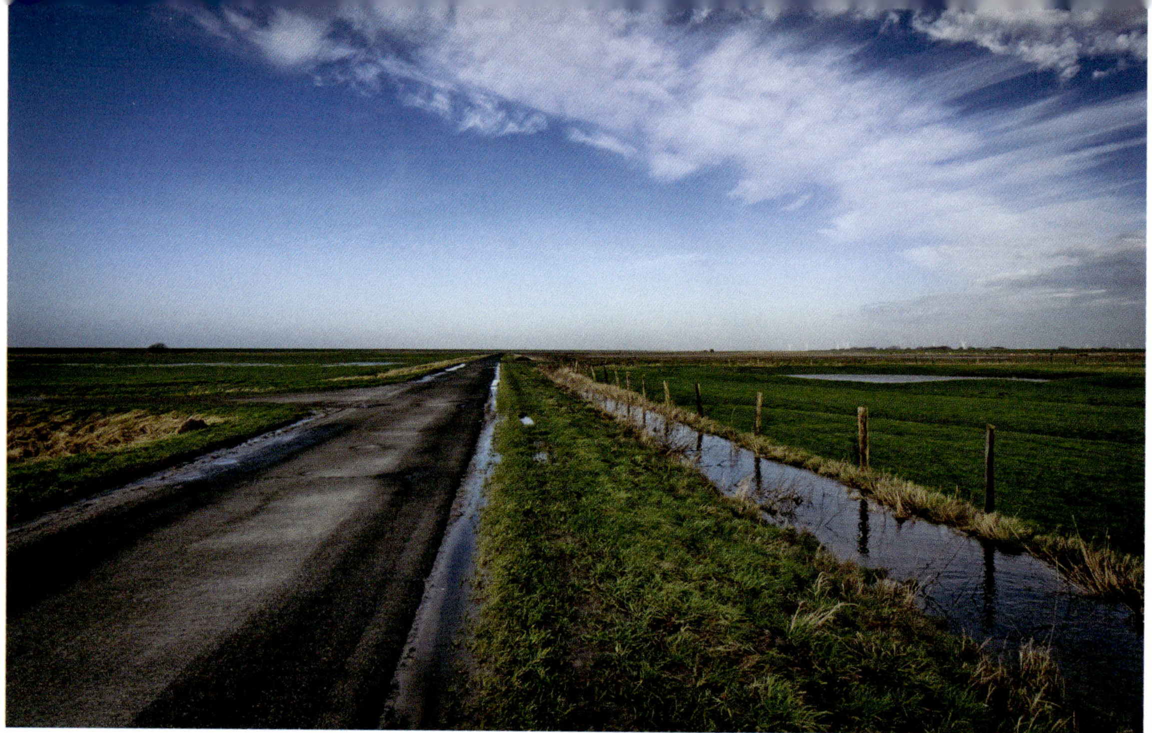

f/10 | 1/160 Sek. | ISO 100 | 12 mm

Eine Dithmarscher Koog-Landschaft: Alle Linien laufen diagonal auf einen Fluchtpunkt am Horizont zu. Und so bekommt eine ebene und wenig aufregende schleswig-holsteinische Landschaft ein gewisses Maß an Dynamik.

Der Trischendamm in Friedrichskoog-Spitze (Dithmarschen, Schleswig-Holstein). Jede Wette: Ich hätte gar kein Fotomotiv gesehen, wenn das Schild gerade gestanden hätte!

f/9 | 1/640 Sek. | ISO 200 | 17 mm

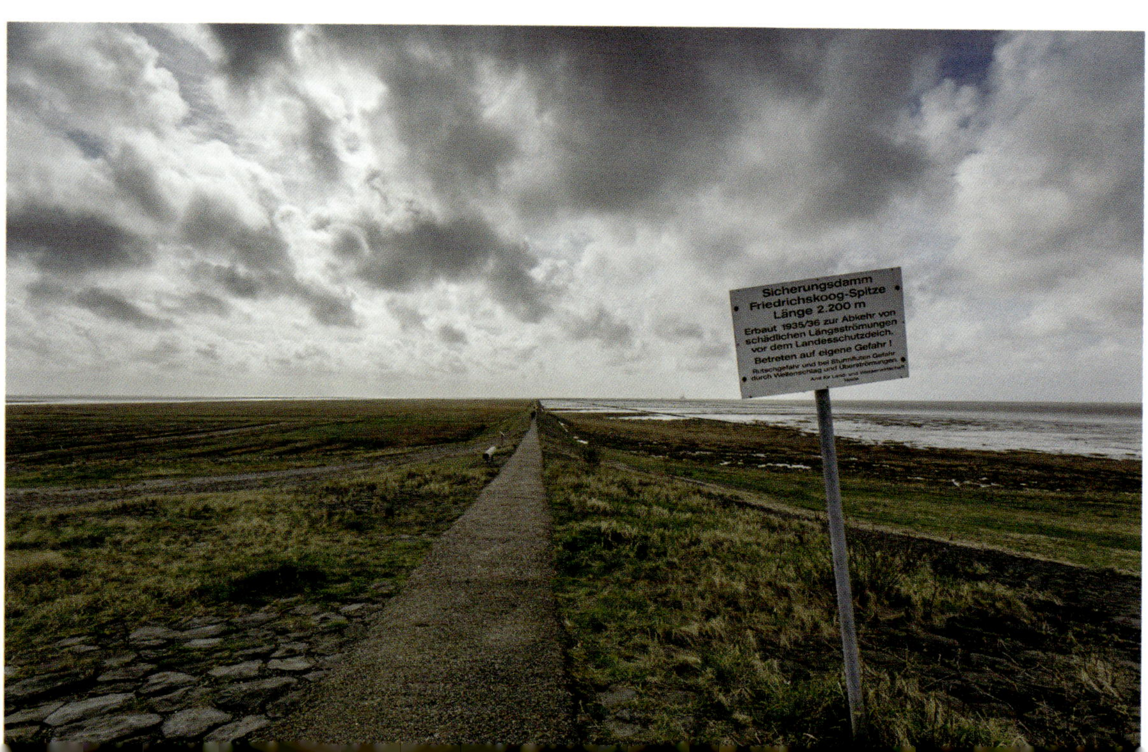

Schild gerade (senkrecht) dort am Trischendamm, Dithmarschen, gestanden hätte.

Perspektive verändern

Kommen wir noch einmal auf die Fotos der Leuchtturmserie zurück. Hier können Sie dank bester Lichtbedingungen aus dem Vollen schöpfen. Verändern Sie – nachdem Sie die ersten Aufnahmen vom Motiv im Kasten haben – die Perspektive auf den Turm, indem Sie zum Beispiel in die Hocke gehen oder sich flach auf den Boden legen. Gehen Sie zehn Schritte nach rechts und fotografieren Sie. Dann das Gleiche noch einmal nach links. Zoomen Sie ins Motiv hinein und machen Sie zum Beispiel eine Detailaufnahme des oberen Drittels des Leuchtturms. Fotografieren Sie aus allen Blickwinkeln – jedes Bild vermittelt einen anderen Eindruck und ist es wert, von Ihnen gemacht zu werden.

Es gibt nahezu unendlich viele Varianten, ein Motiv zu fotografieren. Aber lassen Sie dabei nicht die eben erläuterten Gestaltungsregeln außer Acht! Kontrollieren Sie vor jedem Auslösen selbstkritisch, ob der gewählte Bildausschnitt den Regeln entsprechend gelungen ist und das Bild die gewünschte Wirkung erzielt. Halten Sie dabei Ihre Kamera nicht immer nur im Querformat, sondern testen Sie ebenfalls, ob Ihr Motiv nicht auch im Hochformat eine tolle Wirkung zeigt.

Deutschlands nördlichster Leuchtturm steht auf dem Sylter Ellenbogen und ist immer wieder ein beliebtes Fotomotiv. Hier habe ich „List-West" (so seine korrekte Bezeichnung) in verschiedenen Varianten fotografiert: zweimal im Hoch- und zweimal im Querformat, jeweils mit unterschiedlicher Setzung des Fokus und leicht variierender Brennweite, aber ansonsten mit immer den gleichen Kameraeinstellungen. Ich habe übrigens mal wieder bäuchlings auf dem Boden gelegen, um diese Bilder zu machen. Eine höhere Position wäre ungünstig gewesen, weil ein unschönes und

f/7.1 | 1/200 Sek. | ISO 500 | 105 mm

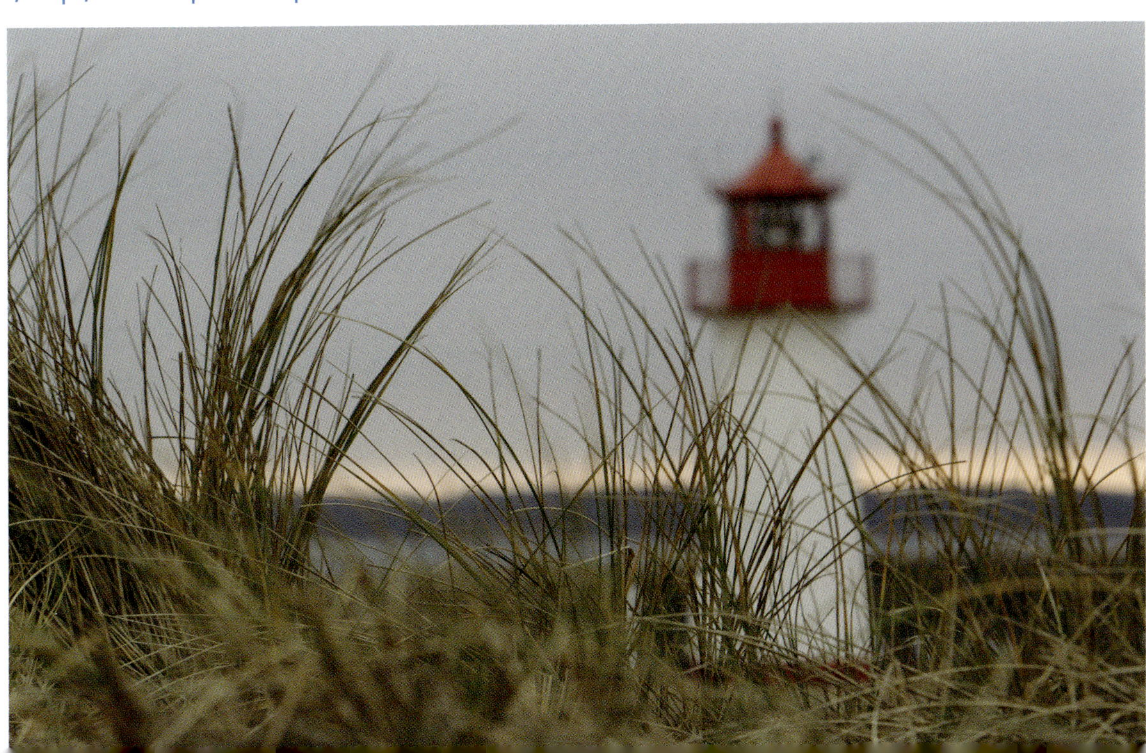

baufälliges Haus unterhalb des Leuchtfeuers sonst zu deutlich erkennbar gewesen wäre …

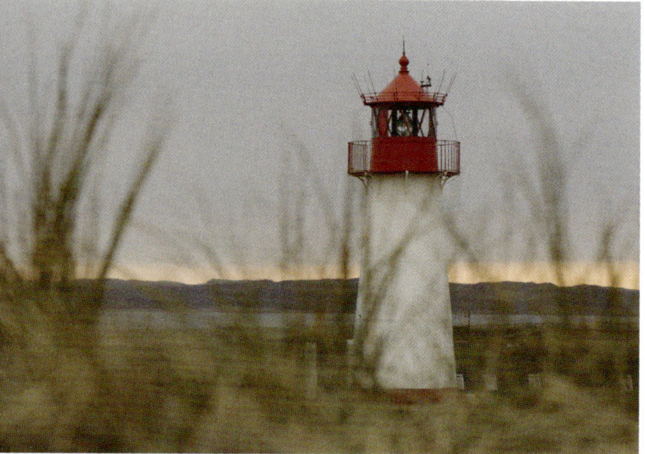

f/7.1 | 1/200 Sek. | ISO 500 | 110 mm

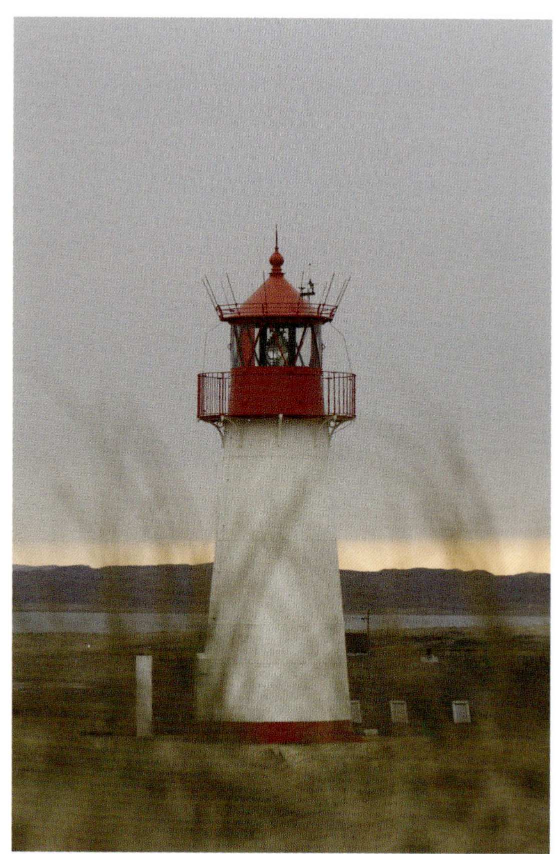

f/7.1 | 1/200 Sek. | ISO 500 | 130 mm

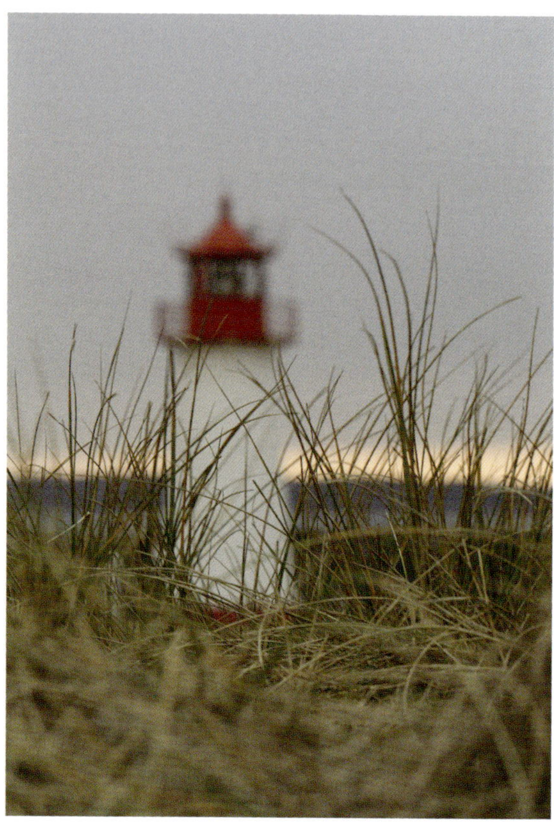

f/7.1 | 1/200 Sek. | ISO 500 | 110 mm

Erst denken – es lohnt sich!

Ich weiß: Sie möchten lieber den tollen Anblick mit der Kamera festhalten und sich nicht lange Gedanken darüber machen, ob Sie dabei die Regeln der Bildgestaltung einhalten. Okay, dann machen Sie das. Aber sagen Sie später nicht, ich hätte Sie nicht vor dem „Drauflosknipsen" gewarnt, wenn Sie am Computermonitor feststellen: „Hm … irgendwie sah das vor Ort toller aus!" Oft lassen sich Fotos, die hinsichtlich der Bildgestaltung etwas unbedacht entstanden, am Computer durch einen mutigen Schnitt in ihrer Bildwirkung deutlich verbessern. Bei mir entstehen solche Bilder immer dann, wenn ich einfach zu viele Bildelemente auf meinem Foto abbilden möchte. Dass weniger mehr gewesen wäre, merke ich dann spätestens am heimischen Computermonitor. Dazu dieses Fotobeispiel aus dem frühwinterlichen Hochschwarzwald: Wenn Sie also vor dem Fotografieren nur ein paar Überlegungen anstellen, wie Sie die Landschaft vor Ihnen am besten in Szene setzen – es dauert ja wirklich nur ein paar Sekünd-

Hier wollte ich zu viele Bildelemente abbilden: die windgebeugten Bäume, die milchige Sonne, den frischen Schnee auf der Wiese. Dadurch rutscht der Horizont in die eher ungünstige Bildmitte.

f/8 | 1/500 Sek. | ISO 250 | 35 mm

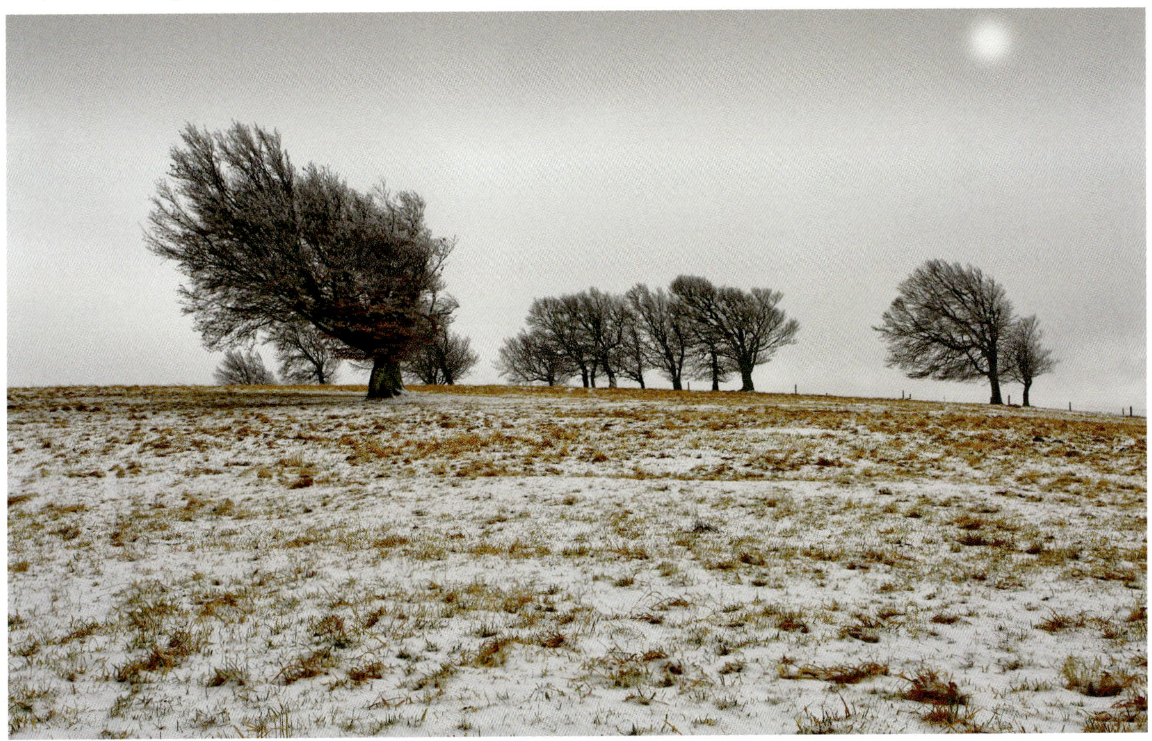

Das gleiche Foto nach einem radikalen Beschnitt der unteren Bildhälfte. Dadurch ist zwar ein extremes Querformat entstanden, aber die Bildwirkung ist ungleich besser und könnte sich ausgedruckt und gerahmt durchaus als Wanddekoration eignen (wenn man denn Winterkälte mag).

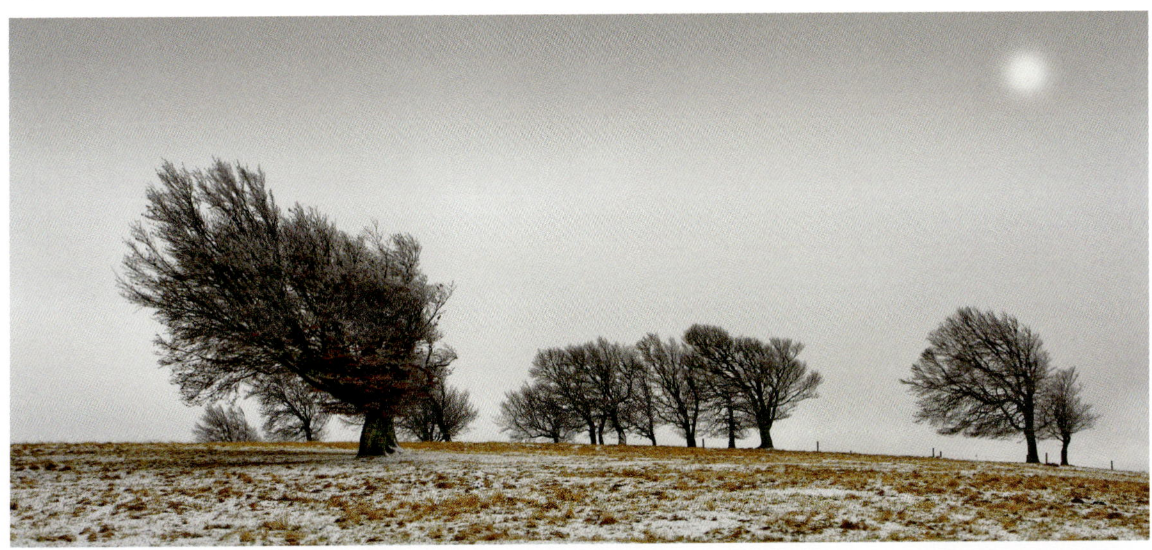

chen –, werden Sie mit tollen Bildern belohnt! Und ich verspreche Ihnen: Je mehr Fotoerfahrung Sie gesammelt haben, desto eher stellt sich mit der Zeit ein gewisser Automatismus ein: Sie kommen dann gar nicht mehr auf die Idee, das Hauptmotiv, z. B. einen Leuchtturm oder eine Mühle, in die Bildmitte zu setzen, sondern platzieren es automatisch außerhalb!

Ausnahmen von der Regel

Bei dem Foto unten eines Bootssteges können Sie sogar die vorangestellten Gestaltungsregeln (Drittel-Regel, Goldener Schnitt) außer Acht lassen und das Bauwerk in die Bildmitte setzen: Es ist kein ausschließliches Landschaftsfoto – es ist auch ein Architekturfoto. Um in diesem Fotografiegenre z. B. eine vorhandene Symmetrie zu verdeutlichen, ist es völlig legitim, den Bildaufbau mittig zu gestalten.

Bei unserem Beispielfoto auf der nächsten Seite werden die Blicke des Betrachters förmlich an das Ende des Steges gesogen. Der Horizont und das Steg-Ende liegen allerdings leicht oberhalb der Bildmitte.

Das rechte und linke Geländer des Steges laufen in die Bildecken. Eine weitere Ausnahme

Historische Schöpfmühle nahe dem tiefsten Punkt Deutschlands im Kreis Steinburg, Schleswig-Holstein – die Mühle ist wieder außerhalb der Bildmitte platziert.

f/11 | 1/320 Sek. | ISO 200 | 17 mm

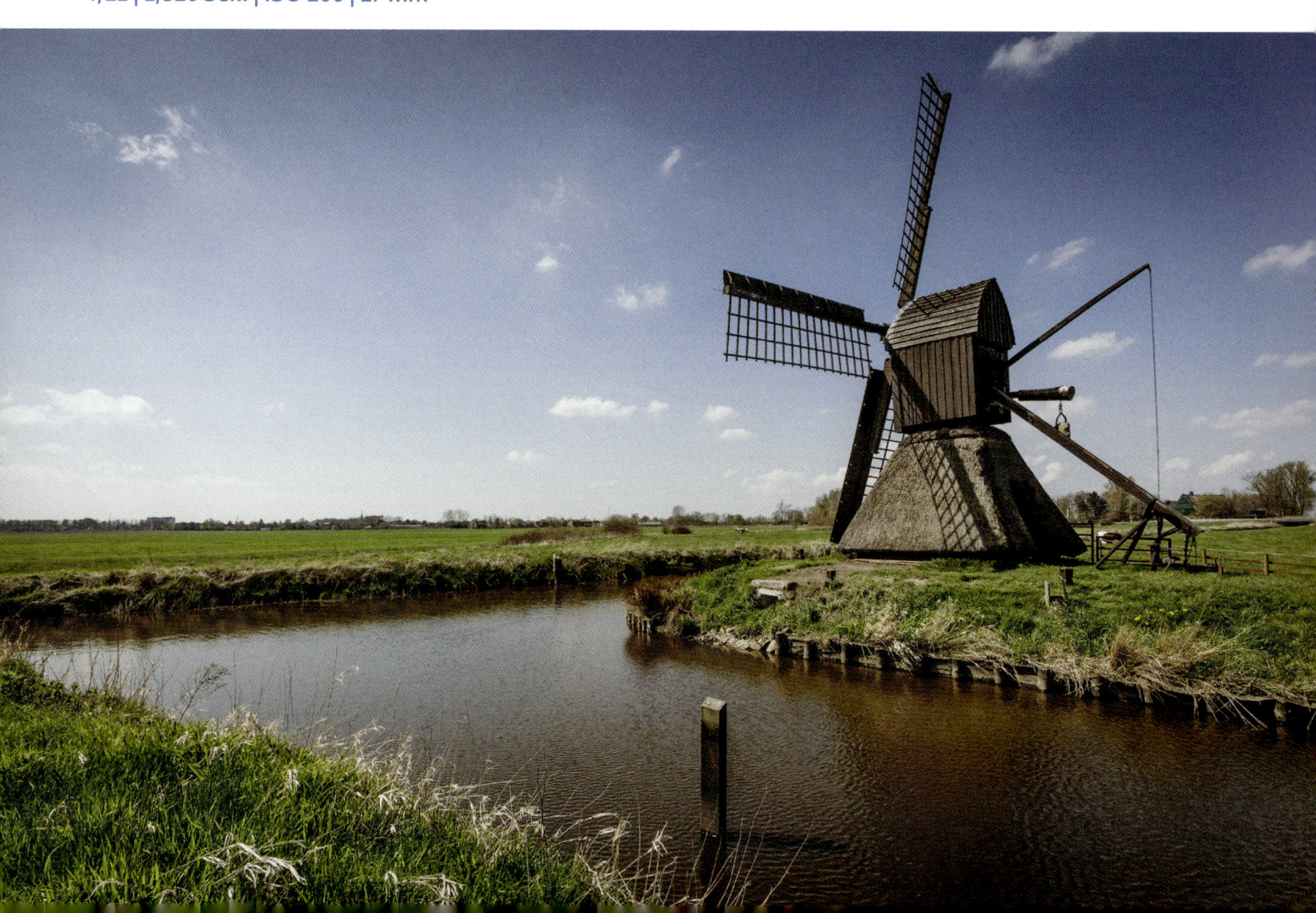

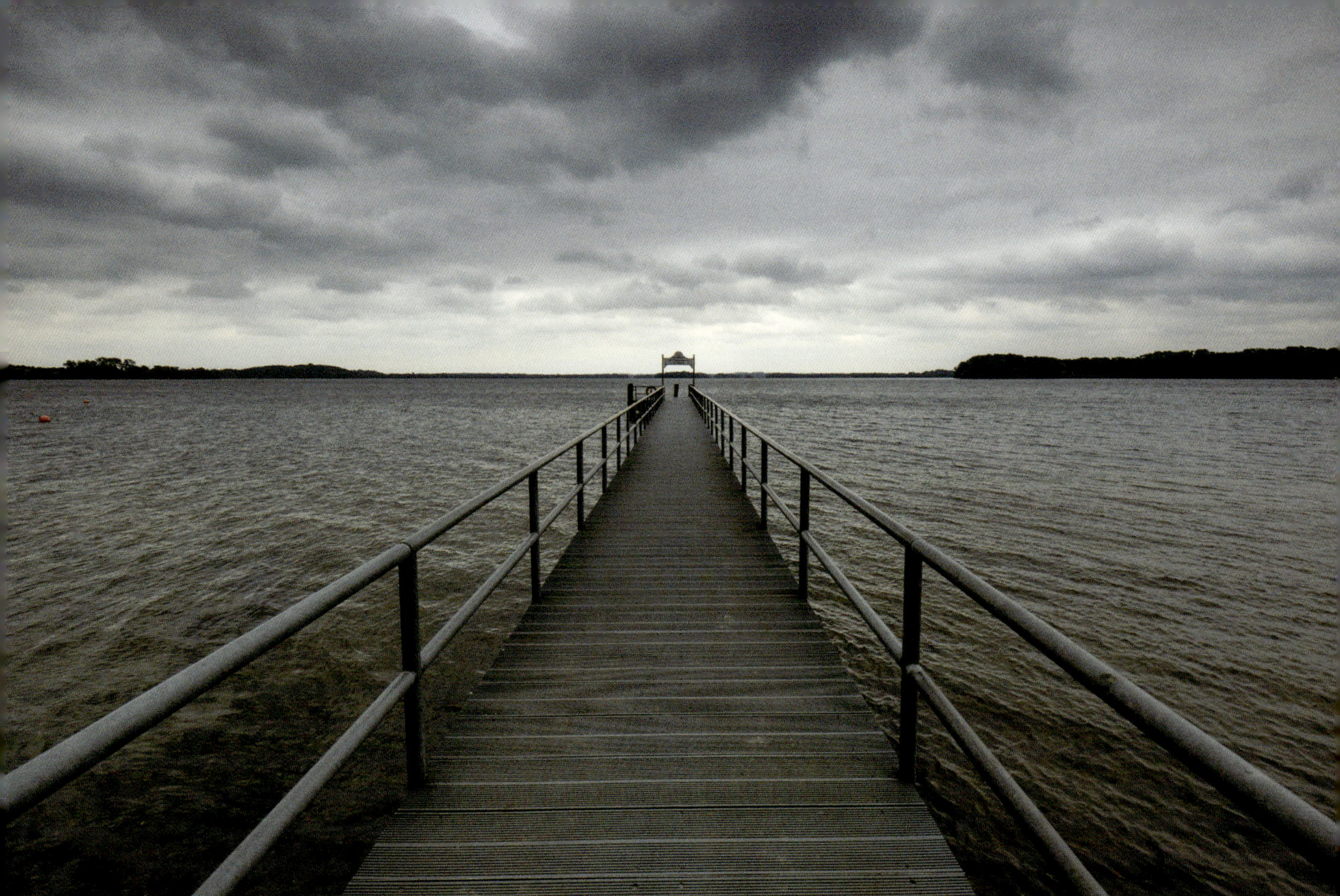

f/9 | 1/500 Sek. | ISO 640 | 16 mm

Schiffsanleger am Plöner See – bei einem solchen Motiv können Sie die besonders für Landschafts- und Naturaufnahmen geltenden Gestaltungsregeln außer Acht lassen und das Bauwerk mittig positionieren. Es ist ja auch eher ein Architektur- als ein ausschließliches Landschaftsfoto.

von den allgemeinen Fotogestaltungsregeln stellen Porträtfotos dar – aber dazu komme ich später in diesem Buch. Dabei fällt mir noch der Spruch eines klugen Kollegen ein: „Wer als Anfänger die Gestaltungsregeln der Fotografie ignoriert, hat keinen Verstand. Wer sich aber fotolebenslang daran klammert, hat keine Fantasie."

Das Landschaftsobjektiv

Das klassische Objektiv für Landschaftsmotive ist ein Weitwinkel. Ein Weitwinkelobjektiv hat eine kurze Brennweite und somit einen recht großen „Blickwinkel" (genauer Formatwinkel). Das bedeutet, dass Sie damit einen sehr großen Teil der Landschaft, die vor Ihnen liegt, fotografieren können. Brennweiten, die deutlich unter 50 mm liegen, werden als Weitwinkelobjektiv bezeichnet. Als Normalbrennweite werden Brennweiten um 50 mm bezeichnet – das entspricht in etwa dem Bereich, den wir mit unseren Augen scharf sehen können.

Nutzen Sie also eine möglichst kurze Brennweite, wenn Sie einen Landschaftsüberblick fotografieren möchten. Denn das ist es ja, was Sie den Betrachtern Ihrer Urlaubsfotos vermitteln wollen: einen Überblick über die Umgebung, in der Sie die schönsten Wochen des Jahres verlebt haben.

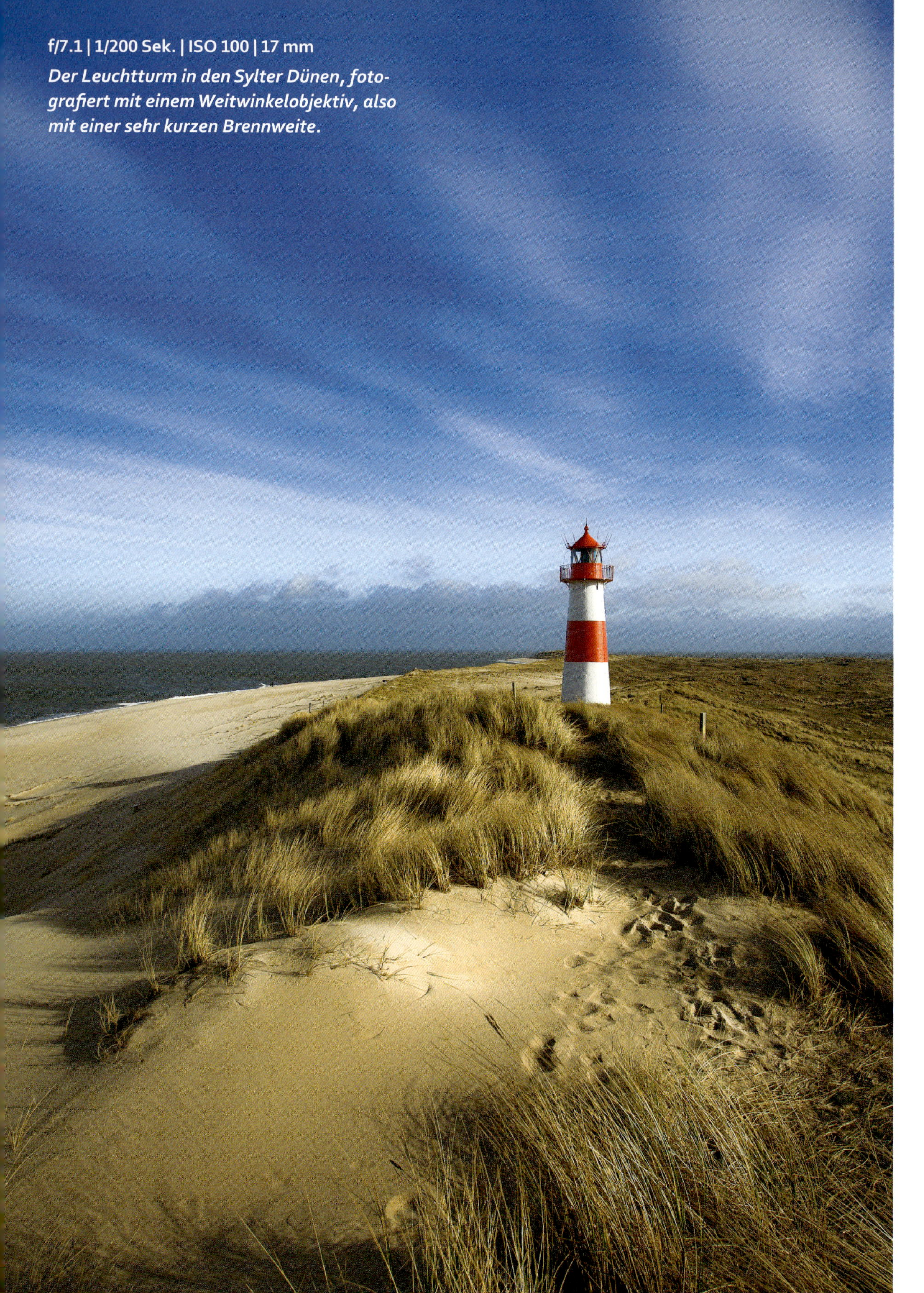

f/7.1 | 1/200 Sek. | ISO 100 | 17 mm

Der Leuchtturm in den Sylter Dünen, fotografiert mit einem Weitwinkelobjektiv, also mit einer sehr kurzen Brennweite.

Brennweite und Sensorgröße

Hat ein Objektiv eine Brennweite von 50 mm, hat es diese Brennweite natürlich mit jedem verwendeten Kamerasensor. Trotzdem gibt es einen Unterschied: Dadurch, dass mehr Bildteile vom einfallenden Licht bei einer Kamera mit kleineren Sensoren abgeschnitten werden, erscheint das Foto wie mit einer höheren Brennweite (und kleinerem Blickwinkel) aufgenommen. Das ist der sogenannte Cropfaktor. Er ist für die unterschiedlichen Kameratypen angegeben und beträgt für typische DSLR-Kameras mit APS-C-Sensor meistens 1,5 oder 1,6. Genau genommen muss man also z. B. an Consumer-DSLR (mit Consumer sind hier Amateurfotografen gemeint) ein Objektiv mit ca. 35 mm als Normalobjektiv bezeichnen, da die Brennweitenwirkung um den Faktor 1,5 höher ist (35 x 1,5 ≈ 50 mm).

Lediglich die professionellen Vollformatkameras (sie werden im Gegensatz zu den Consumer-Kameras eher von Profis und sehr ambitionierten und fortgeschrittenen Amateurfotografen genutzt) haben keinen Cropfaktor: Sie bilden 50 mm auch als 50 mm ab. Professionelle Landschaftsfotografen nutzen meistens diese Vollformatkameras, weil die Weitwinkelobjektive dann ihre größte Wirkung entfalten. Hingegen wirkt z. B. die 18-mm-Brennweite Ihres Kit-Objektivs an einer Kamera mit Cropfaktor wie 27 mm (18 x 1,5) und zeigt damit weniger Landschaft auf dem Bildausschnitt als das gleiche Objektiv an einer Vollformatkamera ohne Cropfaktor. Kameras mit Cropfaktor haben wiederum den Vorteil, dass lange Brennweiten eine stärkere Wirkung haben. Dann wirken z. B. 200 mm wie 300 mm (200 mm x 1,5)!

Gerader Horizont – oder doch nicht?

Achten Sie schon beim Fotografieren darauf, dass der Horizont auch wirklich waagerecht im Bild ist. Neigen Sie die Kamera nur minimal nach links oder rechts, wird er schief (und das Meerwasser läuft aus!). Okay, ein schiefer Horizont lässt sich auch später am Computer wieder gerade ausrichten – aber es ist ein Arbeitsschritt, den Sie sich durch die richtige Kamerahaltung ersparen können. Und bedenken Sie, dass der Horizont möglichst außerhalb der Bildmitte liegen sollte. Überlegen Sie vor dem Drücken des Auslösers, welche Bildwirkung Sie erzielen möchten, und richten Sie danach Ihre Bildgestaltung aus.

Wollen Sie zum Beispiel zeigen, wie kraftvoll und dynamisch die Brandung am Meer ist, werden Sie die unterstützende Hilfe der Diagonale vermissen: Alles ist mehr oder weniger waagerecht: die Horizontlinie zwischen Himmel und Wasser, die Brechung der Wellen, der Flutsaum, an dem das Wasser am Strand ausläuft. Sie können die Dynamik der Brandung aber zum Beispiel unterstreichen, indem Sie die Kamera neigen und so den Horizont absichtlich schräg durch das Bild verlaufen lassen – das ist ein absolut legitimes Stilmittel. Aber wenn schräg, dann richtig! Ein leicht schiefer Horizont entfaltet nicht die gewünschte Wirkung und sieht eher aus, als sei er versehentlich entstanden.

Ausrüstungscheck vor der Fototour

Grundsätzlich empfehle ich, vor jeder Fototour die Kameraausrüstung zu checken: Nichts ist schlimmer, als vor Ort festzustellen, dass die Speicherkarte noch zu Hause im Kartenlesegerät steckt und Sie unverrichteter Dinge wieder umkehren müssen!

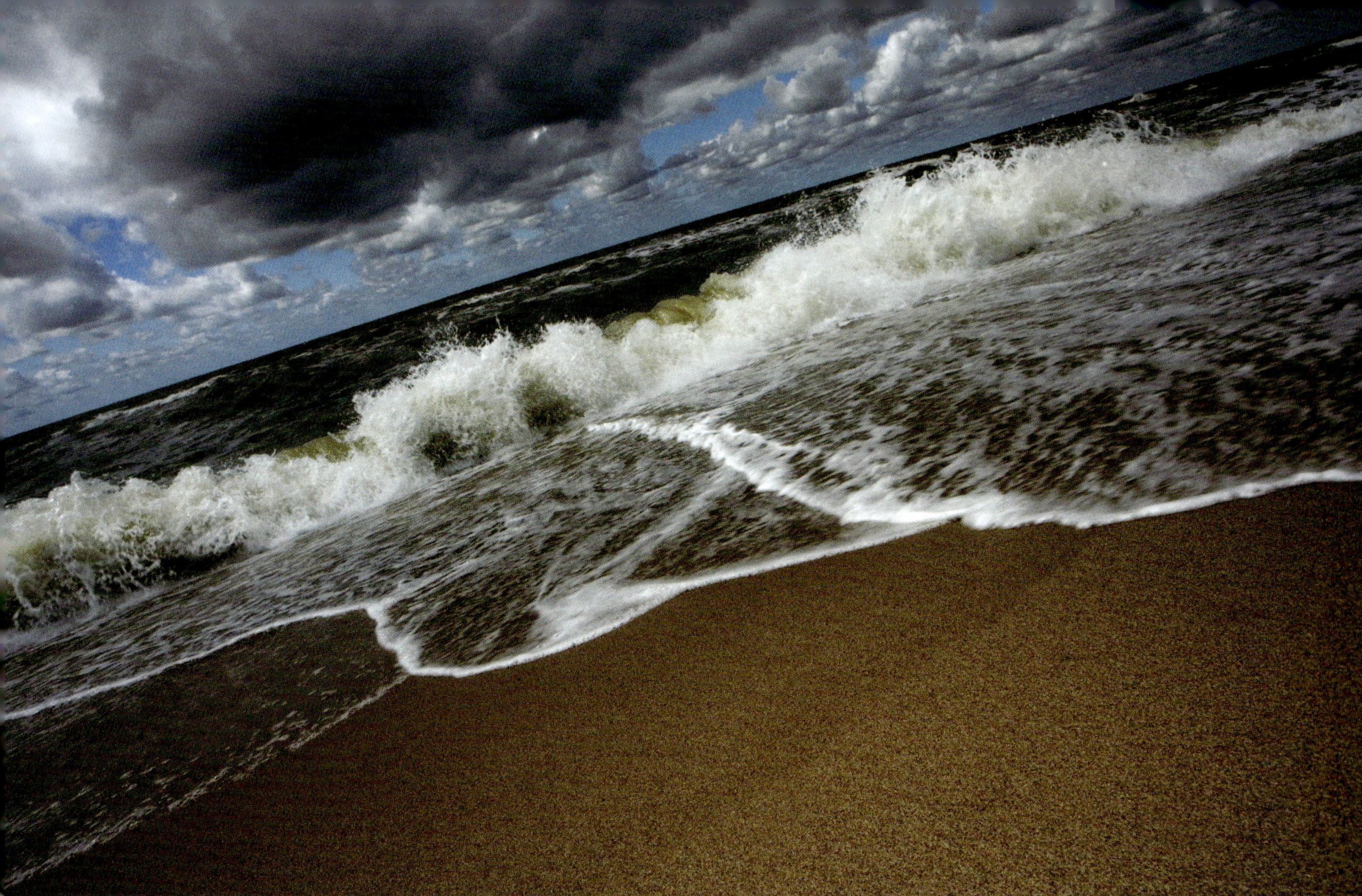

f/10 | 1/125 Sek. | ISO 50 | 17 mm

Schräge Sylter Nordseebrandung: Keine Linie im Foto ist waagerecht – die Kamera wurde absichtlich stark geneigt, um die Dynamik der Meeresbrandung zu unterstreichen.

Mag ja sein, dass Ihnen dieser Ratschlag ziemlich albern vorkommt – aber glauben Sie mir: Ich schreibe das, weil ich aus eigener leidvoller Erfahrung weiß, dass es manchmal noch viel dümmer kommen kann, als man es für denkbar hält! Ach, und noch etwas: Formatieren (Löschen der noch vom vergangenen Shooting vorhandenen Bilder) Sie Ihre Speicherkarte am besten in der Kamera – das geht am schnellsten und gründlichsten.

In jedem Kameramenü findet sich der Menüpunkt ***Formatieren***. Die Fotos einzeln zu löschen, ist viel zu mühsam. Aber überprüfen Sie vorher lieber noch einmal, ob Sie wirklich alle Bilder auf der Festplatte Ihres Rechners gespeichert haben! Und falls Sie doch einmal versehentlich Bilder von der Speicherkarte gelöscht haben: Es gibt Rettung! Nehmen Sie die Speicherkarte aus Ihrer Kamera und legen Sie eine andere ein – es ist sowieso sinnvoll, mindestens zwei Karten im Gepäck zu haben.

Im Internet finden Sie kleine Gratisprogramme, die Sie auf Ihrem Rechner installieren können. Mit ihrer Hilfe lassen sich meistens die letzten Fotos wiederherstellen. Wie das genau funktioniert, wird auf der Webseite *www.fotocommunity.de/info/Datenrettung* sehr anschaulich erklärt. Ich habe schon einige Male das Programm PC Inspector (*www.pcinspector.de/default.htm*) oder Recuva (*www.piriform.com/recuva*) erfolgreich zur Datenrettung eingesetzt. Sollen RAW-Dateien wiederhergestellt werden, empfehle ich das Programm PhotoRec (*www.heise.de/download/photorec.html*).

Kameracheck vor jeder Fototour!

- Ist die Speicherkarte in der Kamera?
- Ist eine zweite Speicherkarte als Reserve im Gepäck?
- Ist die Speicherkarte formatiert und frei? Bitte immer die Karte formatieren und nicht nur die einzelnen Bilder löschen!
- Steht der ISO-Wert auf 100? Nichts ist ärgerlicher, als bei optimalen Lichtverhältnissen Fotos mit einem viel zu hoch eingestellten ISO-Wert zu fotografieren, denn das geht zulasten der Bildqualität.
- Ist der Weißabgleich richtig eingestellt? Auf Nummer sicher gehen Sie, wenn Sie den automatischen Weißabgleich wählen – bei der Bearbeitung Ihrer Bilder am Computer können Sie ein farbstichiges Bild immer noch korrigieren (am besten geht das, wenn Sie im RAW-Format fotografieren).
- Ist die Belichtungskorrektur wieder auf den Ausgangswert zurückgestellt worden?
- Wenn Sie mit einer Belichtungsreihe gearbeitet haben, sollten Sie diese ebenfalls immer gleich wieder zurücksetzen.
- Haben Sie das richtige Dateiformat gewählt? JPEG-Bilder immer mit der höchstmöglichen Auflösung einstellen oder gleich im RAW-Format fotografieren!
- Ist der Akku ausreichend geladen? Der Trend geht übrigens zum Zweitakku (sehr nützlich bei eisigem Frost).
- Sind die Batterien für den Aufsteckblitz vollgeladen?
- Haben Sie ein Putztuch (am besten aus Mikrofaser) dabei, um notfalls das Objektiv zu reinigen (z. B. bei Regen)?
- Und last, but not least: Stativ nicht vergessen!

2.3 Die beste Zeit zum Fotografieren

Landschaftsfotografen nutzen in unseren Breitengraden fast immer das Licht der tief stehenden Sonne entweder kurz nach Sonnenaufgang oder kurz vor Sonnenuntergang (und können deshalb eine lange Mittagspause genießen).

Die Strahlen der tief stehenden Sonne kitzeln dann besonders tolle Strukturen, Details und schöne Kontraste aus der Landschaft heraus.

Ganz ehrlich: Das frühe Aufstehen ist nicht mein Ding – aber hin und wieder habe ich sommertags den Wecker auf 4:00 Uhr morgens gestellt, um zu fotografieren. Und: Das Opfer hat sich jedes Mal sehr gelohnt. In der Winterzeit reicht es hingegen aus, den Wecker auf 8:00 Uhr morgens zu stellen – allerdings ist das Fotografieren dann wegen der Kälte am frühen Morgen oder am Abend weniger angenehm.

Aber Achtung ist geboten, wenn Sie mit der Sonne direkt in Ihrem Rücken fotografieren.

Die Gefahr, dass Sie neben der schönen Landschaft Ihren eigenen Schatten aufnehmen, ist ziemlich groß, weil der bedingt durch den tiefen Sonnenstand sehr lang ist und weit ins Bild hineinragt! Entweder Sie setzen Ihren Schatten ganz bewusst mit ins Bild und beziehen ihn in den Bildaufbau mit ein, oder Sie suchen sich einen anderen Standort für Ihre Kamera – am besten einen, bei dem das Sonnenlicht seitlich auf Ihr Motiv fällt.

Meistens wird der Schatten des Fotografen versehentlich mit abgelichtet – bei diesem Schneefoto war es Absicht!

f/16 | 1/125 Sek. | ISO 100 | 40 mm

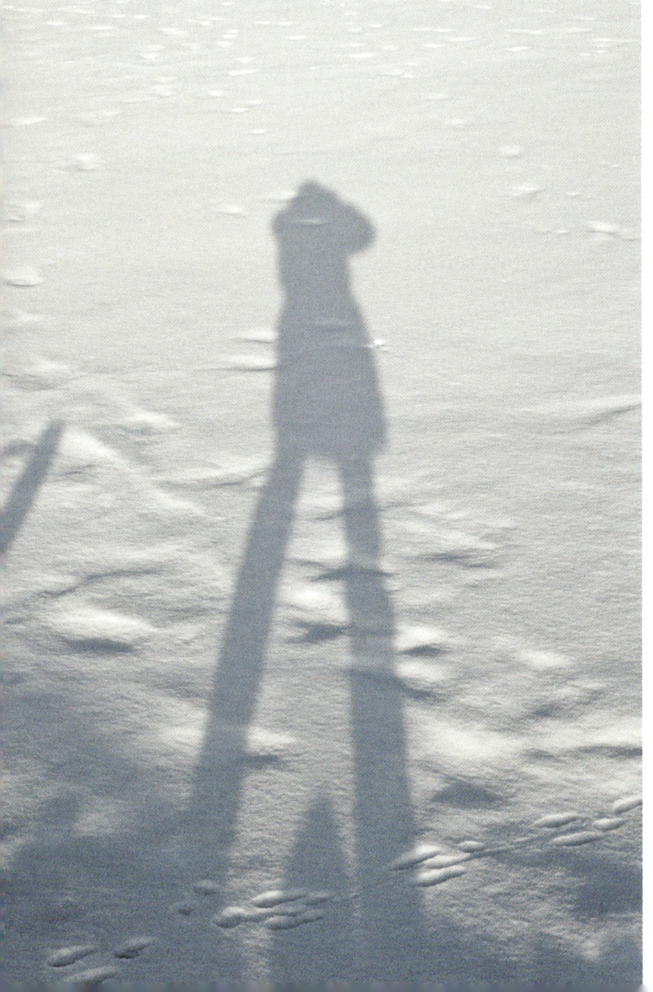

Die andere, sehr mühsame Arbeit: Sie entfernen Ihren Schatten bei der anschließenden Bildbearbeitung am Computer. Oder Sie machen sich ganz klein, indem Sie in die Hocke gehen, sodass Ihr Schatten nicht aussieht wie der eines Fotografen.

Mittags nie oder doch?

Aber natürlich lassen sich Landschaften auch zu anderen Tageszeiten fotografieren. Das folgende Bild entstand am frühen Nachmittag eines Novembertags gegen 14:30 Uhr.

Ein wenig Bildbearbeitung war jedoch wegen der für die Tageszeit typischen harten Kontraste nötig: Den im Schatten liegenden Bildvordergrund habe ich aufgehellt und den Himmel ein wenig abgedunkelt und so die Kontraste etwas abgemildert.

Allerdings sollten Sie die Zeiten meiden, an denen die Sonne ihren Tageshöchststand (also ihren Zenit) am Himmel erreicht hat. Das Licht ist dann wirklich nicht schön, die Kontraste extrem hart.

Ausnahme: Wenn der Himmel bedeckt ist, ist das Licht reduziert und streut stärker. Die Wolken mildern die Kontraste ab. Dann ist der Weg frei für High-Noon-Fotos zur Mittagszeit, wie das folgende Foto zeigt.

Es ist also durchaus möglich, zur Mittagszeit zu fotografieren – vorausgesetzt, die Sonne scheint nicht.

Pralle Mittagssonne meiden

Anders sieht es dagegen aus, wenn die Sonne ihre Strahlen gnadenlos senkrecht vom Himmel auf die Landschaft schickt wie auf dem nächsten Foto: Es gibt keine schattigen Bereiche, die der hügeligen Dünenlandschaft Struk-

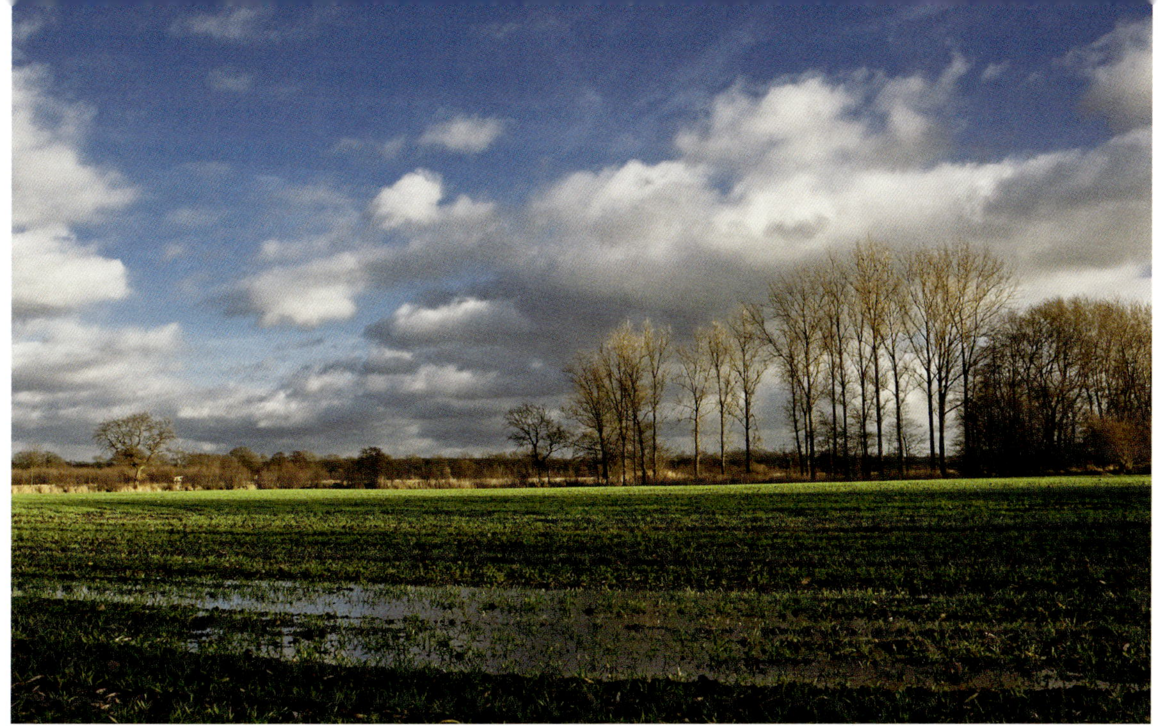

f/13 | 1/200 Sek. | ISO 200 | 24 mm | November, 14:30 Uhr

Die harten Kontraste bei dieser fotografisch nicht optimalen Tageszeit wurden durch die Bildbearbeitung abgemildert. Den schattigen Vordergrund habe ich aufgehellt, den Himmel abgedunkelt.

Oktober, 11:58 Uhr. Kaum ein Sonnenstrahl dringt durch die Wolkendecke auf die Landschaft am Rand des Taunus. Die einzelnen Höhenzüge heben sich im Dunst sanft gegeneinander ab. Die herbstliche Baumreihe im Vordergrund ist ein Blickfang – das Foto hat eine gute räumliche Wirkung.

f/8 | 1/160 Sek. | ISO 250 | 153 mm

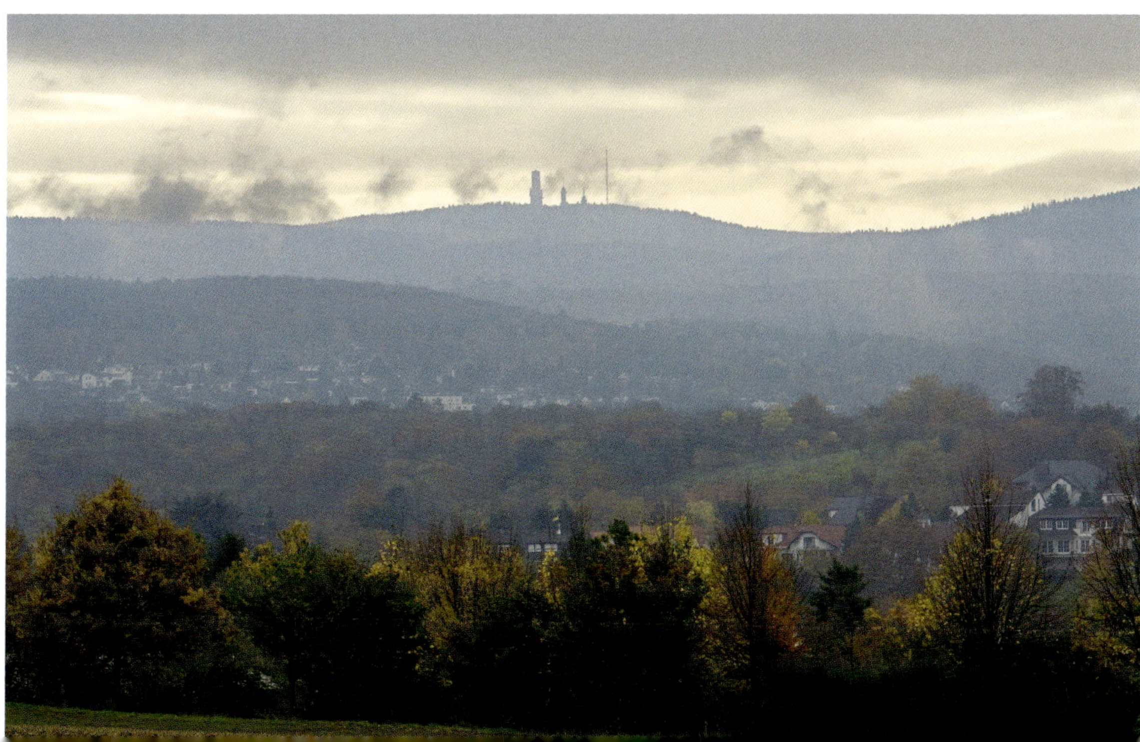

tur geben könnten und so für eine stärkere räumliche Wirkung hätten sorgen können.

Die Folge: Das Foto wirkt flach, platt und eindimensional – es fehlt jegliche räumliche Wirkung. Unterschiedliche Strukturen werden nur aufgrund ihrer verschiedenen Farben erkennbar: Die Heidepflanzen sind grün, die Gräser und der Sand gelb.

Finden Sie solche Lichtverhältnisse vor, dann setzen Sie sich lieber ein, zwei Stunden hin und genießen den Sonnenschein und die Landschaft. Lassen Sie die Kamera in der Tasche: Das Fotografieren lohnt sich dann einfach nicht.

Starten Sie lieber später am Tag zu einer ausgedehnten Fototour. Der dumme Merkspruch dazu: „Fotografierst du in der grellen Mittagssonne, sind die Bilder für die Tonne!"

Vergleich Sommer- und Winterzeit

Hier verdeutlichen einige Beispielfotos von Motiven zur Sommer- und Winterzeit im Vergleich die Unterschiede. Die Sonne auf dem folgenden Foto eines Sommermorgens steht knapp über dem Horizont und schickt gerade ihre ersten Strahlen über die Sylter Wanderdünen. Jede kleine Bodenunebenheit wirft Schatten und macht so Details sichtbar, zum Beispiel dass der Straßenbelag mal wieder erneuert werden könnte ... Dieses Licht wird in der Fotografie Streiflicht genannt. Es sorgt für überdeutliche Konturen und macht Ihr Foto sehr eindrücklich! Ein weiterer Vorteil der frühmorgendlichen Fotografie: Die Straßen sind noch leer. Mir begegnete an dem Morgen lediglich der Lieferwagen einer Bäckerei.

Streiflicht ausnutzen

Im Winter geht die Sonne ja glücklicherweise etwas später auf und lässt uns Fotografen

August, 13:00 Uhr. Das Sonnenlicht „knallt" hart auf die Dünenlandschaft. Es gibt kaum Schatten, der dem Foto ein wenig mehr Struktur gegeben und Details gezeigt hätte. Die Landschaft wirkt trotz der Hügel flach und eindimensional – das Bild hat keine räumliche Wirkung.

f/8 | 1/500 Sek. | ISO 200 | 24 mm

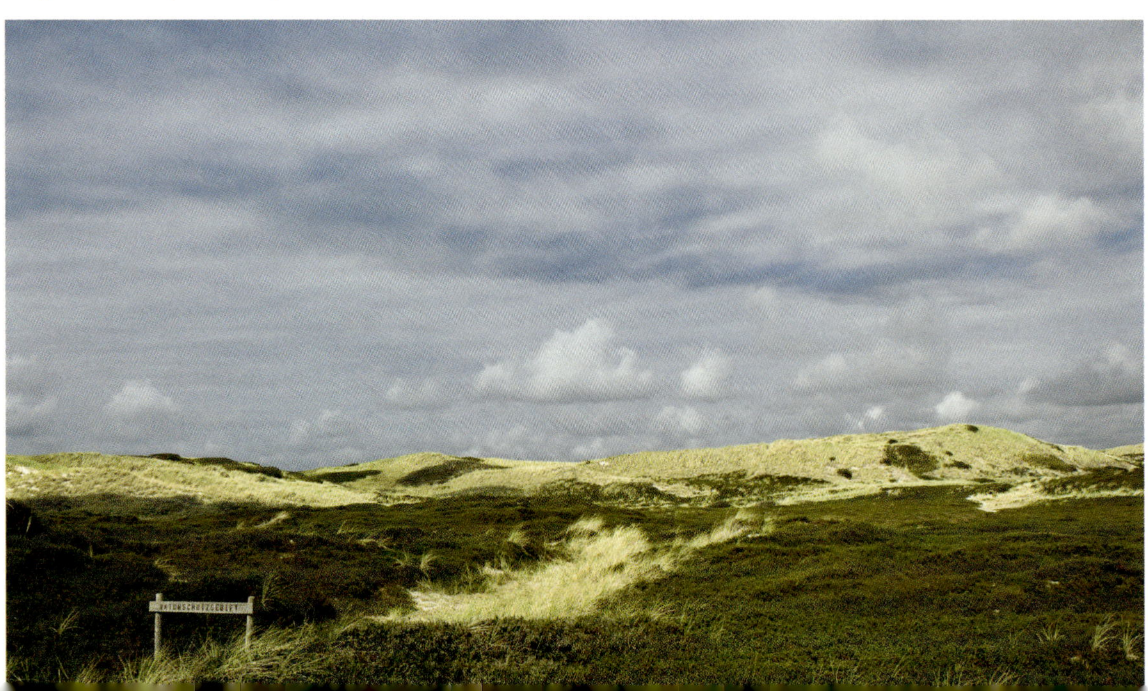

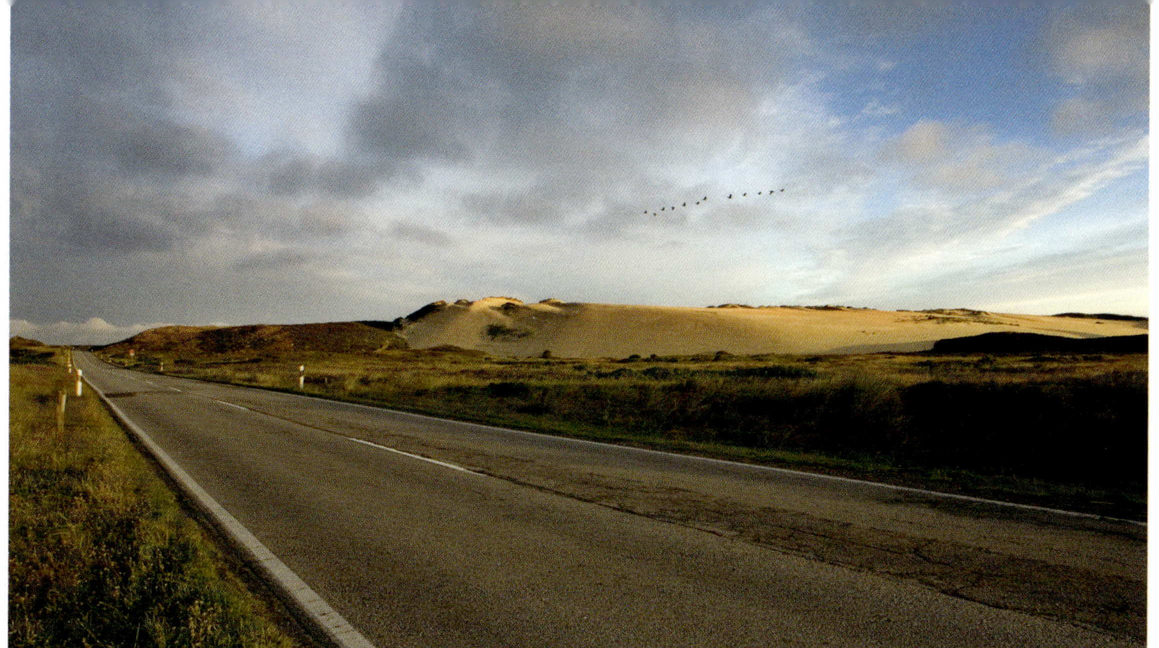

f/8 | 1/160 Sek. | ISO 125 | 17 mm

Juli, 5:30 Uhr – die Sonne steht am frühen Sommermorgen knapp über dem Horizont und schmeichelt der Landschaft mit weichem Licht.

länger schlafen. Auf dem hier gezeigten Foto steht die Morgensonne noch tief. Ihr Licht zaubert nicht nur schöne Pastellfarben auf den winterlichen Hamburger Hafen, sondern zeigt auch die unterschiedlichen Eisstrukturen auf dem Elbwasser sehr deutlich. Der Nachteil gegenüber dem Sommermorgen: kalte Füße und Hände.

Januar, 9:15 Uhr – Wintermorgen im Hamburger Hafen. Die Strukturen der Eisschollen treten durch das Licht der noch tief stehenden Sonne deutlich hervor.

f/10 | 1/200 Sek. | ISO 200 | 40 mm

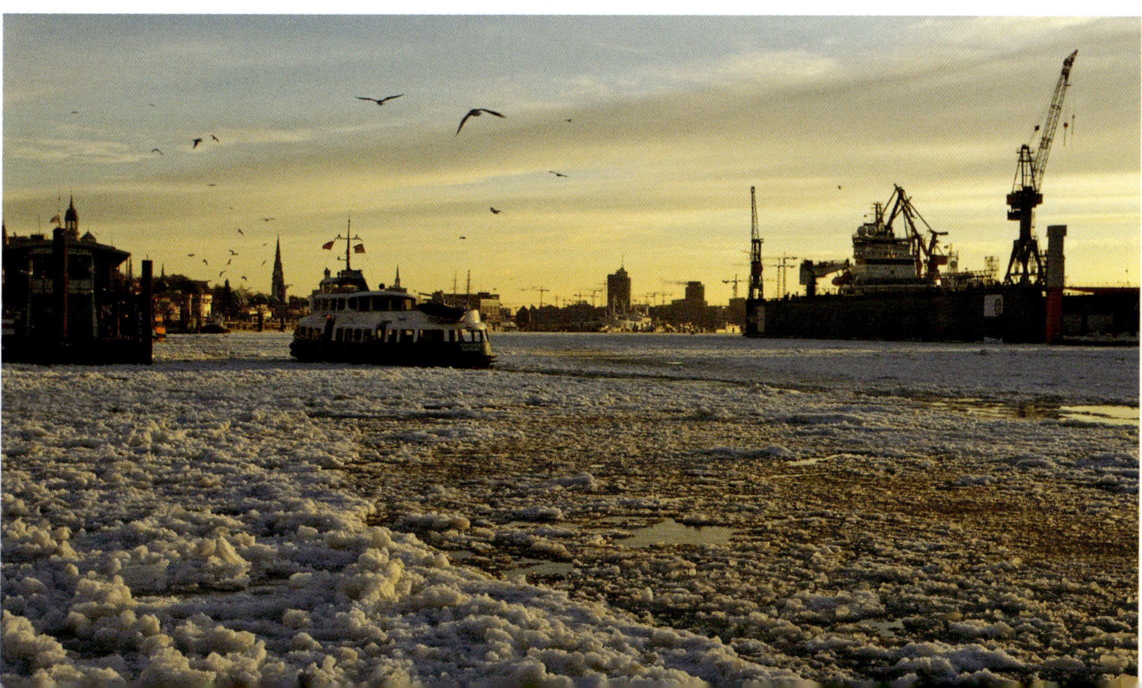

An langen Sommerabenden bieten sich unendlich viele Möglichkeiten, tolle Fotos zu machen. Da lohnt es sich, noch nach dem Abendessen mit Kamera und Stativ loszuziehen. Genau genommen ist das sogar die beste Zeit.

Selbst auf einem ebenen Landstrich zeichnet das Streiflicht der sich verabschiedenden Sonne dann Strukturen und Details, die wir bei höherem Sonnenstand gar nicht wahrnehmen würden, wie beispielsweise die Spuren durch das Mähen einer Wiese. Auf dem folgenden Foto wirft jeder Grashalm am Straßenrand einen deutlichen Schatten, während seine Oberfläche noch in der Sonne glänzt.

Zur Winterzeit können Sie Ihre Fototour hingegen schon am frühen Nachmittag starten (und sind zum Abendbrot – wenn's draußen schon wieder dunkel ist – wieder zu Hause), weil das begehrte Streiflicht bereits dann die Landschaft beleuchtet.

Zu dieser Zeit entstand das folgende Foto vom vereisten Wattenmeer unter einem beeindruckenden Wolkenhimmel.

Ende Juni, 20:30 Uhr – durch das schräg einfallende Licht der Abendsonne werfen sogar die kleinen Grasbüschel am Straßenrand lange Schatten.

f/5.6 | 1/320 Sek. | ISO 100 | 17 mm

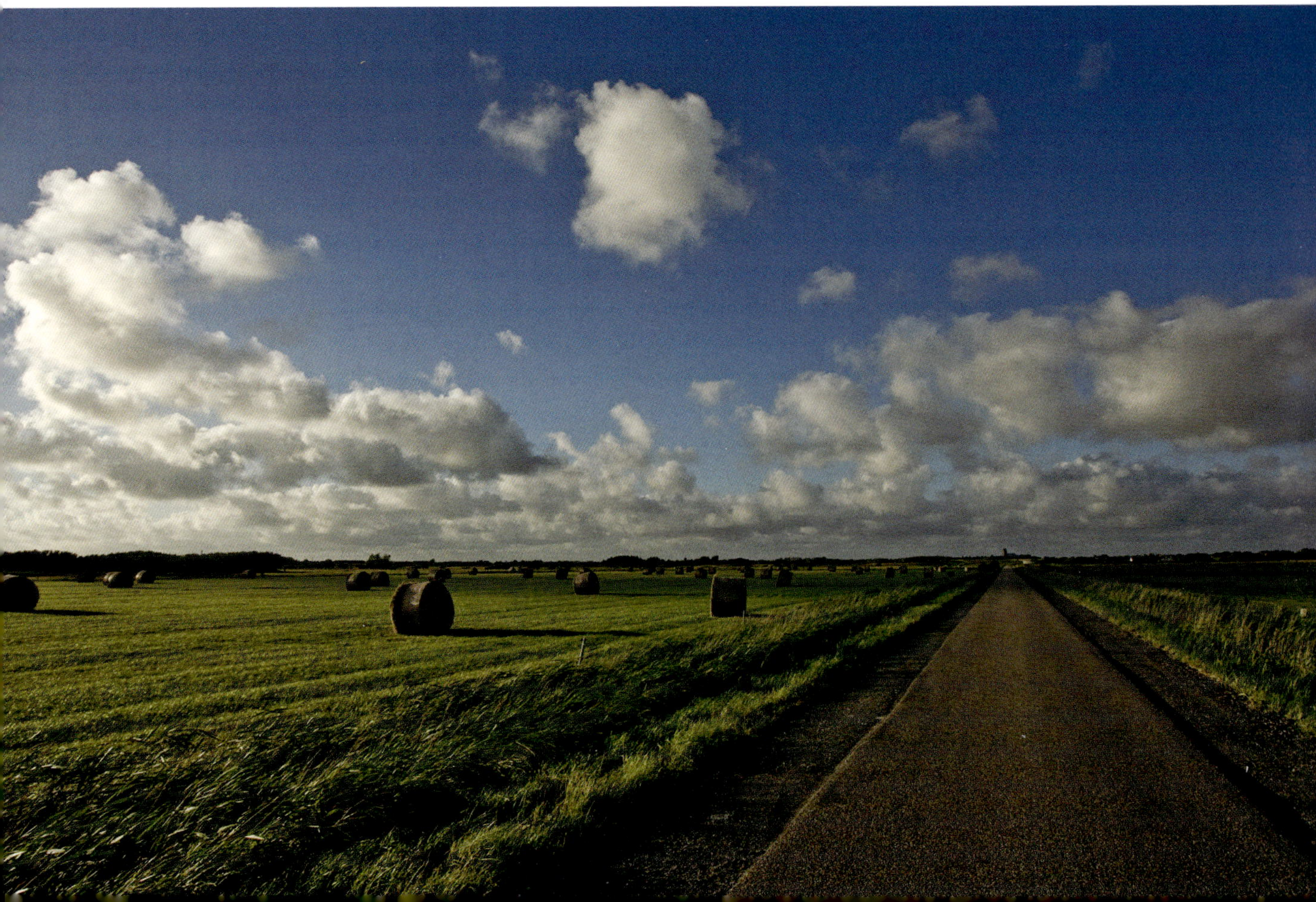

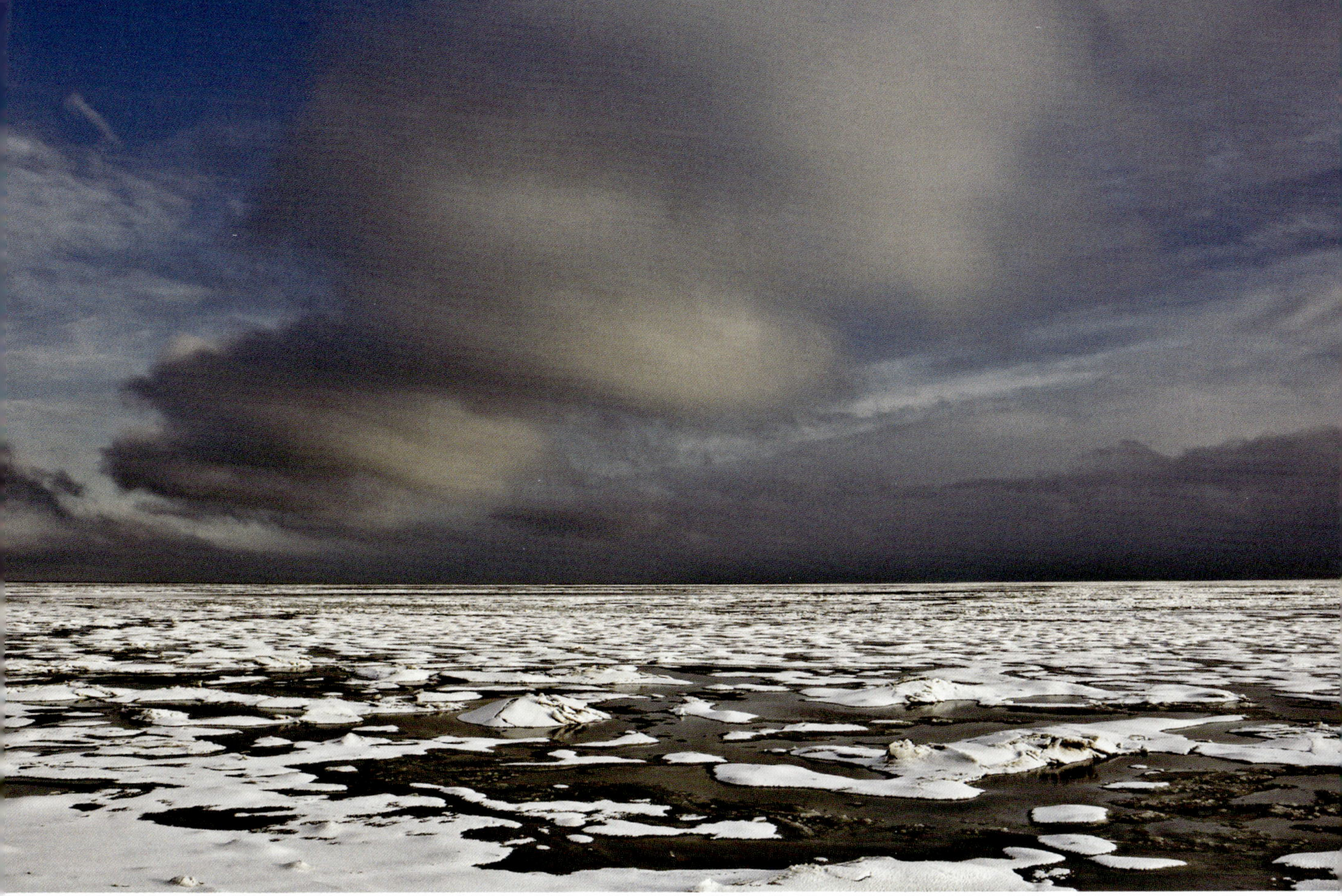

f/13 | 1/100 Sek. | ISO 100 | 24 mm

Anfang Januar, 14:30 Uhr – die nachmittägliche Wintersonne steht schon wieder tief genug, um mit ihrem Licht die Strukturen von Eis und Schnee auf dem Wattenmeer zu unterstreichen.

Grundsätzlich bietet also die flachere Bahn, die die Sonne im zeitigen Frühjahr, im späten Herbst und im Winter in unseren Breitengraden über die Landschaften zieht, ein Mehr an lichttechnisch günstigen Zeiten zum Fotografieren als der Hochsommer.

Der Nachteil ist: Es wird früher dunkel, sodass Sie Ihre Fototour schon am Nachmittag beenden müssen.

Dieses Foto bringt mich dazu, noch einmal gesondert auf den Bildaufbau einzugehen: Die diagonal ins Bild führende Landstraße ist zwar nicht das Hauptmotiv – das sind die beiden Bäume in der Bildmitte –, dennoch hat sie eine zentrale Bedeutung für die Wirkung dieses Winterfotos: Sie führt den Blick hin zu den Stars des Fotos, den Bäumen, und sorgt gleichzeitig für die Tiefenwirkung.

Der Horizont unterhalb der Bildmitte war hier zwingend notwendig: Sonst hätten die Baumkronen nicht mehr auf das Foto gepasst.

Okay, ich hätte noch weiter links stehen können, um die Bäume aus der Bildmitte zu nehmen. Doch dann wären in der rechten Bildhälfte unschöne Strommasten mit im Bild gewesen, die ich nicht abbilden wollte. Wenn ich ein paar Schritte nach rechts gegangen wäre, hätte ich direkt ins Gegenlicht der Son-

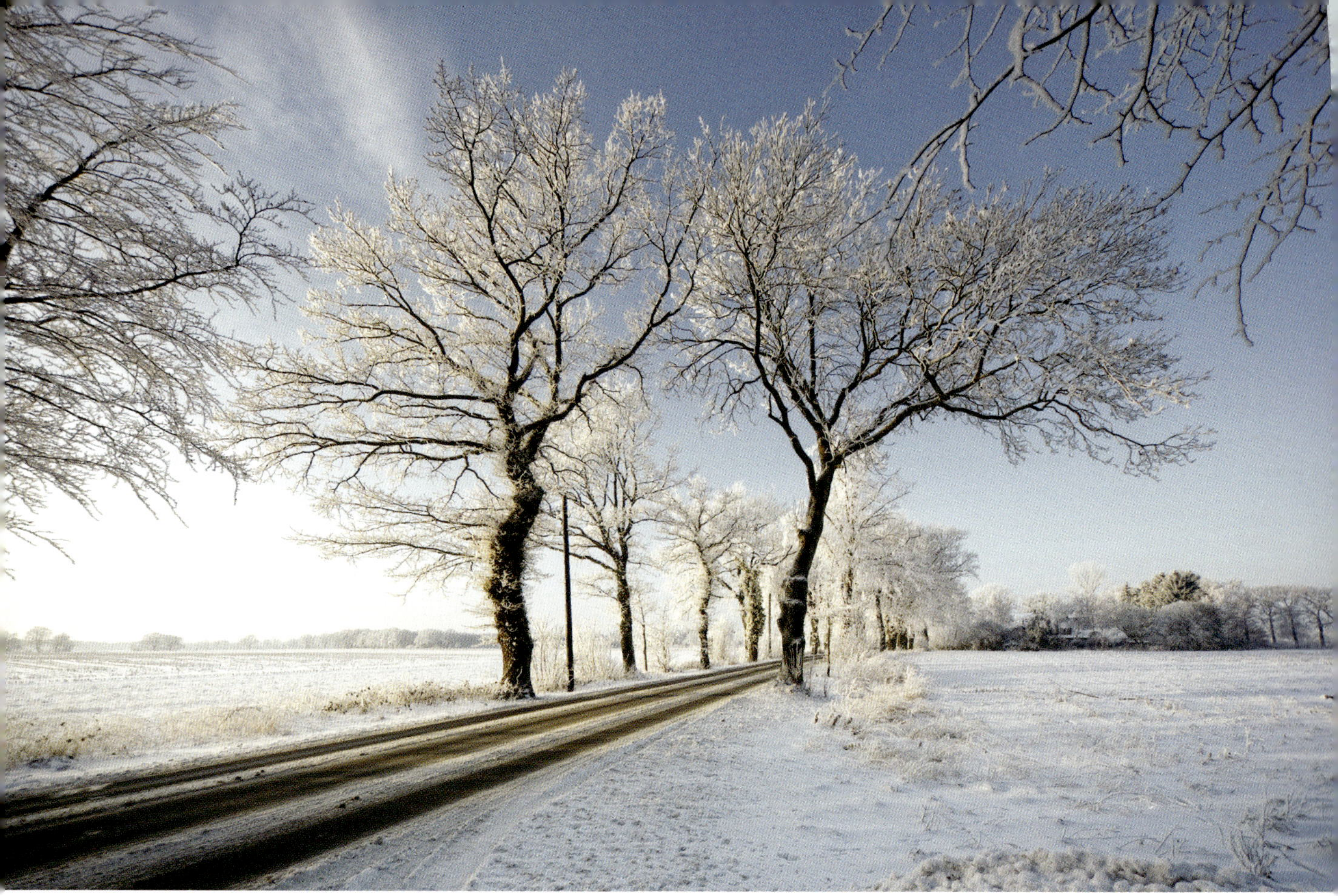

f/8 | 1/160 Sek. | ISO 200 | 12 mm

14:17 Uhr – verschneite Landschaft in Schleswig-Holstein.

ne fotografieren müssen – auch nicht gerade ideal. Wenn Sie unsicher sind, welcher Bildausschnitt die tollste Wirkung entfalten wird, dann verändern Sie den Kamerastandort und fotografieren Ihr Motiv aus verschiedenen Blickwinkeln. Ich habe einen ganz sicheren Indikator für den richtigen Blickwinkel in meinem Körper „installiert":

Mein Herz schlägt immer dann ein bisschen schneller, lauter und kräftiger, wenn ich richtig stehe und der Bildausschnitt passt. Zudem macht sich dann auf meinem Gesicht ein zufriedenes Grinsen breit.

Solch praktisches „Zubehör" lässt sich leider nicht online oder im Laden kaufen – aber vielleicht ergeht es Ihnen beim Fotografieren ganz ähnlich. Es sind ja genau diese kleinen Glücksmomente, die uns zu Fotoverrückten machen, oder?

Kurzanleitung Landschaftsfotografie

- Stativ an geeignetem Standort vor Ihrem Motiv aufbauen, dabei auf einen festen Stand achten. Fahren Sie die Standbeine so weit aus, dass Sie bequem im Stehen durch den Sucher Ihrer Kamera schauen können. Nutzen Sie dabei ein Weitwinkelobjektiv.
- Wählen Sie den Bildausschnitt nach der Drittel-Regel oder dem Goldenen Schnitt und verändern Sie – wenn nötig – Ihren Standort oder die Brennweite Ihres Objektivs.

- Stellen Sie Ihre Kamera auf ISO 100.
- Schalten Sie auf dem Stativ den Bildstabilisator an der Kamera oder dem Objektiv aus.
- Stellen Sie im manuellen Modus Ihrer Kamera eine kleine Blendenöffnung ein, die für eine große Schärfentiefe sorgt. Also Blende 8, 11 oder höher.
- Fokussieren Sie auf einen Bereich der Landschaft, der nicht ganz vorn vor Ihren Füßen, aber auch nicht knapp unter dem Horizont liegt.
- Wählen Sie die Belichtungszeit so, dass der kleine Cursor im Sucher Ihrer Kamera in der Mitte steht. So verhindern Sie am sichersten sowohl Unter- als auch Überbelichtungen.
- Für die Belichtung nutzen Sie am besten die Mehrfeldmessung (bei einigen Kameramodellen auch Matrixmessung genannt). Sie bringt in den meisten Lichtsituationen gute Ergebnisse.
- Lösen Sie aus und kontrollieren Sie Ihr Foto auf dem Display der Kamera.
- Verändern Sie immer wieder den Kamerastandort, die Perspektive und die Brennweite, um möglichst viele unterschiedliche Fotos von Ihrem Landschaftsmotiv zu erhalten.

Qualität statt Quantität

Sie werden bald eine Veränderung in der Art, wie Sie fotografieren und wie Sie Motive sehen, feststellen – je länger und intensiver Sie sich mit dem Thema Fotografie (und der Landschafts- und Naturfotografie im Besonderen) beschäftigen. Das kann ich Ihnen an dieser Stelle schon einmal versprechen. Und zwar werden Sie zunächst pro Motiv weniger häufig auf den Auslöser drücken. Es gibt einen Grundsatz beim Fotografieren und der heißt: „Think before shooting" – zu Deutsch: „Denke, bevor du fotografierst." Und wer mit Überlegung fotografiert, hat nach einer Fototour automatisch eine geringere Anzahl von Fotos auf der Speicherkarte – aber die sind dann von guter Qualität! Die Anzahl der unbrauchbaren Fotos wird geringer.

Früher, zu Zeiten der Analogfotografie, haben die meisten von uns nur äußerst sorgfältig ausgewählte Motive und Bildausschnitte fotografiert, weil das Filmmaterial und die Fotoentwicklung teuer waren. Seit wir digital fotografieren, spielen die Kosten pro Foto so gut wie keine Rolle mehr. Zwar sind die Kameras nach wie vor teuer, aber Speicherplatz auf Festplatten und Chipkarten ist spottbillig geworden. Das hat zur Folge, dass viele beim Anblick eines schönen Landschafts- oder Naturmotivs die DSLR-Kameras vor die Augen und die Kompaktkameras mit weit ausgestreckten Armen wenigstens auf Augenhöhe reißen und wild drauflosknipsen. Bei Sonnenuntergängen beobachte ich solche kuriosen Szenen recht häufig. Schließlich hat doch heute nahezu jeder eine Kamera ständig dabei – und wenn es nur die des Smartphones ist.

Und dann wird voller Begeisterung abgedrückt und ausgelöst, als gäbe es kein Morgen – natürlich ohne jegliche Überlegung, wie sich das Motiv am besten fotografieren lässt und wie es den größtmöglichen Wow-Effekt beim Bildbetrachter auslöst.

Wenn es nichts geworden ist, wird eben noch mal ausgelöst – frisst ja kein Brot! Ich darf darüber lästern, weil das mit der Fotografie bei mir auch genauso angefangen hat! Auslösen, bis die Speicherkarte qualmt – und dann später am Computermonitor enttäuscht die dann doch nicht so tolle Ausbeute betrachten.

Im Zuge der Vorbereitungen zu diesem Buch habe ich mein Archiv mehrfach durchforstet

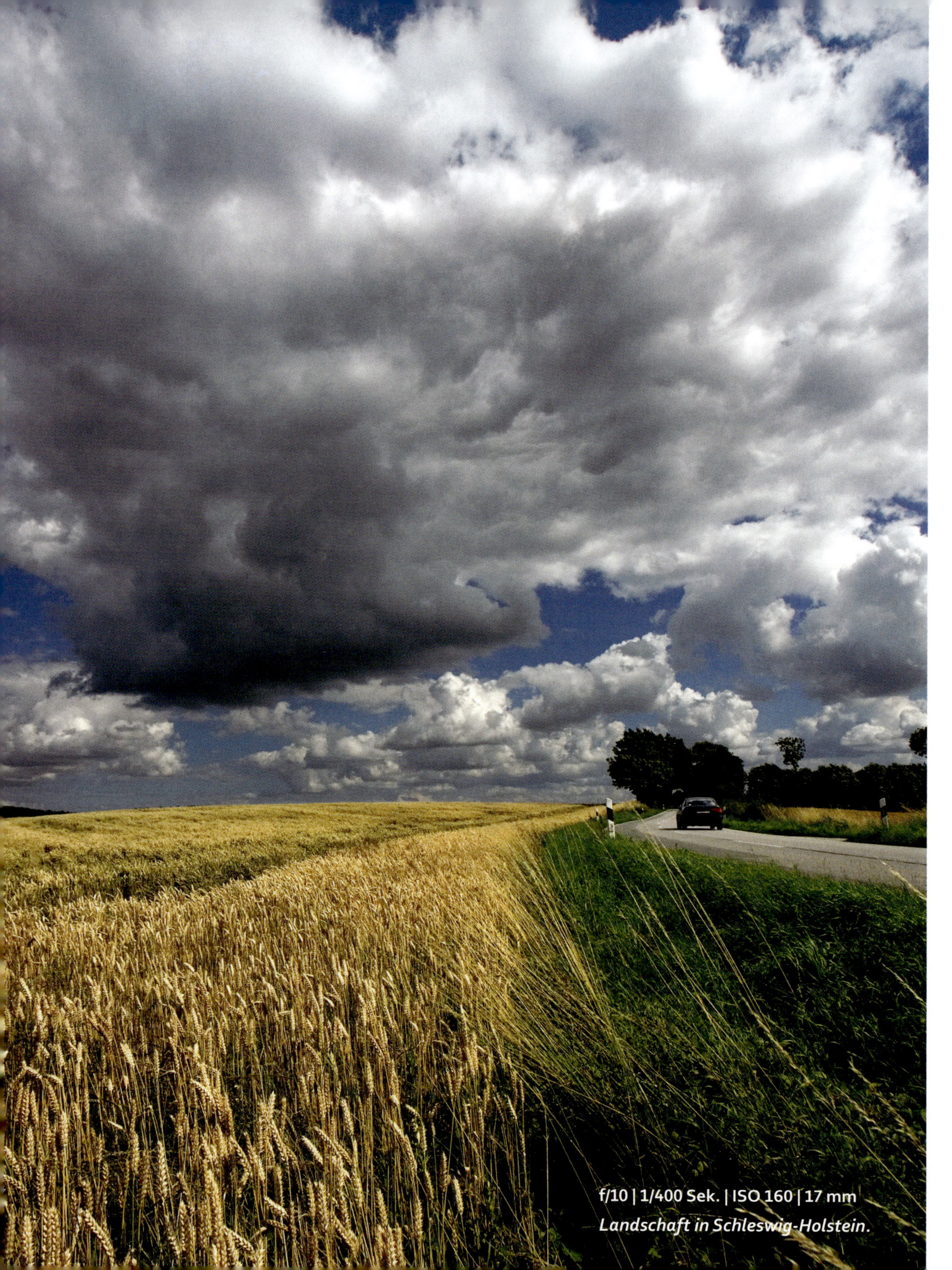

f/10 | 1/400 Sek. | ISO 160 | 17 mm
Landschaft in Schleswig-Holstein.

und dabei selbst erstaunt festgestellt, wie stark sich meine Art zu sehen und zu fotografieren verändert hat. Die erste Veränderung war: Ich habe jetzt nicht mehr ständig und immer die Kamera dabei – ich bin damit einigen Menschen, die mir wirklich wichtig sind, nämlich ganz gewaltig auf den Wecker gefallen!

Stattdessen gehe ich heute ganz gezielt und mit einem Plan im Hinterkopf los: Heute ist das Licht so – da könnte ich in dieser oder jener Gegend gute Bilder machen. Ich schreibe mir oft Notizen in mein Smartphone, wenn ich unterwegs bin (etwa im Umkreis von maximal 150 km um meinen Wohnort) und etwas Fotogenes sehe. Dazu notiere ich mir, zu welcher Tageszeit das Licht für das Motiv am besten sein könnte und sich eine erneute Fahrt dorthin lohnen würde. So brauche ich, wenn mal wieder mein rechter Zeigefinger juckt und keine weiteren Arbeiten anstehen, nur einen Blick in meine Notizen zu werfen, Hunde und Ausrüstung ins Auto zu packen und loszufahren.

Auf dem Weg ist genügend Zeit zu überlegen, wie ich das Motiv angehe, wie ich es irgendwie anders und besonders fotografieren könnte. Denn genau das ist mein Ehrgeiz: Ich möchte Motive so fotografieren, dass sie „anders" sind – also nicht so, wie es naheliegend ist, quasi auf der Hand liegt. Ich möchte weg von der reinen Dokumentation eines Motivs in einer bestimmten Lichtsituation. Das gelingt mir aber wahrlich nicht immer und sollte auch nicht das erklärte Ziel für Hobbyfotografen bei den ersten Gehversuchen mit einer DSLR sein! Ich wollte es nur mal erwähnen ... für später, wenn Sie vollständig vom Fotografievirus befallen sind.

Es kommt infolgedessen nur noch sehr selten vor, dass ich an ein und demselben Standort vor lauter Begeisterung über die sich mir bietenden Motive eine 4-GByte-Speicherkarte bis zum Anschlag mit Bildern fülle, weil ich im Laufe der Zeit gelernt habe, überlegter zu fotografieren. Immer nach dem Motto: Lieber Klasse als Masse und Qualität statt Quantität.

Welchen Weg Sie einschlagen, um mehr Fotos von großer Klasse und Qualität aufzunehmen, bleibt natürlich ganz Ihnen überlassen – es gibt sicher auch noch weitere und schlauere Methoden als meine! Ich habe mir ehrlich gesagt bis zur Entstehung dieses Buches nie große Gedanken darüber gemacht – es ist einfach so passiert im Laufe der Jahre ...

2.4 Unterstützender Helfer: das Stativ

Im ersten Moment klingt es nicht unbedingt logisch, doch es ist so: Ein Stativ bietet Ihnen beim Fotografieren von Landschaften ein höheres Maß an Flexibilität. Ich meine damit allerdings nicht die räumliche Beweglichkeit mit der Kamera, sondern die größeren Möglichkeiten bei der Wahl der Kameraeinstellungen. So sind auch lange Belichtungszeiten und kleine Blendenöffnungen möglich, um ein hohes Maß an Schärfentiefe zu erhalten. Die Gefahr, verwackelte Fotos zu produzieren, geht beim Fotografieren mit Stativ gen null.

Dreibeinstativ

Am häufigsten sind Fotografen mit einem Dreibeinstativ, auch Tripod genannt, anzutreffen. Es gibt sie in zahlreichen Ausführungen, aus unterschiedlichen Materialien und natür-

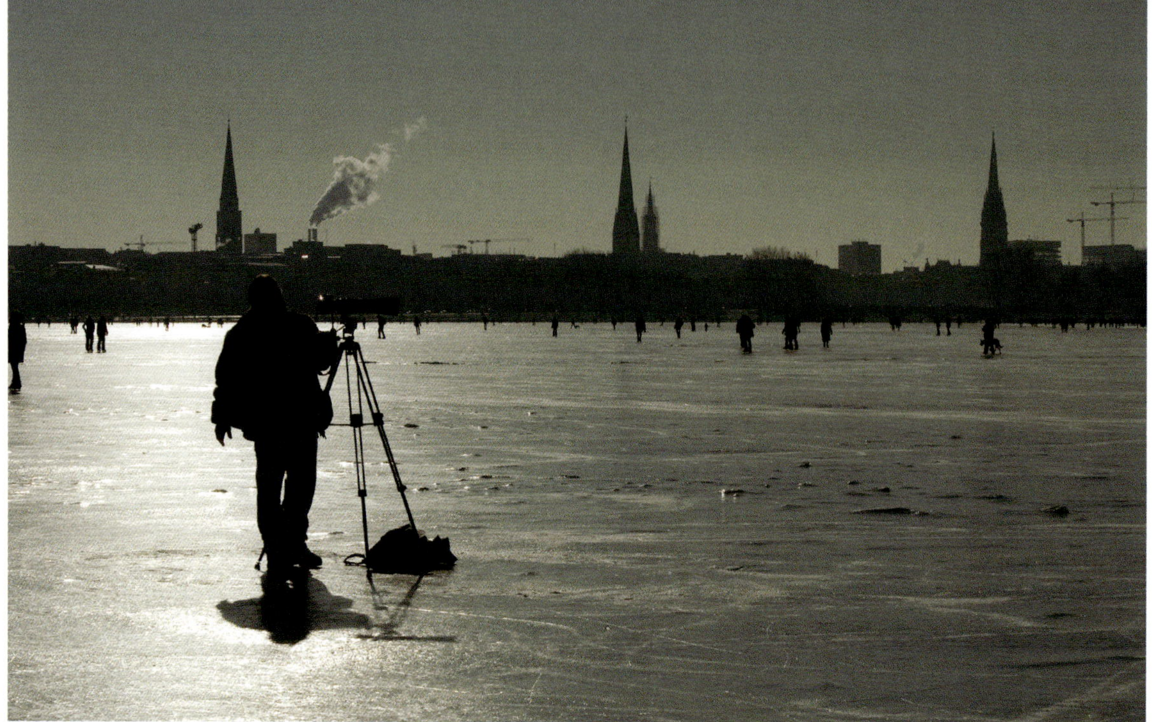

f/16 | 1/800 Sek. | ISO 100 | 90 mm

Ein Fotograf arbeitet auf der zugefrorenen Alster in Hamburg mit Stativ und Teleobjektiv.

lich auch in verschiedenen Preisklassen. Am häufigsten wird ein Dreibeinstativ für Landschaftsfotos, Nachtaufnahmen, aber auch in der Architekturfotografie oder im Studio eingesetzt.

Vielleicht haben Sie sich schon einmal gewundert, warum ein Fotograf sein unhandliches Stativ am helllichten Tag über weite Wege durch die Landschaft schleppt, um schließlich seine Fotos zu machen. Warum tut er sich das an? Nun: Er hat offensichtlich einen sehr hohen Anspruch an die Qualität seiner Fotos!

Er möchte eine hohe Schärfentiefe erreichen, und das klappt am besten mit kleinen Blendenöffnungen ab etwa f/8. Bei suboptimalen Lichtverhältnissen passiert es leicht, dass die Belichtungszeiten dann so lang werden, dass aus der Hand fotografierte Bilder Unschärfe durch Verwackeln aufweisen. Vielleicht hat der Fotograf auch eine ganz bestimmte Bildidee im Kopf, die nur vom Stativ aus funktioniert – so wie bei diesem Beispielfoto:

Standfestigkeit ist das A und O

Entscheidend für gute Fotos bei längeren Belichtungszeiten (z. B. bei suboptimalen Lichtverhältnissen) ist in allererster Linie die Stabilität und Standfestigkeit des Stativs. Die Leichtgewichte unter den Stativen sind aus Karbon. Ihr geringes Gewicht kann jedoch bei kräftigem Wind oder Erschütterungen zum Nachteil werden. Manchmal hilft es, das Stativ dann mit einem zusätzlichen Gewicht an der Mittelsäule

Stative auf weichem Boden

Sinken die Beine in sehr weichem Boden (Sand, Schlick etc.) zu tief ein, dann legen Sie etwas unter die drei Beine (Pappe, Holz, feste Plastikplane), was das Einsinken verhindert oder zumindest reduziert.

zustabilisieren.BeistarkemFrostbestehtbeieinemKarbonstativsogarBruchgefahr!

Alustative hingegen sind zwar schwerer, aber stabiler und nicht allzu teuer. Allerdings sind sie bei großer Kälte unangenehm zu handhaben: Ohne Handschuhe gibt's kalte Finger! Bessere Stative haben eine Schaumstoffummantelung an den obersten Auszügen.

Lassen Sie sich am besten in einem guten Fotofachgeschäft beraten – denn die richtige Wahl ist auch immer abhängig von der Art, wie Sie Ihr Stativ einsetzen möchten. Der Vollständigkeit halber möchte ich auch das Holzstativ nicht unerwähnt lassen.

Für Spezialisten: Holzstative

Etwas altmodisch wirkende Stative aus Holz übertragen am wenigsten Schwingungen und Vibrationen. Achten Sie einmal darauf, wenn Sie Landvermesser bei der Arbeit sehen: Sie arbeiten meistens mit Holzstativen, damit sie möglichst exakte Messergebnisse erhalten. Im Fotobereich sind solche Stative eher etwas für die Spezialisten, zum Beispiel für Fotografen, die häufig im innerstädtischen Bereich Langzeitbelichtungen machen.

Der Grund: Stative aus Holz sind schwingungsarm, sie haben die Eigenschaft, Vibrationen des Bodens (z. B. auf Brücken, über die Lkw-Verkehr donnert) in nur geringem Maße an die Kamera weiterzugeben. Holzstative sind allerdings sehr schwer und teuer. Es gibt nur wenige Hersteller für dieses Spezialistenzubehör (*www.holzstative.de*, *www.berlebach.de*).

Also: Für die Landschaftsfotografie empfehle ich ein stabiles Alustativ.

Viele Bildideen lassen sich besser mit einem Stativ in die Tat umsetzen. Hier wollte ich den stürmischen Wind sichtbar machen und brauchte dafür eine lange Belichtungszeit. Die Schärfe reicht dank kleiner Blendenöffnung vom Bildvordergrund bis zum Horizont.

f/18 | 1 Sek. | ISO 100 | 17 mm

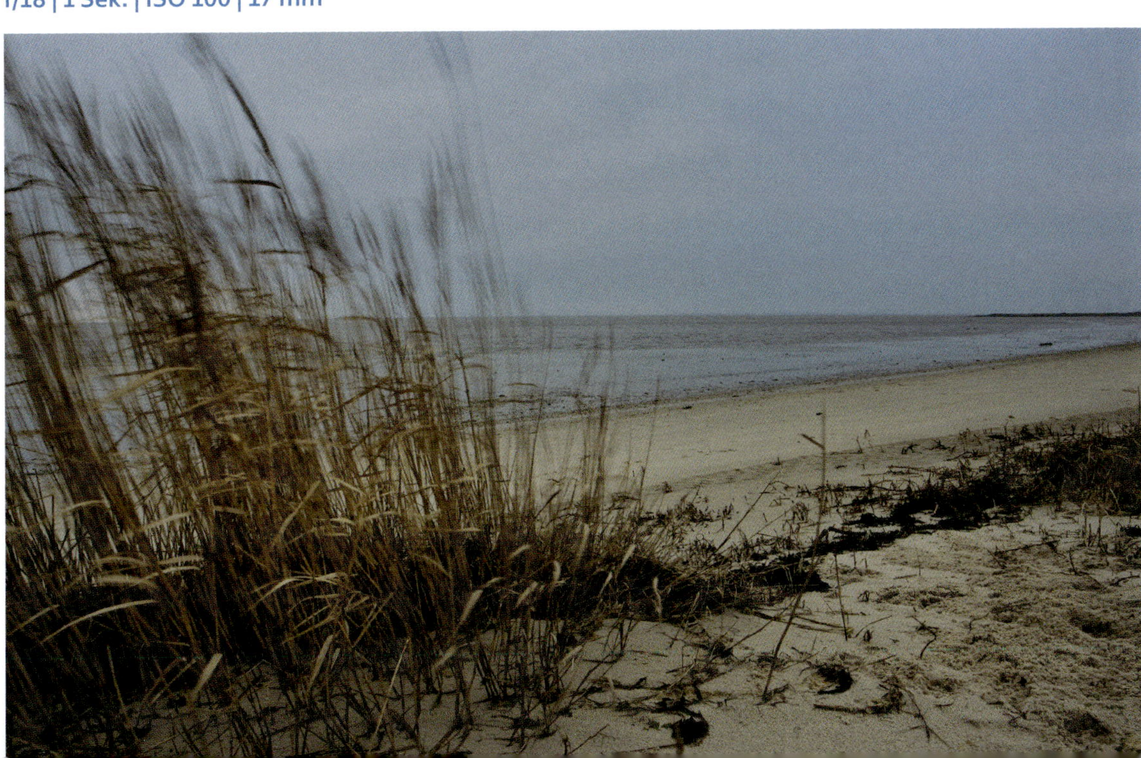

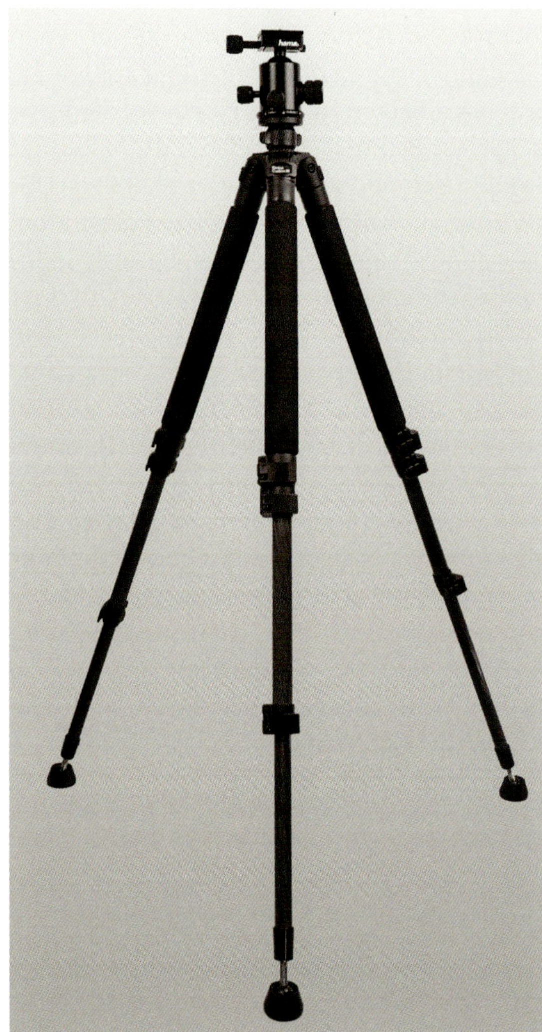

Die oberen Stativbeine sind gut mit Schaumstoffpolstern ummantelt und lassen sich bei Kälte besser handhaben.

Bildstabilisator deaktivieren

Verfügt Ihre Kamera oder Ihr Objektiv über einen Bildstabilisator, sollte der auf einem Stativ immer abgeschaltet werden.

Es gibt Bildstabilisatoren, die auf einem Stativ Langeweile haben und winzige Gegenbewegungen ausführen, wo keine nötig sind. Die Bilder wirken dann wie leicht verwackelt.

Hohe Schärfentiefe einsetzen

Jetzt stehen Sie in schöner Landschaft, haben Ihre Kamera samt Weitwinkelobjektiv auf dem Stativ montiert – und nun? Landschaftsfotos leben von durchgängiger Schärfe. Also fotografieren Sie mit kleiner Blendenöffnung, z. B. f/8 oder auch darüber (f/10 oder f/12), und wählen Sie den Modus M wie Manuell. Nutzen Sie für die Belichtung die Mehrfeldmessung. Fokussieren Sie das wichtigste Element in der Landschaft (einen Leuchtturm, einen Fluss, eine Burg, das Meer etc.).

Der Fokus sollte dabei nicht zu weit im Vordergrund, aber auch nicht im Bildhintergrund liegen. Wählen Sie den kleinsten möglichen ISO-Wert (100). Die Landschaft hält still: Sie können also lange Belichtungszeiten wählen (1/100 Sek., aber auch deutlich länger) – das Stativ verhindert verwackelte Fotos.

Gibt es allerdings innerhalb Ihres Bildausschnitts bewegte Elemente wie z. B. fahrende Autos auf einer Landstraße, einen Zug oder vom Wind bewegte Bäume, sollten Sie Belichtungszeiten von 1/100 Sek. und kürzer (1/200 Sek.) wählen, um Bewegungsunschärfe auszuschließen. Sind die Lichtverhältnisse jedoch so ungünstig, dass Sie diese Belichtungszeiten nicht erreichen können, ohne die gewählte Blende zu verändern, erhöhen Sie die ISO-Zahl.

Ältere DSLR-Modelle produzieren leider schon ab ISO 800 ein unschönes Bildrauschen, das besonders in den dunklen Bildbereichen ins Auge fällt. Neuere Kameras haben ein besseres Rauschverhalten, sodass höhere ISO-Werte ohne großen Qualitätsverlust möglich sind. Unter eingefleischten Landschaftsfotografen ist das Hilfsmittel des hohen ISO-Wertes allerdings ziemlich verpönt.

Und bitte: Finger weg von der Offenblende (z. B. mit f/2.8) bei Landschaftsfotos. Die Schärfentiefe ist futsch, das Bild verliert stark an positiver Wirkung. Wenn Sie also einen hohen Anspruch an die Qualität und vor allem an die Schärfe Ihrer Fotos haben, ist das Dreibeinstativ das Mittel der Wahl. Und ich ärgere mich jedes Mal schwarz, wenn ich mal wieder zu bequem war, es mitzuschleppen. Inzwischen bin ich dazu übergegangen, es immer im Auto dabeizuhaben, um es im Falle eines Falles nur noch aus dem Kofferraum holen zu müssen. Denn wenn es irgendwie machbar ist, parke ich mein Auto so dicht wie möglich am Motiv. Fassen wir also zusammen: Landschaftsfotografie ist bei guten Lichtverhältnissen durchaus ohne Stativ möglich – aber die Optionen, gute Fotos zu machen, sind mit Stativ durchweg größer.

Ein absolutes Muss ist das Stativ (oder eben die zweitbeste Lösung – ein Stativersatz) bei nicht optimalen Licht- und Wetterverhältnissen. Hier ein Beispielfoto, das bei Nebel an der Nordseeküste entstanden ist.

Ein Bild wie das des Bootshafens im Nebel wäre schwierig bis unmöglich ohne Stativ oder Stativersatz zu bewerkstelligen gewesen. Es war ein finsterer Schlechtwettertag, Steg und

Bootshafen im Nebel. Das Foto ist leicht überbelichtet, damit die untere Bildhälfte nicht zu dunkel gerät. Der Himmel hingegen wurde am Computer abgedunkelt.

f/14 | 0,8 Sek. | ISO 100 | 17 mm | mit Stativ

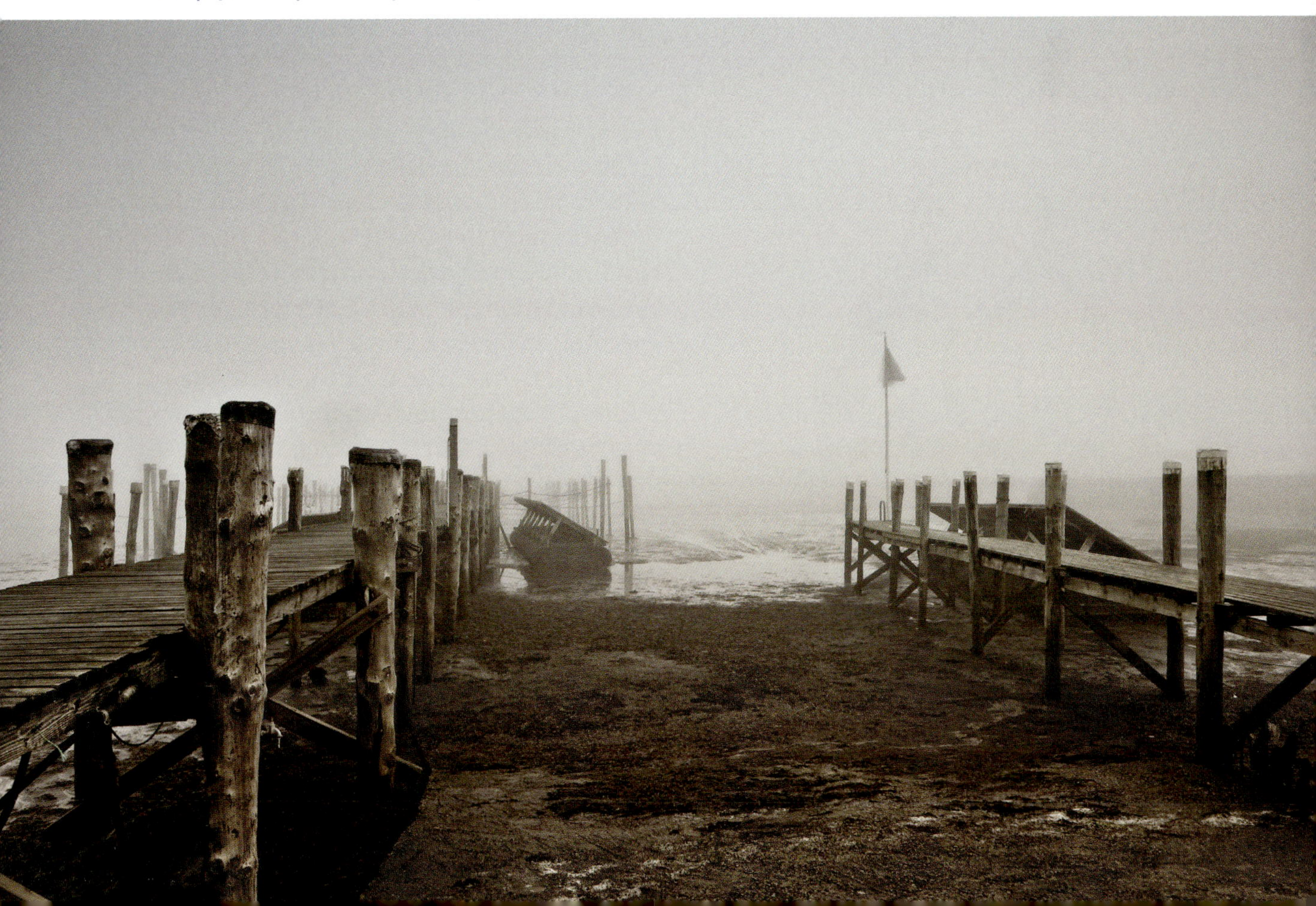

Schlickboden verdunkelten die Szenerie noch zusätzlich. Zudem wollte ich – soweit möglich – eine große Schärfentiefe bis zum letzten im Nebel erkennbaren Holzpfahl erreichen. Also: Kleine Blendenöffnung und folglich eine lange Belichtungszeit. Bei den schlechten Lichtverhältnissen vor Ort wurde Letztere so lang, dass ein Stativ unbedingt erforderlich war.

Nützlicher Helfer: der Kabelfernauslöser

Das Auslösen der Kamera durch Ihren Zeigefinger löst nicht nur den Spiegelschlag im Inneren Ihrer Kamera aus, sondern bringt immer auch eine Erschütterung mit sich. Doch Sie können die Schwingungen mithilfe eines Kabelfernauslösers reduzieren. Dieses Zubehör ist recht preisgünstig (ca. 20 Euro). Damit betätigen Sie den Auslöser nicht mehr direkt an der Kamera, sondern über ein etwa 1 m langes Kabel, an dessen Ende sich der Auslöseschalter befindet.

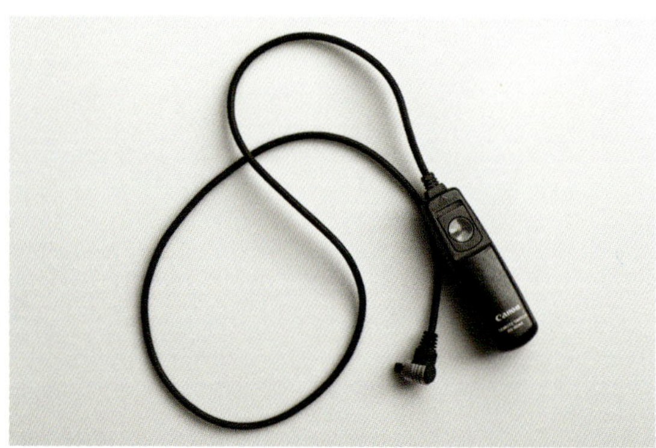

Der Kabelfernauslöser: Mithilfe dieses überaus nützlichen Zubehörs können Sie die Kamera auslösen, ohne sie zu berühren und damit eventuell für ungewollte Vibrationen zu sorgen.

Ich habe mir angewöhnt, den Kabelfernauslöser immer dann zu benutzen, wenn ich die Kamera auf dem Stativ montiert habe – egal, wie lang die Belichtungszeiten sind. Damit bin ich auf der sicheren Seite und muss nicht lange überlegen, ob der Fernauslöser bei den aktuellen Kameraeinstellungen sinnvoll ist oder nicht. Fakt ist: Es schadet dem Foto nicht, wenn es mit einem Fernauslöser entstanden ist.

Statt eines Kabelfernauslösers können Sie im Fotofachhandel auch einen Funkfernauslöser erstehen. Damit können Sie Ihre Kamera auch über viele Meter aus der Entfernung auslösen.

Ich muss zugeben, dass ich erst seit einiger Zeit, häufiger mit meinem Stativ arbeite – früher war ich meistens zu faul dazu. Es ist ja doch immer ein sperriges Teil, das ich zusätzlich zu meinem nicht ganz leichten Rucksack (und dann möglicherweise auch noch mit den beiden Hunden im Schlepptau!) zu tragen habe. Das Schreiben dieser Zeilen ist wie eine Therapie gegen meine Stativfaulheit!

Erste-Hilfe-Stativ

Früher – als ich noch meistens ohne Stativ zum Fotografieren unterwegs war – habe ich mich oft über meine Bequemlichkeit geärgert. Ich hatte eine gute Bildidee und konnte diese vor Ort nicht umsetzen, weil ich nicht in der Lage war, meinen inneren Schweinehund zu überwinden und mein Stativ mitzunehmen! Nun war Improvisationstalent gefragt! Wenn Sie in einer ähnlichen Situation sind, schauen Sie sich um, ob sich nicht ein „Ersatzstativ" findet. In der Stadt kann das z. B. ein Stromkasten am Straßenrand sein.

In der freien Natur ist es schwieriger, Ersatz zu finden. Achten Sie auf größere Steine oder auch Zaunpfähle – gut möglich, dass sie als Ersatz taugen und Sie die Kamera stabil darauf abstellen können. Oder Sie stellen sie auf den Boden. Dann werden Sie jedoch nicht umhinkommen, sich ebenfalls hinzulegen, um überhaupt durch den Sucher schauen zu können. Möglich, dass Sie dann auch noch ein paar störende Grashalme aus dem Blickfeld zupfen müssen. Wäre das Mitschleppen des Stativs in puncto Bequemlichkeit da nicht doch die bessere Alternative gewesen?

Auch ein Fotorucksack, besonders dessen stabile Rückenfläche, lässt sich notfalls als Stativersatz nutzen. Aber achten Sie dabei darauf, dass die Kamera plan darauf steht, sonst müssen Sie später am Computer den Horizont gerade richten. Eine weitere Stativalternative ist der Bohnensack – ja, richtig gelesen. So heißt der Fachbegriff. Es handelt sich um einen kleinen Beutel, den Sie selbst nach Bedarf füllen können: mit Reis, Linsen oder eben auch mit Bohnen. Auf diesen gefüllten Beutel setzen Sie Ihre Kamera, sodass sie einen stabilen und geraden Stand hat – und fertig ist der Stativersatz. Der Beutel wiegt nicht viel und passt in fast jede Fototasche.

Spiegelvorauslösung

Eine weitere Maßnahme gegen ungewollte Verwacklungen bei längeren Belichtungszeiten finden Sie im Menü der Kamera: Die Funktion nennt sich Spiegelvorauslösung. Dazu schauen Sie bitte in die Bedienungsan-

Die Elbe am westlichen Stadtrand von Hamburg, fotografiert vom Stativ, um eine maximale Schärfe zu erzielen.

f/22 | 1/10 Sek. | ISO 100 | 17 mm | Stativ | Filter

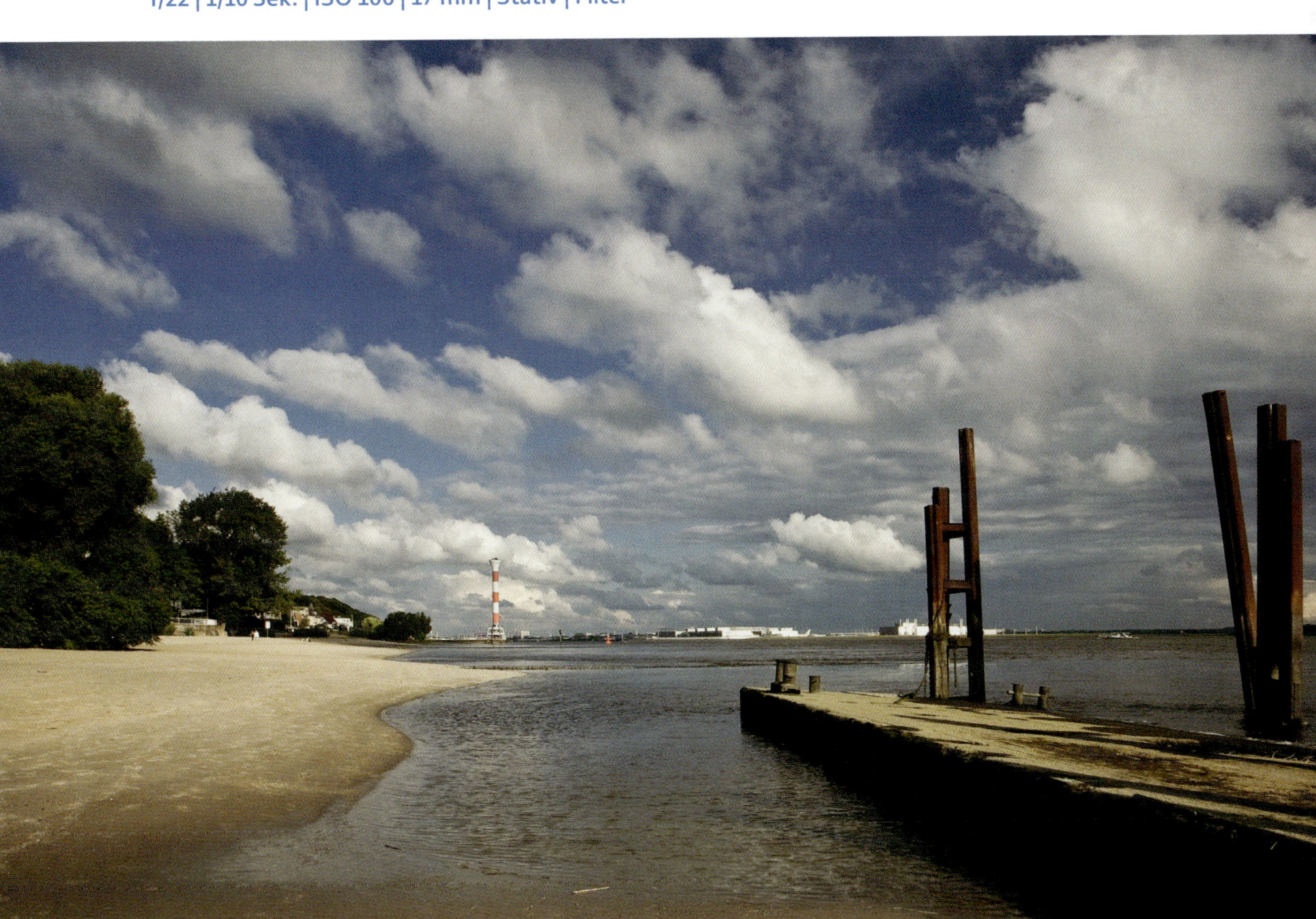

leitung. Besonders verwacklungsgefährdet sind Belichtungszeiten zwischen 1/30 Sek. und 1/2 Sek. Wenn Sie mit langer Brennweite (z. B. > 200 mm) fotografieren, verstärkt sich der Verwacklungseffekt noch. Die Spiegelvorauslösung sorgt dafür, dass der Schwingspiegel bereits vor der eigentlichen Aufnahme hochklappt und erst nach ein paar Sekunden – wenn die durch den ersten Spiegelschlag ausgelösten Schwingungen abgeklungen sind – für das eigentliche Foto ausgelöst wird. Das geschieht vollautomatisch.

Fotografieren Sie jedoch mit einem Kabelfernauslöser, während Sie die Spiegelvorauslösung aktiviert haben, können Sie diese Wartezeit selbst bestimmen und lösen durch einen zweiten Druck auf den Knopf der Fernbedienung endgültig aus. Und wundern Sie sich nicht: Ist die Spiegelvorauslösung aktiviert, können Sie nach dem ersten Klick nicht mehr durch den Sucher blicken: Der hochgeklappte Spiegel nimmt die Sicht auf das Motiv. Erst nach dem zweiten Klick haben Sie wieder freie Sicht.

2.5 Wasser – die fotografische Herausforderung

Wasser – diesem Element möchte ich ein Extrakapitel widmen, weil es fotografisch unglaublich vielseitig und spannend ist! Weil Schleswig-Holstein, das Bundesland, in dem ich lebe, auch das Land zwischen den Meeren genannt wird und ich durch und durch norddeutsch bin (bekennende „Muschel-Schubserin"), ist Wasser ein in meinen Bildern immer wiederkehrendes Motiv. Ob die wilde Meeresbrandung, ein rauschender Gebirgsbach, die

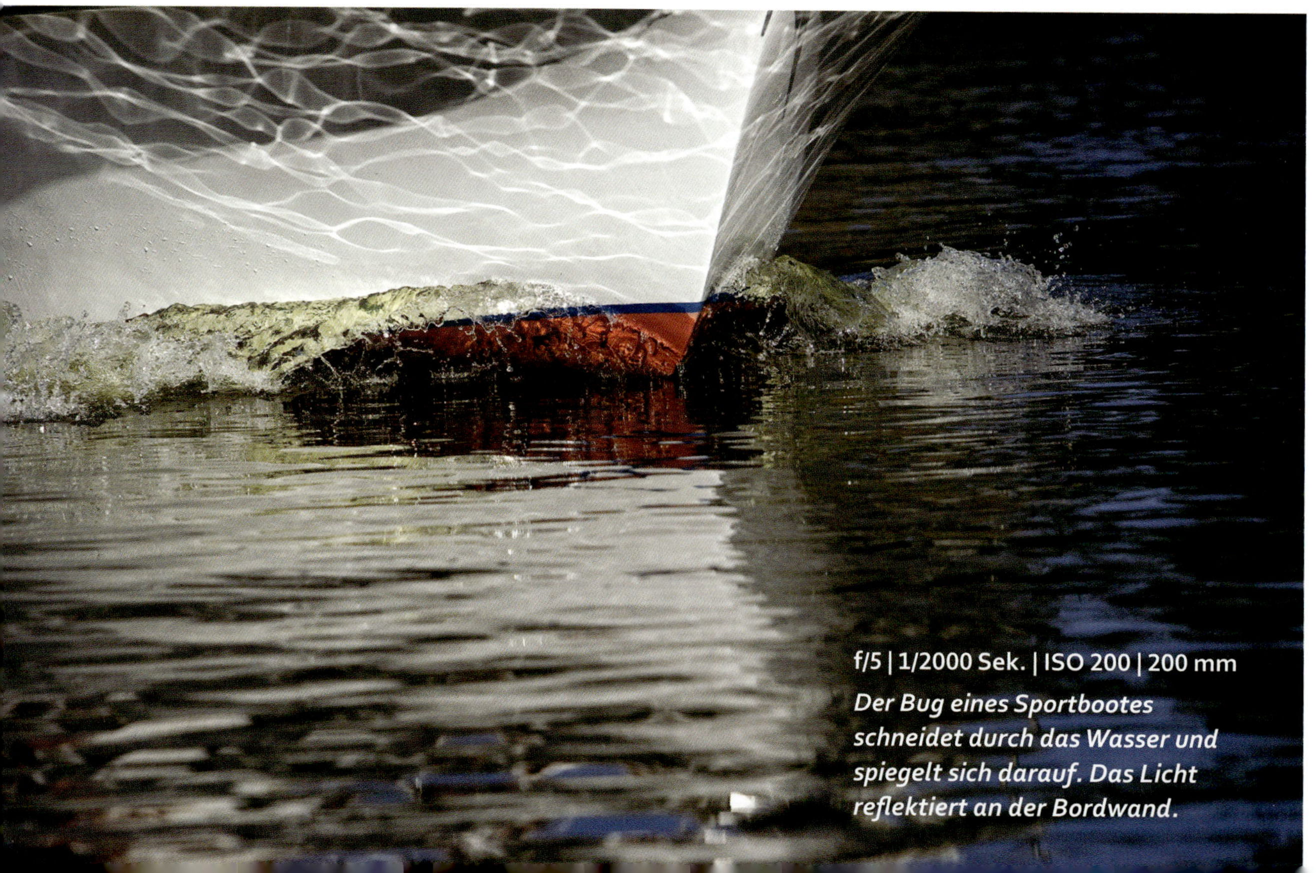

f/5 | 1/2000 Sek. | ISO 200 | 200 mm

Der Bug eines Sportbootes schneidet durch das Wasser und spiegelt sich darauf. Das Licht reflektiert an der Bordwand.

ruhige Wasseroberfläche eines Sees – Wasser spielt in der Landschaftsfotografie eine große Rolle.

Bevor ich auf einzelne Fotoszenarien eingehe, möchte ich Ihnen noch ein sinnvolles Zubehör für die Landschaftsfotografie im Allgemeinen (und im Besonderen für Wassermotive!) ans Herz legen: Es geht um den Polarisations- oder kurz Polfilter.

Polfilter im Einsatz

Mithilfe eines solchen Filters können Sie die Kontraste auf Ihrem Foto verstärken, Reflexe auf nichtmetallischen Oberflächen (wie einer Wasseroberfläche oder Glas) reduzieren und die Farben, vor allem des Himmels, insgesamt kräftiger erscheinen lassen. Bei einer modernen DSLR-Kamera sollten Sie einen zirkularen Polfilter nutzen.

Die Verwendung eines linearen Polfilters kann zu Falschbelichtungen führen! Den Filter – es gibt ihn in allen gängigen Durchmessern passend zu Ihren Objektiven – schrauben Sie vorn auf das Gewinde an der Frontlinse Ihres Objektivs. Durch das Drehen des Filters können Sie schon im Sucher erkennen, wie sich die Farben Ihres gewählten Bildausschnitts verändern: Der blaue Himmel wird dunkler, farbintensiver. Helle Farben mit viel Gelbanteil (z. B. Grasflächen oder der Strand) leuchten kräftiger. Und Spiegelungen und Reflexionen etwa auf der Wasseroberfläche eines Sees werden reduziert, das Wasser wirkt durchsichtiger.

Vorsicht vor rotierenden Objektivöffnungen

Ein Polfilter arbeitet besonders gut, wenn er etwa im 90°-Winkel zur Sonne steht. Es gibt aber noch einige Zoomobjektive, deren Frontlinse sich beim Zoomen dreht. An diesen Objektiven muss der Polfilter ständig nachgeführt werden, da er sich zusammen mit dem Objektiv dreht.

Stellen Sie sich den Filter als ein sehr engmaschiges Gitter vor. Sehr vereinfacht ausgedrückt lässt es wie ein Sieb nur bestimmte Lichtschwingungen durch und blockiert andere: Das Licht wird so polarisiert und reduziert effektiv Reflexionen.

Schauen Sie durch den Sucher Ihrer Kamera und drehen Sie den Polfilter. So können Sie die optimale Stellung des Filters am besten kontrollieren: Sind die Spiegelungen reduziert? Die Farben satter und kräftiger? Ja? Prima – dann können Sie jetzt loslegen und auslösen.

Polfilter und Weitwinkelobjektive

Wenn Sie ein starkes Weitwinkelobjektiv einsetzen, kann es leicht vorkommen, dass ein Teil des Himmels perfekt im 90°-Winkel zur Sonne liegt, aber die Ränder schon einen weniger günstigen Winkel zur Sonne einnehmen. Dann kann es zu unschönen Farbverläufen bzw. Helligkeitsverteilungen im Bild kommen. Dieser Effekt ist nicht so ohne Weiteres zu vermeiden. Entweder Sie wählen eine etwas höhere Brennweite, oder Sie nutzen einen Filterhalter vor dem Objektiv, in dem man einen Polfilter einlegen kann, der deutlich größer ist als der Durchmesser des Objektivs. Diese zweite Lösung wird aber sehr schnell sehr teuer.

Manchmal reicht es auch schon einfach, die Position zu wechseln, damit der Effekt nicht mehr so stark ins Gewicht fällt.

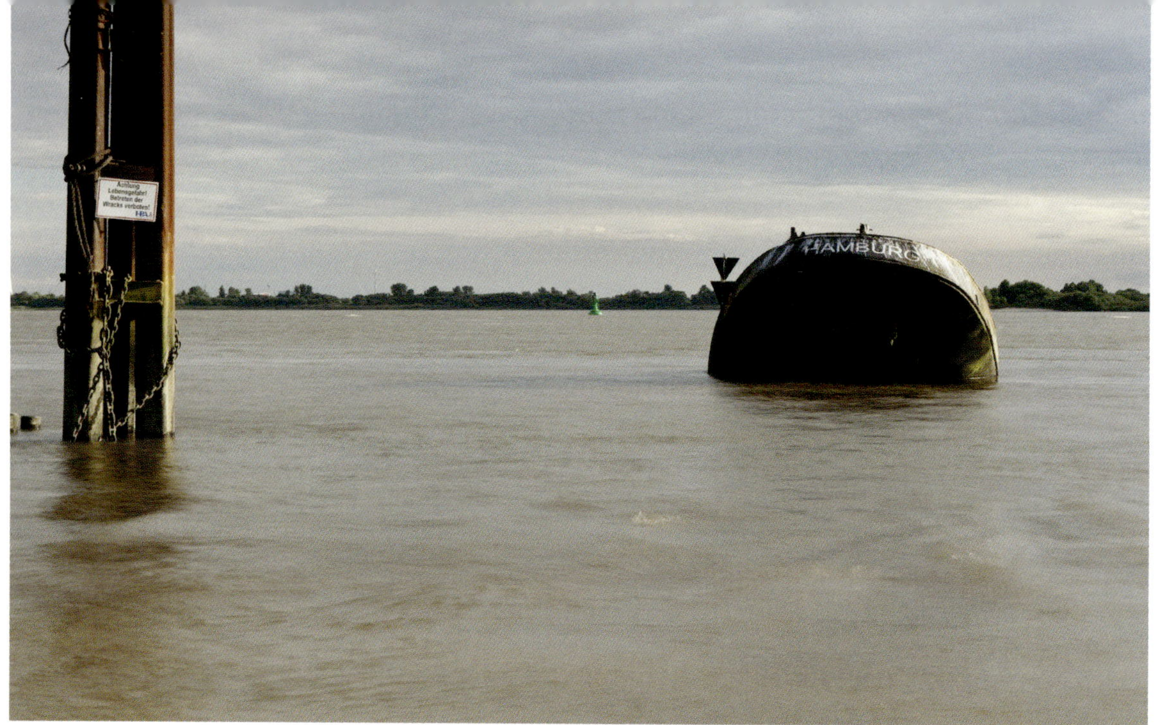

f/22 | 0,5 Sek. | ISO 100

Lichtreflexionen auf dem Wasser verhindern den „Durchblick", der Himmel wirkt blass und strukturarm. Hier war zwar ein Polfilter im Einsatz, jedoch nicht optimal justiert – so kann er keine Wirkung zeigen.

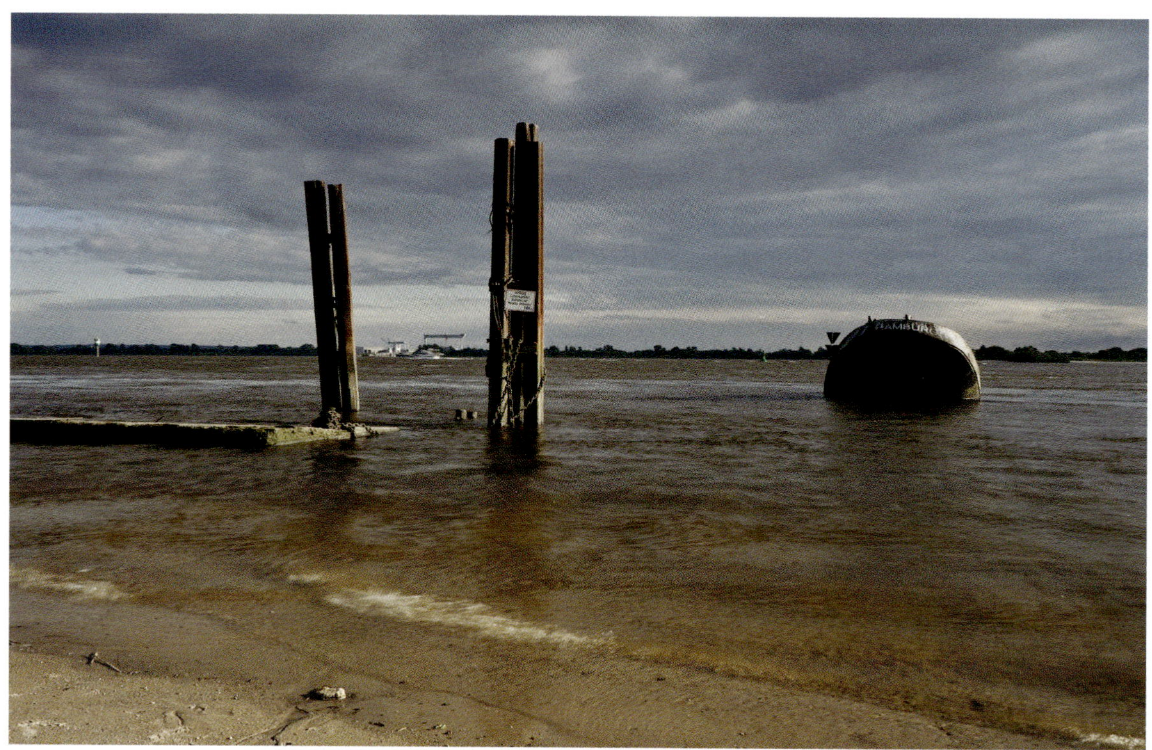

f/22 | 1/3 Sek. | ISO 100 | Stativ | Polfilter | Grauverlaufsfilter

Die Steine unter der Wasseroberfläche sind sichtbar, die Farben intensiver. Der Grauverlaufsfilter dunkelt den Himmel ab, der Polfilter macht seine Farbe satter.

Wenn der gewünschte Effekt nicht im Sucher zu erkennen ist, befindet sich der Filter noch nicht in der richtigen Position. Drehen Sie ihn vorsichtig und millimeterweise weiter, bis sich der Effekt einstellt. Sobald Sie den Blickwinkel ändern, müssen Sie den Filter erneut justieren. Gerade wenn Sie zum ersten Mal mit einem Polfilter fotografieren, ist das manchmal eine nervige Fummelarbeit – aber die kleine Mühe lohnt sich.

Die beste Polarisationswirkung erzielen Sie dann, wenn das Sonnenlicht schräg einfällt – also bei niedrigem Sonnenstand. Steht die Sonne hoch am Himmel (z. B. zur Mittagszeit, die Sie sowieso zum Fotografieren meiden sollten), wird der Himmel ungleichmäßig und in der Bildmitte dunkler erscheinen als an den Bildrändern – ich mag diesen Effekt nicht so sehr und versuche, ihn zu vermeiden. Auch ist es sehr schwierig, diesen ungewünschten Effekt später bei der Bildbearbeitung zu reduzieren oder ganz verschwinden zu lassen.

Wenn Sie den Polfilter in seine optimale Position gedreht haben, entstehen reflexionsarme Fotos mit kräftigen Farben. Bedenken Sie jedoch, dass dieser Filter auch recht viel Licht schluckt. Je nach der Lichtsituation sollten Sie deshalb die Blendenöffnung um mindestens eine Blende vergrößern. Wenn Sie mit Stativ fotografieren, belassen Sie es bei der vorgewählten Blende (zugunsten einer höheren Schärfentiefe) und wählen stattdessen eine längere Belichtungszeit, damit die Fotos nicht unterbelichtet werden.

Ein typisches Sylter Friesenhaus unter blauem Himmel. Deutlich zu erkennen ist ein unterschiedlich stark blauer Himmel. In der Bildmitte ist er dunkler als zu den Bildrändern hin.

f/8 | 1/100 Sek. | ISO 100 | 17 mm

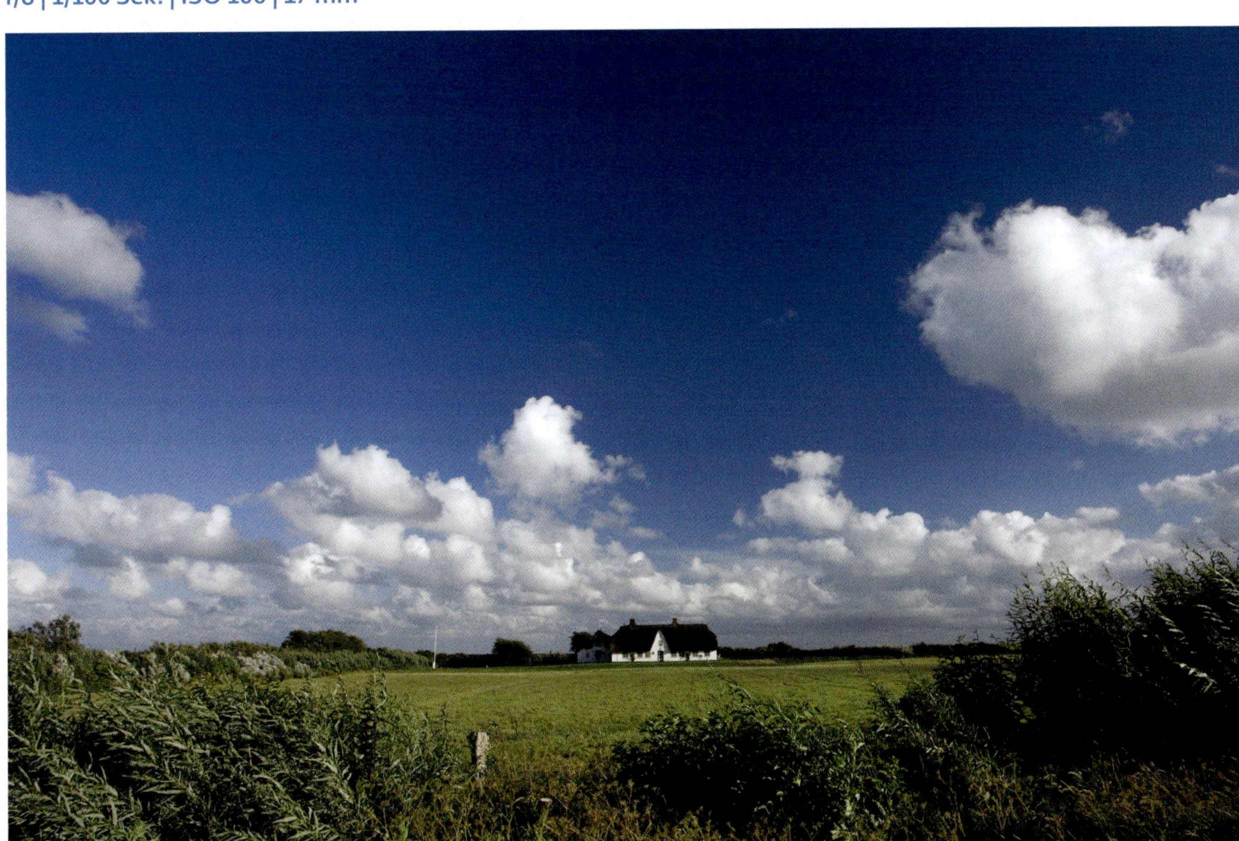

Wie stark ein Polfilter das einfallende Licht schluckt, können Sie an den folgenden Beispielfotos mit dem Wasserglas gut ablesen, die auch die Wirkung des Filters veranschaulichen: Unter gleichen Lichtbedingungen hat sich die Belichtungszeit enorm verlängert: von 1/1000 Sek. auf 1/200 Sek. Das erste Bild entstand ohne Polfilter, das zweite mit. Ohne Polfilter reflektiert das Sonnenlicht auf der hölzernen Tischoberfläche. Auf der Wasseroberfläche sind deutliche Spiegelungen zu erkennen.

Beim Einsatz eines Polfilters wirkt die Tischoberfläche stumpfer, die Reflexionen auf der Wasseroberfläche sind geringer.

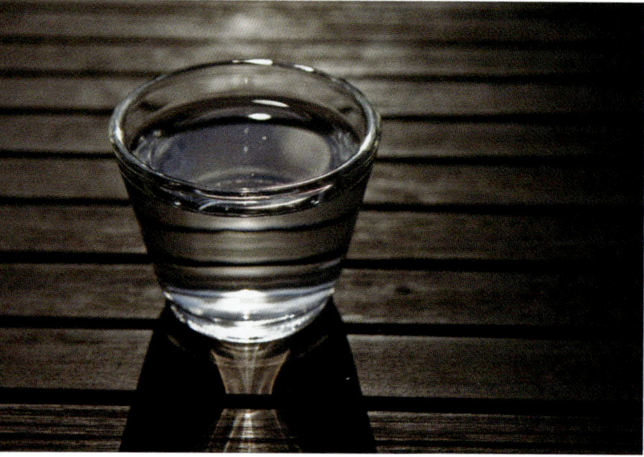

f/5.6 | 1/1000 Sek. | ISO 100 | ohne Polfilter

Das Holz der Tischfläche reflektiert das Sonnenlicht.

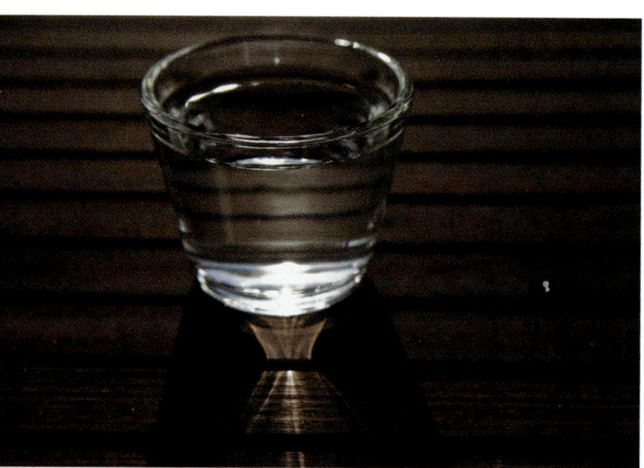

f/5.6 | 1/200 Sek. | ISO 100 | mit Polfilter

Mit richtig gedrehtem Filter verschwinden die Spiegelungen auf dem Tisch, die Farbe des Holzes ist intensiver. Die Lichtreflexionen auf der Wasseroberfläche sind geringer. Anhand der unterschiedlichen Belichtungszeiten der beiden Fotos sehen Sie auch, wie sehr der Polfilter Licht schluckt.

Die perfekte Welle ...

... ist gar nicht so einfach zu fotografieren: Das richtige Timing ist entscheidend. Möchten Sie die Welle in einer ihrer Phasen im Foto einfrieren, wählen Sie eine kurze Belichtungszeit (z. B. 1/1000 Sek.). Damit sind Sie auf der sicheren Seite. Wählen Sie deutlich langsamere Zeiten, sieht die Gischt der Brandung wie noch nicht ganz steif geschlagene Sahne aus – also gar nicht so spritzig frisch, wie Sie es vor Ort erlebt haben.

Bei einer kürzeren Belichtungszeit ist die Wirkung schon deutlich besser: Noch deutlicher heben sich die einzelnen Wassertröpfchen voneinander ab.

Wenn Sie die Belichtungszeit weiter verkürzen: Je länger die Belichtungszeit ist, desto weicher und zähflüssiger wirkt also bewegtes Wasser. Je nachdem, welche Bildwirkung Sie erreichen möchten, kann auch eine lange Belichtungszeit eine tolle Wirkung erzielen!

Die Abenddämmerung eignet sich besonders für weichgespülte Wellen (siehe Kapitel 2.7). Lange Belichtungszeiten lassen sich logischerweise bei wenig Licht – wie zum Beispiel in der Abenddämmerung – leichter erzielen als bei hellem Tageslicht.

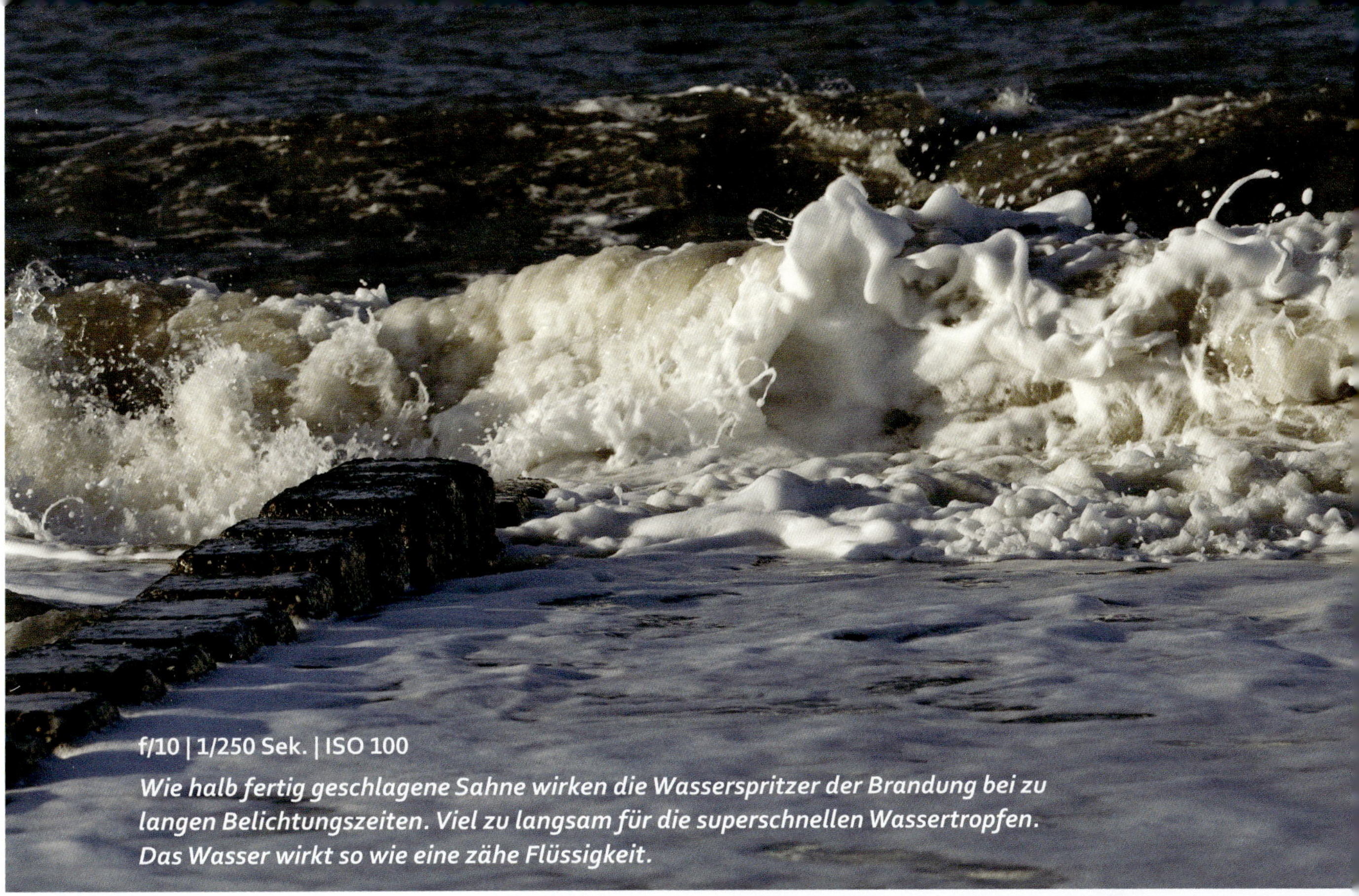

f/10 | 1/250 Sek. | ISO 100

Wie halb fertig geschlagene Sahne wirken die Wasserspritzer der Brandung bei zu langen Belichtungszeiten. Viel zu langsam für die superschnellen Wassertropfen. Das Wasser wirkt so wie eine zähe Flüssigkeit.

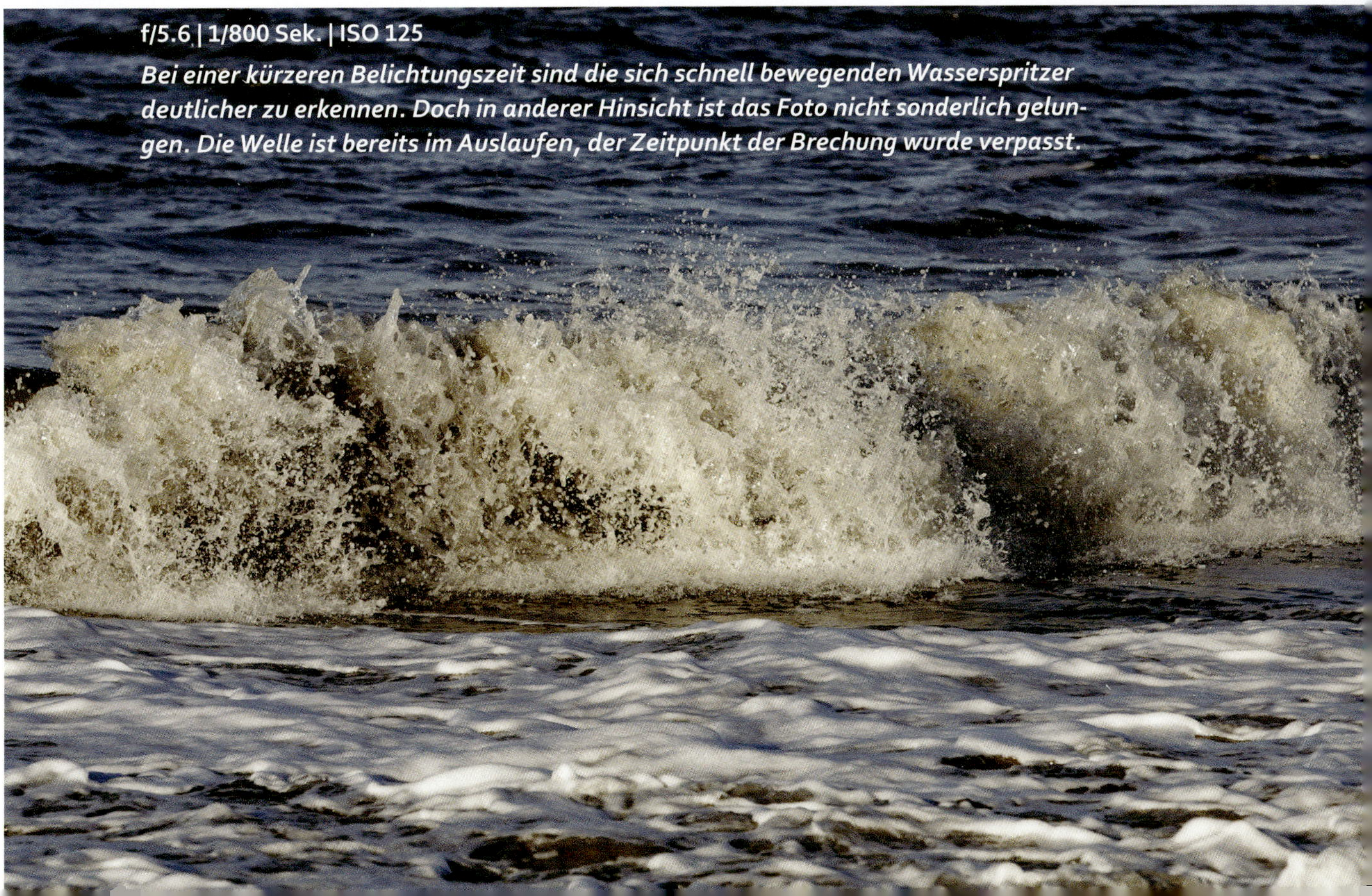

f/5.6 | 1/800 Sek. | ISO 125

Bei einer kürzeren Belichtungszeit sind die sich schnell bewegenden Wasserspritzer deutlicher zu erkennen. Doch in anderer Hinsicht ist das Foto nicht sonderlich gelungen. Die Welle ist bereits im Auslaufen, der Zeitpunkt der Brechung wurde verpasst.

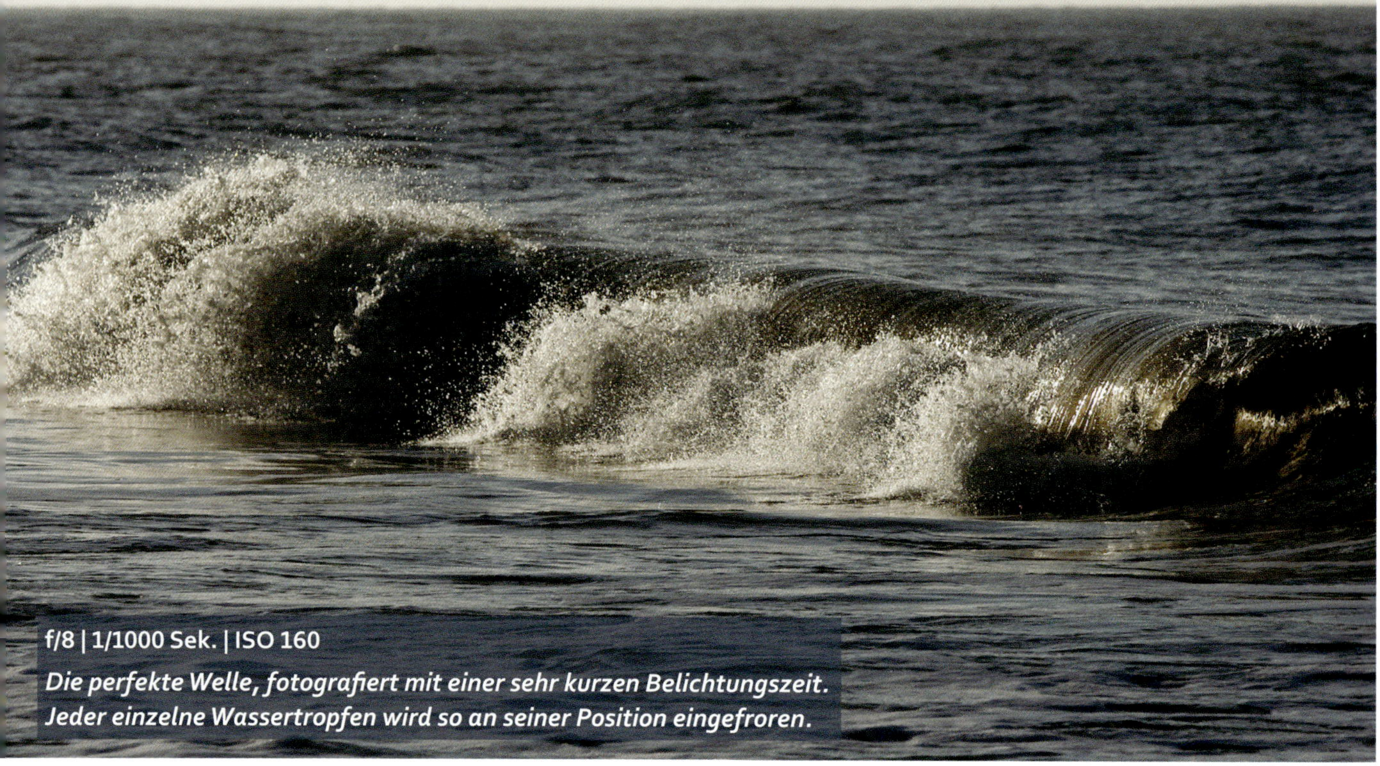

f/8 | 1/1000 Sek. | ISO 160

Die perfekte Welle, fotografiert mit einer sehr kurzen Belichtungszeit. Jeder einzelne Wassertropfen wird so an seiner Position eingefroren.

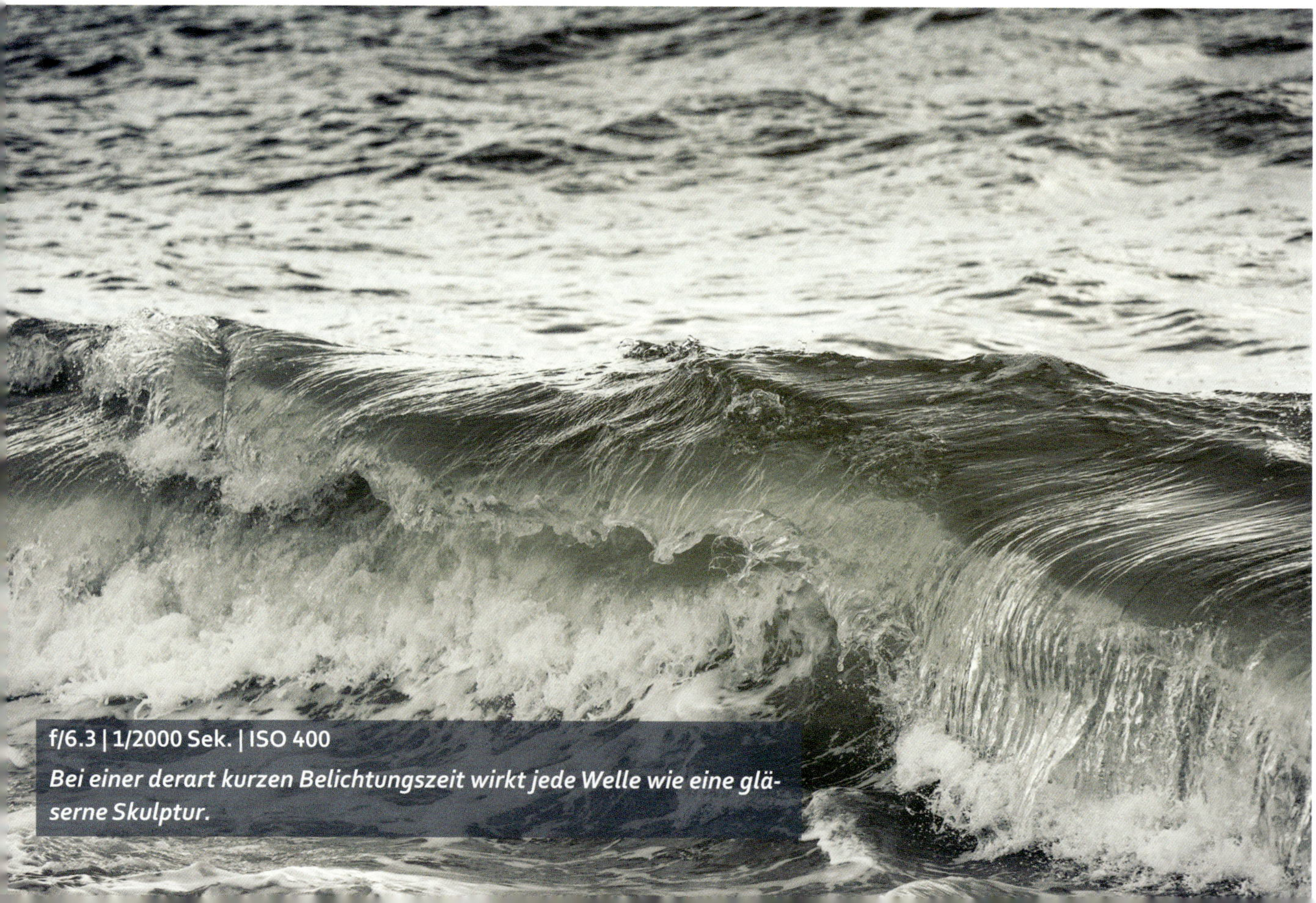

f/6.3 | 1/2000 Sek. | ISO 400

Bei einer derart kurzen Belichtungszeit wirkt jede Welle wie eine gläserne Skulptur.

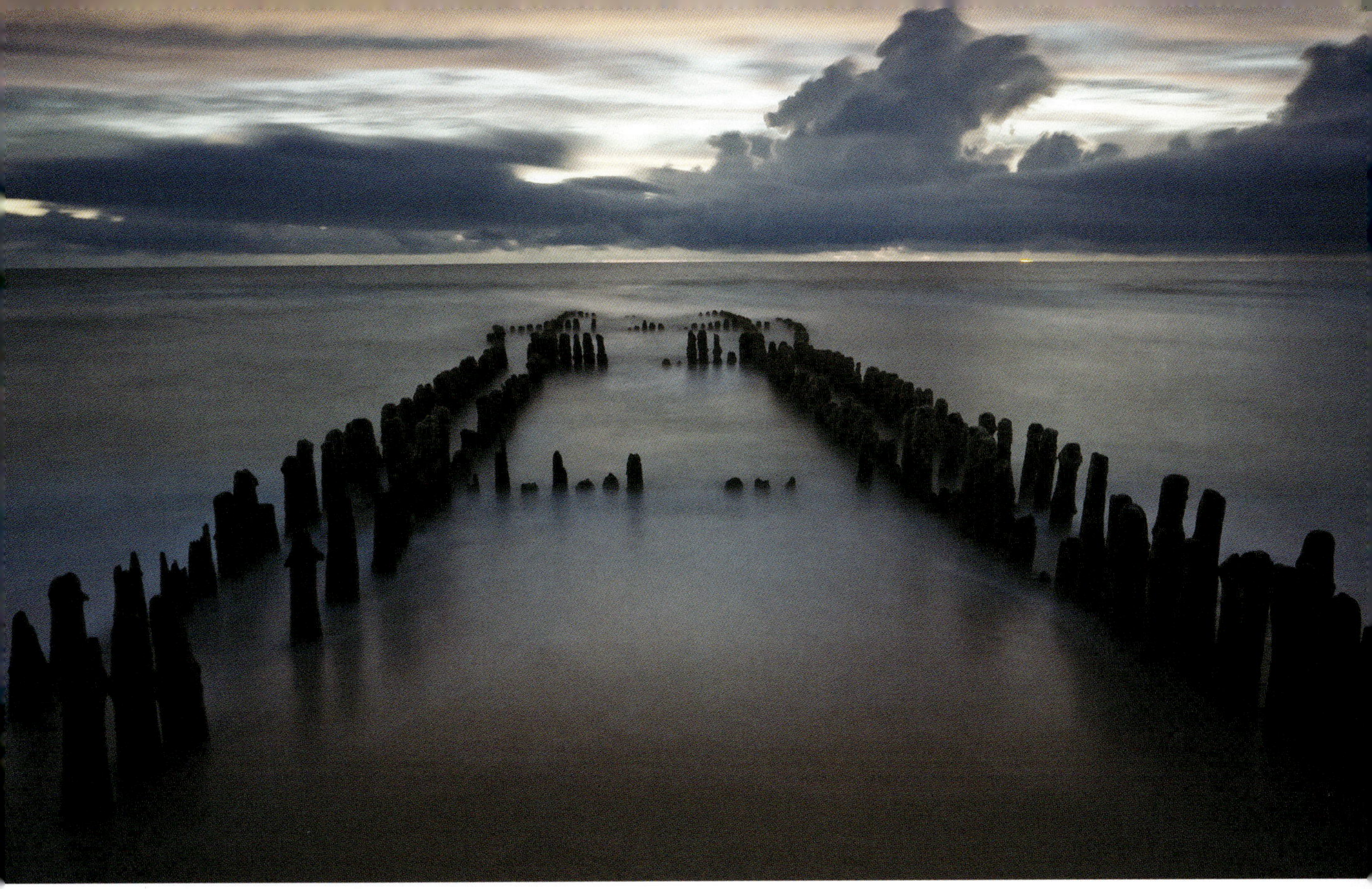

f/6.3 | 30 Sek. | ISO 400 | 17 mm

Von der Nordseebrandung ist nichts mehr zu sehen – die lange Belichtungszeit lässt das bewegte Wasser watteweich und nebelgleich wirken.

Doch mit einem Trick können Sie den Weichspüleffekt auch am Tage erreichen: Nutzen Sie einen gleichmäßig stark eingefärbten Graufilter (ND-Graufilter). Je dunkler dieser ist, desto mehr Licht schluckt er. So verlängern Sie künstlich die Belichtungszeiten und das Wasser auf Ihrem Foto wirkt wie Nebel oder Watte.

1.000-facher Graufilter

Das Fotografieren mit einem solch stark verdunkelnden Filter ist nicht ganz einfach: Sie müssen die Kamera auf dem Stativ zunächst auf Ihren Bildausschnitt justieren, den Bulb-Modus aktivieren, die gewünschte Blende einstellen und fokussieren, zuletzt schalten Sie die Kamera auf den manuellen Fokus (nur damit sich der Fokus nicht mehr verstellt). Erst dann wird der Graufilter aufgeschraubt – denn er verdunkelt den Bildausschnitt so stark, dass Ihr Motiv durch das dunkle Glas kaum noch zu erkennen, geschweige denn zu fokussieren ist. Die Belichtungszeiten können – je nach den Lichtverhältnissen – durchaus länger als zehn Minuten werden! Aber für derart lange Wartezeiten werden Sie mit sehr dramatisch wirkenden Fotos belohnt, die besonders toll in Schwarz-Weiß wirken. Ein Meister dieser Art Fotografie ist mein Kollege Ronny Behnert (*www.bewegungsunschaerfe.de/*).

Der günstigste Zeitpunkt, eine heranrollende Welle zu fotografieren, ist, kurz nachdem sich ihr Kamm in Richtung Strand umstülpt. Diesen Zeitpunkt abzupassen, ist bei starker Brandung nicht ganz einfach. Daher mein Tipp:

Der richtige Zeitpunkt

Stellen Sie im Kameramenü auf Serienaufnahme. So entstehen mehrere Aufnahmen in kurzer Folge hintereinander, sodass Sie eine einzelne Welle in den verschiedenen Phasen der Brechung fotografieren. Das vergrößert die Bildauswahl enorm.

Der rauschende Gebirgsbach

Um fließendes Wasser möglichst beeindruckend abzulichten, ist ein Stativ unbedingt erforderlich – auch wenn es in den Bergen nicht gerade angenehm ist, das schwere Teil mitzuschleppen. Es lohnt sich.

Für meine Bildidee brauchte ich so wenig Lichteinfall wie möglich. Wieso das denn? Ganz einfach: Mir kam es darauf an, die Fließbewegung des Flusses darzustellen. Es sollte weich aussehen, bewegungsunscharf. Wie auf dem letzten Foto im vorangehenden Abschnitt „Die perfekte Welle …":

Auch dort wirkt die Nordseebrandung wie watteweicher Nebel, einzelne Wellen sind nicht mehr zu erkennen. Um das zu erreichen, brauchte ich am Flüsschen Bode eine lange Belichtungszeit von möglichst mehr als 1 Sek., damit später auf dem Foto nicht jeder einzelne hochspritzende Wassertropfen erkennbar ist.

Das war nicht ganz einfach, weil wir ausgerechnet zur fotografisch ungünstigen und hellen Mittagszeit im wildromantischen Bodetal im Ostharz waren. Also suchte ich mir einen schattigen und dunklen Kamerastandort. So wenig Sonnenlicht wie möglich sollte auf die Felsen und das Wasser fallen, damit ich die gewünschte lange Belichtungszeit erreichen konnte. Viele Fotografen nutzen für solche Motive den stark verdunkelnden Graufilter (bis 1.000-fach), um künstlich eine Art Dämmerlicht bzw. Dunkelheit zu erzeugen. So einen Filter hatte ich allerdings nicht im Gepäck. Um dennoch eine lange Belichtungszeit zu erreichen, habe

Der Kleinarlbach in Österreich.

f/9 | 1/250 Sek. | ISO 250 | 40 mm

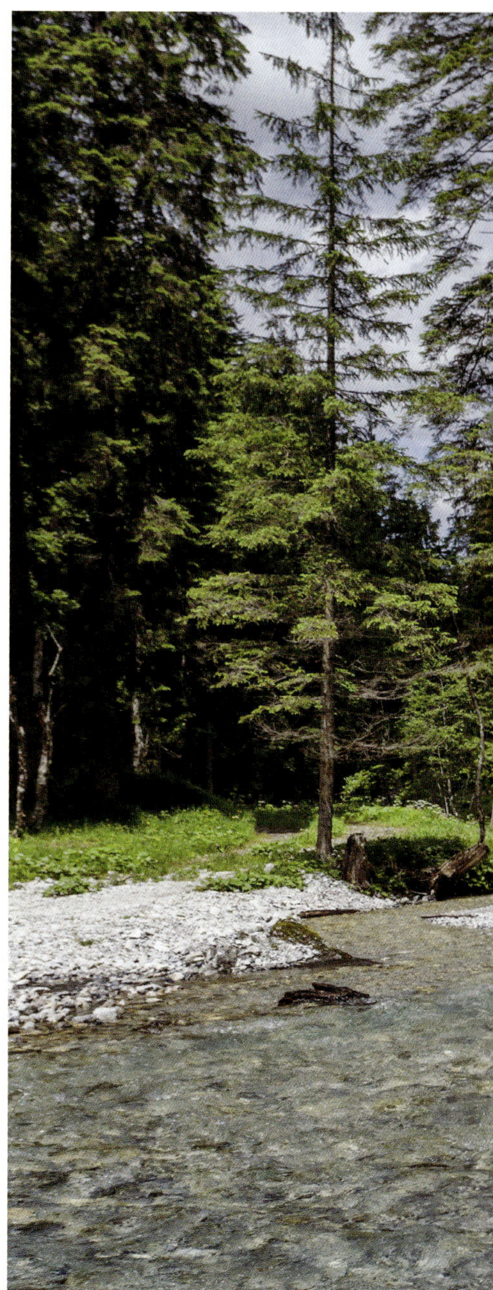

ich zunächst bei ISO 100 die kleinstmögliche Blende eingestellt – bei meinem Weitwinkelobjektiv war das f/22.

Bei der Testaufnahme musste ich dann feststellen, dass die Zeit noch zu kurz war – das Wasser war mir noch nicht weich genug. Glücklicherweise hatte ich meinen lichtschluckenden Polfilter dabei – das war meine Rettung. So konnte ich ausreichend lange Belichtungszeiten um die 2 Sek. herauskitzeln – trotz Sonnenschein und Mittagszeit. Gern hätte ich noch länger belichtet, aber mehr war unter den vorgefundenen Bedingungen einfach nicht drin. Durch den Einsatz des Polfilters konnte ich zudem die Spiegelungen auf der Wasseroberfläche reduzieren und auch noch Steine am Flussgrund sichtbar machen.

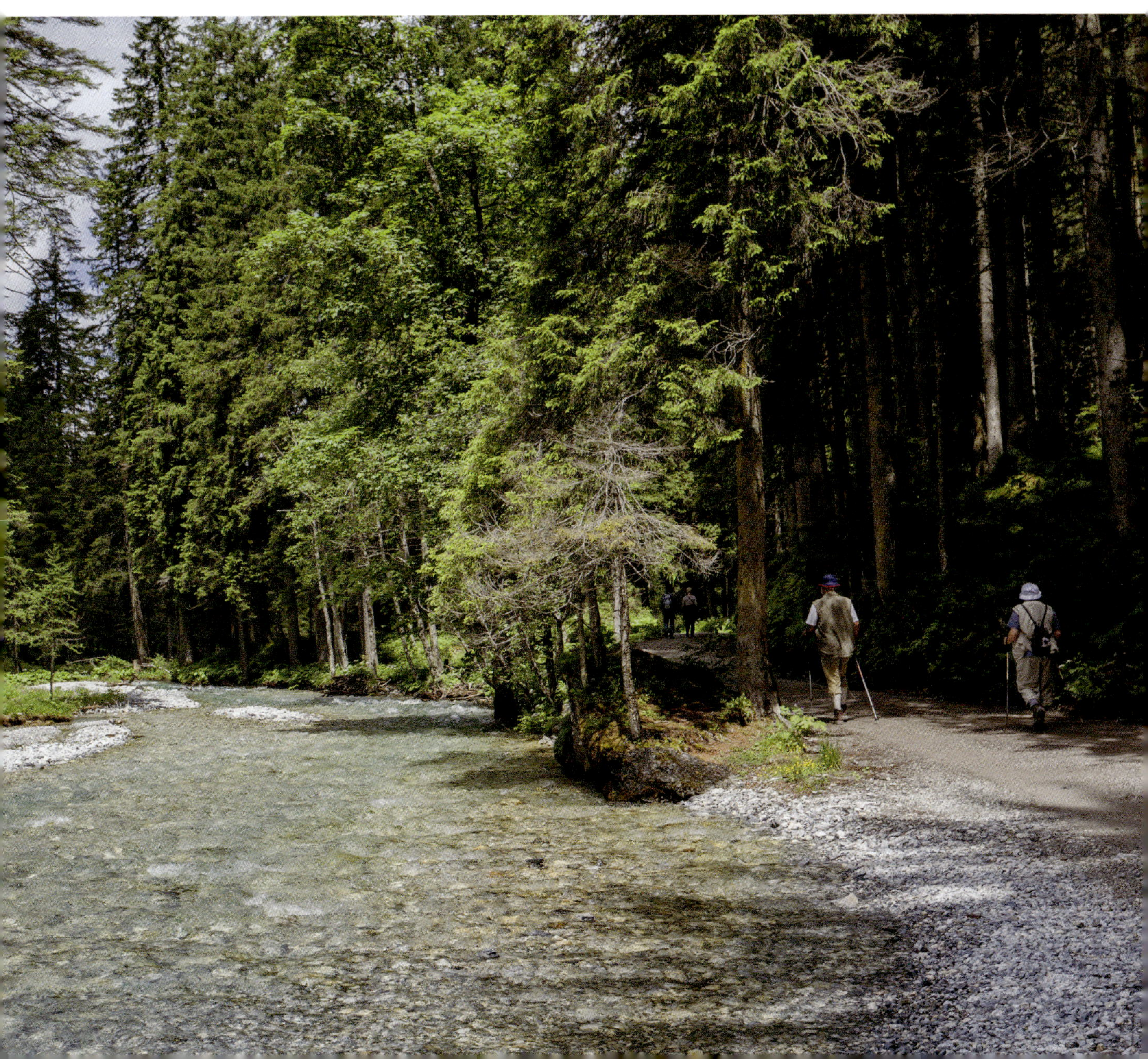

Lange oder kurze Belichtungszeit?

Wie unterschiedlich die Kameraeinstellungen sein müssen, um entweder das fließende Wasser bewegungsunscharf darzustellen oder es in der Bewegung einzufrieren, verdeutlichen diese beiden Beispielbilder. Zum Vergleich der gleiche Bildausschnitt bei kurzer Belichtungszeit: Die Bildwirkung ist eine völlig andere.

Beim Foto auf der nächsten Seite sprudelt das Wasser des Flüsschens Bode regelrecht.

Das schnell fließende Wasser wirkt weich durch seine Bewegungsunschärfe, die ich durch die lange Belichtungszeit erreicht habe.

f22 | 2 Sek. | ISO 100 | 40 mm | Polfilter | Stativ

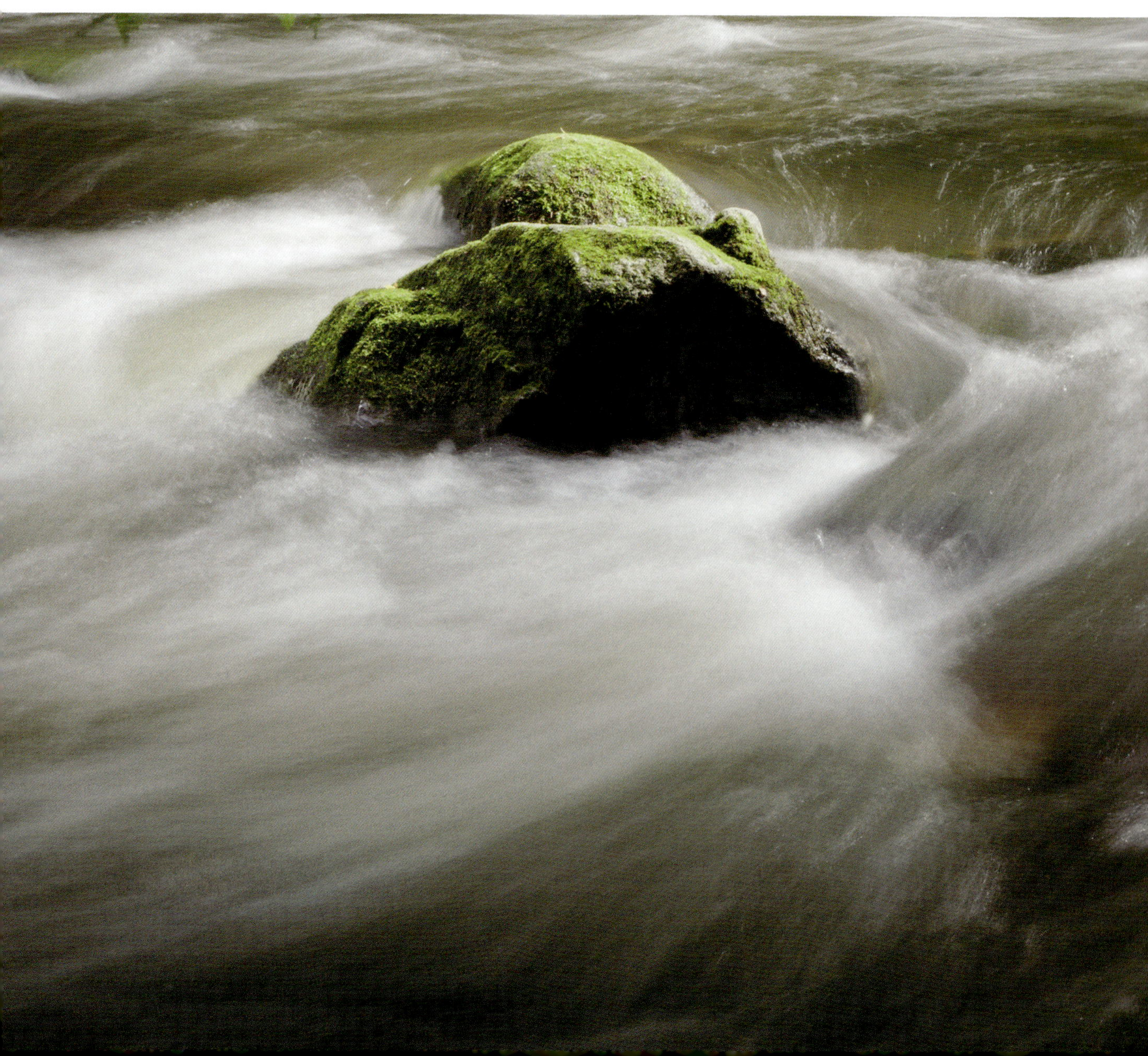

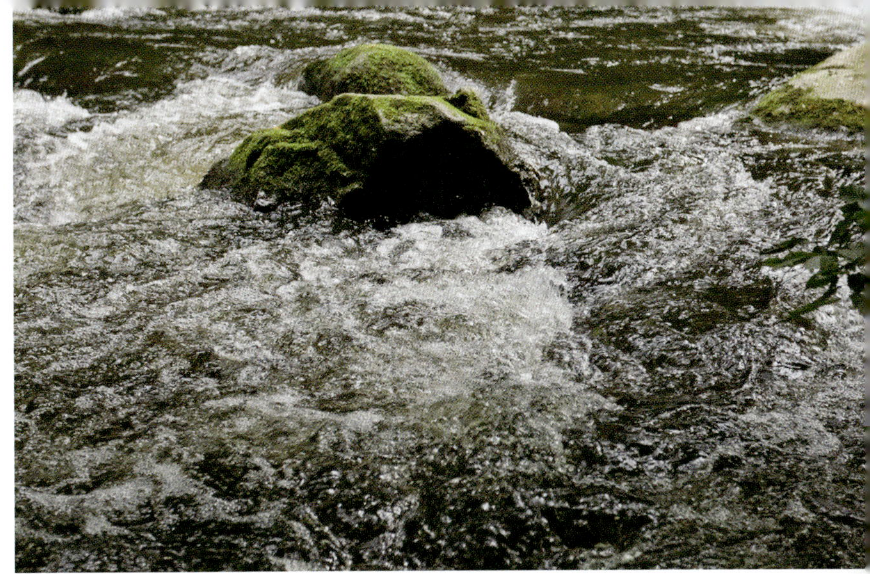

f/4.5 | 1/400 Sek. | ISO 1000 | 40 mm | Stativ | ohne Polfilter

Derselbe Stein im Flusswasser – um das Wasser in der Bewegung einzufrieren, brauchen Sie eine sehr kurze Belichtungszeit. Mehr als 1/400 Sek. war bei den Lichtverhältnissen nicht herauszuholen – trotz hoher ISO-Zahl und abgeschraubtem Polfilter.

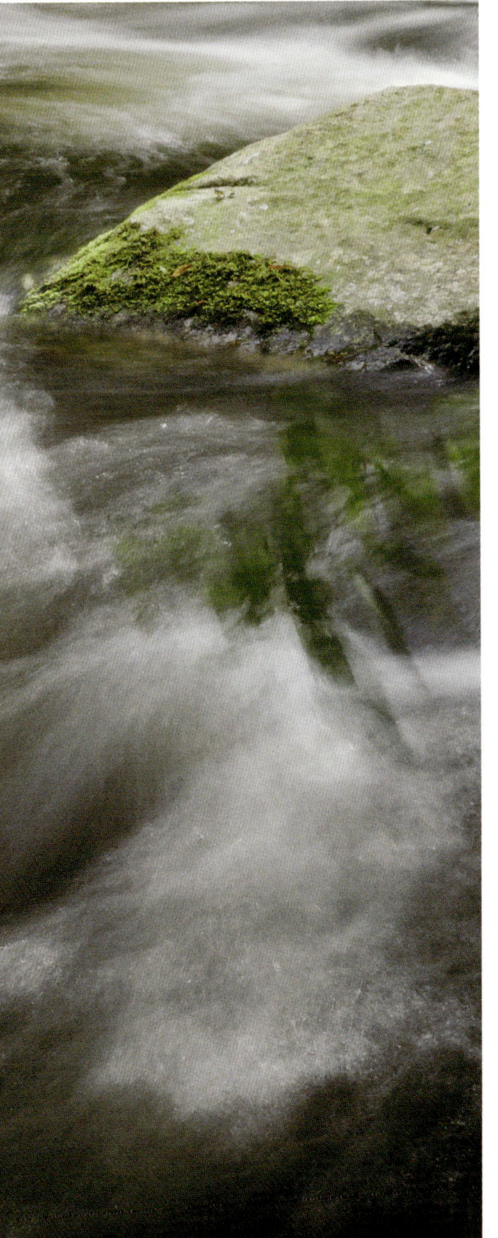

Der schattige Kamerastandort war für dieses Foto ein großer Nachteil: Ich musste die ISO-Zahl auf 1000 erhöhen und mit einer relativ offenen Blende von f/4.5 (f/4 ist die größtmögliche Blendenöffnung an meinem Objektiv) arbeiten, um eine einigermaßen kurze Belichtungszeit von 1/400 Sek. zu erreichen. Doch um beide Fotos im direkten Vergleich zeigen zu können, musste ich ja den Bildausschnitt beibehalten.

Beim Foto mit der langen Belichtungszeit hingegen ist die Bildwirkung deutlich schöner als beim letzten: Die Steine wirken wie der sprichwörtliche Fels in der Brandung – der Blick des Betrachters heftet sich sofort auf die bemoosten Steine im Wasser.

Sinnvoll kann also der Einsatz eines Polarisationsfilters auch bei bedecktem Himmel sein, wenn man die Belichtungszeit verlängern will. Um die Wirkung weiter zu steigern, ist es sogar möglich, zwei Polfilter gegenläufig zuzudrehen oder zwei Grauverlaufsfilter übereinander auf die Frontlinse Ihres Objektivs zu schrauben.

Ich habe jedoch festgestellt, dass das meistens zu einer nervigen Fummelei führt, weil es mühsam ist, nur einen der beiden Filter zu justieren – der andere dreht sich leicht und ungewollt mit. Außerdem kommt es leicht zu einer Randabschattung durch die übereinanderliegenden Filter.

2.6 Schwierige Lichtsituationen meistern

Sonnenschein und blauer Himmel – ideales Fotowetter. Doch was tun, wenn der Himmel zwar bedeckt, aber sehr hell ist? Das gesunde menschliche Auge hat mit dieser Lichtsituation keine Schwierigkeiten, es kann sowohl am Boden als auch am Himmel Strukturen und Details erkennen. Doch Digitalkameras, auch hochwertige DSLR-Kameras, sind damit überfordert: Der Kontrastumfang ist zu hoch.

Ausgefressene Lichter

In der Regel stehen Sie als Fotograf nun vor folgender Entscheidung: Entweder wird der Himmel auf dem Foto zu hell (dann passt die Belichtung für die Landschaft) oder der Himmel ist korrekt belichtet und die Landschaft viel zu dunkel. Die Bildbearbeitung am Computer kann dieses Problem nur bis zu einem gewissen Grad lösen, vorausgesetzt, Sie haben das Bild im RAW-Format aufgenommen. Sind die hellen Flächen am Himmel (wie auf den Beispielfoto) so hell, dass sie überhaupt keine Bildinformationen mehr enthalten und nur noch weiß sind, hilft auch die beste Software nicht mehr. In der Fachsprache werden diese Bildbereiche als ausgefressene Lichter bezeichnet.

Aufhellen und Abdunkeln mit Photoshop

Wenn Ihr Foto in den zu hellen Bereichen aber noch ausreichend Bildinformationen hat, wird ein relativ unbekannter Photoshop-Trick zu Ihrem besten Freund. Und den möchte ich Ihnen hier Schritt für Schritt zeigen und erklären.

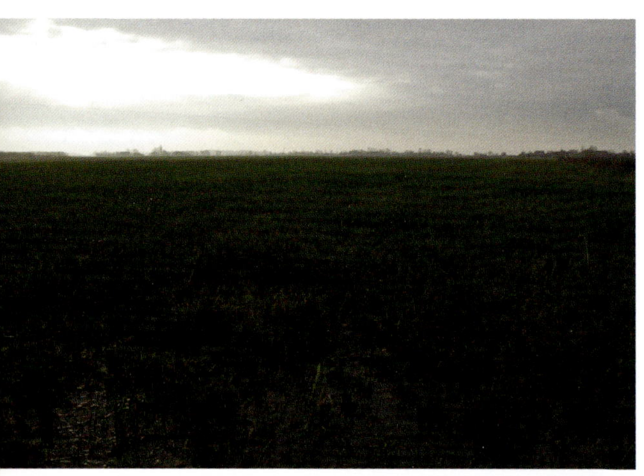

f/11 | 1/100 Sek. | ISO 400

Eine sehr schwierige Lichtsituation. Erschwerend kommt hier auch noch Gegenlicht hinzu. Der teilweise zu helle Himmel hat ausgefressene Lichter ohne jegliche Bildinformation – da hilft auch die tollste Bildbearbeitung nicht mehr.

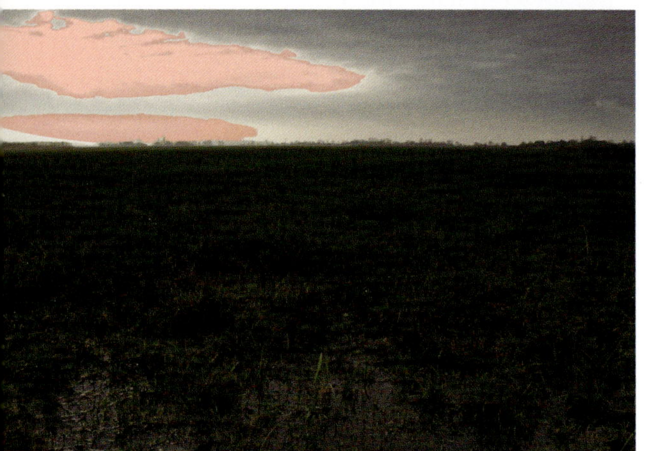

Das gleiche Foto nach der Bearbeitung (Landschaft aufgehellt, Himmel abgedunkelt): Der zu helle Himmel ließ sich nur an manchen Stellen abdunkeln. Bei ausgefressenen Lichtern (hier rötlich eingefärbt) ist auch die allerbeste Bildbearbeitung machtlos. Denn in diesem Bildbereich fehlt jegliche Bildinformation, auf die z. B. mit Photoshop Einfluss genommen werden könnte. Kurz gesagt: Wo nichts ist, kann auch nichts verbessert werden.

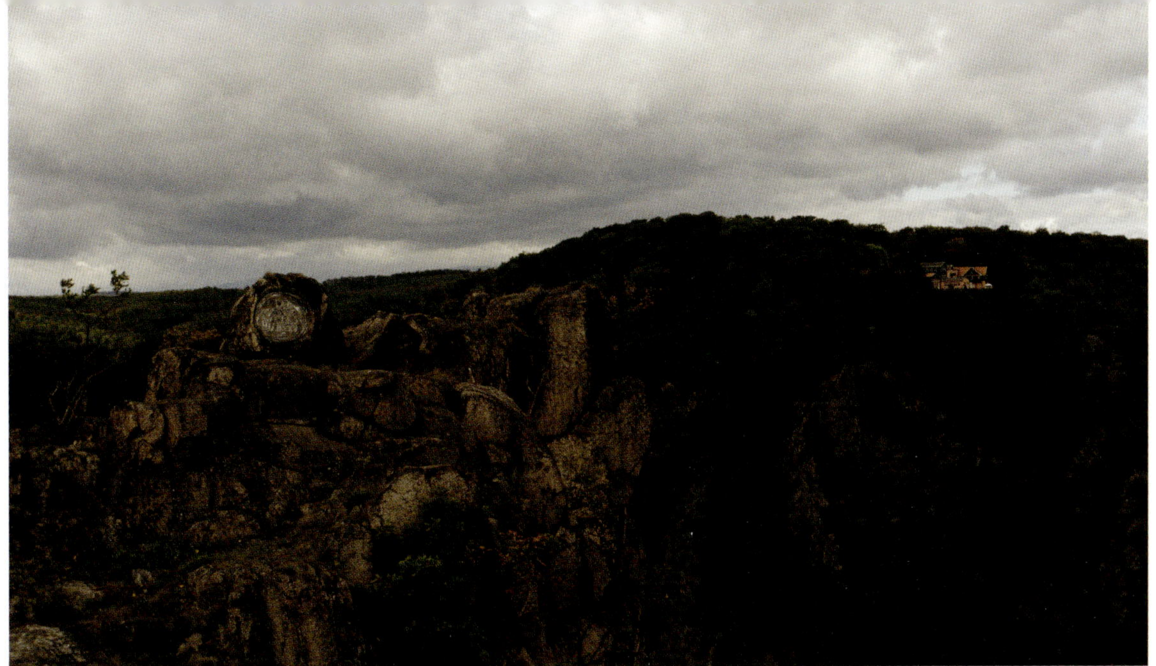

f/9 | 1/200 Sek. | ISO 250 | 36 mm

Blick über das Bodetal im Ostharz. Die felsigen Berge sind zu dunkel, der Himmel partiell zu hell.

1. Um die bewaldeten Berghänge und Felsen aufzuhellen und den Himmel in einigen Bereichen abzudunkeln, lege ich eine Grauebene über dem Foto an. Auf diesem Weg können Sie auch einige Details sichtbar machen, die bei dem unbearbeiteten Foto kaum ins Auge fallen.

2. Legen Sie zunächst über ***Ebene/Neu/Ebene*** eine neue, leere Ebene an, wenn Sie die Ar-

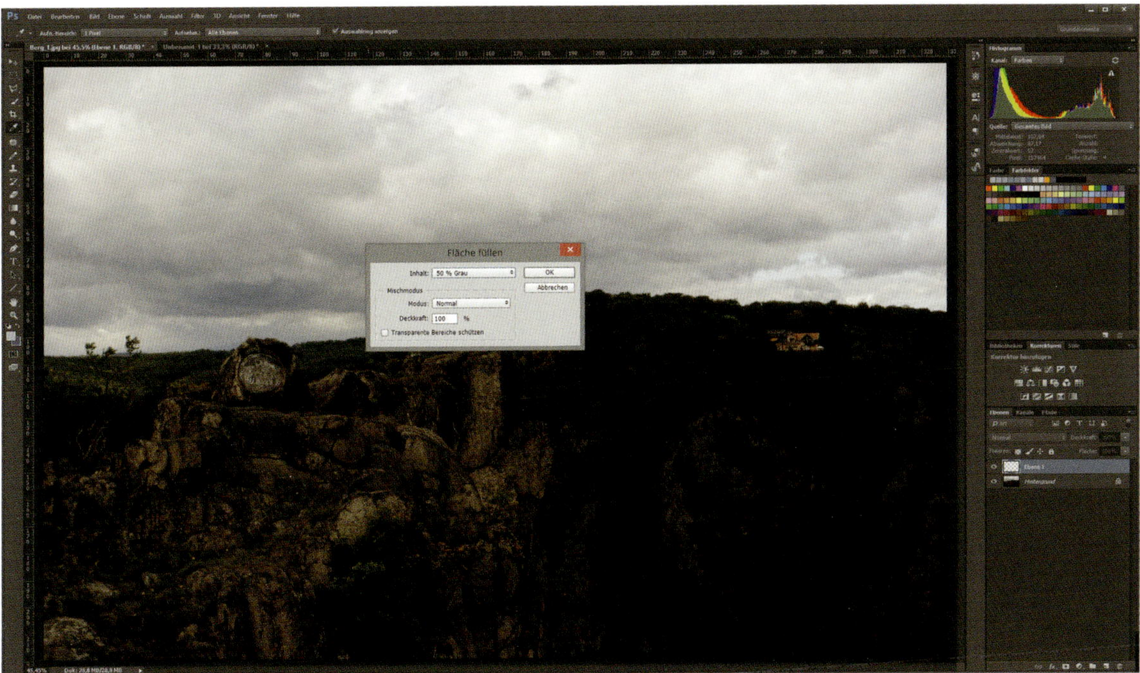

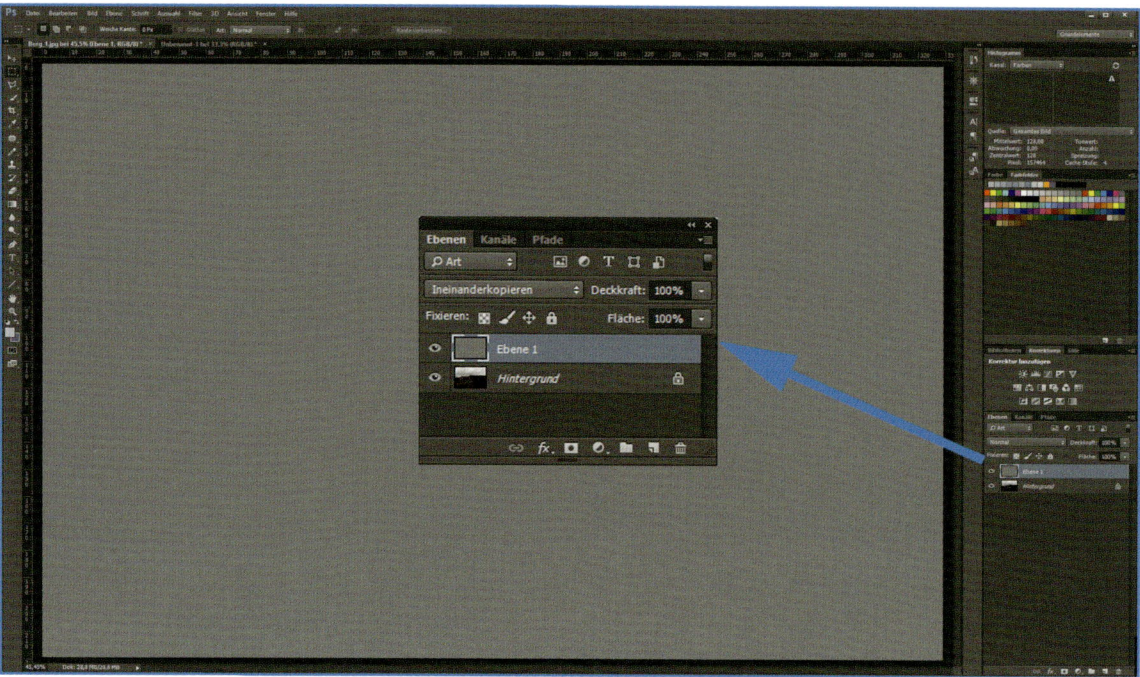

beitsweise über das Menü bevorzugen. Sie können auch über das Symbol ***Neue Ebene erstellen*** in der ***Ebenen***-Palette gehen.

3. Klicken Sie dann in der Photoshop-Menüleiste auf ***Bearbeiten/Fläche füllen***. Daraufhin öffnet sich das Dialogfenster ***Fläche füllen***, wählen Sie unter ***Inhalt*** ein 50 %-Grau. Wie Sie sehen, sehen Sie jetzt nichts – außer der Grauebene. Sie brauchen jetzt nur den Füllmodus zu ändern, und das Foto wird wieder sichtbar.

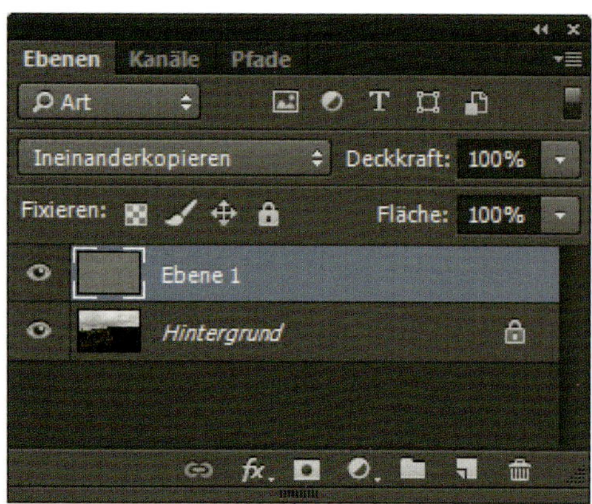

4. Nun klicken Sie auf das hier unterlegte Feld und ändern den Verrechnungsmodus von ***Normal*** auf ***Ineinanderkopieren***. Jetzt ist das unter der Grauebene liegende Foto wieder sichtbar. In der ***Ebenen***-Palette unten rechts sind jetzt beide Ebenen zu erkennen. Mit dem Pinsel-Werkzeug und der Vordergrundfarbe Weiß (in der Werkzeugleiste) können Sie jetzt auf der (un-

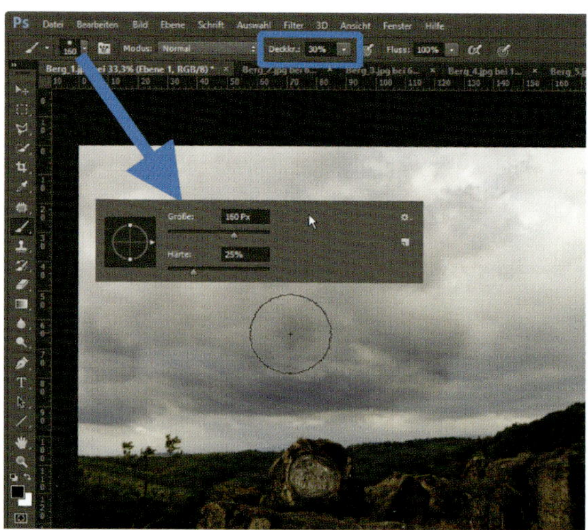

sichtbaren) Grauebene Bildbereiche aufhellen. Mit der Vordergrundfarbe Schwarz können Sie Bereiche abdunkeln. Klicken Sie jetzt auf das Pinsel-Werkzeug in der Werkzeugleiste links und passen Sie dessen Größe und Härte an. Danach regeln Sie die Deckkraft auf einen niedrigen Wert.

5. Unten in der Werkzeugleiste (im zweiten roten Kreis) können Sie nun wählen, ob Sie im ersten Arbeitsschritt Bildbereiche aufhellen (mit Weiß) oder abdunkeln (mit Schwarz) möchten. Wie stark der Effekt jeweils ausfällt, bestimmen Sie über den ***Deckkraft***-Regler (oben in der Optionsleiste). ***Härte*** bestimmt, wie soft oder hart die Übergänge ausfallen.
6. Haben Sie sich „vermalt", können Sie den Fehler einfach mit dem Radiergummi aus der Werkzeugleiste wieder löschen.
7. Kontrollieren Sie die Wirkung Ihrer Arbeit zwischendurch immer wieder, indem Sie das Augensymbol in der ***Ebenen***-Palette vor der Grauebene anklicken. Dadurch machen Sie Ihre vorherige Arbeit unsichtbar, sehen wieder das ursprüngliche, unbearbeitete Foto. Nochmaliges Klicken auf das Auge macht die Wirkung Ihrer Arbeit auf der Grauebene wieder sichtbar.
8. Sind Sie mit dem Ergebnis Ihrer Aufhell- oder Abdunklungsarbeit zufrieden, klicken Sie oben in der Menüleiste auf ***Ebene/Auf Hintergrundebene reduzieren***.

Diese Methode nutze ich gern, um bestimmte Bildbereiche deutlicher hervorzuheben (durch Aufhellen) und andere stärker in den Hintergrund treten zu lassen (durch Abdunkeln). Tolle Ergebnisse erzielen Sie mit dieser Art der

Im direkten Vergleich (Ausschnitt) sehen Sie die Auswirkung der Aufhellung und Abdunklung per Grauebene. Der Felsen im Vordergrund ist jetzt heller, die Wolken am Himmel erscheinen deutlich dunkler und dramatischer.

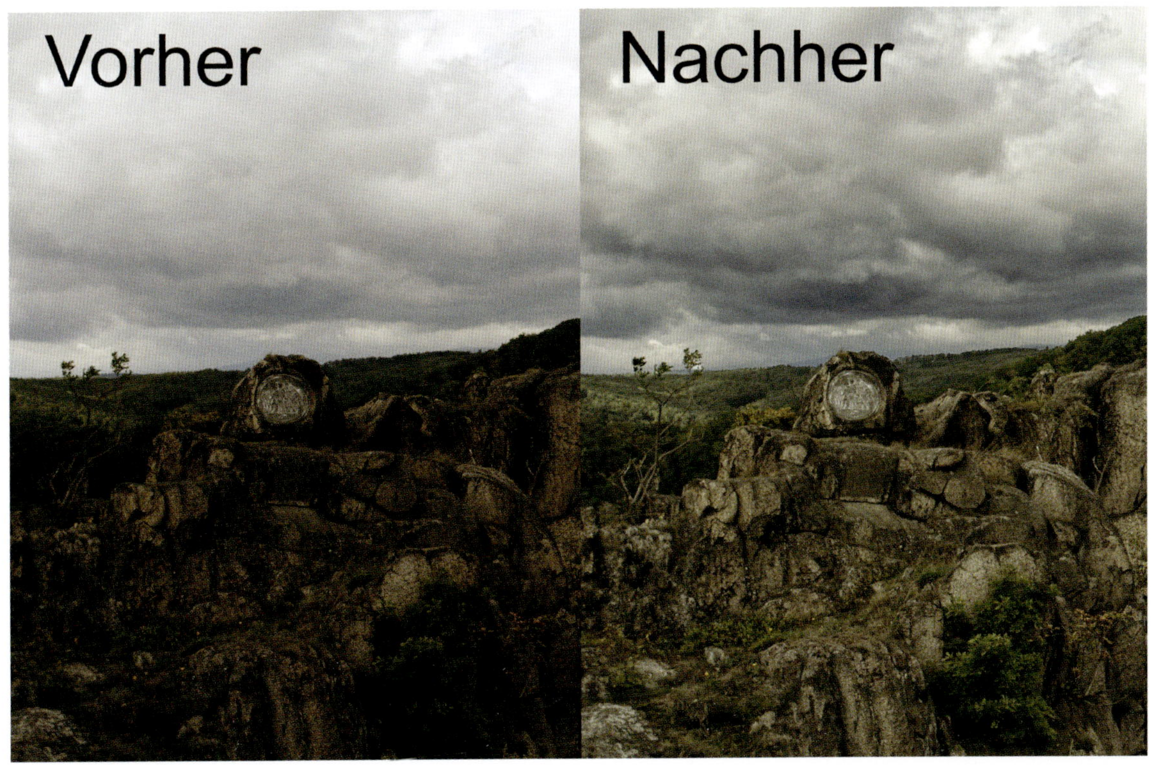

Bildbearbeitung auch bei Porträtfotos und bei Schwarz-Weiß-Aufnahmen. Sie ist sehr vielseitig einzusetzen.

RAW-Format nutzen

Fotografieren Sie Bilder, die Sie anschließend bearbeiten müssen/möchten, grundsätzlich im RAW-Format. Es bietet ein weit größeres Maß an Bearbeitungsreserve – gerade im Bereich der Abdunklung und Aufhellung. Probieren Sie als Test die eben gezeigte Methode an einem JPEG-Foto aus, und Sie werden den Unterschied deutlich merken: Besonders die Aufhellung dunkler Bereiche wird nicht das erwünschte Ergebnis bringen. Aufgehellte Bereiche werden z. B. leicht „krisselig" und rauschen.

Grauverlaufsfilter

Praktische Hilfsmittel für ein Landschaftsmotiv mit hellem Himmel und dazu stark kontrastierender Landschaft sind Filter, die vor die Frontlinse des Objektivs geschraubt werden. Am besten geeignet hierfür sind Grauverlaufsfilter.

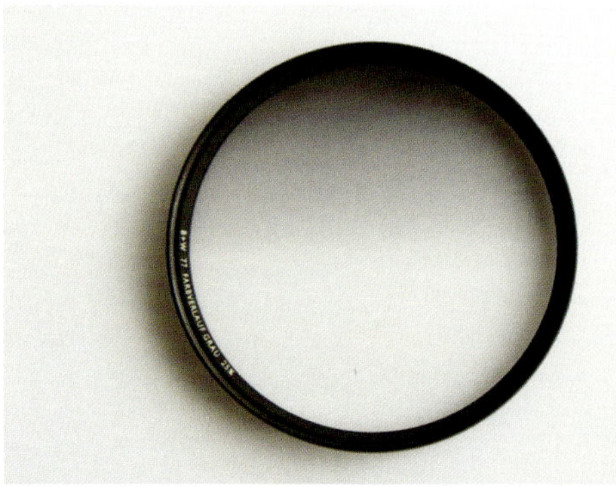

Grauverlaufsfilter, 25 %: Deutlich ist die Abdunklung in der oberen Hälfte des Glases zu erkennen.

Es gibt sie in verschiedenen Ausführungen und für alle Durchmesser der handelsüblichen Objektive im Fachhandel. Die Filter sind im oberen Bereich in unterschiedlicher Stärke (je nach Ausführung) grau eingefärbt und werden zur Mitte hin heller. So können Sie einen zu hellen Himmel damit also schon beim Fotografieren abdunkeln. Dabei bleibt die darunter liegende Landschaft von der Grauabdunklung ausgenommen. So wird der hohe Kontrastumfang reduziert und das Foto gleichmäßig belichtet. Es gibt zwei Systeme für Grauverlaufsfilter. Zum einen das hier schon beschriebene zum Aufschrauben auf die Frontlinse. Diese Filter sind im Einsatz relativ unflexibel, weil der Verlauf (je nach Filtermodell) immer an einer bestimmten Höhe der Linse endet und sich nicht verändern lässt. Möchten Sie den Horizont nun aber weiter oben im Bild positionieren, dunkelt der Filter auch noch die Landschaft unterhalb des Horizonts ab – und genau das wollen Sie ja gerade nicht!

Filterstecksystem

Zum anderen gibt es Stecksysteme (z. B. von Cokin oder LEE). Die rechteckigen Filterscheiben werden auf einen Adapter, der zuvor vorn am Objektiv befestigt wird, gesteckt.

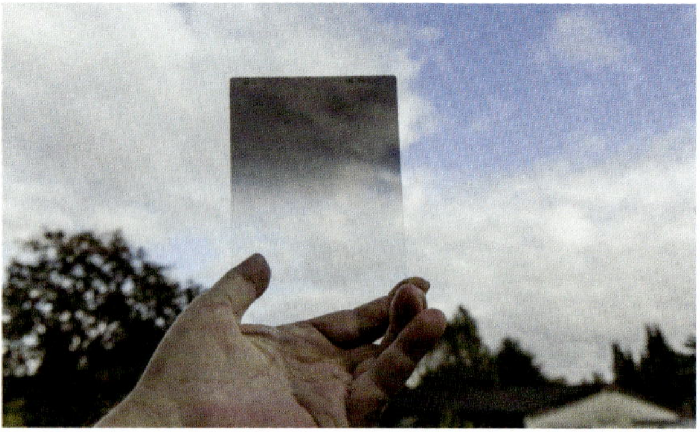

Deutlich ist die abdunkelnde Wirkung des LEE-Grauverlaufsfilters zu erkennen. Dass der Filter am unteren Rand schon eine kleine Macke hat (deshalb konnte ich die kostspieligen Filter günstig gebraucht kaufen), spielt keine Rolle, weil sie immer außerhalb des Bildausschnitts liegt.

Diese Filter haben den Vorteil, dass Sie als Fotograf durch Herauf- und Herunterschieben bestimmen können, in welchem Bereich Ihres Fotos die Abdunklung greifen soll: nur für einen Teil des Himmels oder für den ganzen Bereich?

Ich (als manchmal etwas bequemer Mensch) habe die Filterscheiben meistens ohne den Adapter genutzt und einfach mit einer Hand vor das Objektiv gehalten. Leider sind die Filterscheiben dadurch mittlerweile ziemlich zerkratzt. Also: Nutzen Sie den Adapter, auch wenn sich damit die Zeit, bis Sie endlich das Foto machen können, etwas länger hinzieht. Dieses Filtersystem ist vor allem für Objektive geeignet, bei denen sich die Frontlinsen beim Fokussieren mitdrehen. Die aufschraubbaren runden Filter sind für diese Objektive ungeeignet, weil sich auch der Filter mitdreht und der angedunkelte Bereich dann nicht mehr dort sitzt, wo Sie ihn ursprünglich haben wollten.

Hier erneut zwei Fotobeispiele, einmal ohne Grauverlaufsfilter, einmal mit. Beide Bilder wurden ansonsten nicht weiter bearbeitet.

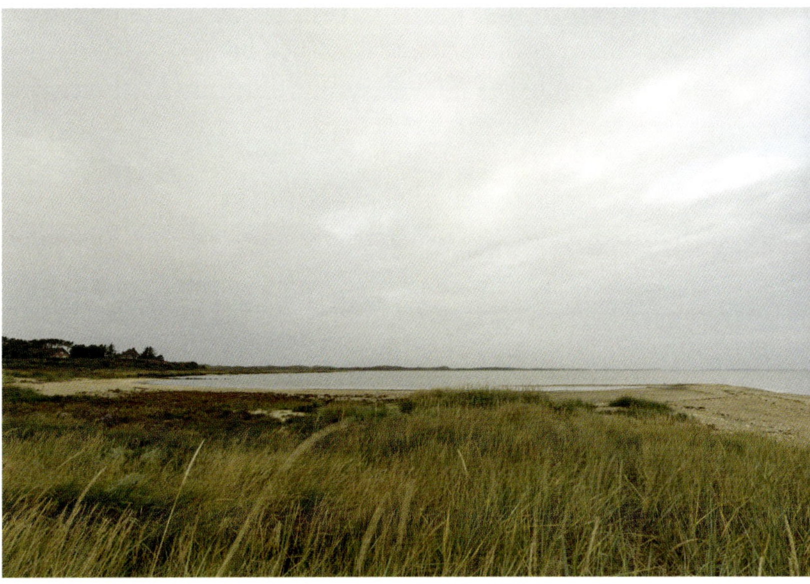

f/16 | 1/5 Sek. | ISO 100 | Stativ | ohne Filter

Landschaft an der Sylter Wattenmeerküste.

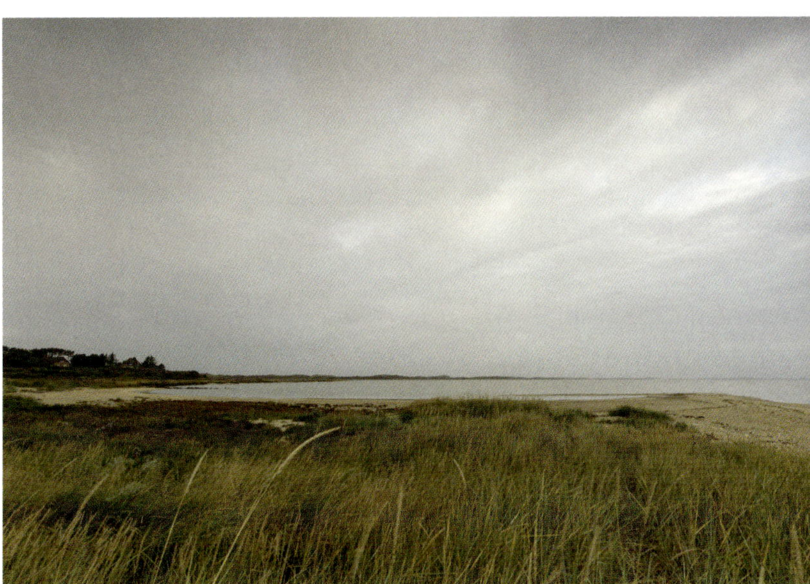

f/16 | 1/5 Sek. | ISO 100 | Stativ | mit Grauverlaufsfilter

Ich denke, der Unterschied ist deutlich zu erkennen.

Grauverlauf am Computer

Bis zu einem gewissen Grad lässt sich der Effekt auch durch die Bildbearbeitung am Computer erreichen, wie es bereits gezeigt wurde.

Der Himmel lässt sich abdunkeln, die Landschaft aufhellen. Bei Lichtverhältnissen wie auf den eben gezeigten Negativbeispielfotos mit den ausgefressenen Lichtern am Himmel ist jedoch auch das beste Bildbearbeitungsprogramm machtlos. Nur eine Fotomontage (Himmel aus einem anderen Foto kopieren) kann da noch helfen.

Aber das ist sicher nur eine Lösung für den absoluten Notfall. Grundsätzlich sollten Sie bei derart tückischen Lichtsituationen im RAW-Format fotografieren, weil Sie dann eine höhere Reserve für die Bildbearbeitung haben als beim JPEG-Format.

Eine weitere Möglichkeit ist das Erstellen einer Belichtungsreihe, um aus mehreren Einzelfotos später am Rechner mithilfe der HDR-Technik ein korrekt belichtetes Bild zu erzielen (lesen Sie dazu in Kapitel 4.4 den Abschnitt über die HDR(I)-Technik).

Dem Himmel wenig Raum geben

Es gibt aber auch einen viel einfacheren Trick, wie Sie ein stimmungsvolles Foto trotz

f/4 | 1/1250 Sek. | ISO 400 | 70 mm

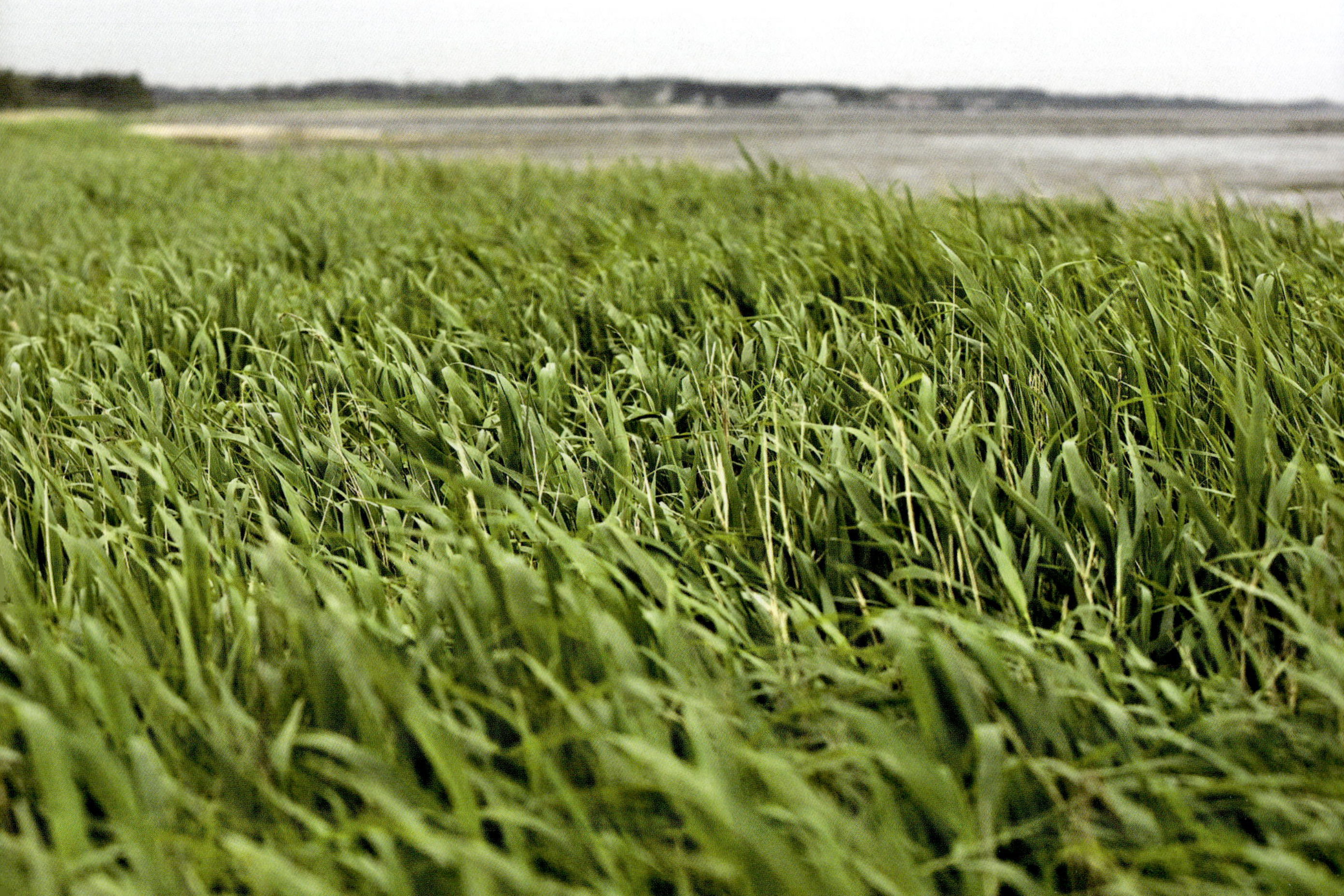

schwieriger Lichtverhältnisse aufnehmen können: Beziehen Sie so wenig Himmel wie möglich (und so viel wie nötig) in Ihren Bildaufbau mit ein – wie auf den folgenden Beispielbildern.

Mein Hauptmotiv war der Wind, der ins Schilf pustet – deshalb die sehr kurze Belichtungszeit, die die Bewegung der Halme einfriert. Die offene Blende ist hier okay, weil es bei dem Foto nicht auf Schärfentiefe ankommt.

Der blasse, helle Himmel nimmt nur einen schmalen Streifen im Bild ein, weil er wenig attraktiv ist. Der Schwerpunkt für die Belichtungsmessung liegt auf der Landschaft.

Schlechtwetterfotografie

Betrachten Sie schlechtes Wetter als Herausforderung für Ihre Kreativität. Die Anzahl der Motive ist genauso groß wie bei Sonnenschein. Sie müssen nur bereit sein, sie zu entdecken.

Begegnung zweier Seilbahn-Kabinen über dem Bodetal im Ostharz (Sachsen-Anhalt). Das Wetter war eher bescheiden, sodass ich hier ganz darauf verzichtet habe, dem Himmel Raum zu geben. Und ich breche hier eine Gestaltungsregel, da ich die Kabinen absichtlich in die Bildmitte gesetzt habe. Das funktioniert bei diesem Bild, weil der Schwerpunkt der Aufnahme weniger auf dem landschaftlichen, sondern eher auf dem grafischen Aspekt liegt: Der kräftige Rot-Grün-Kontrast ist das eigentliche Motiv.

f/7.1 | 1/100 Sek. | ISO 250 | 40 mm

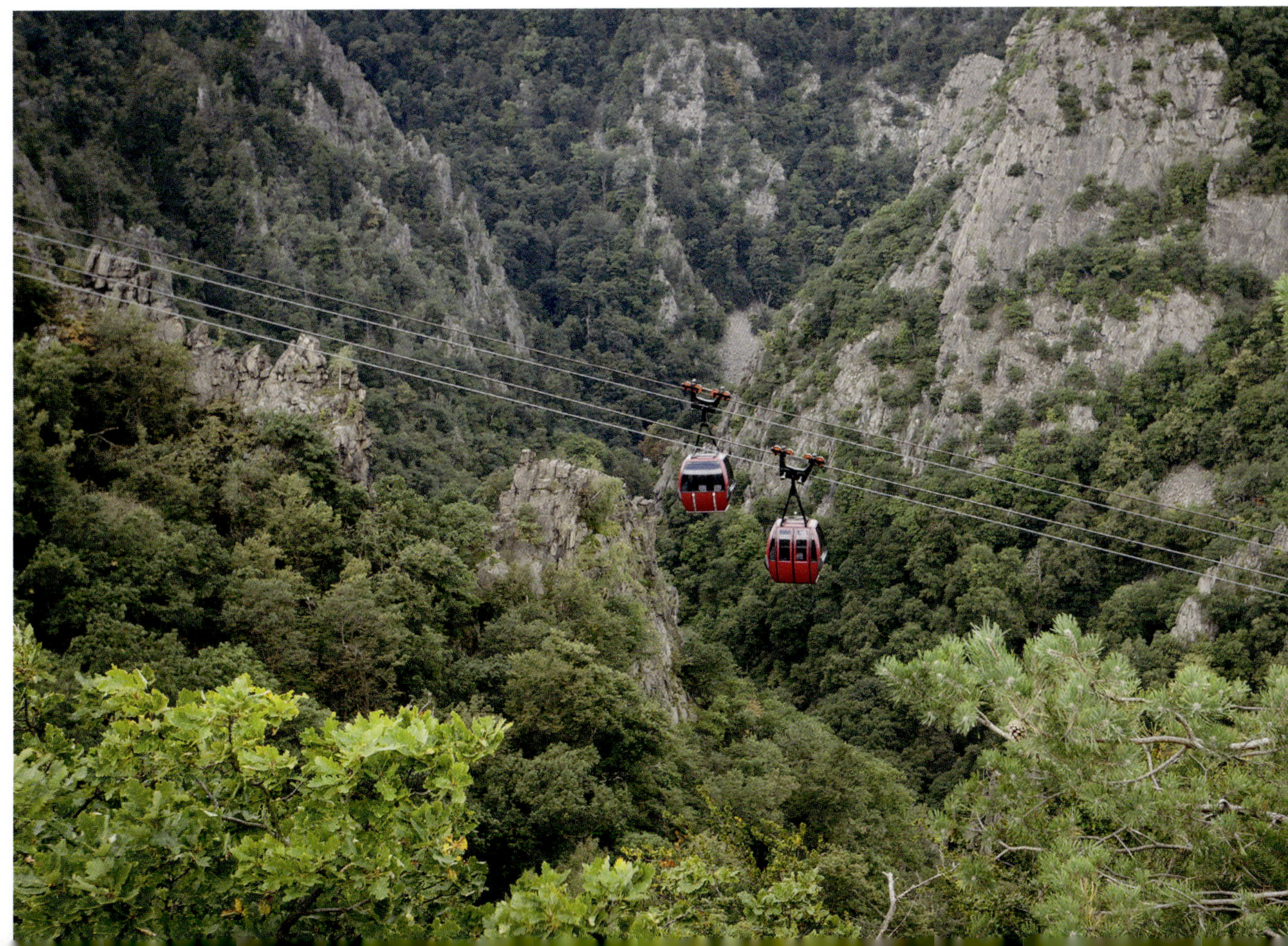

Und es erfordert ein wenig mehr Nachdenken und Überlegen, diese Motive unter schlechten Lichtbedingungen abzulichten. Ihre Gedankengänge sollten in etwa in dieser Reihenfolge ablaufen:

- Ich will trotz bedeckten Himmels und des wenigen Lichts ein gewisses Maß an Schärfentiefe erreichen. Folglich wähle ich eine kleine Blendenöffnung (≥ f/8). Dadurch ergeben sich relativ lange Belichtungszeiten, u. U. deutlich weniger als 1/100 Sek. Daraus folgt: Ich muss meist vom Stativ aus fotografieren.
- Ausnahme: Ist auch noch die Sicht schlecht (Nebel, Nieselregen), können Sie getrost mit weiter geöffneter Blende fotografieren, da entfernte Bildbereiche auch mit

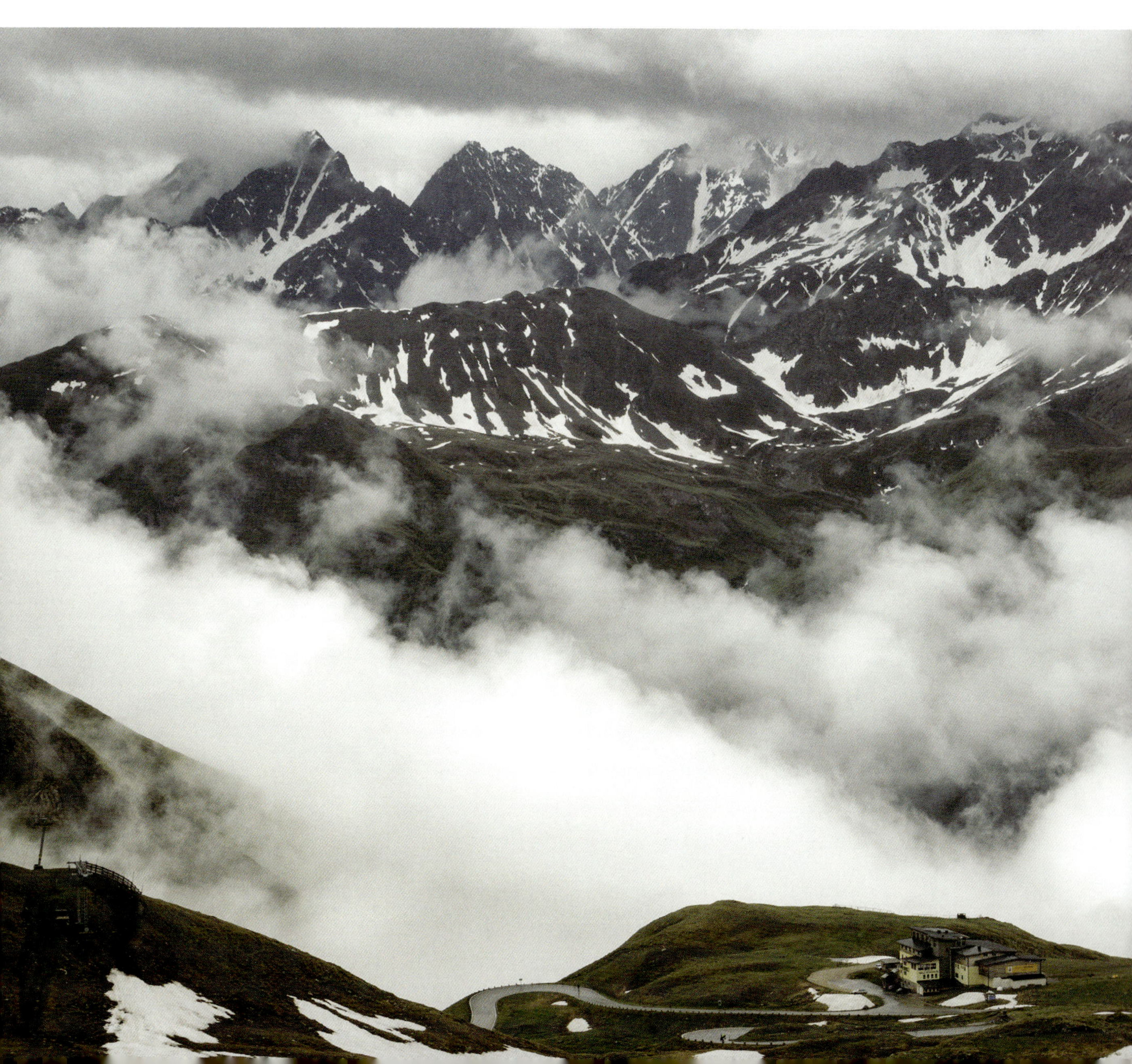

dem menschlichen Auge nur diffus wahrgenommen werden können. Sie müssen also auf dem Foto nicht zwingend scharf dargestellt werden.

Ein Tag voller Regenwolken und weniger Lichtblicke auf der Großglockner-Hochalpenstraße – brauchbare Motive gab's trotzdem!

f/9 | 1/320 Sek. | ISO 320 | 70 mm

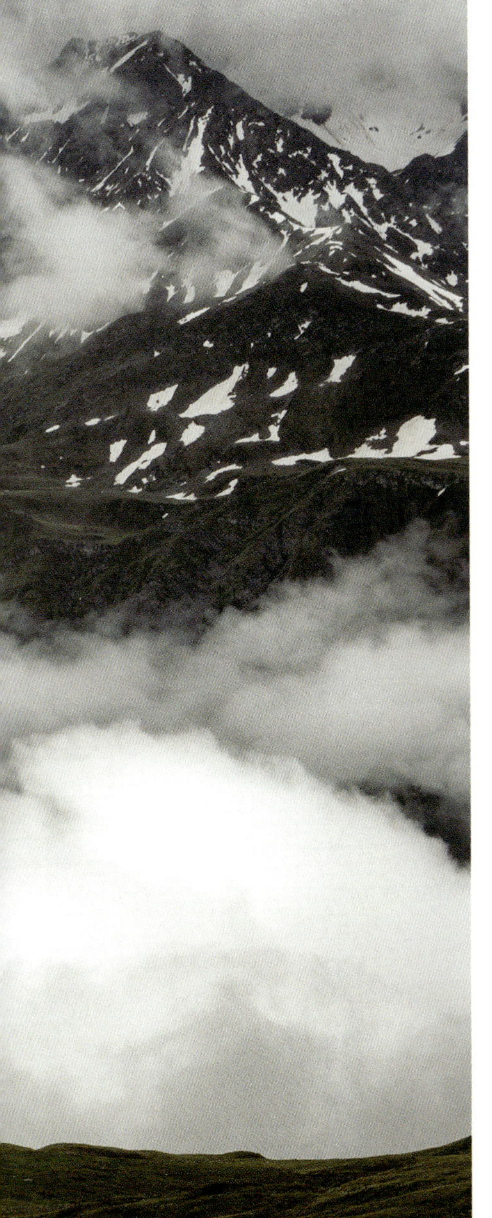

Also: Nehmen Sie die Herausforderung des miesen Wetters an, „bewaffnen" Sie sich mit Regenjacke, eventuell wasserfester Hose (für die Bodenperspektive), Gummistiefeln und dann geht's raus in die Natur. Und bitte das Stativ nicht vergessen, damit Sie alle möglichen Motive auch ohne Einschränkung umsetzen können.

Kurzanleitung Schlechtwetterfotografie

- Gehen Sie im Prinzip genauso vor, wie in Kapitel 2.3 in der Kurzanleitung zur Landschaftsfotografie beschrieben. Hier sind nur die Elemente aufgeführt, die sich von der „Schönwetter-Landschaftsfotografie" unterscheiden und denen Sie mehr Beachtung schenken sollten.
- Mehr Sorgfalt und Überlegung erfordert bei schlechtem Wetter der Bildaufbau: Ist der Kontrastumfang zwischen Himmel und Landschaft sehr groß, reduzieren Sie den Bildanteil des Himmels so weit wie möglich.
- Die Belichtungszeit wird bei kleiner Blendenöffnung vermutlich bei unter 1/100 Sek. liegen. Bei starkem Wind kann es sein, dass die Blätter der Bäume bewegungsunscharf dargestellt werden.
- Wenn dieser Effekt nicht gewollt ist, können Sie den ISO-Wert maßvoll erhöhen und/oder die Blendenöffnung vergrößern.
- Ist die Landschaft schneebedeckt oder durch Nebel verschleiert, also hell, sollten Sie eine Belichtungskorrektur durchführen und das Foto leicht überbelichten. Der Cursor im Kamerasucher darf dann ein wenig im Plusbereich jenseits der Mitte stehen, damit auch dunklere Bildbereiche ausreichend hell belichtet werden (Pluskorrektur).
- Schlechtwetterfotos eignen sich meistens hervorragend für die spätere Umwandlung am Computer in Schwarz-Weiß-Bilder.

Eine Pluskorrektur, also eine leichte Überbelichtung, ist bei Schneebildern besonders dann notwendig, wenn die Sonne nicht

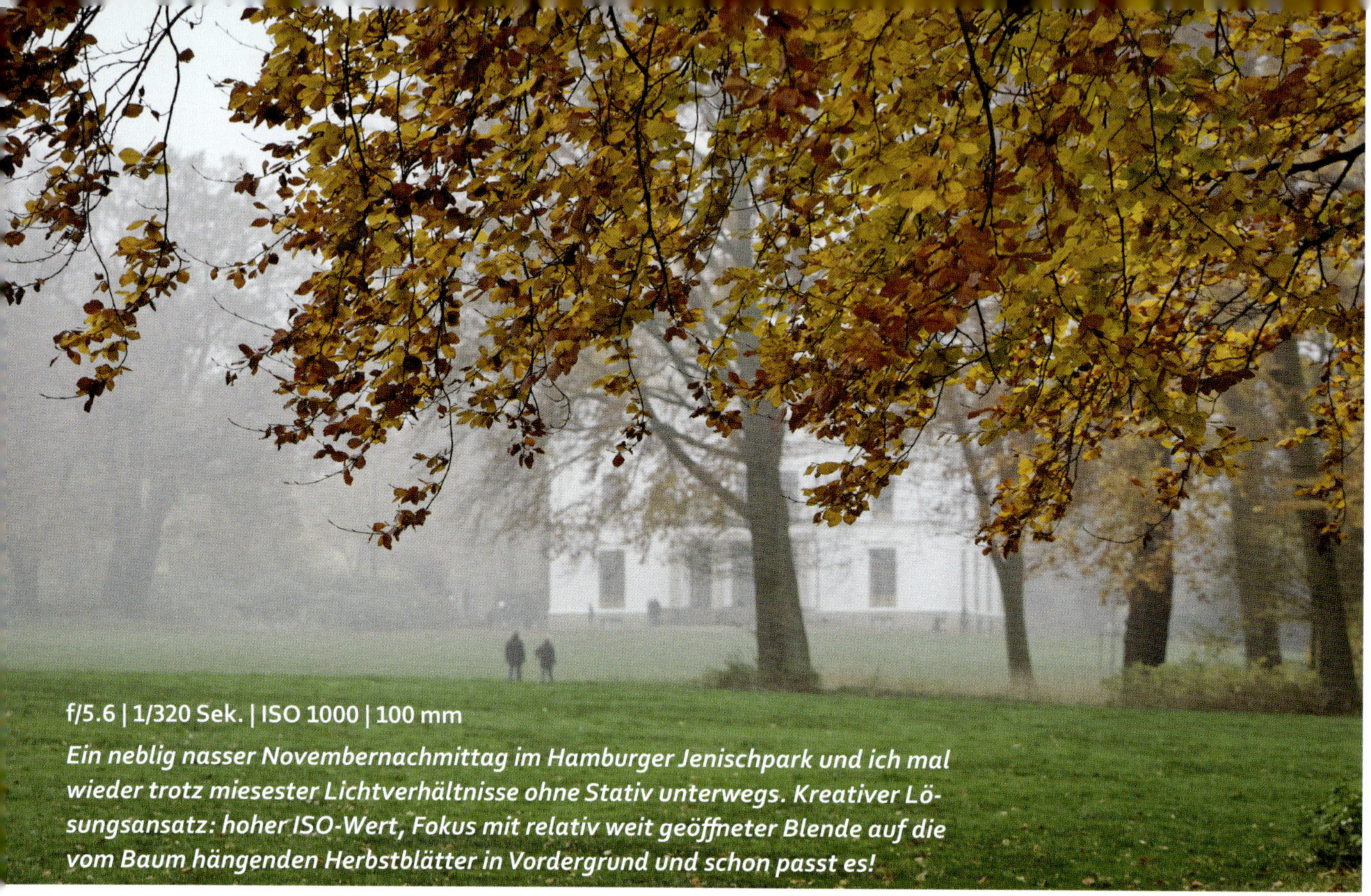

f/5.6 | 1/320 Sek. | ISO 1000 | 100 mm

Ein neblig nasser Novembernachmittag im Hamburger Jenischpark und ich mal wieder trotz miesester Lichtverhältnisse ohne Stativ unterwegs. Kreativer Lösungsansatz: hoher ISO-Wert, Fokus mit relativ weit geöffneter Blende auf die vom Baum hängenden Herbstblätter in Vordergrund und schon passt es!

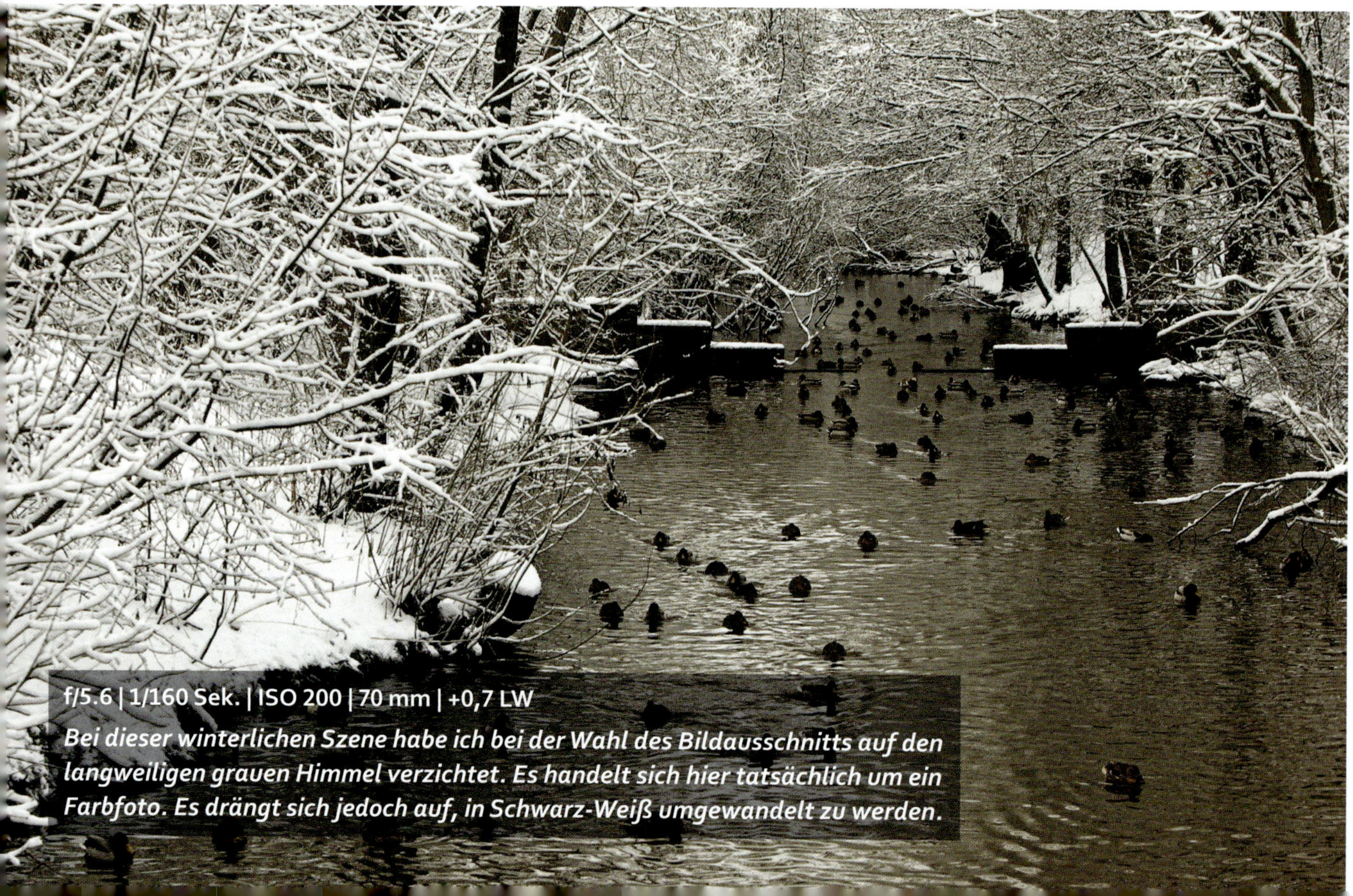

f/5.6 | 1/160 Sek. | ISO 200 | 70 mm | +0,7 LW

Bei dieser winterlichen Szene habe ich bei der Wahl des Bildausschnitts auf den langweiligen grauen Himmel verzichtet. Es handelt sich hier tatsächlich um ein Farbfoto. Es drängt sich jedoch auf, in Schwarz-Weiß umgewandelt zu werden.

scheint. Denn sonst sieht der Schnee auf Ihren Fotos nicht weiß, sondern grau aus!

Schwarz-weiße Landschaften

Schnee, Nebel und Regen sind die Feinde leuchtender Farben. Sie dämpfen das Licht. Wenn Sie bei solchem Wetter dennoch fotografieren möchten, sollten Sie eine Option schon während Ihrer Fototour im Hinterkopf haben und Ihre Motive entsprechend ins Visier nehmen: Später, am heimischen Computer, können Sie Ihre Fotos mithilfe eines Bildbearbeitungsprogramms in Schwarz-Weiß umwandeln.

Schwarz-Weiß-Fotos haben ihren ganz eigenen Reiz und können – ausgedruckt und an die Wand gehängt – eine sehr dekorative Wirkung entfalten. Der enorme Vorteil gegenüber Farbfotos: Sie sind dezenter und harmonieren mit allen Farben Ihrer Wohnzimmereinrichtung. Bevor es jedoch so weit ist, gibt es einige Aspekte bei der Wahl Ihres Motivs zu bedenken, damit es gut für die Umwandlung in Schwarz-Weiß geeignet ist:

- Achten Sie auf starke Kontraste – zum Beispiel auf dunkle, kahle Äste eines Baums im Nebel.
- Achten Sie auf deutliche Strukturen – zum Beispiel die Rinde eines Baumstamms.

Das folgende Foto eignet sich für beide Varianten, Schwarz-Weiß und Farbe:

Als ideal wirkte sich hier das milchige Restlicht der Sonne aus, die eifrig gegen die Wolken ankämpfte – so konnten die Bäume noch einen Hauch von Schatten auf den verschneiten Boden werfen. Um ein farbiges Foto am Computer in ein Schwarz-Weiß-Bild zu wandeln, gibt es mehrere Möglichkeiten, die im Kapitel über Schwarz-Weiß-Porträts ausführlich erläutert werden.

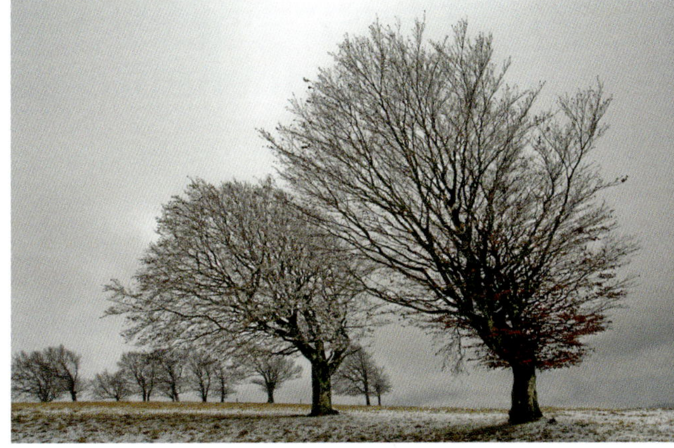

f/8 | 1/250 Sek. | ISO 250 | 17 mm

Windgebeugte Buchen nach dem ersten Schneefall des Winters. Weil noch ein paar wenige herbstlich verfärbte Blätter als Farbtupfer an den ansonsten kahlen Zweigen des vorderen Baums hängen, zeigt das Motiv auch in Farbe eine schöne Wirkung.

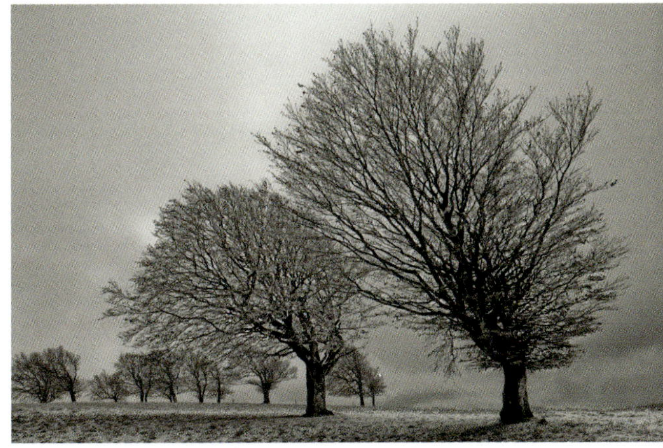

Das gleiche Foto nach der Umwandlung in Schwarz-Weiß: Die starken Kontraste und deutlichen Strukturen sorgen hier für die Bildwirkung. Die Anordnung der Buchen gibt dem Bild die nötige Tiefe.

2.7 Höhepunkt der Urlaubsfotografie: der Sonnenuntergang

Fast jedes Strandurlaub-Fotoalbum oder -buch endet mit dem scheinbar unvermeidlichen Sonnenuntergangsmotiv. Oft kann ich mir ein Schmunzeln verkneifen, wenn ich auf der Promenade von Westerland/Sylt sehe, wie die Urlauber ihre Handys und Kompaktkameras in die Höhe reißen und mehr oder weniger aufgeregt ein Stimmungsfoto nach dem anderen knipsen – oft sogar mit dem eingebauten Kamerablitz (ob gewollt oder ungewollt, wage ich nicht zu beurteilen). Wer so spontan und wenig überlegt Sonnenuntergänge fotografiert, wird selten mit den geknipsten Fotos zufrieden sein. Sie eignen sich allenfalls zur Dokumentation des Erlebten auf Facebook.

Erst denken, dann fotografieren

Gehen Sie lieber geplant und konzentriert an das Motiv heran. Das ergibt weit mehr Sinn als das enthusiastische Drauflosknipsen. An dieser Stelle möchte ich noch einmal dem unbekannten und freundlichen Hobbyfotografen meinen Dank aussprechen, der mir den Blick über seine Schulter erlaubte und netterweise auch noch die Aufnahmedaten (für dieses Buch) ins Kameradisplay einblendete.

f/9 | 1/50 Sek. | ISO 100 | 70 mm | mittenbetonte Messmethode

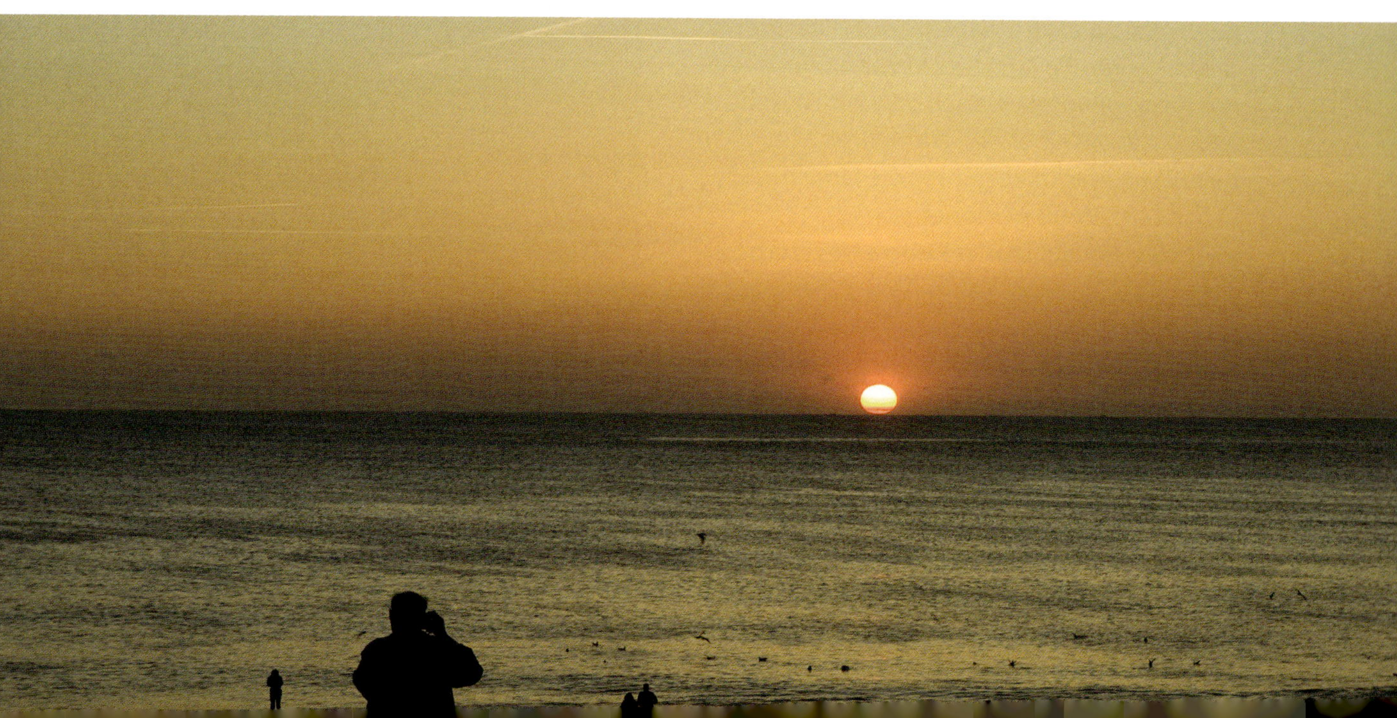

f/4 | 1/160 Sek. | ISO 100

Überlegtes Fotografieren in der Abendstimmung – der Fotograf hält die Kamera gut abgestützt und kann so (noch) ohne richtiges Stativ fotografieren. Wenig später, als das Licht weniger wurde, nutzte er für weitere Fotos dann doch sein Stativ.

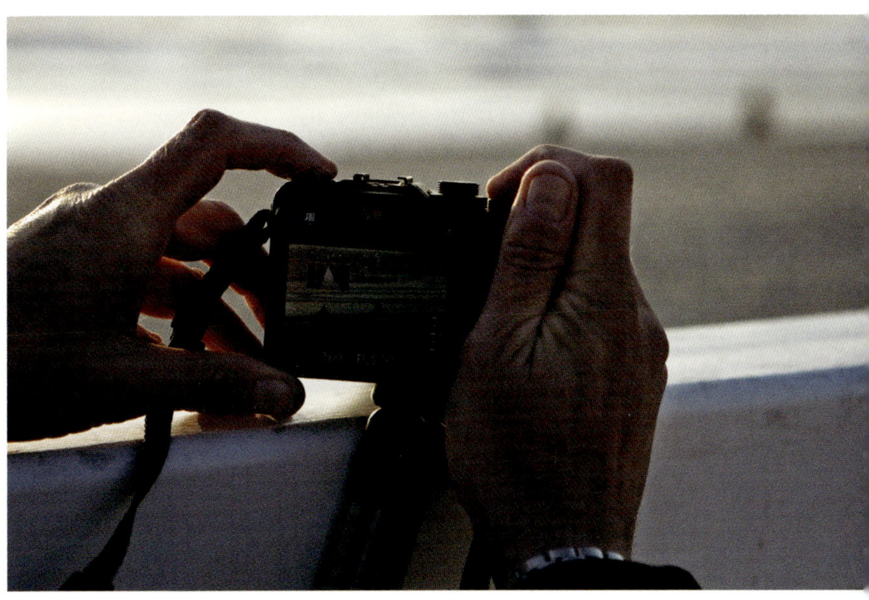

Eine wundervoll ruhige Stimmung abends am Strand.

f/22 | 1/4 Sek. | ISO 100 | 17 mm | Grauverlaufsfilter | Stativ | Mehrfeldmessung

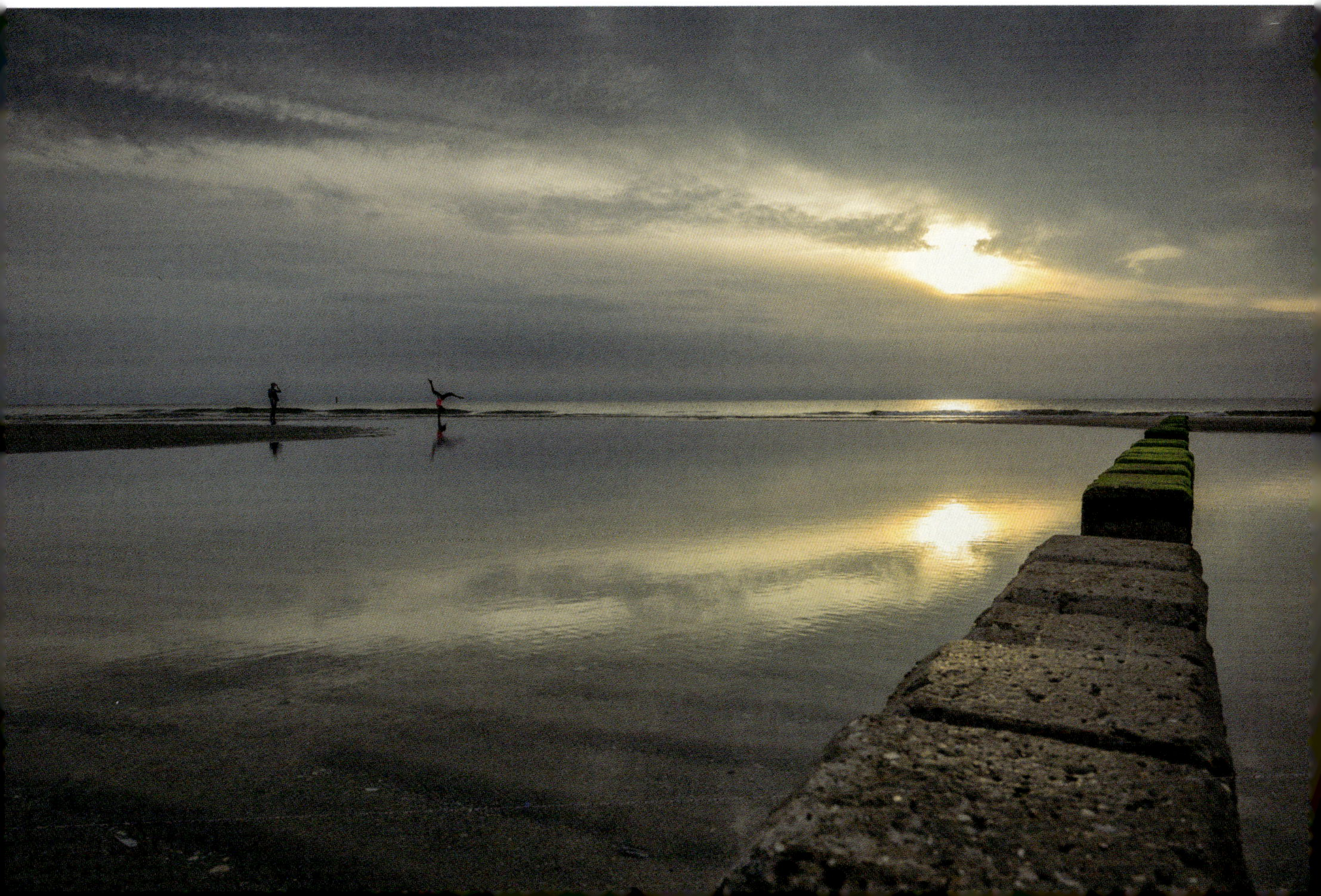

Ohne Wolken wird's langweilig

Sonnenuntergänge haben eine magische Anziehungskraft – besonders auf Fotografie-Begeisterte. Auch mich faszinieren sie immer noch, obwohl ich schon sehr viele fotografiert habe, weil kein Sonnenuntergang dem anderen gleicht. Wichtig ist jedoch, dass die äußeren Bedingungen stimmen.

Wolkenlose Sonnenuntergänge wirken auf Fotos eher langweilig. Wolken am Abendhimmel bringen erst Struktur ins Bild – erst recht, wenn sie durch die Sonne zum Leuchten gebracht werden:

Belichtungsmessung

Wenn Sie einen Sonnenuntergang fotografieren möchten, stellen Sie zunächst Ihre Kamera auf ein stabiles Stativ. Schauen Sie sich anschließend die Lichtsituation genau an.

Wählen Sie erst dann das passende Belichtungsprogramm aus. Schieben sich zum Beispiel Wolken vor die Sonne und mildern so das Gegenlicht ein wenig ab, bietet sich bei der Belichtungsmessung die Mehrfeldmessung an.

Wolken am Abendhimmel sind Ihre Freunde, denn sie vereinfachen die Belichtung Ihrer Fotos:

Sie bannen die Gefahr ausgefressener Lichter im Bereich des hell leuchtenden Sonnenballs. Zeigt sich die Sonne im vollen Rund, sind Sie mit der mittenbetonten Integralmessung in einem der halbautomatischen Kameraprogramme (Blendenautomatik oder Zeitautomatik) besser beraten. Fotografieren Sie mit einer kleinen Blendenöffnung (ab f/8 und aufwärts), damit Ihr Foto bis zum Horizont scharf ist.

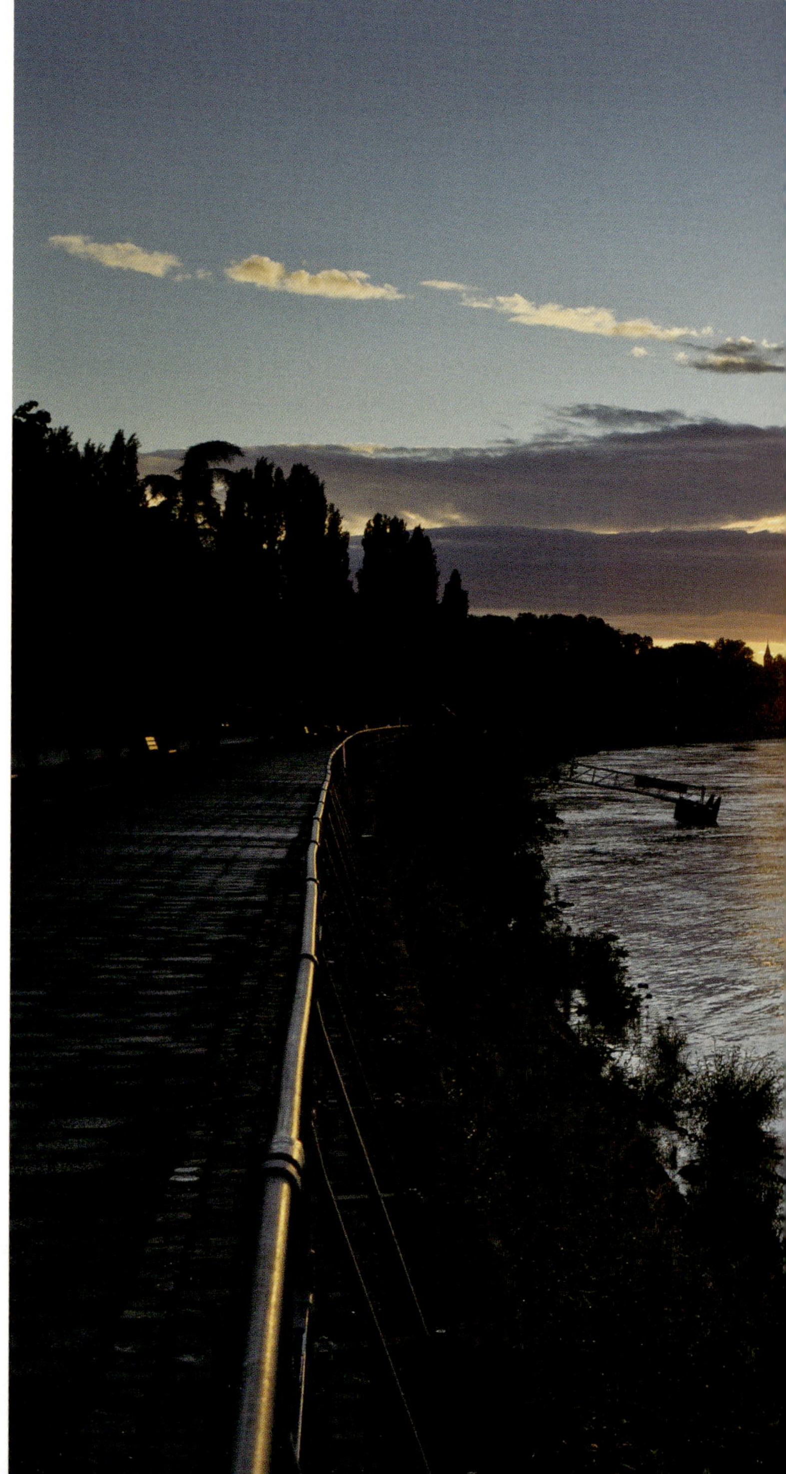

Sonnenuntergang am Rheinufer in Bonn … mal wieder ohne Stativ unterwegs – ich war den ganzen Tag zum Fotografieren unterwegs und hatte auch ohne das Ding genug Ausrüstung mit mir herumzuschleppen! Und wenn ich mir die Kameradaten jetzt so anschaue, wäre ich auch mit einem niedrigeren ISO-Wert und einer etwas längeren Belichtungszeit klargekommen …

f/8 | 1/1250 Sek. | ISO 500 | 24 mm

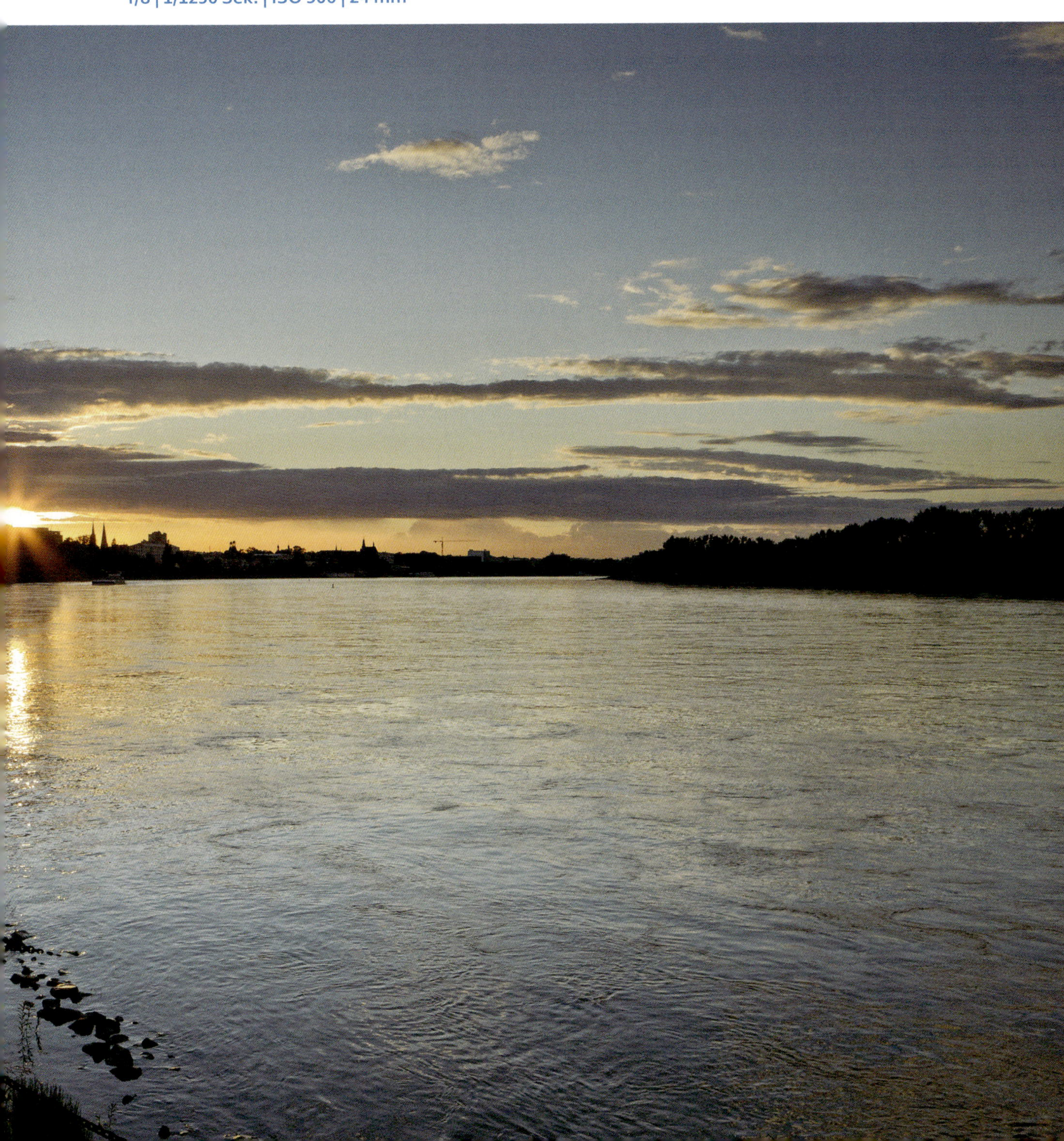

Wenden Sie den Blick auch mal von der Sonne ab

Es lohnt sich durchaus – auch wenn's schwerfällt – den Blick von der untergehenden Sonne ab- und in die entgegengesetzte Richtung zu wenden. Dort bietet sich Ihnen dann mit relativ großer Wahrscheinlichkeit ein Bild mit einer ähnlichen Lichtstimmung wie hier an der Sylter Nordseeküste:

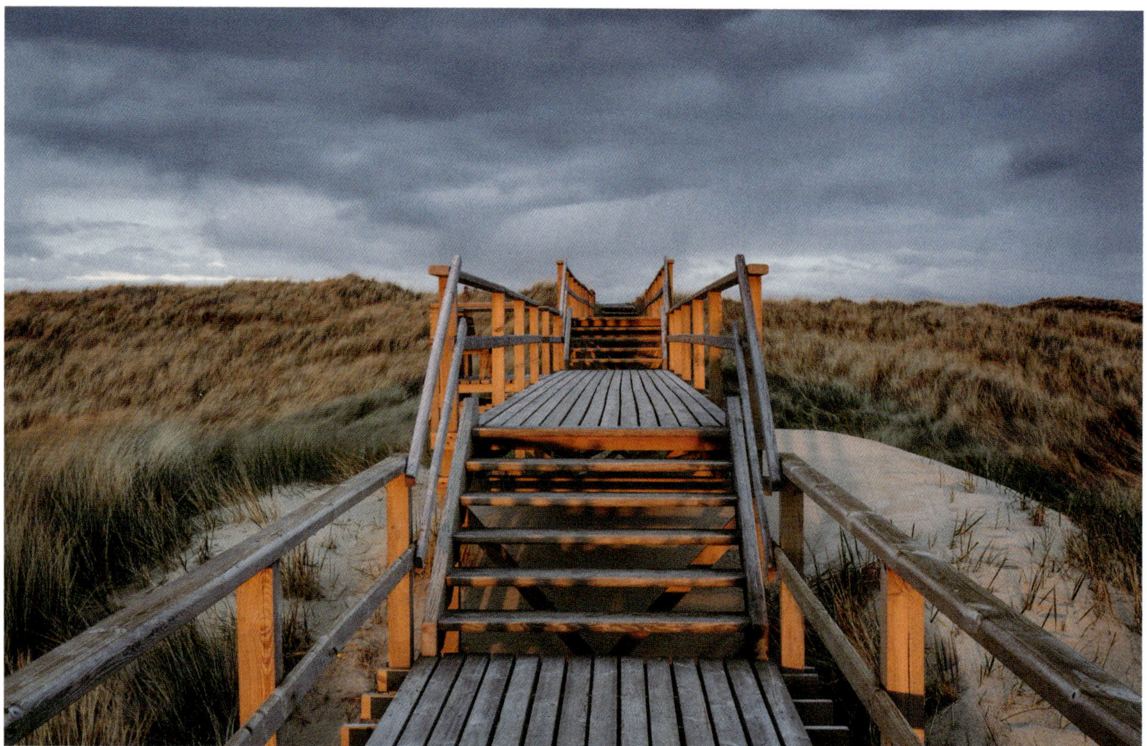

f/22 | 4 Sek. | ISO 100 | 34 mm | Mehrfeldmessung | Stativ | Grauverlaufsfilter

Wenn die Sonne ganz knapp über dem Horizont steht, lässt sie sogar altes und verwittertes Holz knallorange aufleuchten.

Der Blick in die entgegengesetzte Richtung sehen Sie auf der nächsten Seite.

Das Licht der knapp über dem Horizont stehenden Sonne, im Fotografenjargon Streiflicht genannt, beleuchtet die Landschaft und taucht sie in ein beinahe magisches Licht. Die Farben leuchten noch einmal besonders kräftig auf, bevor sie vom Dunkel der aufkommenden Nacht aufgesogen und neutralisiert werden.

Für mich gehören Wolken (oder wenigstens Wolkenschleier) am Himmel auf jeden Fall zu einem anständigen Landschaftsbild – egal ob bei Sonnenaufgang, am Tage oder zum Sonnenuntergang. Ein reinblauer Himmel ohne jegliche Schattierung wirkt leicht eintönig.

Wenn Sie dennoch unter solchen wolkenlosen Schönwetterbedingungen fotografieren möchten, nutzen Sie einen Polfilter, um die Farben stärker zum Leuchten zu bringen und damit den Himmel interessanter zu machen. Der zusätzliche Einsatz des Grauverlaufsfil-

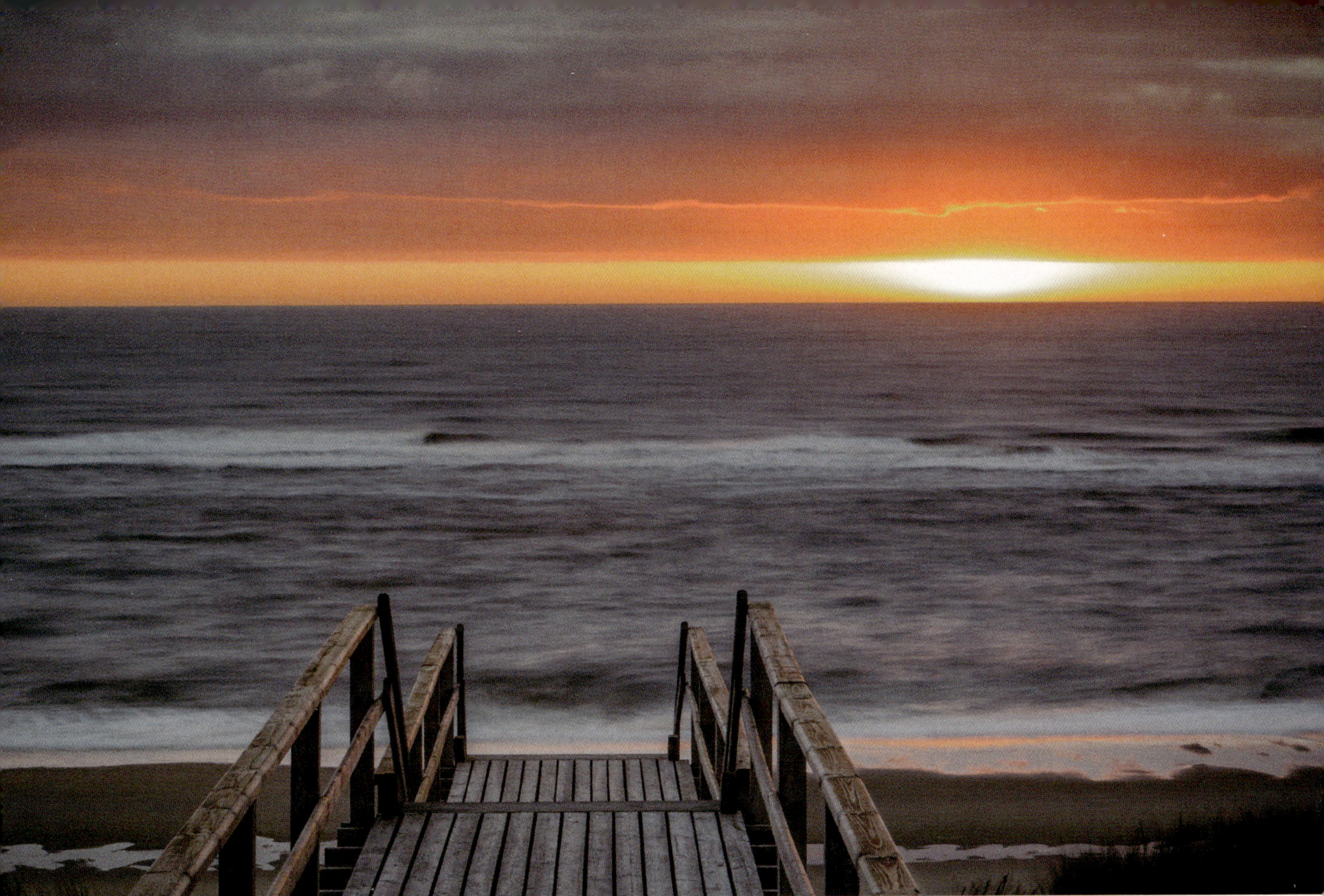

f/22 | 3,2 Sek. | ISO 100 | 70 mm | Mehrfeldmessung | Stativ | Grauverlaufsfilter

ters gibt dem Himmel noch mehr Schattierung: Am oberen Bildrand ist er dann dunkler und wird zum Horizont hin heller. Wenn die Himmelsfläche dann immer noch zu leer wirkt, geben Sie ihr bei Ihrer Bildaufteilung weniger Raum als der Landschaft darunter.

2.8 ... und wenn die Sonne untergegangen ist

Packen Sie Ihre Fotoausrüstung nicht gleich nach dem Sonnenuntergang ein und gehen Sie nicht nach Hause. Dann würden Sie eine wunderschöne Lichtstimmung verpassen. Die beginnt nämlich erst, kurz nachdem die Sonne hinter dem Horizont verschwunden ist.

Die blaue Stunde

Es gibt Fotografen, die sich genau auf diesen Zeitpunkt spezialisiert haben: die blaue Stunde. Die Farbe des Himmels zu dieser Zeit ist die Ursache für den poetischen Namen dieses Zeitraums kurz vor Sonnenaufgang und kurz nach Sonnenuntergang. Im Sommer dauert sie knapp eine Stunde, im Winter ist sie deutlich kürzer (zwischen 30 und 40 Minuten).

Zur blauen Stunde können es nur noch lange Belichtungszeiten ermöglichen, genug Licht auf den Sensor zu lenken, um ein gut belichtetes Foto zu bekommen. Ein Stativ sollten Sie also dabeihaben.

Blaue-Stunde-App

Wie lange die blaue Stunde an Ihrem Standort an welchem Tag des Jahres dauert, können Sie mit zahlreichen Apps für Android und iOS ermitteln. Gute Beispiele sind PhotoBuddy (iOS) oder Photo Tools (Android).

Rauschunterdrückung

Bei Langzeitbelichtungen kann im Kameramenü gut die Rauschreduzierung aktiviert werden. Manche Kameras haben auch einen speziellen Menüeintrag wie z. B. ***Rauschreduzierung bei Langzeitbelichtung***. Lesen Sie dazu bitte die Bedienungsanleitung Ihrer Kamera.

Die sonst so raue Meeresbrandung wird während der blauen Stunde durch die sehr lange Belichtungszeit watteweich und wirkt wie Nebel. Mithilfe von Photoshop habe ich den Vordergrund aufgehellt und per nachträglich verändertem Weißabgleich ein etwas wärmeres Farbspektrum gewählt. Für dieses Foto habe ich das Stativ sehr bodennah eingestellt, damit ich die schönen alten, mit Algen und

Links das Ursprungsfoto zum Vergleich und rechts mit verändertem Weißabgleich.

f/14 | 20 Sek. | ISO 100 | 30 mm Festbrennweite | Mehrfeldmessung | Stativ

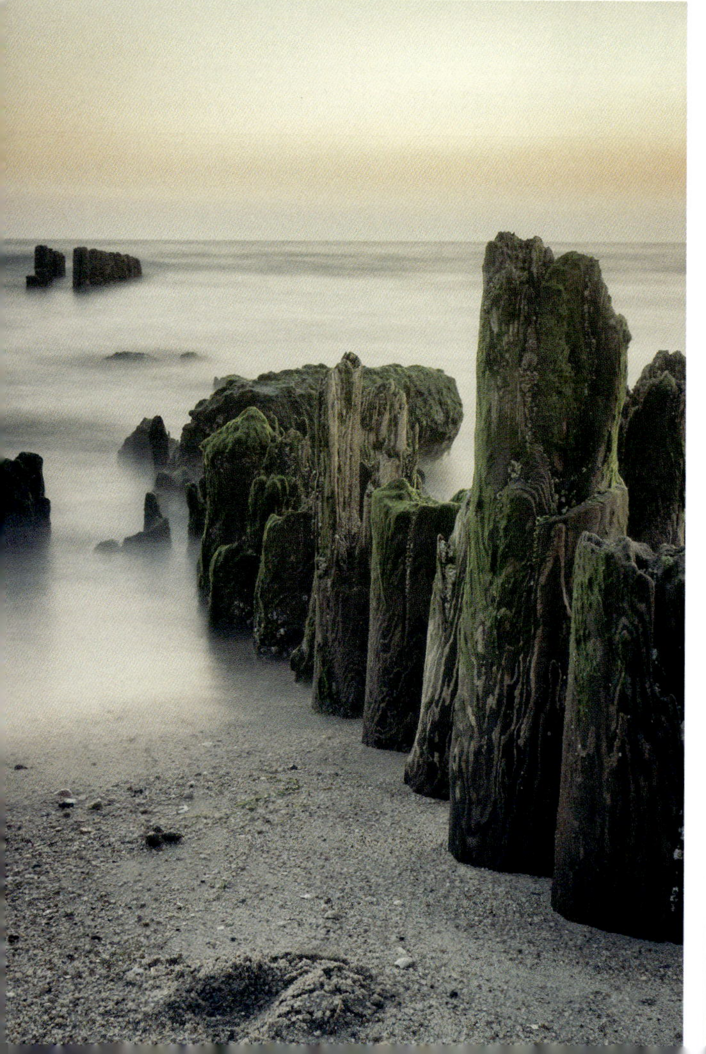

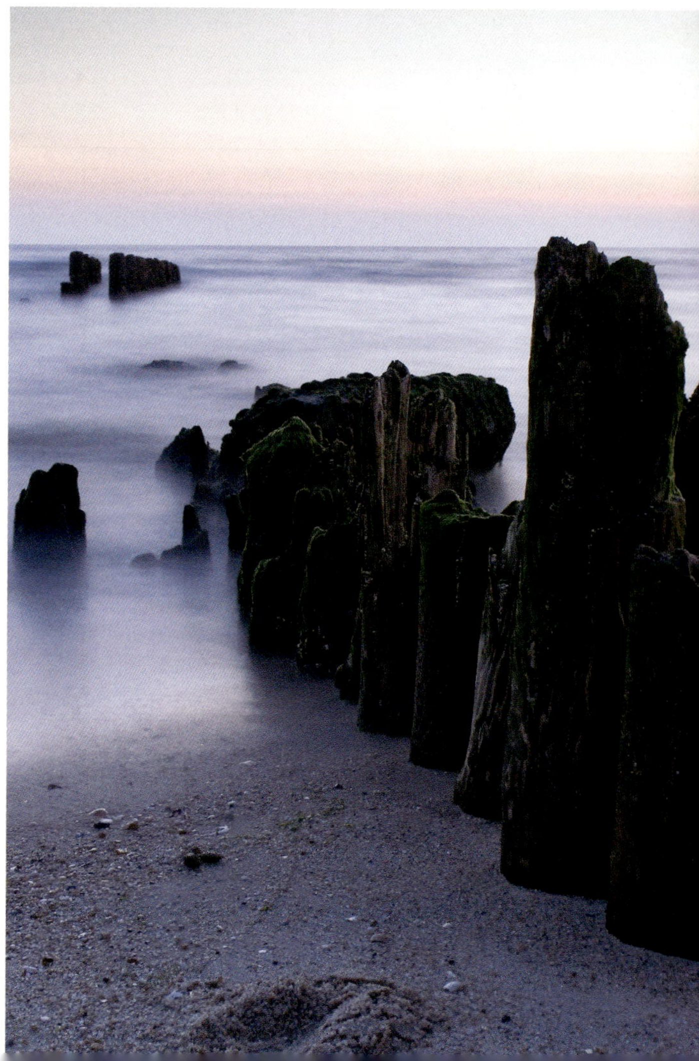

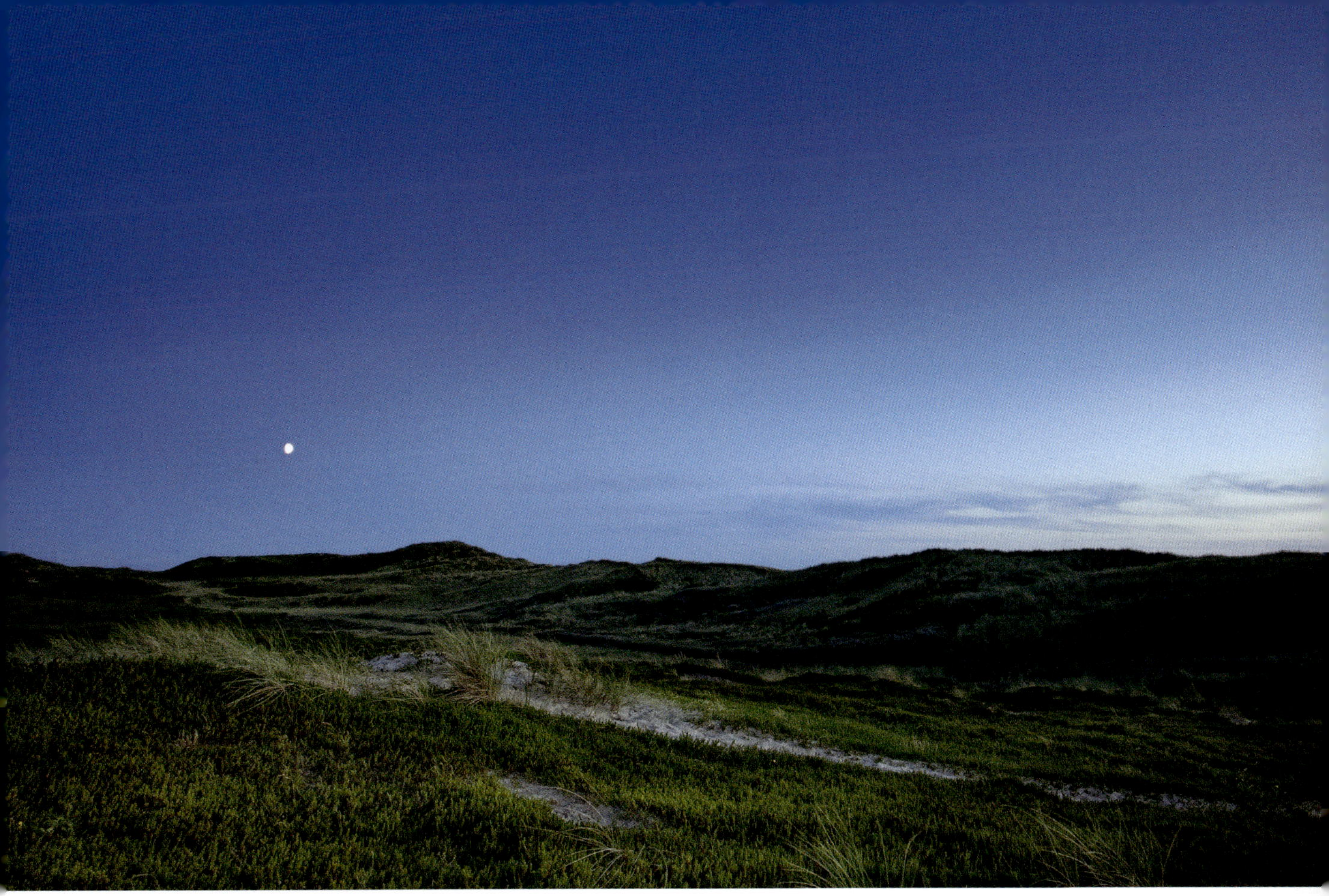

f/14 | 3,2 Sek. | ISO 100 | 17 mm

Dünenlandschaft mit aufgehendem Mond zur blauen Stunde.

Seepocken bewachsenen Holzbuhnen in voller Höhe im Bild habe. Doch es muss ja nicht immer das Meer zur blauen Stunde sein – auch andere Landschaften entfalten zu dieser Zeit eine beinahe mystische Stimmung: Mehr Bildbeispiele zum Thema blaue Stunde finden Sie in Kapitel 4.4, „Nachts sind Städte niemals grau".

Geben Sie dem Hochformat eine Chance

Das Buhnenbild erinnert mich daran, dass ich Ihnen unbedingt Folgendes ans Herz legen möchte: Bitte denken Sie daran – bei aller Faszination für Landschaften und Sonnenuntergänge –, nicht nur im Querformat zu fotografieren, sondern auch das Hochformat zu nutzen.

Fotos im Hochformat sind zwar unpraktisch auf dem Computermonitor anzuschauen (bei kleineren Bildschirmen muss man scrollen oder das Foto stark verkleinern, um es in voller Schönheit zu genießen), aber dennoch wichtig, wenn Sie Ihre Urlaubsfotos später als Fotobuch drucken lassen wollen. Hochformatfotos lockern das Layout ungemein auf.

Ich finde es sehr schade, dass durch die veränderten Sehgewohnheiten der Menschen (TV, Computermonitore) das Hochformat scheinbar vom Aussterben bedroht ist.

In der Nacht sieht die Kamera mehr als wir

Auch wenn die Sonne längst untergegangen ist und uns die Nacht nahezu stockdunkel erscheint, ist Fotografieren durchaus noch möglich. Dann macht die Kamera Dinge sichtbar, die mit bloßem Auge nicht zu erkennen sind – vorausgesetzt, die Belichtungszeit ist lang genug.

Nachts immer das RAW-Format nutzen

Fotografieren Sie unbedingt im RAW-Modus, damit Sie später bei der Bildbearbeitung mehr Reserven haben, um ein leicht unterbelichtetes Foto ohne Verluste aufhellen zu können. Im JPEG-Format ist das nur sehr eingeschränkt möglich.

Scharfstellen im Dunkeln

Das Fokussieren in stockdunkler Umgebung ist für unsere Kameras (und unsere Augen) allerdings schwerlich möglich. Die simple Lösung für das Problem: Schalten Sie Licht an. Sehr gut eignet sich dafür eine LED-Taschenlampe mit ihrem extrem hellen Licht. Ich habe für das folgende Beispielfoto ihren Schein auf die Buhnen im Vordergrund gerichtet und konnte so die Schärfe darauf problemlos einstellen.

Bei diesem Foto habe ich zusätzlich zum Stativ (logisch!) die LED-Taschenlampe jedoch nicht nur zum Fokussieren als Hilfsmittel eingesetzt. Während der gesamten Belichtungszeit (immerhin knapp 4 Minuten) habe ich mit großräumigen Bewegungen den Bildvordergrund mit dem Licht der Taschenlampe „angemalt", sodass die Steine und die Buhnen an der Wattenmeerküste deutlich aus dem Dunkel der Nacht hervortreten.

Für das menschliche Auge sind die einzelnen Stellen nur für Sekundenbruchteile hell erleuchtet. In der langen Belichtung summieren sich diese Lichtflecken jedoch zu einem relativ gleichmäßig aufgehellten Bildvordergrund. Wohlgemerkt: Ohne Taschenlampe hätte ich nicht einmal den Weg an diese Stelle gefunden – so dunkel war es in der Nacht. Mit bloßem Auge waren lediglich die Sterne und die Lichter der Ortschaft am linken Bildrand zu erkennen.

Auffällig an dem Foto sind die Streifen, die die Sterne am Himmel bilden. Des Rätsels Lösung: Sie entstehen durch die Rotation unserer Mutter Erde. Je länger die Belichtungszeit, desto länger werden die Sternstreifen und beschreiben dann eine Bogenform.

Ich möchte lieber nicht wissen, was die späten Spaziergänger vor Ort von mir gedacht haben: Da steht jemand mit Kamera auf dem Stativ und fuchtelt minutenlang mit einer Taschenlampe hin und her ... geheime Lichtsignale für Schmuggler draußen auf dem Meer?

Lightpainting

Mittlerweile ist aus der Nachtfotografie (in Stadt- und Naturlandschaften) mit zusätzlichen Leuchtmitteln eine regelrechte Kunstrichtung entstanden, die sich Lightwriting oder auch Lightpainting nennt. Da malen die Fotografen Herzen, Sterne und andere Dinge mit unterschiedlichen Lichtquellen in die Nacht, die erst auf dem Foto als solche erkennbar werden. Absolut faszinierend!

Wenn Sie das näher interessiert, schauen Sie sich doch auf dieser Internetseite einmal um: *www.light-writing.net/*. Dort finden Sie auch Anleitungen zur Vorgehensweise und zu Gestaltungsmöglichkeiten.

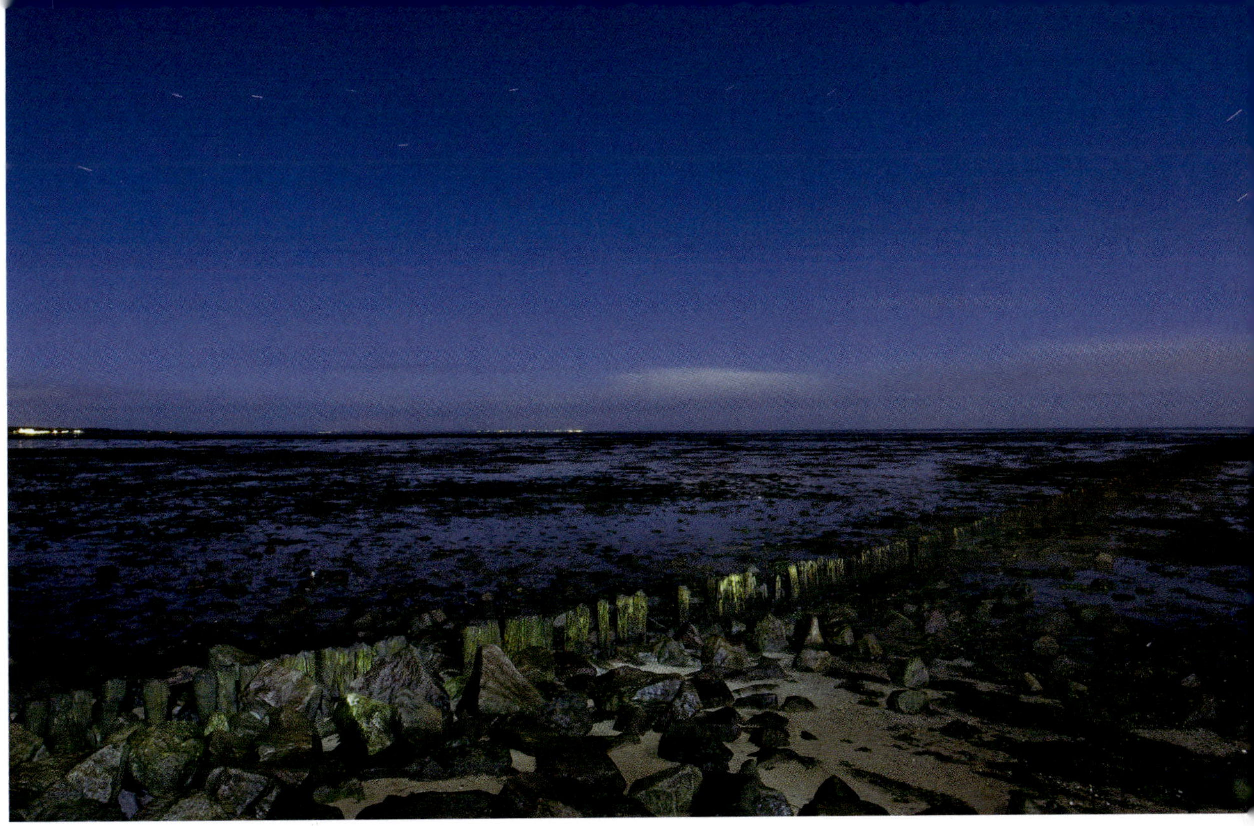

f/13 | 238 Sek. (= knapp 4 Minuten) | ISO 100 | 17 mm | Bulb-Modus

In nahezu stockdunkler Nacht habe ich mit dem Licht einer Taschenlampe den Boden vor dem Stativ aufgehellt.

Der Bulb-Modus

Die längste Belichtungszeit, die sich bei unseren Kameras einstellen lässt, liegt bei maximal 30 Sek. Um längere Verschlusszeiten – bis Unendlich bzw. solange der Akku hält – zu erreichen, müssen Sie bei einigen Kameramodellen auf den Bulb-Modus umschalten.

In die Situation, auf den Bulb-Modus umschalten zu müssen, komme ich meistens dann, wenn ich zuvor die blaue Stunde fotografiert habe. Mit zunehmender Dunkelheit habe ich vorher (noch im Normalmodus) die Belichtungszeiten schrittweise für jedes weitere Foto verlängert – bis zur 30-Sek.-Grenze. Dann erst stelle ich die Kamera auf den Bulb-Modus um. Durch die vorangegangenen Aufnahmen weiß ich etwa, um wie viele Sekunden ich die Belichtungszeit jenseits der 30 Sek. im

Kurzanleitung für Fotos im Bulb-Modus

- ISO 100 einstellen.
- RAW-Format nutzen.
- Rauschunterdrückung für Langzeitbelichtung aktivieren.
- Bildstabilisator abstellen.
- Autofokus deaktivieren.
- Spiegelvorauslösung betätigen.
- Kabelfernauslöser o. Ä. nutzen.
- Decken Sie den Sucher Ihrer Kamera während der Belichtung ab, damit kein Streulicht eindringt. Einige Hersteller bringen dazu ein kleines Plastikteil am Kameragurt an – ich habe eine Weile gebraucht, um zu begreifen, wozu das gut ist!
- Und Achtung: Der Bulb-Modus ist ein Stromfresser. Starten Sie zur späten Fototour mit vollgeladenem Akku und eventuell einem Ersatzakku im Gepäck.

Bulb-Modus verlängern muss, um ein gut belichtetes Foto zu machen. Starte ich jedoch erst in dunkler Nacht zur Fototour, muss ich zunächst eine Testaufnahme machen und anschließend ein wenig kopfrechnen (oder einen Taschenrechner – ich liebe diese Funktion in meinem Handy – nutzen).

Das Smartphone als praktischer Helfer

Wenn Kopfrechnen nicht Ihre Stärke ist (willkommen im Club), hilft die Rechnerfunktion Ihres Handys. Weil es so ein praktisches Hilfsmittel ist, sollten Sie es aber auch als Kopfrechnen-Genie für Nachtaufnahmen unbedingt dabeihaben.

Es gibt auch viele kostenlose Apps, die sehr nützlich sein können. Zum Beispiel eine App, die den genauen Zeitraum der blauen Stunde („Blaue Stunde", Android) anzeigt. Eine umfangreiche Liste gibt's hier zum Stöbern: *www.beste-apps.chip.de/ios/foto-und-video,6008/kostenlos/3*.

Mittlerweile gibt es für kleines Geld (unter 2 Euro) elektronische Foto-Assistenten-Apps wie z. B. PhotoBuddy (iOS), der sogar die richtige Belichtungszeit im Bulb-Modus ermitteln kann.

Bulb-Belichtungszeit (ohne App) ermitteln

Die Testaufnahme erstellen Sie im normalen Modus (kein Bulb) mit gruselig anmutenden Kameraeinstellungen: ISO-Zahl hochstellen auf z. B. 3200, Blende weit öffnen, z. B. f/4 – Hauptsache, Sie bleiben bei der Belichtungszeit unter 30 Sek., sodass Sie am Balken im Sucher erkennen können, ob die Belichtung passt. 15 Sek. zeigt die Anzeige im Sucher an.

Okay, die Testaufnahme ist völlig verrauscht und hat keine Schärfentiefe – aber die Belichtung passt. Und das ist die Hauptsache. Diese schrecklichen Werte der Kameraeinstellung brauchen Sie jetzt für die Berechnung der Belichtung im Bulb-Modus.

Sie möchten die richtige Aufnahme bei Blende 11 (für große Schärfentiefe) fotografieren. Mit jeder weiteren vollen Blendenstufe verdoppelt sich die Länge der Belichtungszeit. Der Weg von Blende 4 bis 11 sieht so aus: 4 – 5.6 – 8 – 11.

Das heißt: Kamen wir bei Blende 4 noch mit 10 Sek. Belichtungszeit aus, brauchen wir bei Blende 11 ganze 80 Sek. Dabei hat aber der ISO-Wert noch keine Beachtung gefunden. ISO 3200 ist das 32-Fache von ISO 100. Folglich müssen Sie die eben errechneten 120 Sek. noch mit 32 multiplizieren. Das Ergebnis: 2.560 Sek. – das sind gut 42 Minuten.

Bei Blende 8 sieht die Rechnung so aus:

- Blende 4 (Testaufnahme) = 10 Sek.
- Blende 5.6 = 20 Sek.
- Blende 8 = 40 Sek.
- 40 Sek. x 32 (32-fach ISO 100) = 1.280 Sek. = 21,33 Minuten

Die errechneten Belichtungszeiten sind Annäherungswerte.

Hier die Blendenreihe mit vollen Blendenstufen zum Auswendiglernen:

1 – 1.4 – 2 – 2.8 – 4 – 5.6 – 8 –
11 – 16 – 22 – 32

An Ihren Objektiven finden Sie weitere Blendenzahlen – jedoch handelt es sich dabei nicht um volle Blendenstufen, sondern um halbe oder Drittelstufen. Für die vorangegangene Berechnung benötigen Sie jedoch die vollen Stufen.

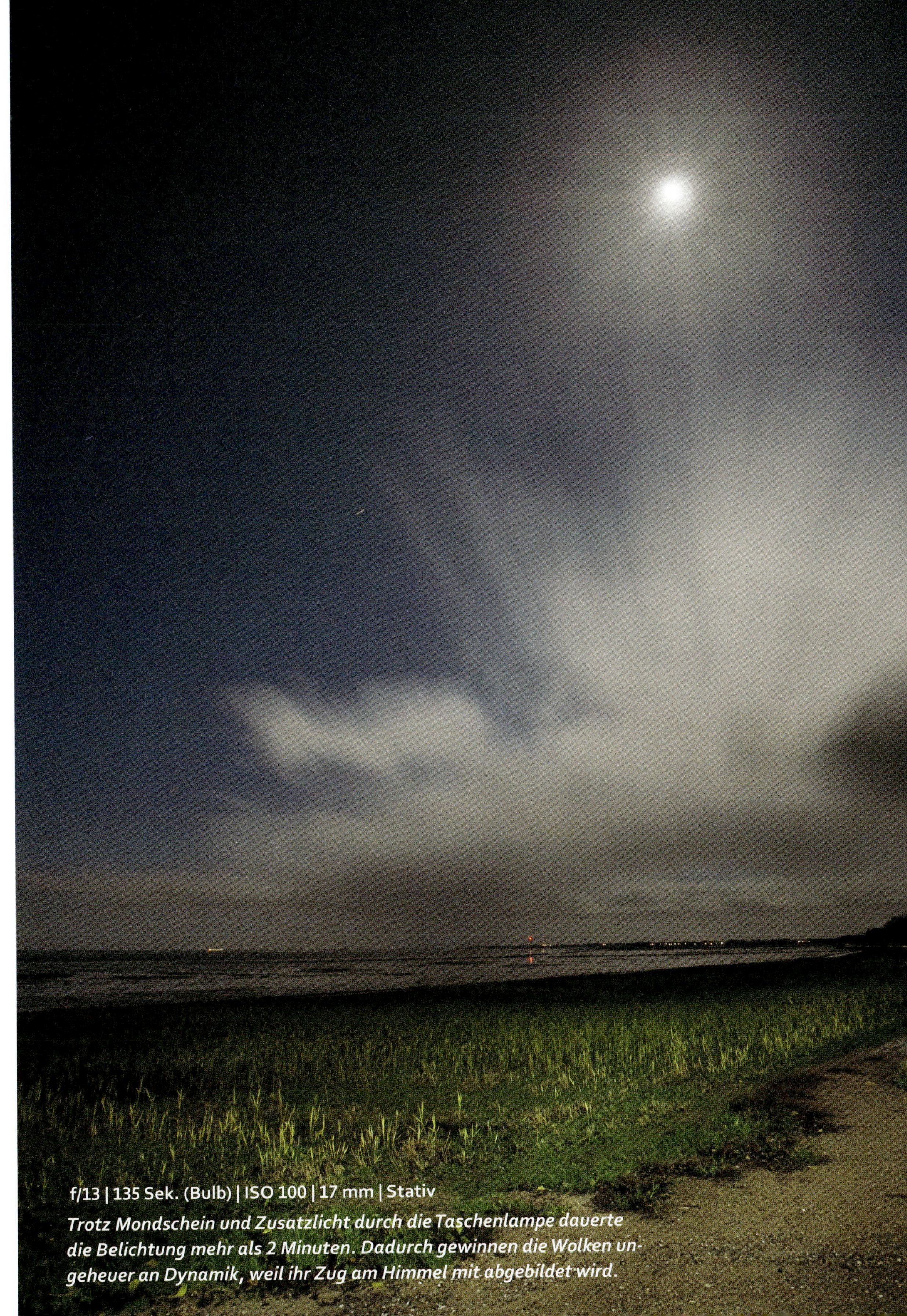

f/13 | 135 Sek. (Bulb) | ISO 100 | 17 mm | Stativ

Trotz Mondschein und Zusatzlicht durch die Taschenlampe dauerte die Belichtung mehr als 2 Minuten. Dadurch gewinnen die Wolken ungeheuer an Dynamik, weil ihr Zug am Himmel mit abgebildet wird.

Ohne diese Berechnungen könnten Sie mit der Belichtungszeit mächtig danebenliegen und hätten wertvolle Minuten Ihres Lebens verschenkt, weil das entstandene Foto völlig unbrauchbar ist, da es entweder zu hell oder zu dunkel geworden ist.

Sekunden zählen

Wie die vorangegangenen Berechnungen gezeigt haben, kann es bei nächtlichen Landschaftsfotos durchaus passieren, dass der Verschluss länger als 1.000 Sek. geöffnet bleibt. Doch wie kann man diese Menge Zeit abzählen? Die Armbanduhr ist dazu nicht sehr hilfreich. Sehr praktisch dafür ist hingegen eine Countdown-Funktion im Handy.

Sobald der Handyzähler bei null angekommen ist, signalisiert ein schriller Ton, dass der Kameraverschluss jetzt wieder geschlossen werden muss (per Kabelfernauslöser).

Bei wesentlich kürzeren Belichtungszeiten können Sie sich aber auch – wie früher bei den Versteckspielen in der Kindheit – die Sekunden laut vorzählen ... 20, 21, 22 etc. (das führt allerdings manchmal zu irritiertem Kopfschütteln bei den vorbeigehenden Passanten).

Fotografieren mit Kollegen

Sind Sie zusammen mit anderen Hobbyfotografen gemeinsam auf Fototour, funktioniert das laute Zählen meistens nicht. Denn die anderen möchten ebenfalls die Belichtungssekunden zählen und so geraten alle durcheinander. Ich bin dennoch gern mit anderen Fotografen unterwegs – gerade dann, wenn Langzeitbelichtungen auf dem Plan stehen. So lassen sich nämlich die minutenlangen Wartezeiten während der Belichtung mit netten Unterhaltungen und Fachsimpelei überbrücken.

Fotoforen im Internet

Andere Fotografen treffen Sie im Internet in den bekannten Online-Fotocommunitys. Dort werden regelmäßig Fotografentreffen (natürlich auch tagsüber) veranstaltet. Ich kann Ihnen wärmstens empfehlen, auf diesem Weg den Kontakt zu „Kollegen" zu suchen (vorausgesetzt, Sie sind gern unter Menschen). Auf solchen Fotoausflügen habe ich unzählige wertvolle Tipps (unter anderem den mit dem Handy-Countdown-Zähler) bekommen. Auch ist es immer wieder spannend, auf die Kameradisplays der Mitfotografen zu schauen, wenn sie das gleiche Motiv fotografiert haben.

Link-Tipps (Auswahl)

- *www.fotocommunity.de/*
- *view.stern.de/de*
- *www.flickr.com/*
- *www.fotouristen.de/*
- *www.fototreff/24.de/*

Wenn der Mond hell scheint

Manchmal ist es aber auch der Mond, der für so viel Licht sorgt, dass Sie auf den Bulb-Modus und die Taschenlampe verzichten können. Am eindrucksvollsten ist wohl der Vollmond – besonders groß erscheint er uns, wenn er gerade erst über dem Horizont aufgegangen und noch restliches Licht des Tages vorhanden ist. Dieses Licht können Sie dann ausnutzen (Fachbegriff: Available Light) und auf die zusätzliche Beleuchtung durch eine Taschenlampe verzichten.

Motive, bei denen der Mond die Hauptrolle spielt, sollten Sie mit einem Teleobjektiv (ab 200 mm Brennweite) aufnehmen, sonst wird der Erdtrabant zum unscheinbaren Statisten auf dem Bild.

Auf den beiden nachfolgenden Fotos sehen Sie, wie stark sich schon ein Unterschied in der Brennweite von 100 mm auswirken kann:

Nur 12 Minuten später mit 100 mm kürzerer Brennweite (200 mm) ergab sich eine völlig andere Bildwirkung. Der Bildanteil des Mondes auf dem Foto ist wesentlich geringer – dennoch ist er allein durch seine Leuchtkraft nach wie vor dominant auf dem Bild. Der Himmel ist hier durch das nahezu völlig verschwundene Restlicht des Tages sehr viel dunkler. Und der Mond ist auf seiner Bahn ein gutes Stückchen vorangekommen und steht weiter vom Horizont entfernt am Himmel. Natürlich sorgt auch das Hochformat für eine ganz andere Bildwirkung.

Den Mond unterbelichten

Sie wissen ja: Fotos mit großen Hell-Dunkel-Kontrasten sind sehr schwer zu belichten. Der Mond ist da ein echtes Extrembeispiel. Eine gut durchdachte Belichtungsmessung ist bei solchen Motiven wichtig. Es gibt mehrere Möglichkeiten. Ich nutze meistens die Mehrfeldmessung: Dabei werden mehrere Bildbereiche für die Messung herangezogen: die

Der Vollmond steht knapp über dem Horizont und wirkt sehr groß.

f/25 | 0,5 Sek. | ISO 100 | 300 mm | Stativ | Mehrfeldmessung | leicht unterbelichtet

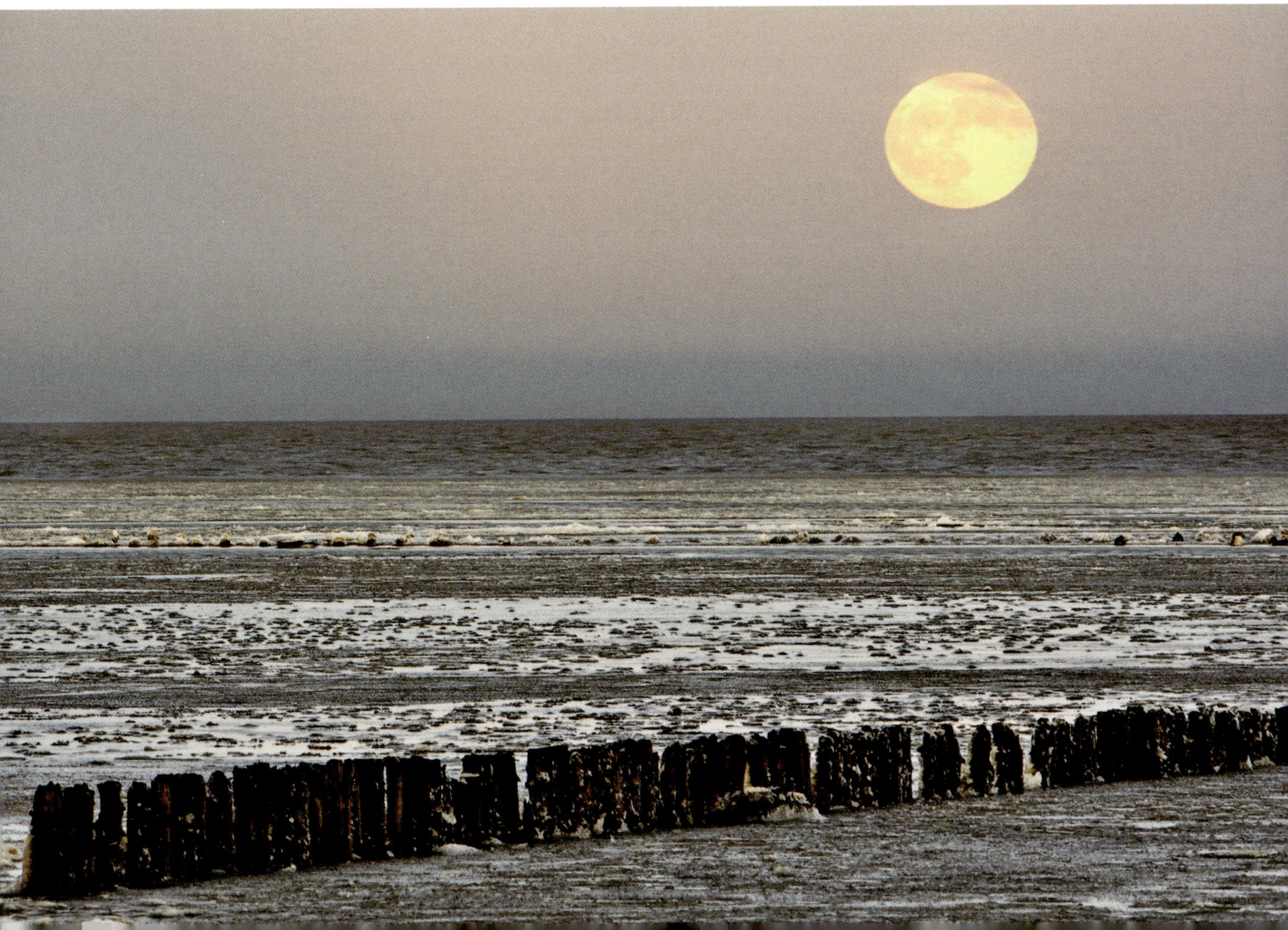

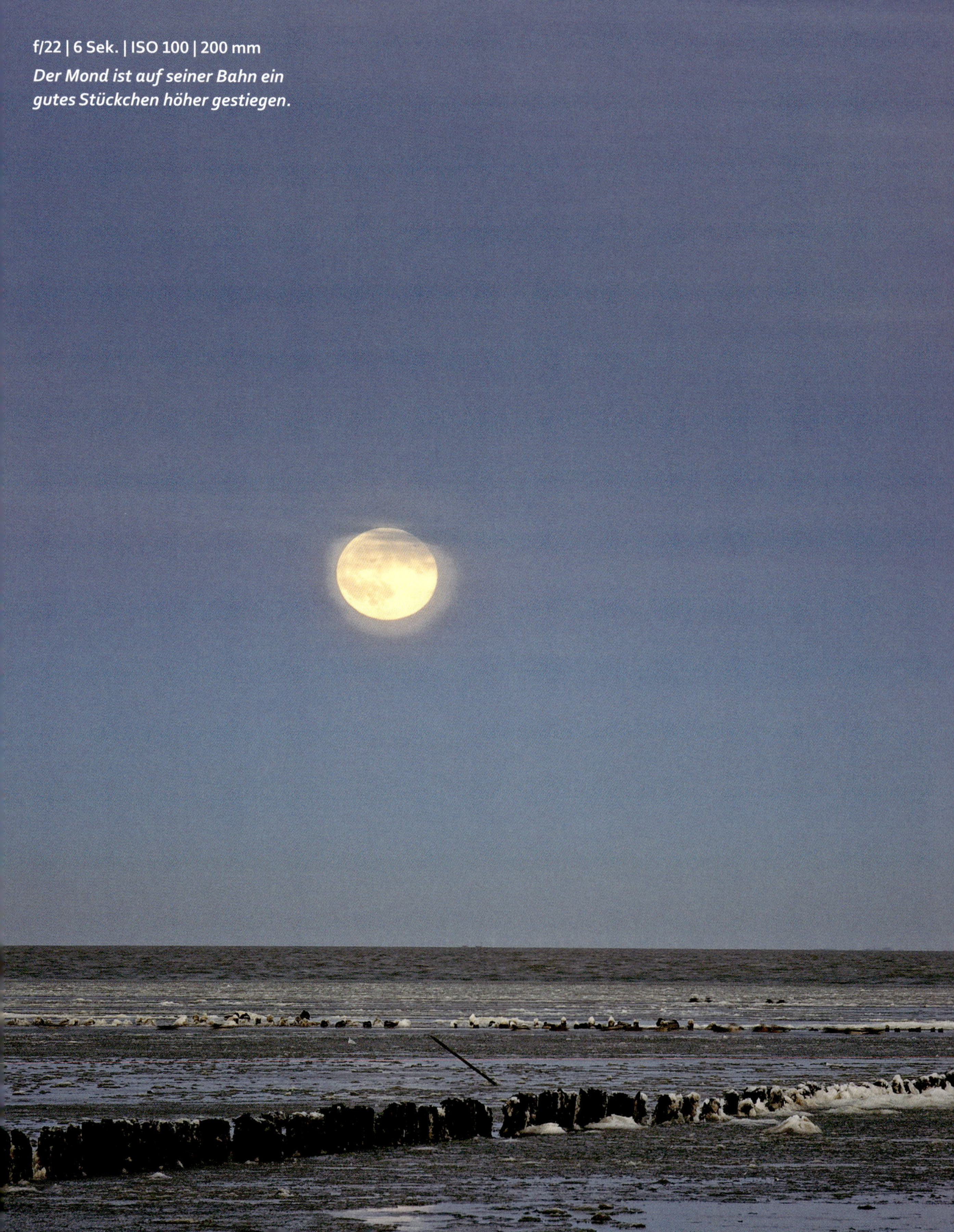

f/22 | 6 Sek. | ISO 100 | 200 mm

Der Mond ist auf seiner Bahn ein gutes Stückchen höher gestiegen.

hellen und die dunklen. Daraus errechnet die Kamera einen Mittelwert. Folglich wird der Mond bei dieser Methode fast immer viel zu hell auf den Fotos abgebildet, er leuchtet wie ein greller Ball am Himmel. Seine Strukturen gehen verloren: Krater und Berge sind dann nicht mehr zu erkennen.

Sie können jedoch Abhilfe schaffen, indem Sie stark unterbelichten. Je größer der Kontrastumfang zwischen Mond und Umgebung ist (also je dunkler der Himmel ist), desto stärker müssen Sie unterbelichten. Bei den vorangegangenen Bildern kamen mir die durch Eis und Schnee bedeckte und somit relativ helle Meeresoberfläche sowie die Reflexionen durch das Mondlicht auf der vereisten Mutter Erde zugute, sodass ich nur wenig unterbelichten musste. Auch können Wolken vor dem Mond den starken Kontrastumfang etwas reduzieren. Ist dieser jedoch sehr groß, können Sie zusätzlich einen Grauverlaufsfilter einsetzen, um den Mond abzudunkeln. Ansonsten bleibt nur, die durch die Unterbelichtung zu dunkel gewordene Landschaft später am Computer wieder aufzuhellen.

Spotmessung

Eine andere Möglichkeit, den Mond richtig zu belichten, bietet der Belichtungsmodus der Spotmessung. Hier wird nur die exakte Bildmitte für die Messung herangezogen. Befindet sich der helle Mond genau an dieser Stelle, wird er korrekt gemessen und belichtet. Der ihn umgebende Himmel hingegen wird sehr viel dunkler wiedergegeben, als er zum Zeitpunkt der Aufnahme war. Nachteil: Der Mond prangt so in der Bildmitte – und das ist nicht unbedingt die erste Wahl für einen gelungenen Bildaufbau. Am besten messen Sie also den Mond mit der Spotmessung an, halten den Auslöser halb durchgedrückt, wählen dann den gewünschten Bildausschnitt und drücken den Auslöser erst dann voll durch.

Um den Mond formatfüllend abzubilden – also so groß, dass er in Gänze das Foto bis zum Rand ausfüllt –, brauchen Sie sehr viel mehr Brennweite (1.000 mm und mehr). Ausschnittvergrößerungen am Rechner sind eine Möglichkeit, den Mond auch bei weniger Brennweite näher heranzuholen – jedoch nicht ohne Qualitätsverluste.

2.9 Gegenlicht nutzen

Eine sehr schlichte Fotoregel lautet: „Sonne im Rücken, Auslöser drücken." Kann man so machen, klar ... muss man aber nicht! Ich liebe es, sonniges Gegenlicht für meine Bilder zu nutzen.

Gegenlicht macht ein Foto hell, weicht harte Kontraste auf, mildert kräftige Farben ab und lässt eine Landschaft lichtdurchflutet und beinahe wie eine Szene aus einem Traum wirken ... leicht, hell und luftig. Meist wird zusätzlich noch etwas überbelichtet, damit das Gegenlicht auch die dunkleren Bildbereiche überflutet. Das Foto ist so keine schlichte Abbildung einer Landschaft, sondern wirkt fast ein wenig irreal. Diese Art der Fotografie ist derzeit sehr in Mode und wird auch viel in der Werbung eingesetzt: Helle Bilder wirken positiv!

Selten kommt ein solches Foto allerdings ohne zusätzliche Bildbearbeitung aus. Bei kräftigem Gegenlicht sind Blendenflecken wie auf meinem Bild der österreichischen Alm mit dem kleinen Heustadel ein ganz natürlicher

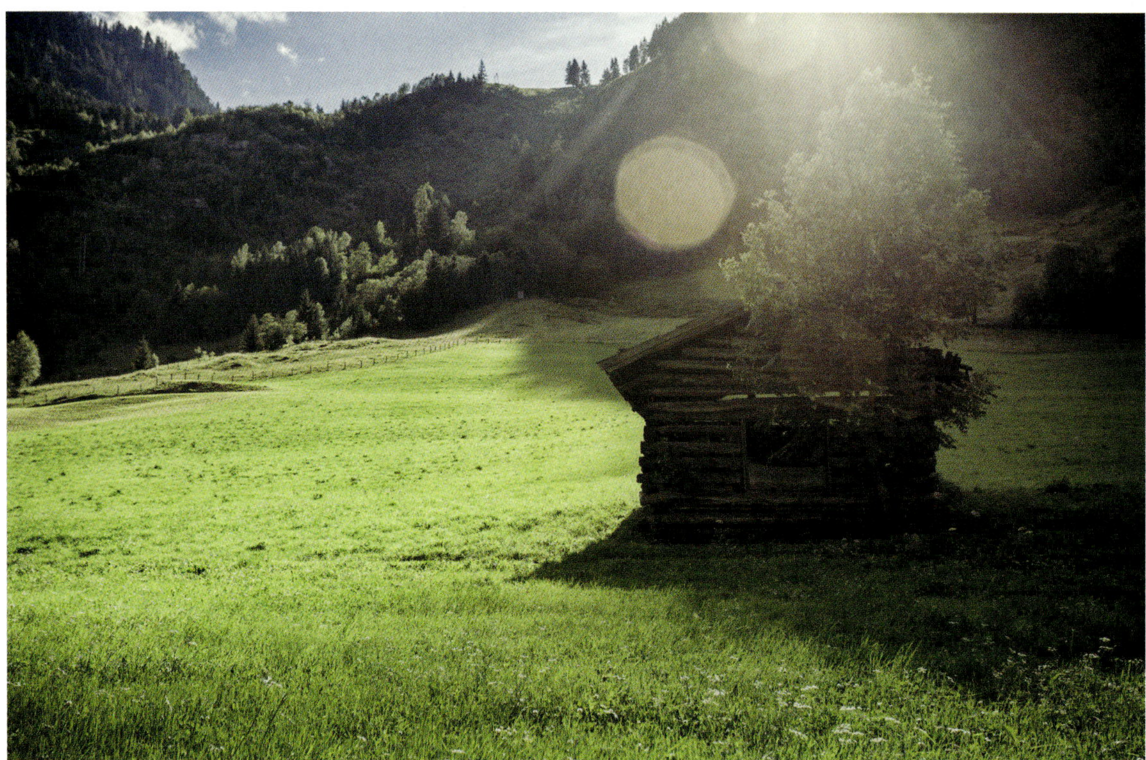

f/7.1 | 1/160 Sek. | ISO 200 | 40 mm

Kurz bevor die Nachmittagssonne hinter dem Berg verschwand, habe ich schnell noch einmal den Auslöser gedrückt. Ein Teil der Alm lag schon im Schatten des Berghangs – keine einfach Belichtungssituation. Aber das ist Gegenlicht eigentlich nie!

und typischer Effekt. Lens Flares oder Linsenlichtreflexion werden sie auch gern genannt. Früher habe ich oft in mühsamer Fummelarbeit versucht, diese Flecken in Photoshop zu entfernen – heute geschieht manchmal das Gegenteil und ich schummle noch einige hinzu! In der künstlerischen Fotografie sind diese Flecken durchaus gewollt. Zudem ist es oft auch nötig, die nicht direkt im Licht liegenden Bildbereiche zusätzlich aufzuhellen und/oder helle Bereiche abzudunkeln. Grundsätzlich ist es aber nicht ratsam, direkt (und womöglich noch mit offener Blende!) gegen eine so starke Lichtquelle wie die Sonne zu fotografieren. Das fördert nicht gerade die Gesundheit der Kamera! Der empfindliche Sensor kann so Schaden nehmen. Vorsicht ist also geboten. Ich nutze bei Gegenlichtmotiven immer einen Grauverlaufsfilter. Zusätzlich belichte ich das Foto etwas über, damit auch die dunklen Bildbereiche hell genug werden und ihre Strukturen erkennbar bleiben. Und ich arbeite nie mit Offenblende bei Gegenlicht. Am liebsten ist mir sowieso ein natürlich abgemildertes Gegenlicht. Zum Beispiel durch Blätter oder Wassertropfen. Eine weitere Möglichkeit, mit Gegenlicht zu fotografieren, ist vielleicht die raffinierteste: Man nutzt die Lichtquelle so, dass sie im Foto später nicht direkt sichtbar ist. Zum Beispiel sieht man hier nur die Spiegelung der Sonne auf der Wasseroberfläche des Wattenmeeres.

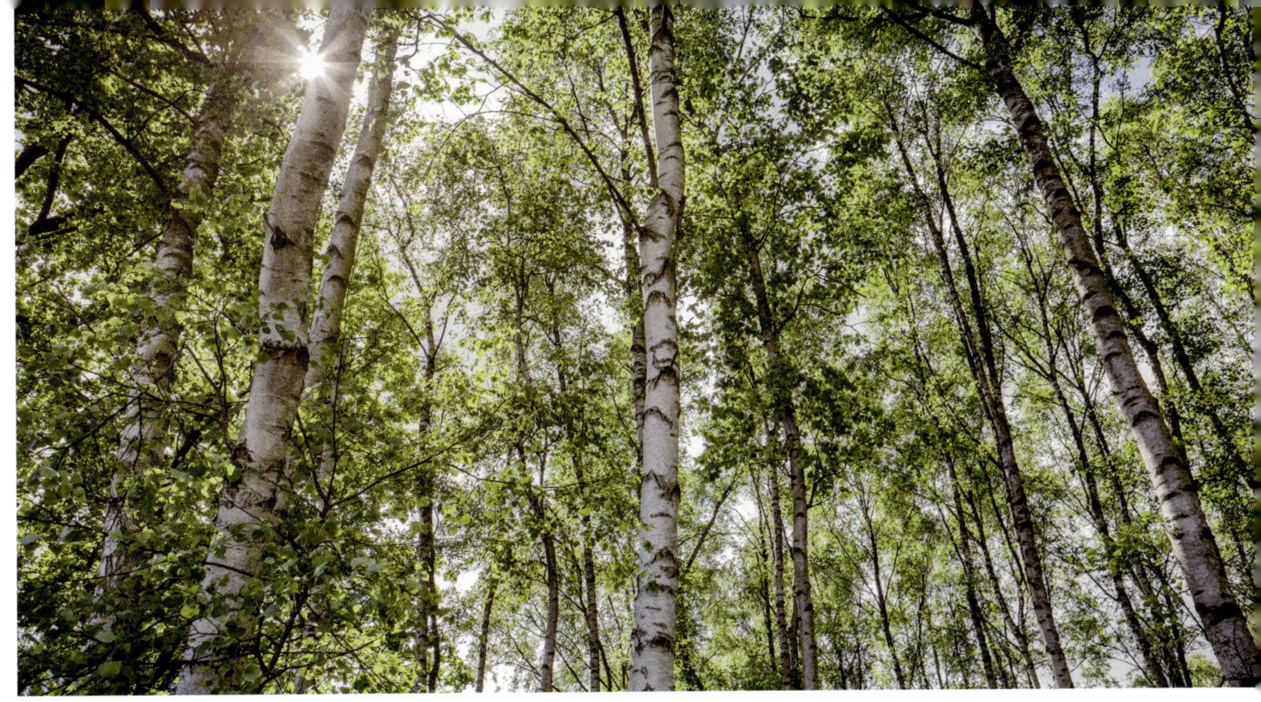

f/8 | 1/160 Sek. | ISO 400 | 24 mm

Frühlingssonne in einem kleinen Birkenwäldchen in unserer Nachbarschaft.

Hier musste ich aus zwei Gründen eine extrem kurze Belichtungszeit wählen. Zum einen, um die einzelnen Tropfen der sich an den Betontetrapoden (sie werden für den Küstenschutz eingesetzt) in Hörnum, Sylt, brechenden Nordseewellen in ihrer Bewegung einzufrieren. Und zum anderen musste ich auch noch überbelichten, um die im Schatten liegenden Bereiche noch hell genug abbilden zu können.

f/8 | 1/2500 Sek. | ISO 400 | 70 mm

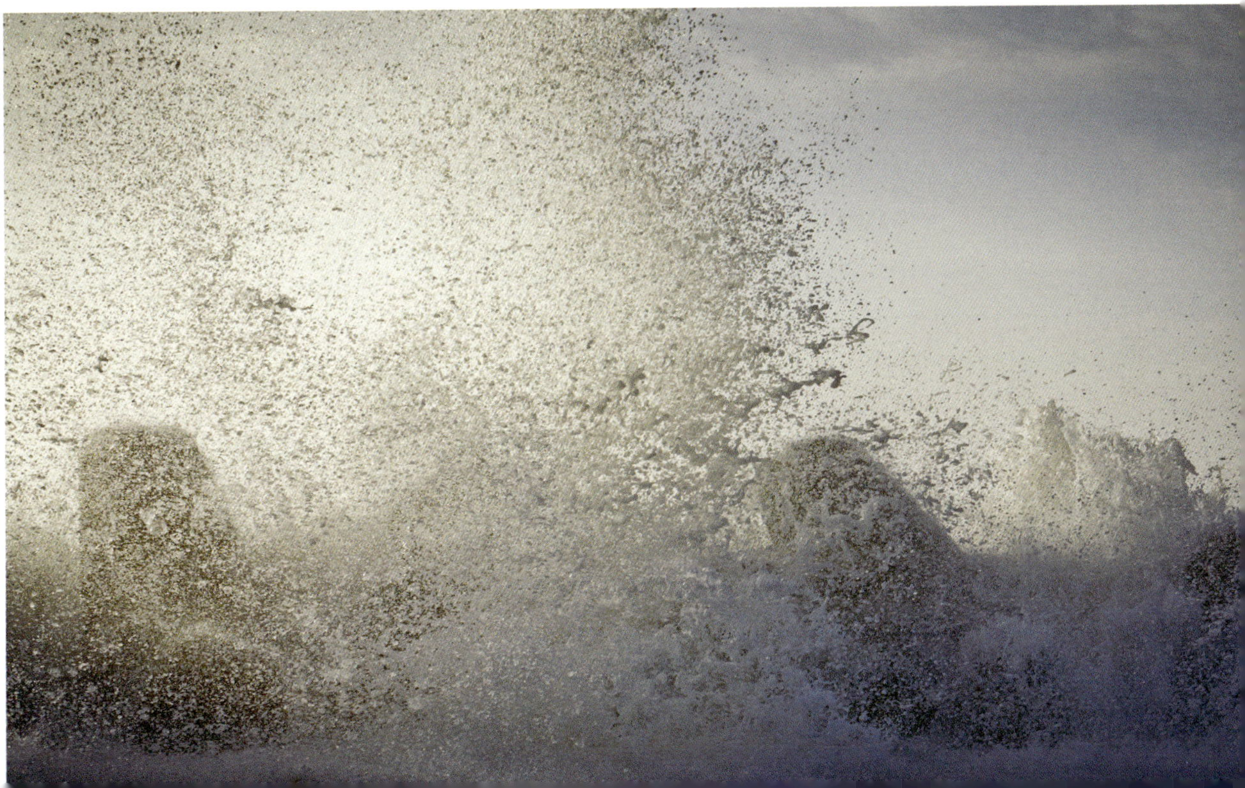

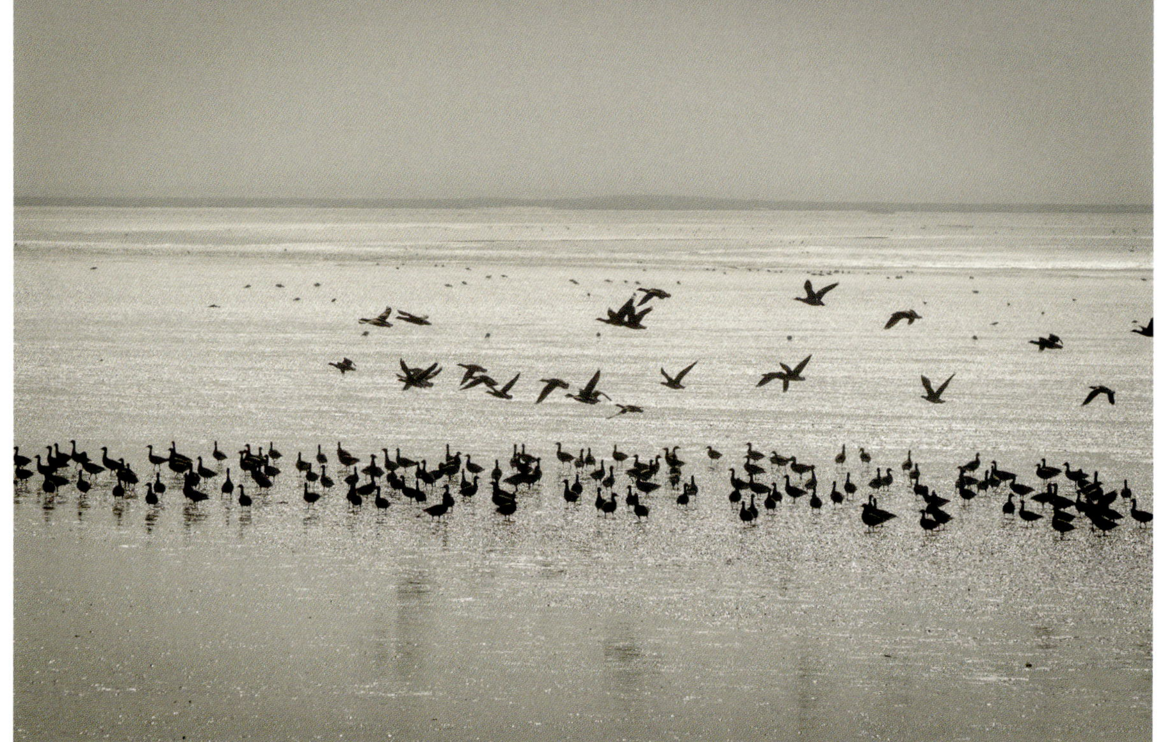

f/8 | 1/1250 Sek. | ISO 100 | 200 mm

Gänseschar am Wattenmeer in Dithmarschen.

Auch hier ist Gegenlicht im Spiel, wenn auch erst auf den zweiten Blick erkennbar. Die noch tief stehende Morgensonne strahlt die Gräser an einem Deich an. Durch den Einsatz einer größeren Brennweite habe ich die Sonne selbst nicht mit im Bild, sehr wohl jedoch ihre Lichteinwirkung.

f/7.1 | 1/200 Sek. | ISO 320 | 195 mm

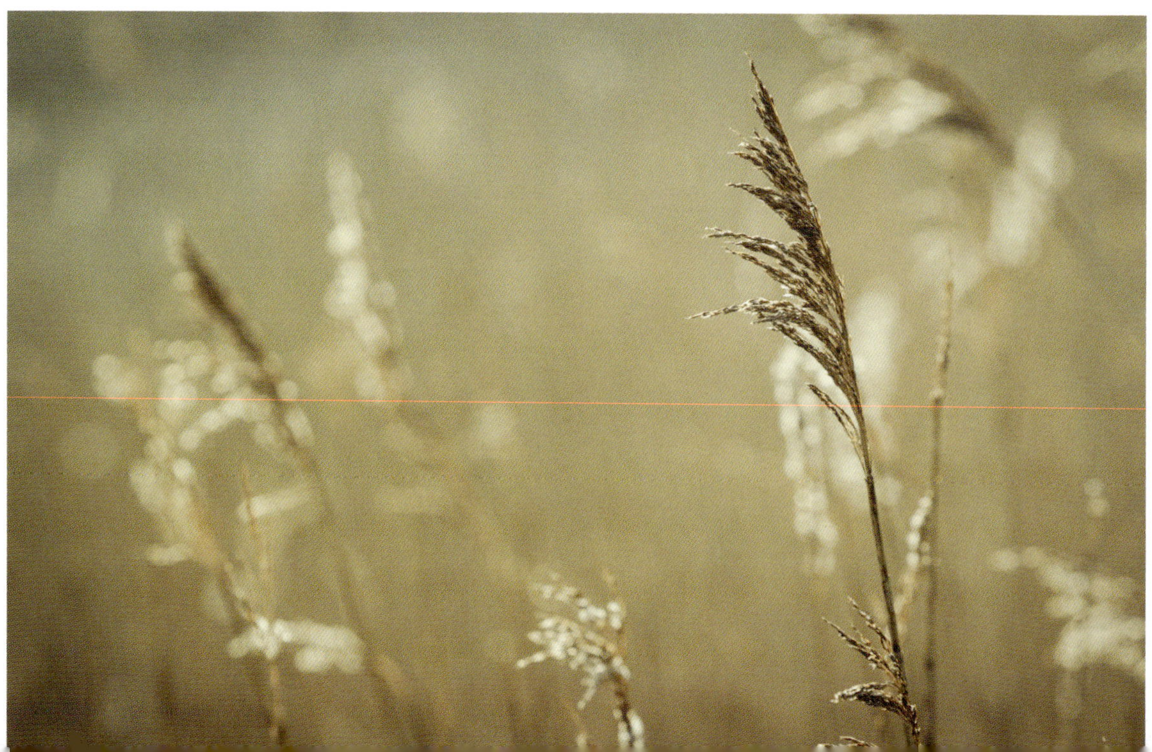

2.10 Die Welt von oben fotografieren

Die Welt von oben zu betrachten, das ist immer wieder ein wunderbares Erlebnis. Sollte sich Ihnen die Gelegenheit bieten, packen Sie sie beim Schopf. Ideales Fotowetter für Luftbilder herrscht, wenn die Luft möglichst klar ist.

Ein ganz leichter Dunstschleier lässt sich gerade noch zum Beispiel durch die Verstärkung des Kontrasts im Foto später bei der Bildbearbeitung am Computer reduzieren. Sonnenschein und blauer Himmel – möglichst ohne Wolken, die Schatten auf den Boden werfen – sind ideale Voraussetzungen für eine gute Fotoausbeute.

Geeignete Belichtungszeit

Für Luftbilder gelten einige Sonderregeln, unabhängig davon, ob Sie mit einem Sportflugzeug oder einem Hubschrauber in die Luft gehen.

Die Vibrationen der Maschine sind oft heftig und führen leicht zu verwackelten Fotos. Erschwerend kommt die hohe Geschwindigkeit des Fliegers hinzu, die meist unterschätzt

Westerland auf der Insel Sylt. Kurze Belichtungszeiten sind bei Luftbildern nötig, um Unschärfen durch das Vibrieren des Fliegers und die Fluggeschwindigkeit zu verhindern.

f/7.1 | 1/1600 Sek. | ISO 400 | 100 mm

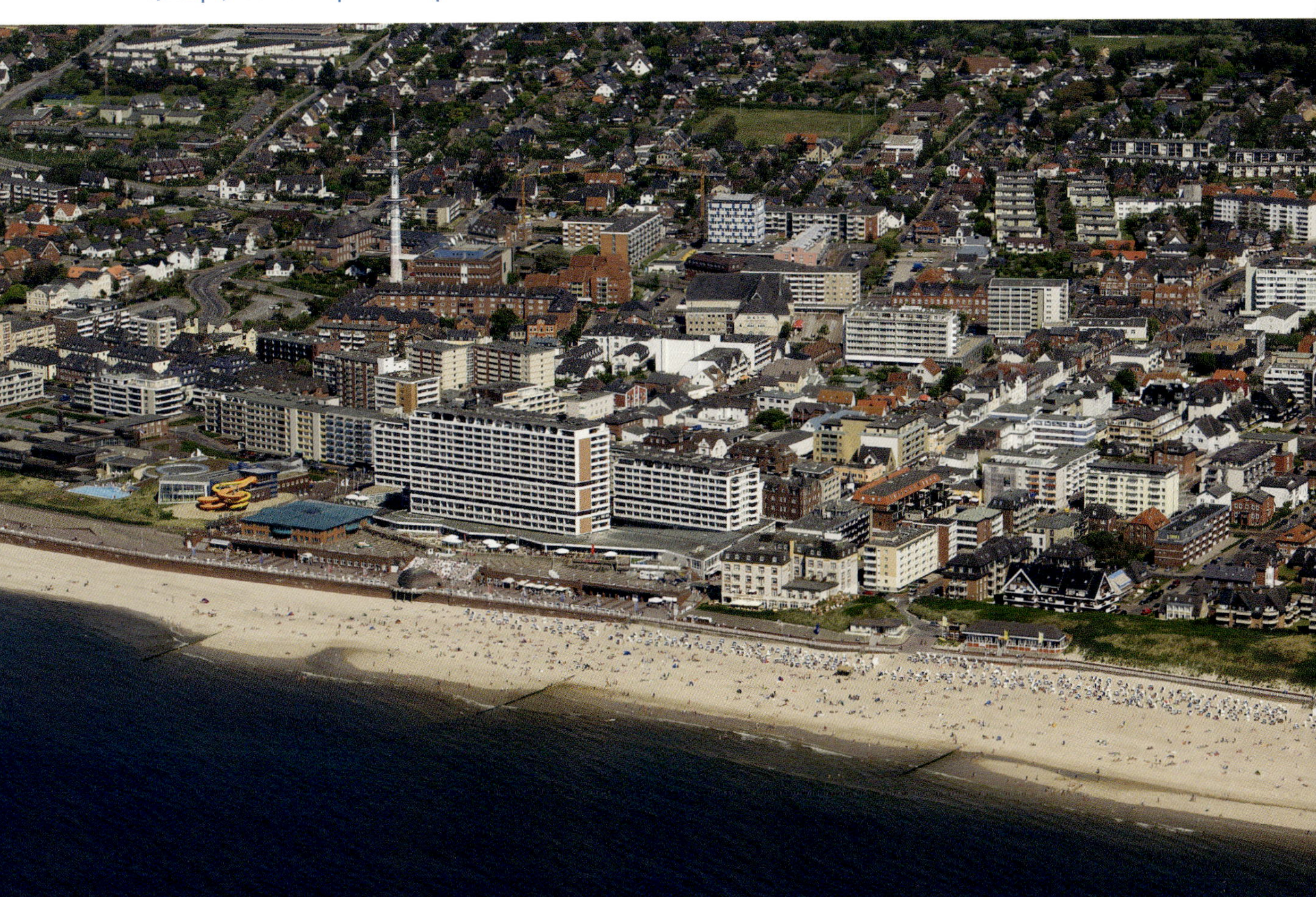

wird, weil sich die Landschaft scheinbar langsam unter Ihnen bewegt. Doch der Eindruck täuscht – die scheinbare Langsamkeit entsteht durch die Entfernung zum Boden.

Vergleichbar ist dieser Effekt mit dem Blick auf Landschaften, die Sie durch die Scheibe eines schnell fahrenden Autos betrachten: Büsche im Vordergrund scheinen an Ihnen vorbeizufliegen. Ein kleiner Höhenzug in größerer Entfernung bewegt sich hingegen scheinbar langsam an Ihnen vorbei.

Wegen dieser Faktoren – Vibration und Geschwindigkeit – gilt für Luftaufnahmen: Die Belichtungszeiten sollten kurz sein, möglichst 1/1200 Sek. oder noch kürzer. Nur dann wird es Ihnen gelingen, scharfe Fotos aus der Luft zu schießen.

Der Bildstabilisator bringt im Flugzeug meistens nichts, er ist auf die Verwacklungen der menschlichen Hand abgestimmt. Die haben eine ganz andere Frequenz als ein Flugzeug.

Die Objektivfrage

Aber mit welchem Objektiv? Im Flieger ist es meistens eng, die Bewegungsfreiheit im Sicherheitsgurt eingeschränkt. Ein Objektivwechsel gestaltet sich so oft schwierig. Es empfiehlt sich, ein Telezoom beispielsweise mit einer Brennweite von 70–200 mm zu nutzen. Weitwinkelzooms sind eher ungünstig: Aus einem kleinen Sportflugzeug fotografieren Sie bei kurzen Brennweiten leicht störende Streben der Flugzeugtragflächen mit. Untauglich für Luftaufnahmen sind Sportflugzeuge, durch deren Fenster Sie auf die Tragflächen schauen. Besser fotografieren Sie aus sogenannten Schulterdeckern. Hier sind die Tragflächen oberhalb der Passagierkabine angebracht.

Leider gibt es nur auf ausgewiesenen Fotoflügen die Möglichkeit, ohne störende Fenster-

Der Hafen von List auf Sylt.

f/5 | 1/1600 Sek. | ISO 400 | 100 mm

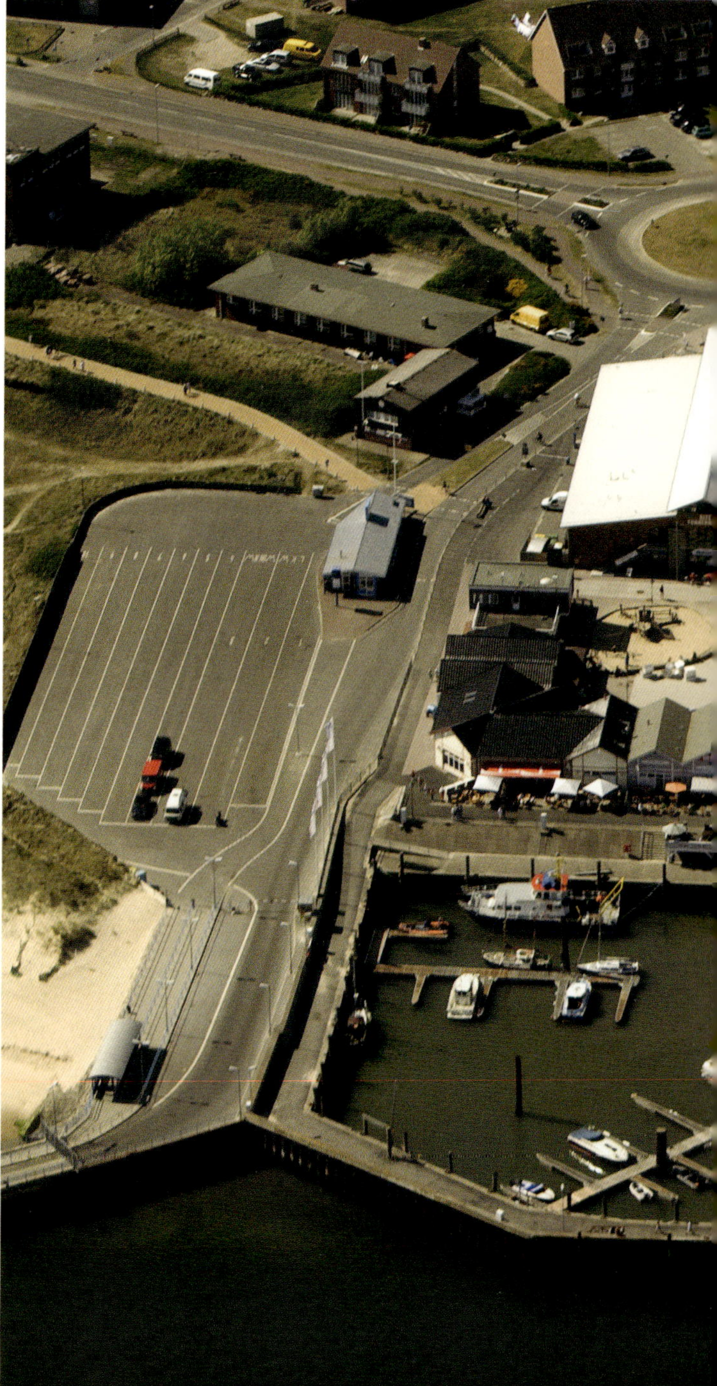

scheibe die Landschaft zu fotografieren. Da wird meist kurzerhand die Kabinentür ausgehängt – sicher nicht jedermanns Sache, zumal es dadurch im Innenraum des Fliegers kalt und windig ist. Es versteht sich von selbst, dass ein mitfliegender Fotograf beim Fotografieren mit Gurten gesichert ist. Seine Kamera sollte er tunlichst ebenfalls sichern und zusätzlich gut festhalten, denn der Fahrtwind hat so viel Kraft, dass er einem die Kamera samt

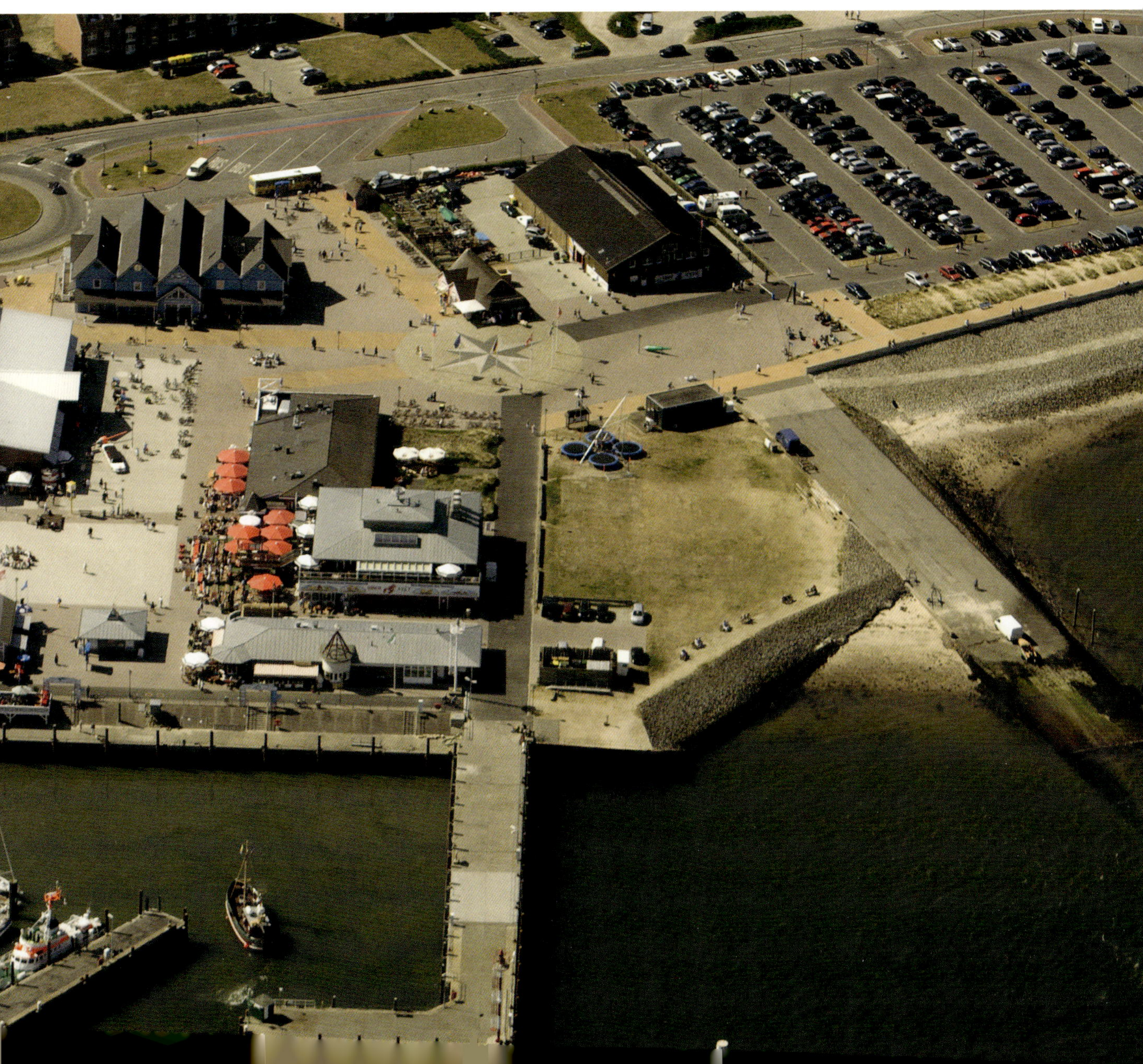

Objektiv aus den Händen schlagen kann – gerade ein langes Teleobjektiv bietet dem Wind reichlich Angriffsfläche. Ausgerechnet an einem frostigen Februartag hatte ich die Gelegenheit, aus einem Hubschrauber (ohne Türen und Fenster!) meine Heimatstadt Hamburg zu fotografieren – ein kaltes, aber unvergessliches Erlebnis! Auf einem normalen Rundflug müssen Sie leider durch meist zerkratzte und oft auch noch getönte Kunststofffenster fotografieren. Auch das ist ein weiterer Grund dafür, lieber ein längeres Teleobjektiv für die Luftaufnahmen zu nutzen. Gehen Sie so nah wie möglich an die Fensterscheibe heran, jedoch ohne sie zu berühren – die Vibrationen werden sonst auf die Kamera und so auch auf Ihre Fotos übertragen. Auf die Gegenlichtblende sollten Sie besser verzichten, weil sie den Abstand zur Fensteroberfläche unnötig ver-

Dunkle Kleidung bevorzugt

Ganz wichtig: Tragen Sie immer, wenn Sie durch Glasscheiben fotografieren möchten oder müssen, dunkle Oberbekleidung. Helle Oberteile wie weiße T-Shirts oder helle Jacken spiegeln sich in den Fenstern, wenn Sie durch die Scheibe fotografieren müssen. Sie fotografieren sie mit und fragen sich später, woher der helle Fleck auf dem Foto stammt.

Eiskalter Fotoflug über die winterliche Elbe und den Hamburger Hafen. Um dieses Foto Richtung Elbmündung machen zu können, musste ich mich recht weit aus dem Heli lehnen – links ist noch der Rahmen der ausgehängten Tür zu sehen. Der „Fahrtwind" war doch recht frisch!

f/9 | 1/500 Sek. | ISO 800 | 30 mm

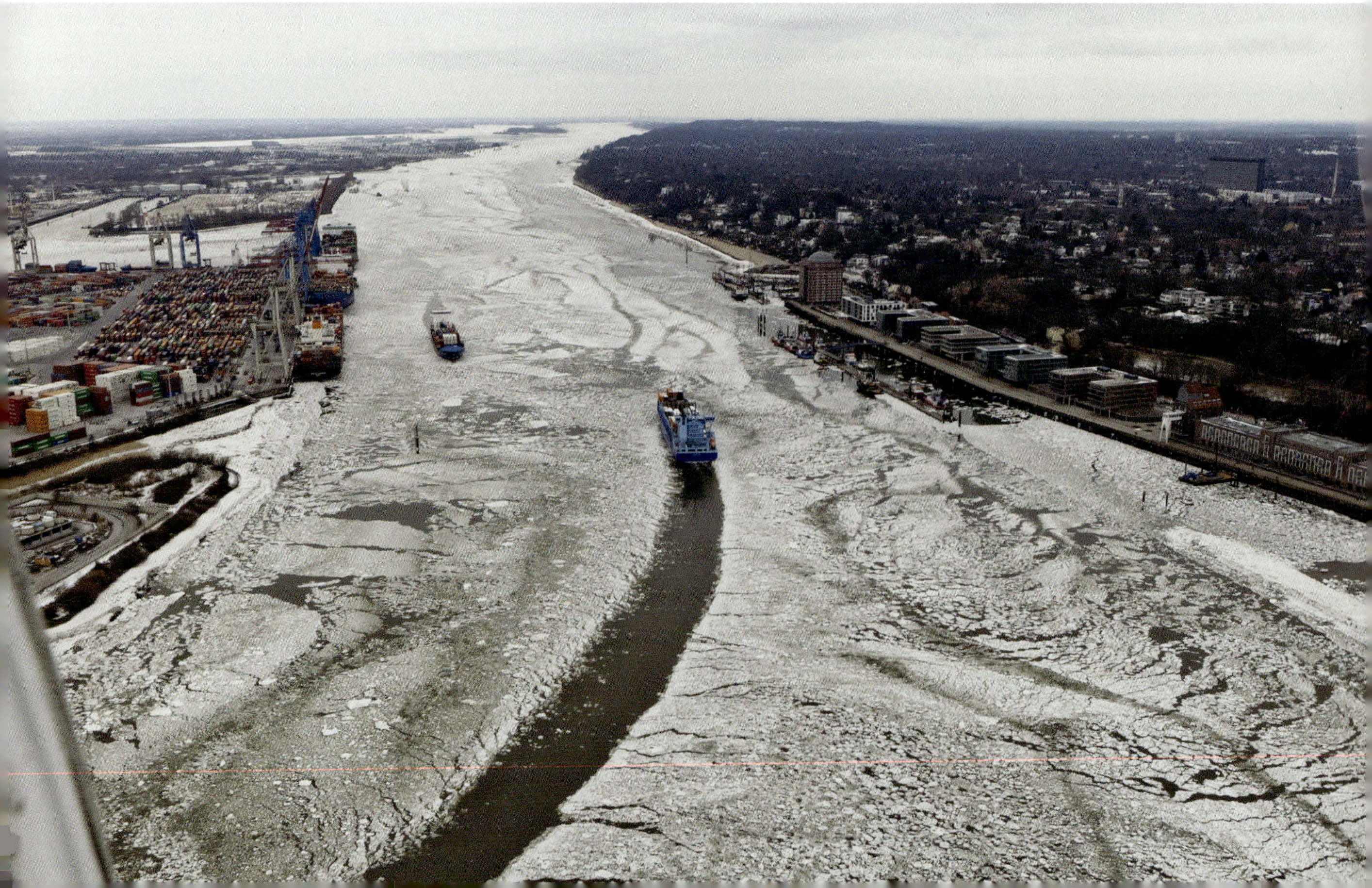

längert und so die Kratzer und Flecken vielleicht doch nachher auf Ihren Fotos zu sehen sind. Schützen Sie die Linse Ihres Objektivs stattdessen besser mit einem neutralen UV-Filter.

Luftaufnahmen müssen meistens am Computer nachbearbeitet werden, z. B. um den Kontrast ein wenig zu erhöhen oder das Foto gerade auszurichten. Insofern empfiehlt es sich, die Bilder im RAW-Format aufzunehmen – so lassen sich auch leichter eventuelle Belichtungsmängel beheben.

Die tauchen oft dann auf, wenn der Kontrastumfang zu hoch ist. Das kann passieren, wenn beispielsweise eine Wasserfläche das Sonnenlicht stark reflektiert und dadurch zu hell wird, wie auf dem Beispielfoto auf der nächsten Seite (das bereits nachbearbeitet ist).

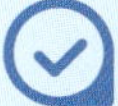

Empfehlungen für gelungene Luftfotos

- Optimale Wetterverhältnisse.
- Zoomobjektiv ab ca. 70 mm.
- Auf Sonnenblende am Objektiv verzichten.
- Neutraler Filter zum Schutz der Frontlinse.
- Im RAW-Format fotografieren.
- Sehr kurze Belichtungszeiten (praktisch: Modus Blendenautomatik).
- Nachbearbeitung am Computer: Kontrast erhöhen.

Wasserflächen reflektieren das Sonnenlicht und überstrahlen dadurch leicht.

f/5.6 | 1/1600 Sek. | ISO 400 | 70 mm

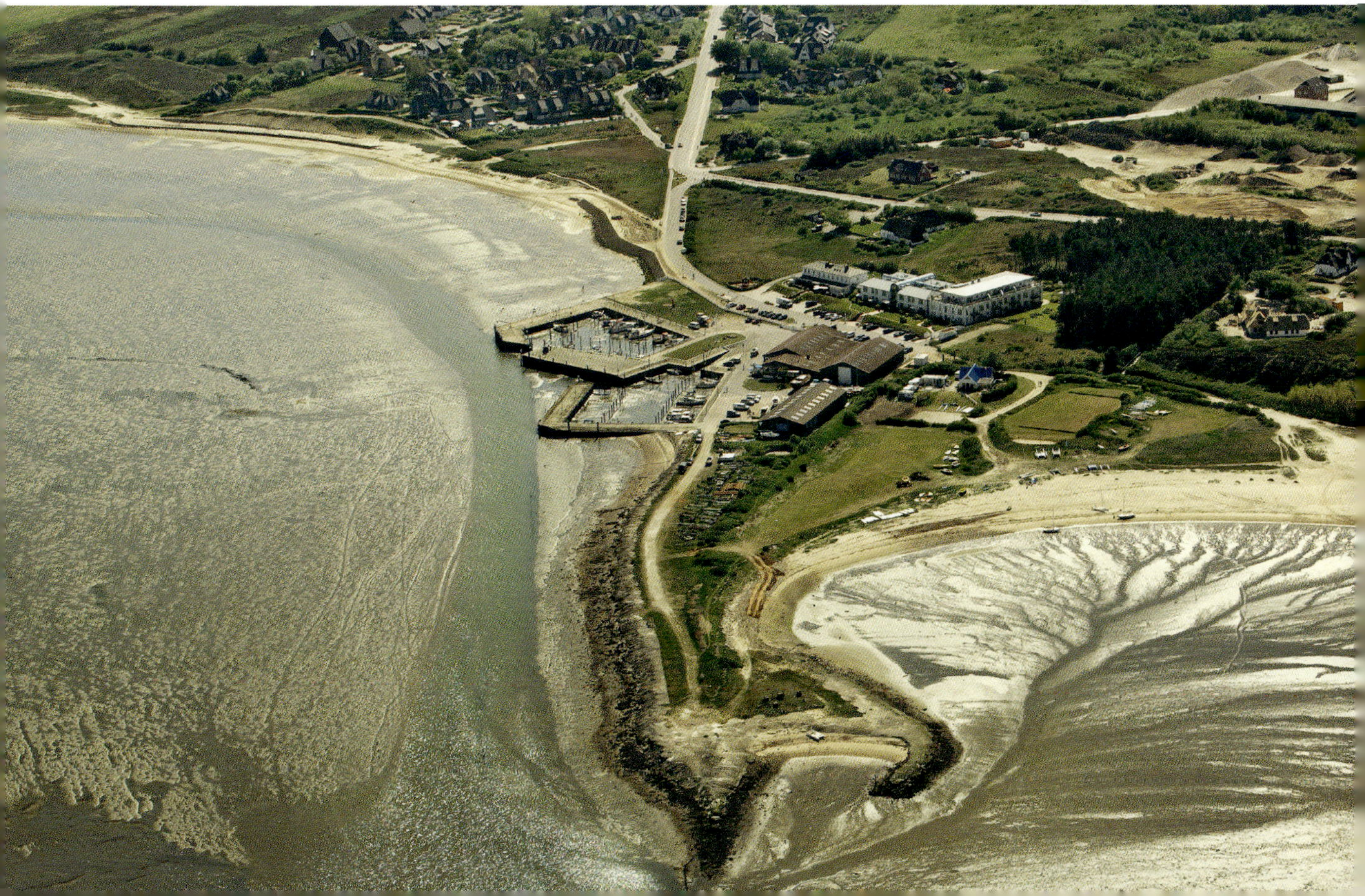

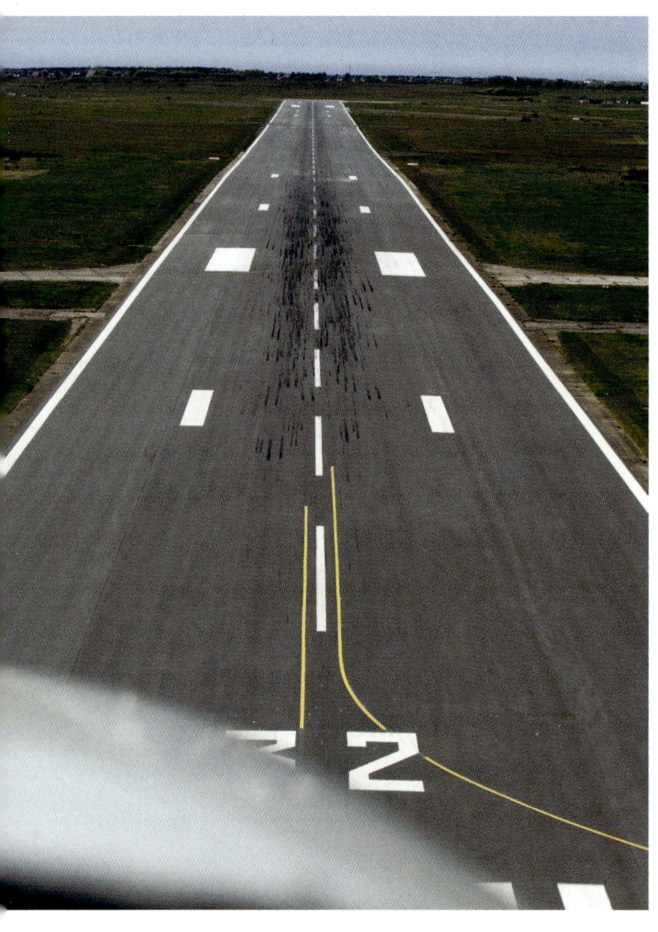

Soweit ich mich erinnere, habe ich alle Fotos auf diesem Rundflug mit der Blendenautomatik (die unter den Fotos angegebenen immer gleichen Belichtungszeiten lassen das vermuten) fotografiert und die Belichtungszeit vorher festgelegt. So können Sie sich die im manuellen Modus ständig notwendige Anpassung der Kameraeinstellungen an die für jedes Motiv anders gegebenen Lichtverhältnisse ersparen. Die Blende spielt bei Luftfotos eine

eher untergeordnete Rolle, weil die Entfernung zum Motiv in allen Bildbereichen relativ gleichbleibend ist – ausnahmsweise dürfen Sie sich die Erde hier als Scheibe, also als eine Ebene, vorstellen. Entscheidend für gute Bilder ist jedoch die kurze Belichtungszeit, sie hat Priorität gegenüber der Blendenwahl. Schade ist eigentlich nur, dass solche Flüge meistens viel zu schnell vorüber sind.

f/5.6 | 1/1600 Sek. | ISO 100 | 70 mm

Landeanflug auf Westerland, Sylt – leider sind Rundflüge viel zu schnell zu Ende.

2.11 Nützliches und Schützendes für die Kameraausrüstung

Ein Allwetterfotograf strapaziert seine Ausrüstung sicher stärker als ein Schönwetterfotograf. Wind, Wasser, Kälte, Sand, Salz, Staub, Frost, Hitze – all das sind Faktoren, die Kameras und Objektiven stark zusetzen. Klar ist: Hobbyfotografen nutzen ihre Kamera weniger häufig als Profis und verschleißen so ihre Ausrüstung nicht in gleichem Maße. Aber dennoch sollten auch Sie wissen, wie Sie Ihre wertvolle Kamera schützen können – denn nur ein windiger Nachmittag am Strand kann großen Schaden anrichten!

Filter schützen das Objektiv, aber ...

Viele Fotografen plädieren dafür, die Objektive grundsätzlich, aber besonders bei Outdoor-Fotoshootings, mit einem aufgeschraubten vergüteten UV-Filter vor Sand, Staub und anderen gefährlichen Faktoren zu schützen. Kleine Sandpartikel am Strand können z. B. bei kräftigem Wind die Linse Ihres Objektivs regelrecht sandstrahlen und damit dauerhaft beschädigen. Ein UV-Filter kostet nicht die Welt und kann für kleines Geld ausgetauscht werden – für ein neues Objektiv müssen Sie weitaus tiefer in die Tasche greifen. Es versteht sich wohl von selbst, dass Sie nicht einen 12 Euro günstigen UV-Filter auf ein 900 Euro teures Objektiv schrauben sollten. Zu preisgünstige UV-Filter können selbst Licht schlucken oder – noch schlimmer – für Reflexionen sorgen. Investieren Sie also für ein hochwertiges Objektiv auch etwas in den UV-Filter.

Ich oute mich an dieser Stelle und gebe zu, dass ich selbst keine Filter zum Schutz meiner Objektive einsetze. Ich gehe allerdings auch sehr sorgsam mit meinen teuren Optiken um. Nach Gebrauch eines Objektivs setze ich sofort den dazugehörigen Deckel wieder auf die Frontlinse und verstaue es in meinem wasserdichten und gut gepolsterten Fotorucksack. Mir dreht sich regelrecht der Magen um, wenn ich sehe, wie sorglos manche Kollegen, besonders wenn's hektisch ist, ihre Optiken ohne Schraubverschluss am Bajonett oder Deckel auf der Linse wieder in ihre Fototasche „schmeißen"!

Ich bin der Meinung, dass bei vorsichtigem und sorgsamem Umgang mit den Linsen die Gegenlichtblende durchaus ausreichend ist, um Kratzer auf der Frontlinse zu vermeiden. Aber ich lege mich auch nicht an den Strand, wenn mir der kräftige Wind die Sandkörner direkt auf das Objektiv bläst. Auf das Motiv kann ich gut verzichten.

Gegenlichtblende verwenden

Wie schon erwähnt, arbeite ich draußen grundsätzlich mit der Sonnen- oder Gegenlichtblende. Sie schützt die empfindliche Linse nicht nur vor Streulicht, sondern z. B. auch vor seitlichen Schlägen oder einem Aufprall. Mir ist es einmal passiert, dass ich mit um den Hals gehängter Kamera samt Teleobjektiv eine Treppenstufe übersehen habe und der Länge nach hingeschlagen bin. Die Gegenlichtblende bremste meinen Sturz und hat seitdem einen fiesen Kratzer, aber das teure Tele blieb unbeschadet. Ohne die Gegenlichtblende hätte es ganz sicher nicht überlebt. Seitdem trage ich die Kamera lieber seitlich über der Schulter und nicht vor dem Bauch.

Noch schlauer ist es, aber auch umständlich, die Kamera samt Objektiv nach dem Gebrauch wieder in der Tasche oder in dem Rucksack zu verstauen und wieder herauszuholen, wenn sich ein weiteres Motiv ergibt. Sicher ist sicher.

Ein weiterer Effekt: Die Sonnenblende schützt die Linse auch vor Regen oder Schnee – vorausgesetzt, der Wind weht das unangenehme Nass nicht waagerecht auf die Frontlinse.

Fototasche oder Rucksack

Apropos Tasche: Legen Sie sich eine stabile, robuste, gut gepolsterte und wasserdichte Fototasche oder einen Rucksack zu. Der Fachhandel bietet eine schier unendliche Auswahl.

Achten Sie darauf, dass sie/er mit Ihrer Ausrüstung mitwachsen kann und Sie die Aufteilung des Tascheninneren an Ihren Bedarf und Ihre Objektive anpassen können. Außerdem sollte es genügend verschließbare Extrafächer für den Kleinkram (Speicherkarten, Batterien für Blitz, Notizblock, Kugelschreiber, Filter, Visitenkarten, Ersatzakku etc.) geben.

Mein Tipp: Nehmen Sie Ihre Kamera samt Wechselobjektiven mit und testen Sie vor Ort, ob auch wirklich Ihre gesamte Ausrüstung Platz findet. Das ist vor allem dann wichtig, wenn Sie auf Reisen gehen und für alle Fälle und Genres der Fotografie optimal gerüstet sein möchten.

Bequem muss es schon sein

Ob für Sie eher eine Tasche oder doch besser ein Rucksack infrage kommt, sollten Sie in einem Fotofachgeschäft testen. Welches Transportmittel für Sie am besten geeignet ist, hängt natürlich auch davon ab, wo Sie am liebsten fotografieren. Für die Partyfotografie ist ein Outdoor-Rucksack weniger passend als draußen in der freien Natur. Eine Fototasche hingegen kann draußen in der Landschaft, wenn Sie längere Wege zurücklegen möchten, auf Dauer ziemlich unbequem werden, weil das Gewicht der Ausrüstung nur auf einer Schulter lastet und zu üblen Schmerzen durch die einseitige Belastung führt. Um das zu vermeiden, sollten Sie eine Fototasche links und rechts im Wechsel tragen. Wichtig ist, dass Sie Ihre Ausrüstung so bequem wie möglich transportieren können.

Ich selbst bevorzuge einen Rucksack, weil sich so das nicht unerhebliche Gewicht der Fotoausrüstung gleichmäßiger verteilt als bei einer Fototasche, die seitlich über der Schulter getragen wird. Noch ein Vorteil: Ich habe die Hände frei – das ist besonders in unwegsamem Gelände von großem Wert. Allerdings hat der Rucksack einen entscheidenden Nachteil: Ich muss ihn jedes Mal absetzen, wenn ich das Objektiv wechseln möchte.

Aber ich gestehe an dieser Stelle: Ich bin ein notorischer „Dicht-am-Motiv-Parker" und vermeide – wenn es möglich ist – lange Wege mit der kompletten Ausrüstung. Aber für ein Wunschmotiv würde ich natürlich meilenweit gehen!

Fotografiere ich hingegen auf einem Event wie z. B. einer Party, nutze ich meine Fototasche. Ich muss sie dann ja nicht ständig mit mir herumschleppen, sondern kann sie meistens irgendwo sicher „parken" und bei Bedarf Batterien, Speicherkarten, Ersatzakku oder ein anderes Objektiv herausholen.

Optimal wäre es also, wenn Sie eine Fototasche für das „kleine Gedeck" und einen Fotorucksack für die komplette Ausrüstung Ihr Eigen nennen könnten.

Regenschutz für die Kamera

Immer in meinem Fotorucksack dabei habe ich mindestens ein großes Mikrofasertuch, um Staub, Fussel, Sand oder auch Regentropfen von der Linse zu entfernen. Nennenswerte Regenschauer sollten Besitzer einer nicht abgedichteten DSLR-Kamera tunlichst meiden oder ihre Kamera schnell mit einer Plastiktüte schützen und möglichst zügig ins Trockene flüchten. Im Internet finden Sie mehrere Anbieter professioneller Regenschutzhüllen für jedes Kameramodell in allen Preislagen, z. B. bei *www.enjoyyourcamera.com*.

Oder Sie kaufen sich im Supermarkt Abdeckhauben aus Plastik, die Kartoffelsalat in Schüsseln im Kühlschrank vor dem Verderben bewahren sollen. Sie eignen sich durchaus auch für Ihre Kamera, das sieht zwar nicht schön aus, ist aber dennoch zweckmäßig.

Besonderheiten bei Kälte

Bei knackigen Minustemperaturen nehmen Sie die Ersatzakkus (ein Muss bei starkem Frost, weil die Akkukapazität dann wesentlich geringer ist als bei normalen Temperaturen) aus der Fototasche heraus und bewahren sie stattdessen in den Innentaschen Ihrer Winterjacke oder in der Hosentasche auf. Dort behalten sie dank Ihrer Körperwärme länger ihre gespeicherte Energie. Auch für Ihre Speicherkarten ist dies der bessere Aufenthaltsort.

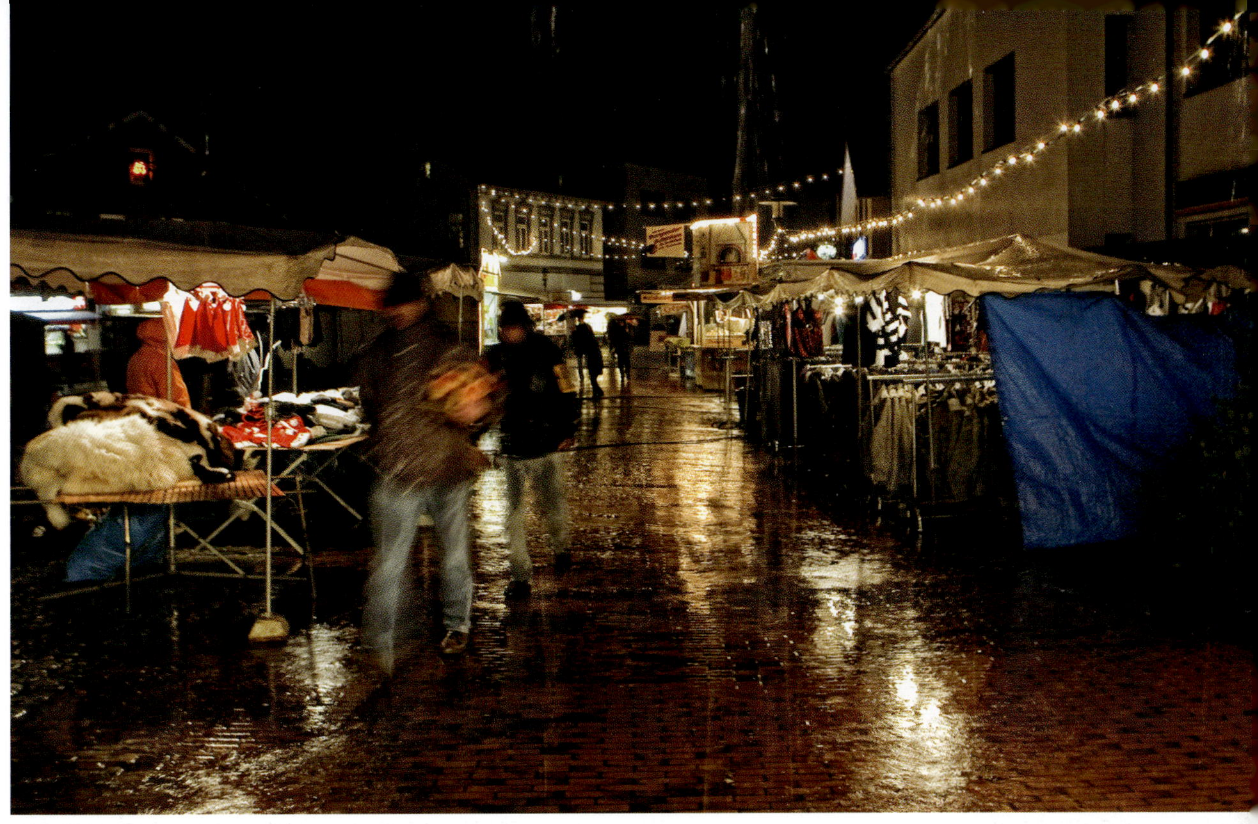

f/7.1 | 1/5 Sek. | ISO 640 | 24 mm

Wenn es wie aus Eimern schüttet wie hier auf einem Weihnachtsmarkt, suche ich auch mit meiner gut abgedichteten Kamera Schutz. Für eine weniger gut abgedichtete Kamera kann ein solcher Regenschauer eine lange und teure Reparatur zur Folge haben.

Den modernen Kameras selbst können frostige Minustemperaturen hingegen wenig anhaben. Kritisch wird es für Ihre Kamera erst, wenn Sie nach dem Winter-Fotoshooting wieder ins Warme (z. B. in eine urige Skihütte oder eine gemütliche Gaststätte) zurückkehren, um sich bei einem heißen Tee (mit Schuss?) aufzuwärmen. Kamera und Objektive beschlagen dann auf der Stelle durch den großen Temperaturunterschied zwischen drinnen und draußen. Dass Sie deshalb ein paar Minuten keine Fotos machen können, ist dabei das geringere Problem: Die Feuchtigkeit tut den zahlreichen elektronischen Bauteilen in Ihrer Kamera nicht gut. Sorgen Sie also besser dafür, dass sich Ihre Kamera langsam an die veränderten Temperaturen gewöhnt. In sicheren Gegenden können Sie die Ausrüstung im Auto belassen. Aber Achtung: Falls Sie dennoch Opfer von Langfingern werden sollten, zahlt keine Versicherung den Ersatz Ihrer Kamera.

Eine andere Möglichkeit ist, dass Sie Ihre Kamera noch draußen bei Kälte in einem Extrabehälter dicht verpacken und ein, zwei Beutelchen Silica-Gel dazulegen. Diese kleinen Kieselerde-Tütchen liegen häufig Verpackungen von feuchtigkeitsempfindlichen Waren bei und sind in unserem Haushalt ein begehrtes Sammelobjekt, weil sie Feuchtigkeit aufsaugen. Natürlich gibt es sie auch im Handel für wenige Euros zu kaufen. So verpackt übersteht Ihre Kamera den abrupten Temperaturwechsel mit großer Sicherheit schadlos. Geben Sie ihr eine Weile zum Akklimatisieren, und sie ist wieder einsetzbar.

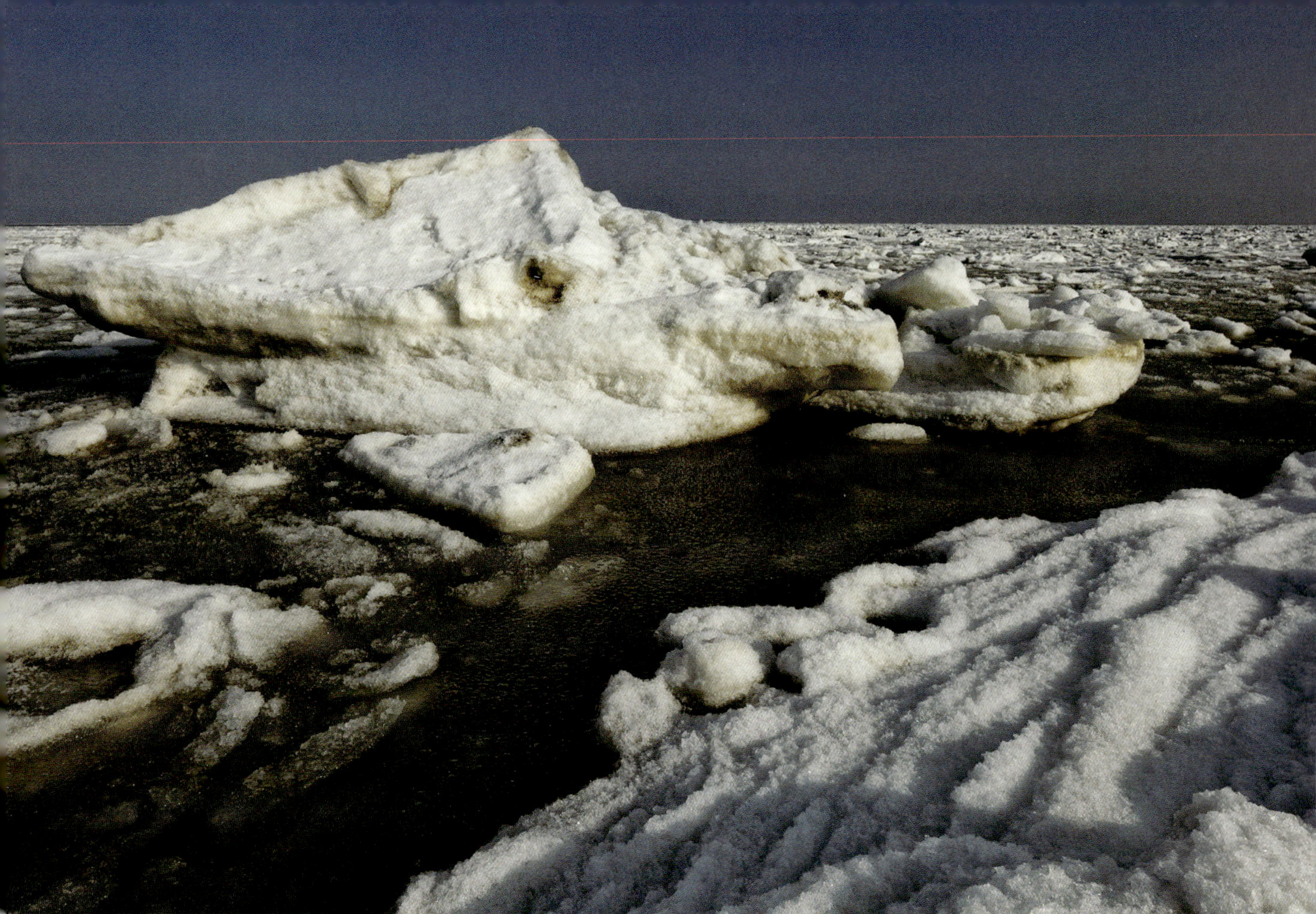

f/14 | 1/200 Sek. | ISO 100 | 17 mm

Bei eisigem Frost wie hier an der deutschen Nordseeküste vor der Insel Sylt lässt die Akkuleistung schnell nach.

Objektive wechseln im Sandsturm?

Objektivwechsel vermeide ich, wenn möglich, in staubiger oder sandiger Umgebung oder suche dafür wenigstens einen (wind-)geschützten Winkel auf. Dennoch gelangen immer wieder kleine Partikel auf den Sensor der Kamera und verursachen die unliebsamen Sensorflecken. Spätestens auf dem Computermonitor entdecken Sie dann beim Betrachten Ihrer Fotos diese hässlichen Störenfriede z. B. am Himmel. Je kleiner die Blendenöffnung bei der Aufnahme ist, desto stärker fallen diese Flecken ins Auge. Am Himmel dieser sommerlichen Strandszene in St. Peter-Ording sind die Spots recht deutlich zu erkennen. Mit Photoshop lassen sie sich zwar leicht entfernen, doch mit einem sauberen Sensor ersparen Sie sich diese nervige Arbeit am Computer.

Lästige Sensorflecken

Noch deutlicher wird das Problem der Sensorflecken in der Ausschnittvergrößerung: Für die schnelle Sensorsäuberung zwischendurch ist ein kleiner Blasebalg (bei mir ebenfalls ein Immer-dabei-Utensil) hilfreich. Die Kamera sollten Sie beim Sauberpusten mit der Objektivöffnung nach unten halten. Gegen hartnäckige Sensorflecken ist der Blasebalg jedoch machtlos.

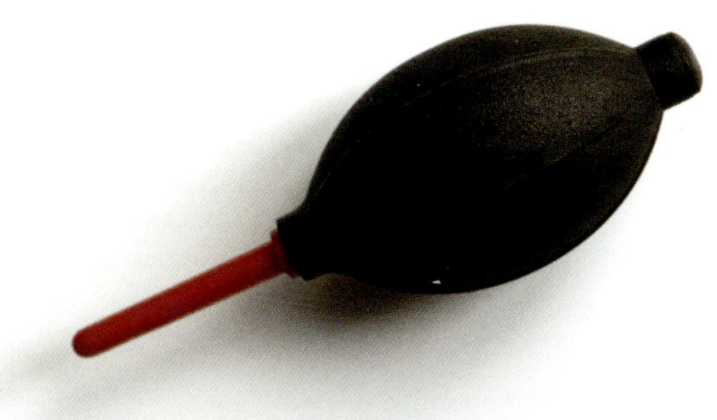

Kleiner Blasebalg zur Entfernung von losem Staub auf dem Sensor.

Sensorflecken nachträglich entfernen

Haben Sie die nervigen Flecken jedoch auf Ihren Fotos, müssen Sie sie mühsam z. B. mit Photoshop entfernen. Wie das am besten funktioniert, können Sie in Kapitel 5.1 nachlesen – denn die Methode zum Entfernen unliebsamer Bildelemente ist die gleiche. Hier wollen Sie zwar keine Haut retuschieren, aber Sensorflecken sind genauso unschön wie Pickelchen: Sie müssen weg.

Automatische und manuelle Sensorreinigung

Die neueren Kameramodelle haben fast ausnahmslos eine automatische Sensorreinigung, die beim Ein- und Ausschalten der Kamera aktiviert wird. Doch manche Flecken widersetzen sich auch dieser Reinigungsprozedur. Da hilft dann nur noch die manuelle Reinigung. Entweder geben Sie dazu Ihre Kamera beim Herstellerservice ab und zahlen dafür um die 50 Euro. Oder Sie reinigen den Sensor Ihrer Kamera selbst. In Fotofachgeschäften gibt es dafür spezielle Pads und Flüssigkeiten.

Weitere Informationen zur Sensorreinigung finden Sie im Internet z. B. unter: *www.fotocommunity.de/info/Sensorreinigung*.

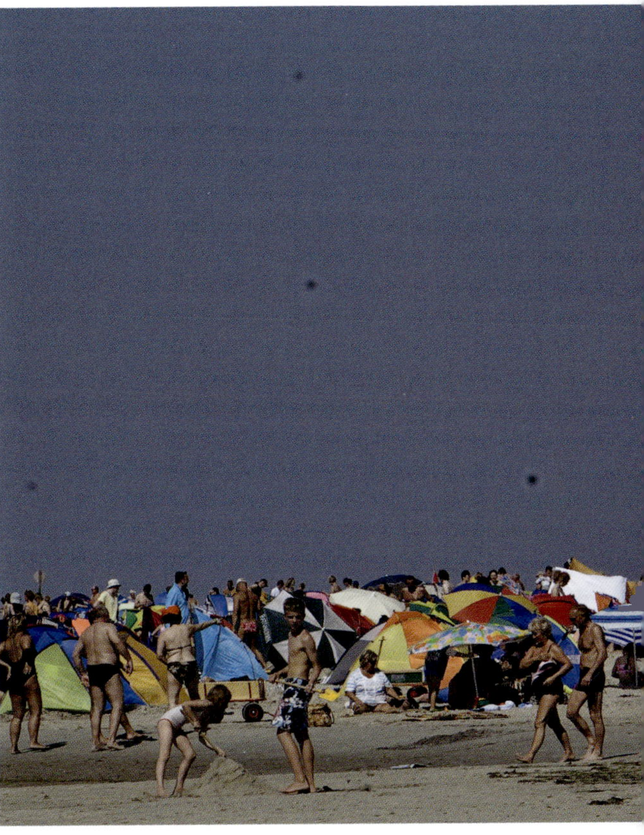

Diese lästigen Flecken fallen besonders in gleichmäßig hellen Bildbereichen auf, z. B. am Himmel.

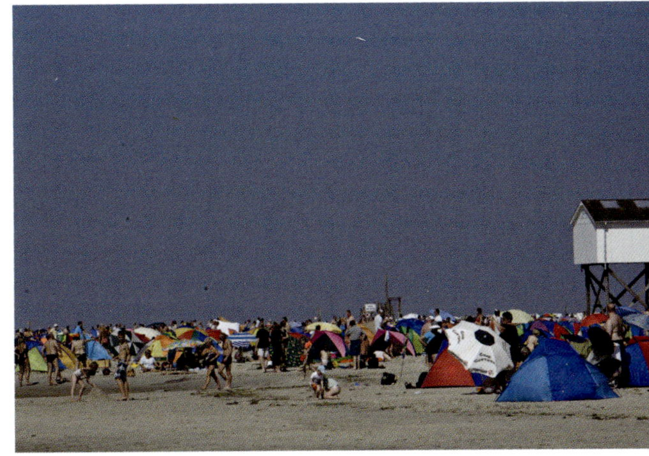

f/11 | 1/320 Sek. | ISO 100 | 200 mm

Nervige Sensorflecken entstehen durch kleine Staubpartikel auf dem Sensor.

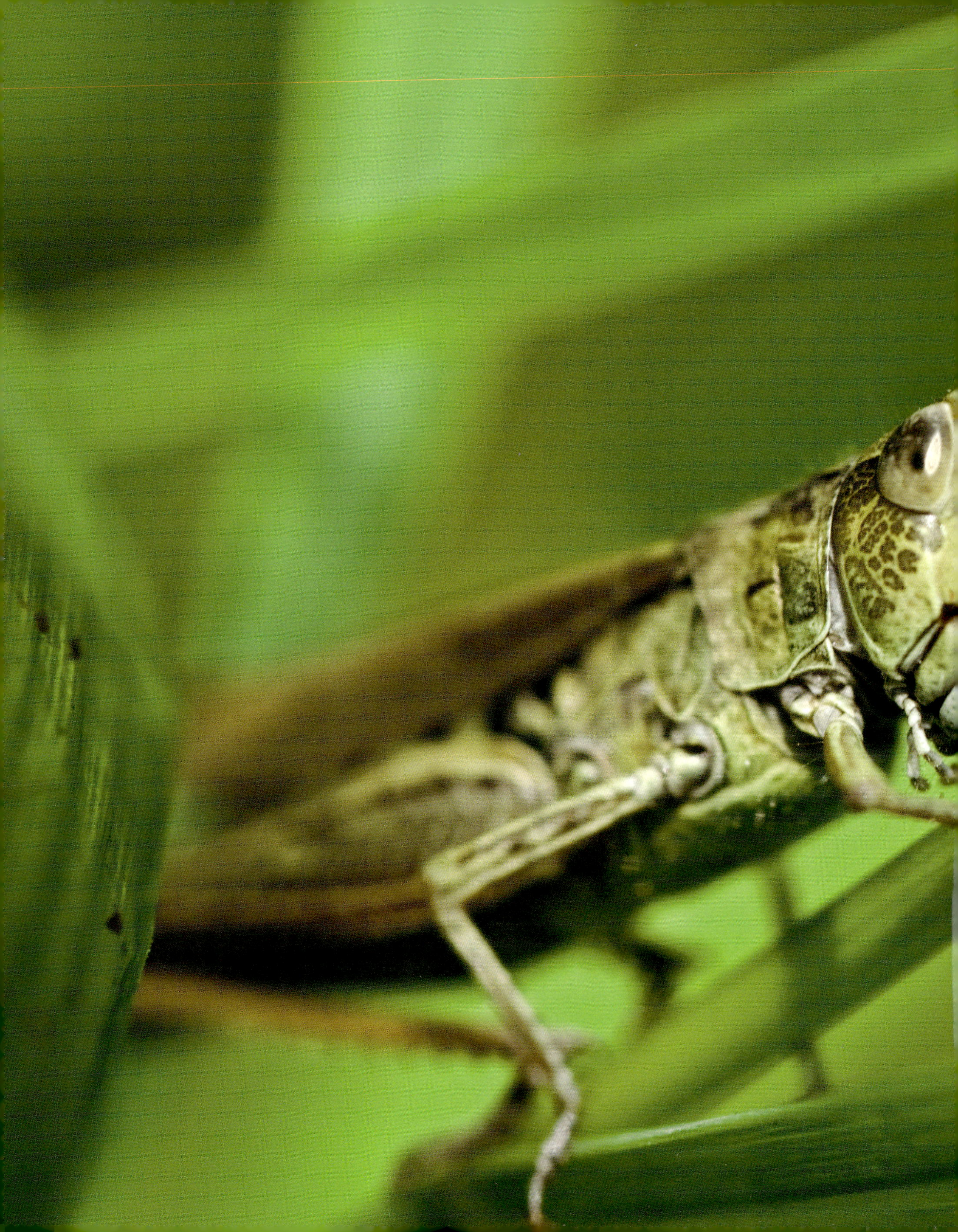

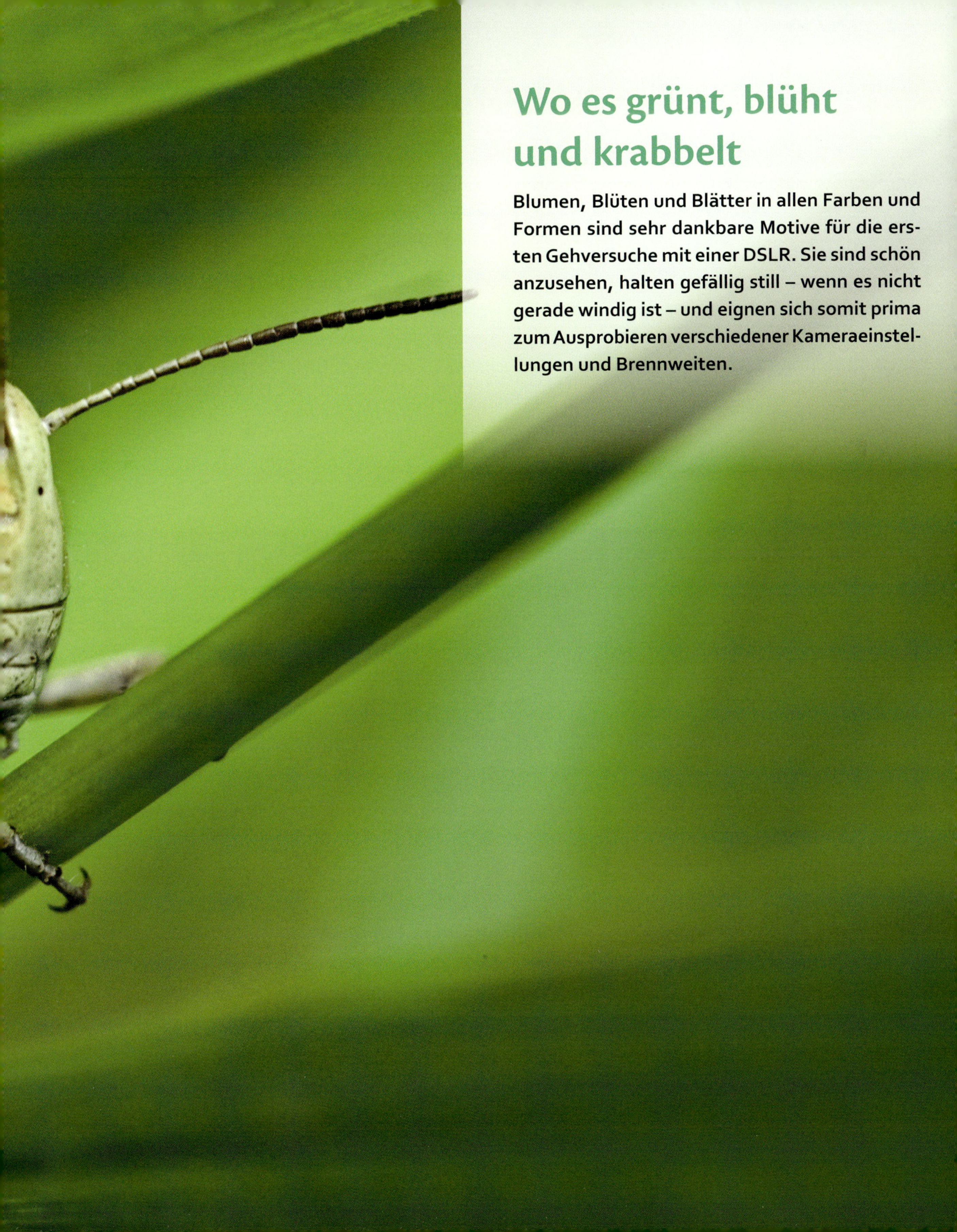

Wo es grünt, blüht und krabbelt

Blumen, Blüten und Blätter in allen Farben und Formen sind sehr dankbare Motive für die ersten Gehversuche mit einer DSLR. Sie sind schön anzusehen, halten gefällig still – wenn es nicht gerade windig ist – und eignen sich somit prima zum Ausprobieren verschiedener Kameraeinstellungen und Brennweiten.

3.1 Was bei Botanikbildern zählt

Gleich zu Anfang einige Tipps, wie Sie die Natur noch schöner und spannender ablichten können.

Die beste Brennweite gibt es nicht

Grundsätzlich sind alle Brennweiten geeignet: vom Weitwinkel bis zum Paparazzi-Telezoom mit über 300 mm Brennweite. Für Blüten und andere Details sind meist Makroobjektive mit etwa 50–100 mm eine gute Wahl. Beim Fotografieren von Blumen und Pflanzen gilt das Gleiche wie für andere Motive: Die pralle Mittagssonne sollten Sie meiden.

Die filigranen Strukturen der botanischen Motive lassen sich bei tief stehender Sonne wesentlich besser herausarbeiten, als wenn diese im Zenit steht. Doch auch dann, wenn die Sonne nicht scheint und der Himmel bedeckt ist, sind schöne Pflanzenbilder möglich. Dann spielt nicht das Licht die Hauptrolle auf dem Foto, sondern die Farbe.

Vergissmeinnicht in der Frühlingssonne, fotografiert mit einem 100-mm-Makroobjektiv.

f/5.6 | 1/400 Sek. | ISO 250 | 100 mm

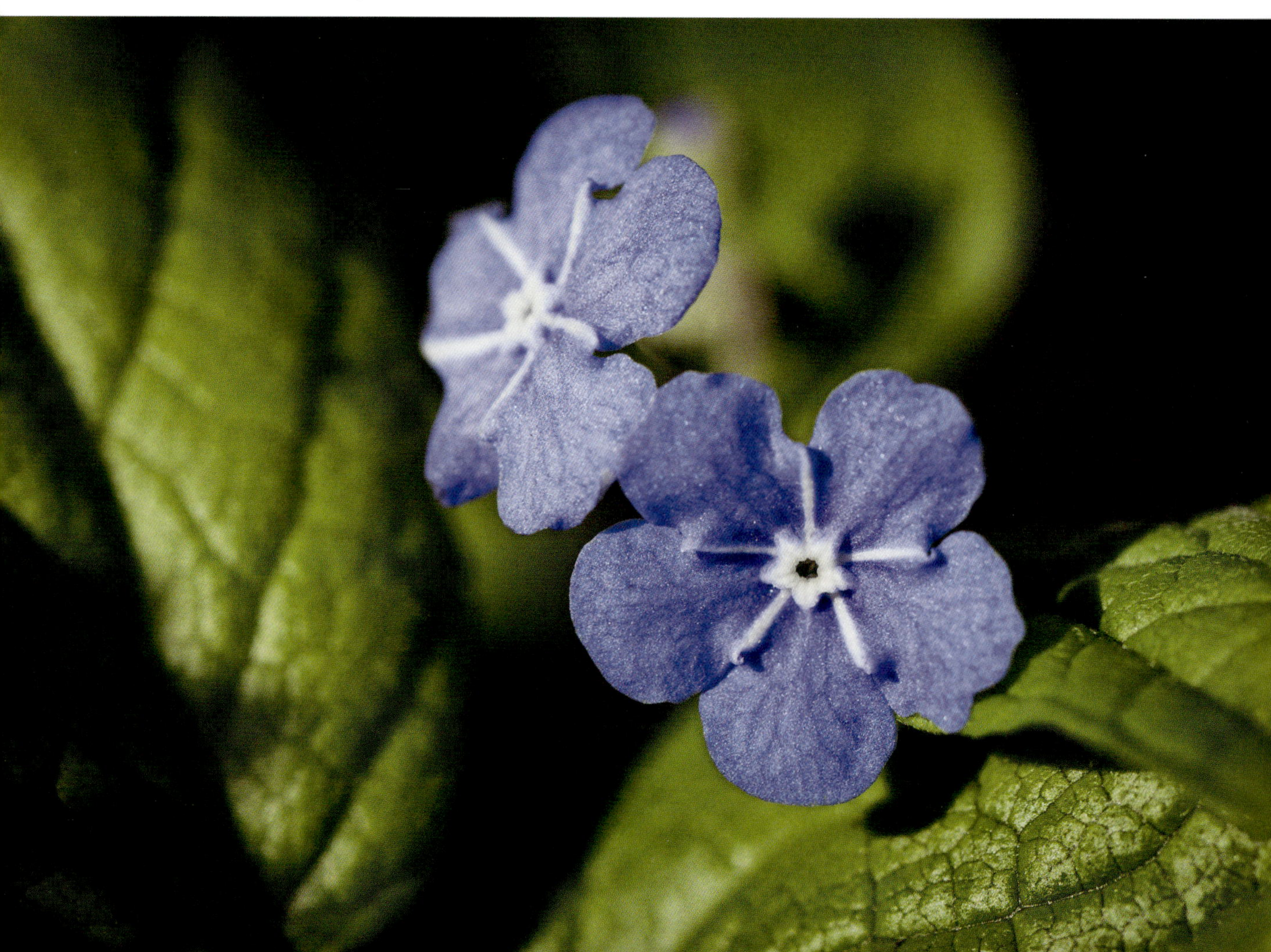

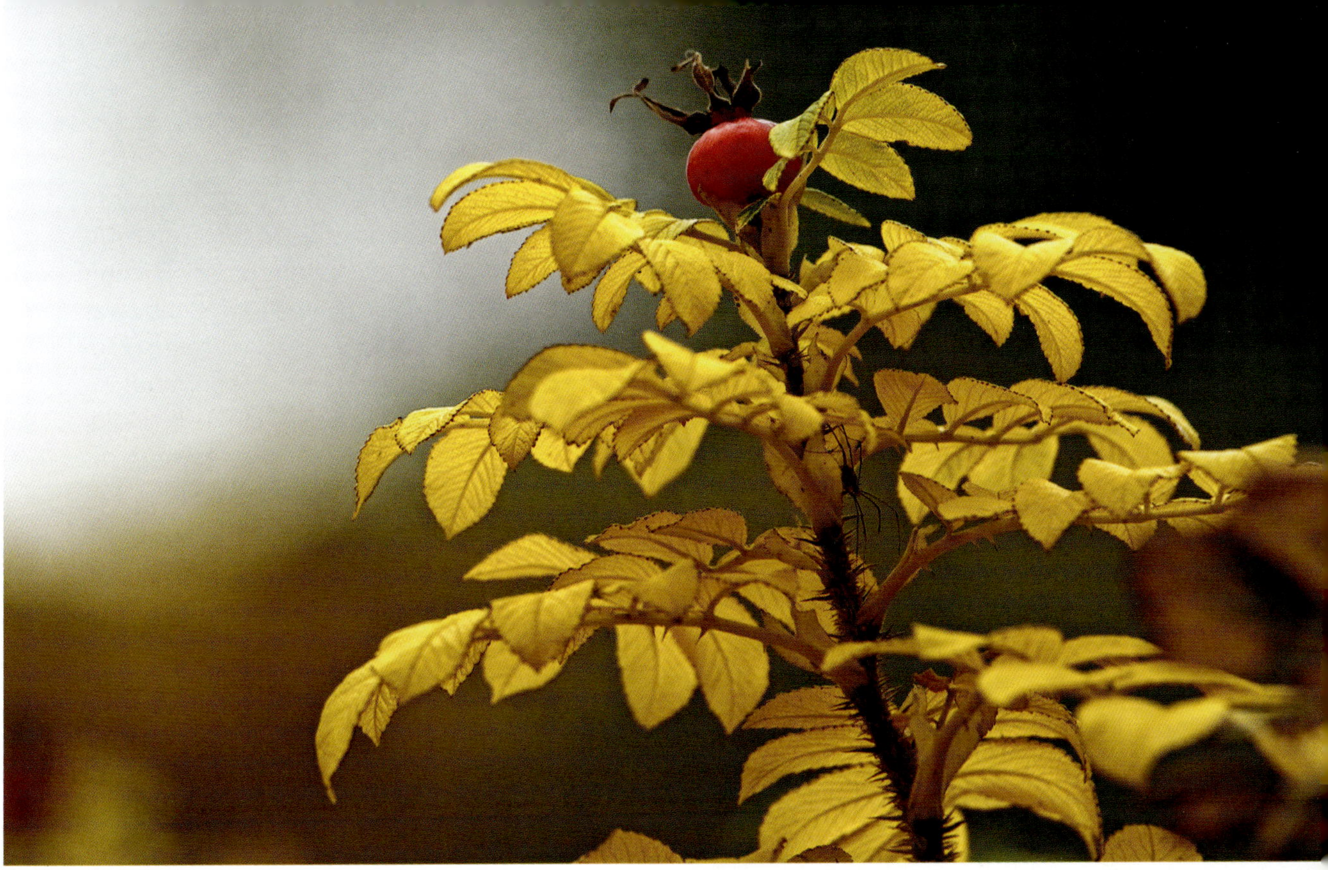

f/5 | 1/500 Sek. | ISO 250 | 300 mm

Das Krabbeltier entdeckte ich erst auf dem Computermonitor – eine nette Überraschung.

Die beste Tageszeit

Die besten Motive bieten sich Ihnen am sehr frühen Morgen, wenn die Feuchtigkeit der vergangenen Nacht noch in Form von fotogenen Tautropfen die Wiesen benetzt.

Ebenfalls ein guter Zeitpunkt für attraktive Blumenfotos ist der Moment direkt nach einem Sommer-Regenschauer, wenn die Sonnenstrahlen wieder zwischen den Wolken hindurchscheinen. Die Luft ist rein, klar und nahezu staubfrei.

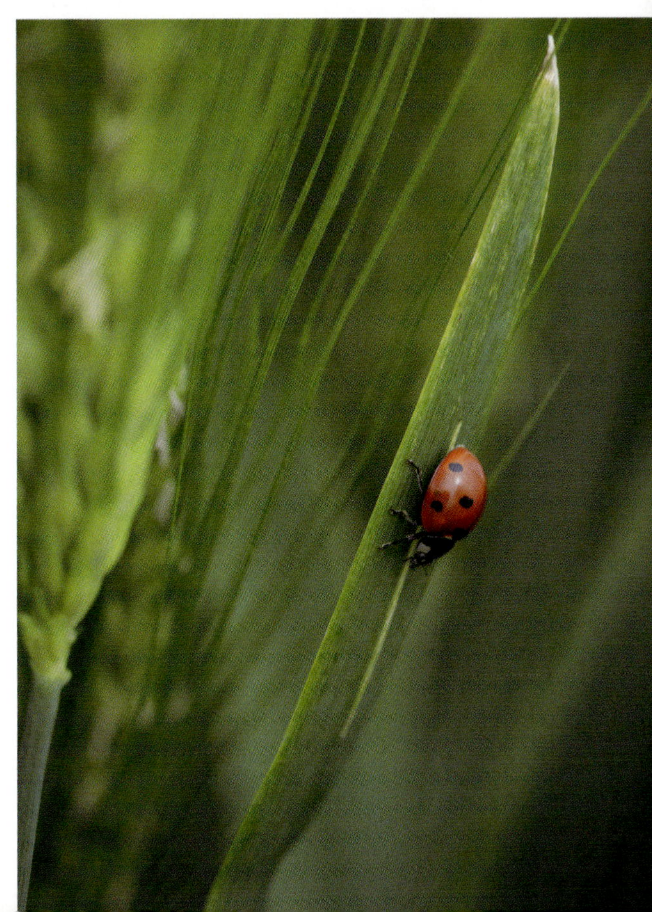

f/5 | 1/250 Sek. | ISO 160 | 100 mm

Das Foto wirkt besonders durch den kräftigen Rot-Grün-Kontrast – Marienkäfer an noch grüner Gerste.

Schummeltropfen

Und falls Sie den besten Zeitpunkt verpasst haben, hilft Trick 17: eine Sprühflasche mit Wasser im Fotorucksack. Damit können Sie dann geschummelte Tautropfen auf Halme, Blüten und Blätter sprühen. Die Sonnenstrahlen lassen die Tropfen im Licht glitzern – fast genauso wie bei echten Tau- oder Regentropfen. Aber es ist nicht nur dieses tolle Glitzern, das Wassertropfen auf Pflanzen so reizvoll macht. Es gibt noch ein paar spannende optische Effekte auf dem hier gezeigten Beispielfoto zu beobachten. Die Tropfen wirken wie eine Lupe und vergrößern die noch fast geschlossenen Blüten unserer Balkonpflanze. Ein weiterer erstaunlicher Effekt: Am unteren hängenden Tropfen steht die Welt Kopf! Die Blätter der Pflanze spiegeln sich, und zwar verkehrt herum. Wenn Sie weder Garten noch Balkon haben, kaufen Sie sich im Laden einen schönen Blumenstrauß, stellen ihn in eine Vase nahe am Fenster, besprühen ihn vorsichtig mit Wasser – und los geht die Tropfen-Fotosession! Sie haben gegenüber den Outdoor-Fotografen einen riesigen Vorteil: Ihre Motive können nicht vom Wind aus dem Fokus gepustet werden!

Unechte Regentropfen aus der Sprühflasche glitzern im Sonnenlicht auf den noch fast geschlossenen Blüten einer Fetthenne – so heißt diese Pflanze, eine Staude, die über viele Jahre prima auf einem immer der Sonne ausgesetzten Südbalkon gedeiht.

f/11 | 1/250 Sek. | ISO 250 | 105-mm-Makroobjektiv

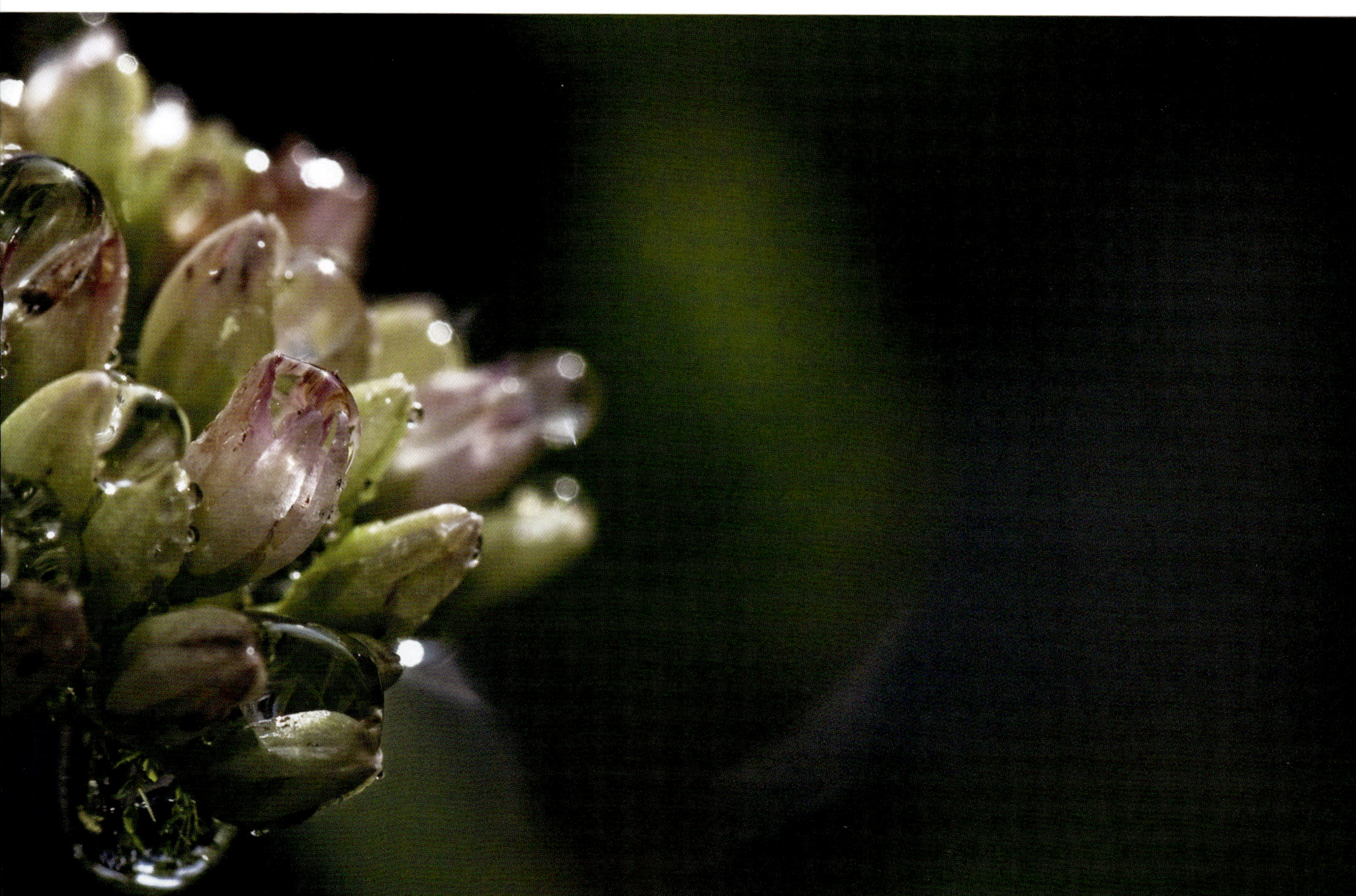

Wenn Sie nah genug dran sind am Motiv und/oder den Hintergrund in Unschärfe auflösen, merkt kein Mensch, dass die Bilder der Fotoserie in Ihrem Wohnzimmer entstanden sind. Es ist eben nicht alles so, wie es auf den ersten Blick scheint.

Hintergrund auflösen

Auf eine hohe Schärfentiefe können Sie bei Blütenmotiven gern verzichten. Denn nur mit einer weiter geöffneten Blende (z. B. f/2.8 bis f/5.6) können Sie den Bildhintergrund auflösen, ihn also unscharf gestalten. Das ist besonders dann ratsam, wenn er unruhig oder unattraktiv ist (Zäune, Sträucher, Zweige oder Gebäude). Das Foto unten ist eines meiner Lieblingsblumenbilder: Nur die Veilchenblüte ist scharf und wird von der tief stehenden Nachmittagssonne schön durchleuchtet. Alle anderen Blüten und Blätter lösen sich in der Unschärfe nahezu auf. Sie leisten lediglich mit ihren Farben einen Beitrag zum Foto.

Sag mir, wo die Blumen blüh'n ...

Das Veilchenfoto entstand übrigens in einer Gärtnerei – unendlich viele Töpfe mit den kleinen blühenden Hornveilchen standen auf einem großen, rollbaren Tisch, den ich so positionieren durfte, dass das Licht passte: Besser geht's nicht. Außerdem konnte ich in bequemer Haltung meine Bilder machen und brauchte dafür nicht einmal in die Hocke zu gehen.

Das Sonnenlicht scheint die Blüte zu durchleuchten. Der Bildhintergrund löst sich in Unschärfe auf.

f/5.6 | 1/160 Sek. | ISO 160 | 105-mm-Makroobjektiv

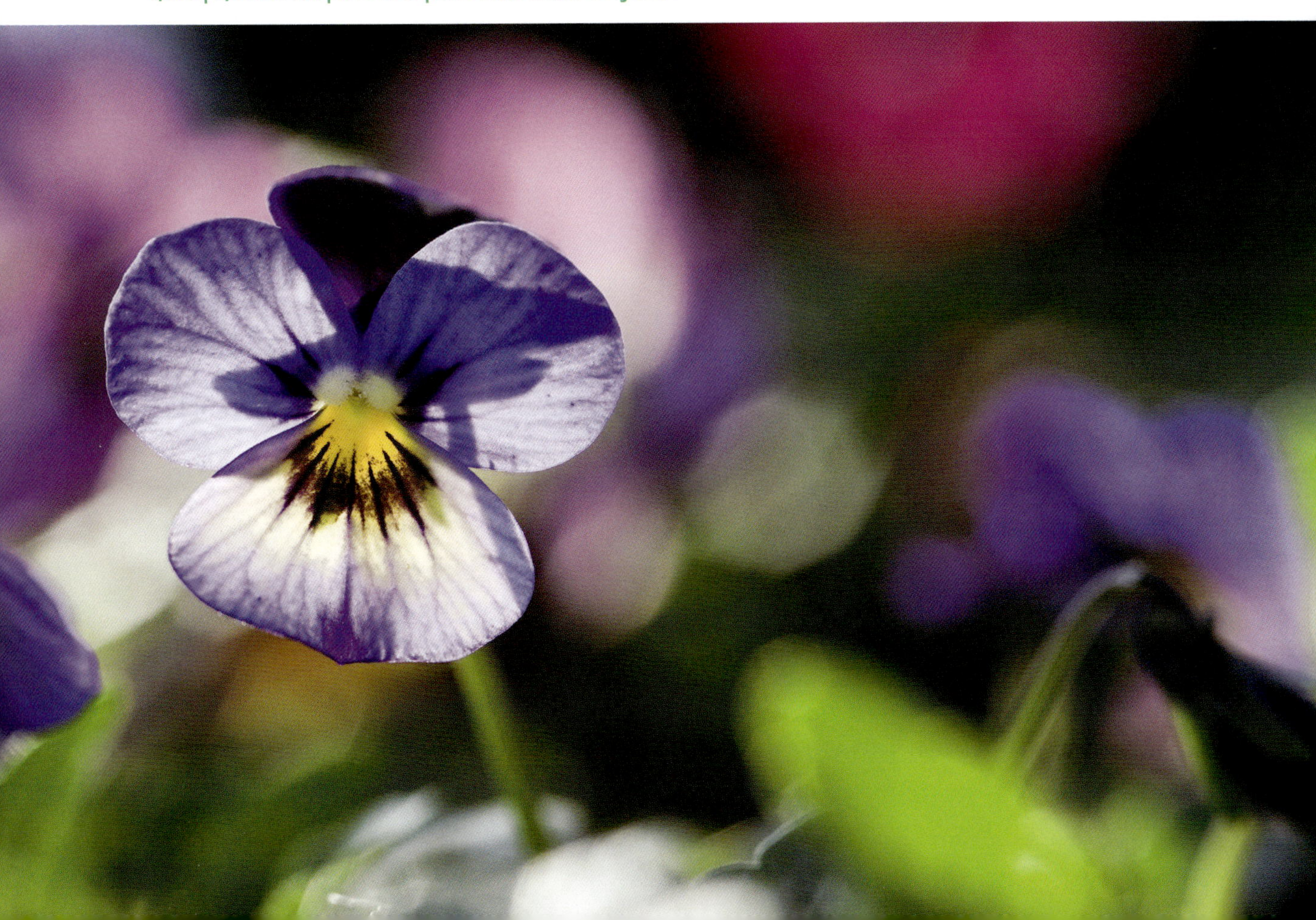

Fragen Sie den Gärtner Ihres Vertrauens

Wenn Sie keinen eigenen Garten oder Balkon haben, fragen Sie doch einfach mal nett beim Gärtnereibetrieb in Ihrer Nachbarschaft nach, ob Sie dort fotografieren dürfen.

Wenn der Gärtnereibesitzer sein Okay gibt, können Sie schon lange vor Beginn der eigentlichen Gartensaison im Gewächshaus bunte Blüten fotografieren und sich nach Herzenslust dort austoben – ein wahres Fotografenparadies.

Weitere gute Plätze für blumige Motive sind z. B. botanische Gärten oder Parkanlagen in Ihrer Umgebung. Fotografieren Sie nicht nur mit einem Makroobjektiv, sondern probieren Sie unterschiedliche Brennweiten aus.

Wenn ich in einem „Meer von Blüten" fotografiere, nutze ich z. B. gern eine lange Brennweite, um die Schärfe auf eine oder zwei Einzelblüten zu legen – alle anderen bleiben dann unscharf und wirken auf dem Foto wie eine impressionistische Farbwolke.

Aber auch mit einem Weitwinkelobjektiv und kurzer Brennweite lassen sich tolle Pflanzenfotos machen.

Cosmea-Blüten, gegen die Spätsommer-Sonne fotografiert.

f/8 | 1/400 Sek. | ISO 200 | 40 mm

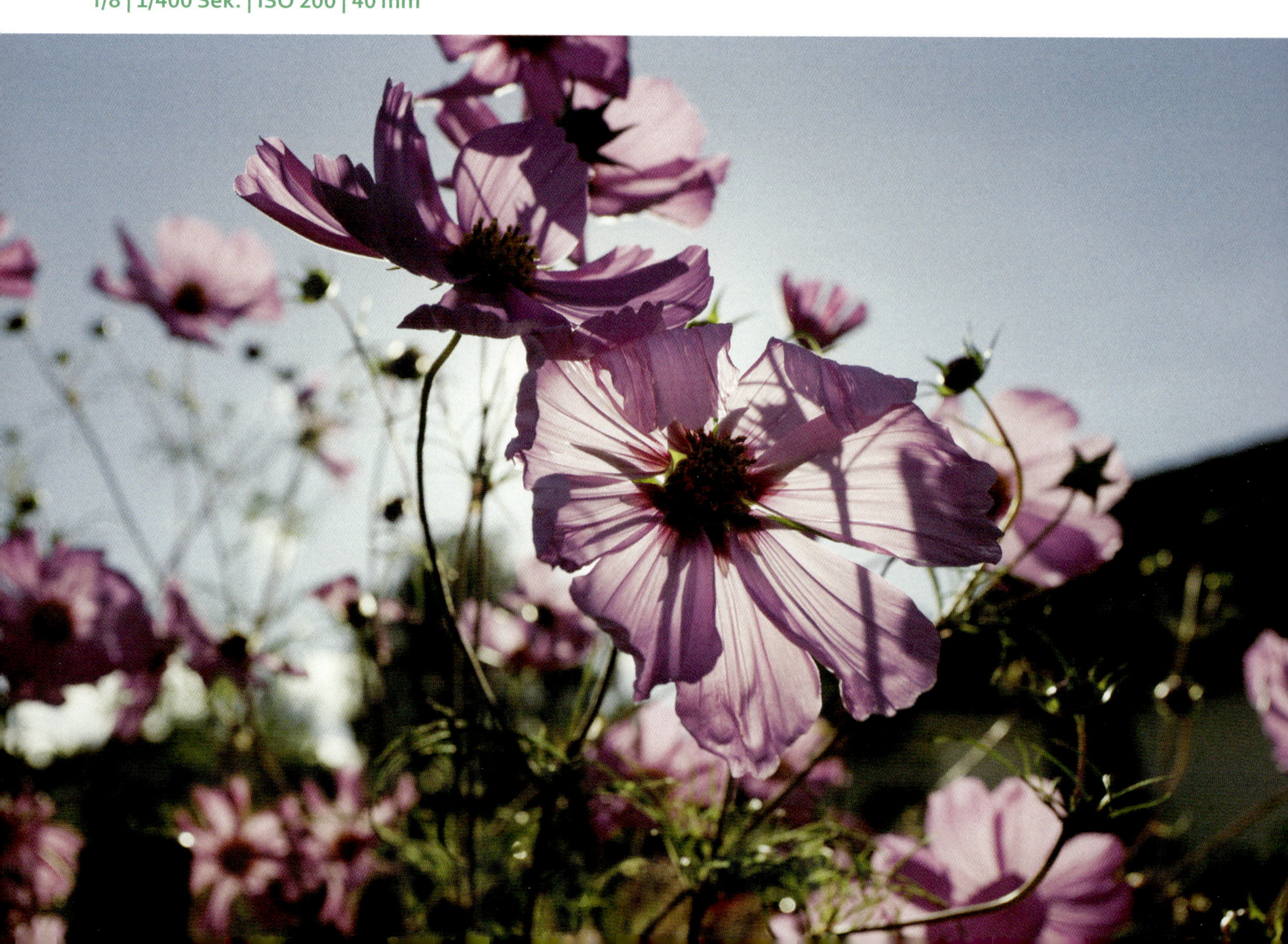

3.2 Auf Augenhöhe mit den Blüten

So blöd es klingt: Aber auch für gute Blumenbilder sollten Sie versuchen, auf Augenhöhe, also mindestens in die Knie zu gehen, und nicht von oben herab fotografieren – das sieht nur in seltenen Fällen interessant aus.

Der Grund: Keine der fotografierten Blüten hat eine im wahrsten Sinne des Wortes hervorragende Rolle im Foto.

Die Augen des Betrachters wandern auf dem Bild unruhig hin und her, finden nichts, an dem sie sich festhalten können.

So sollte das Bild einer Blumenwiese nicht aussehen:

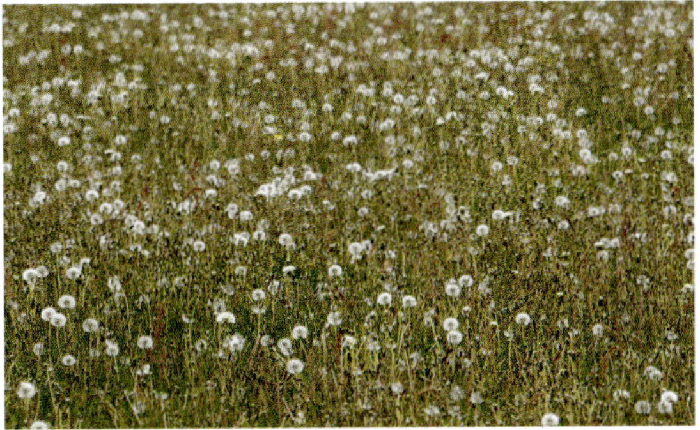

f/11 | 1/320 Sek. | ISO 200 | 300 mm

Durch die große Menge scharf abgebildeter Blüten (entstanden durch die kleine Blendenöffnung) findet das Auge keinen Halt, irrt planlos auf dem Foto umher. Ein durchdachter Bildaufbau ist nicht zu erkennen. Auch der Blick von oben nach unten ist für Blumenfotos meistens unvorteilhaft.

Am Boden liegend fotografiert – blühender Löwenzahn und Himmel, sonst nichts. Weniger ist manchmal mehr ...

f/10 | 1/640 Sek. | ISO 100 | 17 mm

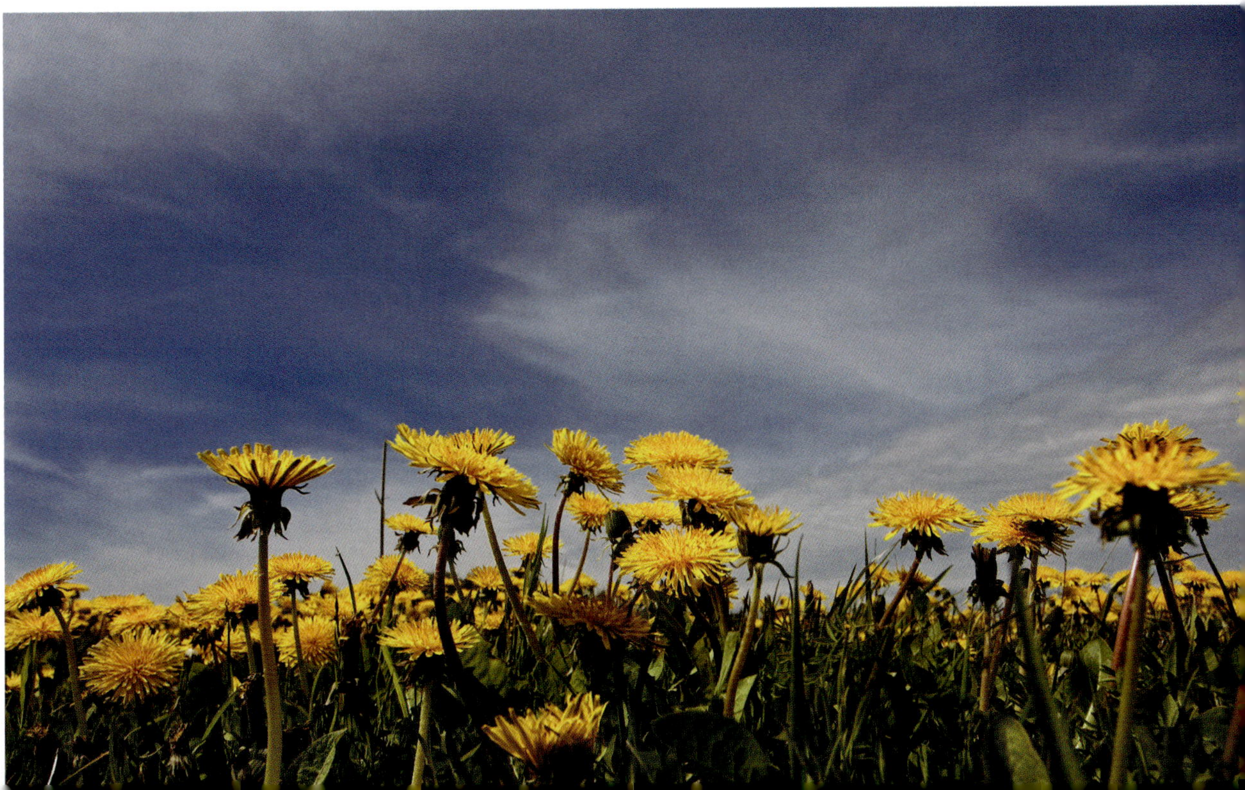

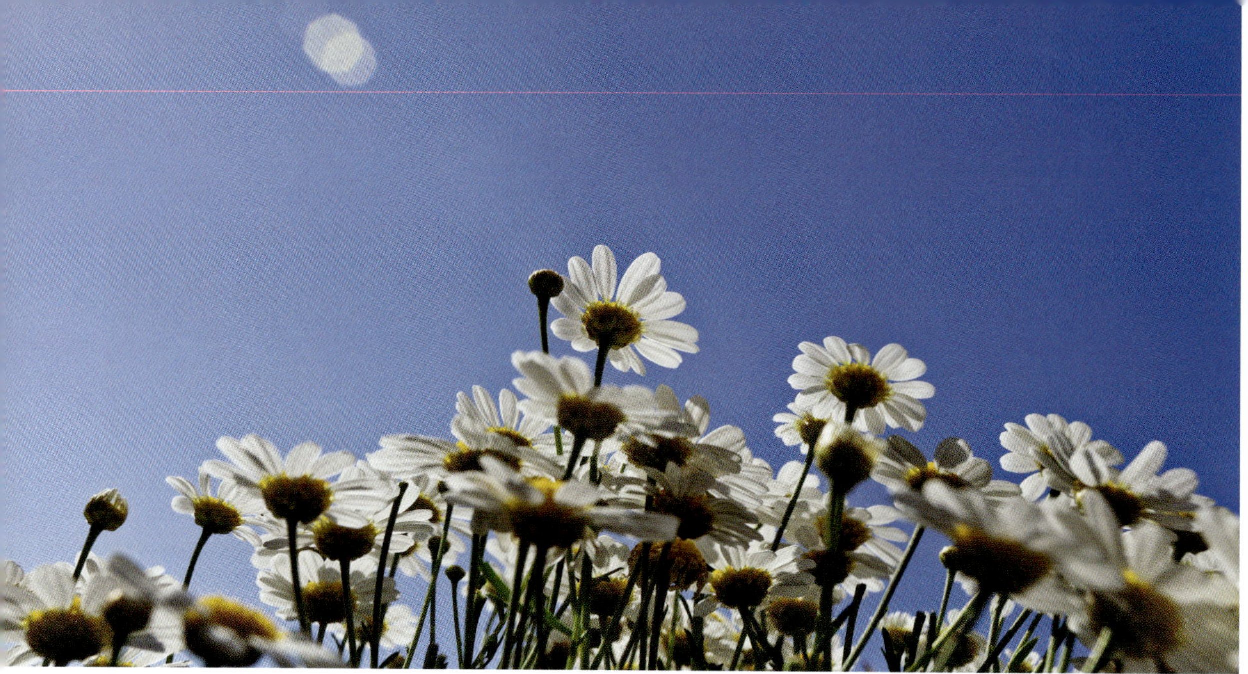

f/13 | 1/320 Sek. | ISO 200 | 40 mm

Margeriten vor blauem Himmel – aus der Käferperspektive fotografiert. Die Sonne stand schon recht hoch am Himmel und sorgte so für die (durchaus gewollten) Blendenflecken. Alles reine Geschmackssache!

Wesentlich spannender ist die Käferperspektive, für die Sie sich allerdings auf den Boden legen sollten. Dafür empfehle ich eine wasserfeste Unterlage (Plastiktüte oder Isomatte) oder schmutz- und wasserunempfindliche Bekleidung. Aus dieser Perspektive richten Sie die Kamera ein wenig nach oben und bestimmen damit, wie viel Himmel (oder ein anderer Hintergrund wie Berge oder Wald) auf Ihrem Foto Platz findet. Beispielfotos auf Seite 137 und oben wurden die aus der Käferperspektive fotografiert.

Himmlischer Hintergrund

Der Himmel ist also ein idealer Hintergrund für Blumenbilder – besonders, wenn er schön blau ist! Nichts lenkt den Blick von der Blüte ab. Das oben gezeigte Beispielfoto ist – zugegeben – etwas ungewöhnlich. Denn wer kommt schon auf die Idee, die hübschen gelb-weißen Margeritenblüten von unten zu fotografieren und damit auf den gelben Farbklecks in der Mitte der Blüten zu verzichten? Doch ich fand, dass die Blüten aus dieser Perspektive und mit dem schönen Kontrast zum blauen Himmel durchaus reizvoll aussehen. Beim Bildaufbau habe ich darauf geachtet, dass sich durch die Blüten eine Diagonale andeutet, damit das Foto weniger statisch wirkt. Wenn alle Blüten gleich hoch gewachsen sind, was ja meistens der Fall ist, wenn sie von einer Sorte sind, können Sie auch die Kamera leicht neigen, um eine für die Bilddynamik günstige Diagonale zu schaffen. Denn aus der Käferperspektive ist kein Horizont zu sehen, der die kleine Schummelei entlarven würde. Das Beispielfoto auf der nächsten Seite wirkt unter anderem durch den Kontrast der hellen Blüten vor dem tiefblauen Himmel. Aber es muss nicht immer der Kontrast sein, der eine Blüte vor „himmlischem Hintergrund" toll wirken lässt. Ton in Ton kann mindestens genauso toll aussehen! Die blauen Blüten einer Schmucklilie (Agapanthus) heben sich nur durch ihre Struktur vom Himmel ab – farblich verschmelzen sie beinahe mit ihm.

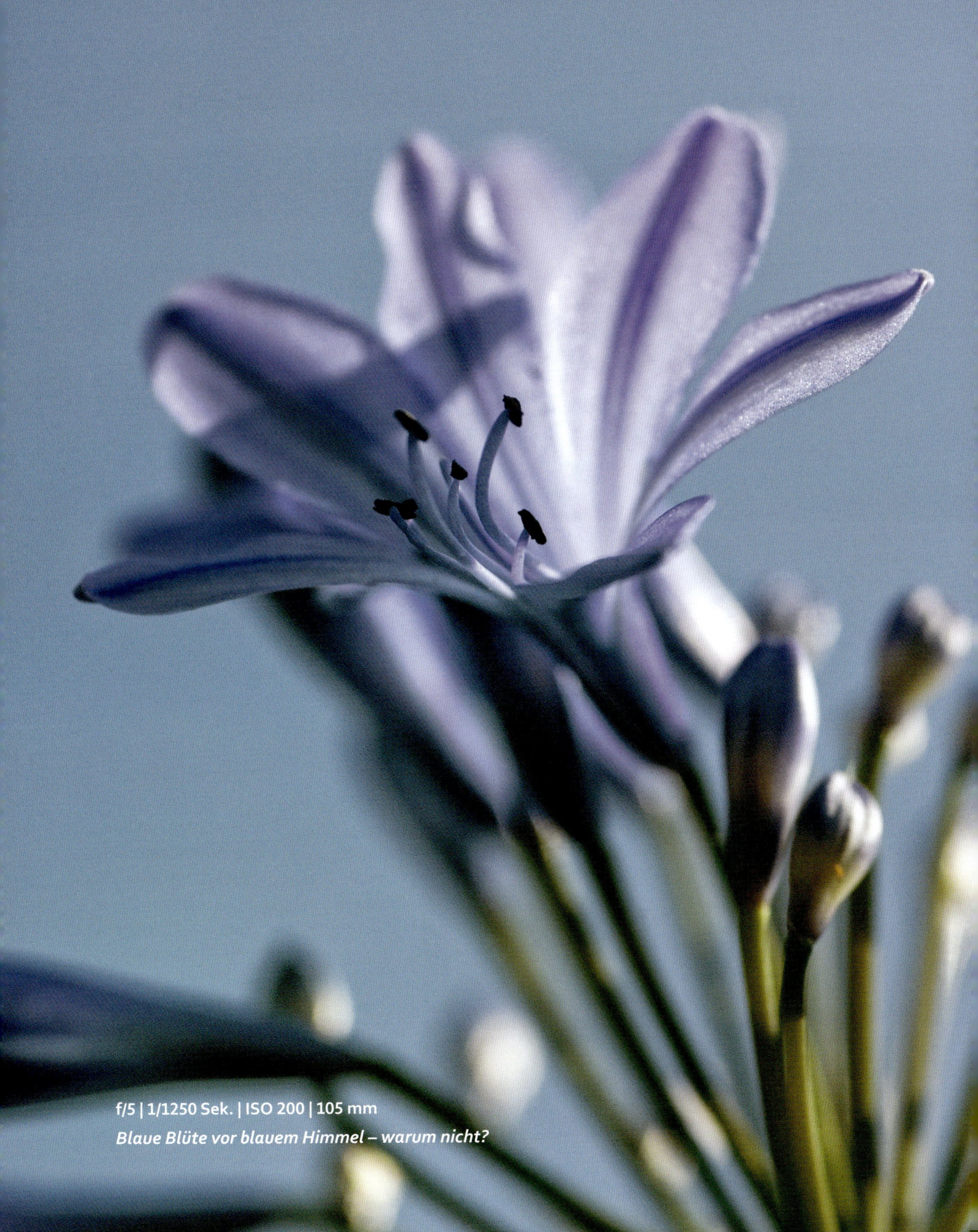

f/5 | 1/1250 Sek. | ISO 200 | 105 mm

Blaue Blüte vor blauem Himmel – warum nicht?

3.3 Die Hauptrolle des Motivs clever besetzen

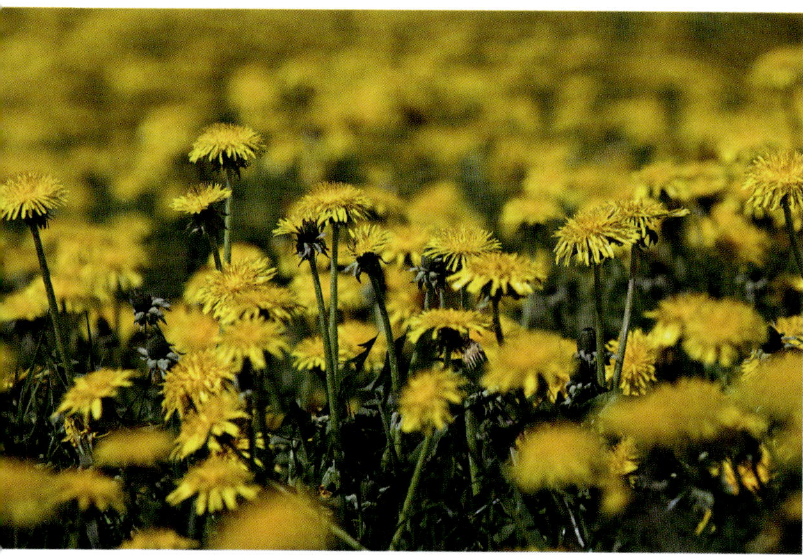

f/5.6 | 1/100 Sek. | ISO 100 | 200 mm

Vorder- und Hintergrund sind unscharf. Nur wenige Löwenzahnblüten im Bereich der Bildmitte sind scharf abgebildet.

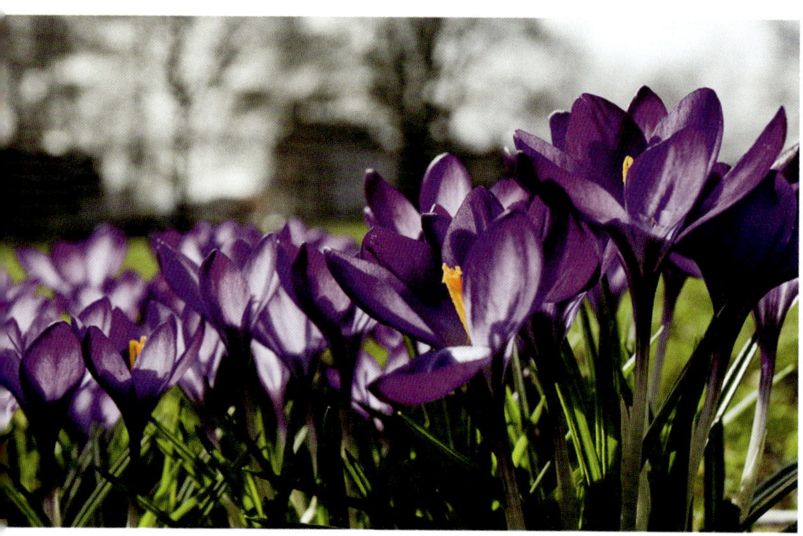

f/8 | 1/250 Sek. | ISO 160 | 38 mm

Für diese Form der Akzentsetzung empfiehlt sich ein Weitwinkelobjektiv. Durch die volle Ausnutzung des Mindestabstands zum Motiv (ganz nah ran an die Blüte) löst sich der unruhige Hintergrund mit den kahlen Bäumen in der Unschärfe auf.

Es gibt mehrere Möglichkeiten, einer oder mehreren Blüten die Hauptrolle auf Ihrem Foto zu geben:

- Sie nutzen eine große Blendenöffnung, um nur eine oder wenige Blüten wirklich scharf abzubilden und den Hintergrund in Unschärfe aufzulösen – wie bei dem nebenstehenden Foto.
- Sie gehen nah an eine oder mehrere Blüten heran. Allein durch den geringen Abstand zum Motiv wird der Hintergrund unscharf und löst sich so räumlich von den Blumen.
- Sie setzen mit einem geschickten Bildaufbau farblich einen Akzent, an dem das Auge kleben bleibt. Suchen Sie sich „Einzelgänger-Blüten" als Motiv aus.

Um die Kornblumenfotos – es entstand an dem Nachmittag eine ganze Serie – zu fotografieren, habe ich wohl länger als eine Stunde am Rand des Gerstenfelds gesessen. Mich faszinierten die Kontraste – und damit meine ich nicht nur den farblichen, sondern auch den Kontrast zwischen Schärfe und Unschärfe sowie zwischen Stillstand und Bewegung.

Mein Ziel war es, die Kornblume vor dem grünen Hintergrund freizustellen, d. h., dass der Hin-

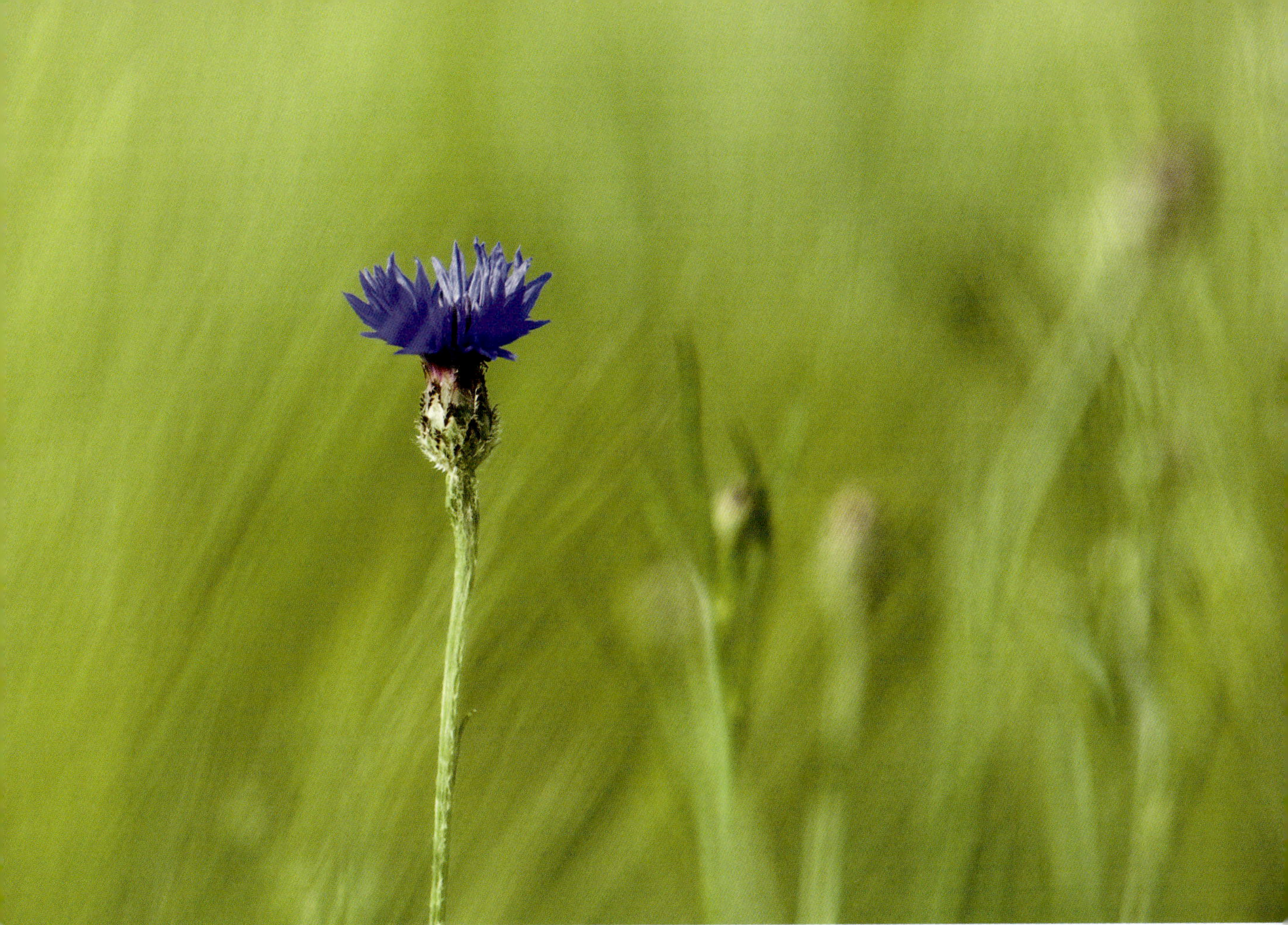

f/4.5 | 1/1600 Sek. | ISO 320 | 200 mm

Die kurze Belichtungszeit war hier nötig, weil das Foto an einem recht windigen Tag entstanden ist. Die blaue Kornblume musste ich in der Bewegung, die der Wind verursachte, quasi einfrieren.

tergrund unscharf, aber noch mit so viel Struktur abgebildet werden sollte, dass die anderen Blütenknospen und Getreideähren noch zu erahnen sind.

Dabei sollte die blaue Blüte möglichst exakt im Goldenen Schnitt liegen. Ich fand schließlich eine Blüte am Feldrand, die etwas entfernt von den Gerstenähren und anderen Kornblumen stand. Für die gewollte Hintergrundunschärfe war der Wind mein Freund, half er mir doch dabei, den gewünschten Effekt zu erreichen. Aber weil er mir auch immer wieder mein Hauptmotiv, die blaue Blüte, aus dem Fokus pustete, war er gleichzeitig auch mein Feind.

Doch für derart schwierig umzusetzende Motivideen gibt es zum Glück bei den modernen DSLR-Kameras Lösungsmöglichkeiten. Das sind eine möglichst kurze Belichtungszeit, und aktivieren Sie den nachführbaren Fokus.

Bei Nikon nennt er sich AF-C und bei Canon AI-Servo. Wie das genau funktioniert, steht in der Gebrauchsanweisung Ihrer Kamera. Je nach Modell und Marke müssen dazu unterschiedlich benannte Knöpfe gedrückt werden. Und da es so viele Marken und Modelle gibt, kann ich sie hier schlecht alle einzeln aufführen.

Nun saß ich also in der Hocke vor meiner sich im Wind hin und her bewegenden Kornblumenblüte und bewegte mich immer hübsch synchron dazu, während mein rechter Zeigefinger auf dem halb heruntergedrückten Auslöser ruhte.

Ganz sicher sah das ziemlich komisch aus, was mir aber egal war. Man muss eben für schöne Motive auch bereit sein, Opfer zu bringen! Mithilfe der zusätzlich eingeschalteten Serienbildfunktion meiner Kamera habe ich so sehr viele Kornblumenfotos mit sehr kurzen Belichtungszeiten (zum Einfrieren der Bewegung) geschossen. Aber nur einige wenige entsprachen in etwa meinen Vorstellungen.

Bei solchen etwas kompliziert umzusetzenden Motiven sollten Sie jede Menge Schwund einkalkulieren und sich davon nicht entmutigen lassen. Und wenn von 100 Fotos nur eines so ist, wie Sie es haben wollten, dann haben Sie doch Ihr Ziel erreicht. Was wollen Sie also mehr?

Verzeihen Sie mir die Abschweifung vom Thema – kommen wir also zurück zur Akzentsetzung bei blumigen Motiven: Sie bilden nur eine einzige Blüte formatfüllend ab. Das bedeutet, dass nur Blütenblätter und Staubgefäße auf dem Foto zu sehen sind und nichts von der Umgebung.

Dazu müssen Sie – besonders bei kleinen Blüten – sehr nah herangehen und unterschreiten damit meistens den Mindestabstand, den

Die Struktur der Blüte einer Zinnie in einem sommerlichen Blumenstrauß faszinierte mich sehr.

f/4 | 1/400 Sek. | ISO 302 | 100-mm-Makroobjektiv

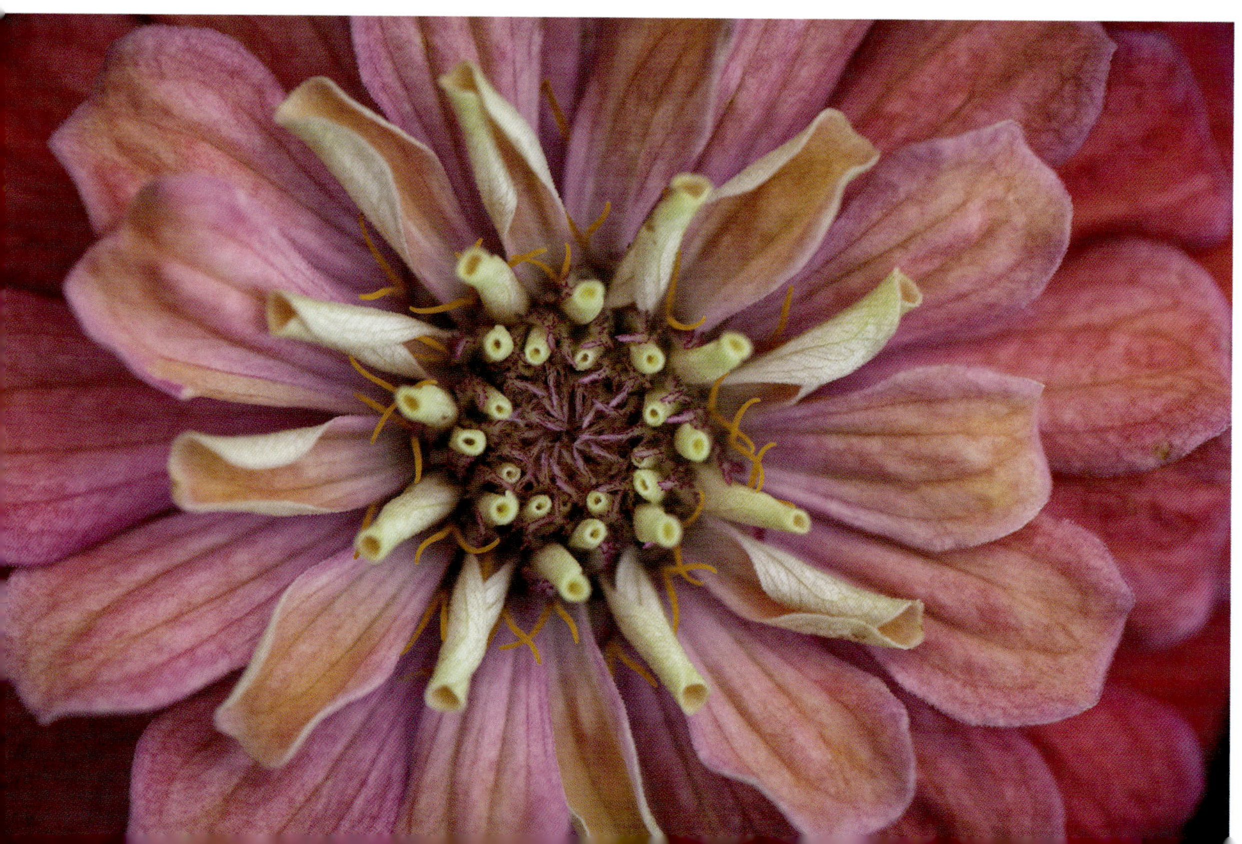

Kurzanleitung für gelungene Pflanzen-/Blütenbilder

- Bei bodennahen Blüten in die Hocke gehen oder auf den Boden legen (Kleidung entsprechend wählen oder wasserfeste Unterlage mitnehmen).
- Weit geöffnete Blende (f/2.8 bis f/5.6) wählen, wenn der Hintergrund unscharf werden soll.
- Möglichen Mindestabstand zum Motiv ausnutzen.
- Eventuell Stativ einsetzen.
- Beim Bildaufbau Akzente setzen.
- Kameraeinstellungen möglichst manuell wählen. So haben Sie den größtmöglichen Einfluss, um die von Ihnen gewünschte Bildwirkung zu erzielen.

das Objektiv zum Motiv braucht, um es scharf abbilden zu können. Mit einem Makroobjektiv oder auch mit einer Nahlinse können Sie diese Hürde jedoch meistern und mit der Frontlinse des Objektivs ganz nah ran an das Motiv.

Diese Nähe zum Motiv hat jedoch zur Folge, dass der Schärfebereich eher klein ist (siehe Krokusfoto). Bitte nutzen Sie deshalb ein Stativ.

Die Gefahr, dass ein derart kleiner Schärfebereich beim Fotografieren aus der freien Hand durch eine für Sie kaum merkbare Bewegung verrutscht, ist sonst sehr groß.

Auch durch ungewöhnliche Formen können Sie schöne Akzente setzen.

Programmautomatik

Wenn Sie bei der Wahl von Blende und Belichtungszeit unsicher sind, können Sie zunächst den Kameramodus Programmautomatik wählen.

Merken Sie sich die von der Kamera vorgeschlagenen Einstellungen und stellen Sie diese anschließend im manuellen Modus selbst ein oder wandeln Sie sie leicht ab.

Den verformten Zickzackbambus (siehe Bild auf der nächsten Seite) entdeckte ich im botanischen Garten in Hamburg – die tief stehende Abendsonne setzte ihn in ein schönes Licht. Das Foto hängt jetzt groß in unserem Flur.

Und meine Schwester, die eine begnadete Hobbymalerin ist, hat das Motiv inzwischen auf Leinwand gebannt.

Bei so vielen Blüten, Halmen, Blättern und Stängeln hätte ich beinahe einen ganz wichtigen Vertreter der Pflanzenwelt vergessen zu erwähnen: den Baum.

Mein Freund, der Baum

Es müssen ja nicht immer „nur" Blumen sein, die Ihnen als Motiv dienen. Auch Bäume halten still und können ein faszinierendes Fotoobjekt darstellen.

Vielleicht haben Sie einen einzeln in der Landschaft stehenden Lieblingsbaum, den Sie im Wechsel von Wetter, Licht und Jahreszeiten fotografieren können. Daraus kann ein spannendes Projekt entstehen (siehe Bilder auf Seite 145), wenn Sie möglichst immer den gleichen Kamerastandort wählen.

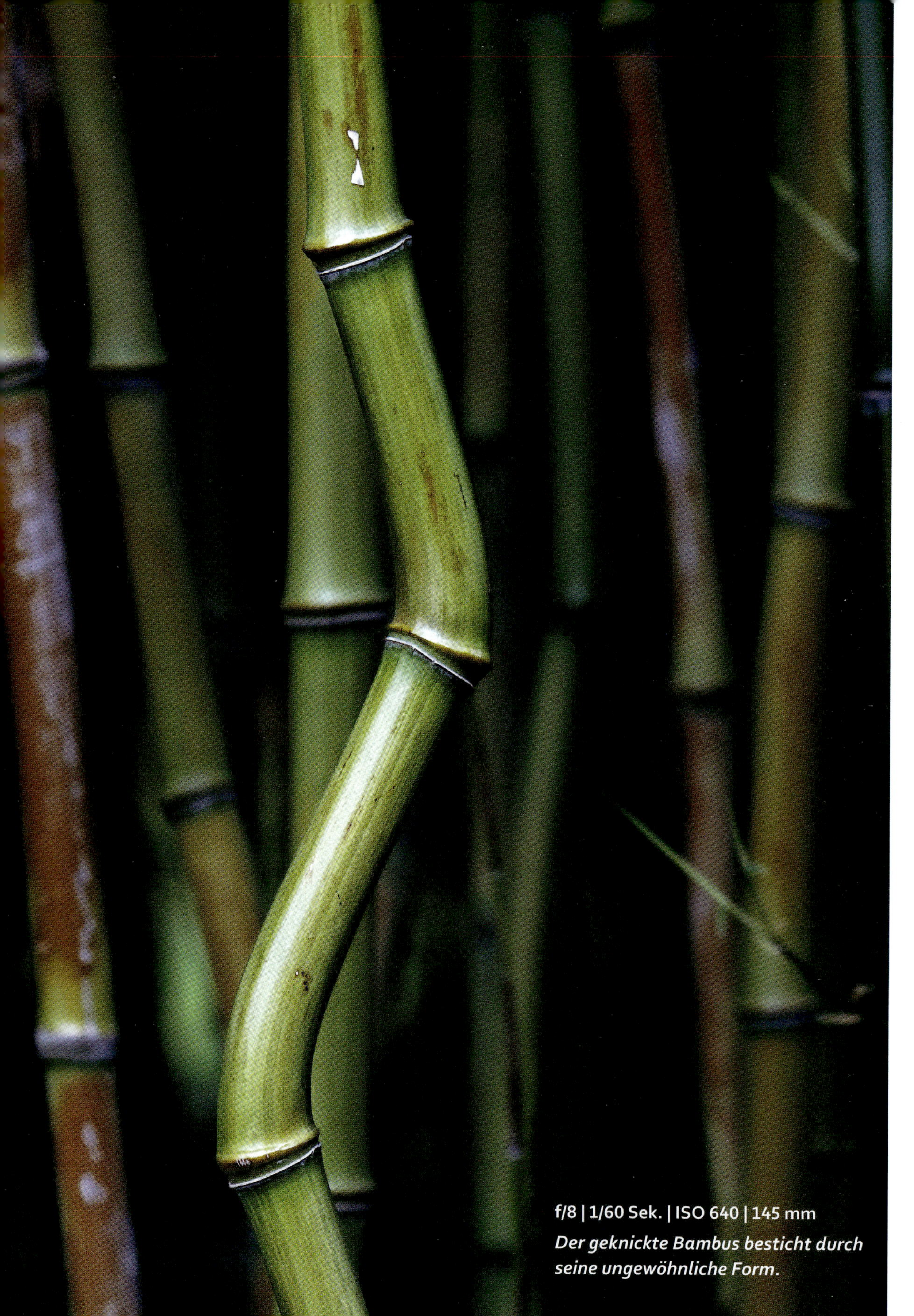

f/8 | 1/60 Sek. | ISO 640 | 145 mm

Der geknickte Bambus besticht durch seine ungewöhnliche Form.

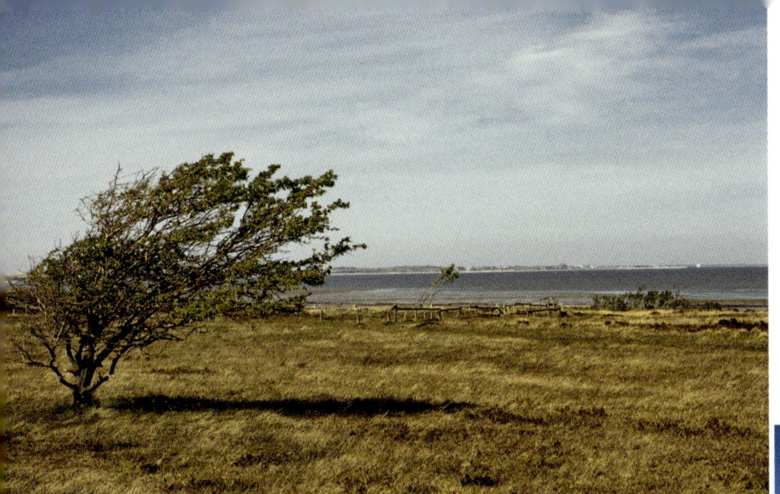

f/9 | 1/320 Sek. | ISO 100 | 70 mm

Mein Freund, der (windschiefe) Baum, im Frühling.

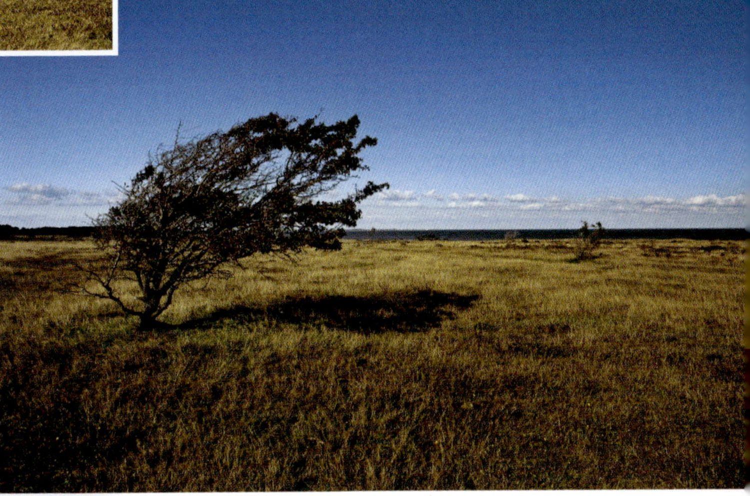

f/8 | 1/100 Sek. | ISO 100 | 17 mm

Im Spätsommer.

f/20 | 1/10 Sek. | ISO 100 | 17 mm | Stativ

Im Herbst.

Und im Winter.

f/6.3 | 1/640 Sek. | ISO 100 | 51 mm

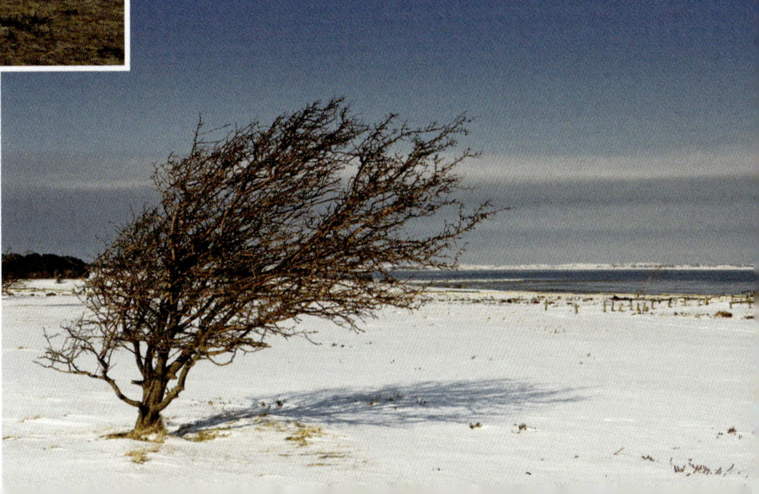

Fotoserien können süchtig machen!

Ähnliche Projekte wie meine Fotoserie des windschiefen Baums bergen allerdings auch ein gewisses Risiko, vor dem ich Sie hier ein bisschen augenzwinkernd warnen möchte. Es ist besonders groß bei ortsunabhängigen Fotoserienthemen. Der Schauspieler Heinz Schubert („Ekel Alfred") hatte beispielsweise eine ganz besondere fotografische Leidenschaft: Schaufensterpuppen! Und das Wort Leidenschaft in diesem Zusammenhang signalisiert gleichzeitig Gefahr. Das Gefährliche an Fotoserien ist nämlich ihr gewaltiges Suchtpotenzial.

Wo immer Sie auch gerade gehen oder stehen: Sie sehen irgendwann nur noch Motive für Ihre Fotoserie. Das könnte weniger fotografisch interessierte Freunde oder Familienmitglieder irgendwann ein wenig nerven. Auch sollten Sie sich bewusst machen, dass Menschen mit einer Sammelleidenschaft (und zu dieser Gruppe gehören Sie automatisch, wenn Sie an einer Fotoserie arbeiten) von ihren Mitmenschen im besten Fall wohlwollend belächelt werden. Aber so richtig ernst werden Sie eher nicht genommen. Hiermit habe ich meine Pflicht und Schuldigkeit Ihnen gegenüber getan und Sie

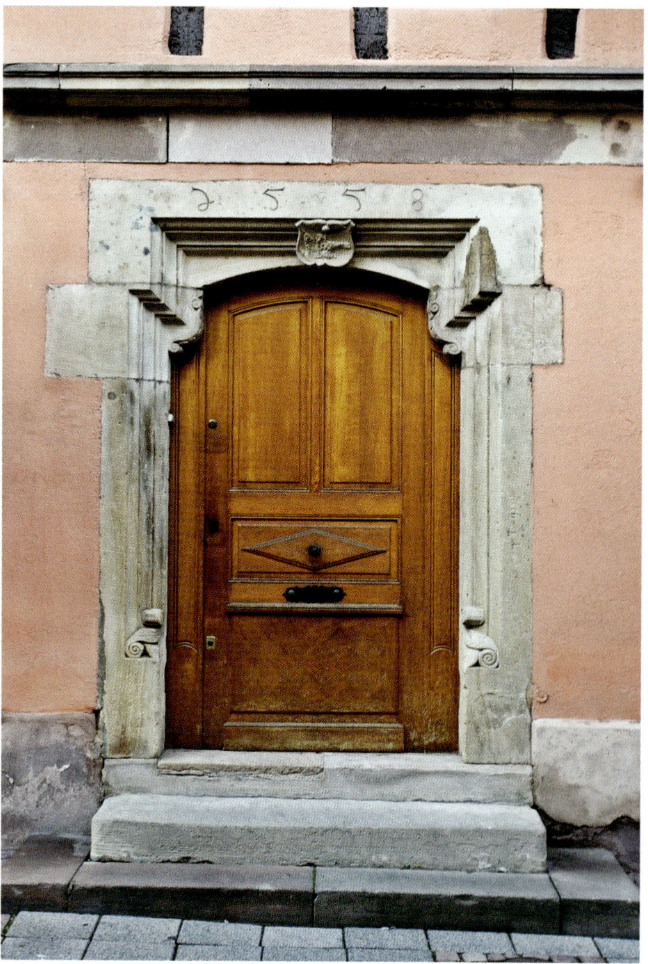

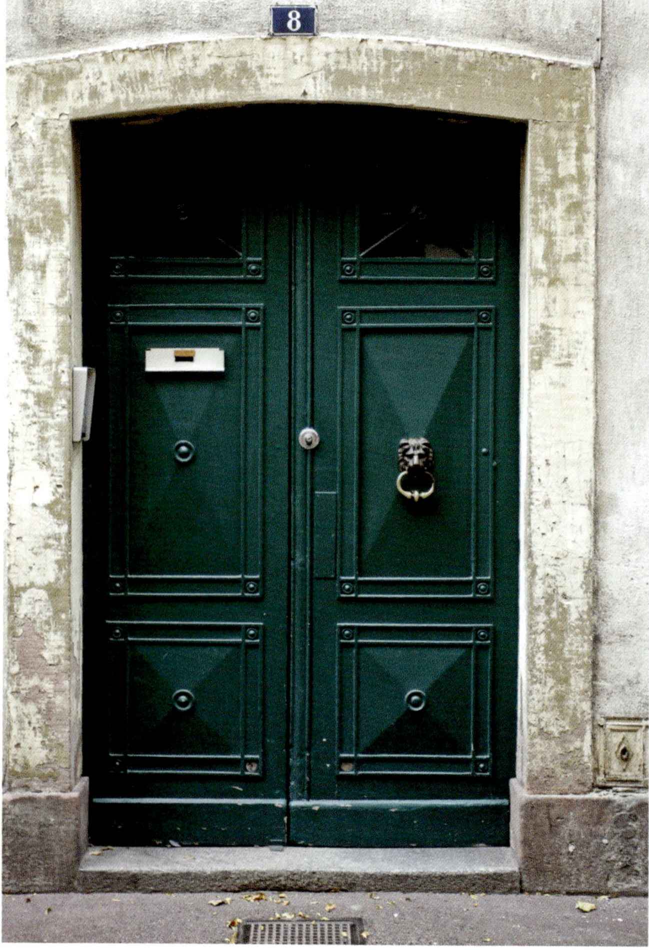

ausdrücklich vor den Folgen der drohenden Bildersammelsucht gewarnt.

Aber ein paar Ideenvorschläge für Fotoserien kann ich mir an dieser Stelle dann doch nicht verkneifen: Wie wäre es zum Beispiel für Architektur-Freaks mit dem Thema Haustüren? Oder für die Nachtfotografen: Neonschilder!

Für die technisch Interessierten wäre vielleicht das Thema Zahnräder etwas … Mein Vorschlag für die Naturfotografen: die Farbe Grün. Dann ist der Familien- und Beziehungsfrieden wenigstens im Winter und damit in der Weihnachtszeit sichergestellt – zumindest was das Reizthema Fotoserie angeht.

Und was lässt sich mit den gesammelten Bildern einer Fotoserie anfangen? Eine ganze Menge! Sie können zum Beispiel eine Bildcollage daraus basteln und sich diese dann als gerahmtes Foto an die Wand hängen.

Gleiches gilt natürlich auch für einzelne Bilder der Serie. Oder Sie verarbeiten die Bilder in einem Fotobuch. Der Schauspieler Heinz Schubert fand für seine Fotos von Schaufensterpuppen sogar einen Verleger und veröffentlichte einen Bildband. Auch war er mit seinen Puppenfotos auf der documenta 6 in Kassel vertreten und fand somit viel Beachtung.

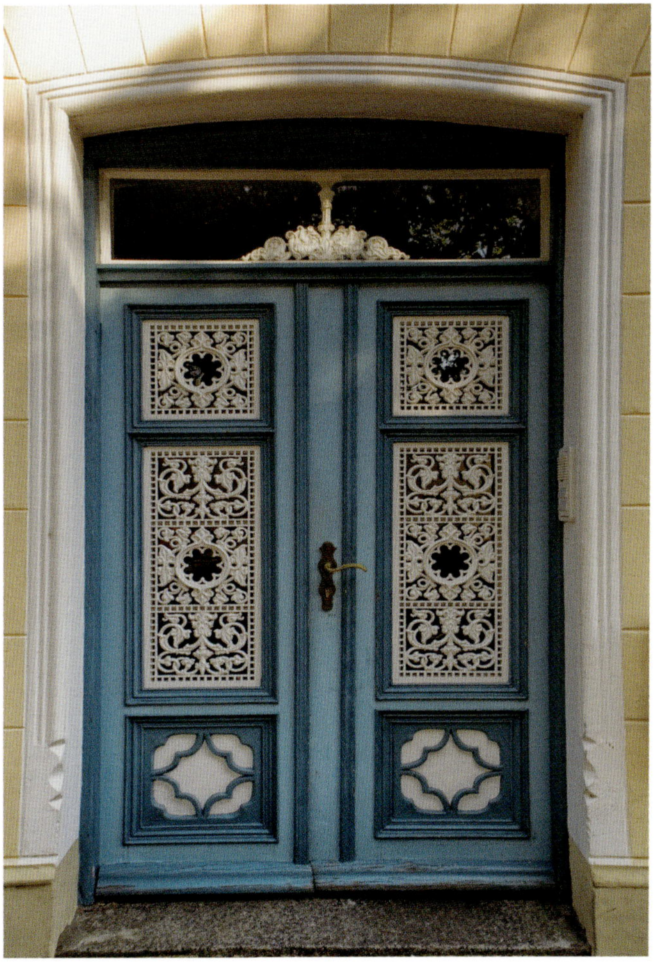

Pflanzenfotos im Winter

Sollten Sie sich Ihre Kamera vom Weihnachtsgeld und damit im Winter kaufen, brauchen Sie nicht auf pflanzliche Motive zu verzichten, um im Umgang mit Kamera und Objektiven geübter zu werden. Auch im Winter bieten sich in der kälteerstarrten Pflanzenwelt schöne Motive – nur eben weniger bunt als im Frühling oder Sommer.

Hier noch ein paar Ideen für pflanzliche Wintermotive:

- festgefrorenes Laub am Boden,
- von Raureif überzogene Blätter,
- Schnee taut tropfend im Sonnenlicht von Zweigen.

Verschiedene alte Haustüren lassen sich zu einer interessanten Fotocollage aus mehreren Bildern zusammenfügen. Ich fotografiere immer, wenn ich unterwegs bin, Haustüren – besonders reizen mich historische Türen in unterschiedlichen Farben.

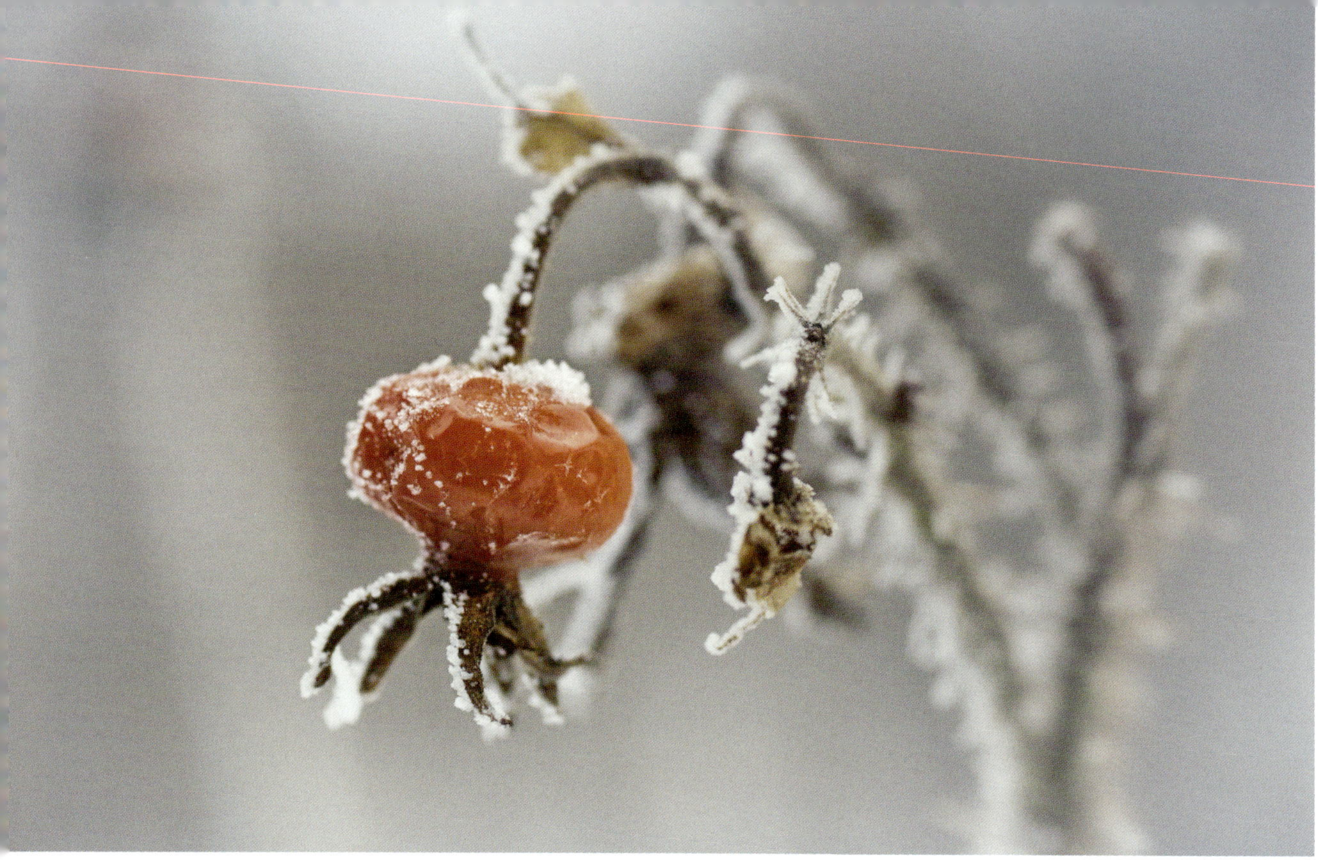

f/4 | 1/500 Sek. | ISO 500 | 105-mm-Makroobjektiv

Gefrostete Hagebutte – auch im Winter gibt es schöne Pflanzenmotive.

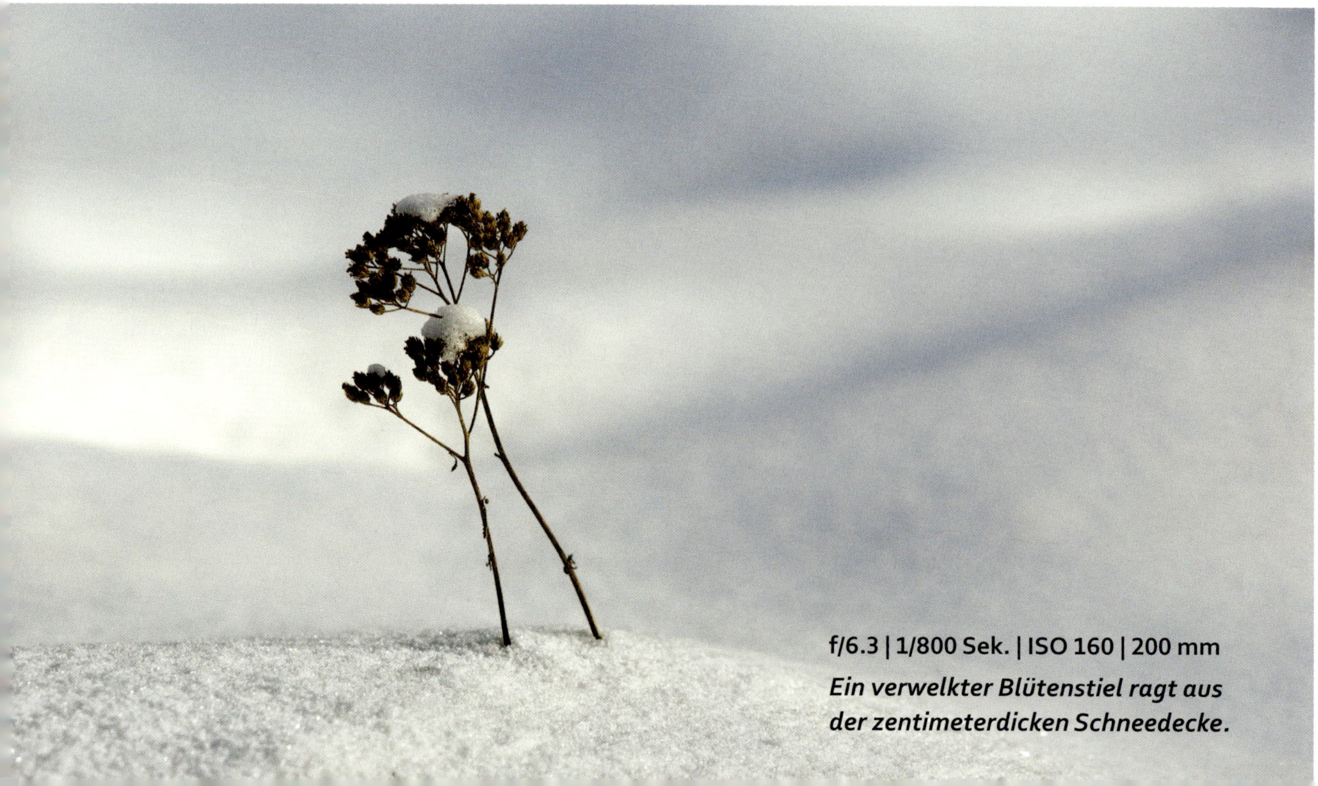

f/6.3 | 1/800 Sek. | ISO 160 | 200 mm

Ein verwelkter Blütenstiel ragt aus der zentimeterdicken Schneedecke.

3.4 Fotografieren mit selbst gesetztem Licht

Eine andere Möglichkeit, blumige Motive in Szene zu setzen, klingt simpel und ist es auch: Schalten Sie doch selbst das Licht an.

Das Foto vom Wiesenschaumkraut entstand an einem Frühlingsabend im schwachen Licht der tief stehenden Sonne. Für diese Blitzmethode brauchen Sie einen Systemblitz, den Sie losgelöst von der Kamera zünden können. Mit dem eingebauten Kamerablitz ist diese Methode nicht möglich.

Licht durch Systemblitz

Der Einsatz des Systemblitzes auf der Kamera lieferte zwar brauchbare Bilder, aber irgendwie fehlte mir da der besondere Pep. Das war mir irgendwie zu normal. Und so habe ich damals zum ersten Mal mit einem entfesselten Blitz experimentiert.

Entfesseltes Blitzen

Das entfesselte Blitzen ist z. B. mit Nikon-Kameras vergleichsweise einfach umzusetzen. Mit Canon-Modellen benötigt man dafür etwas mehr Aufwand, und das funktioniert so: Der Infrarot-Blitzfernauslöser (Kostenpunkt 150–200 Euro) wird statt des Blitzes auf den Blitzschuh Ihrer Kamera gesteckt. Den Systemblitz können Sie jetzt auch dann auslösen, wenn er weiter von der Kamera entfernt steht. Wichtig ist nur, dass die direkte Linie zwischen Fernbedienung und Blitz nicht durch ein festes Hindernis, z. B. eine Mauer, unterbrochen ist.

Sie können also entscheiden, von welcher Seite Ihr Motiv beleuchtet wird und auf welcher Seite infolgedessen der Schatten fällt. Diese Technik eröffnet Ihnen neue Möglichkeiten, um zum Beispiel die Wirkung von extremem Gegenlicht zu reduzieren, indem Sie ihm den Blitz entgegensetzen. Mit einem entfesselten Blitz können Sie selbst das von Fotografen heiß begehrte Streiflicht erzeugen und so sehr viel mehr Details sichtbar machen. Auch ein von oben nach unten gerichteter Blitz, den Sie während der Aufnahme von oben in Ihrer freien Hand halten, kann für tolles Licht auf den Blüten und entsprechende Schatten auf dem Boden sorgen.

Am Blitzgerät selbst können Sie die Lichtstärke dosieren, herunter- oder heraufregeln – je nachdem, wie stark der Effekt von Licht und Schatten ausgeprägt sein soll.

Die Infrarot-Fernbedienung funktioniert ähnlich wie die für Ihren Fernseher zu Hause auf dem Couchtisch. Es ist die preisgünstigste Lösung, einen Blitz ohne direkten Kontakt zur Kamera auszulösen. Näheres zum Blitzen durch Fernsteuerung lesen Sie bitte in der Bedienungsanleitung Ihrer Kamera nach.

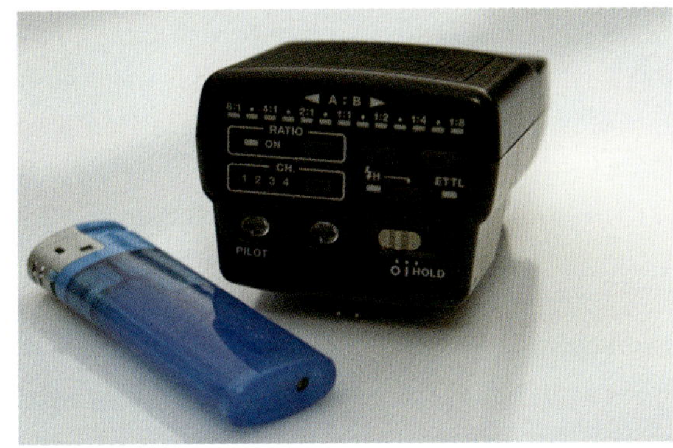

Infrarot-Fernbedienung für entfesseltes Blitzen im Größenvergleich. Das kleine Gerät wird auf den Blitzschuh der Kamera gesteckt.

Eine weitere Möglichkeit ist, statt der Infrarot-Bedienung einen Systemblitz auf den Kamera-

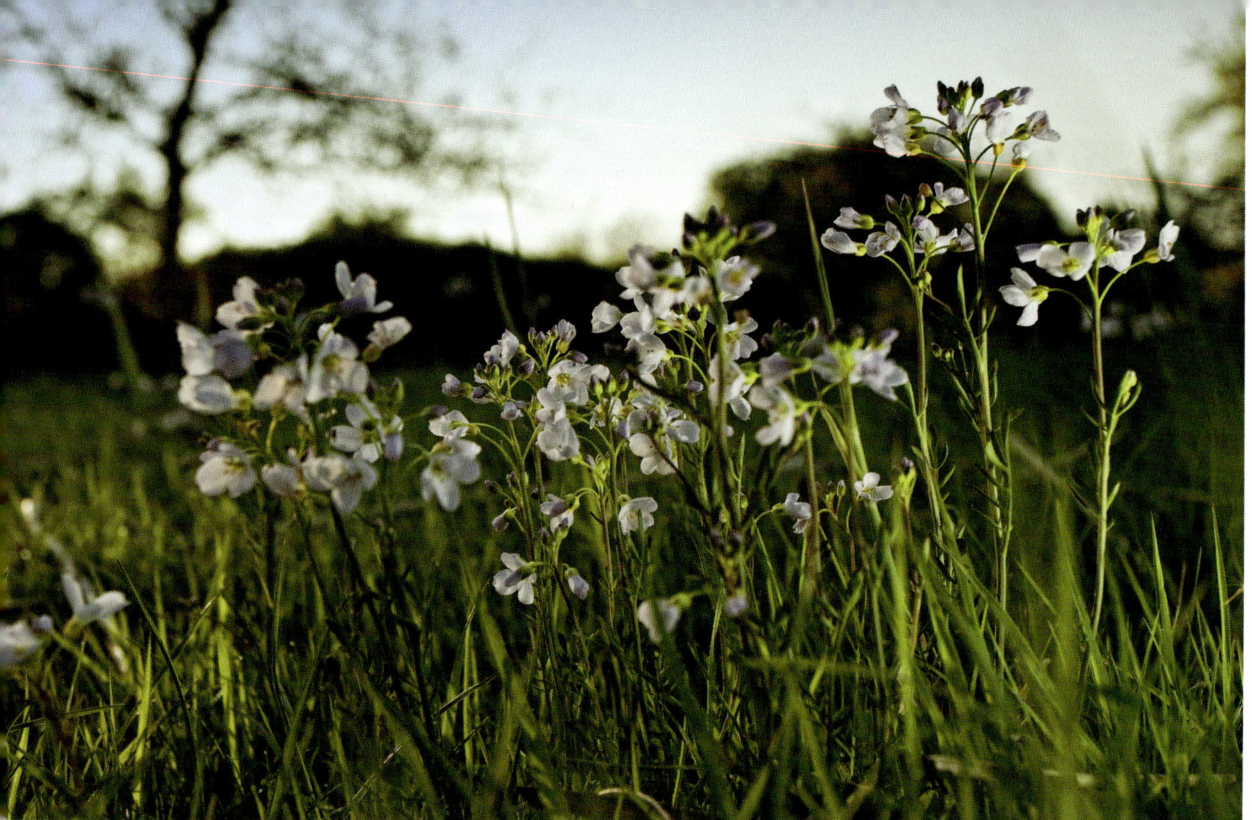

f/7.1 | 1/100 Sek. | ISO 200 | 40 mm

Rechts neben der Kamera steht der Systemblitz auf dem Boden und beleuchtet das Wiesenschaumkraut seitlich von unten.

Blitzschuh zu stecken und mit diesem einen zweiten Blitz an anderer Stelle auszulösen. So lässt sich ein Objekt mit gleich zwei (und bei Bedarf auch mit noch weiteren) Lichtquellen ausleuchten. Luxuriöser (und teurer) sind Funkfernauslöser für den Blitz. Sie lassen größere Entfernungen zwischen Blitz und Kamera zu, funktionieren auch dann, wenn Hindernisse (eine Mauer o. Ä.) zwischen Blitz und Fernbedienung liegen. Aber diese Geräte wären für die Fotografie im Garten, Park oder auf der Wiese reichlich überdimensioniert. Sie finden eher in Fotostudios Anwendung, um z. B. eine professionelle Blitzanlage auszulösen.

Alternativen

Alternativen zum entfesselten Blitzen können auch ein batteriebetriebener Handscheinwerfer oder eine lichtstarke LED-Taschenlampe sein, um Ihr Blumenmotiv in gutes Licht zu setzen. Mit der Entfernung der Lichtquelle zum Motiv können Sie das Licht ein wenig dosieren. Allerdings sind diese Methoden nur die zweitbeste Lösung.

Licht lenken mit einem Reflektor

Eine weitere Möglichkeit, Blumen und Blüten zusätzlich zu beleuchten, ist der Einsatz eines Reflektors. Das ist eine (meist auf der einen Seite weiß oder silbern, auf der anderen Seite golden) reflektierende Fläche, die das vorhandene Licht auf das Motiv zurückwirft (reflektiert) und damit aufhellt. Diese lichtreflektierende Fläche ist auf einen biegsamen Rahmen gespannt, der sich nach Gebrauch prima zusammenfalten und verstauen lässt. Reflektoren gibt es in unterschiedlichen Größen und Formen.

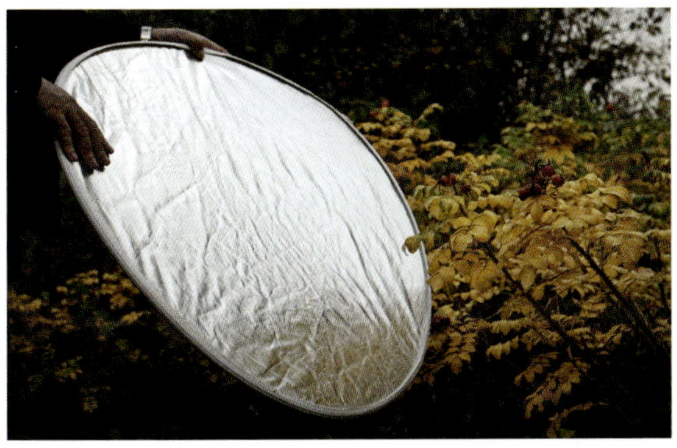

f/5 | 1/320 Sek. | ISO 200 | 40 mm

Reflektor im Einsatz: Der Reflektor wirft das schwache Tageslicht mit der silbernen Seite auf die herbstlich verfärbten Wildrosen zurück und hellt sie so auf.

Mit ein wenig Improvisation tut es zur Not aber auch die gute Alufolie aus der Küchenschublade, die Sie zuvor auf einen leichten, aber stabilen Untergrund (Styropor, Pappe o. Ä.) geklebt haben.

Für das Beispielfoto haben wir die silberne Seite des Reflektors gewählt, weil auf dem Motiv warme Farben vorherrschen. Die goldene Seite setze ich dann ein, wenn die vorherrschenden Farben des Motivs eher kühl sind.

Ein Reflektor lässt sich übrigens auch wunderbar zum Windschutz für das Motiv umfunktionieren.

3.5 Manuell belichten ist gar nicht so schwer

Tolles Licht, bunte Blüten, die nicht weglaufen, und Zeit zum Fotografieren. Das ist die Gelegenheit, dass Sie sich nun an die manuelle Belichtung herantrauen. Testen Sie in aller Ruhe das Zusammenspiel von Belichtungszeit und Blende. Belichten Sie absichtlich ein wenig über. Die Wirkung eines leicht überbelichteten Fotos kann durchaus künstlerisch wertvoll sein – beinahe wie bei einer Aquarellmalerei. Wählen Sie die Offenblende (maximale Blendenöffnung), fokussieren Sie unterschiedliche Punkte und staunen Sie über die unterschiedliche Wirkung Ihrer Fotos. Wählen Sie eine kleine Blendenöffnung, wenn Sie nah am Motiv dran sind. Nutzen Sie dann aber ein Stativ, um die Schärfe sicher auf den richtigen Punkt zu setzen – Windstille vorausgesetzt.

Um einen Anhaltspunkt für die passende Blende und/oder Belichtungszeit zu erhalten, nutzen Sie meinen Tipp auf einer der vorangegangenen Seiten und stellen die Kamera auf die Programmautomatik. Drücken Sie den Auslöser halb durch und lesen Sie die im Sucher von der Kamera vorgeschlagenen Einstellungswerte ab. Diese können Sie anschließend genauso im manuellen Modus selbst einstellen und modifizieren: Verändern Sie die Blende und passen Sie die Belichtungszeit entsprechend an. So können Sie sich am besten langsam an die Einstellungen herantasten, die Ihr Motiv am schönsten auf die Speicherkarte bannen. Achten Sie dabei darauf, dass der Cursor auf dem im Sucher sichtbaren Balken nur leicht unter- oder oberhalb der Mitte liegt. Nur so können Sie stark unter- bzw. überbelichtete Fotos vermeiden.

Experimentier- und Spielfreude

Auch ich experimentiere gern ein wenig, wenn ich auf meiner „Makrowiese" sitze. Diese Art Fotos mache ich eigentlich „nur" zum Spaß und zur Entspannung – ja, Fotografie ist für mich nicht nur Beruf, sondern zugleich auch liebste Freizeitbeschäftigung. Und wenn dann ein Foto (wie das folgende) dabei herausspringt, das nicht nur bei uns zu Hause an der Wand dekorativ wirkt, sondern sich dazu auch noch verkaufen lässt, freue ich mich natürlich doppelt.

Die durch die knappe Schärfe und die Bewegungsunschärfe im Hintergrund schon vorhandene impressionistische Wirkung des Fotos habe ich mithilfe von Photoshop noch verstärkt, indem ich Bildbereiche weichgezeichnet habe. Auch habe ich hier die Farbsättigung reduziert und das Grün abgedunkelt. So bekam das Foto eine beinahe malerische Wirkung.

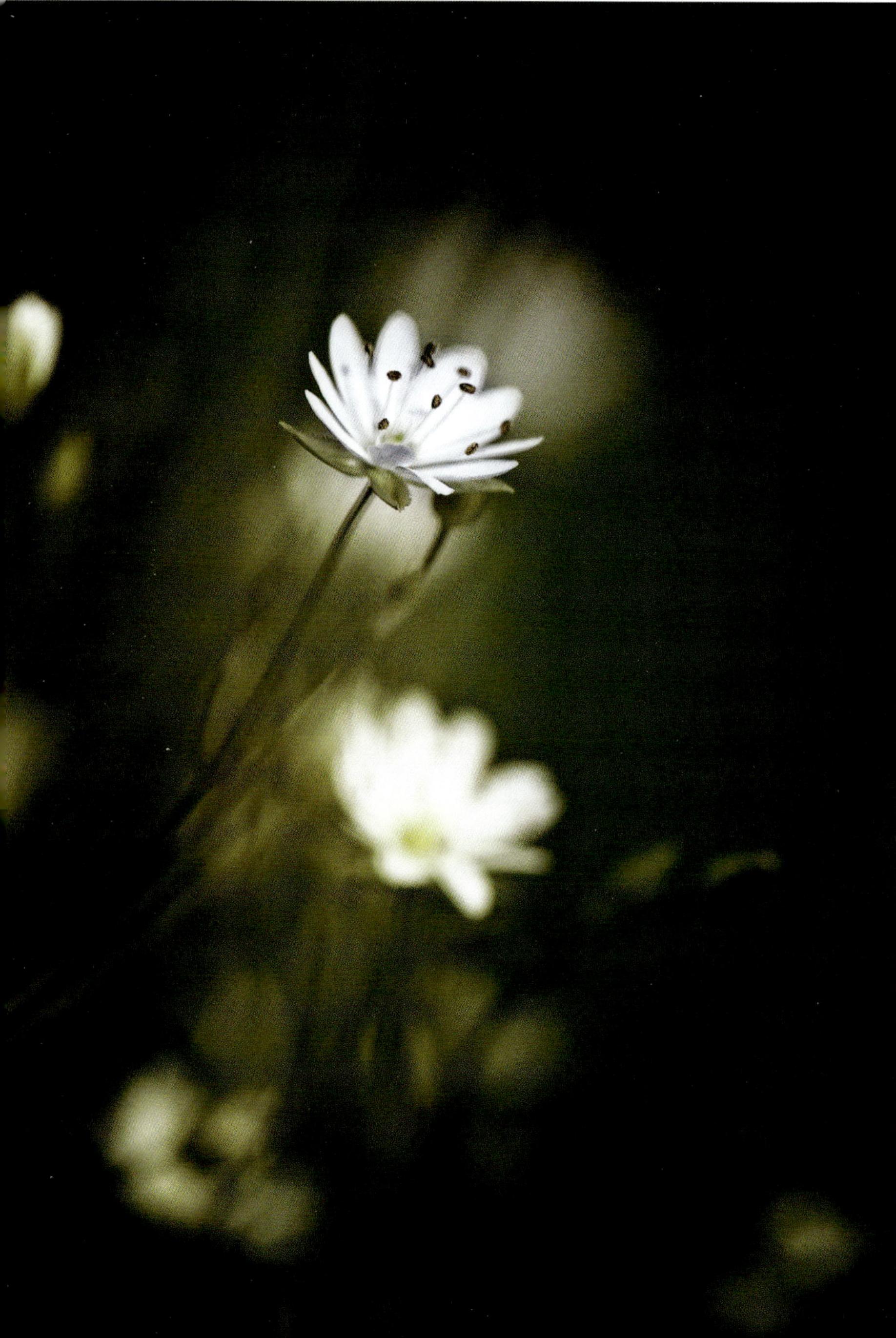

f/5 | 1/400 Sek. | ISO 250 | 105-mm-Makroobjektiv

Das Foto habe ich stark mit Photoshop bearbeitet, die Farbe reduziert, Bildbereiche nachträglich weichgezeichnet und abgedunkelt – so wirkt das Foto wie gemalt.

3.6 Wenn der Wind die Regie führen will ...

Sobald es windig ist (und das ist im Norden Deutschlands eigentlich immer der Fall), sind Sie mit einem Stativ zu unflexibel. Kaum haben Sie Ihr Motiv scharf gestellt, pustet der nächste Windstoß die Blüte aus dem Fokus. Und es ist vorbei mit schönen und scharfen Blütenfotos.

Der Kompromiss kann ein Einbeinstativ sein, das sich schnell nach rechts, links, vorn und hinten bewegen lässt, aber leider nur schwerlich nach oben und unten.

Serienbildfunktion

Der hier in Norddeutschland ständig wehende Wind ist auch ein Grund, warum ich meistens mit weiter geöffneter Blende fotografiere und so die Möglichkeit habe, sehr kurze Belichtungszeiten zu wählen.

Ich beneide immer die Fotografen, die in windarmen Gegenden Deutschlands (die in einem windgeschützten Talkessel liegende Stadt Stuttgart samt Umgebung scheint ein Mekka der Makrofotografen zu sein) leben und wunderschöne Blüten- und Insektenbilder in aller Ruhe vom Stativ aus ohne große Tricks mit langen Belichtungszeiten fotografieren können.

Ein Trick gegen den Wind ist das Einschalten der Serienbildfunktion. Mit dieser Funktion schießen Sie mit einem einzigen Druck auf den Auslöser gleich mehrere Fotos hintereinander.

Damit erhöht sich die Wahrscheinlichkeit, dass mindestens ein scharfes Foto dabei ist. Die Chance auf scharfe Blumenfotos bei Wind können Sie zusätzlich erhöhen, indem Sie den nachführenden Autofokus (AF-C/AI Servo) aktivieren: Schauen Sie dazu bitte in die Bedienungsanleitung Ihrer Kamera. In diesem Autofokusmodus verfolgen Sie das mit zuvor halb gedrücktem Auslöser anvisierte Motiv mit der Kamera und der Autofokus wandert mit. Eine geniale Funktion, die ich sehr oft auch bei Actionfotos von Mensch und Tier und in der Sportfotografie einsetze.

Autofokus nachführen

Dieser Autofokusmodus ist ursprünglich für bewegte Motive z. B. in der Sportfotografie gedacht. Aber die Nachführung des Autofokus ist natürlich auch für viele andere Situationen einzusetzen – eben auch bei windbewegten Blumen. Der Fokus verfolgt die von Ihnen für den Schärfepunkt anvisierte Blüte. Sie müssen allerdings ebenfalls mitgehen und die Bewegung der Blüte mit der Kamera verfolgen.

Nutzen Sie kurze Belichtungszeiten wie bei dem hier gezeigten Kornblumenfoto, besonders dann, wenn der Wind kräftig bläst. Bei weniger starkem Wind sind längere Belichtungszeiten möglich.

Bei zu langen Zeiten produzieren Sie jedoch Bewegungsunschärfe. Passen Sie also die Länge der Belichtungszeit der Stärke des Windes an. Wenn ein leichter Wind geht, fange ich bei Belichtungszeiten um 1/400 Sek. an zu fotografieren. Anschließend kontrolliere ich das Foto auf dem Kameradisplay und passe die Zeit dann der Windstärke entsprechend an.

Der Wind wird selbst zum Motiv

Die andere Möglichkeit: Machen Sie aus Ihrer Not eine Tugend und den Wind zu Ihrem Hauptmotiv. Bewegungsunschärfe kann auch sehr dekorativ aussehen.

Eine klare Empfehlung für die richtige Belichtungszeit bei stärkerem Wind kann ich Ihnen hier nicht geben, denn sie ist natürlich abhängig von der Bildwirkung, die Sie erzielen möchten. Aber die vorangestellten Beispielfotos mit den angegebenen Werten können Ihnen sicher als Orientierungshilfe dienen.

Flexibel bleiben

Sie werden auf Ihren Fototouren immer mal wieder von Ihren eigentlich geplanten Motiven abrücken müssen, weil die äußeren Bedingungen einfach nicht so sind wie erhofft. Das ist in der Fotografie nicht anders als im wirklichen Leben. Flexibilität, Improvisation und Kreativität sind gefragt. Manchmal braucht man eine Weile, weil der Frust über das nicht machbare Foto an einem nagt.

Kleiner Tipp: Setzen Sie sich einen Augenblick hin und lassen Sie die Umgebung auf sich wirken. So nach und nach werden Sie mehr und mehr Motivalternativen in Ihrer unmittelbaren Umgebung entdecken.

Bei längeren Belichtungszeiten wird der Wind selbst zum Motiv. Die Bewegungsunschärfe der im recht kräftigen Wind wehenden blühenden Schilfhalme ist hier beabsichtigt.

f/10 | 1/60 Sek. | ISO 160

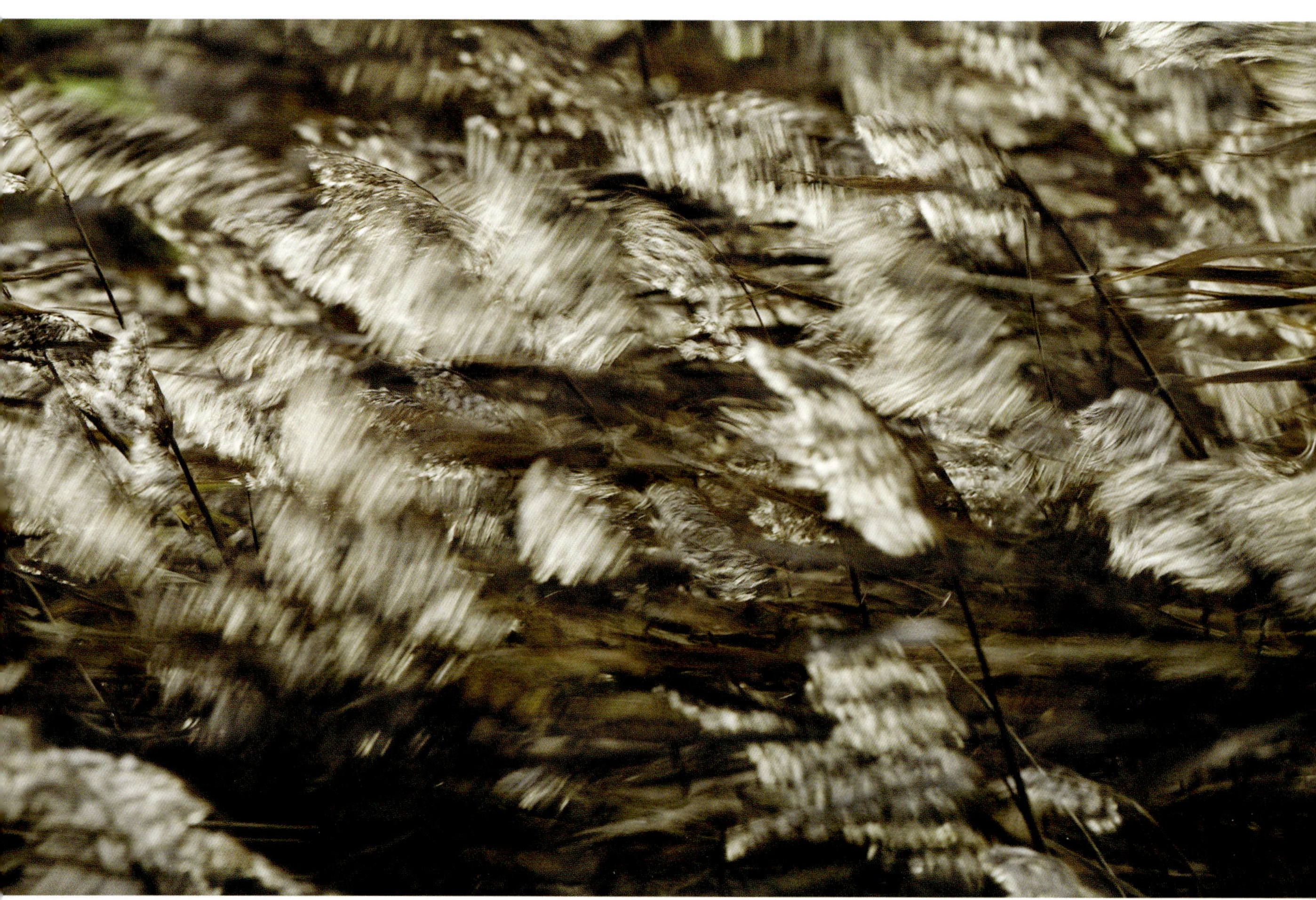

3.7 Mit dem Makroobjektiv den Mikrokosmos entdecken

Kleines kommt groß raus – das ist es, was die Faszination der Makrofotografie ausmacht. Das können Tropfen auf einem grünen Blatt sein, ein Marienkäfer auf einem Grashalm, ein unbekanntes Insekt auf einer Blüte oder (auch sehr beliebt) eine bunt schillernde Libelle.

Genau genommen können Sie auch ein Makrofoto einer Halskette oder eines Hundeauges machen. Denn das Wort Makro stammt aus dem Griechischen und bedeutet übersetzt nichts anderes als „groß".

Die Kette habe ich auf meinem Lieblingsuntergrund, einer Milchglasplatte, die ich mir bei einem Glaser zurechtschneiden ließ, fotografiert.

Die einzelnen Perlen spiegeln sich wunderbar auf der glänzenden, glatten Oberfläche und sorgen damit für einen Hauch von Glamour und Luxus.

Dabei handelt es sich nur um relativ preiswerten Modeschmuck! Die weit geöffnete Blende sorgte für eine sehr knappe Schärfe, jedoch mit schönen, weichen Übergängen zwischen scharf und unscharf abgebildeten Bildbereichen.

Besonders das Makro vom Auge unseres Hundes fasziniert mich immer wieder – mal ganz abgesehen davon, dass es auch seine bernsteinfarbenen Augen waren, die bei mir zu dem Entschluss führten, ihn vom Tierschutz zu übernehmen – als vierter, aber ganz sicher letzter „Dosenöffner". Das Foto ist mit einer weit geöffneten Blende entstanden, dadurch

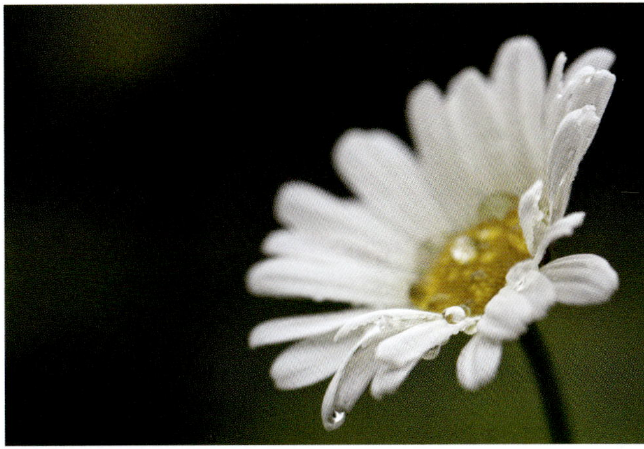

f/5 | 1/400 Sek. | ISO 200 | 105-mm-Makroobjektiv

Regentropfen an einer Margeritenblüte.

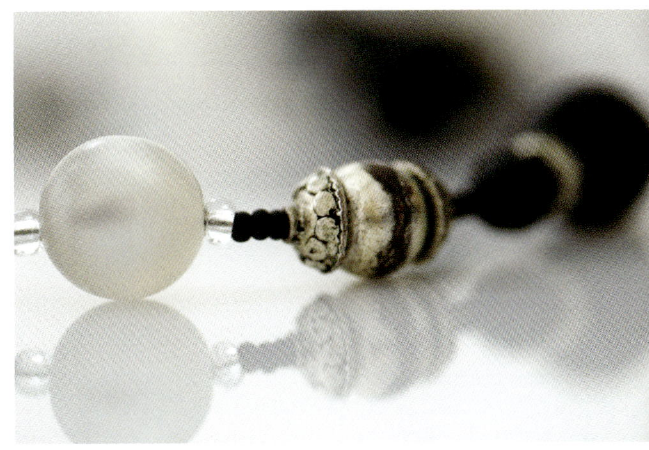

f/3.2 | 1/160 Sek. | ISO 160

Makrofoto einer Halskette.

ist der wirklich scharfe Bereich sehr klein. Eigentlich wollte ich auf mein Spiegelbild beim Fotografieren fokussieren.

Das hat nicht so ganz geklappt, weil zum einen Socke nicht hundertprozentig still gehalten hat und weil zum anderen ich nicht mit

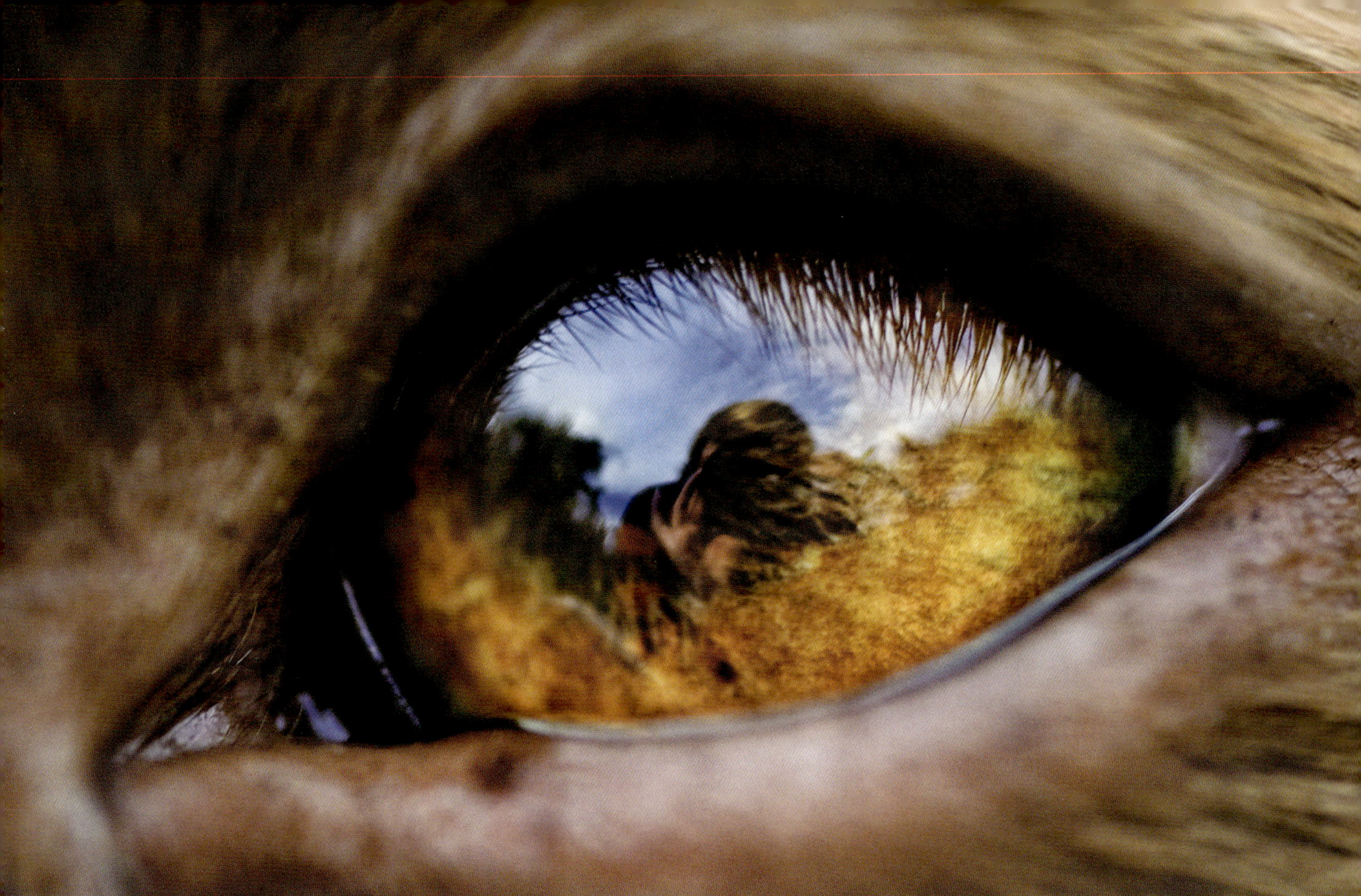

f/3.2 | 1/125 Sek. | ISO 400 | 105-mm-Makroobjektiv

Ich spiegle mich im Auge unseres Hundes Socke.

Stativ gearbeitet habe. Aber auch der leicht verrutschte Fokus auf die Spiegelung seiner Wimpern und die Struktur seiner gelbbraunen Iris hat eine faszinierende Wirkung auf den Betrachter.

Aber die klassische Makrofotografie findet draußen in der Natur, auf der Wiese oder im Blumenbeet statt.

Spielwiese der Insekten

Vermutlich werden Sie sich anfangs etwas seltsam vorkommen, wenn Sie bäuchlings auf einer feuchten Wiese mit der Kamera samt Makroobjektiv im Anschlag liegen. Spaziergänger und Radfahrer werden irritiert auf Sie herabschauen. Ignorieren Sie das und legen Sie Ihre Hemmungen ab – Fotografen sind nun mal besondere Menschen. Eben etwas anders als die übrigen Menschen.

Eine besondere Spezies sind die Makrofotografen. Menschen, die sich der Makrofotografie verschrieben haben, sind ganz besonders „besonders".

Sie sind meist am sehr frühen Morgen unterwegs, wenn noch die Feuchtigkeit über Wäldern und Wiesen wie ein nasses, kühles Tuch hängt. Dann, wenn Blüten und Gräser im ersten Sonnenlicht mit glänzenden Tautropfen benetzt sind, ebenso wie fotogene Insekten, deren Körperfunktionen noch im morgendlichen Ruhemodus sind. So lassen sie sich am einfachsten fotografieren: Die Insekten halten naturgemäß still. Erst die höher stehende Sonne weckt sie aus ihrer nächtlichen Kältestarre.

Entspannung finden im Mikrokosmos

Die Makrofotografie hat für viele Hobbyfotografen etwas Meditatives. Makros zu fotografieren, ist eine wunderbare Möglichkeit, den Alltag hinter sich zu lassen.

Sie tauchen regelrecht ab in eine andere Welt, in einen Mikrokosmos, vergessen die Zeit und beobachten das Leben und Treiben dort. Und da spielen sich echte Dramen ab! Es geht um Liebe, fressen und gefressen werden – fast wie im „richtigen" Leben.

Geduld, Geduld und noch mal Geduld

Das Wichtigste bei der Makrofotografie ist aber eine menschliche Charaktereigenschaft, die Sie auf die Wiese oder in den Wald mitbringen müssen: Geduld. Anfangs sehen Sie nur Halme, Stängel, Blüten, Ähren und sonst nichts. Sie brauchen eine Weile – einige Minuten ... oder sind es nur Sekunden? Man kann bei der Makrofotografie wirklich jegliches Zeitgefühl verlieren, bis die Fotomotive sichtbar werden. Ihre Augen müssen schließlich ebenfalls erst auf den Makromodus umschalten. Doch dann erschließt sich so nach

f/5.6 | 1/125 Sek. | ISO 200 | 60-mm-Makroobjektiv

Libellen bei der Paarung.

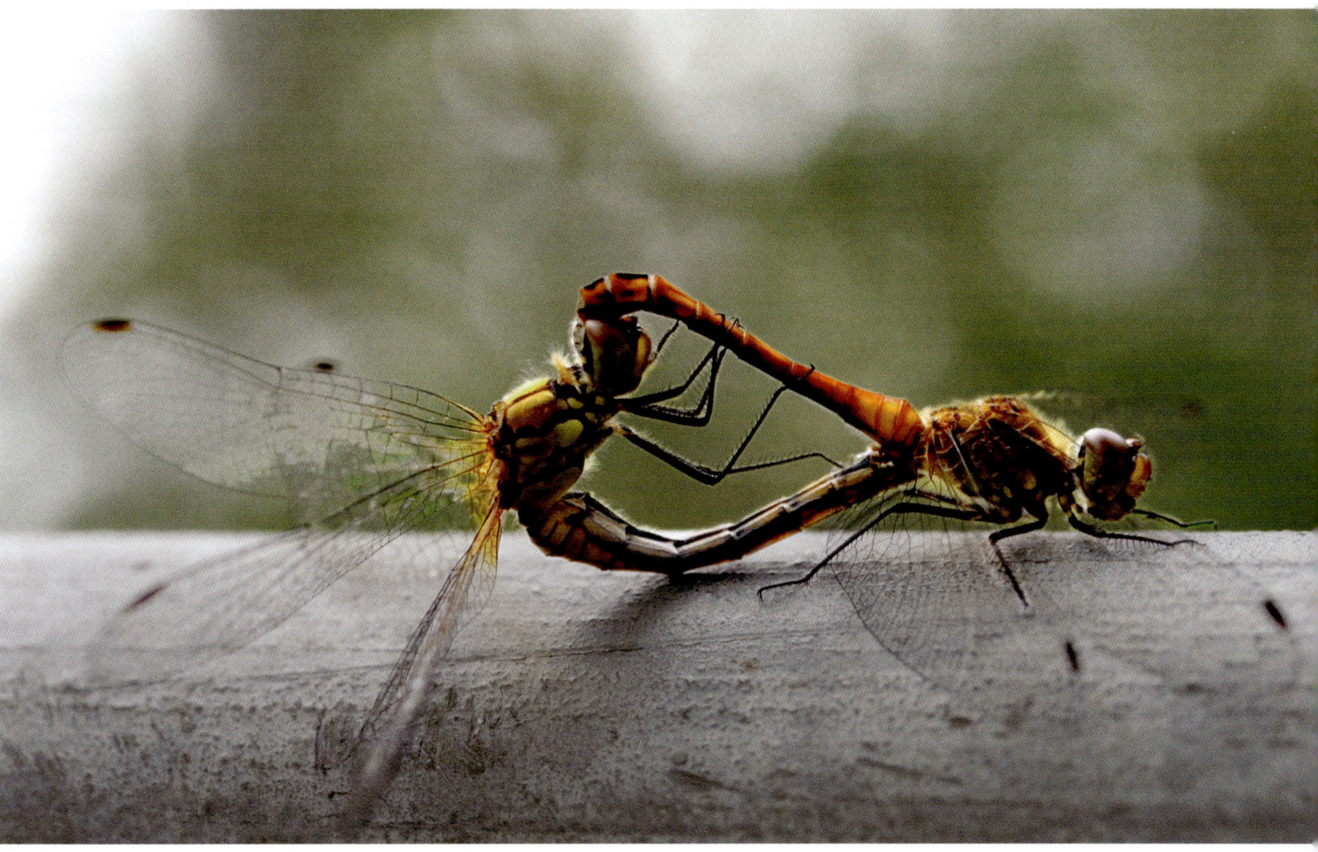

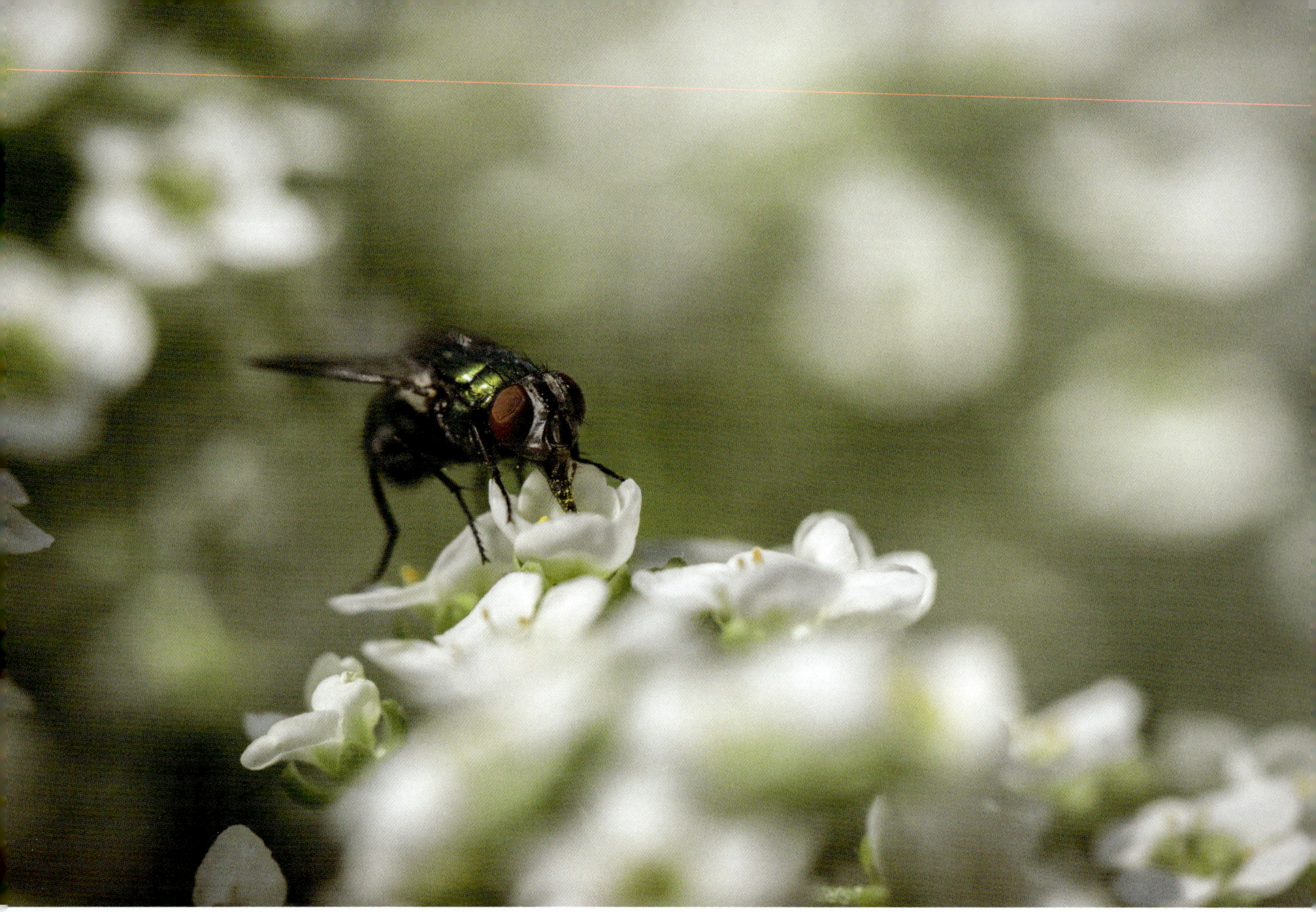

f/6.3 | 1/640 Sek. | ISO 1000 | 100-mm-Makroobjektiv

Die Fliege labt sich an den duftenden Blüten des Steinkrauts (Alyssum).

und nach dieser spannende und faszinierende Mikrokosmos.

Besonderheiten des Makroobjektivs

Als aufmerksamer Leser haben Sie es bestimmt schon längst bemerkt: Die drei letzten Fotos sind alle mit einem Makroobjektiv entstanden. Und das hat seinen Grund. Diese Objektive haben einige ganz besondere Eigenschaften:

- Sie sind sehr lichtstark (die Offenblende liegt meistens bei f/2.8).
- Sie haben nur eine Brennweite (Festbrennweite). Das ermöglicht Fotos von brillanter Schärfe.

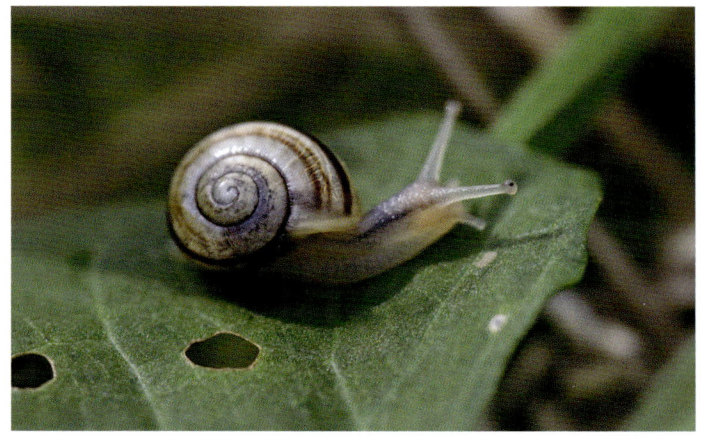

f/5.6 | 1/250 Sek. | ISO 400 | 105-mm-Makroobjektiv

Die Schnecke hatte weniger als Daumennagelgröße.

- Die Naheinstellgrenze – also der Mindestabstand zum zu fotografierenden Objekt – ist sehr gering, manchmal nur wenige Zentimeter, sodass Sie ganz dicht herankommen. Vorausgesetzt, der anvisierte Käfer fliegt nicht davon, wenn Sie ihm so dicht auf die Pelle rücken (Fluchtdistanz beachten!).
- Ihr Abbildungsmaßstab beträgt mindestens 1:4, oft auch 1:1. Als Abbildungsmaßstab wird das Verhältnis zwischen der Größe der optischen Abbildung eines Gegenstands und dessen realer Größe bezeichnet. Ein Abbildungsmaßstab von 1:1 bedeutet, dass z. B. der Käfer und dessen Abbildung gleich groß sind. Das Verhältnis 1:2 heißt, dass der reale Käfer doppelt so groß ist wie seine Abbildung. Ist das Verhältnis 2:1, ist seine Abbildung doppelt so groß wie das Insekt in der Realität.

Besser manuell fokussieren

Doch neben diesen Eigenschaften hat ein Makroobjektiv auch seine Tücken. Zwar verfügt es über einen Autofokus. Doch der braucht oft viel Zeit zum Scharfstellen, weil die Entfernungen zwischen den einzelnen Ebenen bei einem so kleinen Motiv nur Millimeter betragen können. Sie hören den Motorantrieb des Autofokus beim Arbeiten ... er arbeitet und arbeitet ... und – schwups – ist Ihr Motiv davongeflogen.

Die beste Lösung: Schalten Sie den Autofokus ab und stellen Sie per Hand scharf. Denn das

Wer nicht schnell genug fokussiert, den bestraft der Marienkäfer durch seinen vorzeitigen Abflug.

f/3.5 | 1/800 Sek. | ISO 320

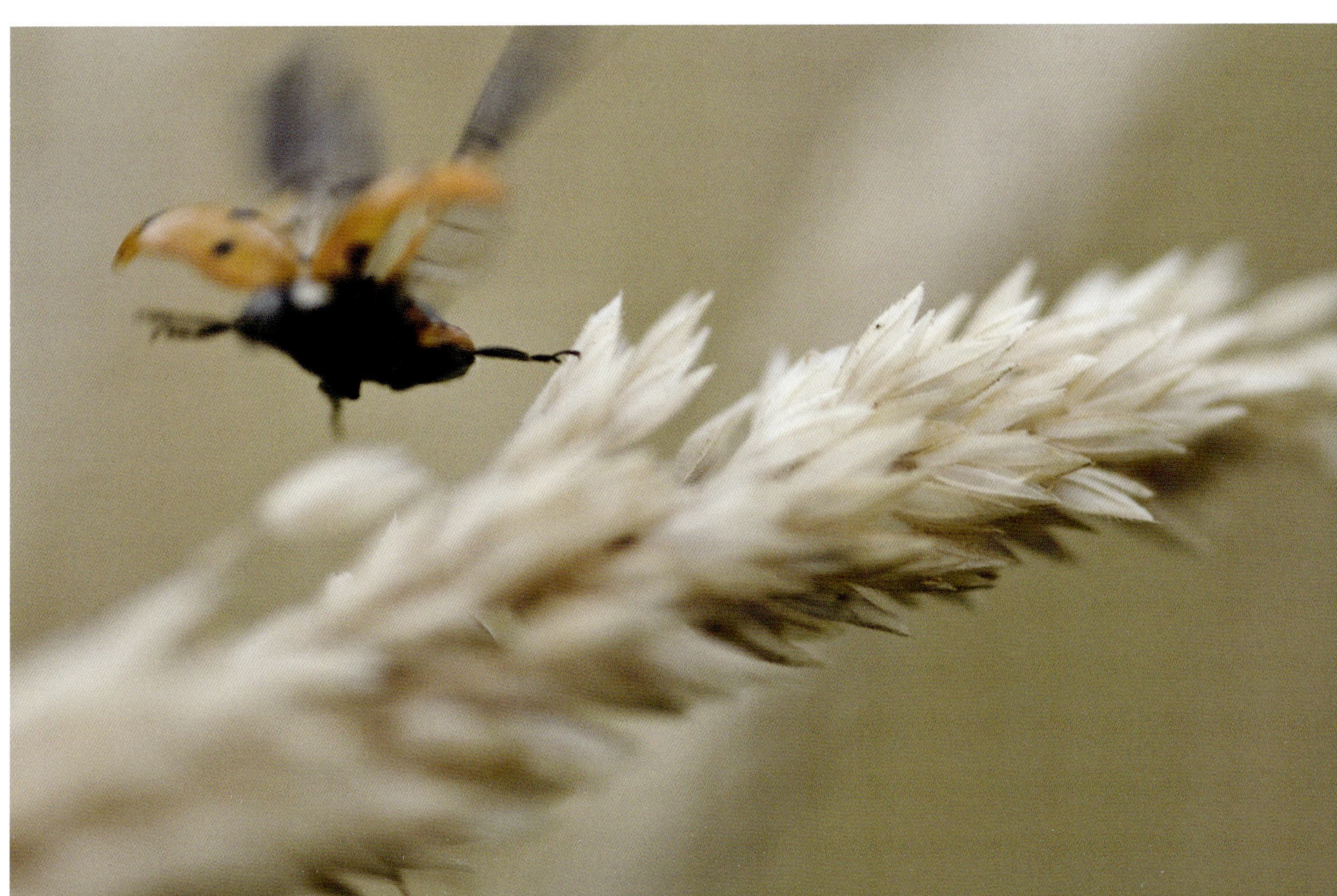

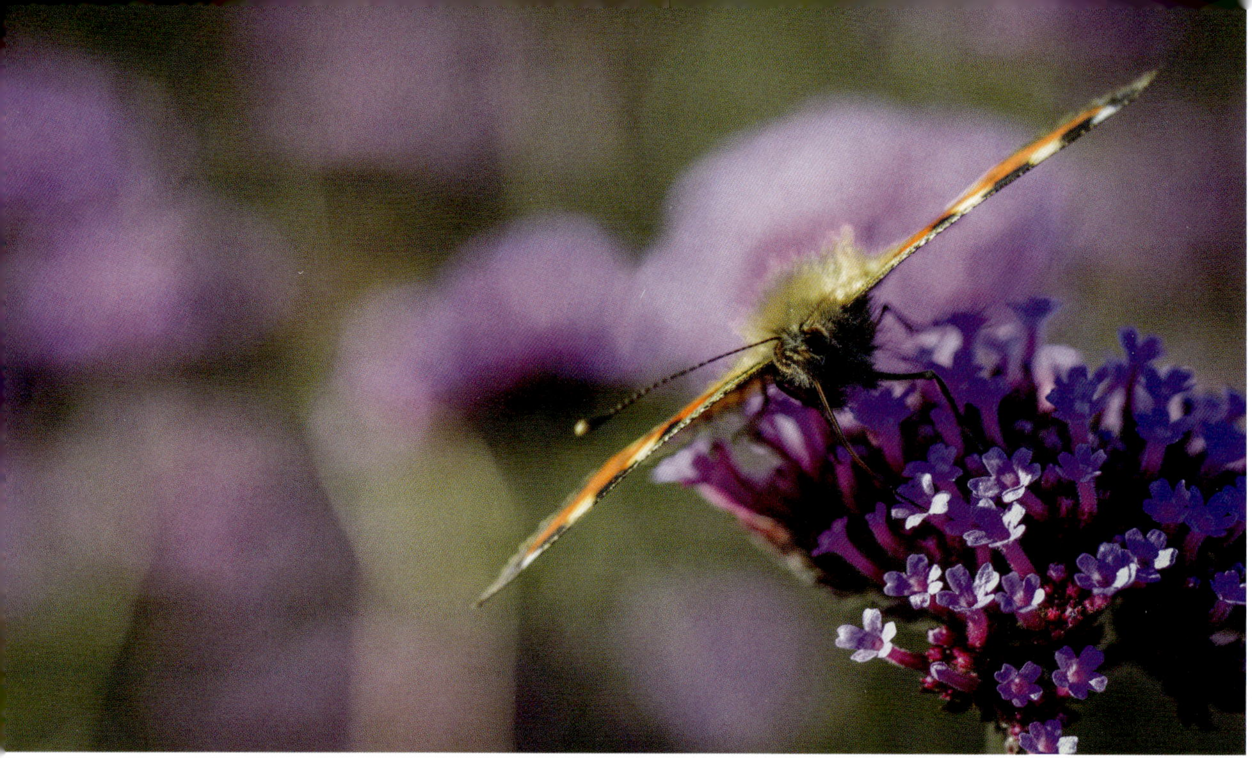

f/5.6 | 1/160 Sek. | ISO 200

Schmetterling Kleiner Fuchs auf Eisenkrautblüte, manuell fokussiert. Bunte Schmetterlingsflügel fotografieren macht ja jeder – ich fand seine lange Zunge im Blütenkelch spannender.

geht schneller und präziser, sodass Sie den Schmetterling oder Käfer noch vor dessen Abflug zur nächsten Blüte fotografieren können.

Knackpunkt kleiner Schärfebereich

Um Ihr Insektenmakromotiv mit seiner ganzen Körpergröße scharf abzubilden, sollten Sie eine Beugung oder Neigung der Kamera vermeiden – sprich: Fotografieren Sie nicht von oben herab oder schräg von den Seiten. Das Moiv sollte exakt plan auf einer parallelen Ebene zum Kamerasensor liegen.

Ist das nicht möglich, müssen Sie damit leben, dass ein Teil des Hauptmotivs aus dem Schärfebereich herausrutscht, wie bei diesem kleinen Grashüpfer. Auch eine kleinere Blendenöffnung hätte an diesem nicht ganz optimalen Schärfeverlauf wenig bis gar nichts geändert, weil das Tierchen schräg zum Kamerasensor auf dem Grashalm sitzt. Und: Je dichter Sie am Motiv dran sind, desto geringer

Der Kopf des Insekts ist scharf abgebildet, der Rest seines Körpers liegt in der Unschärfe.

f/6.3 | 1/160 Sek. | ISO 200

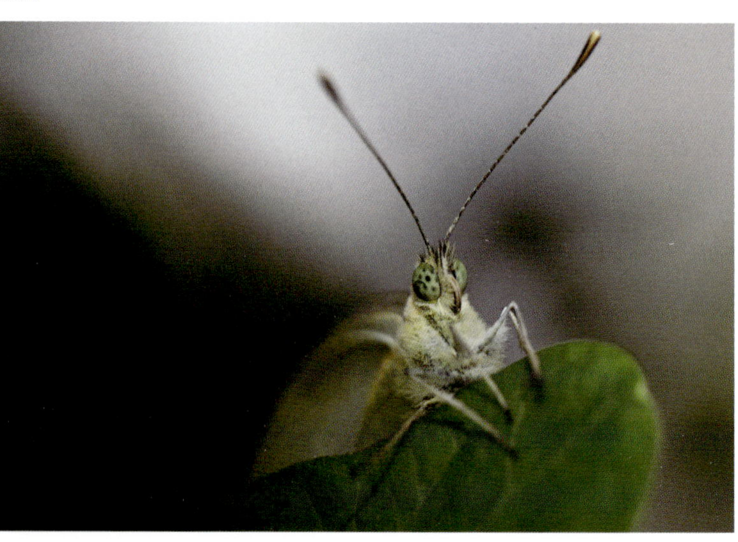

ist der Schärfebereich. Besonders schwer ist das Schärfeproblem zu lösen, wenn das Motiv nicht nur Fingernagelgröße hat, sondern auch noch eine recht große Flügelspannweite besitzt, wie z. B. diese Libelle.

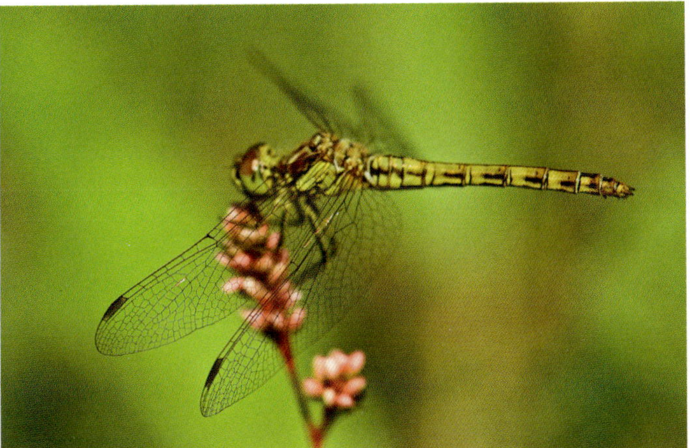

f/4.5 | 1/1250 Sek. | ISO 200 | ohne Stativ (Ausschnittvergrößerung)

Die Libelle sitzt auf einer Wiesenknöterichblüte – nur der Flügel im Vordergrund ist wirklich scharf.

Zum einen ist ihr Hinterteil näher am Kamerasensor als ihr Kopf. Das führt dazu, dass der Libellenkopf unscharf ist, das Hinterteil jedoch noch knapp im Schärfebereich liegt. Das Insekt sitzt also nicht parallel zum Kamerasensor, sondern leicht schräg. Zum anderen liegt der Fokus eindeutig auf dem filigranen vorderen Teil der Flügel. Mit Stativ und bei weniger Wind (das muss der Grund gewesen sein, weshalb ich eine derart kurze Belichtungszeit für das Foto gewählt habe) hätte ich die Blende weiter schließen können und damit mehr Schärfentiefe erreicht.

Schärfebereich bei Makrofotos

Je dichter Sie dran sind am Motiv, desto geringer wird bei Nutzung eines Makroobjektivs der Schärfebereich – unter Umständen nur 1 mm. Das ist der Grund, warum Sie Makros am besten mit einem Stativ und bei absoluter Windstille fotografieren sollten.

Komplett scharf ist bei dem folgenden Foto wenigstens das Hauptmotiv, die Wespe, weil sie genau parallel zum Sensor das Holz von unserem alten Gartenstuhl schabt (für den Bau

Eine Wespe schabt Holz für den Bau eines Nestes – der Schärfebereich ist zwar knapp, sitzt aber genau richtig auf dem Insekt.

f/5.6 | 1/160 Sek. | ISO 320

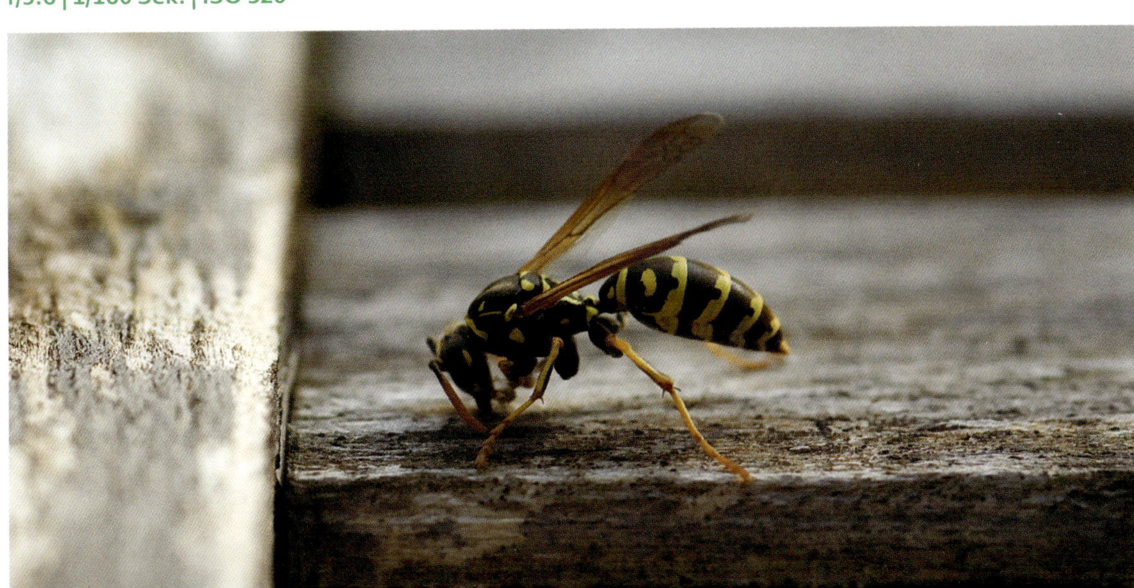

eines Wespennestes). Doch an der Holzmaserung ist zu erkennen, dass die Schärfentiefe aufgrund der relativ weit geöffneten Blende minimal ist.

Als völlig daneben würde ein richtiger Makrofotograf wohl folgendes Foto bezeichnen: Der Schärfebereich ist durch die Wahl der relativ weit geöffneten Blende sowie großer Nähe der gebeugten Kamera (schräg von oben) zur Schnecke so klein, dass lediglich Teile des Kopfes und der Fühler der Minischnecke (knapp Daumennagelgröße) scharf abgebildet sind.

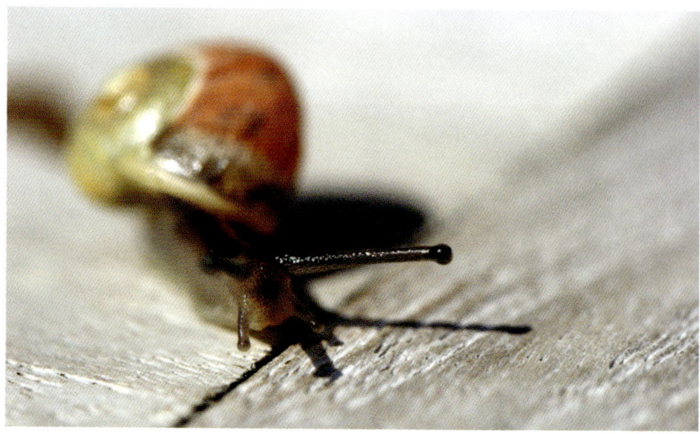

f/5 | 1/800 Sek. | ISO 400

Die Schärfe liegt nur auf dem Fühler der Schnecke.

Dennoch mag ich das Foto, weil ich mich noch genau daran erinnere, dass ich die Schärfe absichtlich dorthin gesetzt habe. Und das war nicht einfach, weil sich das kleine Tierchen trotz Schneckentempos rasend schnell aus dem minimalen Schärfebereich heraus bewegte: Wenn die Schnecke auch nur Bruchteile von Millimetern vorwärts kroch, lag die Schärfe schon nicht mehr auf der Fühlerspitze – es waren mehrere Versuche nötig, bis ich das Foto endlich so im Kasten hatte, wie ich es haben wollte.

Makros mit Offenblende

Ein knapper Schärfebereich kann eben durchaus auch seine Reize haben, nämlich dann, wenn z. B. dieser Marienkäfer von den anderen Bildelementen (Grashalm, Blütenrispe) losge-

Nur der Kopf des Marienkäfers ist hundertprozentig scharf, die Blütenrispen des Grashalms liegen schon im Bereich der Unschärfe.

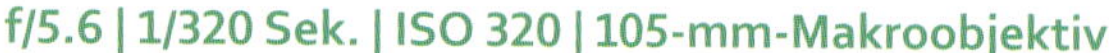

f/5.6 | 1/320 Sek. | ISO 320 | 105-mm-Makroobjektiv

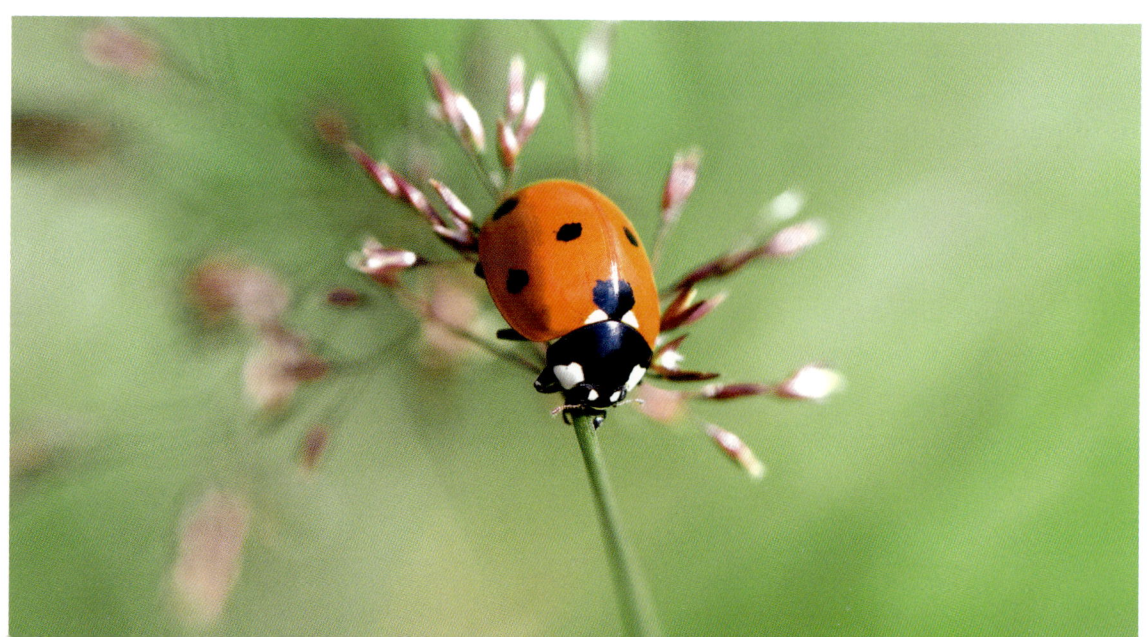

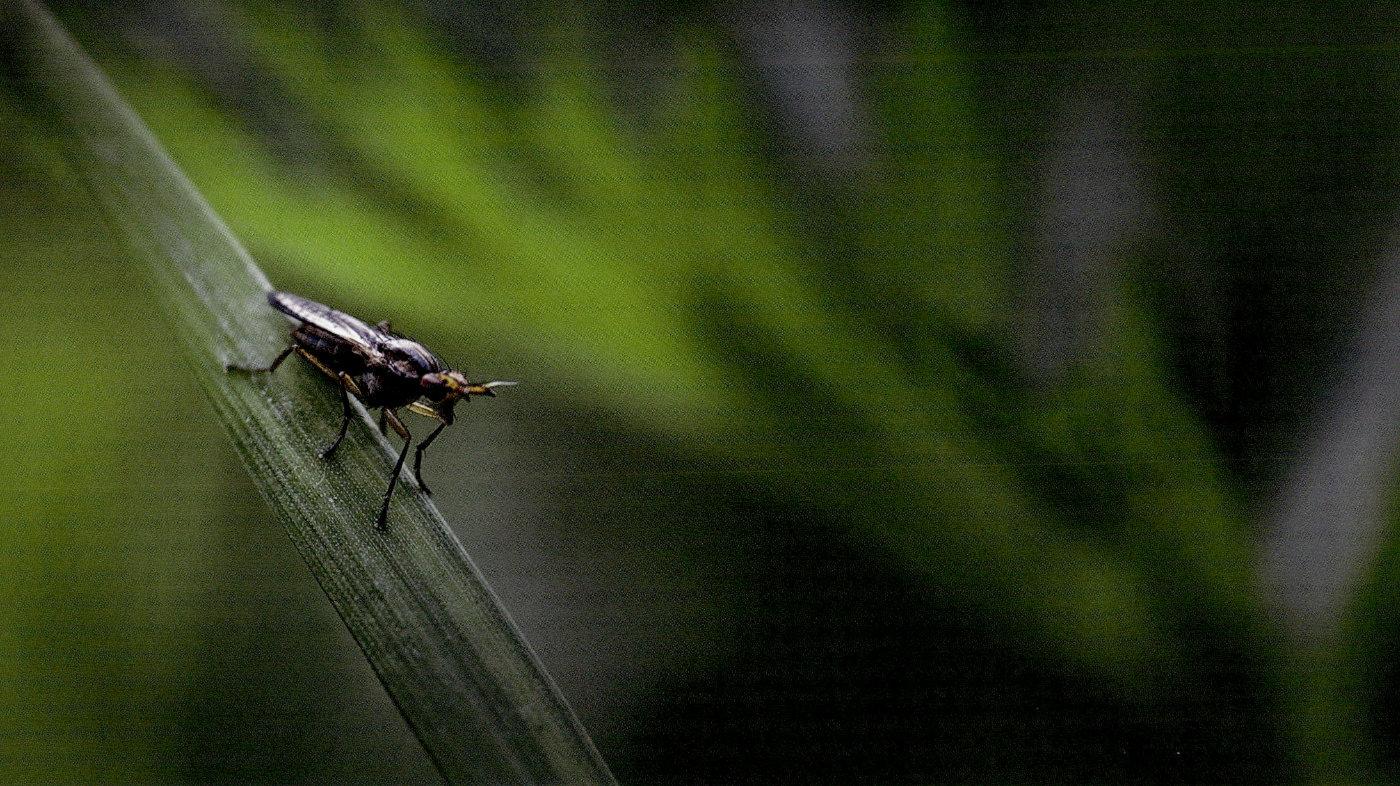

f/5 | 1/200 Sek. | ISO 250 | Ausschnittvergrößerung | Hintergrund am Computer abgedunkelt
Der Schärfepunkt liegt exakt auf der lauernden Raubfliege, und die sitzt wiederum im Goldenen Schnitt.

löst werden soll: Nun bin ich kein ausgemachter Makrofotograf und widme mich diesem Spezialgebiet der Fotografie eigentlich nur hobbymäßig zur Entspannung und zum Spaß. Und ich nutze selten ein Stativ oder einen Blitz für solche Aufnahmen, weil es oben im nördlichsten Bundesland fast nie windstill ist.

Es geht also auch ohne diese Hilfsmittel, wenn Sie qualitative Einschränkungen, besonders bei der Schärfentiefe, in Kauf nehmen können und wollen.

Makros blitzen

Natürlich können Sie auch den Blitz einsetzen, wenn Ihr Insektenmodell nicht optimal von der Sonne ausgeleuchtet wird: Bedenken Sie dabei indessen, dass der eingebaute Kamerablitz sein Licht frontal auf das Insekt abfeuert, sodass z. B. glänzende Flächen auf einem Käferpanzer das Blitzlicht stark reflektieren können. Außerdem wirft das Insekt aller Wahrscheinlichkeit nach mit seinem Körper einen Schatten auf den Bildhintergrund. Schöneres, weicheres Licht können Sie mit einem Systemblitz, dessen Kopf Sie in verschiedene Richtungen drehen können, wesentlich genauer setzen.

Kleine Krabbler: immer in Bewegung

Gerade bei der Fotografie von Insekten gibt es einen weiteren Aspekt zu beachten: Die kleinen Krabbler und Flatterer haben naturgemäß eine relativ kurze Saison.

Tipps für gute Insektenmakros

- Nutzen Sie den sehr frühen, kühlen Morgen, wenn die Insekten noch in Starre verharren.
- Nutzen Sie ein Makroobjektiv.
- Gehen Sie so dicht wie möglich an das Motiv ran, aber beachten Sie dabei die Fluchtdistanz der Tiere.
- Halten Sie die Kamera auf einer Ebene mit dem Hauptmotiv, am besten auf einem Stativ.
- Wählen Sie eine kurze Belichtungszeit ...
- ... und eine möglichst weit geschlossene Blende.
- Bei Windstille sollten Sie unbedingt ein Stativ nutzen.
- Störende Halme im Vordergrund entfernen Sie.
- Eventuell setzen Sie den Blitz ein.

Sie sind im Stress, müssen eilig Nahrung sammeln, um ihren Nachwuchs zu versorgen, müssen ständig auf mögliche Gefahren achten.

Das heißt: Sie sind permanent in Bewegung. Die Fühler zucken tastend in alle Richtungen, die Flügel rotieren, um Balance auf einem schwankenden Grashalm zu halten. Sie summen, brummen und flattern – die kleinen Körper vibrieren ohne Pause. Deshalb sollten Sie beim Fotografieren der Tierchen eine möglichst kurze Belichtungszeit (mindestens 1/500 Sek., besser noch kürzer) wählen, damit die Bewegungen der Insekten nicht als Bewegungsunschärfen Ihr Makro verunzieren, wie auf diesem Beispielfoto.

Die Fühler des Käfers waren immer in Bewegung und verursachten eine leichte Bewegungsunschärfe.

f/7.1 | 1/250 Sek. | ISO 320 | Ausschnittvergrößerung

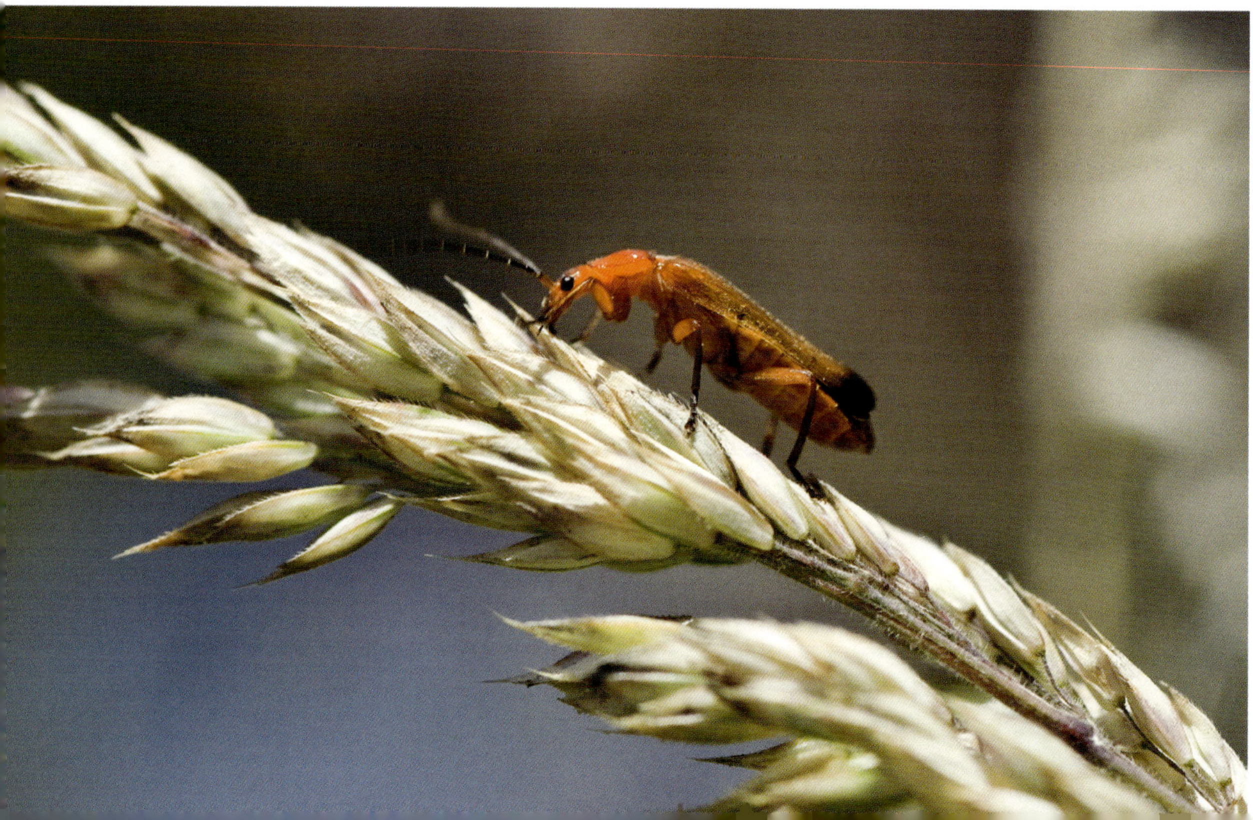

3.8 Naturfotografie im Wald

Im Wald lauern zwar keine Räuber, aber einige fotografische Tücken. An erster Stelle steht der enorme Kontrastumfang, den Ihre Kamera bewältigen muss. Das Sonnenlicht, das durch das dichte Blätterdach hindurch scheint, malt helle Flecken auf den dunklen Waldboden. Und das Laub leuchtet im Licht, während die Baumstämme dunkle Schatten werfen. Eine sehr schwierige Lichtsituation.

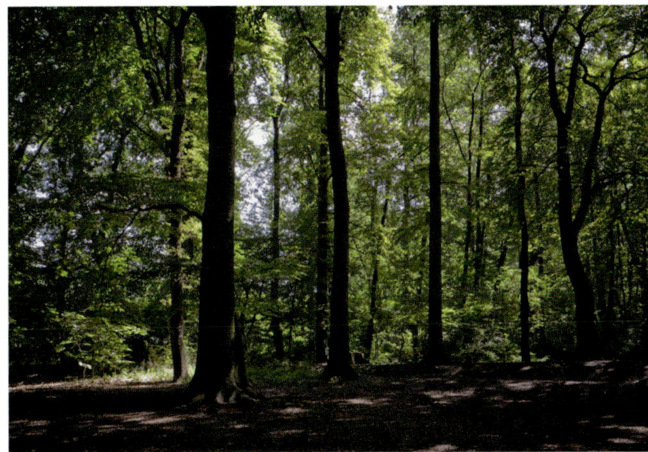

f/7.1 | 1/50 Sek. | ISO 400 | 24 mm

Licht, aber auch viel Schatten – es sind die starken Hell-Dunkel-Kontraste, die die Fotografie im Wald erschweren.

Mal Licht, mal Schatten

Auch mitten im Wald ist der Stand der Sonne wichtig für eine gute Belichtung Ihrer Fotos. Auch hier sollten Sie die Morgen- und Abendstunden zum Fotografieren nutzen. Die Sonne steht dann tief und dringt mit ihren Strahlen weit in das Dunkel des Waldes hinein und

Blick aus einer Seilbahn auf den herbstlichen Schwarzwald.

f/5.6 | 1/320 Sek. | ISO 320

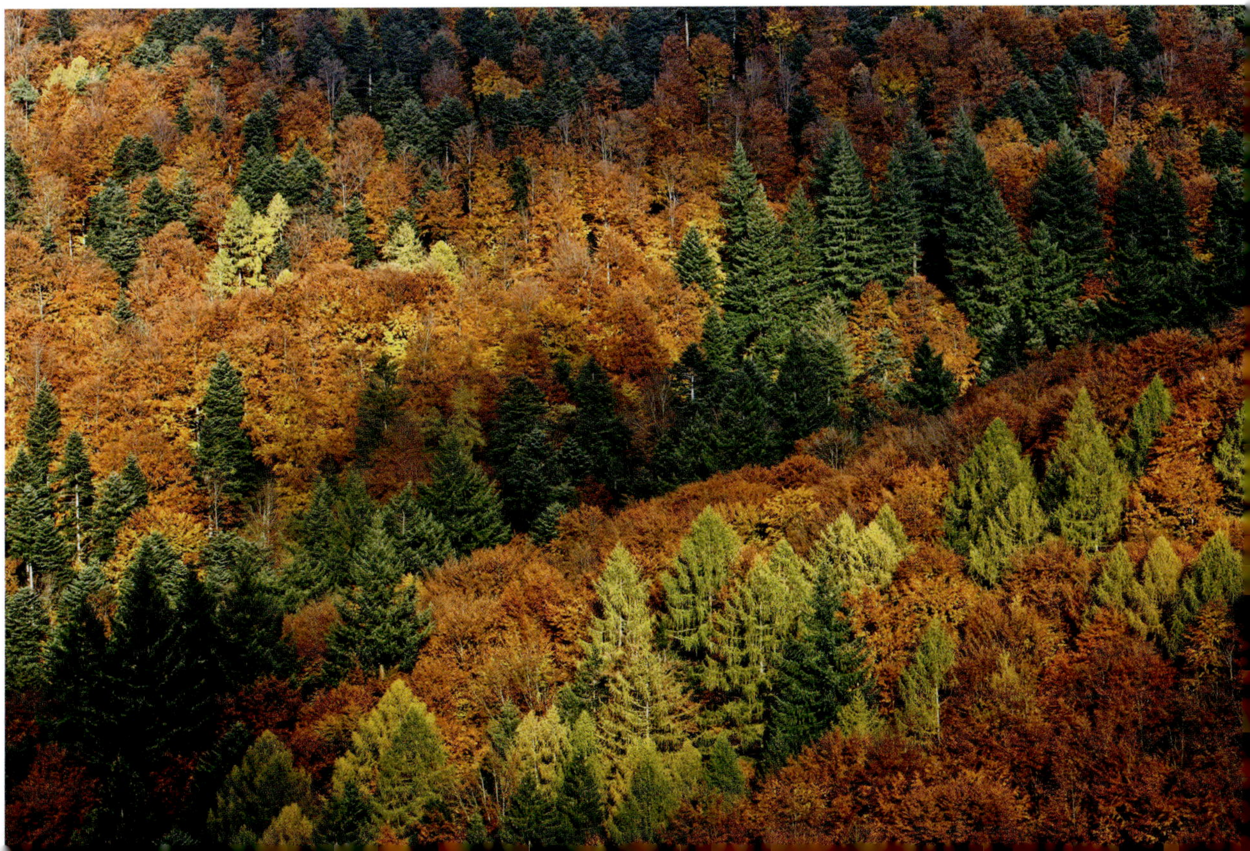

schafft mit dem Streiflicht eine schöne Lichtstimmung.

Grundsätzlich empfehle ich bei schwierigen Lichtsituationen, sämtliche Kameraeinstellungen manuell zu wählen.

Ohne Stativ sind Sie im Wald verloren

Auch wenn es unhandlich und unbequem zu tragen ist: Nehmen Sie auf jeden Fall Ihr Stativ mit in den Wald! Denn um eine möglichst große Schärfentiefe zu erzielen, brauchen Sie eine kleine Blendenöffnung. Denn das wollen Sie doch: Der Wald soll auf Ihren Fotos vom vordersten bis zum hintersten Baum oder Strauch scharf abgebildet sein. Daraus folgt logischerweise eine relativ lange Belichtungszeit, da im Wald erfahrungsgemäß nicht gerade „eitel Sonnenschein" herrscht: Licht dringt meist nur fleckenweise durch das dichte Blätterdach – es ist eher dunkel als hell. Das Erhöhen des ISO-Wertes sollte unter Qualitätsaspekten nicht das Mittel der Wahl sein: Denn sonst rauscht es gewaltig im Blätterwald.

Welche Belichtungsmethode ist richtig?

Um eine gelungene Belichtung zu erzielen, empfiehlt es sich, bei einer (relativ) ausgewogenen Lichtsituation wie auf diesem Beispielfoto die Mehrfeldmessung zu nutzen.

Bei dem nachfolgenden Foto ist die Ausleuchtung durch das vorhandene Sonnenlicht nicht ausgewogen: Das Gegenlicht dringt nur im mittleren Bildbereich bis zu den Pflanzen am Waldboden hindurch und reflektiert auf de-

f/14 | 0,5 Sek. | ISO 100 | 17 mm | Stativ

Den Vordergrund habe ich mit Photoshop ein wenig aufgehellt. Das Gleiche hätte ich auch durch den Einsatz eines Reflektors erreichen können.

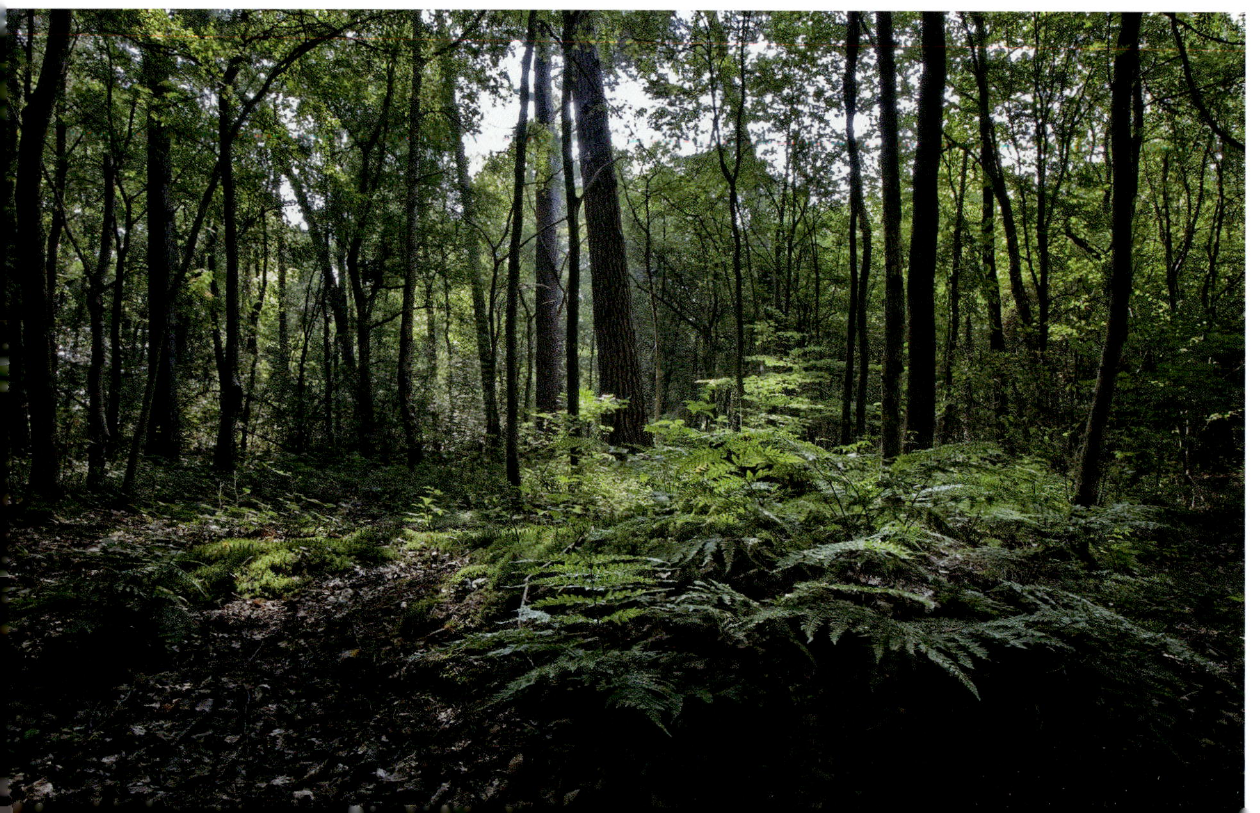

ren Blättern. Die Bildränder links und rechts dagegen liegen im dunklen Schatten. Hier habe ich mit dem halbautomatischen Kameraprogramm Zeitautomatik fotografiert, also die Blende vorgewählt und dabei für die Belichtung die Spotmessung eingesetzt, um die Wirkung von Licht und Schatten herauszuarbeiten bzw. sie noch ein wenig zu verstärken. Auch die mittenbetonte Belichtungsmessung wäre alternativ bei dieser Lichtsituation ein mögliches Mittel der Wahl gewesen.

Schwierig gestaltet sich oft der Bildaufbau mitten im Wald. Die Einteilung Ihres Fotos will gut überlegt sein.

Ich sehe den Wald vor lauter Bäumen nicht

Bei dem folgenden Beispielfoto ist das Licht zwar ganz nett, aber der Bildaufbau zeigt deutliche Mängel: Der Bildbetrachter stößt sich bei seiner Wanderung durch das Foto sofort heftig an einem Baumstamm – im übertragenen Sinn natürlich.

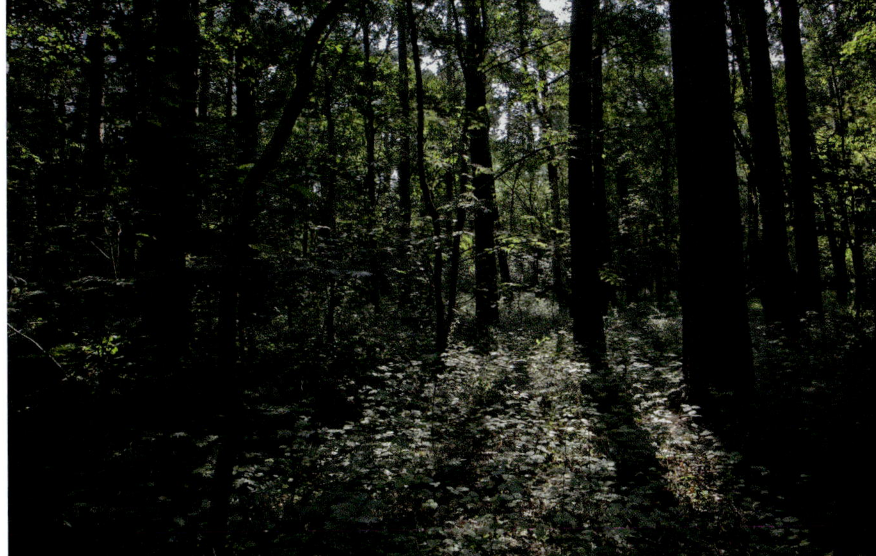

f/10 | 1/15 Sek. | ISO 100 | Stativ | Spotmessung

Licht dringt nur in einem schmalen Streifen in den Wald.

Sein Blick wird von den dicken Kieferstämmen gebremst. Das Foto gibt den Blick in die Tiefe nicht frei, sondern verstellt ihn regelrecht mit jeder Menge Holz. Es fehlen Sichtachsen, die den Blick frei schweifen lassen. Der Waldboden sieht „unaufgeräumt" und ein bisschen chaotisch aus. Die vielen kahlen Zweige sorgen für zusätzliche Unruhe – irgendwie scheint es kein wirklich klares Konzept zum Bildaufbau gegeben zu haben, als der Fotograf (das war ich – aber mit Absicht, weil ich ein Negativfotobeispiel

Mangelhafter Bildaufbau: Der Betrachter stößt sofort mit seinem Blick gegen die Baumstämme. Andere Bildelemente spielen so keine Rolle mehr.

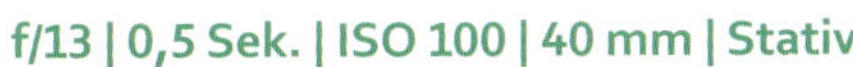

f/13 | 0,5 Sek. | ISO 100 | 40 mm | Stativ

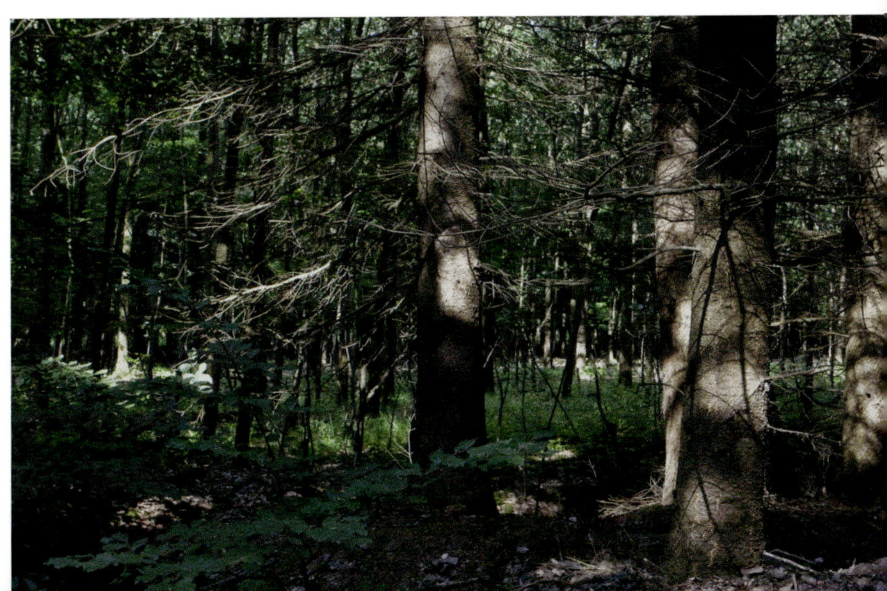

für dieses Buch brauchte) auf den Auslöser gedrückt hat. Als Sichtachsen bieten sich im Wald am ehesten Wanderwege, Pfade, Lichtungen oder auch umgestürzte Baumstämme an, die z. B. eine Diagonale auf Ihrem Foto bilden könnten. Der schräge Lichteinfall von oben links und der schmale Pfad im Goldenen Schnitt bilden Linien, die dem Foto eine Struktur und Gliederung geben. Doch auch hier ist das Foto durch das viele Unterholz und Gestrüpp noch recht unruhig. Sieht der Wald, den Sie fotografieren möchten, so aus, dann bleibt noch der Blick nach oben oder auf interessante Details. Darauf gehe ich gleich noch näher ein.

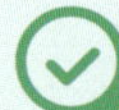

Ein Blick auf die Landkarte lohnt sich

Schauen Sie vor Ihrer Fototour in den Wald mit folgenden Fragestellungen auf die Landkarte (oder Google Earth): Wann scheint das Licht der tief stehenden Sonne an welcher Stelle seitlich schräg in den Wald hinein?

Suchen Sie diese Stellen vor Ort auf und bleiben Sie dort in der Nähe des Waldrandes. So haben Sie die größten Chancen, bei schönem Streiflicht Ihre Waldfotos zu machen. (So nennt sich das Licht der tief stehenden Sonne, das Konturen wunderbar durch Schatten betont und herausarbeitet.)

Der Weg lenkt den Blick in die Tiefe des Waldes.

f/10 | 1/5 Sek. | ISO 100 | 17 mm | Stativ

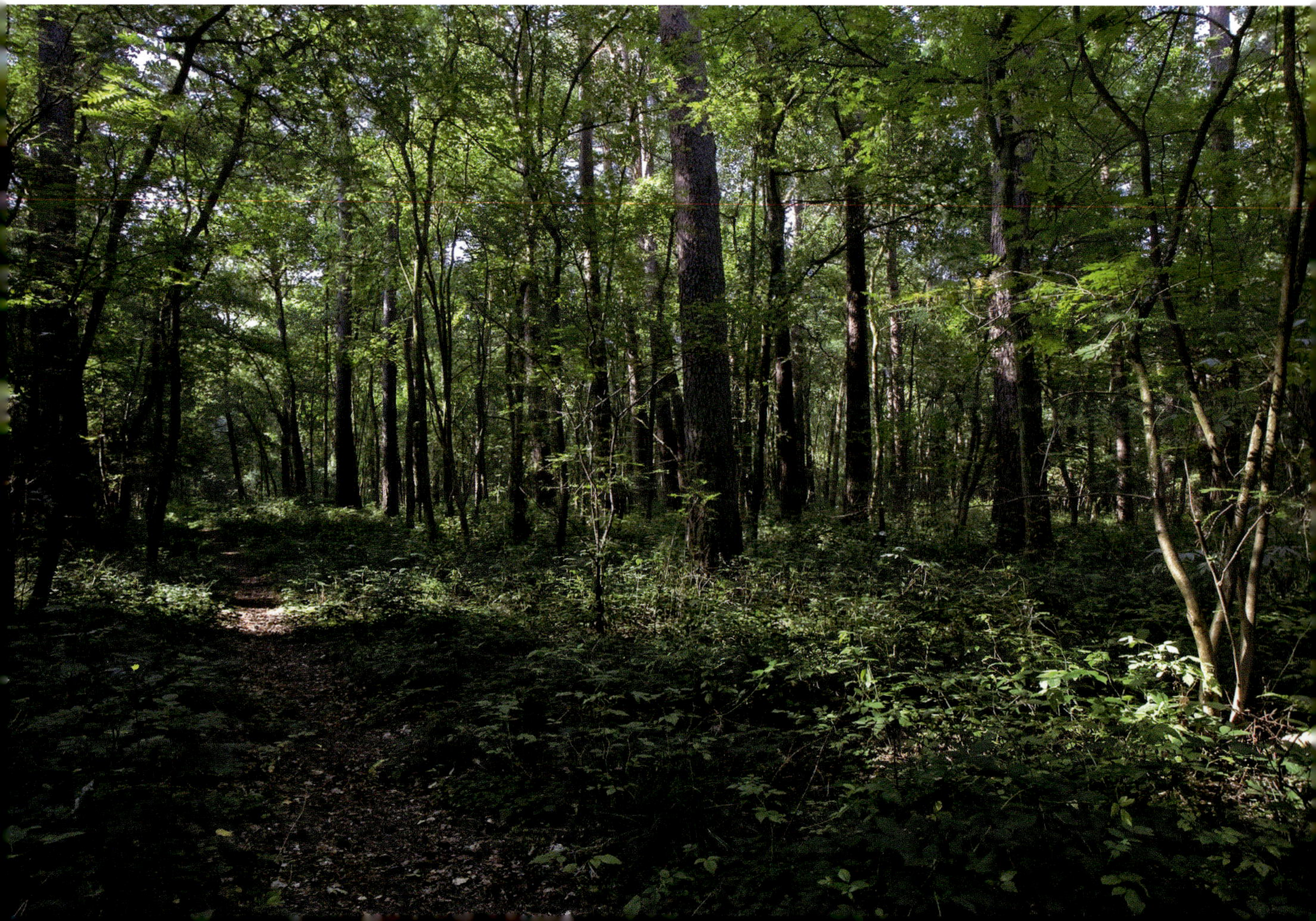

Wenn die Sonne nicht scheint, ...

... lassen sich dennoch schöne Waldfotos machen, vorausgesetzt, Sie legen ein besonderes Augenmerk auf einen guten Bildaufbau.

Details: Bilder, die nicht jeder hat

Etwas weniger kompliziert ist das Fotografieren im Wald, wenn Sie Ihr Augenmerk stark auf Details lenken. Zum Beispiel auf weiches Moos am Waldboden. Sonnenlicht fällt darauf und bringt ein kleines Birkenblatt zum Leuchten.

Bei Detailaufnahmen ist es im dichten Wald sehr viel einfacher, Akzente zu setzen. Hier können Sie durchaus mal mit Offenblende fotografieren und so mit der Schärfe spielen. Das waldige Umfeld nutzen Sie dann lediglich als unscharfe Hintergrundkulisse. Solche fotogenen Details (Tannenzapfen, Pilze, einzelne Blätter) finden Sie oft am Waldboden. Vorausgesetzt, Sie sind bereit, in ganzer Körperlänge Kontakt mit dem Waldboden aufzunehmen.

Hier spielt der Holzsteg die Hauptrolle im Foto – der Wald bildet die Kulisse. Mit Stativ, das ich mal wieder nicht dabeihatte, hätte ISO 100 ausgereicht. Ebenso wäre eine weitaus kleinere Blendenöffnung möglich und sinnvoll gewesen. Gut, dass bei niedriger Brennweite das nötige Maß an Schärfentiefe auch bei relativ weit geöffneter Blende möglich ist. Aber das sollte für Sie immer nur eine Notlösung sein ...

f/4.5 | 1/100 Sek. | ISO 1000 | 17 mm | (leider) ohne Stativ

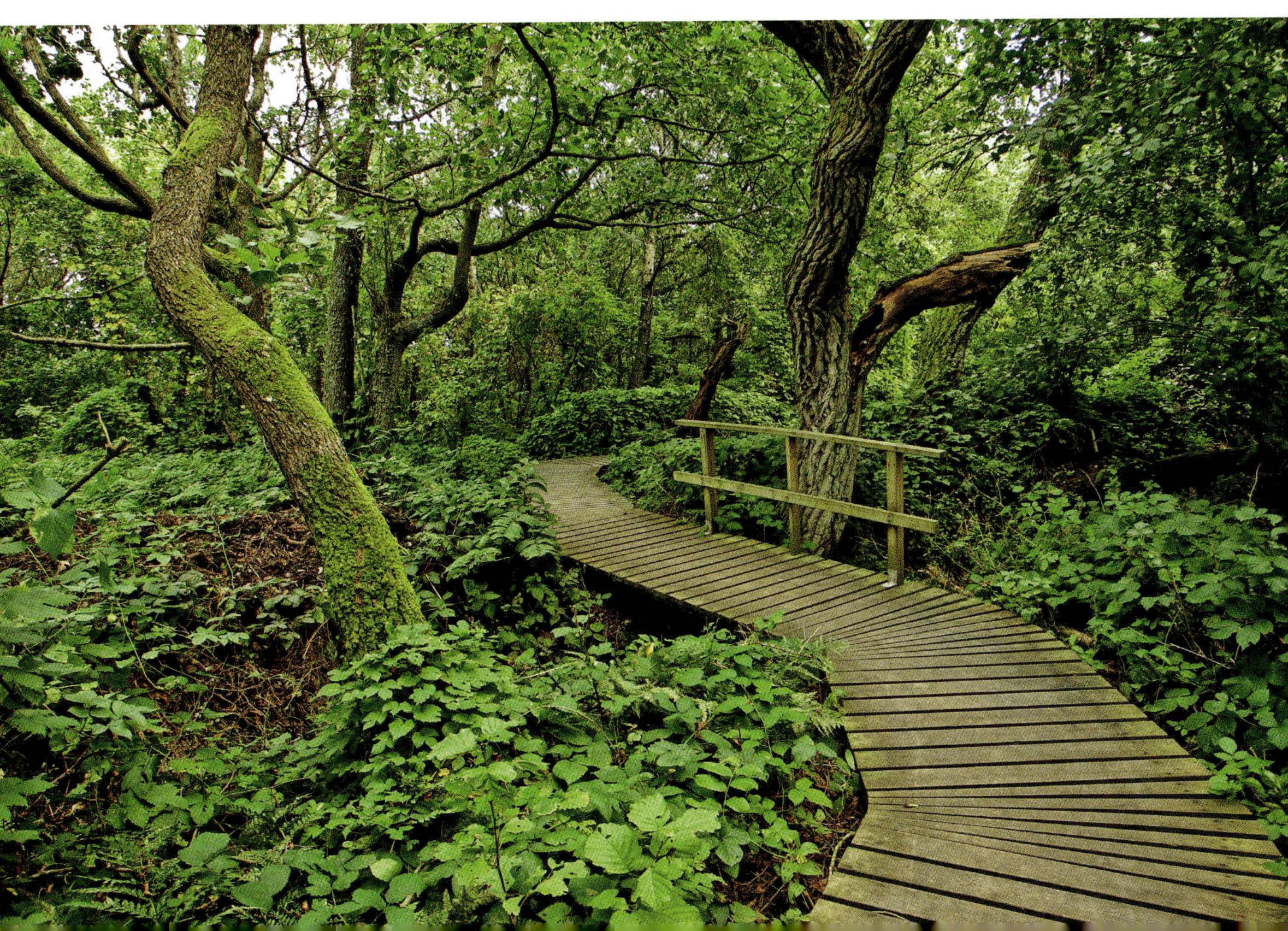

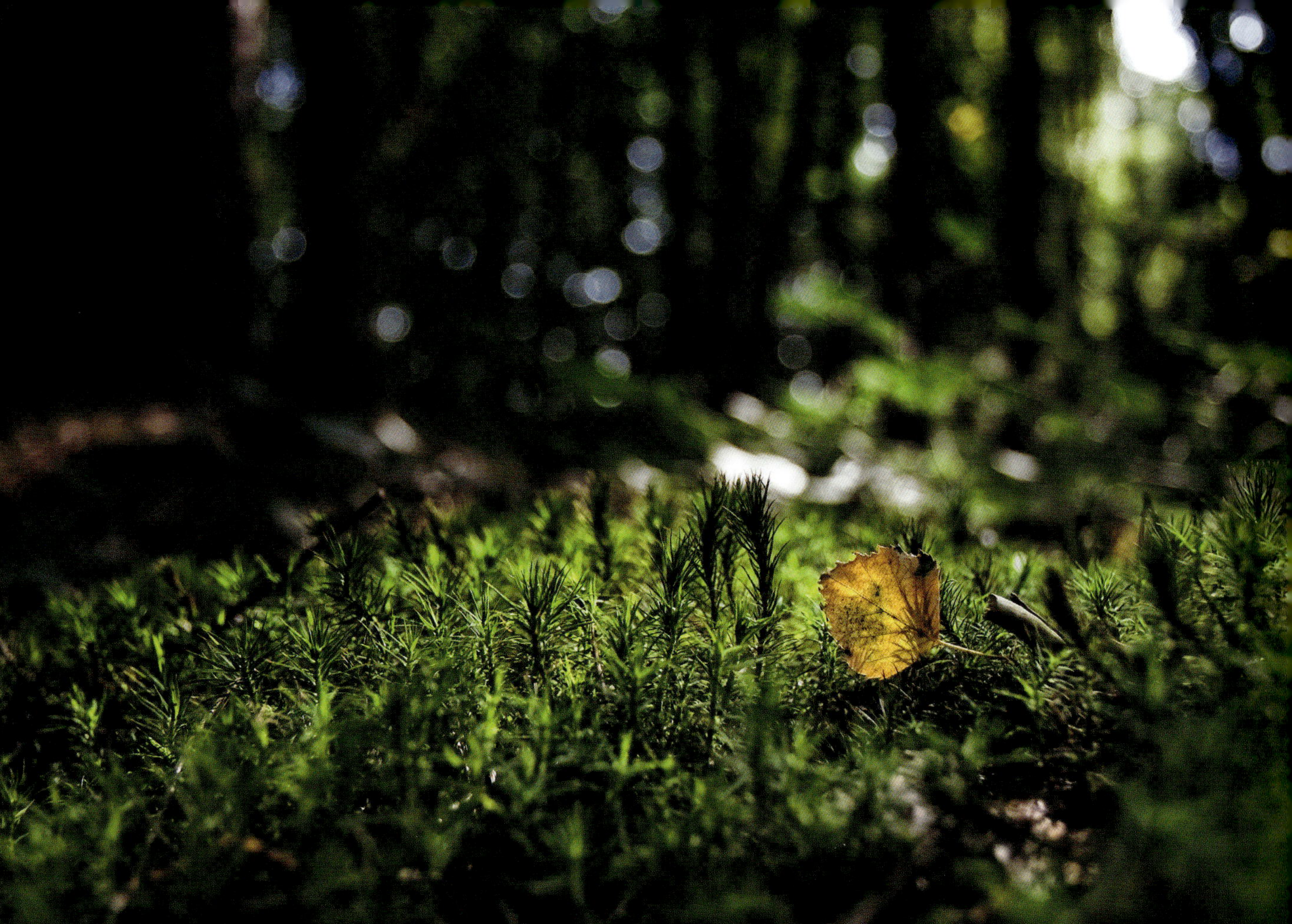

f/4 | 1/80 Sek. | ISO 200 | 26 mm

Ein gelbes Birkenblatt hat sich im Moos verfangen.

Sorgen Sie für Bodenhaftung

Und wenn Sie schon einmal am Boden liegen: Schauen Sie sich um – Sie werden viele weitere Motive entdecken. Bleiben Sie am besten an einem festen Ort und überlegen Sie in aller Ruhe, welches Detail es verdient hat, von Ihnen fotografiert zu werden. Schulen Sie Ihren Blick für Kleinigkeiten. Dinge, die zunächst völlig belanglos und uninteressant aussehen, stellen sich bei genauerer Betrachtung als durchaus fotogen heraus, wie beispielsweise der ganz banale Tannenzapfen auf Seite , der sich farblich nicht einmal vom Waldboden abhebt. Allein seine Struktur macht ihn fotografisch interessant.

Achten Sie auch bei dieser Art Fotografie auf den Bildaufbau. Sehr praktisch bei solchen Detailfotos: Sie können diese kleinen Motive so im Bild platzieren, wie Sie sie haben möchten, und die Dinge in dem von Ihnen gewählten Bildausschnitt so dekorieren, wie Sie es brauchen.

Guck in die Luft

Aber nicht nur auf dem Waldboden finden sich vielfältige Fotomotive, sondern auch in den „Stockwerken" darüber oder ganz oben im „Penthouse".

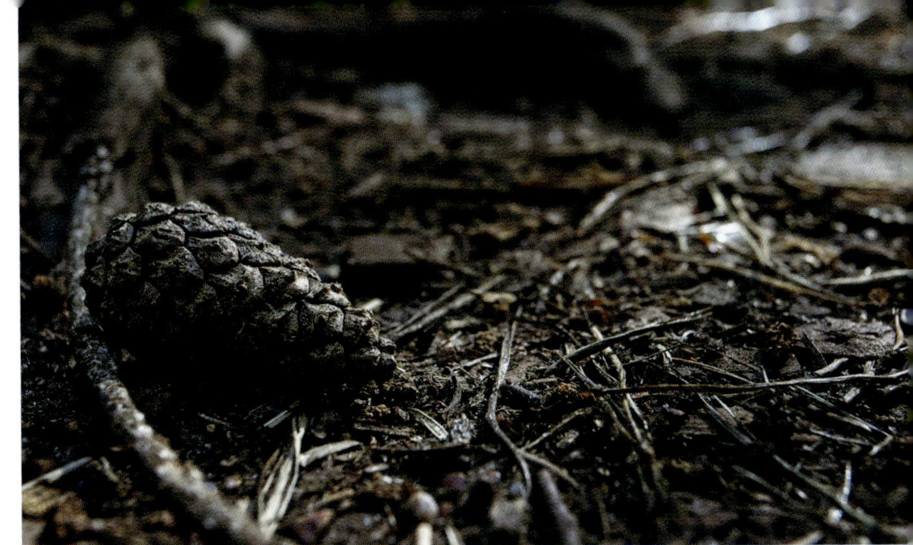

f/10 | 1/10 Sek. | ISO 320 | 40 mm

Farblich ein eher eintöniges Detailfoto – dennoch zieht der Tannenzapfen den Blick durch seine interessante Struktur auf sich.

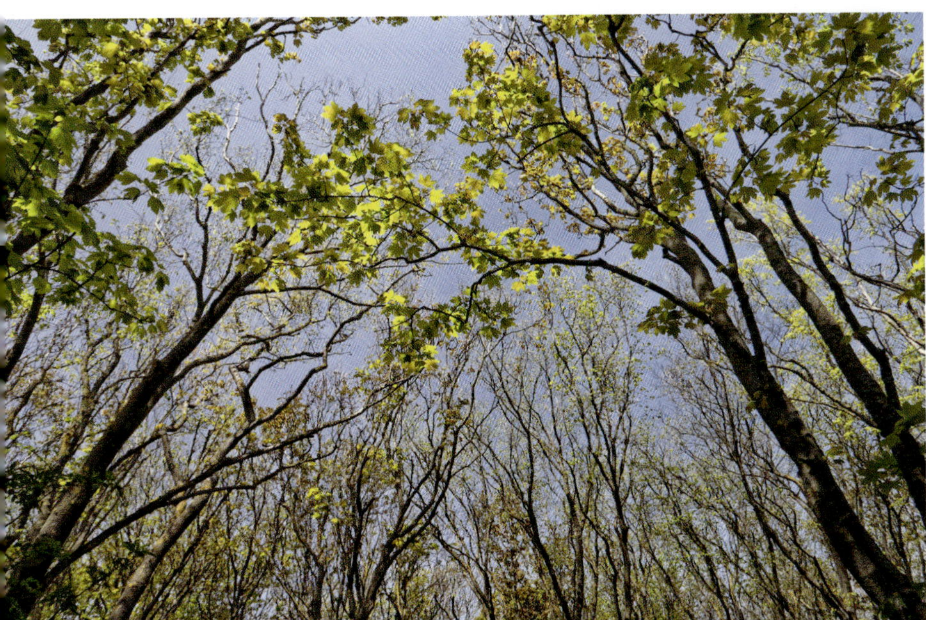

f/6.3 | 1/400 Sek. | ISO 100 | 17 mm

Frühling im Wald, die ersten frischen Blätter leuchten im Sonnenlicht .

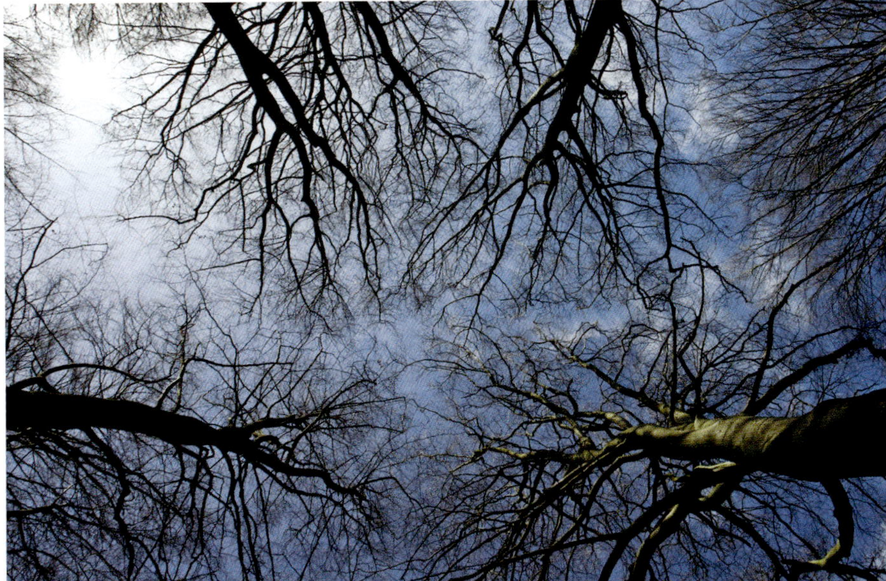

f/8 | 1/500 Sek. | ISO 160 | 17 mm

auch noch kahle Baumkronen können fotografisch reizvolle Motive sein – zu jeder Jahreszeit.

Das Licht zeigt Ihnen die Motive

Oder lassen Sie sich von den Sonnenstrahlen die schönsten Motive zeigen. Das Licht fällt oft auf kleine Dinge wie dieses Mini-Blattpaar, das direkt aus dem Baumstamm wächst. Ohne den Fingerzeig des Sonnenstrahls wäre ich achtlos an diesem Detail vorbeigegangen, hätte es übersehen. Es war, als wollte mir der Lichtstrahl sagen: „Hier schau mal genauer hin. Komm dichter ran … noch dichter – ist das nicht toll?"

Ja, gut … vielleicht habe ich eine kleine Macke mit meinen Naturfotos und komme manchmal, wenn ich allein zum Fotografieren unterwegs bin, auf absonderliche Gedanken. Doch ich fühle genau in solchen Momenten eine ganz starke Verbundenheit mit der Natur und bin fest davon überzeugt, dass es vielen Fotoverrückten ganz ähnlich wie mir geht. Und mit dieser kleinen Macke würde ich Sie ganz gern anstecken – es tut ja nicht weh! Und ein bisschen Fantasie hat noch niemandem geschadet.

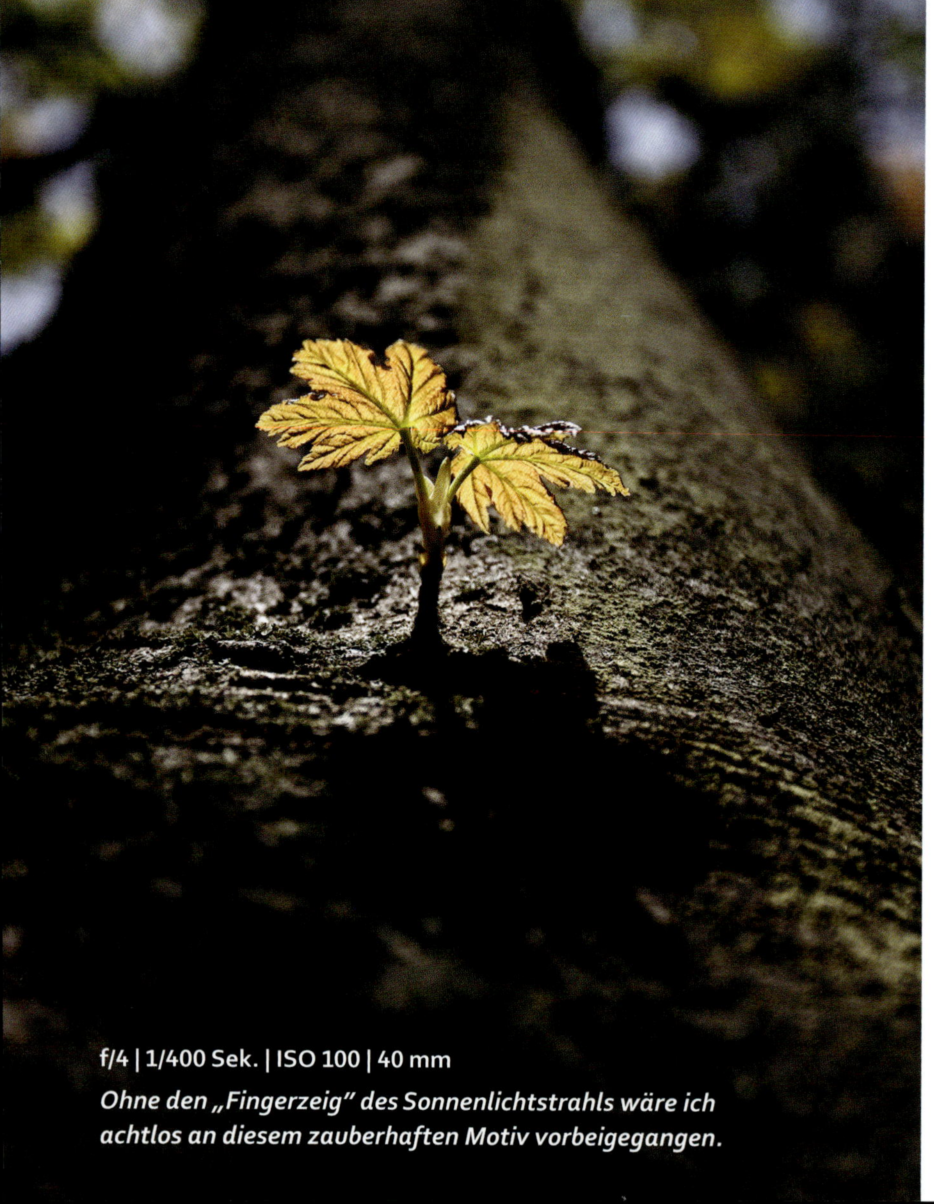

f/4 | 1/400 Sek. | ISO 100 | 40 mm

Ohne den „Fingerzeig" des Sonnenlichtstrahls wäre ich achtlos an diesem zauberhaften Motiv vorbeigegangen.

Abbildungsfehler

Leider gibt es im Wald (und nicht nur dort) noch ein anderes fotografisches Problem, auf das Sie keinen oder kaum Einfluss haben. Es tritt hauptsächlich an den Grenzen zwischen sehr hellen und sehr dunklen Bereichen im Foto auf, z. B. dunkle Zweige, heller Himmel. Dabei handelt es sich um einen Abbildungsfehler der verwendeten Objektive. Das Problem hat den komplizierten Namen chromatische Aberration und wird oft erst in der Vergrößerung auf dem Computermonitor überdeutlich.

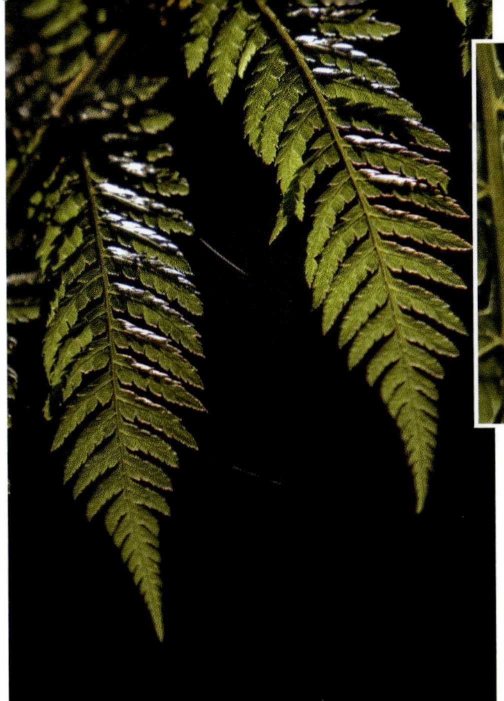

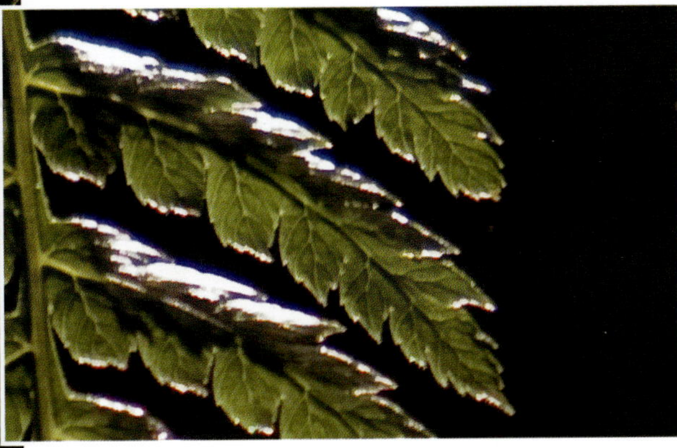

Ausschnittvergrößerung: Rot- und cyanfarbene Farbsäume treten am Übergang zwischen sehr hellen und sehr dunklen Bildbereichen auf, die chromatische Aberration.

f/6.3 | 1/160 Sek. | ISO 250

Farnblätter vor dunklem Hintergrund. Erst bei genauerem Hinschauen wird deutlich, dass sich unerwünschte Farben in das Foto geschlichen haben.

Speicherkarten

Speicherkarten sind klein und nehmen kaum Platz in der Fototasche ein: Nehmen Sie lieber mehrere kleine 8- oder 16-GByte-Karten mit als eine große 64-GByte-Karte. Geht die große Speicherkarte verloren oder kaputt, sind alle Bilder weg oder lassen sich nur mit viel Aufwand wiederherstellen. Der Verlust oder die Zerstörung einer kleineren Speicherkarte und der dort gespeicherten Fotos tut zwar auch weh, lässt sich aber eher verschmerzen, als sämtliche Urlaubsfotos auf einer großen Karte zu verlieren.

Diese Farbränder bestehen meistens aus einer rot-/magenta- und zyanfarbenen Farbverschiebung, die chromatische Aberration. Einige Bildbearbeitungsprogramme wie etwa Lightroom und neuere Photoshop-Versionen sind mittlerweile in der Lage, das Problem mit ein paar Klicks zu beheben.

Sonst müssen Sie mit diesem Abbildungsfehler leben (der ja nur bei sehr genauem Hinschauen stärker auffällt), oder Sie wandeln das Bild als Radikallösung per Bildbearbeitungsprogramm in ein Schwarz-Weiß-Foto um.

Auch Damwild-Kühe wissen das wenige Licht im Wald zu nutzen, um sich hübsch in Szene zu setzen (fotografiert in einem Wildgehege).

f/6.3 | 1/320 Sek. | ISO 500 | 400 mm

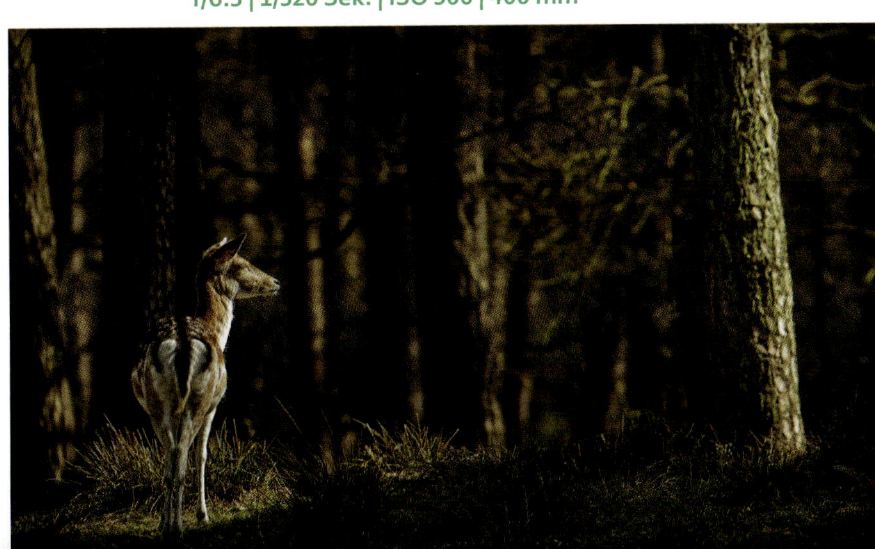

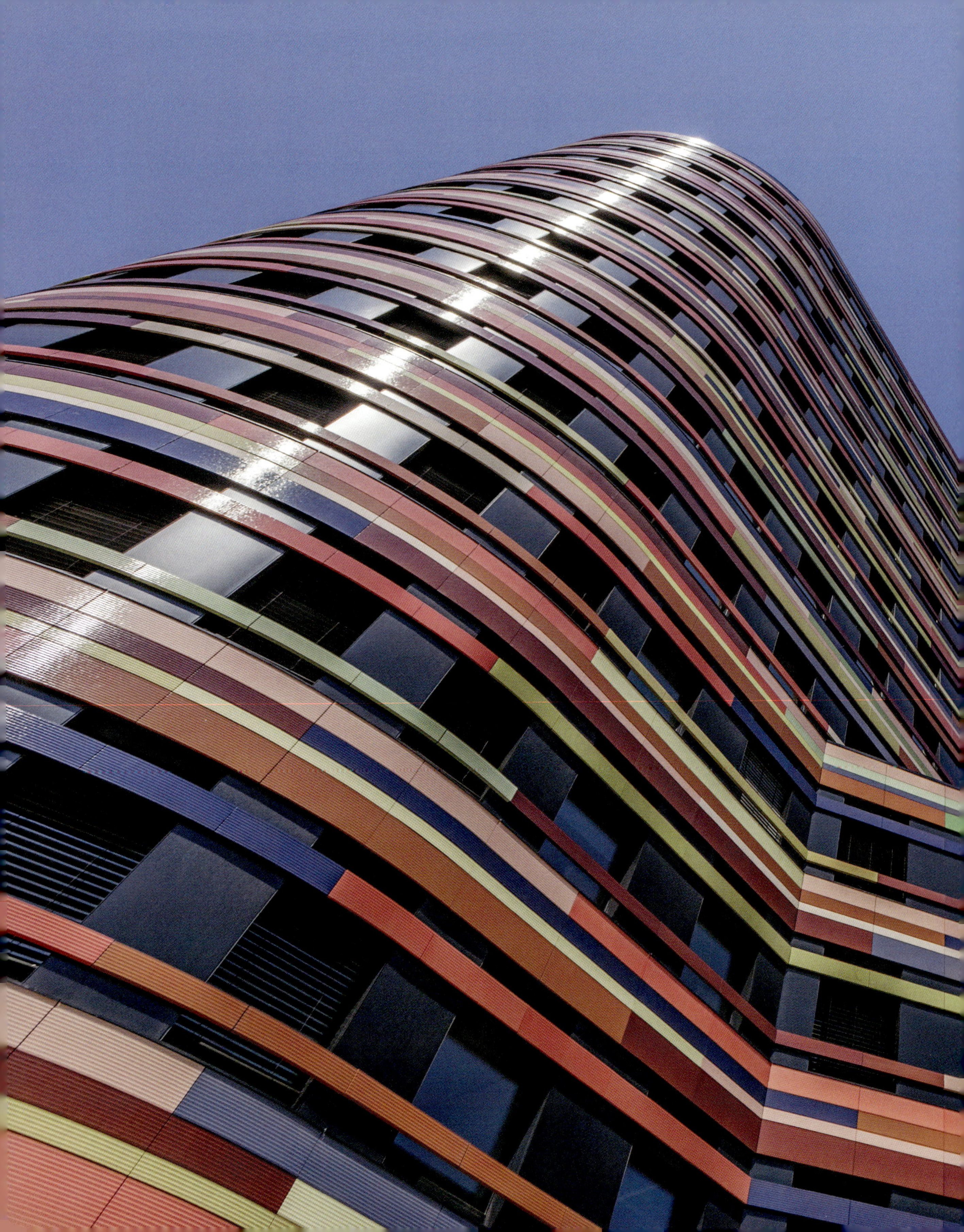

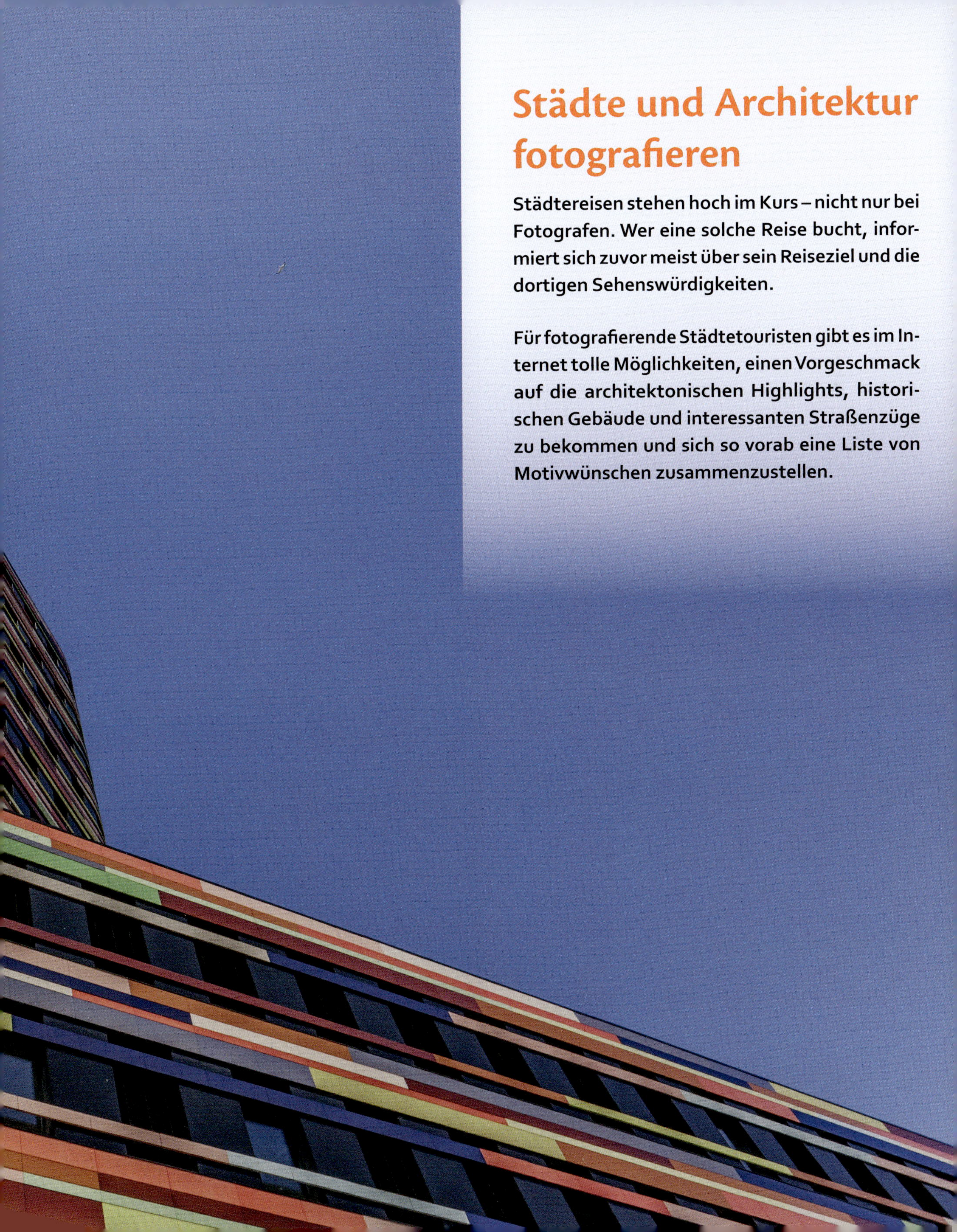

Städte und Architektur fotografieren

Städtereisen stehen hoch im Kurs – nicht nur bei Fotografen. Wer eine solche Reise bucht, informiert sich zuvor meist über sein Reiseziel und die dortigen Sehenswürdigkeiten.

Für fotografierende Städtetouristen gibt es im Internet tolle Möglichkeiten, einen Vorgeschmack auf die architektonischen Highlights, historischen Gebäude und interessanten Straßenzüge zu bekommen und sich so vorab eine Liste von Motivwünschen zusammenzustellen.

4.1 Gute Planung spart Zeit

Testen Sie doch einmal die Online-Bilddatenbanken der großen Fotoagenturen. Häufig müssen Sie sich dafür nicht einmal registrieren. Oder schauen Sie bei den Fotocommunitys nach. Geben Sie einfach den Namen Ihres Reiseziels in die Suchmaske ein und schauen Sie sich unter einer Vielzahl von Stadtmotiven aus unterschiedlichen Perspektiven, Jahreszeiten und Wetterlagen um. Eine sehr ergiebige Quelle, die Sie bestimmt zu eigenen Ideen und Sichtweisen anregen wird. Ganz sicher steigt nun die Vorfreude auf Ihr Reiseziel dramatisch. Hier folgt eine kleine Auswahl von Bildagenturen und Fotoforen im Internet, bei denen Sie herrlich stöbern können.

Link-Tipps zur Vorbereitung

- **Bildagenturen im Internet**
  www.gettyimages.de/
  www.fotofinder.com/
  www.f1online.de/
- **Fotocommunitys**
  www.fotocommunity.de/
  view.stern.de/de
  www.flickr.com/

Drucken Sie sich zum Beispiel einen Stadtplan Ihres Reiseziels aus und zeichnen Sie dort die Standorte der interessanten Wahrzeichen ein. So können Sie sich in etwa eine Vorstellung davon machen, wie groß die Entfernungen zwischen den einzelnen Sehenswürdigkeiten sind.

Auch können Sie schon im Vorfeld überlegen, wann im Laufe eines Tages die Sonne Ihr Fotomotiv ins richtige Licht setzt. Arbeiten Sie schon vor Reiseantritt eine Fotoroute durch die Stadt aus und überlegen Sie, in welcher Reihenfolge Sie die Wahrzeichen und Sehenswürdigkeiten abklappern wollen. So nutzen Sie die eigentlich immer zu kurze Zeit optimal.

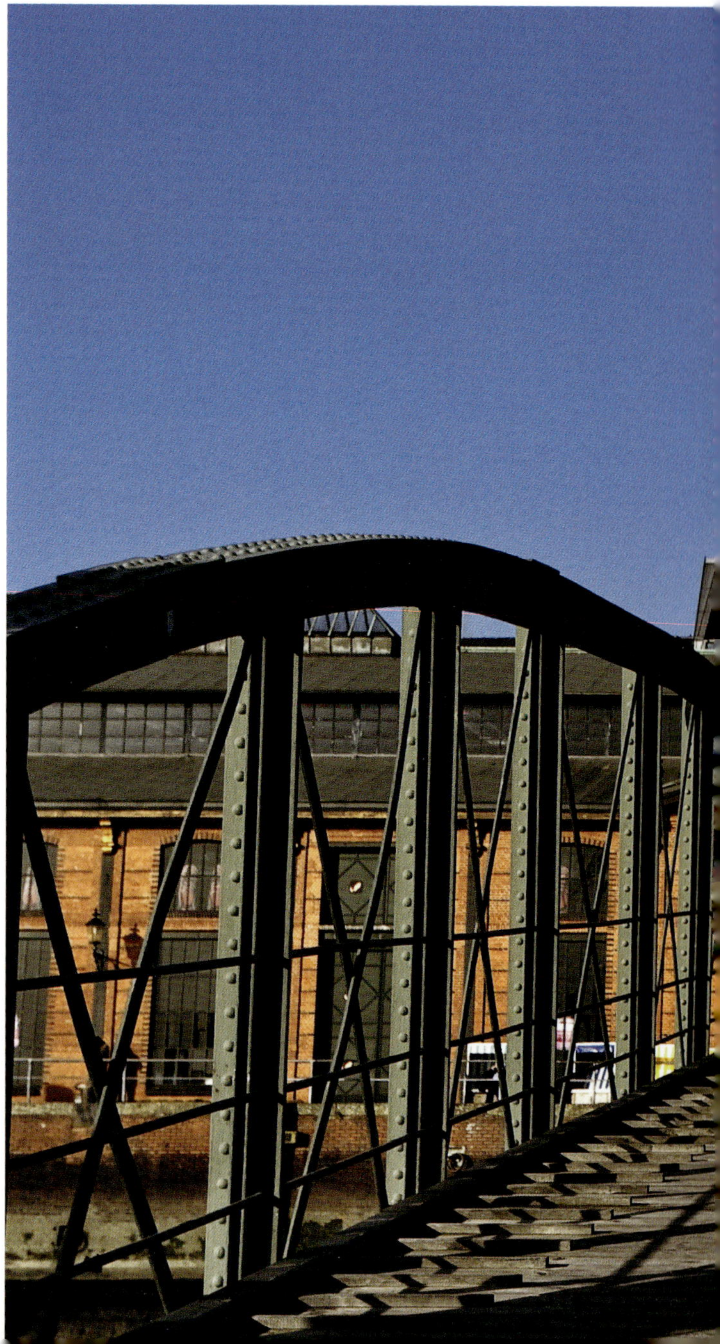

Sightseeing mit der Straßenbahn

Schauen Sie sich bereits vor Reiseantritt in eine fremde Stadt das Liniennetz der dortigen öffentlichen Verkehrsmittel im Reiseführer oder Internet an. Oft lohnt es sich, mit den „Öffentlichen" eine Sightseeingtour zu unternehmen: Sie können an allen interessanten

Die historische Fischauktionshalle in Hamburg. Für dieses Bild bietet sich zugunsten der Symmetrie ein mittiger Bildaufbau an. Das Hauptmotiv liegt im Zentrum des Fotos.

f/10 | 1/400 Sek. | ISO 200 | 40 mm

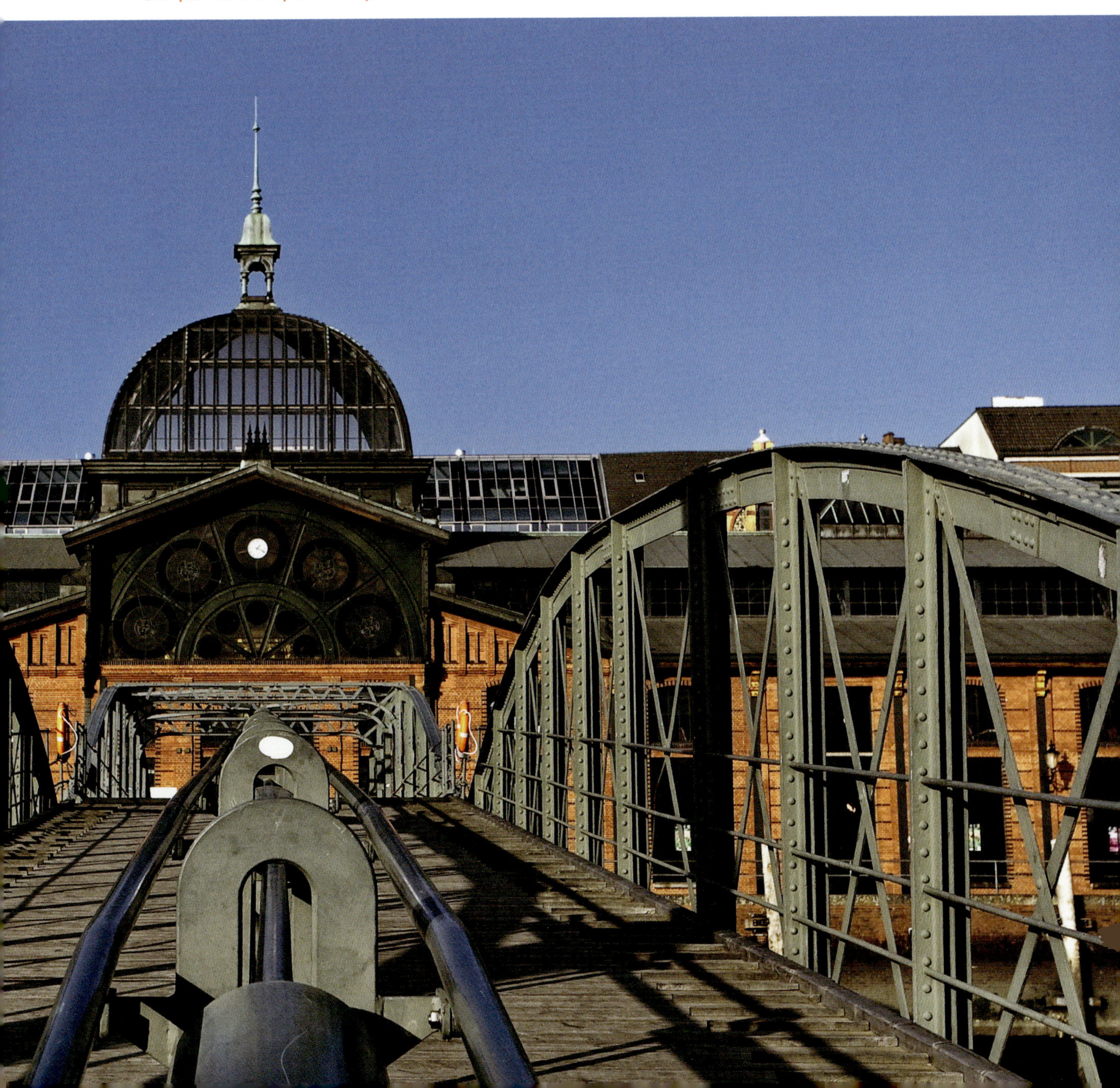

Punkten der Stadt aussteigen, fotografieren und mit dem nächsten Bus oder der nächsten Straßenbahn Ihre Fahrt fortsetzen. Auf einer offiziellen Stadtrundfahrt für Touristen bekommen Sie zwar alle Sehenswürdigkeiten samt dazugehöriger Informationen geboten – allerdings nicht immer zu fotografisch günstigen Zeiten. Bei Nutzung der öffentlichen Verkehrsmittel haben Sie hingegen freie Zeitwahl.

Ein Linienbus biegt auf den weihnachtlichen Hamburger Rathausmarkt ein und bringt damit Dynamik ins Bild.

f/9 | 5 Sek. | ISO 100 | 17 mm

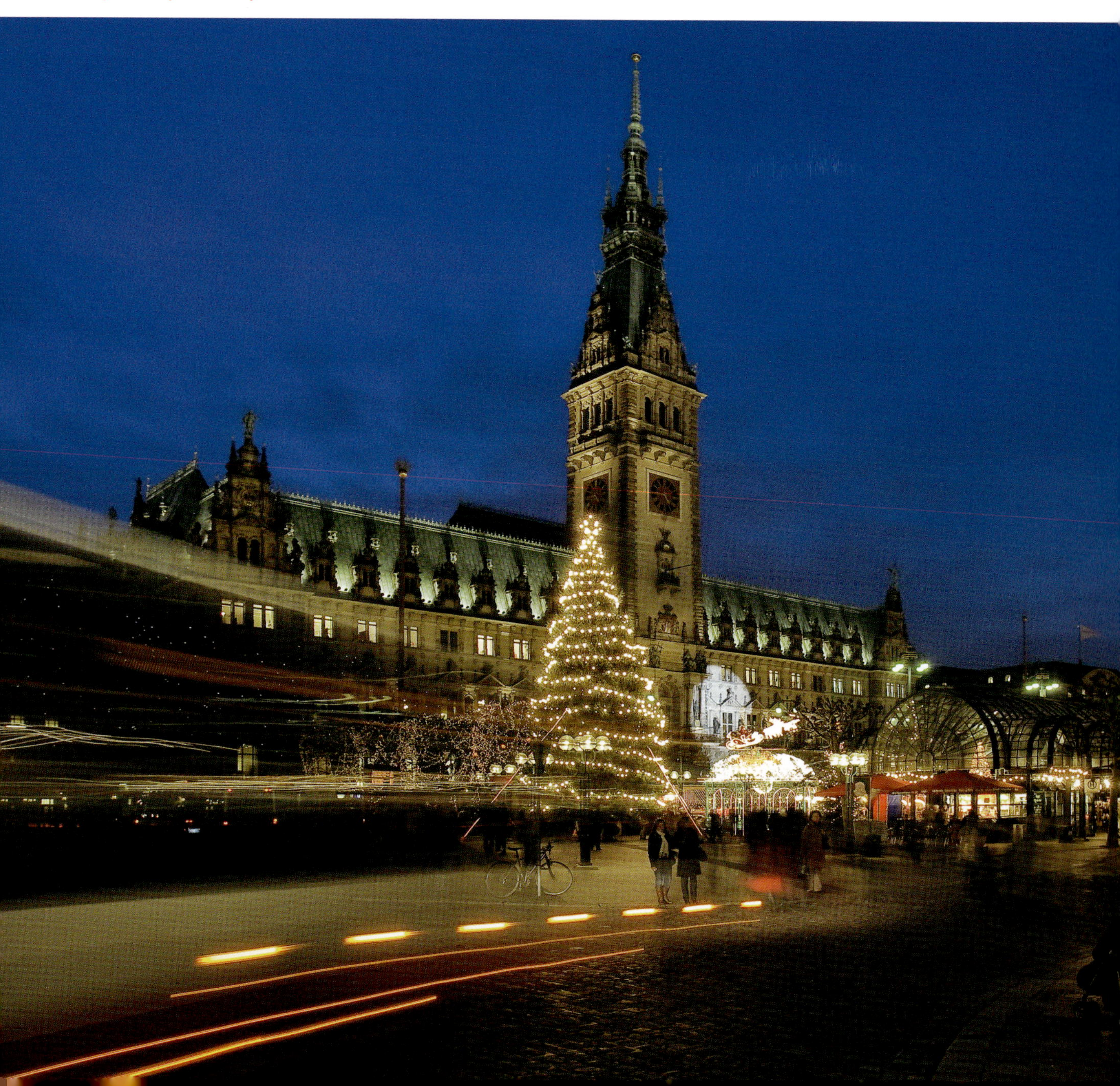

Und nicht vergessen: Manchmal sind Busse und Straßenbahnen selbst durchaus lohnenswerte Motive oder auch schmückendes Beiwerk wie bei dieser Langzeitbelichtung vom Hamburger Rathausmarkt – wie das genau funktioniert, erkläre ich in Kapitel 4.4, „Nachts sind Städte niemals grau", genauer.

Die Straßenbahn in Frankfurt am Main. Nutzen Sie öffentliche Verkehrsmittel, um Ihre Wunschmotive in einer fremden Stadt abzuklappern.

f/4.5 | 1/250 Sek. | ISO 500

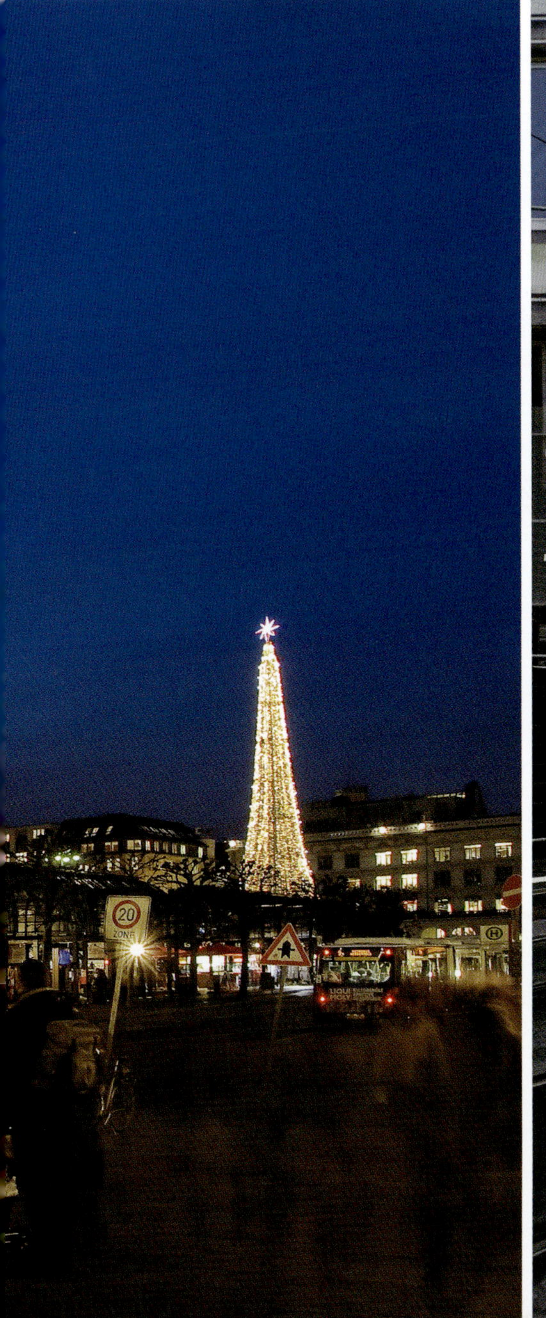

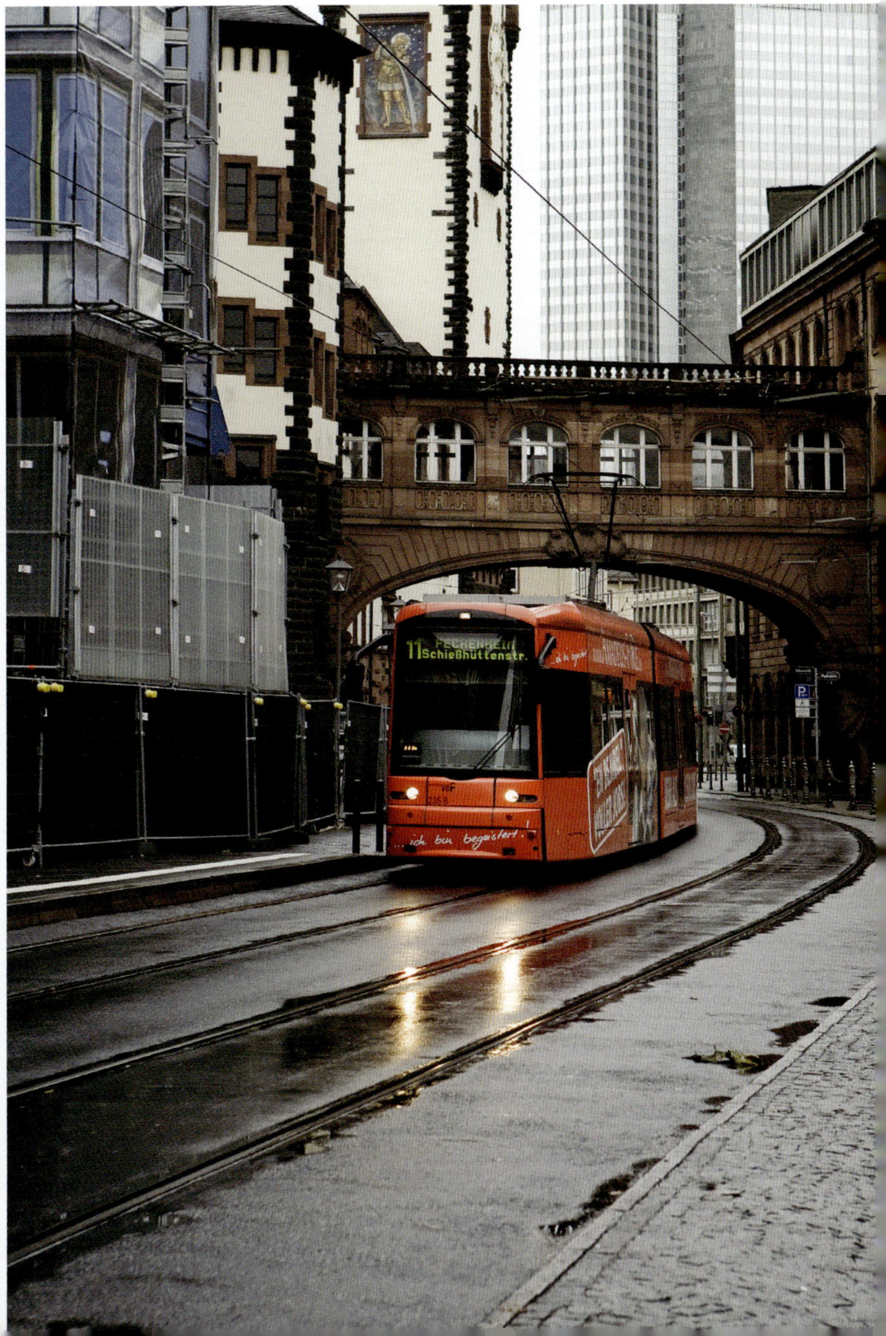

4.2 Sehenswürdigkeiten und Wahrzeichen

Postkartenmotive kann man kaufen

Okay, es gibt einerseits den Spruch: „Das Motiv gibt's schon tausendfach – bloß noch nicht von mir." Andererseits: Ist es nicht viel spannender, Ihre ganz persönlichen, subjektiven Eindrücke und Impressionen einer Stadt festzuhalten? Um es ein wenig übertrieben zu formulieren.

Die Standardmotive können Sie sich ebenso gut als Postkarten an der Touristeninformation kaufen. Ich finde es immer wieder reizvoll, ein Standardmotiv anders zu fotografieren als andere Fotografen. In Frankfurt am Main zum Beispiel drängt es sich geradezu auf, die moderne Skyline und die historische Brücke Eiserner Steg als markanten Kontrast abzulichten. Dazu wirkt das Foto gleich viel lebendiger, wenn Menschen durch das Bild laufen, auch mit einer leichten Bewegungsunschärfe, das bringt Dynamik ins Foto.

Die Einbeziehung der dicken Stahlnieten auf dem Brückengeländer sorgt für eine interessante Perspektive und gibt dem Foto Tiefe.

Die Porta Nigra in Trier ist das Wahrzeichen der ältesten Stadt Deutschlands.

f/7.1 | 1/320 Sek. | ISO 200 | 17 mm

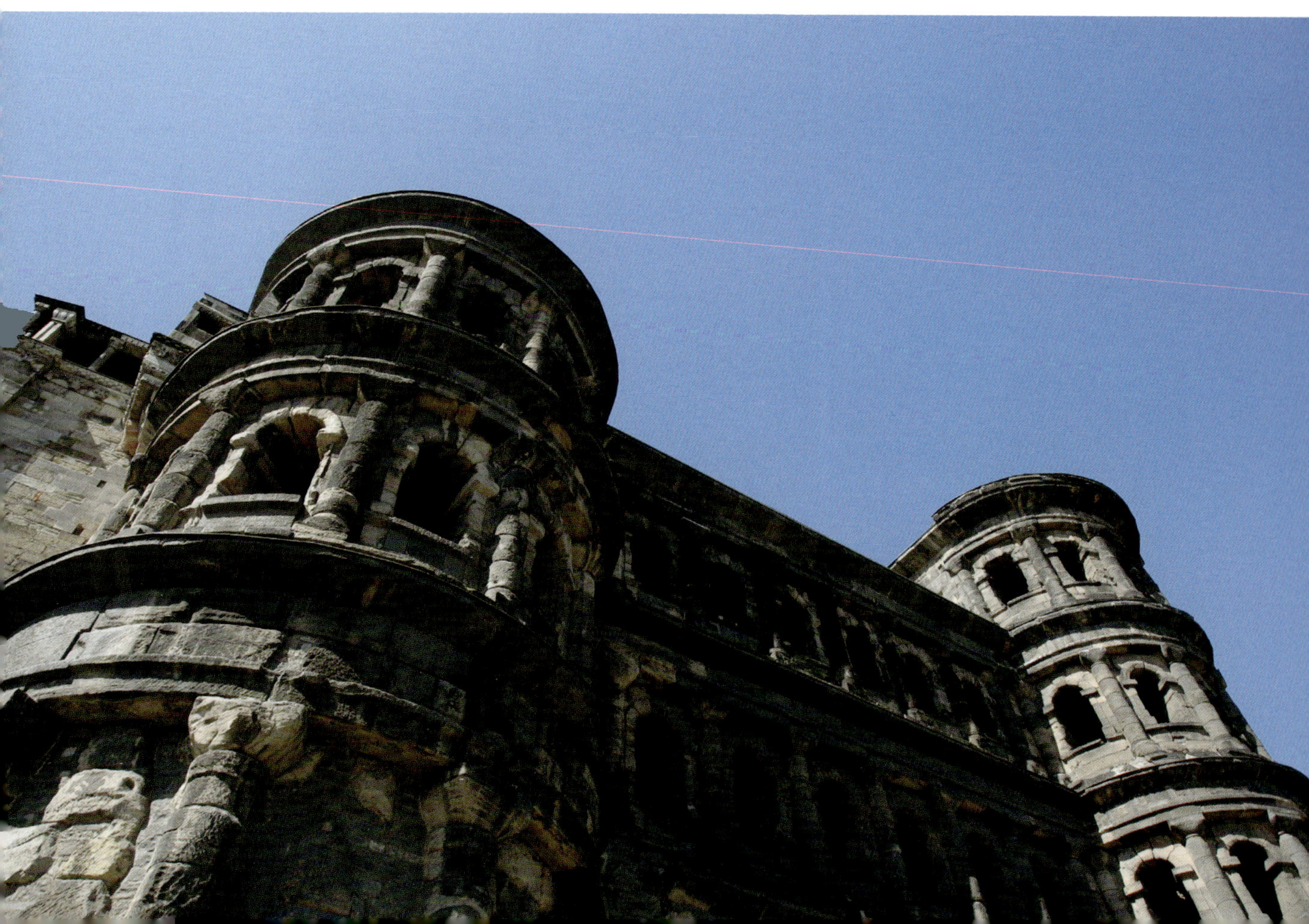

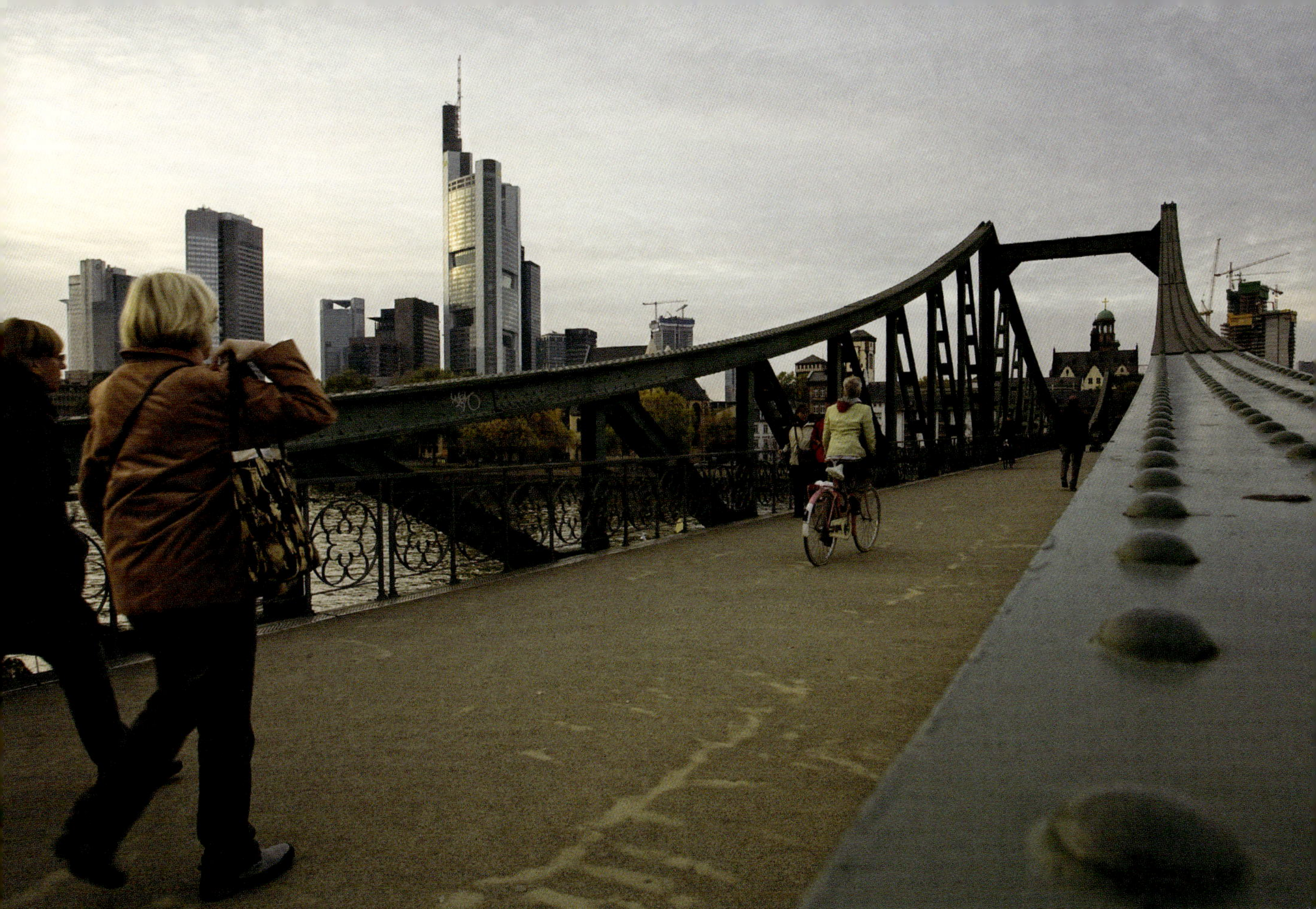

f/8 | 1/125 Sek. | ISO 320 | 17 mm

Zwei Wahrzeichen auf einen Streich, die Main-Brücke Eiserner Steg und die berühmte Frankfurter Skyline. Die Passanten machen das Bild dynamischer. Die Belichtungszeit hätte gern noch ein wenig länger sein dürfen, damit die Bewegungsunschärfe deutlicher wird. Als Stativersatz diente hier das Brückengeländer.

Und Sie hätten gleich zwei Frankfurter Sehenswürdigkeiten mit einer Klappe geschlagen: die Skyline und den Eisernen Steg.

Wenn Sie sich vor Ihrer Reise in eine fremde Stadt über die örtlichen Gegebenheiten schlau gemacht haben, werden Sie wissen, wo Sie gute Standorte für Ihre Kamera finden, um die Wahrzeichen so zu fotografieren, wie es nicht jedermann macht.

Die Stiftskirche ist beispielsweise ein Wahrzeichen der Weltkulturerbe-Stadt Quedlinburg (Sachsen-Anhalt).

Alle im Internet auffindbaren Fotos dieses Pflichtmotivs der Stadt ähneln einander mehr oder weniger.

Auf einem Spaziergang durch diese wunderschöne mittelalterliche Stadt fand ich dann einen Blick auf die Kirche (siehe Foto auf der nächsten Seite), der noch nicht so abgenutzt ist wie die üblichen Fotos des Wahrzeichens.

Fotografieren Sie typische Details

Auch die schon am Anfang dieses Kapitels gezeigte Fischauktionshalle in Hamburg ist so ein typisches Postkartenmotiv. Mit der hier ge-

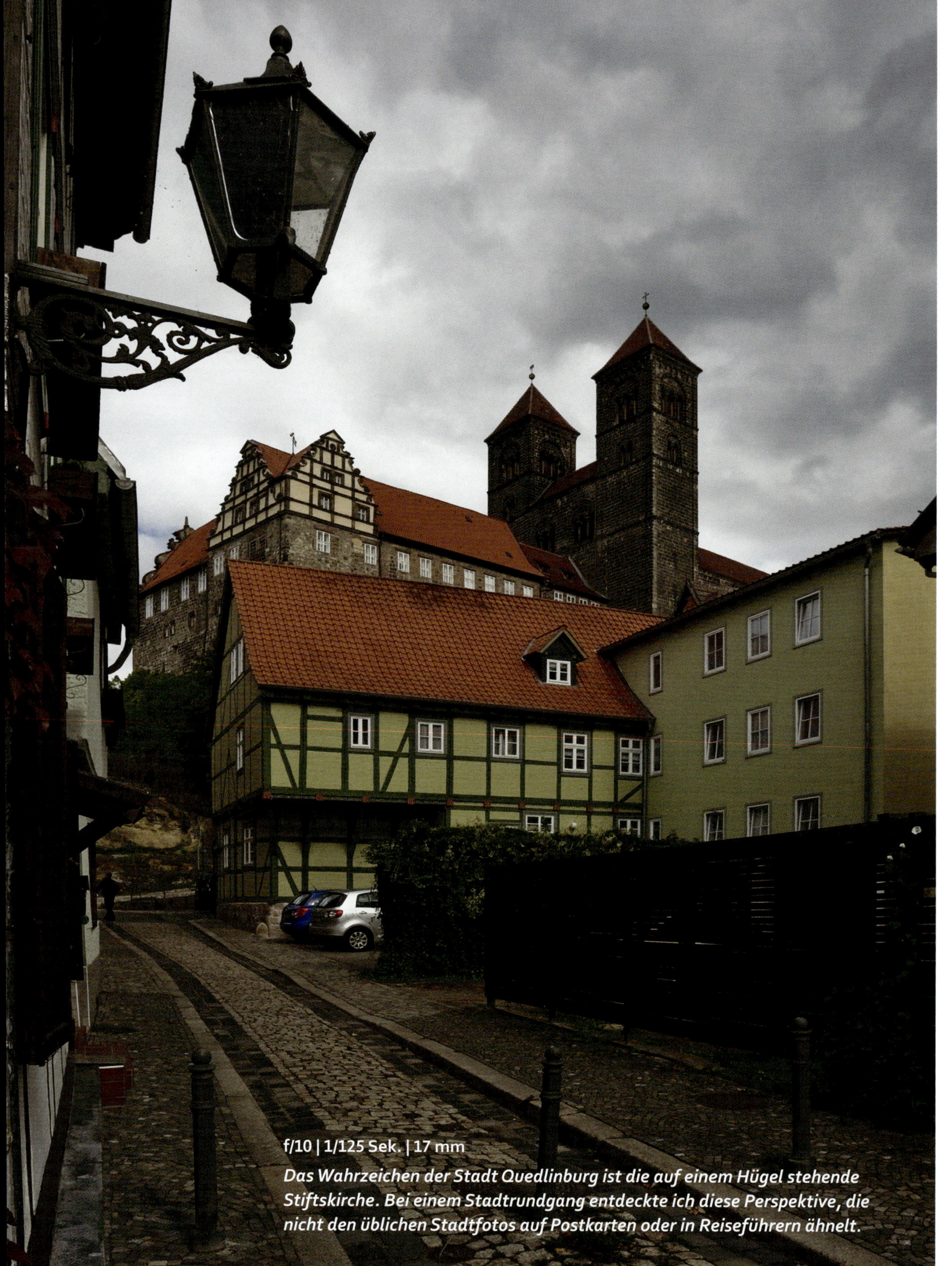

f/10 | 1/125 Sek. | 17 mm

Das Wahrzeichen der Stadt Quedlinburg ist die auf einem Hügel stehende Stiftskirche. Bei einem Stadtrundgang entdeckte ich diese Perspektive, die nicht den üblichen Stadtfotos auf Postkarten oder in Reiseführern ähnelt.

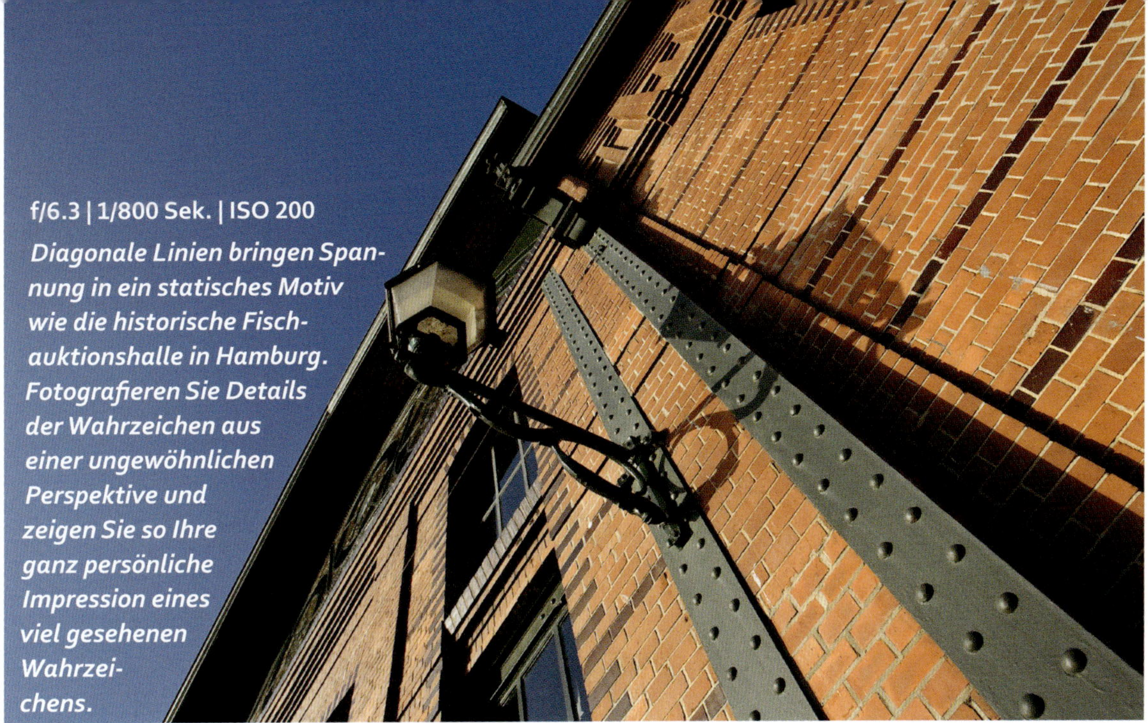
f/6.3 | 1/800 Sek. | ISO 200

Diagonale Linien bringen Spannung in ein statisches Motiv wie die historische Fischauktionshalle in Hamburg. Fotografieren Sie Details der Wahrzeichen aus einer ungewöhnlichen Perspektive und zeigen Sie so Ihre ganz persönliche Impression eines viel gesehenen Wahrzeichens.

zeigten Perspektive finden Sie aber eher keine Karte: Noch ein Beispiel: Die Ansicht der Ortschaft Heiligenblut zu Füßen des Großglockners kennt wohl jeder – es ist ein typisches Postkartenmotiv. Natürlich habe auch ich dort aus der klassischen Perspektive fotografiert. Während des nur wenige Minuten dauernden Fotostopps – noch dazu bei Mistwetter – wa-

Heiligenblut, das von Touristen aus aller Welt besuchte und fotografierte Dorf am Fuße des Großglockners in Österreich in der klassischen Postkartenansicht.

f/9 | 1/250 Sek. | ISO 320 | 40 mm

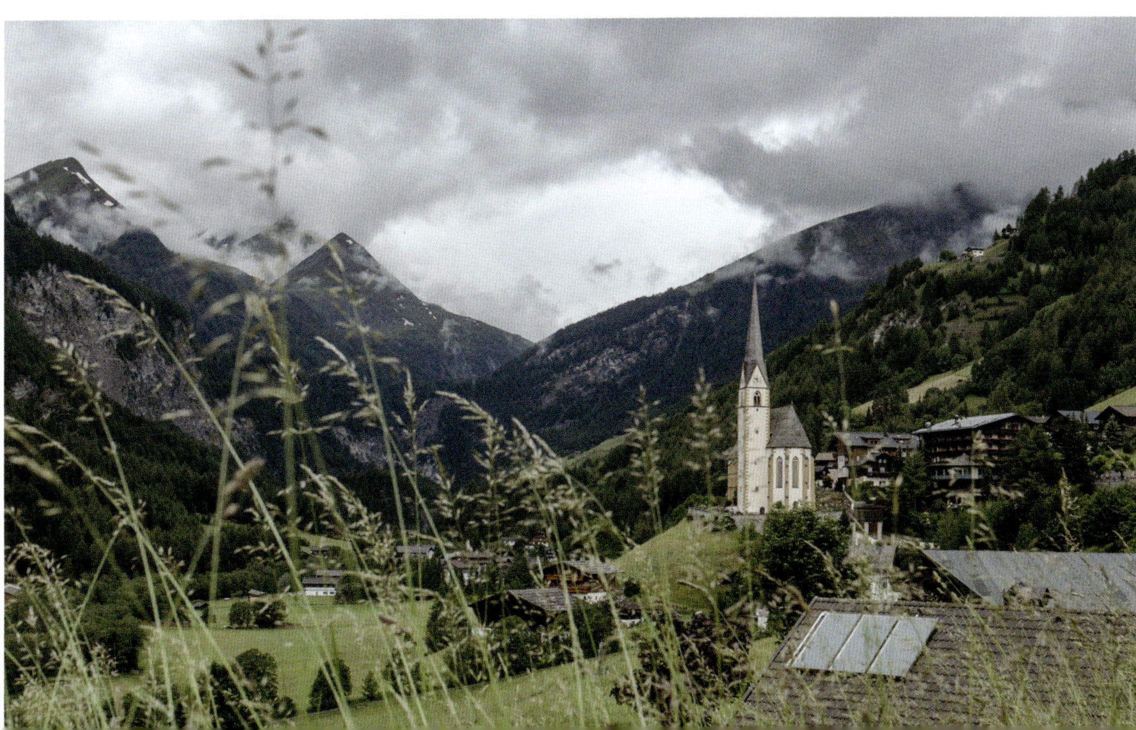

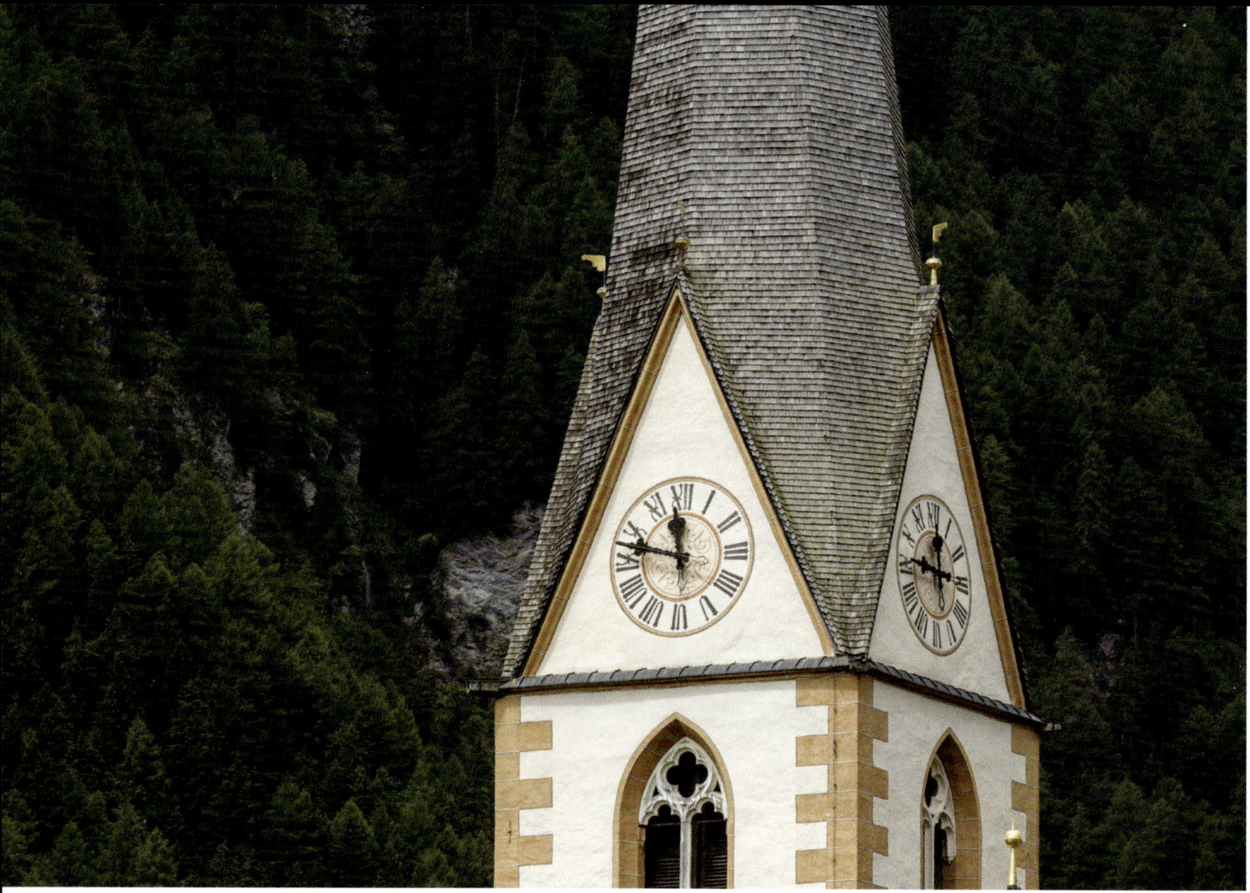

f/8 | 1/160 Sek. | ISO 160 | 200 mm

Schneller Standort- und Objektivwechsel, dazu noch kurz vor High Noon – fertig ist die Detailaufnahme der berühmten Pfarrkirche Heiligenblut.

ren die Möglichkeiten einer guten Standortsuche leider eher begrenzt …

Suchen Sie an den Fassaden der Wahrzeichen nach Details, die Sie als typisch für die Stadt empfinden, die den Charakter der Stadt unterstreichen. Das können Details an Fassaden, Verzierungen oder Schilder sein. Oder auch interessant dekorierte Fenster. So können Sie den Betrachtern Ihrer Fotos Ihre ganz subjektive und persönliche Sichtweise der städtischen Sehenswürdigkeiten zeigen: im Detail oder aus ungewöhnlichen Perspektiven. Zoomen Sie in Ihr Motiv hinein. Oft sind spannende Details mit bloßem Auge aus ein paar Metern Entfernung kaum noch zu entdecken. Das ist weitaus interessanter als die immer gleichen und tausendfach fotografierten Postkartenansichten. Auf der nächsten Seite drei Beispielfotos, die Ihnen als Anregung dienen können.

Infotafeln fotografieren

In den meisten Städten hängen an allen wichtigen Gebäuden Informationstafeln mit Erklärungen zur Geschichte und Bedeutung der Bauten. Fotografieren Sie diese mit, damit Sie Ihre Fotos später im Album auch richtig beschriften können, ohne zuvor lange im Internet nach den Informationen zu suchen. Die Fotos müssen nicht optimal belichtet werden – wichtig ist einzig und allein, dass die Tafeln lesbar sind. Halten Sie also einfach drauf. Um Schönheit geht's dabei nicht.

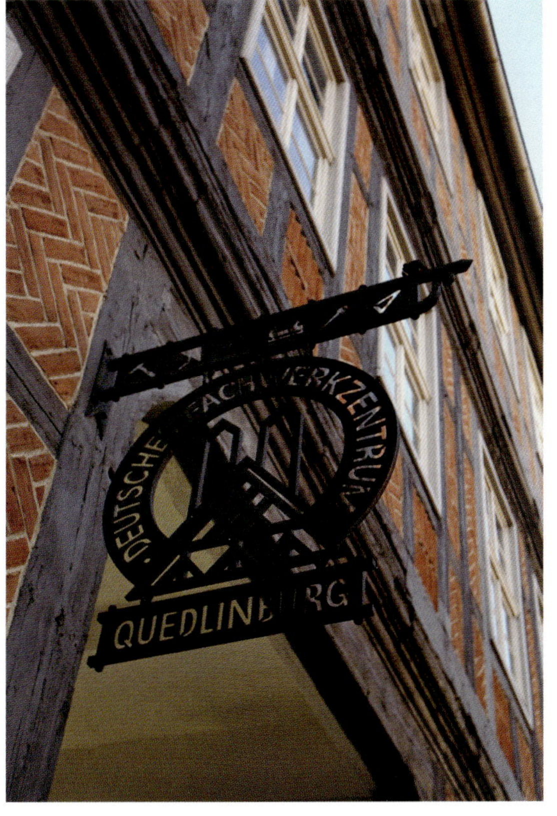

f/4 | 1/60 Sek. | ISO 200 | 39 mm

Das Gesicht der Stadt Quedlinburg ist von Fachwerkhäusern geprägt. Ein passendes Detailfoto: das schmiedeeiserne Schild am Deutschen Fachwerkzentrum.

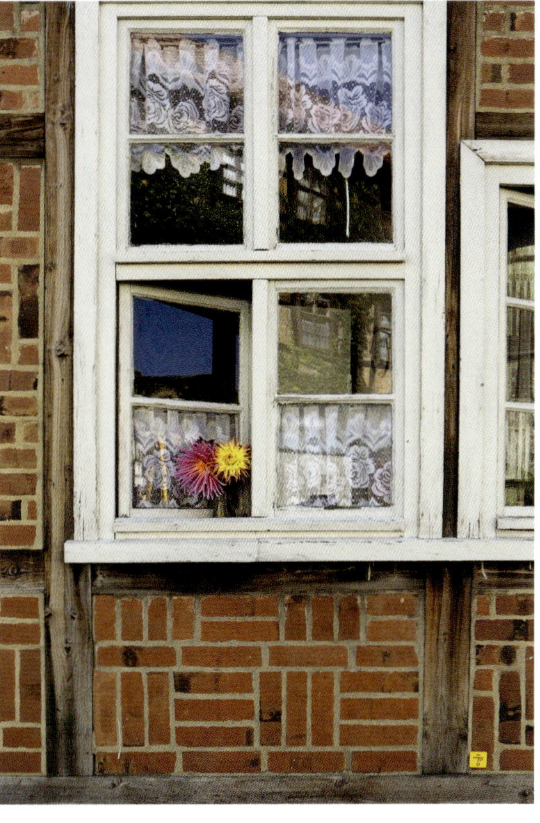

f/8 | 1/100 Sek. | ISO 100 | 17 mm

Spitzengardinen an einem alten Sprossenfenster – die historischen Fassaden der Stadt Quedlinburg spiegeln sich im Glas.

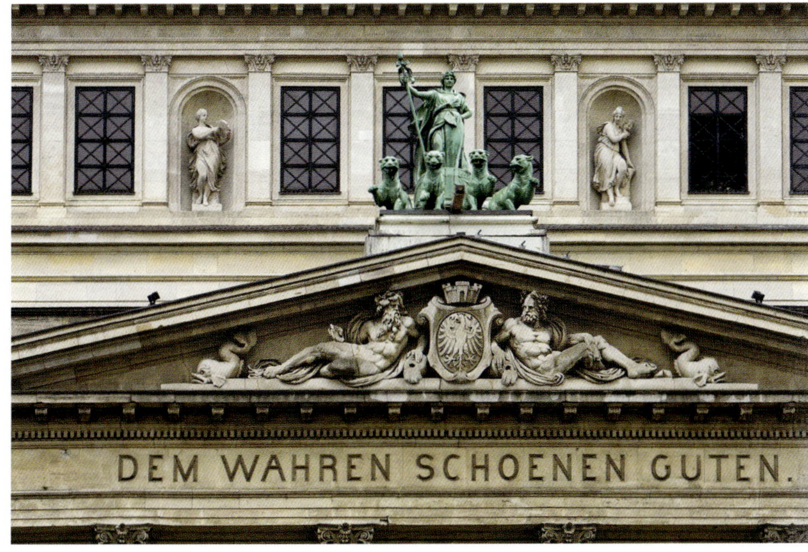

f/6.3 | 1/160 Sek. | ISO 320 | 130 mm

Inschrift auf dem Portal der Alten Oper in Frankfurt am Main – Detailaufnahmen sind manchmal interessanter als eine Gebäudetotale.

Originelle und charakteristische Stadtfotos mit Wahrzeichen

Um ganz persönliche und originelle Fotos einer Stadt mit nach Hause zu bringen, hilft es manchmal auch, einen anderen als den normalen Blickwinkel zu suchen. Das starke Neigen der Kamera ist eine Möglichkeit (siehe Foto der Hamburger Fischauktionshalle).

Manchmal ist das nicht nur ein Stilmittel, sondern wie bei diesem Foto vom Schweriner Schloss schlicht eine Notlösung. Das Wahrzeichen der Stadt ist riesig und dazu noch von Wasser umgeben. Hier war es eine pragmatische Lösung, die Kamera zu kippen.

Schlagseite macht Fotos munter

Trotz aller Schnörkel, Zinnen und Türmchen hätte ein sauber waagerecht ausgerichtetes Foto des Schweriner Wahrzeichens zwar ordentlich, aber eher uninteressant ausgesehen. Mein Problem vor Ort war indessen ein anderes: 17 mm war die kürzeste Brennweite in meiner Ausrüstung. Und ich hätte mich noch so drehen und wenden können: Der Hauptturm des Schlosses hätte bei waagerecht gehaltener Kamera definitiv nicht in ganzer Höhe aufs Bild gepasst – obwohl ich schon in die Hocke gegangen war. Ich hätte die Turmspitze abschneiden müssen ... sehr unschön. Das Neigen der Kamera war also in diesem Fall

Das Schweriner Schloss mit seinem Hauptturm – es passte nur schräg auf 17 mm Brennweite. Die etwas ungewöhnliche Perspektive tat dem Foto aber durchaus gut.

f/7.1 | 1/400 Sek. | ISO 100 | 17 mm

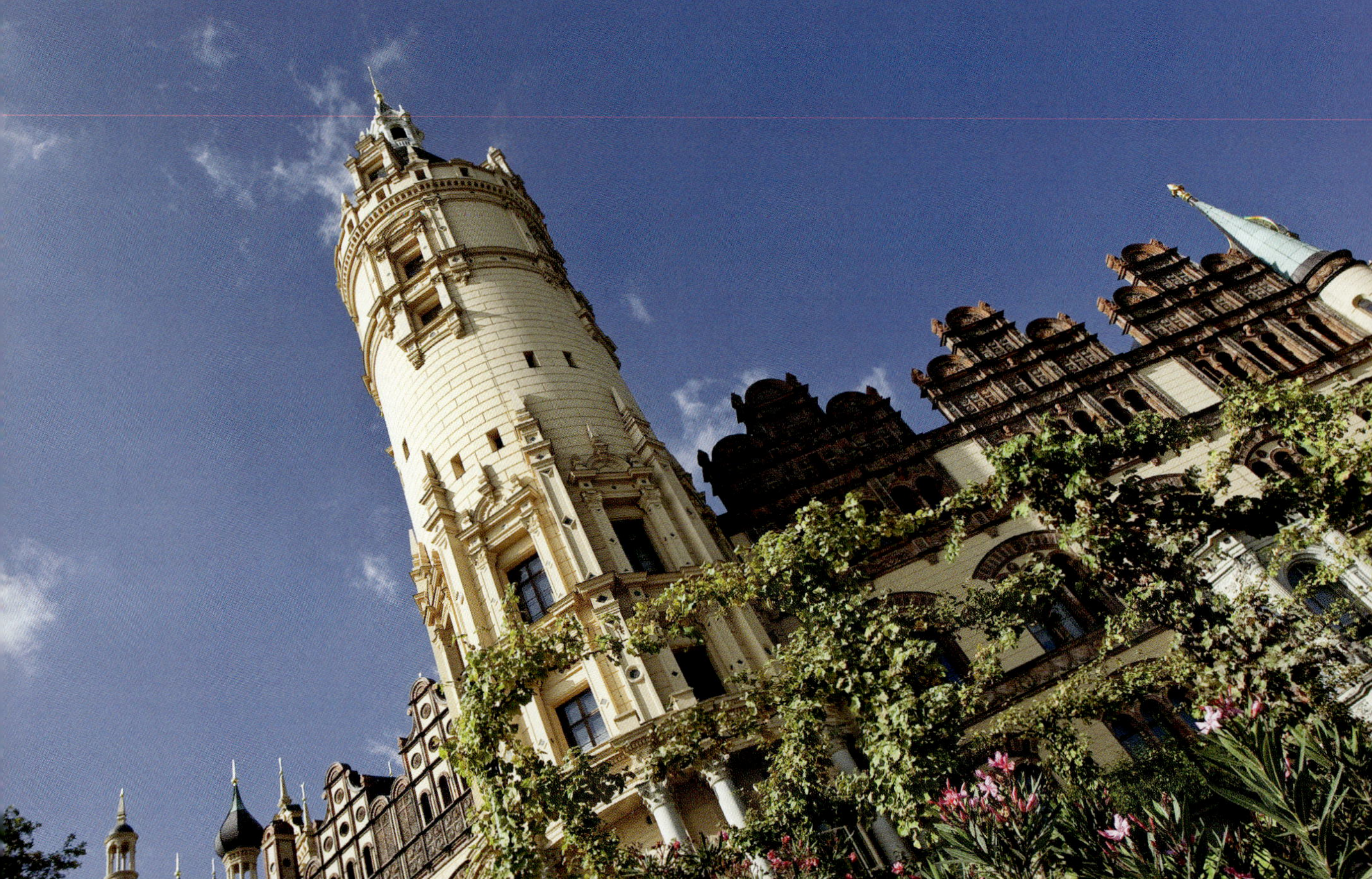

eine Notlösung, die dem Foto aber durchaus gutgetan hat. Sie werden immer wieder in ähnliche Situationen geraten – seien Sie mutig, wagen Sie sich an ungewöhnliche Perspektiven heran. Gerade in den engen Gassen historischer Altstädte werden Sie sicher häufig in die Situation geraten, Ihr Wunschmotiv nicht akkurat gerade fotografieren zu können. Dass das kein Beinbruch ist, zeigt das Foto des zauberhaften Elsass-Städtchens Obernai.

Wenn schief, dann richtig

Es muss nicht immer alles gerade sein, wie mit einer Wasserwaage ausgelotet. Aber wenn Sie sich für eine schräge Perspektive entscheiden, dann auch richtig. Nur ein bisschen schief sieht immer nach einem Versehen des Fotografen und nicht wie beabsichtigt aus.

Nehmen Sie Menschen mit ins Bild

Eine weitere Möglichkeit, einem oft fotografierten Wahrzeichen mehr Leben einzuhauchen, ist es, Menschen mit ins Bild zu nehmen. Natürlich können Sie auch die üblichen Fotos machen, auf denen Ihre Frau, Ihr Kind oder Ihr Mann vor dem Marktbrunnen, dem Rathaus oder dem Denkmal posieren.

Aber lassen Sie sie auch wie zufällige Passanten durch das Bild laufen – und dabei sollten

Für Fotografen ist die historische Altstadt von Obernai im Elsass ein wahres Eldorado und ideal, um einmal andere Perspektiven zu wagen.

f/6.3 | 1/500 Sek. | ISO 320 | 17 mm

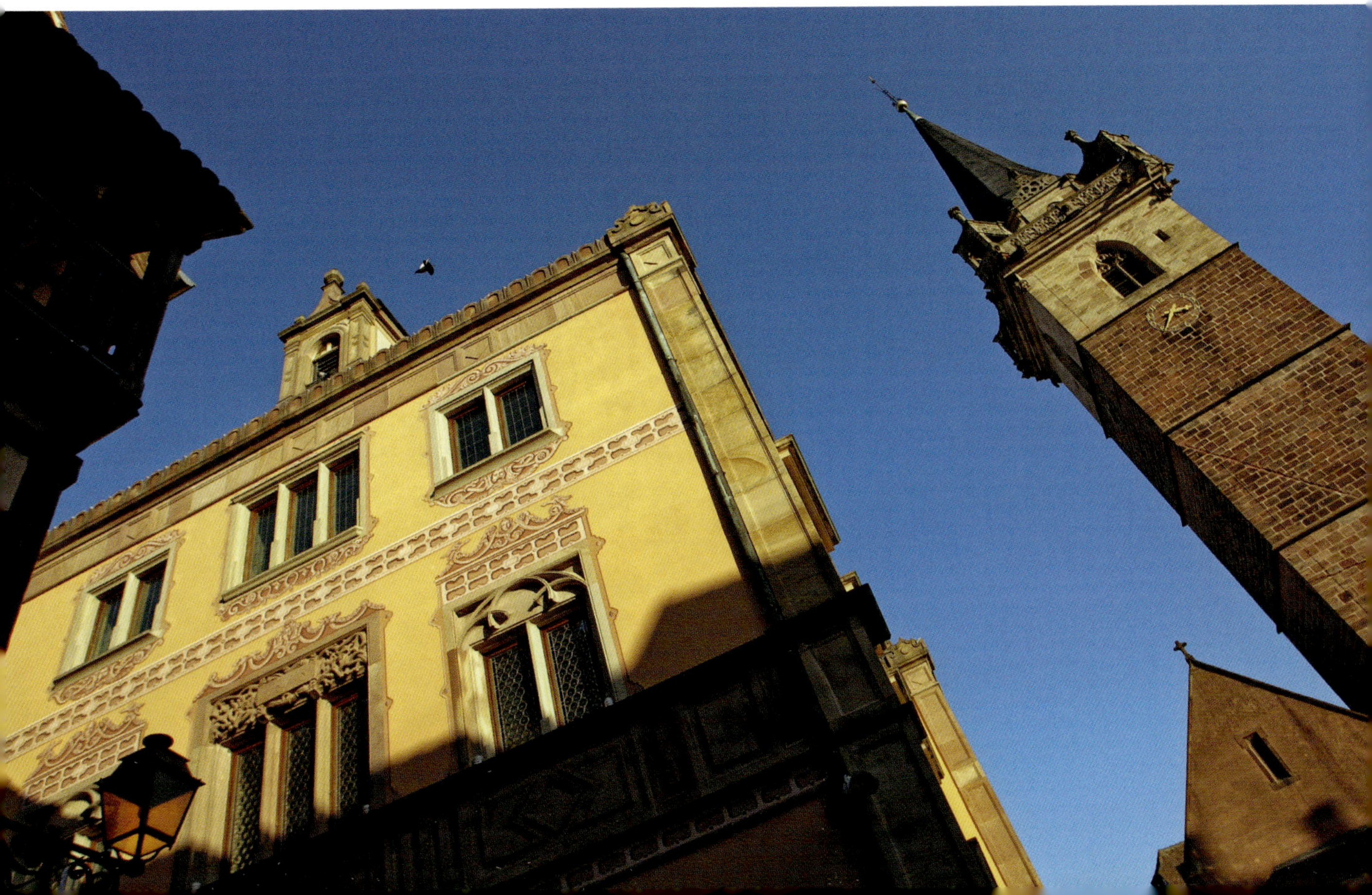

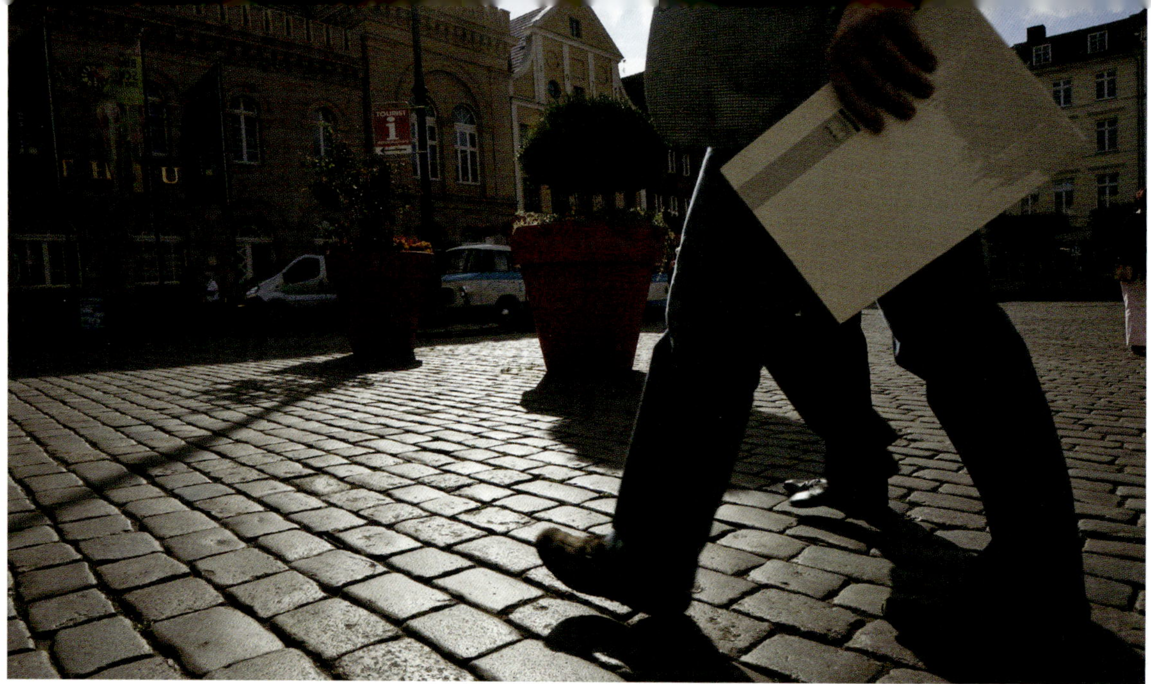

f/8 | 1/400 Sek. | ISO 100 | 17 mm

Zwei Männer auf dem Weg über den historischen Marktplatz zum Schweriner Rathaus. Ich hatte extra gewartet, bis sie mir durch das Bild liefen. Nett, dass die beiden sich anschließend dafür entschuldigten – aber nötig war das nicht.

Markttag in der historischen Altstadt von Trier. Die einkaufenden Menschen machen das Foto lebendiger.

f/10 | 1/640 Sek. | ISO 160

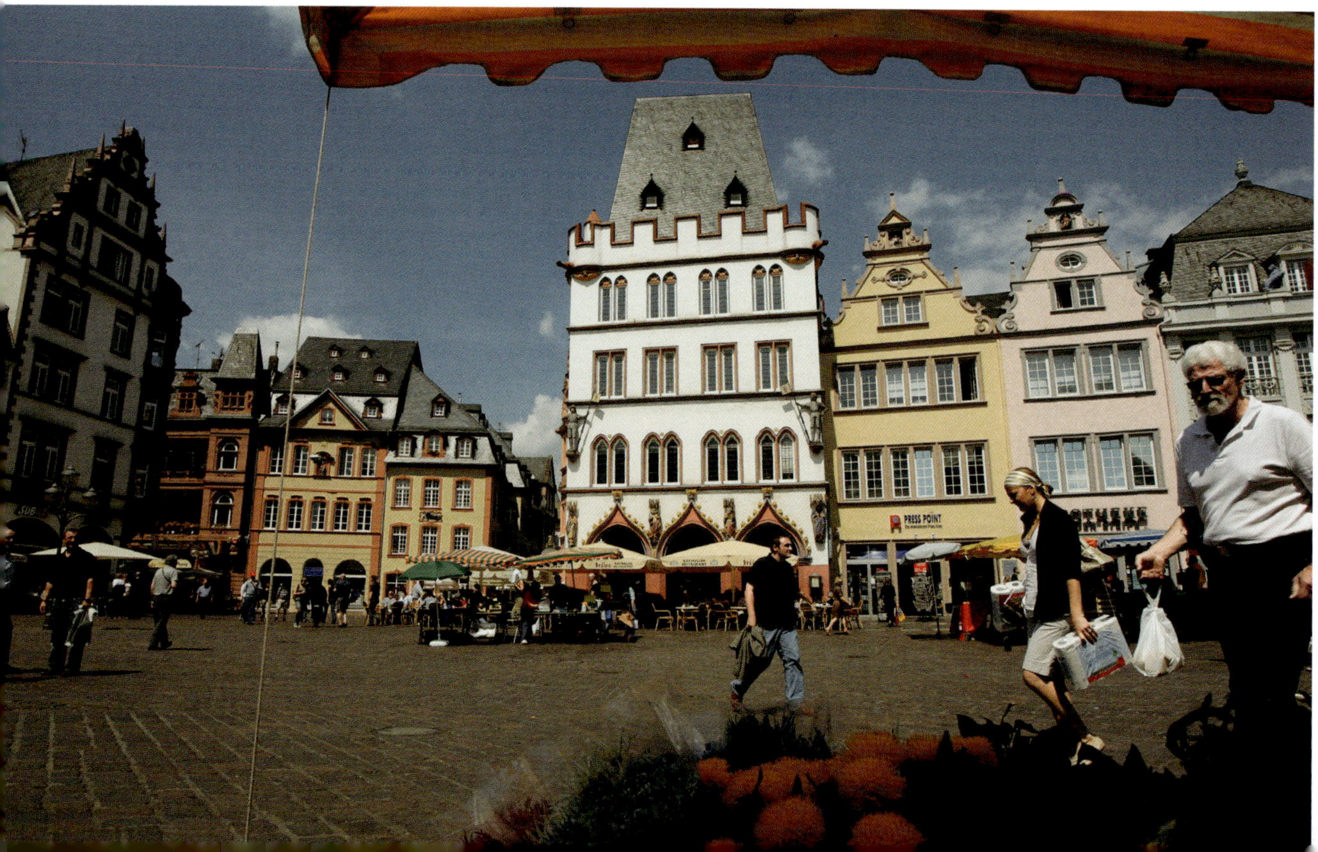

sie nicht lächelnd in die Kamera schauen. Bitten Sie Ihre Lieben, sich z. B. im Gehen miteinander zu unterhalten. So, als würden sie Sie mit Ihrer Kamera gar nicht wahrnehmen. Oder nehmen Sie echte Passanten mit ins Bild – ihre Gesichter sind dabei nicht wichtig ...

Ganz clevere Fotografen informieren sich vor Reiseantritt auch über Events oder Markttage in der Stadt. Das hatte ich zwar nicht getan, aber dennoch das Glück, dass auf dem historischen Hauptmarkt in Trier gerade der Wochenmarkt stattfand.

Wenn Menschen das Motiv (zer-)stören

Aber es gibt durchaus auch Motive, auf denen vorbeieilende Passanten oder andere fotografierende Touristen eher störend wirken. Was tun? Wie so oft gibt es dafür mehrere Möglichkeiten.

Variante 1: Sie montieren Ihre Kamera auf ein Stativ und belichten Ihr Motiv sehr lange (z. B. eine Minute). Die sich bewegenden Menschen werden durch die lange Belichtungszeit nahe-

Weihnachtshektik in Hamburg – wie Schattengeister wirken die Menschen beim Einkaufsbummel. Bei noch längerer Belichtungszeit wären sie „unsichtbar" geworden. Doch ich wollte ja vor allem den Weihnachtsstress dokumentieren und wählte dafür die schemenhafte Darstellung.

f/10 | 2 Sek. | ISO 100 | 40 mm

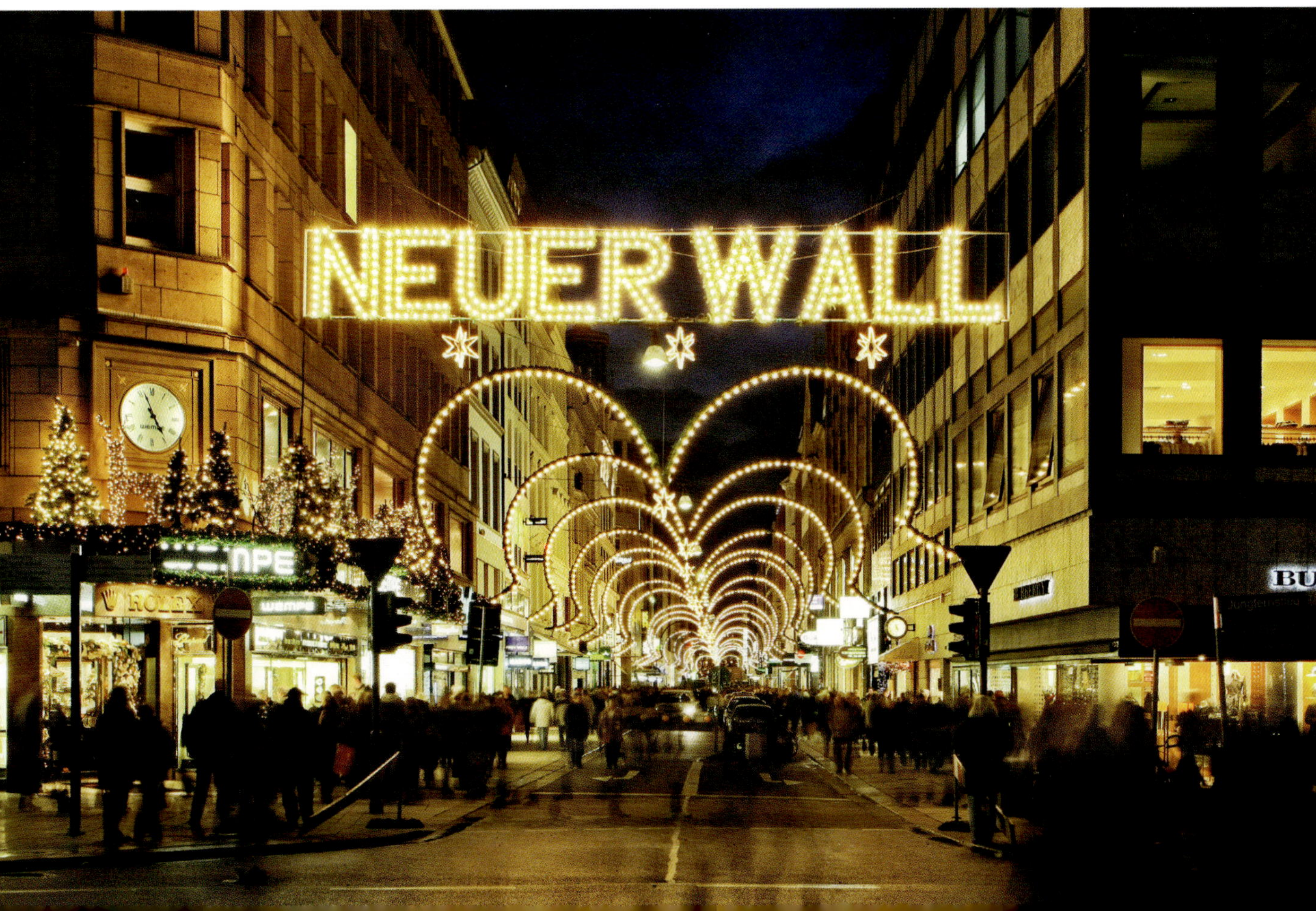

zu unsichtbar oder sind nur noch als Schatten wahrzunehmen.

Tagsüber ist es allerdings schwierig, derart lange Belichtungszeiten zu erreichen. Mit einem Trick können Sie das Licht jedoch ausstellen: Schrauben Sie einen starken Graufilter vor Ihr Objektiv – dann werden auch lange Belichtungszeiten an einem sonnigen Tag möglich und die Menschen, die Ihr Motiv sonst unattraktiv gemacht hätten, verschwinden.

Variante 2: Sie fotografieren auch hier vom Stativ, machen aber mehrere Aufnahmen desselben Motivs mit immer den gleichen Kameraeinstellungen. Die störenden Menschen entfernen Sie erst später am Computer mit einer Bildbearbeitungssoftware, die die statischen, unbeweglichen Elemente Ihres Motivs erkennt und nur diese zu einem Foto zusammenfügt.

Schnellschuss im Modus P

Wenn es mit dem Fotografieren schnell gehen muss, weil Sie mit einer Gruppe von Menschen unterwegs sind, die wenig Verständnis für die Bedürfnisse von uns Fotografen haben (so etwas soll es ja geben), gibt es eine Lösung, die zwar nicht optimal ist, aber dennoch meist zu recht guten Ergebnissen führt. Stellen Sie auf dem Wahlrad Ihrer Kamera den Modus P wie Programmautomatik ein. Sind die Lichtverhältnisse nicht allzu problematisch, werden Ihre Fotos durchaus herzeigbar aussehen. Spötter nennen das Fotografieren im P-Modus Knipsen. Ein Schimpfwort für Menschen, die sich ernsthaft mit der Materie Fotografie beschäftigen. Nutzen Sie diese Programmautomatik Ihrer Kamera also wirklich nur, wenn es schnell gehen muss oder die fotogene Situation in wenigen Sekunden wieder vorbei sein kann. Wenn Sie sich mehr Zeit nehmen

Schnappschuss einer lustigen Szene in Hamburg: Gleich mehrere Mädchen drängelten sich in diesem Passfoto-Automaten.

f/8 | 1/100 Sek. | ISO 100 | 40 mm

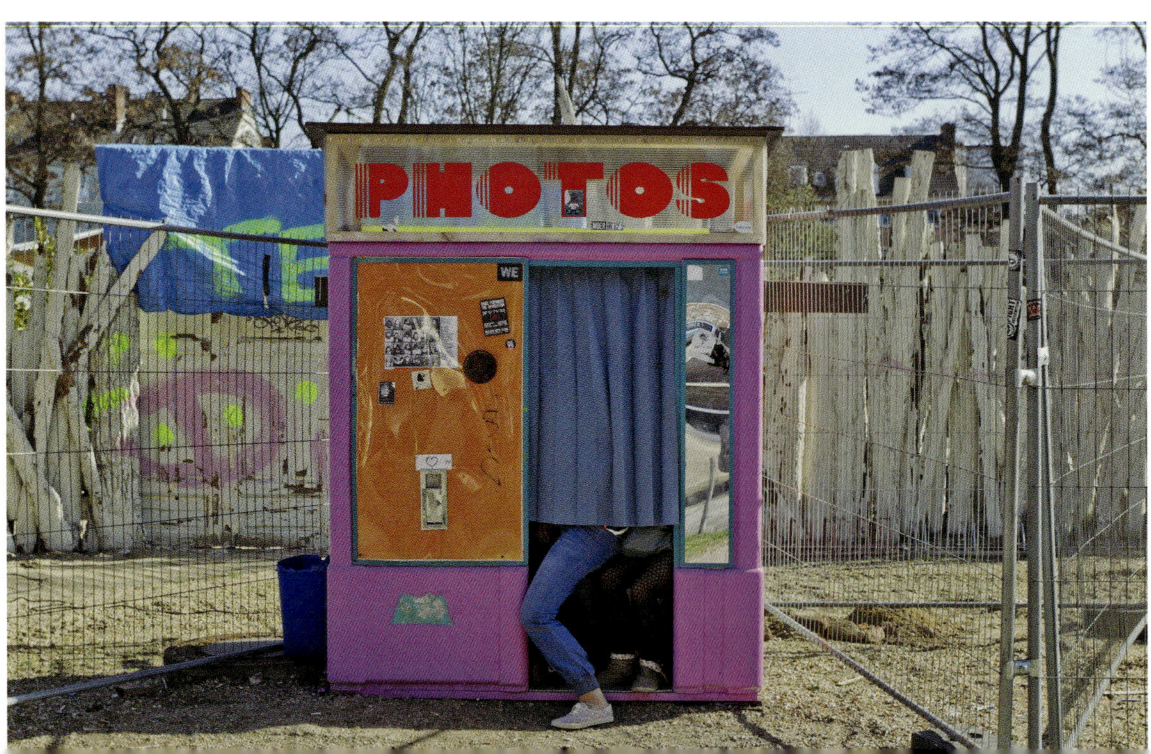

können, sollten Sie alle Kameraeinstellungen manuell wählen – zugunsten der Fotoqualität.

Street-Fotografie

Geradezu ideal ist der Modus P allerdings, wenn Sie erste Schritte auf einem Spezialgebiet der Fotografie machen möchten, und zwar der Street-Fotografie. Thema dieses Genres sind spontan und zufällig entstehende Situationen auf Straßen und Plätzen einer Stadt. Dabei stehen zumeist Menschen im Mittelpunkt – in manchmal lustigen, aber auch traurigen Situationen.

Ein wahrer Meister dieses Fachs ist mein Kollege Siegfried Hansen aus Hamburg (*www.siegfried-hansen.de/*). Seine Art, Szenen überhaupt zu sehen, bewundere ich uneingeschränkt. Irgendwie bin ich dafür zu blind – ich sehe einfach nicht das, was er sieht, und würde achtlos daran vorbeigehen. Aber er versicherte mir: „Du kannst deine Augen auf diese Sichtweise trainieren – das ist erlernbar." Ob er damit recht hat, weiß ich allerdings nicht. Ich hab's noch nicht wieder versucht. (Auf das Thema „Motive sehen lernen" werde ich in einem späteren Kapitel noch einmal eingehen.) Aber solche offensichtlichen und kuriosen Szenen wie das folgende Beispielfoto sieht wohl auch der berühmte „Blinde mit dem Krückstock". Das Bild entstand am Frankfurter Römer. Ich sah aus den Augenwinkeln, wie sich die Szene entwickelte, und schoss das Foto dann mehr oder weniger aus der Hüfte.

Diese beiden Asiaten fotografierten sich gegenseitig am Frankfurter Römer und nahmen dabei formvollendet Haltung an.

f/4.5 | 1/160 Sek. | ISO 500 | 70 mm | Ausschnittvergrößerung

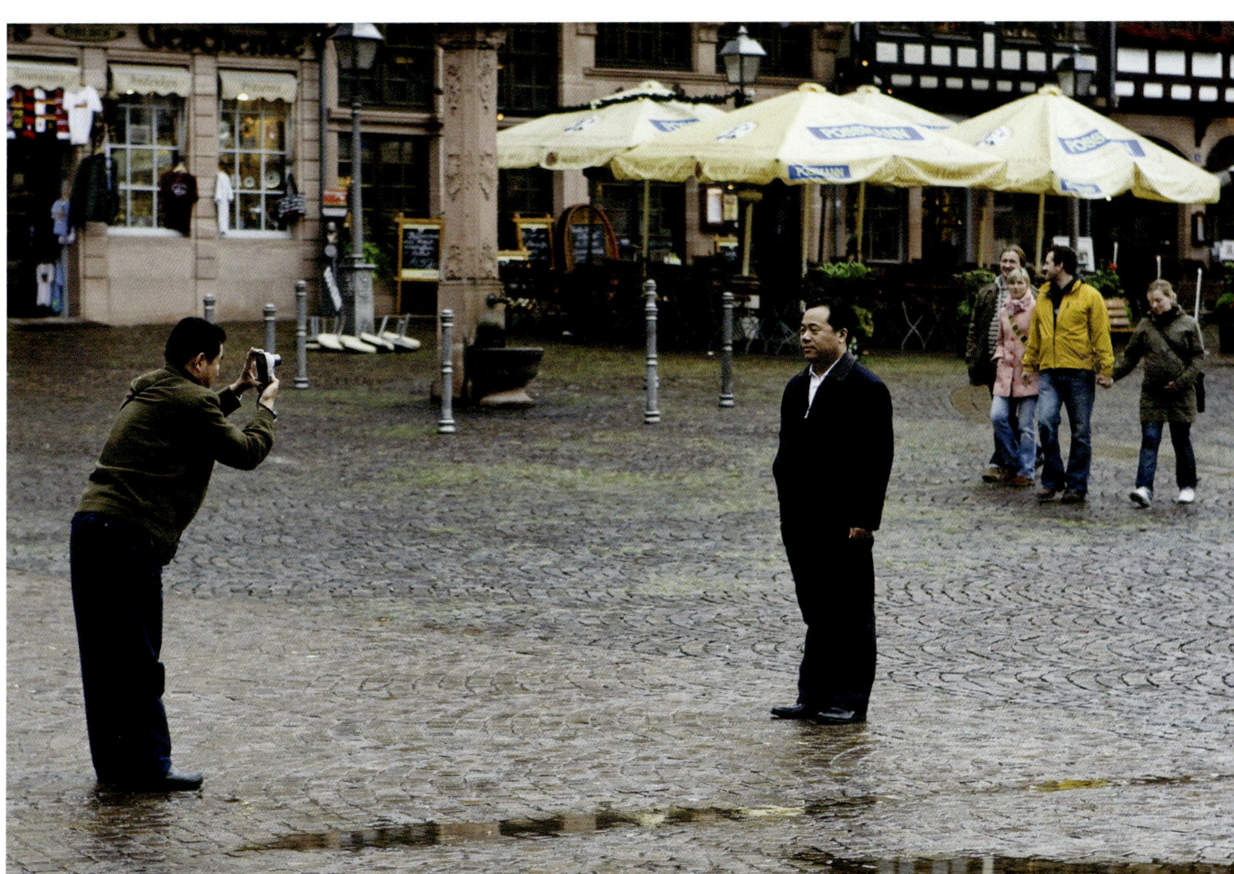

Wenn Sie bei Ihren Stadtspaziergängen Freude an dieser Art der Fotografie entwickeln, sollten Sie sich aber auch mit den rechtlichen Aspekten der Street-Fotografie auseinandersetzen. Grundsätzlich brauchen Sie das Einverständnis der fotografierten Personen. Näheres dazu können Sie in Kapitel 5.2, „Ein paar Grundregeln für Porträtfotos", nachlesen.

Spiel mit der Schärfe

Eine weitere Möglichkeit, Fotos der Wahrzeichen einer Stadt interessant zu gestalten, ist das Spiel mit Schärfe und Unschärfe. Oft fotografierte Wahrzeichen – wie die Burg von Cochem an der Mosel auf nachfolgendem Beispielfoto – haben auch dann noch einen hohen Wiedererkennungswert, wenn sie unscharf oder nur schemenhaft im Bildhintergrund zu sehen sind. So kann ein anderes Detail wie diese kleine Hexenfigur auf dem Dach eines Hauses am gegenüberliegenden Moselufer die Hauptrolle im Motiv übernehmen.

Impressionen sammeln

Wenn Sie zum ersten Mal in einer fremden Stadt unterwegs sind – am besten zu Fuß, weil die Eindrücke dann mit all Ihren Sinnen sicht-, spür-, riech-, hör- und ertastbar sind –, fangen Sie am besten gleich an, Impressionen zu sammeln. Die Must-have-Motive einer Stadt können Sie immer noch aufnehmen. Fotografieren Sie das, was Sie schmunzeln lässt oder einfach nur interessiert. Haben Sie also – und das nicht nur in der Nähe von Sehenswürdigkeiten und Wahrzeichen – mindestens ein Auge übrig für all die hübschen Kleinigkeiten, die nicht unbedingt typisch für die Stadt sein müssen, aber zu Ihrem ganz persönlichen Gesamtbild der Stadt gehören. Schärfen Sie Ihren Blick dafür: Achten Sie zum Beispiel auf

Die Burg ist das Wahrzeichen von Cochem an der Mosel und bleibt auf diesem Foto dezent im unscharfen Hintergrund. Die Hauptrolle übernimmt stattdessen die kleine Hexenfigur.

f/9 | 1/200 Sek. | ISO 125 | 135 mm

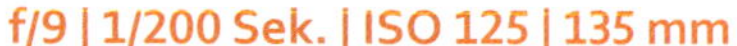

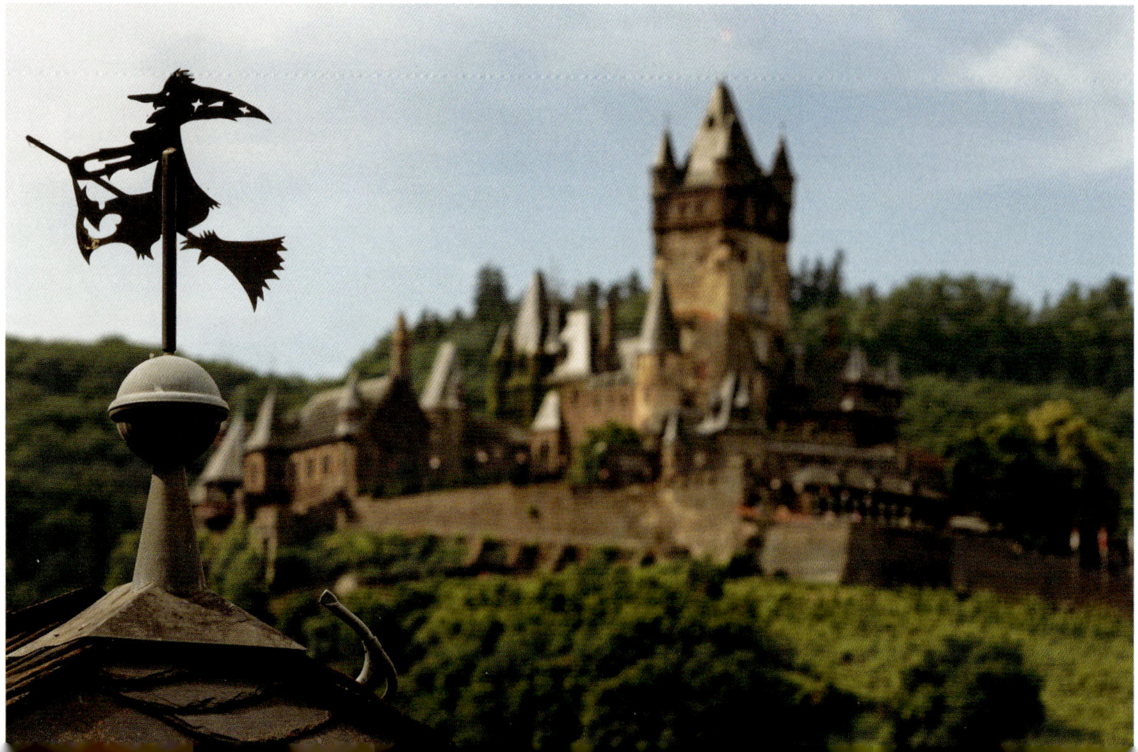

Stadtwappen, originelle Schilder, Fassadendetails, Graffiti und Ähnliches.

Achten Sie dabei nicht nur auf die Motive, die vor Ihnen liegen, sondern – wie bei dem hier gezeigten Beispielfoto – auch auf diejenigen, die Ihnen im wahrsten Sinne des Wortes zu Füßen liegen. Die Schweriner Wappenfigur Heinrich der Löwe ist der Gründer der Stadt und ziert hier einen ganz ordinären Gullydeckel. Um den schmucken Heinrich halbwegs formatfüllend abzubilden, musste ich mich direkt über der gusseisernen Sielabdeckung positionieren und senkrecht nach unten fotografieren. Weil der Deckel einen recht großen Durchmesser hatte, musste ich mit einem Weitwinkel fotografieren.

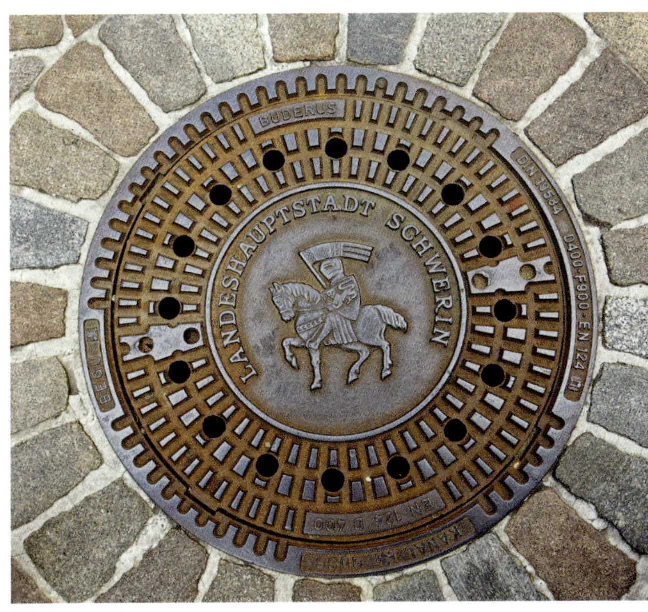

f/6.3 | 1/125 Sek. | ISO 100 | 22 mm

Der Stadtgründer Heinrich der Löwe ziert das Schweriner Stadtwappen und die Sieldeckel der Landeshauptstadt von Mecklenburg-Vorpommern.

Ein hübsches Mosaik auf dem Straßenpflaster am Hafen der überhaupt nicht „grauen Stadt am Meer", Husum.

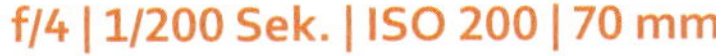

f/4 | 1/200 Sek. | ISO 200 | 70 mm

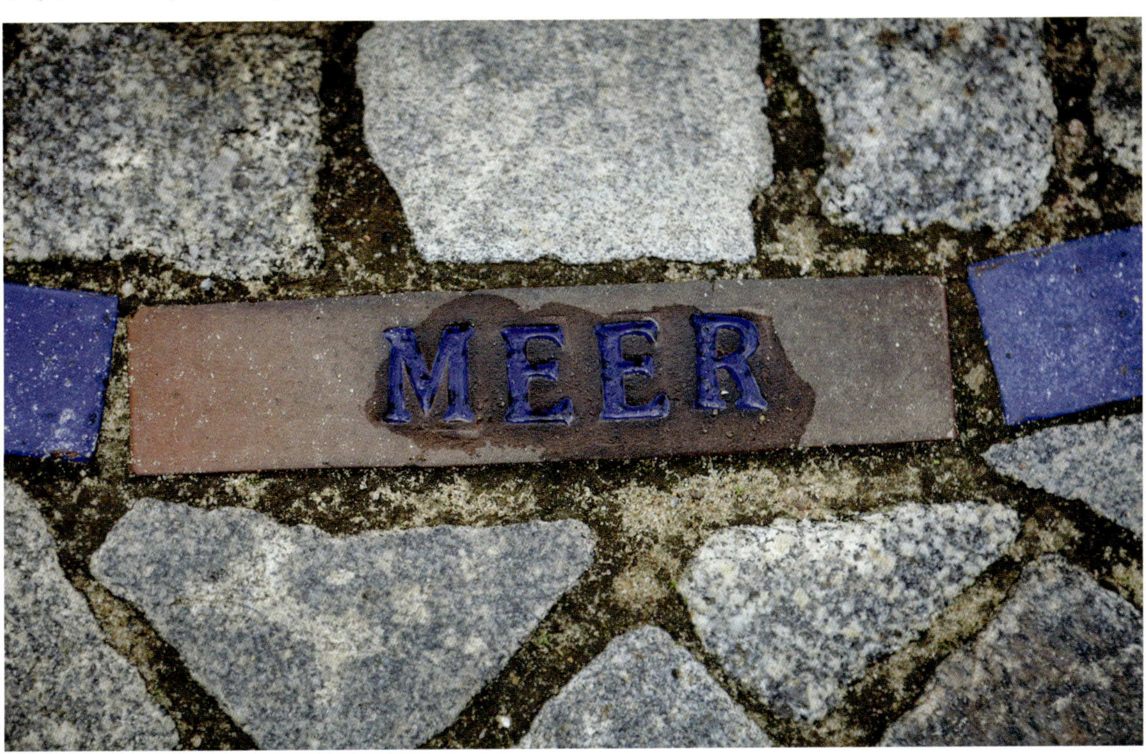

Sehr breitbeinig (damit ich meine Turnschuhe nicht mit fotografierte) stand ich nun über Heinrich dem Löwen. Und das mitten in der von Touristen nur so wimmelnden Schweriner Altstadt. „Lächeln, immer nur lächeln", befahl ich mir selbst, um die etwas peinliche Situation zu entschärfen.

Nachdem ich mein Foto im Kasten und meine Körperhaltung wieder normalisiert hatte, drehte ich mich noch einmal um und stellte breit grinsend fest, dass der nächste Tourist breitbeinig über dem Gullydeckel stand, um sein Foto zu machen. Und weitere bildeten eine kleine Schlange, um es ebenfalls zu tun ... Ich hatte also für ein paar Minuten einen Trend in der Reise- und Stadtfotografie gesetzt. Da fällt mir noch eine etwas peinliche Situation ein, in die ich mich selbst mitten in der Hamburger Innenstadt in einer Fußgängerzone (wer's kennt, es waren die Colonnaden) brachte. Den ganzen Tag schon hatte ich für einen Kunden Gebäude fotografiert, hatte Perspektiven gesucht und Fassaden mit meinen Augen abgescannt. Und dann sah ich das hier. Für dieses Foto musste ich mich zwischen den vielen Menschen rücklings auf den Boden legen. Das hat einiges an Aufsehen erzeugt – aber einige Passanten sprachen mich auch an und wollten das Ergebnis meiner Bemühungen auf dem Display meiner Kamera sehen.

Manche Perspektiven fordern ein gesundes Selbstbewusstsein vom Fotografen. Für dieses Foto habe ich mich mitten in einer belebten Hamburger Fußgängerzone auf den Rücken legen müssen.

f/11 | 1/200 Sek. | ISO 200 | 19 mm

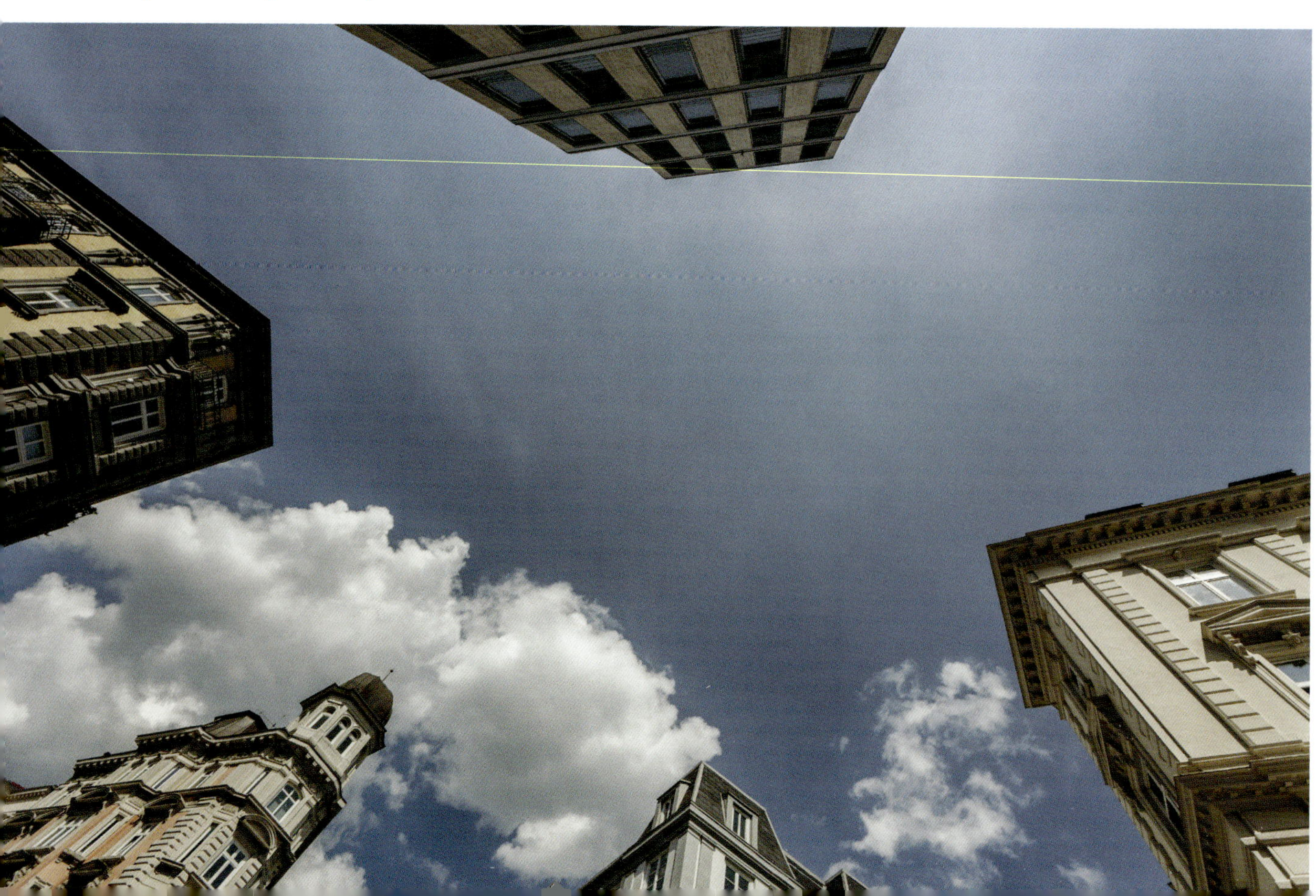

Szeneviertel aufsuchen

Eine wahre Fundgrube für ungewöhnliche Stadtimpressionen abseits der üblichen Wahrzeichen sind die Szeneviertel der Städte. Dort, wo junge Leute, Alternative, Späthippies, Studenten, Punks, Freaks und (Lebens-)Künstler leben – Menschen, die sich nicht unbedingt die Otto-Normalverbraucher-Lebensart auf die Fahnen geschrieben haben. Hier ein paar Impressionen aus meiner Heimatstadt Hamburg.

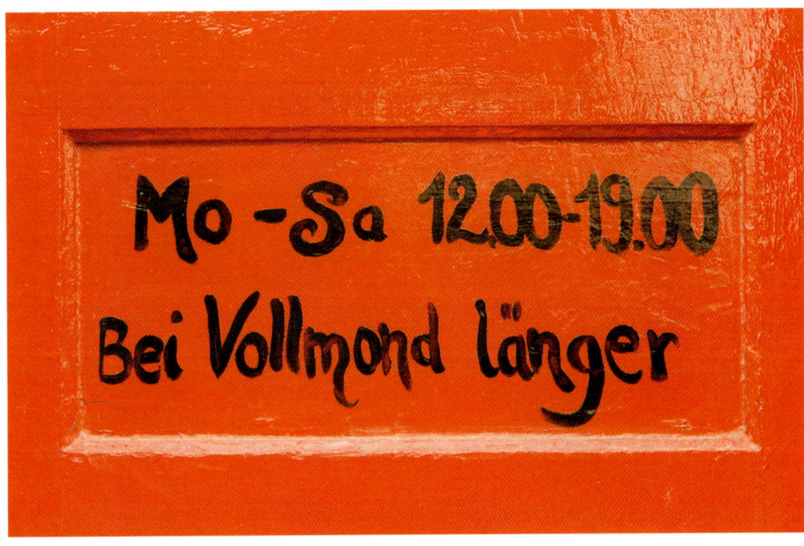

f/4 | 1/100 Sek. | ISO 400 | 45 mm

Originelle Ladenöffnungszeiten im Hamburger Karolinenviertel.

Impressionen aus einem Hamburger Szeneviertel.

f/5 | 1/100 Sek. | ISO 400 | 24 mm

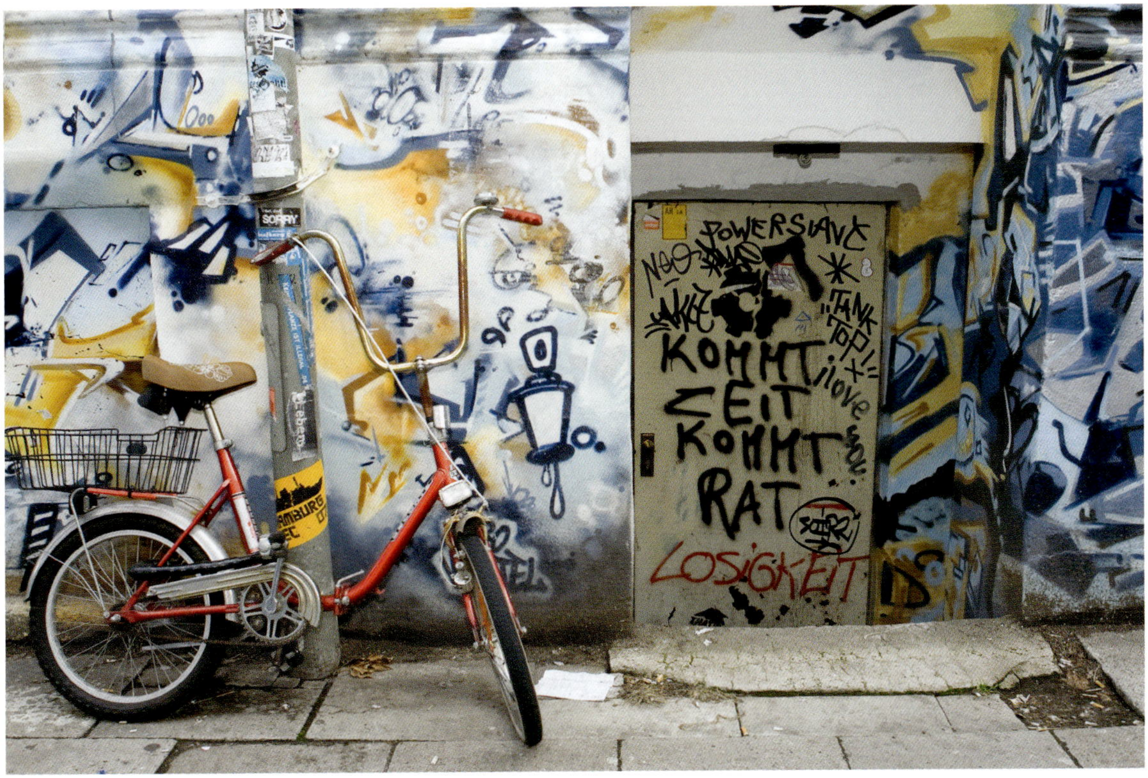

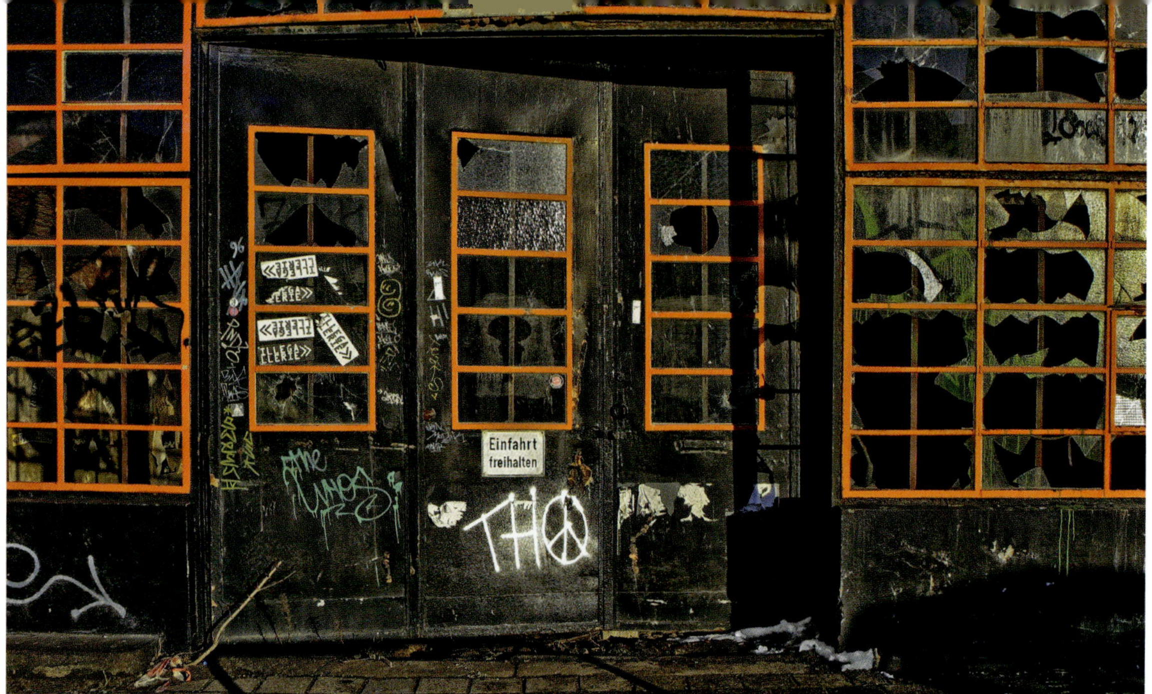

f/9 | 1/100 Sek. | ISO 100 | 24 mm

Maroder Charme durch Graffiti und zerstörte Fenster im Sonnenlicht in der Nähe des Hamburger Hauptbahnhofs.

Das Foto mit den zerstörten Fensterscheiben steht in krassem Kontrast zum Foto unten der Kaufhausfassade mit eleganter Beleuchtung am noblen Hamburger Jungfernstieg. Es sind

Beleuchtetes Detail an der Fassade eines Hamburger Traditionskaufhauses.

f/7.1 | 1/100 Sek. | ISO 100 | 17 mm

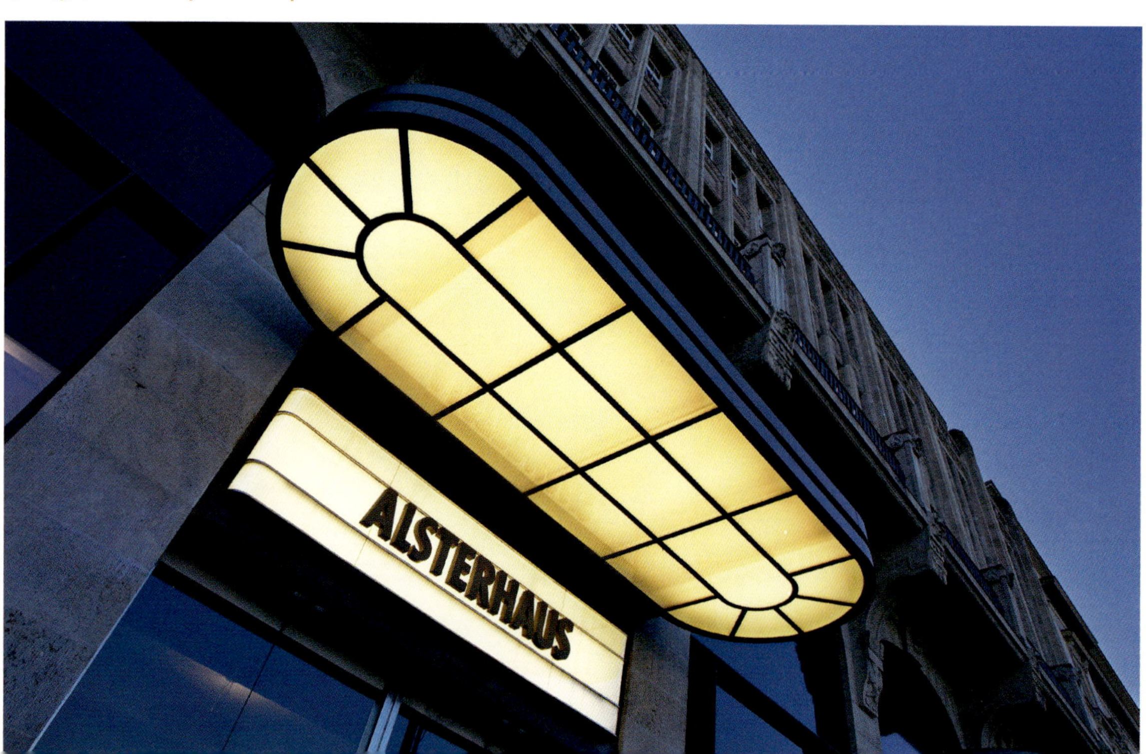

genau solche thematischen Kontraste, die Stadtimpressionen spannend und vielfältig machen.

Detailaufnahmen lockern Ihre Sammlung von Stadtfotos ungeheuer auf, lassen die Betrachter schmunzeln oder regen zu Nachfragen an. Eine Ansammlung von vielen nacheinander gezeigten Wahrzeichen in Ihrem Album kann nach einer Weile recht ermüdend wirken, wie bei einem dieser oft karikierten Diaabende. In loser Reihenfolge eingestreute Detailfotos dagegen machen Ihr Album spannend und interessant.

Grafische und abstrakte Motive

Für Fotos, die wie auf dem obigen Beispielbild von Linien, Farben und Formen dominiert werden, brauchen Sie den „gewissen Blick" – doch wie auch bei der Street-Fotografie lassen sich unsere Augen für diese Sichtweise schulen. Eine Übung dafür finden Sie im folgenden Abschnitt. Es braucht ein wenig Übung und Geduld, aber Sie können lernen, plakative und abstrakte Motive wie dieses zu entdecken und wirkungsvoll in Szene zu setzen. Unabdingbar ist jedoch ein sehr gut durchdachter Bildaufbau. Tolle Bildbeispiele und Ideen finden Sie auf der Homepage meines Freundes

Linien und Bögen, die sich im Schattenwurf wiederholen. Ein scheinbar unspektakuläres Motiv, das aber durch seinen Bildaufbau und das kräftige Gelb eine starke Bildwirkung erzielt.

f/5.6 | 1/1000 Sek. | ISO 100 | 200 mm

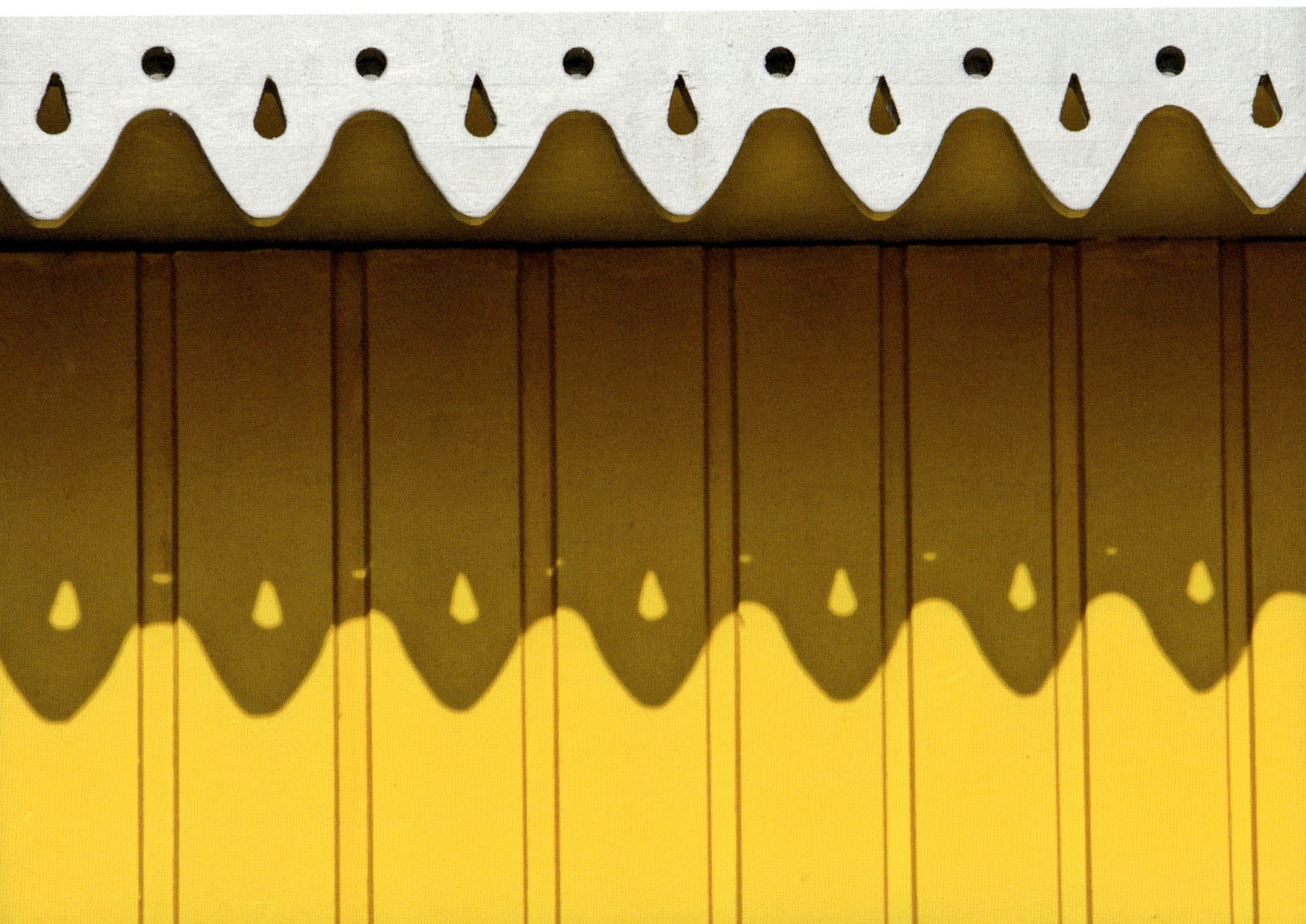

und Kollegen Carsten Jensen: *www.cj-pictures.de/abstrakt/abstrakt_01.html*. Viel Spaß beim Stöbern und lassen Sie sich anregen!

Motive sehen lernen

Wenn ich mit anderen Fotografen gemeinsam zum Fotografieren unterwegs bin und wir uns gegenseitig unsere Motive auf den Displays der Kameras zeigen, habe ich manchmal das Gefühl, wir würden das Spiel „Ich sehe was, was du nicht siehst" spielen. Oft kommen dann Kommentare: „Oh, das habe ich so gar nicht gesehen!"

Nicht jeder Fotograf sieht am gleichen Ort das gleiche Motiv – jeder hat eine ganz eigene, individuelle Sichtweise und wählt entsprechend einen anderen Bildausschnitt, arbeitet mit einer anderen Brennweite, sucht sich einen Blickwinkel, der sich von dem der direkt neben ihm stehenden Kollegen unterscheidet. Und diese Unterschiede sind häufig genauso verblüffend wie gravierend.

Gerade die Augen von Fotografieanfängern sind noch nicht so stark auf mögliche Motive geeicht wie der Blick eines Fotografen mit langjähriger Erfahrung. Doch auch als Anfänger können Sie Ihren Augen das „fotografische Sehen" beibringen.

Probieren Sie doch einmal Folgendes aus: Nehmen Sie sich ein bis zwei Stunden Zeit und spazieren Sie mit der Kamera im Anschlag innerhalb eines fest umrissenen Radius um Ihr Zuhause. Je enger Sie diesen Radius wählen, desto mehr zwingen Sie Ihre Augen, in einem relativ kleinen Umfeld mögliche Motive zu entdecken: den freundlichen Nachbarn beim Rasenmähen (sein Einverständnis vorausgesetzt), liebevoll dekorierte Fenster, interessante Fassaden, Bäume, Briefkästen oder auch Zäune ... Auch wenn Sie am Anfang beinahe am Verzweifeln sind, weil Sie nichts entdecken, was sich Ihrer Meinung nach zu fotografieren lohnt – Sie brauchen Geduld und werden bald feststellen, dass es in jedem Umfeld jede Menge Fotomotive gibt, wenn Ihre Augen den fotografischen Blick mit der Zeit erlernt haben. Vergleichen Sie diese Übung ruhig mit dem Dehnen der Muskeln und Sehnen vor einer größeren sportlichen Anstrengung.

So stand ich an einem sehr regnerischen Herbsttag in Frankfurt an der Alten Oper und suchte im direkten Umfeld nach Motiven. Nun war ich endlich mal in dieser Stadt mit den tollen Architekturmotiven und dann dieses jämmerliche Wetter!

Und dann brummte da hinter mir dieser Straßenkehrwagen und fegte mit kreiselnden blauen Bürsten die riesigen gelben Blätter der für Frankfurt so typischen Platanen vom Boden. Ein hübscher Farbkontrast in dem mich umgebenden tristen Grau. Juhu: ein Motiv!

Das Motiv sollte es sein – doch auf welche Art und Weise kann ich ein Foto schaffen, das die Blicke länger auf sich zieht? Ein Bild, das irgendwie anders ist als andere Straßenkehrmaschinen-Motive. Viele Chancen zum Auslösen würde ich nicht haben – das war klar bei dem Tempo, das der Fahrer der Maschine draufhatte! Und so konzentrierte ich mich auf das Wichtigste: die Bewegung und den Farbkontrast.

Ich denke, es ist die Reduzierung auf das Minimum, das das Foto interessant macht. Der Bildausschnitt ist so gewählt, dass gerade noch erkennbar ist, um was es hier geht – nicht mehr und nicht weniger. Es gibt nur vier Elemente: die Blätter, den Boden, das spritzen-

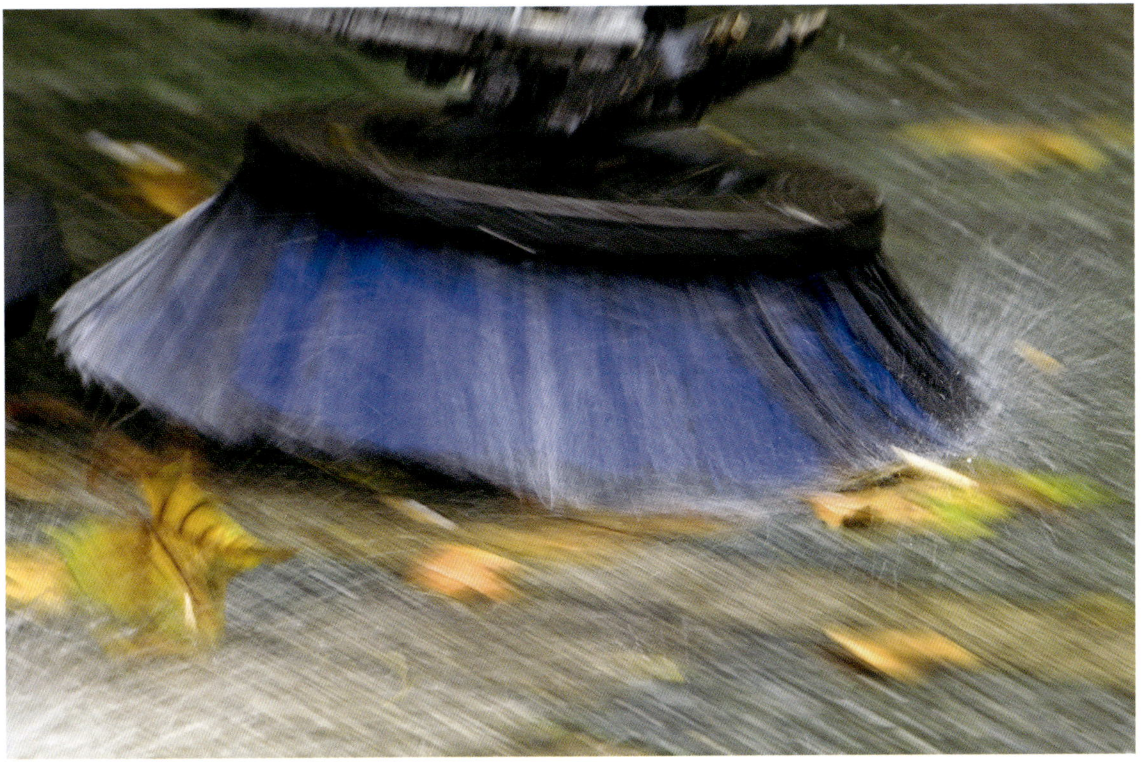

f/6.3 | 1/40 Sek. | ISO 320 | 200 mm

Bürsten einer Straßenkehrmaschine im herbstlichen Frankfurt.

de Regenwasser und die Bürsten – und alles ist in Bewegung.

Stadtrundfahrt und trotzdem gute Fotos?

Auf einer offiziellen Stadtrundfahrt im Touristenbus während der Fahrt gute Fotos zu machen, ist schwierig – selbst wenn Sie einen der heiß begehrten Fensterplätze ergattert haben.

Die Glasscheiben sind meistens getönt. Und nach der Wahrscheinlichkeitsrechnung sitzen Sie bei 50 % der Sehenswürdigkeiten auf der falschen Seite – mit ganz viel Pech sogar am Mittelgang des Busses. Lassen Sie dann Ihre Kamera besser in der Tasche und saugen Sie stattdessen die fotografisch wichtigen Informationen auf: Wann ist der Sonnenstand für den Dom günstig, welche Wahrzeichen liegen nahe beieinander, sodass Sie nach der Rundfahrt noch einmal zu Fuß dorthin zurückkehren können, um zu fotografieren?

Aber nutzen Sie jede Minute, in denen der Stadtrundfahrtbus anhält und alle Fahrgäste samt Stadtführer aussteigen, um eine der Sehenswürdigkeiten genauer anzuschauen, um Ihre Fotos zu machen.

Auch geführte Stadtrundgänge eignen sich nicht immer gut für die Fotobegeisterten unter den Touristen. So entstand dieses Bild leider genau zur Mittagszeit auf dem Marktplatz der wunderschönen Stadt Quedlinburg in Sachsen-Anhalt.

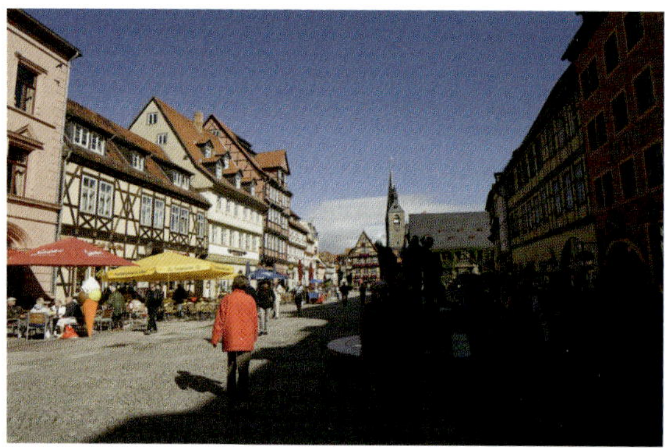

f/9 | 1/400 Sek. | ISO 100 | 17 mm (unbearbeitet) | mal wieder ohne Stativ

Der Marktplatz der mittelalterlichen Stadt Quedlinburg. Die Mittagssonne sorgt für einen extrem hohen Kontrastumfang zwischen rechter und linker Bildhälfte.

Für den Hausgebrauch ist die Bildqualität sicher ausreichend. Doch wenn das Foto sich auch verkaufen soll (und darauf muss ich nun einmal achten), wird's schwierig: Der Kontrastumfang ist zu hoch. Die linke Bildhälfte ist ein wenig zu hell, die rechte deutlich zu dunkel. Außerdem scheinen die schönen Fachwerkhäuser Richtung Bildmitte zu kippen. Auf die zuletzt genannte Problematik gehe ich in diesem Kapitel noch näher ein. Der hohe Kontrastumfang lässt sich jedoch nur durch eine relativ aufwendige Bildbearbeitung reduzieren. Die andere Variante: Ich hätte den Marktplatz zu einem anderen Zeitpunkt bei einem anderen Sonnenstand noch einmal fotografieren müssen – doch die Gelegenheit bot sich mir leider nicht. Also musste mein Freund Photoshop wieder einspringen. Wenn Sie also hohe Ansprüche an die Qualität Ihrer Fotos ha-

Das gleiche Foto fertig bearbeitet: Zwar gingen durch die Begradigung der stürzenden Linien einige Details der schönen Fassaden verloren, doch gewinnt das Foto an Qualität durch das Aufhellen der Schattenbereiche. Dort ist jetzt deutlich mehr zu erkennen.

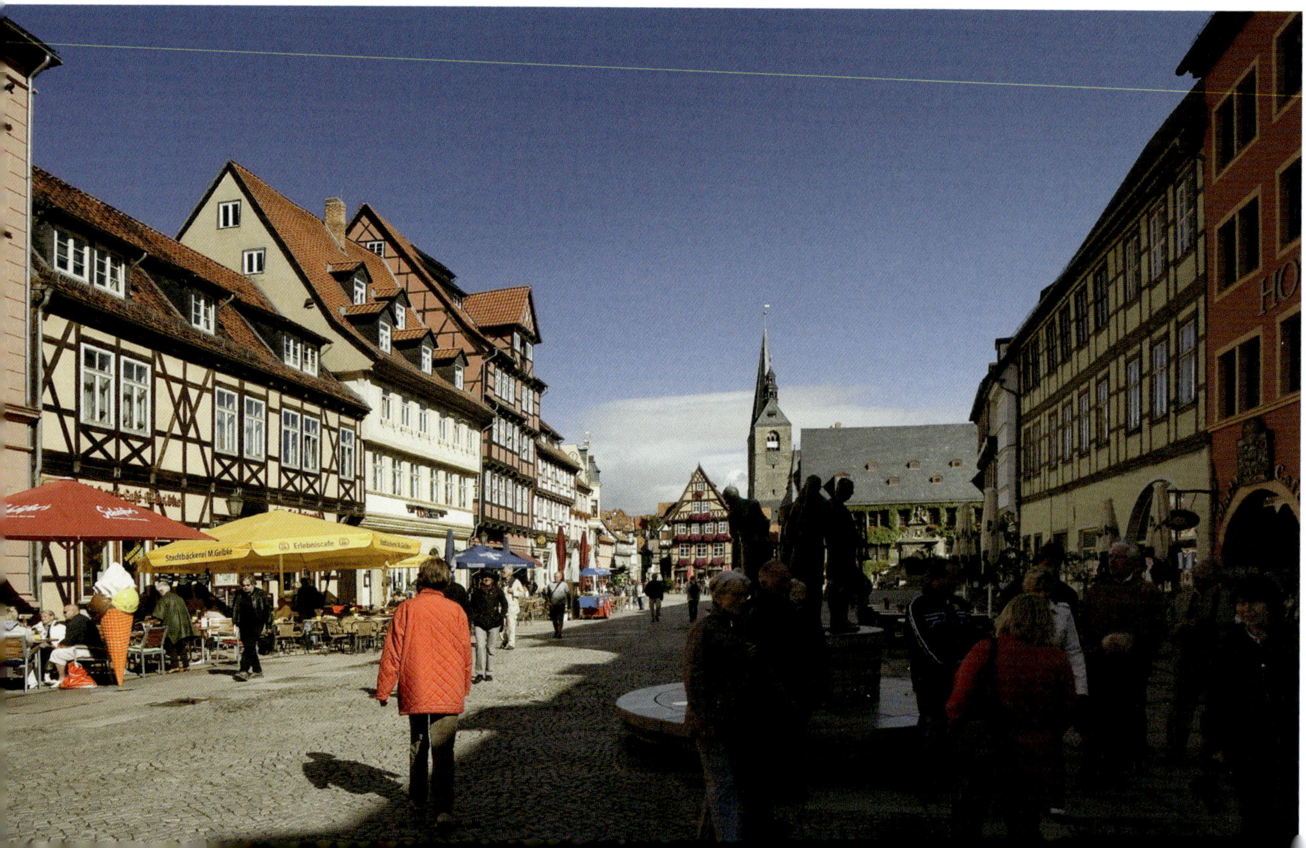

ben und bei ähnlichen Lichtverhältnissen wie auf dem gezeigten Beispielbild fotografieren müssen, dann kommen Sie kaum um eine etwas ausgedehntere Bildbearbeitung herum. Wie Sie am besten Bildbereiche mit Photoshop aufhellen oder abdunkeln können, habe ich ja schon in Kapitel 2.6 Schritt für Schritt erklärt. Aber diese Bearbeitung „zu Fuß" dauert lange und erfordert viel Geduld.

Softwarefilter erleichtern die Bearbeitung

Ich gestehe, dass ich es mir ein bisschen einfacher mache und damit viel Zeit („time is money") spare. Ich nutze eine Filtersammlung, die allerdings nicht ganz billig ist (149 Dollar) und deren Anschaffung eher für die Fortgeschrittenen unter Ihnen einen Sinn ergibt. Dennoch möchte ich diese Möglichkeit nicht verschweigen – sonst denken Sie noch, ich könnte zaubern! Das umfangreiche Filterprogramm heißt NikCollection und wird mittlerweile über Google vertrieben: *www.google.com/nikcollection*.

Auf dieser Internetseite lässt sich auch eine zeitlich begrenzt nutzbare Demoversion zum Ausprobieren herunterladen. Als ich die Filter zum ersten Mal benutzte, war der Aha-Effekt groß – Fotografen, deren Bilder ich immer sehr bewundert hatte, waren plötzlich entlarvt: „Ach, so haben die das gemacht!" Irgendwie waren die Kollegen dann entzaubert und ich fühlte mich ihnen gegenüber weniger klein.

Kamerastandort suchen

Ebenfalls auf einem Stadtrundgang stand ich mit etwa 30 weiteren Touristen in Trier vor dem imposanten Dom – mal wieder genau zur Mittagszeit. „Warum finden die Stadtrundgänge eigentlich immer genau dann statt?", frage

Dom zu Trier, fotografiert bei Gegenlicht zur Mittagszeit auf einem Stopp während der Stadtrundfahrt – kein wirklich gelungenes Foto.

f/7.1 | 1/1600 Sek. | ISO 200

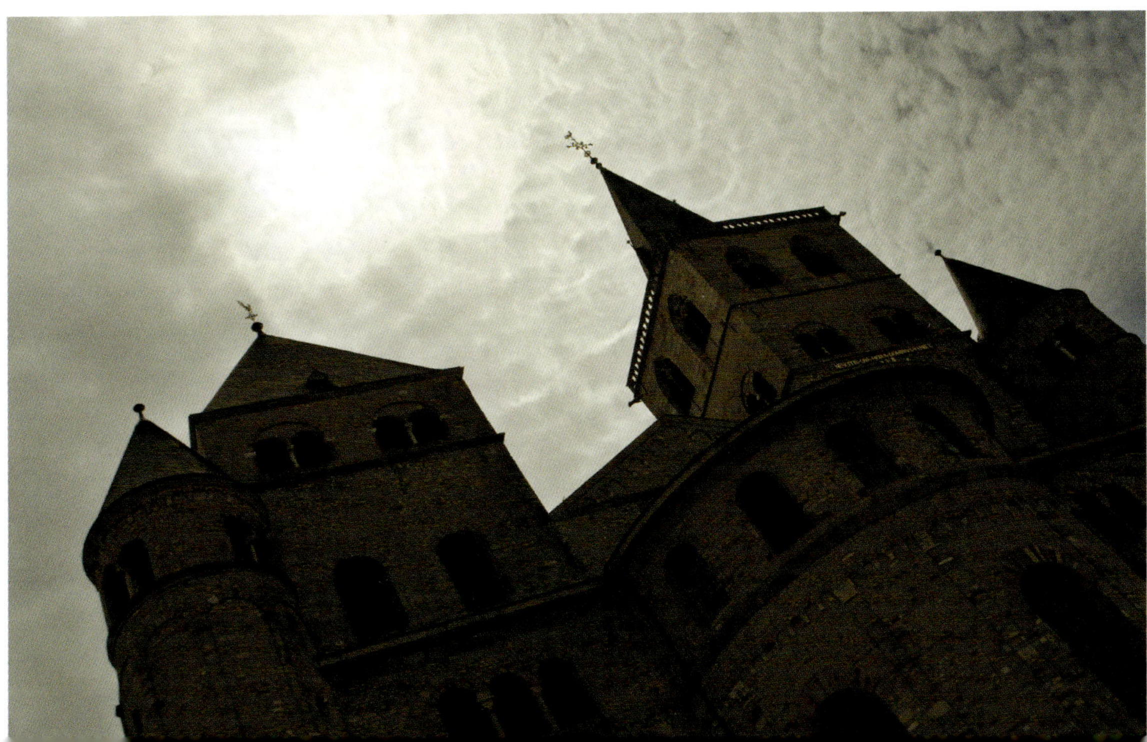

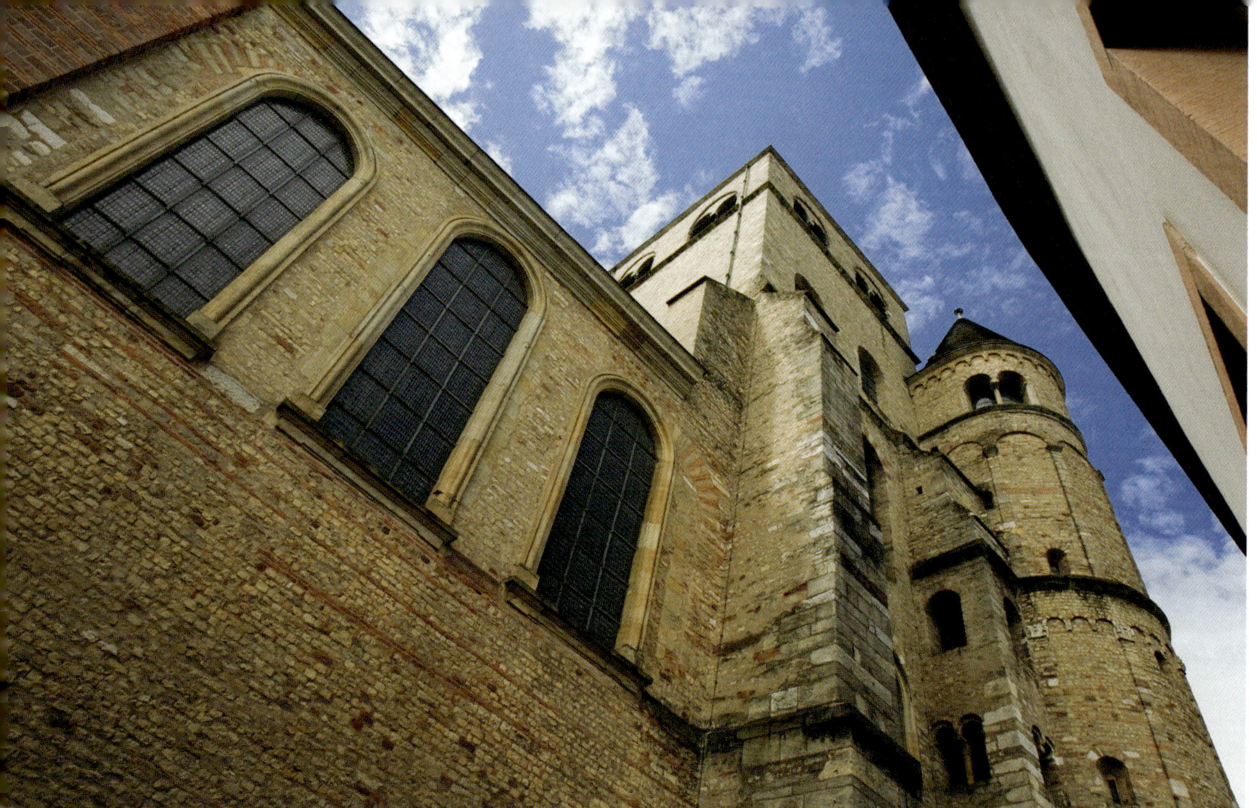

f/7.1 | 1/320 Sek. | ISO 200

Schneller Kamera-Standortwechsel während der Stadtführung – ich habe den Dom zu Trier (statt frontal) aus einer Seitengasse fotografiert.

ich mich gerade. Der Kontrastumfang zwischen dem hellen Himmel und der Domfassade war folglich sehr groß, sodass ich das historische Bauwerk nachträglich mit Photoshop aufhellen musste – eine nervige Fummelarbeit. Damals hatte ich die „Zauberfilter" noch ,nicht.

Es war zwar unhöflich, aber ich ließ den Stadtführer seine Geschichten und Anekdoten zum Dom erzählen, ohne ihm zuzuhören. Das meiste lässt sich ja später auch noch im Internet oder in Büchern nachlesen. Ich wollte schließlich dieses beeindruckende Bauwerk fotografieren (nicht nur bei Gegenlicht) – aber auf meine Art und Weise. In einer Seitengasse fand ich schließlich die bessere Perspektive auf den Dom bei sehr viel schönerem Licht. Netterweise zeigte auch der zuvor bedeckte Himmel (vorheriges Foto) mit mir Erbarmen, riss auf und präsentierte sein schönstes Blau.

Ich möchte Sie hier nicht auffordern, unhöflich mit dem Stadtführer und Ihrer Reisegruppe umzugehen. Aber oft ist es sinnvoll, einen anderen Standort zum Fotografieren zu suchen als den sich zuerst bietenden. Seien Sie nett und geben Sie Ihrem Stadtführer wenigstens Bescheid, wenn Sie sich von der Truppe entfernen. Aber behalten Sie Ihre Reisegruppe dabei stets im Auge – nicht, dass die immer wieder auf Sie warten muss. Das wäre dann wirklich unhöflich.

Was tun, wenn es regnet?

Sie sind endlich in Ihrer Foto-Traumstadt angekommen – und es regnet durchgängig, kein Sonnenstrahl lässt sich blicken. So erging es

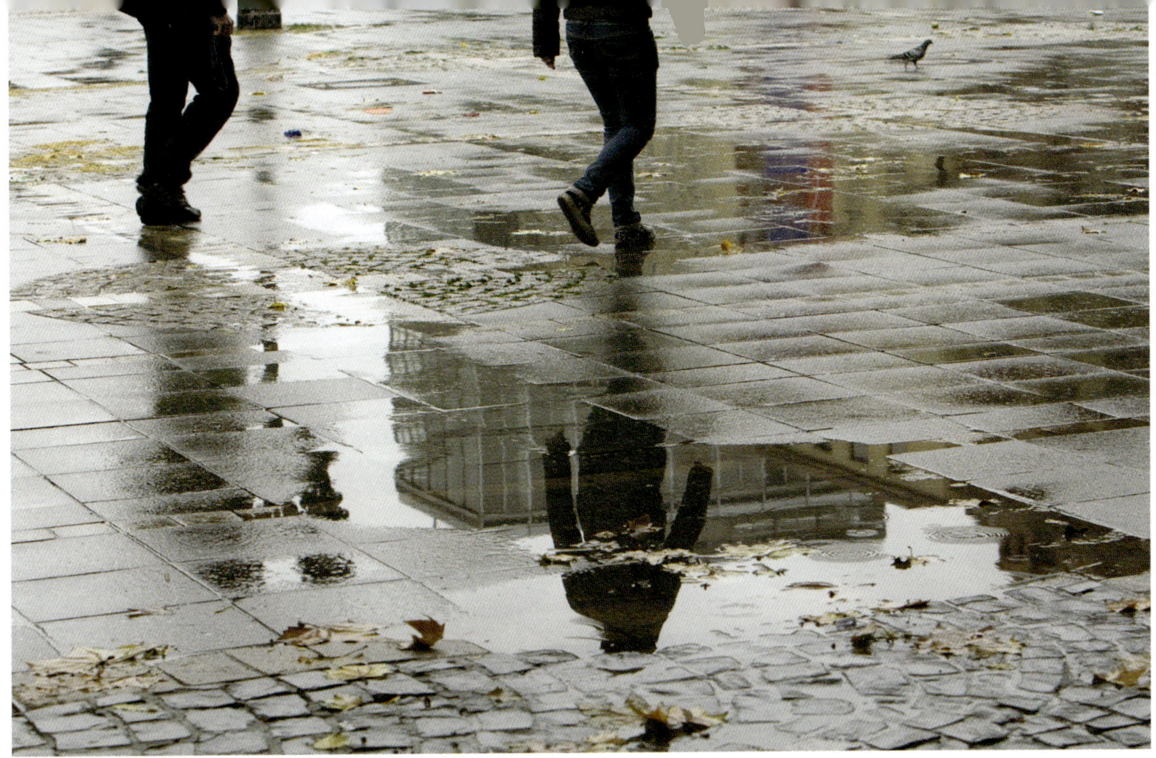

f/6.3 | 1/320 Sek. | ISO 320

Passanten spiegeln sich in Regenpfützen vor der Alten Oper in Frankfurt. Interessant wird das Foto auch durch den ungewöhnlichen Schnitt. Lediglich in der Spiegelung sind die Menschen vollständig abgebildet.

Touristen mit Regenschirmen vor der Alten Oper in Frankfurt.

f/6.3 | 1/125 Sek. | ISO 320

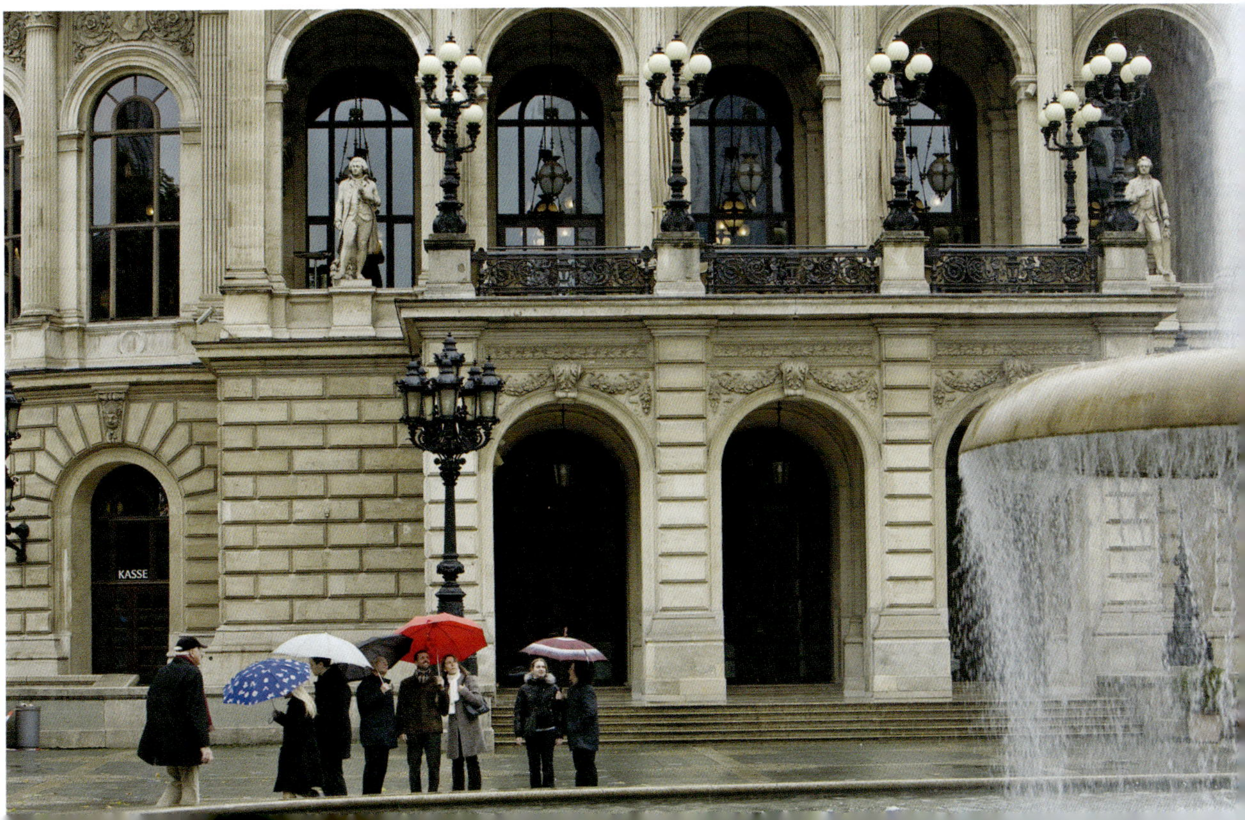

mir, als ich zum ersten Mal mit der Kamera in Frankfurt am Main unterwegs war: Regen, Regen und noch mal Regen. Was nun? Auf jeden Fall nicht lange darüber ärgern, sondern das Beste daraus machen. Das Wetter kann niemand ändern.

Auch bei Regen gibt es reizvolle Motive. Und Sie werden sich noch lange an die Reise erinnern: „Weißt du noch, wie nass wir geworden sind? Es hat geregnet ohne Unterlass." Hier sind ein paar Ideen, die sich in jeder Stadt umsetzen lassen.

- Fotografieren Sie Pfützen mit den sich darin spiegelnden Fassaden der Stadt.
- Oder Menschen mit Regenschirmen vor den bekannten Fassaden der Stadt. Hier die Alte Oper in Frankfurt.

Es ist gar nicht wichtig, die gesamte Fassade eines sehenswerten Gebäudes auf Ihre Speicherkarte zu bannen. Manchmal sind Ausschnitte wie hier mit dem roten Regenschirm als Farbklecks viel interessanter. Weniger ist mehr.

Solche Motive sind zudem auch eine viel persönlichere Erinnerung an eine Städtereise als Postkartenbilder, die es an jedem Kiosk zu kaufen gibt.

Gut beschirmt suchen Touristen die bei Regen und Nebel nicht vorhandene Aussicht in der Sächsischen Schweiz.

f/8 | 1/400 Sek. | ISO 400

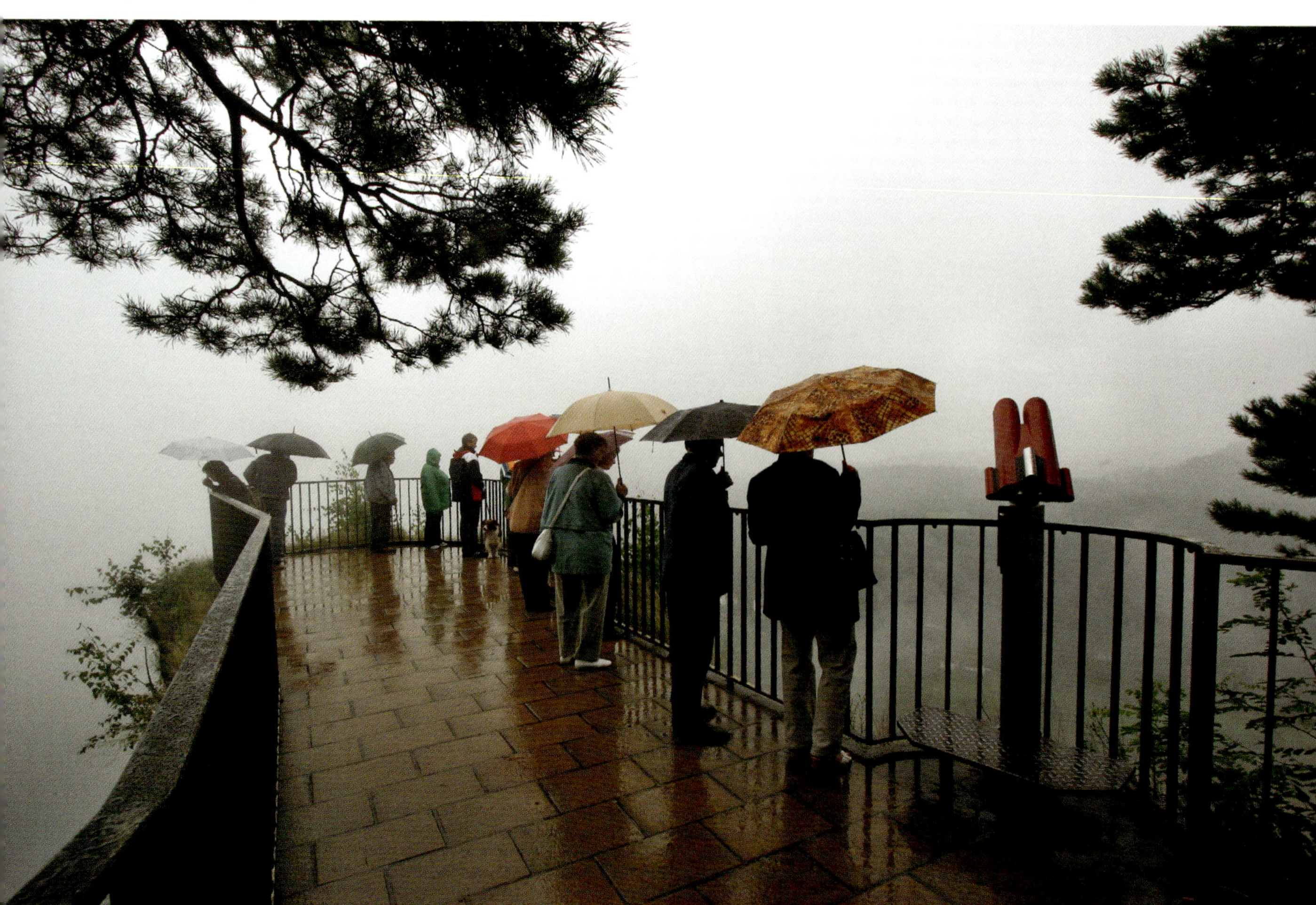

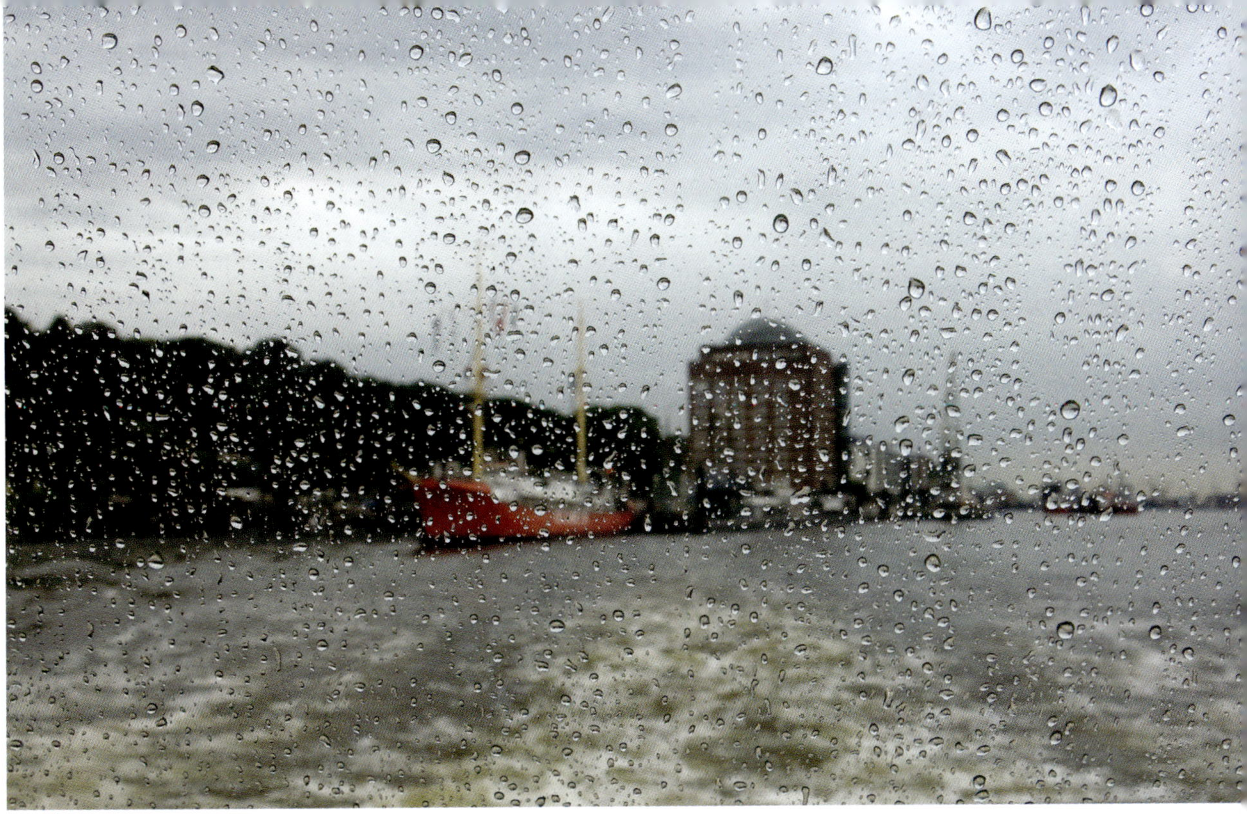

f/13 | 1/80 Sek. | ISO 500

Hamburg im Regen, fotografiert durch das Fenster einer Hafenfähre. Den einzigen Farbklecks bildet der rote Schiffsrumpf.

- Fotografieren Sie andere Touristen unter Regenschirmen, die bei Nebel und Regen auf der (vergeblichen) Suche nach der besonders schönen Aussicht sind – wie hier in der Sächsischen Schweiz.
- Fotografieren Sie die Stadt durch ein verregnetes Fenster wie hier durch die Scheibe einer Hafenfähre in Hamburg. Die Schärfe liegt auf den Regentropfen – dennoch lassen sich der Museumshafen und das historische rote Feuerschiff sowie die Gebäude am Elbufer erkennen.
- Fotografieren Sie Details, wie zum Beispiel diese historische Straßenlaterne vor einer modernen Hochhausfassade in Frankfurt.

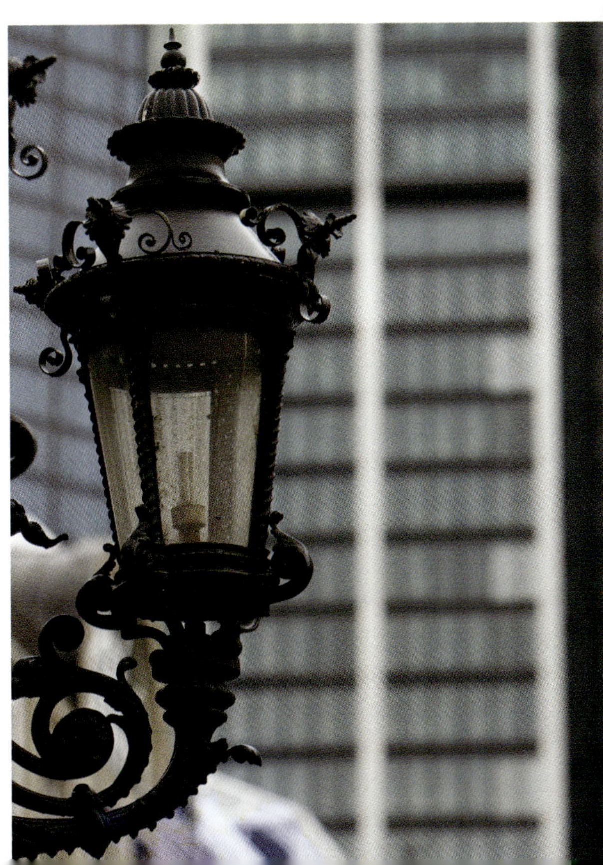

f/3.5 | 1/400 Sek. | ISO 320

Historische Straßenlaterne vor moderner Hochhausfassade ... und Regentropfen. Nicht nur das Spiel von Schärfe und Unschärfe macht das Foto interessant, sondern auch der Kontrast von Alt und Neu.

Akzente setzen im Regen

Achten Sie bei der Regenfotografie darauf, dass Sie Akzente in Ihren Fotos setzen. Wenn Sie ohne Stativ unterwegs sind, werden Sie bei schlechtem Licht notgedrungen mit eher offener Blende fotografieren und somit keine große Schärfentiefe auf Ihren Fotos erzielen können. Machen Sie aus der Not eine Tugend und spielen Sie mit scharfen und unscharfen Bildanteilen und/oder dem Kontrast von historisch und modern (wie bei der Frankfurter Straßenlaterne) oder mit Farbe – auch wenn alles grau in grau erscheint. Wenigstens in einem kleinen Bildbereich sollte ein Farbklecks zu sehen sein. Besonders die Farbe Rot eignet sich dafür – wie einige der vorangestellten Beispielbilder zeigen.

Wenn wirklich alles grau in grau ist

Wenn tatsächlich nur die Farbe Grau dominiert und kein bisschen Farbe weit und breit zu sehen ist, dann überlegen Sie, ob es nicht das Beste wäre, Ihre Fotos später am Computer in Schwarz-Weiß umzuwandeln. Viele Kameras bieten schon im Menü die Möglichkeit an, die Bilder von vornherein in Schwarz-Weiß zu fotografieren. Davon ist jedoch eher abzuraten, wenn Sie kein zuvor fest geplantes Konzept im Kopf haben.

Zum einen ist die Gefahr groß, das Umschalten auf „bunt" zu vergessen, wenn die Sonne wieder scheint. Und zum anderen sind die Möglichkeiten der Bildbearbeitung mit farbigem Ausgangsmaterial sehr viel größer als bei Schwarz-Weiß. Aus Farbe können Sie Schwarz-Weiß machen – umgekehrt funktioniert das leider (noch) nicht.

Architektur in Schwarz-Weiß

Bei der Entstehung dieses Beispielfotos in Colmar, Elsass, hat es zwar nicht geregnet, doch

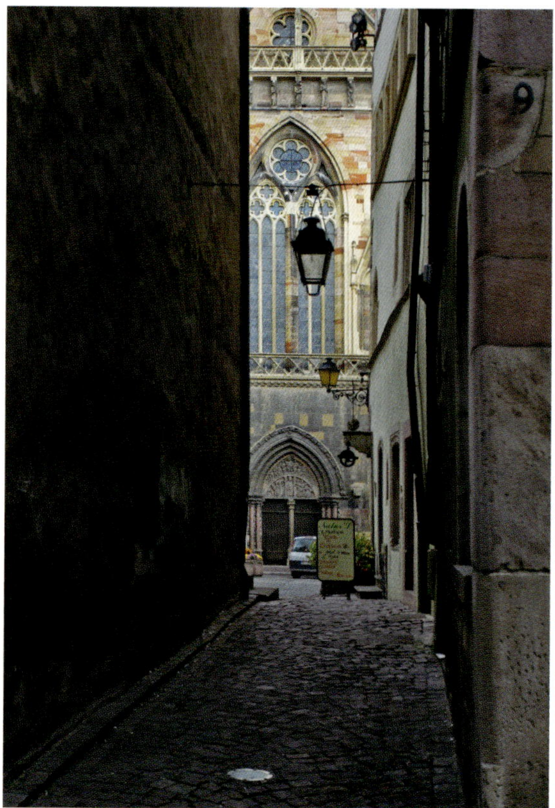

f/4 | 1/320 Sek. | ISO 320 | 40 mm

Blick durch eine schmale und dunkle Altstadtgasse auf die Kathedrale von Colmar im Elsass. Wenig Farbe, aber kräftige Kontraste und vielfältige Strukturen – das Foto bietet ideale Voraussetzungen für die Umwandlung in ein Schwarz-Weiß-Bild.

die Farben konnten wegen des Blicks durch die enge und schattige Gasse und des Fehlens von Sonnenschein ihre Wirkung nicht voll entfalten. Entscheidend für die optimale Bildwirkung eines Schwarz-Weiß-Fotos sind drei Aspekte:

- kräftige Kontraste,
- deutliche Strukturen und
- eine klare Blickführung des Betrachters durch den Bildaufbau.

Wichtig ist, dass die Strukturen der dunklen Bildbereiche nicht im Schwarz verschwinden

– Fotografen nennen das „Absaufen" oder „Zusuppen". Helle Bereiche brauchen ebenfalls Struktur und sollten nicht überstrahlen – darauf sollten Sie achten, wenn Sie bei der Bildbearbeitung die Kontraste noch etwas verstärken möchten. Wie genau das Umwandeln eines Farbfotos in Schwarz-Weiß funktioniert, erkläre ich in Kapitel 5.5.

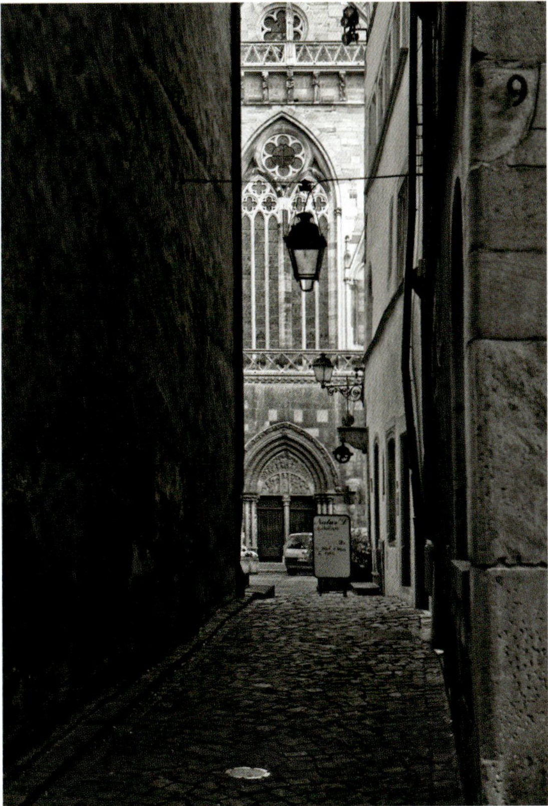

Das Foto gewinnt nach der Umwandlung in Schwarz-Weiß mithilfe eines Bildbearbeitungsprogramms. Kontraste und Strukturen sorgen für eine angenehme Bildwirkung.

Fotografieren in Kirchen

Sakralbauten – also Kirchen, Kathedralen oder der Dom einer Stadt – sind sehr beliebte Fotomotive. Nicht nur von außen. Aber in den Innenräumen gibt es viel zu beachten. Nicht nur fotografisch, sondern oft auch rechtlich. Grundsätzlich gilt, dass Sie von öffentlichen Straßen, Wegen und Plätzen zumindest in Deutschland (andere Länder, andere Sitten) alles fotografieren dürfen, solange Sie keine Hilfsmittel (Leiter o. Ä.) benutzen, um zum Beispiel den Blick über eine Hecke hinweg zu erhaschen. Das nennt sich Panoramafreiheit. Näheres können Sie unter diesem Stichwort im Internet nachlesen.

Internettipp zum Fotorecht

Die Seite *www.fotorecht.de* gibt zahlreiche interessante Hinweise und weiterführende Links zu diesem etwas trockenen, aber sehr wichtigen Thema, mit dem Sie sich unbedingt befassen sollten, wenn Sie Ihre Fotos auch veröffentlichen möchten – egal ob im Internet oder gedruckt in Printmedien.

Hausordnung beachten

In Innenräumen (auch z. B. in Bahnhöfen oder Zoos) gelten andere Regeln – da entscheidet der Hausherr, ob und wie fotografiert werden darf. Meistens finden Sie schon am Eingang der Kirche, der Kathedrale oder des Doms ein Schild mit der Hausordnung, an die Sie sich unbedingt halten sollten. Das Fotografieren für die kommerzielle Nutzung (also für den späteren Verkauf und die Veröffentlichung der Fotos) ist oft nicht gestattet. Aber gegen Bilder für das private Fotoalbum gibt es nur selten Einwände. Blitz- und Stativbenutzung sind leider sehr häufig verboten.

Öffentliche Innenräume fotografieren

Das bedeutet, dass die meisten Fotos von Kircheninnenräumen, Burgen, Schlössern, Museen etc. mit lichtstarken Objektiven bei hoher ISO-Zahl und möglichst eingeschaltetem Verwacklungsschutz entstehen (bei Canon heißt das **I**mage **S**tabilizer oder kurz IS).

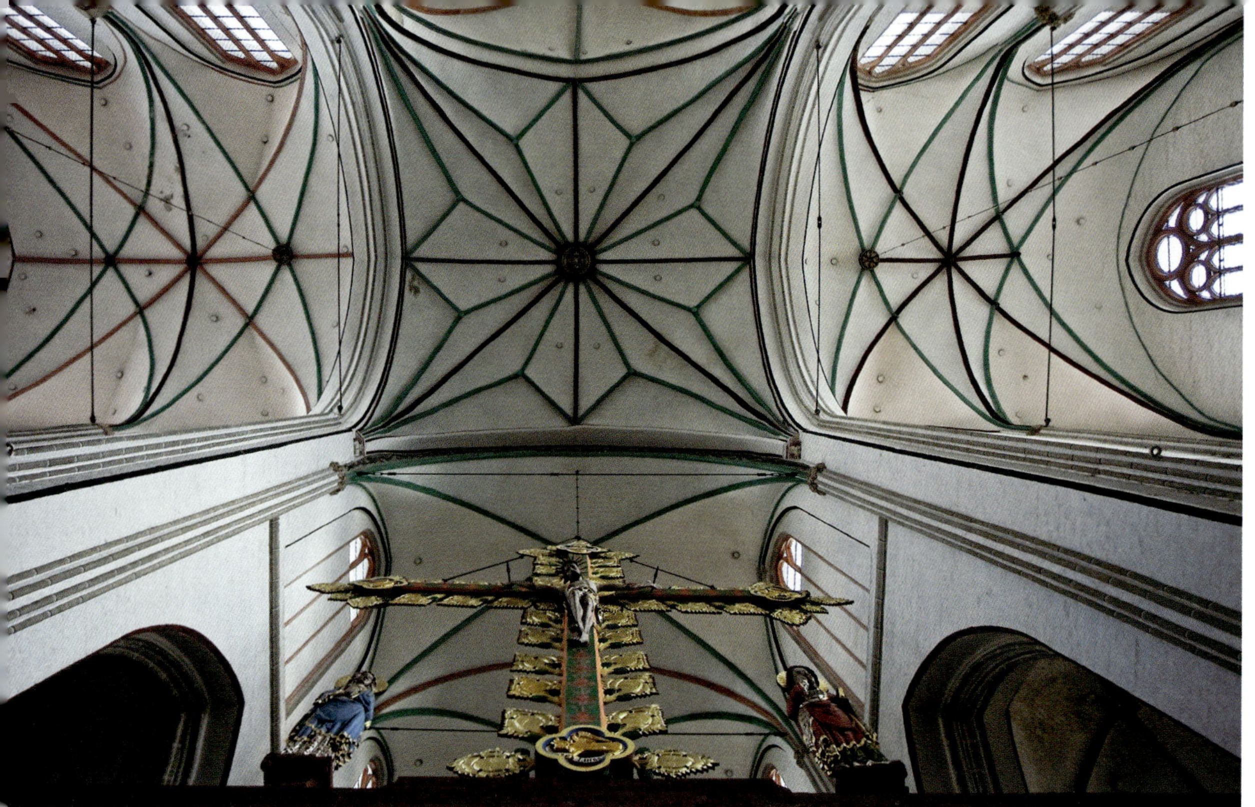

f/4 | 1/125 Sek. | ISO 640 | 17 mm

Um das Foto aus dem Inneren des Doms zu Schwerin in diesem Buch zu veröffentlichen, habe ich mir eine schriftliche Genehmigung geben lassen. Für Ihr privates Fotoalbum ist das jedoch nicht nötig. Möchten Sie ein solches Foto hingegen z. B. in einem Internetforum oder bei Facebook zeigen, handelt es sich – streng genommen – um eine Veröffentlichung und bedarf der Genehmigung des Hausherrn.

Es gibt einige Hobbyfotografen, die frei nach dem Motto „Wo kein Kläger, da kein Richter" munter ihre Fotos veröffentlichen, wohl wissend, dass das mächtig Ärger geben kann. Ich möchte hier vor dieser Vorgehensweise ausdrücklich warnen! Es gibt Anwaltskanzleien, die genau auf diese Fälle spezialisiert sind und deren Mitarbeiter das Internet genau nach diesen ungenehmigten Fotos durchsuchen. Da kann Ihnen schnell eine Klage ins Haus flattern!

Wenn Sie in einer Kirche o. Ä. fotografieren dürfen, sollten Sie über ein gesundes Selbstbewusstsein verfügen. Um z. B. das schöne Gewölbe über Ihnen symmetrisch fotografieren zu können, ist der beste Kamerastandort am Boden, die Linse senkrecht nach oben gerichtet. Den besten Bildausschnitt wählen, fokussieren und auslösen ist nur dann möglich, wenn Sie ebenfalls rücklings auf dem Boden liegen! So können Sie die Kamera auch bei längeren Belichtungszeiten einigermaßen stabilisieren. Auch wenn Sie so selbst zur Sehenswürdigkeit werden ...

Zudem empfiehlt es sich, das Atmen für den kurzen Moment der Belichtung einzustellen – so vermeiden Sie Verwacklungen. Oder stützen Sie Ihre Hände gut ab (z. B. an einer Kirchenbank), wenn Sie die bunten Fenster wegen des schwachen Umgebungslichts bei etwas längeren Belichtungszeiten fotografieren möchten. Bei aller Spontanität, die Sie eventuell entwickeln, achten Sie in sakralen

f/4 | 1/80 Sek. | ISO 640 | 17 mm | mittenbetonte Belichtungsmessung (Schweriner Dom)

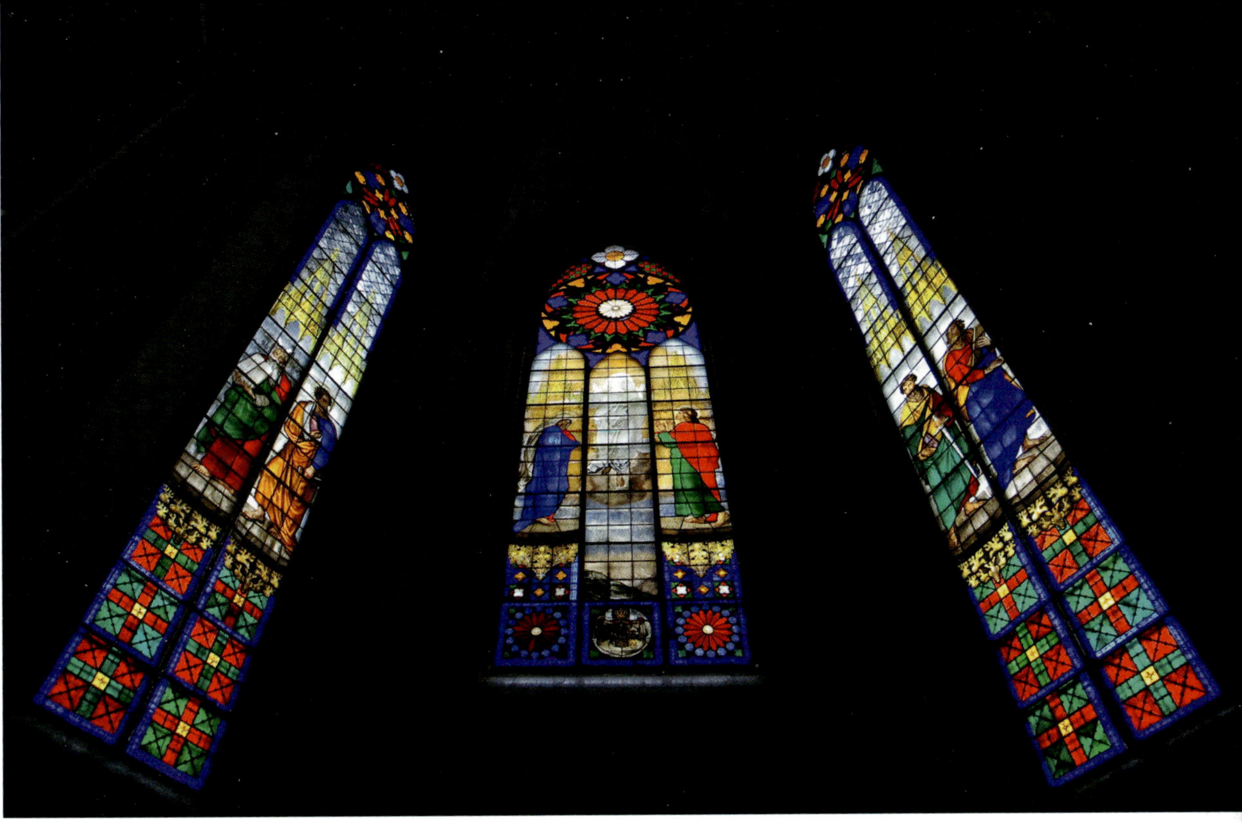

Gebäuden unbedingt darauf, keine anwesenden Gläubigen im Gebet zu stören oder gar zu verärgern. Rücksicht ist hier das oberste Gebot!

4.3 Stadtansichten im Überblick

Um möglichst viel Stadtkulisse auf den Kamerachip bannen zu können, bieten sich in den meisten Städten gleich mehrere mögliche Locations an. Sie können hoch hinaus, wenn Sie sich fotografisch einen guten Überblick über die Stadt verschaffen wollen. Dafür bieten sich Kirchtürme oder Hochhäuser mit Aussichtsplattformen an.

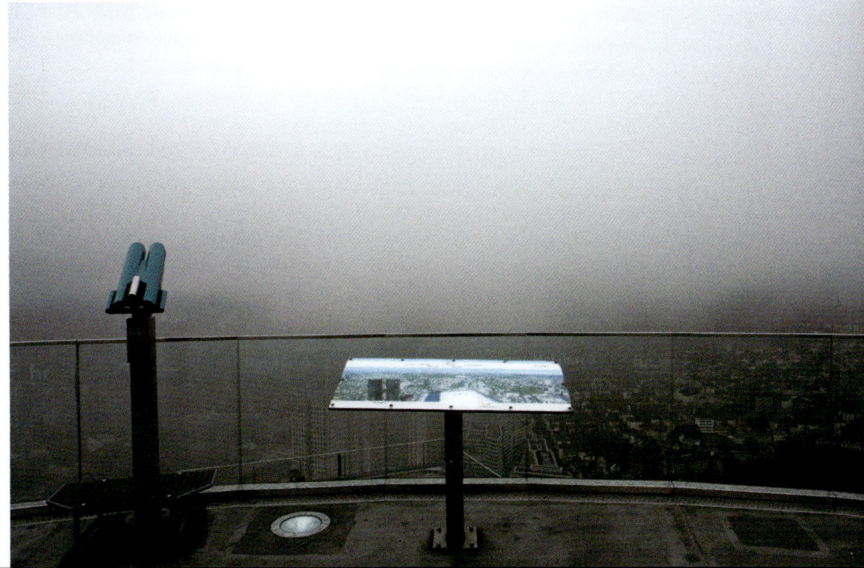

f/8 | 1/500 Sek. | ISO 160 | 17 mm

Blick bei scheußlichem Wetter vom Dach der hessischen Landesbank in Frankfurt – auch so ein Motiv kann durchaus seinen Reiz haben.

Oder ein Berg in der Umgebung. Falls Sie unter Höhenangst leiden, können Brücken, See- oder Flussufer gute Alternativen sein, um das Stadtpanorama zu fotografieren. Meist haben Sie von dort auch einen freien Ausblick – wenn das Wetter mitspielt.

Doch auch bei nicht optimalen Wetterbedingungen sind eindrucksvolle Fotos möglich:

Auch schlechtes Wetter kann durchaus seine fotografischen Reize haben – also nicht verzagen, wenn auf der Aussichtsplattform (wie hier in Frankfurt) die Wolken zum Greifen tief hängen. So werden die Hochhäuser im Bankenviertel im wahrsten Sinne des Wortes zu Wolkenkratzern.

Blick von einer Aussichtsplattform in eine Frankfurter Straßenschlucht – die Schärfe liegt auf den roten Warnlampen, alle übrigen Bildbereiche liegen in der Unschärfe. So wird die Höhe des Kamerastandorts betont.

f/5.6 | 1/125 Sek. | ISO 250 | 200 mm

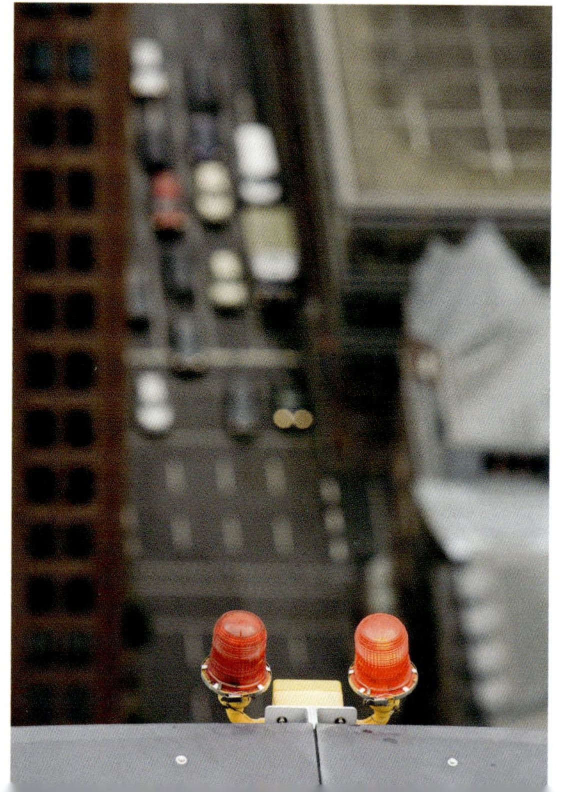

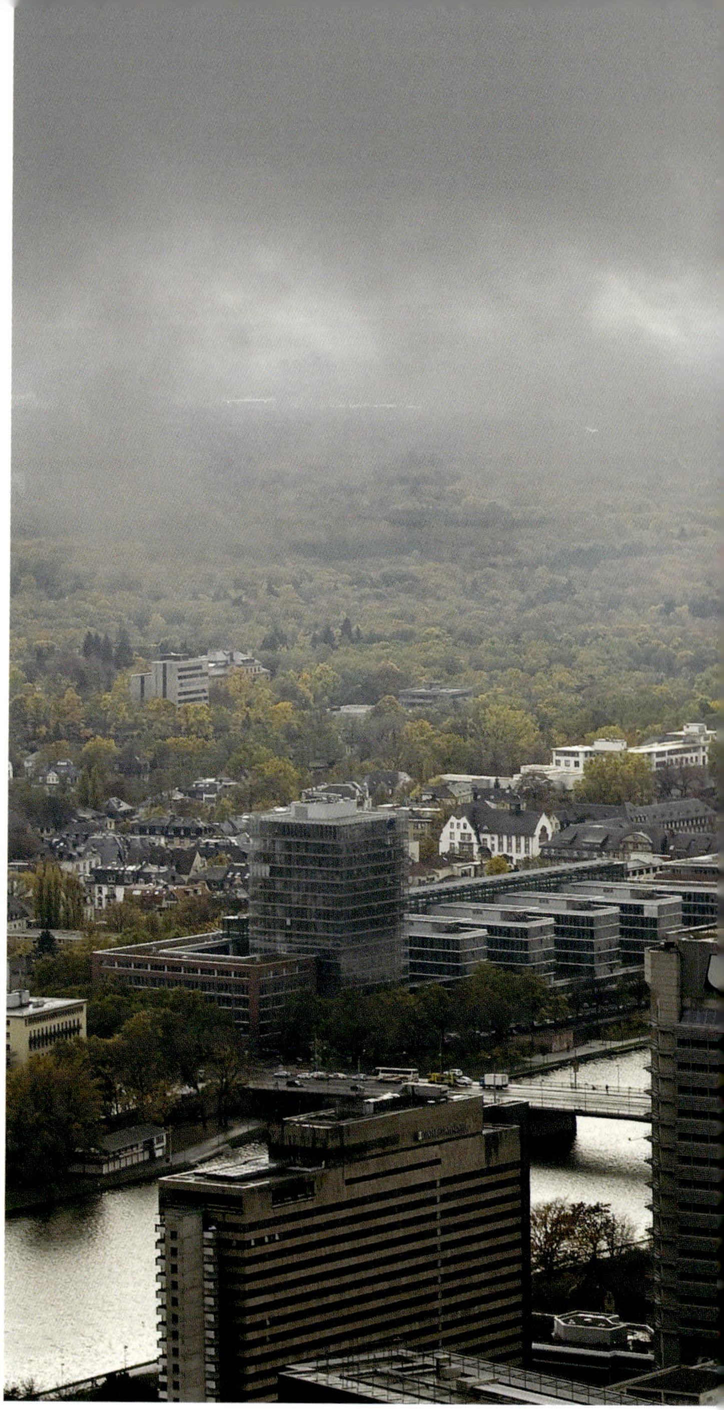

Diese fotografischen Blicke auf die Stadt Frankfurt sind allesamt am Computer nachbearbeitet. Das wirklich schlechte Herbstwetter machte es nötig. So sind z. B. die Wolken abgedunkelt, die Hochhäuser dagegen aufgehellt. Auch das Erhöhen des Kontrasts ist bei dunstigem Wetter mit viel Feuchtigkeit in der

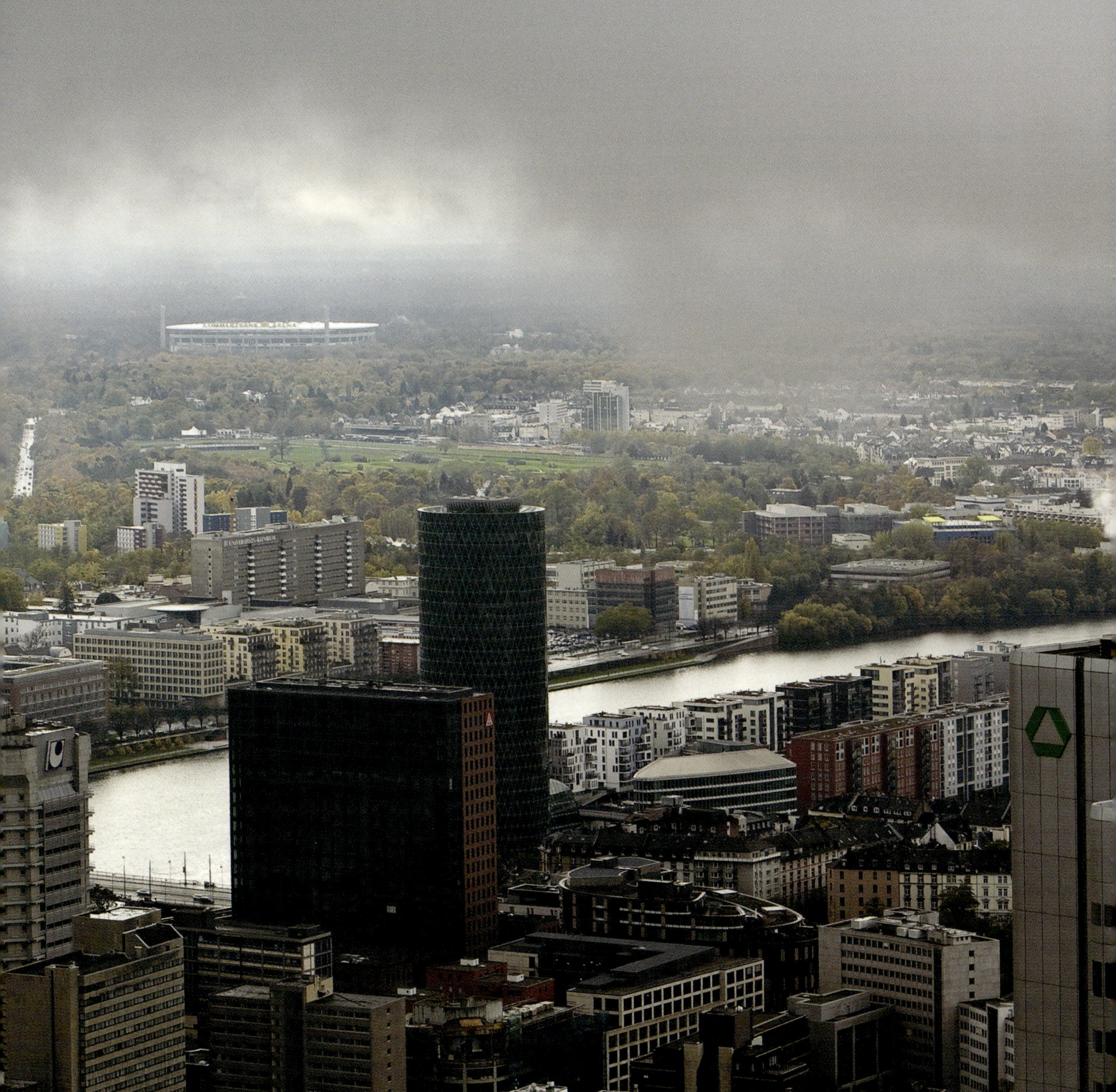

f/5.6 | 1/320 Sek. | ISO 250 | 70 mm

Blick über die Frankfurter Wolkenkratzer, die ihrem Namen hier alle Ehre machen, auf das andere Ufer des Mains.

Luft ratsam. Wenn alles nichts hilft, fotografieren Sie mit einem Telezoom Details in der Nähe, die noch nicht vom Dunst verhüllt sind. Bei besseren Lichtverhältnissen ist es natürlich wesentlich einfacher, einen guten Kamerastandort für ein Stadtpanorama zu finden. Zum Beispiel von einem Hügel am Stadtrand von Luxemburg.

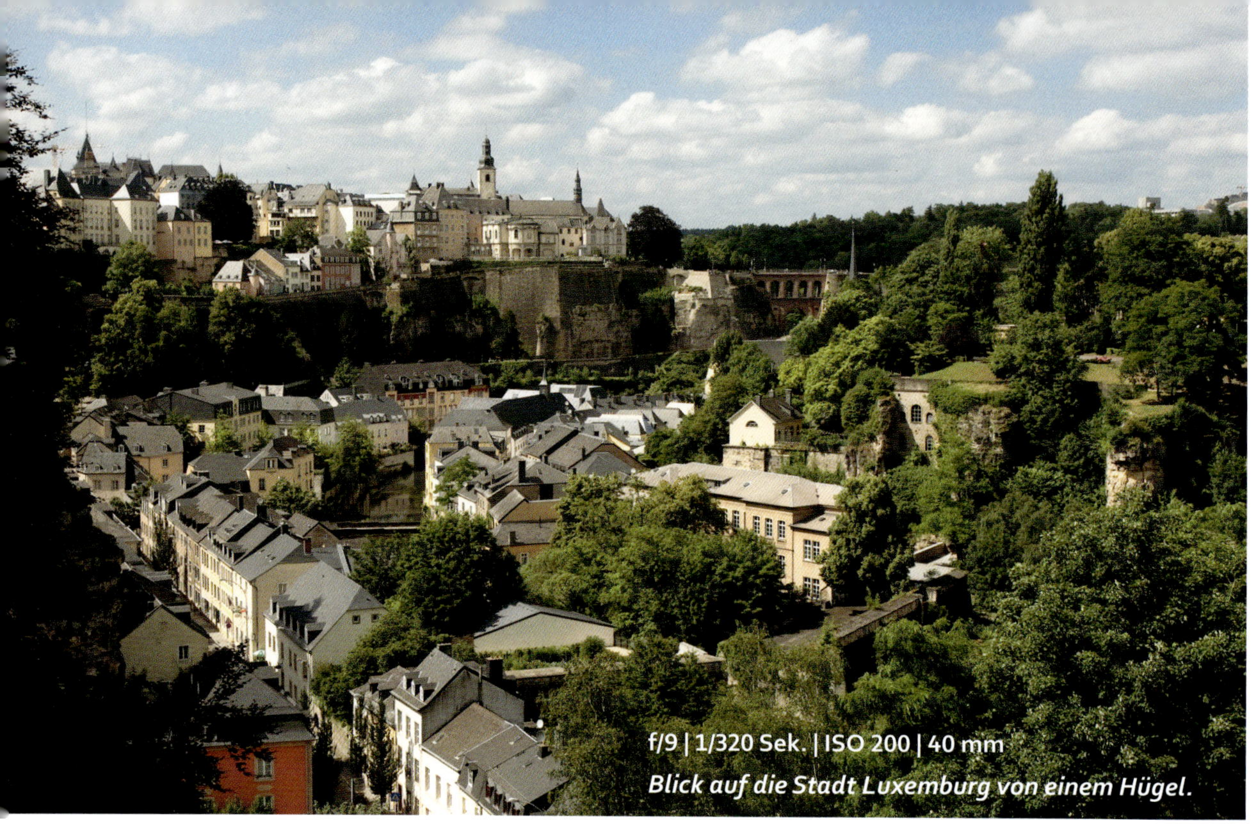

f/9 | 1/320 Sek. | ISO 200 | 40 mm

Blick auf die Stadt Luxemburg von einem Hügel.

Oder vom südlichen Ufer der Elbe auf den Hamburger Nobelvorort Blankenese: Oder von einer der zahlreichen Main-Brücken auf die berühmte Skyline der Bankenmetropole Frankfurt:

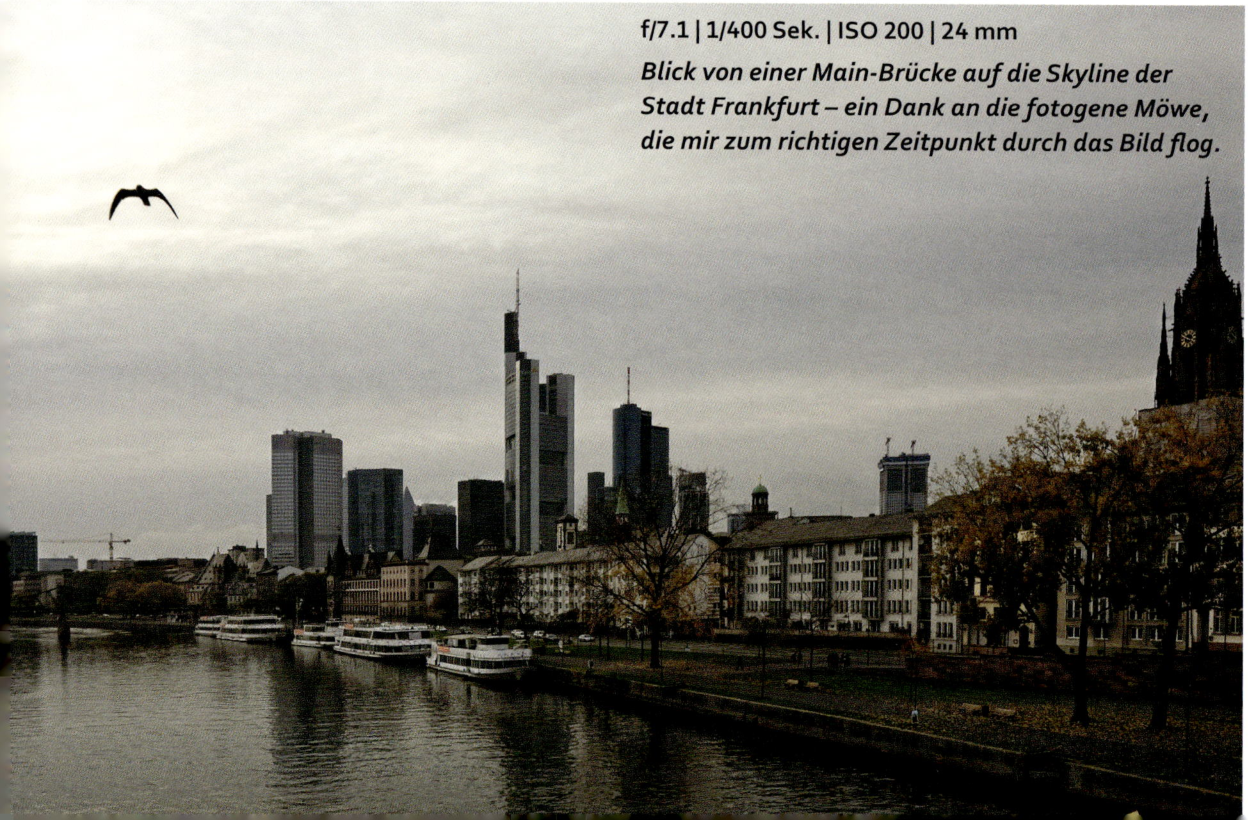

f/7.1 | 1/400 Sek. | ISO 200 | 24 mm

Blick von einer Main-Brücke auf die Skyline der Stadt Frankfurt – ein Dank an die fotogene Möwe, die mir zum richtigen Zeitpunkt durch das Bild flog.

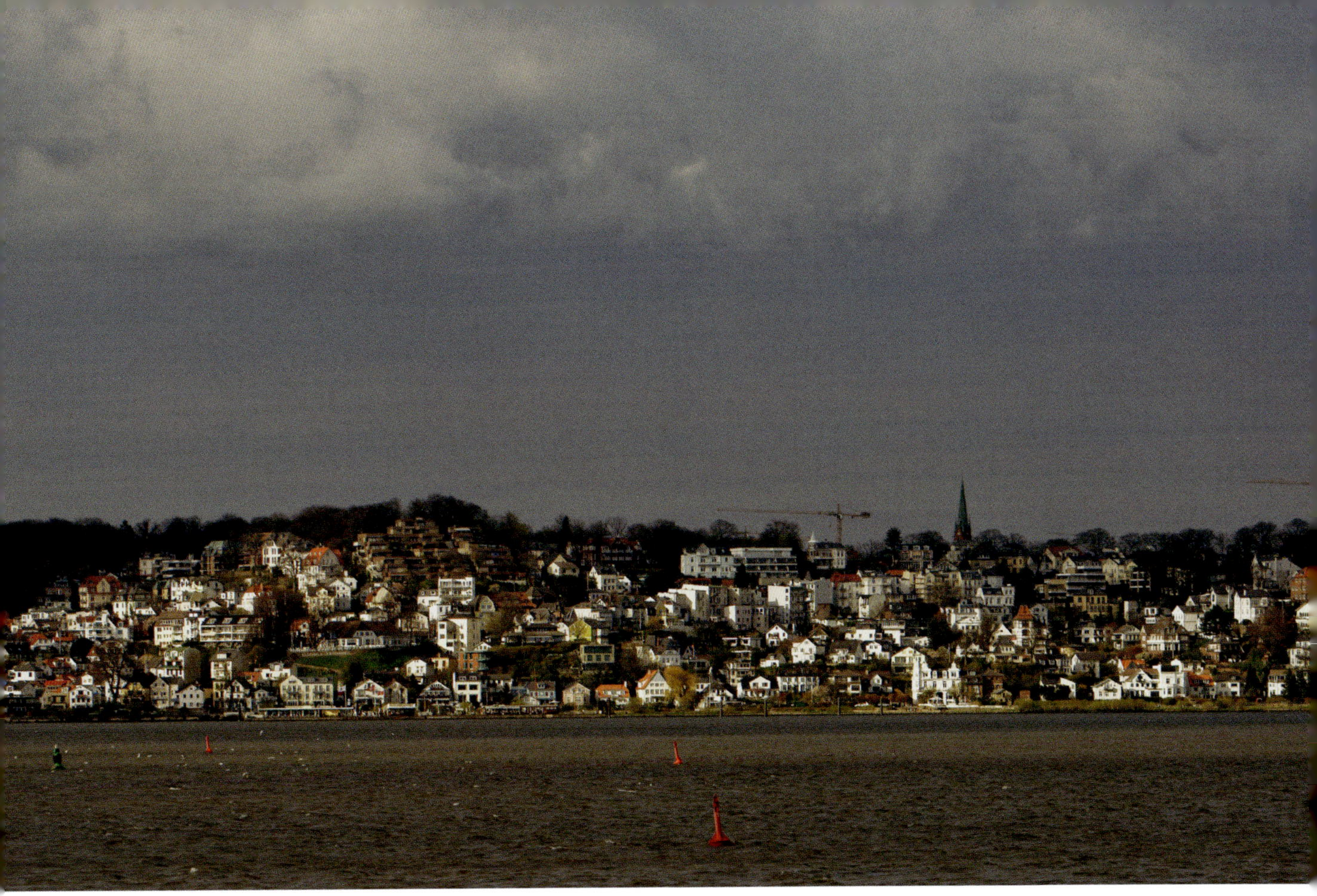

f/9 | 1/500 Sek. | ISO 320 | 140 mm

Blick vom Elbufer auf den Hamburger Vorort Blankenese, der von der Sonne angestrahlt wird, während der dunkle Himmel nicht Gutes verheißt – eine schöne und zugleich dramatische Lichtsituation.

4.4 Architektur fotografieren

Jede Stadt hat architektonisch interessante Gebäude, historische ebenso wie moderne. Und es macht Spaß, sie aus allen Blickwinkeln und Perspektiven zu betrachten und zu fotografieren. Doch auch dann, wenn die Bauten netterweise still halten: Architekturfotografie hat ihre Tücken und ist keinesfalls ein einfaches Genre. Mit einem Bildaufbau wie auf diesem Foto können Sie gleich mehrere Fallstricke der Architekturfotografie umgehen: Es gibt keine senkrechten oder waagerechten Linien. Die Diagonale ist bildbestimmend.

Gerade Linien bestimmen die Architektur

Es sind sehr häufig die geraden Linien, die in diesem Genre der Fotografie dem Bild eine Struktur geben – egal ob senkrecht, waagerecht oder diagonal. Sie spielen die entscheidende Rolle in der Gestaltung von Architekturfotos.

Diese Linien sind es aber auch, die so manchen Hobbyfotografen, der sich dem Genre Architektur zum ersten Mal annähert, zur Verzweiflung treiben können.

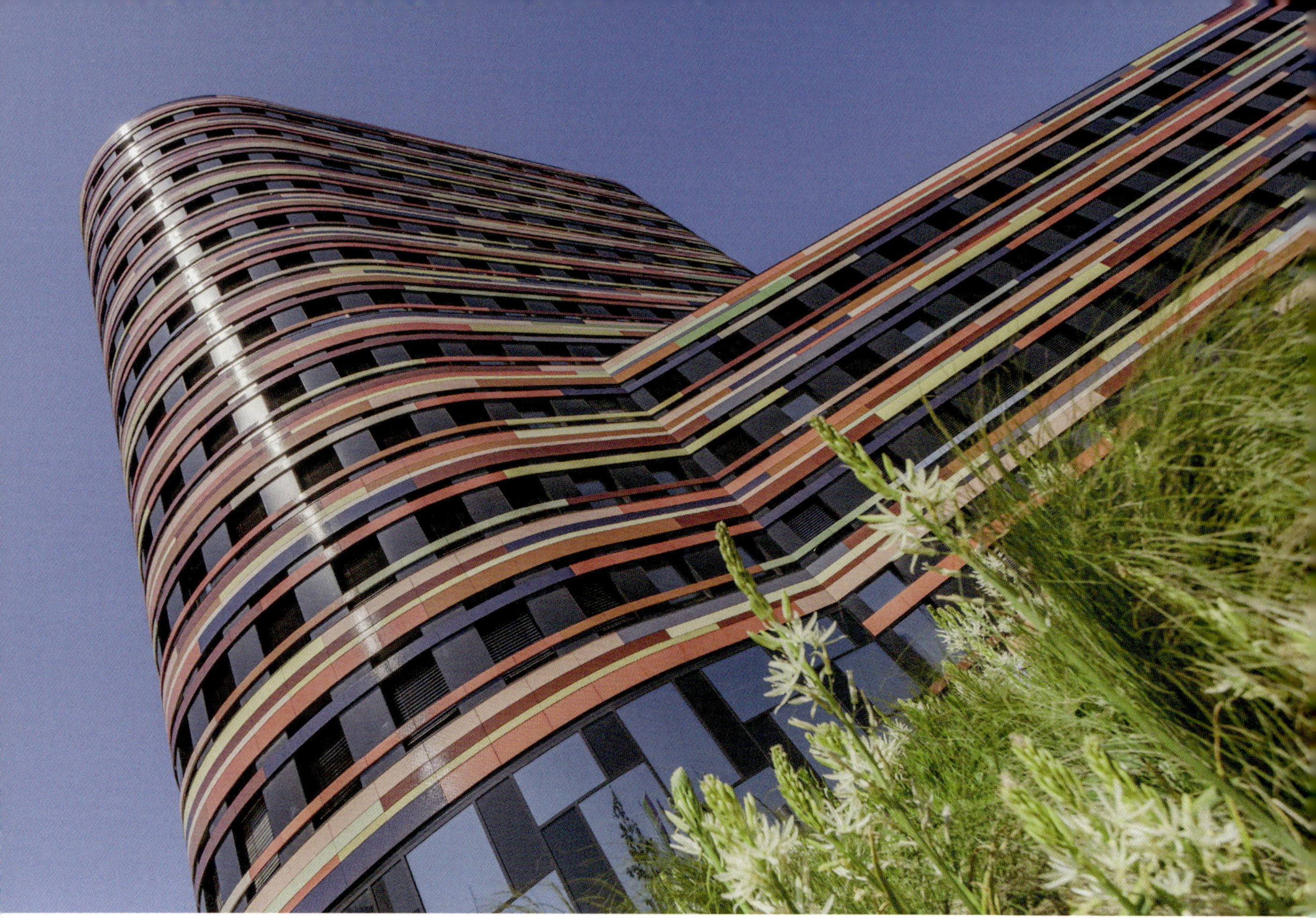

f/8 | 1/500 Sek. | ISO 200 | 17 mm

Mit einer solchen schrägen Bildgestaltung können Sie die Fallstricke der Architekturfotografie geschickt umschiffen. Das Foto zeigt die Hamburger Behörde für Stadtentwicklung und Umwelt.

Gerade Linien biegen sich

Denn diese Linien sind sehr schwer zu fotografieren, viel schwerer, als Sie vielleicht denken. Besonders dann, wenn Sie ein Weitwinkelobjektiv mit kurzer Brennweite einsetzen. Ein Weitwinkel sorgt zwar dafür, dass Sie das große Gebäude vor Ihren Augen oder die Altstadtstraße mit den historischen Häusern komplett auf den Chip bannen können, doch wird das Ergebnis Sie in erster Linie verblüffen und in zweiter Linie an Ihren fotografischen Fähigkeiten zweifeln lassen.

Im Sucher der Kamera sah das Motiv doch ganz anders aus als auf dem eben entstandenen Foto, das Sie jetzt nachdenklich auf dem Kameradisplay betrachten: Alles schief und verbogen – wie kommt das?

Die kurzen Brennweiten der Weitwinkelobjektive neigen zu Verzeichnungen – besonders z. B. bei Gebäudeteilen, die sich im Randbereich des Bildes und im vergleichsweise geringen Abstand zur Frontlinse des Objektivs befinden. So wie die Regenrinne im Beispielfoto.

Was durch den Sucher noch gerade aussah, wirkt auf dem Foto völlig verbogen. Die schlechte Nachricht dazu: Hier hilft es nur

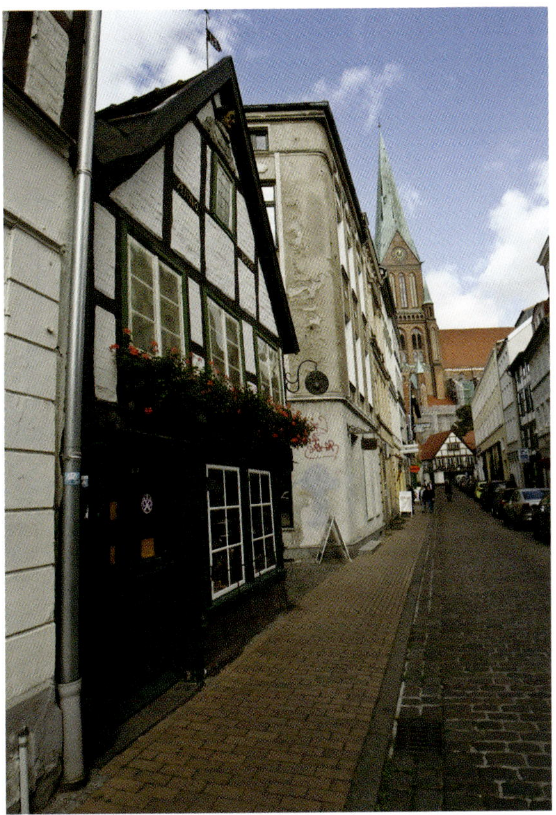

f/8 | 1/160 Sek. | ISO 100 | 17 mm

Altstadtstraße in Schwerin – alles drauf, aber krumm und schief. Die Regenrinne links im Foto erscheint gebogen, der Dom kippt gleich um … durch den Sucher der Kamera sah doch noch alles gerade aus?!

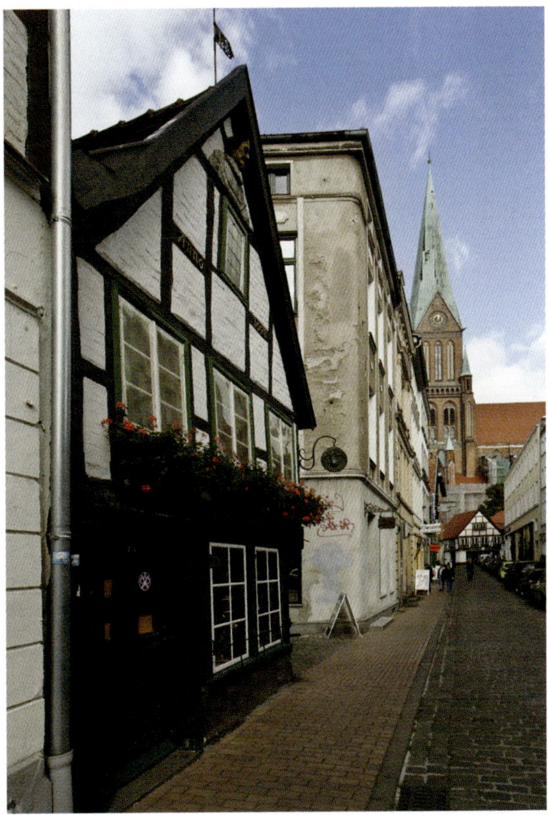

Jetzt steht der Dom wieder gerade. Der Preis dafür: Einige Hausfassaden auf der rechten Straßenseite samt davor parkenden Autos sind aus dem Bildausschnitt verschwunden.

noch, das Foto nachträglich am Computer zu bearbeiten. Die gute Nachricht: Diese kissen- oder auch tonnenförmigen Verzeichnungen sind ein Abbildungsfehler des Objektivs und nicht Ihre Schuld.

Im ersten Schritt der Bildbearbeitung habe ich also zunächst die Verzerrungen, zum Beispiel den schiefen Dom und die scheinbar nach links kippenden Hausfassaden auf der rechten Straßenseite, gerade gerichtet. An den Verzerrungen war ich jedoch selbst schuld.

Im Abschnitt „Stürzende Linien" gehe ich gleich noch näher auf diese Problematik in der Architekturfotografie ein. Im nächsten Schritt muss jetzt noch die Regenrinne am Computer gerade gebogen werden. Das funktioniert am besten mithilfe einer Bildbearbeitungssoftware. In den aktuellen Photoshop-Versionen gibt es dafür die sehr leistungsfähige Funktion **Objektivkorrektur**. Mit ihr können zahlreiche Verzerrungen mit einfachen Schiebereglern korrigiert werden.

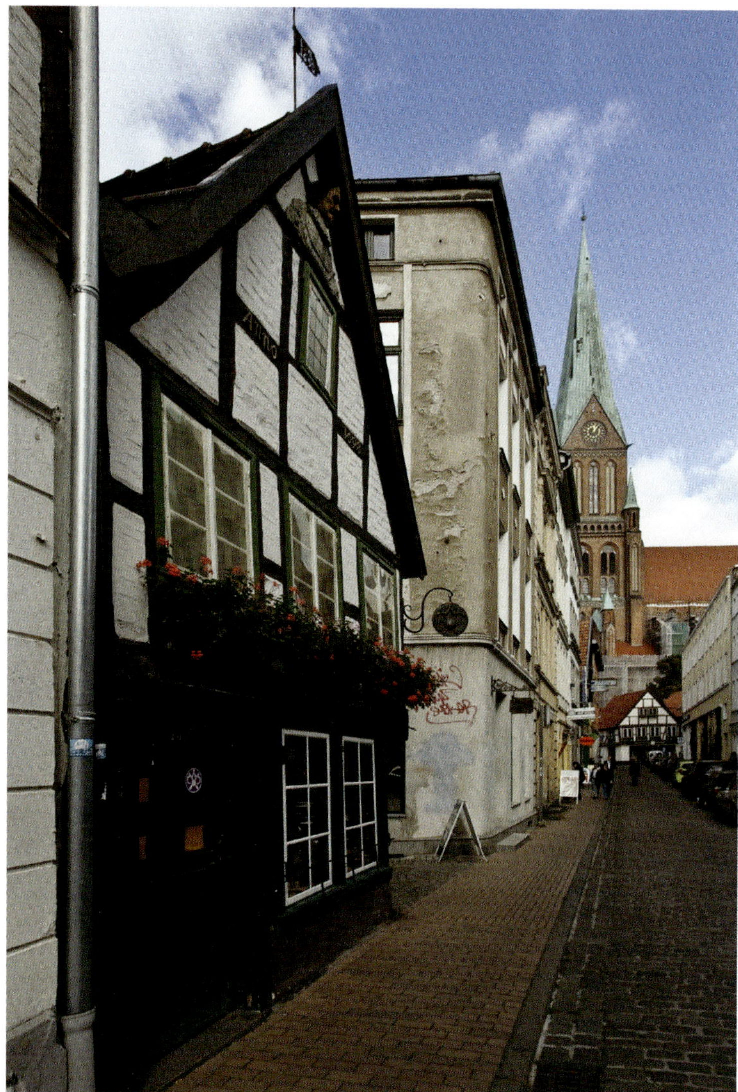

Nach dieser erneuten Korrektur ist das Foto herzeigbar: Die Regenrinne ist jetzt gerade.

Ein wenig Schwund ist immer

Bedenken Sie am besten schon bei Ihrer Aufnahme, dass Sie das Foto am Computer möglicherweise noch gerade richten müssen. Dabei gehen immer Bildelemente in den Randbereichen des Fotos verloren. Denn beim Geradebiegen am Computer wird an den Eckpunkten des Fotos „gezogen", sodass Bildelemente danach außerhalb des Bildes liegen – sie gehen bei der Bearbeitung folglich verloren. Beziehen Sie also schon beim Fotografieren im Randbereich Elemente mit in Ihr Bild ein, auf die Sie notfalls auf dem später fertig bearbeiteten Foto auch verzichten können. Dazu nutzen Sie bei kritischen Motiven am besten die kürzeste Brennweite aus, die Ihr Motiv sicher abbildet.

Wenn Sie jetzt das Originalfoto mit der letzten korrigierten Version vergleichen, werden Sie feststellen, dass einige Bildanteile in den Randbereichen verschwunden sind (siehe Tipp unten links).

Dazu noch ein weiteres Bildbeispiel, das den Verlust von Bildanteilen an den Rändern durch die Korrektur der Verzerrung mithilfe eines Bildbearbeitungsprogramms am Computer deutlich macht.

Neben den tonnen- oder kissenförmigen Verzerrungen tauchen bei nicht besonders hochwertigen Weitwinkelobjektiven häufig auch noch gewisse Unschärfen in den Randbereichen (besonders in den Bildecken) des Fotos auf – Randunschärfe ist der Fachbegriff. Auch dabei handelt es sich um einen Abbildungsfehler des Objektivs. Nur bei sehr hochwertigen (und entsprechend teuren) Objektiven tauchen diese Fehler in stark verminderter Form oder gar nicht auf. In der Regel sind sie aber nicht so ausgeprägt, dass sie wirklich störend sind. Ansonsten hilft nur, das Bild entsprechend zu beschneiden – oder noch besser: Sie investieren in ein neues, hochwertiges Objektiv.

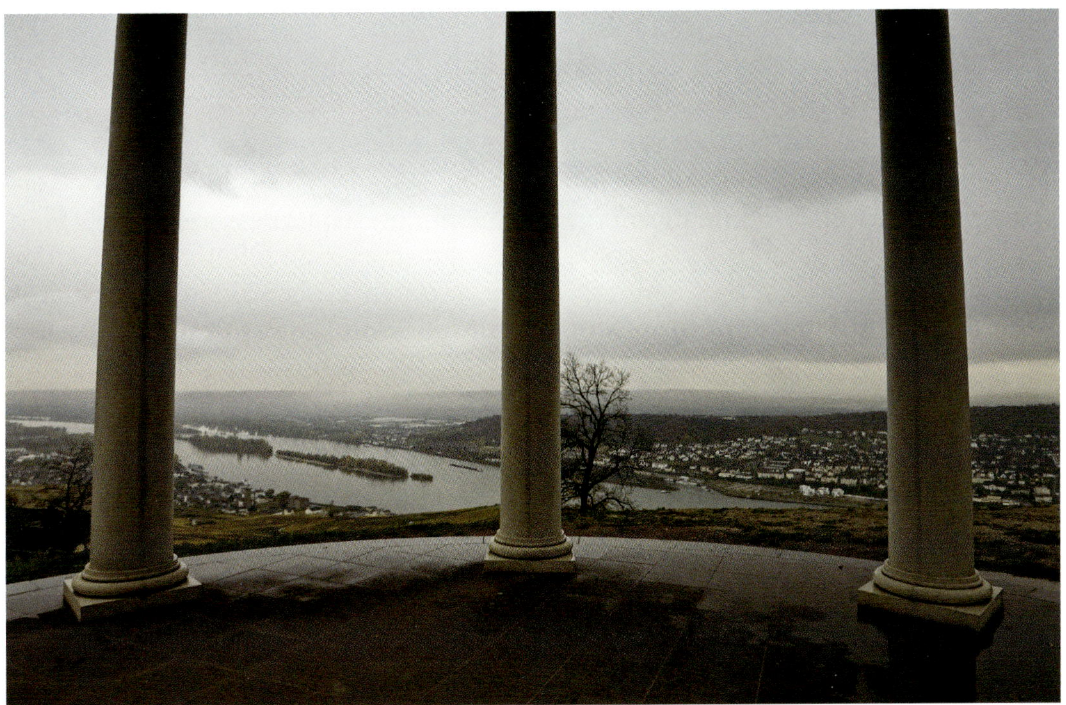

f/5.6 | 1/250 Sek. | ISO 500 | 17 mm

Die mittlere Säule des Aussichtspunktes oberhalb von Rüdesheim am Rhein ist kerzengerade. Sie diente als Richtlinie beim Ausrichten der Kamera vor dem Auslösen. Die beiden äußeren Säulen am Bildrand neigen sich dagegen stark zur Bildmitte hin und wölben sich zudem nach außen. Auch hier ist eine anschließende Korrektur am Computer zwingend erforderlich.

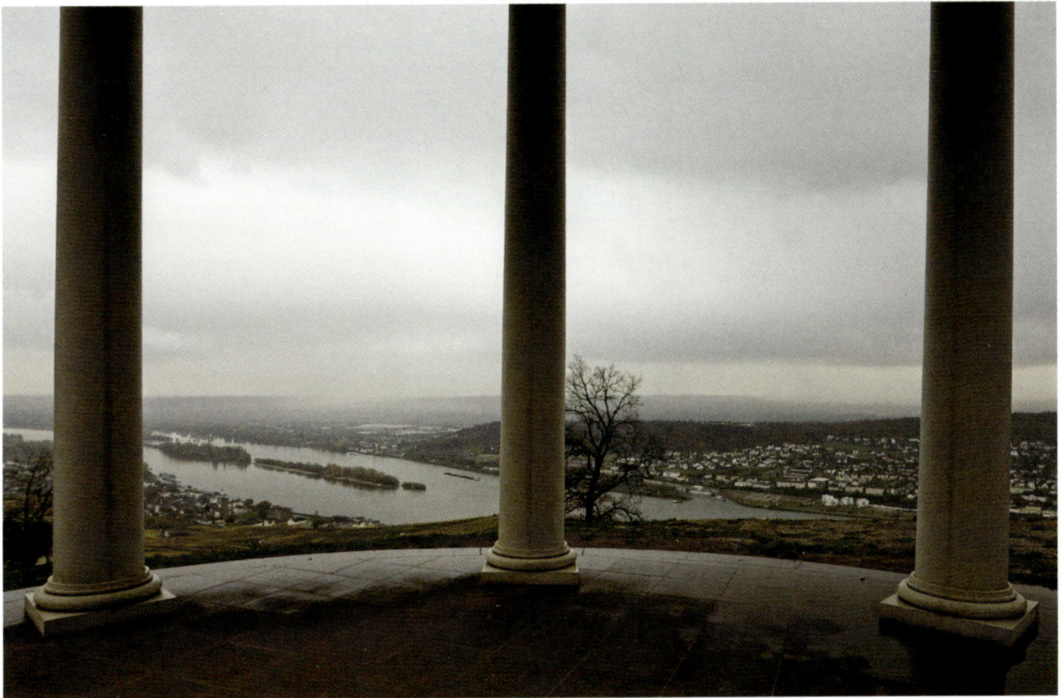

Nach der Rettungsaktion am Computer: Die Säulen sind gerade gerichtet – an allen Bildrändern gehen jedoch Bildinformationen verloren. Im Prinzip werden so aus den ursprünglichen 17 mm Brennweite geschätzte 20 mm.

Wölbungen vermeiden

Es gibt also nur wenige Möglichkeiten, diese unschönen kissen- oder tonnenförmigen Verzerrungen auf Ihren Fotos zu verhindern:

- Verzichten Sie möglichst auf die volle Ausnutzung der kürzesten Brennweite. Die vorhandenen Objektivprobleme konzentrieren sich häufig auf die Grenzbereiche.
  Wenn Sie das dennoch tun möchten oder müssen, dann achten Sie darauf, dass sich wichtige Bildbestandteile nicht in den äußeren Randbereichen des Fotos befinden.
- Halten Sie einen größeren Abstand zum Hauptmotiv, sodass dessen senkrechte und waagerechte Linien außerhalb der Bildränder, also mehr in der Bildmitte liegen – auch wenn das einmal den Regeln für eine harmonische Bildeinteilung widerspricht.
- Bearbeiten Sie die Weitwinkelfotos am Computer nach.

Doch damit lösen Sie allerdings nur eines der Probleme in der Architekturfotografie: die Abbildungsfehler vieler Weitwinkelobjektive.

Die Baustelle in der Hamburger City wölbt sich dramatisch (und beabsichtigt) durch den Einsatz eines Fisheye-Objektivs.

f/5.6 | 1/250 Sek. | ISO 250 | 15 mm

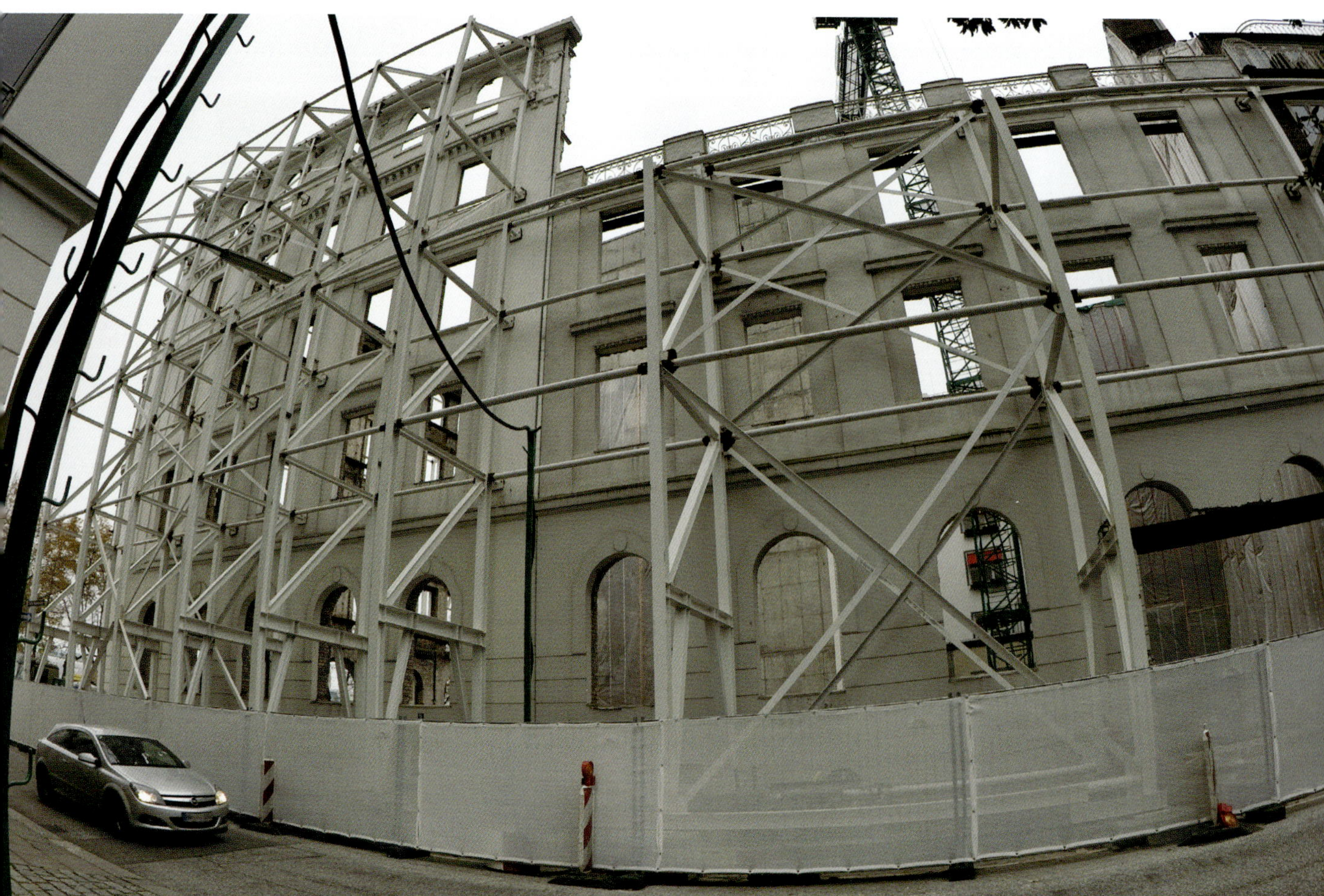

Fisheye-Objektiv

Fisheye-Objektive mit extrem geringer Brennweite (z. B. 8 mm) hingegen „kokettieren" mit Wölbungen und verbiegen in der Realität gerade Linien auf dem Foto bis zu halbrunden Bögen oder Kreisen – das ist kein Abbildungsfehler, sondern ein gewollter Effekt.

Das Fisheye ist jedoch den modischen Schwankungen, die es auch in der Fotografie gibt, unterworfen: Mal ist es eine Weile in, dann wieder out.

Stürzende Linien

Die nächste Tücke bei der Architekturfotografie sind stürzende Linien. Mit diesem Fachbegriff ist ein weiterer unschöner Effekt gemeint, der sich am besten an einem Beispielfoto zeigen lässt:

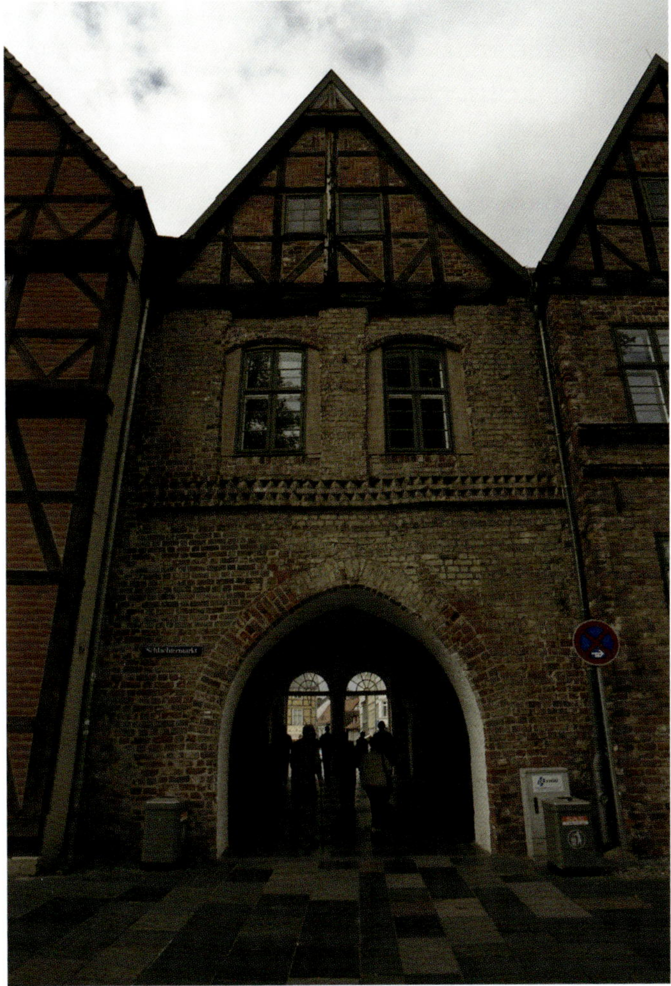

f/8 | 1/160 Sek. | ISO 160 | 17 mm

Die Schweriner Altstadthäuser scheinen nach hinten zu kippen. Schuld an diesem Effekt sind stürzende Linien: Eigentlich senkrechte Linien laufen nach oben hin aufeinander zu.

Fotografisch interessante Bauwerke haben meistens die Eigenschaft, größer und höher zu sein als wir Fotografen. Sie zwingen uns quasi in die Käferperspektive. Wir müssen den Kopf in den Nacken legen, um das Gebäude in ganzer Schönheit betrachten zu können. Und so schauen wir gezwungenermaßen von unten nach oben.

Es ist uns oft unmöglich, mit dem Gebäude quasi auf Augenhöhe zu gehen. Begeben wir uns für das Foto auch noch in die Hocke, laufen die stürzenden Linien noch stärker aufeinander zu. Gehen Sie dann noch ein paar Schritte auf das Haus zu, verstärkt sich der Effekt weiter.

Umgekehrt verringert sich der Effekt, je größer die Distanz zum Motiv ist – und wenn Sie mit dem Motiv auf Augenhöhe sind. Am günstigsten wäre es, wenn bei obigem Bild die Kamera etwa auf Höhe der Fenster über dem Torbogen platziert werden könnte. Zum Beispiel aus dem ersten Stock eines gegenüberliegenden Hauses.

Stürzende Linien vermeiden

- Relativ große Distanz zum Motiv. Das geht natürlich nur bei frei stehenden Gebäuden.
- Wenn möglich, auf Augenhöhe fotografieren. Also von einem Hügel oder einem gegenüberliegenden Gebäude, einer Treppe, Mauer aus.
- Kein zu extremes Weitwinkelobjektiv einsetzen. Diese Regel geht gut mit der ersten zusammen, da aus größerer Distanz auch ein Normal- oder sogar ein Teleobjektiv zum Einsatz kommen kann.

Die Perspektive ist entscheidend

Entscheidend ist also die Perspektive, aus der Sie fotografieren. Je dichter Sie an Ihrem Motiv dran sind, desto stärker stürzen die Linien. Denn: Je dichter Sie am Motiv stehen, desto stärker müssen Sie den Kopf in den Nacken legen, um Ihr Motiv in Gänze anschauen zu können. Der Kamerasensor macht das Gleiche: Er ist nicht mehr parallel und plan zur Hausfassade, sondern nach hinten gekippt. Je stärker der Sensor gekippt ist, desto heftiger ist der Effekt der stürzenden Linien.

In Räumen fotografieren

Noch ein bisschen komplizierter wird es, wenn Sie in geschlossenen Räumen fotografieren möchten. Dabei sind größere Räume einfacher zu fotografieren als kleine, enge Zimmer. Denn je mehr Zimmerecken Sie mit ins Bild nehmen, desto mehr Linien müssen Sie beachten und gegebenenfalls nachträglich am Computer gerade rücken. Bei großen Räumen (wie auf dem obigen Beispielfoto) schafft es gerade mal eine einzige Zimmerecke, sich ei-

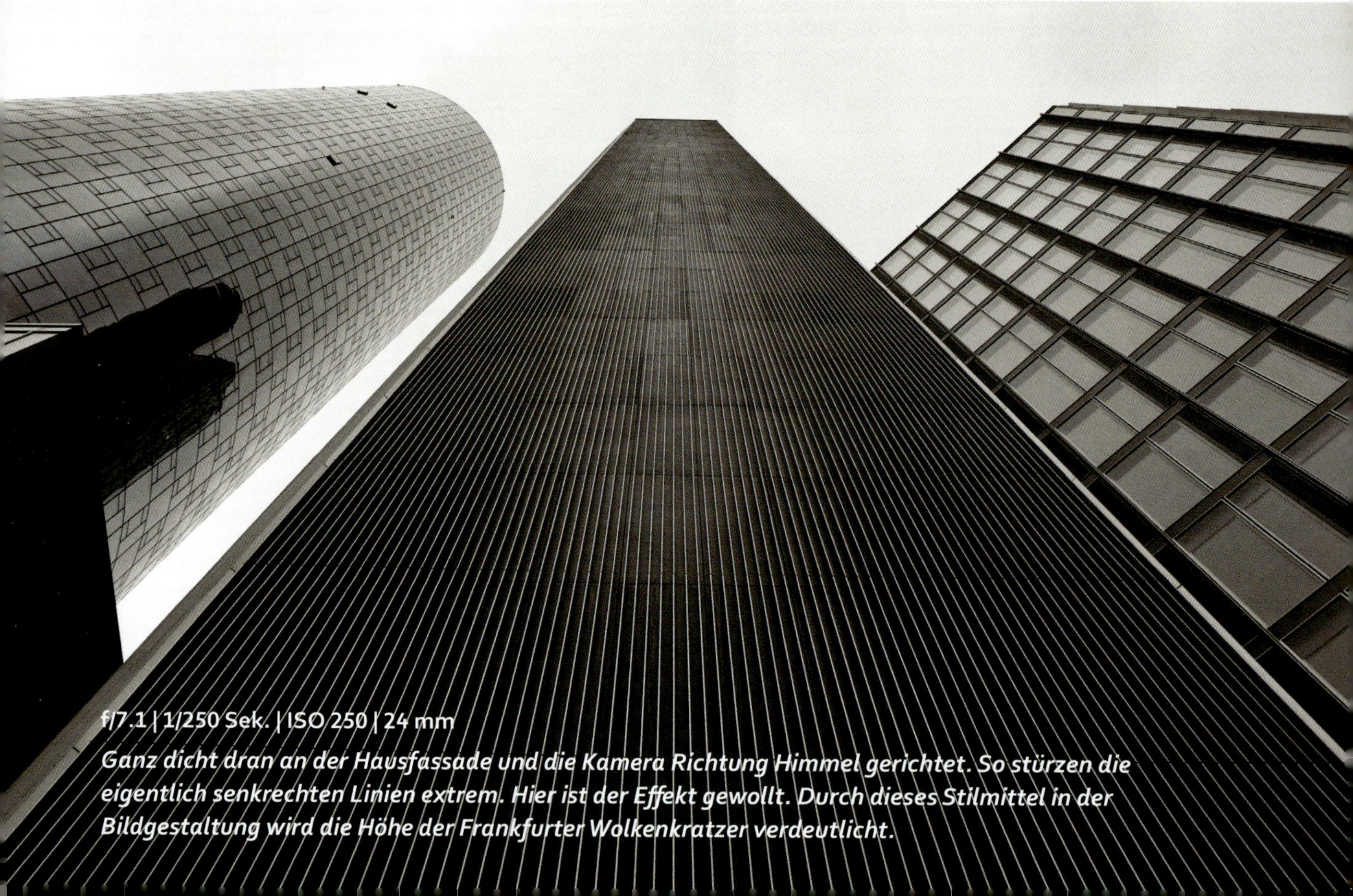

f/7.1 | 1/250 Sek. | ISO 250 | 24 mm

Ganz dicht dran an der Hausfassade und die Kamera Richtung Himmel gerichtet. So stürzen die eigentlich senkrechten Linien extrem. Hier ist der Effekt gewollt. Durch dieses Stilmittel in der Bildgestaltung wird die Höhe der Frankfurter Wolkenkratzer verdeutlicht.

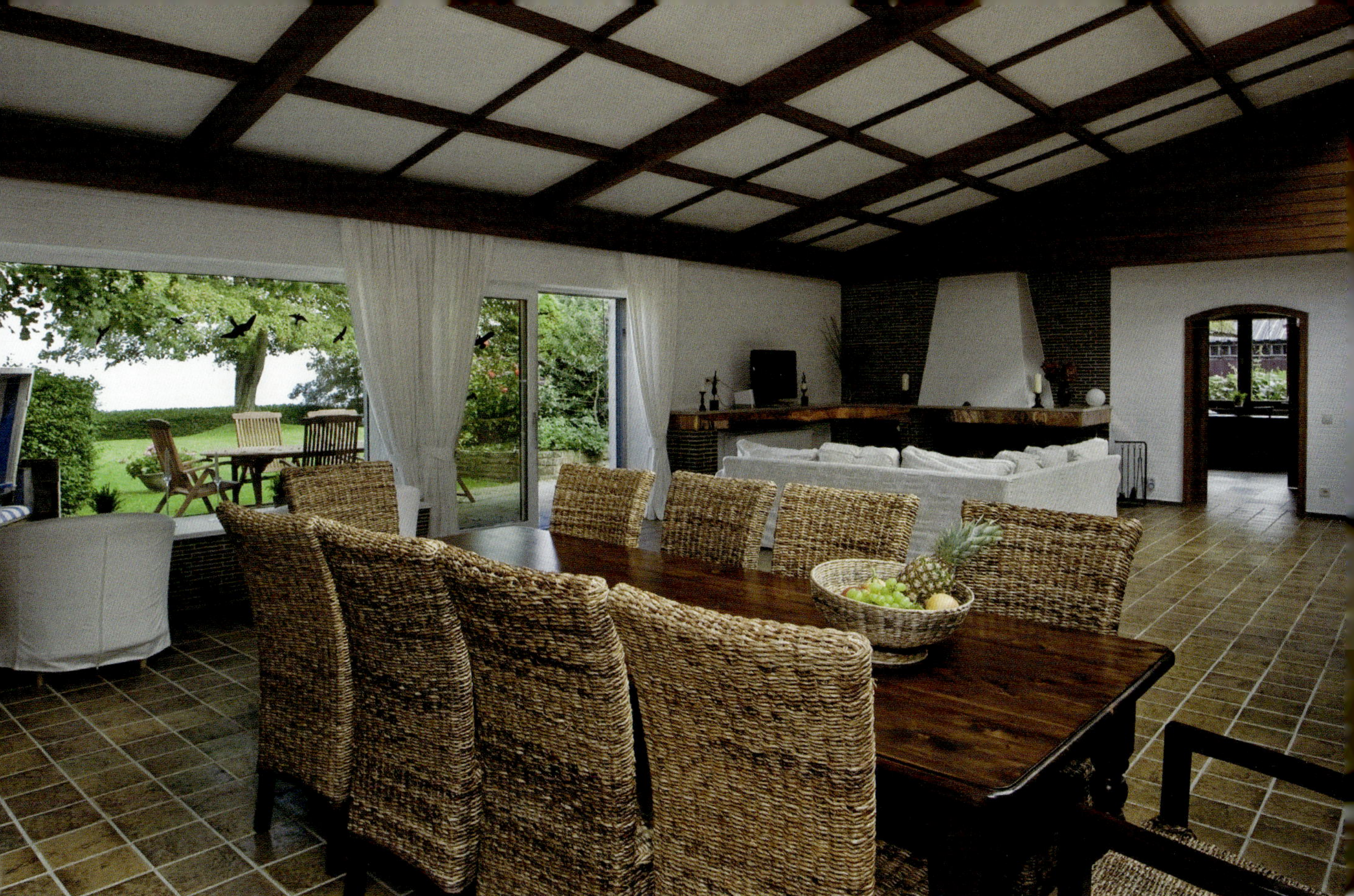

f/10 | 1/5 Sek. | ISO 100 | 17 mm | Blitz

Den Esstisch und die Stühle habe ich mit dem Blitz ein wenig aufgehellt – das große Fenster gibt den Blick auf den Garten frei.

nen Platz in Ihrem Bildausschnitt zu ergattern. Und so hielt sich die Bildbearbeitung in Grenzen.

Nutzen Sie für derartige Fotos immer unbedingt ein Stativ! Des Weiteren sollten Sie mit einem Weitwinkelobjektiv arbeiten, damit Sie möglichst viele Quadratmeter des Raums ins Bild setzen können. In kleinen Räumen kann es schon manchmal schwierig werden, einen idealen Standort für das Stativ zu finden. Manche meiner Fotos von Räumen und Zimmern entstanden mit dem Stativ direkt vor der Kleiderschranktür und mit mir im Schrank! Auch eine Badewanne musste schon einmal als Kamera- und Stativstandort herhalten.

Beim Anblick des Spiegels an der Wand fällt mir noch eine fiese Falle beim Fotografieren in Räumen ein: Achten Sie auf spiegelnde Flächen wie z. B. die Glastüren eines Schranks oder glänzend lackierte Flächen.

Wenn Sie genau gegenüber Ihr Stativ aufbauen und möglicherweise auch noch einen Blitz einsetzen müssen, werden Sie sich mit ziemlich großer Sicherheit selbst fotografieren: als Spiegelbild! Besser ist es, solche Flächen im Rücken zu wissen.

Für die Fotografie in geschlossenen Räumen gilt es, die gleichen Aspekte zu beachten, denen Sie auch draußen auf der Straße beim

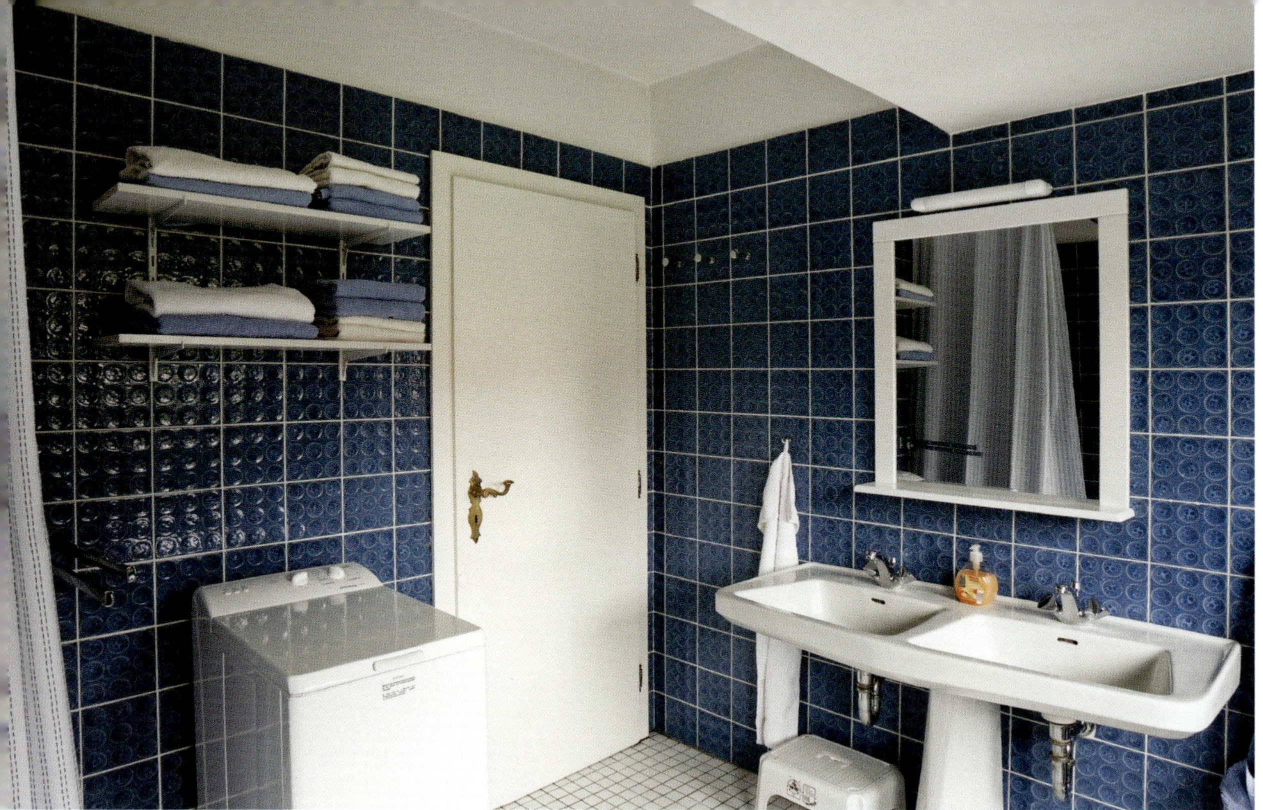

f/16 | 6 Sek. | ISO 100 | 17 mm

Um das Badezimmer einer Ferienwohnung zu fotografieren, musste ich mich samt Kamera und Stativ in die Badewanne stellen.

Fotografieren von Gebäuden von außen Aufmerksamkeit schenken.

- Versuchen Sie zu verhindern, dass sich eigentlich gerade Linien wölben, indem Sie nicht die Minimum-Brennweite Ihres Objektivs voll ausreizen.
- Fotografieren Sie aus Ihrer Augenhöhe und vermeiden Sie extreme Perspektiven. Dann werden die stürzenden Linien nicht zum Problem.

Berücksichtigen Sie den zuletzt genannten Tipp nicht, kann es passieren, dass Ihr Foto dann so aussieht wie die beiden Fotos oben auf der nächsten Seite.

Jedoch gibt es einen weiteren Aspekt, der in geschlossenen Räumen eine große Bedeutung hat. Ich meine den Lichteinfall durchs Fenster. Sind die Fenster eher klein, werden Sie auf Ihrem Foto sehr helle Bildbereiche haben – nämlich die Fenster selbst und deren unmittelbare Umgebung. Und dann die Bereiche, die der Lichteinfall nicht mehr erreicht und die dadurch zu dunkel wirken.

Doch auch für diese schwierige Lichtsituation gibt es Lösungen, um eine möglichst ausgewogene Belichtung Ihres Fotos zu erzielen.

- Meiden Sie Tageszeiten, zu denen das Licht sehr tief steht und direkt durch die Fenster in den Raum scheint. Die Fensterfläche und Bereiche in der Nähe würden sonst stark überstrahlen, wenn Sie Kameraeinstellungen wählen, die auch die dunklen Ecken eines Raums noch ausreichend hell darstellen (Stichwort: hoher Kontrastumfang).

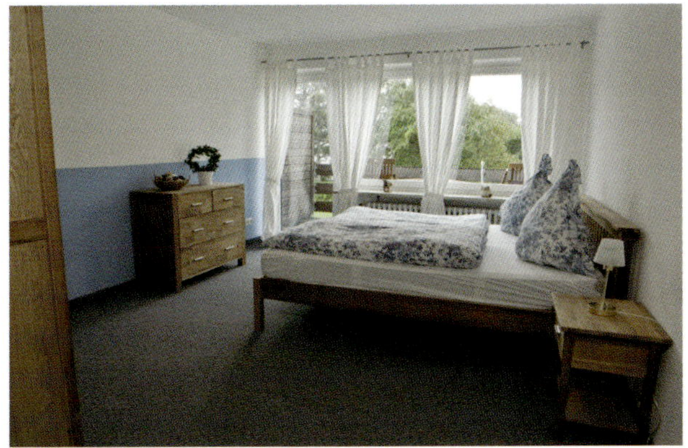

f/16 | 1,3 Sek. | ISO 100 | 20 mm

Hier war die Kameraperspektive eindeutig zu tief. Das Bett kippt Richtung Kopfende, die Seitenwand des Schranks (links) ist schief dargestellt: stürzende Linien überall.

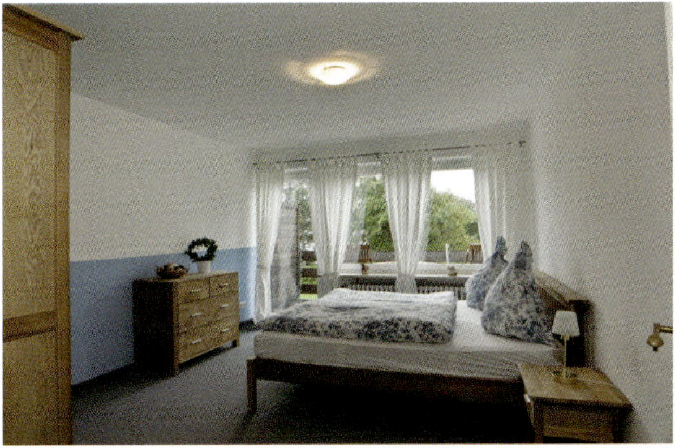

f/16 | 1,3 Sek. | ISO 100 | 17 mm

Mit der Kamera auf Augenhöhe entstehen weniger stürzende Linien. Jetzt wölbt sich nur noch das Türblatt rechts im Bild. Doch das lässt sich leicht bei der Bildbearbeitung beheben.

Fertig bearbeitet sieht das Foto so aus:

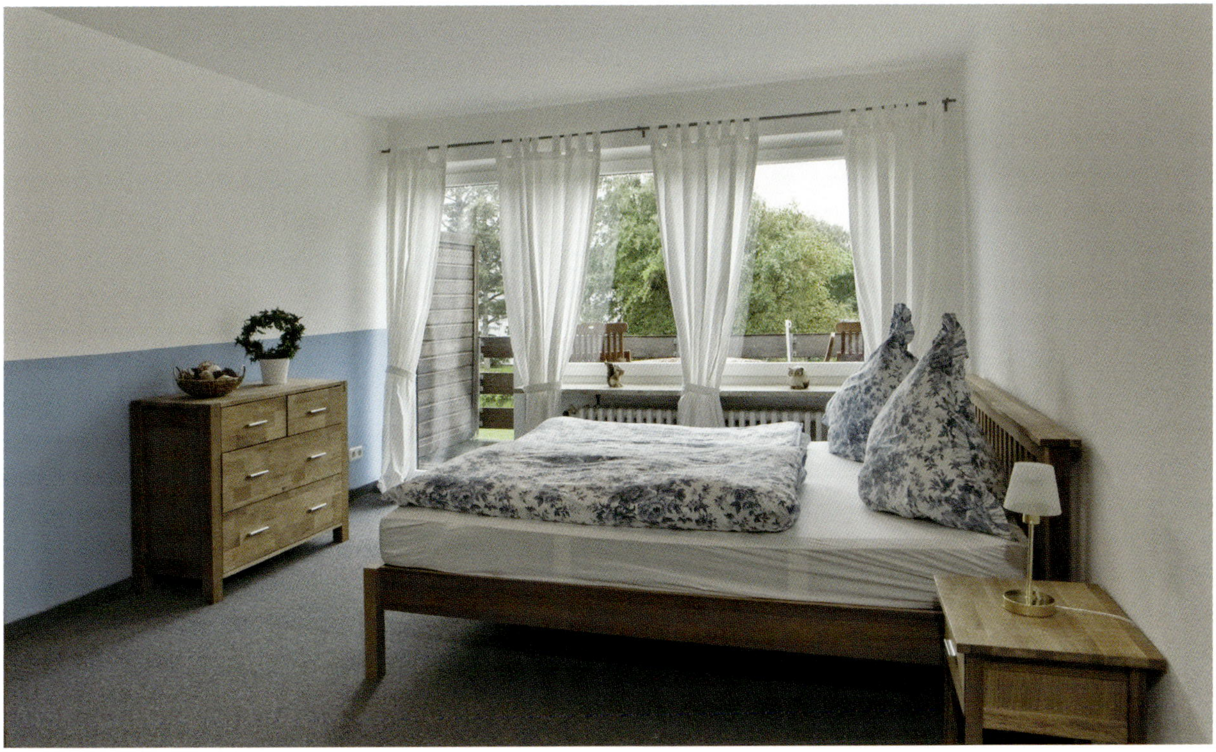

Letztlich habe ich mich dann doch entschlossen, die Deckenlampe und den Schrank aus dem Foto herauszuschneiden.

Die einzig gültige Ausnahme von der Regel: Der Lichteinfall selbst ist Ihr Motiv und es geht Ihnen nicht darum, den Raum als solchen darzustellen.

- Schalten Sie die Raumbeleuchtung ein – am besten in den Bereichen, die nicht vom Lichteinfall durch das Fenster erreicht werden. Kleine Lampen auf Tischen oder Stehleuchten sollten Sie zusätzlich einschalten, um den Raum besser auszuleuchten. Eine völlig gleichmäßige Lichtverteilung im Raum ist allerdings nur sehr schwer zu erreichen.
- Benutzen Sie zusätzlich einen Aufsteckblitz oder auch den eingebauten Kamerablitz (die zweitbeste Wahl) und richten Sie ihn gegen die Zimmerdecke. Dadurch können Sie dem Raum mehr Licht geben und einen eventuell zu hohen Kontrastumfang durch die unterschiedlichen Lichtquellen (Fenster, Lampen) ausgleichen. Auch der Einsatz des entfesselten Blitzes kann in manchen Fällen ratsam sein, um dunkle Bereiche aufzuhellen.
- Nutzen Sie die HDR-Technik, um einen zu starken Kontrastumfang zu reduzieren.
- Eventuell müssen Sie später am Computer auch den Weißabgleich der unterschiedlichen Lichtquellen angleichen: Künstliches Licht hat eine andere Farbtemperatur als Tageslicht und wirkt – wenn beide Lichtarten einen Raum erhellen – oft zu gelblich, während Tageslicht eher kühl wirken kann.

Ein gut belichtetes Foto eines Raums lässt auch noch draußen vor dem Fenster die Um-

Damit die originellen Lampen auf der Fensterbank gut zur Geltung kommen, habe ich für dieses Foto die Jalousien herabgelassen, um das Tageslicht auszusperren.

f/16 | 2,5 Sek. | ISO 100 | 17 mm | Blitz

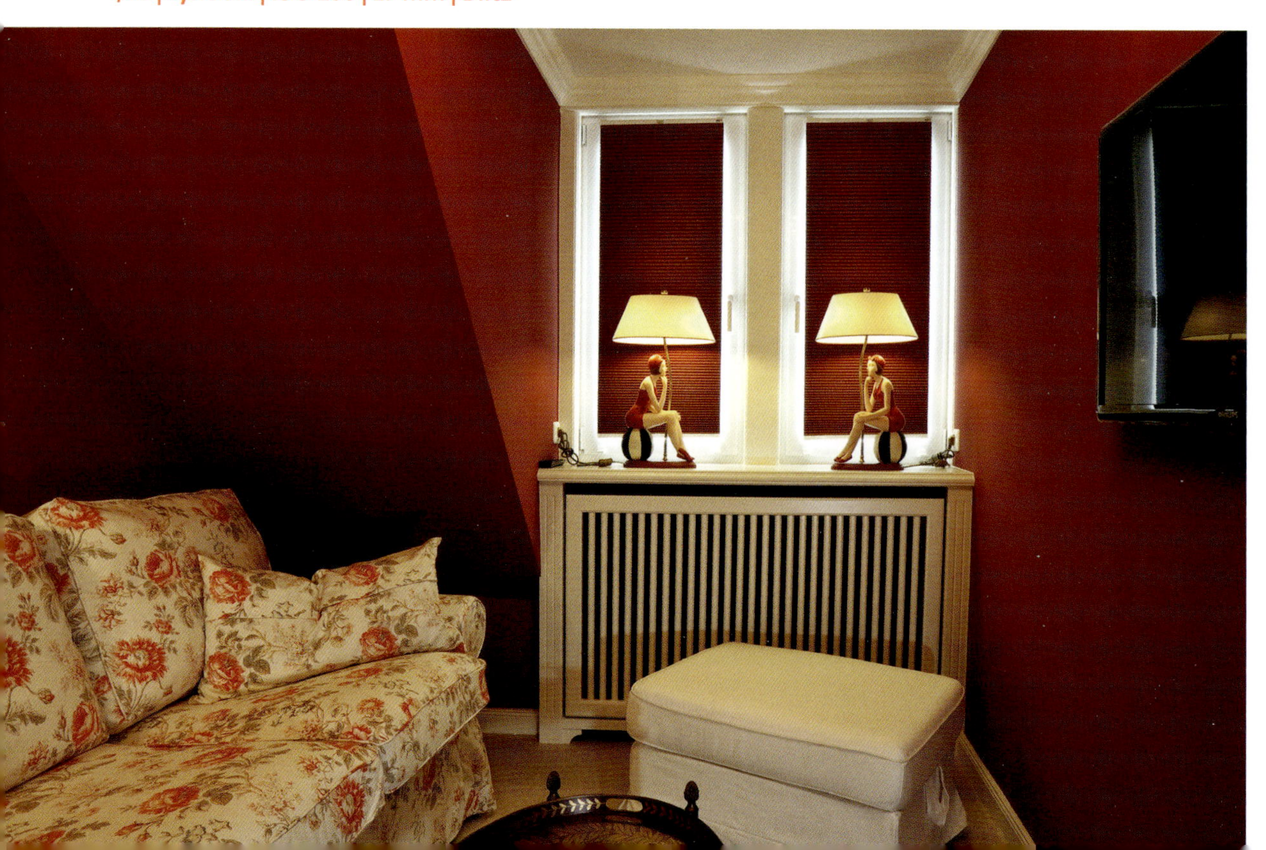

gebung erkennen – wie auf dem ersten Beispielfoto. Manchmal ist es aber auch sinnvoll, das Tageslicht komplett auszusperren – zum Beispiel dann, wenn Sie die besonders gemütliche Atmosphäre eines Raums in Ihrem Foto festhalten möchten. Eine weitere Tücke dieses roten Fernsehzimmers war dessen geringe Quadratmeterzahl. Wie bereits weiter oben erwähnt: Kleine Räume sind besonders tückisch zu fotografieren. Nahezu sämtliche Linien musste ich für dieses Foto am Computer gerade rücken. Das Fotografieren von Räumen ist sicher der schwierigste Bereich der Architekturfotografie. Unter den Profifotografen gibt es dafür echte Spezialisten, die mit teuren Scheinwerfern und Blitzanlagen einen Raum gleichmäßig ausleuchten können – verzweifeln Sie also nicht, wenn Ihre Fotos nicht die Wirkung erzielen, die Sie erwartet haben. Dennoch wollte ich diesen Aspekt der Architekturfotografie in diesem Buch der Vollständigkeit halber nicht unerwähnt lassen.

Alles im Lot

Um stürzende Linien im Vorfeld zu vermeiden, sollten Sie also Folgendes beachten:

- Halten Sie einen weit größeren Abstand zu Ihrem Motiv, als die (kurze) Brennweite des Objektivs es zulassen würde.
- Versuchen Sie, bei großen Gebäuden und auch in geschlossenen Räumen auf Augenhöhe zu gehen. Je höher/größer Ihr Motiv ist, desto höher sollte auch Ihr Kamerastandort liegen. Zum Beispiel vom Dach eines gegenüberliegenden Hauses. Bei kleineren Motiven kann auch eine Treppe, Mauer oder Leiter ausreichend sein, um auf Augenhöhe zu kommen.
- Achten Sie darauf, dass die Kamera bei der Aufnahme möglichst parallel zur Fassade Ihres Hauptmotivs gehalten wird und nicht unnötig stark geneigt oder gekippt ist.
- Verzichten Sie eventuell auf die kürzeste Brennweite. Diese Regel geht gut mit der ersten zusammen, da aus größerer Distanz auch eine Normal- oder sogar Telebrennweite zum Einsatz kommen kann. Andere Lösung: Zoomen Sie ein wenig in das Bild hinein und fotografieren Sie statt des großen Ganzen einen aussagekräftigen Ausschnitt der Gebäude, die vor Ihnen stehen.

Das Foto auf der nächsten Seite oben wurde nicht mit Photoshop begradigt, weil die oben stehenden Tipps beherzigt wurden. Bei kurzer Brennweite und gleichem Kamerastandort (auf der Aussichtsplattform der Zeil-Galerie) geraten die Linien jedoch aus dem Lot (siehe Foto auf der nächsten Seite unten).

Mehr Rand lassen

Wenn Sie schon beim Fotografieren merken, dass sich stürzende Linien mit keinem der hier angeführten Tipps vermeiden lassen, achten Sie darauf, dass Sie rund um Ihr Hauptmotiv genügend Platz l assen. Denn dieser Platz geht ja später bei der Bildbearbeitung durch das Begradigen verloren. Es wäre schade um Ihr Foto, wenn das Geraderichten zulasten Ihres Motivs ginge. Beim letzten Beispielbild wäre ein Teil der Kirche der Begradigung sicher zum Opfer gefallen.

Glücklicherweise ist die Aussichtsplattform auf der Zeil-Galerie recht weitläufig. Und bei verändertem Kamerastandort fand neben Hochhäusern und Kirche auch die Hauptwache ihren Platz im Foto (siehe Foto auf Seite 227, ohne dass ich die Kamera Richtung Boden neigen musste. Lassen Sie sich also bei Architekturfotos Zeit, um den idealen Kamerastandort zu finden – Sie sparen dafür Zeit bei der späteren Bildbearbeitung ein.

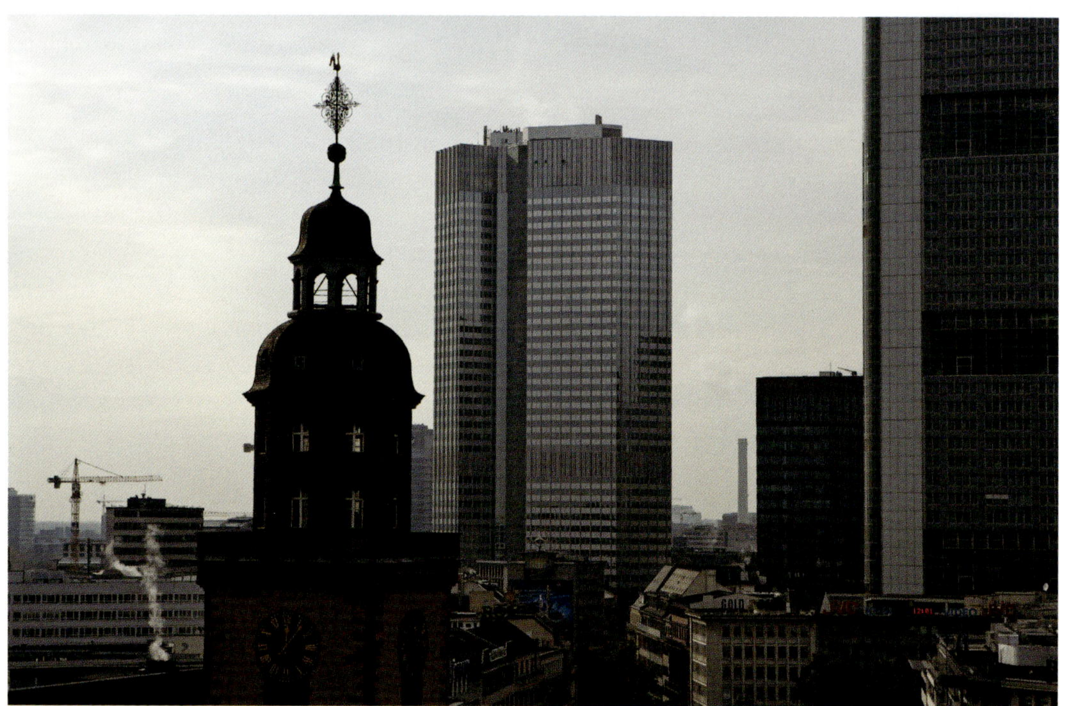

f/8 | 1/320 Sek. | ISO 125 | 70 mm

Alles im Lot, auf diesem Frankfurt-Foto gibt es keine stürzenden Linien. Nachteil: Das rechte Hochhaus und die Kirche im Vordergrund sind nicht vollständig abgebildet.

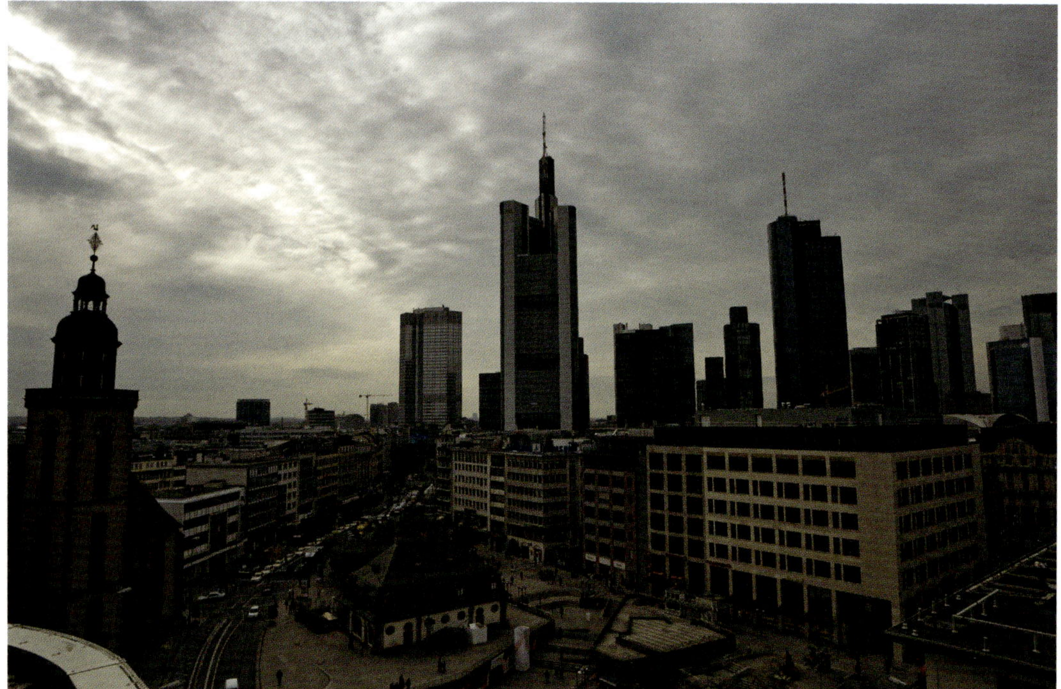

f/8 | 1/250 Sek. | ISO 125 | 17 mm

Mit einem Weitwinkel werden die Kirche und die Frankfurter Wolkenkratzer in ganzer Höhe abgebildet. Jedoch fallen die stürzenden Linien sofort ins Auge. Der Grund: Ich hatte die Kamera leicht nach unten geneigt, um auch die historische Hauptwache (das kleine Gebäude auf dem Platz in der Bildmitte) in das Foto mit einzubeziehen. Dieses Foto muss am Computer nachbearbeitet werden.

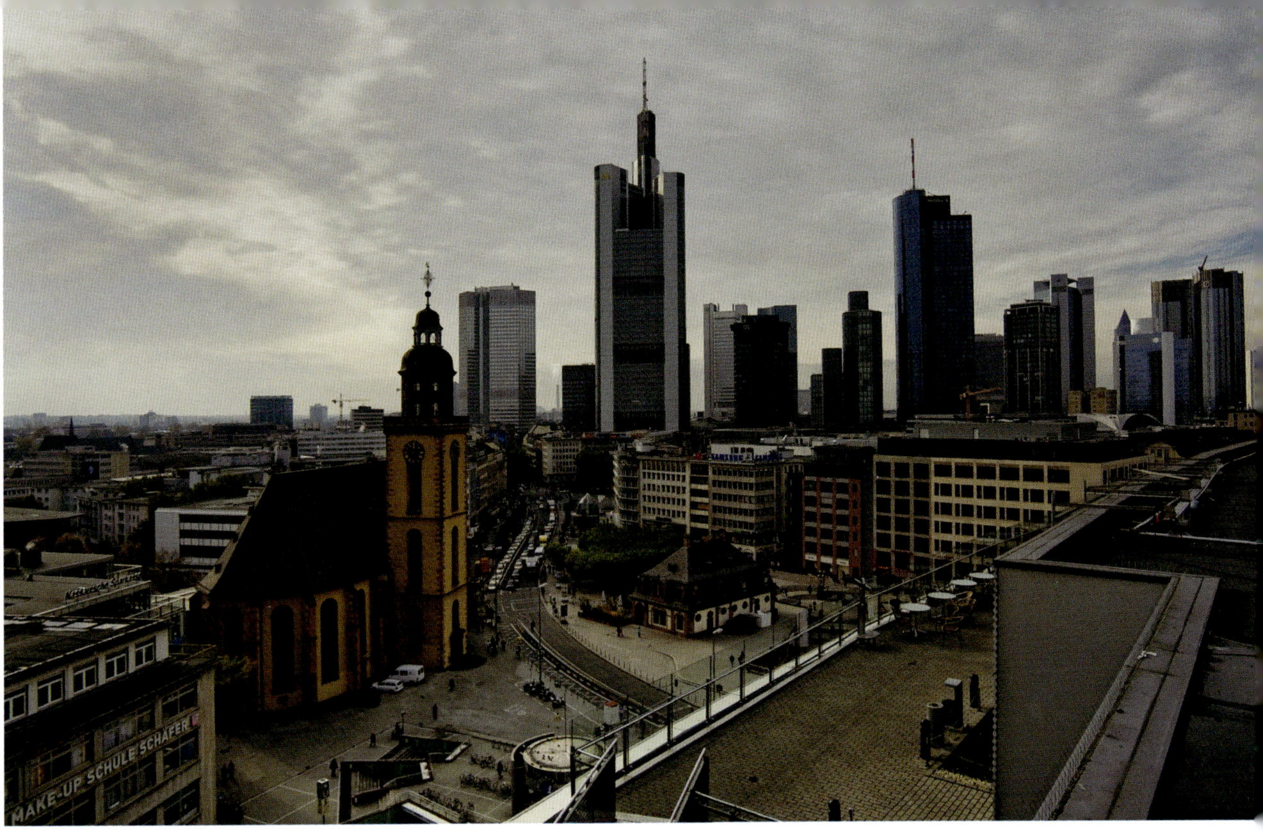

f/8 | 1/320 Sek. | ISO 125 | 17 mm

Alles im Lot, alle Gebäude im Bild – es geht also auch ohne Photoshop, vorausgesetzt, Sie haben den richtigen Kamerastandort.

Tilt-und-Shift-Objektiv

Mit einem technisch aufwendigen (und teuren) Tilt-und-Shift-Objektiv lässt sich u. a. das eben beschriebene Phänomen der stürzenden Linien weitgehend verhindern. Das Objektiv ist nicht starr, sondern beweglich: Es lässt sich schwenken (Tilt-Funktion) und verschieben (Shift-Funktion). Per Tilt kippen Sie das Objektiv und können so z. B. den Schärfebereich beeinflussen. Per Shift werden perspektivische Verzerrungen wie z. B. stürzende Linien bereits bei der Aufnahme begradigt, indem das Objektiv parallel zur Bildebene verschoben wird. Die Effekte, die sich mit Tilt-und-Shift-Objektiven erzielen lassen, haben längst auch in die Werbung Einzug gehalten. In einem Spot eines Telekommunikationskonzerns wirken Menschen in Parks und auf Straßen wie Miniaturfiguren. Auf der Internetseite *www.tiltshiftmaker.com/* können Sie den Tilt-Shift-Effekt bei Ihren eigenen Bildern simulieren. Viel Spaß mit dieser netten Spielerei.

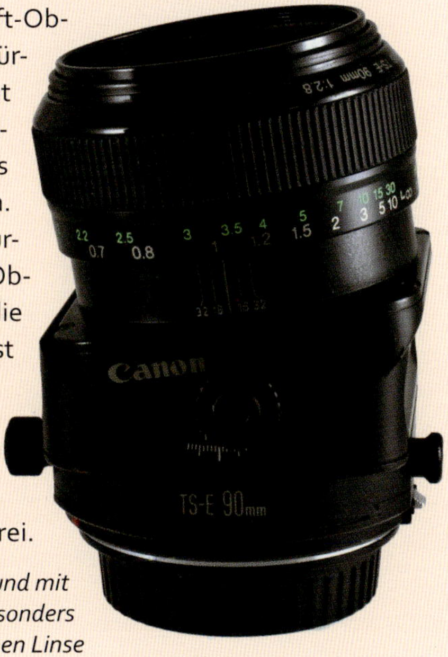

Tilt-und-Shift-Objektiv – es gibt sie von mehreren Herstellern und mit unterschiedlichen Brennweiten. Diese Spezialobjektive werden besonders häufig in der Architekturfotografie eingesetzt. Mit einer solchen Linse lassen sich stürzende Linien vermeiden.

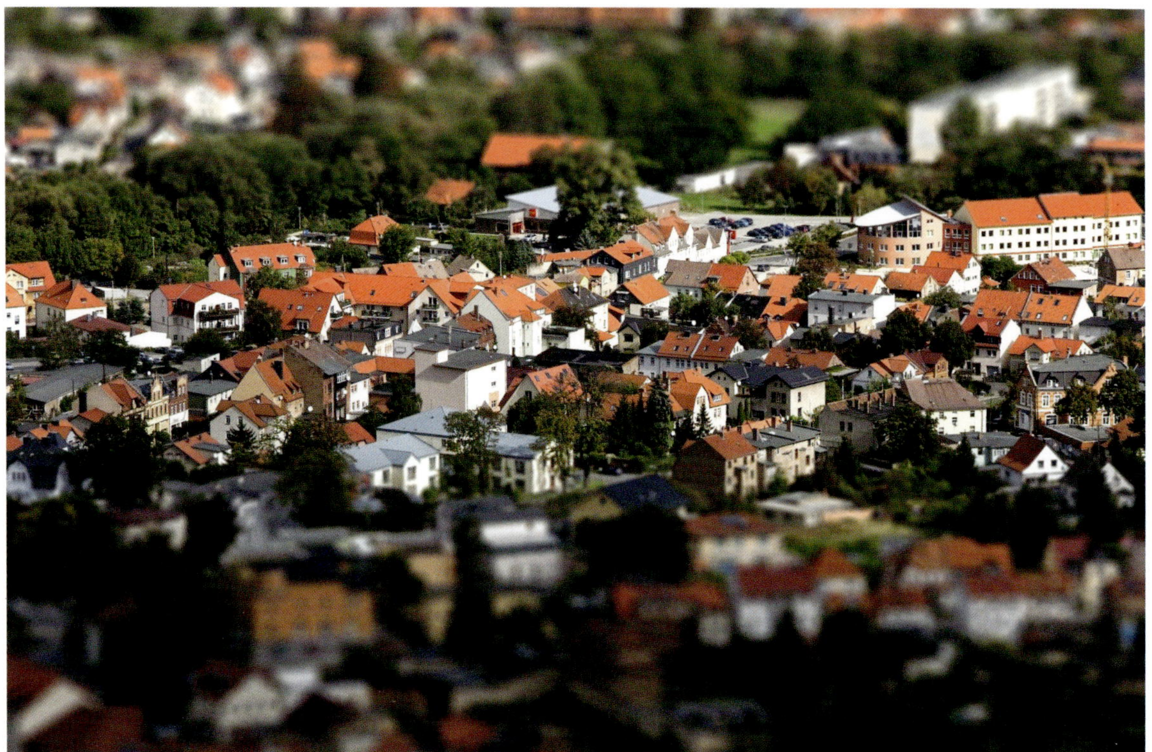

Tilt-Shift-Simulation per Internettool: Dieser interessante Effekt hat längst Einzug in die Werbung gehalten.

Zum Vergleich das Originalfoto der Stadt Thale im Ostharz:

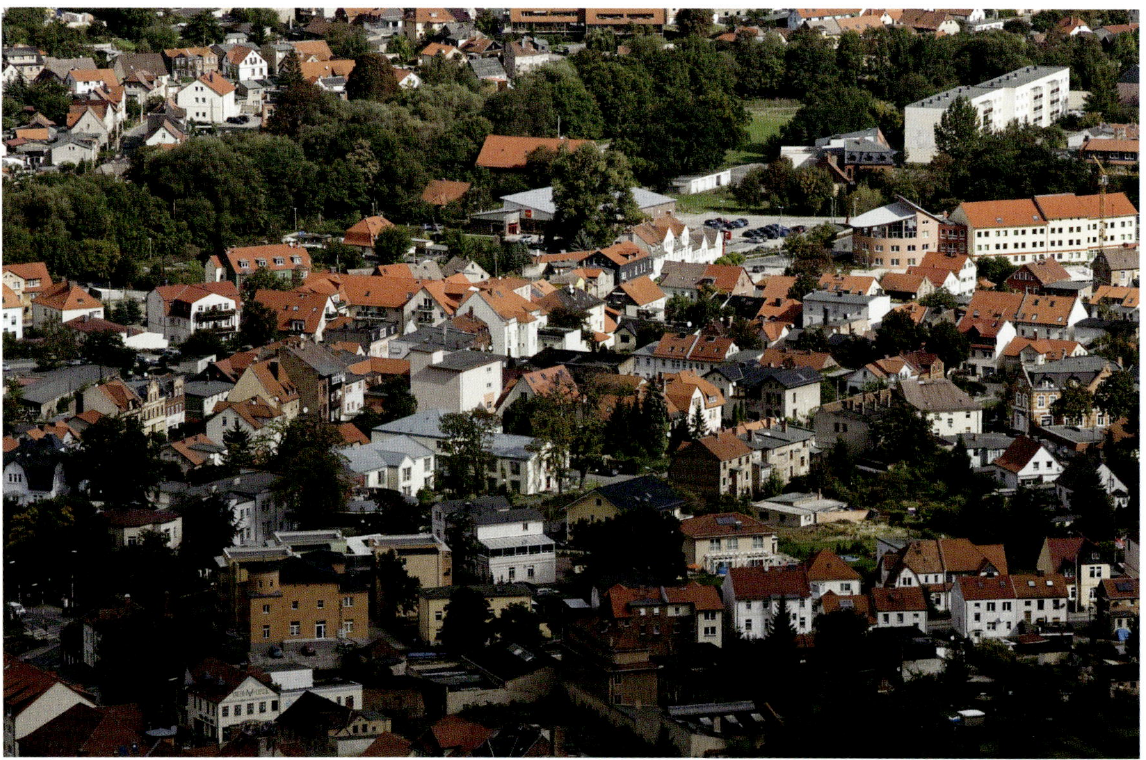

f/7.1 | 1/320 Sek. | ISO 100 | 200 mm

Die Stadt Thale in Sachsen-Anhalt.

Für ein gutes Architekturfoto ist es also unabdingbar, sich vor dem Drücken des Auslösers Gedanken über die beste Perspektive, den interessantesten Blickwinkel zu machen. Die Kamera muss exakt auf dem Stativ ausgerichtet werden. Das braucht Zeit und lässt sich nicht mal eben so nebenbei auf einem Stadtspaziergang erledigen. Wenn Sie dennoch „auf die Schnelle" Architekturbilder fotografieren müssen, sollten Sie von vornherein ganz bewusst auf die korrekte Ausrichtung Ihrer Kamera zum Motiv verzichten und neue Perspektiven wagen (wie bei dem ersten Beispielfoto dieses Kapitels oder auch bei dem folgenden des Rathauses in Saarlouis). Dann fallen Abbildungsfehler des Objektivs sowie stürzende Linien nicht mehr so stark ins Auge.

Architekturfotos ohne Stativ ...

... sind folglich durchaus möglich, wenn Sie stürzende Linien ganz bewusst als bildgestalterisches Stilmittel einsetzen. Aber es muss Ihnen bewusst sein, dass Sie ohne Stativ stark eingeschränkt sind in der Wahl und Gestaltung Ihrer Motive. So entstand dieses Foto des Rathauses von Saarlouis, das als positives Beispiel der 50er-Jahre-Architektur gilt, nebenbei auf einem Stadtrundgang mit Freunden – ohne Stativ, versteht sich.

Hier haben diagonale Linien die Regie in der Bildgestaltung übernommen. Der 27 m hohe Rathausturm ist das Wahrzeichen der Stadt Saarlouis.

f/7.1 | 1/640 Sek. | ISO 200 | 24 mm

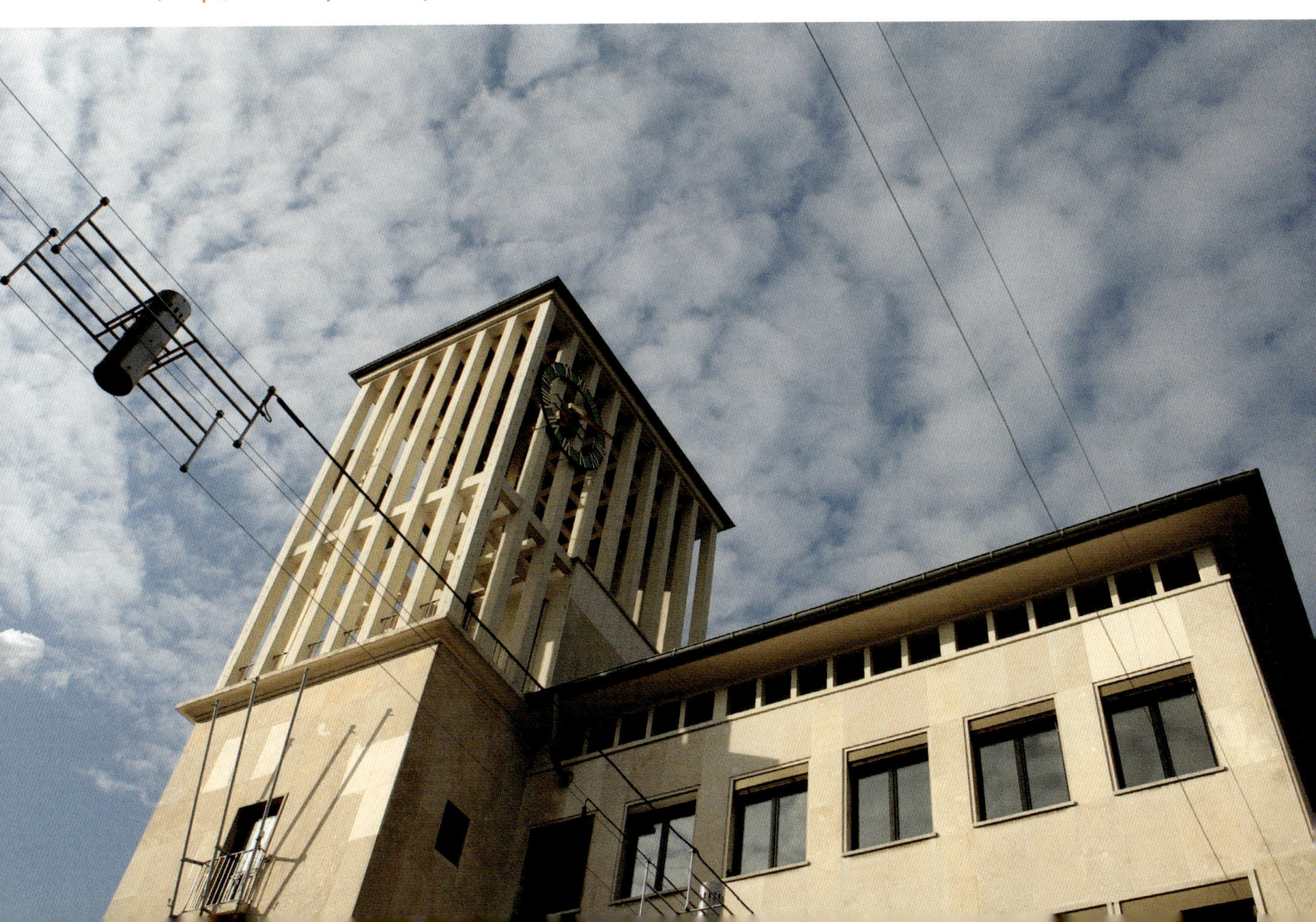

Neue Perspektiven wagen

Egal, ob Sie mit oder ohne Stativ der Architektur einer Stadt fotografisch zu Leibe rücken möchten: Die Bildgestaltung will vor dem Drücken des Auslösers wohlüberlegt sein. Und damit meine ich dieses Mal nicht die Notwendigkeit, stürzende Linien zu vermeiden (das versteht sich ja jetzt von selbst, nachdem Sie das Kapitel bis hierher aufmerksam gelesen haben).

In diesem Abschnitt geht es darum, zusätzlich einem zweidimensionalen Foto durch geschickte Perspektive und Linienführung eine dreidimensionale Wirkung zu verleihen und es so für den Bildbetrachter interessanter zu machen.

Fluchtpunkt bestimmen und Diagonalen suchen

In unserer Schulzeit im Kunstunterricht haben wir – als die Lektion perspektivisches Zeichnen auf dem Stundenplan stand – gelernt, dass es die Diagonalen sind, die den Blick auf den Fluchtpunkt lenken.

Wenn wir damals eine solche Zeichnung – z. B. von einer Straße mit Häuserzeilen auf beiden Seiten – anfertigen sollten, mussten wir zuerst den Fluchtpunkt im Bild festlegen. Meist lag der ziemlich genau in der Bildmitte oder nur geringfügig oberhalb – na ja, wie wir wissen, ist das vom Bildaufbau her eher suboptimal, aber sei's drum.

Anschließend zeichneten wir zwei diagonal aus den beiden unteren Bildecken zum Fluchtpunkt hin verlaufende Linien, die eine schnurgerade Straße darstellen sollten. Auch alle weiteren Linien verliefen mehr oder weniger diagonal zum Fluchtpunkt hin: der Radweg, der Bürgersteig, die Dachlinien der Häuserzeilen etc. So haben wir seinerzeit gelernt, dass Diagonalen einen Eindruck von Tiefe, von Dreidimensionalität auf einem zweidimensionalen Stück Papier vermitteln und somit bildbestimmend sind.

Wenn Sie nun Architektur fotografieren möchten, gehen Sie exakt nach dem gleichen Prinzip vor: Bestimmen Sie zunächst den Fluchtpunkt – wie schon damals im Kunstunterricht – vor dem Drücken des Auslösers.

Richten Sie an diesem den Kamerastandort aus. Die Diagonalen ergeben sich dadurch meistens von allein.

Oder nutzen Sie die zweite mögliche Vorgehensweise: Suchen Sie zuerst nach Diagonalen und ermitteln Sie mit deren Hilfe einen geeigneten Fluchtpunkt. Schnell fündig werden Sie oft im Bereich von Treppen und Stufen, wie die Beispielfotos auf der nächsten Seite zeigen.

Die Wirkung der Diagonalen können Sie verstärken, indem Sie sie in eine der Bildecken setzen und Richtung Bildmitte verlaufen lassen.

Platzieren Sie den Fluchtpunkt Ihres Architekturfotos für eine intensive Wirkung auf den Bildbetrachter möglichst in den Bereich des Goldenen Schnitts. So werden die Blicke beinahe in die Tiefe des Bildes hineingesogen. Bei symmetrisch angelegten Fotos legen Sie den Fluchtpunkt natürlich in die Mitte des Bildes – anders ist keine Symmetrie möglich.

Das Rolltreppenfoto erzielt die Wirkung durch seine Symmetrie – folglich liegt der Fluchtpunkt hier in der Bildmitte.

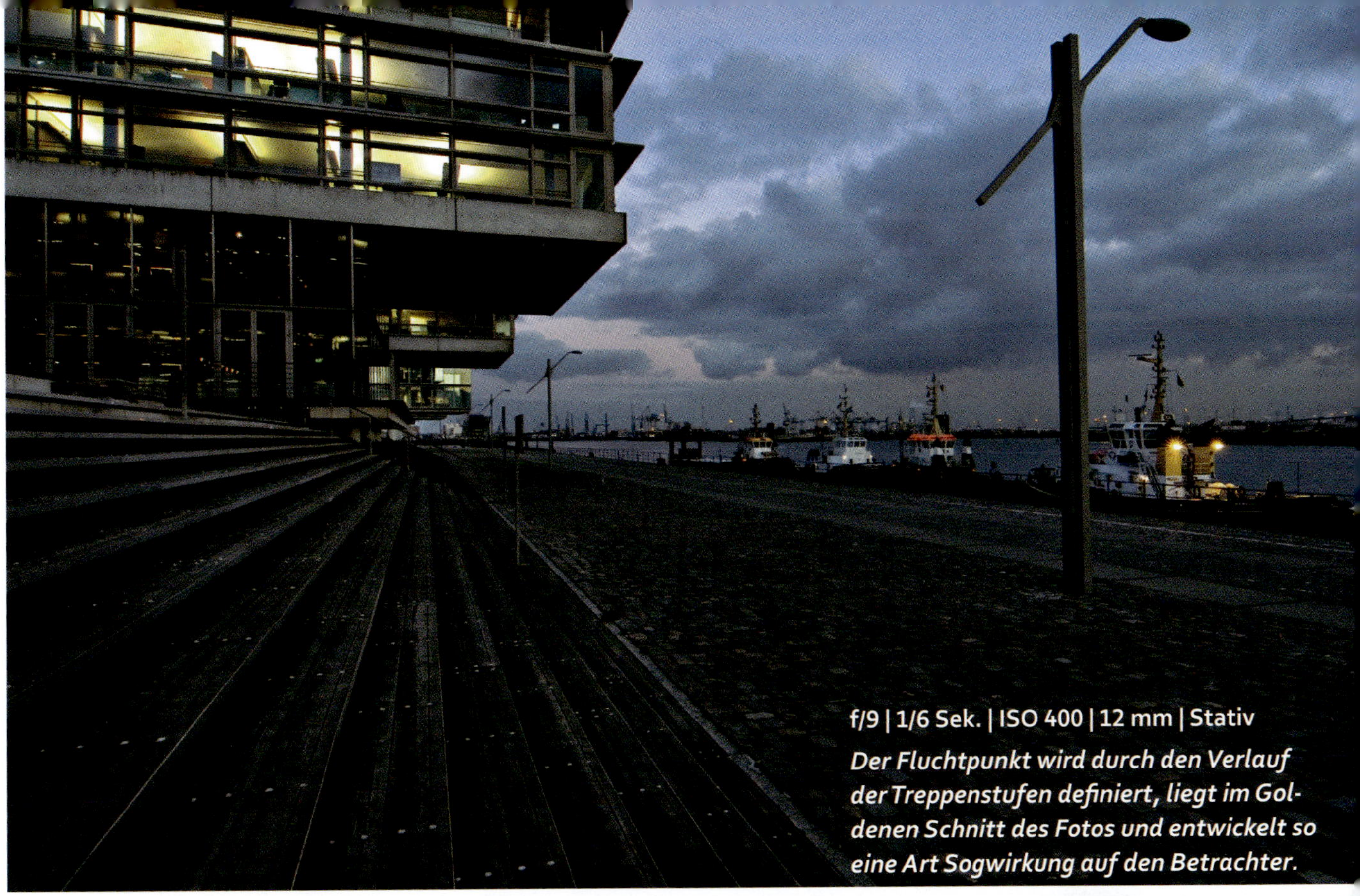

f/9 | 1/6 Sek. | ISO 400 | 12 mm | Stativ

Der Fluchtpunkt wird durch den Verlauf der Treppenstufen definiert, liegt im Goldenen Schnitt des Fotos und entwickelt so eine Art Sogwirkung auf den Betrachter.

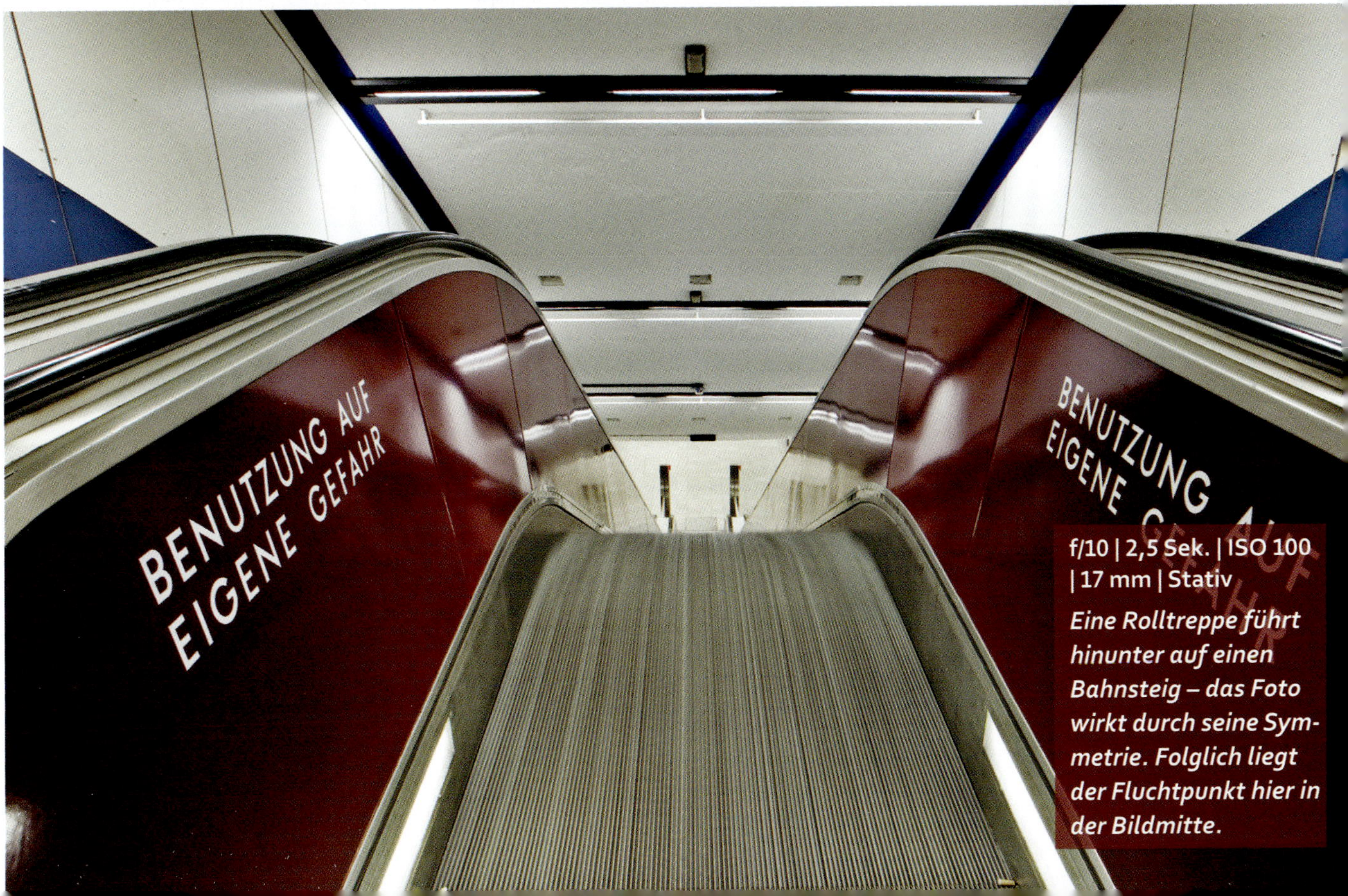

f/10 | 2,5 Sek. | ISO 100 | 17 mm | Stativ

Eine Rolltreppe führt hinunter auf einen Bahnsteig – das Foto wirkt durch seine Symmetrie. Folglich liegt der Fluchtpunkt hier in der Bildmitte.

Ohne Stativ wird's schwierig

Doch auch wenn es mühsam ist, ein schweres Stativ stundenlang durch die Stadt zu schleppen: Ich kann Ihnen nur raten, es mitzunehmen. Ich ärgere mich noch heute, dass ich das Stativ für das folgende Foto nicht dabeihatte – eine kleinere Blendenöffnung hätte dem Foto sicher gutgetan.

Glas, Beton und Stahl und ein ganz klein wirkender Mensch, der eilig die Treppen herunterhastet – fotografiert im Frankfurter Bankenviertel. Die senkrechten Linien sind per Bildbearbeitung gerade gerückt worden. Dominierend und damit entscheidend für die Bildwirkung ist hier die diagonale Linie durch den regennassen Handlauf am Rand der Treppe: Sie führt in die Tiefe des Bildes, zum Fluchtpunkt, lenkt den Blick des Betrachters genau auf die türkisfarbene Fassadenfläche.

f/5 | 1/200 Sek. | ISO 400 | 24 mm

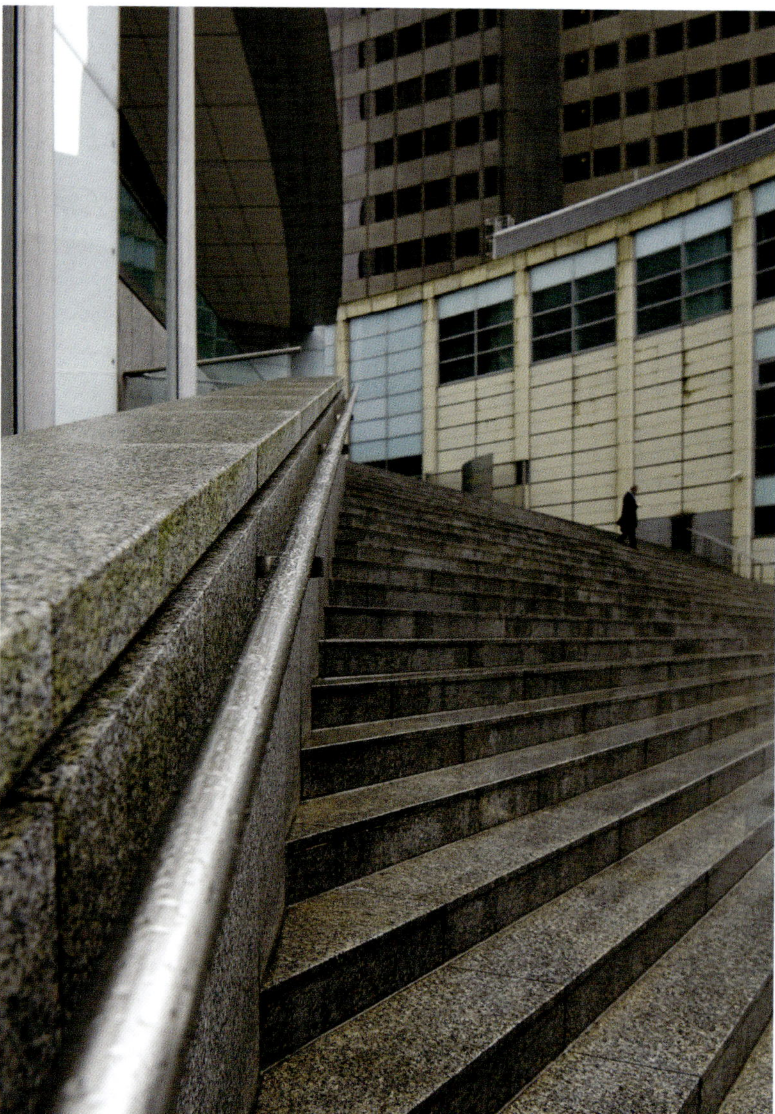

Zu meiner Entschuldigung kann ich nur anführen: An diesem regnerischen Tag war ich von morgens bis abends zu Fuß in Frankfurt unterwegs.

Das Gewicht meiner Ausrüstung machte sich von Stunde zu Stunde in Form von Rückenschmerzen stärker bemerkbar – da war ich noch froh, kein Stativ mitgeschleppt zu haben ...

Doch als ich vor dem Computerbildschirm saß, um die Fotos zu bearbeiten, ärgerte ich mich nachträglich mächtig über meine damalige Bequemlichkeit.

Na, wenigstens hatte ich mir die Gestaltung des Fotos gut überlegt: Der regennasse Handlauf der Treppe bildet eine dominante Diagonale, die den Blick des Bildbetrachters in die Tiefe des Bildes, hin zum Fluchtpunkt, leitet.

Und so wurde es trotz des sehr knappen Schärfebereichs schon ein paar Mal gedruckt. Es gibt neben den Linien noch ein weiteres Element, mit dem sich spannende Architekturbilder fotografieren lassen.

Ich meine Spiegelungen, Spiegelungen von Licht oder Objekten.

Spiegelungen fotografieren

Das nebenstehende Foto wirkt wie eine Fotomontage, weil ich durch die Wahl der weit geöffneten Blende die Schärfe ausschließlich auf die Spiegelung gelegt habe – das Mauerwerk, das den Rahmen bildet, ist unscharf abgebildet, damit es nicht vom skurril zerteilten Auto ablenkt. Der symmetrische Bildaufbau betont die Spiegelung zusätzlich.

Solche Spielchen mit der Schärfe sind natürlich nicht zwingend nötig, wenn Sie Spiegelungen fotografieren möchten. Auch Regenpfützen oder nasse Asphaltflächen bieten sich gut für Fotos von Spiegelungen an (siehe Fotos auf der nächsten Seite).

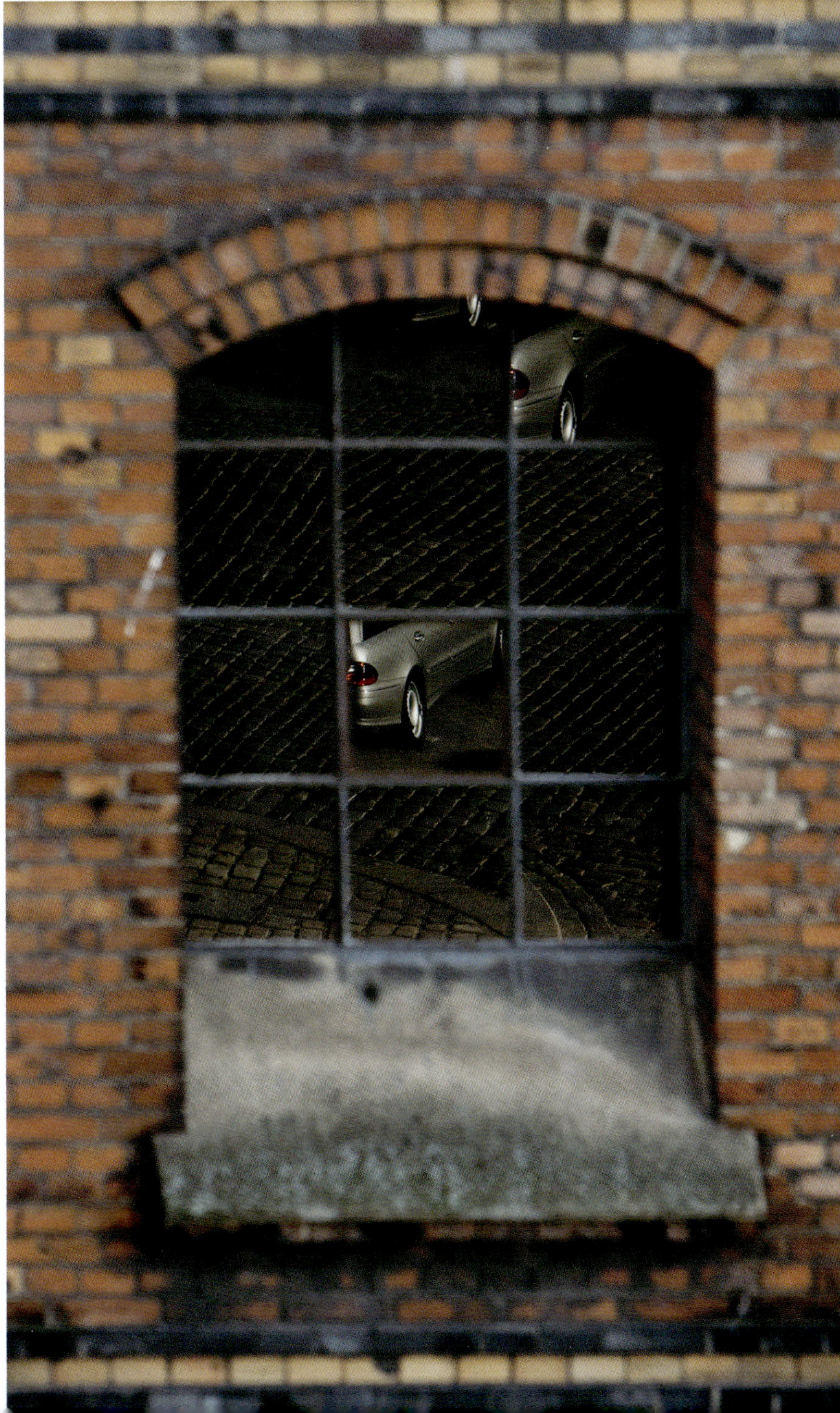

f/4.5 | 1/160 Sek. | ISO 200 | 150 mm | ohne Stativ

In den Fenstern eines historischen Gebäudes in der Hamburger Speicherstadt spiegelt sich ein auf dem Kopfsteinpflaster geparktes Auto. Interessant ist die Teilung des Fahrzeugs in mehrere Fragmente, verursacht durch die nicht plan eingesetzten uralten Glasflächen. Das Foto ist keine Montage.

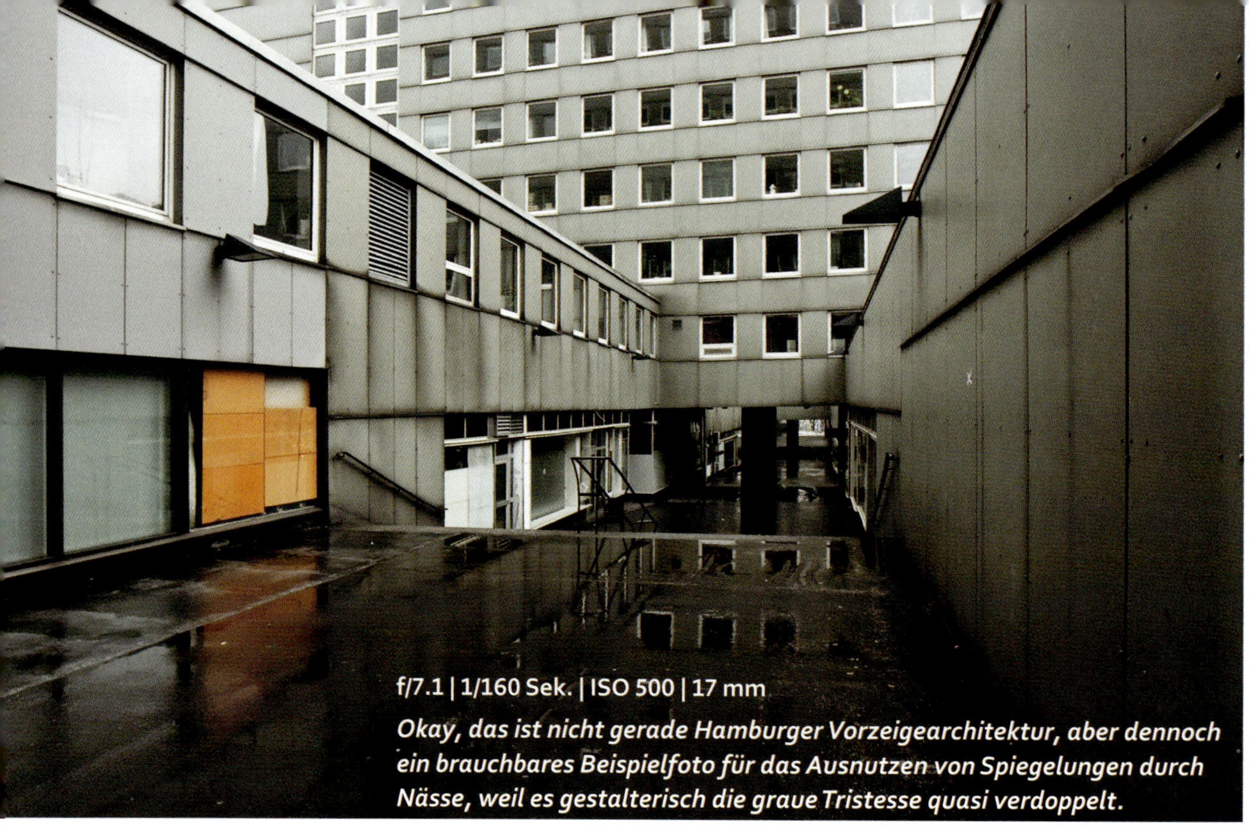

f/7.1 | 1/160 Sek. | ISO 500 | 17 mm

Okay, das ist nicht gerade Hamburger Vorzeigearchitektur, aber dennoch ein brauchbares Beispielfoto für das Ausnutzen von Spiegelungen durch Nässe, weil es gestalterisch die graue Tristesse quasi verdoppelt.

Die „dicke Wilhelmine", eine Brunnenfigur in der Innenstadt von Westerland, Sylt: Alles spiegelt sich im Brunnenwasser.

f/9 | 1/320 Sek. | ISO 200 | 24 mm

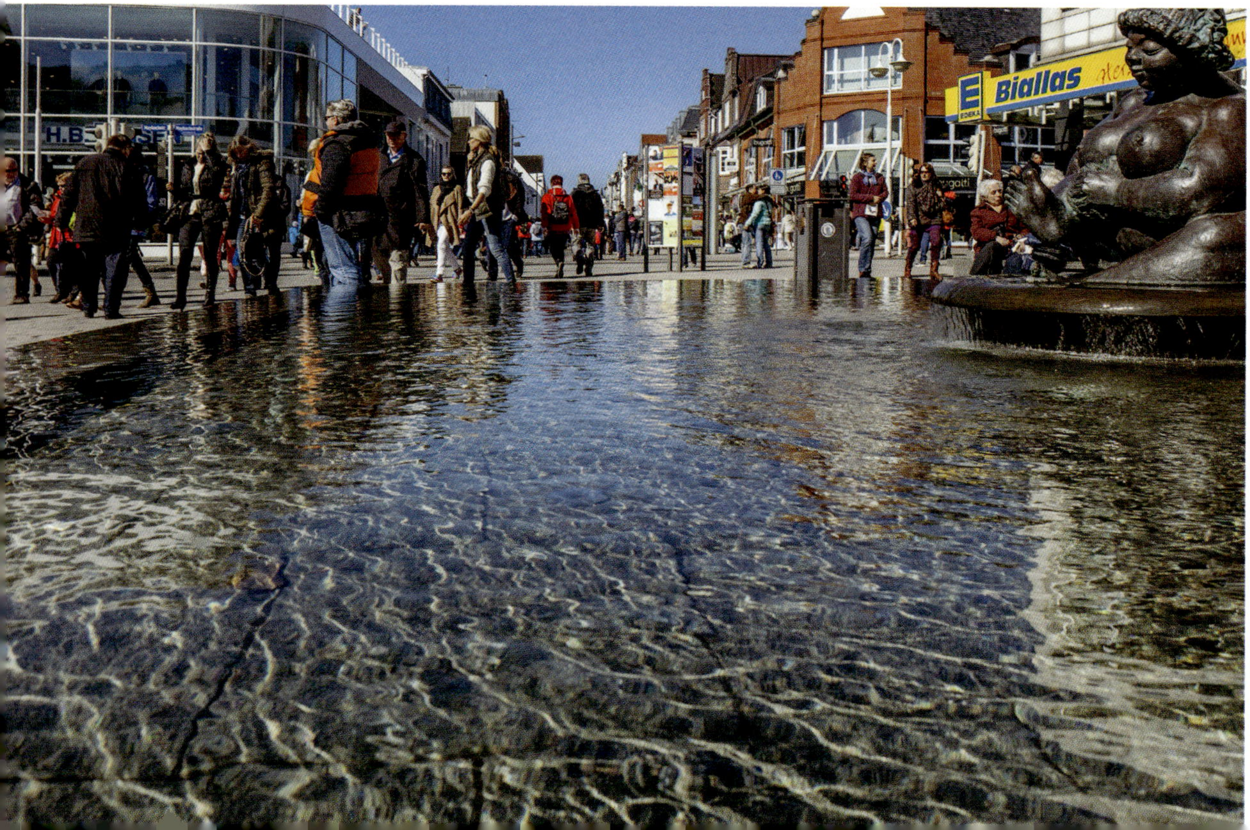

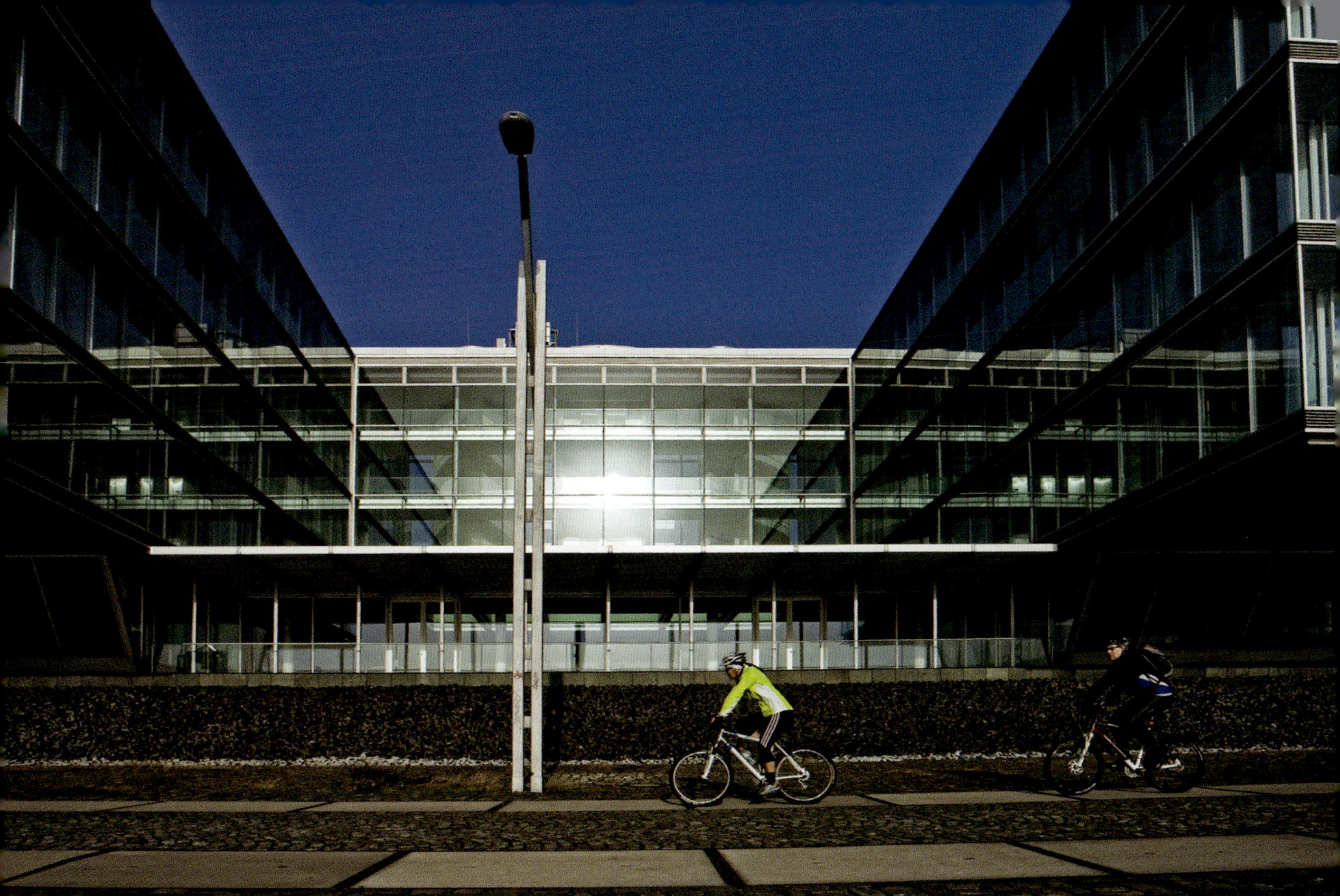

f/8 | 1/500 Sek. | ISO 100 | 17 mm

Lichtreflexion der Sonne auf einer Glasfassade in Hamburg-Neumühlen. Die Radfahrer hatte ich schon im Augenwinkel gesehen und mit dem Auslösen gewartet, bis sie mir durch das Bild fuhren – so wirkt das Bild interessanter.

Aber auch die Sonne selbst sorgt für durchaus fotogene Reflexionen, zum Beispiel auf Glasfassaden.

Ganz anders hingegen ist die Wirkung der abendlichen Sonnenspiegelung in einer Hotelfassade.

Nutzen Sie Spiegelungen und Reflexionen – egal ob auf Wasser- oder Glasflächen – für die Gestaltung Ihrer Stadtfotos.

Sie können sicher sein, dass sie die Blicke der Bildbetrachter auf sich ziehen.

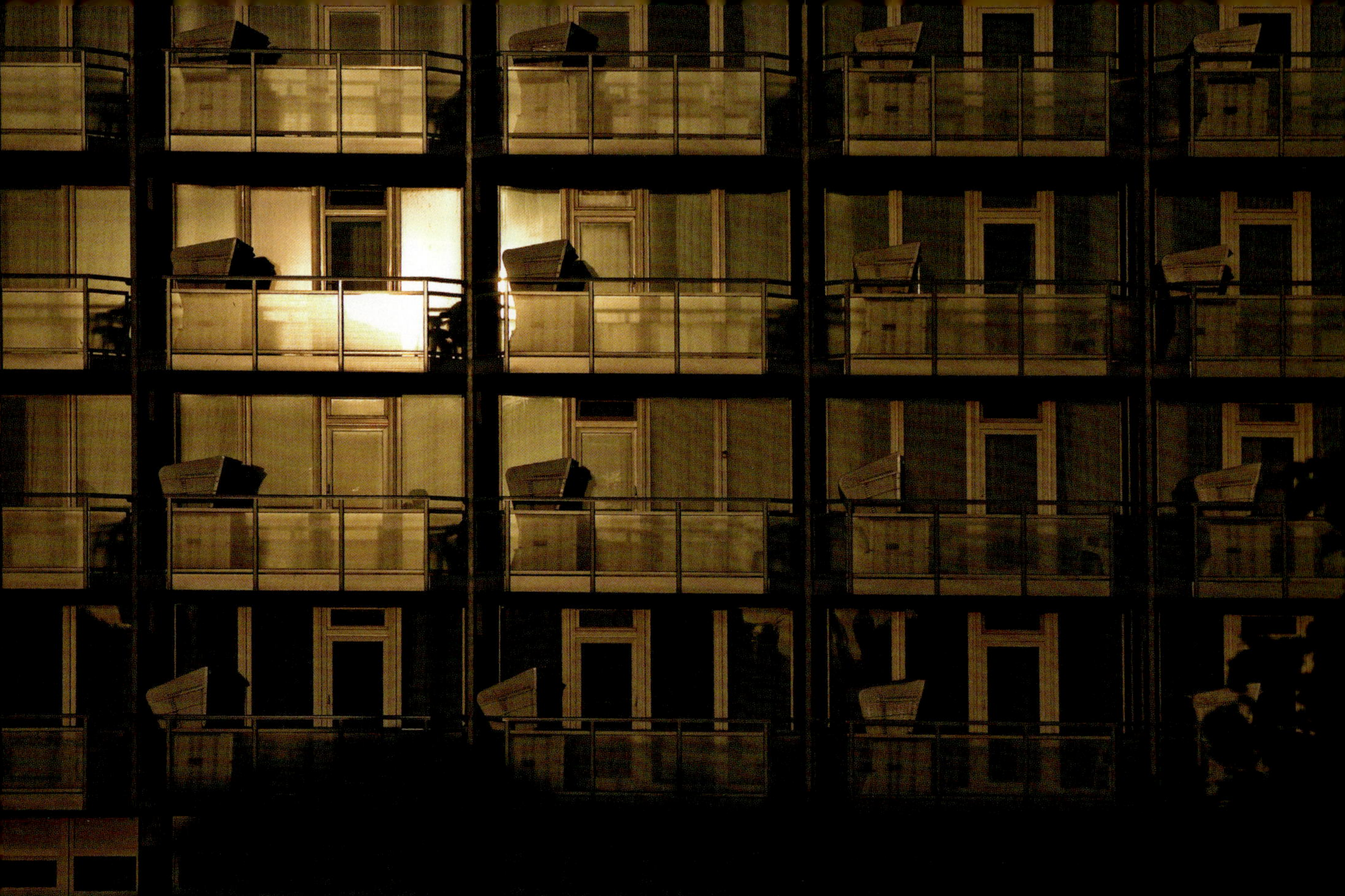

f/6.3 | 1/800 Sek. | ISO 100 | 70 mm

Die Abendsonne spiegelt sich in den Fenstern der Hotelfassade und durchbricht die monotone Wiederholung von Balkonen und Strandkörben.

Verwirrspiel

Ein Aber gibt es natürlich auch beim Thema Spiegelungen: Achten Sie bei Ihren Spiegelbildern auf einen klaren Bildaufbau, denn Spiegelungen verwirren leicht die Sinne des Betrachters, führen in die Irre.

Reduzieren Sie Ihr Foto auf das Wesentliche und versuchen Sie nicht, zu viele Elemente in Ihrem Bild unterzubringen: Weniger ist hier sehr oft mehr. Das Beispielfoto auf der nächsten Seite zeigt deutlich, dass hier zu viele Bildelemente und -ebenen im Foto zu sehen sind: Der Betrachter verliert die Orientierung: Was ist Spiegelung, was nicht?

Spiegelungen vermeiden

Manchmal sorgt die Sonne für starke Reflexionen und spiegelt sich zum Beispiel auf Glas- oder Wasserflächen, die das Foto überstrahlen. Ein Grauverlaufsfilter hilft, diese Strahlungen zu reduzieren. Zusätzlich können Sie noch einen Polfilter in Kombination verwenden und ebenfalls auf die Frontlinse schrauben. Aber Vorsicht: Oft wird durch das Aufschrauben eines zweiten Filters die Position des unteren verändert, die Sie gerade erst gefunden haben. Fixieren Sie immer den unteren Filter mit den Fingern und schrauben Sie erst dann den zusätzlichen Filter auf. Das Ganze ist aber eine ziemlich nervige Fummel-

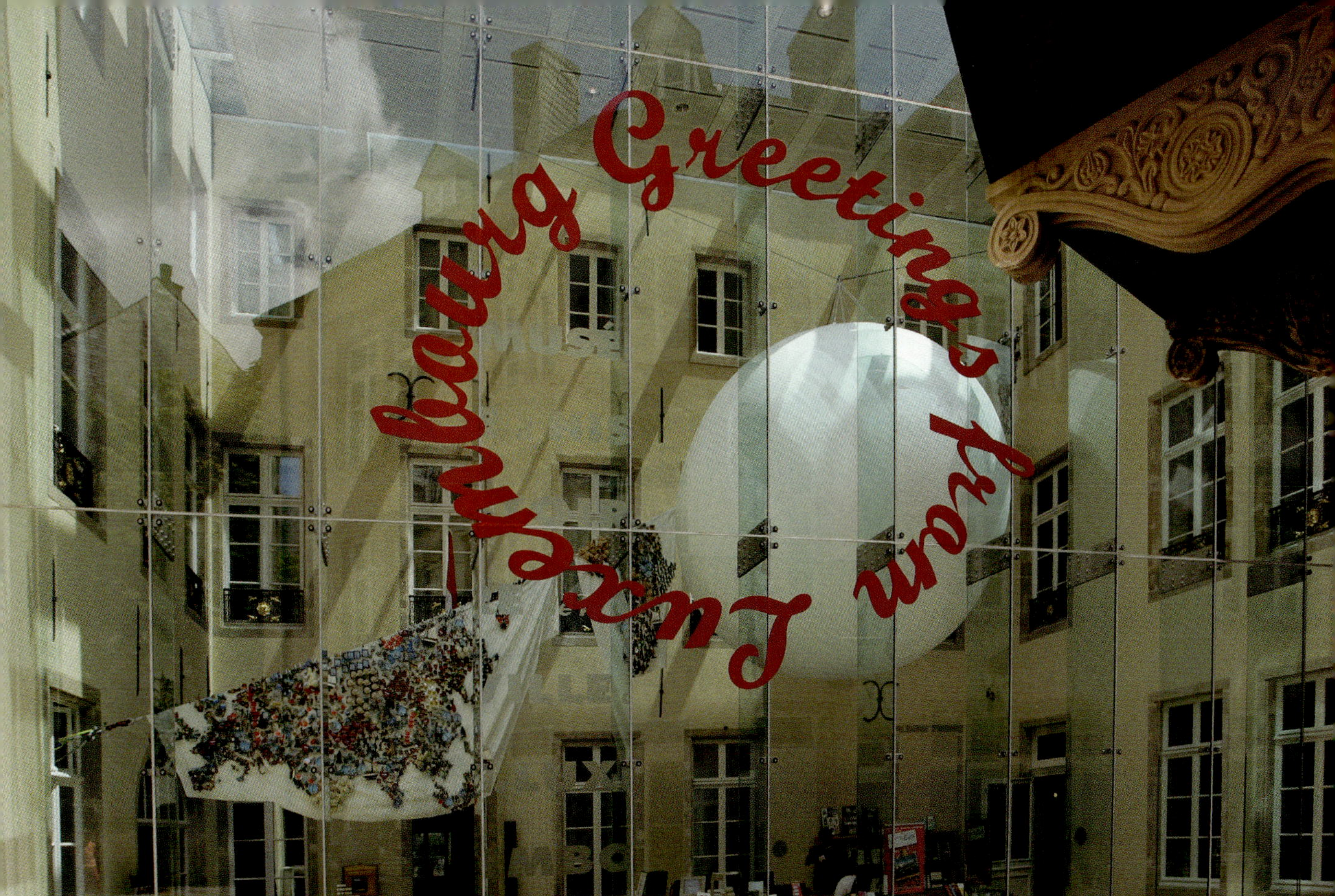

f/6.3 | 1/320 Sek. | ISO 200 | 17 mm

In der Glasfassade eines Museums in Luxemburg spiegeln sich die gegenüberliegenden Gebäude. Die schönen alten Sprossenfenster befinden sich jedoch hinter der riesigen Glasscheibe. Die kreisrunde Aufschrift prangt auf dem Glas. Der Sims eines Nachbargebäudes ragt zusätzlich am rechten Bildrand ins Foto. Diese vielen Bildebenen verwirren den Betrachter – das sind einfach zu viele Bildelemente. Das Foto verfehlt die gewünschte Wirkung, es ist in seiner Bildsprache nicht klar und deutlich.

arbeit. Ich habe auf den Rändern meiner Grauverlaufsfilter klitzekleine Markierungen mit einem kleinen Klecks roten Nagellack angebracht. Sie zeigen mir an, wo oben ist. Die andere Variante.

Suchen Sie sich einen anderen Bildausschnitt oder nehmen Sie das Motiv zu einem anderen Zeitpunkt (Tageszeit, Wetter) erneut in Angriff: Man muss auch mal verlieren bzw. warten können.

4.5 Nachts sind Städte niemals grau

Nachtfotografie in der Stadt – das ist ein ganz besonderes und intensives Erlebnis für Fotografen. Aber so toll es ist, die Stimmung und die leuchtenden Farben mit all den Lichtern fotografisch einzufangen, so schwierig ist es auch. Umso größer ist dann die Freude, wenn Sie sich nach der Nightshot-Tour zu Hause am Computer Ihre Bilder zufrieden ansehen.

Damit Sie dann glücklich lächelnd Ihre Werke am Monitor betrachten und bearbeiten können, möchte ich Ihnen hier ein paar Tipps geben.

Die Hamburger Speicherstadt zur blauen Stunde. Durch die lange Belichtungszeit zaubern die Lichter der Autos lange Leuchtspuren ins Bild. Die weit geschlossene Blende sorgt für die attraktive Sternchenbildung an den Lichtern der Lampen und Laternen.

f/16 | 10 Sek. | ISO 100 | 42 mm | Stativ

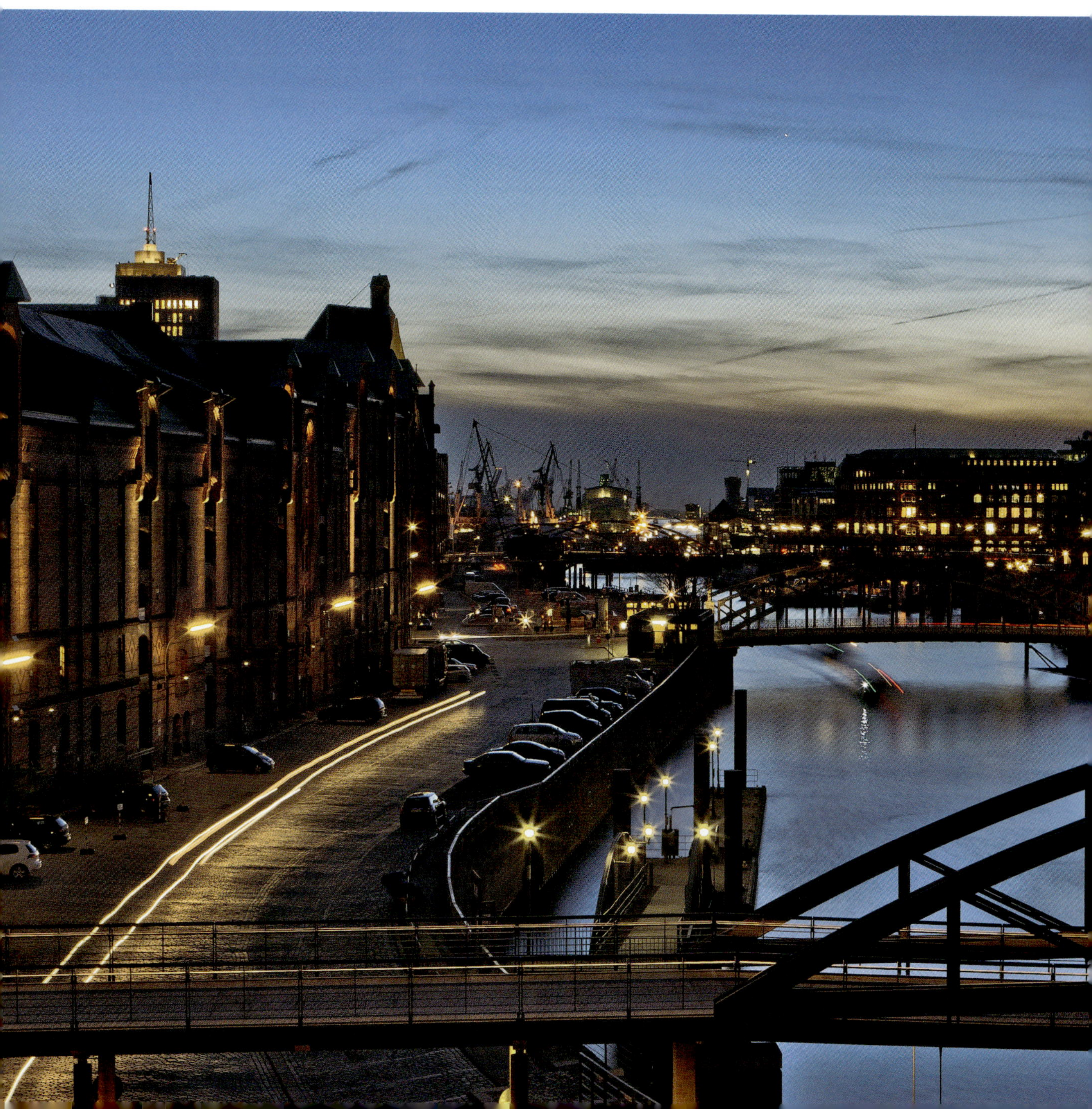

Ohne Stativ geht es nicht

Ein Zubehör ist für die Fotografie am Abend und in der Nacht unbedingt zwingend erforderlich: das Dreibeinstativ. Daran führt bei derart langen Belichtungszeiten überhaupt kein Weg vorbei. Glücklicherweise ist es in den Abendstunden im innerstädtischen Bereich meist relativ einfach, einen Parkplatz zu finden, sodass der Weg von dort bis zum idealen Kamerastandort für Ihr Motiv nicht allzu lang ist. Ich bekenne mich an dieser Stelle erneut dazu, ein „Dicht-am-Motiv-Parker" zu sein. So hält sich die Stativschlepperei in Grenzen.

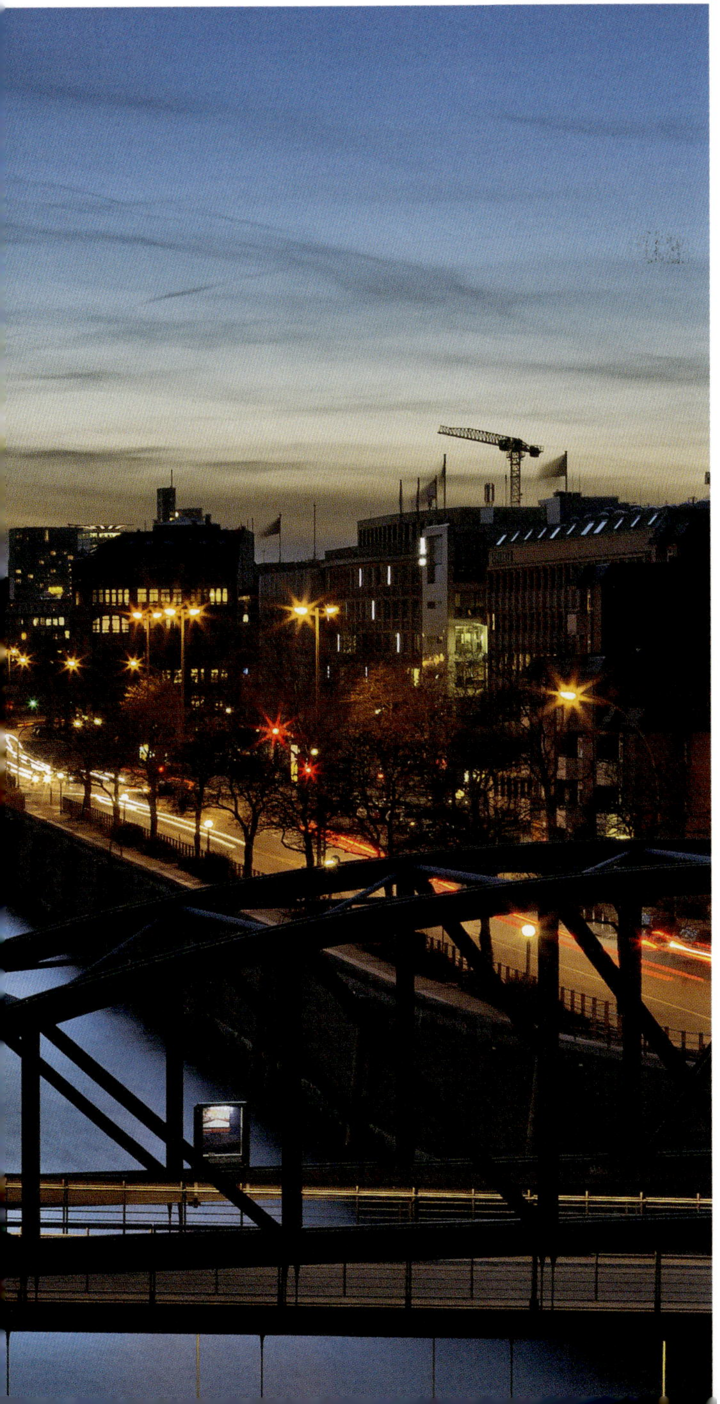

Tipps zur richtigen Standortwahl

Entscheidend für die Schärfe Ihrer Nachtfotos ist ein stabiler Stand Ihres Stativs. Vermeiden Sie z. B. Brücken als Standort, über die Straßenbahnen, S-Bahnen oder Schwerlastverkehr donnern. Denn das kann leicht zu Vibrationen führen, die sich über die Beine des Stativs auf Ihre Kamera übertragen. Manchmal reicht auch schon starker Wind.

Ferner gilt: Je höher Sie Ihr Stativ ausfahren, desto empfindlicher ist es für jegliche Vibrationen. Viele Stative besitzen einen Haken unter der Mittelsäule, an den Sie z. B. Ihren Fotorucksack hängen können (Karabinerhaken).

Das zusätzliche Gewicht stabilisiert das Stativ. Im Prinzip gelten genau die gleichen Regeln, wie sie in Kapitel 2.8 beschrieben werden:.

Nutzen Sie einen Kabelfernauslöser, verzichten Sie auf den Bildstabilisator und schalten Sie die Spiegelvorauslösung ein.

Nutzen Sie den manuellen Modus Ihrer Kamera für Nachtaufnahmen. So haben Sie die beste Kontrolle über die Belichtung Ihrer Fotos. Solange die Umgebungsbeleuchtung ausreichend ist, können Sie den Autofokus Ihrer Kamera nutzen – wird es dafür zu dunkel, müssen Sie manuell fokussieren.

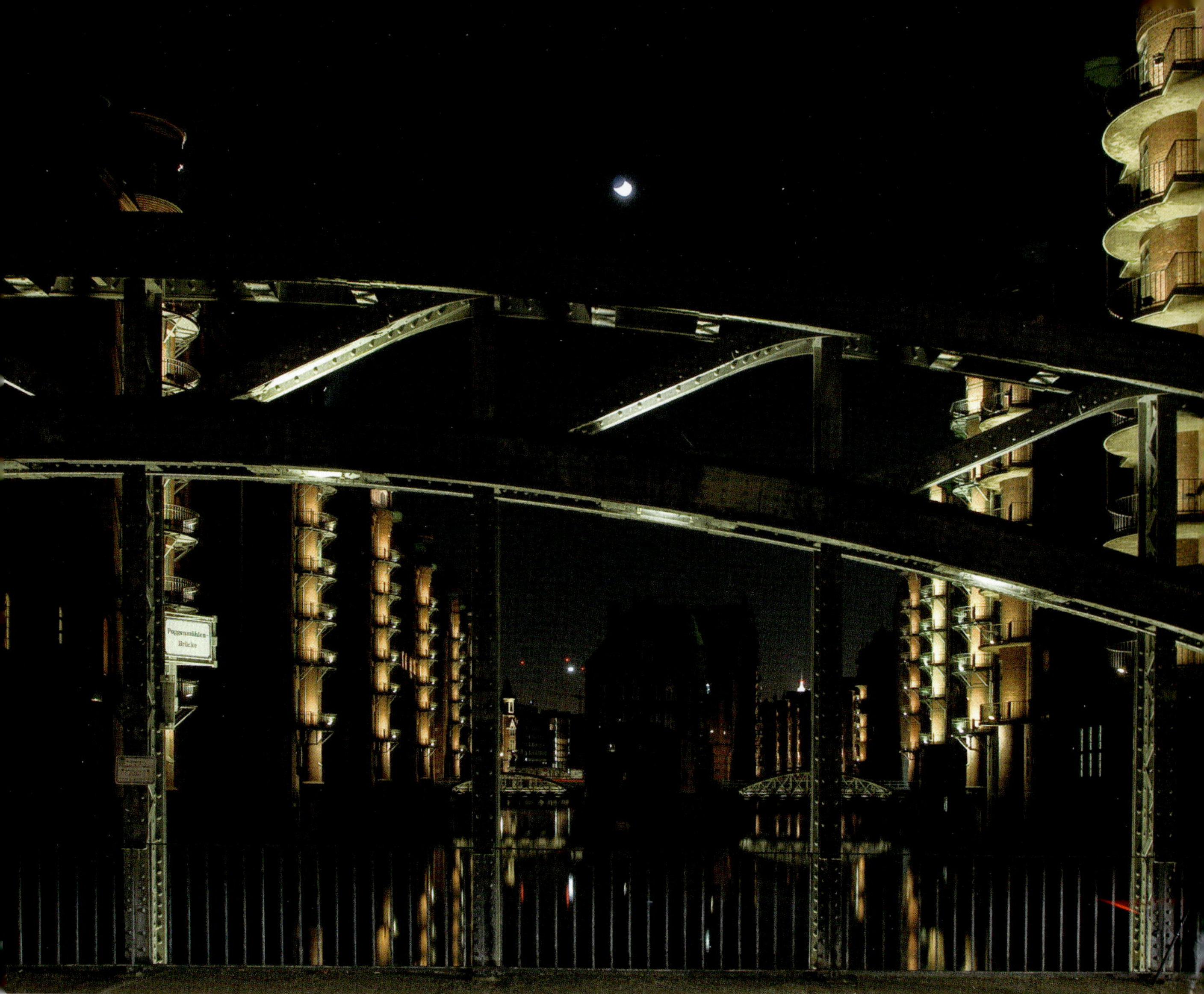

f/10 | 71 Sek. | ISO 100 | 21 mm

Ein Fotograf baut sein Stativ auf einer Brücke in der historischen Hamburger Speicherstadt auf. Normalerweise sind Brücken kein guter Standort. Vorbeifahrende Autos oder gar Lastwagen können für Vibrationen sorgen, die Ihre Langzeitbelichtung verwackeln lassen. Auf dieser Brücke ist nachts wenig los – sie ist daher ein beliebter Treffpunkt für Fotografen. Wenn Sie abends in der Speicherstadt fotografieren möchten, können Sie relativ sicher sein, dort auf andere Hobbyfotografen zu treffen.

Die Motivwahl

Einen Vorteil hat die Fotografie in urbaner Umgebung gegenüber der Landschaftsfotografie in tief dunkler Nacht: Städtische Motive sind meistens beleuchtet und Sie können auf den Einsatz einer zusätzlichen Beleuchtung z. B. durch eine LED-Taschenlampe verzichten (dennoch ist es immer praktisch, sie dabeizuhaben). Dafür können die Lichter einer Großstadt aber auch zu Problemen bei der Belichtung Ihrer Fotos führen. Sie können schlicht zu hell sein und damit das Foto in den beleuchteten Bildbereichen überstrahlen. Es gibt mehrere Strategien, um das zu vermeiden.

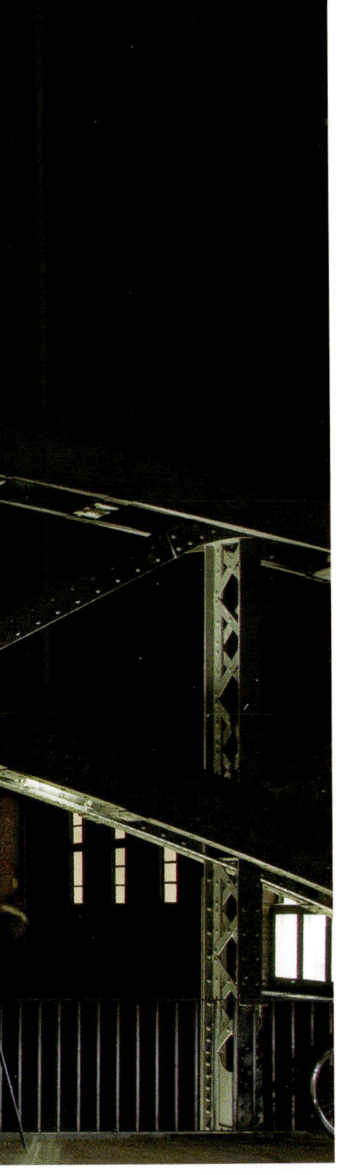

Großstadtlichter: Freud und Leid

Achten Sie schon bei der Wahl Ihres Bildausschnitts darauf, dass keines der vorhandenen Lichter zu dominant ist, also eine sehr viel stärkere Leuchtkraft als andere Lichtquellen hat und direkt in Ihre Kamera strahlt. Insgesamt sollte die Verteilung der Lichtquellen bei Ihrem Motiv einigermaßen ausgewogen sein. Grundsätzlich gilt der Satz: Viele kleine Lichter sind des Fotografen Freud – wenige große sind des Fotografen Leid. Wählen Sie also Ihren Bildausschnitt sorgfältig aus. Manchmal reicht es, das Stativ nur wenige Schritte weiter links oder rechts aufzustellen, um störende Lichtquellen aus dem Bild zu verbannen.

Auf dem ersten in diesem Kapitel gezeigten Foto der Hamburger Speicherstadt mit dem Zollkanal in der Bildmitte sind die Lichter relativ gleichmäßig über die gesamte Bildfläche verteilt. Nur auf der Straße rechts ballen sich die Lichter und entwickeln so etwas zu viel Leuchtkraft. Das war mir mit bloßem Auge nicht aufgefallen – konnte es auch nicht. Denn: Das starke Licht wird von Autos verursacht, die an einer roten Ampel auf Grün warten. Als ich den Bildausschnitt wählte, waren die Fahrzeuge noch in Bewegung – na ja: Künstlerpech. Glück ist dagegen, dass die leichte Überstrahlung sich in einem sehr kleinen Bereich des Fotos befindet – so ist dieses Foto noch akzeptabel. Nicht akzeptabel hingegen ist das folgende Foto, das während der Bundesgartenschau in Schwerin entstand.

Hätte ich das Foto zu einem etwas früheren Zeitpunkt gemacht – am besten zur blauen Stunde –, hätte ich diese Effekte vermeiden können. Dann nämlich hätte ich den noch wesentlich helleren Abendhimmel als zusätzliche Lichtquelle nutzen können. So wäre die Verteilung des Lichts auf der gesamten Bildfläche gleichmäßiger gewesen und der Kontrastumfang geringer.

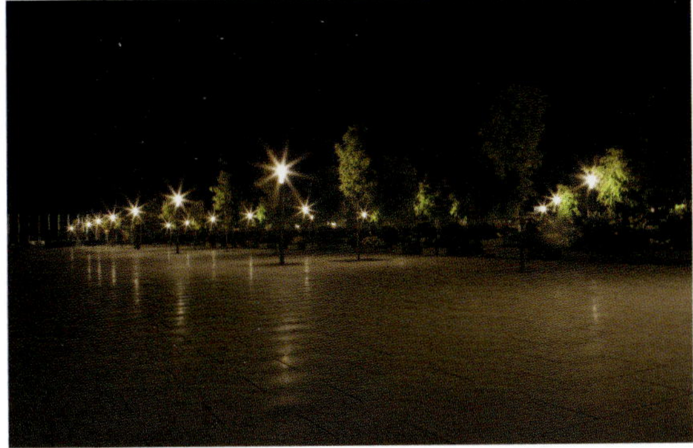

f/16 | 13 Sek. | ISO 100 | 24 mm

Die Lichtquellen auf dem Foto vom Eingangsbereich der Bundesgartenschau in Schwerin sind unausgewogen im Bild verteilt: Die Lichter der Laternen überstrahlen das Bild.

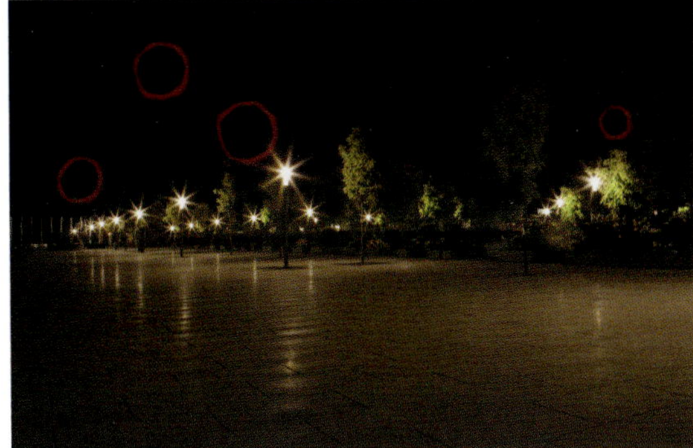

Unschöne Blendenflecken verunstalten zusätzlich das Foto (in den roten Kreisen).

Die blaue Stunde nutzen

Die blaue Stunde ist die günstigste Zeit für stimmungsvolle Nachtaufnahmen: Der Himmel dient kurz nach Sonnenuntergang selbst noch als Lichtquelle: Er ist nicht nachtschwarz wie auf dem eben gezeigten missratenen Foto, sondern leuchtet in einem faszinierenden Azurblau. Dadurch ist der Kontrastumfang für unsere Kameras zu diesem Zeit-

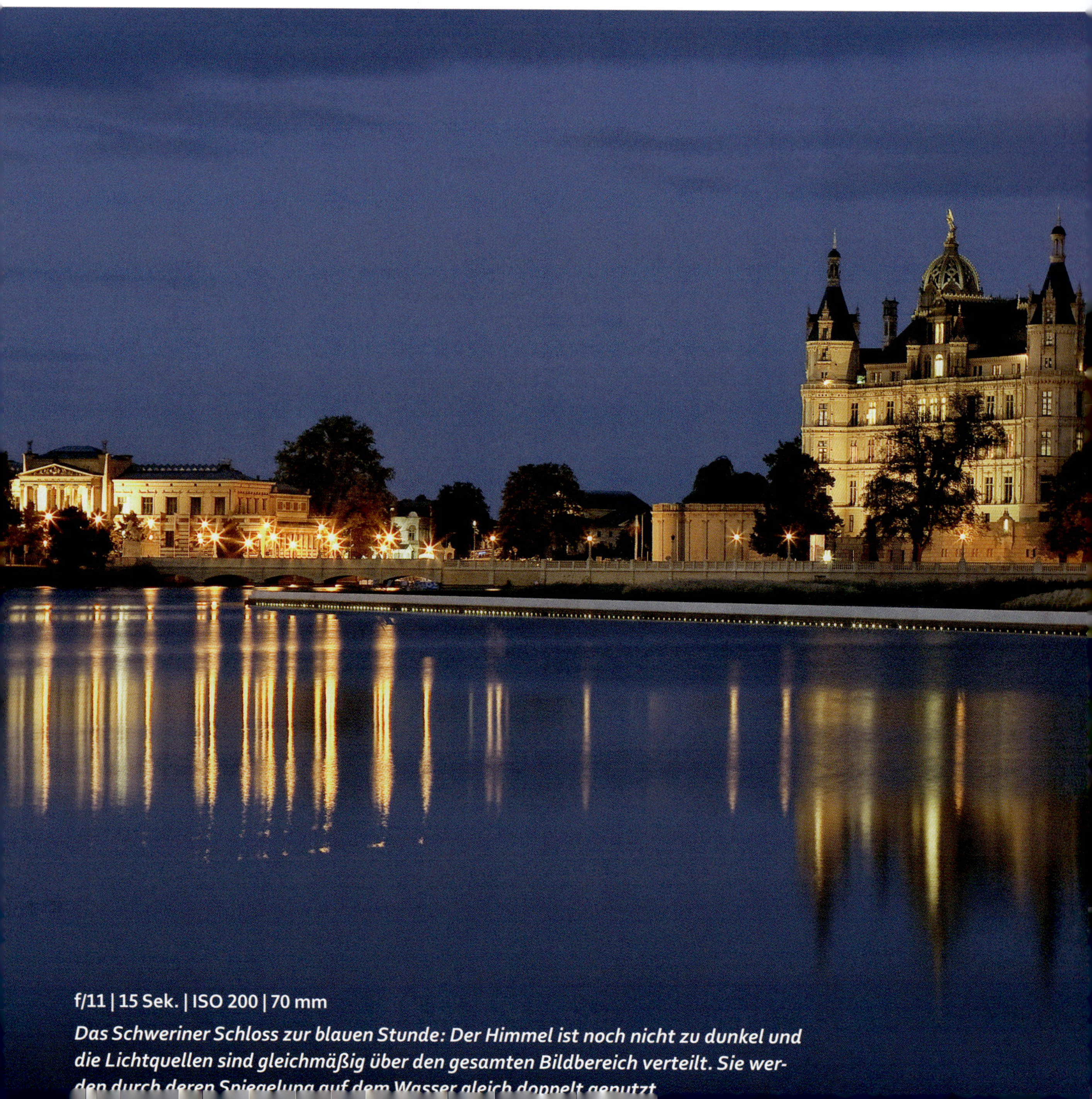

f/11 | 15 Sek. | ISO 200 | 70 mm

Das Schweriner Schloss zur blauen Stunde: Der Himmel ist noch nicht zu dunkel und die Lichtquellen sind gleichmäßig über den gesamten Bildbereich verteilt. Sie werden durch deren Spiegelung auf dem Wasser gleich doppelt genutzt.

punkt noch relativ gut zu bewältigen. Auch das Scharfstellen Ihres Motivs mit dem Autofokus funktioniert zu diesem Zeitpunkt noch besser. Doch die blaue Stunde macht leider blau, wenn es sehr stark bewölkt ist oder gar regnet – logisch ... Die Luft sollte also möglichst klar sein. Dann haben Sie ideale äußere Bedingungen für gelungene Nachtfotos.

Ein wahres Mekka der Nachtfotografen ist die historische Hamburger Speicherstadt. Die Lichtinstallationen des Künstlers Michael Batz sind ideal für uns Fotografen. Die alten Backsteinfassaden der ehemaligen Speicher und die stählernen Brückenbögen werden meist indirekt von unsichtbar montierten Leuchten angestrahlt, sodass keine der Lichtquellen direkt in die Kamera leuchtet.

Gebäude und Brücken in der Hamburger Speicherstadt sind gleichmäßig und meist indirekt beleuchtet. Keine Lichtquelle strahlt direkt in Ihre Kamera – ideale Bedingungen für Nachtfotografen.

f/10 | 15 Sek. | ISO 400 | 17 mm

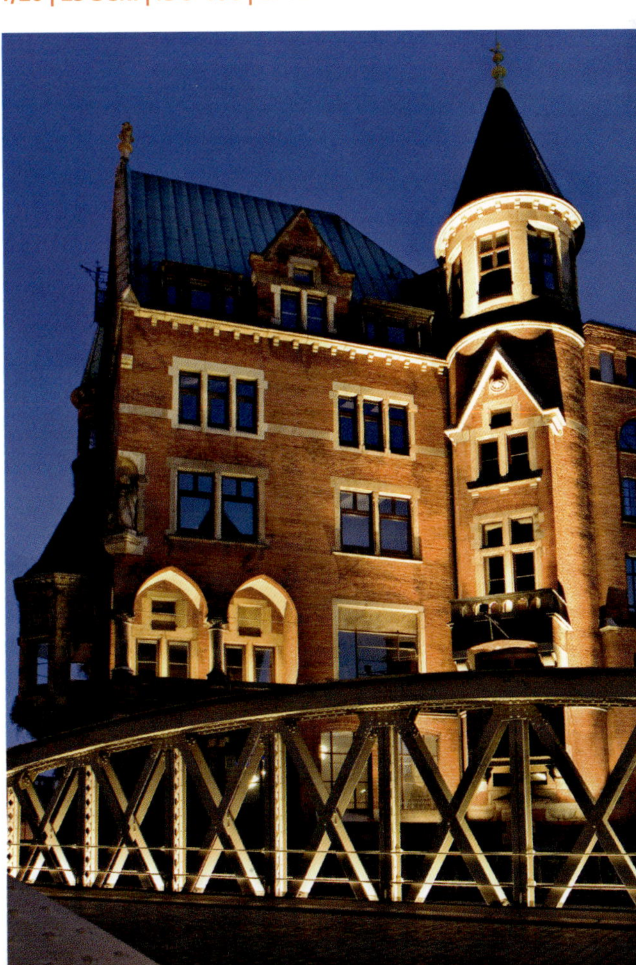

Wenn die Nacht tiefschwarz ist

Weitaus schwieriger wird es, wenn Sie bei tiefschwarzem Nachthimmel fotografieren wollen. Der Kontrastumfang zwischen Himmel und Großstadtlichtern ist dann meist zu groß für die gängigen DSLR-Kameras.

Ausgewogene Beleuchtung

Die einfachste Lösung: Lassen Sie den Himmel auf Ihren Fotos weg. Fotografieren Sie Fassaden, gut ausgeleuchtete Straßenzüge, Plätze oder auch Schaufenster und Details wie z. B. Denkmäler oder Skulpturen. Geben Sie dem dunklen Nachthimmel wenig Raum bei Ihrer Bildgestaltung und -aufteilung wie auf Beispielfoto links.

Rezept für gute Nachtfotos

- Sorgen Sie für einen stabilen, vibrationsfreien Standort Ihres Stativs.
- Wählen Sie einen Bildausschnitt, in dem die Beleuchtung ausgewogen ist und keine starken Lichter direkt in Ihre Kamera strahlen.
- Stellen Sie im Kameramenü die Rauschreduzierung für Langzeitbelichtungen ein.
- Stellen Sie Ihre Kamera auf den manuellen Modus (M) ein und belichten Sie manuell.
- Schalten Sie die Spiegelvorauslösung ein.
- Nutzen Sie einen Kabelfernauslöser.
- Stellen Sie den ISO-Wert auf die niedrigste Stufe.

Die Rathausschleuse in der Hamburger City. Dem dunklen Nachthimmel habe ich durch die Wahl des Bildausschnitts keinen Raum gegeben und so eine fast gleichmäßige Verteilung der Lichter erreicht.

f/7.1 | 2 Sek. | ISO 100 | 17 mm

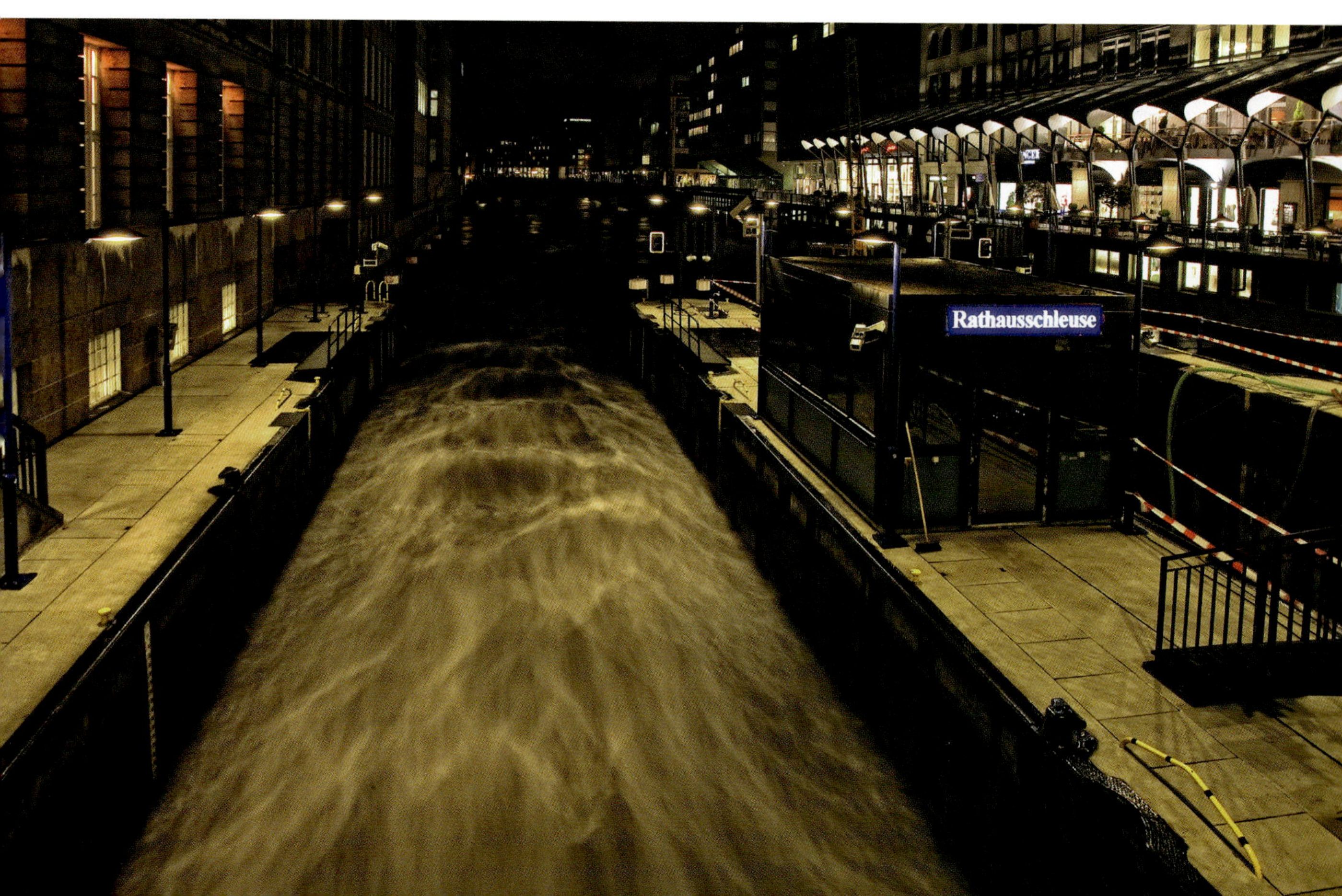

- Fotografieren Sie im RAW-Format.
- Fokussieren Sie Ihr Motiv manuell. (Ausnahme: Zur blauen Stunde geht's oft auch mit dem Autofokus.)
- Stellen Sie den Bildstabilisator an Kamera oder Objektiv aus (bei Stativeinsatz).
- Wählen Sie eine möglichst kleine Blende, z. B. f/16, für eine große Schärfentiefe.
- Nehmen Sie sich viel Zeit, seien Sie rechtzeitig möglichst vor Beginn der blauen Stunde vor Ort. Nur so haben Sie die Chance, die unterschiedlichen Lichtstimmungen mit zunehmender Dunkelheit auf Ihre Speicherkarte zu bannen.
- Und zu guter Letzt: Langzeitbelichtungen sind Energiefresser. Gehen Sie nur mit voll aufgeladenem Akku und eventuell einem Ersatzakku auf die nächtliche Fototour.

Lichteffekte

Vielleicht ist es Ihnen auf manchen Nachtfotos schon aufgefallen: Oft bilden sich rund um die Lichtquellen nette Sternchen und attraktive Strahlenkränze.

Sternchen-Lichter

Wenn Sie diesen Effekt nicht mögen, können Sie ihn vermeiden, indem Sie eine größere Blendenöffnung wählen. Der Sternchen-Effekt – wenn Sie ihn denn erreichen möchten – tritt erst ab einem Blendenwert von f/11 und höher auf. Dadurch verlängert sich logischerweise die Belichtungszeit deutlich. Mit den 30 Sek., die Sie noch auf Ihrer Kamera einstellen können, kommen Sie dann nicht mehr aus. Sie müssen also in den Bulb-Modus wechseln und die Belichtungszeit selbst berechnen.

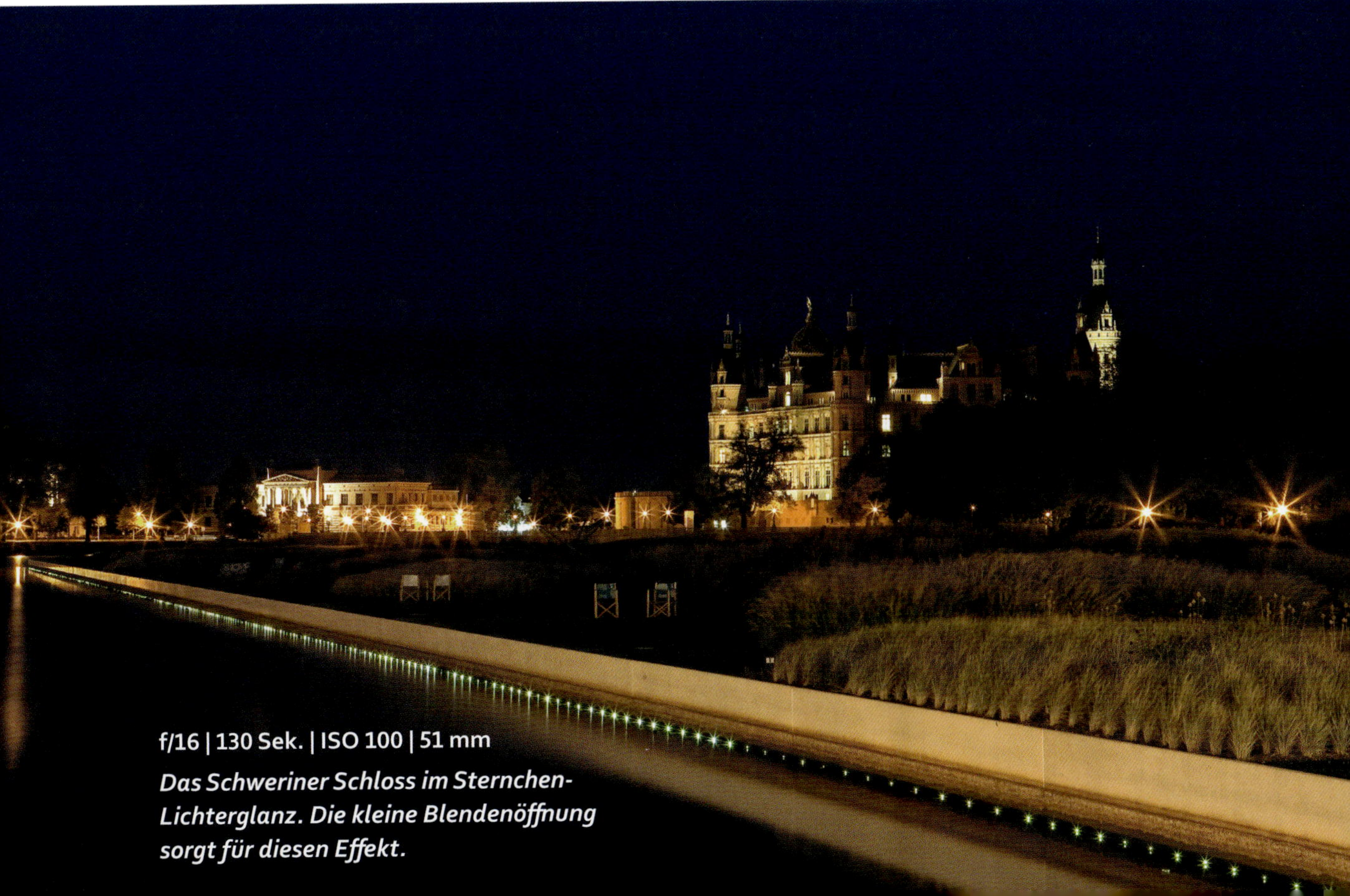

f/16 | 130 Sek. | ISO 100 | 51 mm

Das Schweriner Schloss im Sternchen-Lichterglanz. Die kleine Blendenöffnung sorgt für diesen Effekt.

Eine ausführliche Anleitung dazu finden Sie in Kapitel 2.8 im Abschnitt „Der Bulb-Modus".

Wenn Sie Ihr Motiv an dem Abend jedoch schon während der blauen Stunde fotografiert haben, werden Sie in etwa im Gefühl haben, wie stark Sie die Belichtungszeit mit zunehmender Dunkelheit verlängern müssen.

Dynamik durch Zoomen

Einen anderen, nicht minder interessanten Effekt können Sie erzielen, indem Sie während der langen Belichtungszeit die Brennweite des Objektivs vorsichtig verändern.

Wenn Sie das tun, kann kann ein Foto wie das Frankfurter Bankenviertel dabei herauskommen. Dafür brauchen Sie ein wenig Fingerspitzengefühl, ein gutes Zeitgefühl und logischerweise ein Zoomobjektiv. Dabei ist es egal, ob Sie die Brennweite von lang nach kurz oder umgekehrt verändern.

Starten Sie mit der Drehbewegung unmittelbar nach dem Auslösen und schließen Sie sie, um ein optimales Ergebnis zu erreichen, zum Ende der Belichtungszeit ab. Zum Vergleich ein normales Foto dieses Ausblicks.

Das Frankfurter Bankenviertel von der Aussichtsplattform eines Wolkenkratzers. Während der gesamten Belichtungszeit habe ich mit einer gleichmäßigen und fließenden Bewegung die Brennweite verändert. Sie können in das Motiv hinein- oder herauszoomen. Der Effekt ist der gleiche. Das Foto gewinnt stark an Dynamik.

f/10 | 8 Sek. | ISO 100 | 17–40 mm

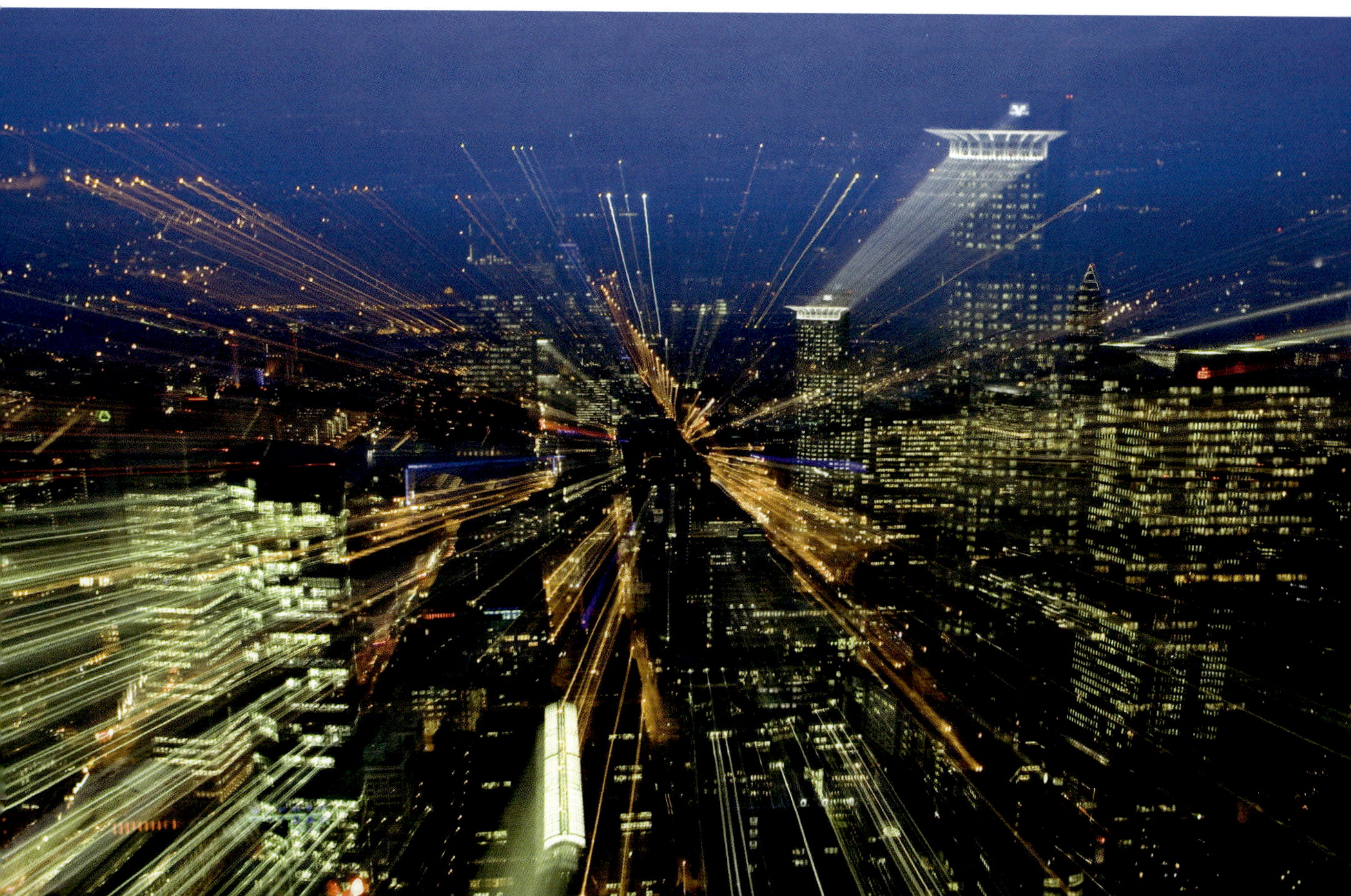

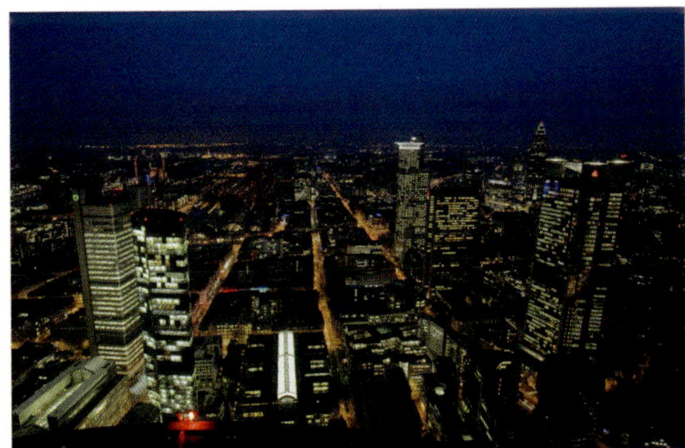

f/10 | 10 Sek. | ISO 100 | 17 mm

Für das Zoomfoto habe ich einige Anläufe gebraucht, um den gewünschten Effekt zu erzielen – verzagen Sie also nicht, wenn es nicht gleich beim ersten Versuch klappt.

Leuchtspuren vermitteln Bewegung

Ein weiterer Effekt bei Nachtaufnahmen sind leuchtende Spuren durch die Lichter fahrender Autos, Züge, Busse, Schiffe oder anderer Fahrzeuge.

Ich nutze gern diese zusätzlichen Lichtquellen, weil sie durch die lange Belichtungszeit verwischen und dem Foto mehr Dynamik verleihen. Oft ist kaum zu erkennen, welche Art Fahrzeug durch das Foto fährt.

Vorweihnachtlicher Trubel in der Hamburger Mönckebergstraße. Um die Einkaufshektik zu verstärken, habe ich abgewartet, bis dieser Linienbus durch das Bild fuhr. Gegen Ende der Belichtungszeit war er bereits aus dem Bild verschwunden, sodass ich auch die Taxis auf der anderen Straßenseite mit aufnehmen konnte. So wurde der Bus quasi durchsichtig.

f/9 | 4 Sek. | ISO 100 | 17 mm

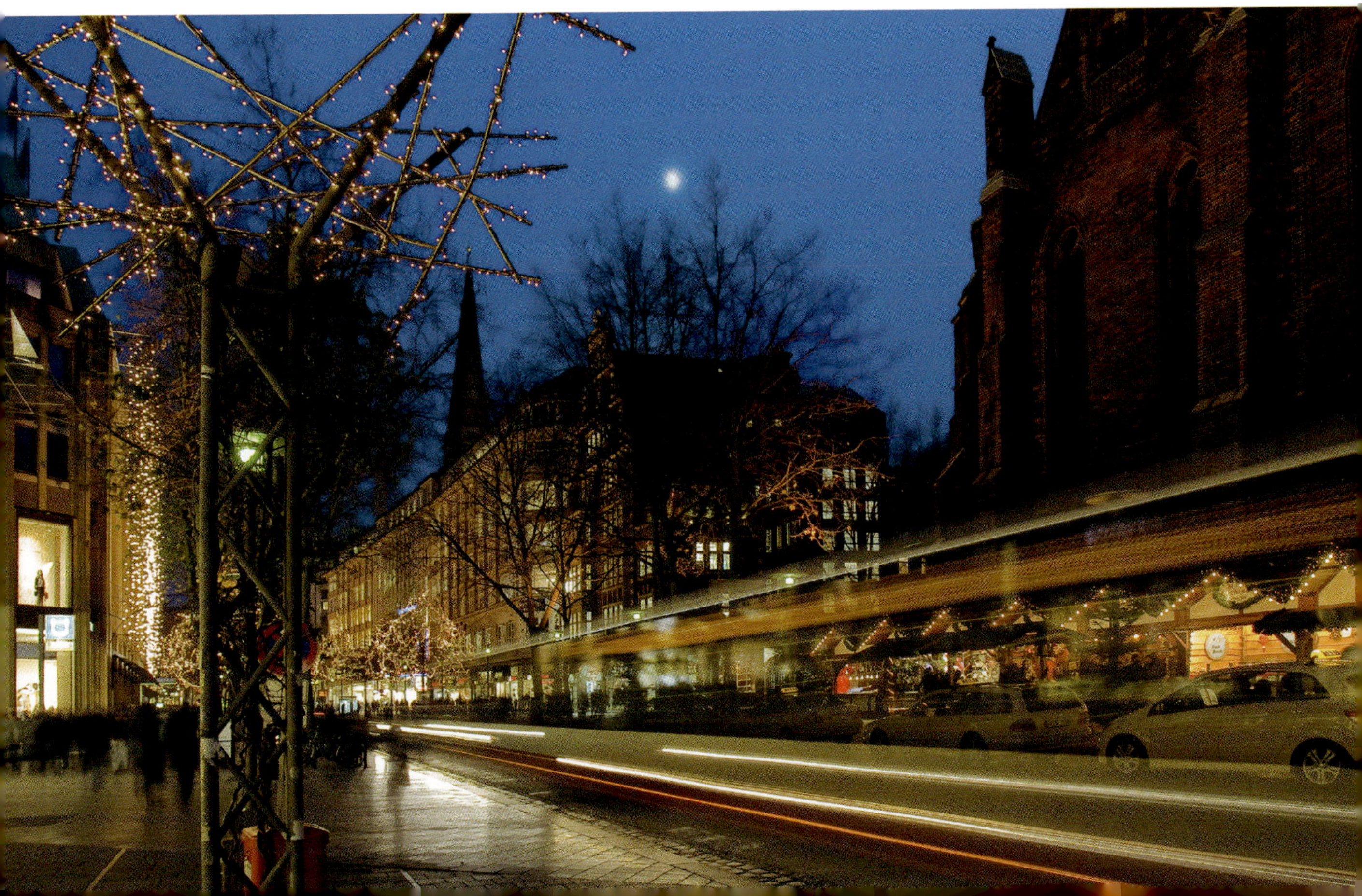

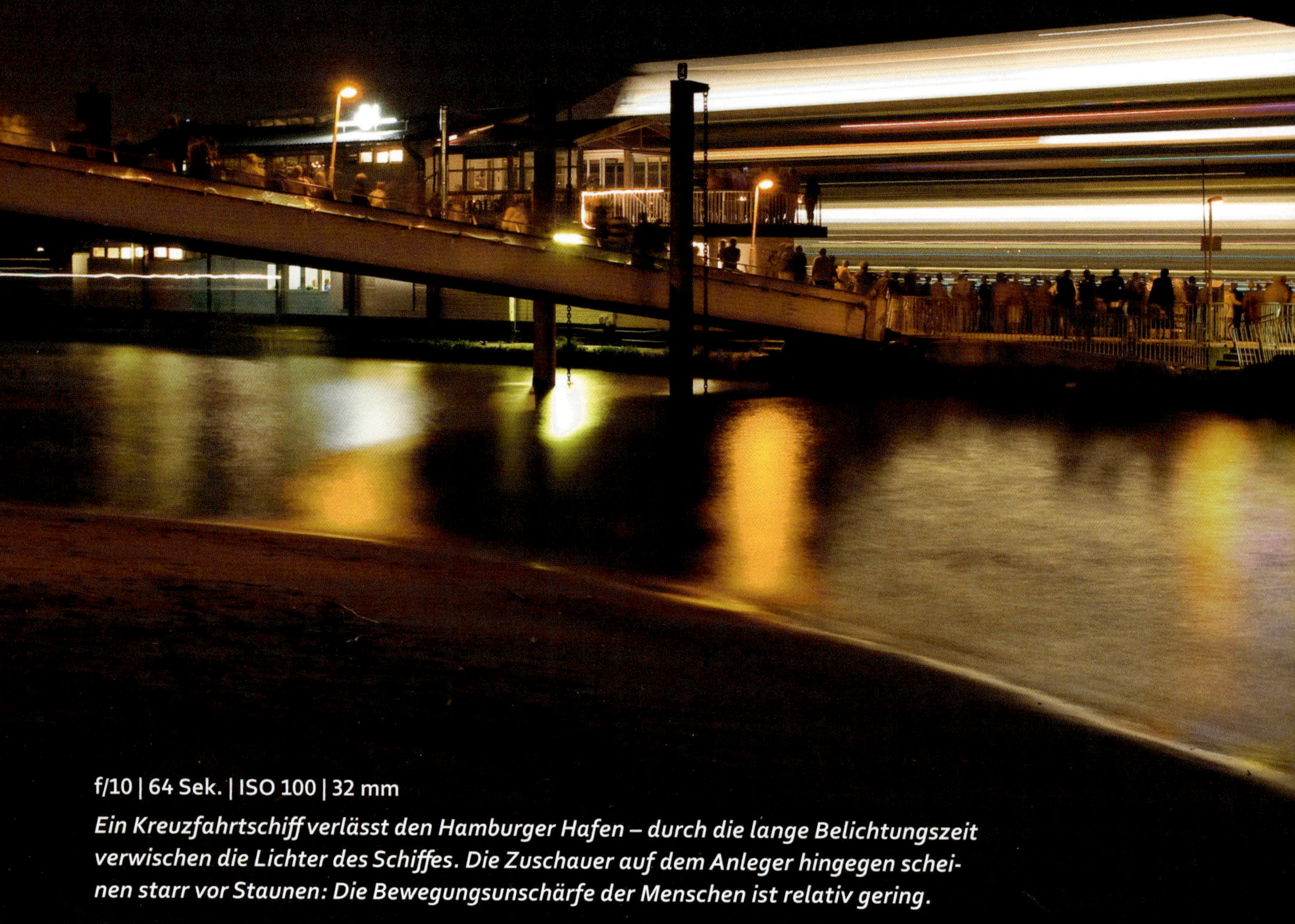

f/10 | 64 Sek. | ISO 100 | 32 mm

Ein Kreuzfahrtschiff verlässt den Hamburger Hafen – durch die lange Belichtungszeit verwischen die Lichter des Schiffes. Die Zuschauer auf dem Anleger hingegen scheinen starr vor Staunen: Die Bewegungsunschärfe der Menschen ist relativ gering.

Und auf der nächsten Seite noch ein Beispiel für Leuchtspuren – dieses Mal entstanden durch ein großes Kreuzfahrtschiff auf der Elbe auf dem Weg zur Nordsee. Die Lichter des Schiffes spiegeln sich zusätzlich auf der Wasserfläche. Die Menschen auf dem Anleger stehen offenbar während der gut einminütigen Belichtungszeit nahezu andächtig still: Im Gegensatz zum recht schnell fahrenden Schiff sind bei ihnen kaum Bewegungsunschärfen festzustellen.

Unscharfe Lichter

Interessant können aber auch absichtlich unscharf fotografierte Lichter aussehen. Sie vermitteln einen etwas surrealen Eindruck und gehören wohl in die Kategorie „unkonventionell".

Achten Sie allerdings bei solchen Fotos auf die Bildkomposition: Trotz der Unschärfe sollte das Motiv noch durchaus erkennbar sein – in diesem Fall die Beleuchtung des Tunnels und

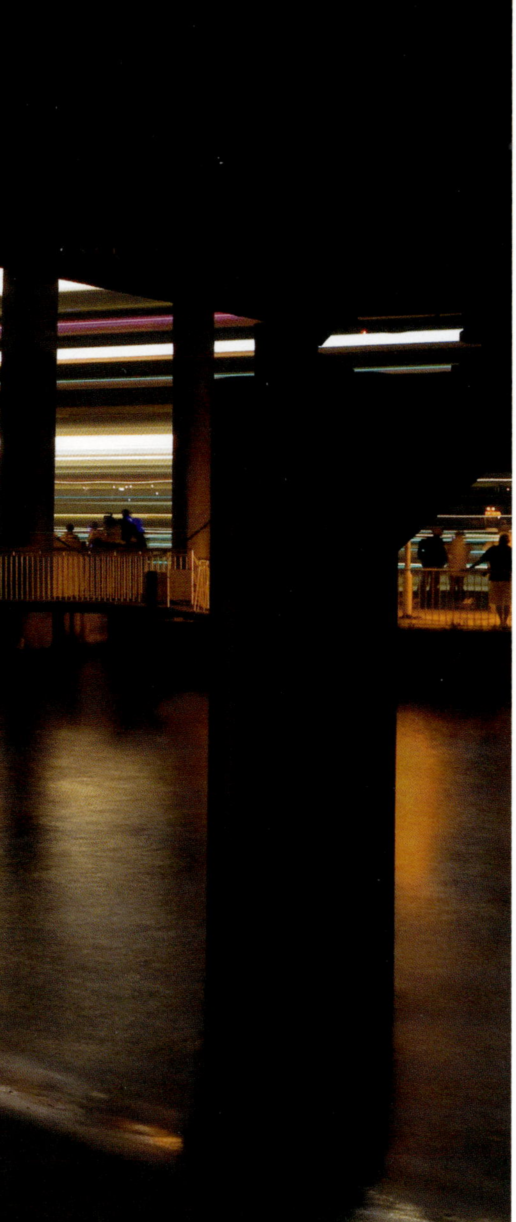

die Bremslichter der vorausfahrenden Autos. Und noch eine Erkenntnis habe ich durch dieses Foto gewonnen: Ich brauche neue Blätter für meine Scheibenwischer!

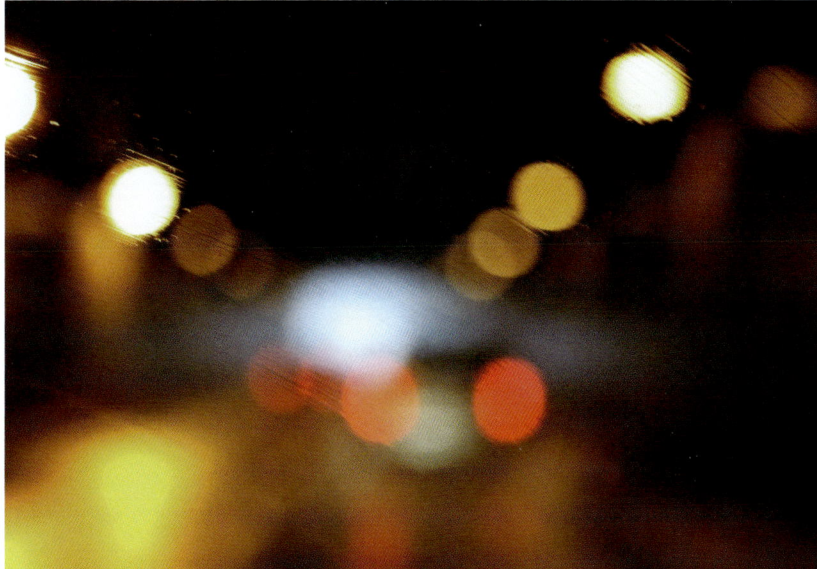

f/2.8 | 1/30 Sek. | ISO 500 | 68 mm

Das Foto entstand spontan an einem verregneten Tag bei einer Autofahrt durch einen Tunnel – fokussiert hatte ich auf die Regentropfen an der Windschutzscheibe. Am Ende des Tunnels ist Tageslicht zu erkennen.

Spiegellichter

Besonders schön wirken urbane Nachtmotive, wenn sich die Lichter spiegeln. Entweder auf einem regennassen Straßenbelag (Kopfsteinpflaster!) oder auf einer Wasserfläche. Alle bisher gezeigten Nachtfotos sind Einzelaufnahmen, die ich nachträglich am Computer bearbeitet habe, um z. B. zu dunkle Bildanteile aufzuhellen oder zu helle Bereiche abzudunkeln. Das ist jedoch nur bis zu einem gewissen Maß möglich.

Aufhellen verstärkt das Rauschen

Achten Sie bei Nachtaufnahmen auch darauf, einen kleinen ISO-Wert an der Kamera einzustellen. Durch den Stativeinsatz können Sie ja lange belichten. Denn wenn Sie anschließend einzelne, zu dunkle Bildbereiche aufhellen müssen, geht das nur bei relativ geringen ISO-Zahlen um die 100. Durch das Aufhellen wird in der Regel auch das unangenehme Bildrauschen sehr verstärkt.

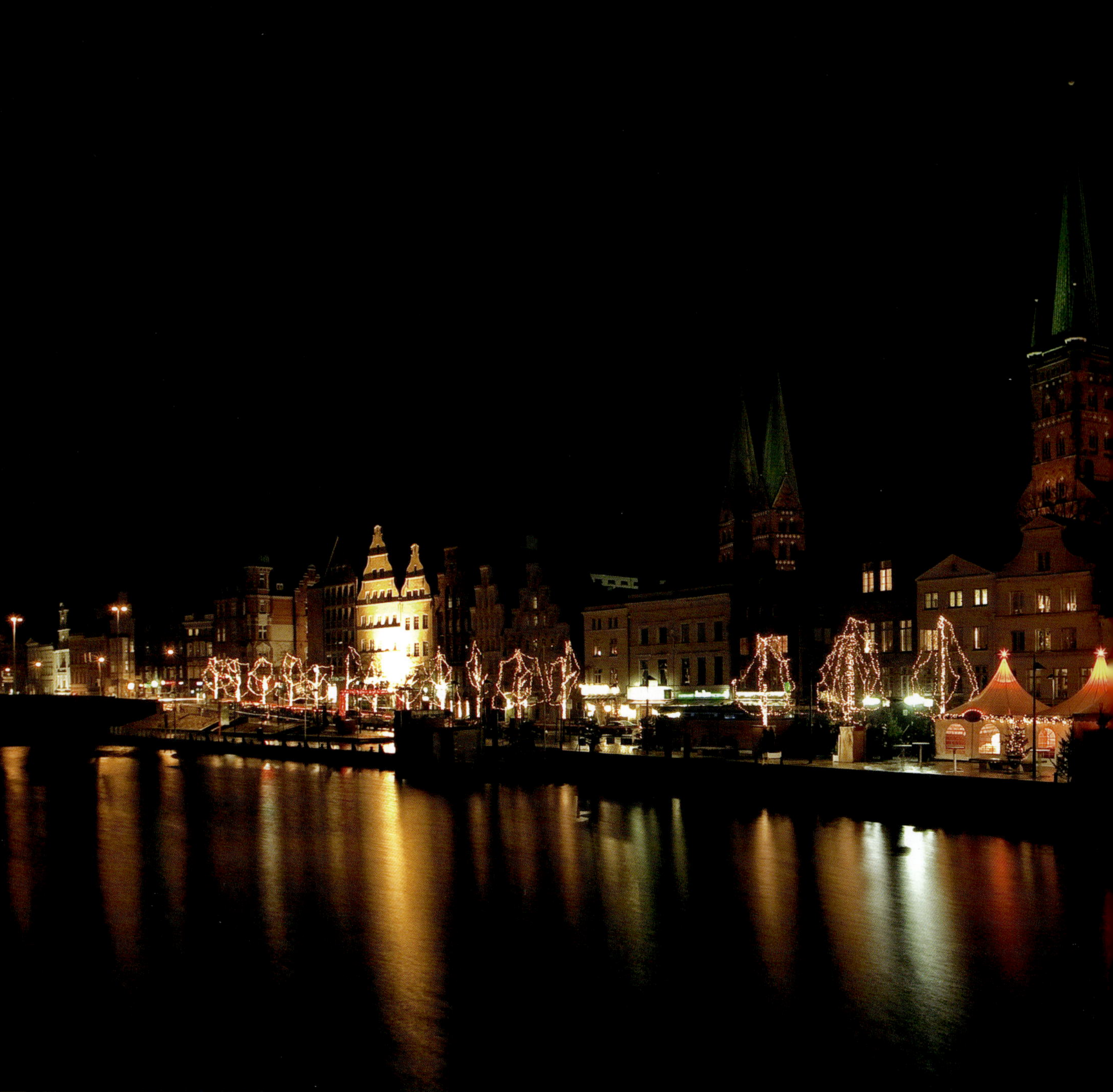

f/10 | 20 Sek. | ISO 100 | 17 mm | Stativ

Die Lichter der weihnachtlich beleuchteten Marktstände in Lübeck spiegeln sich auf dem Wasser der Untertrave.

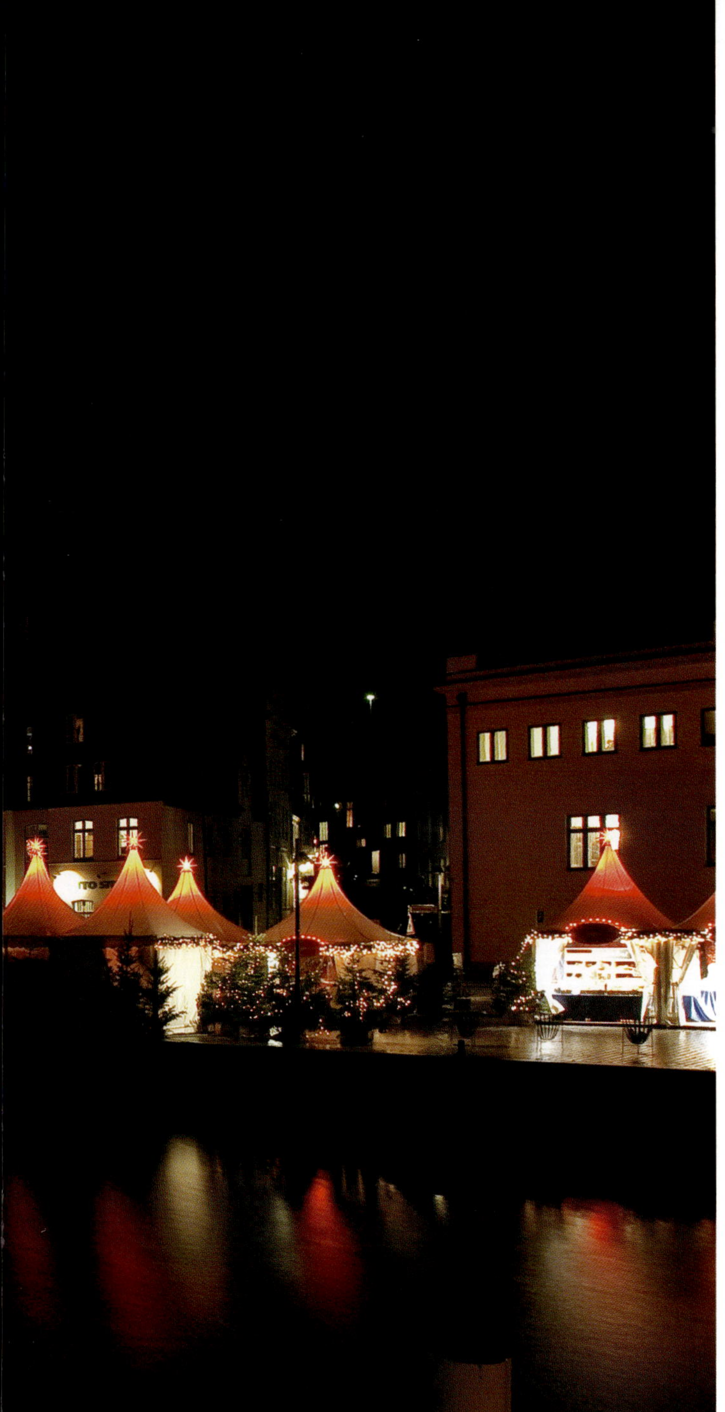

Ist der Kontrastumfang aber zu stark – sind also helle Bildbereiche auf Ihren Fotos überstrahlt, während dunkle Bildanteile nur noch schwarz sind und keine Zeichnung, also keine Struktur mehr zeigen –, sind andere Tricks nötig.

Die entsprechende Technik nennt sich HDR(I) – die Abkürzung für den englischen Fachausdruck **H**igh **D**ynamic **R**ange (**I**mage).

HDR(I)-Technik

Ein paar Grundsätzlichkeiten zu dieser Form der Nachtfotografie vorweg:

- Für diese Technik eignen sich nur unbewegliche Motive, also Gebäude.
- Sie ist nur dann möglich, wenn Sie von Ihrem Motiv mehrere Fotos vom exakt gleichen Standort schießen, ohne die Brennweite zu verändern. Kleinste Abweichungen machen die Anwendung dieser Technik unmöglich.
- Die entstandenen Einzelfotos müssen am Computer nachbearbeitet und zu einem einzigen Bild zusammengefügt werden.
- Es gibt viele Spezialprogramme für diese Technik (z. B. Photomatix). Mit Photoshop können Sie ab der Version CS2 ebenfalls HDR-Fotos automatisch generieren. Meist sind Testversionen für einen beschränkten Zeitraum kostenfrei. *www.hdrsoft.com/de/index.html*

Kostenlos, aber nur in englischer Sprache ist diese Software:
qtpfsgui.sourceforge.net/#news

Meine ersten HDR-Fotos entstanden noch in mühsamer und zeitaufwendiger Handarbeit per Photoshop am Computer – die Zeiten sind glücklicherweise vorbei. Das Beispielfoto auf der nächsten Seite stammt aus jener Zeit.

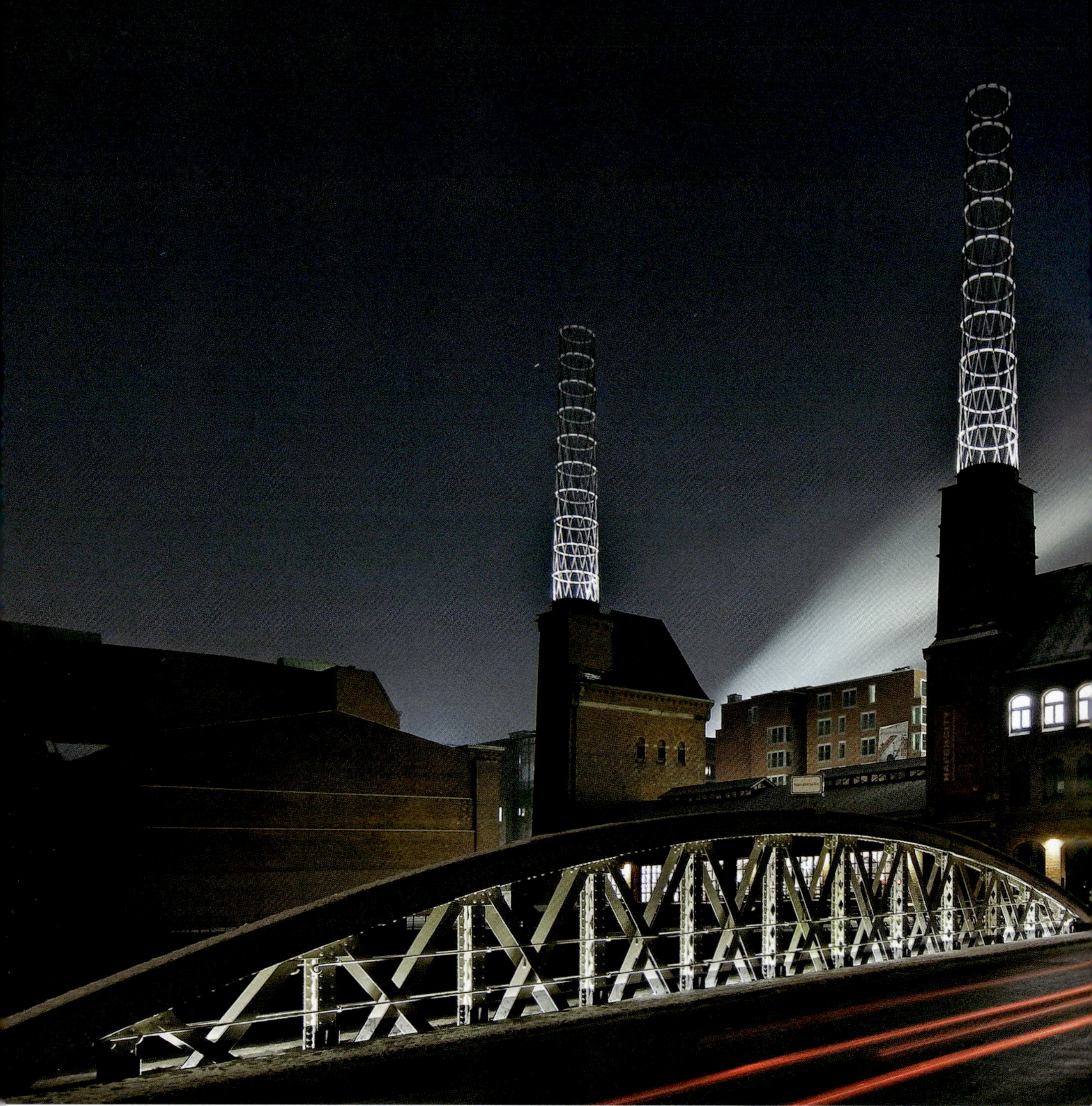

HDR-Foto aus der Hamburger Speicherstadt: Das Bild besteht aus mehreren Einzelfotos mit unterschiedlichen Belichtungen, die später am Computer zu einem Foto zusammengefügt wurden.

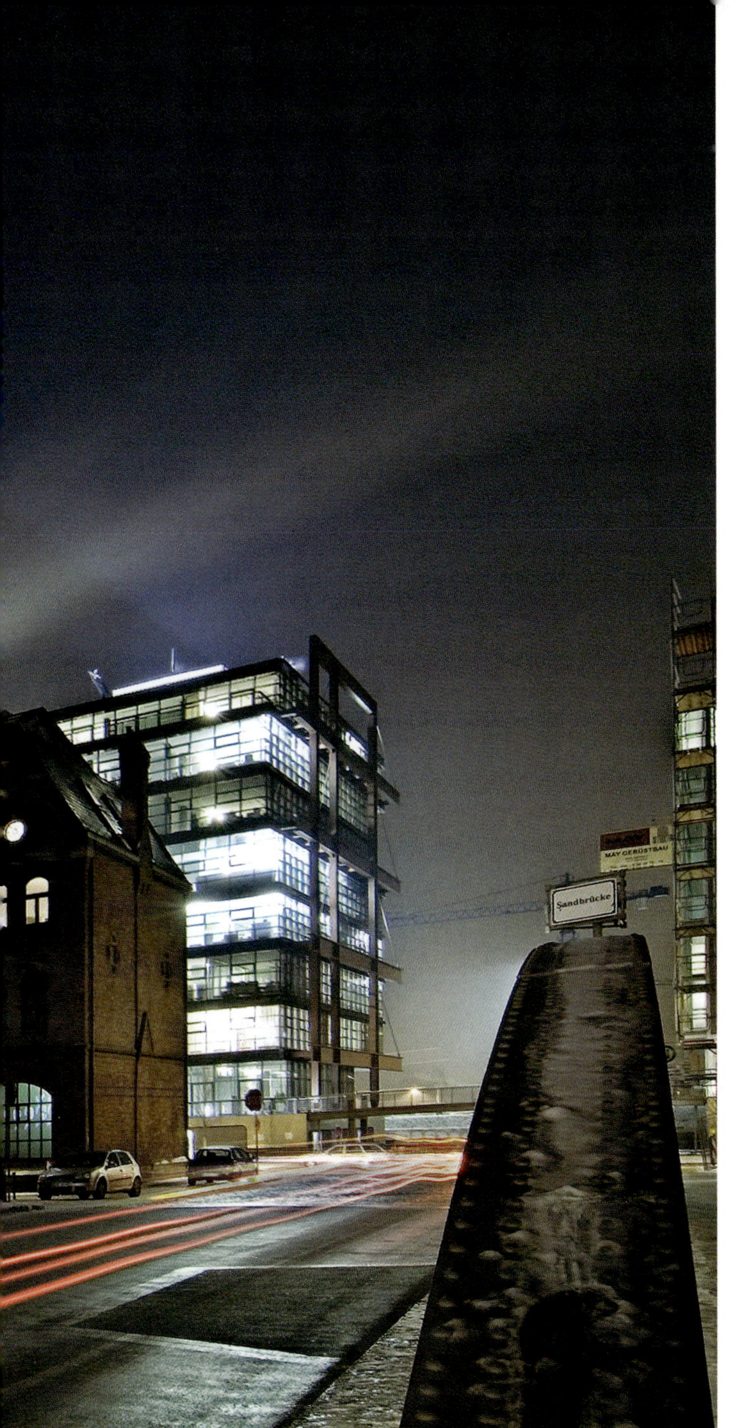

Exaktes Arbeiten ist nötig

Das Prinzip der HDR-Fotografie ist recht simpel: Sie fotografieren mindestens drei verschiedene Fotos von exakt demselben Motiv – jedoch mit unterschiedlicher Belichtung. Dabei dürfen weder Standort noch Brennweite auch nur einen Millimeter verändert werden, weil die verschiedenen Fotos der Belichtungsreihe sonst später bei der Bildbearbeitung nicht deckungsgleich übereinandergelegt werden können. Also: Hände und Füße weg vom Stativ. Ein kleiner Stups genügt und es verrutscht. Die bis dahin erstellten Bilder für das HDR-Foto sind dann unbrauchbar, weil sie nicht mehr den exakt identischen Bildausschnitt wie die folgenden Fotos der Belichtungsreihe haben.

Aber zurück zum Anfang eines HDR-Fotos. Sie suchen sich einen geeigneten Kamerastandort. Wenn Sie ein HDR-Foto planen, brauchen Sie nicht so sehr auf eine ausgewogene Verteilung der Lichter in Ihrem gewählten Bildausschnitt wie bei einer Einzelaufnahme zu achten, weil Sie die Überstrahlungen oder zu dunklen Bildbereiche später am Rechner korrigieren können.

Belichtungsreihe fotografieren

Sie fotografieren nun eine Belichtungsreihe. Das bedeutet, dass Sie mehrere Fotos mit immer der gleichen Blende, jedoch mit unterschiedlich langen Belichtungszeiten aufnehmen. Daraus folgt, dass Sie eine oder mehrere zu helle Aufnahmen haben, auf denen die Lichter extrem überstrahlen – die dunklen Bildpartien haben jedoch noch deutlich Zeichnung (Überbelichtung). Und Sie haben zusätzlich eine oder mehrere zu dunkle Aufnahmen, auf denen die Lichter korrekt belichtet sind und nicht überstrahlen, dunkle Bereiche aber in Schwarz „ersaufen" (Unterbelichtung). Genauso muss es sein – so ist es richtig. Hier eine Belichtungsreihe vom Bahnhofsvorplatz in Westerland, Sylt, mit seinen eigenwilligen, windschiefen Urlauberskulpturen:

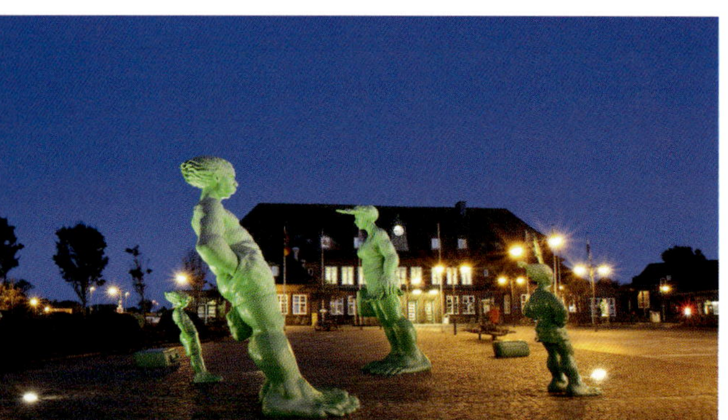

f/16 | 30 Sek. | ISO 100 | 17 mm

Das erste Foto einer Belichtungsreihe vom Bahnhof Westerland mit den eigenwilligen, schiefen Kunstfiguren im Vordergrund – die Lichter sind hier zu hell und überstrahlen stark. Dafür sind in den dunklen Partien (Bahnhofsdach) die Dachziegel noch erkennbar.

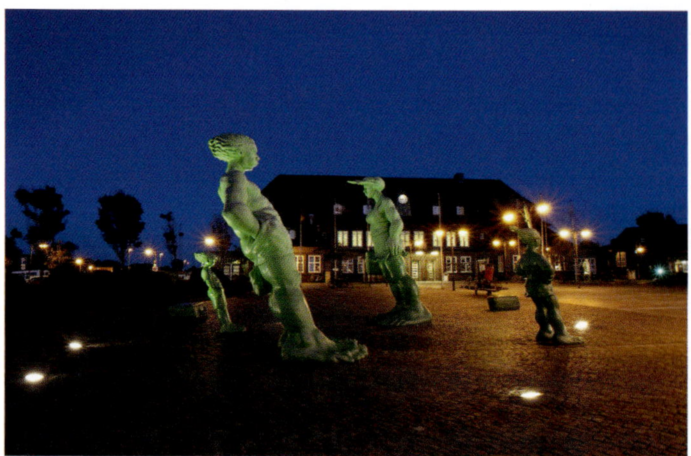

f/16 | 20 Sek. | ISO 100 | 17 mm

Das zweite Foto der Belichtungsreihe – schon besser, aber die Lichter sind immer noch zu hell.

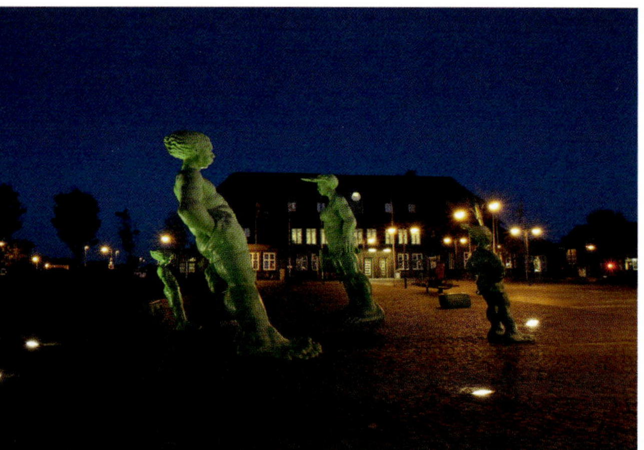

f/16 | 13 Sek. | ISO 100 | 17 mm

Die Lichter sind auf dem dritten Foto der Belichtungsreihe nahezu okay. Doch die grünen Figuren und der Bahnhof erscheinen nun unterbelichtet, ebenso das Bahnhofsdach. Das nächste Foto wird noch etwas kürzer belichtet und damit insgesamt dunkler.

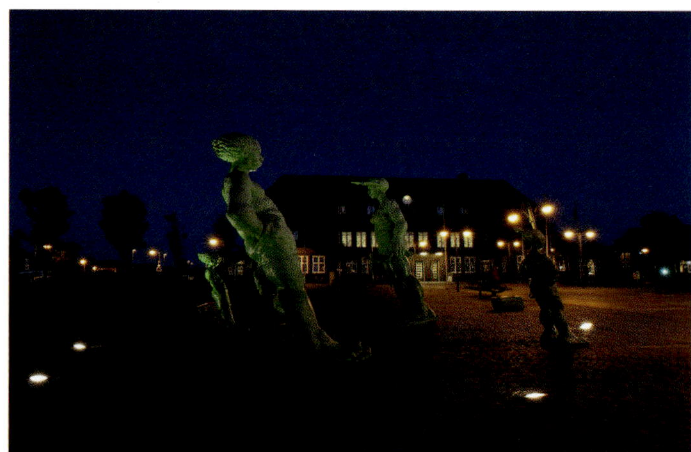

f/16 | 8 Sek. | ISO 100 | 17 mm

Die Lichter sind jetzt so belichtet, dass sie nicht mehr überstrahlen. Jedoch versinkt das Bahnhofsgebäude jetzt komplett im Dunkel: ein klarer Fall von Unterbelichtung. Keines der vier Bilder aus der Belichtungsreihe ist optimal. Erst das Zusammensetzen aller Fotos am Computer mit einem für HDR-Fotos geeigneten Bildbearbeitungsprogramm erzeugt ein herzeigbares Foto.

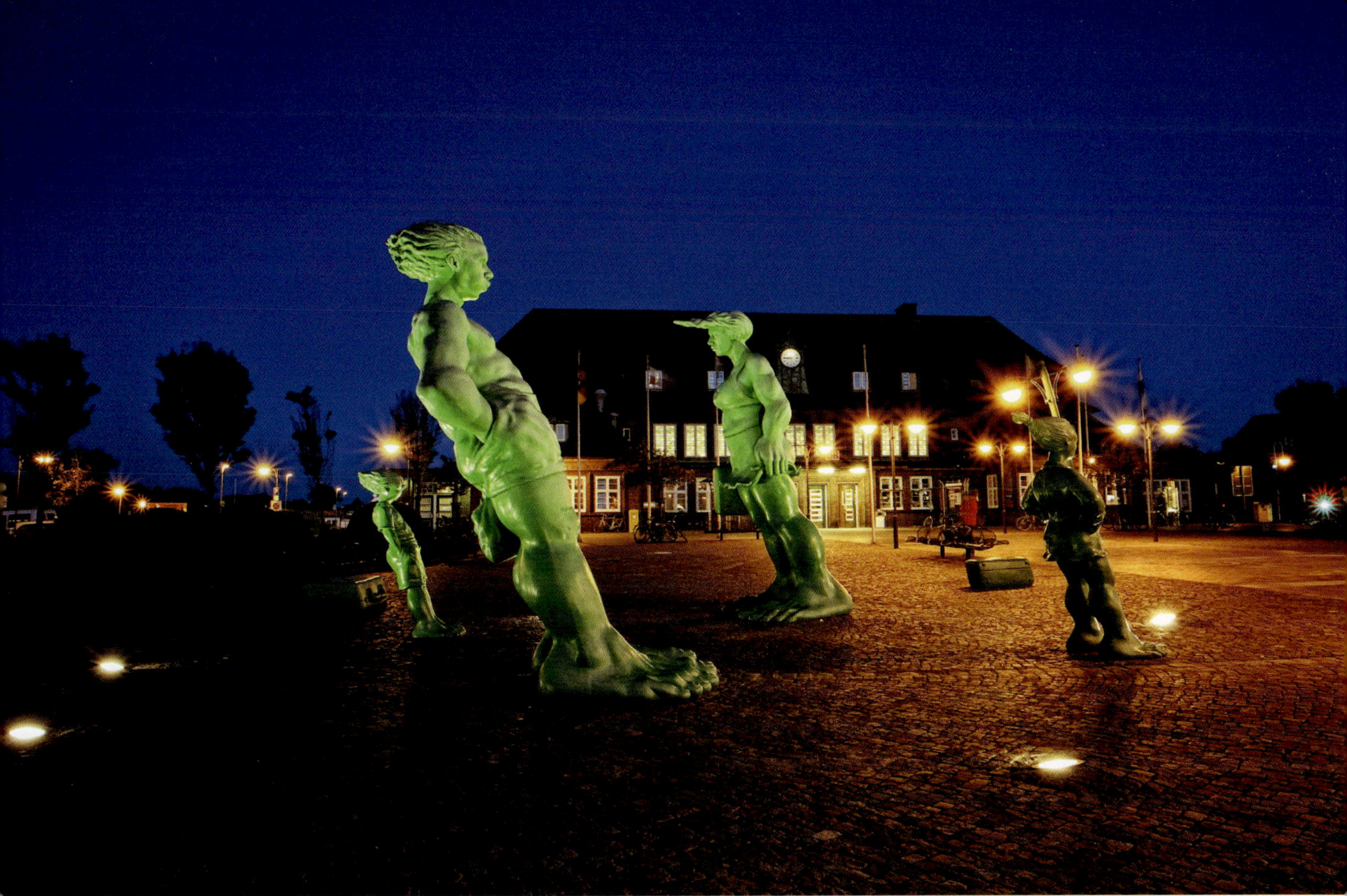

Das fertige HDR ist also eine Kombination aus allen vier Fotos der Belichtungsreihe: Das Dach des Bahnhofs hat noch so viel Zeichnung, dass einzelne Ziegel erkennbar sind. Einige Lichter sind leider immer noch zu hell, weil sie direkt in die Kamera strahlen. Diesen Fehler hätte eventuell eine weitere Aufnahme mit etwa 3 Sek. Belichtungszeit gelöst ...

Das HDR-Prinzip

Um zu verstehen, wie das Zusammensetzen der Einzelbilder am Computer funktioniert, brauchen Sie ein wenig Vorstellungskraft: Nehmen Sie Ihre eben entstandenen Fotos einer Belichtungsreihe und stellen Sie sich diese als Dias vor – also transparent. Diese stapeln Sie jetzt übereinander.

Nehmen wir an, das hellste Foto liegt oben auf dem Stapel. Im Prinzip ist es egal, es könnte auch das dunkelste sein. Die Dias müssen jedoch in ihren Hell-Dunkel-Abstufungen der Reihe nach sortiert sein. Nun arbeiten Sie sich mithilfe eines Radiergummis von oben durch den Stapel bis zum untersten Dia durch und radieren die zu hellen Stellen aus.

Schon klar: Auf einem Dia kann man nicht herumradieren – aber ein wenig Fantasie hat uns Fotografen doch noch nie geschadet, oder? Nachdem Sie also auf dem obersten Dia die zu hellen Bereiche ausradiert haben, werden die Lichter auf dem darunter liegenden Dia sichtbar. Zwar schon etwas dunkler, aber immer noch zu hell. Also radieren Sie auch dort die zu hellen Bereiche aus. Das machen Sie bei jedem folgenden Dia bis zum untersten Foto im Stapel. Nun scheint das unterste Dia an den ausradierten Stellen bis zum obersten im Stapel hindurch. Auf dem unteren Bild sind die Lampen korrekt belichtet, überstrahlen also nicht. Wenn Sie jetzt von oben auf den Diastapel schauen, gibt es keine zu hellen Bildbereiche mehr. Die haben Sie alle zuvor Schicht für Schicht ausradiert.

Natürlich besteht die automatische Erstellung eines HDR-Fotos mit einem Bildbearbeitungsprogramm aus weitaus komplexeren Abläufen – aber so in etwa funktioniert das Ganze im Grundprinzip.

Fotografieren Sie Ihre Belichtungsreihe unbedingt im RAW-Format und bearbeiten Sie die Einzelbilder auf gar keinen Fall, bevor Sie sie im Computer zum fertigen HDR-Foto zusammenfügen. Jegliche Bildbearbeitung findet erst am zusammengesetzten Foto statt. Wenn Sie zum Beispiel an einem Einzelbild eventuell stürzende Linien gerade richten, geht die nötige Deckungsgleichheit der einzelnen Bilder verloren. Und die brauchen Sie ja zwingend, sonst funktioniert die HDR-Technik nicht.

Große Datenmenge braucht Zeit

Sie können sich vorstellen, dass ein HDR-Foto aus mehreren Einzelfotos ein relativ hohes Maß an Rechnerleistung benötigt.

Einsatzmöglichkeiten

Die HDR-Technik lässt sich auch in anderen Bereichen der Fotografie anwenden.

- Bei Tageslichtfotos, wenn Sie schon bei der Aufnahme merken, dass der Kontrastumfang sehr hoch ist.
- Bei der Fotografie von Innenräumen, wenn Fensterlicht nur einen Teil des Zimmers ausleuchtet oder wenn das Licht eingeschalteter Lampen überstrahlt.

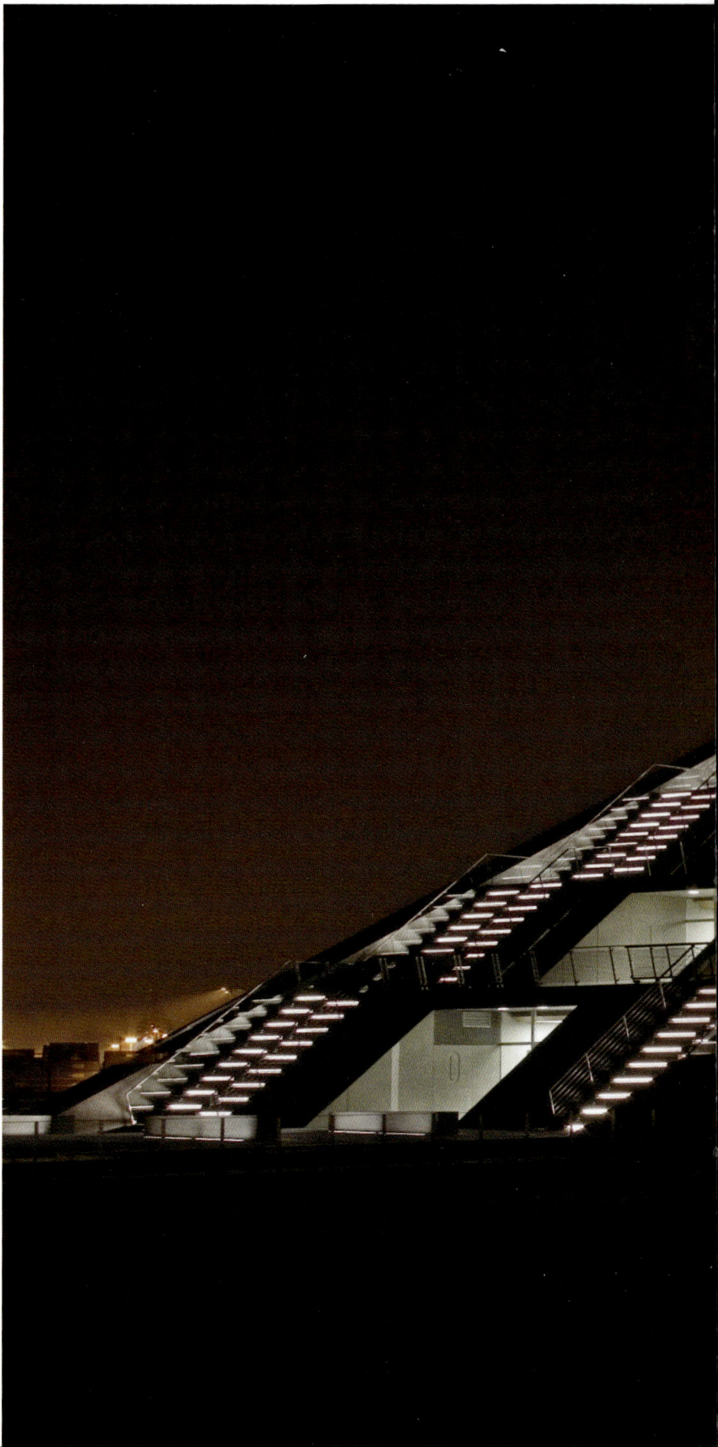

Die Datenmenge ist erheblich größer als bei einem Einzelfoto und so können (je nach Leistungsfähigkeit Ihres Computers) einige Minuten ins Land gehen, bis das fertig zusammengesetzte HDR-Foto schließlich auf dem Monitor vor Ihnen erscheint. Das Bild wird Sie sicher erst einmal enttäuschen.

Es fehlt an Farbbrillanz und Kontrasten. Hier müssen Sie noch etwas Feintuning betreiben (z. B. mit der Tonwertanpassung und mit Gradationskurven).

HDR vom Dockland-Gebäude an der Elbe in Hamburg.

f/10 | 15 Sek. | ISO 100 | 28 mm

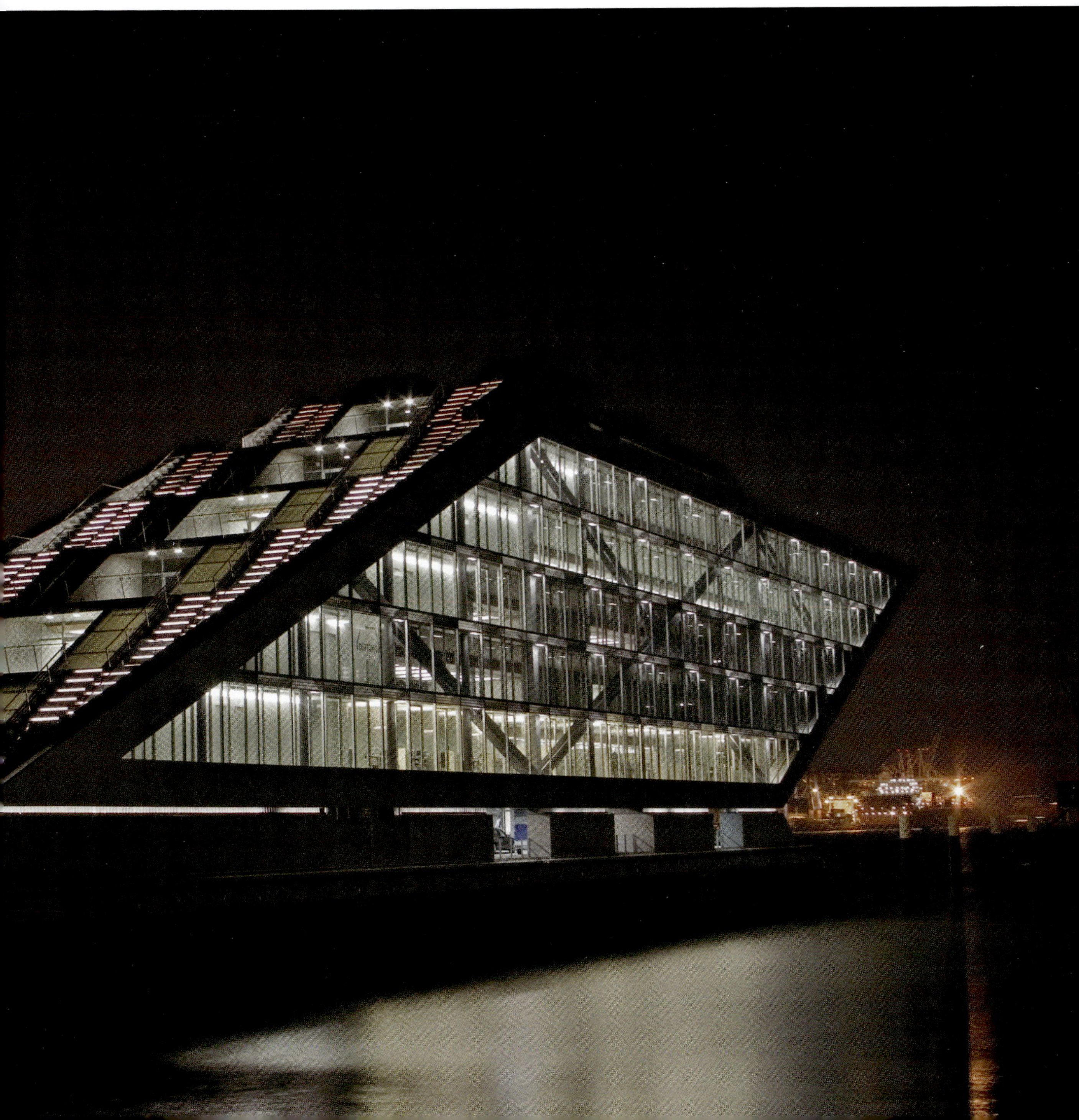

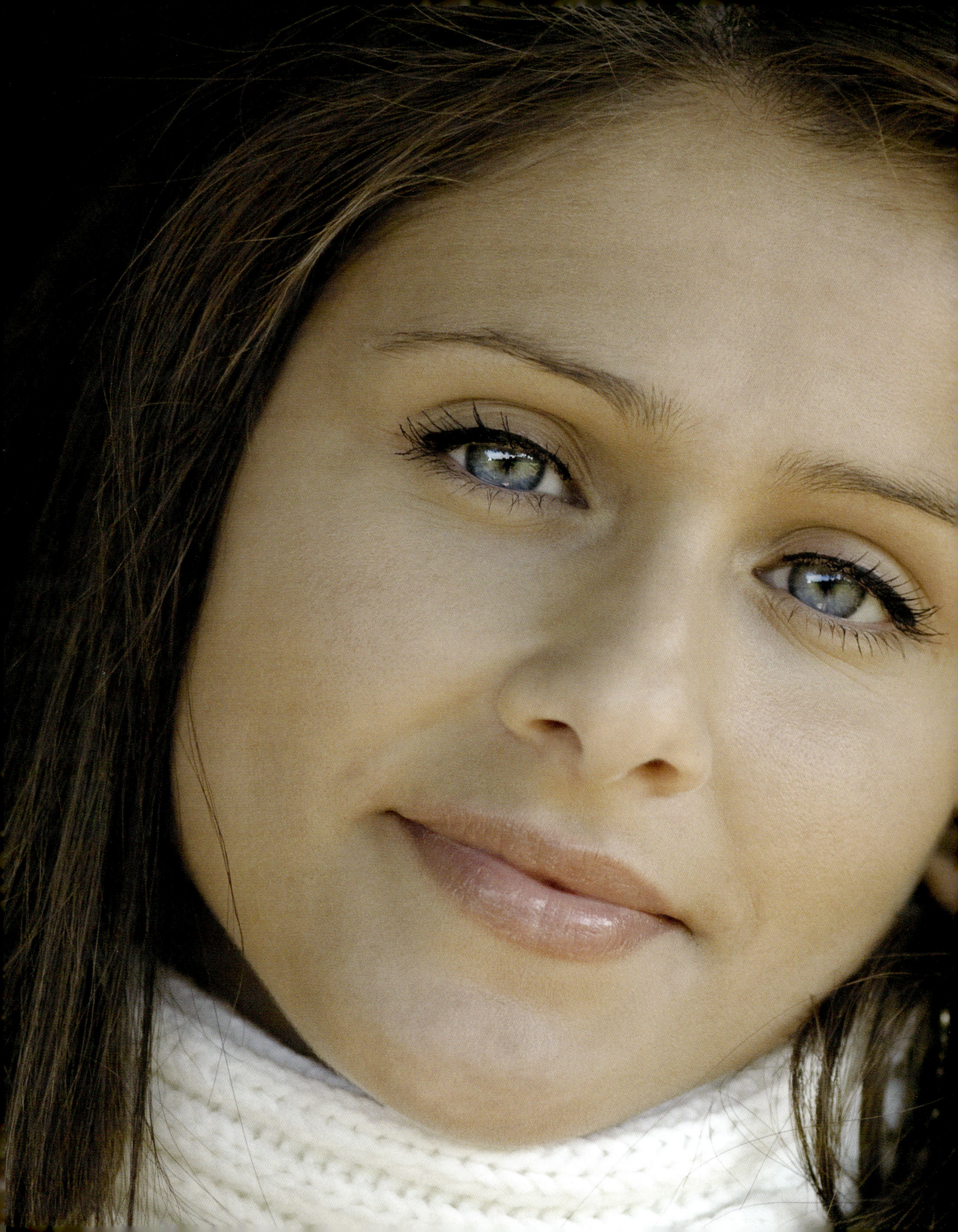

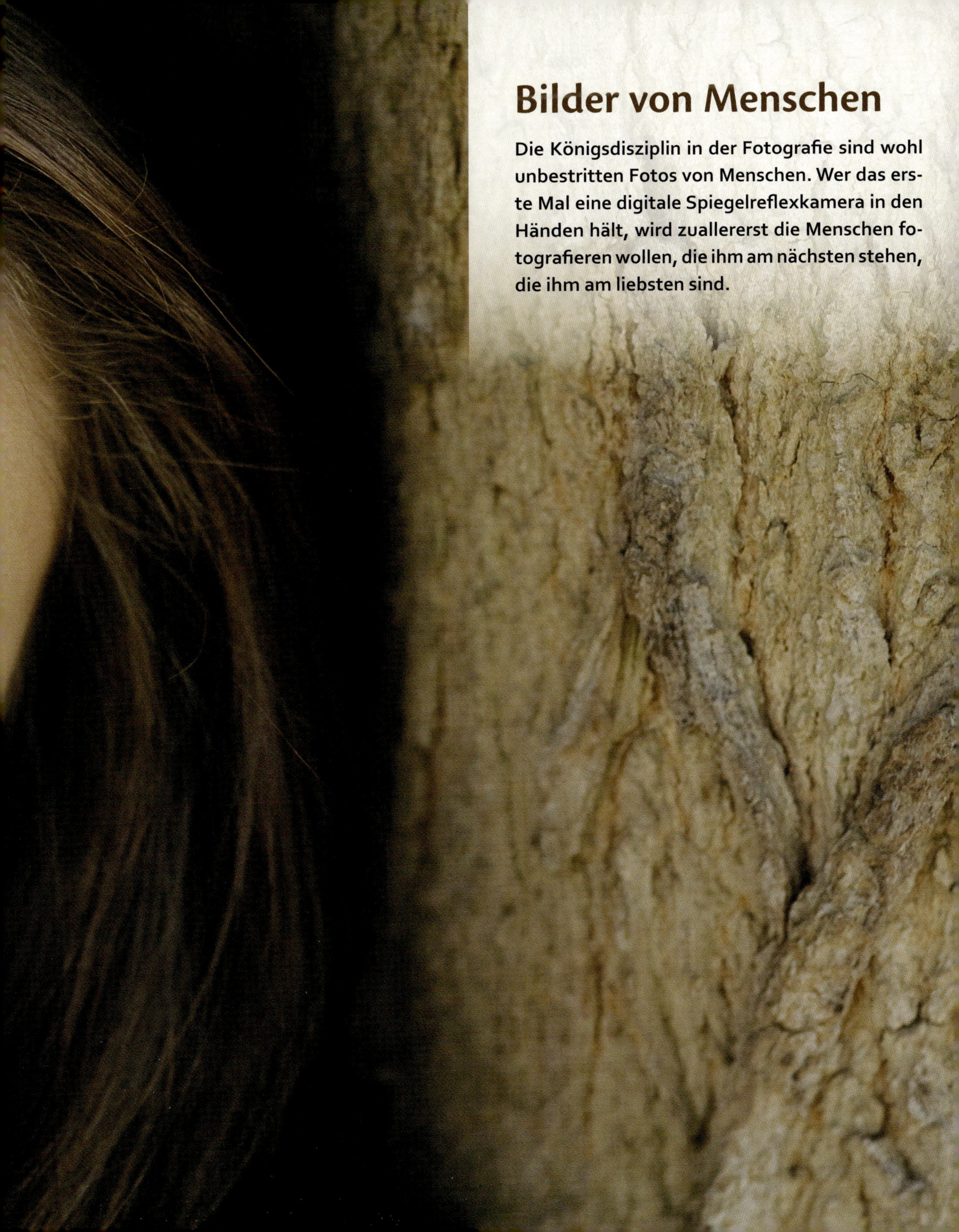

Bilder von Menschen

Die Königsdisziplin in der Fotografie sind wohl unbestritten Fotos von Menschen. Wer das erste Mal eine digitale Spiegelreflexkamera in den Händen hält, wird zuallererst die Menschen fotografieren wollen, die ihm am nächsten stehen, die ihm am liebsten sind.

5.1 Der Unterschied zwischen Porträt und Schnappschuss

In diesem Kapitel geht es nicht um Schnappschüsse, die spontan in einer bestimmten Situation entstehen, sondern um geplante Fotos. Das Wort Schnappschuss ist hier jedoch nicht abwertend gemeint, denn solche Fotos sind nicht gestellt und haben allein schon deshalb einen großen Wert. Sie zeigen echte Gefühle, Trauer, spontanes Lachen, Witz, Verärgerung oder gar Wut. Sie sind natürlich und ungekünstelt wie die Gesprächsszene zwischen Vater und Tochter.

Solche Fotos sind nicht zu planen, wenn Sie „echte" Menschen fotografieren möchten und keine ausgebildeten Schauspieler oder professionellen Models. Drücken Sie auf den Auslöser – egal, ob das Licht passt und die Kameraeinstellungen stimmen! Allein die Erinnerung an den einzigartigen, nicht wiederholbaren Moment zählt.

Ein geplantes Porträt hingegen sollte im Optimalfall genauso viel Emotion und „Echtheit" rüberbringen wie ein Schnappschuss – allerdings in einer weit besseren Qualität. Ausleuchtung, Kameraeinstellungen, Bildschnitt, Hintergrund, Mimik, Make-up, Kleidung – alles muss passen. Das erfordert ein gewisses Maß an Planung vor dem eigentlichen Shooting.

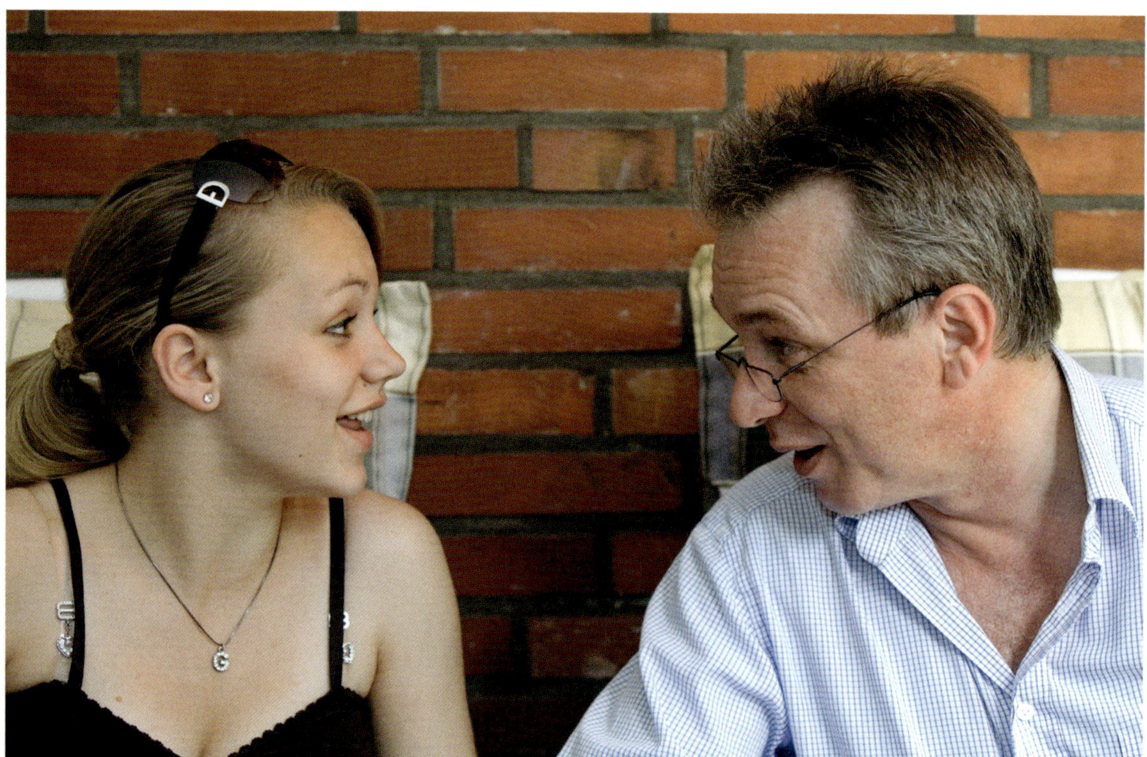

f/4.5 | 1/100 Sek. | ISO 400 | 70 mm

Eine solche Szene ist nicht wiederholbar: Mein Mann im amüsierten Gespräch mit seiner Tochter. Ein Schnappschuss, der spontan entstand und nicht geplant war.

Auf die Themen Blitzeinsatz, Ausleuchtung des Gesichts und Hintergrundgestaltung gehe ich in den folgenden Abschnitten noch genauer ein.

Die Vorbereitung

Mit „Wir machen mal eben ein paar Fotos von dir" ist es nicht getan, wenn Sie und Ihr Model einen gewissen Qualitätsanspruch an die Bilder haben, die entstehen sollen. Gemeinsam sollten Sie vor dem Shooting besprechen, für welchen Zweck die Fotos gebraucht werden:

- für eine Bewerbung,
- als Geschenk für die Familie,
- als reine Dokumentation oder Erinnerung,
- um für die Person (oder ihre Firma) zu werben.

Zahlreiche weitere Zwecke sind natürlich denkbar und würden hier den Rahmen sprengen.

Jeder Zweck erfordert also andere Überlegungen zur Gestaltung des Fotos, damit es die gewünschte Wirkung beim Bildbetrachter erzielt. Klar ist: Jeder möchte auf einem Foto so vorteilhaft wie möglich abgebildet werden. Die Persönlichkeit, der Charakter sollen unterstrichen und betont, Emotionen geweckt werden.

Wenn ich Menschen porträtieren soll, die ich (noch) nicht persönlich kenne, spreche ich vor dem

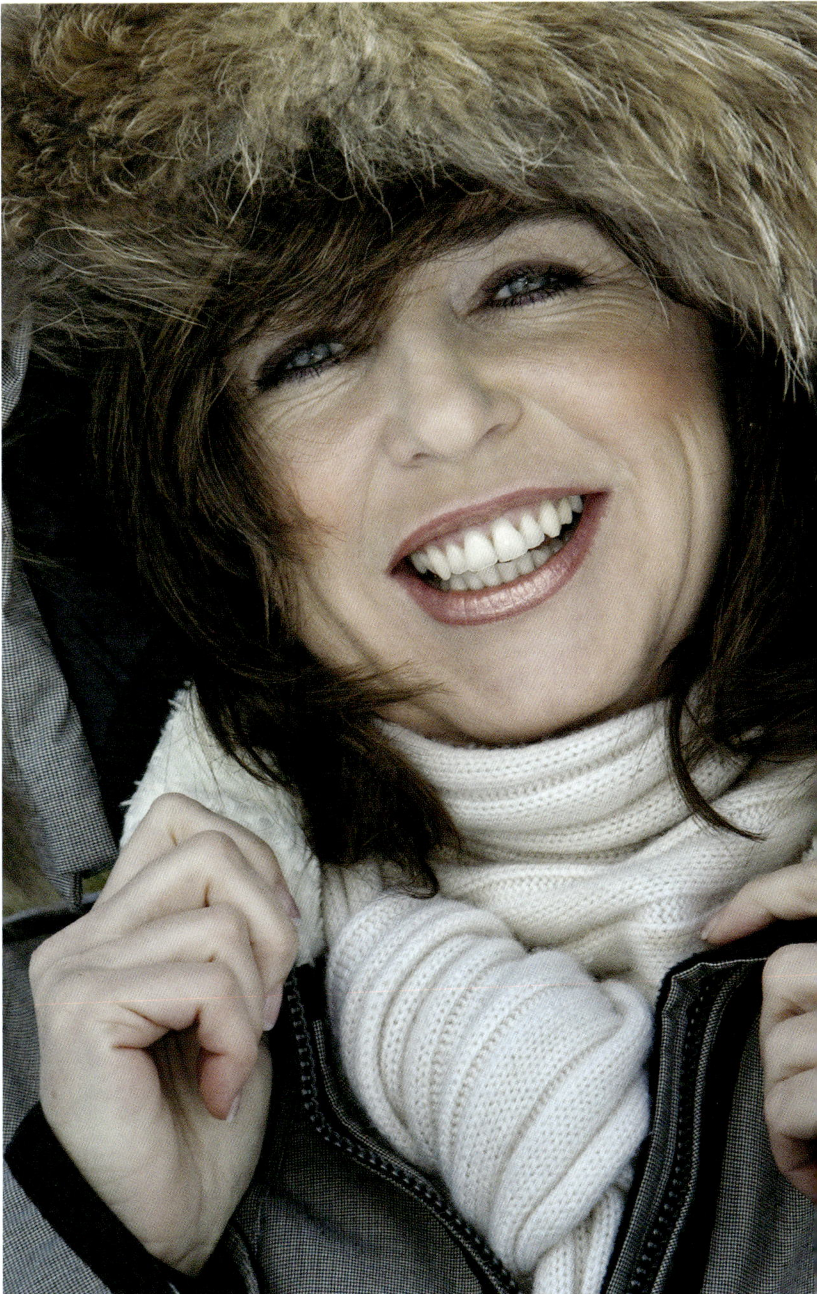

f/10 | 1/300 Sek. | ISO 200 | 180 mm | Blitz

Ein winterliches Porträt einer meiner Freundinnen. Auf einen Hintergrund habe ich hier ganz bewusst verzichtet. Den Blitz habe ich eingesetzt, um Lichtpunkte durch das reflektierende Blitzlicht auf ihre Augen zu setzen, denn der Himmel war an dem Tag bedeckt. Deshalb ist das Gesicht gleichmäßig ausgeleuchtet – es gibt keine Schlagschatten durch z. B. die Nase oder die Augenbrauen.

Fotoshooting mit ihnen, um sie ein wenig näher kennenzulernen.

Der gewonnene Eindruck hat dann Einfluss auf die Art, wie ich diesen Menschen fotografieren möchte. Diese Bildideen spreche ich natürlich mit der zu porträtierenden Person ab. Unterschiedliche Charaktere sollten ihrer Persönlichkeit entsprechend fotografiert werden. Was ich damit meine, sollen diese beiden extrem verschiedenen Beispiele einer Bildidee verdeutlichen:

- Der Mensch ist aktiv, optimistisch, fröhlich: Ich fotografiere das Model lachend, in sportlicher Kleidung, in Bewegung, direkter Kamerablick, Kameraperspektive auf Augenhöhe oder tiefer.
- Der Mensch ist eher ruhig, nachdenklich, introvertiert, vielleicht ein wenig melancholisch veranlagt: Ich vermeide beim Fotografieren den Blick des Models direkt in die Kamera, Halbprofil, nur ganz leicht lächelnd, sitzend, sich anlehnend (z. B. an einem Baum, einer Mauer), Kameraperspektive auf Augenhöhe und leicht von oben.

Die folgende Checkliste kann Ihnen die Vorbereitung eines solchen Porträt-Shootings erleichtern.

Checkliste für Porträtfotos

- Kleidung, Make-up, Accessoires.
- Blickrichtung, Pose, Mimik, Bewegung und Handlung des Models.
- Blickrichtung (oder Perspektive) der Kamera (Augenhöhe, von unten, von oben, seitlich).
- Hintergrund (Farbe, Struktur).
- Bildaufteilung (nur Kopf, Profil, Gesichtsdetail, Oberkörper- oder Ganzkörperporträt).
- Bildschnitt, Hoch- oder Querformat.
- Entfernung zwischen Kamera und Model.
- Wahl der Brennweite.

Auf die einzelnen Aspekte gehe ich in den folgenden Abschnitten näher ein.

Kleidung und Accessoires

Um möglichst zeitlose Porträtbilder zu fotografieren – Sie wollen ja nicht nach zehn Jahren das Foto erneut betrachten und sich

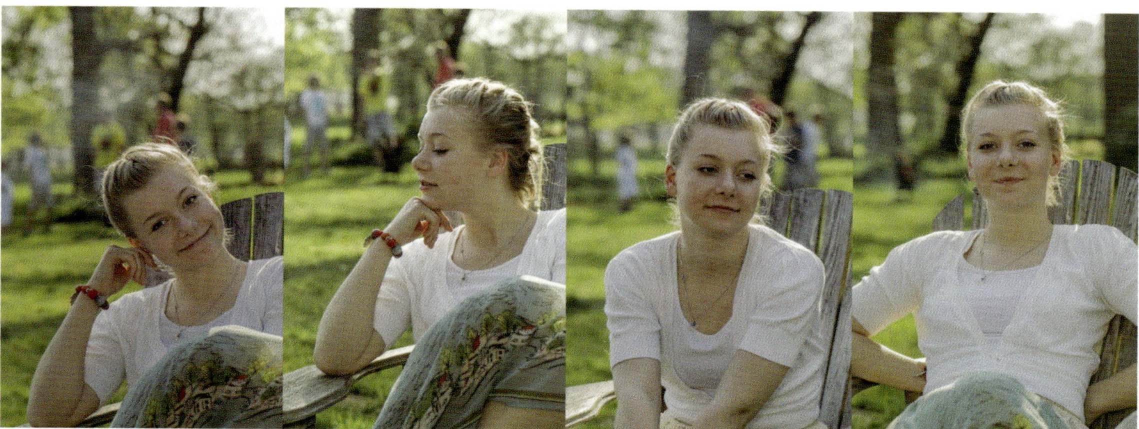

f/5.6–4.5 | 1/300 Sek. | ISO 100 | 100 mm | Blitz

Zwar kein geplantes Shooting, sondern eine kleine Bildserie, die auf einer Frühlingsgartenparty nebenbei entstand. Dennoch ein gutes Beispiel für ein harmonisches Outfit. Die Bilder entstanden binnen weniger Sekunden – sie zeigen auch wunderbar, wie unterschiedlich die Bildwirkung ist, auch wenn das Model Haltung, Blick und Pose nur geringfügig verändert.

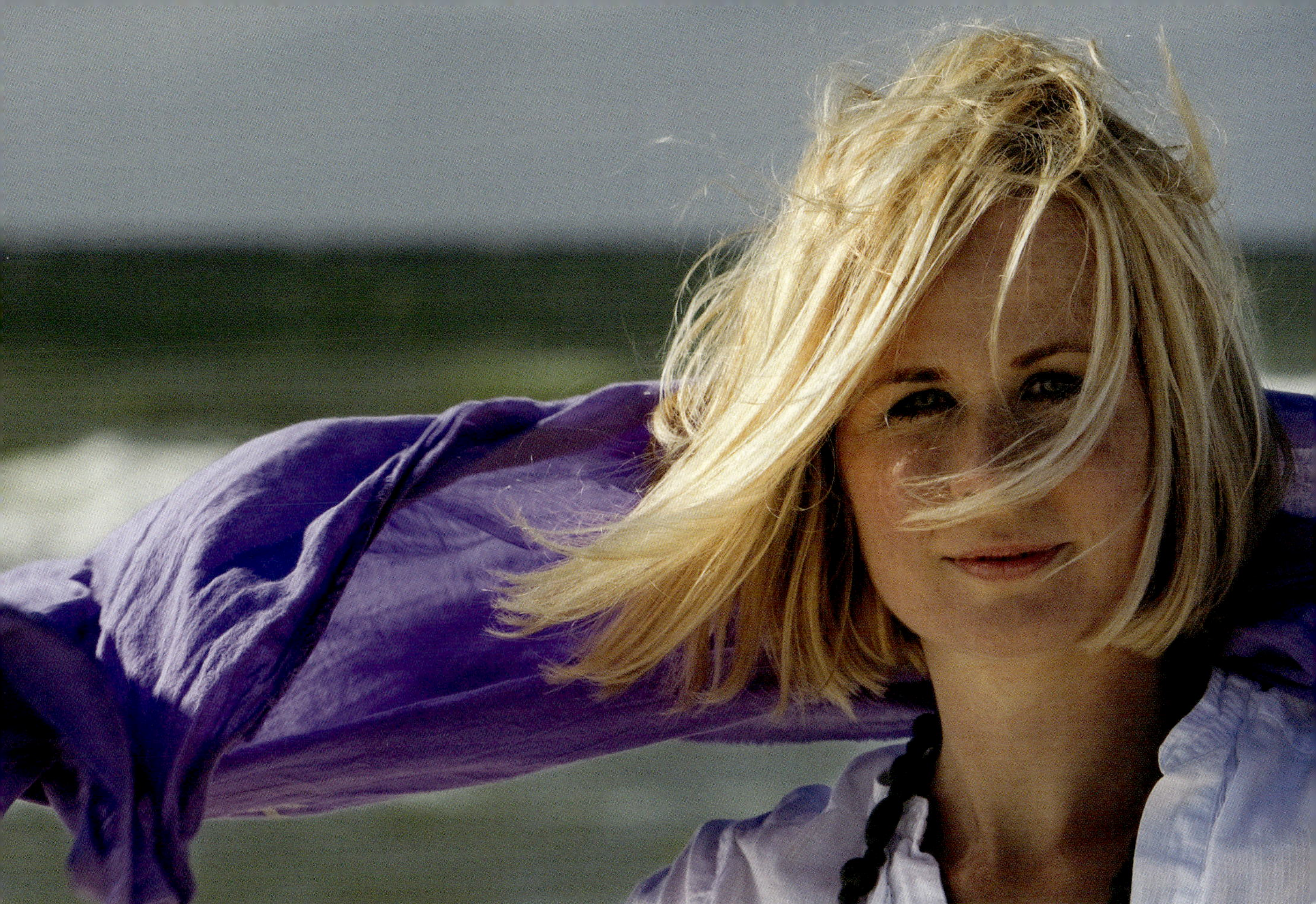

f/9 | 1/250 Sek. | ISO 100 | 145 mm
Der im Wind flatternde lila Schal steht farblich in einem schönen Kontrast zum blonden Haar der Frau.

dann über die Mode von damals kugeln vor Lachen –, empfehle ich möglichst neutrale, nicht allzu modische Kleidung. Einfarbige T-Shirts und Jeans gehen eigentlich immer. Lieber sportlich elegant (z. B. dunkler Rollkragenpullover) als modisch hip. Sie sollten Ihr Model bitten, schrill gemusterte Kleidung und knallige Farben (Streifen, Karos, bedruckte Stoffe – Extremfall Hawaiihemd) zu vermeiden.

Es sollte möglichst nichts vom Gesicht ablenken. Folglich ist eine dezente Kette okay, dazu aber noch riesige, glitzernde Ohrgehänge wären des Guten zu viel. Auch sollte die Kleidung nicht zu stark kontrastieren – also keine weiße Bluse zum schwarzen Blazer. Denn dann haben Sie als Fotograf den Schwarzen Peter und müssen mit dem heftigen Kontrastumfang kämpfen (wie ich bei dem Mann im Anzug mit dem Baumstamm im Hintergrund, der Ihnen auf den folgenden Seiten begegnen wird). Ton in Ton harmonierende Bekleidung ist immer eine sichere Bank. Falls die Bilder dann farblich doch zu langweilig wirken, können Sie Ihr Motiv mit einem bunten Accessoire, z. B. mit einem Schal wie auf dem folgenden Foto, aufpeppen. So habe ich für ein Familienporträt mit Baby die Eltern aufgefordert, sich komplett in Weiß zu kleiden, ebenso ihre kleine Tochter. Als Hintergrund diente die weiße Wohnzimmerwand (ein gerahmtes Bild hatten wir dort zuvor abgehängt).

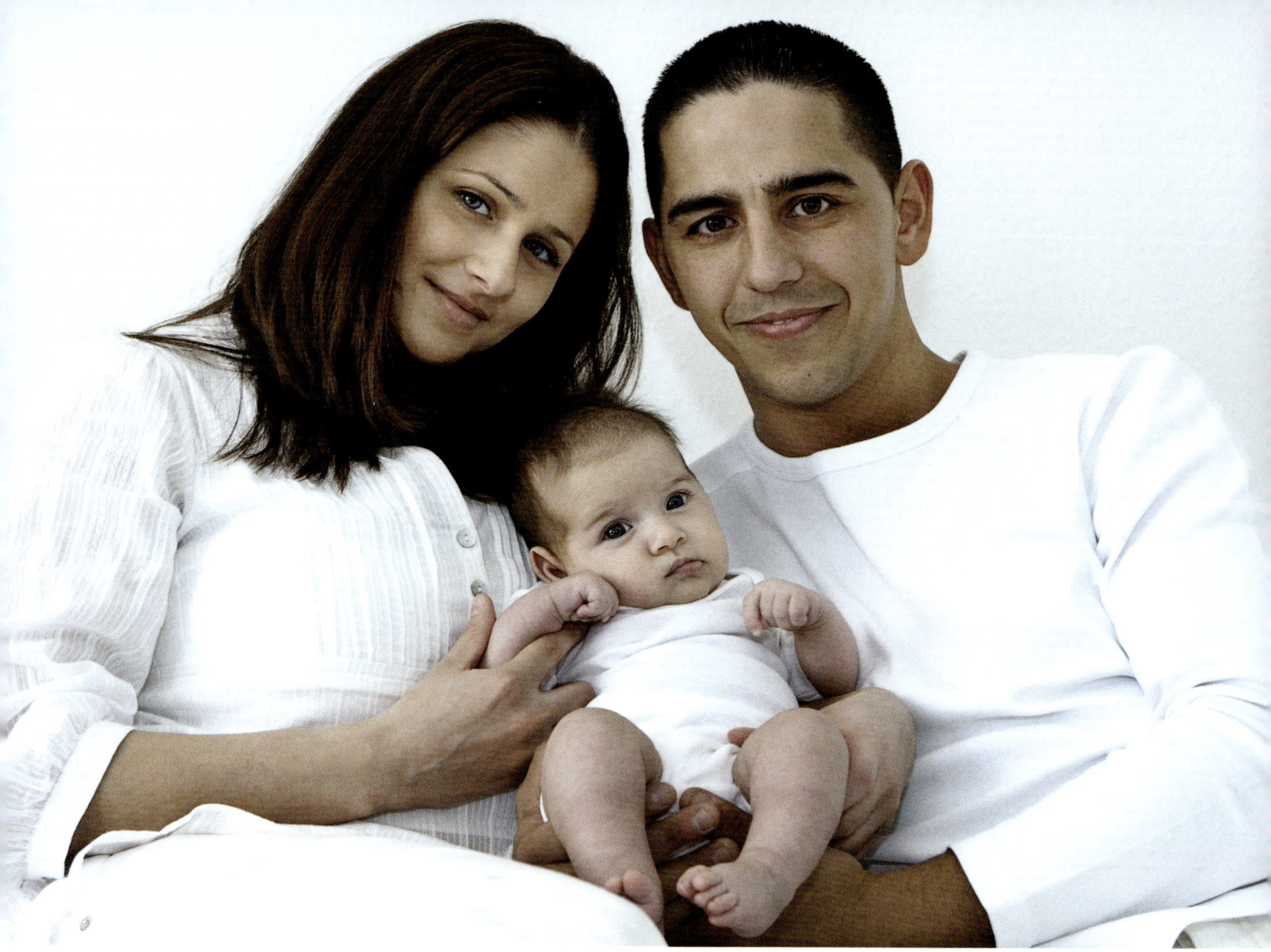

f/5.6 | 1/60 Sek. | ISO 125 | 45 mm

Schlichte weiße Kleidung ist ideal für Porträts: Nichts lenkt vom Stolz in den Gesichtern der Eltern ab. Den gleichen Effekt können Sie ebenso mit schwarzer Kleidung erreichen – aber wer hat schon schwarze Wände im Wohnzimmer? Mittelpunkt des Fotos ist allerdings im wahrsten Sinne des Wortes das Baby mit seinem leicht gelangweilten Blick.

Ausnahmen von der Regel

Wenn allerdings gerade ausgefallene, extravagante oder schrille Kleidung, viel Schmuck (Piercings, Tattoos o. Ä.) die Persönlichkeit des Models unterstreichen, dann haben wir die berühmte Ausnahme von der Regel. Leider hat mir ein solcher Typ Mensch bisher nicht Modell gestanden, sodass ich hier ausnahmsweise auf ein Beispielfoto verzichten muss – aber Sie wissen schon, was ich meine.

Geeignete Kleidung für klassische Porträtfotos

- Einfarbige Oberbekleidung (z. B. schwarzer Rollkragenpullover, ein weißes T-Shirt oder eine hellblaue Bluse).
- Klassische und zeitlose Oberbekleidung (Bluse, Blazer, Rollkragenpullover, T-Shirt, Oberhemd).
- Kleidung Ton in Ton.
- Wenig Schmuck, ein Teil ist ausreichend.
- Farbliche Akzente mit Accessoires setzen.

Ungeeignete Kleidung für klassische Porträtfotos

- Dunkler Anzug, darunter ein weißes Oberhemd: Der Kontrastumfang ist problematisch.
- Kleine Karos: Solche Kleidung ergibt oft einen unschönen Moiré-Effekt (Fischgräten- oder Hahnentritt-Muster ebenso).
- Bunt gemusterte, gestreifte, knallfarbige oder bedruckte Oberteile: Sie lenken vom Gesicht ab.
- Extrem modische Oberbekleidung: Das Foto soll schließlich auch noch in 15 Jahren gut wirken.

Das Make-up einsetzen

Wenn Sie nicht gerade einen wie eben beschriebenen „schrillen" Menschen porträtieren möchten, empfehle ich ein einfaches und natürliches Make-up. Bei Männern reicht ein transparentes Puder aus, um Lichtreflexionen auf eventuell glänzender Haut zu reduzieren.

Mädchen und Frauen bitte ich, mit einem natürlichen Tages-Make-up zum Shooting zu kommen. Ein gut deckendes Make-up als Grundierung, um kleine Hautunreinheiten zu kaschieren, Rouge, Puder, wenig Lidschatten, kräftig schwarz getuschte Wimpern (für einen tollen Augenausdruck), eventuell ein zarter Lidstrich und ein wenig Lipgloss – das ist ausreichend. Sauber in Form gezupfte Augenbrauen sind ebenfalls sinnvoll – sonst müssen Sie sich die Arbeit später bei der Beauty-Retusche machen und die überzähligen Härchen einzeln am Computer entfernen.

Ein natürliches Tages-Make-up, kräftig getuschte Wimpern, ein wenig Lipgloss und die Haut gepudert – das ist völlig ausreichend für ein Porträtfoto, das Natürlichkeit ausstrahlen soll.

f/3.5 | 1/320 Sek. | ISO 200 | 105 mm

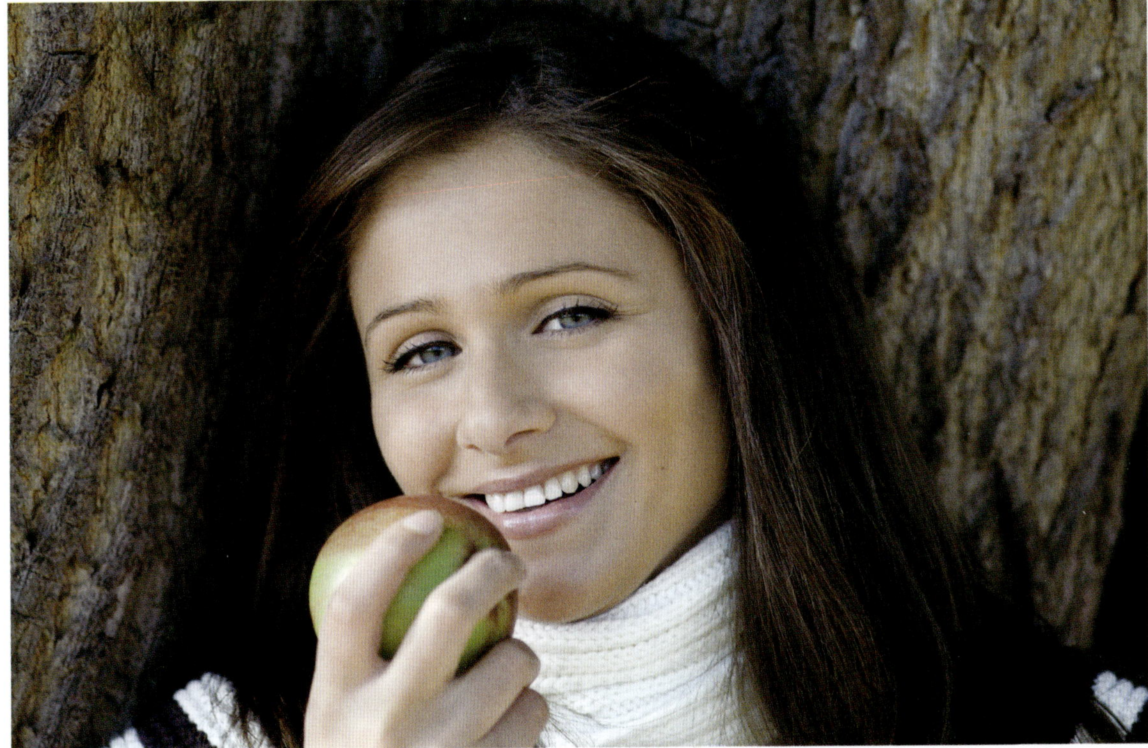

Möchten Sie Ihr Model draußen unter freiem Himmel ablichten, ist es ratsam, einen Kamm oder eine Haarbürste im Gepäck zu haben – ebenso Haarspray oder ein wenig Gel, um die Frisur zwischendurch wieder in Form zu bringen oder elektrisch aufgeladene Haare zu bändigen. Letzteres passiert leicht, wenn das Model zwischendurch ein anderes Oberteil anzieht. Möchten Sie Ihr Model im Glamour-Look mit großem Abend-Make-up fotografieren, empfiehlt es sich, einen Make-up-Profi oder auch einen Kosmetikamateur mit ausreichender Fotoerfahrung zu bitten, das Model entsprechend zu schminken. Ein Profi weiß, welcher Lidschatten, wie viel Make-up oder Rouge bei Porträtfotos gut aussieht und wann es des Guten zu viel wird und das Model überschminkt ist.

Kleine Beauty-Retusche mit Photoshop

Eine professionelle Beauty-Retusche für ein Porträtfoto ist sehr aufwendig und bedeutet mehrere Stunden Arbeit am Computer. Ganz so viel Aufwand wollen Sie vermutlich nicht betreiben. Deshalb möchte ich Ihnen hier eine relativ schnelle und dennoch effektive Retusche-Methode mit Photoshop zeigen.

Suchen Sie sich also eines oder zwei Bilder aus Ihrem Porträt-Shooting aus, auf denen alles stimmig ist: das Licht, die Pose des Models, der Gesichtsausdruck.

1. Öffnen Sie das Foto in Photoshop.
2. Legen Sie eine zweite leere Ebene an und klicken Sie auf den Bereichsreparatur-Pinsel (siehe Bild oben auf der nächsten Seite).
   Alle Ebenen aufnehmen
   Achten Sie darauf, dass oben in der Kopfleiste die Option ***Alle Ebenen aufnehmen*** angeklickt ist.
3. Auf dieser neuen Ebene können Sie jetzt nach Herzenslust arbeiten, ohne das Originalfoto zu berühren.
   So können Sie kleine Hautunreinheiten, Pickelchen, Falten, störende Härchen und glänzende Hautpartien entfernen.

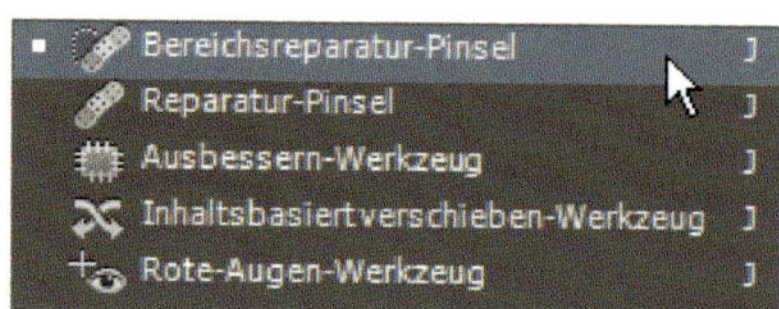

   Auch der Kopierstempel ist für diesen Arbeitsschritt geeignet.

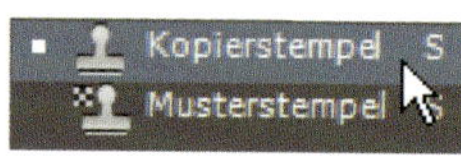

4. Praktisch: Missglückte Bearbeitungsbereiche können Sie ganz einfach mit dem Radiergummi-Werkzeug löschen.
5. Um ein möglichst natürlich wirkendes Retusche-Ergebnis zu erhalten, sollten Sie am Ende der Bildbearbeitung die Deckkraft der Arbeitsebene eon wenig zurücksetzen.

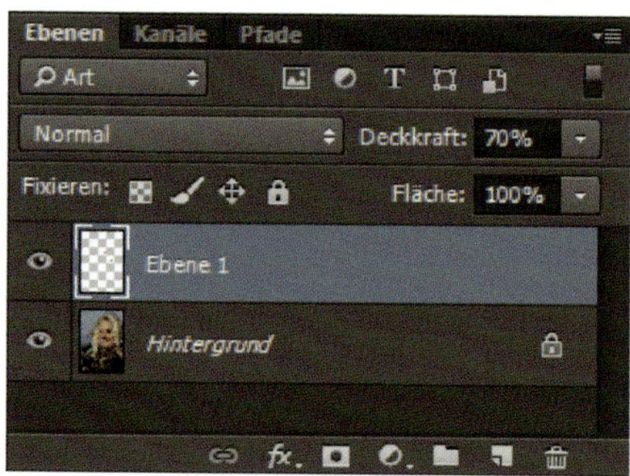

6. Klicken Sie zwischendurch immer wieder auf das Augensymbol vor der Retusche-Ebene, um die Wirkung Ihrer Arbeit zu überprüfen.
7. Am Ende Ihrer Retusche-Arbeit klicken Sie in der Kopfleiste auf ***Ebene/Auf Hintergrundebene reduzieren***.

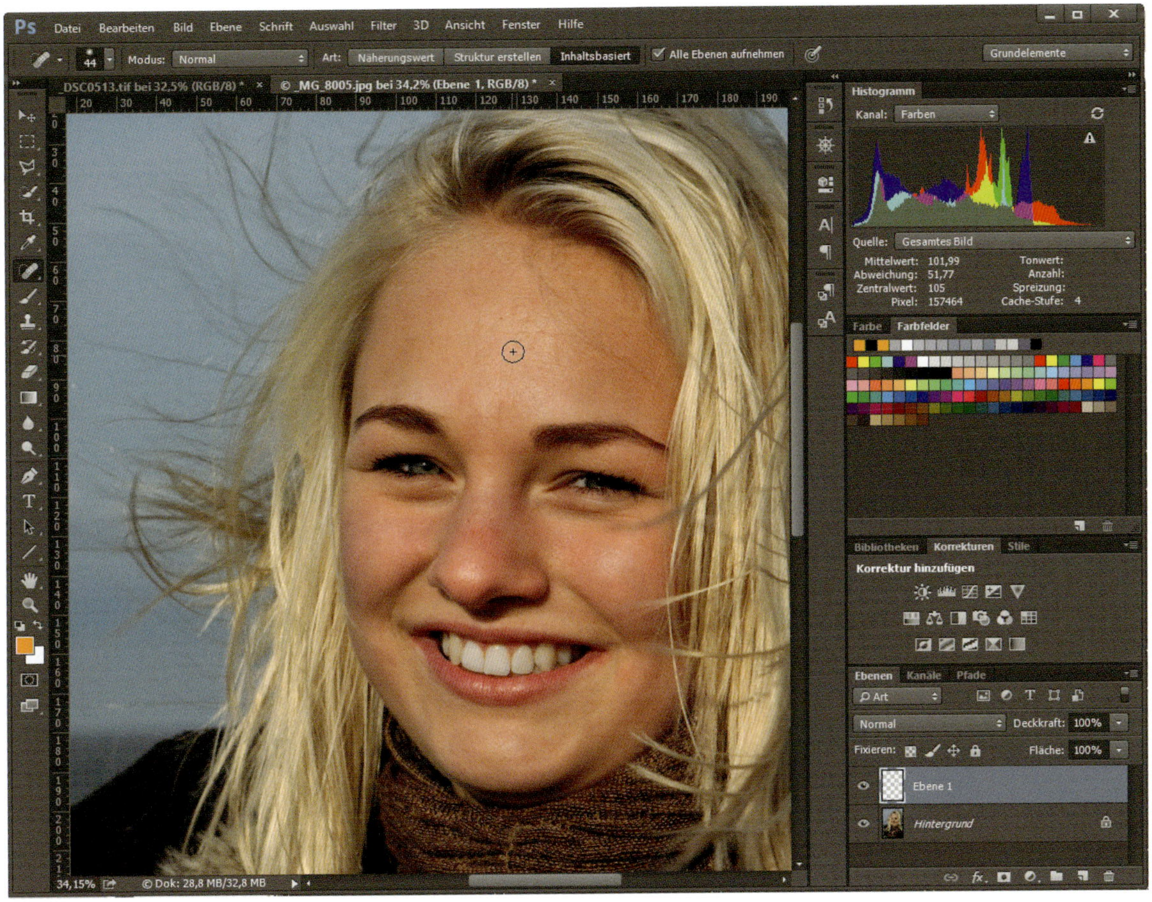

Mit dem Bereichsreparatur-Pinsel oder auch dem Kopierstempel können Sie auf einer leeren Zusatzebene kleine Hautunreinheiten entfernen.

Im direkten Vergleich des nicht retuschierten und des bearbeiteten Fotos wird die Wirkung der Miniretusche deutlich:

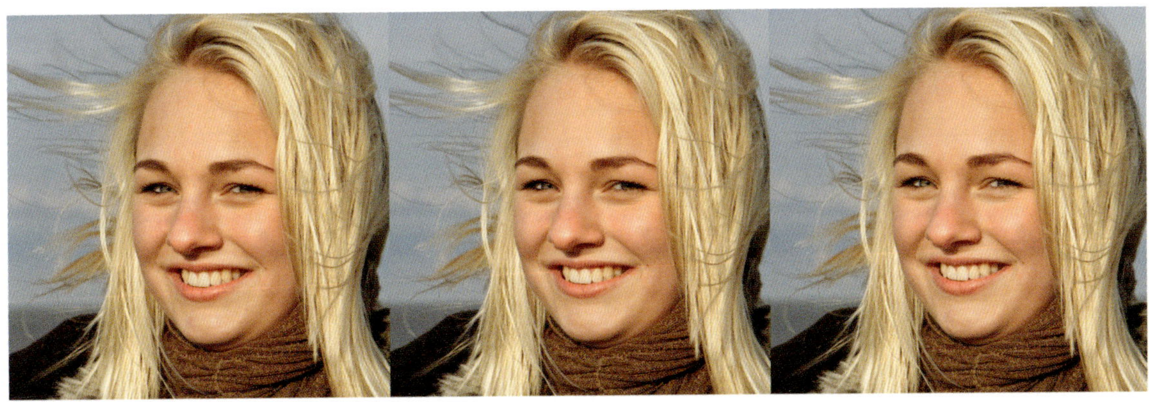

ohne Retusche **Hautunreinheiten entfernt** **Schatten und Augen aufgehellt**

Die kleinen Pickelchen auf der Stirn sind nahezu verschwunden. Ebenso sind die Schatten unter den Augen des Mädchens abgemildert. Auch den Glanz auf ihrer Nasenspitze habe ich etwas reduziert.

Zusätzlich zur kleinen Hautretusche können Sie z. B. auch noch Augen oder Zähne mithilfe einer Grauebene aufhellen oder zu helle Hautpartien ein wenig abdunkeln (siehe den Abschnitt „Aufhellen und Abdunkeln mit Photoshop" ab Seite 88). Mit etwas Erfahrung in der Bildbearbeitung lässt sich allerdings auch mit dem Porträtfoto einer nahezu ungeschminkten Naturschönheit ein völlig anderer Look erstellen. Es ist immer eine Frage des Geschmacks und der Sehgewohnheiten. Derzeit sind gerade sehr helle, farbentsättigte und kontrastarme Fotos en vogue. So ist aus diesem älteren Porträtfoto der Tochter meines Mannes ein komplett neues Foto entstanden.

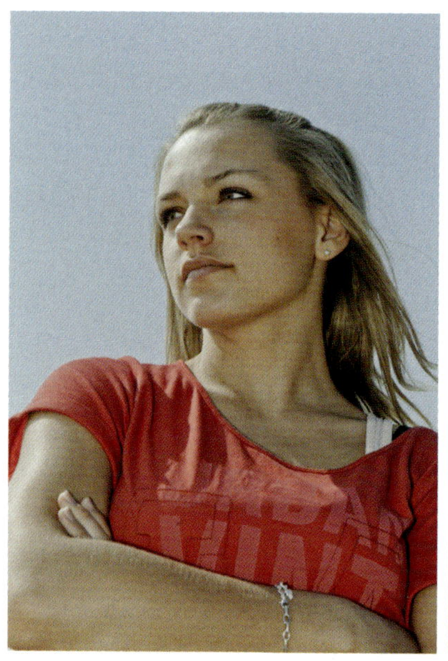

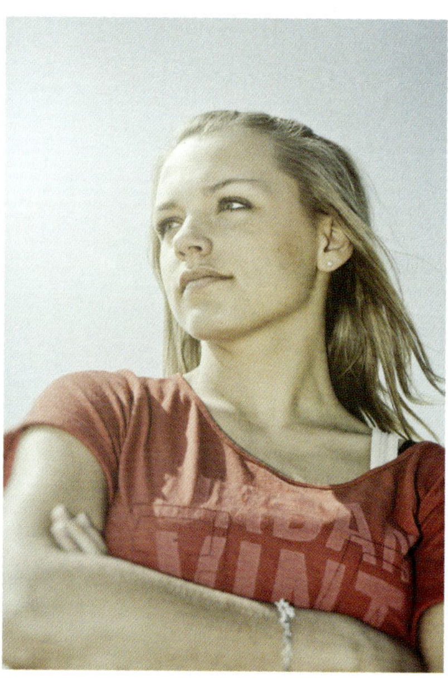

f/11 | 1/200 Sek. | ISO 100 | 85 mm | Blitz

Links: Ich habe ja ein Faible für Porträtfotos mit sonnigem Gegenlicht. Das zwingt mich allerdings dazu, einen Blitz oder wenigstens eine Reflektorfolie einzusetzen, um das Gesicht aufzuhellen. Rechts: Dasselbe Foto, neu bearbeitet. In groben Zügen: Ich habe den Kontrast und die Farbsättigung verringert, Licht über eine zweite Ebene hinzugefügt und Bereiche des Fotos „entschärft" (Arm und Ellenbogen).

Formen verflüssigen

In neueren Photoshop-Versionen gibt es den Verflüssigen-Filter – ein geniales Werkzeug, um zum Beispiel die Mundwinkel eines Models etwas nach oben zu ziehen und die Person so stärker lächeln zu lassen. Mit diesem Tool lassen sich Nasenspitzen verkürzen, Augen vergrößern, Wangen können weniger rund erscheinen und noch vieles mehr. Mit diesem Werkzeug werden ebenso Busen vergrößert, Taillen schmaler gemacht, Pos verkleinert und noch so einige andere Schönheits-OPs durchgeführt. Nahezu jedes Hochglanz-Titelbild wurde vor dem Druck mit diesem Photoshop-Filter bearbeitet. Allerdings setzt dieses universelle Tool ein ordentliches Maß an Einarbeitung voraus. Schnell ist die Form verdorben oder des Guten zu viel getan. Dann werden die abgebildeten Personen eher zur bitterbösen fotografischen Karikatur. (Einfach mal nach „Photoshop-Pannen" im Netz suchen – viel Spaß!)

Also bitte: Setzen Sie dieses Werkzeug nur vorsichtig und in Maßen ein – es kann sehr verletzend für den abgebildeten Menschen sein, wenn ihm klar wird, dass Sie beispielsweise den Po verkleinert, den Busen vergrößert oder andere Schönheits-OPs an ihm per Photoshop vorgenommen haben.

5.2 Ein paar Grundregeln für Porträtfotos

Je nachdem, ob das Porträt-Shooting in einem Raum oder draußen in der Natur stattfindet, gelten unterschiedliche Regeln, auf die ich später noch eingehen werde. In diesem Abschnitt möchte ich mich zunächst den für beide Varianten gültigen Aspekten widmen.

Bildausschnitt wählen

Je nachdem, in welcher Umgebung Sie Ihr Model fotografieren möchten, müssen Sie einen Bildausschnitt für Ihr Porträtfoto festlegen. Entscheiden Sie sich, ob Sie nur das Gesicht formatfüllend fotografieren möchten und dafür sehr nah mit der Kamera an das Motiv herangehen. Oder wollen Sie auch die Umgebung, in der das Porträt entsteht, in Ihr Foto einbeziehen? Möchten Sie den Menschen von Kopf bis Fuß im Bild haben oder nur von Kopf bis Brust? Soll das Model frontal in die Kamera schauen oder lieber seitlich? Oder möchten Sie das Model im Profil fotografieren? Von diesen Aspekten sollten Sie die Wahl des Objektivs bzw. der Brennweite abhängig machen. Darauf gehe ich gleich noch ausführlicher ein.

Mut zum Ausschnitt

Es gibt unendlich viele Möglichkeiten, Menschen zu porträtieren. Wichtig ist, dass das Bild die Persönlichkeit des Porträtierten wi-

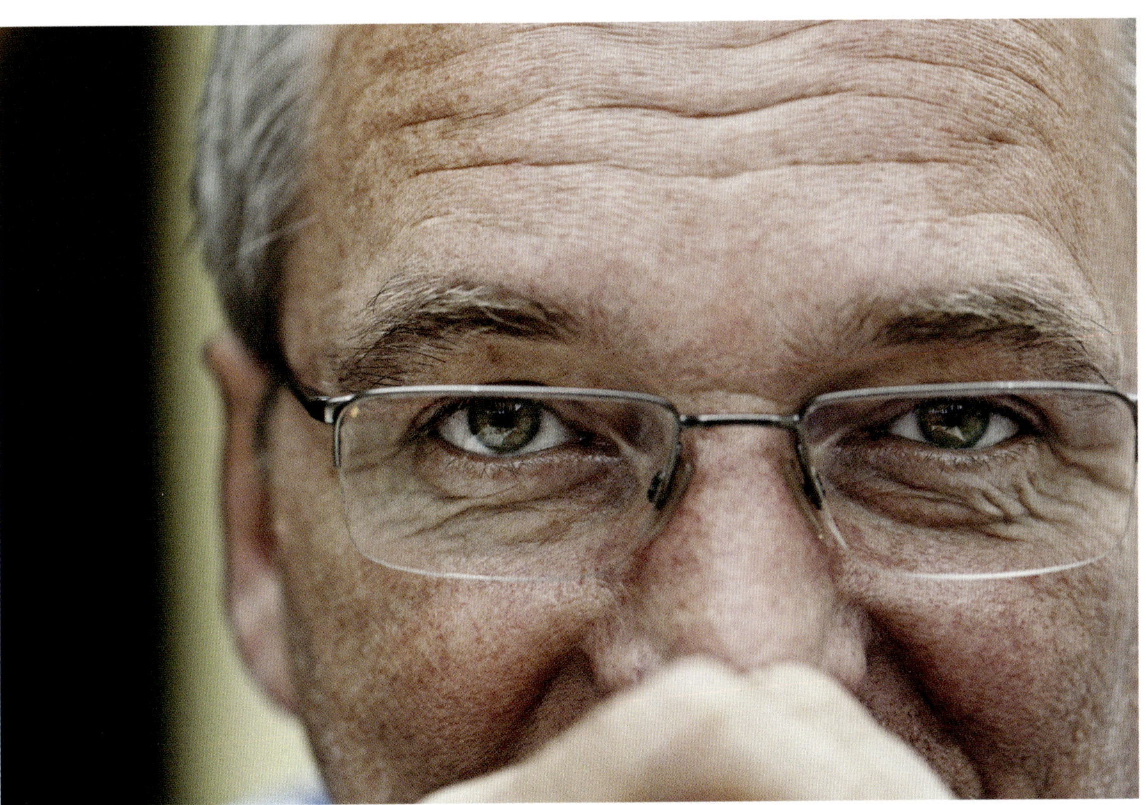

f/3.2 | 1/80 Sek. | ISO 200 | 100 mm

Augen, Brille, Nase und Stirn – der Mund fehlt auf diesem Porträt. Dennoch prägt sich dieses Männergesicht durch den intensiven Kamerablick ins Gedächtnis ein.

derspiegelt. Spannend können auch Fotos von nur einem Teil des Gesichts sein:

Der Blick dieses Mannes über den Rand seiner Lesebrille hinweg ist sehr typisch für ihn – und so lag es nahe, das Porträtfoto auf Augen und Brille zu reduzieren. Ein etwas gewagter Bildschnitt, doch so habe ich genau die gewünschte Bildwirkung erreicht.

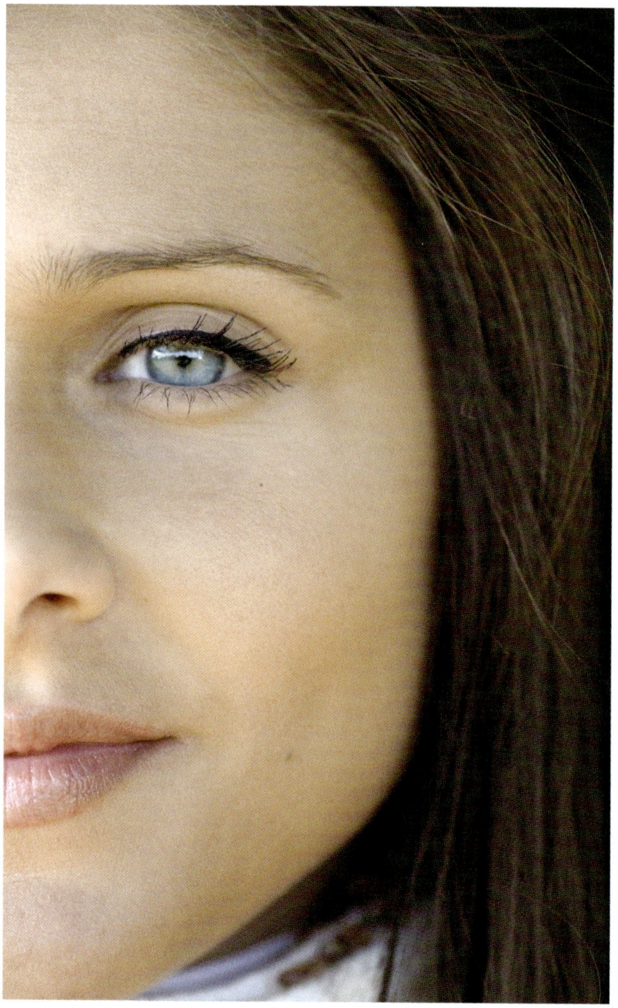

f/3.5 | 1/400 Sek. | ISO 200 | 105 mm

Das Gesicht dieses Models habe ich bereits bei der Aufnahme halbiert und den Bildausschnitt so festgelegt. Wenn Sie sich anfangs noch nicht an derlei ungewöhnliche Bildschnitte heranwagen, können Sie sie auch später am Computer ausprobieren und die Wirkung testen.

Wenn Sie lieber auf Nummer sicher gehen möchten, fotografieren Sie ruhig das komplette Gesicht und probieren später am Computer verschiedene Bildschnitte und deren Wirkung aus.

Grundsätzlich können Sie Kinn und Stirn problemlos abschneiden, ohne dass die Wirkung des Porträts Schaden nimmt. Oft wirkt ein Porträt durch diesen etwas mutigen Bildschnitt noch intensiver. Sogar ein halbiertes Gesicht kann durchaus interessant wirken.

Dabei gibt es keine Vorschrift, die besagt, dass Sie im Kameraformat bleiben müssen. Früher war es in der Porträtfotografie verpönt, Stirn oder Kinn abzuschneiden – ein Gesicht musste immer komplett abgebildet sein. Schauen Sie sich zum Beispiel Bilder der Hollywood-Größen (Gregory Peck, Audrey Hepburn, Liz Taylor etc.) der 50er-Jahre an: Das höchste der Gefühle war zur damaligen Zeit ein angeschnittenes Ohr oder ein angeschnittener Scheitel. Glücklicherweise sind die heutigen Gestaltungsregeln nicht mehr ganz so starr. Hier folgen einige Beispiele für Schnittmöglichkeiten eines Porträts. Als Ausgangsmaterial diente immer dasselbe Foto.

Ich finde es immer wieder faszinierend, wie vielfältig die Möglichkeiten zur Veränderung der Bildwirkung eines Porträts auch noch lange nach dem Shooting durch die Bearbeitung am Computer sind.

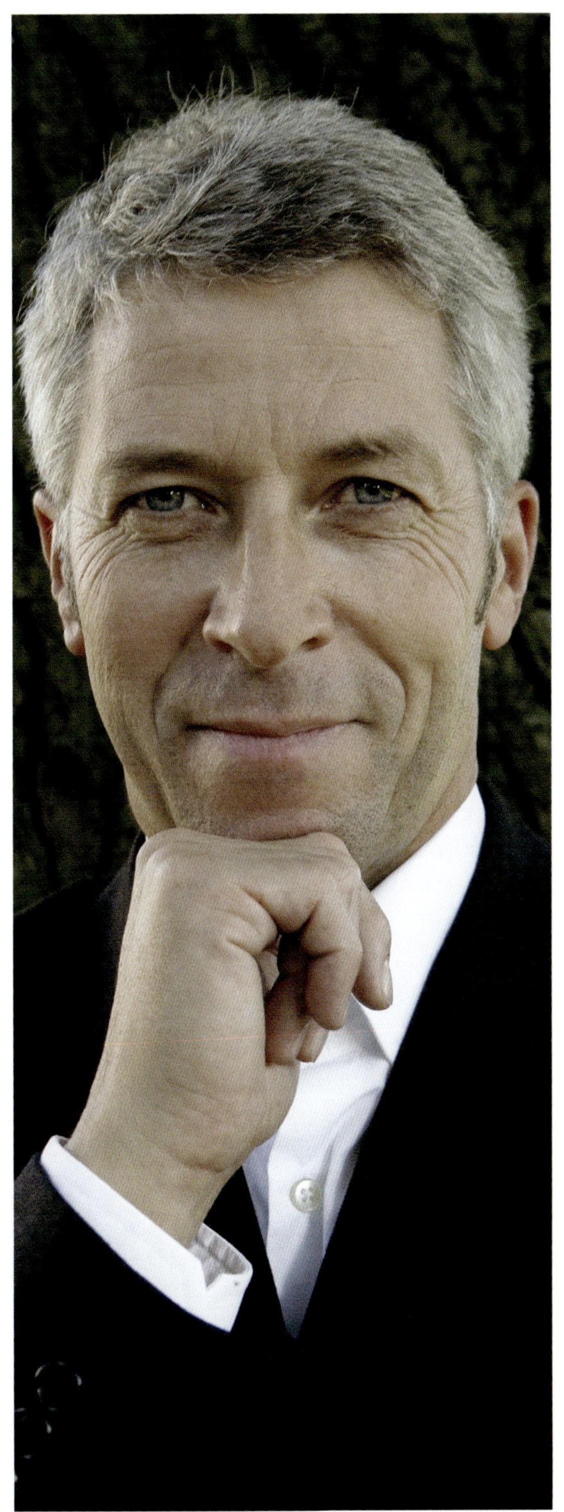

Extremes Hochformat.

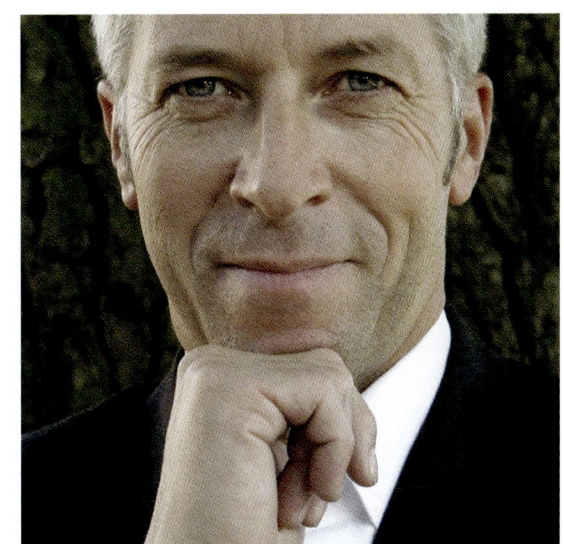

Quadratischer Schnitt.

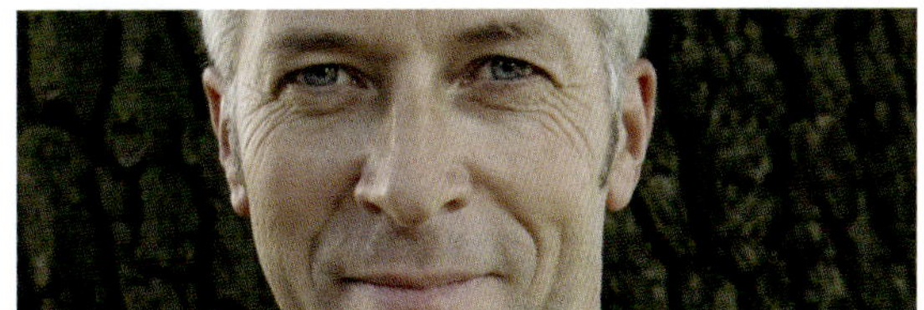

Extremes Querformat.

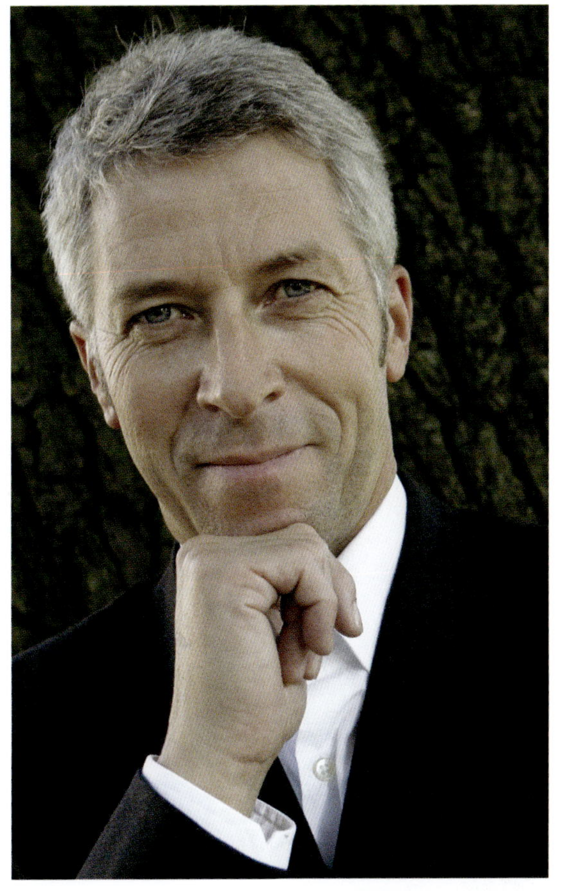

Nach links gedreht.

Achtung: Brillenträger

Wenn Sie einen Brillenträger fotografieren möchten, achten Sie darauf, dass der Brillenrand nicht durch die Augen hindurch geht, sie also optisch in zwei Hälften trennt. Je nach Brillenmodell hängt der Fokus auch gern mal vorn auf dem Brillenglas anstatt auf den dahinter liegenden Augen. Bei weit offener Blende können die Augen dann schon leicht unscharf werden. Da hilft nur manuelle Fokussierung. Tückisch sind Brillen auch dann, wenn Sie einen Blitz einsetzen. Achten Sie darauf, dass er nicht in den Gläsern reflektiert.

Blickrichtung beim Porträt im Profil

Fotografieren Sie einen Menschen im Profil, achten Sie darauf, dass Sie ausreichend Platz in dessen Blickrichtung lassen – es würde ziemlich unschön aussehen, wenn sich der Porträtierte quasi am Bildrand die Nase stößt. Für Profilfotos ist manchmal das Querformat die bessere Wahl.

Achten Sie auf den Hintergrund

Auch wenn er auf Porträtfotos meistens eine eher untergeordnete Rolle spielt, ist dennoch die Wahl des richtigen Hintergrunds wichtig für die Bildgestaltung. Er sollte nämlich nicht vom Hauptmotiv ablenken. Das passiert immer dann, wenn der Hintergrund unruhig und nicht harmonisch ist.

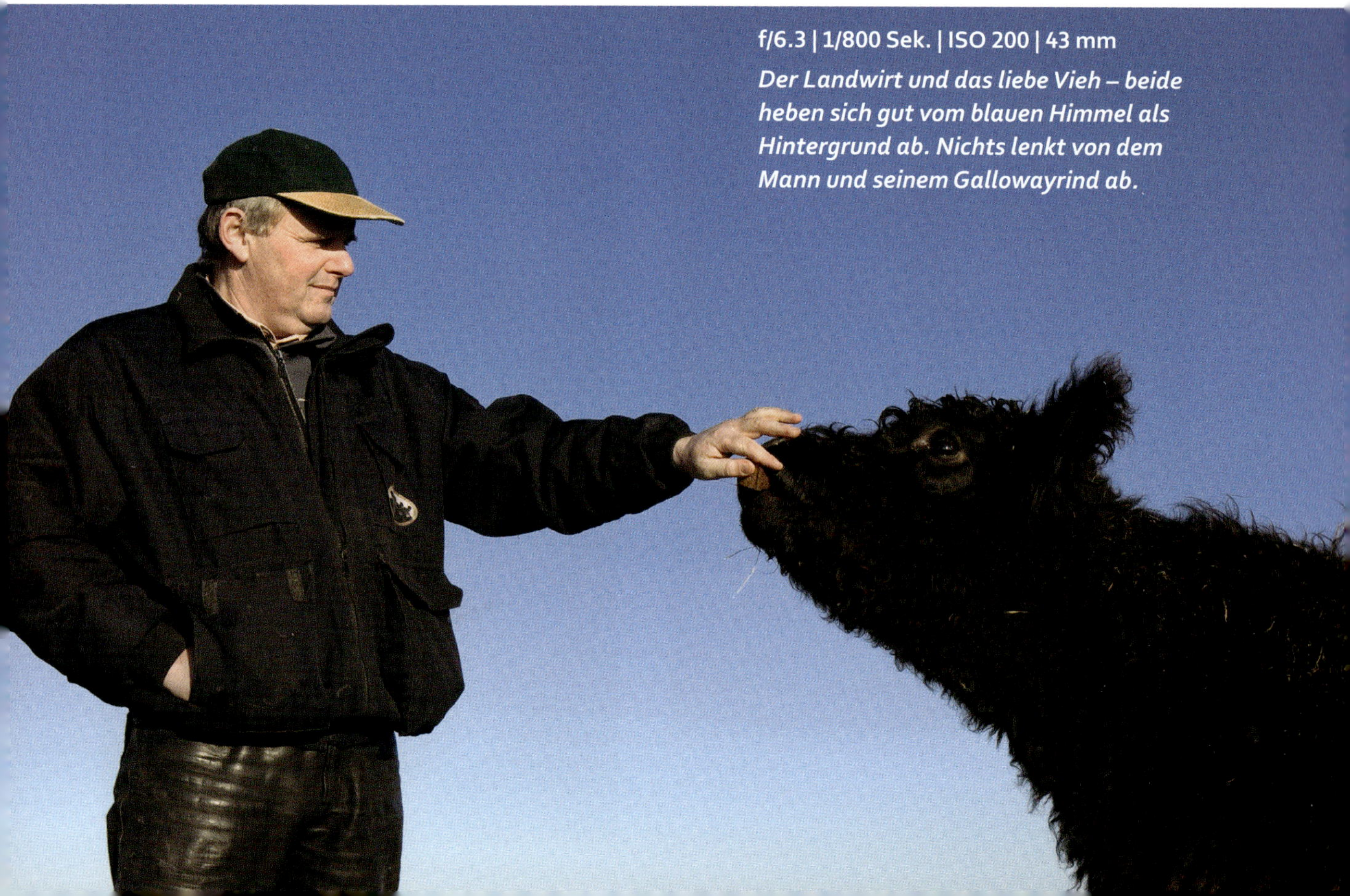

f/6.3 | 1/800 Sek. | ISO 200 | 43 mm

Der Landwirt und das liebe Vieh – beide heben sich gut vom blauen Himmel als Hintergrund ab. Nichts lenkt von dem Mann und seinem Gallowayrind ab.

Ein Hintergrund, auf dem es etwas zu entdecken gibt, ist kein guter Hintergrund. Er sollte also möglichst schlicht und in einem Farbton gehalten sein.

Draußen kann das Baumrinde, eine Wiese, Wasser, Strand, eine Hausfassade oder das Grün von Buschwerk oder Bäumen sein. Auch der Himmel eignet sich prima.

In geschlossenen Räumen bieten sich die Wände, ein Fenstervorhang, ein gut gefülltes Bücherregal (in der Unschärfe) oder ein Türrahmen an (Raum dahinter liegt im Dunkeln) – um nur einige Möglichkeiten zu nennen.

Achten Sie also auf einen neutralen Hintergrund. Die einfachste Lösung bei unschönem Hintergrund: Wählen Sie den Bildausschnitt so eng, dass es auf dem Foto keinen Hintergrund gibt. Oder rücken Sie Ihr Model – wenn ausreichend Platz ist – weiter weg vom unschönen Hintergrund und wählen Sie die Offenblende zum Porträtieren.

Geeignete Brennweiten

Für die Porträtfotografie sind nahezu alle Brennweiten geeignet, besonders typisch sind Normalbrennweiten (50 mm) bis leichte Teleobjektive.

Es gibt eine wichtige Ausnahme: Bitte keine Gesichter formatfüllend mit einem Weitwinkel fotografieren! Denn jedes noch so schöne und ebenmäßige Gesicht wird von der Linse verzerrt dargestellt, die Proportionen entgleisen regelrecht. Je dichter Sie dran sind am Motiv, desto stärker wird der Effekt, den Sie höchstens für Juxfotos nutzen sollten.

Der Punkt im Gesicht, der der Frontlinse Ihres Weitwinkelobjektivs am nächsten ist, erscheint überproportional groß – in den meisten Fällen ist es die Nase. Also: Wenn Sie nur ein Gesicht (also ohne erwähnenswerten Bildhintergrund) fotografieren möchten, dann bitte mit einem Objektiv ab etwa 40 mm oder längerer Brennweite.

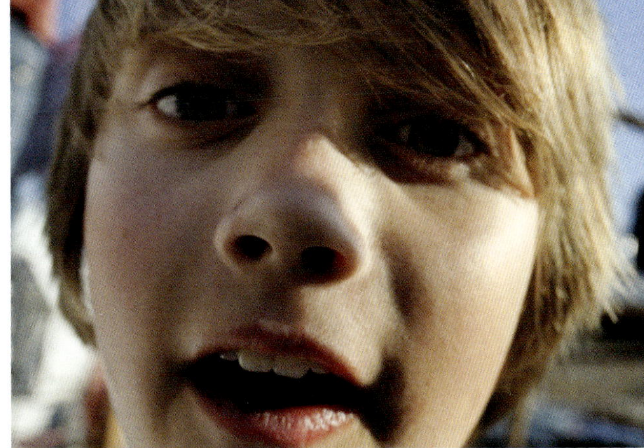

f/8 | 1/160 Sek. | ISO 100 | 35 mm

Weitwinkelobjektive sind für reine Gesichtsporträts ungeeignet. Gesichter werden verzerrt dargestellt – Nase und Mund meines Neffen erscheinen in Relation zu seinen Augen überproportional groß.

Mehr als 50 mm Brennweite

Die besten Porträtfotos, auf denen das Gesicht einer Person den größten Bildanteil haben soll, entstehen bei Brennweiten, die länger als 50 mm sind, weil sich der Hintergrund dann besser vom eigentlichen Motiv durch Unschärfe loslösen lässt.

Der Hemdkragen

Achten Sie bei der Wahl des Bildausschnitts bei einem klassischen Porträt darauf, dass Sie den Kragen des Oberhemds (oder der Bluse) immer vollständig im Bild haben. Sonst wirkt das Foto leicht unproportioniert (und unvollständig), was die Bildwirkung beeinträchtigt.

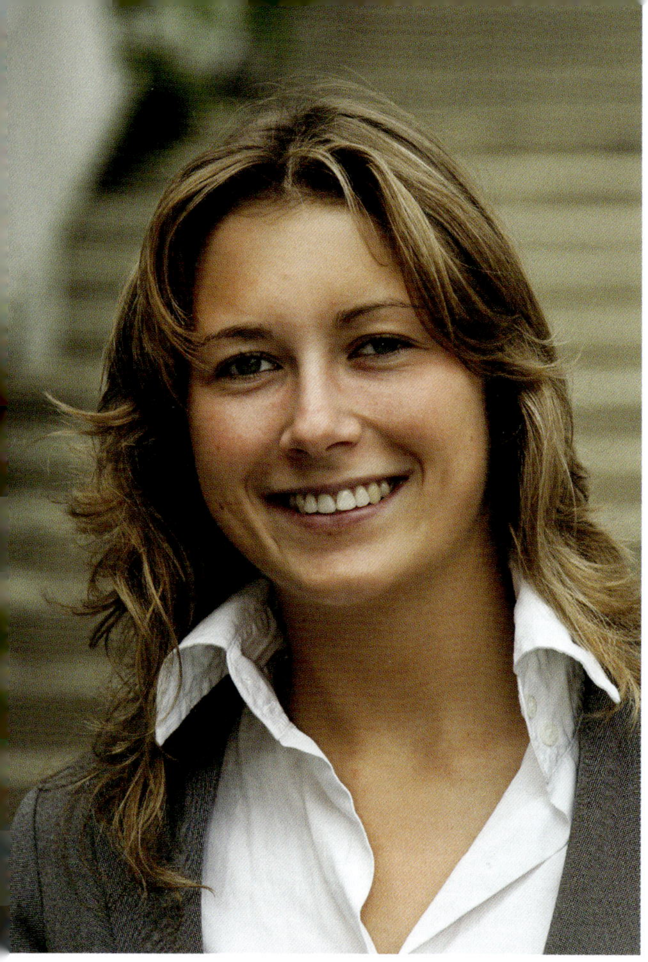

f/7.1 | 1/80 Sek. | ISO 125 | 160 mm

Längere Brennweiten jenseits der 50 mm sind ideal für Porträtfotos. Sie sorgte hier dafür, dass sich die Treppe hinter der Person in Unschärfe auflöst und nicht von ihrem Gesicht ablenkt.

Gern nutze ich Brennweiten um 100 mm, wenn ich ausschließlich das Gesicht eines Menschen fotografiere. Möchte ich jedoch ein Brustbild (also Kopf plus Schultern und Brust), ein Ganzkörperfoto oder gar mehrere Models fotografieren, ist ein größerer Abstand zum Model oder eine kürzere Brennweite nötig.

Okay, 300 mm Brennweite sind schon sehr heftig – aber ich hatte das Paparazzi-Objektiv noch auf der Kamera, weil ich zuvor Fotos von den Hunden in Aktion gemacht hatte. Das

Die vier menschlichen und tierischen Models sind formatfüllend abgebildet und lösen sich gut vom unscharfen Hintergrund.

f/5.6 | 1/640 Sek. | ISO 200 | 300 mm | 17,80 m Abstand zum Motiv

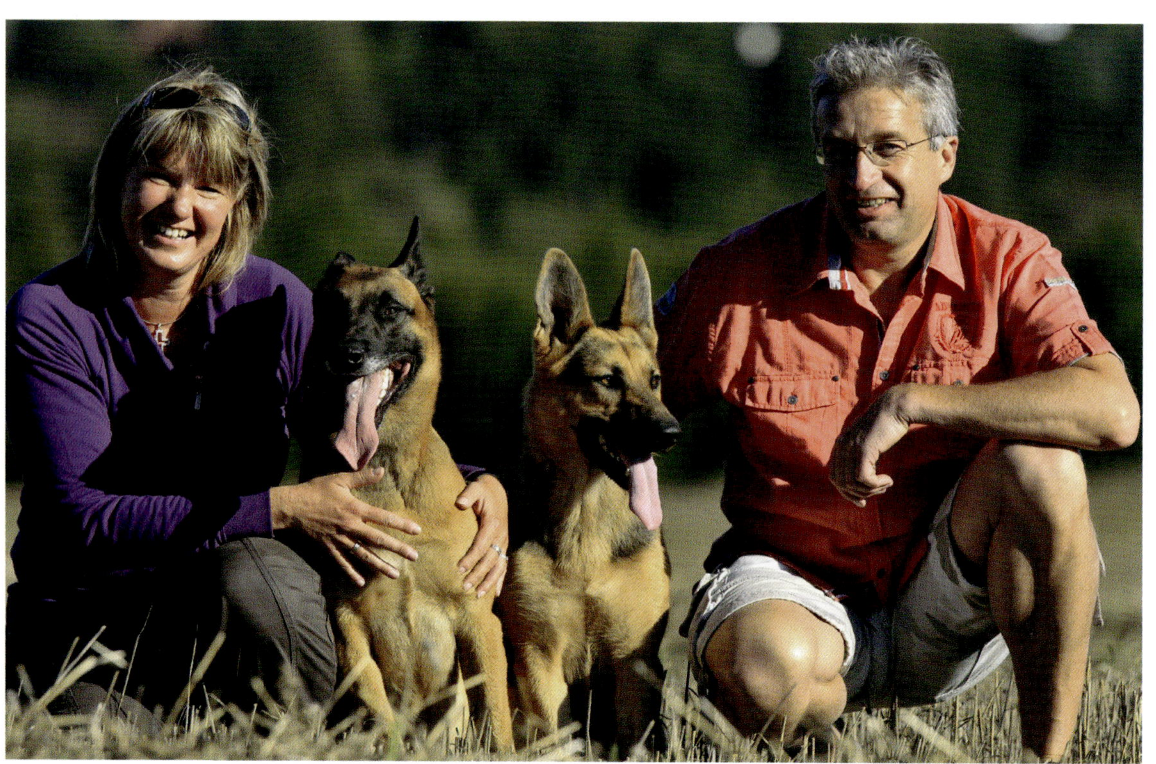

„Familienfoto" war eher ein Nebenprodukt. Der riesige Abstand zu den Tieren war nötig, um bei der langen Brennweite alle Personen und Hunde formatfüllend im Bild zu haben. Ein solcher Abstand ist meistens nur in der freien Natur möglich – eben dort, wo viel Platz ist. Hier war es ein großes, freies Feld, das gerade abgemäht worden war.

Porträtfotografie mit Makroobjektiv

Nutzen Sie Ihr Makroobjektiv für die Porträtfotografie! Es eignet sich keineswegs nur für die Blumen- und Insektenfotografie. Ich fotografiere gern Gesichter mit der Offenblende – das ist aber nur mein ganz persönlicher Geschmack oder Tick (wie Sie wollen). Ich mag eben die knappe Schärfe und die weichen Übergänge von Schärfe und Unschärfe, die besonders ein Makroobjektiv erzeugen kann, sehr.

Ein großer Vorteil der Offenblende bei Porträtfotos mit Makroobjektiv ist, dass die Schärfe so gelegt werden kann, dass nicht jede Hautpore, jedes Fältchen und jedes Härchen in gnadenloser Schärfe abgebildet wird. Ein Makroobjektiv mit Offenblende schmeichelt also …

Den Fokus auf die Augen setzen

Grundsätzlich sollten Sie den Fokus auf die Augen Ihres Models legen. Bei Makroobjektiven gilt der gleiche Grundsatz wie bei Blütenbildern – besonders dann, wenn Sie ganz nah dran sind am Motiv: Stativ benutzen! Sonst verrutscht Ihnen sehr leicht der Schärfepunkt wie auf dem Foto mit dem halbierten Gesicht des Models:

Die Schärfe liegt auf den Wimpern – und nicht (wie eigentlich geplant) auf der blauen Iris. Sie sehen: Ein paar lächerliche Millimeterchen können beim Fotografieren mit Makroobjektiv und Offenblende sehr viel ausmachen. Natürlich gibt es zur Kontrolle der Schärfentiefe auch zahlreiche Apps, z. B. den DOF Calculator (**D**epth **o**f **F**ield) von Cunningdogsoft. An einer Canon 5D Mark III mit 85-mm-f/1.8-Objektiv und 80 cm Motivabstand ist der Schärfentiefebereich insgesamt 8,5 mm tief.

Tipp für runde Gesichter

Nicht jedes Gesicht entspricht den gängigen Schönheitsidealen. Besonders dickere Menschen haben oft Scheu, sich fotografieren zu lassen. Dabei haben gerade diese Menschen oft eine schöne, glatte Haut und wenig Falten. Ihre Angst vor der knallharten Dokumentation ihres Doppelkinns ist jedoch dann unberechtigt, wenn Sie als Fotograf eine günstige Perspektive wählen. Direkt von vorn ist bei nicht schlanken Menschen selten von Vorteil.

Die beste Lösung ist nach meiner Erfahrung: Fotografieren Sie Ihr rundliches Model leicht schräg von oben. Bitten Sie es, den Kopf leicht in den Nacken fallen zu lassen und nach oben in die Kamera zu schauen. Von einem möglichen Doppelkinn wird aus dieser Perspektive garantiert nichts zu sehen sein! Setzen Sie ruhig ein Makroobjektiv für diese Porträts (gern mit Offenblende für weiche Schärfeverläufe) ein und legen Sie den Fokus unbedingt auf die Augen Ihres Models. Jede Wette: Wenn Sie diese Tipps berücksichtigen, wird sich das Model gern wieder von Ihnen fotografieren lassen. Wichtig dabei: Der Hals muss sichtbar bleiben und auch möglichst nicht verkürzt wirken.

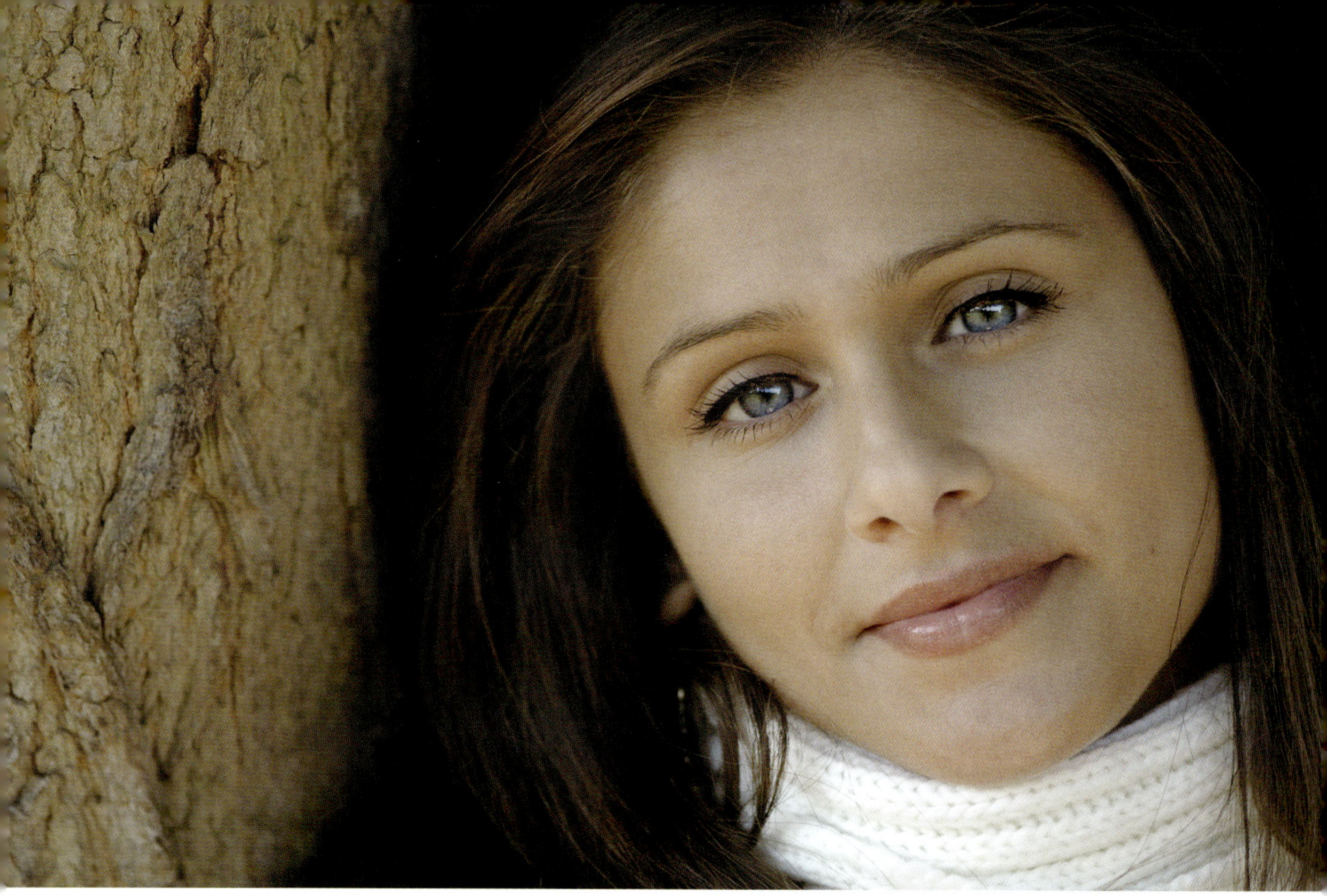

f/3.5 | 1/500 Sek. | ISO 200

Je näher Sie bei weit geöffneter Blende an Ihr Motiv herangehen, desto wichtiger ist die exakte Fokussierung. Deshalb: Stativ benutzen!

Noch näher ran geht nicht: Der Mindestabstand zum Motiv ist für das 105-mm-Makroobjektiv erreicht:

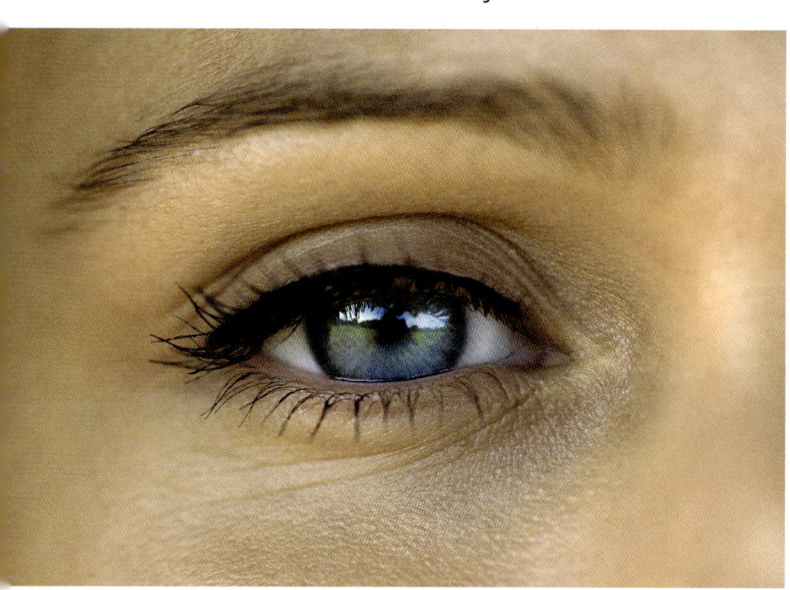

Schärfe mit der Live View kontrollieren

An vielen Kameras können Sie die Schärfe sehr gut in der Zoomansicht der Live View auf dem Kameramonitor beurteilen. Wirklich praktikabel ist das aber wiederum nur vom Stativ aus.

f/3.5 | 1/200 Sek. | ISO 200

Hier passt die Schärfe und liegt genau auf der blauen Iris des Models. Die Wimpern und Augenbrauen liegen dagegen schon im Unschärfebereich: Ganz schön nah dran!

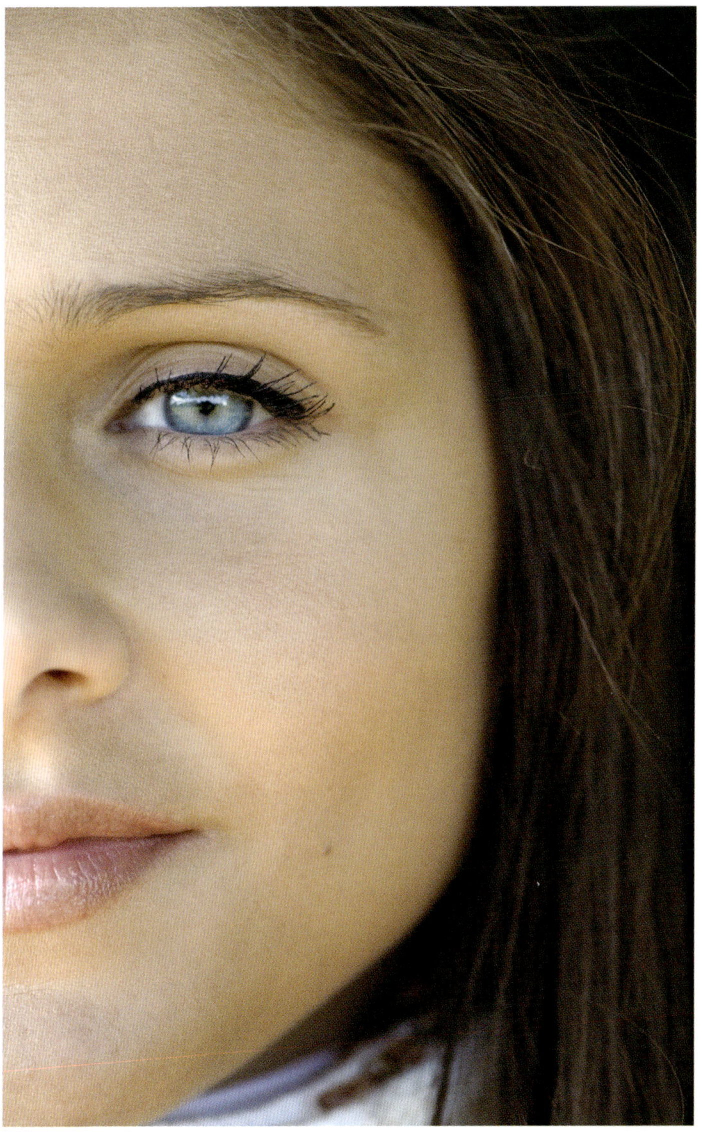

f/3.5 | 1/400 Sek. | ISO 200

Wenige Millimeter machen hier viel aus: Der Fokus ist verrutscht und liegt (statt auf dem Auge) auf den Wimpern. Mit Stativ wäre das nicht passiert ...

Ausnahmsweise Weitwinkel

Die andere Alternative: Das leichte Weitwinkel (kürzer als 50 mm) ist vor allem dann das Objektiv der Wahl, wenn Sie nicht nur das Gesicht des Models formatfüllend abbilden möchten, sondern auch die Umgebung, in der das Foto entsteht.

Aber Vorsicht: Zu viel Nähe zum Motiv kann wieder zu den für Weitwinkelobjektive typischen und unliebsamen Verzeichnungen führen und die Gesichter verzerrt darstellen wie auf dem eben gezeigten Beispielfoto mit meinem Neffen.

Mit Weitwinkel Abstand halten

Bei diesem Vater-Sohn-Motiv am Meer ist der Abstand zwischen Kamera und Motiv groß genug, um Verzerrungen durch die kurze Brennweite von 24 mm zu vermeiden. Die Gesichter nehmen nur etwa ein Viertel des Bildes ein. Ist dieser Bildanteil größer, weil Sie dichter am Motiv dran sind, wird die Gefahr größer, dass die Proportionen entgleisen und die Gesichter verzerrt dargestellt werden. Die Problematik ist die gleiche wie bei der Architekturfotografie.

Für Ganzkörperporträts hingegen können Sie problemlos ein Weitwinkelobjektiv nutzen. Der Abstand zwischen Kamera und Model ist dann automatisch ausreichend.

Bedenken Sie aber, dass auch in diesem Fall der Bildhintergrund möglichst neutral und schlicht ist. Denn sein Bildanteil ist bei Ganzkörperporträts mit kurzer Brennweite logischerweise größer und damit auch seine Wirkung.

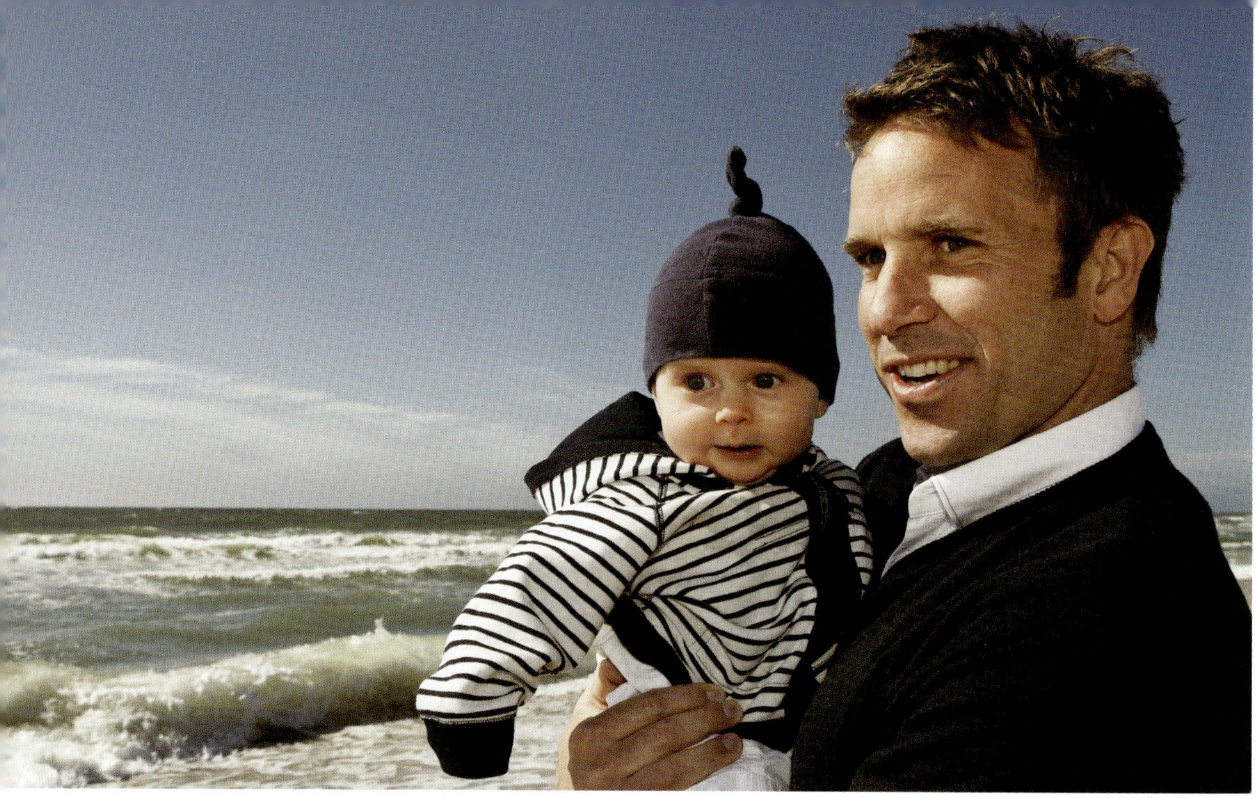

f/11 | 1/250 Sek. | ISO 100 | 24 mm | 1,20 m Abstand | Blitz

Ein Vater zeigt seinem kleinen Sohn das Meer – klar, dass bei dem Thema auch das Meer zu sehen sein muss. Deshalb wählte ich für dieses Motiv die geringe Brennweite. Bei mehr als 1 m Abstand zum Motiv ist die Gefahr der Verzeichnung der Proportionen eher gering. Dichter ran ist hingegen riskant!

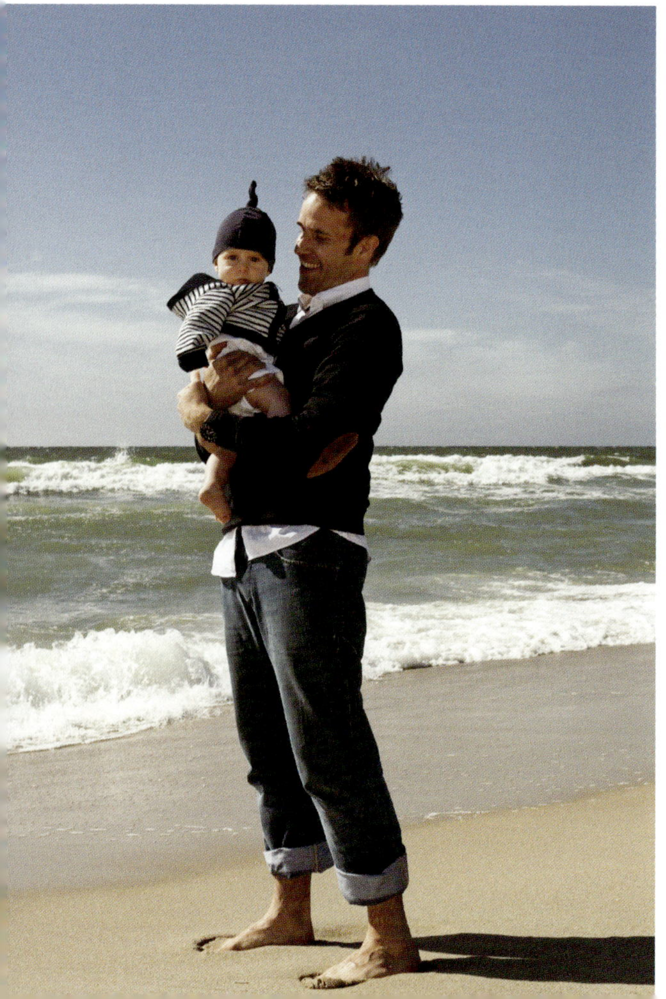

Bei dem oben stehenden Foto habe ich durch die Wahl der kleinen Blende (f/11) dem Bildhintergrund eine relativ hohe Schärfentiefe gegeben. Und das hatte seinen Grund: Es war der erste Urlaub am Meer für den kleinen Steppke. Insofern durften Wasser und Wellen hier ausnahmsweise mehr als nur eine hintergründige Rolle spielen.Und damit sind wir beim nächsten Thema, der Blende.

f/11 | 1/300 Sek. | ISO 100 | 43 mm | 5 m Abstand | Blitz

Der Bildanteil von Strand und Meer ist größer als beim vorher gezeigten Foto von Vater und Sohn.

Die Wahl der Blende

Jetzt geht's an die Kameraeinstellungen: Sie können den Hintergrund durch die Wahl einer relativ weit geöffneten Blende (etwa ab f/6.3 bis zur größten möglichen Blendenöffnung an Ihrem Objektiv) wunderbar in Unschärfe auflösen – vor allem dann, wenn er nicht hundertprozentig den Erwartungen entspricht. Für Porträts ist grundsätzlich keine allzu große Schärfentiefe nötig: Stirn, Augen, Wangen, Nase, Mund und Kinn sind ja nicht weit voneinander entfernt. Fotografieren Sie also in der Regel mit weit geöffneter Blende und vermeiden Sie unnötige Schärfentiefe. Bei dem folgenden Beispielfoto löst sich zusätzlich zum Hintergrund auch noch der Vordergrund in Unschärfe auf:

Wohin mit der Schärfe?

Wie schon mehrmals angesprochen: Legen Sie die Schärfe immer auf die Augen Ihres Models. Es ist nicht dramatisch, wenn dann die Nasenspitze der porträtierten Person durch das Fotografieren mit weit offener Blende und der daraus resultierenden knappen Schärfe schon wieder in leichter Unschärfe liegt – wie auf dem Beispielfoto auf der nächsten Seite. Hauptsache: Die Augen sind superscharf abgebildet.

Es sind die Augen, der Blick, die ein kleines Fenster zur Seele oder zum Charakter des Porträtierten öffnen. Aus den Augen spricht das Gefühl. Wenn Sie einen Menschen zum ersten Mal sehen, schauen Sie ihm zunächst in die Augen – das hat die Natur so eingerichtet. Der erste Blick entscheidet, ob uns die Person sympathisch ist oder eher nicht.

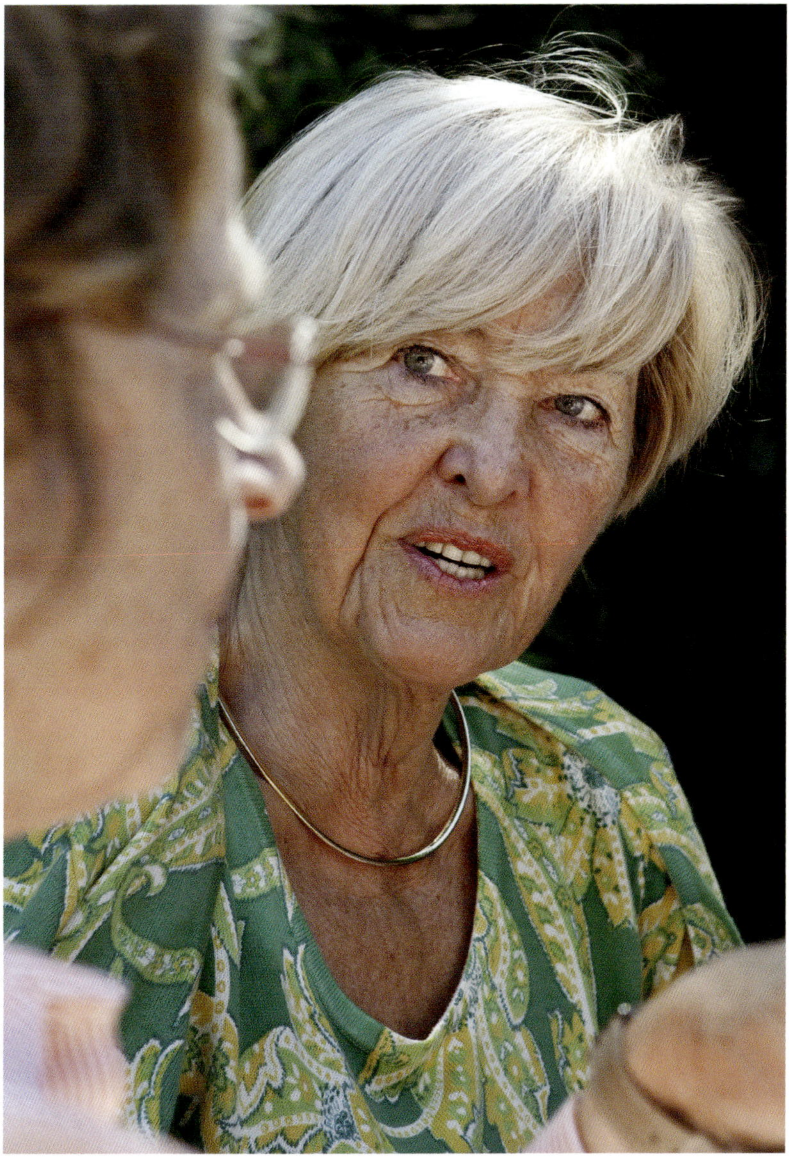

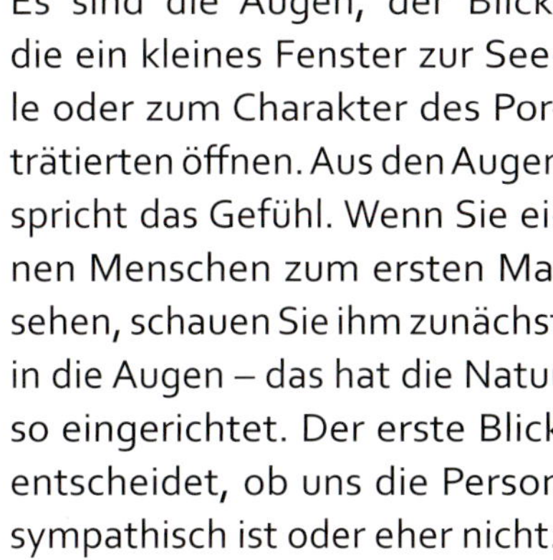

f/6.3 | 1/160 Sek. | ISO 200 | 68 mm

Nur das Gesicht der älteren Dame (meine Mutter) ist scharf abgebildet – ihre Gesprächspartnerin im Vordergrund sowie die Pflanzen im Hintergrund sind unscharf.

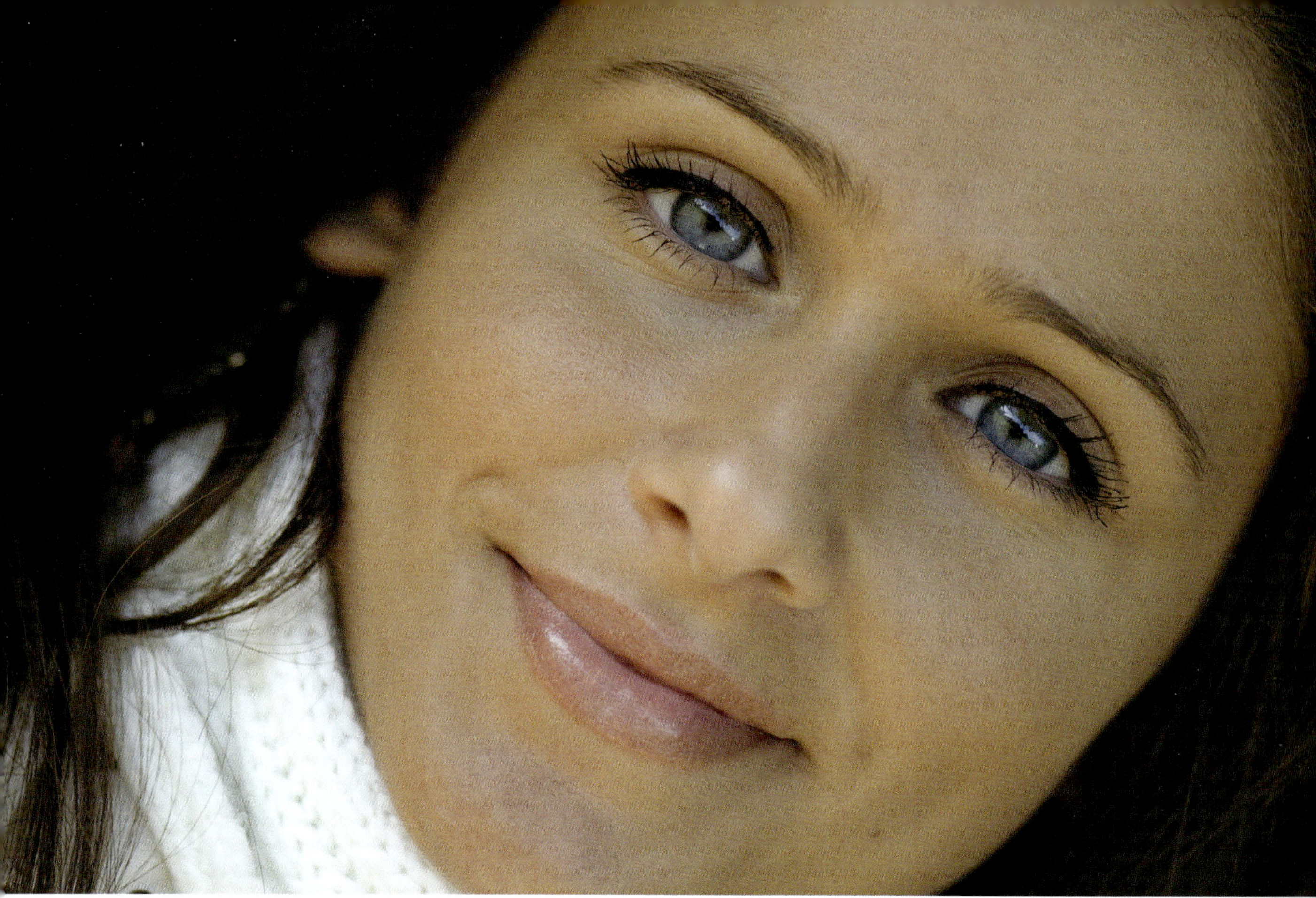

f/3.5 | 1/500 Sek. | ISO 200 | 105 mm

Die Grundregel in der Porträtfotografie: Die Schärfe muss auf den Augen liegen. Beim Fotografieren mit Offenblende kann es passieren, dass die Nasenspitze wie auf diesem Foto schon im Bereich der Unschärfe liegt – das ist jedoch kein Manko!

Kommunikation ist wichtig

Entscheidend für ein gelungenes Fotoshooting ist, dass sich Fotograf und Model gut verstehen, dass sie auf einer Wellenlänge funken. Zum Warmwerden lassen Sie Ihr Model am besten zunächst die Haltung einnehmen, in der es sich am wohlsten fühlt, die am bequemsten ist. Fotografieren Sie es so. Unterhalten Sie sich mit Ihrem Model, sprechen Sie über den gestrigen Abend, über Belanglosigkeiten wie das Wetter – die Themen sind egal. Wichtig ist nur, dass Sie eine entspannte und lockere Atmosphäre schaffen, in der sich das Model wohl und sicher fühlt. Denn wenn Sie nicht gerade ein professionelles Model vor der Kamera haben, ist die Situation gewiss nicht alltäglich und daher sind Unsicherheit und Nervosität meistens groß.

Ich kann mich noch gut an mein erstes geplantes Porträt-Shooting erinnern. Ich war nicht weniger aufgeregt als das junge Mädchen, das ich kaum kannte und das zudem noch nie vor einer Kamera gestanden hatte. Doch ich musste dem Mädel ja irgendwie eine gewisse Sicherheit geben, die ich damals selbst noch gar nicht hatte. Ich hatte totales Lampenfieber. Die ersten Fotos vergeigte ich komplett vor lauter Aufregung, wegen völlig idiotischer

Kameraeinstellungen. Nach einer Weile wurden wir langsam beide sicherer und es entstanden schöne Porträtfotos.

Lachen hilft!

Mit ein bisschen Witz, Charme und Humor schaffen Sie es sicher, Ihr Model zum Lachen zu bringen. Ein Thema, das sich dafür eigentlich immer eignet: Erzählen Sie von Ihren Missgeschicken und Unsicherheiten (z. B. beim Fotografieren) und nehmen Sie sich dabei selbst auf die Schippe. Übertreiben und ein wenig Flunkern sind dabei ausdrücklich erlaubt! Das macht Ihr Model sicherer, lässt es nicht vor Ihnen und Ihrer Kamera erstarren wie das berühmte Kaninchen vor der Schlange. Menschen sind nun mal so: Sie können sich köstlich amüsieren über das Pech anderer. Nutzen Sie das schamlos aus, um tolle, fröhliche Fotos voller Emotionen zu machen.

Ihr Einfühlungsvermögen als Fotograf ist gefragt. Nutzen Sie jede Chance, für Ihr Model eine lockere und zwanglose Atmosphäre zu schaffen. Auch das Zeigen der ersten gelungenen Fotos auf dem Display Ihrer Kamera wird Ihr Model selbstsicherer machen. Löschen Sie dabei Bilder, auf denen das Model sich nicht gefällt – das schafft ein größeres Vertrauen.

Bringen Sie Ihre Models zum Lachen. Am besten eignen sich dafür – gerade bei ungeübten Models – Geschichten über Ihre eigenen Missgeschicke. Ja, die beiden lachen mich aus, nicht an! Macht aber nichts – Hauptsache, sie lachen.

f/8 | 1/320 Sek. | ISO 100 | 70 mm

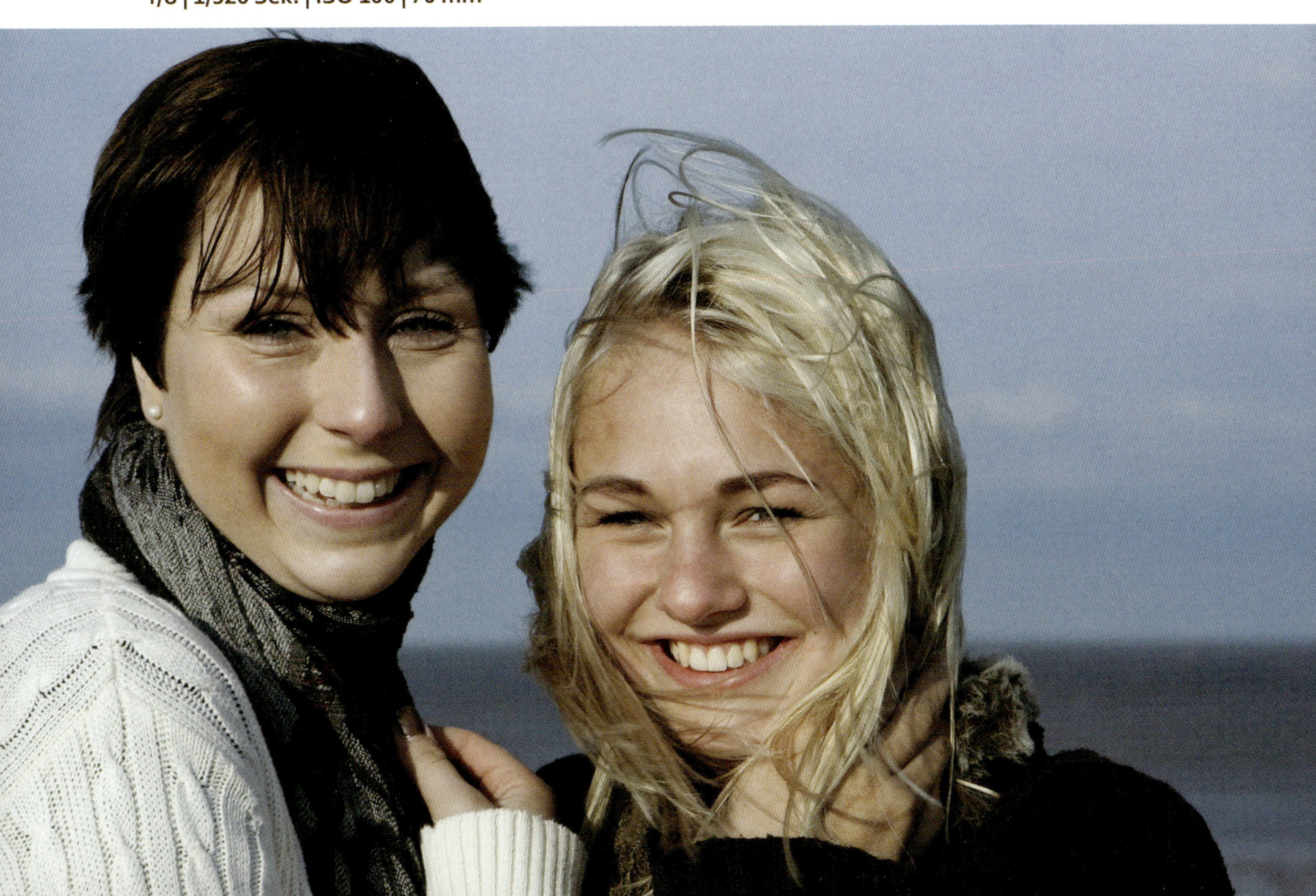

Es geht auch ohne Kamerablick

Auf den bisher gezeigten Porträts schauen die Models meistens in die Kamera. Das ist die gewohnte Perspektive, wenn wir uns mit einem Menschen unterhalten: Wir haben Blickkontakt zu ihm. Und so ist es logisch, dass auf Ihren ersten Porträtfotos die Personen direkt in die Kamera schauen. Wunderbare Porträts erhalten Sie aber auch dann, wenn das Model nicht in die Kamera schaut. Dann, wenn die Kamera scheinbar ein stiller und unbemerkter Beobachter ist.

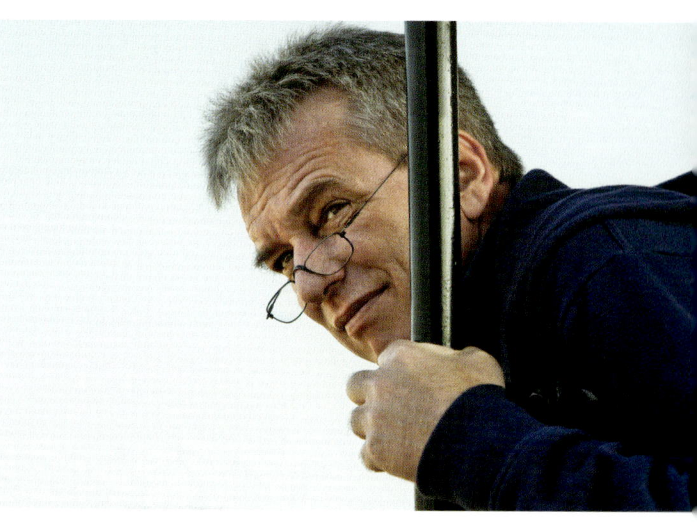

f/8 | 1/125 Sek. | ISO 125 | 200 mm

Mein Mann ignoriert mich! Aber nur auf meine Anweisung hin. Das Foto entstand während der Fahrt mit einer historischen Eisenbahn, sodass es ihm nicht schwerfiel, den Blick in Richtung Dampflok zu wenden – Männer und ihre Liebe zur Technik!

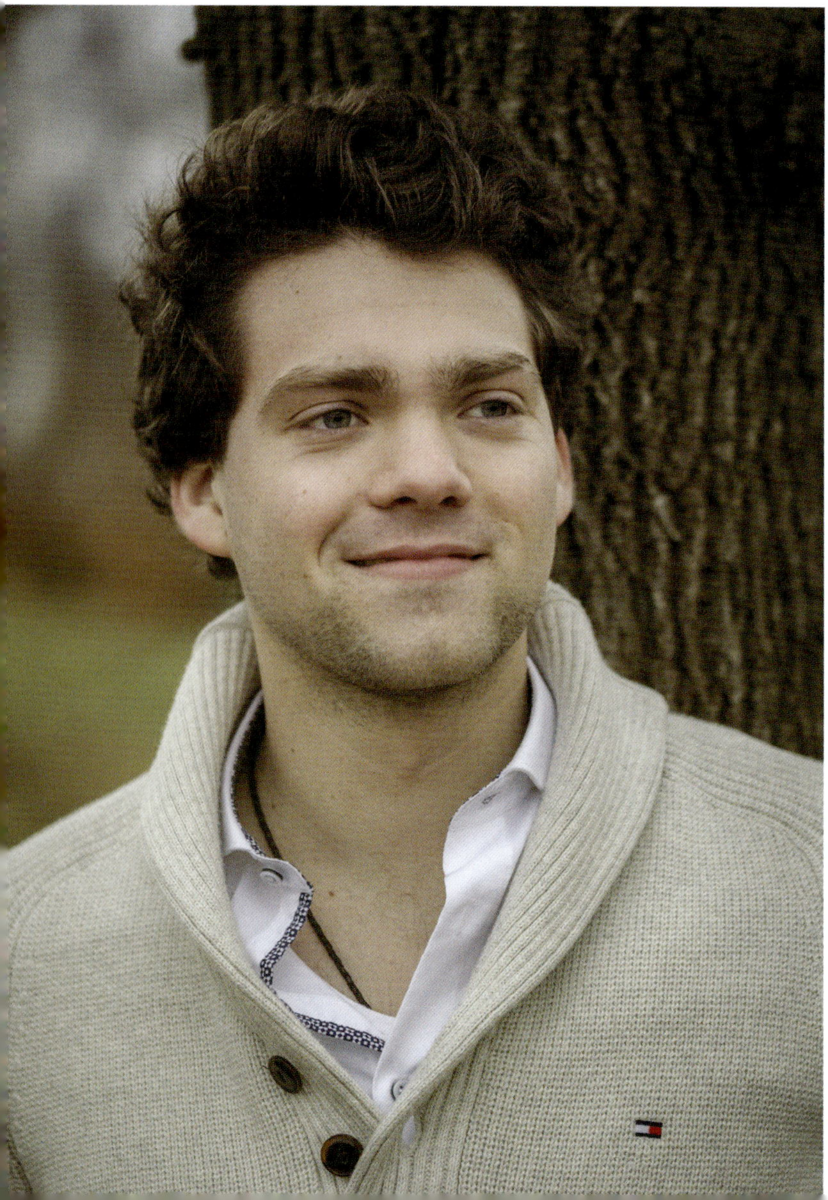

Regieanweisungen geben

Gerade für ungeübte Models – egal ob Kind oder Erwachsener – ist es schwierig, sich nicht auf die Kamera zu konzentrieren. Deshalb muss der Fotograf klare Regieanweisungen ge-

f/2.8 | 1/1250 Sek. | ISO 1000 | 100 mm

Er hat meine Regieanweisungen exakt befolgt und an einen sonnigen Strand gedacht. Anders ist sein zufrieden glücklicher Gesichtsausdruck an diesem nasskalten und dunklen Februartag nicht zu erklären! Und die Lichtbedingungen erklären auch die auf den ersten Blick etwas abstrus wirkenden Kameraeinstellungen. Einen Blitz und/oder Reflektor hatte ich nicht im Einsatz.

ben, worauf das Model seinen Blick richten soll. Zum Beispiel so: „Schau über meine rechte/linke Schulter in die Ferne ... ein wenig verträumt ... denk an einen sonnigen Strand." Meistens funktioniert das sehr gut.

Geben Sie als Fotograf einen konkreten Punkt vor, auf den das Model schauen soll. Schauen Sie sich an Ort und Stelle (neudeutsch Location) um und benennen Sie die Punkte, auf die das Model den Blick richten soll. Diese Punkte sollten für jedes Foto in einer anderen Höhe liegen.

Sagen Sie zum Beispiel: „Schau auf das Fenster dort oben im dritten Stock des Hauses." Das Model wird seinen Blick nach oben richten. Oder sagen Sie: „Schau auf die Plakatwand am Haus gegenüber." Und das Model wird mit seinem Blick geradeaus schauen.

Sagen Sie: „Schau auf das weggeworfene Stück Papier da vorn auf der Straße." Das Model wird seinen Blick nach unten richten. Auf diese Art und Weise geben Sie Ihrem nicht so geübten Model sehr konkrete Anweisungen für die Blickrichtung.

Beschäftigen Sie Ihr Model

Wenn Sie Ihrem Model etwas zu tun geben, können Sie ebenfalls sicher sein, dass Sie und Ihre Kamera zur Nebensache werden. Das kann alles Mögliche sein: Vom Buch bis zum Mops ist alles erlaubt!

Das Buch lenkt das Model von meiner Kamera ab, sodass das Mädchen scheinbar konzentriert liest.

f/6.3 | 1/400 Sek. | ISO 400 | 70 mm

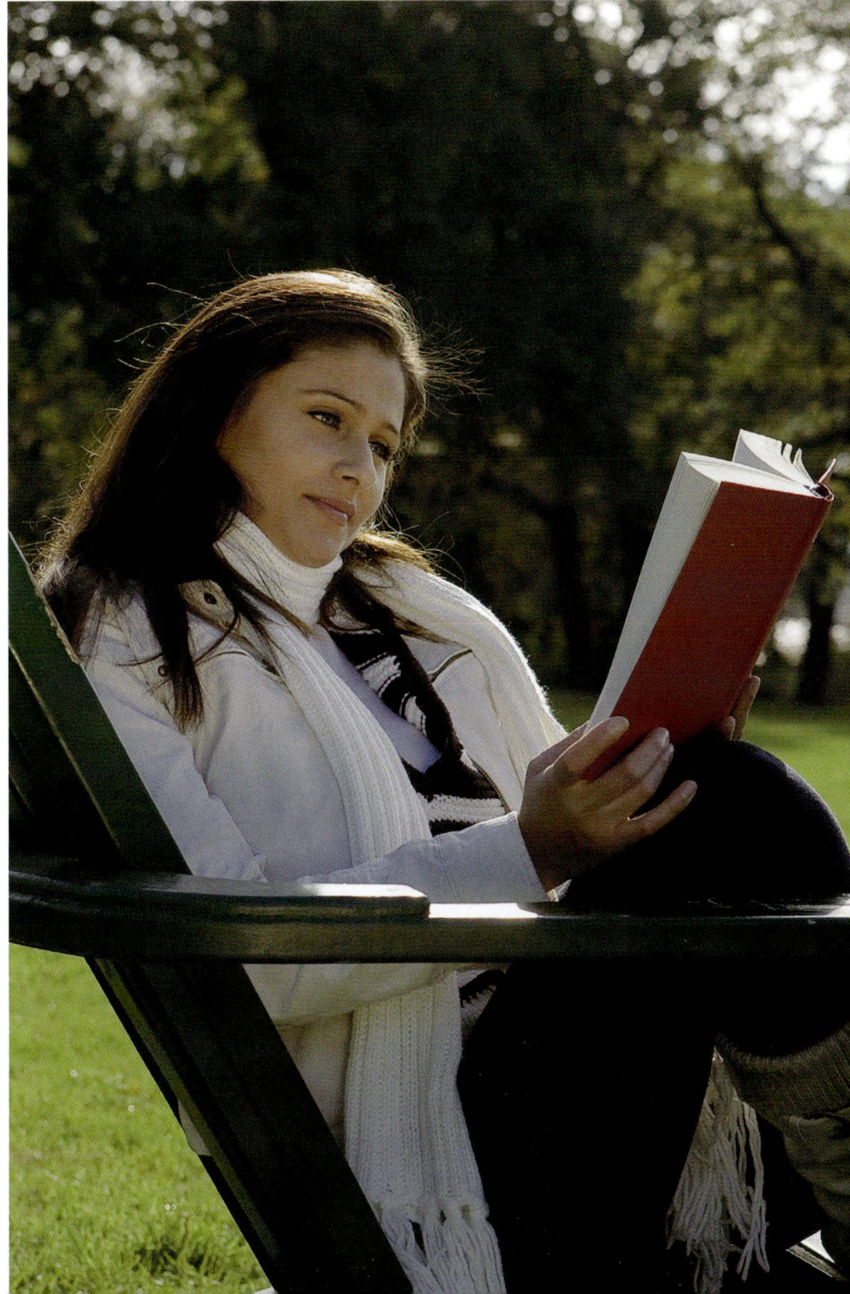

Serienbildfunktion nutzen

Wenn ich Menschen fotografiere, während sie mit einer Tätigkeit beschäftigt sind, stelle ich die Kamera meistens auf die Serienbildfunktion um. Denn so ist es mir schon mehrmals passiert, dass eine sehr witzige Bildserie entstand, die mir glatt entgangen wäre, wenn ich im Einzelbildmodus fotografiert hätte.

Eigentlich wollte ich nur Porträts von meiner Freundin mit ihrem Hund Rosi machen – doch mit Tieren (oder Kindern) gibt's manchmal echte Überraschungen!

Besonders dann, wenn Sie ein Model zusammen mit Kindern oder eben wie hier mit Tieren fotografieren möchten, sollten Sie ein wenig vorausschauend denken, weil in solchen Situationen häufig Unerwartetes geschieht. Ich ahnte beim zweiten Foto, was gleich passieren wird – auch wenn meine Freundin dem „Mops-Kuss" noch ein-, zweimal geschickt ausweichen konnte, verlor sie schließlich den „Zweikampf" und es geschah dann doch.

Das letzte Foto der Serie dekoriert übrigens inzwischen im Großformat eine Wand im Haus meiner Freundin und sorgt dort bei Besuchern immer wieder für Lacher. Und auch ich muss immer wieder schmunzeln, wenn ich diese Fotoserie betrachte ...

Je mehr Handlung Sie von Ihrem Model fordern (oder Ihre Models Ihnen anbieten, wie der kleine Mops), desto interessanter werden Ihre Fotos, weil sie eine Geschichte erzählen – und das manchmal auch schon mit einem einzigen Bild. Wenn Sie dann auch noch einen Menschen vor der Kamera haben, der mit seiner Gesichtsmimik ganze Geschichten erzählen kann, ist das Einschalten der Serienbildfunktion Pflicht.

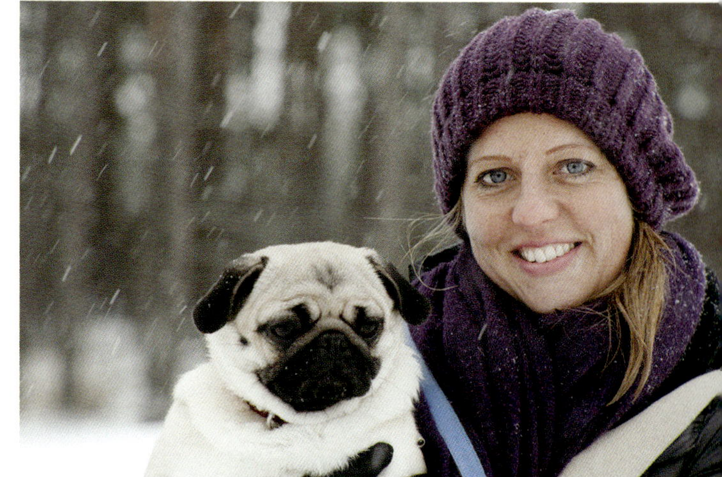

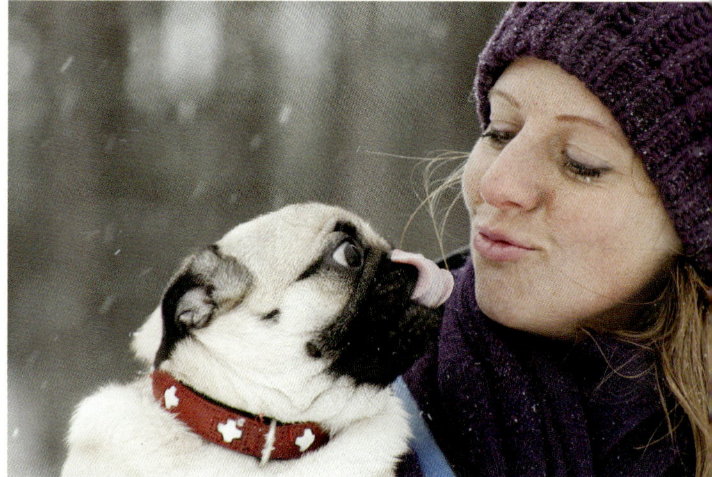

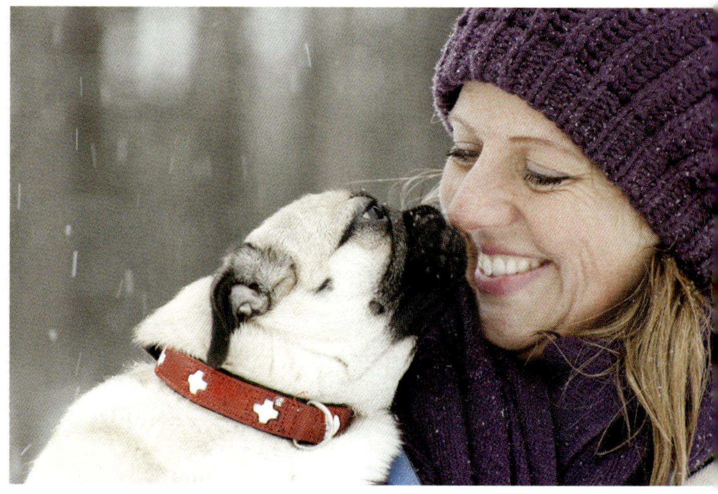

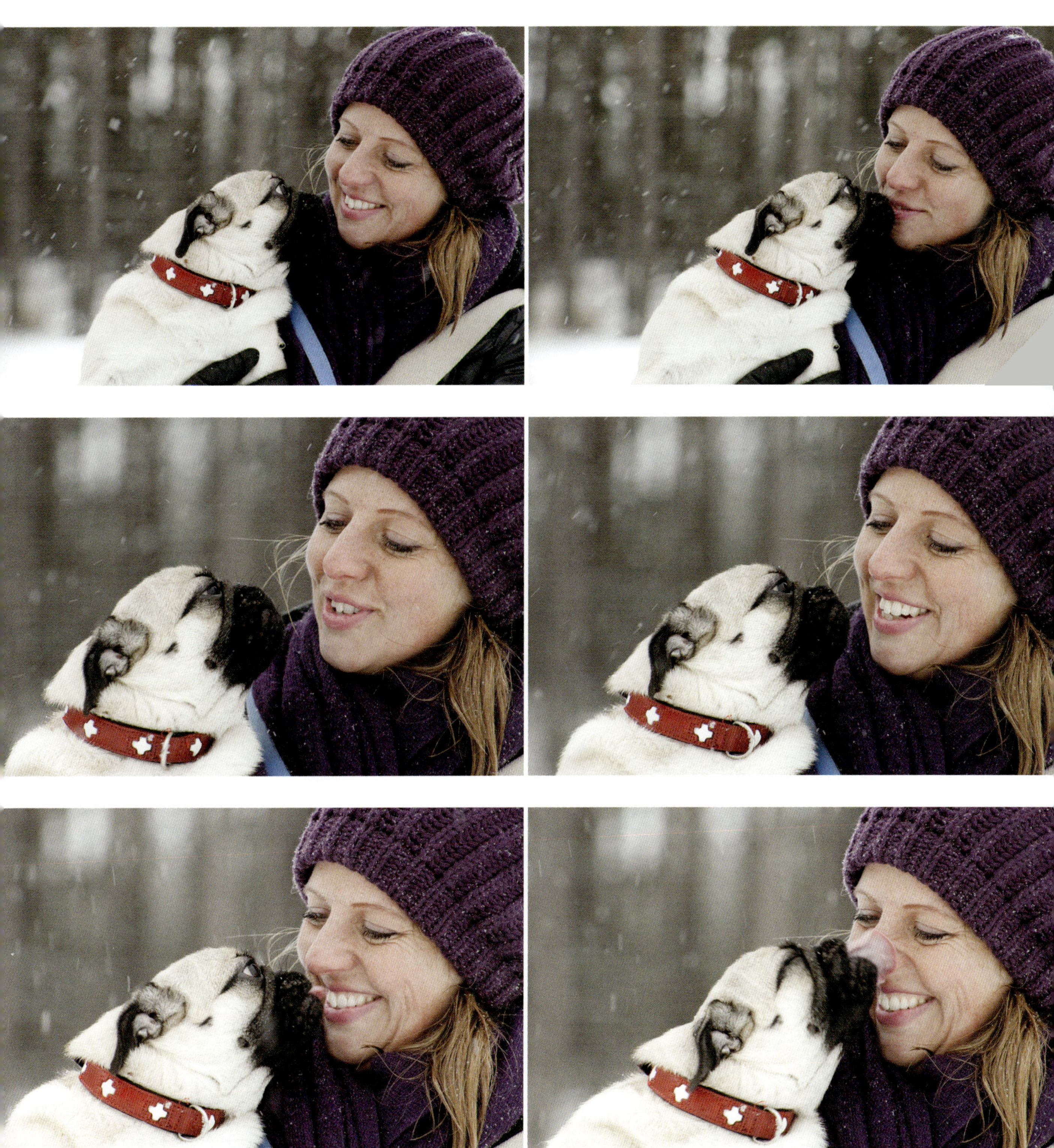

Alle neun Fotos sind komplett unbearbeitet und entstanden hintereinander weg mit der Zeitautomatik bei f/5.6 und ISO 400. Die Belichtungszeiten variieren zwischen 1/25 Sek. und 1/160 Sek., die Brennweiten zwischen 120 mm und 160 mm.

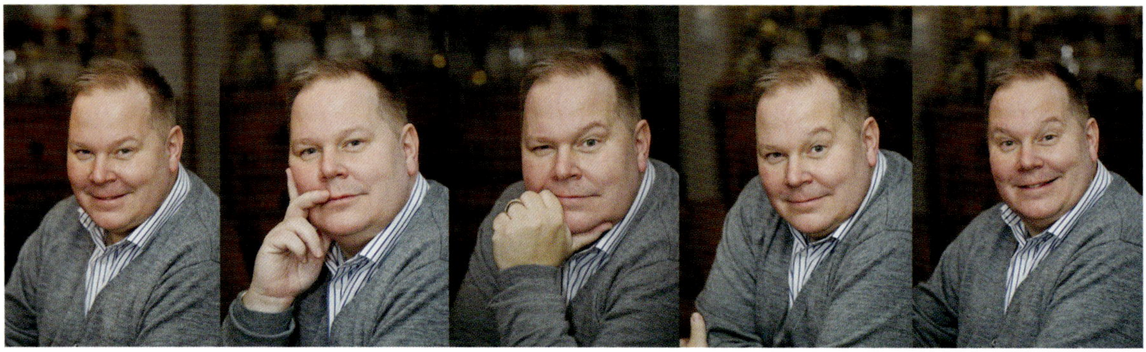

f/3.2 | 1/250 Sek. | ISO 1000 | 100 mm | Blitz

Mit diesen Kameraeinstellungen entstanden alle fünf Porträtfotos mithilfe der Serienbildfunktion.

Porträts mit mehr als einer Person

Wenn Sie mehrere Menschen auf einem Foto porträtieren möchten, lassen Sie sie möglichst miteinander agieren wie auf dem nebenstehenden Familienfoto. Bauen Sie eine Handlung ein. Bei dem Foto auf der nächsten Seite sieht es aus, als ob der Vater nach einem langen Strandspaziergang seinen kleinen Sohn nicht mehr auf den Schultern tragen möchte und ihn lächelnd an seine Frau überreicht nach dem Motto: Jetzt bist aber du dran! Das ist nur eine von mehreren denkbaren Geschichten, die dieses Foto

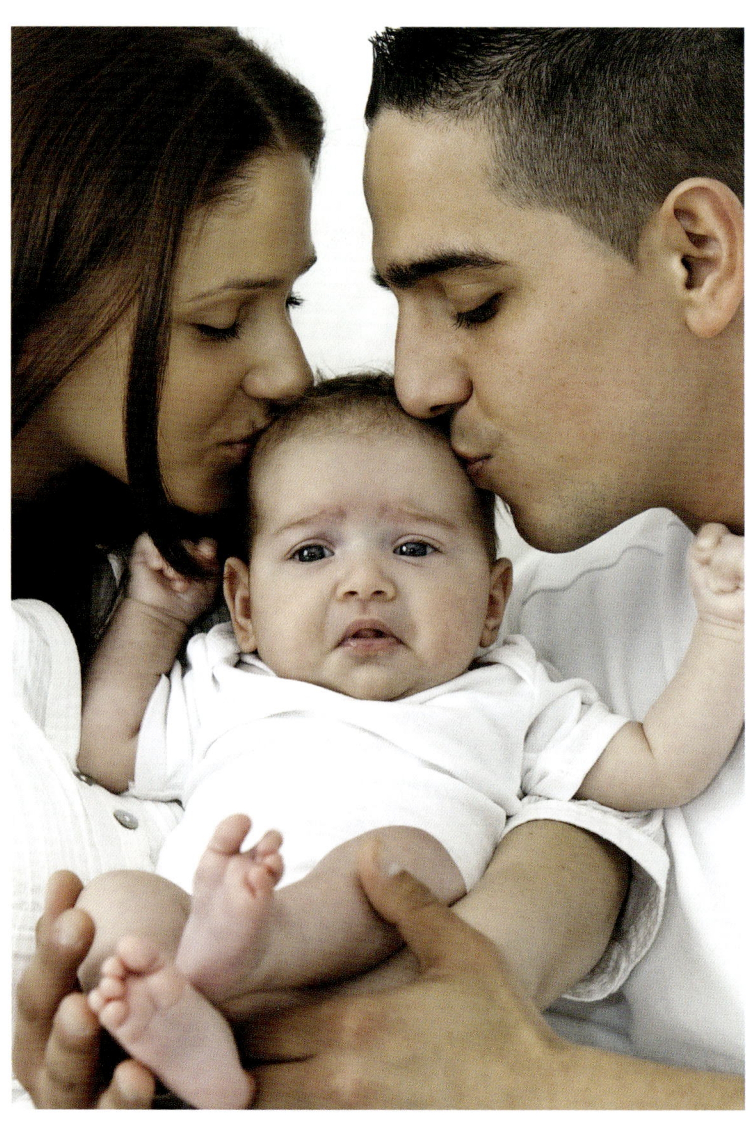

f/6.3 | 1/25 Sek. | ISO 125 | 105 mm | Aufhellblitz

Die jungen Eltern halten ihr Baby auf dem Arm und küssen es. Die kleine Tochter scheint von der Aktion allerdings nicht sehr begeistert. Das Foto entstand nicht im Studio, sondern in einem ganz normalen Wohnzimmer.

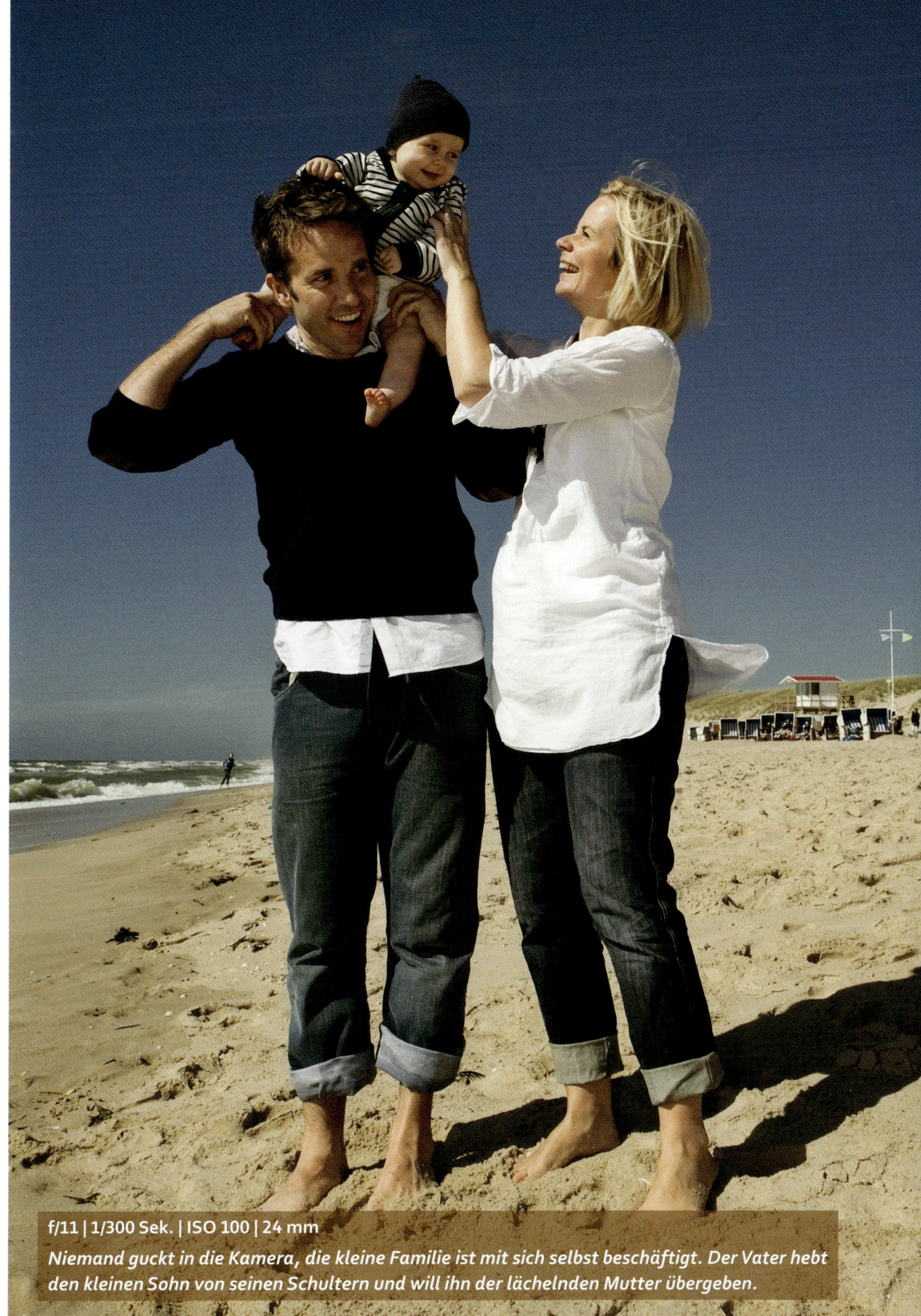

f/11 | 1/300 Sek. | ISO 100 | 24 mm

Niemand guckt in die Kamera, die kleine Familie ist mit sich selbst beschäftigt. Der Vater hebt den kleinen Sohn von seinen Schultern und will ihn der lächelnden Mutter übergeben.

erzählen könnte. Es wurde übrigens von einem Tourismusbüro als Titelfoto für einen Katalog ausgewählt.

Warum genau dieses Foto aus einer größeren Auswahl ähnlicher Motive ausgesucht wurde, habe ich gefragt. Die Antwort war für mich verblüffend simpel: „Weil keine der Personen in die Kamera schaut!" Gleiches gilt natürlich auch für Fotos, die in Innenräumen entstehen: Lassen Sie die Personen miteinander in Aktion treten:

Eine Frau lässt sich in einem Nagelstudio die Fingernägel lackieren. Ein rechtlich eher unproblematisches Foto, weil weder Personen noch Räumlichkeiten zu erkennen sind.

f/4.5 | 1/100 Sek. | ISO 1000 | 70 mm

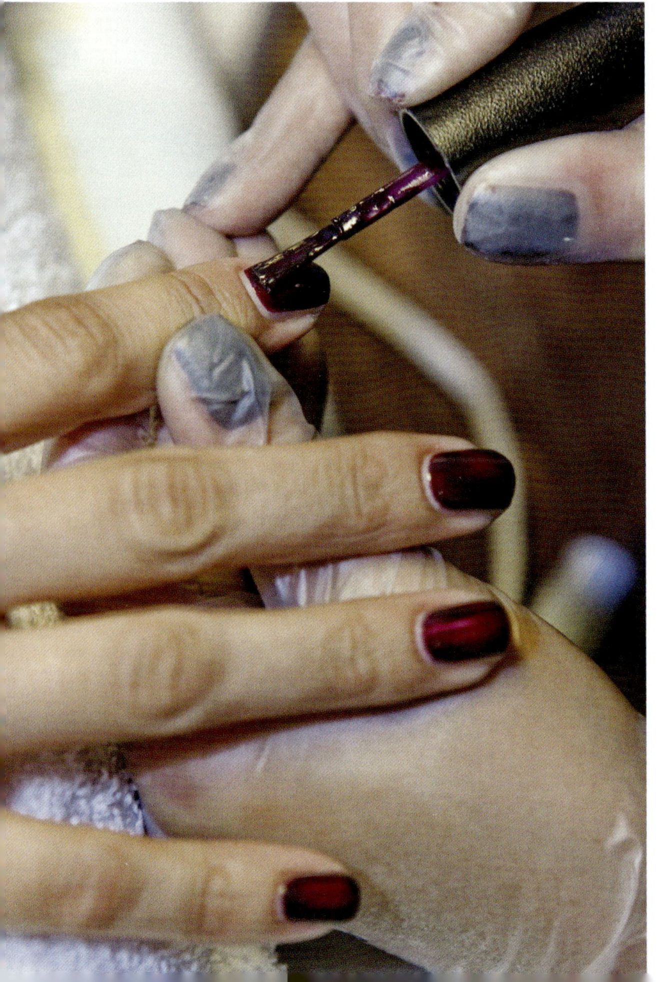

Rechtliches

Wenn Sie Fotos von Menschen z. B. auf einer Internetseite (wie beispielsweise Fotocommunity, Facebook o. Ä.) veröffentlichen möchten, gibt es einige Gesetze zu bedenken. An erster Stelle steht das Recht am eigenen Bild.

Sie brauchen auf jeden Fall das Einverständnis der abgebildeten Personen! Sonst droht juristischer Ärger. Es reicht nicht aus, dass ein Mensch freundlich in die Kamera lächelt und damit sein Einverständnis signalisiert, fotografiert zu werden.

Auf der sicheren Seite sind Sie dann, wenn Sie sich ein Model-Release unterschreiben lassen. Das Formular dafür finden Sie im Internet z. B. unter folgendem Link:

www.digitalstock.de/doku/modelrelease_digitalstock.pdf

Drucken Sie am besten gleich mehrere Exemplare aus und legen Sie sie mit zu Ihrer Kameraausrüstung. So sind Sie bei Gelegenheit ausreichend „bewaffnet".

Halten Sie sich nicht an die rechtlichen Bestimmungen, kann das drastische Folgen für Sie haben. Die harmloseste Variante ist, dass Sie das betreffende Foto sofort entfernen müssen. Im schlimmeren Fall können Sie kräftig zur Kasse gebeten werden!

Keine rechtlichen Probleme verursachen in der Regel Detailaufnahmen von menschlichen Körperteilen wie z. B. diese Hand, deren Fingernägel gerade lackiert werden, weil keine konkrete Person darauf zu erkennen ist.

Details nicht vergessen!

Dieses Beispielfoto erinnert mich daran, Sie aufzumuntern, zum Abschluss eines Porträt-Shootings auch Körperdetails wie die Hände einer Person mit in den Fokus zu rücken.

Hände sind ein wunderschönes Motiv und verraten viel über den Menschen: ob es ein alter oder junger Mensch ist. Ob es sich um einen Handwerker oder einen Büromenschen handelt oder vielleicht um einen Künstler?

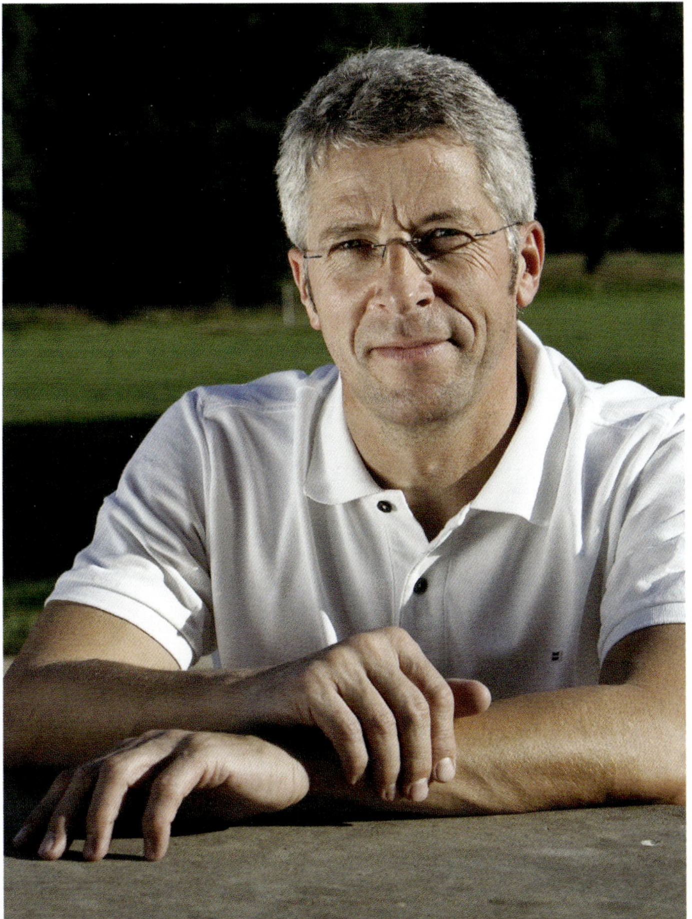

f/9 | 1/200 Sek. | ISO 100 | 70 mm

Nehmen Sie die Hände eines Menschen mit ins Bild – ihre Haltung kann eine entspannte, lässige Wirkung unterstreichen.

Spannend können natürlich auch andere Details wirken – ich lichte total gern Augen mit einem Makroobjektiv ab. Hier habe ich die Tochter meines Mannes fotografiert, während sie sich vor einem kleinen Tischspiegel die Wimpern tuschte.

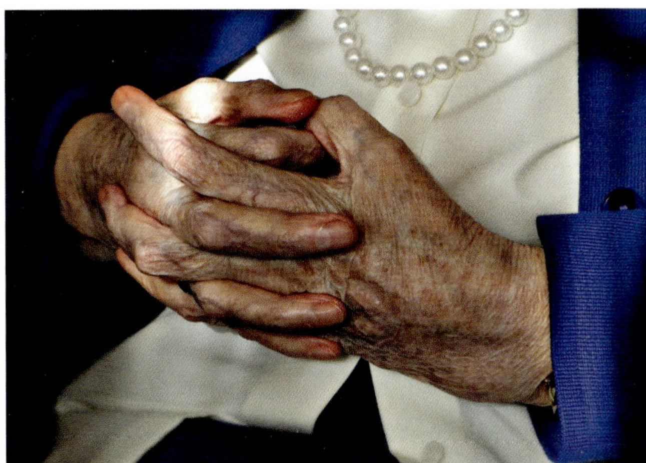

f/4.5 | 1/125 Sek. | ISO 100 | 40 mm

Die Hände einer alten Dame – ein tolles Fotomotiv.

Als Licht diente lediglich das durchs Fenster einfallende Tageslicht. Bei genauem Hinsehen ist in der Pupille die Spiegelung des Mädchengesichts erkennbar. Auch bei Detailfotos sollte man auf einen guten Bildaufbau achten.

Das Auge ist etwas oberhalb der Bildmitte angeordnet, das Wimpernbürstchen und der Wangenknochen des Mädchens bilden zwei beinahe parallele Diagonalen.

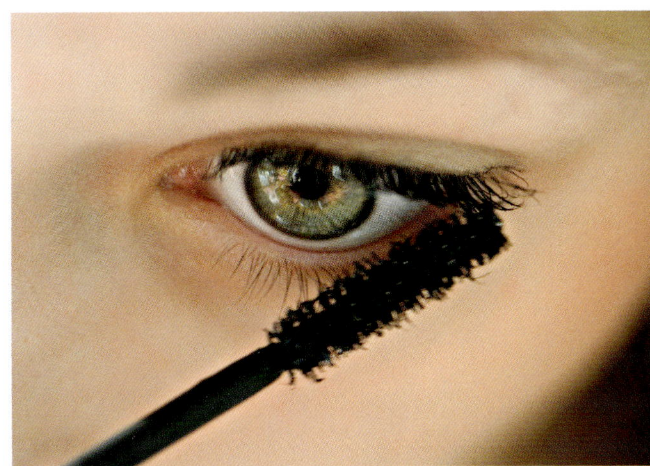

f/2.8 | 1/80 Sek. | ISO 400 | 60 mm

5.3 Unter freiem Himmel

Sollen Ihre Porträtfotos draußen in der freien Natur oder auch in städtischer Umgebung entstehen, gilt es, sich mit dem vorhandenen Licht zu arrangieren. Ob pralle Sonne oder dichte Wolkendecke.

Pralle Sonne meiden

Viele Hobbyfotografen meinen, dass sich solche Fotos am besten im prallen Sonnenschein machen lassen. Ich halte es dagegen für wesentlich einfacher, gute Porträtfotos bei bedecktem Himmel zu machen. Der Grund ist simpel: Wo Licht ist, ist auch Schatten!

Fotografieren Sie also bei praller Sonne, möglicherweise auch noch im ungünstigen Mittagslicht, bilden die „Erhebungen" im Gesicht wie Nase, Wangenknochen oder auch die Augenbrauen unschöne Schatten. Dem Licht direkt ausgesetzte Partien wie Stirn, Nasenrücken und Kinn sind dagegen oft zu hell und überstrahlen. Das folgende Foto zeigt, wie ungünstig sich Sonne auf Gesichter auswirken kann:

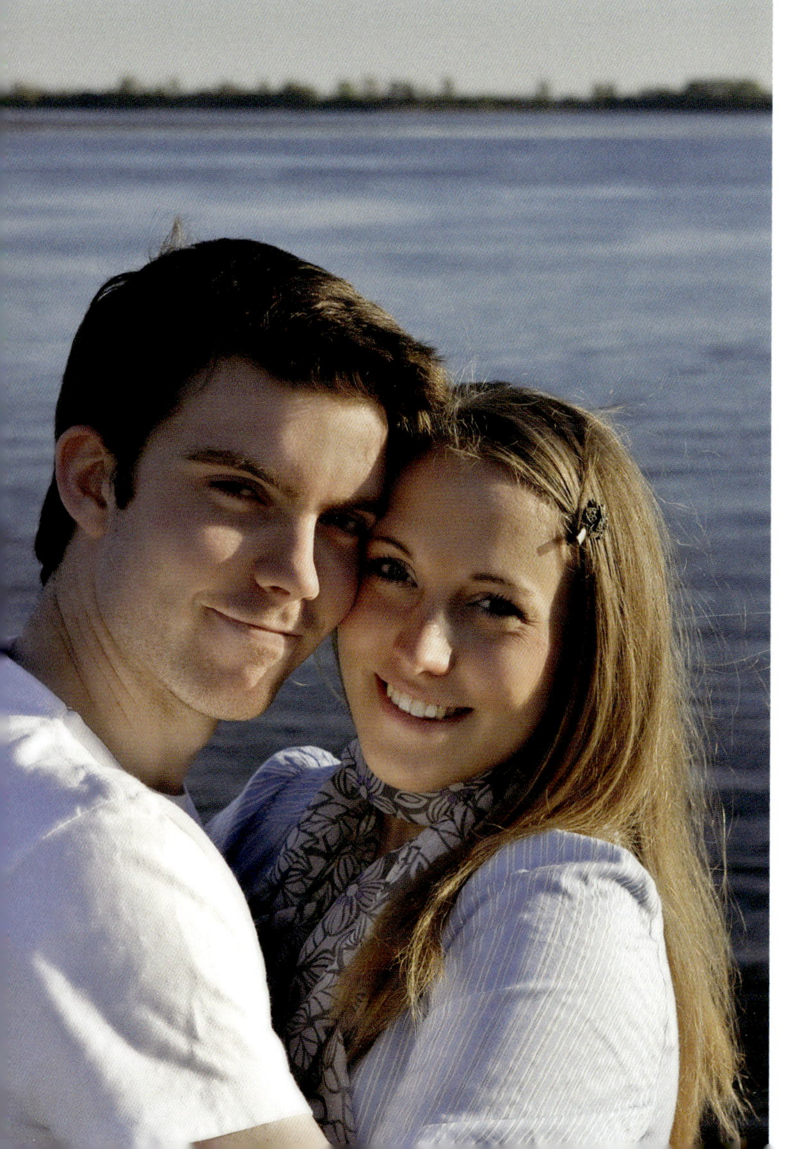

Ich hätte die beiden auch stärker Richtung Sonne schauen lassen können, um Schatten in den Gesichtern zu vermeiden.

Aber das Ergebnis wären viele Blinzel-Porträts gewesen, weil die Sonne die beiden zu stark geblendet hätte. Lassen Sie Ihr Model also möglichst nie direkt in die helle Sonne schauen.

Das Licht blendet einfach zu stark, lässt Ihre Models blinzeln und ihre Augen tränen. Sorgen Sie für möglichst gleichmäßige Helligkeit auf den Gesichtern. Positionieren Sie Ihre Models stattdessen zum Beispiel so, dass das Sonnenlicht schräg von hinten auf sie fällt.

f/9 | 1/250 Sek. | ISO 200 | 66 mm

Ein schönes Paar, gutes Wetter, tolles Sonnenlicht von rechts, aber die Gesichter des Paares zeigen helle und dunkle Flecken und sind nicht gleichmäßig ausgeleuchtet.

Doch auch das folgende Foto meiner Freundin mit ihren Hunden ist noch nicht optimal. Es ist zu gegenlichtig, das eigentliche Motiv zu dunkel, der Hintergrund zu hell. (Die Blendenflecken sind in diesem Fall gewollt – das ist aber vermutlich nur eine vorübergehende Modeerscheinung bei mir.)

f/8 | 1/125 Sek. | ISO 100 | 46 mm

Das Sonnenlicht kommt zwar schräg von hinten, ist aber noch zu sehr Gegenlicht. Hier ist eine Aufhellung von vorn durch Reflektor und/oder Blitz vonnöten. Dann sieht es wie auf dem folgenden Foto aus.

Suchen Sie Schatten

Wenn Sie auf den Einsatz von Reflektor und/oder Blitz verzichten möchten, ist es ratsam, sich für das Fotoshooting einen Platz im Schatten – zum Beispiel unter einem großen Baum – zu suchen. Achten Sie aber darauf, dass der Schatten wirklich gleichmäßig ist. Oft scheinen beispielsweis durch das Blätterdach eines Baums noch einzelne Sonnenstrahlen und malen ungleichmäßige, helle Flecken auf das Gesicht des Menschen, den Sie fotografieren möchten. Und dann sind sie wieder

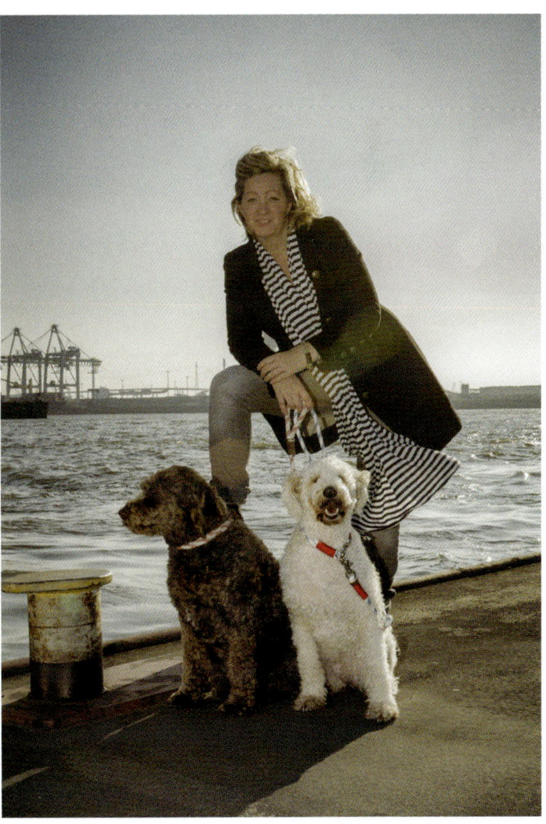

f/13 | 1/300 Sek. | ISO 320 | 35 mm | Blitz und Reflektor

Nun ist das Hauptmotiv deutlich besser ausgeleuchtet, die Belichtung ist ausgewogener.

da, die ungeliebten Schlagschatten. Sogar die hübschen blauen Augen – der Blickfang auf dem folgenden Foto – des Mädchens werden durch ihre langen Wimpern teilweise beschattet, weil Sonnenlicht durch das lichte Blätterdach der Bäume auf ihr Gesicht fällt.

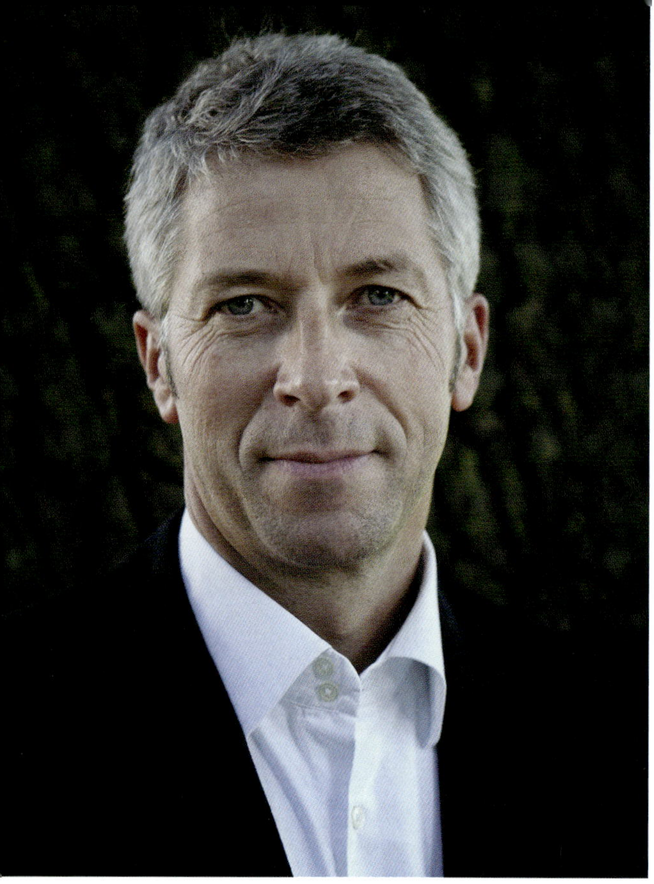

f/3.2 | 1/200 Sek. | ISO 400 | 70 mm

Dieses Männerporträt entstand in der Hochsommerhitze bei strahlendem Sonnenschein – jedoch im Schatten unter der Krone einer uralten Eiche, deren Stamm zugleich für einen homogenen Hintergrund sorgte.

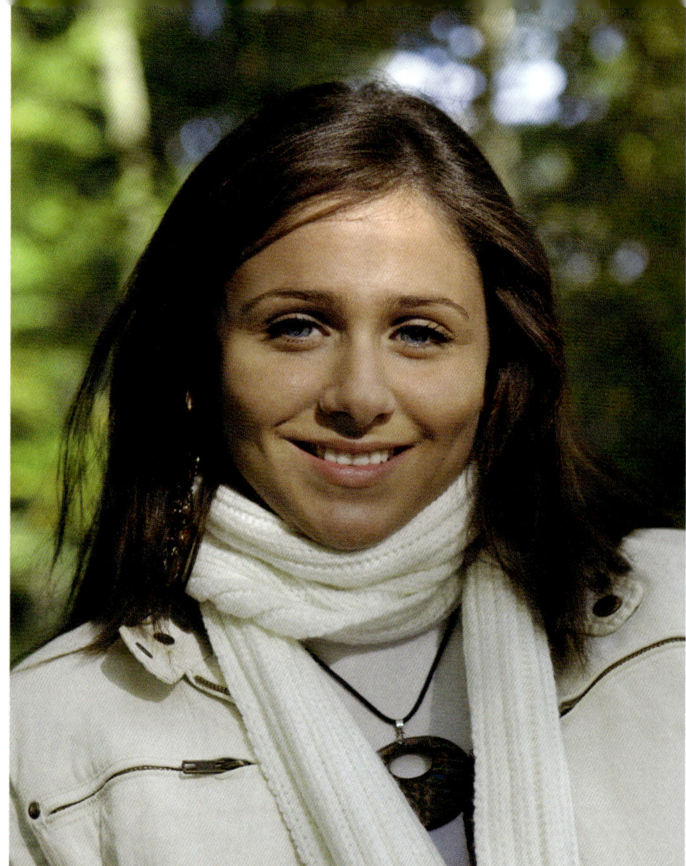

f/4 | 1/320 Sek. | ISO 500 | 66 mm

Als Standort für dieses Porträt hatte ich ein schattiges Plätzchen im Wald ausgesucht. Doch dann kam ein Windstoß, pustete in das dichte Laubdach über uns und ließ Sonnenstrahlen Lichtflecken auf das Gesicht des Mädchens malen. Selbst die Wimpern werfen Schatten auf die Haut unter den Augen – ein ungewollter Effekt.

Nebenstehend ist noch ein Beispielfoto für die Wirkung von grellem Sonnenlicht auf Gesichter: Der Mann musste gegen die schräg von vorn scheinende Sonne schauen und kniff dadurch die Augen zwangsläufig zusammen.

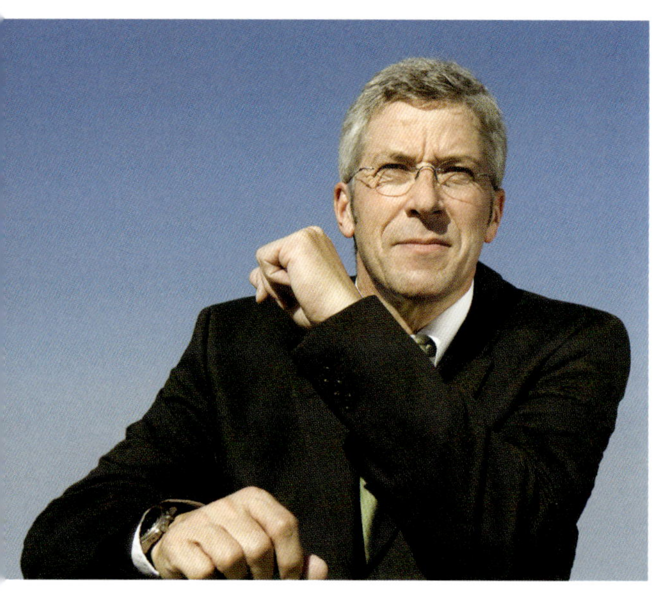

f/6.3 | 1/640 Sek. | ISO 125 | 48 mm

Bei diesem Porträt scheint die Sonne grell von oben links. Dadurch entsteht unter der Nase des Mannes ein Schlagschatten. Auch muss er die Augen zusammenkneifen, damit das Licht ihn nicht blendet. Seine Falten wirken tiefer. Dadurch wirkt er leicht grimmig und streng – und das ist dieser Mann keineswegs!

So wirkt sein Blick streng, beinahe grimmig entschlossen. Seine Falten wirken tiefer, als sie es eigentlich sind.

Männergesichter werden von Fotografen gern in ein solches Licht gesetzt, um sie so richtig männlich kernig und herb wirken zu lassen. Die starken Lichtkontraste sorgen dafür.

Auch für Porträts von alten Menschen wird dieses Stilmittel oft genutzt. Aber nutzen Sie nie derartige Lichtverhältnisse, wenn Sie eine Frau (oder auch Kinder) schön, sanft und weich porträtieren möchten.

Das funktioniert nicht! Und die Dame wird dann hundertprozentig mit dem Ergebnis des Shootings unzufrieden sein, weil sie älter, härter und böser wirkt, als sie ist.

Also: Für Porträts von Frauen, Kindern und jungen Leuten sind derart harte Lichtkontraste schlicht unpassend.

Übrigens ist der Mann auf dem Beispielfoto derselbe Mann, der eben noch im Schatten vor dem Baumstamm stand und so freundlich in die Kamera lächelte. Unterschiedliche Lichtsituationen haben also einen entscheidenden Einfluss auf die Bildwirkung!

Nur in den frühen Morgenstunden oder in der Abendsonne sollten Sie Ihr Model (sofern nicht kernig männlich) direkt in die Sonne schauen lassen – dann ist das Licht nicht mehr so grell und hart, die Schlagschatten sind milde und noch vertretbar.

Einsatz für Reflektor und Blitz

Um Gesichter ausreichend hell auszuleuchten, wenn die Sonne z. B. von schräg hinten auf das Model fällt, hilft der Einsatz eines Reflektors.

Den lassen Sie am besten von einem Helfer vor dem Model in Richtung Sonne ausrichten, sodass das reflektierende Licht das Gesicht gleichmäßig aufhellt.

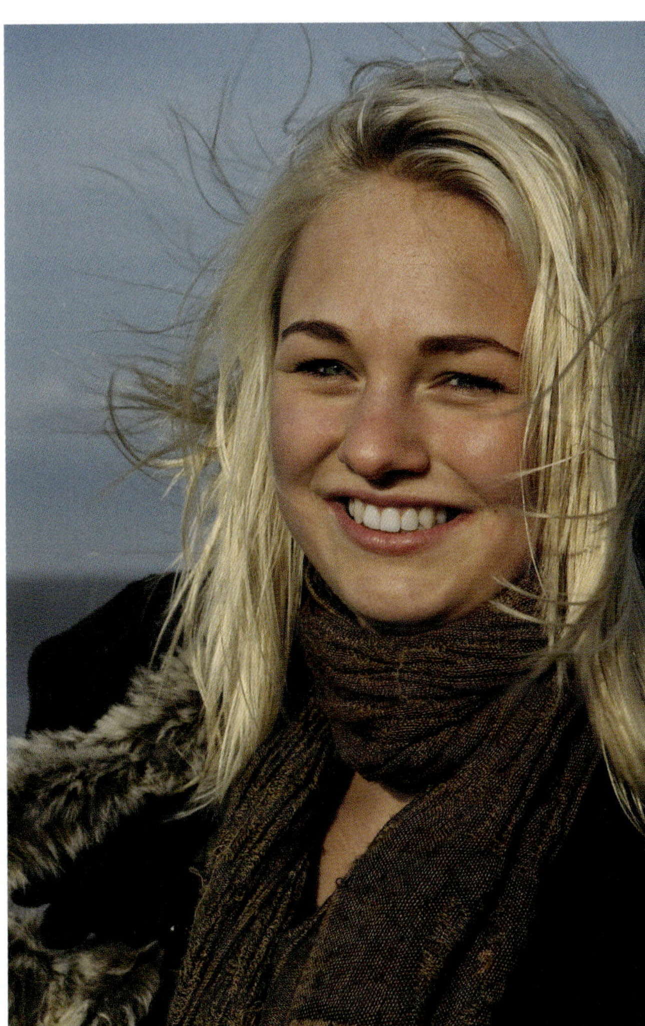

f/8 | 1/320 Sek. | ISO 100 | 70 mm

Das Licht der sanften Abendsonne fällt auf das Gesicht des Mädchens. Die dadurch entstehenden Schatten sind nicht so hart wie am Tage und deshalb noch vertretbar.

Eine ähnliche Wirkung können Sie mit einem Blitz erzielen, der das gleißende Licht der Sonne ausgleicht und Gesichter auch in den schattigen Bereichen aufhellt.

Bei den meisten Systemblitzen liegt die kürzeste Belichtungszeit bei 1/300 Sek. Kürzere Zeiten sind leider nicht möglich – längere natürlich schon. Diese Zusammenstellung von Beispielfotos zeigt sehr deutlich die unterschiedliche Wirkung von Sonnenlicht pur, Blitz und Reflektor.

Aber es gibt Fotomomente, da ist es völlig egal, ob Schlagschatten auf dem Gesicht zu sehen sind, weil das Foto so voller Gefühl ist, dass die kleinen fotografischen Mängel gar nicht ins Auge fallen:

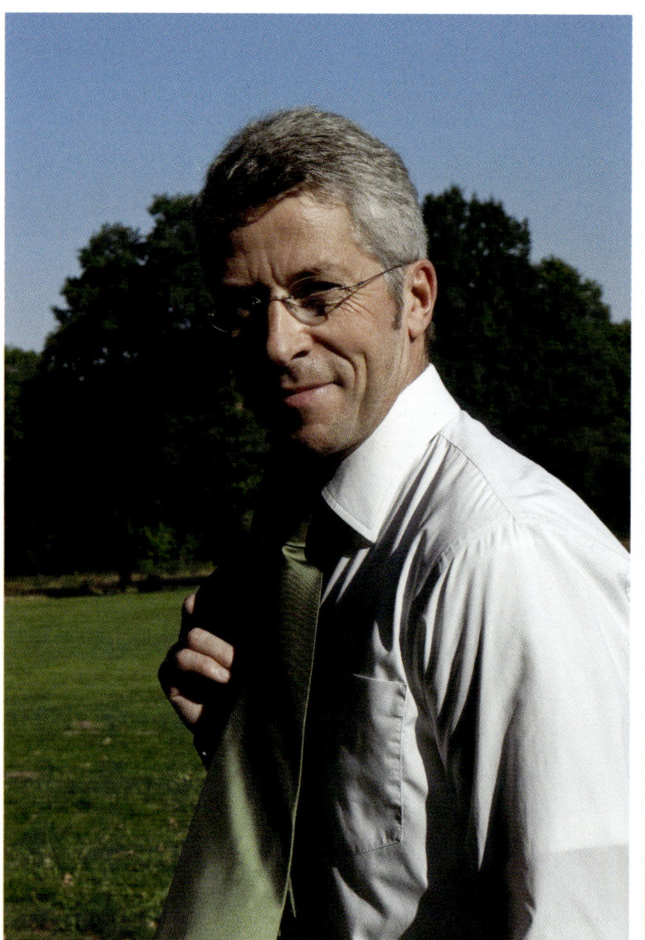

f/13 | 1/320 Sek. | ISO 250 | 54 mm | ohne Blitz oder Reflektor

Die rechte Gesichtshälfte des Spaziergängers im Park liegt im Schatten, die linke wird von der Sonne angestrahlt.

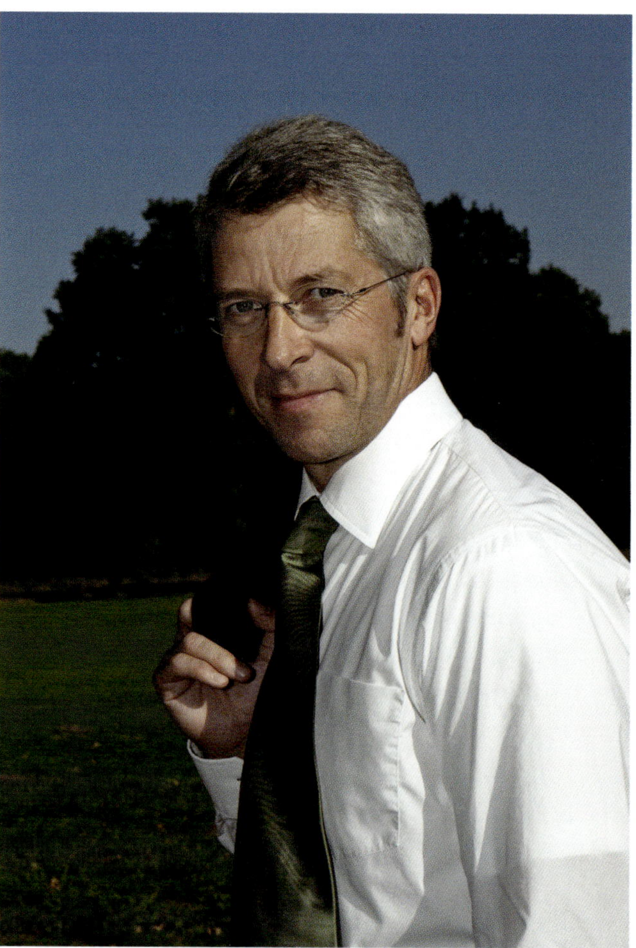

f/13 | 1/300 | ISO 250 | 54 mm

Die gleiche Szene mit Blitz – das Gesicht des Mannes ist jetzt gleichmäßig ausgeleuchtet.

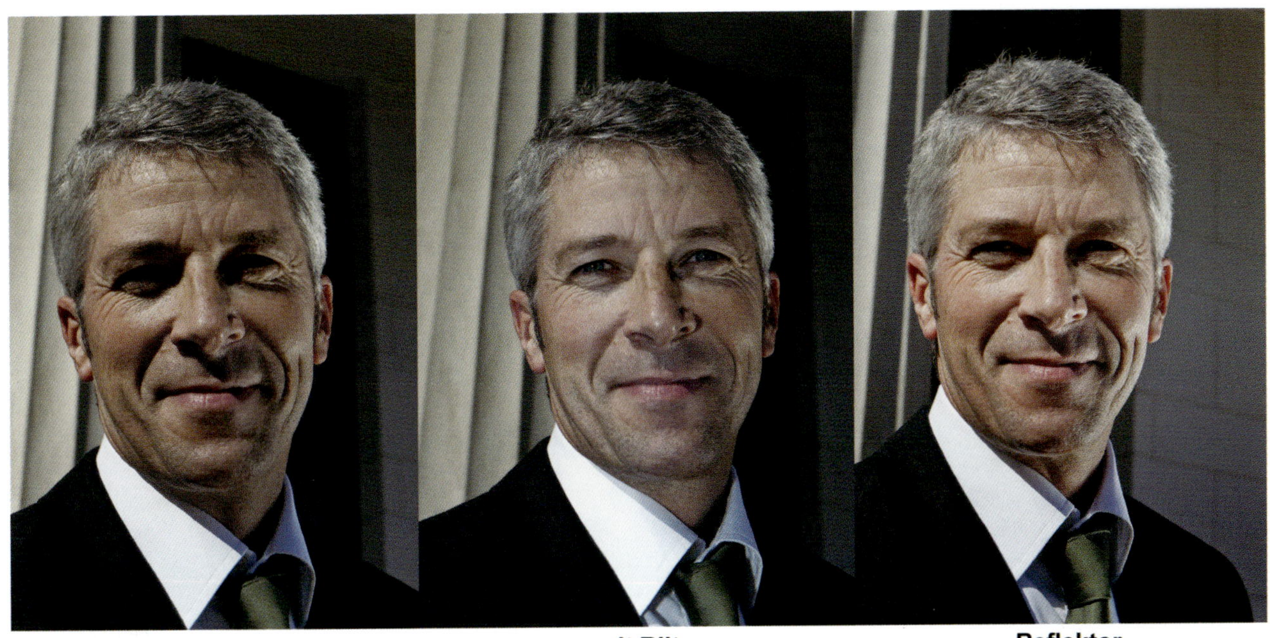

Das Foto links entstand nur mit Sonnenlicht von links. Die Folge: Die Augen des Mannes liegen im Dunkeln, die Schatten wirken hart. Das mittlere Foto entstand mit dem Aufsteckblitz. Die Augen sind deutlich aufgehellt. Das Gesicht des Mannes ist relativ gleichmäßig ausgeleuchtet. Das rechte Foto entstand mit Sonnenlicht von links und Reflektor von rechts. Die Augen sind heller als auf dem Foto ganz links, die Schatten etwas weicher.

Es war zwar hier geplant, Fotos von der Tochter meines Mannes mit unserem Hund Socke zu machen – doch ich war noch mit der Vorbereitung beschäftigt, als es zu dieser schönen Szene kam.

Deshalb sind die Kameraeinstellungen auch nicht wirklich optimal (ISO-Zahl noch vom Vorabend auf 400 und das bei einem älteren Kameramodell mit weitaus schlechterem Rauschverhalten als bei den moderneren Modellen).

Aber ich liebe dieses Foto sehr, weil es für die enge Beziehung des Mädchens zu Socke steht. Ich bin heute heilfroh, dass ich den Auslöser damals im richtigen Moment (jedoch mit ungünstigen Kameraeinstellungen) gedrückt hatte, auch wenn das Foto eher in die Kategorie Schnappschuss gehört.

Seien Sie also bei der Beurteilung Ihrer Fotos nicht zu streng beim Kriterium „gleichmäßige Ausleuchtung des Gesichts". Ein solches Foto dürfen Sie nicht bloß wegen ein paar ungewollter Schatten im Gesicht löschen!

Ich habe natürlich während des folgenden Shootings versucht, eine solche Situation (dieses Mal mit korrekten Kameraeinstellungen) erneut mit der Kamera zu erhaschen: keine Chance! Solche Bilder passieren – sie lassen sich meistens nicht nachstellen.

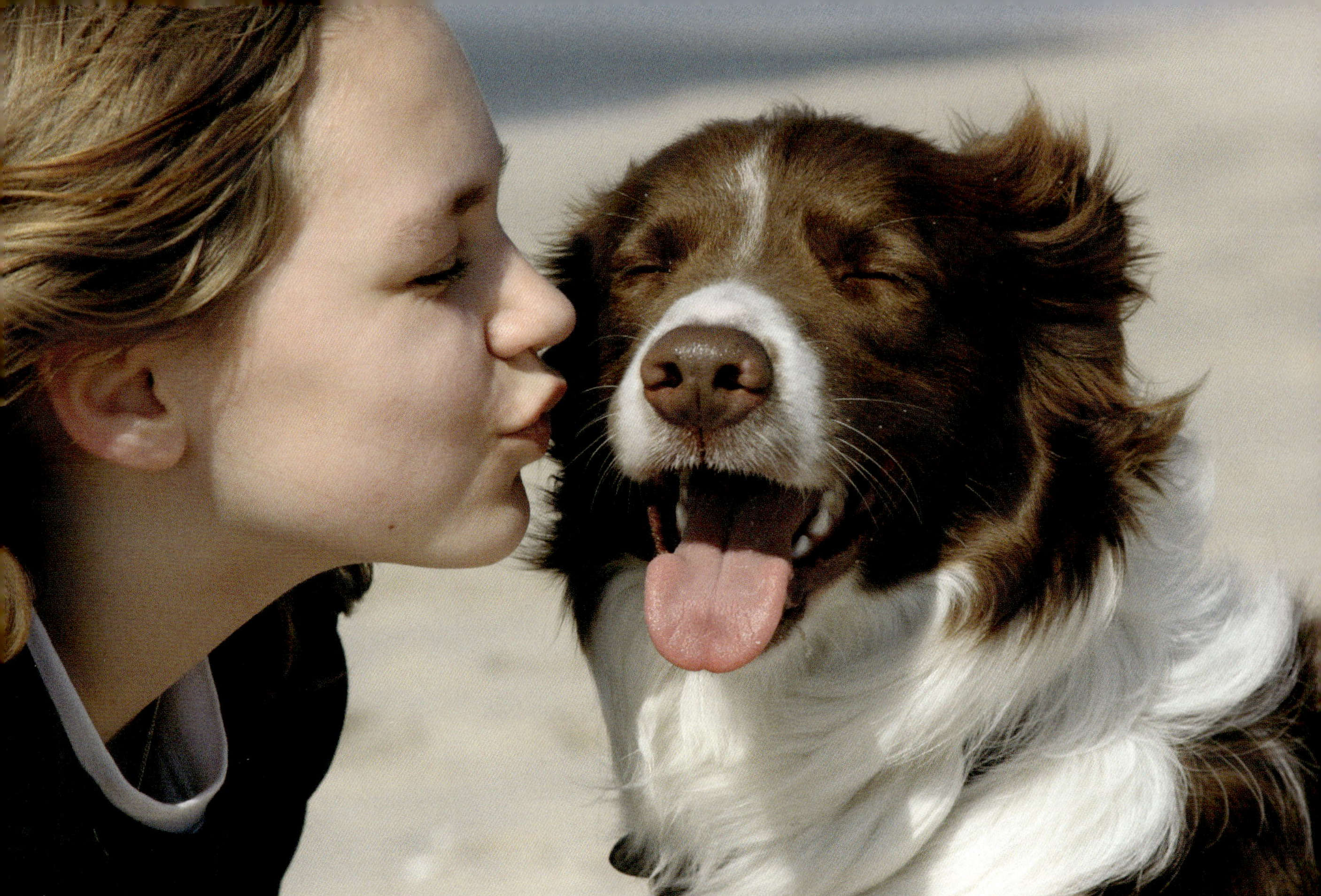

f/8 | 1/1250 Sek. | ISO 400 | 122 mm

Wenn Sie einen solchen gefühlvollen Moment fotografieren, sind Schlagschatten und die ungleichmäßige Ausleuchtung des Kindergesichts in der prallen Sonne völlig zweitrangig. Hier zählt nur die pure Emotion.

Bringen Sie Bewegung ins Spiel

Das Schöne an der Fotografie im Freien ist, dass Sie viel (Spiel-)Raum für die Gestaltung Ihrer Fotos haben. Genug Platz also, um Ihr Model auch in der Bewegung zu fotografieren.

Lassen Sie es laufen, hüpfen, springen. Bis Sie ein Foto wie das folgende im Kasten haben, brauchen Sie naturgemäß einige Versuche, bis das Model optimal getroffen ist. Ich habe so einige Bilder in den Papierkorb geworfen, auf denen ich dem Mädel eine Hand, einen Fuß oder gar den Kopf abgeschnitten hatte. Hilfreich ist eine Markierung für den Absprungpunkt am Boden.

Für solche dynamischen Actionfotos brauchen Sie logischerweise kurze Belichtungszeiten. Dieses Bild entstand an einem späten Herbstnachmittag. Die Sonne stand schon recht tief, sodass ich zusätzliches Licht brauchte. Das lieferte mir mein Systemblitz, den ich links neben der Kamera mittels Infrarot-Fernbedienung auslöste.

Danke an meinen Mann für seine Hilfe als „Blitzlichthalter"! Diese Methode funktioniert bei den meisten Blitzgeräten allerdings nur bis zu einer kürzesten Belichtungszeit von 1/300 Sek.

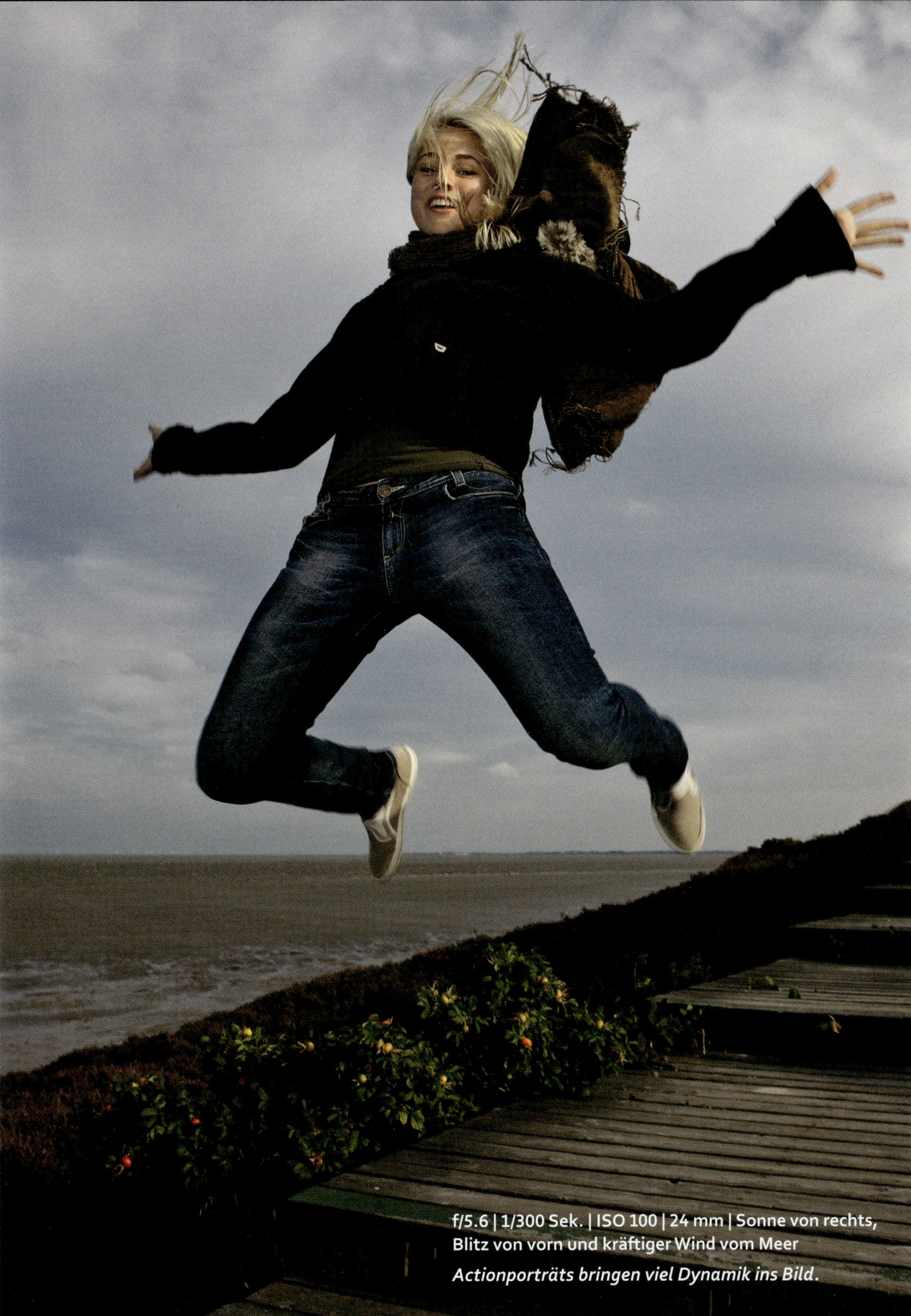

f/5.6 | 1/300 Sek. | ISO 100 | 24 mm | Sonne von rechts, Blitz von vorn und kräftiger Wind vom Meer

Actionporträts bringen viel Dynamik ins Bild.

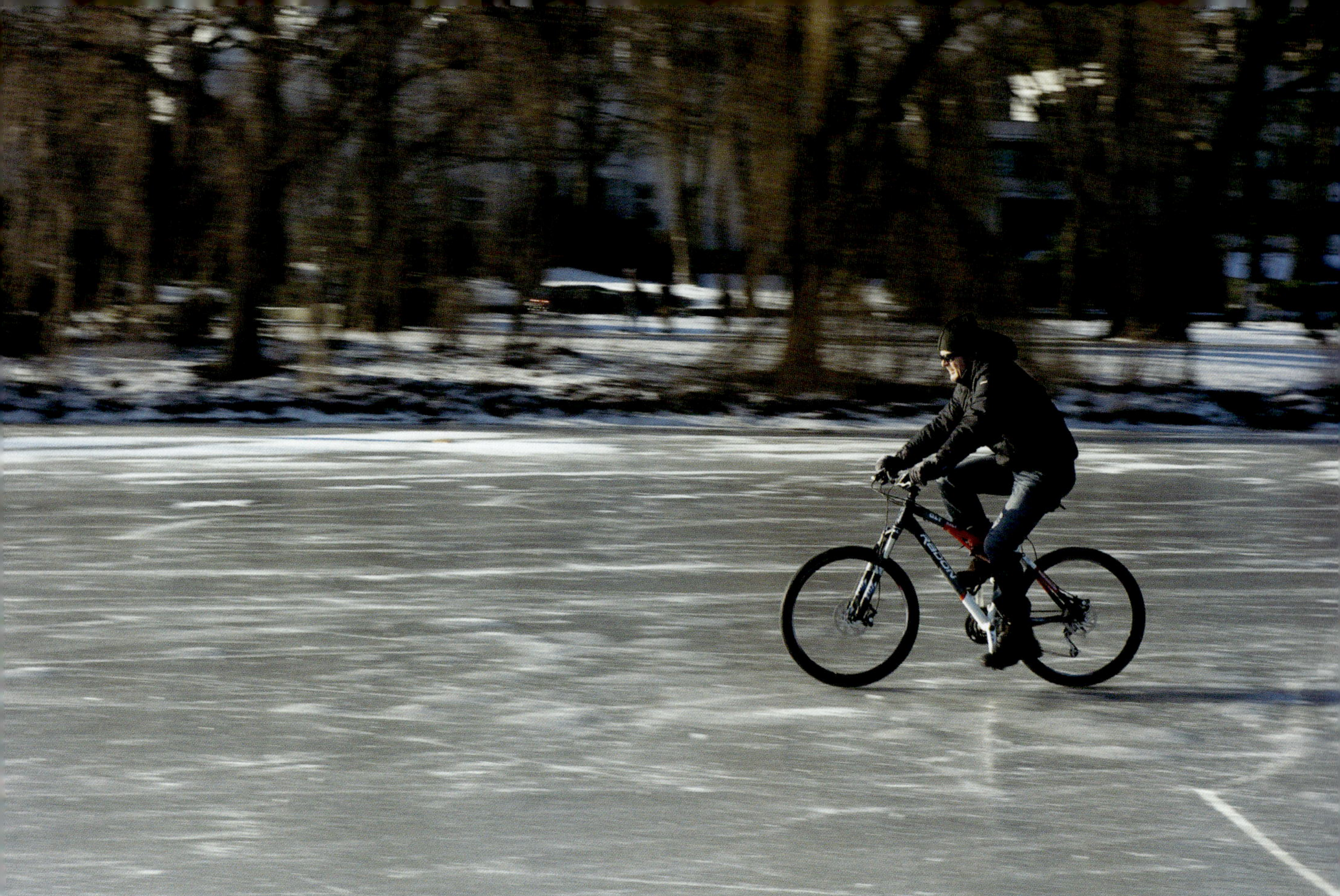

f/11 | 1/80 Sek. | ISO 100 | 70 mm

Der Radfahrer auf der zugefrorenen Alster ist scharf abgebildet, der Hintergrund unscharf – die Kamera (samt Schärfepunkt) wurde mit der Bewegung mitgezogen.

Dadurch ist auf den Fotos eine leichte Bewegungsunschärfe zu erkennen, die jedoch der Bildaussage und -wirkung sogar guttut. Wenn Sie lieber auf den Blitzeinsatz verzichten möchten, sollten Sie die Belichtungszeit auf 1/640 Sek. oder noch knappere Zeiten verkürzen. Wenn das Umgebungslicht weniger hell ist, schaffen Sie es aber auch, mit dem Blitz die Bewegung in Gänze einzufrieren, also ohne Bewegungsunschärfe zu fotografieren.

Natürlich können Sie auch ohne Blitzeinsatz Menschen in Bewegung fotografieren! Diesem Radfahrer begegnete ich auf der zugefrorenen Außenalster in Hamburg und entschied mich, die Szene als Mitzieher zu fotografieren und damit den Hintergrund (also das Alsterufer) unscharf erscheinen zu lassen. Dafür habe ich eine relativ lange Belichtungszeit gewählt – im Verhältnis zu dem Tempo, dass der Mann auf dem Eis an den Tag legte! Wie genau die Mitziehtechnik funktioniert, erkläre ich in den Kapiteln 6.2 und 7.2. Doch kommen wir zurück zum Thema Blitzeinsatz.

Regulierung der Blitzstärke

Ein weiterer Vorteil der Systemblitze gegenüber den eingebauten Kamerablitzen ist, dass sie sich in der Lichtstärke regulieren lassen. Schauen Sie dazu bitte in der Gebrauchsanweisung Ihres Blitzgeräts nach – je nach Modell ist die Vorgehensweise dafür unterschiedlich.

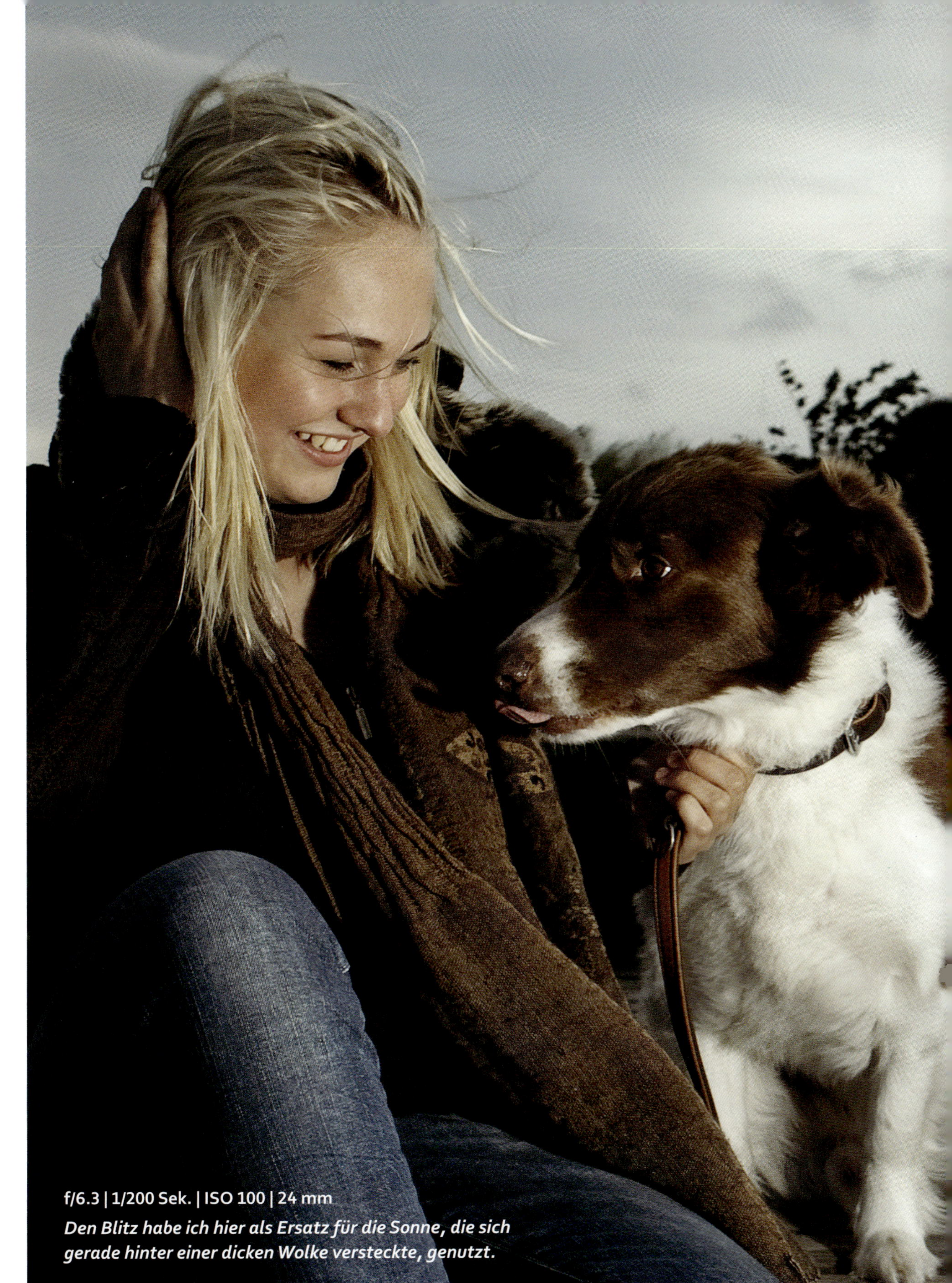

f/6.3 | 1/200 Sek. | ISO 100 | 24 mm

Den Blitz habe ich hier als Ersatz für die Sonne, die sich gerade hinter einer dicken Wolke versteckte, genutzt.

Zum leichten Aufhellen eines Porträts ist die Blitzleistung in aller Regel mehr oder weniger deutlich zu reduzieren, damit das Bild nicht unnatürlich wirkt. Aus etwas größerer Entfernung werden Sie die Lichtstärke tendenziell hochregeln müssen.

Entfesselt blitzen outdoor

Das Foto des Mädchens mit unserem Hund Socke entstand mit einem Blitz. Ich hatte ihn zuvor hochreguliert. Die normale Lichtleistung bringt mein Blitz in der Stellung 0. Für dieses Foto habe ich ihn auf +3 gestellt – also auf volle Pulle. Die extreme Helligkeit ist hier so gewollt, aber sicher nicht jedermanns Geschmack. „Volle Pulle" ist natürlich kein Muss – es geht auch mit weit geringerer Lichtstärke wie 0 oder +1. Am besten können Sie das Blitzlicht lenken, wenn Sie den Blitz nicht auf den Blitzschuh der Kamera setzen, sondern ihn fernauslösen.

Praktisch dafür ist ein netter Helfer, der den Blitz in der Hand hält und so ausrichtet, wie Sie ihn brauchen. Mein Mann macht das perfekt – hier stand er schräg rechts vor mir (das verrät der Schatten der Hundeschnauze auf dem Schal des Mädchens). Alternativ können Sie auch ein kleines Stativ nutzen, auf dem Sie den Blitz befestigen. Achtung: Solche Blitzaktionen verbrauchen viel Strom. Haben Sie besser ausreichend volle Batterien dabei, sonst ist das Shooting eher beendet als geplant, weil der Saft alle ist. Nähere Informationen zum Fotografieren mit Blitz und vergleichende Beispielfotos finden Sie auch im folgenden Kapitel über das Indoor-Fotoshooting.

5.4 In geschlossenen Räumen fotografieren

Als Hobby- und Freizeitfotograf haben Sie nur in den seltensten Fällen die Gelegenheit, Menschen in einem professionell eingerichteten Fotostudio zu fotografieren. Deshalb sind die äußerlichen Bedingungen bei Porträtfotos, die in geschlossenen Räumen entstehen sollen, meistens nicht optimal und verlangen Ihnen einiges an Improvisationstalent ab.

Die folgenden Anmerkungen sollen Ihnen dabei helfen, auch in einem ganz normalen Wohnzimmer gute Fotos entstehen zu lassen.

Licht setzen im Wohnzimmer

Wenn Sie in Innenräumen Porträtfotos machen möchten, brauchen Sie vor allem eines: Licht! Wenn Sie es geschickt anstellen, können die Bilder durchaus so wirken, als wären sie in einem Studio entstanden.

Licht – woher nehmen?

- Nutzen Sie für das Shooting einen möglichst hellen, lichtdurchfluteten Raum.
- Bitten Sie Ihr Model mit möglichst heller Kleidung zum Shooting.
- Positionieren Sie Ihr Model in der Nähe eines (großen) Fensters – Abstand maximal 1,5 m.
- Nutzen Sie den Kamera- oder einen Systemblitz zum Aufhellen Ihres Motivs.
- Richten Sie den Blitz nicht direkt auf das Model, sondern auf die helle Zimmerdecke oder auf einen Reflektor (indirektes Blitzen).
- Bitten Sie einen Helfer, mit dem Reflektor zusätzlich Tageslicht auf das Gesicht Ihres Models zu lenken. Als Reflektor kann auch schon eine weiße Styroporplatte oder ein stabiler, weißer Hintergrundkarton in ausreichender Größe dienen.

Der Weißabgleich

Eine sehr wichtige Rolle bei der Indoor-Fotografie mit zusätzlichen Lichtquellen spielt der Weißabgleich Ihrer Kamera. Je nachdem, welche Art der vorhandenen Beleuchtung Sie nutzen, Tageslicht, Kunst- oder Neonlicht (um nur einige Möglichkeiten zu nennen), erscheint die Farbe Weiß auf Ihrem Foto in unterschiedlichen Farbtönen. Bei Wohnzimmerbeleuchtung wirkt Weiß leicht gelblich oder rötlich. Neonlicht gibt der Farbe Weiß einen Lila- oder Blaustich.

Entscheidend ist die Farbtemperatur der vorhandenen Lichtquelle. Die Maßeinheit dafür wird mit Kelvin bezeichnet. Das menschliche Auge bewältigt diesen Weißabgleich automatisch. Probieren Sie es mit einem weißen Blatt Papier aus: Es wird Ihnen auch bei unterschiedlichen Lichtbedingungen immer gleich weiß erscheinen. Auch unsere Kameras sind dazu in der Lage: Werksseitig sind sie auf AWB (automatischer Weißabgleich) eingestellt. In dieser Einstellung sucht sich die Kamera die hellste Stelle im Foto, hält diese für Weiß und passt alle anderen Farben entsprechend an. Das kann zu sehr starken Verfremdungen der tatsächlichen Farben führen. In den meisten Lichtsituationen ist der automatische Weißabgleich völlig ausreichend. Wenn jedoch Mischlicht – also z. B. Kunst- und Tageslicht gleichzeitig – auf das Model fällt, ist die Fehlerquote in dieser Einstellung relativ hoch.

Die Graukarte richtig einsetzen

Um diese Quote zu reduzieren, können Sie den Weißabgleich auch manuell einstellen. Dazu benutzen Sie am besten eine Graukarte, die es im Fachhandel zu kaufen gibt. Notfalls tut

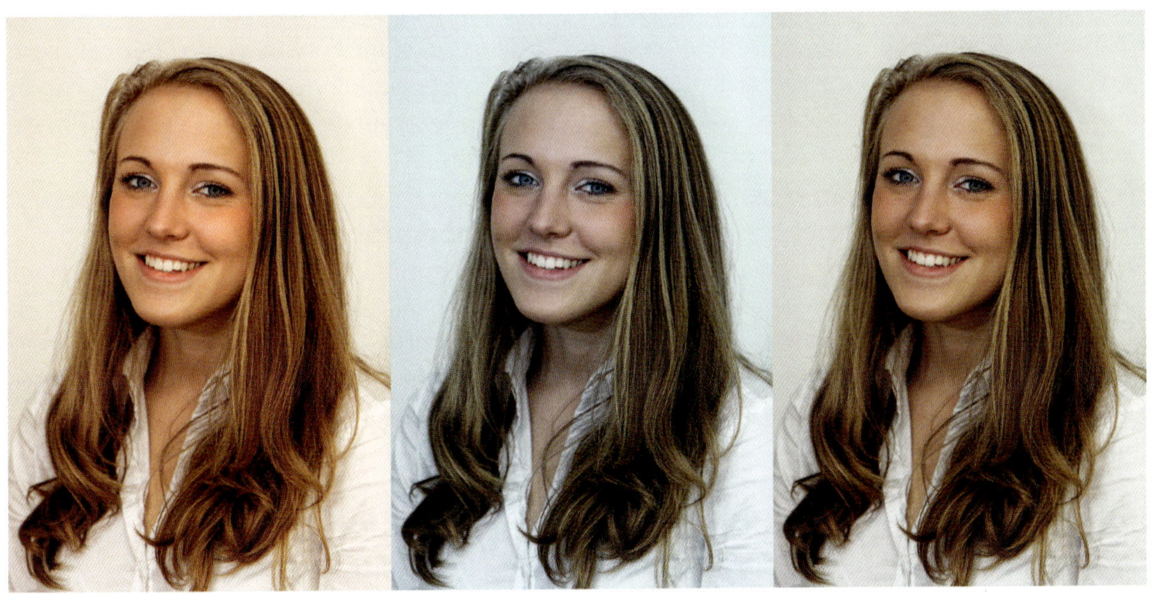

Zu farblich völlig unterschiedlichen Fotos kommen Sie, wenn Sie den Kameraweißabgleich nicht korrekt einstellen. Diesen Beispielfotos habe ich jedoch erst nachträglich am Computer mithilfe eines Bildbearbeitungsprogramms einen falschen Weißabgleich verpasst.

es auch ein weißes Blatt Papier oder weißer Karton. Bitten Sie Ihr Model, die Graukarte, das Papier oder den Karton vor das Gesicht zu halten (führt meistens zu Lachern). Fotografieren Sie die Szene jetzt.

Anschließend brauchen Sie Ihrer Kamera nur noch zu sagen: „Die helle Fläche auf dem Foto ist weiß – passe bitte alle Farben entsprechend an." (Bitte lesen Sie dazu das entsprechende Kapitel in der Gebrauchsanleitung Ihrer Kamera nach.) Das macht sie dann auch artig. Verändern Sie die Lichtbedingungen, müssen Sie diesen Vorgang wiederholen – etwas mühsam, aber der Aufwand lohnt sich.

Weißabgleich mittels Software

Meine favorisierte Methode ist der nachträgliche Weißabgleich mithilfe einer Bildbearbeitungssoftware (Photoshop, Lightroom) am Computer. Sie ist nämlich die einfachste und bequemste Möglichkeit, die weißen Bereiche korrekt darzustellen. Als Werkzeug dient dann eine Pipette, mit der Sie auf den Bereich im Foto klicken, der weiß ist – egal ob rot- oder blaustichig (das Weiß in den Augen oder auch das Zahnweiß). Mithilfe der Schieberegler können Sie nun die Farben so angleichen, bis Sie Ihnen passend und korrekt wiedergegeben erscheinen. Diese Methode nutze ich auch häufig, wenn z. B. die Zähne eines Models eher gelblich als weiß erscheinen. Aber Achtung: Einige Bearbeitungsprogramme können den nachträglichen Weißabgleich nur dann ausführen, wenn Sie Ihr Foto im RAW-Format aufgenommen haben. Und das empfehle ich hier ja grundsätzlich (bis auf wenige Ausnahmen).

Der Blitzeinsatz

Wenn Sie in Räumen fotografieren möchten, werden Sie oft feststellen, dass das vorhandene Licht nicht zum Fotografieren ausreicht. Sie können dann entweder Ihr Model bitten, sich z. B. näher an einem Fenster, durch das Tageslicht fällt, zu positionieren, oder Sie nutzen zusätzlich das Blitzlicht. Schalten Sie den eingebauten Kamerablitz hinzu. Leider sind die Möglichkeiten, mit diesem Blitz zu arbeiten, eingeschränkt. Es gibt allerdings bei den neueren Kameramodellen die Möglichkeit, seine Lichtstärke zu regulieren. Bei älteren Modellen geht das leider nicht. Auch können Sie dort die Blitzrichtung nicht beeinflussen. Diese eingebauten Kamerablitze feuern immer nur frontal geradeaus auf das Gesicht, das Sie ja eigentlich möglichst vorteilhaft fotografieren möchten.

Mit dem harten Blitzlicht direkt von vorn klappt das leider nicht immer. Auch der berüchtigte Rote-Augen-Effekt taucht bei dieser Art zu blitzen immer wieder auf. Mit einem kleinen Trick können Sie das Licht des Kamerablitzes zumindest etwas weicher machen: Kleben Sie ein kleines, weißes Stück Papier überlappend auf den oberen Rand des Blitzes. Doch das ist nur eine Notlösung ...

Vorteil Aufsteckblitz

Deshalb empfiehlt sich eher der Einsatz eines System- oder Aufsteckblitzes. Sein Licht lässt sich mit Zubehörartikeln weicher gestalten. Die bekannten Bouncer sind einfache weiße Plastikkappen, die vor den Blitz geklemmt werden. Ihr Nutzen ist aber recht bescheiden. Besser sind diverse kleine Diffusoren und Reflektoren zum Umschnallen, die es schon für wenig Geld zu kaufen gibt und das Licht stärker streuen und damit weicher machen. Es muss ja nicht das Originalzubehör von Ihrem Kamerahersteller sein – denn die Produkte sind meistens bedeutend teurer als die No-Name-Varianten, die den gleichen Zweck erfüllen.

Weiches Licht mit Diffusoren

Als Faustformel kann man sich merken:

- Das Licht wird umso weicher, je größer die Fläche der Lichtquelle ist.
- Der Systemblitz als Lichtquelle ist im besten Fall einige Quadratzentimeter groß und damit sehr hart. Ein umgeschnallter Diffusor oder eine kleine Softbox misst vielleicht schon einige Hundert Quadratzentimeter und das indirekte Blitzen über eine weiße Wand vergrößert die Fläche schon auf etliche Quadratmeter. Allerdings sinkt bei größeren Flächen die Lichtmenge.

Zurück zum Aufsteck- oder Systemblitz: Er wird auf dem Blitzschuh der Kamera befestigt. Sie können den Kopf des Blitzes – je nach Modell – in verschiedene Richtungen drehen und neigen, sodass sein Licht beim Fotografieren nicht frontal in das Gesicht Ihres Models zielt. Richten Sie den Systemblitz in geschlossenen Räumen am besten auf die weiße Zimmerdecke oder eine der Wände. Dadurch wird das Blitzlicht reflektiert und verteilt sich weich auf dem Gesicht Ihres Models. Diese Methode heißt indirektes Blitzen.

Bedenken Sie dabei aber, dass farbige Wände einen Farbstich geben und dunkle Zimmerdecken (z. B. bei Holztäfelung) logischerweise wenig bis gar kein Licht reflektieren. Die Lichtstärke des Systemblitzes lässt sich regulieren – ein weiterer Vorteil gegenüber dem eingebauten Kamerablitz älterer Kameramodelle. Wie bereits erwähnt: Bei neueren Kameras (Nikon) ist es jedoch mittlerweile möglich, die Blitzstärke zu regulieren und mithilfe des Kamerablitzes zusätzliche Blitze (entfesseltes Blitzen) auszulösen. Die Wirkung des Blitzes bei unterschiedlich eingestellter Stärke zeigen am besten die folgenden Testfotos.

Alle Bilder sind im manuellen Modus der Kamera entstanden – und den möchte ich auch Ihnen ans Herz legen. Das erste Porträt ist nur

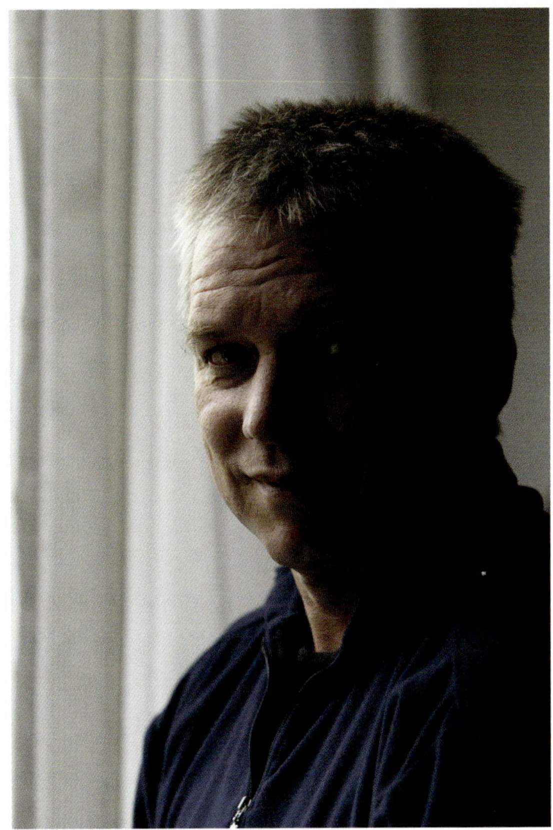

f/3.5 | 1/500 Sek. | ISO 400 | 95 mm

Kein Blitz, kein Reflektor. Nur das durch das Fenster einfallende Tageslicht modelliert das Gesicht des Mannes. Auch auf der im Schatten liegenden Seite des Gesichts hat die Haut noch ausreichend Zeichnung.

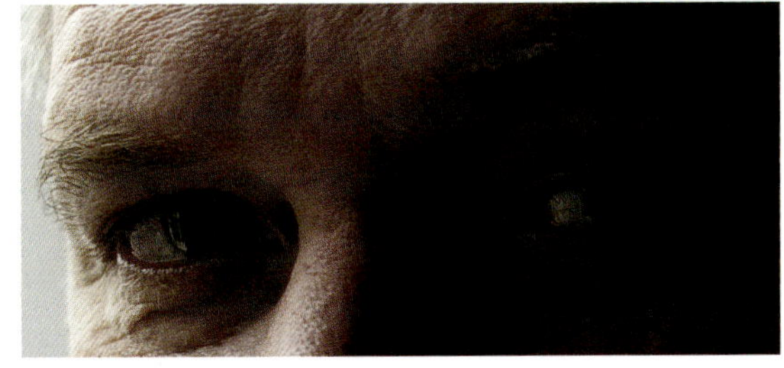

In der Ausschnittvergrößerung ist in den Augen das Fenster, durch das das Licht einfällt, zu erkennen.

mit dem einfallenden Licht durch das Fenster entstanden. Diese Technik wird in der Fotofachsprache Available Light genannt – übersetzt heißt das nichts anderes als „vorhandenes Licht".

Hier wird bewusst auf eine gleichmäßige Ausleuchtung des Gesichts verzichtet. Licht und Schatten sind gleichberechtigt und modellieren das Gesicht. Auch die Schattenseiten haben ihre Existenzberechtigung und geben dem Gesicht mehr Struktur.

Blitzstärke regulieren

Mit den folgenden Bildern möchte ich Ihnen demonstrieren, wie sich ein Porträtfoto in seiner Wirkung verändert, wenn Sie die Lichtstärke des Blitzes nach oben oder unten regulieren. So kann eine schwache Blitzleistung ein Porträt nur ganz leicht und natürlich aufhellen oder z. B. für schöne Lichtreflexionen in den Augen sorgen – das macht den Blick oft etwas lebendiger. Ein starker Blitz ist hingegen in der Lage, jeglichen Schattenwurf zu eliminieren. Machen Sie sich aber auch klar, dass ein so starkes Blitzlicht jedes Pickelchen, jede Falte, jede Narbe deutlich sichtbar macht.

Solche kleinen Fehler lassen sich hingegen durch den Einsatz von schwachem Blitzlicht und beabsichtigten schattigen Gesichtsflächen leichter verbergen. Auch wirken stark angeblitzte Gesichter leicht platt und strukturlos – Fotografen nennen das totgeblitzt. Ob Sie nun lieber schwaches oder starkes Blitzlicht einsetzen, hängt also sehr davon ab, welche Bildwirkung Sie erzielen möchten.

Auf den folgenden Beispielfotos wurde der Systemblitz auf die Kamera montiert und zum indirekten Blitzen gegen die Zimmerdecke gerichtet:

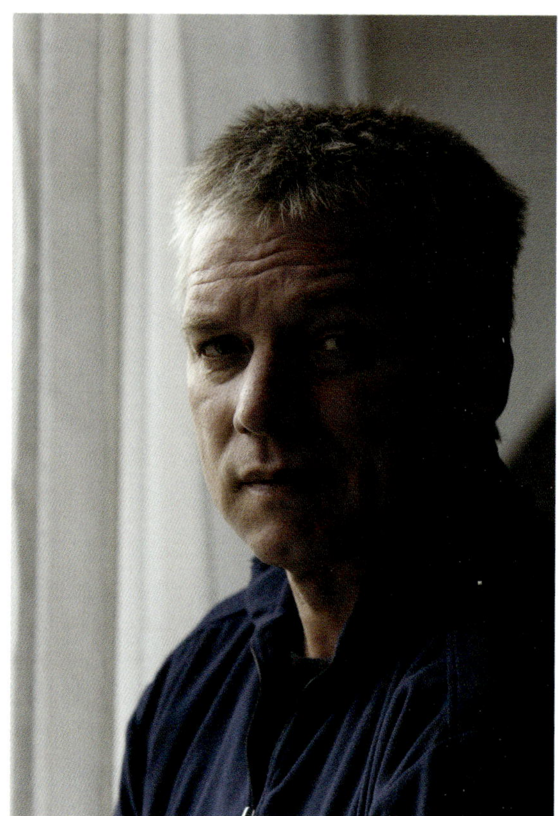

f/5 | 1/125 Sek. | ISO 400 | 105 mm

Auch wenn es im Vergleich zum vorher gezeigten Foto kaum auffällt, kam hier der Blitz zum Einsatz. Wenn Sie genau hinschauen, sehen Sie dessen kleine Reflexion in den Pupillen des Mannes. Auch ist die dem Fenster abgewandte Gesichtshälfte etwas heller als beim Available-Light-Porträt. Den Blitz habe ich für dieses Foto bis auf die niedrigste Stufe (–3) herunterreguliert.

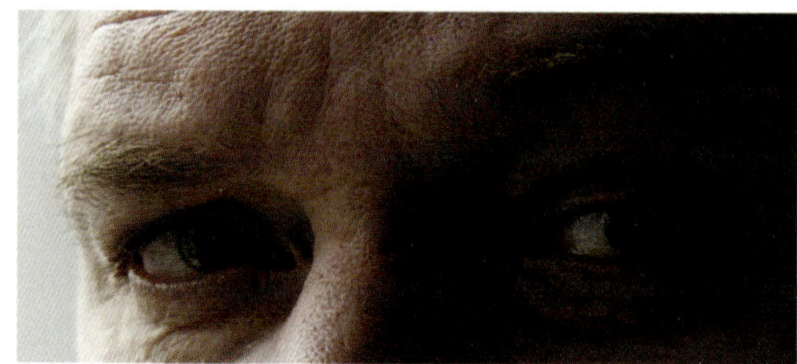

In der Ausschnittvergrößerung ist neben dem Fensterlicht auch die Blitzreflexion in den Pupillen zu erkennen.

Das folgende Foto wurde bei normal starkem Blitz aufgenommen:

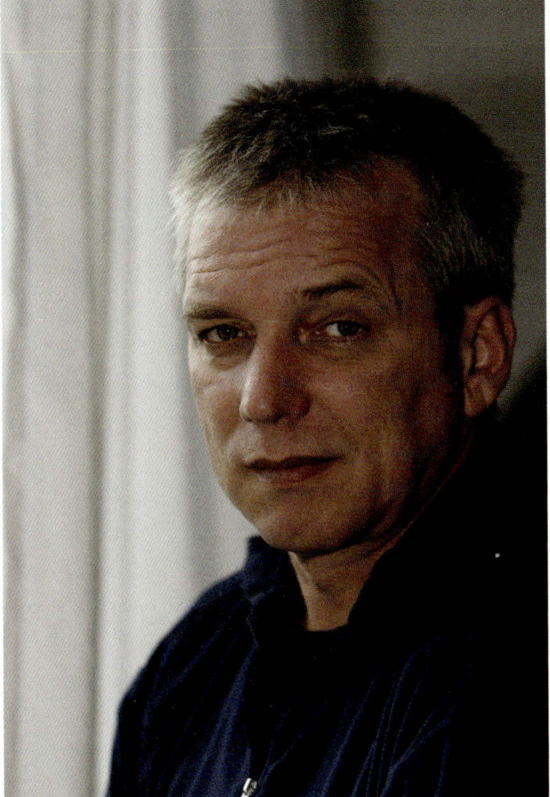

f/3.5 | 1/300 Sek. | ISO 400 | 100 mm

Die Wirkung des Blitzes ist hier klar erkennbar – nicht nur an den Lichtpunkten in den Augen des Mannes. Die linke Gesichtshälfte des Mannes ist deutlich aufgehellt. Der Lichteinfall durch das Fenster spielt eine geringere Rolle als auf den zuvor gezeigten Fotos. Hier war der Blitz auf Normalstärke (0) eingestellt.

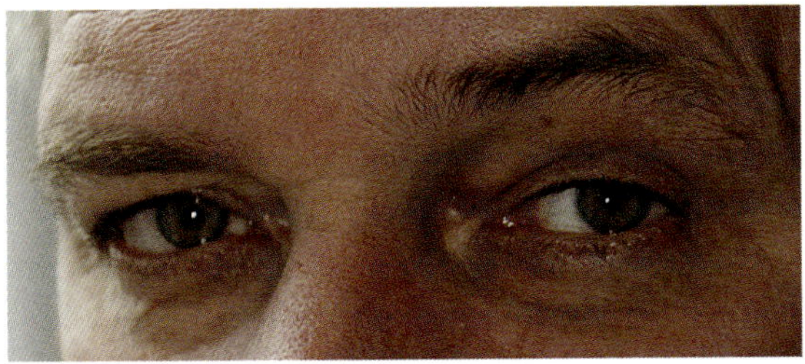

Die Blitzreflexion ist stärker als das Fensterlicht.

Das gleiche Motiv bei voller Ausnutzung der möglichen Blitzstärke:

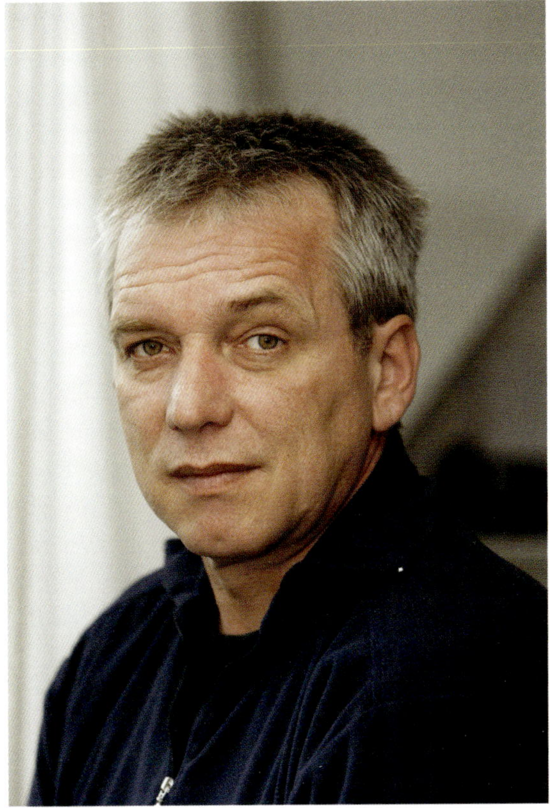

f/3.5 | 1/300 Sek. | ISO 400 | 95 mm

Das einfallende Fensterlicht spielt bei diesem Porträt keine Rolle mehr. Der Blitz wurde bei voller Leistung (+3) abgefeuert. Das Gesicht des Mannes ist gleichmäßig ausgeleuchtet.

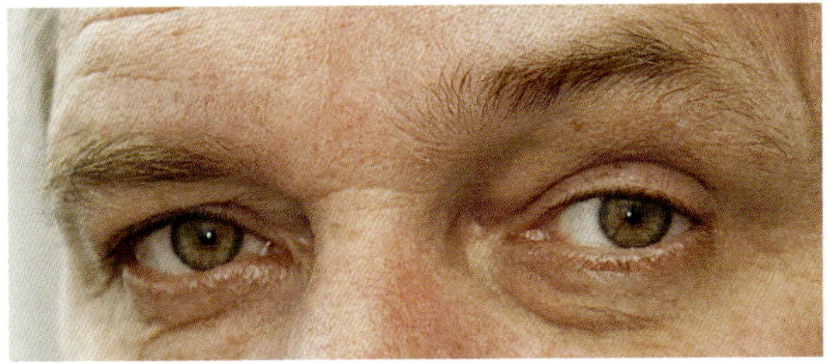

Keine Spur mehr vom Fensterlicht – der Blitz ist deutlich stärker und eliminiert den Lichteinfall durch das Fenster.

Entfesseltes Blitzen indoor

Die Technik des entfesselten Blitzens habe ich in Kapitel 3.4 schon erwähnt und näher erklärt. Gemeint ist damit das kabellose Zünden des Blitzes, der nicht mit der Kamera verbunden ist und sich vor, neben, über oder unter der Kamera befindet. Dafür brauchen Sie ein Zubehör, also eine Fernbedienung, die mit dem Blitz kommuniziert und ihm sagt, wann und in welcher Stärke er auslösen soll.

Die preiswerteste Lösung ist eine Infrarot-Fernbedienung, die ähnlich funktioniert wie die für Ihren Fernseher oder die Musikanlage. Die etwas teurere Variante ist eine Funkfernbedienung, aber auch diese Art der Fernbedienung ist preiswert zu bekommen. Die Funkfernbedienung hat vor allem den Vorteil, dass Sie keinen Sichtkontakt zwischen Sender und Empfänger benötigen. Bevor Sie die Fernbedienung auf den Kamera-Blitzschuh stecken, müssen Sie am Blitz und an der Fernbedienung noch den Kanal einstellen, auf dem die beiden Geräte miteinander kommunizieren sollen – der muss logischerweise identisch sein. Für Einzelheiten dieser Blitzmethode studieren Sie am besten die Gebrauchsanweisungen der beiden Geräte. Sie können über die Fernbedienung sogar mehrere Blitze gleichzeitig auslösen. Aber auch schon mit einem einzigen lassen sich tolle Beleuchtungseffekte erzeugen – besonders bei der Porträtfotografie in Räumen zum Beispiel als Ergänzung zum Fensterlicht, das tagsüber einfällt.

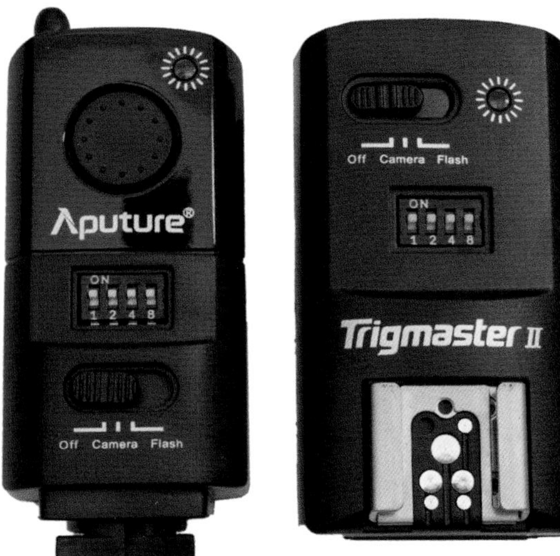

Typische, preisgünstige Funkfernbedienung für den Systemblitz – links Sender, rechts Empfänger.

Wenn Sie diese Art der Blitzfernbedienung einsetzen, können Sie Ihren Blitz einige Meter von der Kamera entfernt auslösen. Je nachdem, wo Sie den Blitz positionieren, können Sie die Wirkung des Porträtfotos stark verändern. Anhand der folgenden Bildbeispiele können Sie erkennen, wie unterschiedlich ein Gesicht durch einen an verschiedenen Stellen positionierten entfesselten Blitz geformt und modelliert wird. Sie können auch das einfallende Fensterlicht verstärken, indem Sie den Blitz aus der gleichen Richtung das Gesicht aufhellen lassen. Das bietet sich vor allem dann an, wenn Sie Schatten unter Augen oder Nase des Models aufhellen möchten.

Statt der Infrarot-Fernbedienung oder einer Funkfernbedienung lässt sich übrigens ebenso ein zweiter Blitz nutzen: Er wird auf den Blitzschuh der Kamera gesteckt und kann mit einem zweiten Blitz, der nicht direkt mit der Kamera verbunden ist, kommunizieren. Bei Canon-Blitzen nennt man den Blitz auf der Kamera dann Master und den anderen Slave – also Herr und Sklave. Nikon nutzt in vielen DSLRs schon lange das Creative Lighting System. Mit ihm kann der Kamerablitz ganze Gruppen von kompatiblen externen Systemblitzen ohne Zusatzgerät steuern. Bitte lesen Sie dazu die Bedienungsanleitung Ihre Kamera und des Blitzgeräts.

Blitz von rechts:

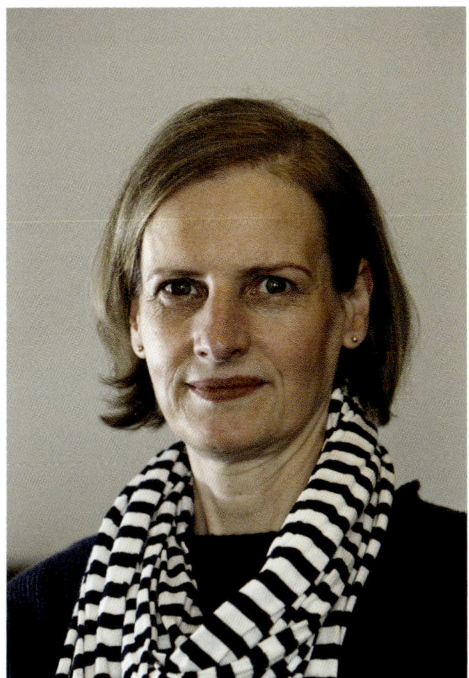

f/4 | 1/100 Sek. | ISO 320 | 140 mm

Entfesselter Blitz von rechts bei schwachem Fensterlicht bzw. Tageslicht von vorn.

Blitz von links:

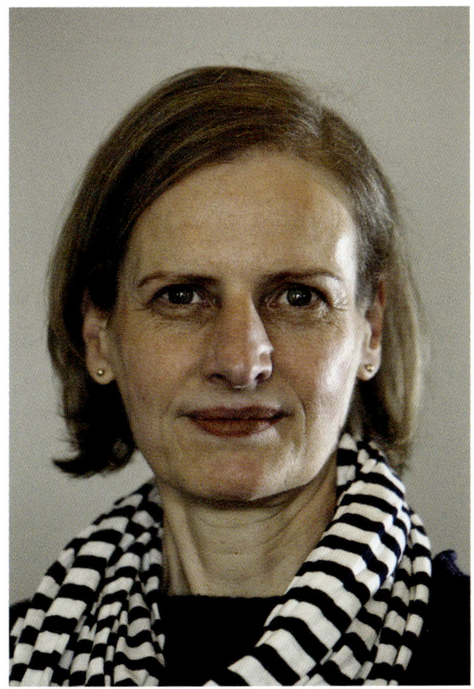

f/4 | 1/100 Sek. | ISO 320 | 170 mm

Schwaches Tageslicht von vorn, entfesselter Blitz von links.

Blitz unterhalb der Kamera:

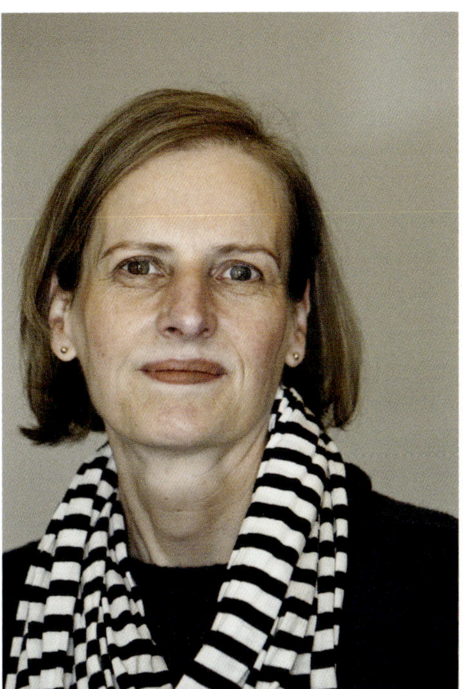

f/4 | 1/100 Sek. | ISO 320 | 145 mm

Tageslicht von vorn plus entfesselter Blitz von unten – ich hatte dazu den Blitz zwischen meinen Knien eingeklemmt, damit ich die Hände zum Fotografieren frei hatte. Man muss sich nur zu helfen wissen.

Reflektoreinsatz

Aber es geht auch ohne Blitz! Zur Aufhellung der dem Fensterlicht abgewandten Gesichtshälfte diente bei dem folgenden Foto ein Reflektor.

Setzen Sie dieses Zubehör ein, z. B. wenn das Tageslicht schwach ist. Mit einem Reflektor können Sie es „einfangen" und auf die im Schatten liegende Gesichtshälfte lenken. So können Sie diese aufhellen.

Ich nutze dafür einen im Fachhandel gekauften Reflektor, der sich klein zusammenfalten und prima transportieren lässt. Er besteht aus einer leichten Stoffhülle (ähnlich einer Kissenhülle), die auf der einen Seite silbern und auf der anderen goldfarben beschichtet ist.

Mit einem Reißverschluss lässt sich das Innenleben aus der Hülle lösen. Zum Vorschein kommt dann ein Diffusor, ähnlich einer festen Fläche aus Pergamentpapier. Er lässt Sonnenlicht hindurch, mildert es aber stark ab und eignet sich deshalb gut für Porträt-Fotoshootings bei knalligem Sonnenschein. Bei diesem Beispiel lässt sich die aufhellende Wirkung des Reflektors gut erkennen:

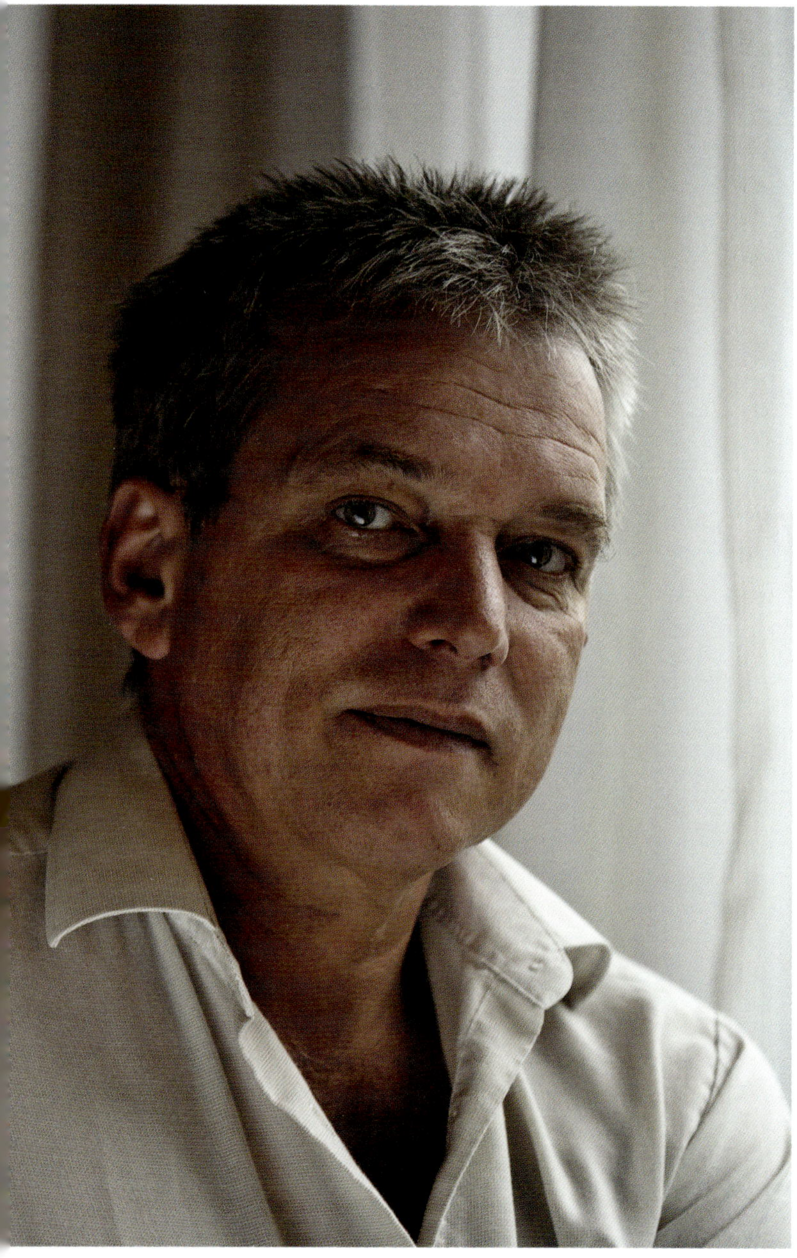

Ergänzend zum schwachen Fensterlicht habe ich hier einen silbern beschichteten Reflektor benutzt, um die im Schatten liegende Gesichtshälfte aufzuhellen. Dabei reflektiert die silberne Seite des Reflektors das (schwache) Tageslicht und wirft es auf die linke Gesichtshälfte des Mannes.

Auf die Ausschnittvergrößerung seiner Augen, in denen sich der Reflektor spiegelt, verzichte ich hier ausnahmsweise. Das Foto entstand nämlich bei hoher ISO-Zahl an einem dunklen Regentag. Und das dadurch entstandene unschöne Bildrauschen möchte ich hier nicht auch noch in Großaufnahme präsentieren ...

Reflektor selbst gebastelt

Sie können sich einen Reflektor schnell selbst basteln: Nehmen Sie ein großes Stück Pappe, Karton oder Styropor und bekleben Sie eine Seite mit silberner Alufolie. Bekleben Sie die andere Seite mit Goldfolie. Dafür eignet sich z. B. die Rettungsdecke aus dem Erste-Hilfe-Kasten Ihres Autos – aber dort bitte wieder ergänzen, damit dieses wichtige Teil im Falle eines Falles nicht fehlt!

f/2.8 | 1/100 Sek. | ISO 640 | 125 mm | kein Blitz | silberner Reflektor von unten rechts

So wird die eigentlich im Schatten liegende linke Gesichtshälfte des Mannes deutlich aufgehellt.

Zum Vergleich dazu noch ein Porträt des Mannes in einem Fotostudio. Dabei kam eine professionelle Blitzanlage zum Einsatz: Mit einem Funkfernauslöser habe ich drei Blitze gleichzeitig (von vorn, von links und von rechts) ausgelöst. So konnte ich sein Gesicht perfekt ausleuchten – Schlagschatten hatten keine Chance. Schade, dass ich so selten Gelegenheit habe, in einem professionellen Fotostudio zu arbeiten!

f/8 | 1/250 Sek. | ISO 160 | 70 mm

Dieses Porträt meines Mannes entstand für Werbefotos (deshalb die Verkleidung!) in einem Fotostudio mit professioneller Blitzanlage.

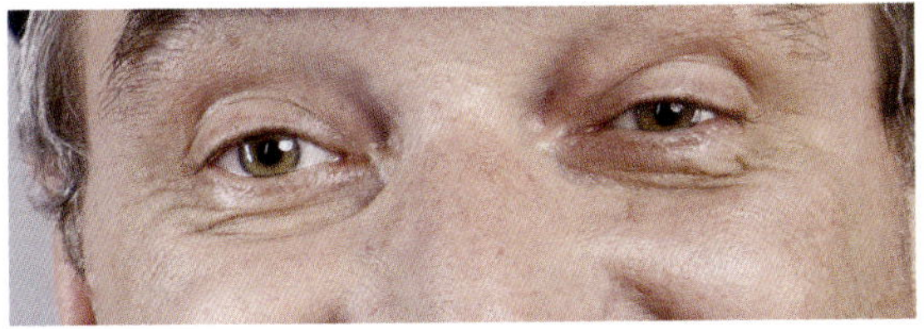

In der Ausschnittvergrößerung können Sie erkennen, dass die drei verschiedenen Lichtquellen der Blitzanlage in den Augen reflektieren.

Schlagschatten vermeiden

Wo Licht ist, ist auch Schatten. Wenn Sie eine Person also in einem Raum vor einem möglichst neutralen Hintergrund fotografieren möchten, werden Sie sie vermutlich direkt vor einer einfarbigen Wand positionieren und den Blitz einsetzen. Wenn Sie dann die ersten Aufnahmen auf dem Kameradisplay kontrollieren, werden Sie den Menschen gleich doppelt im Bild haben: einmal im Original und ein zweites Mal als Schatten an der Wand! Das Doppelbild wird Schlagschatten genannt.

Das folgende Beispielfoto entstand zwar outdoor, eignet sich aber dennoch gut, um den Effekt zu zeigen. Weil das Gesicht des Mannes halb im Licht, halb im Schatten lag, entschied ich mich, den Blitz zum Aufhellen einzusetzen. Eine denkbar dumme Idee, denn so entstand der Schlagschatten an der Wand im Hintergrund. Zudem hellte der Blitz logischerweise sein Gesicht in Gänze auf: die sowieso schon zu hellen und die im Schatten liegenden Bereiche. Der Standort des Models war folglich sehr ungünstig gewählt. Wenn Sie auf Ihren Aufnahmen solche Schlagschatten im Hintergrund entdecken, vergrößern Sie zunächst den Abstand zwischen Model und Wand auf mindestens 2 m. Die nächste Maßnahme: Wählen Sie eine größere Blendenöffnung. In diesem Fall hätte zum Beispiel f/3.5 wohl ausgereicht, um den Schlagschatten in der Unschärfe des Hintergrunds nahezu unsichtbar machen zu können. Die auf den Beispielbildern gewählte Blende von f/6.3 hatte den Hintergrund inklusive Schlagschatten und Mauerfugen noch zu scharf abgebildet.

Ebenfalls sinnvoll wäre hier das entfesselte Blitzen gewesen. Ein leichter Aufhellblitz von schräg oben hätte sicher ein besseres Ergebnis gebracht und nur die schattige Gesichtshälfte aufgehellt.

f/6.3 | 1/200 Sek. | ISO 125 | 70 mm

Um das Gesicht aufzuhellen, hatte ich zusätzlich geblitzt. Dadurch bildete sein Kopf einen Schlagschatten an der Wand im Hintergrund. Auch die Fuge des Mauerwerks im Hintergrund ist unschön – ein eher missglücktes Porträtfoto.

Ein konkretes Rezept zum Einsatz von Blitz und/oder Reflektor kann ich Ihnen hier nicht geben, weil z. B. die Stärke des Blitzlichts an die Lichtbedingungen vor Ort angepasst werden muss. Das Gleiche gilt für den Einsatz des Reflektors. Hier entscheidet der Winkel, in dem er gehalten wird, über die Stärke des reflektierenden Lichts. Machen Sie ein paar Testaufnahmen mit unterschiedlichen Positionen von Blitz/Reflektor und finden Sie so heraus, wie Sie das zusätzliche Licht am besten einsetzen, um schattige Bereiche aufzuhellen.

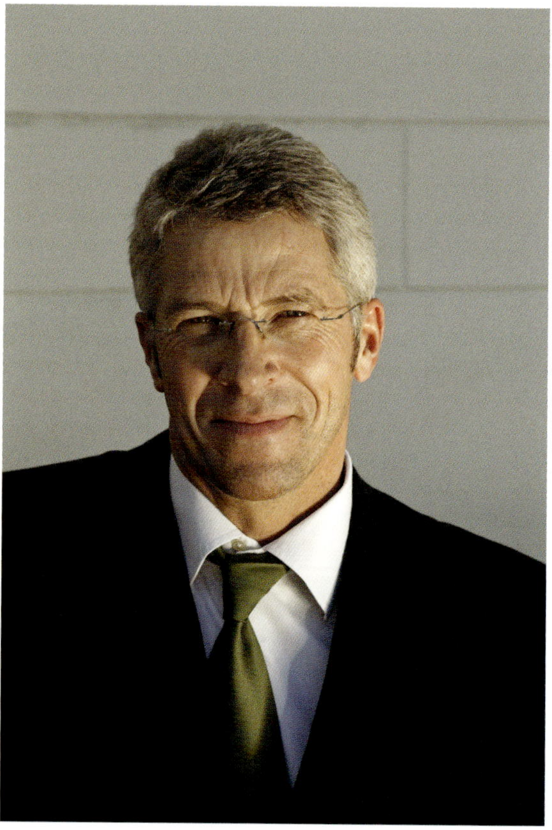

f/6.3 | 1/400 Sek. | ISO 125 | 70 mm | statt durch Blitzlicht wurde hier mit einem Reflektor aufgehellt

Besser, aber immer noch nicht gut. Das vom Reflektor auf das Gesicht zurückgeworfene Licht ist zu hell und blendet das Model. Das Licht fällt seitlich auf die linke Gesichtshälfte. Dadurch wirft die Nase einen Schlagschatten auf die andere Gesichtshälfte. Der Reflektor hätte deutlich näher positioniert werden müssen, um sein Gesicht gleichmäßig auszuleuchten.

Grundsätzlich sind Schlagschatten durch Blitzeinsatz unerwünscht und es gilt, sie zu vermeiden. In seltenen Fällen lassen sich solche Schatten aber auch wirkungsvoll als Stilmittel einsetzen, um einem Foto ein wenig mehr räumliche Wirkung zu geben. So hatte ich zum Beispiel den Auftrag, die fünf Geschäftsführer einer Firma in deren Büroräumen zu fotografieren. Die Lichtverhältnisse waren nicht optimal – es fehlte jegliches Tageslicht. Folglich hatte ich nur meinen Systemblitz und die vorhandene Raumbeleuchtung zum Ausleuchten der Szene. Aber die Farbe der Hintergrundwand gefiel mir: Sie hatte so ein schönes, warmes Bullerbü-Rot:

Normalerweise lasse ich mir bei Shootings mit mehreren Personen eine Handlung einfallen, damit die Menschen miteinander agieren. In diesem Fall war die Aufgabenstellung aber eine andere. Das Foto sollte die Geschäftsführer frontal von vorn zeigen und später die Firmenhomepage zieren. Da ich wegen der nicht optimalen Lichtverhältnisse mit offener Blende (f/4) fotografieren musste, war es nötig, dass die Personen alle auf einer Höhe parallel zur Hintergrundwand stehen, damit alle Gesichter durchgängig scharf abgebildet werden.

Das ist eher suboptimal, wenn Sie auf dem Foto ein Mindestmaß an räumlicher Wirkung erzielen möchten. Mithilfe des entfesselten Blitzes in meiner linken Hand und des Kabelfernauslösers in der rechten konnte ich neben dem Licht von links auch die Schatten neben die Personen setzen. So entstanden die Schlagschatten an der roten Wand. Die Kamerahaltung habe ich dafür natürlich dem Stativ überlassen – drei Hände habe ich nun mal (leider) nicht, auch wenn ich es mir manchmal wünsche, wenn ich keinen Helfer zur Unterstützung an meiner Seite habe.

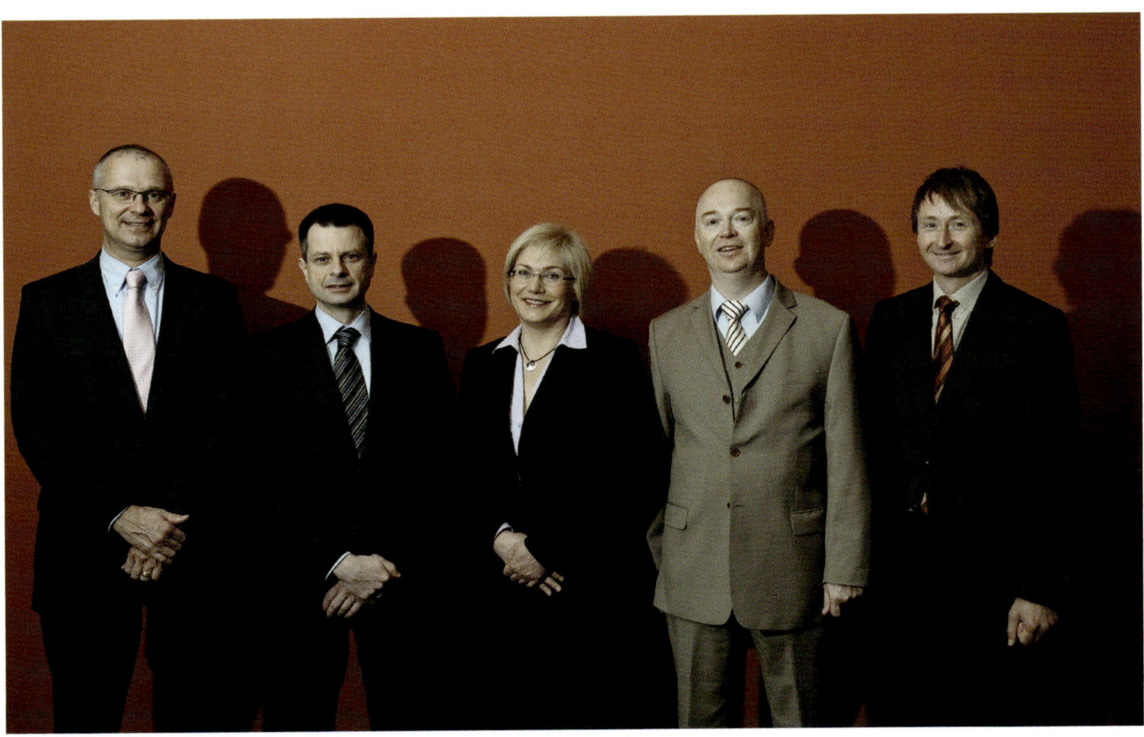

f/4 | 1/100 Sek. | ISO 100 | 32 mm

In Ausnahmefällen können Schlagschatten als Stilmittel genutzt werden, um einem Foto eine stärkere räumliche Wirkung zu verleihen.

5.5 Ohne Farbe muss nicht farblos sein

Einen ganz besonderen Reiz haben Porträts in Schwarz-Weiß. Schrille Farben haben keine Chance, von den Gesichtern abzulenken, Strukturen gewinnen für die Bildwirkung an Bedeutung.

Die Schwarz-Weiß-Fotografie liegt wieder schwer im Trend – viele Fotografen, egal ob aus dem Profi- oder Amateurlager, bedienen sich dieses Stilelements ganz bewusst, um ihren Fotos einen stärkeren künstlerischen Touch zu verleihen. Porträtfotos wirken ganz besonders eindrucksvoll, wenn sie in Schwarz-Weiß „entwickelt" werden. Das liegt nicht zuletzt an den Hauttönen, die auf farbigen Fotos manchmal sehr unnatürlich wirken: zu rot, zu gelb – oft ist eine Nachbearbeitung der Hautfarbe nötig, um ein gutes Ergebnis zu erhalten. Das Problem können Sie getrost unter den Tisch fallen lassen, wenn Sie auf Farbe verzichten.

Bei den meisten DSLR-Kameras ist es möglich, das Motiv bereits vor Ort in Schwarz-Weiß zu fotografieren. Bei meiner alten Canon EOS 20D konnte ich sogar zusätzlich verschiede-

Das Doppelporträt der beiden Freundinnen habe ich erst am Computer in ein Schwarz-Weiß-Foto umgewandelt.

f/8 | 1/320 Sek. | ISO 100 | 70 mm

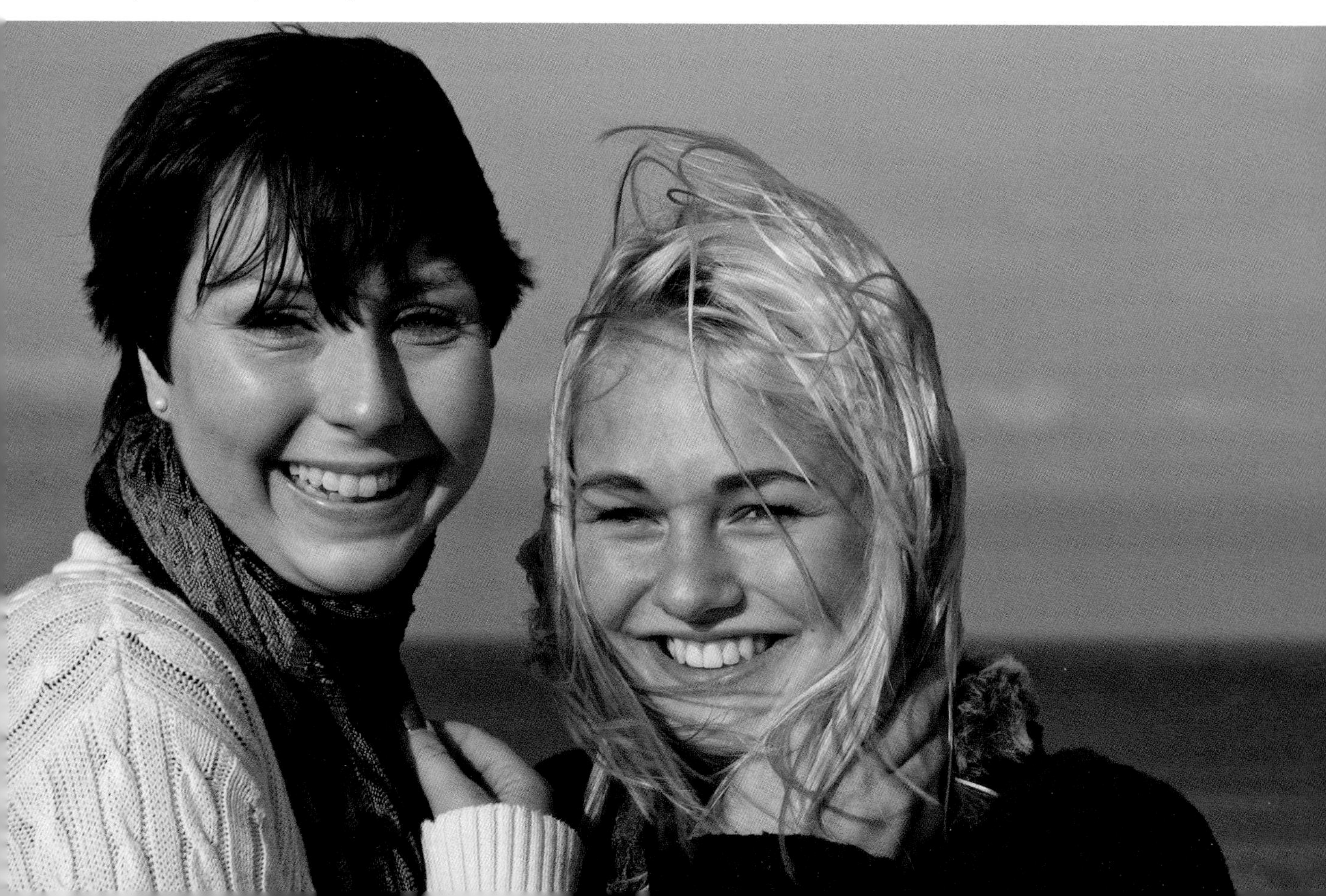

ne farbige Filter im Menü auswählen und so ganz unterschiedliche Bildwirkungen erzielen. Von dieser Methode rate ich allerdings grundsätzlich ab.

Der Grund liegt auf der Hand: Ein buntes Foto lässt sich mit jeder Bildbearbeitungssoftware in ein Schwarz-Weiß-Bild umwandeln – umgekehrt klappt das nicht! Wichtige Bildinformationen sind schlicht nicht mehr vorhanden. Aber das betrifft nicht nur die Farbe, sondern auch andere Aspekte wie zum Beispiel die Kontraste, um nur einen zu nennen.

Nur am Computer können Sie jedes einzelne Foto so bearbeiten, dass Sie eine für Ihren Geschmack optimale Schwarz-Weiß-Version erhalten. Die Kamera weiß ja nicht, wie Sie das Ergebnis sehen möchten, und wandelt immer nach dem gleichen Schema in Schwarz-Weiß (wird in der Fachliteratur oft mit bw für **b**lack and **w**hite oder sw abgekürzt) um. Egal, ob es sich um ein Landschafts-, Porträt- oder Architekturfoto handelt. Also: Finger weg von der Kameramenü-Einstellung ***Schwarzweiß***! Sie eignet sich höchstens dafür, dass Sie vor der Aufnahme schon einen Eindruck bekommen, wie Ihr Foto später aussehen könnte.

Schwarz-Weiß mit Photoshop

Wie fast immer in der Bildbearbeitung gibt es mehrere Wege, die zu einem guten Schwarz-Weiß-Foto führen. Die schnellste Variante ist, die Farbsättigung auf 0 zu setzen.

Aber wie so oft im Leben führt die Ruckzuck-Methode nicht zwangsläufig zu einem guten Ergebnis. Oft wirkt das Schwarz-Weiß-Foto flau, weil die Kontraste mit dieser Methode nicht optimal herausgearbeitet werden können oder interessante Strukturen verloren gehen.

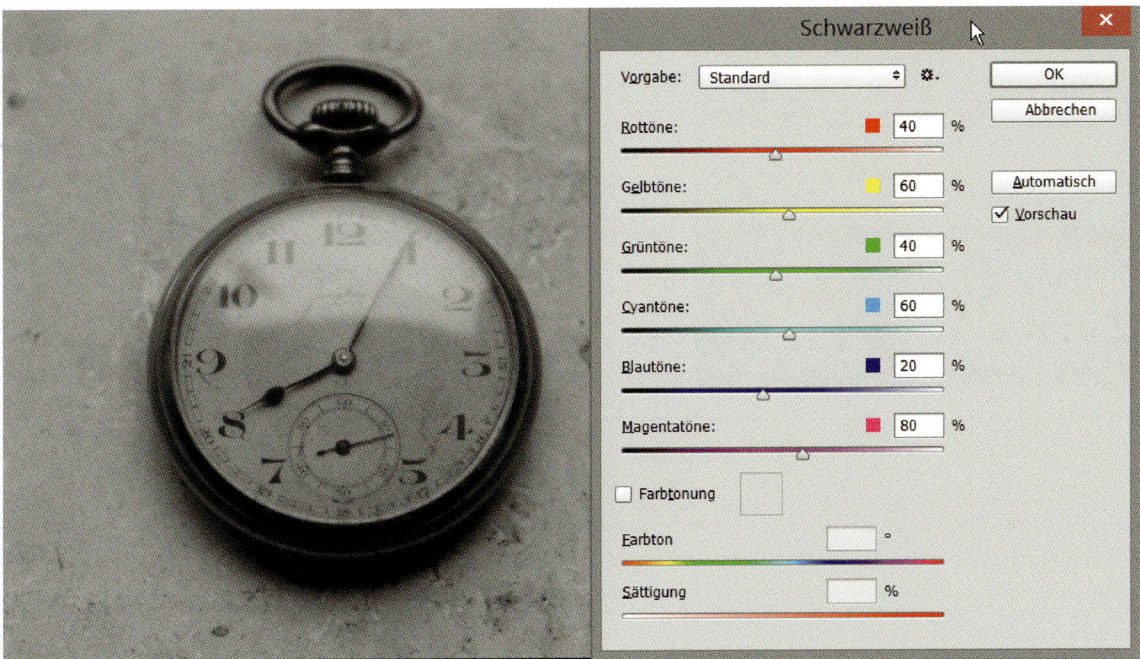

Mit zahlreichen Reglern für die einzelnen Farbtöne kann ein Bild ganz gezielt angepasst werden. Auch eine Farbtönung ist möglich.

Die Photoshop-Versionen ab CS3 bieten eine schnelle und bessere Funktion: ***Bild/Korrekturen/Schwarzweiß***. Damit kann ein Foto zügig in Schwarz-Weiß konvertiert werden, und es gibt zahlreiche individuelle Eingriffsmöglichkeiten, um das Foto zu optimieren.

Die zweite gute Möglichkeit, ein Bild in ein Schwarz-Weiß-Foto umzuwandeln, ist der Kanalmixer in Photoshop (oder auch anderen Bildbearbeitungsprogrammen).

Sie finden dieses nützliche Utensil ganz oben in der Photoshop-Menüleiste unter ***Ebene/Neue Einstellungsebene/Kanalmixer***. Ein neues Fenster öffnet sich, das Sie mit ***OK*** bestätigen.

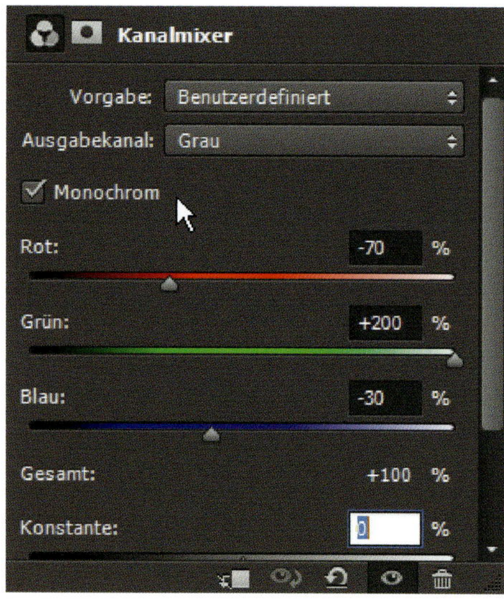

Nun öffnet sich ein Fenster mit Schiebereglern. Aktivieren Sie die Checkbox vor der Option ***Monochrom***. Jetzt können Sie die Schieberegler der Quellkanäle ***Rot***, ***Grün*** und ***Blau*** bedienen.

Achten Sie dabei darauf, dass die Gesamtsumme immer +100 % ergibt. Bei einigen Photoshop-Versionen können Sie auch die Vorgaben und Filter verwenden. Je nachdem, welche Filtervorgabe Sie nutzen, erhalten Sie völlig unterschiedliche Ergebnisse Ihres in Schwarz-Weiß gewandelten Fotos:

Mit der Grünfilter-Vorgabe erreichen Sie nicht nur in der Porträtfotografie die natürlichsten Ergebnisse, sondern auch in den meisten anderen Fotografiegenres.

Gefällt Ihnen das Ergebnis nicht so richtig, können Sie ja mithilfe der Schieberegler noch ein wenig variieren – bis es passt. Aber daran denken: Die Summe der Werte der einzelnen Regler sollte 100 % ergeben.

Männerporträts in Schwarz-Weiß auf Seite 316 und 317 vertragen gut sehr harte Kontraste. Sie lassen zum Beispiel die noch weichen Gesichtszüge von sehr jungen Männern etwas herber und kantiger erscheinen. Dazu ein Beispielfoto meines Sohnes, das vor gut acht Jahren entstand, als er noch keine 20 Jahre alt war.

Bei Porträts, die Sie im Freien fotografieren möchten, sollten Sie nach Dingen Ausschau halten, die Sie in Ihren Bildausschnitt mit einbeziehen können – das können Brückengeländer sein, eine Parkbank, ein Baum, an den sich das Model lehnen könnte.

Oder die Gabelung zweier Äste, die auf dem folgenden Beispielfoto den Rahmen für ein Gesicht bilden können.

Hier bat ich den fotogenen Rentner, seine Hände auf den morschen Ästen abzustützen, und bezog sie so mit ins Bild ein. Zugleich bildeten die Äste schöne Diagonalen, die der Bildwirkung zusätzlich guttun.

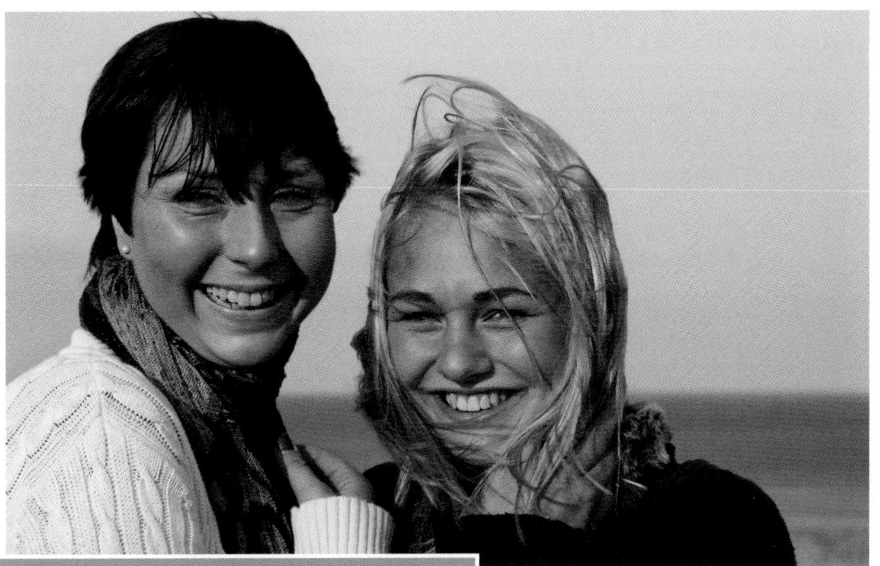

Wandlung in Schwarz-Weiß mithilfe des Kanalmixers und der Blaufilter-Vorgabe: Die Gesichter der Mädchen wirken unnatürlich dunkel.

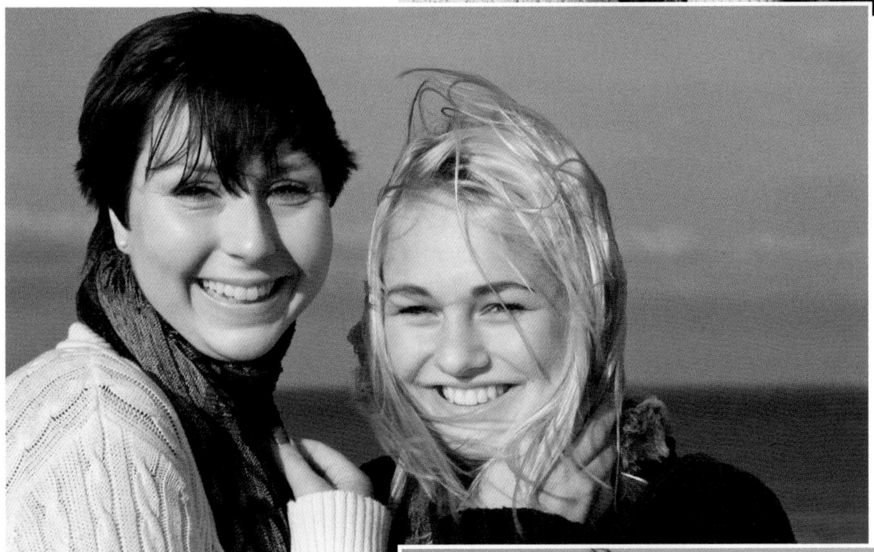

Hier kam die Rotfilter-Vorgabe zum Einsatz: Die Gesichter wirken extrem blass.

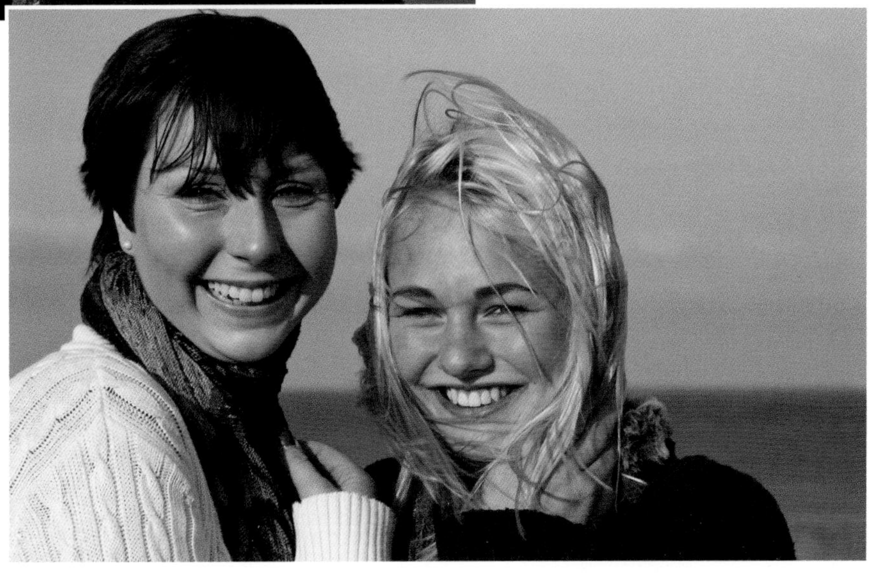

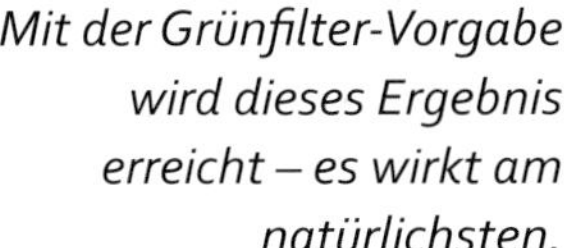

Mit der Grünfilter-Vorgabe wird dieses Ergebnis erreicht – es wirkt am natürlichsten.

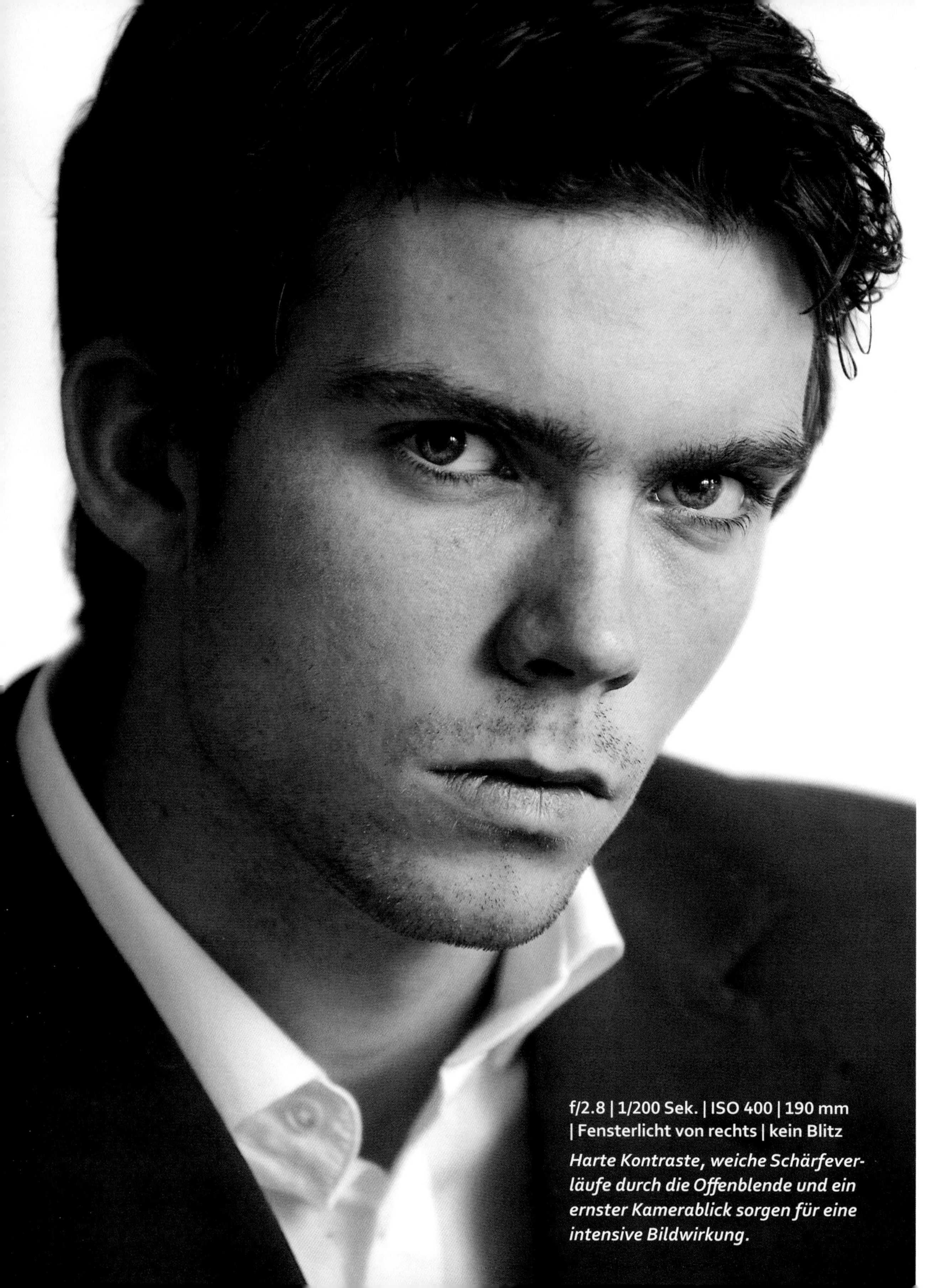

f/2.8 | 1/200 Sek. | ISO 400 | 190 mm | Fensterlicht von rechts | kein Blitz

Harte Kontraste, weiche Schärfeverläufe durch die Offenblende und ein ernster Kamerablick sorgen für eine intensive Bildwirkung.

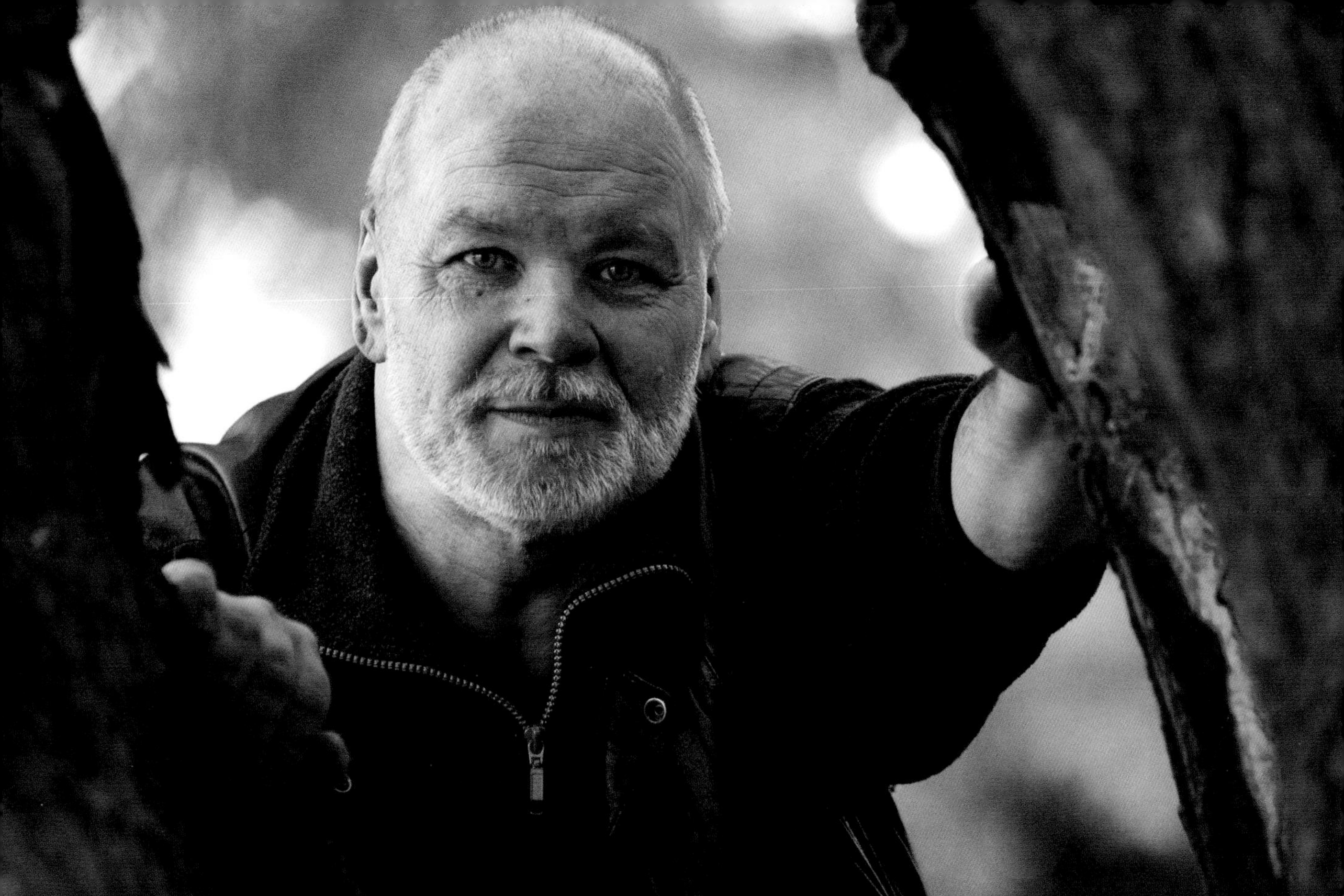

f/4 | 1/200 Sek. | ISO 400 | 200 mm
Ein Beweis für die intensive Wirkung von Schwarz-Weiß-Porträts.

Ich nutze Schwarz-Weiß-Porträts besonders dann gern, wenn mein Spieltrieb wieder durchbricht ... Ich liebe es, bei Regenwetter mit einer großen Kanne schwarzem Tee am Rechner zu sitzen und Bilder mit Softwarefiltern zu bearbeiten.

Denn auch deren Wirkung fällt bei Schwarz-Weiß-Fotos intensiver aus. Aber Achtung: Die Nutzung der Filter braucht Übung und Erfahrung. Sonst kann man ein Motiv auch so richtig verhunzen! Grundsätzlich sollten die Filter auf einer eigenen Bearbeitungsebene angewendet werden, deren Deckkraft sich später herunterregeln lässt.

Hier Beispielbilder des mit uns befreundeten Gitarristen Steve Brockmann (siehe Bilder auf der nächsten Seite).

Wie gesagt: Ich habe viel Freude an diesen Filterspielereien. Für mich ist es eine Verknüpfung von Malerei und Fotografie. Ich bemale ein Foto mithilfe von Software. Denn die Filter wende ich selten auf das ganze Foto an, sondern bearbeite damit oft nur bestimmte Bildbereiche.

Hier kann ich auf jeden Fall meine Kreativität rauslassen und Neues ausprobieren.

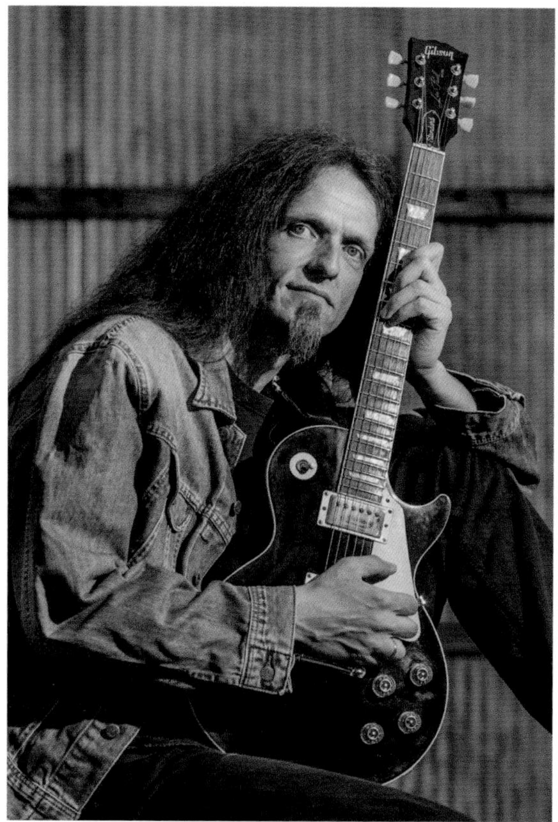

f/6.3 | 1/160 Sek. | ISO 320 | 200 mm | entfesselter Blitz von der Seite

Steve mit seiner geliebten Gibson-Gitarre – mit Lightroom in Schwarz-Weiß gewandelt, ansonsten unbearbeitet.

Und hier habe ich Steve mithilfe von Filtern den derzeit angesagten Vintage-Look verpasst. Das klappt ganz gut mit digitalen Filtern, die den Look von Analogaufnahmen nachempfinden.

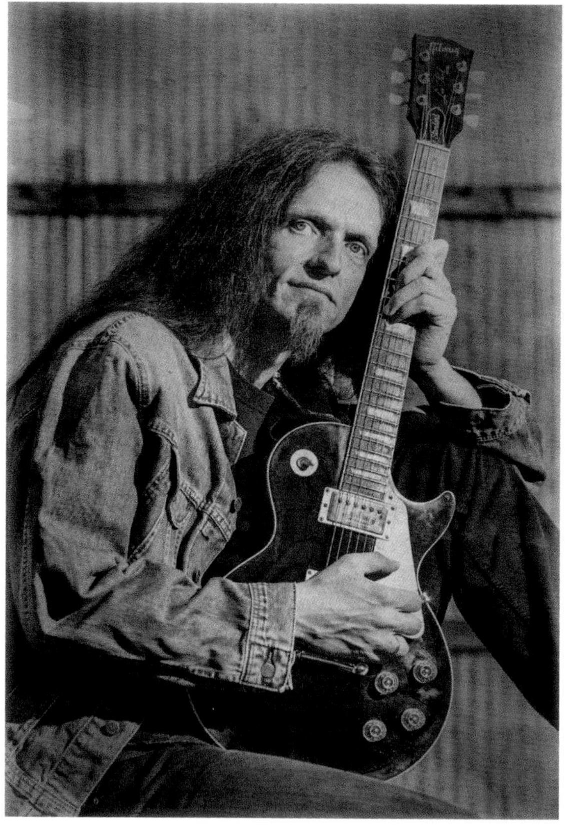

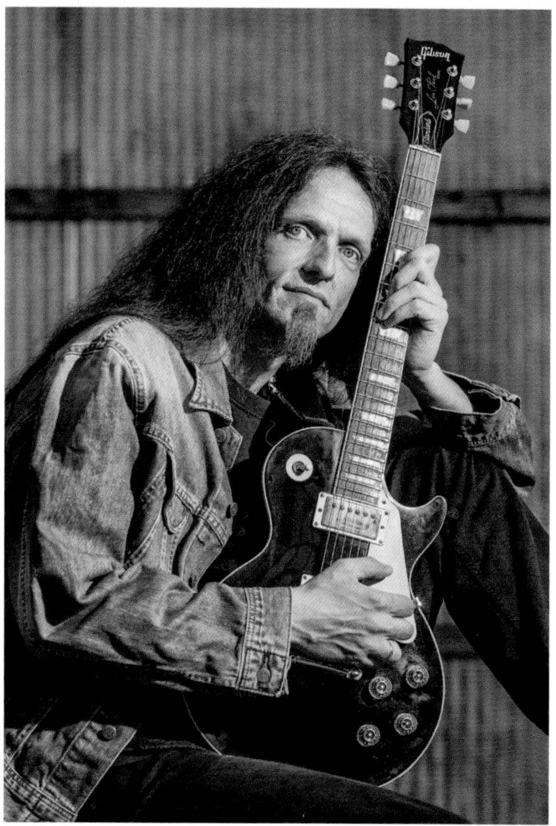

Dasselbe Foto, mit einem digitalen Crossfilter bearbeitet, der dem Foto einen grünlichen Farbton verleiht und die Kontraste erhöht. Die Crossentwicklung entstand schon zu Dunkelkammerzeiten, als Filme noch mithilfe von Chemikalien entwickelt wurden. Und zwar durch das versehentliche Vertauschen von Entwickler-Flüssigkeiten. Heute ist dieser Look, der die Farben verfälscht und den Kontrast erhöht, ein Stilmittel, das gerade sehr in Mode ist.

5.6 Hochzeiten, Partys und Events

Sie möchten auf einer Familien- oder Firmenfeier fotografieren, die Redner am Pult während ihrer launigen Reden und die anschließende fröhliche Partystimmung mit Ihrer Kamera einfangen. Sie merken sicher ganz schnell: Das ist nicht ganz einfach! Das Hauptproblem ist meistens das bunte und in seiner Stärke im Sekundentakt wechselnde Kunstlicht, das z. B. die Tanzfläche beleuchtet.

Die für das menschliche Auge schönen Lichteffekte kommen auf Fotos oft einfach nicht rüber, werden durch das Licht des eingebauten Kamerablitzes, der meist nur frontal nach vorn sein Licht abgeben kann, mehr oder weniger unsichtbar gemacht und „totgeblitzt". Die Fotos wirken eher kühl, von Partyatmosphäre keine Spur. Für Fotos unter derart schwierigen Lichtbedingungen empfehle ich unbedingt einen separaten Aufsteckblitz. Den Weißabgleich belasse ich in der automatischen Einstellung und passe ihn später am Computer an (deshalb: immer das RAW-Format nutzen – ich kann es gar nicht oft genug wiederholen), falls mir die Farben überhaupt nicht gefallen. Ein manueller Weißabgleich vor Ort hat bei derart häufig wechselnder Lichtfarbe überhaupt keinen Sinn, ebenso wenig wie den Weißabgleich z. B. auf Kunstlicht einzustellen. Auf Partys gibt es meist viele verschiedene Lichtquellen – mal mit kühlem Licht, mal mit warmem Licht.

Aufsteckblitz verwenden

Denn nur mit diesem Zubehör können Sie dem Licht des Blitzes die Richtung vorgeben und ihn zum Beispiel in Richtung Decke lenken (in-

Tanzende Menschen auf einer Party bei ständig wechselndem Licht in allen Farbtönen des Regenbogens zu fotografieren, ist eine besondere Herausforderung für Fotografen. Bewegungsunschärfe ist durchaus erwünscht – aber ein Bereich im Foto sollte scharf abgebildet sein.

f/2.8 | 1/10 Sek. | ISO 1000 | 58 mm | indirekter Blitz

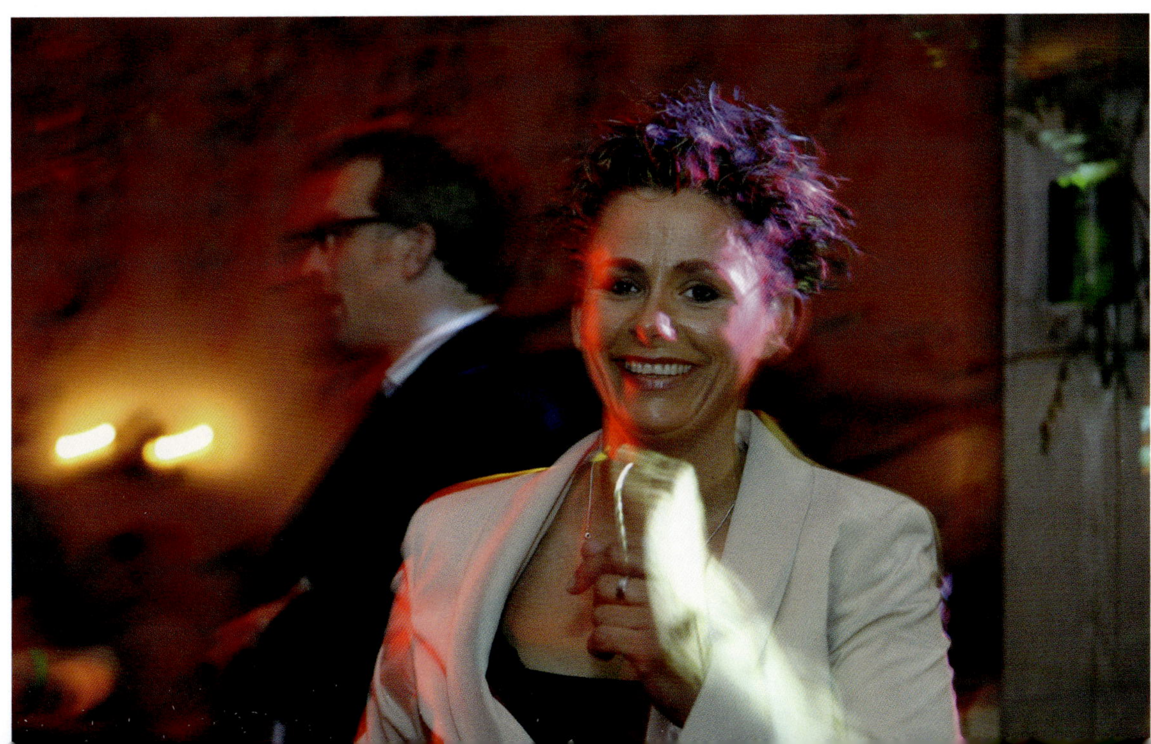

direkter Blitz). Dadurch reflektiert das Blitzlicht von dort und zerstört nicht die bunte Partybeleuchtung mit ihren wechselnden Farben.

Tanzende Menschen sind bei schummriger und schwacher Beleuchtung besonders schwer zu fotografieren – eine besondere Herausforderung für den Fotografen!

Das geeignete Objektiv

Stürzen Sie sich mit Ihrer Kamera samt Aufsteckblitz (schräg nach oben gerichtet) und Zoomobjektiv am besten mitten hinein ins Getümmel auf der Tanzfläche. Für Party- und Eventfotos kommt bei mir meist mein Allround- und Standardobjektiv mit einer Brennweite von 24–70 mm zum Einsatz. Damit kann ich zum einen den Veranstaltungsraum gut erfassen, aber genauso eignet sich die Linse auch für Porträtfotos. Sie bietet mir also ein relativ großes Maß an Flexibilität. Sicherheitshalber habe ich noch ein Teleobjektiv für Porträts (70–200 mm) und ein Weitwinkel (17–40 mm) für Übersichtsaufnahmen im Gepäck, aber nicht griffbereit, weil sich meistens das 24–70-mm-Objektiv als völlig ausreichend erweist.

Die Kameraeinstellungen

Ihre Kamera sollten Sie auf den höchsten, für eine gute Bildqualität noch vertretbaren ISO-Wert eingestellt haben. Je nachdem, wie licht-

Übersichtsfoto einer Veranstaltung.

f/5 | 1/100 Sek. | ISO 800 | 24 mm

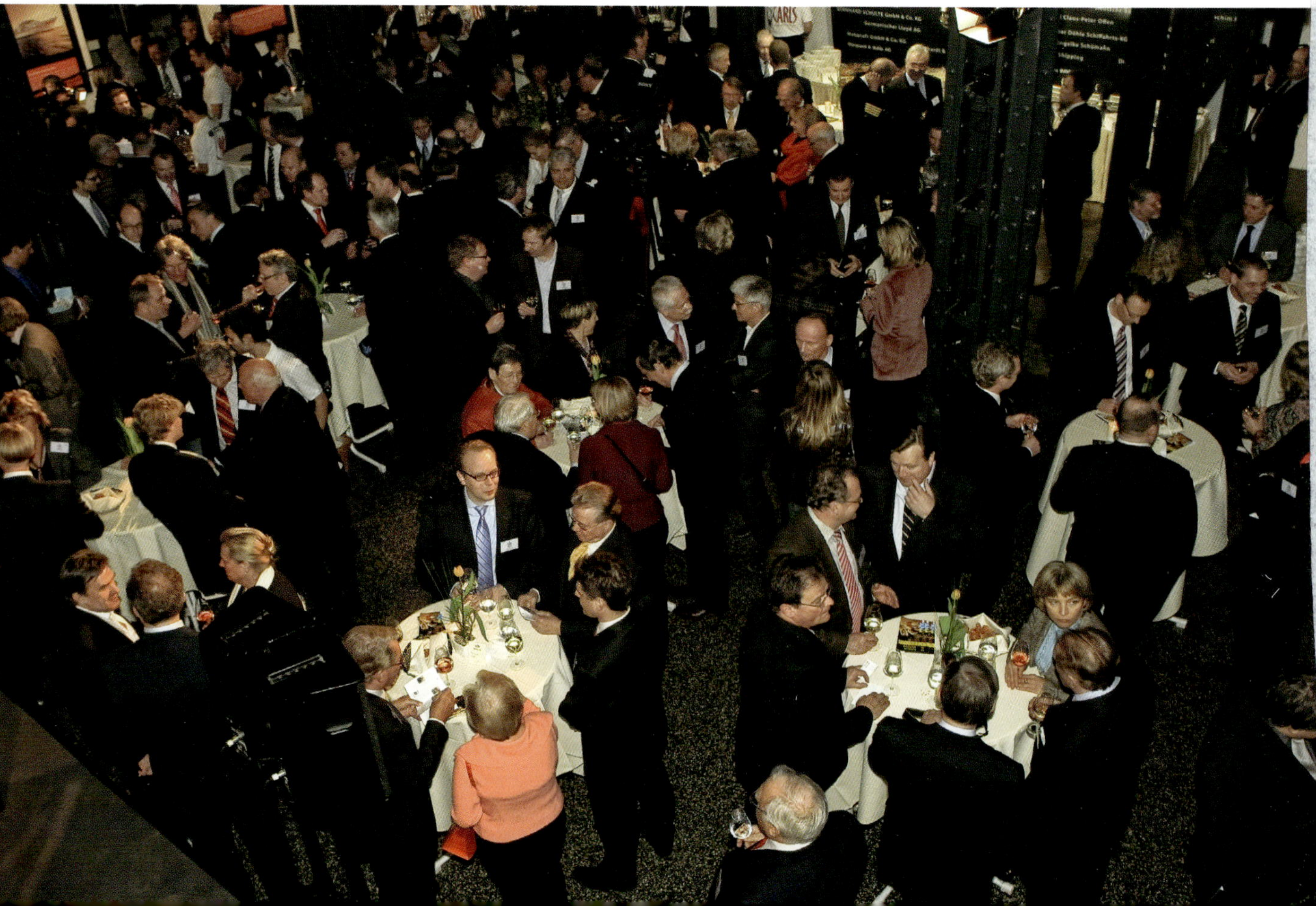

stark Ihr Objektiv ist, wählen Sie eine große Blendenöffnung (f/2.8 bis f/4). Trotz dieser Einstellungen werden die Belichtungszeiten wegen des schwachen Umgebungslichts unter einer Zeit von 1/100 Sek. liegen – und das ist auch gut so! Denn nur mit relativ langen Belichtungszeiten lassen sich später auf den Fotos auch die Tanzbewegungen der Menschen erkennen.

Tanz- und Partyfotos dürfen gern bewegungsunscharf sein. Achten Sie aber darauf, dass immer ein Punkt auf Ihren Fotos als Blickfang scharf abgelichtet ist – beim Beispielfoto ist es das fröhliche Gesicht der Frau. Sie werden eine ganze Menge unbrauchbarer Fotos produzieren. Die Fehlerquote bei der Partyfotografie ist durch die gegebenen Umstände naturgemäß hoch:

- Der anvisierte Schärfepunkt rutscht durch die Bewegung der Person aus dem Autofokusbereich.
- Das Licht der Partybeleuchtung auf der Tanzfläche ändert sich ständig – mal leuchtet es in hellen Farben, dann wieder in dunklen.
- Die Bewegungsunschärfe ist zu stark.

Hilfreich ist es hier manchmal, den Autofokus nachzuführen. Dieser Autofokusmodus hat je nach Kameramodell unterschiedliche Bezeichnungen. In diesem Modus führt die Kamera den Schärfepunkt nach, solange Sie den Auslöser halb heruntergedrückt halten. So kann Ihr Motiv nicht mehr aus dem Schärfebereich herausrutschen. Schauen Sie dazu bitte in die Gebrauchsanleitung Ihrer Kamera.

Serienbildfunktion nutzen

Gegen die sich ständig ändernden Lichtverhältnisse hilft nur das Warten auf möglichst helles Licht. Die Serienbildfunktion sollten Sie ebenfalls zuschalten, um später aus einer größeren Anzahl von Fotos die besten auszuwählen. Oft sieht die fotografierte Bewegungsphase eines tanzenden Menschen auch ein wenig „verrückt" aus. Mit der Serienbildfunktion fotografieren Sie mehrere Phasen hintereinander und können dann die auswählen, in der der oder die Tanzende am besten aussieht.

Bedenken Sie aber bitte, dass Ihr Blitz es nicht schafft, in so kurzen Abständen jedes Mal seine volle Leistung abzufeuern. Er wird nicht bei

Die Musik auf dieser Party war ganz offensichtlich richtig gut.

f/2.8 | 1/25 Sek. | ISO 640 | 70 mm | Blitz

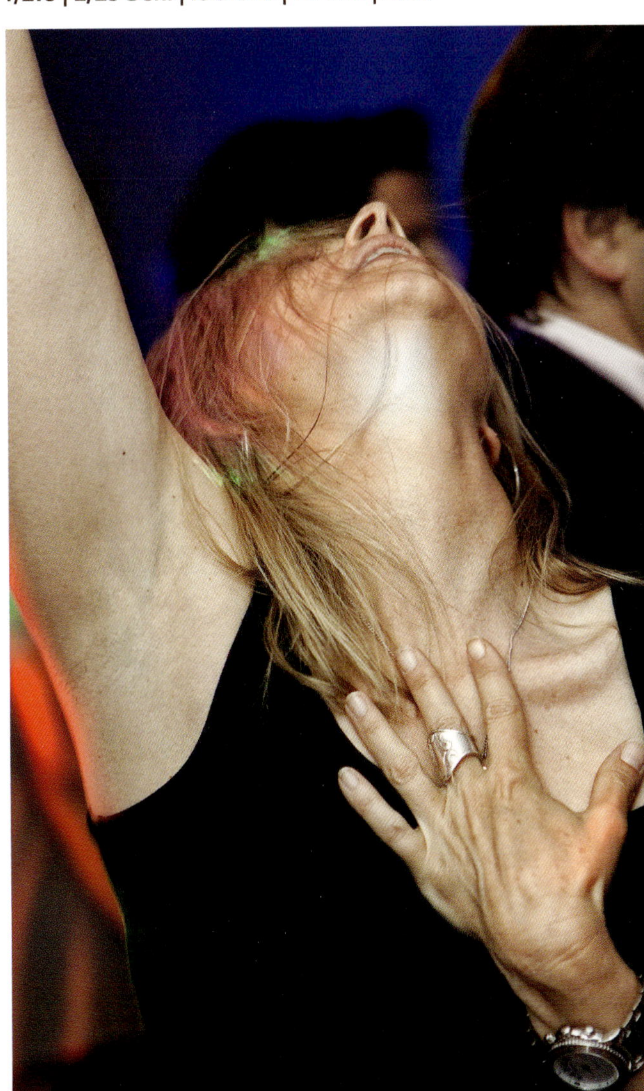

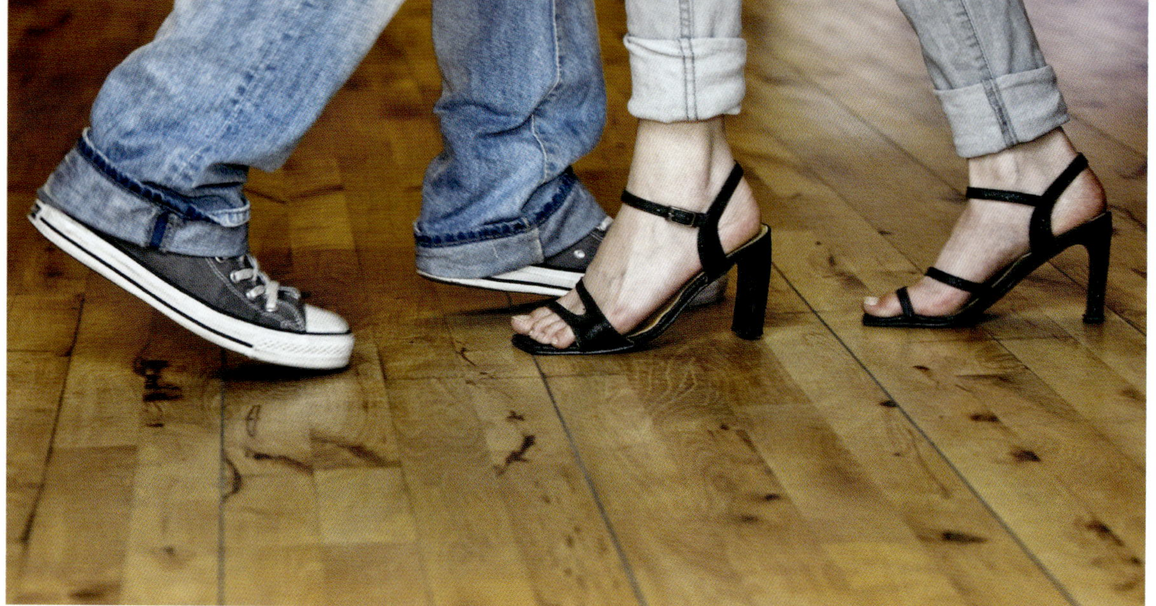

f/3.5 | 1/80 Sek. | ISO 1000 | 70 mm | indirekter Blitz und restliches Tageslicht

Detailfoto eines tanzenden Paares mit minimalen Bewegungsunschärfen – auch das ist ein taugliches Partymotiv.

jeder Aufnahme zünden können, weil er für jedes Foto neu aufladen muss. Mit dem Blitz können Sie jedoch auch bei längeren Belichtungszeiten scharfe Fotos schießen, weil der Blitz die Bewegungen einfriert, wie das folgende Beispielfoto zeigt:

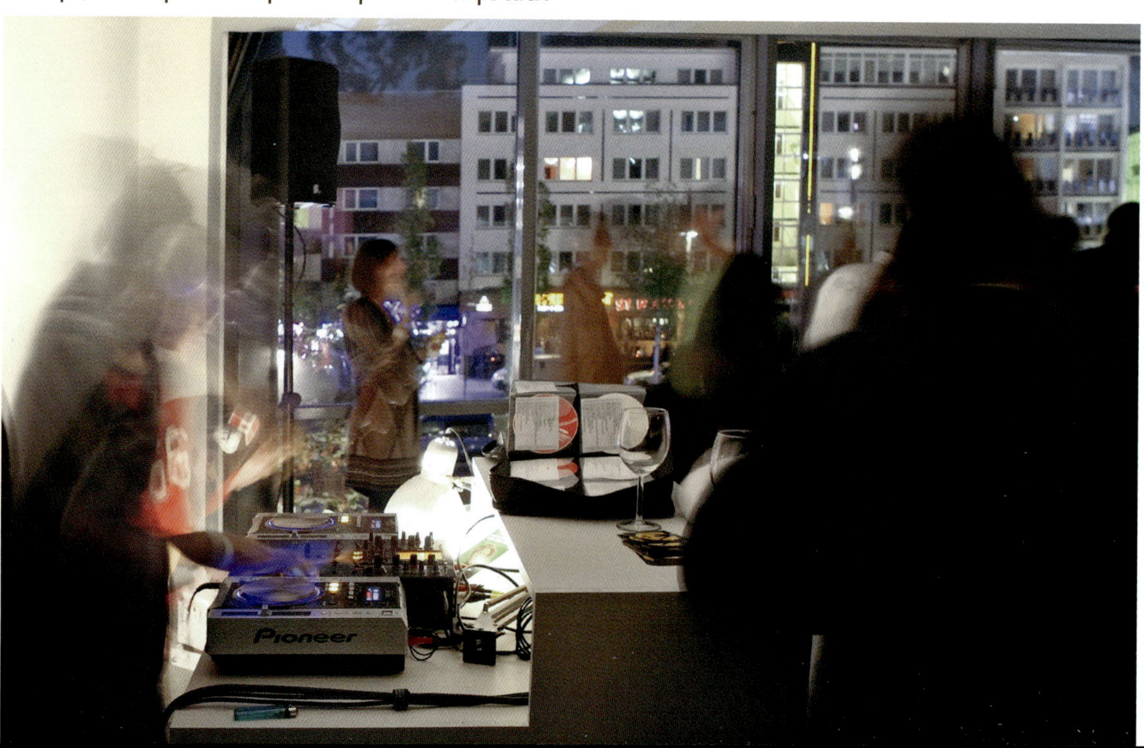

Gewollte Bewegungsunschärfe bei den Personen – ihre Gesichter sind nicht zu erkennen. Lediglich der Arbeitsplatz des DJs ist scharf abgebildet.

f/5.6 | 1/6 Sek. | ISO 200 | 25 mm | kein Blitz | Stativ

Wenn die Bewegungsunschärfe zu stark ist, hilft die Blendenautomatik weiter: Wählen Sie dann eine Belichtungszeit vor, bei der die Bewegungsunschärfe akzeptabel ist. Vermutlich werden Ihre Fotos jetzt etwas unterbelichtet, da Sie ja sowieso schon mit Offenblende fotografieren. Regeln Sie dann die Blitzleistung hoch. Und fotografieren Sie unbedingt im RAW-Modus, damit Sie die Fotos später am Computer aufhellen können. Denn nur beim RAW-Format können Sie diese Bearbeitungsreserve ohne Qualitätsverlust voll ausreizen. Ich weiß, ich wiederhole mich gebetsmühlenartig – aber das hilft ja manchmal dabei, einen Ratschlag in der Praxis dann auch wirklich umzusetzen.

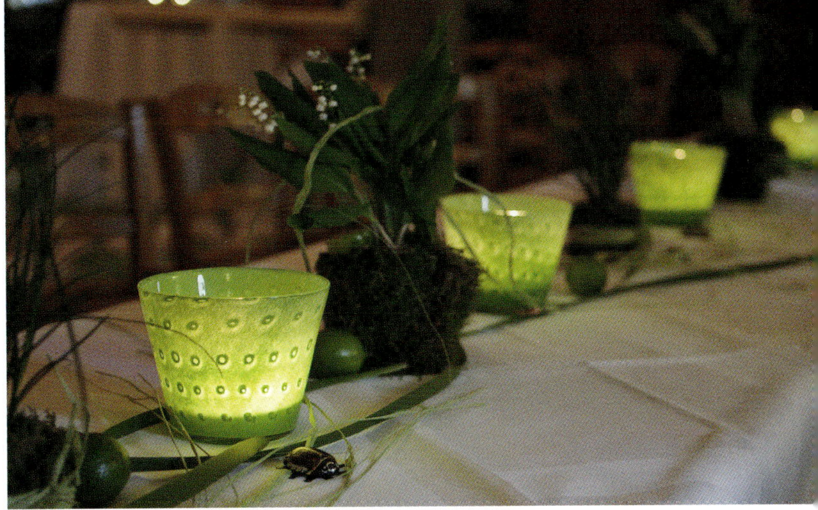

f/2.8 | 0,5 Sek. | ISO 100 | 52 mm | Stativ

Liebevolle Tischdekoration zu einer Tanz-in-den-Mai-Party. Solche Detailbilder runden Ihre Partyfotos ab und machen das Album erst vollständig.

Um die Atmosphäre einer Party mit der Kamera einzufangen, kann eine starke Bewegungsunschärfe aber auch durchaus ein gutes Stilmittel sein, wie das obige Beispielfoto beweist.

Dafür sollten Sie die Kamera jedoch auf einem Stativ positionieren. Verzichten Sie auf den Blitzeinsatz und regeln Sie die Kameraeinstellungen manuell. Auf eine hohe ISO-Zahl können Sie jetzt verzichten, ebenso auf die Offenblende. Visieren Sie dann ein Objekt im Raum an, das unbeweglich ist – z. B. das Mischpult des DJs wie auf dem Beispielfoto.

Um eine Party mit all ihren Facetten zu fotografieren, sollten Sie Detailfotos nicht vergessen! Sie runden Ihre Partyfotografie erst ab. Dafür bieten sich zum Beispiel Gläser mit Getränken, die Tischdekoration, die leckeren Speisen am Büfett oder auch Kerzen an.

Am Rednerpult

Auf vielen Veranstaltungen, Feiern und Empfängen werden anfangs Reden zu Ehren eines Menschen, einer Firma oder eines Ereignisses gehalten. Solche Situationen entstehen natürlich ebenso auf Seminaren. Das Licht für Fotos vom Redner am Pult ist oft nur geringfügig besser als das auf einer Partytanzfläche. Insofern ist es sinnvoll, ähnliche Kameraeinstellungen wie im vorangegangenen Abschnitt beschrieben zu wählen.

Ein Mann steht am Rednerpult und spricht – meistens ist die Kamera in solchen Situationen nicht auf Augenhöhe.

f/4 | 1/100 Sek. | ISO 1000 | 58 mm | indirekter Blitz

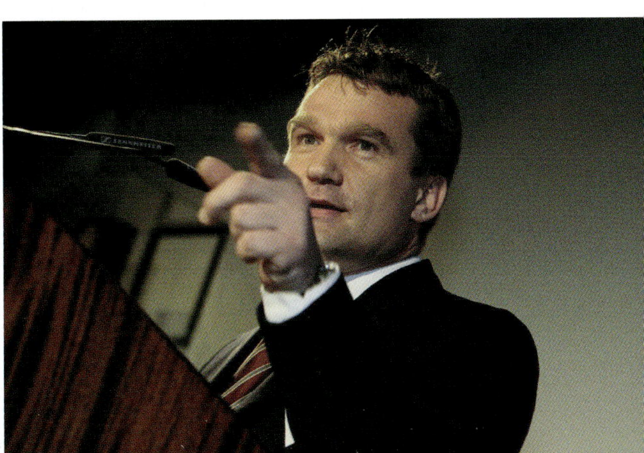

Die Kameraposition ist entscheidend

Durch die leicht erhöhte Position eines Menschen am Rednerpult ergibt sich meist zwangsläufig eine tiefe Kameraposition. Nur selten können Sie mit dem Redner auf Augenhöhe gehen. Dadurch wirkt der Redner mächtig und über den Dingen stehend. Sie sehen: Auch die Kameraposition kann also für die positive oder negative Wirkung und Ausstrahlung eines Menschen entscheidend sein!

Möchten Sie den Redner positiv und sympathisch wirken lassen, sollten Sie tunlichst nur dann auf den Auslöser drücken, wenn seine Mimik freundlich ist. Und auch hier gilt: Die Schärfe muss auf den Augen des Redners liegen.

Partyfotografie als Reportage

Wenn Sie als Gast auf einer Party eingeladen worden sind und gleichzeitig die Aufgabe übernommen haben, die fröhliche Feier fotografisch festzuhalten, sollten Sie sich schon rechtzeitig Gedanken darüber machen, wie Sie die Aufgabe am besten bewerkstelligen können. Wie wäre es da zum Beispiel mit einer Partyreportage?

Um die Abläufe später in Bildern chronologisch darstellen zu können, sollten Sie natürlich vor allen anderen Gästen vor Ort sein, um z. B. die Begrüßungsszenen mit der Kamera festhalten zu können. Vielleicht auch noch den oder die Gastgeber bei den letzten hektischen Partyvorbereitungen?

Fühlen Sie sich für einen Abend als Reporter und dokumentieren Sie die wichtigsten, originellsten und lustigsten Partyszenen – aber bitte vergessen Sie dabei nie, dass jeder Mensch über eine gewisse Portion Eitelkeit verfügt. Löschen Sie ungünstige oder möglicherweise sogar kompromittierende Fotos sofort von der Speicherkarte. Zu später Stunde, wenn der Alkoholpegel einiger Gäste (die gibt es ja auf beinahe jeder Party) deutlich erkennbar gestiegen ist, sollten Sie besser taktvoll die Kamera zur Seite legen und stattdessen selbst mitfeiern. Ach, und noch etwas: Fotografieren Sie Menschen nicht, während sie sich einen Löffel oder eine Gabel mit Essen in den Mund schieben oder beim Kauen! Dabei kann eigentlich niemand fotogen aussehen.

Gern würde ich Ihnen hier Beispielfotos von feiernden Menschen aus meinen beruflichen Aufträgen zeigen – doch das ist aus rechtli-

Partysymbolik pur – Smoking und Fliege, ein frisches Pils und ein Zigarillo.

f/2.8 | 1/500 Sek. | ISO 640 | 70 mm

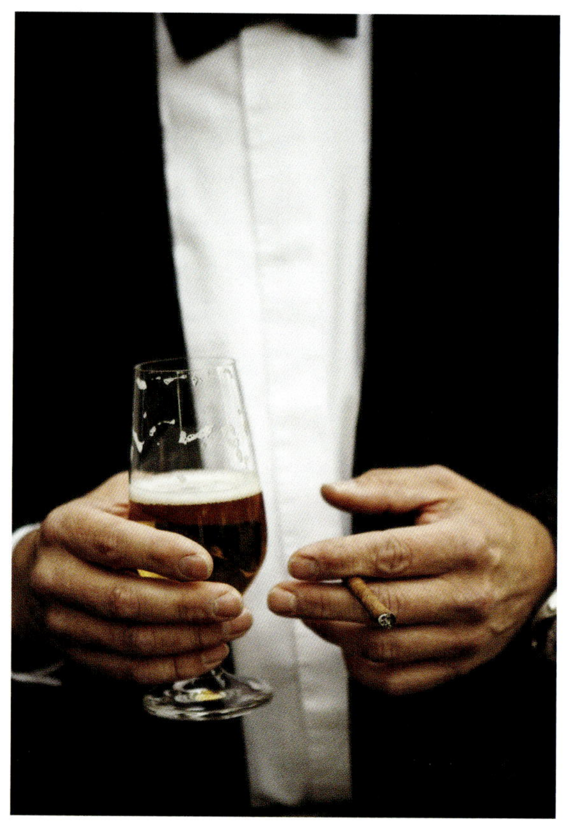

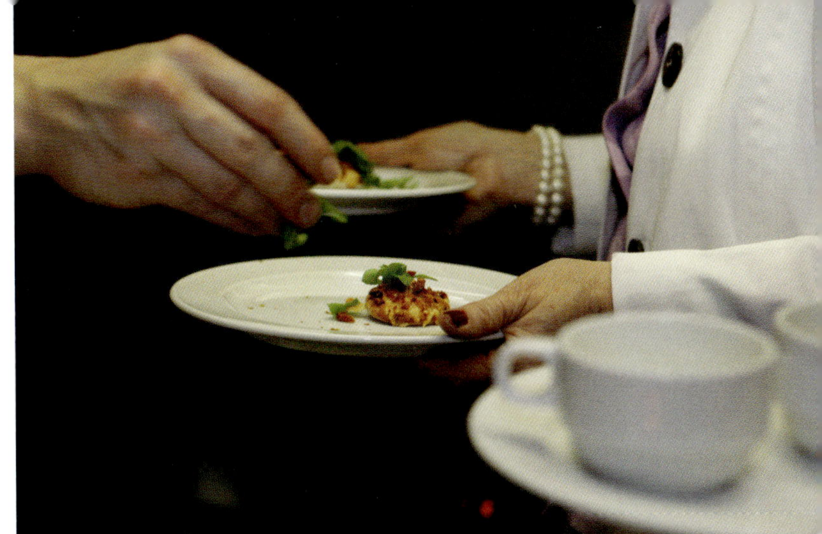

f/3.5 | 1/160 Sek. | ISO 1000 | 70 mm | indirekter Blitz

chen Gründen leider nicht möglich. Aber ich denke, dass Sie auch so wissen, bei welchen Partysituationen Sie auf den Auslöser drücken und wann Sie es besser sein lassen sollten. Na gut, dieses Foto geht, weil kein Gesicht zu erkennen ist.

Um die Party wirklich mit all ihren Facetten und Aspekten zu dokumentieren, sollten auch Motive wie die Dekoration, das Essen und die Getränke nicht fehlen.

Möglichst neutral gehaltene Symbolfotos – sie sind nicht an einen bestimmten Ort oder an eine bestimmte Person gebunden – runden die Partyreportage ab. Sie eignen sich ganz hervorragend, um z. B. die Einladungskarte zu Ihrer nächsten Gartenparty zu zieren.

Aus eigener Erfahrung kann ich Ihnen sagen: Die wichtigsten Bilder entstehen in den ersten zwei Stunden eines Festes – wenn Frisuren und Make-up noch richtig sitzen. Danach können Sie selbst ans Feiern denken.

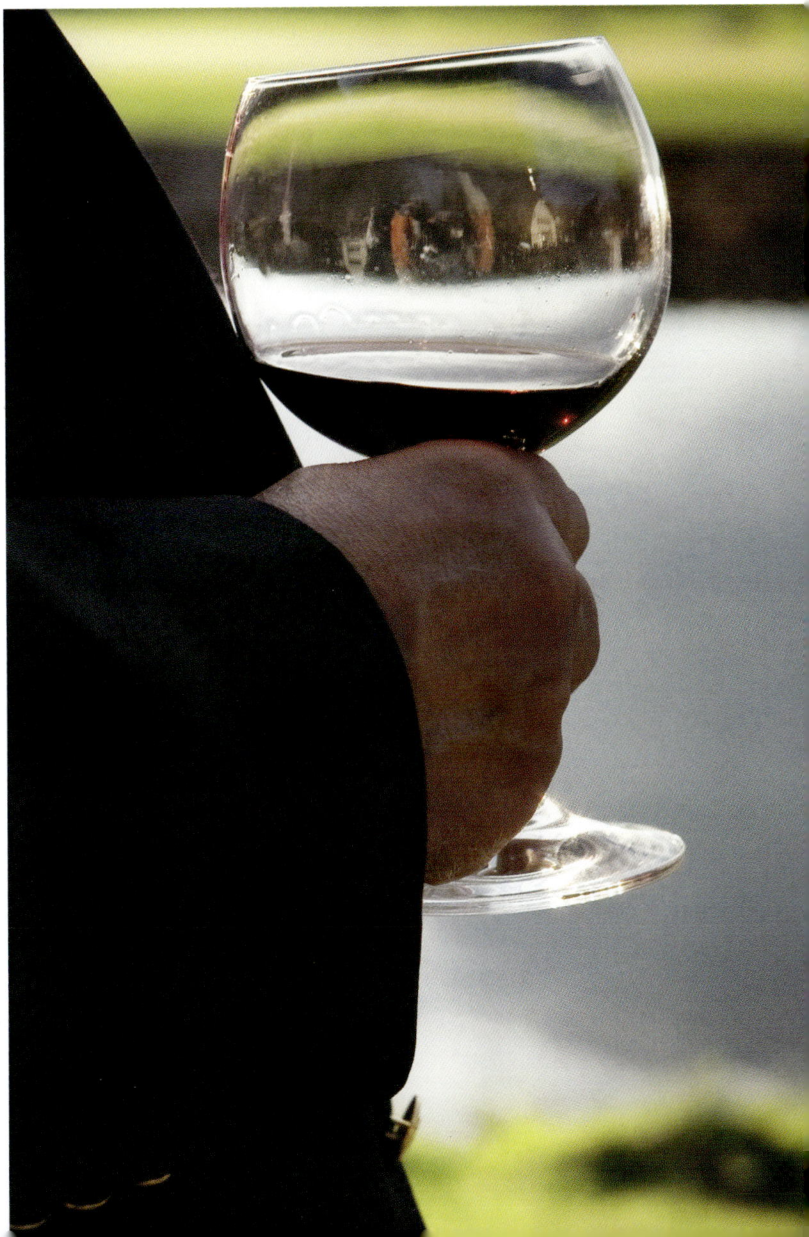

f/7.1 | 1/200 Sek. | ISO 200 | 66 mm

Solche neutralen Motive eignen sich später auch gut z. B. für eine Einladungskarte zu einem Glas Rotwein in Ihrem Garten.

Thema Hochzeitsfotografie

Hochzeiten – ein großes Thema in der Eventfotografie. Wer seine Kamera einigermaßen gerade halten kann, ist ein gern gesehener Gast am „schönsten Tag des Lebens" bei Freunden, Verwandten und Bekannten. Ich hatte nicht nur einmal Einladungen mit dem Zusatz „Wir würden uns freuen, wenn Du Deine Kamera mitbringst" im Briefkasten.

Das ist eine echt kitzelige Situation – besonders für Berufsfotografen wie mich. Aber auch Hobbyfotografen sitzen mit einer solchen Einladung in einer ungemütlichen Zwickmühle: Einerseits fühlen sie sich gebauchpinselt, dass man sie für so gut hält, einen so wichtigen Tag mit der Kamera dokumentieren zu dürfen. Andererseits kommt auch gleich der Gedanke auf: „Wollen die vielleicht nur den teuren Hochzeitsfotografen sparen und haben mich nur deshalb eingeladen?" Und: „Reicht mein fotografisches Können aus, um die Erwartungen und Ansprüche des Brautpaares zu erfüllen?" Ich bin da mittlerweile sehr strikt: Entweder ich fotografiere für gute, echte Freunde freiwillig und ohne Honorar, oder man bezahlt mich für meine Arbeit. Denn es ist echt harte Arbeit und zum Mitfeiern kommt man definitiv nicht, wenn man seinen Job als Hochzeitsfotograf auch nur halbwegs ernst nimmt. Sehr beliebt sind bei Brautleuten Fotoreportagen, die den gesamten Tag der Hochzeit stimmungsvoll und einfühlsam dokumentieren.

Brautpaar-Fotoshooting am Sylter Strand – leider bei sehr herbstlichem Regenwetter. Aber es hätte schlimmer sein können: Hagel, Schnee und Sturm blieben uns erspart!

f/16 | 1/200 Sek. | ISO 400 | 21 mm

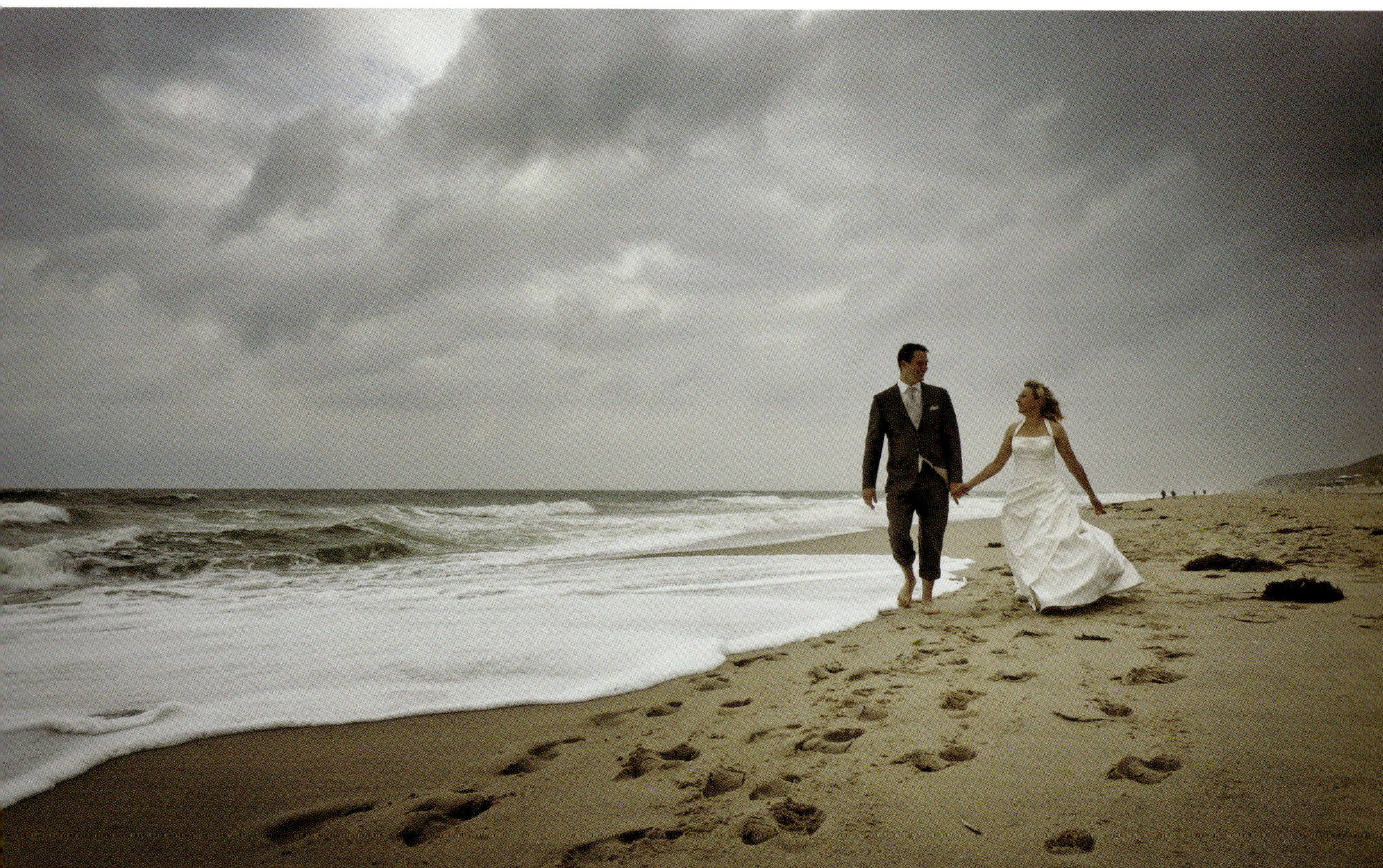

Und zwar bis in die Details. Das bedeutet volle Konzentration auf alle unzähligen Motive! Angefangen bei den Vorbereitungen vom Binden der Krawatte beim Bräutigam über das Anziehen der Brautschuhe. Weiter zur standesamtlichen Trauung, die Ringe, die Unterschriften, der Kuss, der Standesbeamte, die Verwandtschaft, die Freunde.

Anschließend Fotos mit Geschwistern, Eltern, Freunden, Oma, Opa, Onkels, Tanten. Hunderte von Motiven, die einmalig und nicht wiederholbar sind – Vollstress! Keine Zeit, zwischendurch mal einen Schluck zu trinken oder einen Happen zu essen. Das Ganze noch einmal zur kirchlichen Trauung. Dann die große Party, alle Gäste ablichten, niemanden vergessen, die lustigsten Szenen nicht verpassen. Ganz ehrlich: Das ist super anstrengend (für Mensch und Material!), und ich verweise mittlerweile Anfragen nach einer kompletten Hochzeitsreportage an Kollegen, die sich genau auf dieses Genre spezialisiert haben.

Ich fotografiere eher mal zum Beispiel ein reines Brautpaar-Shooting, das nicht zwangsweise am Tag der Trauung stattfinden muss. Das Paar am Sylter Strand habe ich einige Tage nach deren eigentlicher Trauung fotografiert. Es war ein sehr fröhliches und entspanntes Fotoshooting – nur das Wetter spielte überhaupt nicht mit ...

Die Braut trug deshalb nicht nur eine deutlich auf den Fotos erkennbare Gänsehaut, sondern auch Gummistiefel!

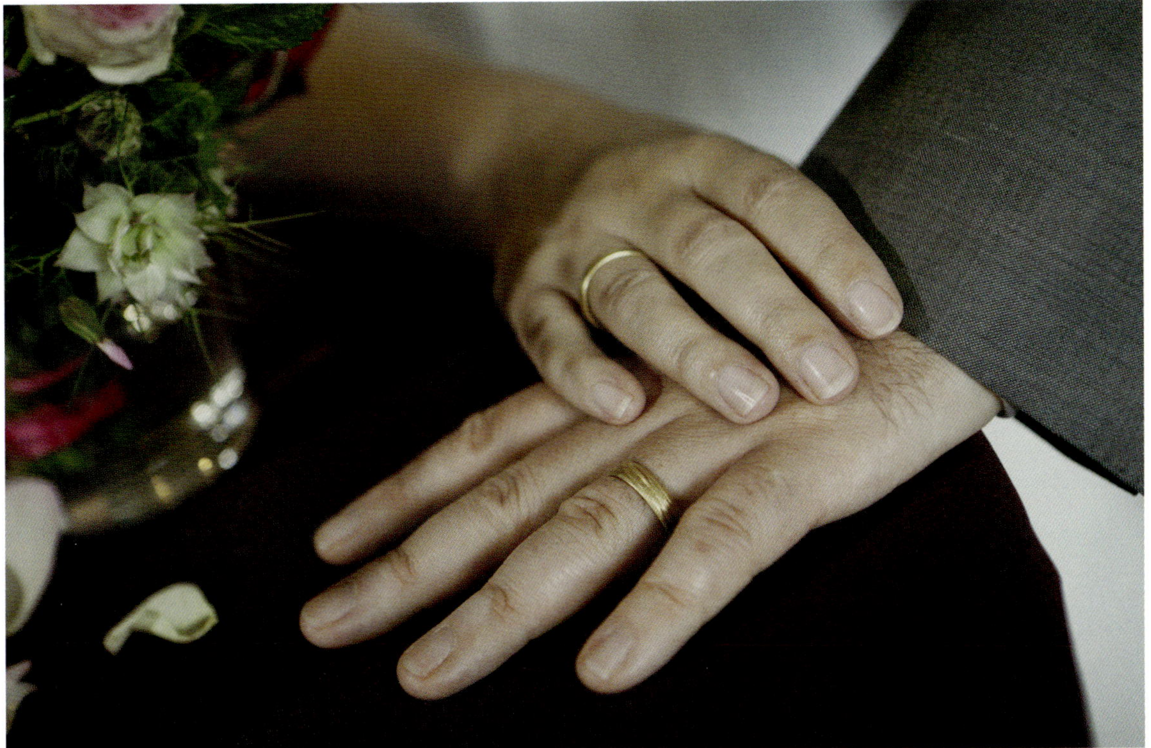

f/4 | 1/80 Sek. | ISO 400 | 68 mm | Blitz

Die Hände der Brautleute mit den Eheringen – das Motiv darf auf keiner Hochzeitsfotoreportage fehlen!

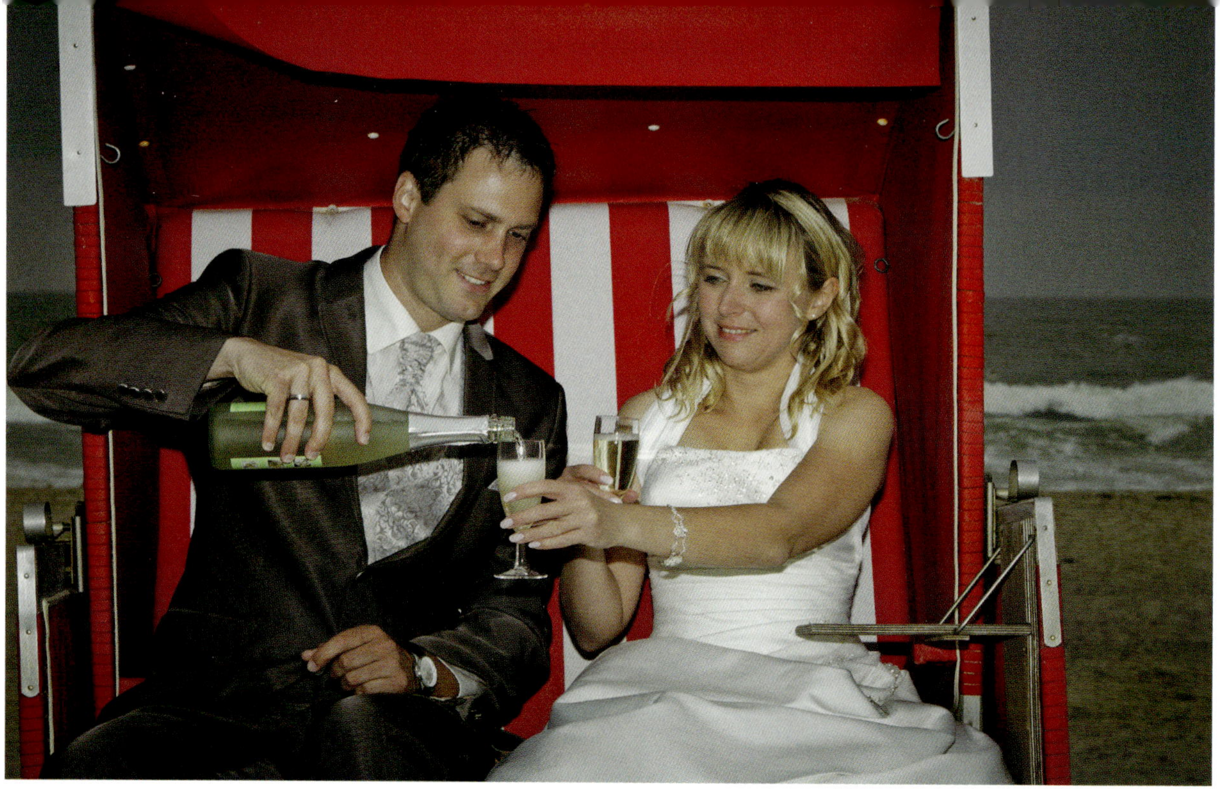

f/10 | 1/300 Sek. | ISO 320 | 70 mm

Bei null Sonnenschein, Sprühregen und einer fast schwarzen Wolkenwand im Hintergrund ist der Blitzeinsatz obligatorisch. Auch wenn dabei jegliche Romantik zugunsten einer nicht eingeplanten Komik weichen musste: Die Braut trug Gänsehaut und Gummistiefel!

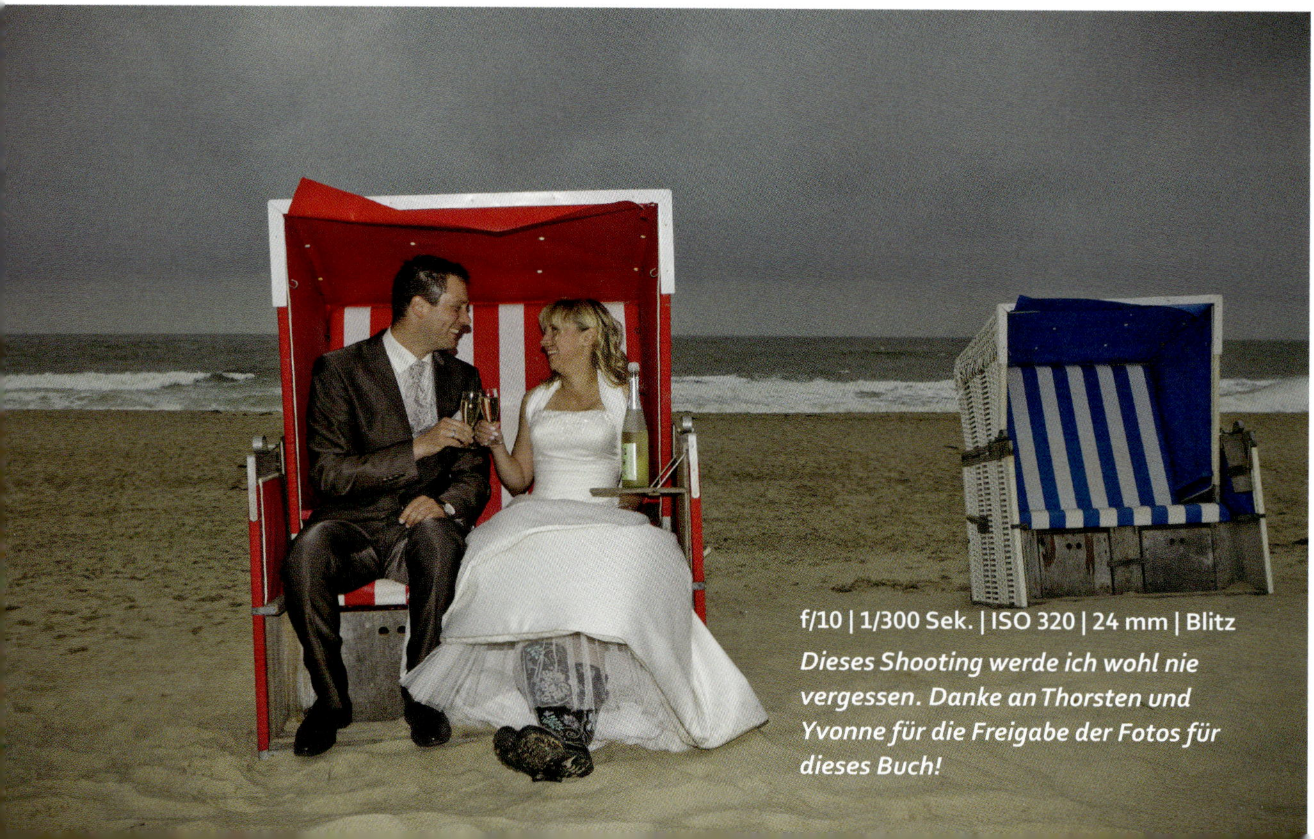

f/10 | 1/300 Sek. | ISO 320 | 24 mm | Blitz

Dieses Shooting werde ich wohl nie vergessen. Danke an Thorsten und Yvonne für die Freigabe der Fotos für dieses Buch!

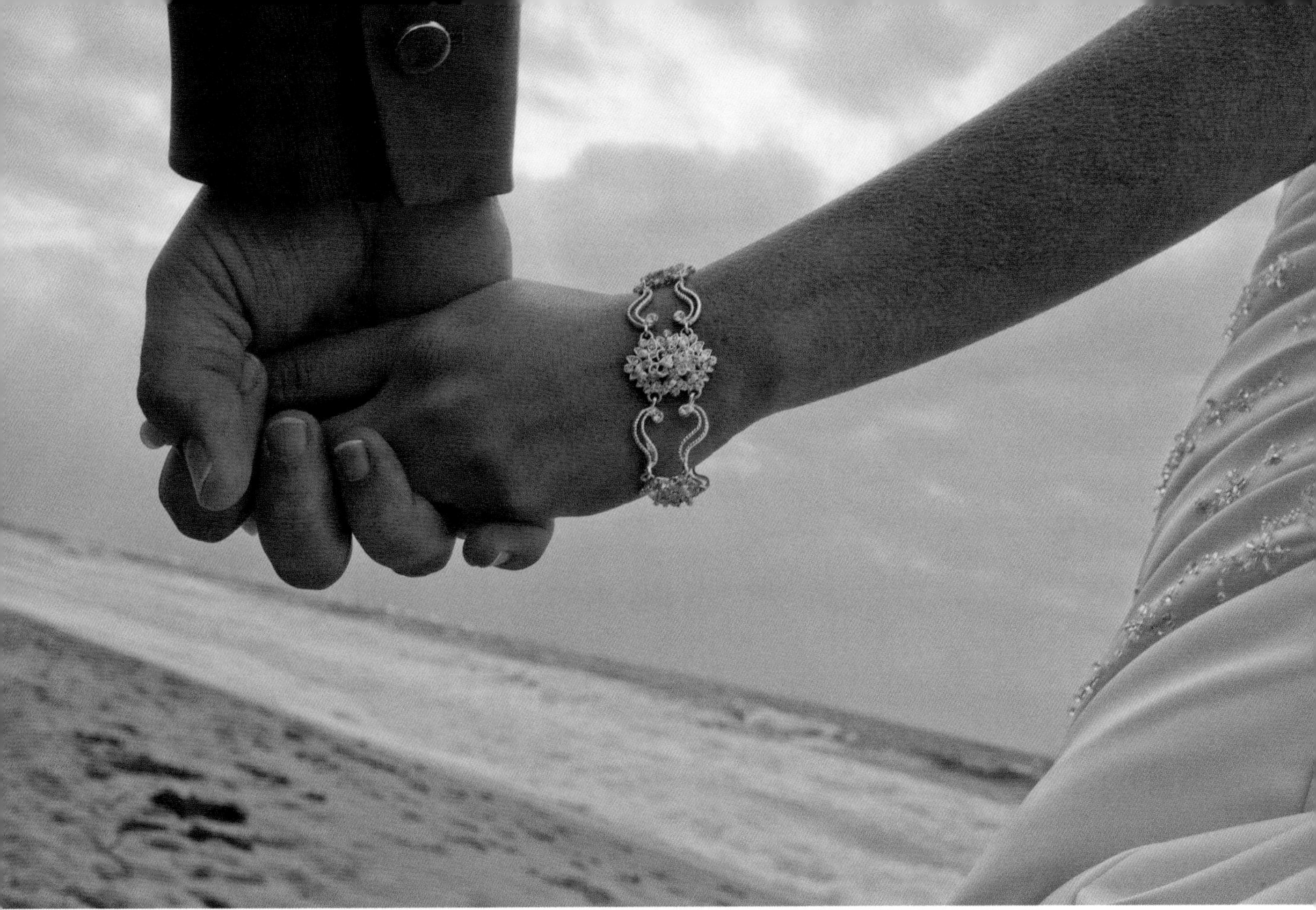

f/14 | 1/80 Sek. | ISO 200 | 40 mm

Deutlich ist zu erkennen, dass es kalt war: Die Braut trägt Gänsehaut! Die Blende hätte deutlich offener sein dürfen für dieses Motiv. Es entstand aber quasi als Schnappschuss aus der Hüfte mit den Einstellungen des vorigen Motivs …

Es ist natürlich immer eine Frage des Anspruchs der Brautleute an die Bilder, die sie bestenfalls ihr ganzes Leben (oder wenn's schlechter läuft für die Dauer der Ehe) begleiten sollen.

Manchmal ist es vielleicht doch besser, das Geld für einen Profifotografen und Hochzeitsspezialisten auszugeben, um sich und dem befreundeten Hobbyfotografen Ärger, Streit und Enttäuschungen zu ersparen. Allein mit einer Amateurkamera, einem einfachen Teleobjektiv und einem Kamerablitz lassen sich sicher einzelne Szenen eines Hochzeitstages prima fotografieren – für eine umfassende Dokumentation eines langen Hochzeitstages ist aber eine Amateurausrüstung ganz sicher nicht ausreichend.

5.7 Kinder vor der Kamera

„Never work with children or animals" – arbeite nie mit Kindern oder Tieren. Diesen Spruch gab der amerikanische Unterhaltungskünstler W. C. Fields gern zum Besten. Was er damit meinte, liegt auf der Hand: Kinder und auch Tiere lassen sich nur schwer dirigieren und folgen meistens nicht den Regieanweisungen. Sie haben ihren eigenen Kopf.

Es liegt also ganz an Ihnen als Fotograf, diese Herausforderung anzunehmen! Für Fotoshootings mit Kindern brauchen Sie vor allem Geduld, Zeit und viel Einfühlungsvermögen. Unter Zeitdruck gehen solche Shootings meistens gründlich in die Hose.

Ich erinnere mich noch gut an meine Kinderzeit – da wurden meine beiden jüngeren Geschwister und ich jedes Jahr kurz vor Weihnachten nett angezogen (wir Mädchen mit Kleid, mein Bruderherz mit Fliege um den Hemdkragen), gekämmt und dann ging's in ein großes Kaufhaus in der Hamburger City. Dort gab es ein kleines Studio der Firma Pixie-Fotos und wir wurden fotografiert – einzeln und als Gruppe. In einer knappen Viertelstun-

Meine Nichte liegt entspannt in der Hängematte und schaut den Wolken am Himmel nach ...

f/5 | 1/200 Sek. | ISO 200 | 100 mm

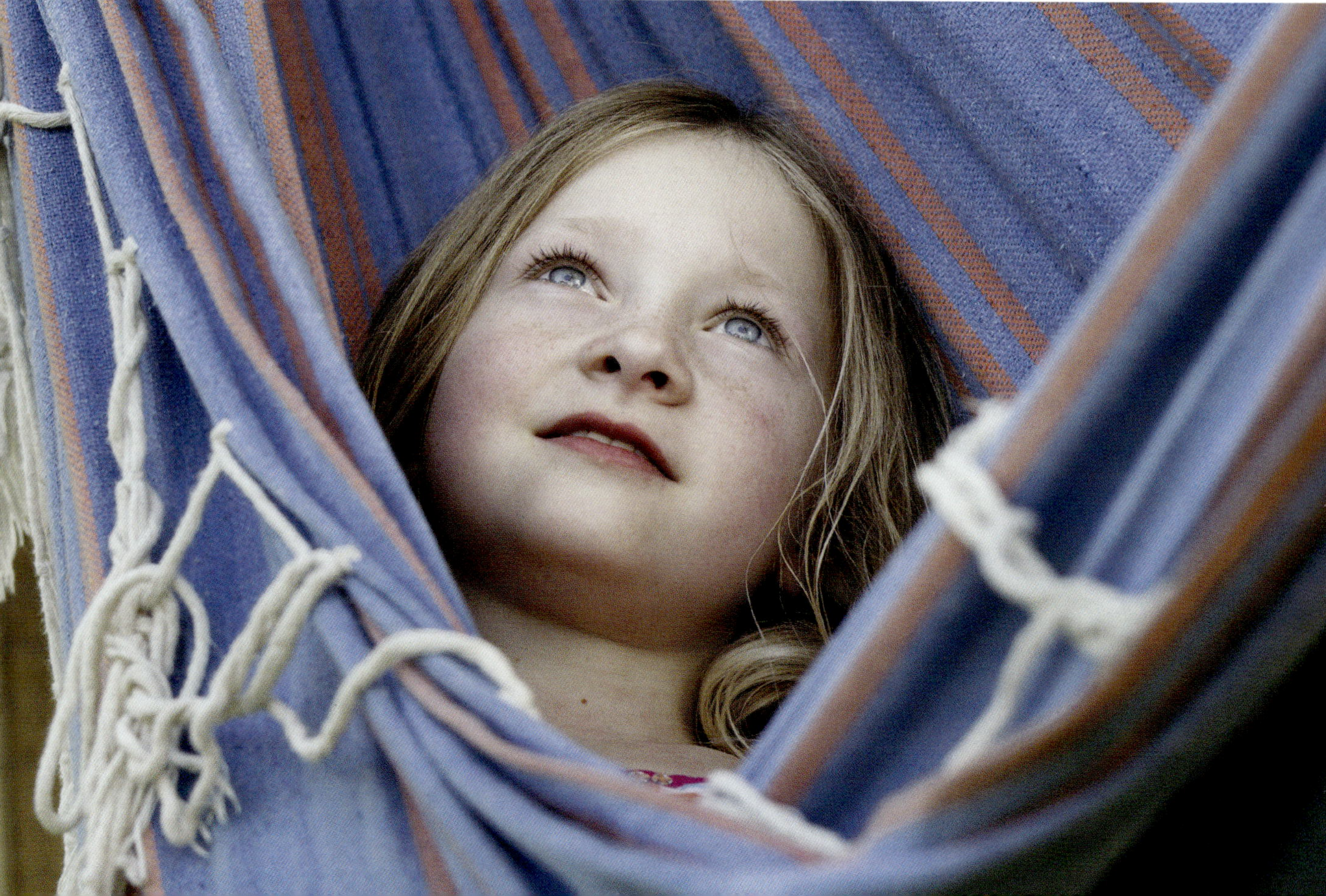

de mussten die Bilder im Kasten sein – dann waren die nächsten Kinder an der Reihe. Es war grauenvoll! Wir mussten mit dem uns fremden Requisiten-Teddybären kuscheln, so tun, als ob wir telefonieren, die Geschwister umarmen und immer dabei lächeln. Das Schlimmste aber war, dass ich meinen Bruder küssen musste! Das fanden wir beide total doof. Allerdings amüsieren wir drei uns heute noch über die damals entstandenen Fotos.

Ich lasse Kinder (vermutlich aufgrund meines eben geschilderten Kinderfototraumas!) meistens das machen, wozu sie gerade Lust haben, lege mich mit der Kamera auf die Lauer und beobachte die Situation, um dann im geeigneten Moment auf den Auslöser zu drücken. Dafür eignen sich längere Brennweiten (ab 70 mm) am besten, weil Kinder die Kamera durch die etwas größere Distanz gar nicht mehr wahrnehmen. So bekommen Sie am besten sehr natürlich wirkende Kinderbilder ohne direkten Blick in die Kamera und das berühmt-berüchtigte „Cheese-Lächeln".

Der stille Beobachter

Je nachdem, wie aktiv und bewegungsfreudig die Kids sind, wähle ich das Kameraprogramm aus. Im manuellen Modus fotografiere ich Kinder fast nie. So schnell, wie manche Kinder ihre Aktivitäten verlagern (rein ins pralle Sonnenlicht, dann wieder in den Schatten), kann ich die Kameraeinstellungen gar nicht verändern.

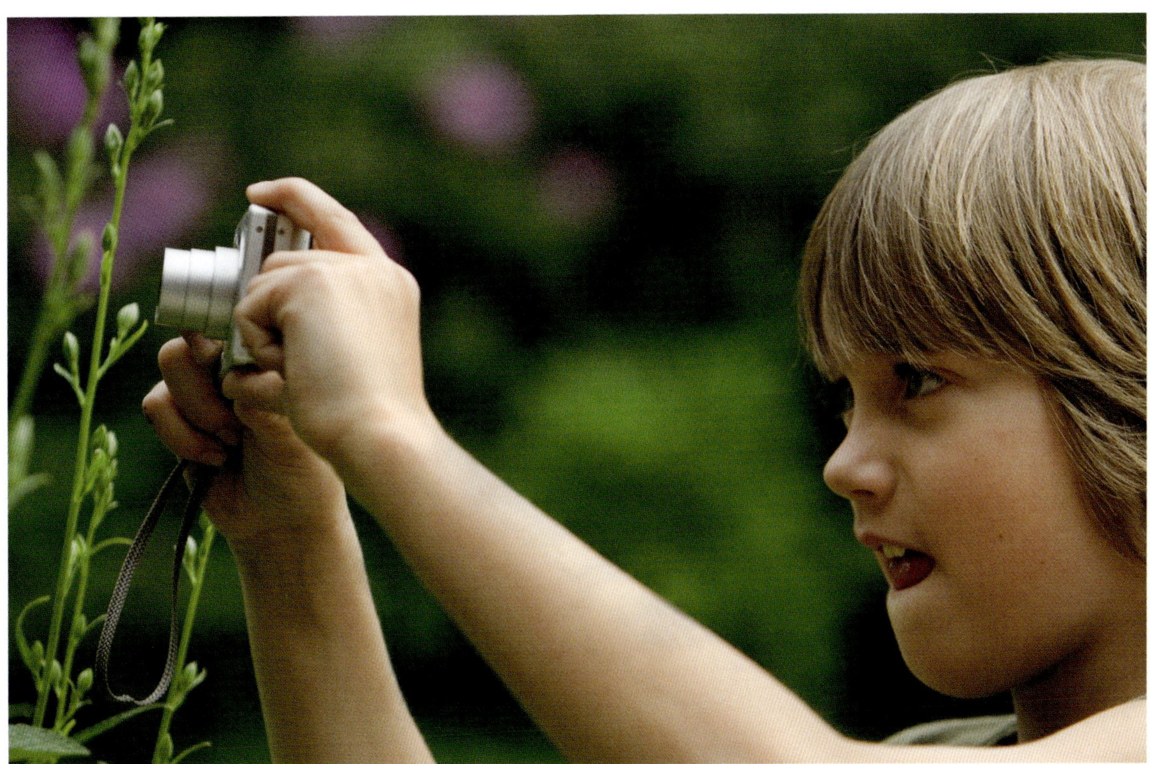

f/4 | 1/800 Sek. | ISO 160 | 125 mm

Mein Neffe fotografiert selbst gern und ist dabei hoch konzentriert – seine Zunge arbeitet dann mit. Meine Kamera mit Telezoom war bei dieser Szene stiller Beobachter.

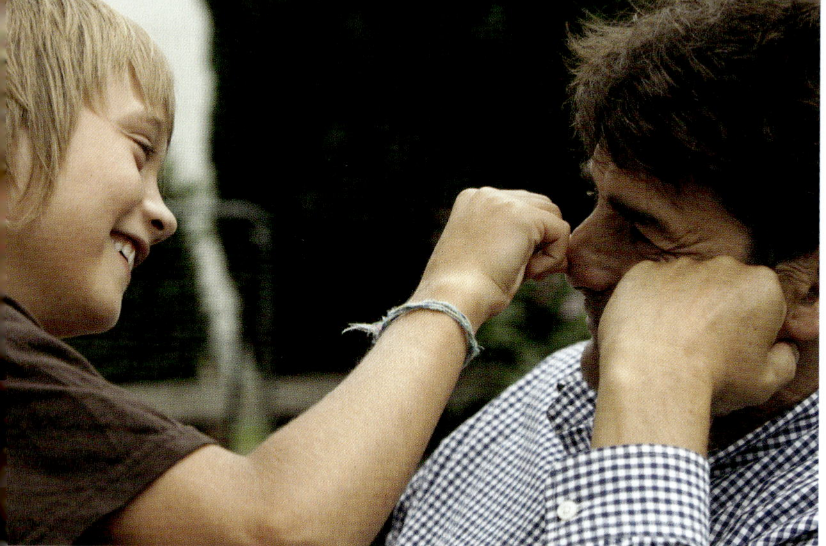

f/5.6 | 1/160 Sek. | ISO 250 | 70 mm

Mein Neffe albert mit seinem Onkel herum. Die Kamera haben beide in diesem Moment nicht wahrgenommen.

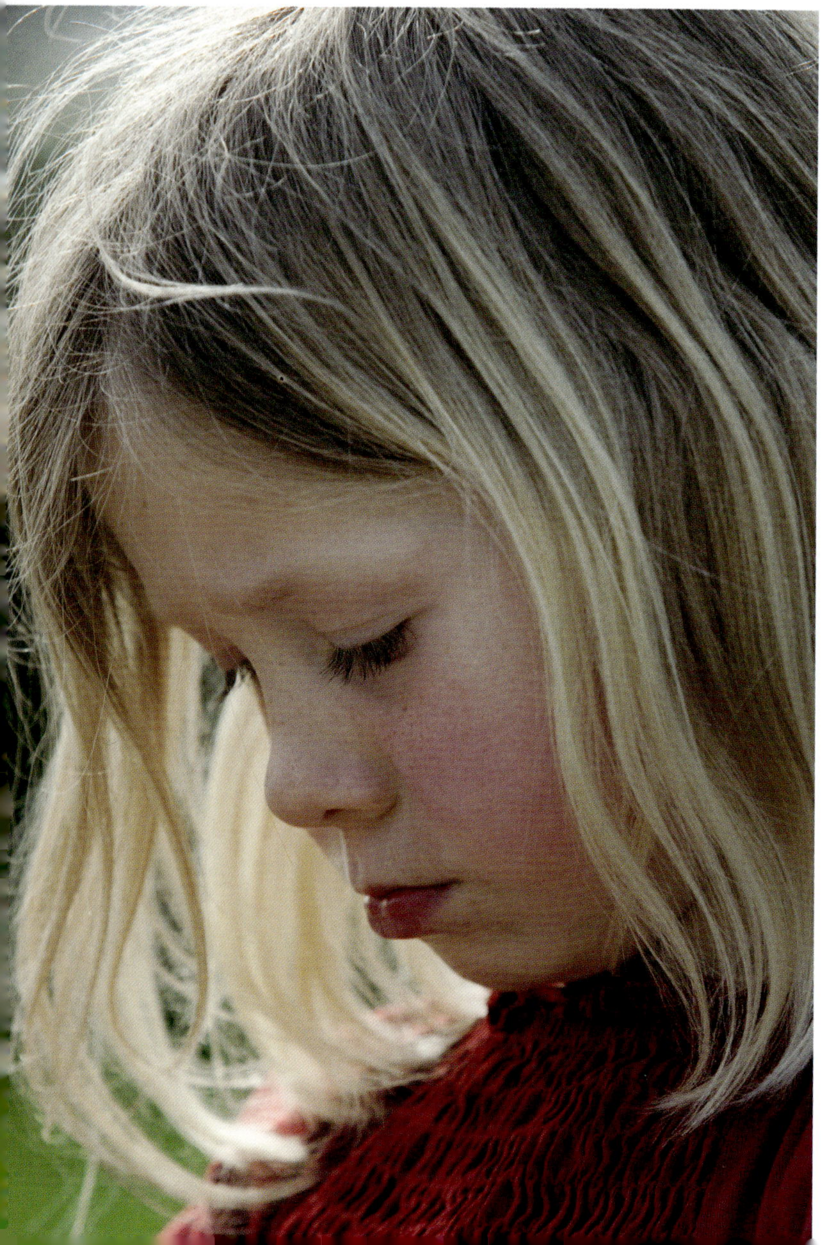

Meistens wähle ich die Blendenautomatik und gebe damit die Belichtungszeit vor. Und die ist bei temperamentvollen und aktiven Kindern oft recht kurz, bei 1/500 Sek. oder auch noch kürzer. Sind die Kinder eher ruhig und ins Spiel vertieft, nutze ich die Zeitautomatik und wähle die Blende vor. Oft ist es meine „Lieblingsblende" für Outdoor-Porträts, nämlich f/5.6. Damit kann ich den Hintergrund in der Unschärfe auflösen, habe aber dennoch eine gute Schärfe in allen Bereichen des Gesichts: von den Augen bis zur Nasenspitze. Mit der Methode „Beobachten und Auslösen" habe ich die besten Erfahrungen in der Kinderfotografie gemacht: Die Fotos sind ungekünstelt, die Gefühle echt.

f/5.6 | 1/500 Sek. | ISO 250 | 170 mm

Meine Nichte schmollt – irgendetwas ist nicht so gelaufen, wie sie es sich vorgestellt hatte. Ihre Gefühle sind echt und nicht gestellt. Mit einer langen Brennweite lassen sich Kinder am besten beobachten und fotografieren. Meistens bemerken sie die Kamera nicht einmal, weil sich in ihren Köpfen gerade viel Wichtigeres abspielt.

Ein Telezoom ist ideal

Für solche beobachteten Fotos nutze ich meistens ein lichtstarkes Telezoom mit einer Brennweite von 70–200 mm, weil ich damit (beinahe wie ein Paparazzo) unbemerkt im Hintergrund bleiben kann.

Wenn ein solches Objektiv (noch) nicht zu Ihrer Ausrüstung gehört, können Sie natürlich trotzdem schöne Kinderbilder fotografieren – sofern es gelingt, die Kleinen so gut zu beschäftigen, dass sie die Kamera in ihrer Nähe vergessen. Süßes hilft immer!

Oft ist es dann sinnvoll, die Eltern, Spielkameraden oder Geschwister mit ins Bild zu nehmen, um die Aufmerksamkeit des Kindes von der Kamera abzulenken und so den direkten Blick in die Kamera zu vermeiden.

Manchmal gelingt das sogar mit unliebsamen Hausaufgaben nach der Schule:

Kamerablick vermeiden

Wenn Sie den direkten Blick des Kindes in die Kamera vermeiden möchten, bitten Sie zum Beispiel Mutter oder Vater darum, mit dem Kind zu sprechen oder zu spielen, um es von der Kamera abzulenken (wie auf den vorangegangenen Beispielfotos „Junge mit Marmeladenglas" und „Junge macht Hausaufgaben"). Doch auch in der Natur lassen sich fotogene Helferlein für diesen Zweck finden.

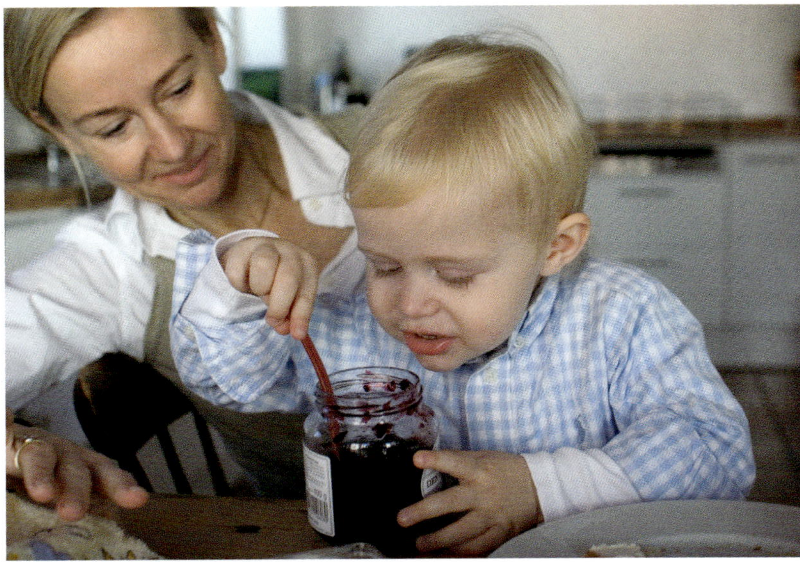

f/3.5 | 1/640 Sek. | ISO 800 | 30 mm

Der kleine Junge ist so intensiv mit dem Stochern in einem Marmeladenglas beschäftigt, dass er die Kamera in seiner unmittelbaren Nähe nicht mehr wahrnimmt.

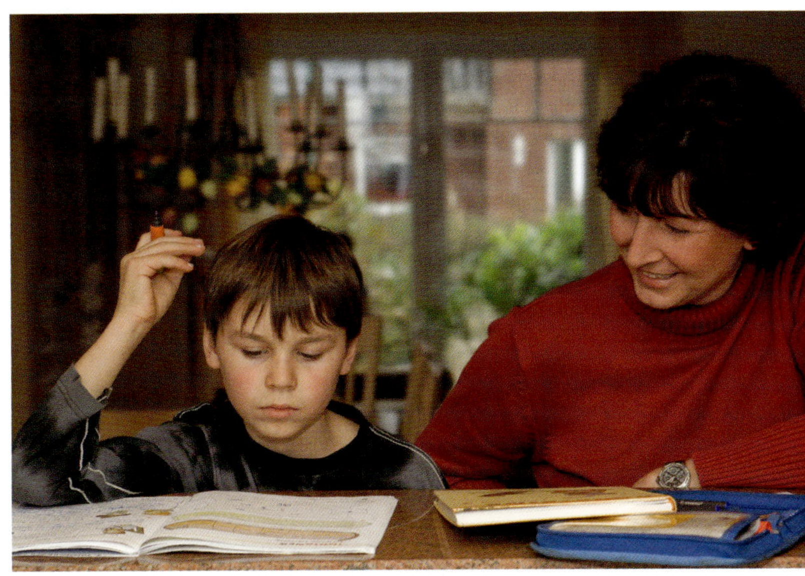

f/5.6 | 1/60 Sek. | ISO 400 | 70 mm | Aufhellblitz

Fotografieren Sie Kinder in ihren Alltagssituationen, zum Beispiel beim Erledigen der Hausaufgaben. Die Mutter hilft hier, die Aufmerksamkeit des Kindes von der Kamera abzulenken.

Das Mädchen (die Tochter meines Mannes) auf dem Foto richtet ihren Blick auf die kleinen Löwenzahn-Fallschirme und pustet hoch konzentriert. Dieses Foto ist gestellt, d. h., dass sie hier klare Regieanweisungen von mir bekommen hat. Das funktioniert bei Kids im Teenageralter naturgemäß sehr viel besser, als wenn Sie Fünfjährige vor der Kamera haben. Ältere Kinder bewegen sich hingegen leider auch nicht mehr völlig unbefangen, wenn sie um die Kamera in der Nähe wissen, und agieren weniger fantasievoll als jüngere Kin-

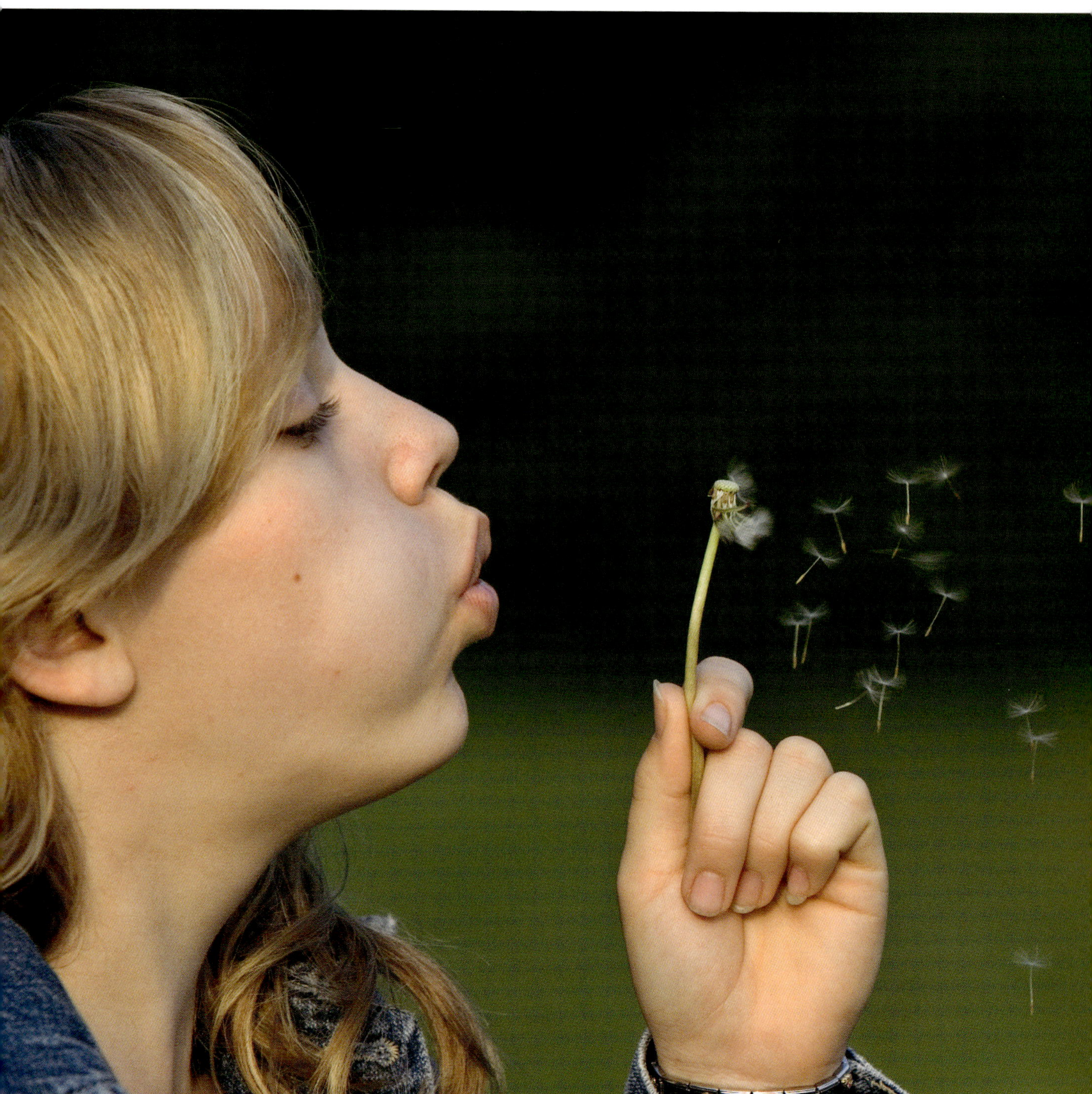

Das Mädchen mit der Pusteblume: Es konzentriert sich voll auf die Blume, die Kamera wird zur Nebensache, zum stillen Beobachter.

f/5.6 | 1/500 Sek. | ISO 200 | 200 mm

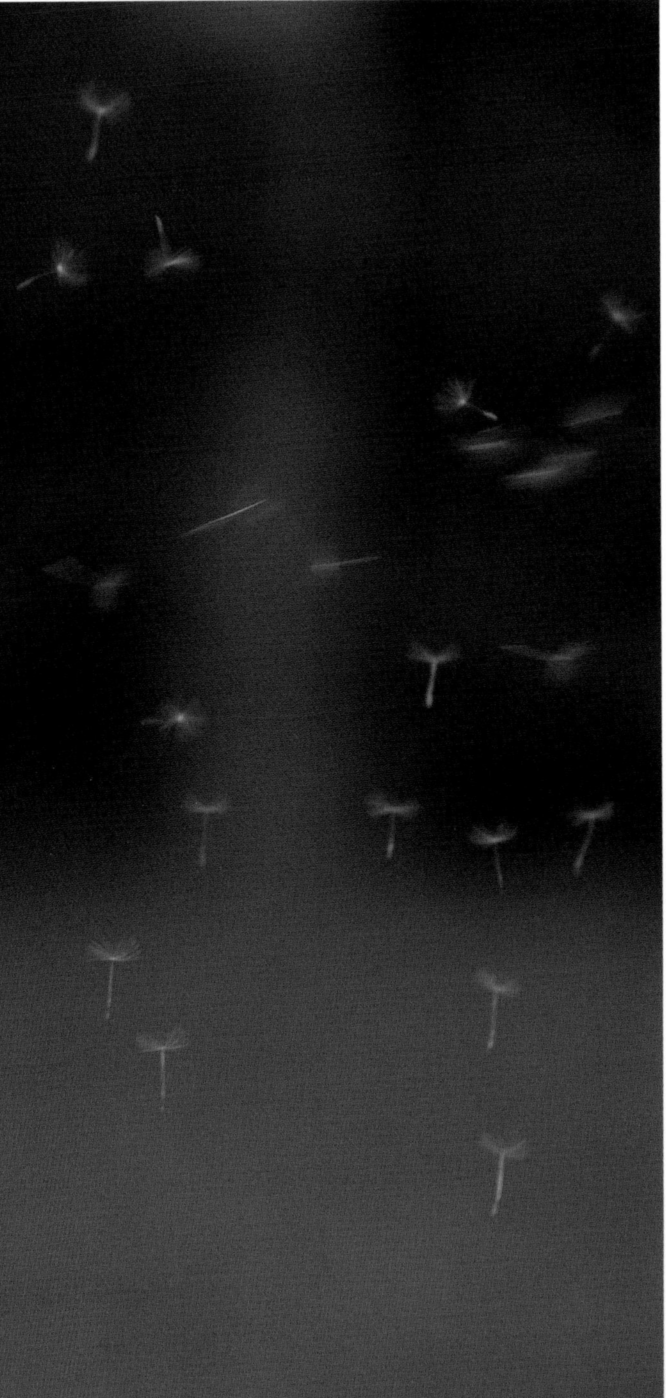

der. Spätestens in der Pubertät kommen auch jede Menge Eitelkeiten erschwerend hinzu!

Für das obige Beispielfoto habe ich eine recht kurze Belichtungszeit gewählt – klar, ich wollte schließlich die einzelnen Samenschirmchen erkennbar abbilden. Bei einer längeren Belichtungszeit wären sie dafür viel zu bewegungsunscharf gewesen. Doch einen Hauch Bewegungsunschärfe sollten sie durchaus haben – da half nur: Ausprobieren! Dafür musste das Mädchen für jedes Foto möglichst gleich stark pusten. Hilfreich war hier auch das Einschalten der Serienbildfunktion. Damit beide Bildelemente (Mädchen und Samenschirmchen) auf den Fotos scharf sind, habe ich die Kamera genau quer zur Pustrichtung positioniert. Denkbar ist für so ein Motiv natürlich auch, dass Sie direkt von vorn fotografieren – aber dann ist es unmöglich, beide Bildelemente scharf abzubilden, zumindest, wenn Sie so nah dran sein wollen.

Den direkten Blick in die Kamera können Sie bei Kinderporträts ebenso vermeiden, wenn Sie sie mit Seifenblasen spielen oder einen Luftballon aufpusten lassen. Oder geben Sie ihnen eine andere Kleinigkeit zum Spielen in die Hand (Spielzeugauto, den Lieblingsteddy etc.). Bei der Auswahl der Requisiten sollten Sie jedoch das Alter des Kindes und dessen Interessen berücksichtigen.

Noch viel toller sind allerdings lebendige Tiere, um Kinder von der Kamera abzulenken. Das können kleine Käfer auf der Kinderhand sein, aber auch Haustiere wie Hund und Katze. Ohne unsere beiden Hunde Socke und Hilde brauche ich bei meiner Nichte gar nicht aufzutauchen! Und so sind schon sehr niedliche Fotos von ihr mit unseren Hunden entstanden. Aber bitte Vorsicht: Die Kinder sollten ein gewisses Verständnis für Tiere haben und umgekehrt. Ist das nicht der Fall, nehmen Sie lieber den Käfer auf der Wiese!

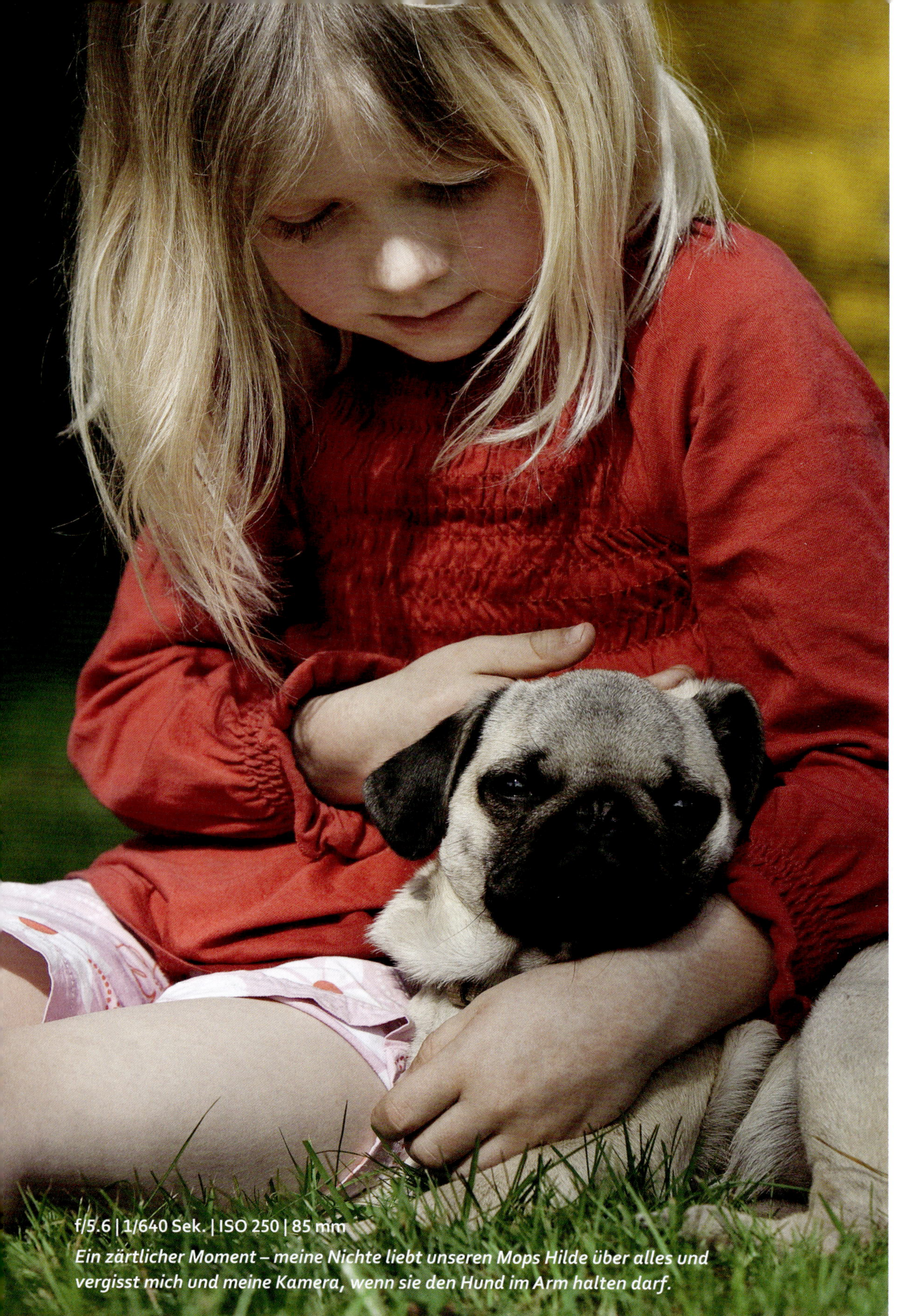

f/5.6 | 1/640 Sek. | ISO 250 | 85 mm

Ein zärtlicher Moment – meine Nichte liebt unseren Mops Hilde über alles und vergisst mich und meine Kamera, wenn sie den Hund im Arm halten darf.

Der Zungentrick fürs Kameralachen

Je nachdem, wie alt die Kinder sind, lassen sie sich in einem gewissen Maße lenken und dirigieren, sodass Sie auch ganz gezielt geplante Motive fotografieren können.

Oft ist es aber so, dass die Kleinen schnell von Sätzen wie „guck mal traurig", „lach mal ganz doll" gelangweilt sind und auch nicht unbedingt den gewünschten Gesichtsausdruck hinbekommen.

Probieren Sie es mit etwas Raffinesse und fordern Sie die Kinder zum Beispiel auf, Ihnen ausnahmsweise mal die Zunge herauszustrecken. Das finden die garantiert superklasse und kringeln sich anschließend vor Lachen. Und – schwups – haben Sie das Motiv, das Sie eigentlich haben wollten.

Gehen Sie auf Augenhöhe

Für gute Kinderfotos müssen Sie immer auf Augenhöhe mit den Kleinen sein. Fotografieren Sie nie von oben herab! Denn das schafft eine Distanz, die Ihren Bildern nicht guttut. Machen Sie sich klein, gehen Sie in die Hocke und begeben Sie sich im wahrsten Sinne des Wortes auf ein kindliches Niveau. Versuchen Sie, kindlich zu denken. Stellen

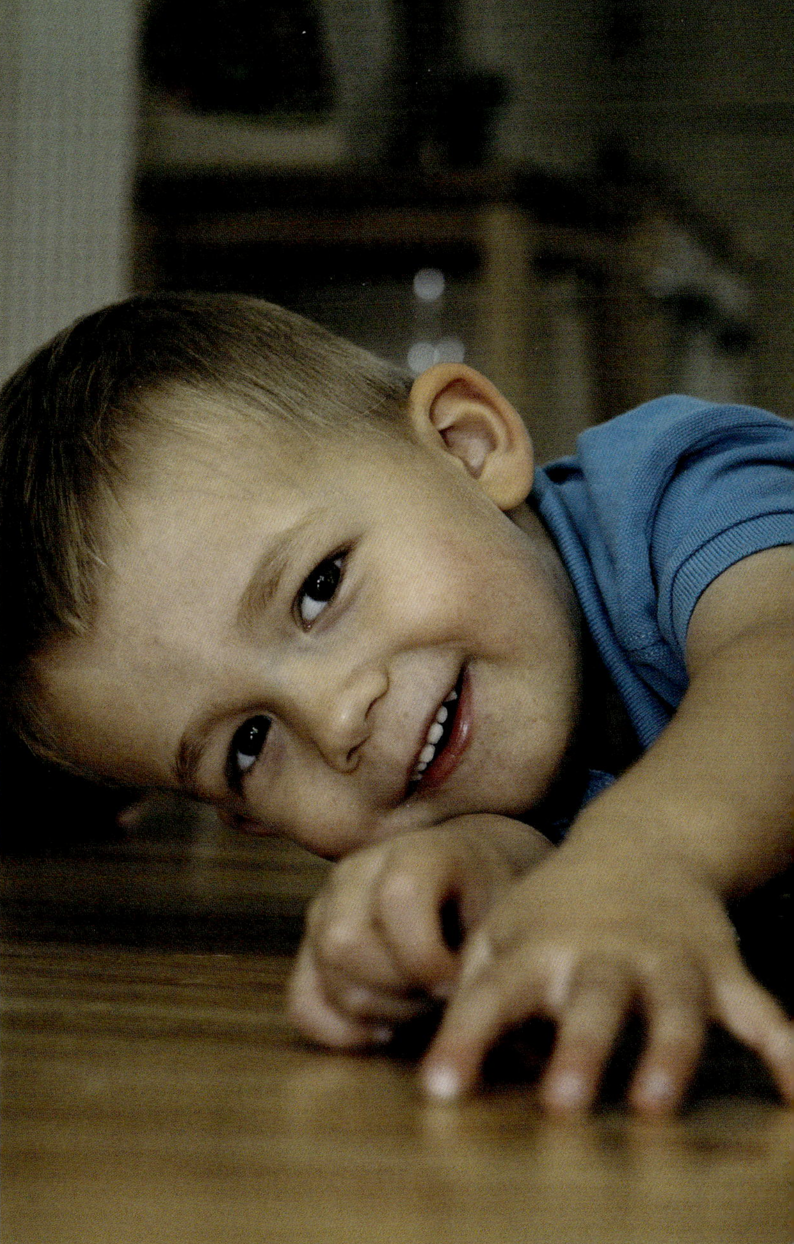

f/5 | 1/125 Sek. | ISO 400 | 68 mm | indirekter Blitz

Gehen Sie für Kinderporträts unbedingt auf Augenhöhe – auch wenn Sie sich dafür ebenfalls auf dem Fußboden wälzen müssen.

Sie möglichst konkrete Fragen, die das Interesse des Kindes betreffen. Lassen Sie es erzählen … vom Fußballtraining, vom Kindergarten. Zum Beispiel: „Wie hast du denn das Tor geschossen? Mach mal vor!" Oder: „Wie heißt deine beste Freundin im Kindergarten? Beschreib mal, wie sie aussieht."

Kinder erzählen meistens sehr emotional und mit einer ausgeprägten Gesichtsmimik und Gestik von Dingen, die sie interessieren und für die sie sich begeistern können.

Lassen Sie sich von den Kindern erlebte Situationen beschreiben oder vorspielen – und schon haben Sie eine ganze Palette von Emotionen und Bewegungen als Motive für Ihre Kinderporträts!

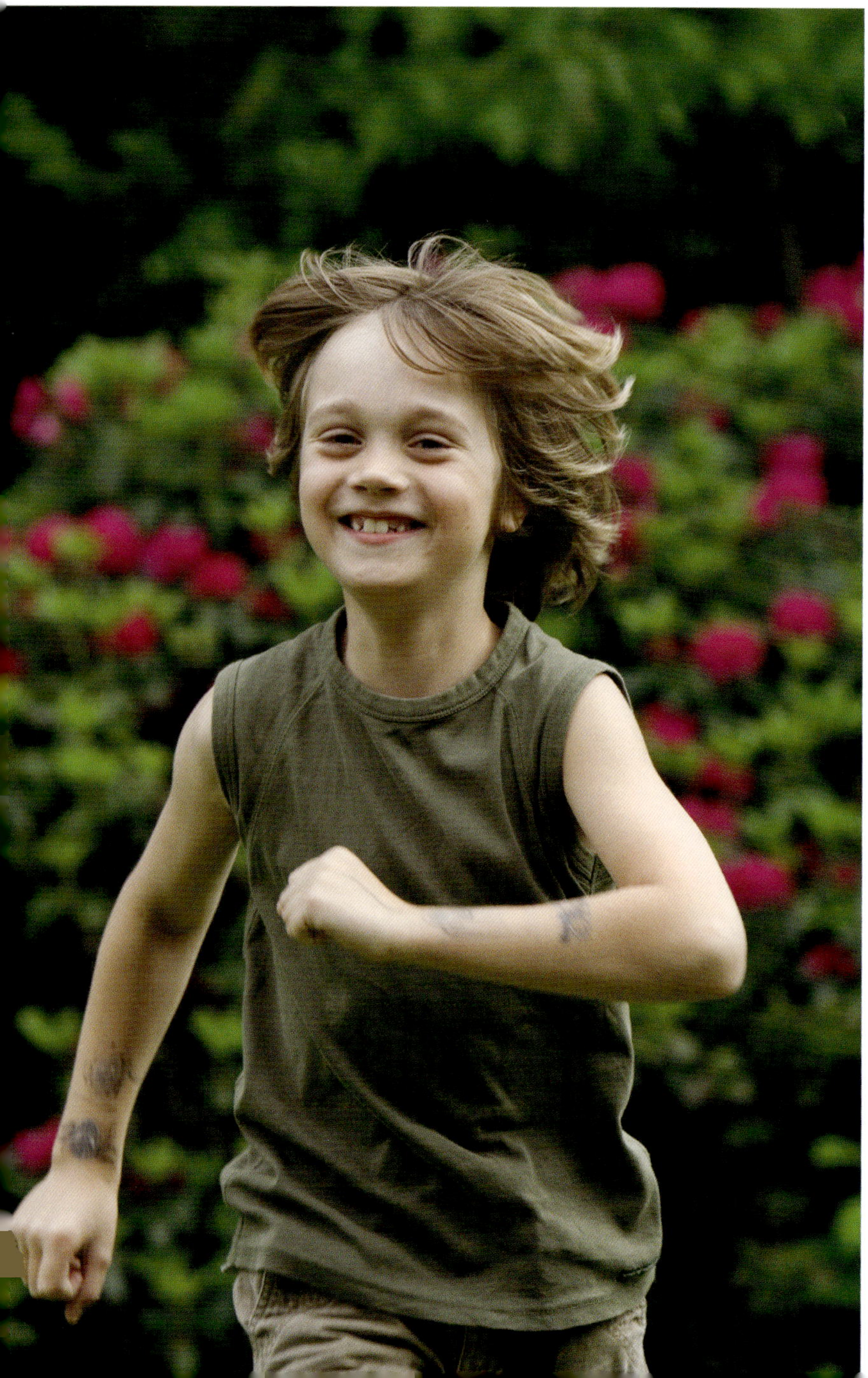

Das Thema Schule ist allerdings nur in den ersten Grundschuljahren für den „Model-Small-Talk" geeignet. Sie erinnern sich sicher an die Fragen von Onkel und Tante in Ihrer Kindheit.

Die Frage „Und? Was macht die Schule?" kam ja meistens direkt im Anschluss an die Feststellung: „Du bist aber groß geworden!" Damit machten sich die Verwandten bei uns nicht gerade beliebt. Deshalb: Fragen nach der Schule lieber unerwähnt lassen!

Das Fensterlicht

Wenn Sie Kinderfotos in Innenräumen machen möchten, also bei meist nicht optimalen Lichtbedingungen fotografieren müssen, suchen Sie sich einen Platz am Fenster. Stellen Sie einen Stuhl dorthin, setzen Sie sich locker-läs-

f/5.6 | 1/250 Sek. | ISO 160 | 145 mm

Mein Neffe zeigt mir, wie schnell er rennen kann, und spurtet direkt auf mich zu. Die leichte Bewegungsunschärfe gibt dem Foto zusätzliche Dynamik.

sig darauf und beginnen Sie ein Gespräch mit dem Kind. So sind Sie auf Augenhöhe.

Das Kind wird automatisch den direkten Blickkontakt zu Ihnen suchen – sofern Sie als Gesprächspartner interessant genug sind (geben Sie sich also viel Mühe, ein gutes Thema zu finden) – und sich genau Ihnen gegenüber hinstellen.

So fällt das Licht auf das Kindergesicht und Sie können auf den Einsatz des Blitzes verzichten. Ideal ist ein Abstand zum Fenster von maximal 1,5 m. Wenn Sie das Porträt ohne den direkten Kamerablick fotografieren möchten, stellen, legen oder setzen Sie etwas für das Kind Interessantes auf die Fensterbank, das seinen Blick fesselt!

Natürlichkeit ist gefragt

Es ist zwar reine Geschmackssache, aber ich möchte hier unbedingt eine Lanze für natürliche und authentische Kinderfotos brechen.

f/2.8 | 1/500 Sek. | ISO 500 | 200 mm

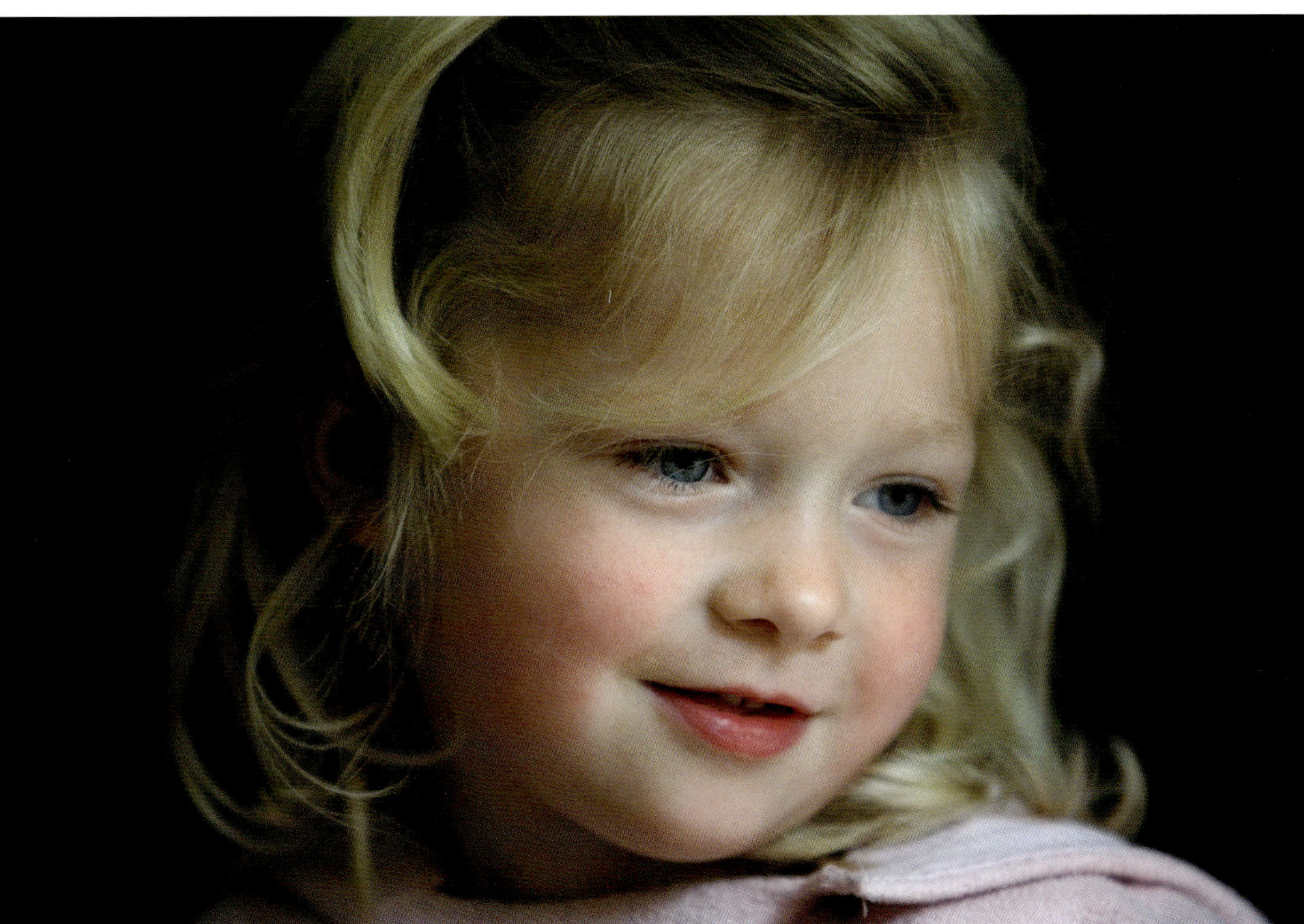

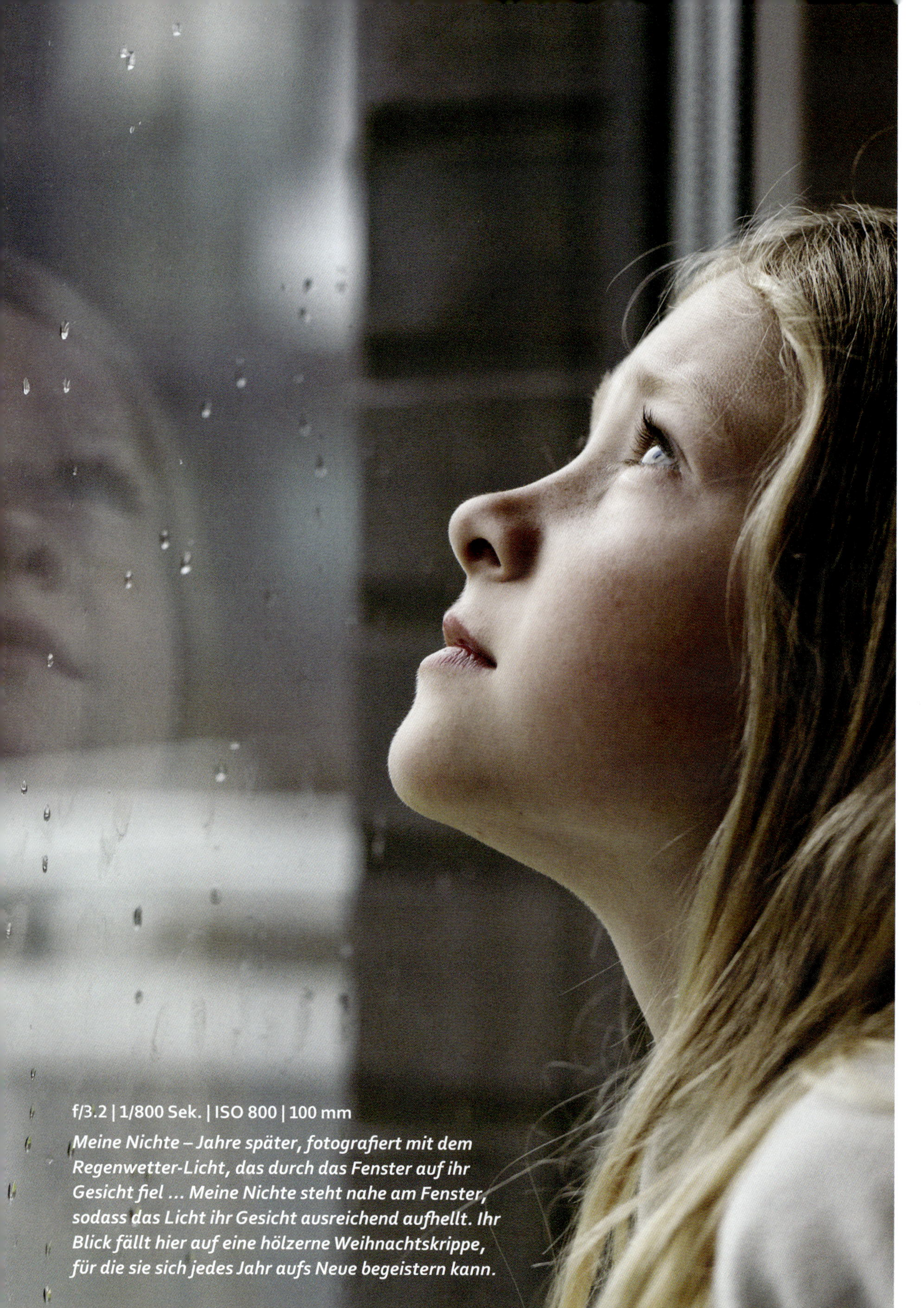

f/3.2 | 1/800 Sek. | ISO 800 | 100 mm

Meine Nichte – Jahre später, fotografiert mit dem Regenwetter-Licht, das durch das Fenster auf ihr Gesicht fiel ... Meine Nichte steht nahe am Fenster, sodass das Licht ihr Gesicht ausreichend aufhellt. Ihr Blick fällt hier auf eine hölzerne Weihnachtskrippe, für die sie sich jedes Jahr aufs Neue begeistern kann.

Warum nicht auch schmutzige Kindergesichter fotografieren? Ich meine, dass die Zeiten vorbei sind, in denen die Kleinen in Sonntagsausgehkleidung zum Fotografen ins Studio geschleppt wurden, um steif wirkende Familienfotos machen zu lassen.

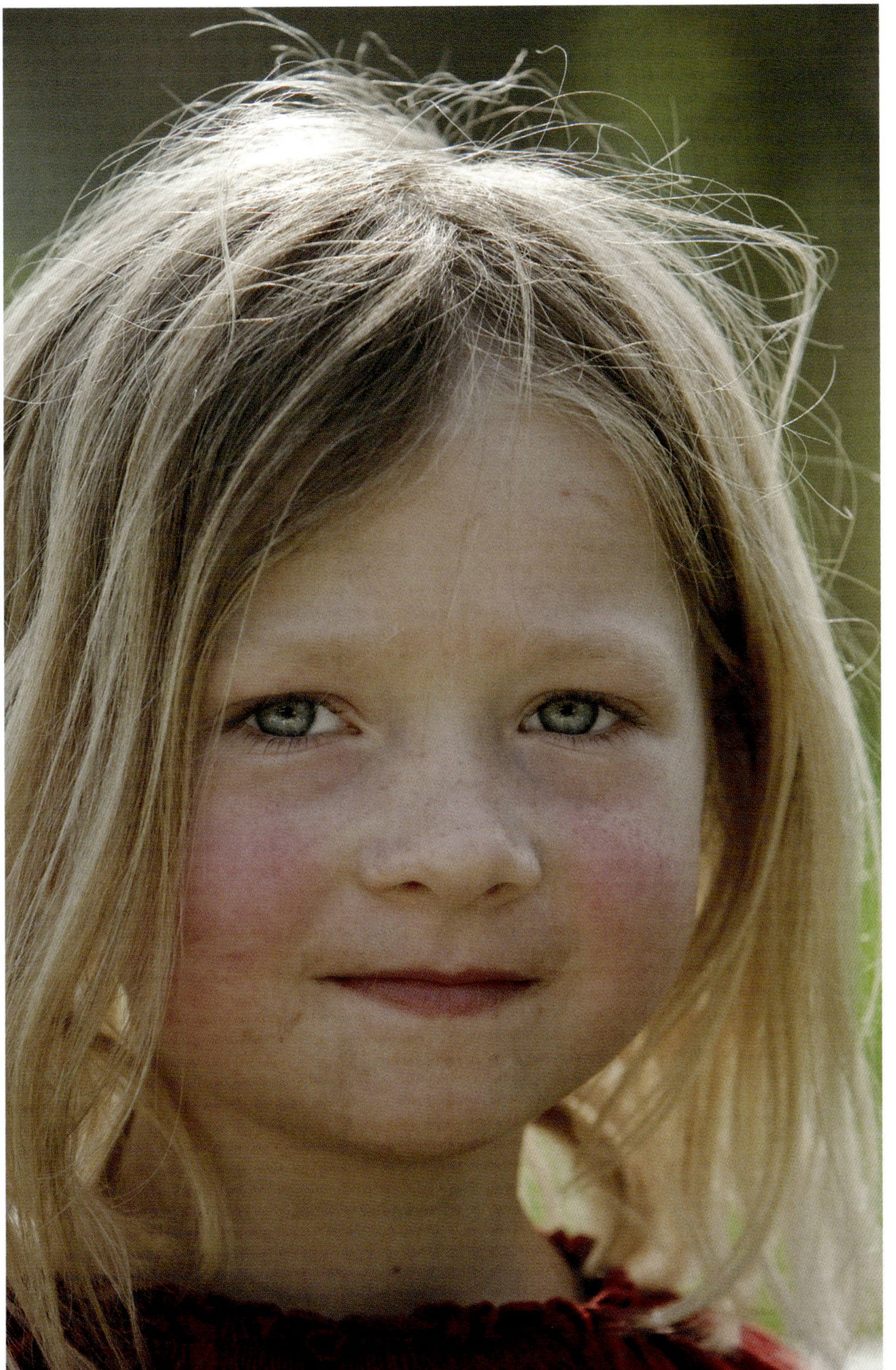

Säuglinge fotografieren

Kommen wir zu einer besonders schönen Unterkategorie in der Kinderfotografie: Babys! Ein neues Leben hat gerade begonnen und das will/muss dokumentiert werden.

Und möglichst jedes entstandene Foto soll dem Bildbetrachter ein „Oh, wie niedlich!" entlocken oder doch wenigstens ein leicht verklärtes Lächeln.

Babyfotos müssen Emotionen wecken. Aber das ist gar nicht so einfach. In der ersten Zeit haben Säuglinge häufig Hautprobleme, seien es kleine Pickelchen oder ein fleckiger Teint.

Auch wenn Eltern ihr Baby immer für das schönste Kind der Welt halten – objektiv betrachtet sehen Säuglinge in den ersten Lebenstagen nicht immer goldig aus.

f/5.6 | 1/500 Sek. | ISO 250 | 153 mm

Meine kleine Nichte – schmutzig, verschwitzt und ungekämmt. Sie hatte den ganzen Tag draußen gespielt und ganz offensichtlich ihren Spaß!

Warten Sie also mit dem Baby-Fotoshooting etwas, bis sich die Familie ein wenig an den neuen Lebensrhythmus und die Umstellung gewöhnt hat. Die Eltern wissen dann genau, wann die beste Tageszeit ist, um den Nachwuchs zu fotografieren. Dann, wenn das Baby wach und interessiert ist, keinen Hunger hat oder lieber schlafen möchte. Denn gerade in den ersten Lebenswochen schlafen die Kleinen meistens genauso viel, wie sie schreien!

Die wichtigste Voraussetzung für süße Babyfotos ist vor allen Dingen Licht – ganz viel Licht! Denn die Kleinen sollten nie direkt angeblitzt werden. Die Augen sind viel empfindlicher als die der Erwachsenen. Nutzen Sie also ruhig die ansonsten für Fotos nicht so günstige Mittagszeit und fotografieren Sie den Säugling in Fensternähe – am besten an einem sonnigen Tag. Unter diesen Lichtbedingungen sind auch alle hier gezeigten Babyfotos entstanden. Zudem hatte ich zuvor die Eltern gebeten, eine weiße Decke oder ein weißes Laken bereitzulegen, damit eventuell unruhige Hintergründe abgedeckt werden können. Außerdem hatte ich die Eltern gebeten, sich selbst und das Baby weiß zu kleiden. Ein wirksames Mittel, um die Reflexionen des einfallenden Lichts auf Kleidung und Hintergrund noch zusätzlich zur Aufhellung des Motivs zu nutzen. Ganz auf den Einsatz des Blitzes konnte ich dennoch nicht verzichten. Aber ich hatte ihn heruntergeregelt und nur gegen die Zimmerdecke gerichtet.

Für dieses Foto auf der nächsten Seite hatten wir die kleine Ela in ihre Transportschale gelegt und darauf zuvor ein wei-

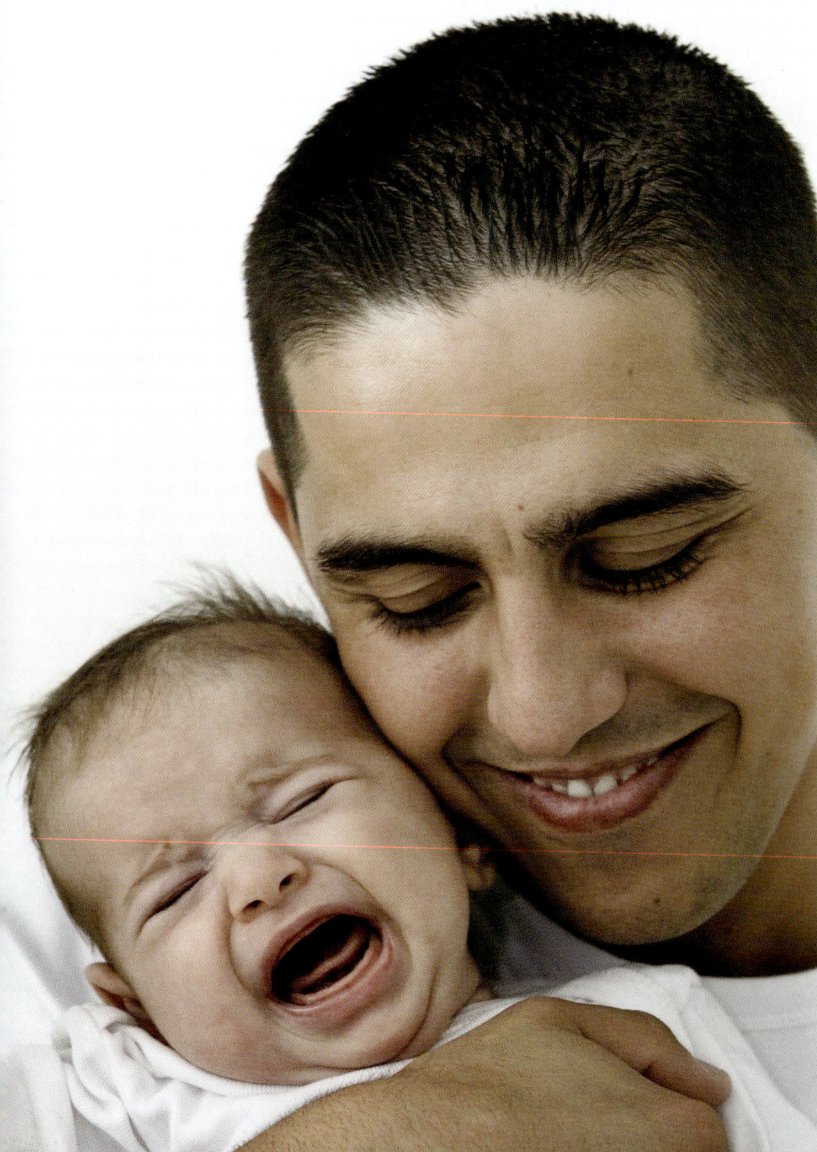

f/6.3 | 1/50 Sek. | ISO 200 | 120 mm | Blitz gegen die Zimmerdecke

Auch ein schreiendes Baby kann ein durchaus niedliches Motiv sein – findet zumindest der stolze Vater! Wie gut, dass Fotos (noch?) nicht hörbar sind.

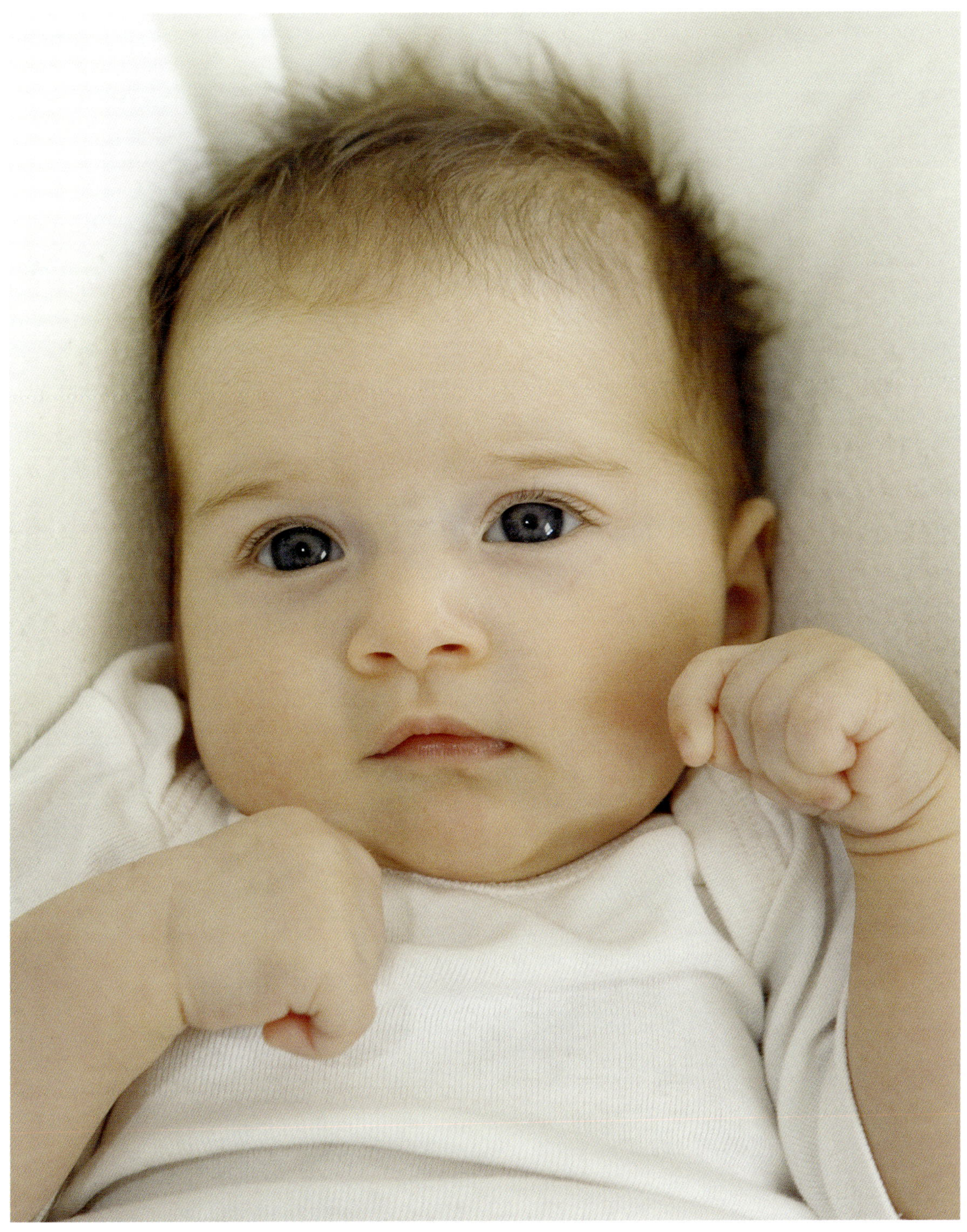

f/4.5 | 1/80 Sek. | ISO 160 | 66 mm | Blitz nach oben gerichtet

Der Blick eines Säuglings ist meist noch nicht in der Lage, etwas zu fixieren. Und wenn es dann doch mal klappt, heftet er sich an vertraute Gesichter. Die Mutter stand bei diesem Foto schräg hinter mir – so blieb mir ein direkter Kamerablick leider versagt.

ßes Laken gelegt, um den bunt gemusterten Stoff der Schale abzudecken. Der Vorteil der Transportschale: Das Babygesicht ist in voller Schönheit der Kamera zugewandt und die Bewegungsfreiheit ist etwas eingeschränkt – so konnte ich einige brauchbare Fotos machen.

Vergessen Sie bei Babyfotos nicht, die zauberhaften Details wie zum Beispiel die kleinen Fingerchen mit den schon perfekten Fingernägeln zu fotografieren – am besten im Größenvergleich mit einem Finger von Papa oder Mama.

Auf das für meinen Geschmack etwas zu häufig fotografierte Motiv „Säugling, schlafend auf behaartem und muskulösem Unterarm (mit oder ohne Tattoo) des Vaters" habe ich hier ganz bewusst verzichtet.

Ein Schlafbild am Ende des Baby-Shootings darf dagegen natürlich nicht fehlen. Dabei können Sie ruhig experimentierfreudig bei Bildaufbau und Bildschnitt vorgehen – das Baby schläft ja ruhig und Sie können viele verschiedene Perspektiven ausprobieren und später die schönsten aussuchen.

Die kleine Babyhand umklammert den Zeigefinger des Papas – ein rührendes Motiv.

f/4.5 | 1/80 Sek. | ISO 160 | 70 mm | nach oben gerichteter Blitz

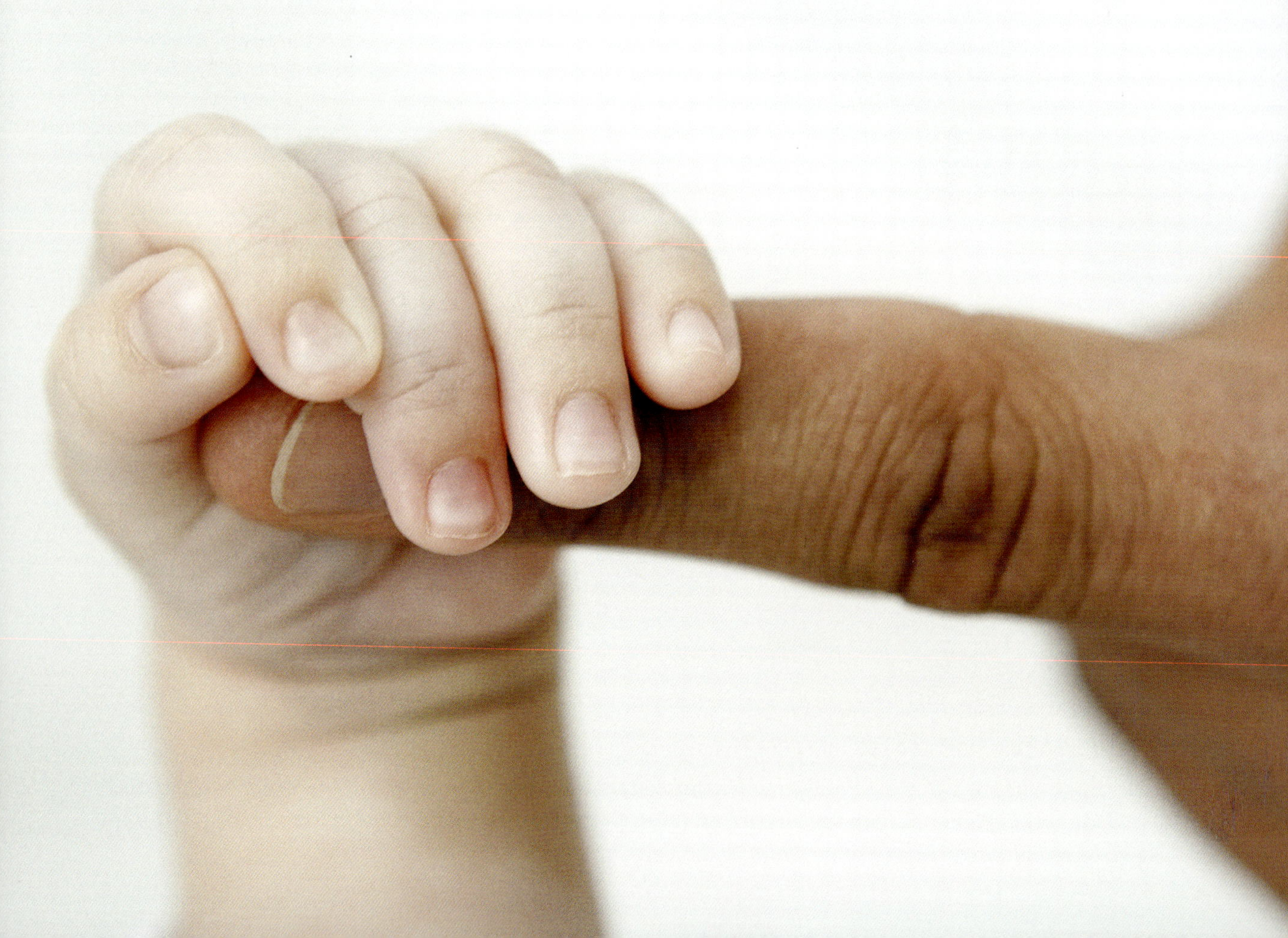

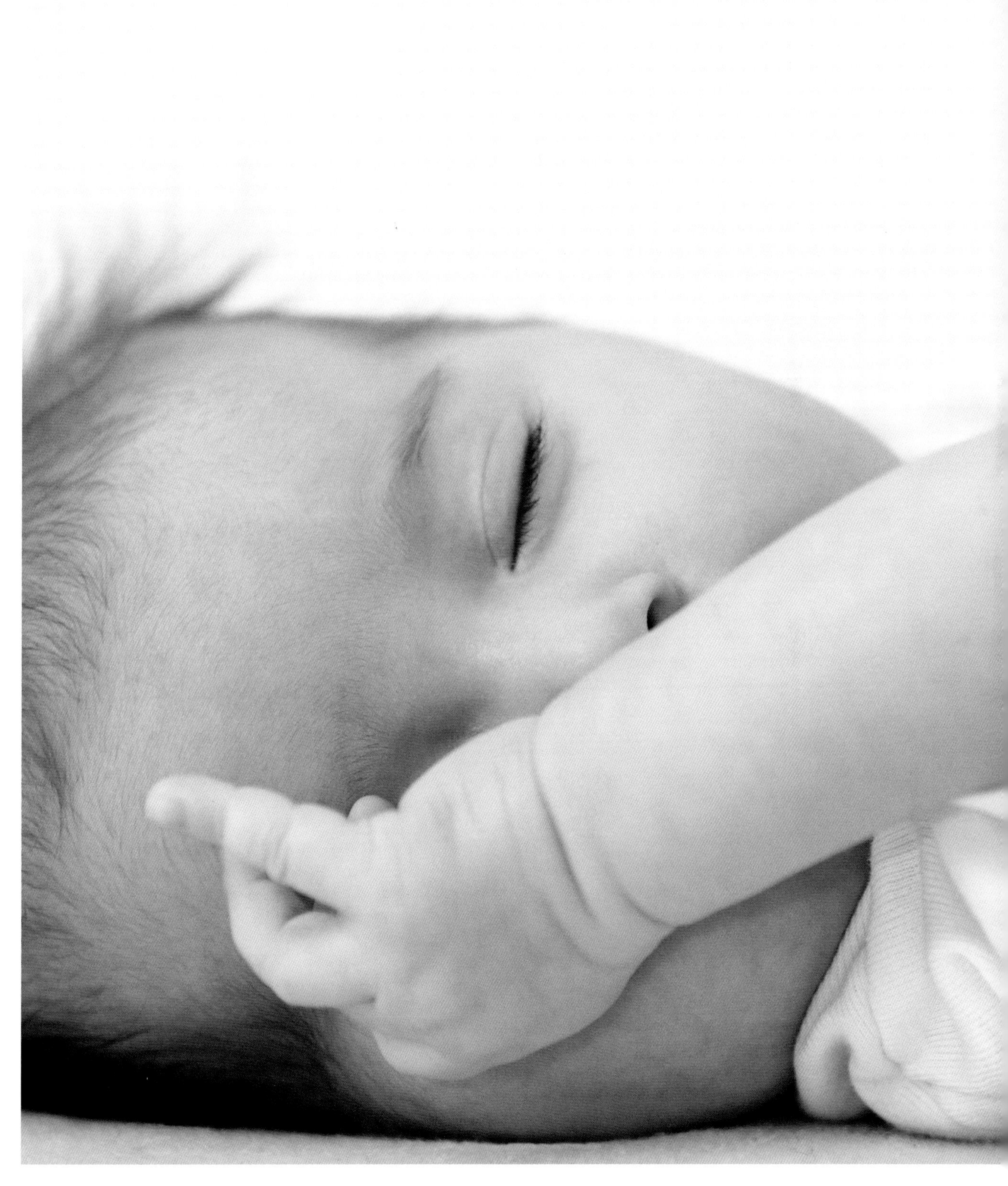

f/5 | 1/160 Sek. | ISO 200 | 200 mm | heruntergeregelter Blitz an die Zimmerdecke
Bei einem schlafenden Baby können Sie verschiedene Bildschnitte ausprobieren.

Babyfotos brauchen viel Licht!

- Sorgen Sie für viel Licht, damit Sie so wenig wie möglich blitzen müssen.
- Fotografieren Sie in Fensternähe und nutzen Sie das einfallende Licht.
- Sorgen Sie für ruhige und helle Hintergründe.
- Bitten Sie die Eltern dafür um helle Decken oder Laken. So können die Fotos in der gewohnten Umgebung des Babys entstehen und haben doch einen Hauch von Studioatmosphäre.
- Belichten Sie alle Fotos ein wenig über, ohne dass hellere Flächen als die Babyhaut überstrahlen.
- Wenn Sie dennoch blitzen müssen, richten Sie den Blitz nie auf das Gesicht des Babys, sondern auf eine helle, reflektierende Fläche (z. B. die Zimmerdecke oder einen seitlich aufgestellten Reflektor).
- Reduzieren Sie später am Computer die Farbsättigung ein klein wenig – so wirken die Bilder zarter. Auch können Sie Ihre Fotos etwas weichzeichnen (aber vorsichtig, damit nicht alle Strukturen verloren gehen).

Eines der Fotos, das an diesem Tag entstanden ist, möchte ich Ihnen noch zeigen, weil es im Gegensatz zu den anderen hier gezeigten Babyfotos eher ungewöhnlich und vielleicht auch nicht unbedingt nach jedermanns Geschmack ist. Hier habe ich ausnahmsweise mal nicht den Fokus auf die Augen des Babys gesetzt, sondern stattdessen das kleine Stupsnäschen anvisiert.

Das allein ist schon unüblich. Aber erst die tiefe Perspektive von unten nach oben und der diagonale Bildaufbau machen das Foto wirklich ungewöhnlich.

Und um ehrlich zu sein: So ganz sicher bin ich mir selbst nicht, ob ich das Foto mag. Sicher ist nur, dass es ziemlich aus der Reihe der üblichen Babyfotos herausfällt.

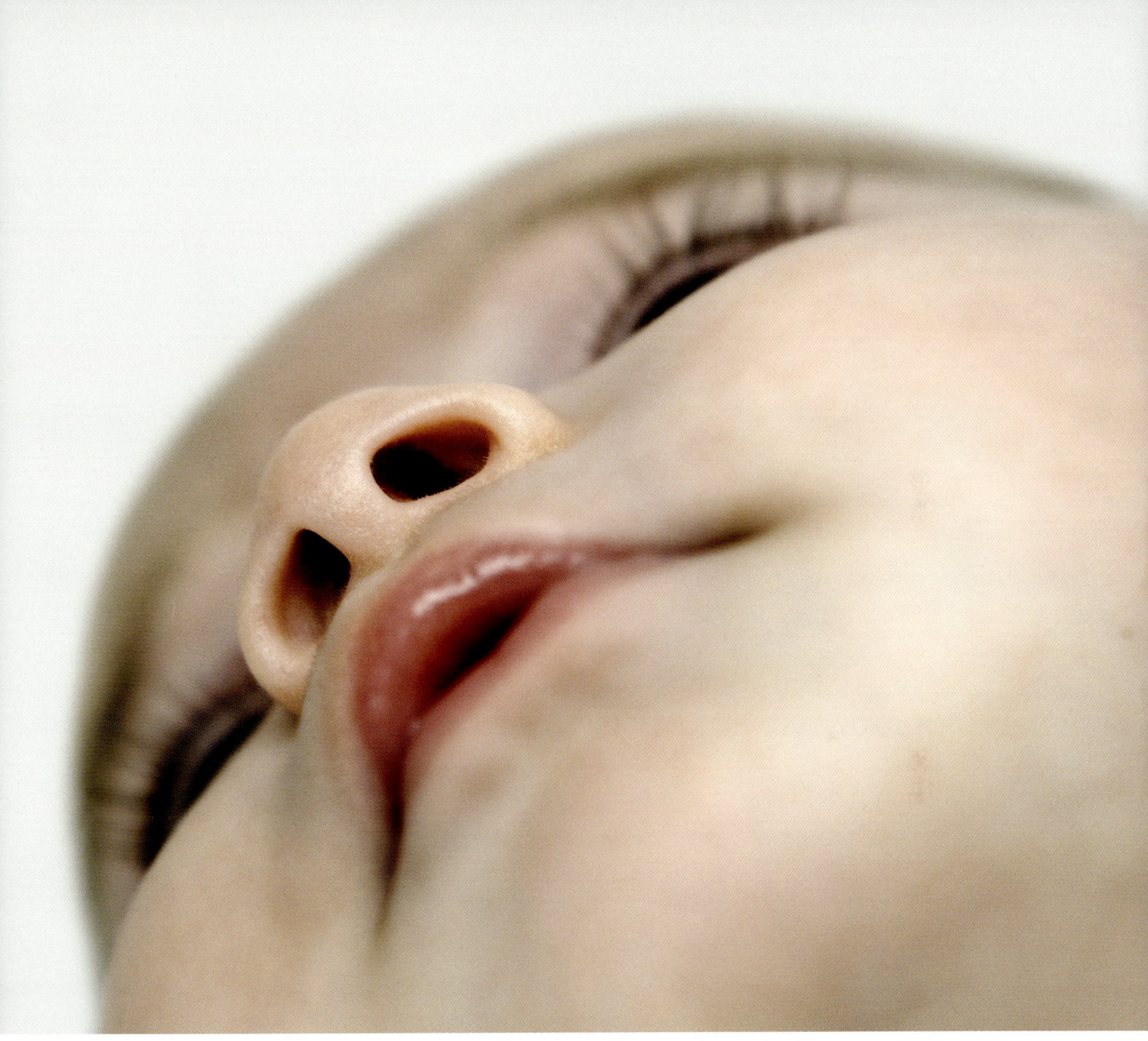

f/4.5 | 1/80 Sek. | ISO 160 | 70 mm | indirekter Blitz plus Tageslicht durch ein Fenster

Das etwas andere Babyporträt – die Perspektive macht's.

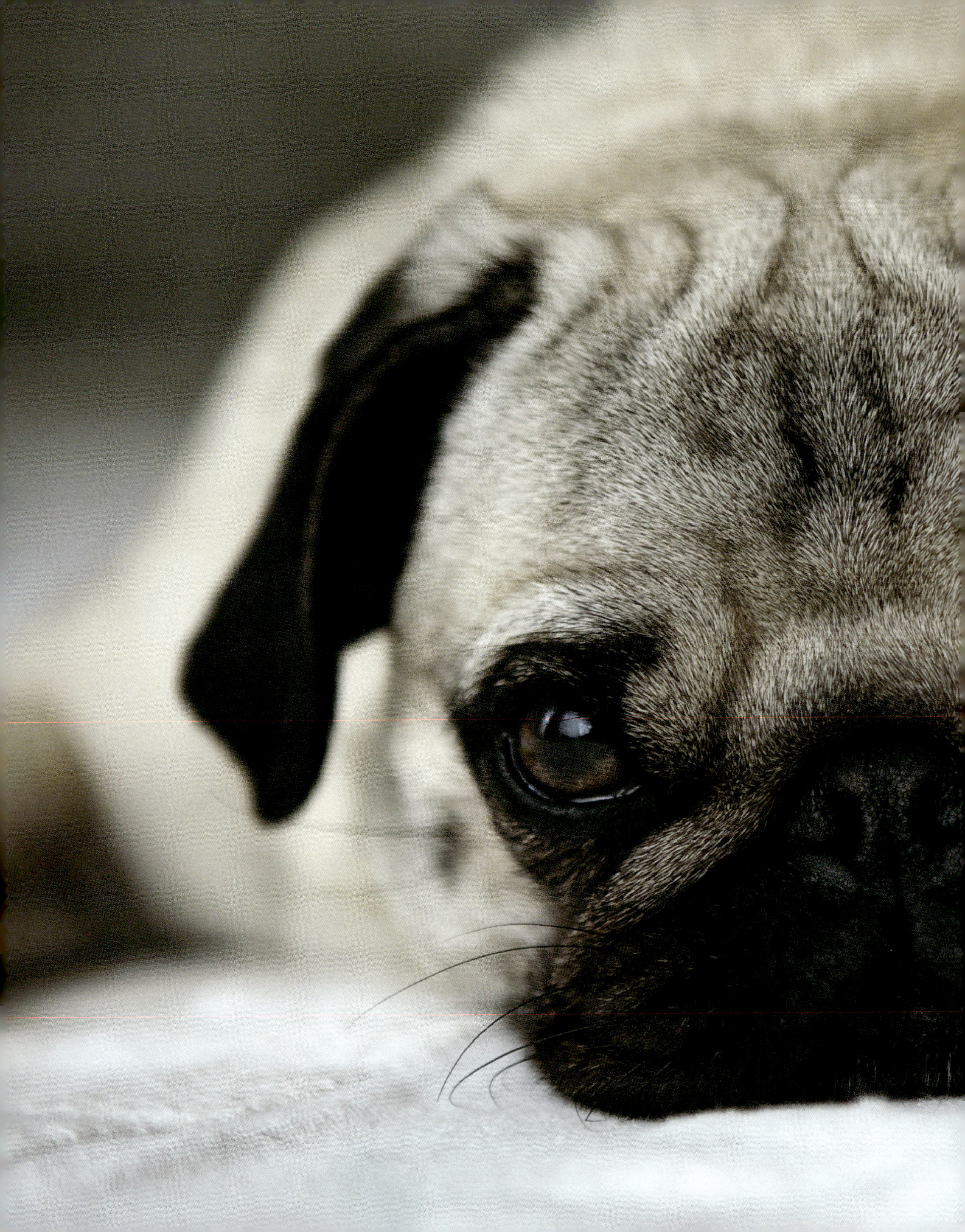

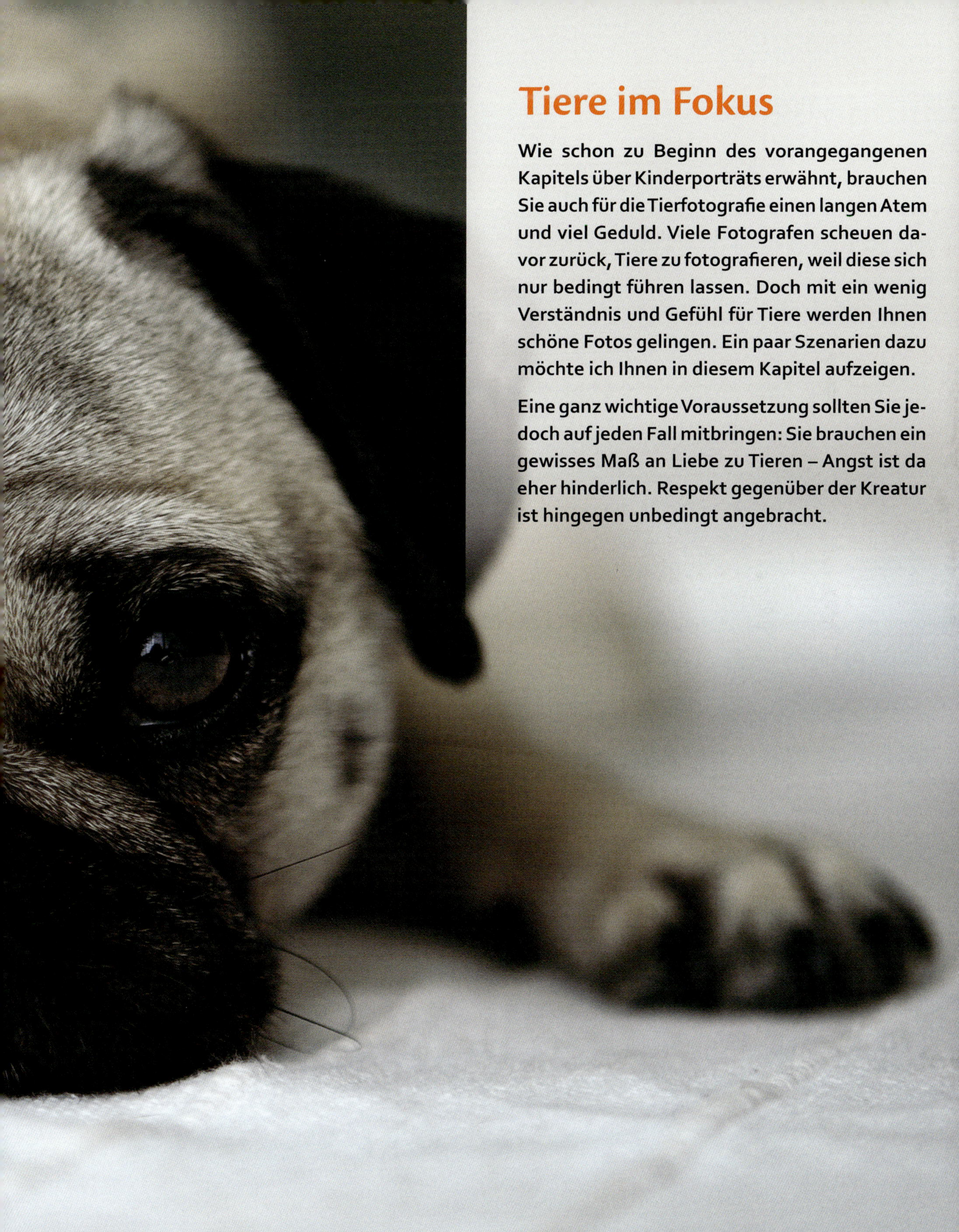

Tiere im Fokus

Wie schon zu Beginn des vorangegangenen Kapitels über Kinderporträts erwähnt, brauchen Sie auch für die Tierfotografie einen langen Atem und viel Geduld. Viele Fotografen scheuen davor zurück, Tiere zu fotografieren, weil diese sich nur bedingt führen lassen. Doch mit ein wenig Verständnis und Gefühl für Tiere werden Ihnen schöne Fotos gelingen. Ein paar Szenarien dazu möchte ich Ihnen in diesem Kapitel aufzeigen.

Eine ganz wichtige Voraussetzung sollten Sie jedoch auf jeden Fall mitbringen: Sie brauchen ein gewisses Maß an Liebe zu Tieren – Angst ist da eher hinderlich. Respekt gegenüber der Kreatur ist hingegen unbedingt angebracht.

6.1 Hund, Katze, Echse vor der Linse

Unseren beiden Hunden Socke und Hilde sind Sie ja bereits in mehreren Kapiteln dieses Buches auf einigen Beispielfotos begegnet. Da ich die beiden eigentlich immer bei mir habe, sind sie auch meine häufigsten Tiermotive. Meistens fotografiere ich unsere Hunde, wenn sie mir die Gelegenheit dazu bieten – selten dagegen stelle ich Fotos mit ihnen und lasse sie posieren. Ich halte es mit Tierfotos also ganz ähnlich wie mit den Kinderfotos, über die ich im vorhergehenden Kapitel geschrieben habe.

Für die meisten Tiere ist ein Fotoshooting eine eher ungewöhnliche Situation, die ihnen Angst machen kann oder sie verschreckt. Verunsicherte Tiere können sich durchaus bedroht fühlen und eventuell zum Angriff übergehen. Oder sie flüchten und lassen das Shooting komplett platzen, weil sie nicht mehr aus ihrem sicheren Versteck herauszulocken sind, solange der Mensch mit der Kamera noch im Haus ist.

Passen Sie also Ihr Verhalten dem Charakter des Tieres an – lassen Sie ihm die nötige Zeit, Vertrauen zu Ihnen zu gewinnen.

Im Prinzip ist es nicht anders als beim Fotografieren von Menschen: Für richtig gute Fotos muss die Chemie zwischen Model und Fotograf stimmen, besonders dann, wenn räumliche Nähe gegeben ist und für beide wenig Möglichkeiten zum Ausweichen bestehen.

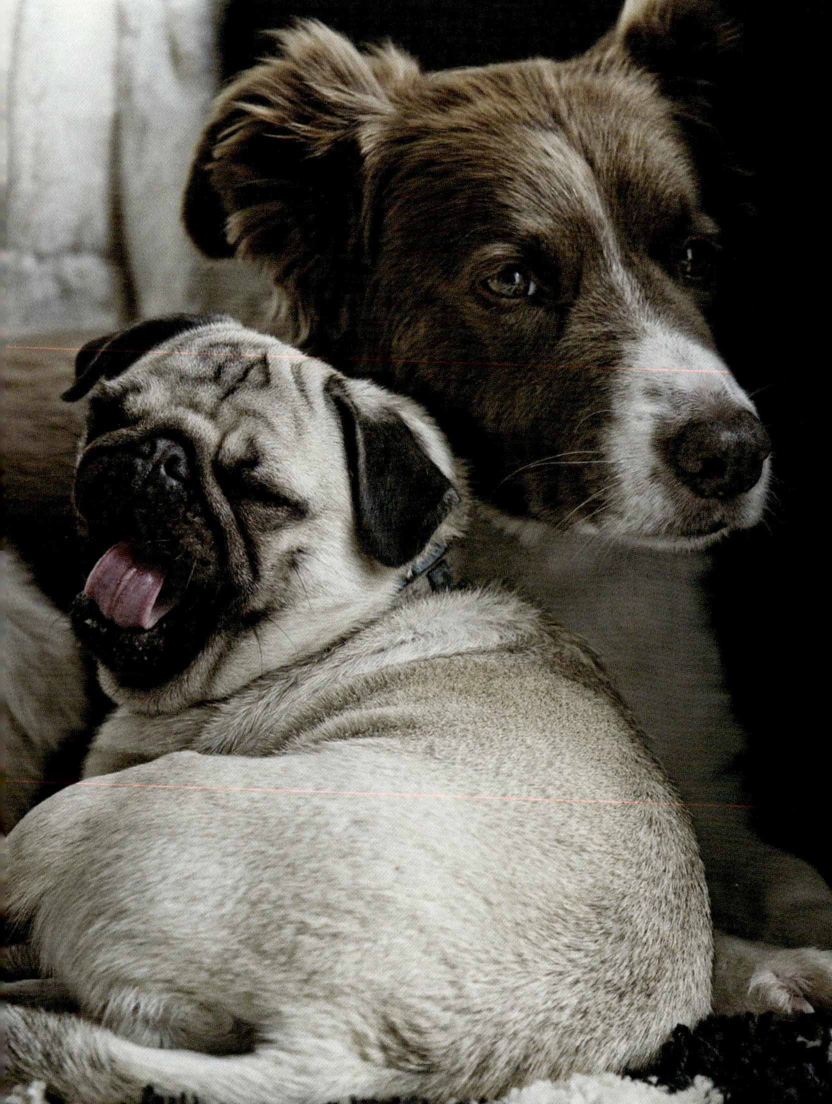

f/5 | 1/100 Sek. | ISO 800 | 155 mm | kein Blitz

Hilde und Socke an einem für sie scheinbar ermüdenden Sonntagnachmittag. Wenn es irgendwie möglich ist, verzichte ich auf den Einsatz des Blitzes.

Der Kamerablitz ist tabu

Auch wenn es das Fotografieren nicht gerade einfacher macht: Verzichten Sie, wenn es irgendwie möglich ist, auf den Blitzeinsatz, wenn Sie Tiere in geschlossenen Räumen fotografieren möchten. Wenn es sich gar nicht vermeiden lässt, dann setzen Sie das Blitzlicht indirekt, z. B. an die Zimmerdecke gerichtet, mithilfe eines aufgesteckten Systemblitzes ein.

Je nach Tierart bedeutet Blitzlicht mehr oder weniger Stress für die Vierbeiner. Meine beiden sind es längst gewöhnt, häufig fotografiert zu werden, und reagieren eher gelangweilt auf das plötzliche Blitzlicht – die beiden kann so schnell nichts schocken. Wenn Sie nicht auf den Blitz verzichten möchten, gewöhnen Sie Ihre Vierbeiner langsam – am besten über mehrere Tage – daran. Lösen Sie den Blitz hin und wieder aus, ohne zu fotografieren und am besten in einigen Metern Entfernung. So ist das Blitzlicht nach einer Weile für Ihre Tiere nichts Ungewöhnliches mehr. Das direkte Blitzen mit dem eingebauten Kamerablitz frontal in die Augen der Vierbeiner sollten Sie jedoch unbedingt vermeiden.

Wenn Sie wegen ungünstiger Lichtverhältnisse im Raum nicht auf den Blitz verzichten können oder wollen, richten Sie ihn nicht direkt auf die Perserkatze, sondern gegen eine helle Wand oder an die Zimmerdecke – so verteilt sich das reflektierte Blitzlicht im Raum.

f/4.5 | 1/6 Sek. | ISO 250 | 70 mm | indirekter Blitz

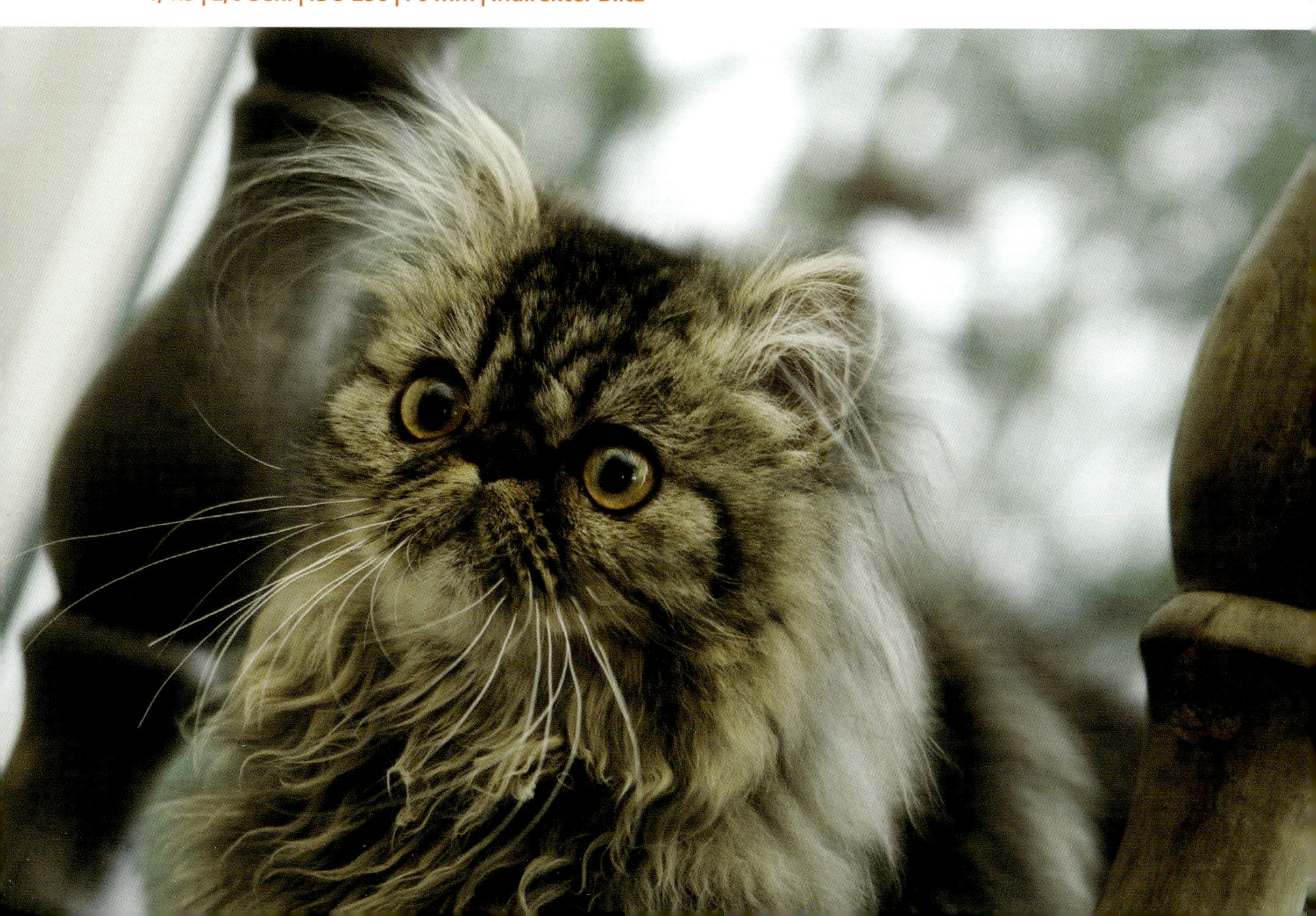

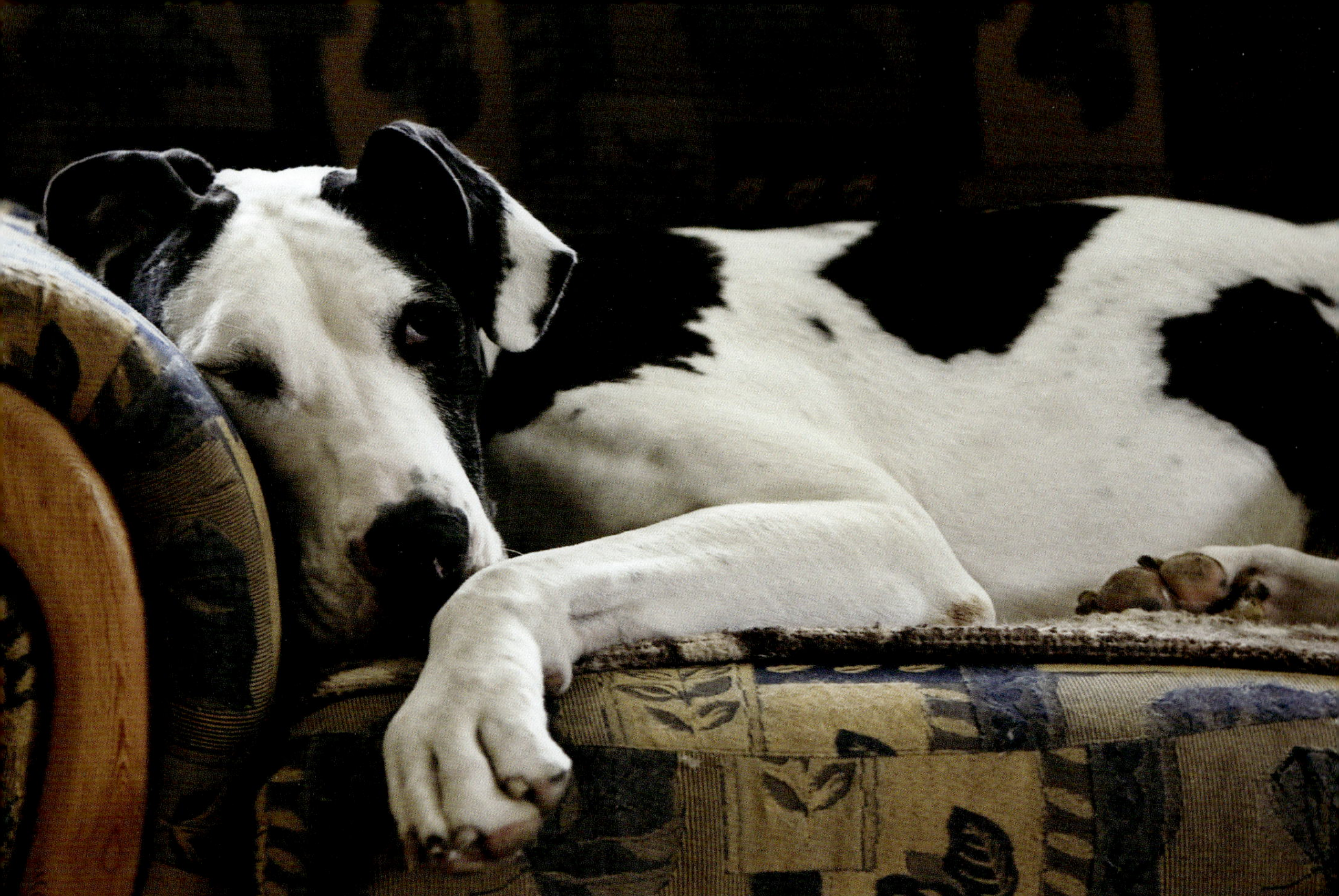

f/2.8 | 1/60 Sek. | ISO 1000 | 115 mm | ohne Blitz | ohne Stativ, aber in der Nähe eines Fensters

Eine Deutsche Dogge an ihrem Lieblingsplatz. Wenn die Tiere sich ruhig verhalten und nicht bewegen, ist auch das Fotografieren vom Stativ möglich.

Tieraugen sind meistens wesentlich empfindlicher als unsere Augen. Selbst uns Menschen schmerzt frontal auf uns abgefeuertes Blitzlicht. Wie muss es dann erst unseren Hunden und Katzen gehen, die in der Lage sind, selbst in stockdunkler Nacht ziemlich gut zu sehen? Ganz abgesehen davon reflektiert das frontale Blitzlicht in den Tieraugen und sorgt für den unerwünschten Rote-Augen-Effekt.

Also: Der eingebaute Kamerablitz ist in der Tierfotografie in geschlossenen Räumen absolut tabu. Deshalb sollten Sie darauf verzichten, Tierfotos im Automatikprogramm Ihrer Kamera zu machen, weil der Blitz dann automatisch ausklappt und zündet. Fotografieren Sie besser im manuellen Modus oder mit der Zeit- oder Blendenautomatik.

Am besten nutzen Sie statt eines Blitzes (wie auch bei der Porträtfotografie von Menschen) das in den Raum einfallende Tageslicht und positionieren Ihr Haustier in der Nähe eines Fensters. Mit Leckerlis können Sie es leicht dorthin locken. Oder Sie fotografieren das Tier gleich an dessen Lieblingsplatz. Ein Hundekorb oder der Katzenkratzbaum lässt sich ja leicht innerhalb der Wohnung an eine andere Stelle schieben. Dort fühlt sich das Haustier sicher und verhält sich ruhig. Dann können Sie vom Stativ bei kleiner Blendenöffnung und längeren Belichtungszeiten fotografieren.

Ich nutze jedoch für Tierfotografien selten ein Stativ, weil es mich zu unflexibel macht – ich kann nicht schnell genug auf sich verändernde Situationen reagieren.

Für Haustierporträts empfehle ich ein Teleobjektiv mit einer Brennweite von mindestens 70 mm, besser noch länger. So können Sie sich am besten als Beobachter mit einigem Abstand auf die Lauer legen und abwarten, um dann im richtigen Moment auf den Auslöser zu drücken. Das kann unter Umständen recht zeitraubend sein und fordert Ihnen viel Geduld ab. Leichter wird die Tierfotografie, wenn die Vierbeiner bestimmte Kommandos beherrschen und entsprechend agieren. Spielzeug und Leckerli sind ebenfalls ein beliebtes Mittel, um ein Tier heranzulocken. Wenn Sie allein mit den Tieren sind, werden Sie schnell feststellen, dass es ganz schön schwierig ist, zu fotografieren und gleichzeitig den Blick der Tiere zu lenken – entweder hin zur Kamera oder in eine andere Richtung.

Einfacher wird das, wenn Sie einen Helfer dabeihaben – bei fremden Tieren natürlich am besten deren Besitzer. Er weiß am besten, worauf seine Tiere mit Aufmerksamkeit reagieren. Wenn Sie möchten, dass das Tier in die Kamera schaut, bitten Sie den Helfer hinter sich. Soll das Tier zur Seite schauen, bitten Sie den Helfer, sich entsprechend seitlich der Kamera zu positionieren – natürlich außerhalb des Bildausschnitts, den Sie im Kamerasucher

Um einen Hund wie diese Französische Bulldogge im Profil fotografieren zu können, brauchen Sie einen Helfer, damit der Hund seinen Blick von Ihnen und der interessanten Kamera ab und zur Seite wendet.

f/4 | 1/125 Sek. | ISO 400 | 200 mm

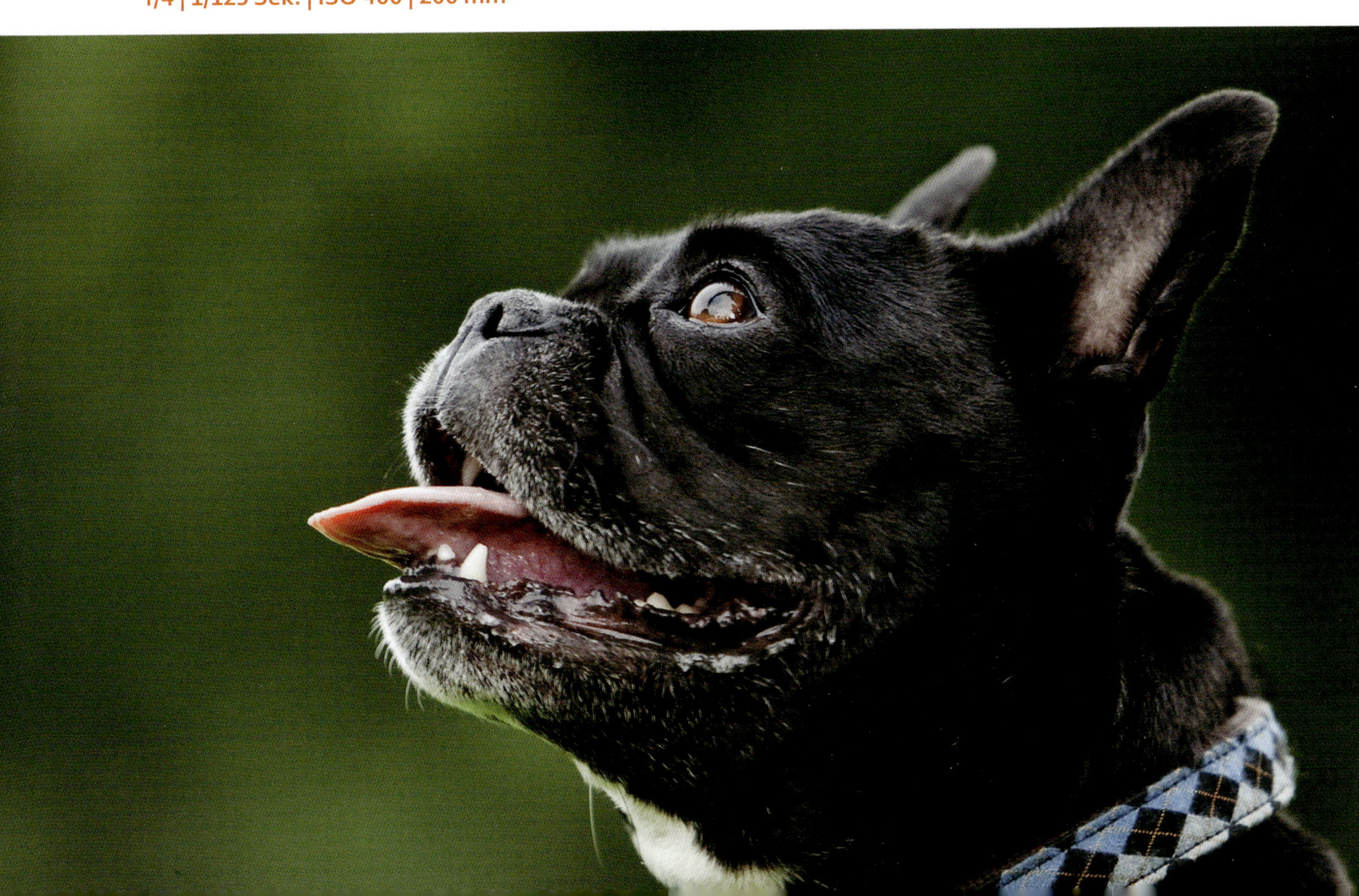

sehen, wenn Sie das Tier ohne Menschen abbilden möchten.

Den Blick lenken

Wie auch bei Menschenporträts möchte man als Fotograf nicht immer, dass das Tier direkt in die Kamera schaut. Bei „fressgesteuerten" Tieren wie unserem Mops ist es relativ einfach, ihren Blick von mir und der Kamera weg in eine andere Richtung zu lenken – dazu hier zwei Bildbeispiele:

Ja, ja, Sie haben recht: Bislang habe ich in diesem Kapitel immer von Geduld und Warten auf das Motiv geschrieben. Aber manchmal ist es auch so, dass mich Hilde-Mops erst auf eine Bildidee bringt – sie benimmt sich ja hin und wieder sehr „menschlich" und sitzt zum Beispiel gern mir gegenüber auf einem Stuhl. Was lag da näher, als ihr zum Beispiel ein Schachbrett oder einen Teller vor die Nase zu stellen?

So hatte ich zwei wunderbare Motive zu den Themen „Intelligente Haustiere" und „Braucht mein Hund eine Diät?".

Andere Tiere lassen ihre Blicke durch ihr Lieblingsspielzeug lenken: einen Ball, ein quietschendes Gummitier oder bei Katzen zum Beispiel ein Federstab. Auch Seifenblasen wecken manchmal ihr Interesse. Auch bei Hunden funktioniert hin und wieder dieser Trick.

Hildes zweiter Vorname ist „Selbstbeherrschung" – es hat sie erkennbar viel Kraft gekostet, das Leckerli nicht sofort zu vernaschen!

f/5 | 1/160 Sek. | ISO 640 | 63 mm

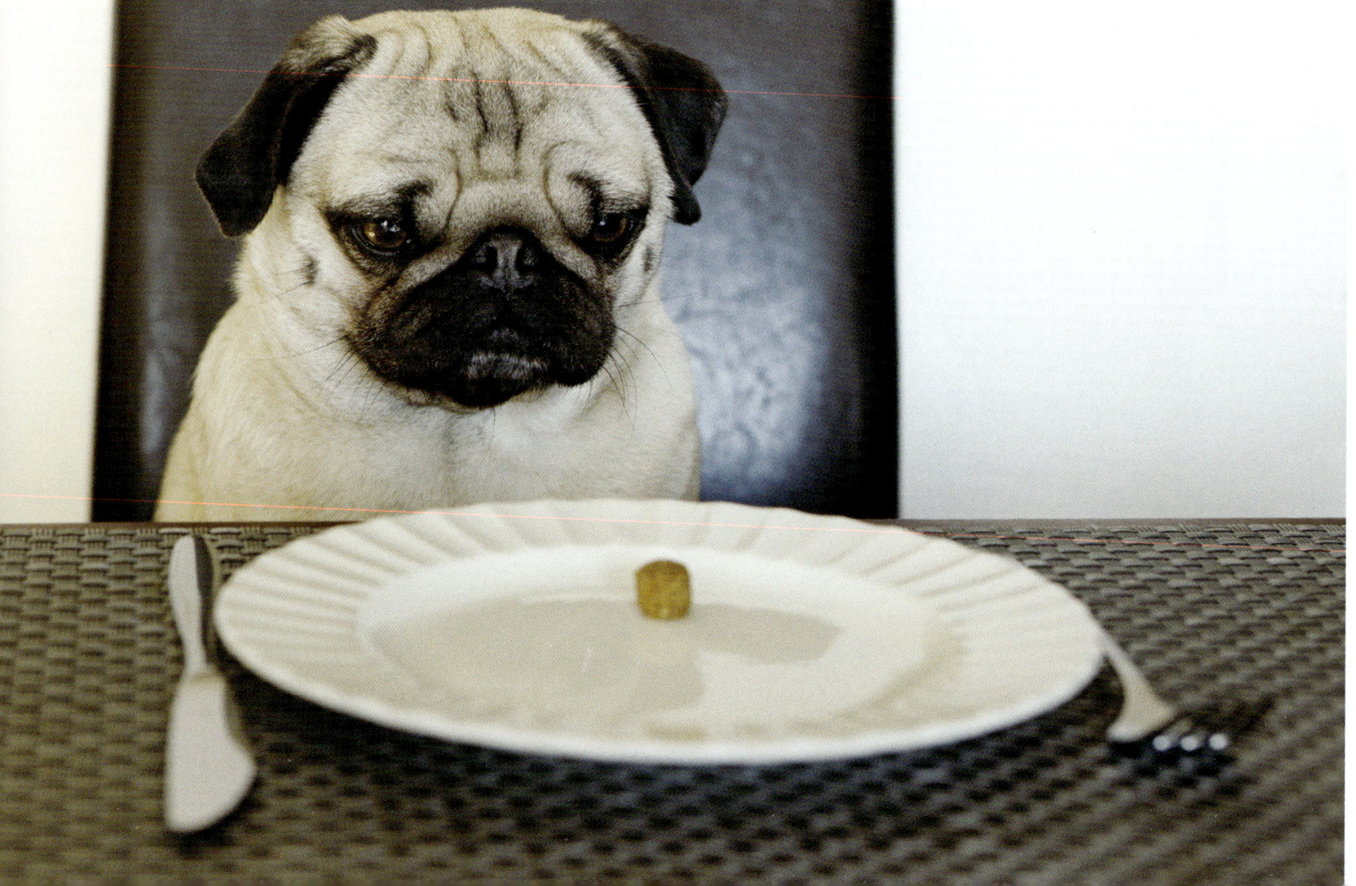

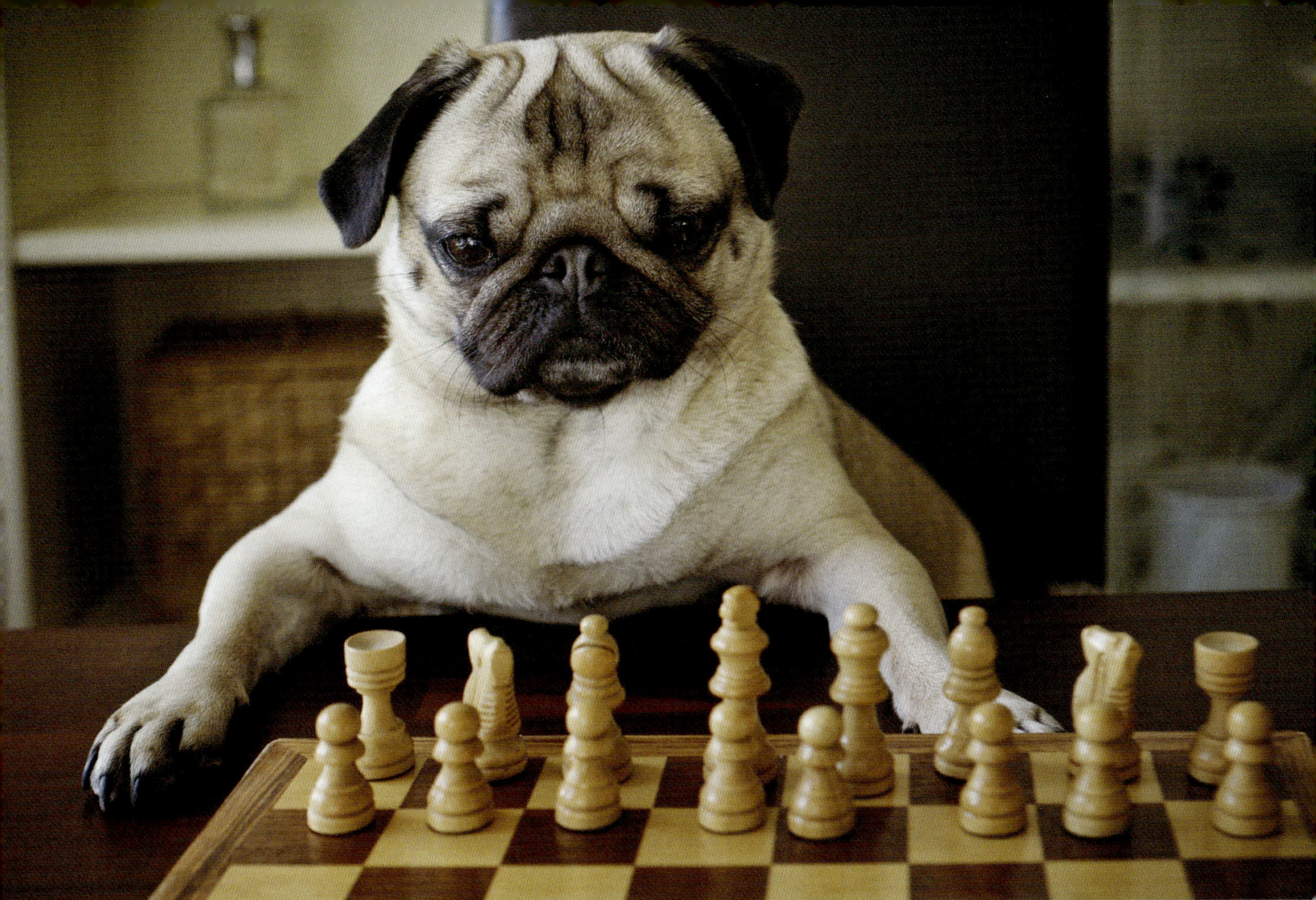

f/4.5 | 1/125 Sek. | ISO 1000 | 40 mm

Hilde-Mops sieht aus, als würde sie ihren nächsten Zug beim Schachspiel überlegen. Die Schachfiguren interessierten sie allerdings herzlich wenig, sondern das Leckerli, das ich außerhalb des Bildausschnitts aufs Schachbrett gelegt hatte.

Bei größeren Tieren wie zum Beispiel Pferden weckt ein Regenschirm, den man auf- und abspannt, oft das Interesse.

Bei schreckhaften Tieren kann das aber auch mal den Fluchtreflex auslösen – also bitte Vorsicht walten lassen beim Ausprobieren, womit sich der Blick eines Tieres in eine bestimmte Richtung lenken lässt.

Schärfebereich und Abstand zum Motiv

Oft werde ich gefragt, wie ich es schaffe, dass der Hintergrund auf den Fotos so unscharf ist und sich das Hauptmotiv durch seine Abbildungsschärfe davon so gut abhebt.

Diesen Effekt können Sie auf zwei Wegen erreichen. Die erste Maßnahme lässt sich am einfachsten draußen in der Natur umsetzen: Rücken Sie Ihr Tier möglichst weit vom Hintergrund, z. B. einer Hecke oder einem Zaun, ab. Das reicht manchmal schon, um den Hintergrund unscharf erscheinen zu lassen. Wenn der Effekt noch nicht so ganz nach Ihrem Geschmack ist, können Sie ihn durch die Wahl einer größeren Blendenöffnung verstärken. Bei weniger hochwertigen Objektiven wie zum

Beispiel den Kit-Objektiven, die meist im Verkaufspreis der Kamera enthalten sind, liegt die größtmögliche Blendenöffnung meist bei f/4. Doch auch damit lässt sich durchaus ein schöner und knapper Schärfebereich erzeugen.

Grundsätzlich ist ein knapper Schärfeverlauf durch die direkte Nähe zum Tier und/oder einer weit geöffneten Blende bei einem Tierporträt (oder auch Menschenporträt) aber ein durchaus übliches Stilmittel, um den Blick des Betrachters zu lenken. Wichtig ist jedoch, dass der knapp gewählte Schärfepunkt genau dort sitzt, wo er hingehört: auf den Augen der Tiere. Es ist also für die gute Wirkung eines Tierfotos nicht zwingend erforderlich, dass es von Kopf bis Fuß und von der Nase bis zur Schwanzspitze superscharf abgebildet ist.

Bedenken Sie, dass Tierporträts eine stärkere Wirkung auf den Betrachter haben und dessen Emotionen kitzeln, wenn sie eine große räumliche Nähe zum Tier zeigen wie auf dem folgenden Katzenporträt: Jedes einzelne Haar im Fell ist erkennbar, jeder Fleck in der Iris der Augen. Diese Nähe können Sie mit einer langen Brennweite erreichen, aber natürlich auch mit einer kurzen, wenn Sie dabei sehr dicht an das Tier herangehen. Nah dran bedeutet aber auch, dass die Schärfentiefe bei Nutzung einer größeren Blendenöffnung relativ gering ist. Und das erfordert eine große Sorgfalt beim Setzen des Schärfebereichs.

Zum Vergleich das Foto eines Meerschweinchens uaf der nächsten Seite: Der Schärfebereich auf diesem Foto ist dank weiter geschlossener Blende und eines größeren Abstands zum Schweinchen etwas größer. Aber die Nasenspitze ist bereits unscharf abgebildet, weil das Tierchen die Nase Richtung Kamera wendet und so im Halbprofil abgebildet ist.

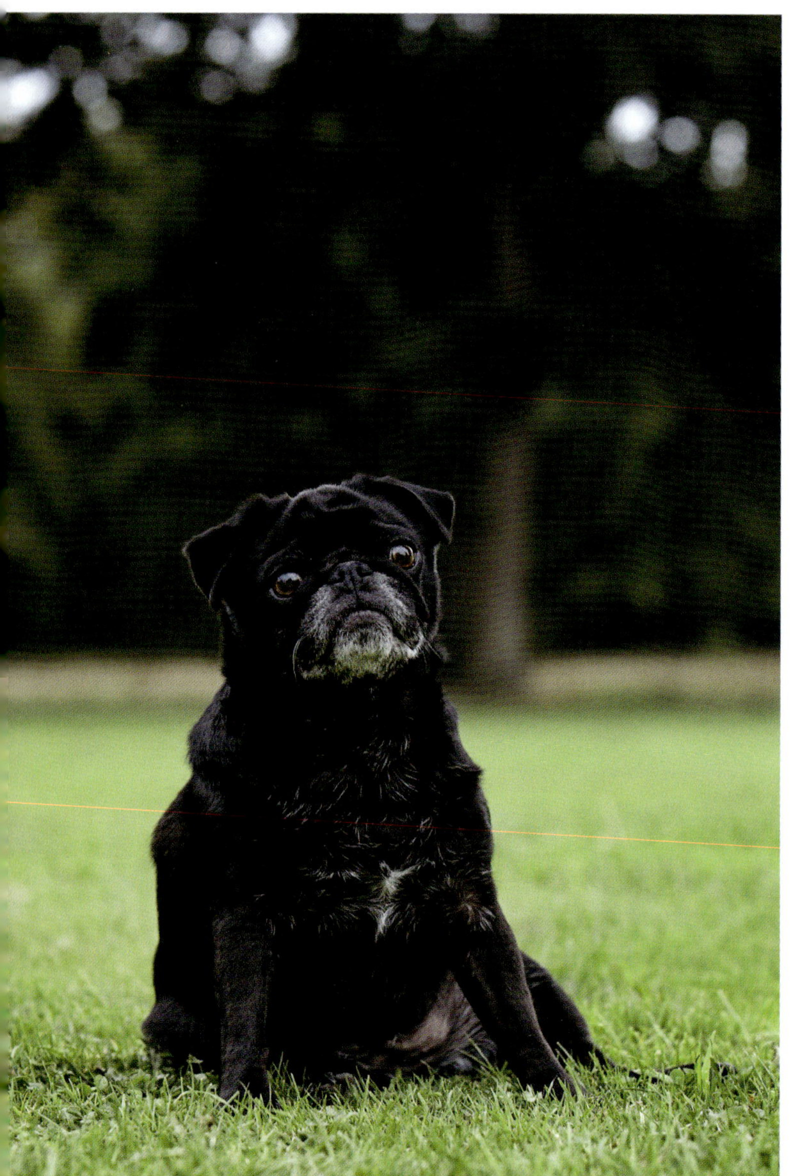

f/4 | 1/160 Sek. | ISO 400 | 70 mm

Mops im Park – Schnauze und Gesicht sind scharf abgebildet, der Hintergrund löst sich durch den großen Abstand und die relativ weit geöffnete Blende in Unschärfe auf.

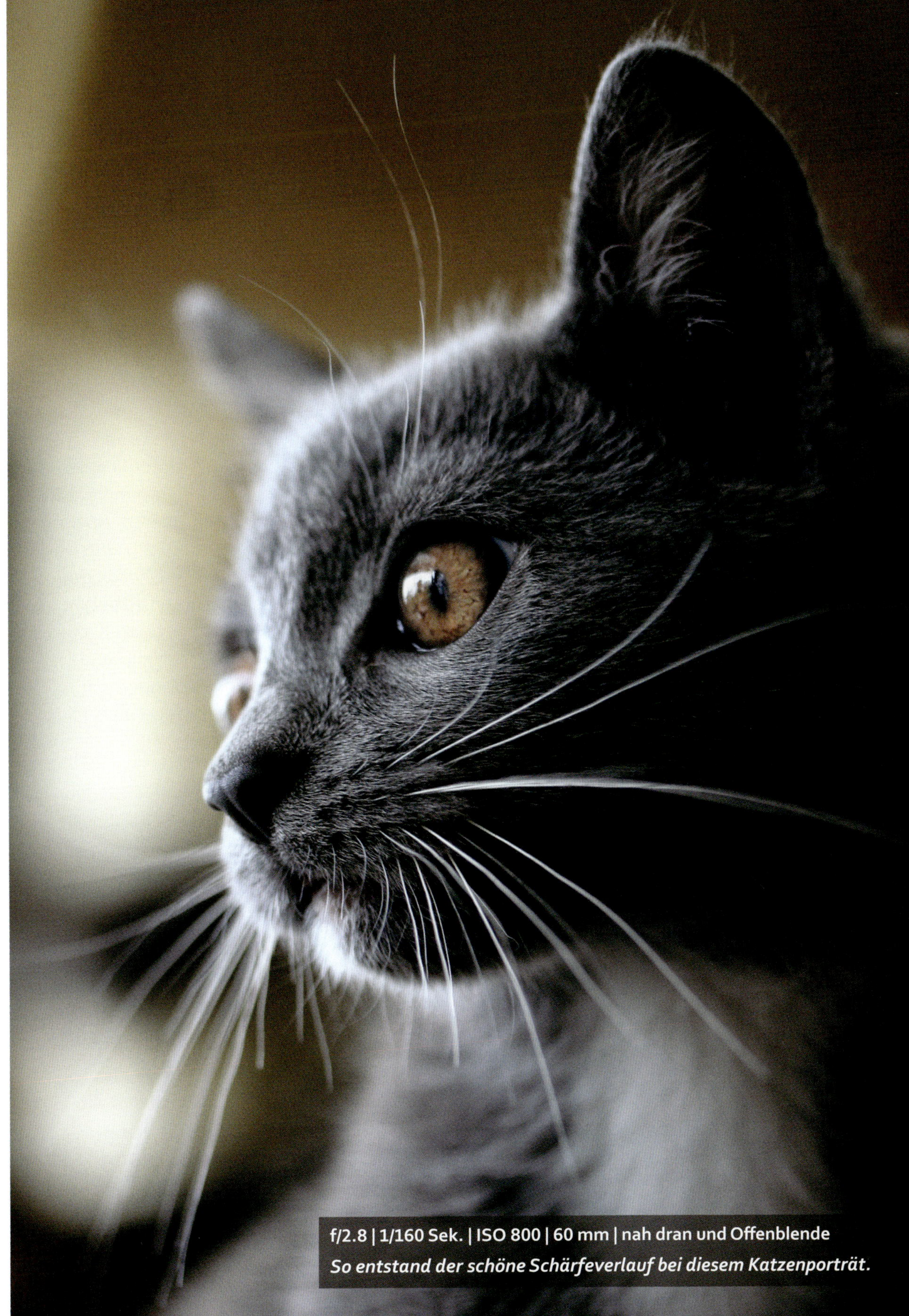

f/2.8 | 1/160 Sek. | ISO 800 | 60 mm | nah dran und Offenblende

So entstand der schöne Schärfeverlauf bei diesem Katzenporträt.

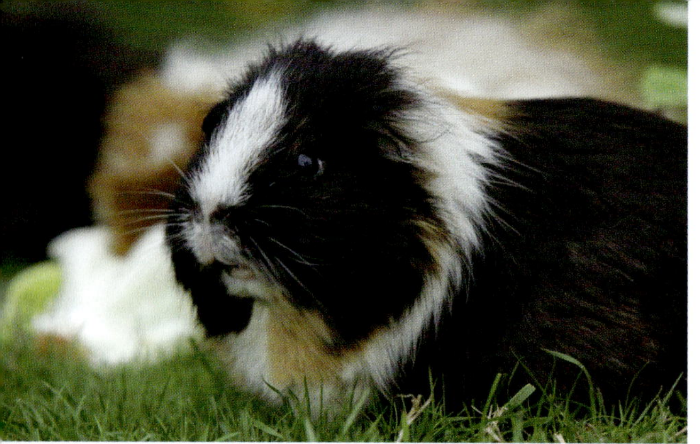

f/5.6 | 1/125 Sek. | ISO 400 | 200 mm

Wirkt nah dran dank langer Brennweite. Der Schärfebereich ist größer als auf dem Katzenfoto, aber dennoch recht knapp: Die Nasenspitze des kleinen Meerschweinchens liegt in der Unschärfe.

Wenn Sie ein Tier direkt von vorn fotografieren möchten, wie bei dem folgenden Bildbeispiel ein Chamäleon, ist ein knapper Schärfeverlauf

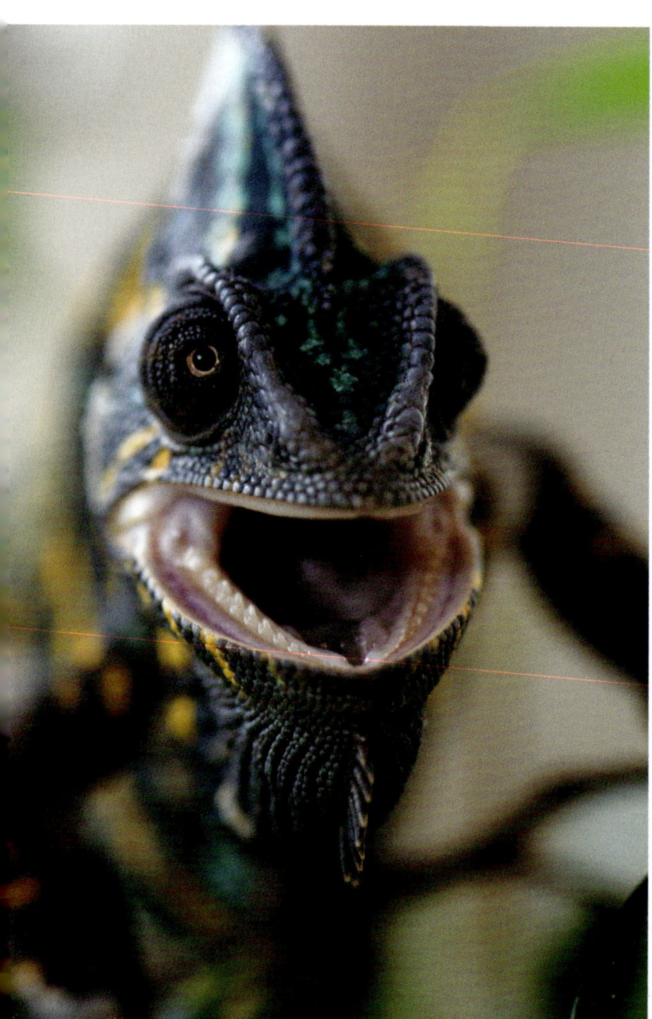

eher unvorteilhaft, wenn der Schärfepunkt nicht genau auf den Augen sitzt. Bei einem solchen Tierporträt müssen Sie äußerst sorgfältig arbeiten, weil der geplante Schärfepunkt sehr klein ist und folglich leicht verrutschen kann.

Mehr Sicherheit beim Fokussieren gewinnen Sie, wenn Sie auf einen sehr knappen Schärfebereich verzichten. Halten Sie dafür mehr Abstand zum Tier (bei manchen Wildtieren ist das auch aus Sicherheitsgründen durchaus ratsam) und fotografieren Sie mit weiter geschlossener Blende. Ist das aufgrund schlechter Lichtverhältnisse nicht möglich, können Sie den ISO-Wert erhöhen, um mit kleinerer Blendenöffnung zu fotografieren. Aber gerade bei älteren Kameramodellen nützt das oft nichts, weil die Qualität der Fotos dadurch deutlich nachlässt. Auch kann es bei weniger hochwertigen Objektiven passieren, dass die Schärfe bei Nutzung der Offenblende nicht optimal ist. Sie sehen: Es ist gar nicht so einfach, mit knappem Schärfebereich zu fotografieren!

Weil Tiere selten still halten (es sei denn, sie schlafen), hilft leider auch ein Stativ nicht weiter, um bei schlechten Lichtverhältnissen eine kleinere Blende zu erreichen. Bis Sie die Kamera auf dem Stativ fertig ausgerichtet haben, ist das Tier längst in einer anderen Zimmerecke. Ein Stativ ist also zu unflexibel für den Einsatz bei quicklebendigen Haustieren. Bei Porträts kleinerer Tiere nutze ich gern die Festbrennweite meines Makroobjektivs: Zum

f/5 | 1/80 Sek. | ISO 640 | 105 mm | indirekter Blitz

Das Jemen-Chamäleon droht mir und meiner Kamera. Die Spitze des Mauls liegt im Unschärfebereich. Besser wäre hier ein größerer Schärfebereich gewesen. Dazu hätte ich jedoch mehr Abstand zum Tier halten müssen.

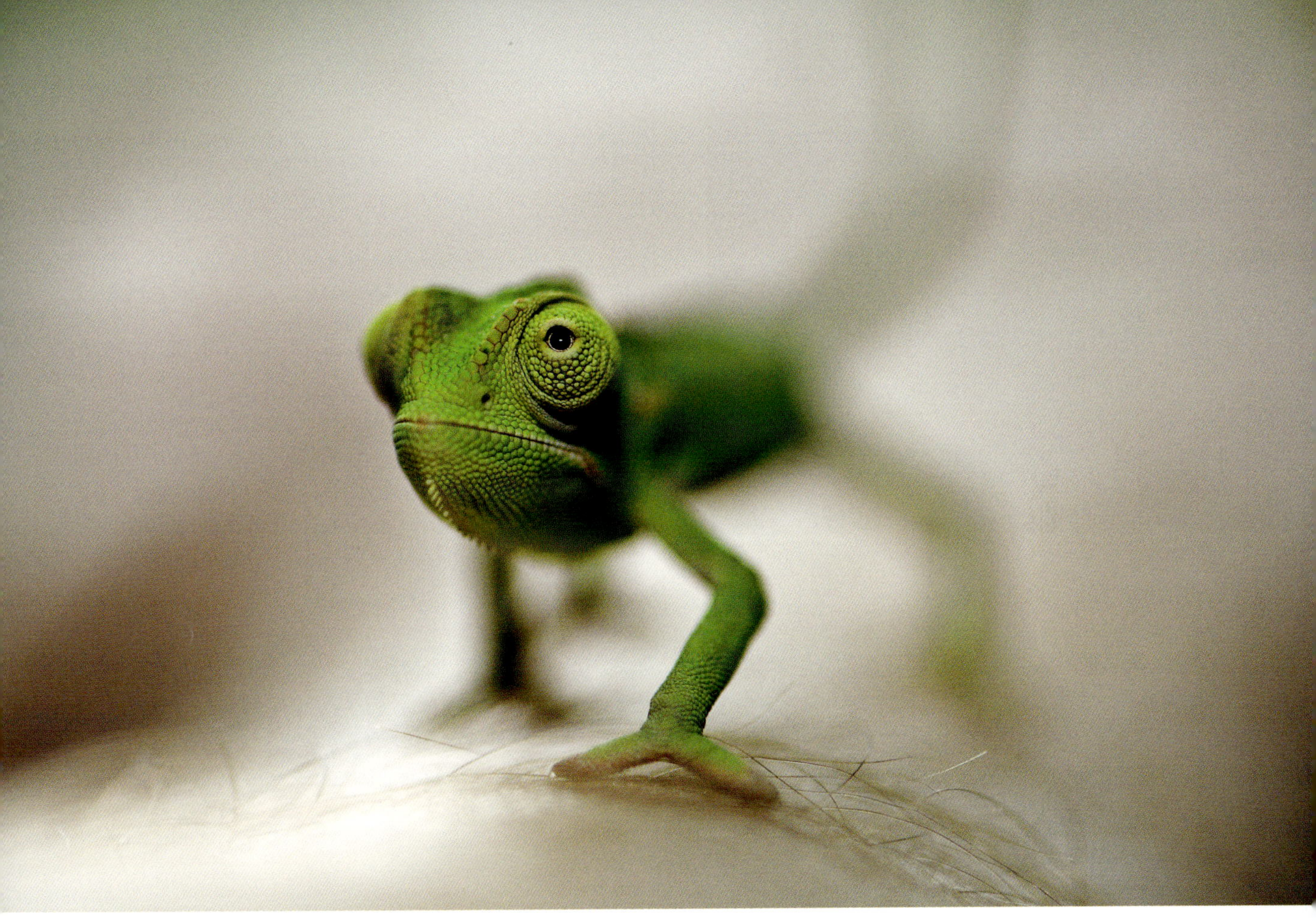

f/2.8 | 1/300 Sek. | ISO 500 | 105-mm-Makroobjektiv

Ein scheinbar schlecht gelauntes, sehr junges Chamäleon auf dem Unterarm eines Mannes. Hier hat der Einsatz der knappen Schärfe einen vorteilhaften Effekt.

einen weil Festbrennweiten meistens schärfer abbilden als Zoomobjektive, und zum anderen mag ich diese sehr weichen Schärfeverläufe, die eine solche Linse bei Nutzung der Offenblende produziert.

Weil das Tierchen sehr klein (daumengroß) ist, ist das gesamte mürrisch wirkende Gesicht nahezu scharf abgebildet – es ist ja nur maximal einen Quadratzentimeter groß! Ebenso scharf sind die Haare auf dem Männerarm, die als Größenvergleich dienen. Der Rest des Tieres löst sich im unscharfen Bildhintergrund auf – das ist so gewollt: Es kam mir nur auf dieses witzige Tiergesicht und dessen Mimik (die natürlich wir Menschen hineininterpretieren) an, das so zum einzigen Blickfang des Fotos wird.

Also: Ein knapper Schärfebereich kann durchaus eine tolle Wirkung haben – wenn er an der richtigen Stelle sitzt. Wenn Sie zum Beispiel den Betrachterblick auf ein Detail lenken möchten, ist es sinnvoll, den Fokus auf dieses Detail – hier ist es die Hundenase – zu richten:

Doch trotz allerbesten Sonnenwetters und optimaler Lichtverhältnisse nutze ich dennoch gern einmal die Offenblende, um damit Vorder- und Hintergrund unscharf darzustellen. Mein Lieblingsmotiv ist dann natürlich Hilde

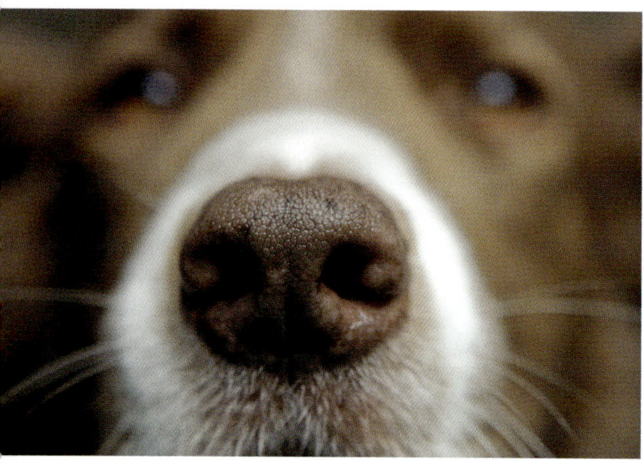

f/4 | 1/320 Sek. | ISO 1000 | 70 mm

Die Hundenase rückt beispielsweise dann in den Fokus, wenn es auf die Betonung eines tierischen Details ankommt. Nah dran (Mindestabstand des jeweiligen Objektivs) und relativ weit geöffnete Blende sind ein Garant für einen kleinen Schärfebereich, der dann exakt auf diesem Detail liegt.

mit ihrer platten Nase: Ihr kurzer Kopf lässt sich auch bei Blende 2.8 von der nicht wirklich vorhandenen Nasenspitze bis zu den Stirnfalten komplett scharf abbilden. Die dabei entstandene, sehr kurze Belichtungszeit sorgte dafür, dass ich die ganz kurz herausschnellende Mops-Zunge im Foto erwischen konnte. Sie ist der eigentliche Witz dieses Bildes. Als ideale Blende für die Tierfotografie empfehle ich f/5.6 – damit habe ich die besten Erfahrungen gemacht. Diese Blende passt in den meisten Situationen der Tierfotografie – egal ob Porträt- oder Actionfotos.

Hilde-Mops bei schönstem Fotowetter mit Offenblende fotografiert. Das hat den Effekt, dass Vorder- und Hintergrund unscharf abgebildet werden. Nur der Kopf samt Zunge ist scharf abgebildet.

f/2.8 | 1/1600 Sek. | ISO 100 | 24 mm

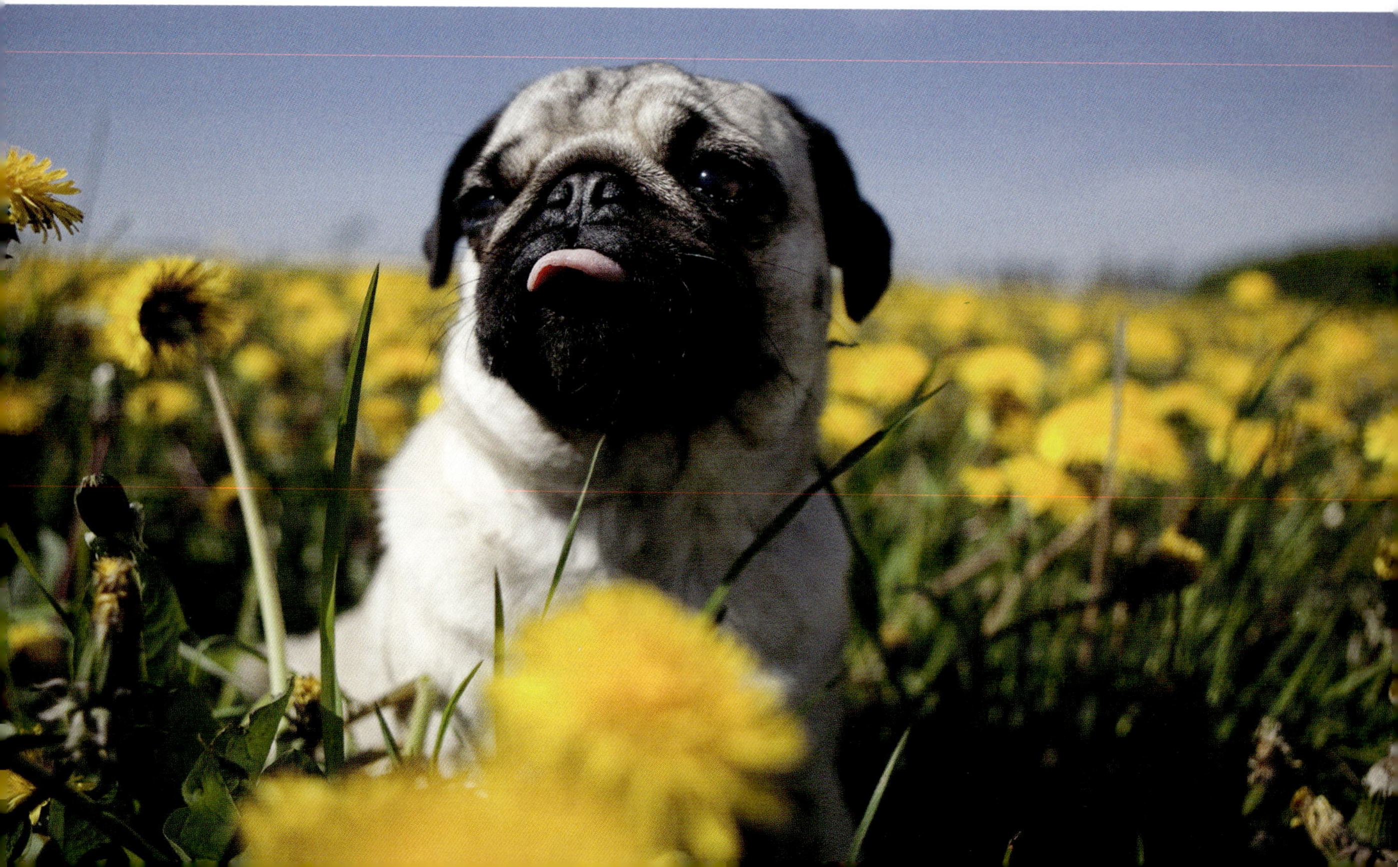

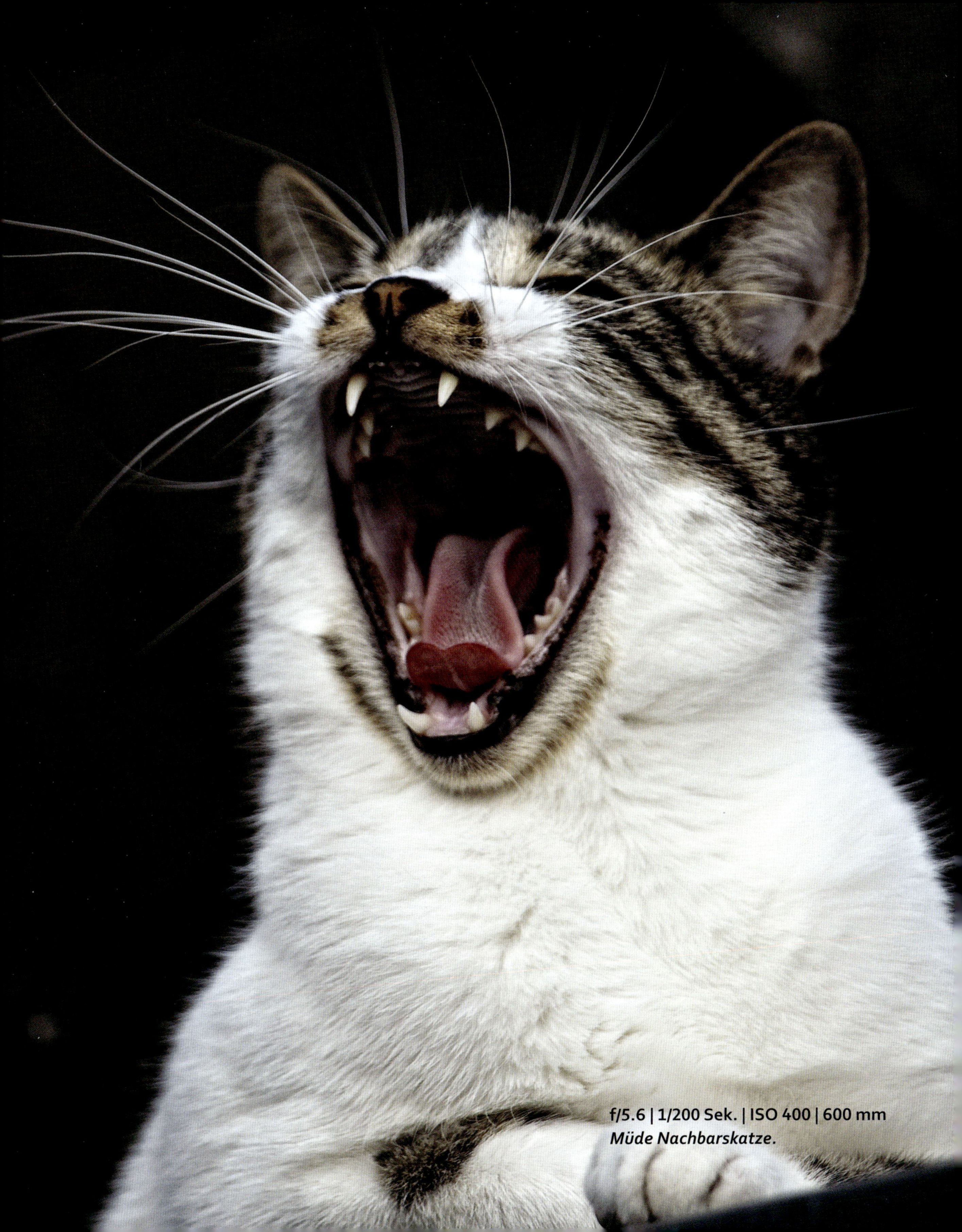

f/5.6 | 1/200 Sek. | ISO 400 | 600 mm
Müde Nachbarskatze.

Auch aus größerer Distanz lassen sich bei dieser Blendenwahl mit entsprechend langer Brennweite schöne Tierporträts fotografieren.

Es müssen ja nicht gleich 6 m Abstand sein wie bei dieser müden Katze eines Nachbarn, die ich von unserem Balkon auf dem Dach des Nachbarhauses fotografierte – mit einem 300-mm-Objektiv, das ich mithilfe eines 2-fach-Konverters auf stattliche 600 mm Brennweite verdoppelt habe (siehe in Kapitel 6.3 den Abschnitt „Brennweitenverlängerung").

f/5.6 | 1/640 Sek. | ISO 200 | 160 mm | 2,60 m Abstand

Bei diesem Lamafohlen passen die Entfernung zum Motiv, die Brennweite und die Blende zusammen, sodass trotz relativ langer Schnauze deren Spitze sowie die Augen scharf abgebildet sind.

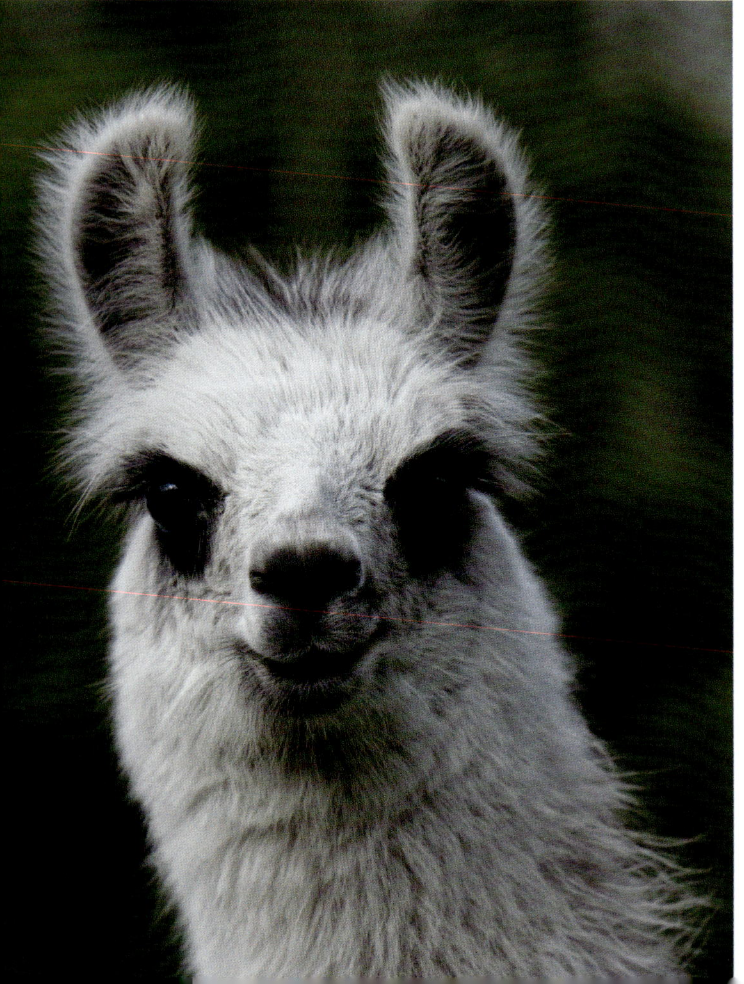

Die beste Perspektive

Grundsätzlich gilt bei Tierporträts (okay, ich wiederhole mich, aber es ist wirklich wichtig) die gleiche Regel wie bei Porträts von Menschen: Gehen Sie mit der Kamera auf Augenhöhe. Tierfotos, die aus einer anderen Kameraperspektive als der auf Augenhöhe entstehen, können mit den Gefühlen der Bildbetrachter spielen. Je nachdem, ob ein Tiergesicht von oben nach unten oder von unten nach oben fotografiert wird, ordnen wir Menschen dem Tier ganz bestimmte Eigenschaften zu und das weckt ganz bestimmte Gefühle in uns.

Wenn Sie mit einem Tierfoto Gefühle wie Mitleid wecken möchten, sollten Sie von oben herab fotografieren. Gerade Fotos von Welpen haben einen enorm hohen Niedlichkeitsfaktor, den Sie mit dieser Perspektive noch verstärken können. Achten Sie dabei aber unbedingt darauf, dass der Welpe dann direkt in die Kamera schaut. Sonst fehlt dem Foto jeglicher Zauber. Dafür müssen Sie sich interessant machen, indem Sie z. B. einen Hundekuchen oder ein Spielzeug in der Hand halten.

Noch besser funktioniert das Erregen von Aufmerksamkeit nach meiner Erfahrung, wenn Sie eigentümliche Geräusche von sich geben (ja, machen Sie sich ruhig zum Affen). Mit Glück neigt das Hundchen dann auch noch den Kopf fragend zur Seite. So haben Sie einen Blick auf die Speicherkarte gebannt, der garantiert Steine erweichen kann.

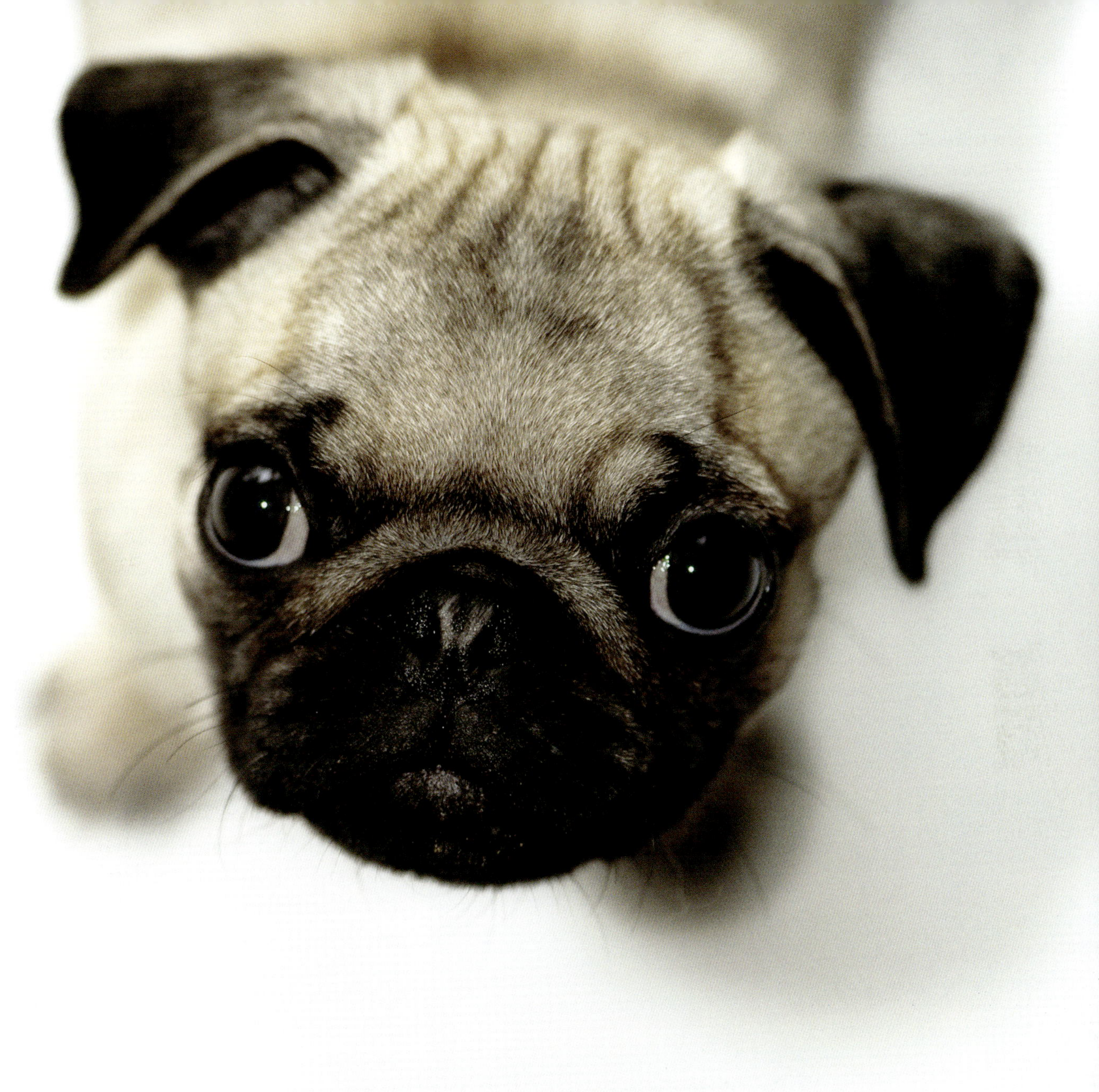

f/4 | 1/60 Sek. | ISO 250 | 105 mm | indirekter Blitz

Von oben fotografiert – so wirkt unser „Topmoppel" Hilde klein, liebe- und hilfsbedürftig.

Sie merken: Die Wahl der Kameraperspektive hat eine enorme Wirkung auf die Bildaussage: Schaut ein scheinbar trauriges Mops-Gesicht zu Ihnen auf, werden Sie vermutlich sofort sagen: „Oh, wie süß!", sich am liebsten herunterbeugen und Streicheleinheiten verteilen – und das nicht zu knapp. Einem Tier mit einem solchen Blick kann wohl niemand einen Wunsch abschlagen. Wählen Sie hingegen eine tiefe Kameraperspektive und schauen von unten nach oben auf denselben Hund, ist der Effekt ein völlig anderer. Mops Hilde wirkt hier beinahe unnahbar wie eine Statue. Durch die tiefe Kameraposition scheint „Madame Hilde" über den weltlichen Dingen zu stehen, sich zu Höherem berufen zu fühlen – sie wirkt sogar ein wenig arrogant und scheint sich für den schönsten Hund weltweit zu halten! Aus dieser Perspektive kann sogar ein zarter Kanarienvogel die Stärke und den Stolz eines großen, starken Adlers vermitteln, um es einmal überspitzt zu formulieren. Es ist schon erstaunlich, welche grundverschiedenen Charaktereigenschaften wir Menschen unseren Tieren nur durch eine veränderte Kameraposition zuordnen.

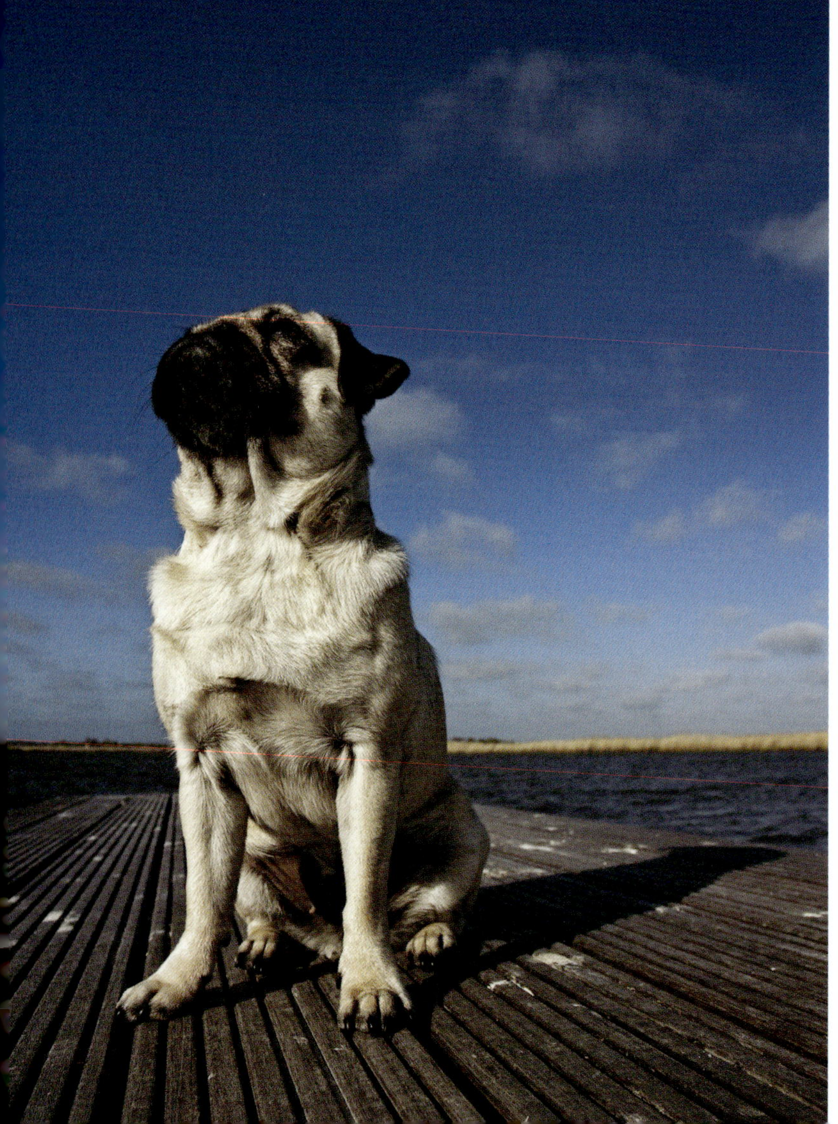

Die Kameraperspektive hat also einen sehr großen Anteil an unserer Entscheidung, ob wir jemanden auf einem Foto sympathisch finden oder eher nicht. Denn was ich hier über die Wirkungsweise der Kameraperspektive bei Tierfotos geschrieben habe, gilt in gleicher Weise für Fotos von Menschen. Die Perspektive, aus der Sie fotografieren, weckt beim Betrachter des Porträts (egal ob von Tier oder Mensch) positive oder negative Gefühle. Ein Foto ist also durchaus in der Lage, uns zu manipulieren. Hier noch ein Beispielfoto, dieses Mal von einer scheinbar „grimmigen" Möwe.

f/8 | 1/800 Sek. |ISO 200 | 17 mm

Aus der tiefen Kameraperspektive wirkt Hilde-Mops sehr selbstbewusst, stolz wie eine kleine Diva – beinahe sogar ein wenig arrogant.

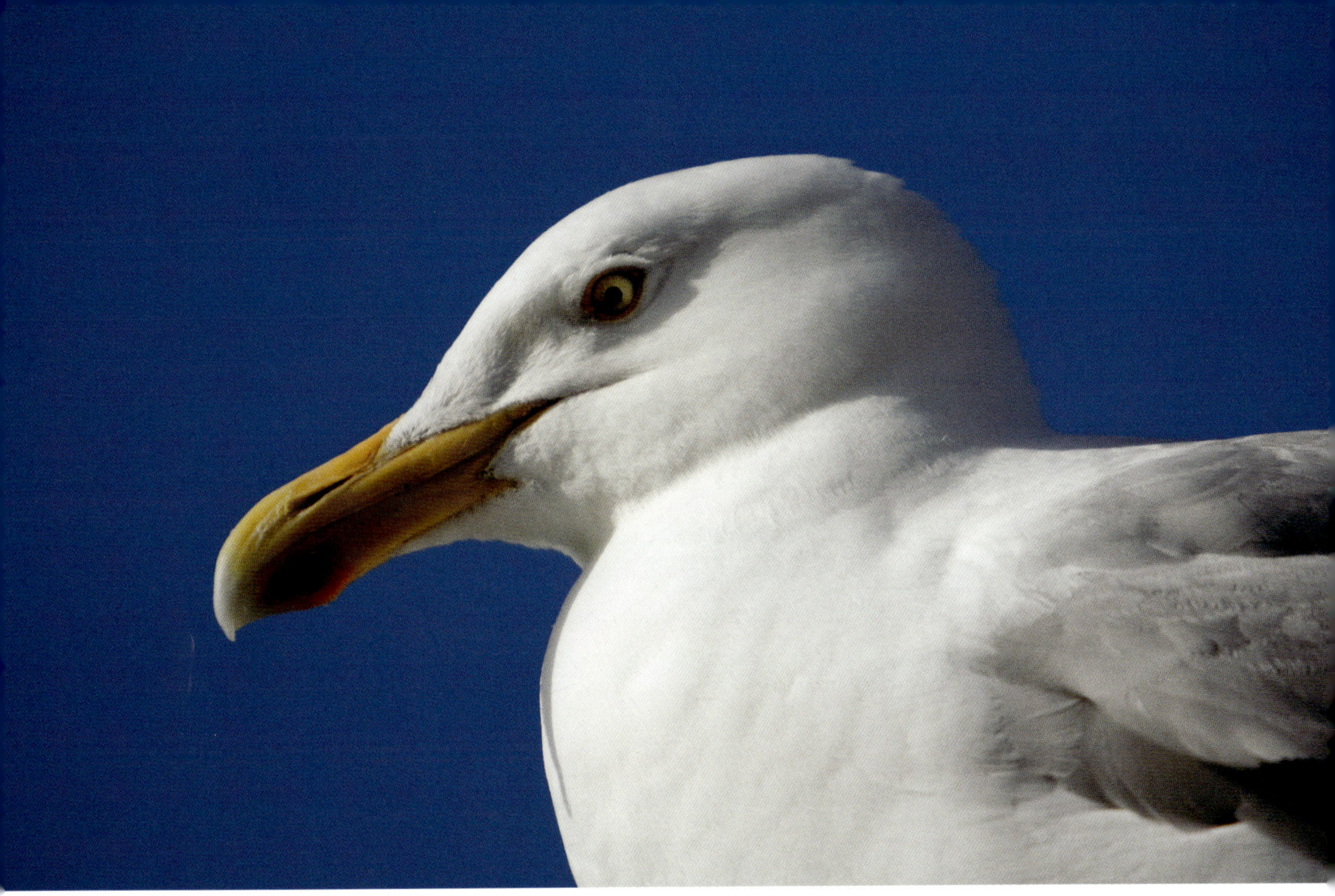

f/5.6 | 1/4000 Sek. | ISO 100 | 400 mm

Beinahe bedrohlich wirkt der Blick der Möwe durch die tiefe Kameraposition – wäre die Kamera oberhalb der Möwe gewesen, würde der Bildbetrachter sie vermutlich füttern wollen.

Überlegen Sie also schon vor dem Fotoshooting, welche Wirkung Ihre Tierfotos auf den Betrachter haben sollen, welche Gefühle „gekitzelt" werden sollen. Im günstigsten Fall haben Sie während des Fotografierens die Chance, aus allen möglichen Kameraperspektiven zu fotografieren, und können dann mit den Fotos bei den Betrachtern Ihrer Tierfotos ein wahres Feuerwerk der Gefühle abfackeln.

Gefühle wecken

Die Wahl der Kameraposition hat entscheidende Auswirkungen auf die Eigenschaften, die der Bildbetrachter dem tierischen Model zuordnen könnte:

- Foto von oben: klein, niedlich, hilflos, liebebedürftig, traurig, ängstlich, unterwürfig, einsam – verstärkt die Wirkung des Kindchenschemas (siehe folgenden Abschnitt).
- Foto auf Augenhöhe: neutral. Gefühle werden erst durch Mimik geweckt.
- Foto von unten: arrogant, stolz, selbstbewusst, bedrohlich, böse, gefährlich, überheblich, stark, unabhängig, distanziert, mächtig.

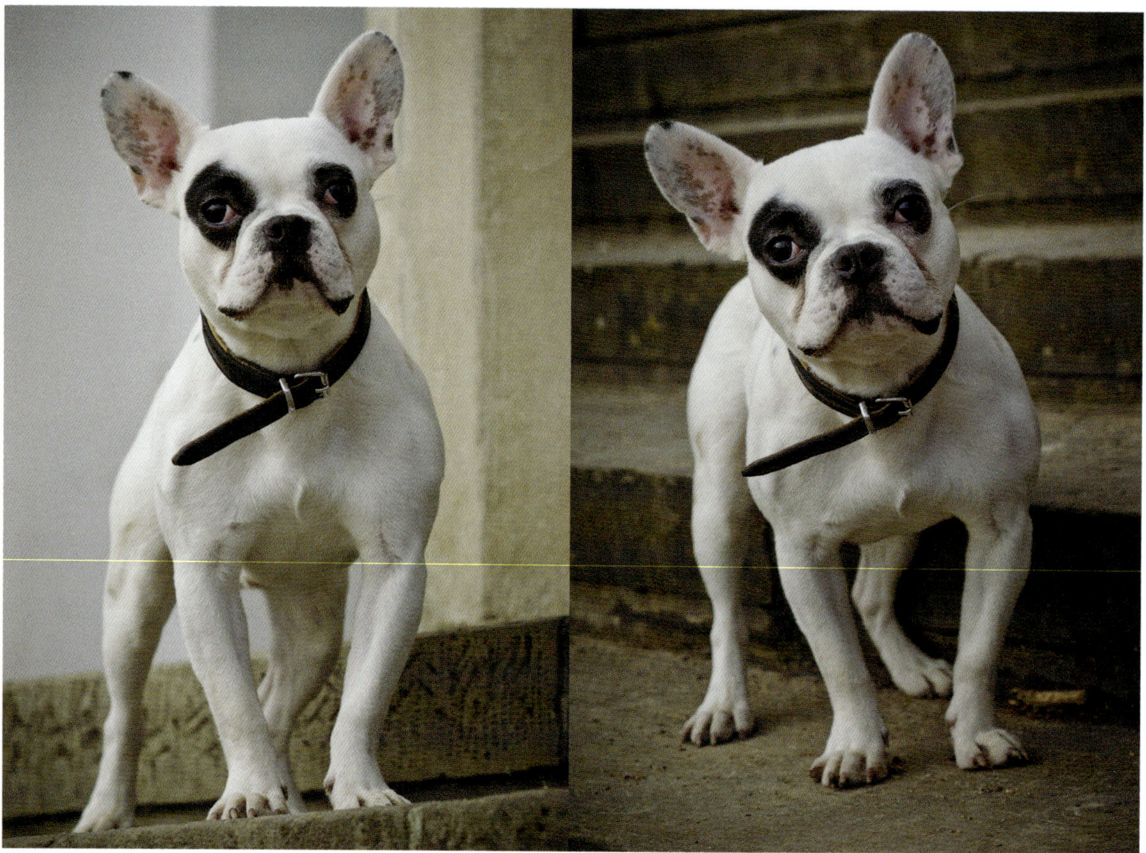

In der direkten Gegenüberstellung dieser beiden Porträts eines Bulldoggen-Mischlings wird der Einfluss der Perspektive auf die Bildwirkung wohl am besten deutlich: Beim Foto links war meine Kamera deutlich unterhalb der Augenhöhe, rechts genau auf Augenhöhe. Links wirkt der Hund groß, stark, stolz und erhaben. Rechts hingegen klein, niedlich, lustig und ein bisschen kurzbeinig.

Das Kindchenschema

Fotos von Jungtieren (und natürlich auch von menschlichen Babys) funktionieren eigentlich immer: Sie wecken in jedem Menschen (wenn er denn nicht komplett verroht ist) Emotionen und entlocken wenigstens ein winziges Schmunzeln – das lässt sich gar nicht vermeiden. Der Grund ist das Kindchenschema: Ein im Vergleich zum Körper großer Kopf, runde Kulleraugen, eine kleine Nase, ein großer Stirnbereich und ein rundes Gesicht lösen in unserem Hirn einen Fürsorgeimpuls aus. Diese äußeren Merkmale wirken als Schlüsselreiz, sich um das Lebewesen zu kümmern. Das Wehren gegen diesen Instinkt funktioniert nicht – der steckt in den Genen. Ich gebe zu: Ich werde regelrecht „weich in der Birne", wenn ich Menschen- oder Tierkinder sehe. Und meine Liebe zur Hunderasse Mops rührt vermutlich daher, dass ein Mops-Gesicht lebenslang die typischen Kindchenschema-Merkmale zeigt.

Ach, noch ein Tipp, wenn Sie schwarze Hundewelpen fotografieren möchten: Durch das Wachstum schuppt die Haut der jungen Hunde manchmal recht stark – das fällt bei hellen

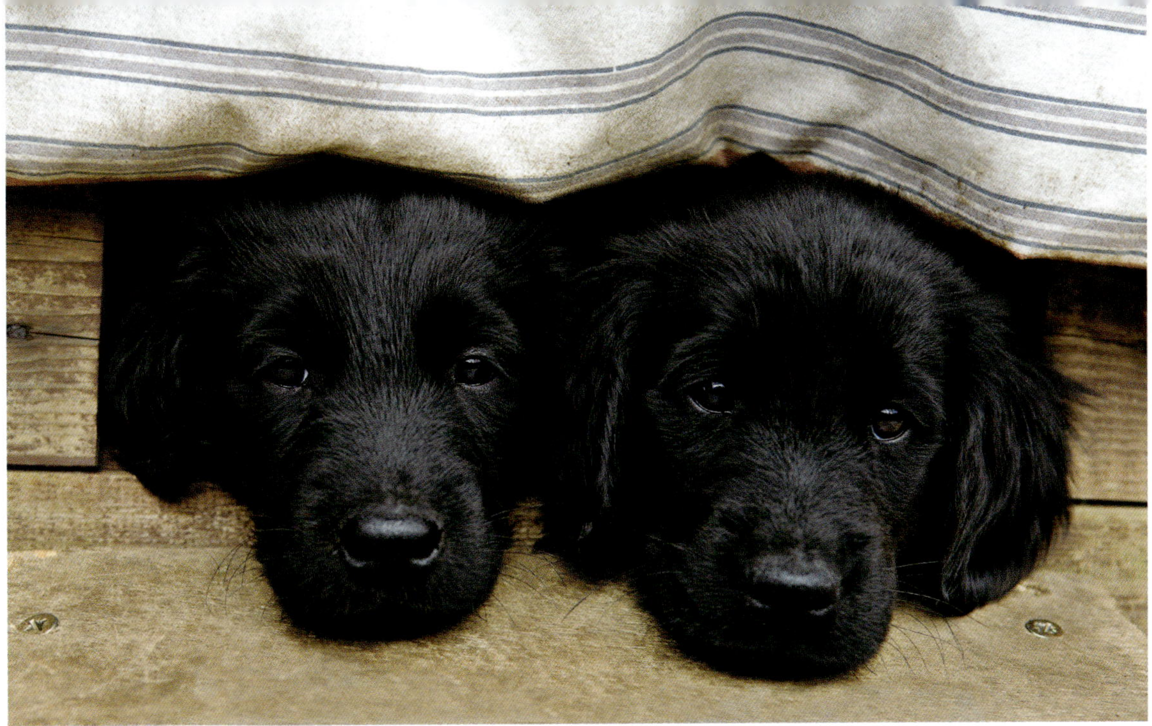

f/5 | 1/80 Sek. | ISO 640 | 54 mm

Zwei Welpen der Rasse Flat coated Retriever – ihrem Blick kann wohl niemand widerstehen.

Fellfarben nicht so sehr auf. Aber ich erinnere mich, dass ich bei dem oben gezeigten Beispielfoto der pechschwarzen Welpen hunderte von kleinen, weißen Hautschüppchen mithilfe von Photoshop wegstempeln musste – das dauerte gefühlte Ewigkeiten! Seitdem wische ich das Fell der Kleinen vor dem Fotografieren mit einem leicht feuchten Lappen ab oder bitte die Besitzer oder Züchter darum. Das schadet den Tieren nicht und die Bildbearbeitung dauert nicht mal mehr halb so lang.

Kleine und große Tiere

Den enormen Niedlichkeitsfaktor von Jungtieren wie zum Beispiel Katzenbabys oder Hundewelpen können Sie wie eben beschrieben durch die Kameraperspektive von oben nach unten noch vergrößern. Das ist auch meist wesentlich einfacher als das Fotografieren von Tierbabys auf Augenhöhe. So erging es mir jedenfalls, als ich bei einer Mops-Züchterin sechs Welpen fotografieren sollte. Die Kleinen stolperten schnurstracks direkt auf mich und die Kamera zu, um uns neugierig zu untersuchen. So gelang mir kaum ein scharfes Foto, weil die Welpen viel zu nah an der Frontlinse des Objektivs waren und partout den Mindestabstand nicht einhalten wollten. Die Folge waren zwar lustige, aber unscharfe Fotos:

Es bleibt Ihnen also nichts anderes übrig, als abzuwarten, bis etwas anderes für die Welpen interessant geworden ist und sie sich spannenderen Dingen zuwenden. Sinnvoll ist es also, jemanden um Hilfe zu bitten, der die Kleinen von der Kamera ablenkt. Aber das bringt auch nicht zwangsweise das gewünschte Ergebnis:

Sie müssen sich also etwas einfallen lassen, brauchen viel Improvisationstalent, wenn Sie Tierkinder fotografieren möchten. Nutzen Sie Requisiten wie einen großen Korb, aus dem die Kleinen nicht allein heraushüpfen, aber dekorativ über den Rand hinweg schauen können … oder lassen Sie einen Helfer einen Ball langsam Richtung Kamera rollen.

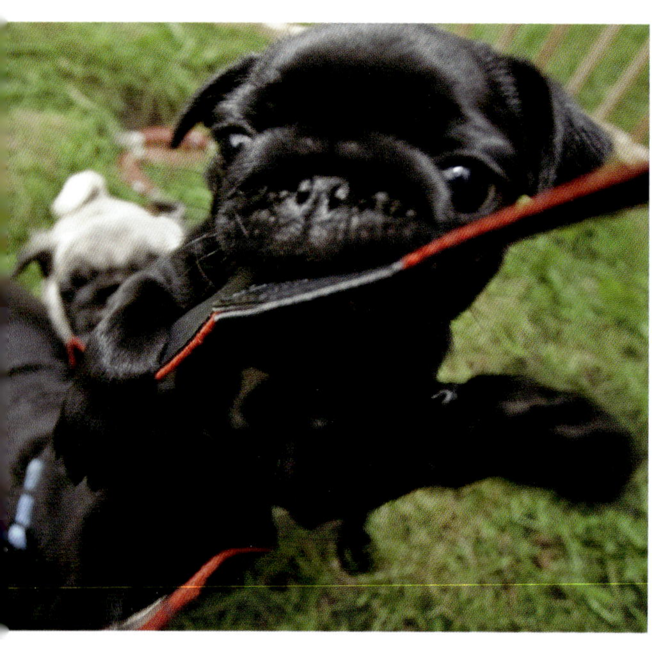

f/4.5 | 1/125 Sek. | ISO 500 | 17 mm

Attacke auf den Kameragurt – Welpen wollen spielen und interessieren sich grundsätzlich nicht für die Motivideen des Fotografen. Sie machen das, wozu sie Lust haben. Kamera samt Gurt konnte ich nur dadurch retten, dass ich die tiefe Perspektive ganz schnell wieder verlassen habe.

Einen allgemeingültigen Tipp, der immer und bei jeder Tierart funktioniert, kann ich hier logischerweise nicht geben.

Aber auch bei großen Tieren wie z. B. Pferden, Rindern oder anderen tierischen Riesen wird's schwierig, auf Augenhöhe zu gehen: Die Vierbeiner sind einfach zu groß dafür!

Diese sechs Mops-Welpen brachten mich an den Rand der Verzweiflung: Die Ablenkung durch einen Helfer klappte so gut, dass ich die Hunde nur noch von hinten oder durch Gitterstäbe fotografieren konnte! Schöne Rücken können auch entzücken …

f/5.6 | 1/160 Sek. | ISO 500 | 40 mm

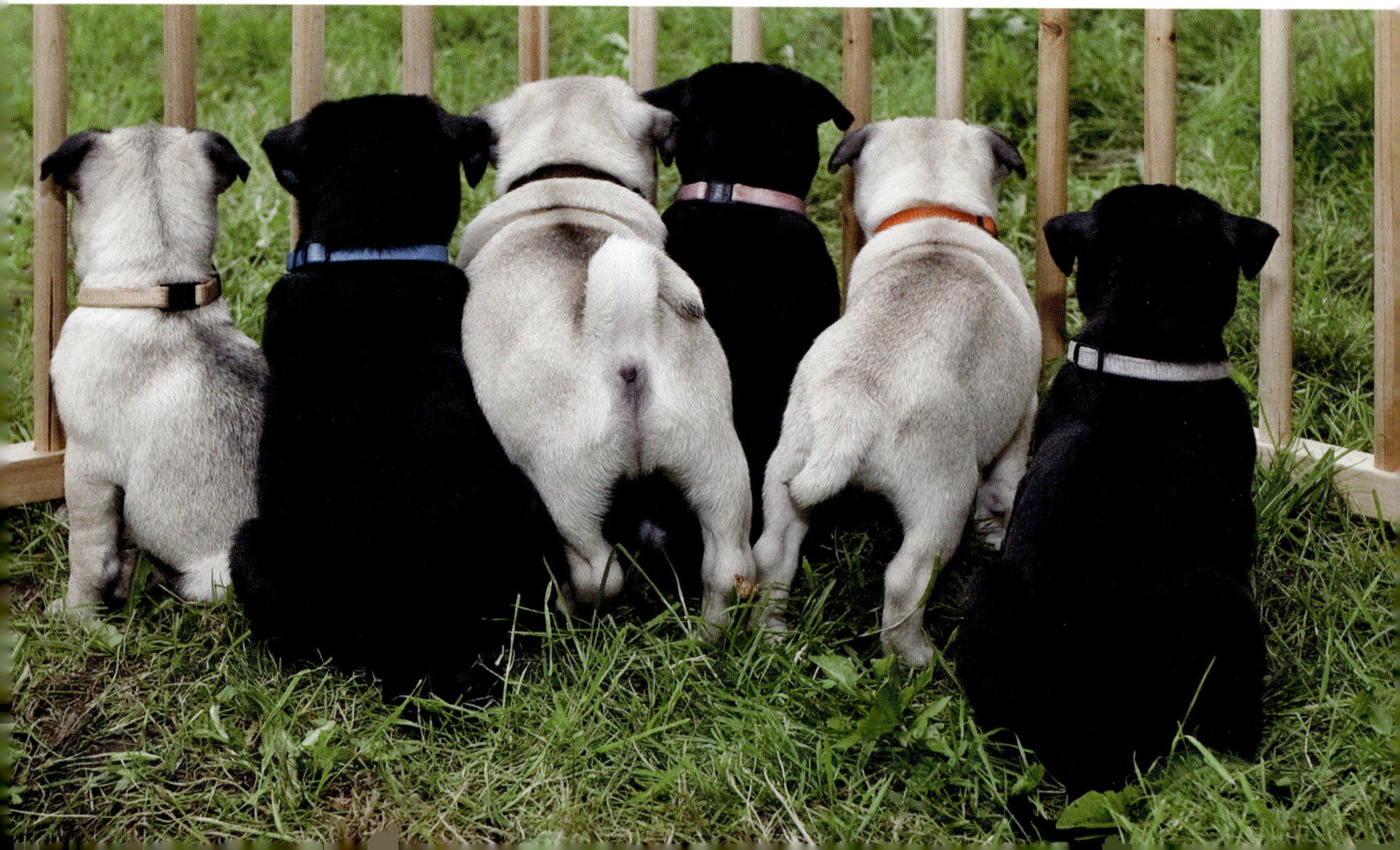

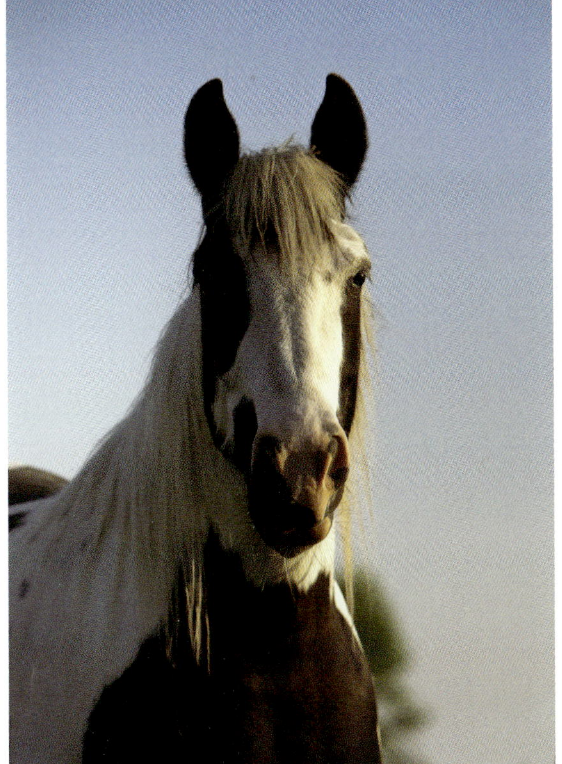

f/5 | 1/1000 Sek. | ISO 200 | 173 mm

Durch die tiefe Kameraposition wird der Pferdekopf verzerrt dargestellt, die Ohren wirken zu klein im Vergleich zu den Nüstern.

Wenn Sie also Fotos mit solchen Tieren planen, sollten Sie einen Hocker oder eine kleine Leiter dabeihaben, um die Kamera so zu positionieren, dass Sie z. B. das Pferd nicht von unten nach oben fotografieren müssen. Denn dadurch wirken die Proportionen des Pferdekopfes unnatürlich verzerrt – besonders dann, wenn Sie relativ nah am tierischen Model dran sind: Halten Sie also bei großen Tieren besser mehr Abstand, sodass der Größenunterschied nicht so stark ins Auge fällt. Bei einigen Tieren ist das auch aus Sicherheitsgründen die bessere Idee, wie bei diesem stattlichen Highland-Bullen.

Um noch einmal auf die Pferdefotografie zurückzukommen: Achten Sie darauf, dass die Pferdeohren immer Aufmerksamkeit signalisieren und spitz nach vorn aufgerichtet stehen sollten. Angelegte Ohren bedeuten in der Pferdesprache: Ich bin verärgert! Halten Sie dann besser Abstand zu Ihrem tierischen Model. Aufrecht stehende Ohren sind dagegen ein positives Signal, wie bei diesem Fohlen der vom Aussterben bedrohten alten Rasse Schleswiger Kaltblut – eine typische Arbeitspferdrasse. Pferde haben – auch abhängig von ihrer Rasse – sehr unterschiedliche Temperamente und Charaktere.

f/6.3 | 1/400 Sek. | ISO 124 | 600 mm

Der Größenunterschied zwischen mir als Fotografin und dem Bullen fällt wegen der großen Entfernung zum Tier nicht auf. Den großen Abstand wählte ich aber vor allem aus Sicherheitsgründen.

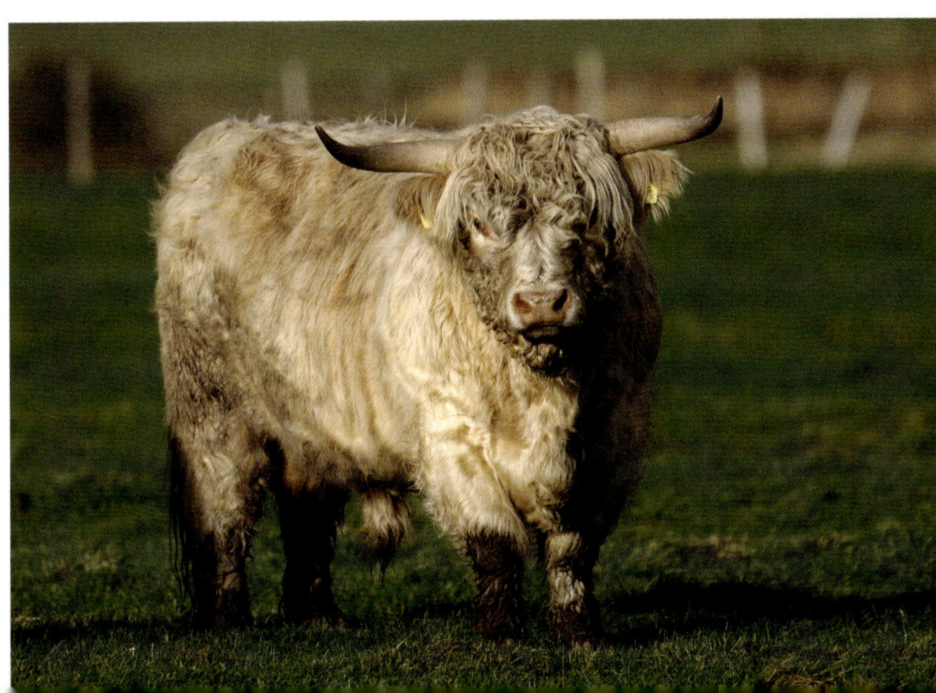

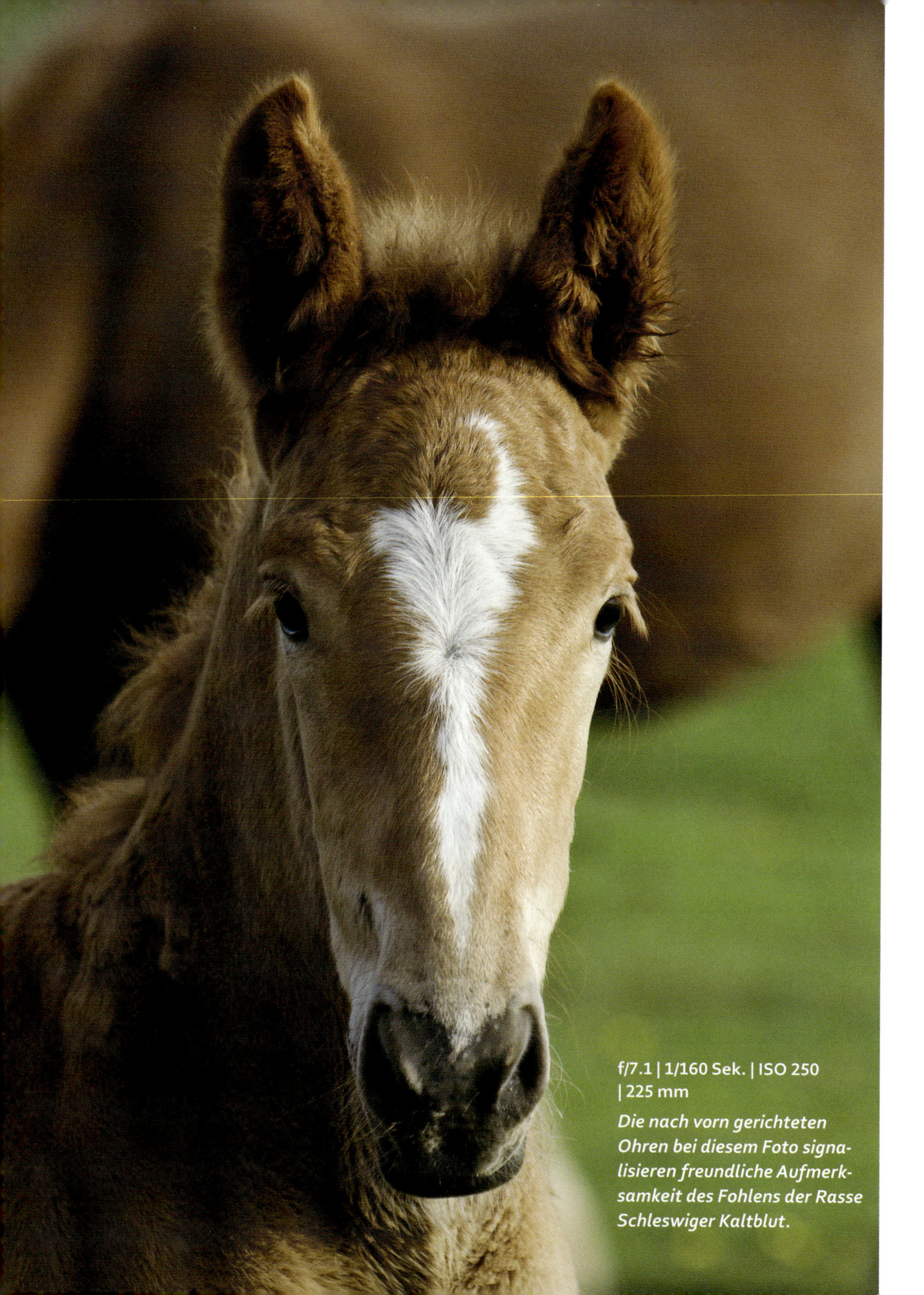

f/7.1 | 1/160 Sek. | ISO 250 | 225 mm

Die nach vorn gerichteten Ohren bei diesem Foto signalisieren freundliche Aufmerksamkeit des Fohlens der Rasse Schleswiger Kaltblut.

Manche lassen sich kaum von einer Kamera in ihrem Tun und Handeln stören, andere sind sofort aufmerksam. Für die tiefenentspannten Pferdetypen braucht man als Fotograf am besten einen oder besser noch zwei Helfer, die Sie bei der Arbeit unterstützen und die Aufmerksamkeit sowie den Blick des Pferdes Richtung Kamera lenken.

Tierische Details

Vergessen Sie bei der Fotografie von Tieren bitte nicht die Details – gerade sie sind es, die ein Tier-Fotoshooting abrunden. Als Motive bieten sich besonders charakteristische Körperteile der Vierbeiner an, wie weiche Pferdenüstern, das lustige Ringelschwänzchen eines Mopses oder die ungewöhnlichen Füße eines Lamas, das zu den Schwielensohlern gehört, einer Unterordnung der Paarhufer.

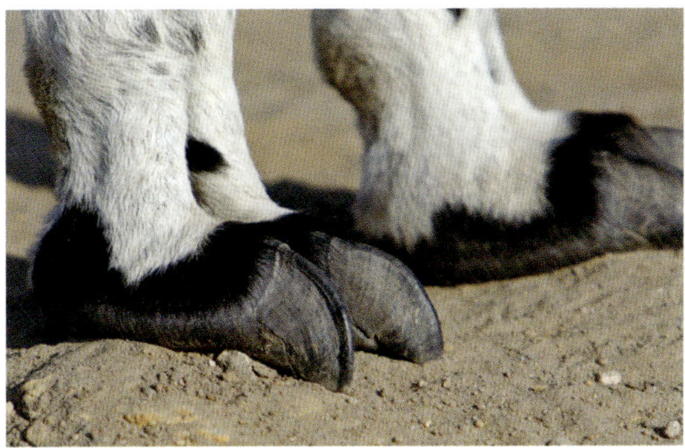

f/7.1 | 1/400 Sek. | ISO 125 | 400 mm | Ausschnittvergrößerung

Lamas stehen auf ungewöhnlich geformten Füßen – sie gehören zur Gattung der Schwielensohler.

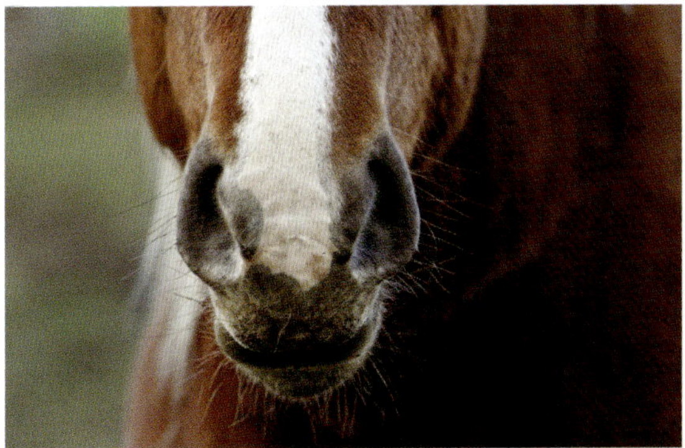

f/5 | 1/160 Sek. | ISO 320 | 300 mm

Die weichen Pferdenüstern sind ein tolles Motiv für ein Detailfoto.

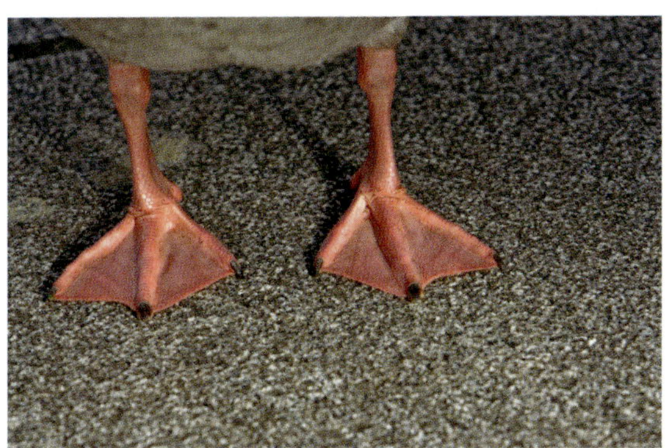

f/5.6 | 1/500 Sek. | ISO 200 | 200 mm

Das sind also die berühmten „Gänsefüßchen"!

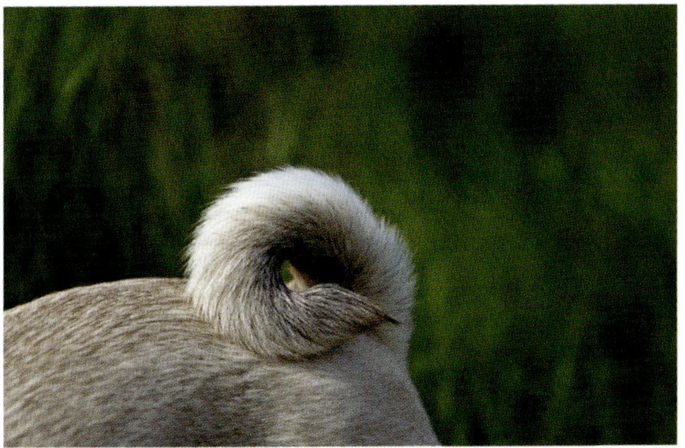

f/5.6 | 1/1000 Sek. | ISO 400 | 140 mm

Die gekringelte Rute eines jungen Mopses.

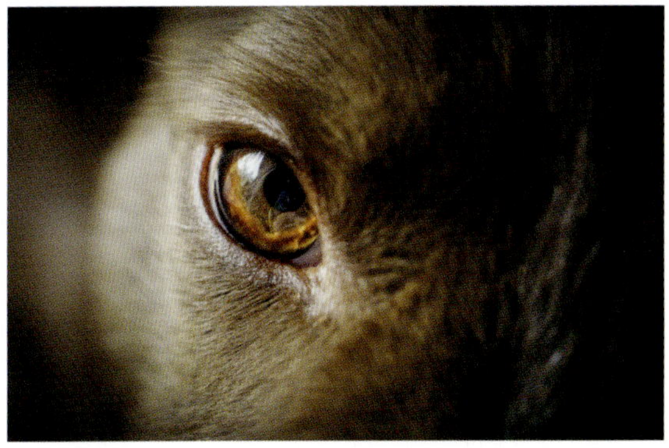

f/4 | 1/250 Sek. | ISO 2000 | 100 mm

Mit Makroobjektiv das Auge von Socke fokussiert

Der Hintergrund

Wenn Sie Tiere fotografieren wollen, egal ob drinnen oder draußen, dann sorgen Sie (genau wie in der Porträtfotografie von Menschen) für einen schönen, homogenen und ruhigen

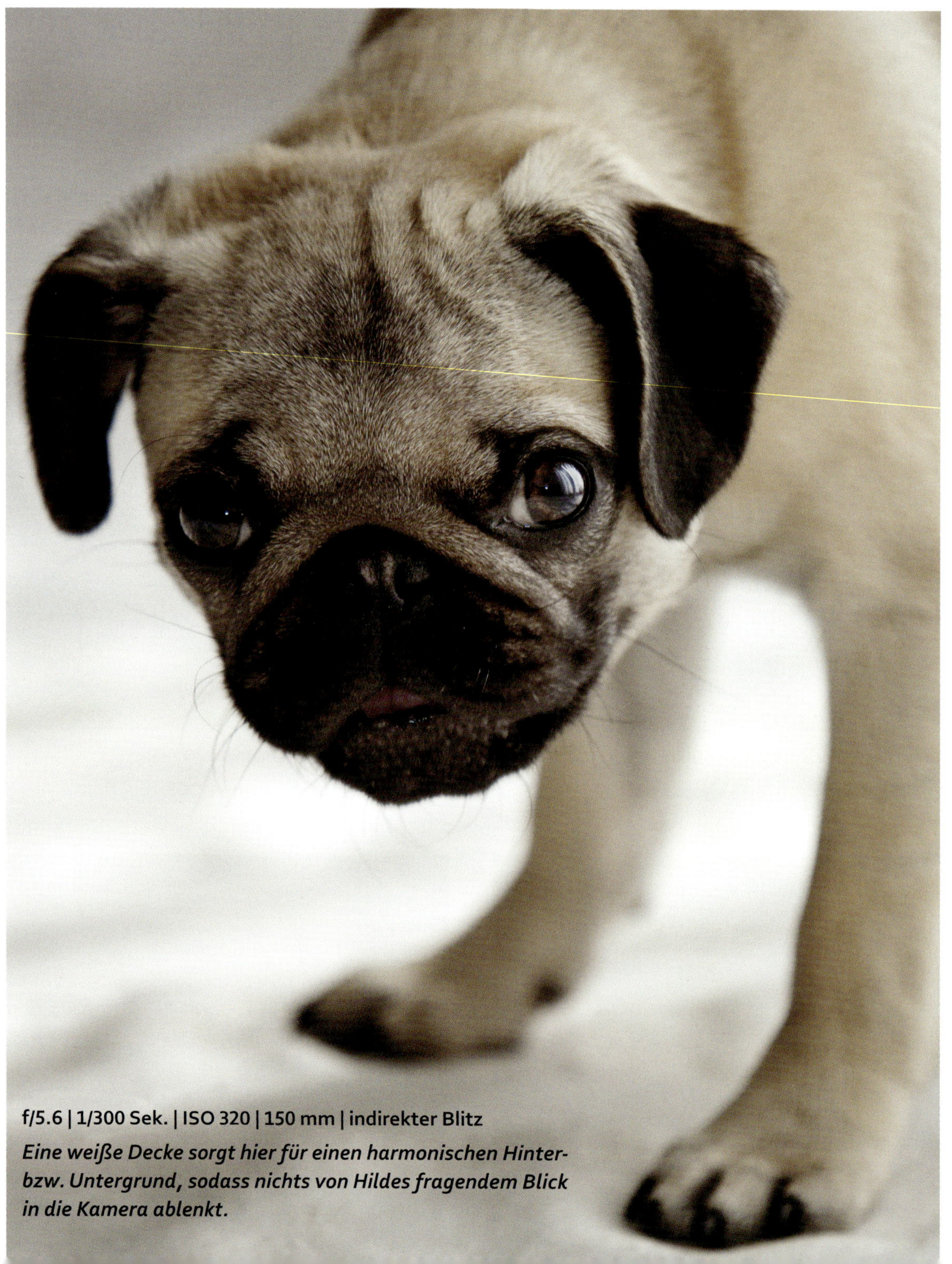

f/5.6 | 1/300 Sek. | ISO 320 | 150 mm | indirekter Blitz

Eine weiße Decke sorgt hier für einen harmonischen Hinter- bzw. Untergrund, sodass nichts von Hildes fragendem Blick in die Kamera ablenkt.

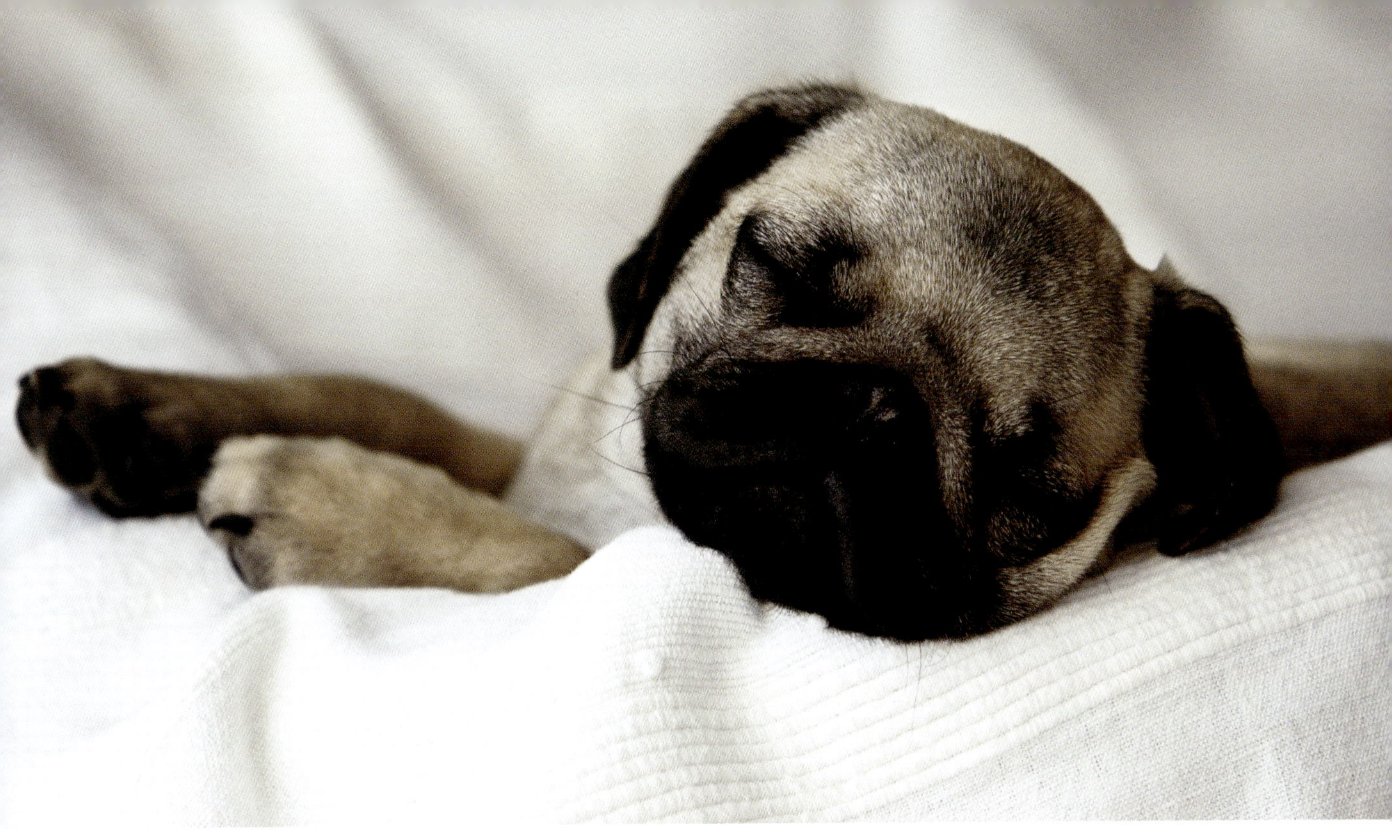

f/5.6 | 1/125 Sek. | ISO 400 | 130 mm

Hilde als Welpe schläft in ihrem Körbchen, das ich zuvor mit einer weißen Hintergrunddecke verdeckt und an ein Fenster gerückt hatte, um ausreichend Licht zu haben.

Hintergrund für Ihre Bilder, sodass nichts vom Tier ablenkt. In der Wohnung kann eine große, einfarbige Baumwolldecke diesen Zweck wunderbar erfüllen und zum Beispiel den störenden Fernseher im Hintergrund verhüllen. Manchmal erbarmt sich mein Mann, hält dann die Decke an einem Ende hoch und verdeckt so den Fernsehbildschirm, während ich am Boden liege und Fotos von unseren Hunden mache. Falls kein Mann oder ein anderer Helfer zur Hand ist: Spannen Sie eine Wäscheleine durch die gute Stube und fixieren Sie die Decke (möglichst glatt) mit Wäscheklammern – fertig ist das improvisierte Studio.

Damit die Struktur oder der Faltenwurf der Decke später im Foto nicht stören, nutze ich meistens eine weiter geöffnete Blende zwischen f/2.8 und f/5.6, sodass der Hintergrund weitgehend unscharf wird. Die restlichen Falten auf dem Hintergrund „bügle" ich später am Computer mit Photoshop aus. Dann wirken die Fotos beinahe so, als wären sie im Studio entstanden.

Am besten trainieren Sie anfangs am schlafenden Objekt – dann hält das tierische Model garantiert still und Sie können auch bei etwas längeren Belichtungszeiten und kleinerer Blendenöffnung fotografieren.

Eine weitere Möglichkeit der Hintergrundgestaltung ist immer noch diese: Lassen Sie den Hintergrund einfach weg! Damit meine ich, dass Sie den Bildausschnitt so wählen sollten, dass Sie nur die unmittelbare Umgebung Ihres tierischen Models mit ins Bild setzen. Etwa so wie das Foto auf Seite 374 oben.

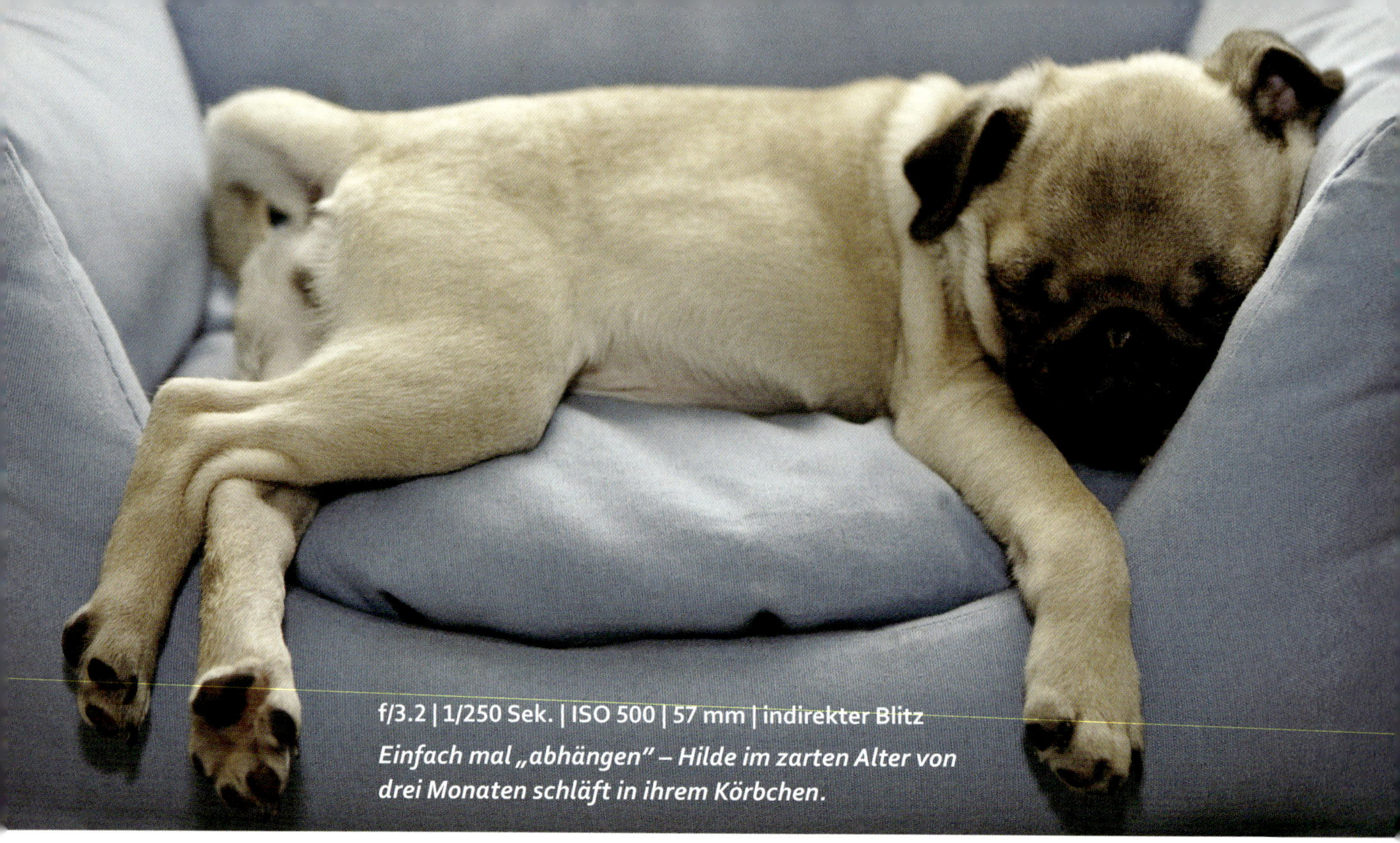

f/3.2 | 1/250 Sek. | ISO 500 | 57 mm | indirekter Blitz

Einfach mal „abhängen" – Hilde im zarten Alter von drei Monaten schläft in ihrem Körbchen.

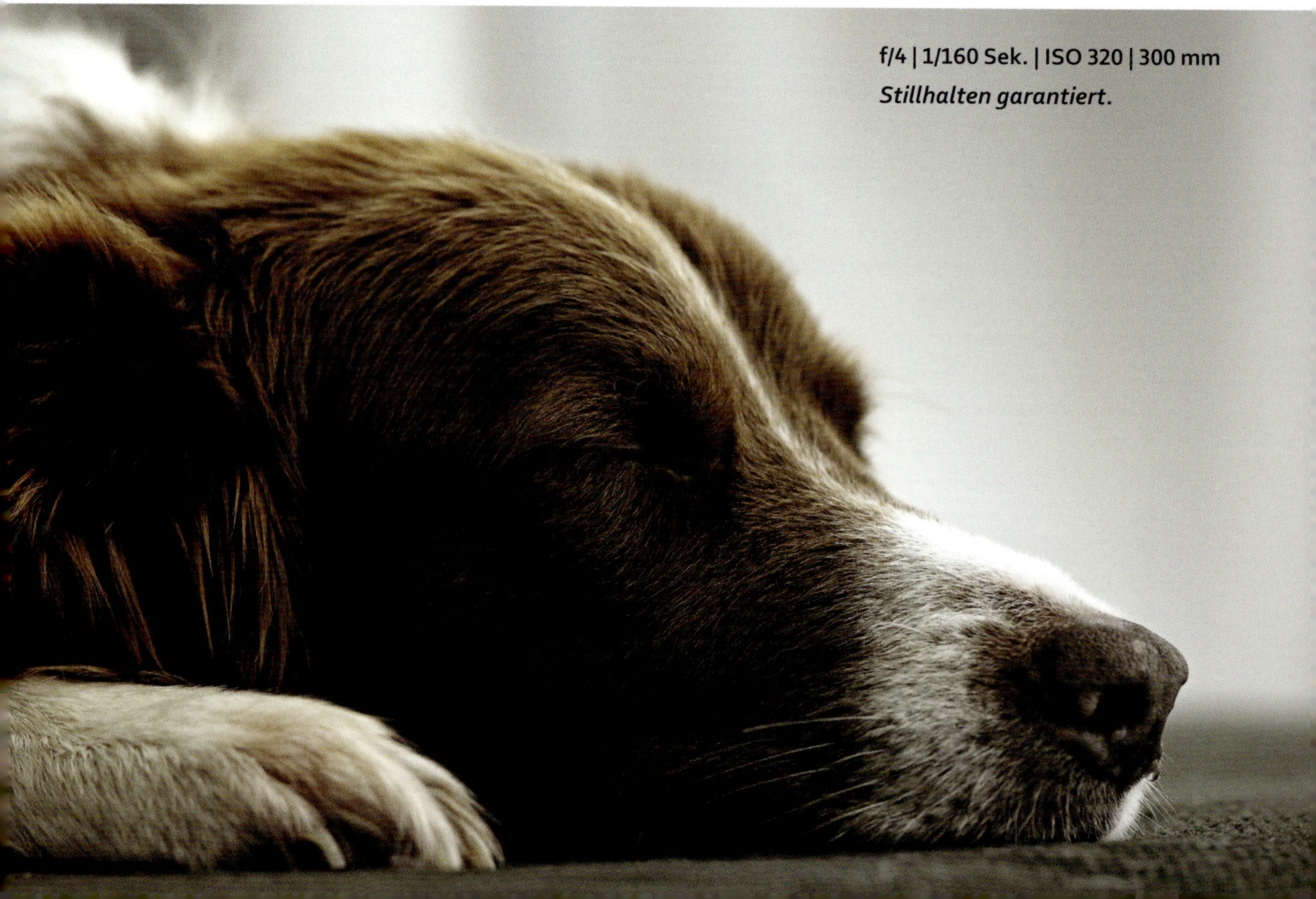

f/4 | 1/160 Sek. | ISO 320 | 300 mm

Stillhalten garantiert.

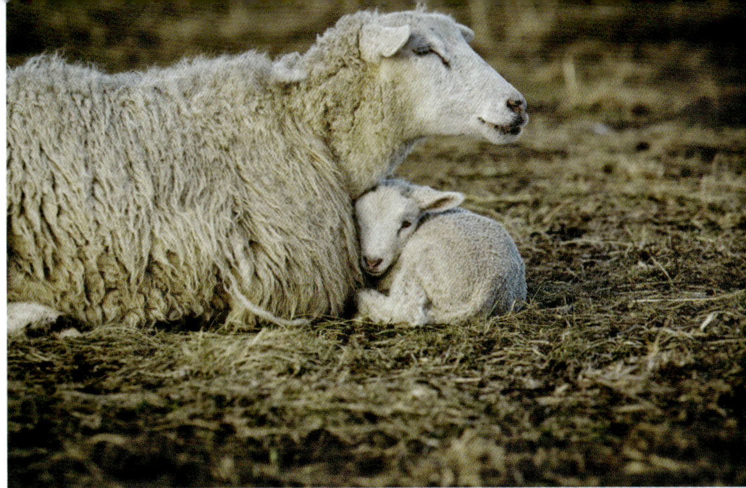

f/5 | 1/800 Sek. | ISO 400 | 200 mm

Es war ein fies-kalter Februartag, als dieses Foto eines Mutterschafes entstand, das sein Lamm vor dem schneidenden Wind schützt. Das Foto ist schon fast monochrom: Die Farbe der Schafe und die des Hintergrunds harmonieren perfekt!

Das Bild auf Seite 374 unten habe ich beim Fotografieren zwar schon einen engen Bildausschnitt gewählt, aber später in Photoshop das Foto noch enger beschnitten, sodass sowohl der Teppichboden als auch die Gardine, die auf dem Originalfoto noch mit im Bild waren, verschwanden. Ein radikaler Bildschnitt kann einem Motiv also durchaus guttun!

Draußen in der freien Natur ist es einfacher, einen geeigneten Hintergrund für Ihre Tierfotos zu finden. Meistens reicht es schon, ein paar Meter weiter zu gehen, um einen zum Beispiel störenden Zaun oder ein Gebäude nicht mehr im Bild zu haben.

Im Notfall lassen sich natürlich derlei störende Elemente auch nachträglich am Computer mit einem Bildbearbeitungsprogramm entfernen – aber das ist oft sehr mühsam und zeitraubend. Hier ein paar Beispiele für einen gut ausgesuchten Bildhintergrund.

Doch auch in eng bebauten Gebieten lassen sich schöne Hintergründe finden. Auf dern nächsten Seiten nur ein paar Anregungen. Immer ein brauchbarer Hintergrund bei Outdoor-Tierfotos ist der Himmel – egal, welche Farbe er hat.

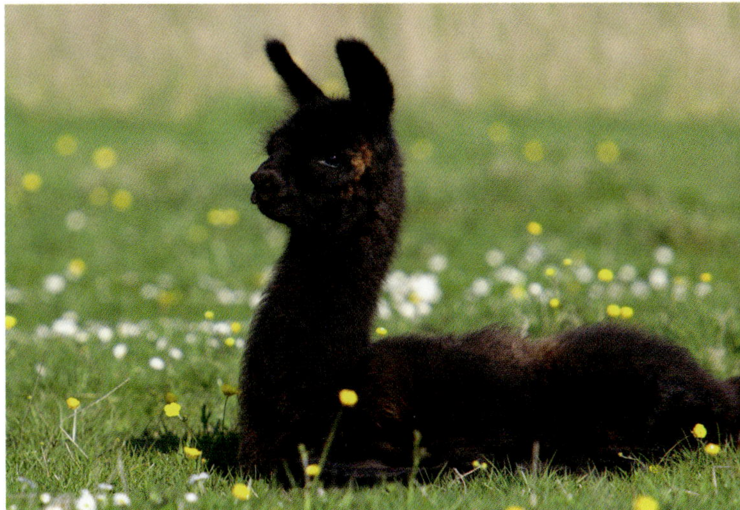

f/7.1 | 1/250 Sek. | ISO 125 | 400 mm

Lamafohlen auf einer Frühlingswiese.

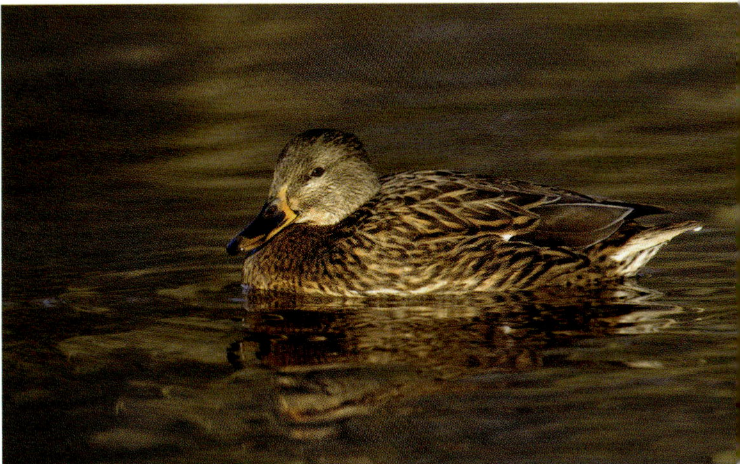

f/5.6 | 1/800 Sek. | ISO 400 | 600 mm

Eine Stockente auf einem Teich – die Farben von Gefieder und Wasser harmonieren miteinander.

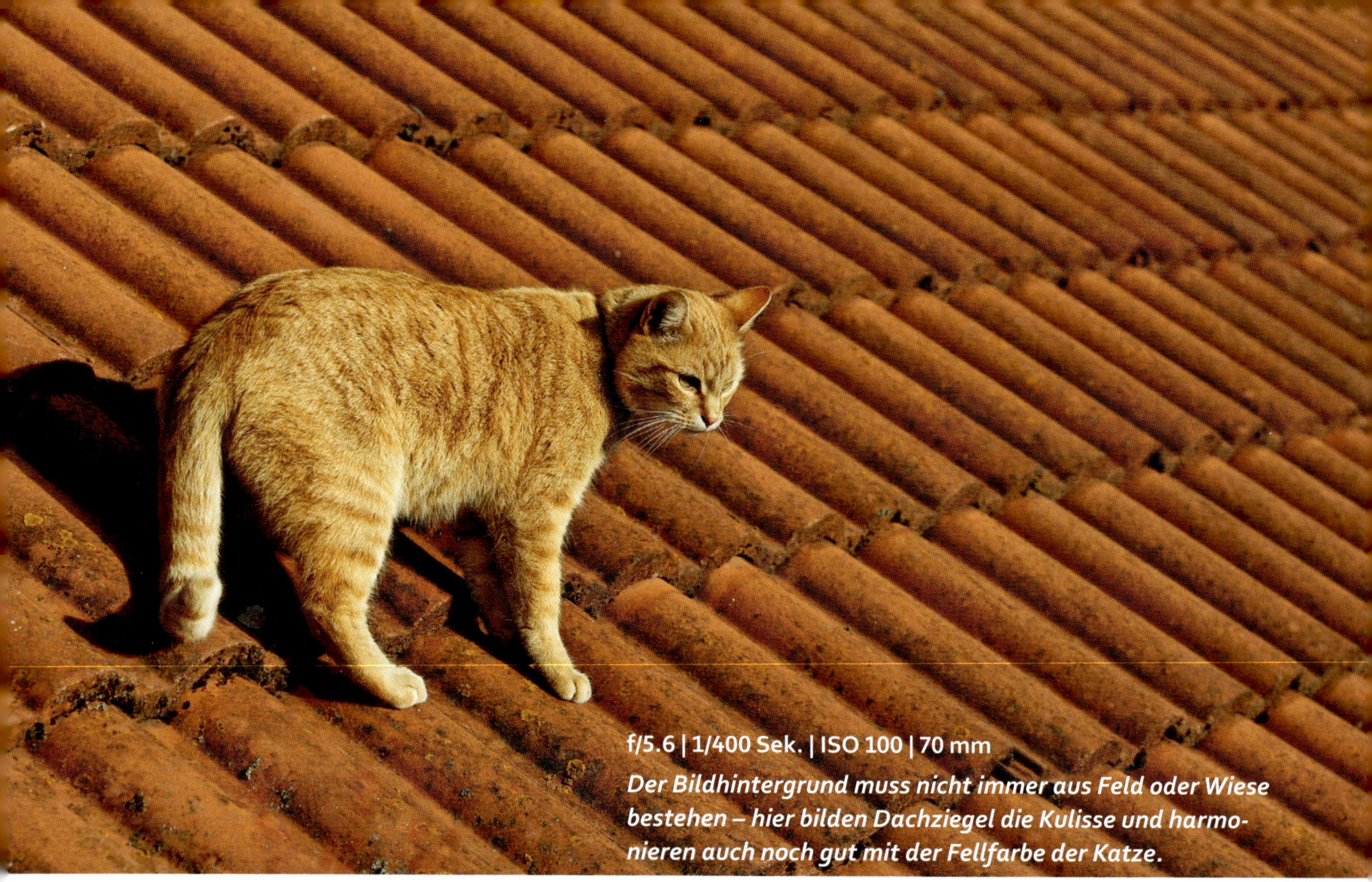

f/5.6 | 1/400 Sek. | ISO 100 | 70 mm

Der Bildhintergrund muss nicht immer aus Feld oder Wiese bestehen – hier bilden Dachziegel die Kulisse und harmonieren auch noch gut mit der Fellfarbe der Katze.

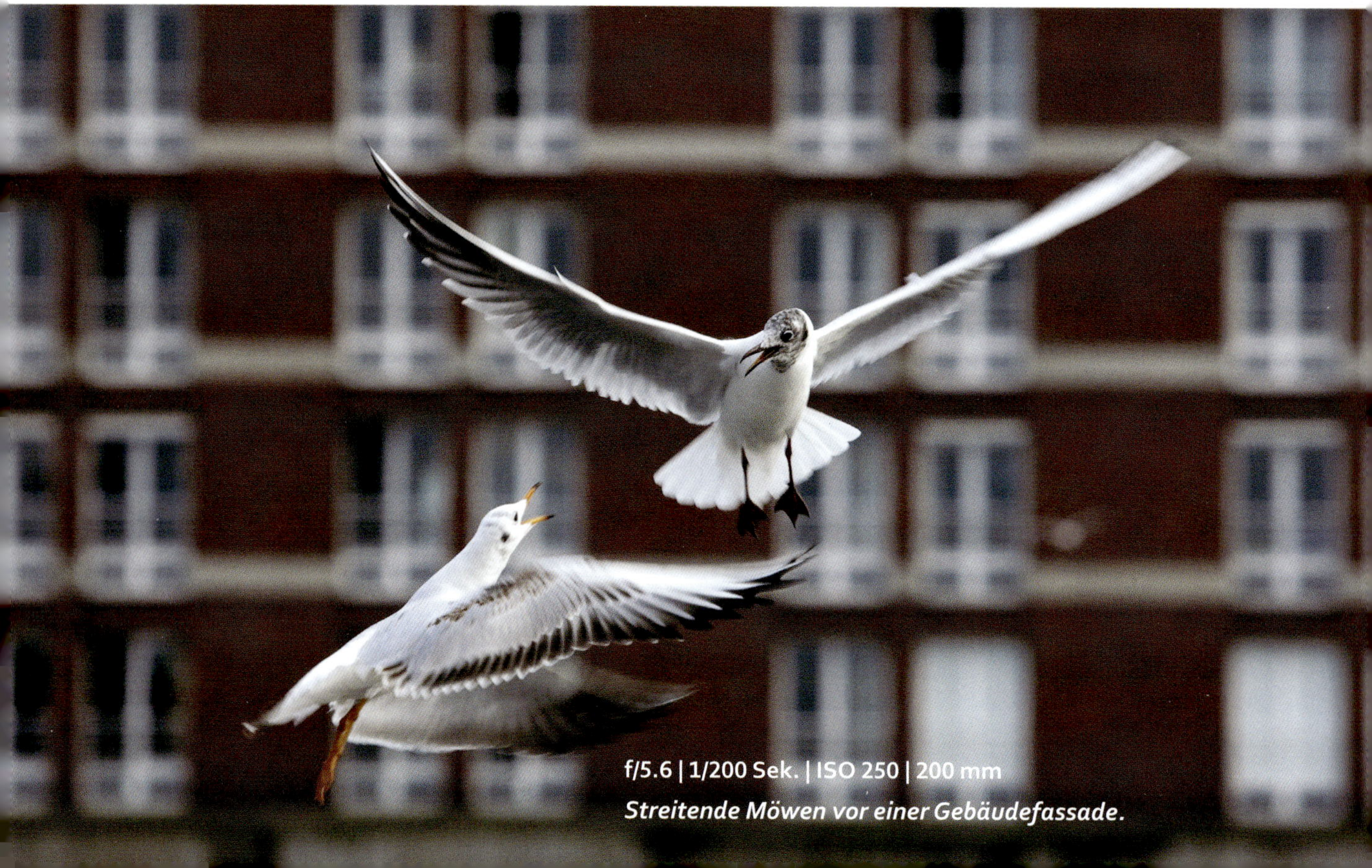

f/5.6 | 1/200 Sek. | ISO 250 | 200 mm

Streitende Möwen vor einer Gebäudefassade.

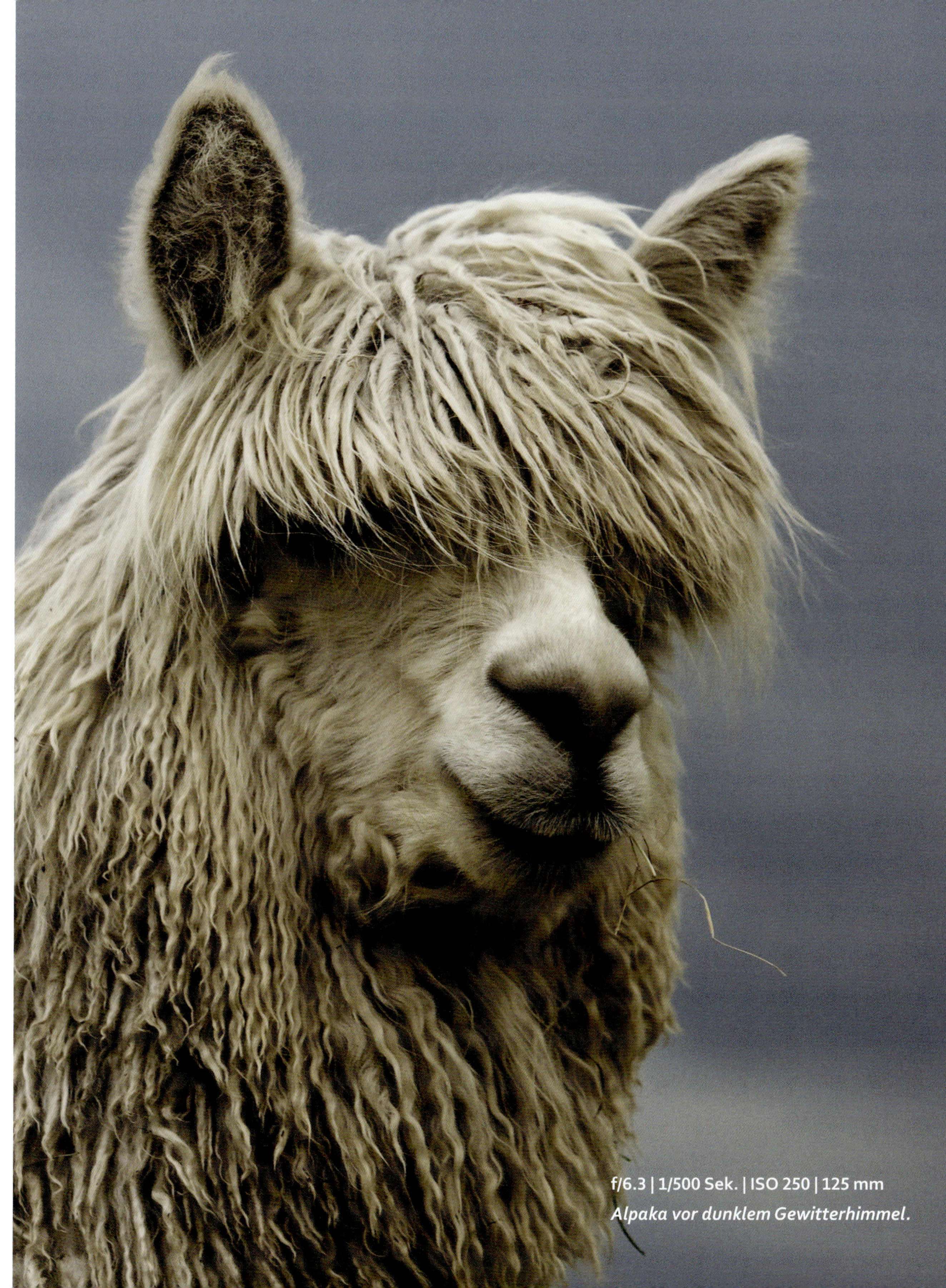

f/6.3 | 1/500 Sek. | ISO 250 | 125 mm
Alpaka vor dunklem Gewitterhimmel.

Starker Kontrastumfang

Das belichtungstechnisch schwierigste Tiermotiv entsteht, wenn der Kontrastumfang zwischen Hauptmotiv und Hintergrund sehr groß ist. Das ist z. B. der Fall, wenn Sie einen schwarzen Hund im Schnee fotografieren möchten. Mein Tipp bei einer solchen Lichtsituation:

- Schalten Sie Ihre Kamera in den manuellen Modus.
- Wählen Sie zur Belichtungsmessung die mittenbetonte Integralmessung oder auch die Spotmessung, die Kamera bemisst dann die nötige Lichtmenge, um den mittigen Sektor Ihres Bildes korrekt zu belichten, und schenkt den äußeren Bildbereichen keine Beachtung. Die Spotmessung konzentriert sich allerdings auf einen sehr kleinen Bereich in der Bildmitte, etwa 2 % des Gesamtbereichs. Andere Modi der Belichtungsmessung würden den Gesamtbereich des Fotos zur Messung heranziehen und entsprechend weniger gute Ergebnisse liefern.

Wenn das Foto trotz starken Kontrastumfangs richtig belichtet ist, sollten sowohl der helle Schnee als auch das dunkle Hundefell noch Zeichnung haben. Der Schnee sollte nicht überstrahlen und als weiße Masse zu sehen sein. In den dunklen Bereichen sollte die Fellstruktur noch deutlich erkennbar sein und nicht nur aus einer dunklen Fläche bestehen. (Bitte verzeihen Sie, dass es schon wieder ein Mops ist, der Sie hier anschaut.)

f/4.5 | 1/500 Sek. | ISO 500 | 135 mm

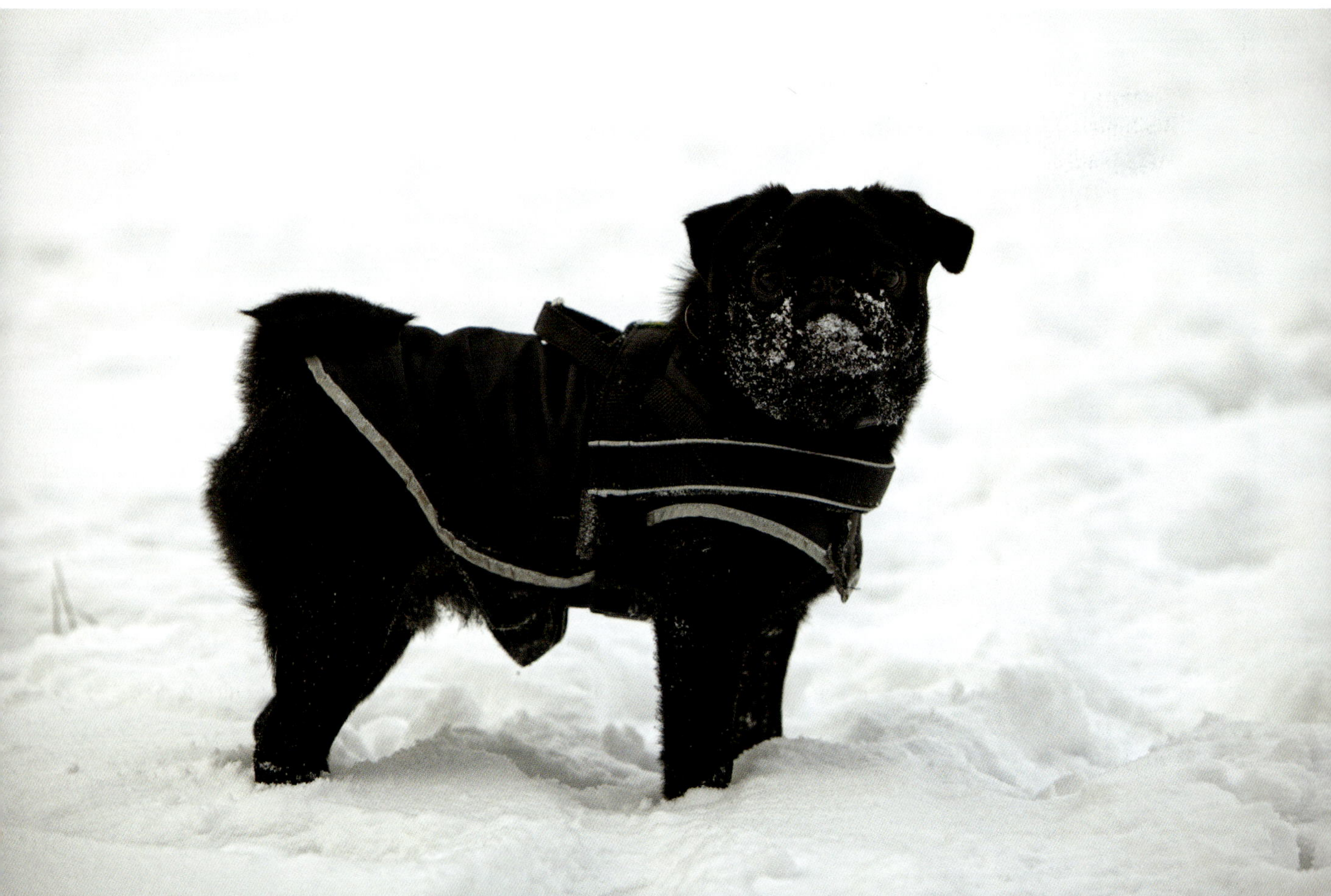

- Belichten Sie zur Sicherheit ein wenig über.
- Schalten Sie zusätzlich in Ihrer Kamera die Über- bzw. Unterbelichtungswarnung ein. So können Sie schon auf dem Display sehen, ob die Belichtung passt oder nicht. Zu helle Bereiche werden dann rot angezeigt, zu dunkle blau.
- Kleine Über- bzw. Unterbelichtungen lassen sich problemlos in Photoshop oder einem anderen Bildbearbeitungsprogramm korrigieren – am besten geht das, wenn Sie das Foto im RAW-Format aufgenommen haben.

So sollte Ihr Foto korrekt belichtet sein: Die Strukturen im hellen Schnee sind zu erkennen, ebenso die im Fell des Hundes.

High-Key und Low-Key

Wieder so ein Fotografie-Fachbegriff! Ja, denn es gibt keine wirklich brauchbare Übersetzung dieser speziellen Belichtungsart von Fotos. Wörtlich übersetzt heißt es „hoher Schlüssel" und „niedriger Schlüssel" – und das bringt uns keinen Deut weiter. Gemeint sind mit diesen Begriffen Bilder mit einem sehr geringen Kontrastumfang. Zum Beispiel ein weißer Hund im Schnee (High-Key) oder ein schwarzer Hund auf einer schwarzen Kuscheldecke (Low-Key). Auf der nächsten Seit unten ist ein Beispiel für ein Low-Key-Motiv: Low-Key-Fotos sollten Sie grundsätzlich unterbelichten. Sonst wirkt das Foto flau und kontrastarm und die wenigen helleren Bereiche werden zu hell.

Im Umkehrschluss sollten Sie High-Key-Motive um ein bis zwei Blendenstufen überbelichten. Leider habe ich in meinem Archiv kein Foto eines weißen Hundes im Schnee gefunden – deshalb muss ein heller Hund als Beispielfoto ausreichen. Natürlich ist es wieder ein Mops – ich hoffe, Sie ertragen meine Vorliebe für diese Hunderasse noch! Sie können einem Foto aber auch erst später am Computer den High-Key- oder Low-Key-Look verpassen. Suchen Sie sich dafür am besten Motive aus, bei denen sehr helle oder eben sehr dunkle Farbtöne überwiegen.

Aber Achtung: Unter- bzw. überbelichtete Fotos eignen sich dafür nicht. Denn diesen Bildern fehlen in den dunklen bzw. hellen Bereichen durch die missglückte Belichtung die nötigen Bildinformationen. High-Key- oder Low-Key-Fotos sollten zumindest für das Hauptmotiv in allen Bildbereichen ausreichend Zeichnung (Fellstruktur) enthalten.

Für den High-Key- bzw. Low-Key-Look gibt es spezielle Filtersoftware, die Ihnen das Bearbeiten Ihrer Fotos erleichtert. Der Nachteil: Die Filtersammlungen (die natürlich noch viel mehr können als High-Key und Low-Key) sind nicht gerade preiswert. Ich nutze sie jedoch gern, weil sie mir viel Zeit sparen. Falls Sie also über zu viel Geld verfügen (Glückwunsch!), dann schauen Sie sich hier einma*l um: https://www.google.com/nikcollection/*. Für den Hausgebrauch ist es aber völlig ausreichend, wenn Sie (jeweils in einer neuen Einstellungsebene) den Kontrast, den Tonwert oder die Gradationskurven so verändern, dass Ihr Bild in etwa Ihren Vorstellungen entspricht. Sinnvoll ist es zudem, die Farbsättigung ein wenig zurückzunehmen.

Übrigens: Der High-Key-Look ist ideal für alle Porträts – eben auch für Tierporträts. Deshalb finden Sie das Thema auch in diesem Kapitel. Und Aktfotos werden gern im Low-Key-Look gezeigt. Auf diesem Gebiet habe ich mich bisher fotografisch noch nicht betätigt – insofern müssen Sie hier leider auf ein entsprechendes Beispielfoto verzichten ... sorry.

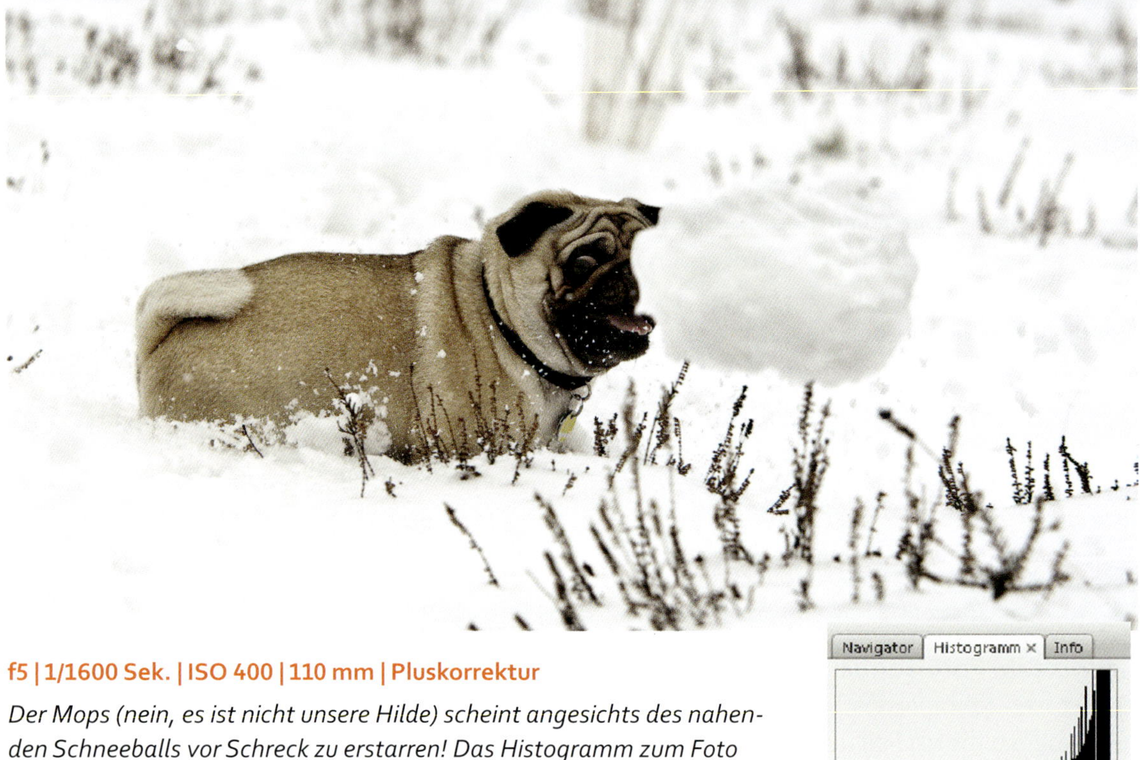

f5 | 1/1600 Sek. | ISO 400 | 110 mm | Pluskorrektur

Der Mops (nein, es ist nicht unsere Hilde) scheint angesichts des nahenden Schneeballs vor Schreck zu erstarren! Das Histogramm zum Foto zeigt deutlich, dass auf diesem Bild sehr helle Farbtöne dominieren.

Schlafender schwarzer Mops-Welpe auf schwarzer Decke. Das dazugehörige Histogramm zeigt einen großen Berg auf der linken Seite. Dort werden die dunklen Töne angezeigt. Auf der rechten Seite wird nahezu die Nulllinie angezeigt – das bedeutet: Es gibt so gut wie keine hellen Töne.

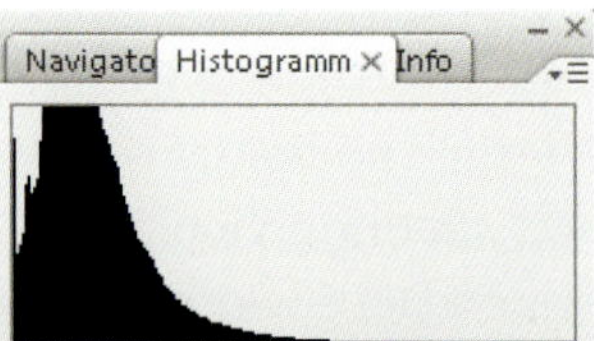

f/2.8 | 13 Sek. | ISO 400 | 35 mm | Blitz gegen die Zimmerdecke gerichtet | Minuskorrektur

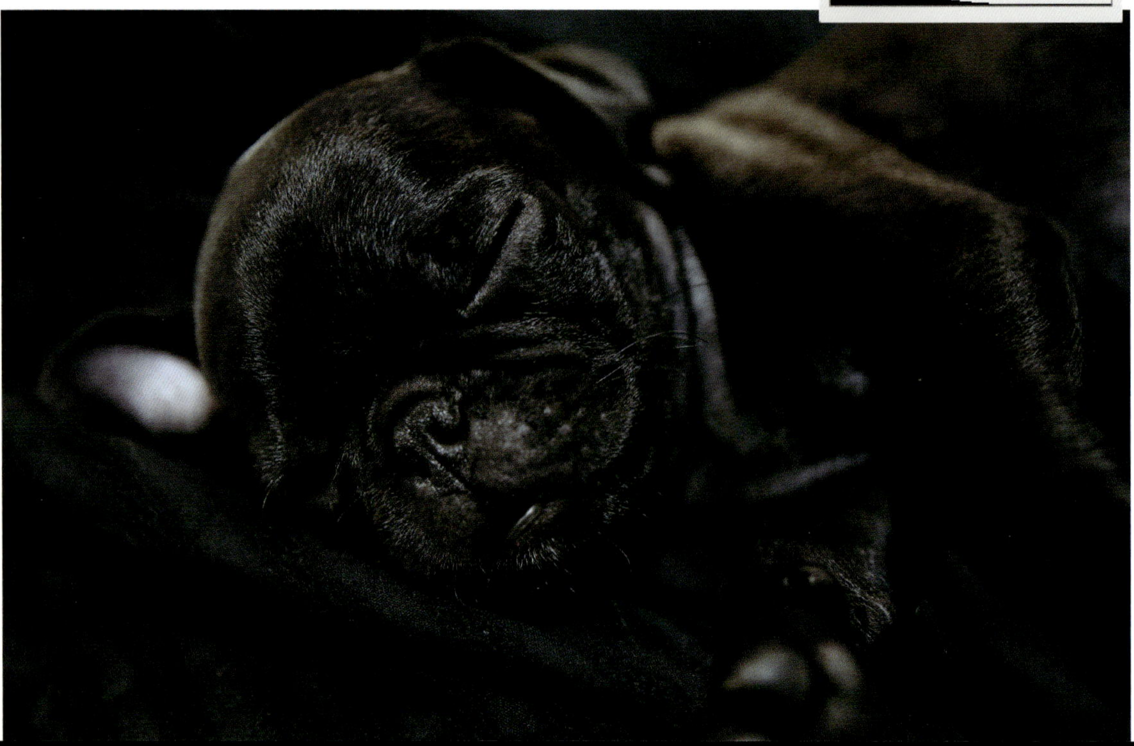

6.2 Tiere in Bewegung

Draußen in der freien Natur ist natürlich weit mehr Platz als in geschlossenen Räumen, sodass Sie Ihre Tiere in der Bewegung fotografieren können. Toben, raufen, spielen, rennen – Motive ohne Ende.

Wenn Sie also Ihre Tiere in Aktion fotografieren möchten, suchen Sie sich draußen eine geeignete Location. Feld, Wiese oder Strand sind ideal. Aber auch in der Stadt lassen sich Tiere gut fotografieren – vorausgesetzt, der Hintergrund stimmt. Hier sorgt der Neuschnee für eine harmonische Farbgebung des Hintergrunds.

Jetzt geht's an die Kameraeinstellungen: Wichtig bei sich schnell bewegenden Motiven sind kurze Belichtungszeiten – 1/640 Sek. oder besser noch 1/1000 Sek. sind meistens gut geeignet, um Bewegungsunschärfe zu vermeiden. Je schneller sich die Tiere bewegen, desto kürzer muss logischerweise die Belichtungszeit sein.

Bei Hunden und Pferden sind die oben angegebenen Werte ausreichend – bei flatternden Vögeln sollte die Belichtungszeit noch kürzer sein, um jegliche Bewegungsunschärfe zu verhindern.

f/5.6 | 1/100 Sek. | ISO 400 | 200 mm

Auch das Wetter malt den städtischen Hintergrund manchmal einfarbig an, sodass er fototauglich wird.

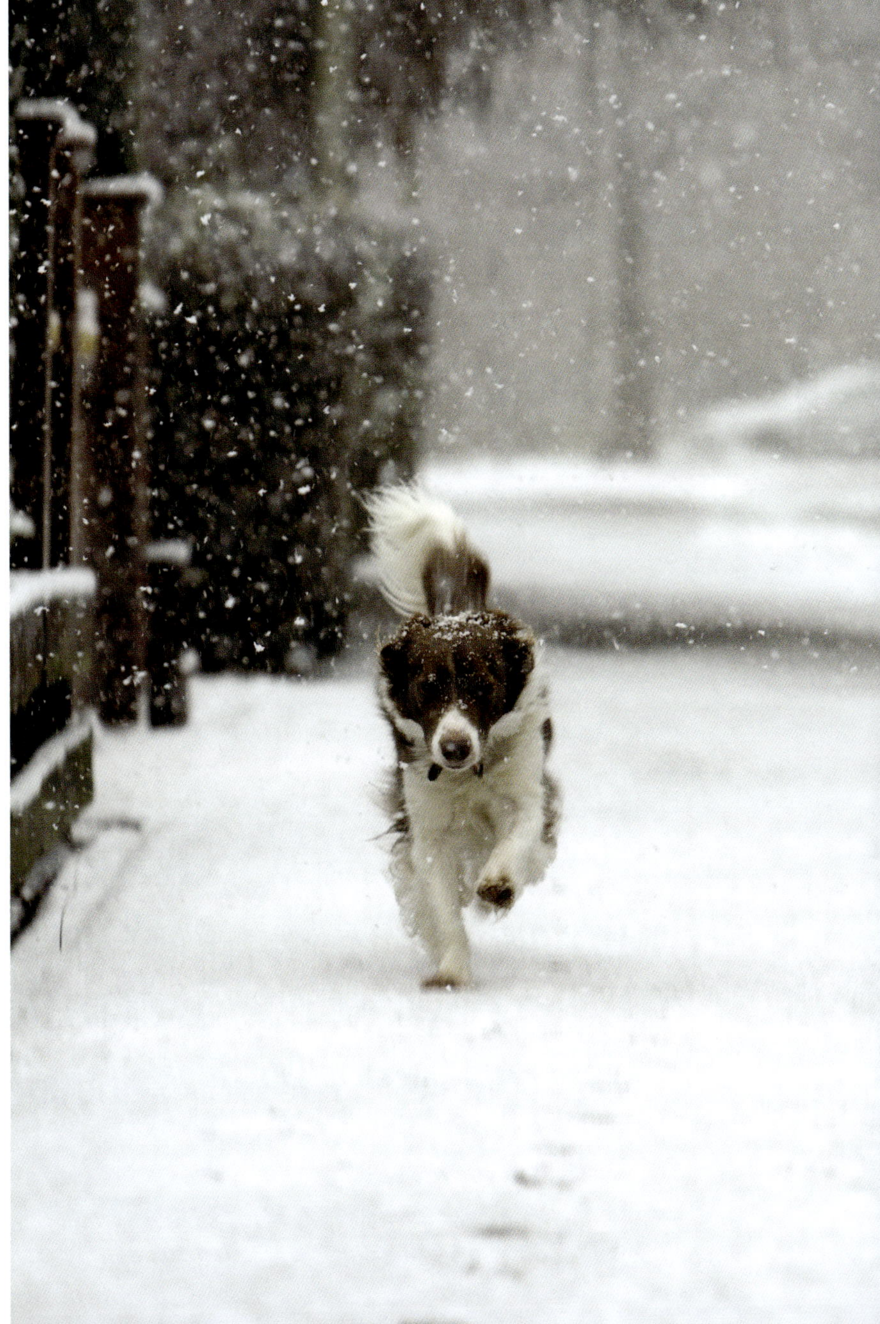

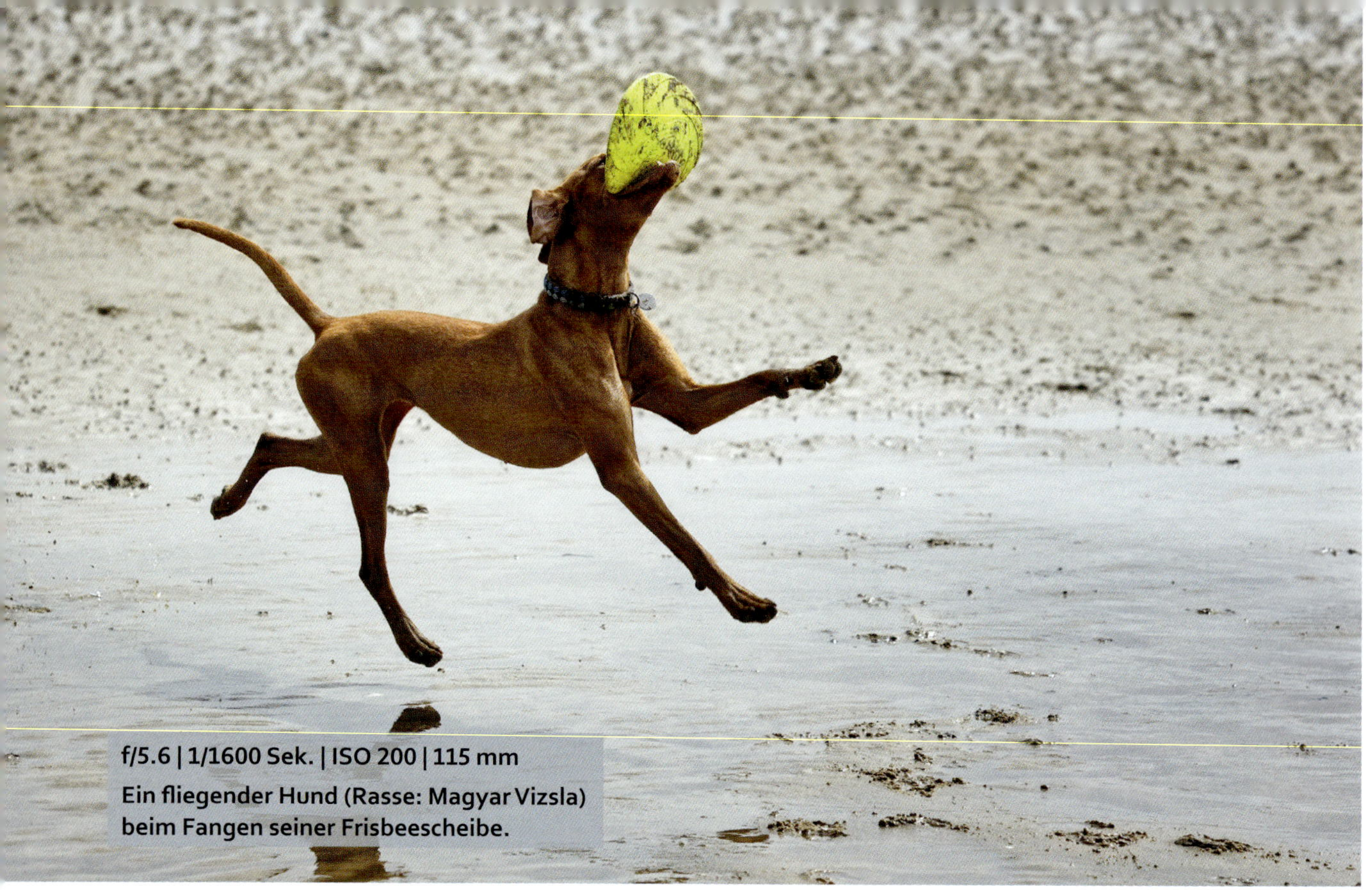

f/5.6 | 1/1600 Sek. | ISO 200 | 115 mm

Ein fliegender Hund (Rasse: Magyar Vizsla) beim Fangen seiner Frisbeescheibe.

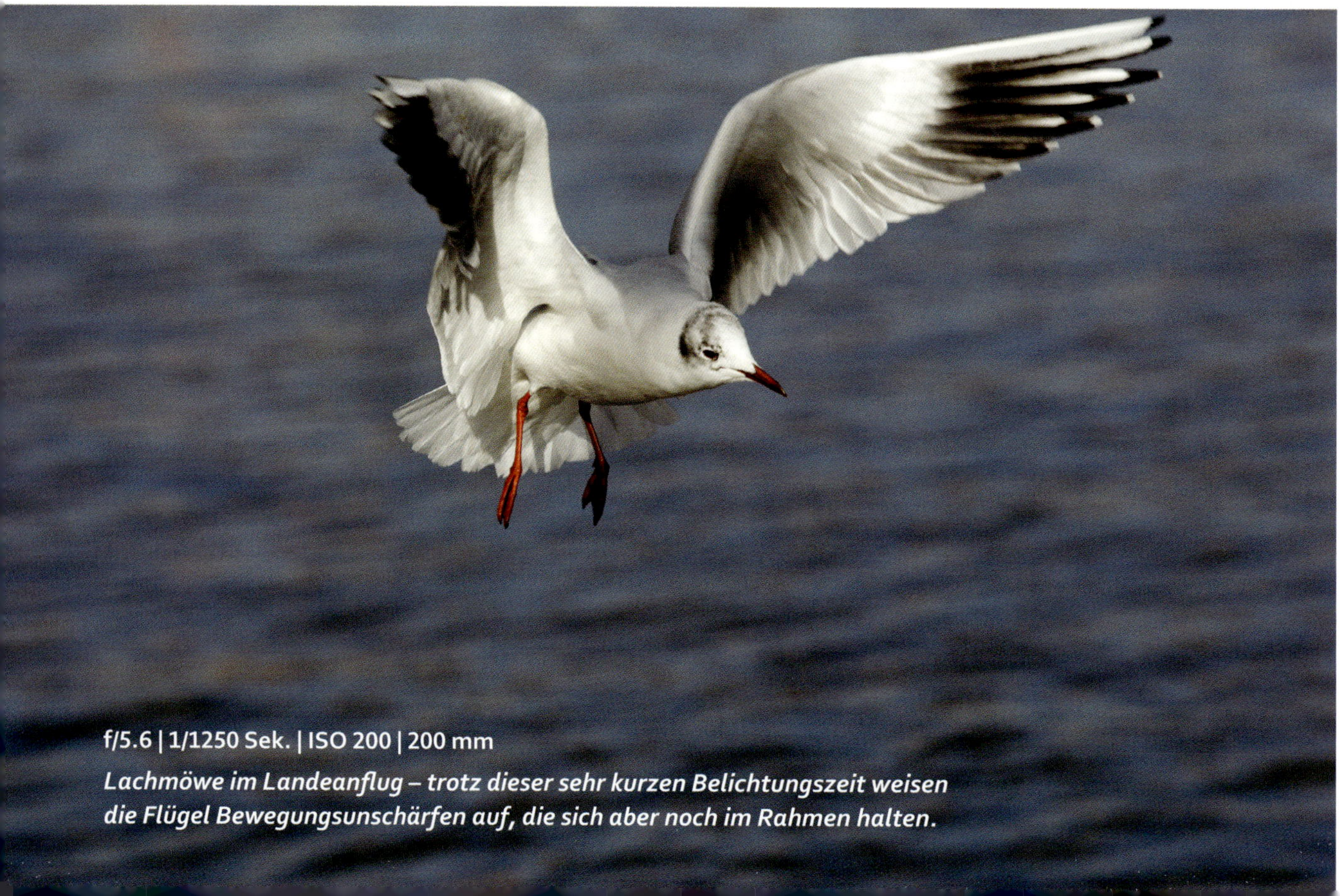

f/5.6 | 1/1250 Sek. | ISO 200 | 200 mm

Lachmöwe im Landeanflug – trotz dieser sehr kurzen Belichtungszeit weisen die Flügel Bewegungsunschärfen auf, die sich aber noch im Rahmen halten.

Nur mit derart kurzen Belichtungszeiten können Sie die Bewegung der Tiere einfrieren und sie so frei in der Luft schwebend – also quasi fliegend – fotografieren. Bei den zwei nebenstehenden Beispielfotos hatte ich die Belichtungszeit deutlich zu lang gewählt. Die Bewegungsunschärfe ist zu stark, um tolerant darüber hinwegzusehen – schade.

Wenn ich Actionfotos von Tieren plane, nutze ich eigentlich immer mein 70–200-mm-Teleobjektiv – damit habe ich die größte Flexibilität. Als Blende nutze ich – sofern es die Lichtverhältnisse erlauben – f/5.6 bei ISO 100. Mit dieser Blende habe ich die besten Ergebnisse erzielt.

Das Tier ist komplett scharf abgebildet, auch wenn es frontal auf mich zu rennt. Der Hintergrund ist erkennbar, aber in der Unschärfe (je weiter entfernt, desto stärker). Das Tier steht also im wahrsten Sinne des Wortes im Fokus. Auch kleinere oder größere Blendenöffnungen müssen manchmal eingesetzt werden, aber Blende f/5.6 ist ein guter Richtwert.

Sie können alternativ die Blendenautomatik wählen und damit die Belichtungszeit von 1/1000 Sek. vorgeben. Ich fotografiere häufig in dem Modus, wenn wir mit den Hunden unterwegs sind und ich schnell auf Spielsituationen, die mir die Vierbeiner als Motiv bieten, reagieren möchte. Die Kamera wählt dann die passende Blende, die natürlich bei derart kurzen Zeiten zwangsläufig auch bei allerbestem Fotowetter relativ weit geöffnet ist. Um das zu vermeiden, wähle ich für Action-Tierfotos eher einen höheren ISO-Wert (200–400).

Kurz zusammengefasst ist also eine sehr kurze Belichtungszeit um 1/1000 Sek. für gelungene Actionfotos von Ihren Tieren nötig.

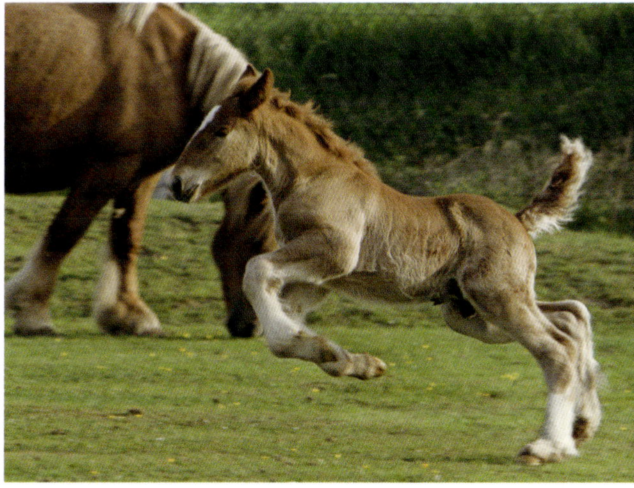

f/7.1 | 1/320 Sek. | ISO 400 | 255 mm

Beine und Hufe des springlebendigen Fohlens der Rasse Schleswiger Kaltblut sind leider bewegungsunscharf – die Belichtungszeit war zu lang gewählt.

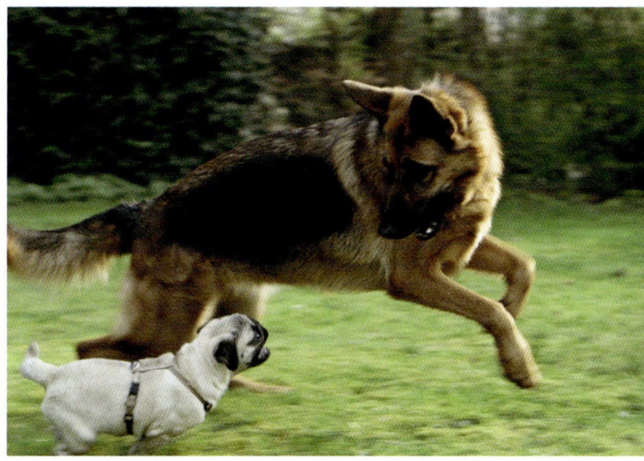

f/5.6 | 1/200 Sek. | ISO 500 | 75 mm

Schade, dass ich bei diesem Beweisfoto für mopstypischen Größenwahn eine viel zu lange Belichtungszeit gewählt habe. Die Bewegungsunschärfe ist zu groß – das Foto hat zwar „nur" Schnappschuss-Qualität, vermittelt aber durchaus eine deftige Portion Dynamik.

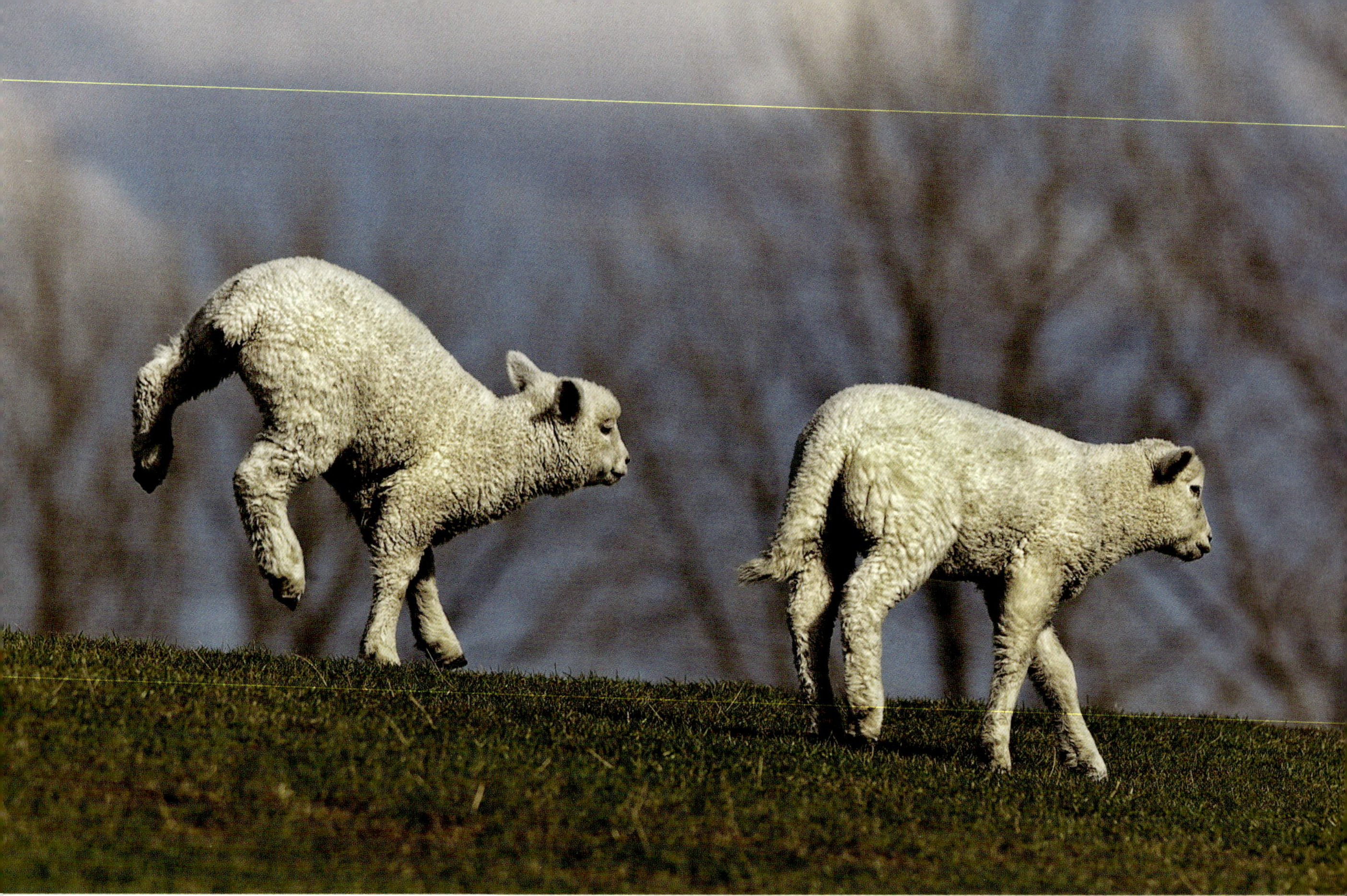

f/5.6 | 1/640 Sek. | ISO 100 | 300 mm

Das Lamm hopst vergnügt auf dem Deich entlang – Frühling liegt in der Luft.

Nachgeführter Autofokus

Doch nicht nur die kurze Belichtungszeit macht ein gutes Action-Tierfoto aus. Ein weiterer, sehr wichtiger Faktor ist der Autofokus. Im normalen Modus flutscht Ihnen das Pferd, der Hund oder der Vogel trotz richtiger Belichtungszeit sofort aus dem zuvor fokussierten Bereich.

Sie müssen dem Autofokus vorher also mitteilen, dass er das Tier verfolgen soll. Nur dann haben Sie die Chance, eine Möwe im Flug mit der Kamera zu erwischen.

Dazu aktivieren Sie den Nachführmodus des Autofokus an Ihrer Kamera. Wenn Sie dann die Bewegung des Tieres mit halb heruntergedrücktem Auslöser verfolgen, kann Ihre Kamera den Autofokuspunkt nachführen. Unter dem Stichwort „Autofokus nachführen" finden Sie dazu die Anleitung in Ihrer Kameragebrauchsanweisung.

Je nach Kameramodell hat dieser Modus unterschiedliche Bezeichnungen – bei Canon heißt er zum Beispiel Al Servo, bei Nikon AF-C. Bei einigen Kameramodellen können Sie im Sucher die Position des Schärfepunktes bestimmen – bei einfacheren Modellen lässt er sich nur in die Mitte des Fotos legen.

In diesem Modus entstehen auch die allermeisten Sportfotos. Auf das Thema gehe ich

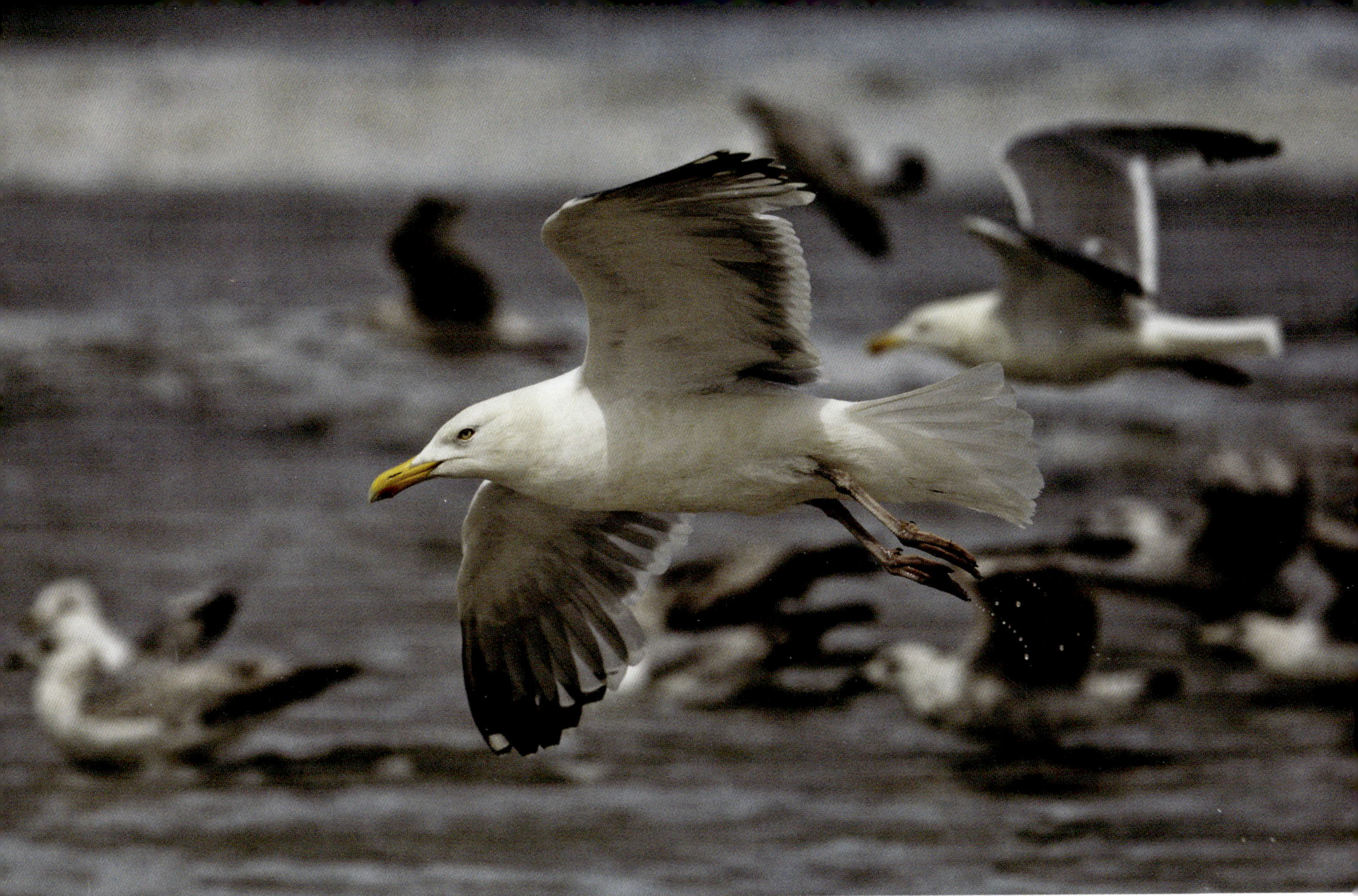

f/8 | 1/1000 Sek. | ISO 100 | 300 mm

Um eine Möwe im Flug scharf abzubilden, muss der Autofokus nachgeführt werden. Dazu verfolgen Sie den Flug des Vogels mit halb gedrücktem Auslöser.

im nächsten Kapitel dieses Buches noch genauer ein.

Serienbildfunktion

Aktivieren Sie an Ihrer Kamera jetzt noch die Serienbildfunktion. Sie sorgt dafür, dass Sie viele Bilder des Motivs hintereinander weg fotografieren können.

Manche Kameras schaffen 10 Fotos pro Sekunde. Dadurch erhöhen Sie logischerweise die Anzahl der Fotos – und die Auswahlmöglichkeit: Das eine oder andere nicht richtig fokussierte Foto können Sie dann bedenkenlos löschen und haben trotzdem noch ausreichend gelungene Bilder von Ihrem aktiven Tier. Und so werden Sie Bilder von Bewegungsphasen Ihres Tieres fotografieren, die Sie mit eigenen Augen noch nie so wahrgenommen haben.

Mit allen vieren in der Luft! Bei einigen Kameramodellen können Sie auch noch zwischen zwei unterschiedlichen Geschwindigkeitsstufen im Serienbildmodus wählen.

Diese vier Bilder der raufenden Schäferhunde auf der nächsten Seite (keine Angst, es sieht nur gefährlich aus) entstanden innerhalb einer Sekunde. Die Entstehungszeiten der Einzelfotos habe ich jeweils unten rechts eingeblendet.

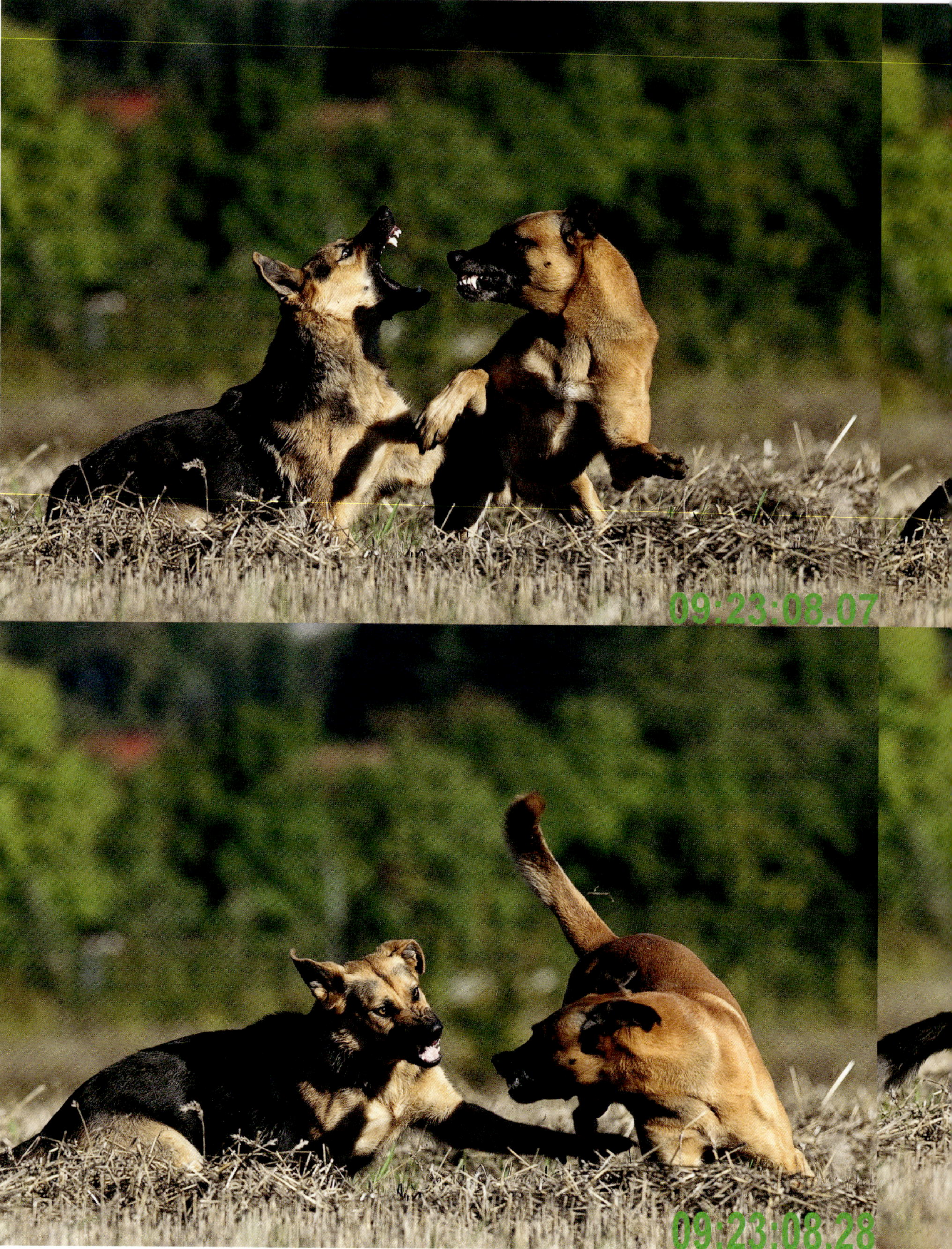
09:23:08.07
09:23:08.28

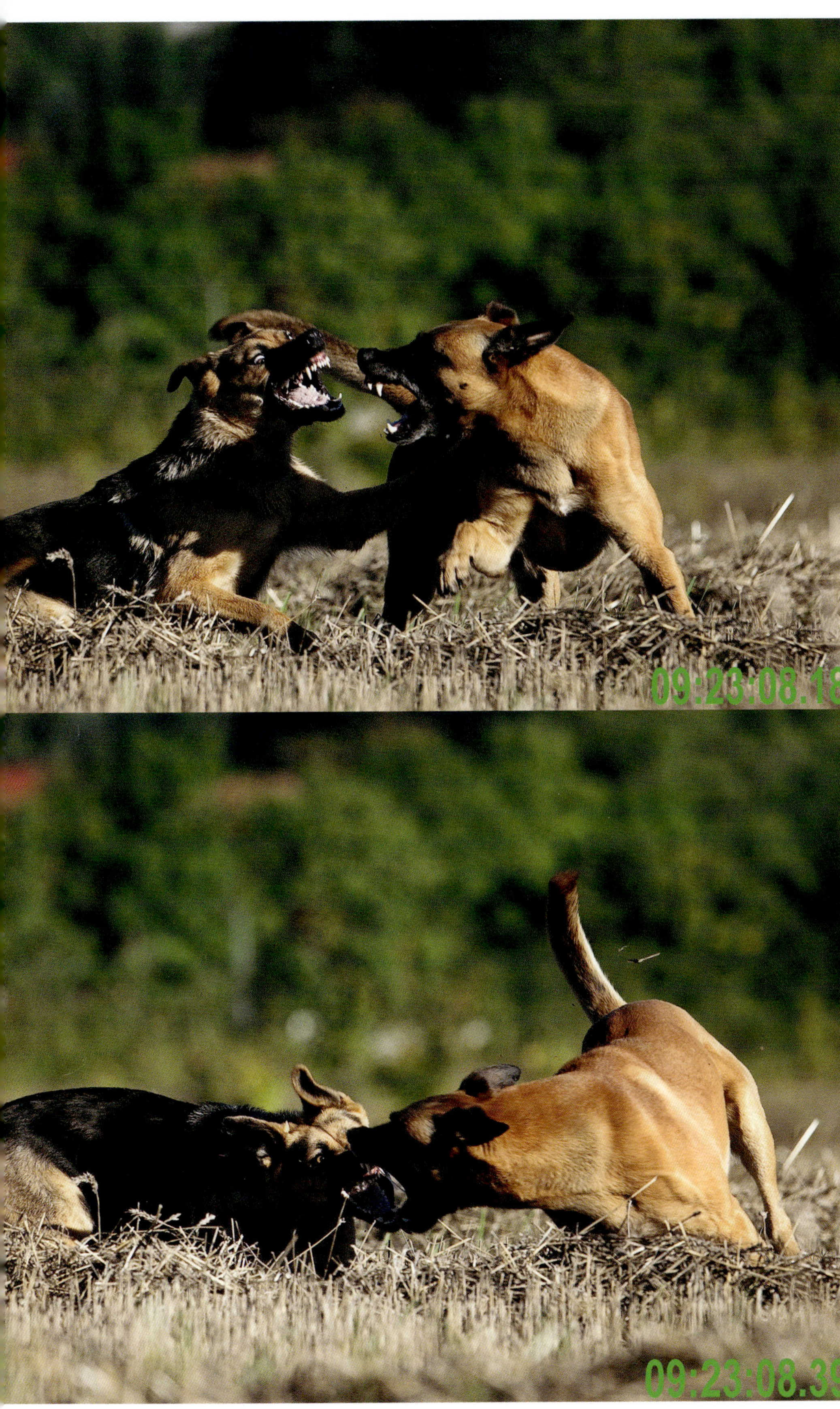

Alle Fotos entstanden im Modus Blendenautomatik. Die Zeit von 1/640 Sek. hatte ich vorgegeben. Das erste Foto entstand bei f/7.1, die anderen drei mit f/6.3. Alle vier Bilder entstanden innerhalb einer einzigen Sekunde mithilfe der Serienbildfunktion.

Es gibt noch einen weiteren Grund, warum ich bei Action-Tierbildern immer die Serienbildfunktion nutze: Es gibt eine Bewegungsphase im Galopp, die eigentlich jedes Tier ein bisschen blöd aussehen lässt. Nämlich dann, wenn das Gewicht des Tieres auf einem oder gar beiden Vorderbeinen lastet. Das wird besonders in der Seitenansicht deutlich. Hier die ungünstige und die günstige Bewegungsphase im direkten Vergleich.

Diese Bilder lösche ich meistens schon vor Ort, um Speicherplatz zu sparen. Denn wenn Sie Serienbilder fotografieren, ist Ihre Speicherkarte in null Komma nichts voll. Nehmen Sie also bei solchen Shootings immer ausreichend Speicherplatz mit. Eine Möglichkeit, Speicherplatz zu sparen, ist auch, die Fotos im JPEG-Format zu fotografieren – die RAW-Dateien sind ungleich größer und Speicherfresser.

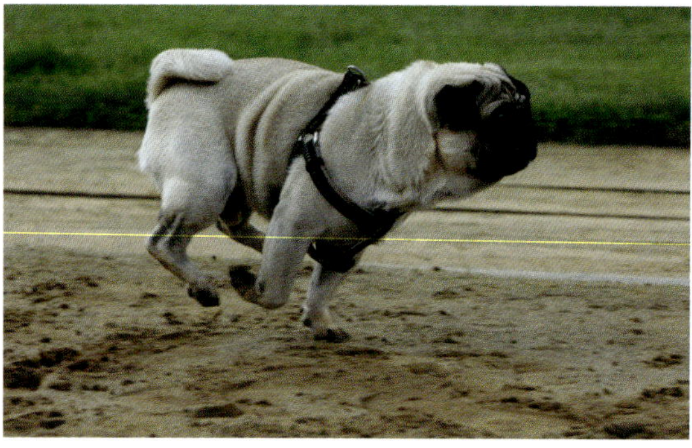

f/6.3 | 1/640 Sek. | ISO 320 | 140 mm | Ausschnittvergrößerung

In dieser Bewegungsphase wirkt nicht nur ein Mops tollpatschig und unsportlich.

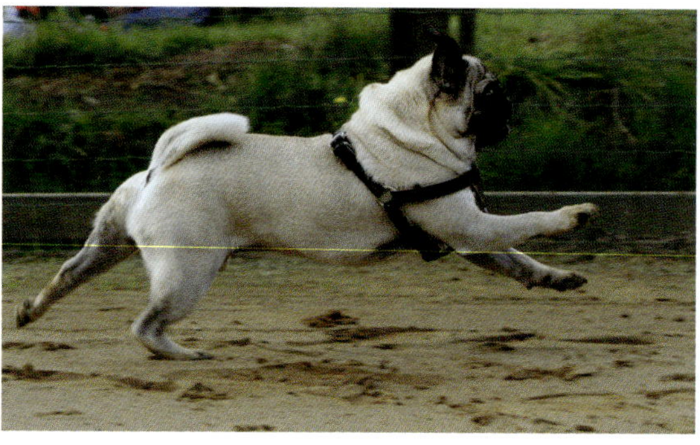

f/6.3 | 1/500 Sek. | ISO 320 | 90 mm | Ausschnittvergrößerung

Im Moment der Streckung wirkt auch ein mopsiger Mops schlank, elegant und sportlich.

Dadurch wirkt das Tier – egal ob Mops, Windhund oder Pferd – gedrungen und alles andere als rank, schlank und elegant.

Bedenken Sie dabei aber, dass Bilder im RAW-Format nachher sehr viel besser zu bearbeiten sind.

f/25 | 1/50 Sek. | ISO 100 | 200 mm

Der Mops (nicht Hilde) als Rennsemmel – das Foto ist ein Mitzieher. Das heißt, dass die Kamera während der relativ langen Belichtungszeit die Bewegung des Hundes verfolgt hat, also mitgezogen wurde. Dadurch ist lediglich der Bereich von Nacken, Schulter und Rücken scharf abgebildet, während die Pfoten, Beine und der Hintergrund bewegungsunscharf sind. Der Mitzieheffekt ist hier etwas überzogen. Die Mini-Blendenöffnung ist durch die lange Belichtungszeit bei Sonnenschein entstanden – das Foto wurde mithilfe der Blendenautomatik geschssen.

Mitzieher

Eine andere Variante von Actionfotos entsteht mit absichtlich gewählter langer Belichtungszeit. Diese Art Fotos werden Mitzieher genannt, weil Sie als Fotograf während der Belichtung die Bewegung des Tieres mit der Kamera verfolgen. Je nachdem, wie lang die Belichtungszeit ist, ist die Wirkung des Effekts unterschiedlich stark. Auf diesem Beispielbild, das bei einem Mops-Rennen auf der Windhundrennbahn in Hamburg entstand, ist der verwischende Effekt schon beinahe zu stark und der Schärfebereich zu gering.

Dadurch entsteht optisch der Eindruck von rasender Geschwindigkeit – durchaus gewollte Komik, weil niemand einem Mops ein derartiges Tempo zutraut. Nebenbei bemerkt: Hilde absolvierte die 80 m Renndistanz in 7,1 Sek. – respektabel, finde ich. Auch für solche Fotos brauchen Sie den nachführenden Autofokus – sonst klappt's nicht.

Für gelungene Mitzieher-Fotos brauchen Sie sicher ein paar Versuche, um für den von Ihnen gewünschten Effekt die günstigste Belichtungszeit herauszufinden. Wie lang die Belichtungszeit sein sollte, hängt zum einen vom Tempo des rennenden Tieres und zum anderen natürlich auch davon ab, wie stark Sie den Effekt haben möchten. Bei galoppierenden Pferden und Hunden habe ich mit 1/100 Sek. bis 1/160 Sek. gute Erfahrungen gemacht. Beim eben gezeigten Rennmops sind 1/50 Sek. schon etwas zu lang, sodass die verwischende Wirkung schon beinahe impressionistisch zu nennen ist.

Detailaufnahme eines galoppierenden Pferdes – der Fokus liegt auf dem Stiefel des Reiters und ist scharf abgebildet, alle anderen Bildbereiche verwischen durch das Mitziehen der Kamera.

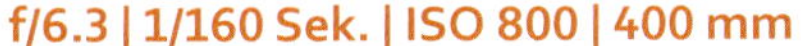

f/6.3 | 1/160 Sek. | ISO 800 | 400 mm

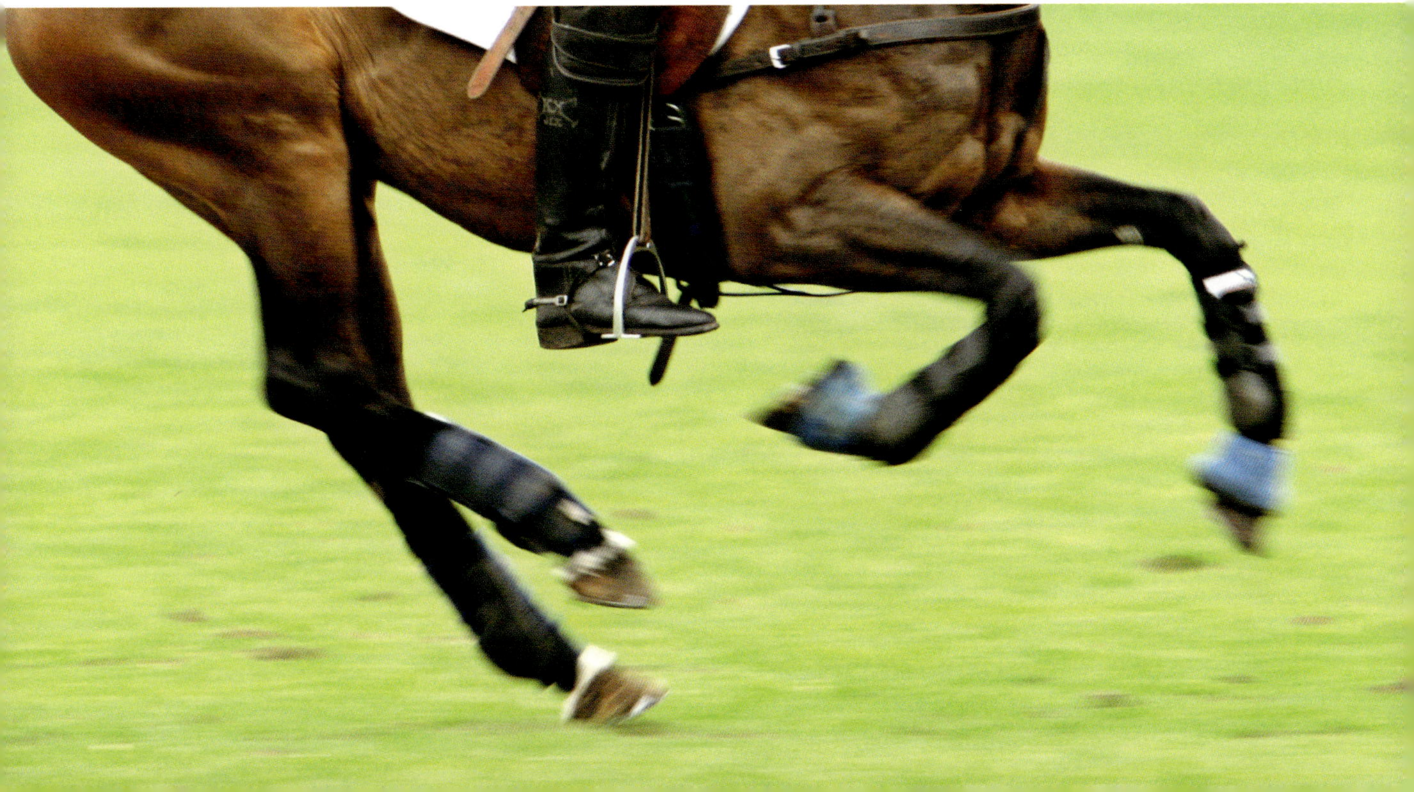

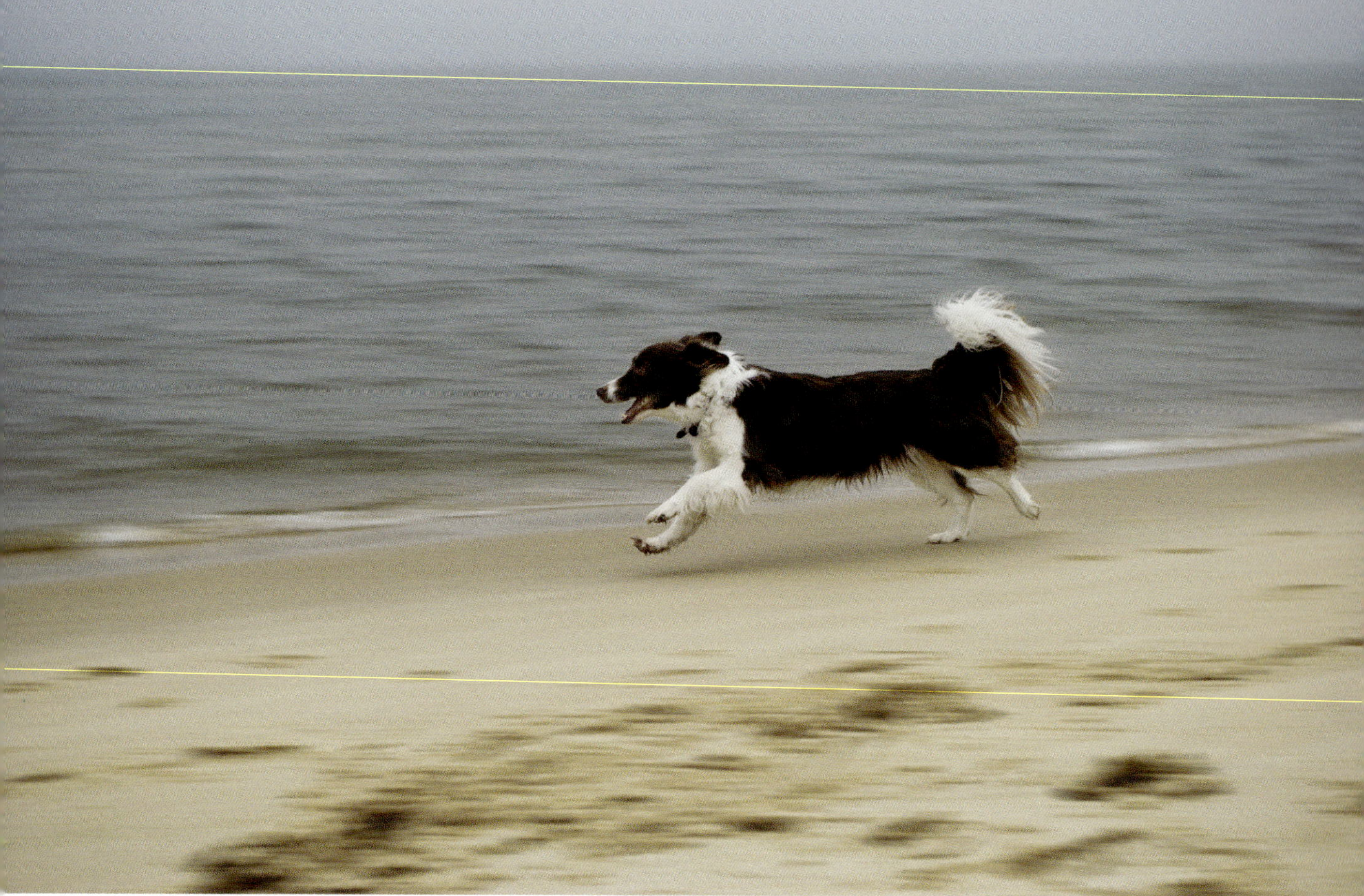

f/5.6 | 1/800 Sek. | ISO 200 | 40 mm

Socke rennt am Nordseestrand entlang. Das Foto wirkt wie ein Mitzieher. Ein Blick auf die Belichtungszeit verrät jedoch: Das kann nicht sein. Korrekt – der verwischte Hintergrund entstand erst am Computer.

In Kapitel 7 zur Sportfotografie finden Sie weitere Beispielfotos. Meine Empfehlung: Testen Sie die Wirkung des Mitzieheffekts bei Belichtungszeiten zwischen 1/60 Sek. und 1/160 Sek. und verlängern bzw. verkürzen Sie die Belichtungszeit nach Bedarf.

Mitzieher per Computer

Mit ein wenig Geschick in der Bildbearbeitung können Sie aber durchaus auch am Computer einen künstlichen Mitzieher basteln:

6.3 Wildtiere fotografieren

Um wild lebende und entsprechend menschenscheue Tiere in freier Wildbahn zu fotografieren, brauchen Sie beinahe unendlich viel Geduld. Ich kenne Kollegen, die sich der Wildlife-Fotografie verschrieben haben und sich tagelang schweigend in einem Tarnzelt mitten im Wald mit Campingkocher und Schlafsack verstecken, um in aller Herrgottsfrühe einen Hirsch, ein Wildschwein oder den seltenen Eisvogel zu fotografieren. Die Fotografen sind meistens auf diese Art Fotos spezialisiert. Sie nutzen für ihre Fotos extrem lange, lichtstarke und entsprechend teure Brennweiten von 500 mm und mehr. Für den Gegenwert dieser hochwertigen Linsen kaufen andere Leute sich locker einen Gebrauchtwagen.

Ich gehöre nicht zu dieser Spezies von Naturfotografen und erwische Wildtiere eher zufällig einmal mit der Kamera, wenn ich unterwegs bin – Fotos von Wildtieren anderer Kontinente finden sich folglich leider nicht in meinem Archiv. Auf den Beispielbildern müssen wir hier also mit heimischen Wildtieren auskommen.

Brennweitenverlängerung

Es gibt aber auch eine preiswertere Möglichkeit, die maximale Brennweite der Ausrüstung zu verlängern. Mit einem 2-fach-Konverter können Sie zum Beispiel 200 mm Brennweite auf 400 mm verdoppeln und damit auch weit von Ihnen entfernte Tiere nah heranzoomen. Allerdings kostet der Einsatz einer solchen Linse, die zwischen Kamera und Objektiv gesetzt wird, Lichtstärke. Wenn Ihr Teleobjektiv eine Anfangslichtstärke (also die größtmögliche Blendenöffnung) von f/4 hat, ist beim Einsatz des 2-fach-Konverters nur noch f/8 möglich. Das ist der große Nachteil dieses ansonsten tollen Zubehörs.

Das Foto des Fasans entstand bei 200 mm Brennweite plus 2-fach-Konverter am Rande einer Landstraße.

f/7.1 | 1/160 Sek. | ISO 200 | 340 mm

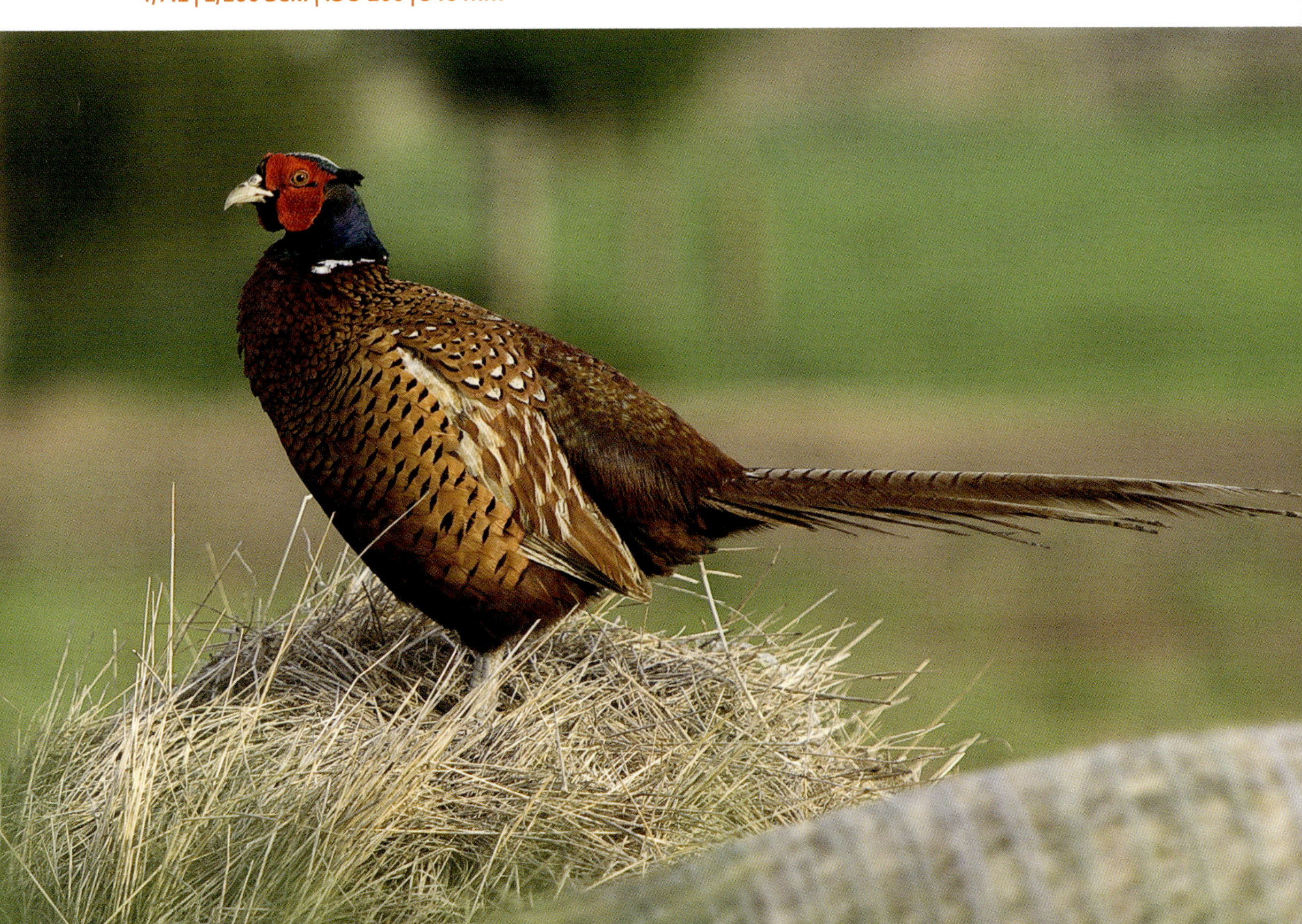

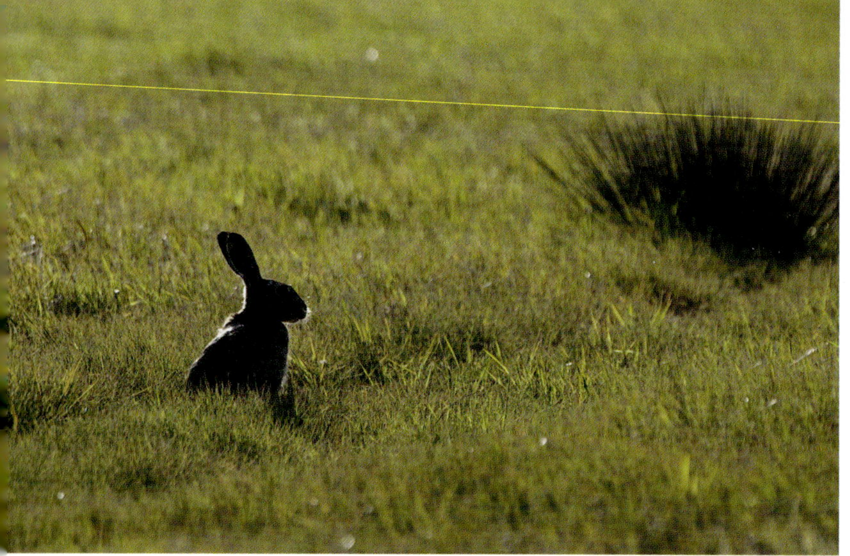

f/6.3 | 1/500 Sek. | ISO 200 | 300 mm Brennweite plus 2-fach-Konverter (= 600 mm) | Ausschnittvergrößerung

Der Hase saß knapp 50 m von mir entfernt auf der Wiese.

Wie das Foto des Fasans entstand, wird Sie vermutlich verblüffen: Ich saß gemütlich im Auto und habe das Bild aus dem heruntergedrehten Seitenfenster fotografiert. Meine Erfahrung ist, dass Wildtiere in unseren Breitengraden ein Auto nicht als Feind identifizieren – einen Menschen jedoch sehr wohl. Und so fahre ich gern (aber viel zu selten) in den frühen Abendstunden im Schritttempo mit heruntergekurbelten Seitenscheiben auf kleinen Feldwegen entlang (Radio aus) und halte Ausschau nach einheimischen Wildtieren. Das schwere Teleobjektiv lässt sich zudem gut auf der halb heruntergelassenen Autoseitenscheibe abstützen, die quasi zum Ersatzstativ wird. Es gibt sogar extra für den Einsatz im Auto Scheibenstative, die an die Seitenscheibe montiert werden.

Das Foto von „Meister Lampe" im abendlichen Gegenlicht entstand jedoch ohne dieses nützliche Zubehör – ich hatte die lange und schwere Brennweite lediglich auf der Fensterscheibe abgestützt. Wenn Sie also mit einer langen Brennweite plus Konverter fotografieren möchten, brauchen Sie optimale Lichtverhältnisse, weil sich die Lichtstärke des Objektivs beim Einsatz eines Konverters verringert. Sollte der Himmel also wolkenverhangen sein, brauchen Sie gar nicht erst zum Fotografieren loszuziehen. Es sei denn, Sie nutzen das eben beschriebene Scheibenstativ.

f/8 | 1/1000 Sek. | 300 mm Brennweite plus 2-fach-Konverter (= 600 mm)

Diese rührende Szene eines Mutterschafs mit seinen beiden Lämmern blieb ungestört, weil ich dank langer Brennweite ihre Fluchtdistanz nicht unterschritt und ausreichend weit entfernt blieb.

Der Konverter ist aber auch ein geniales Hilfsmittel, wenn Sie Tiere nicht stören möchten, aber sie dennoch aus scheinbarer Nähe fotografieren wollen. So entstand dieses Bild einer schlafenden Schaffamilie auf dem Deich mit 600 mm Brennweite – also einem 300-mm-Objektiv plus 2-fach-Konverter. Bei der Wildtierfotografie kommt es manchmal zu ganz erstaunlichen Szenen. Eine lange Brennweite macht die nachträgliche Ausschnittvergrößerung am Computer überflüssig:

Die Möwe hatte mich durchaus wahrgenommen. Aber offenbar war ihre Sorge, dass ich ihr die Beute streitig machen könnte, größer als ihre Angst vor mir. Und so konnte ich sie in aller Ruhe bei ihrem für mich unappetitlich wirkenden Mahl fotografieren.

Anfüttern

Es gibt aber auch die Möglichkeit, sich mit Wildtieren anzufreunden – Naturschützer sehen diese Methode allerdings durchaus kritisch!

Mit Anfreunden ist gemeint, dass Sie die Tiere – zum Beispiel die Vögel in Ihrem Garten oder auf Ihrem Balkon – an Ihre Nähe gewöhnen können. Das geht am einfachsten, wenn Sie die Tiere anfüttern, ihnen also regelmä-

Die Gier dieser Seemöwe, die hier einen kompletten Seestern verschlingt, war größer als die Angst vor mir – sie hatte mich sehr wohl bemerkt und fürchtete scheinbar, dass ich ihr die Beute streitig machen wollte.

f/8 | 1/800 Sek. | ISO 100 | 70–200 mm plus 2-fach-Konverter (bei 320 mm)

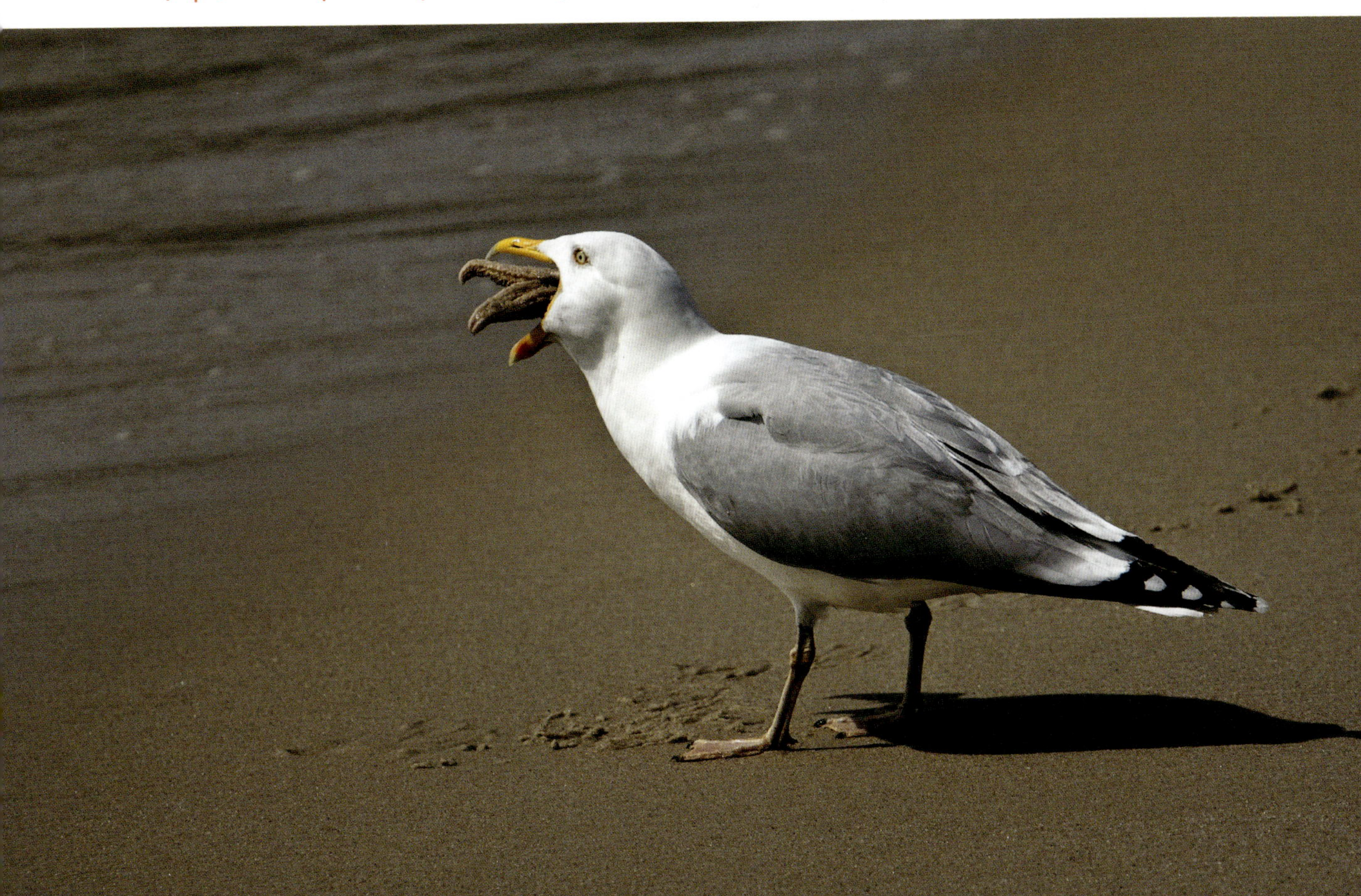

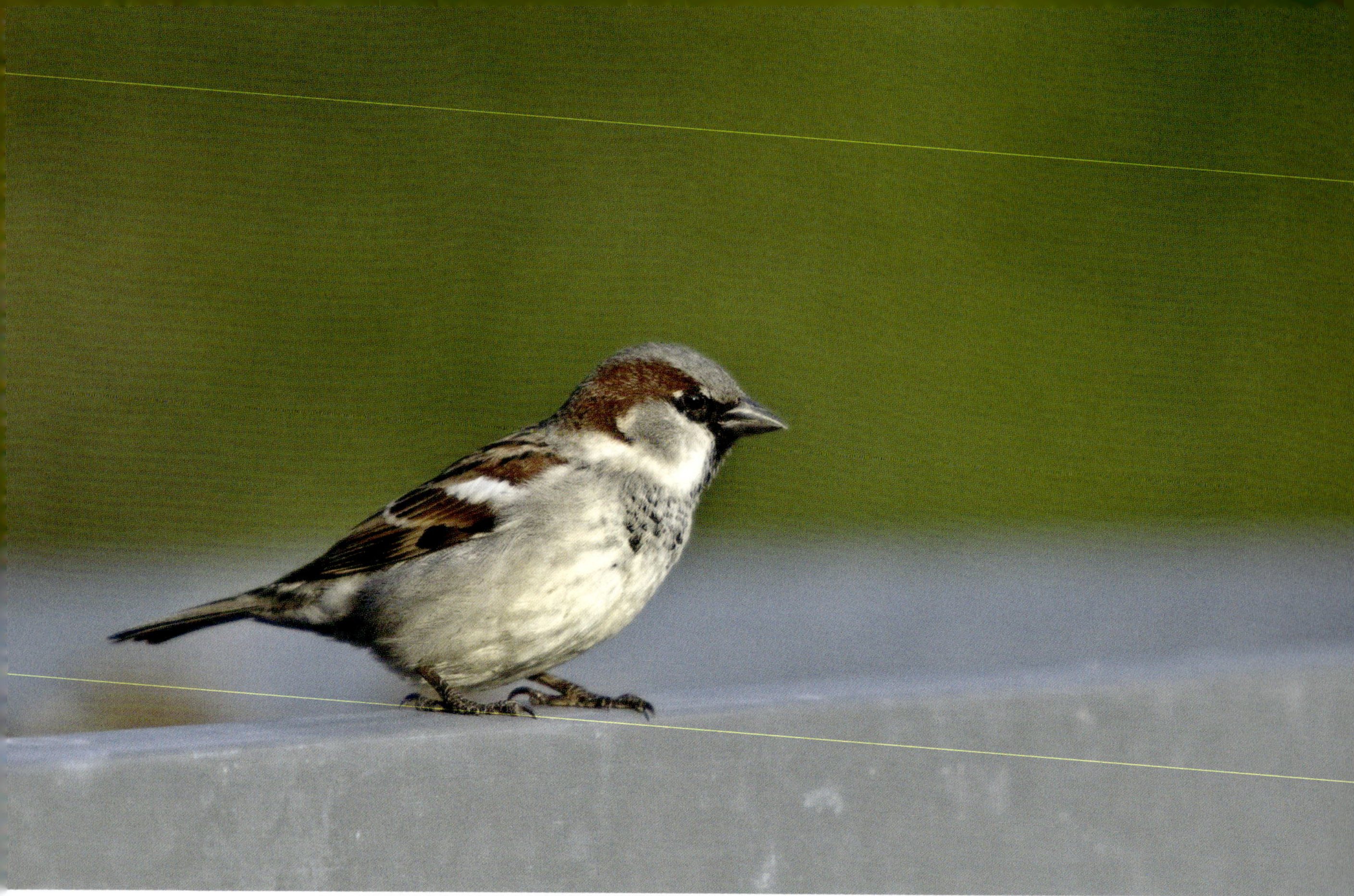

f/5.6 | 1/640 Sek. | ISO 320 | 400 mm | Ausschnittvergrößerung

Ein Spatz auf unserem Nachbarbalkon.

ßig Futter anbieten, sodass sie menschliche Nähe zulassen und nicht mehr fluchtartig das Terrain verlassen, wenn Sie mit gezückter Kamera hinter der Fensterscheibe auftauchen.

Der Spatz auf dem Beispielfoto oben zieht jedes Jahr an der Fassade unserer Wohnung zusammen mit seiner „Spätzin" eine Brut auf. Am Ende der Brutzeit fliegen die beiden im Minutenrhythmus mit Futter im Schnabel an. Dabei entstand vor einigen Jahren auch dieses Foto durch die Fensterscheibe:

Das Flugfoto eauf der nächsten Seite oben ntstand noch mit meiner ersten DSLR, der Canon 20D, stundenlang hatte ich mit der Kamera im Anschlag am Fenster auf diesen Moment gewartet. Doch die Vögel hatten mich natürlich dort gesehen und zögerten sehr lange, um ihr Nest mit dem Futter für ihre Jungen im Schnabel anzufliegen, und tippelten stattdessen nervös auf den Nachbarbalkons umher.

Scheinbar warteten sie darauf, dass ich endlich verschwinde. Die Jungvögel schrien währenddessen schon vor Hunger. Mehrmals hatte ich vor lauter Sorge um die Kleinen mein Vorhaben aufgegeben. Aber eines Tages hatte ich dann doch Glück – oder die Spatzen hatten sich einfach an mich und die Kamera hinter der Fensterscheibe gewöhnt.

Ich selbst bin kein großer Freund des Anfütterns wild lebender Tiere, um aus ihnen tie-

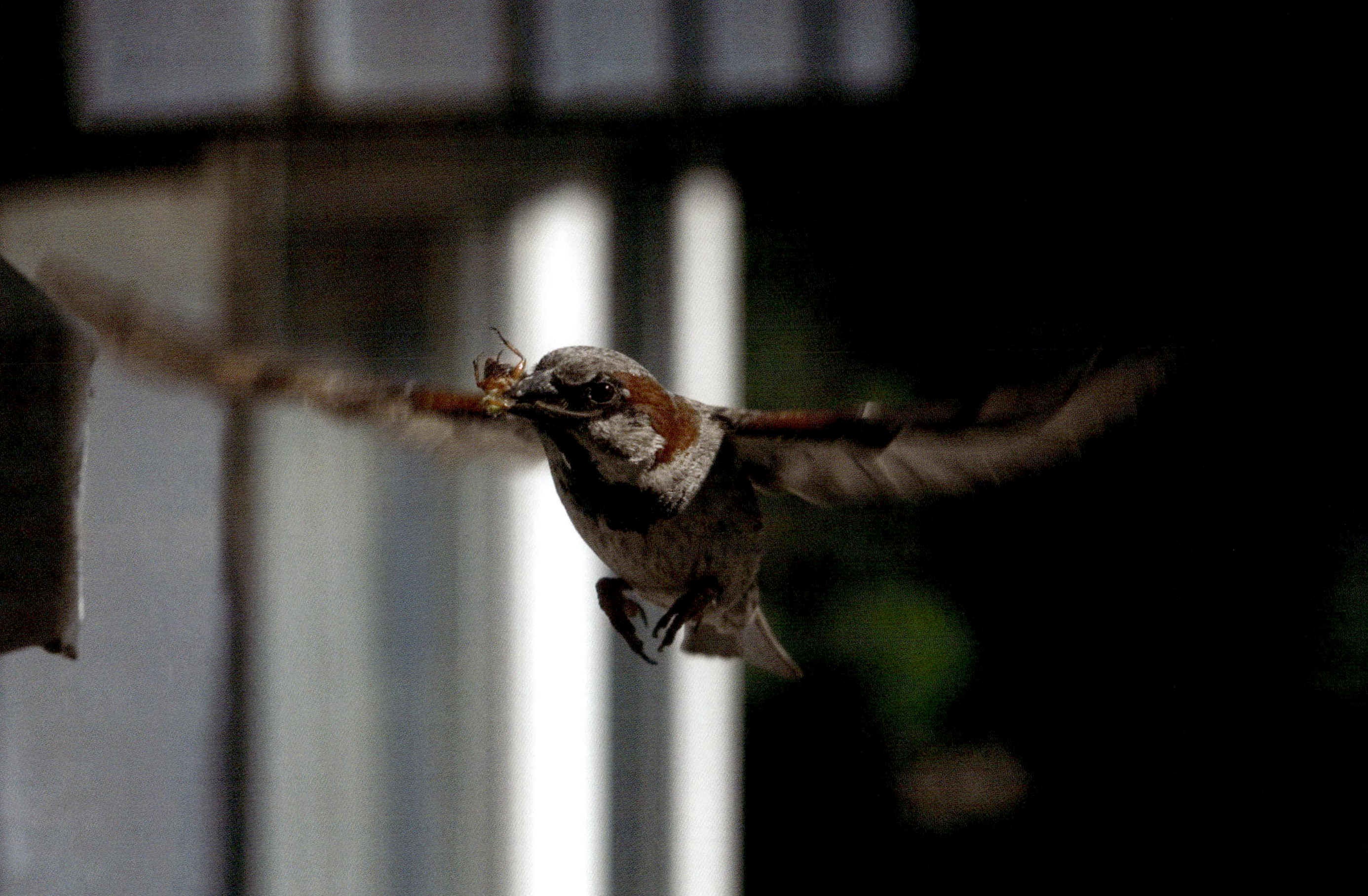

f/5.6 | 1/1000 Sek. | ISO 200 | 75 mm

Der Futterexpress im Anflug – es gibt knusprig frische Insekten.

rische Topmodels zu machen. Ich füttere die Vögel auf meinem Balkon nur dann, wenn eine geschlossene Schneedecke liegt, die ihnen die natürliche Futtersuche erschwert.

Erstens können wir Menschen bei der Wahl des Futters große Fehler machen und den Tieren ernsthaft schaden.

Und zweitens wollen wir doch zukünftig keine tierischen McDonald's-Generationen mit einer Vorliebe für Fast Food fotografieren, oder?

Manchmal ergeben sich auch zufällig Möglichkeiten, ganz zauberhafte Fotos von eigentlich wild lebenden Tieren zu machen. So lernte ich in unserer Tierarztpraxis eine junge Frau kennen, die regelmäßig aus dem Nest (Kobel) gefallene junge Eichhörnchen großzieht. Einen ihrer kleinen Patienten hatte sie dabei, um ihn ärztlich durchchecken zu lassen – so etwas Niedliches hatte ich zuvor wirklich selten gesehen!

Ich habe die zweibeinige Eichhornmutter einfach gefragt, ob ich das Tierchen einmal fotografieren dürfte. Und so verabredeten wir uns zum Eichhörnchen-Fotoshooting ein paar Tage später.

Und so entstanden unter anderem die Fotos auf den nächsten beiden Seiten, die später auch in einigen Frauen- und Tierzeitschriften abgedruckt wurden.

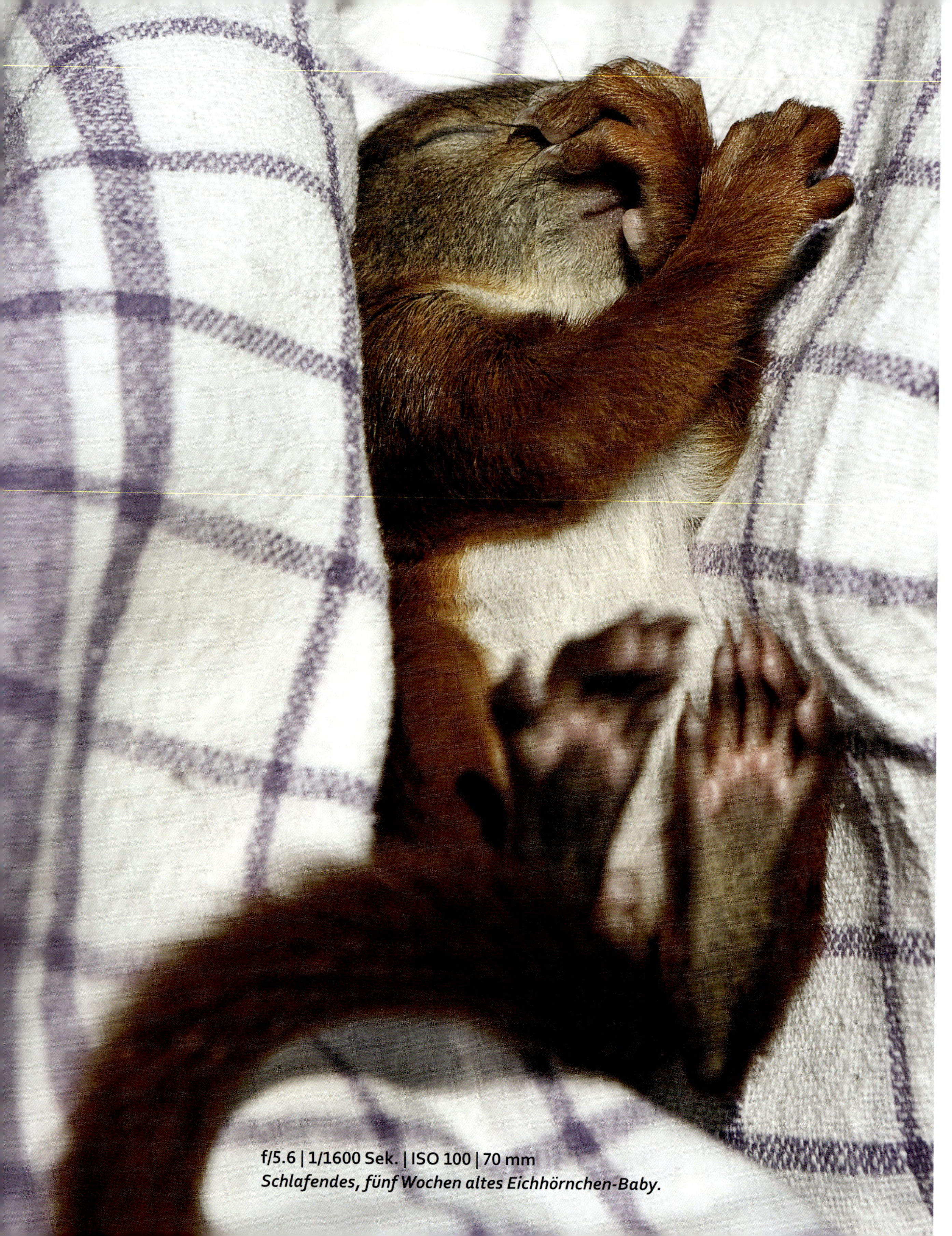

f/5.6 | 1/1600 Sek. | ISO 100 | 70 mm
Schlafendes, fünf Wochen altes Eichhörnchen-Baby.

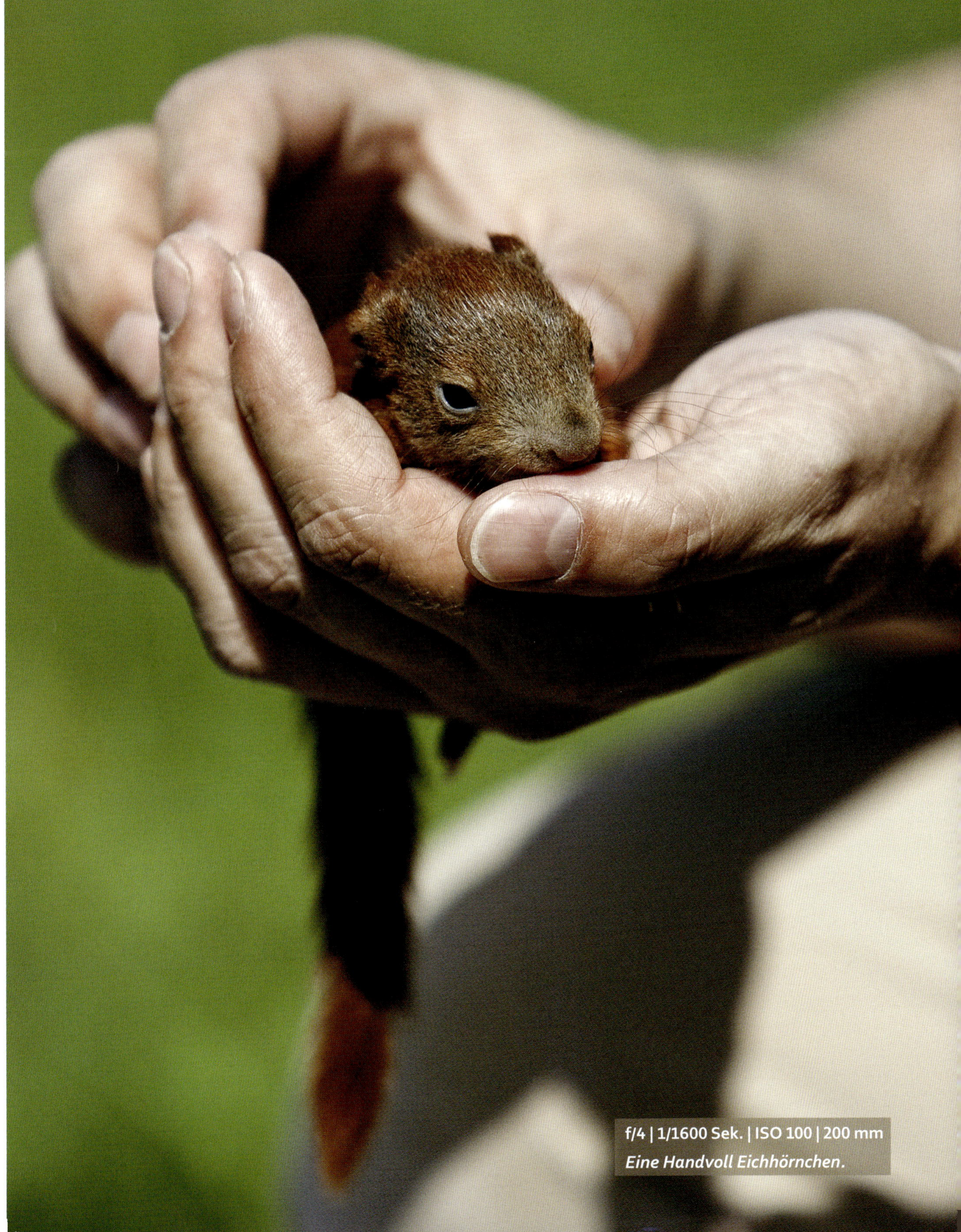

f/4 | 1/1600 Sek. | ISO 100 | 200 mm
Eine Handvoll Eichhörnchen.

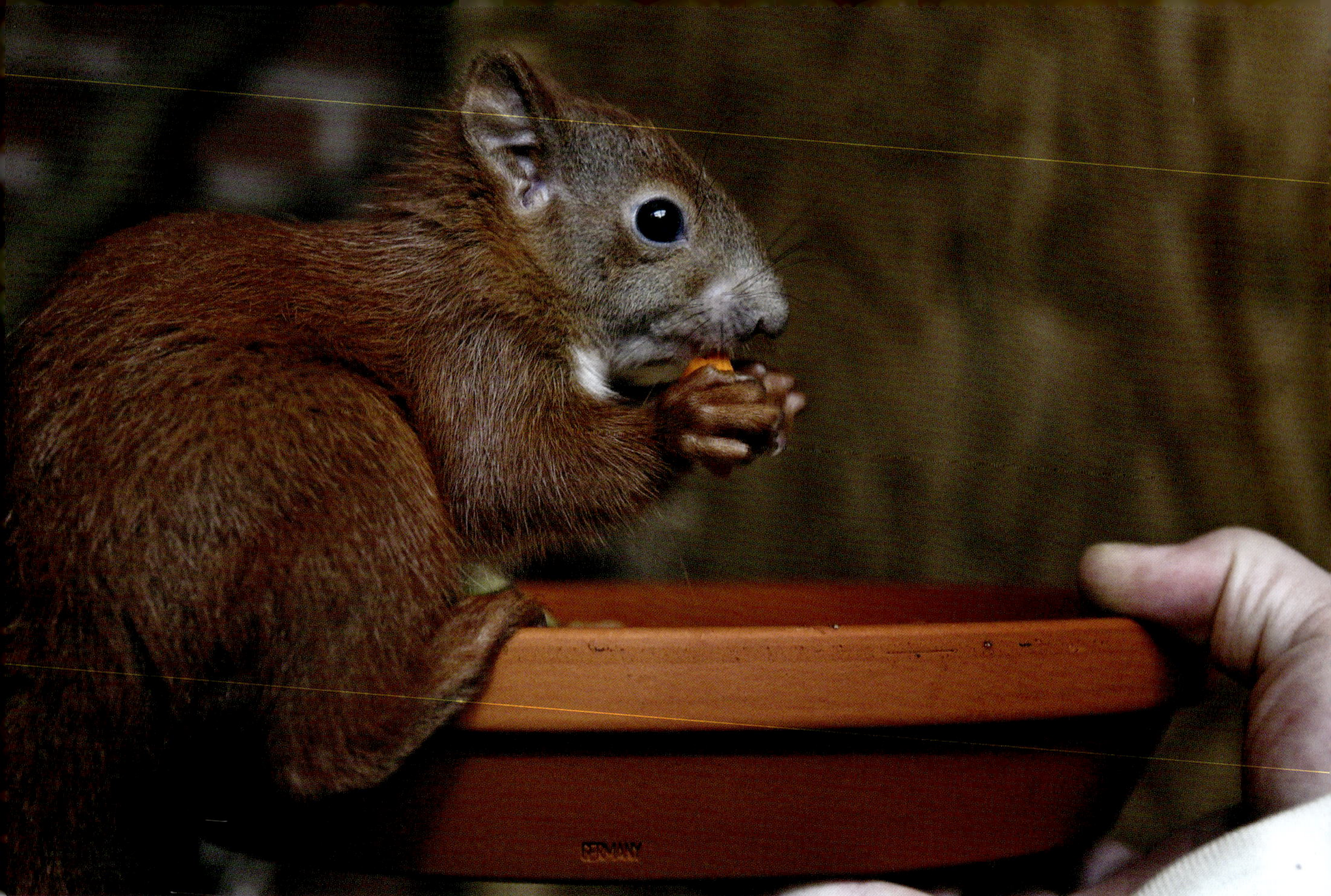

f/4.5 | 1/50 Sek. | ISO 400 | 51 mm | indirekter Blitz

Dasselbe Eichhörnchen kurz vor der Auswilderung.

Noch einige Male habe ich das Eichhörnchen fotografiert, bis der Tag der Auswilderung gekommen war. Nicht nur bei der „Eichhörnchenmutter" flossen die Tränen, sondern auch bei mir. Und passend zur Situation „weinte" auch der Himmel. Ich hoffe, das Tierchen erfreut sich irgendwo da draußen bester Gesundheit und hat inzwischen selbst für Eichhörnchen-Nachwuchs gesorgt.

Zootiere fotografieren

In den meisten deutschen Zoos ist das Fotografieren erlaubt – mit gewissen Einschränkungen. Das Veröffentlichen der Fotos im Internet oder gar in den Printmedien zu kommerziellen Zwecken ist jedoch nur selten gestattet.

Näheres erfahren Sie in der sogenannten Zooliste, die allerdings keinen Anspruch auf Vollständigkeit und Korrektheit erhebt. Sie finden sie im Internet unter folgendem Link: *www.zooliste.de/*.

Weil das Fotografieren für professionelle Fotografen in den deutschen Zoos leider sehr stark eingeschränkt ist (hier gilt rechtlich das gleiche Hausrecht wie in Kirchen oder anderen öffentlichen Gebäuden), habe ich die Freude an der Tierfotografie in Zoos verloren.

Dennoch möchte ich Ihnen hier ein paar Tipps geben, wie Ihnen Tierfotos auch durch die Zäune von Gehegen hindurch gelingen können. Allerdings habe ich keine Fotos von Exoten im Archiv, weil ich die wenigen Zootiere, die ich im Hamburger Tierpark Hagenbeck fotografierte, nur meinen Freunden zeigen darf (siehe Zooliste).

Für Fotos ohne sichtbare Gitterstäbe brauchen Sie zwingend eine längere Brennweite, die Sie direkt vor dem Zaun des Geheges positionieren. Wenn Sie dann auf das etwas weiter entfernt stehende oder liegende Tier fokussieren, werden die störenden Stäbe nahezu unsichtbar. Wenn Sie das Beispielfoto jedoch genau anschauen, erkennen Sie am Boden eine Unschärfe. Die entstand genau durch einen dieser Gitterstäbe. Aber ich denke, dieser kleine Fehler fällt beim Anblick des in der Frühlingssonne gähnenden Zickleins nicht weiter ins Gewicht.

Ein Weitwinkelobjektiv ist leider nicht besonders geeignet für Aufnahmen von Tieren, die in Zoos hinter Gittern leben, weil diese bei einem solchen Objektiv meistens mit abgebildet werden. Ein Teleobjektiv ist hingegen in der Lage, Dinge, die sich nahe an der Frontlinse befinden, in Unschärfe aufzulösen. Denn bei meinem 70–200-mm-Objektiv werden erst Dinge scharf abgebildet, die sich mindestens

Das gähnende Zicklein (okay, es ist nicht wirklich ein exotisches Tier) fotografierte ich durch die Gitterstäbe eines Geheges.

f/9 | 1/1250 Sek. | ISO 200 | 200 mm

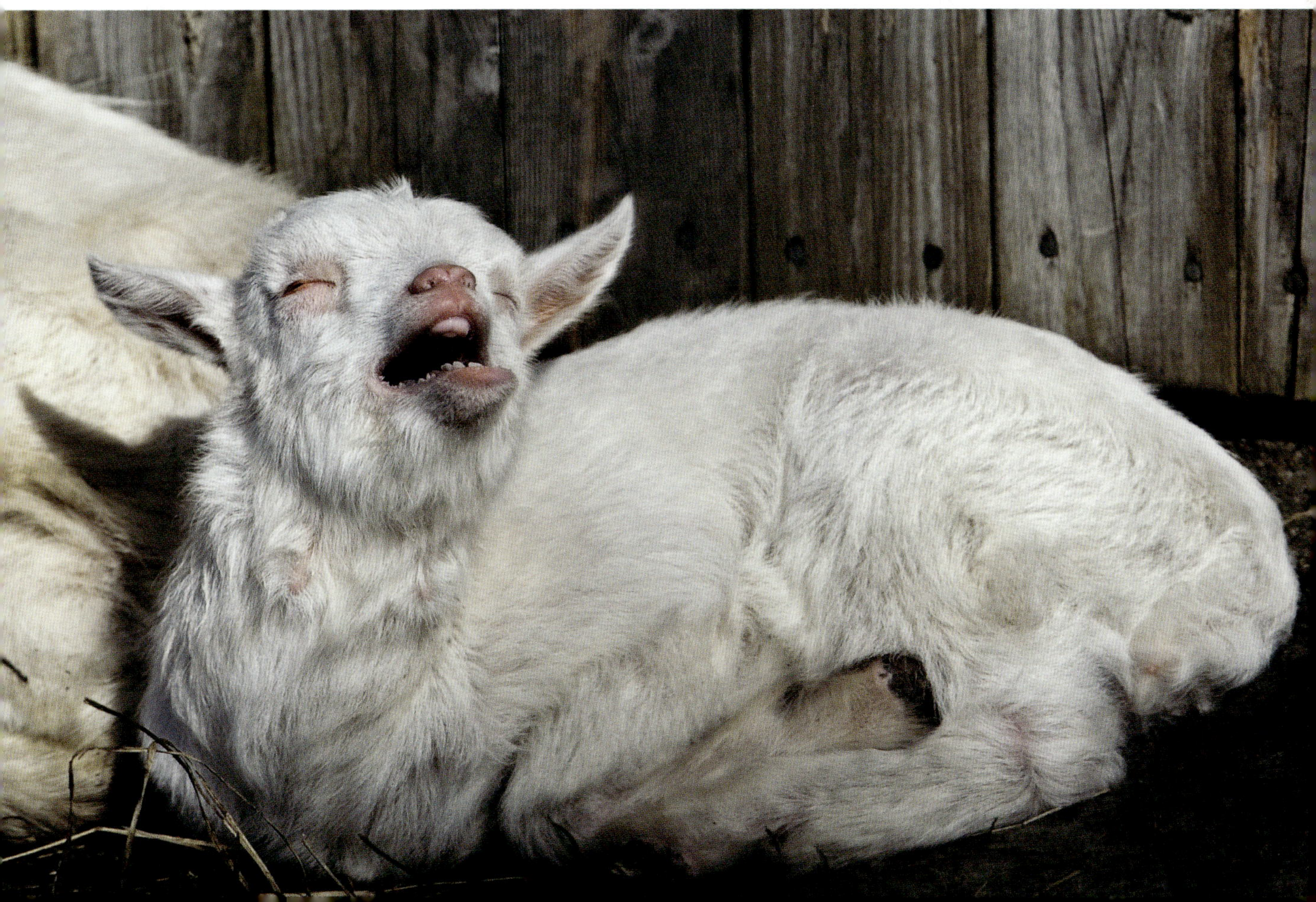

in 1,40 m Entfernung befinden. Zaunmaschen oder Gitterstäbe sind dann höchstens noch als Schatten zu erkennen. Ich habe kein klassisches „Gitterfoto" bei mir im Archiv gefunden, aber eines, das vielleicht trotzdem gut veranschaulicht, was ich meine.

Und genau wie hier die Halme (die viel zu dicht standen, um sie aufzulösen) könnten natürlich auch Gitterstäbe oder ein Zaun zum beabsichtigten Bildelement werden – es hängt eben sehr davon ab, welche Aussage Ihr Foto haben soll: Soll es erkennbar ein Tier in Gefangenschaft zeigen, dann muss das zu erkennen sein.

Auf meinem Beispielbild war's einfach nur eine kleine fotografische Spielerei …

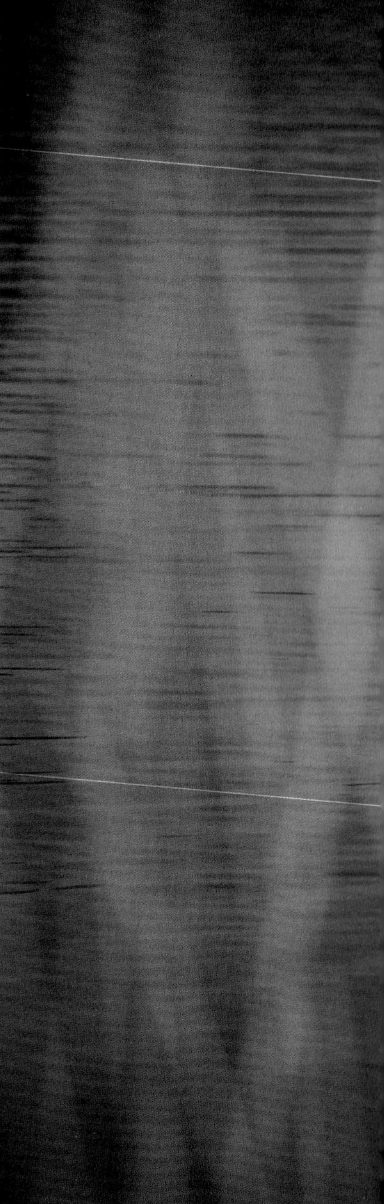

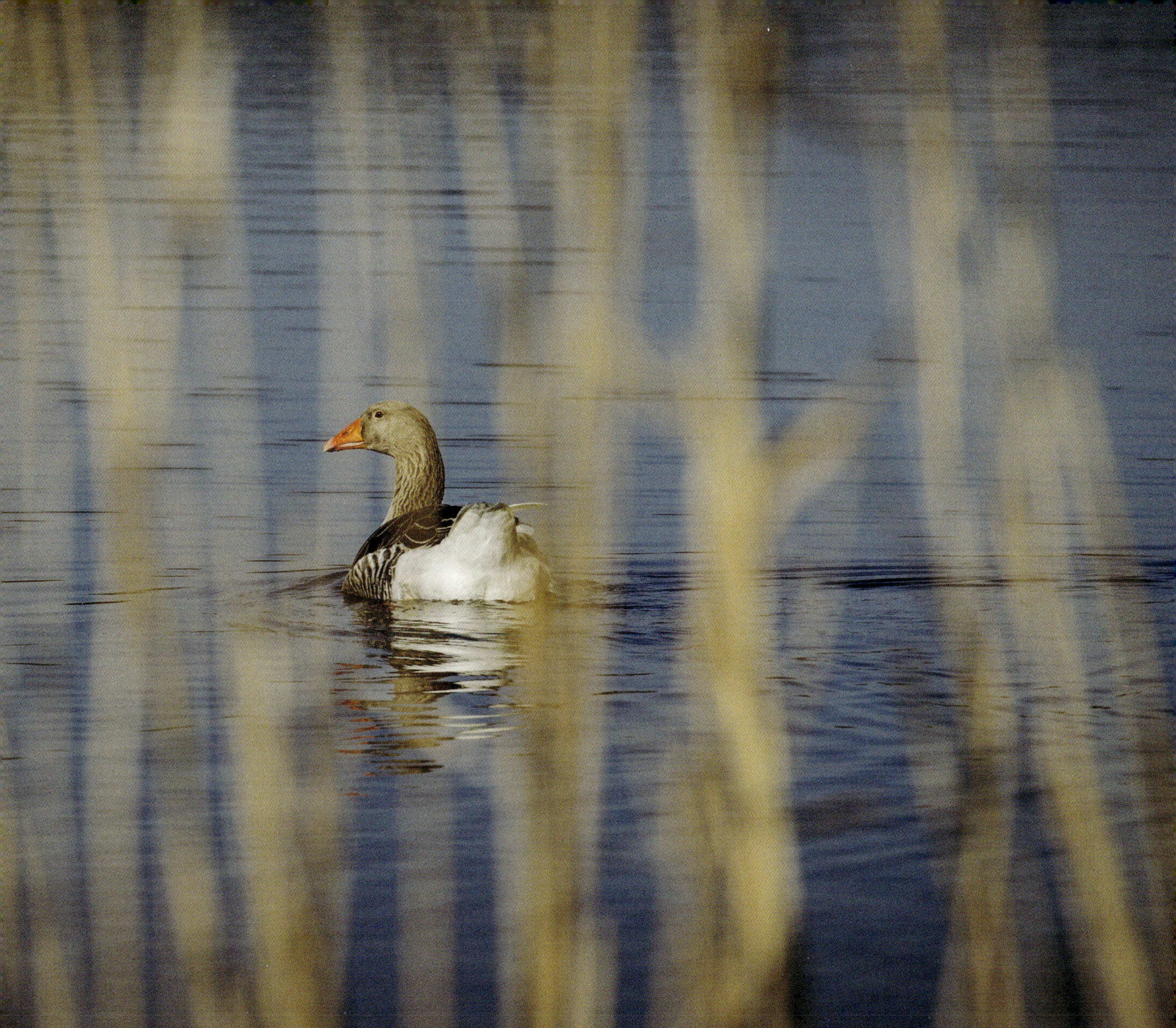

f/8 | 1/320 Sek. | ISO 100 | 200 mm

Hier sind es nur Schilfhalme und keine Gitterstäbe, durch die hindurch ich die (natürlich frei lebende!) Wildgans auf dem See fokussierte – und sie mich!

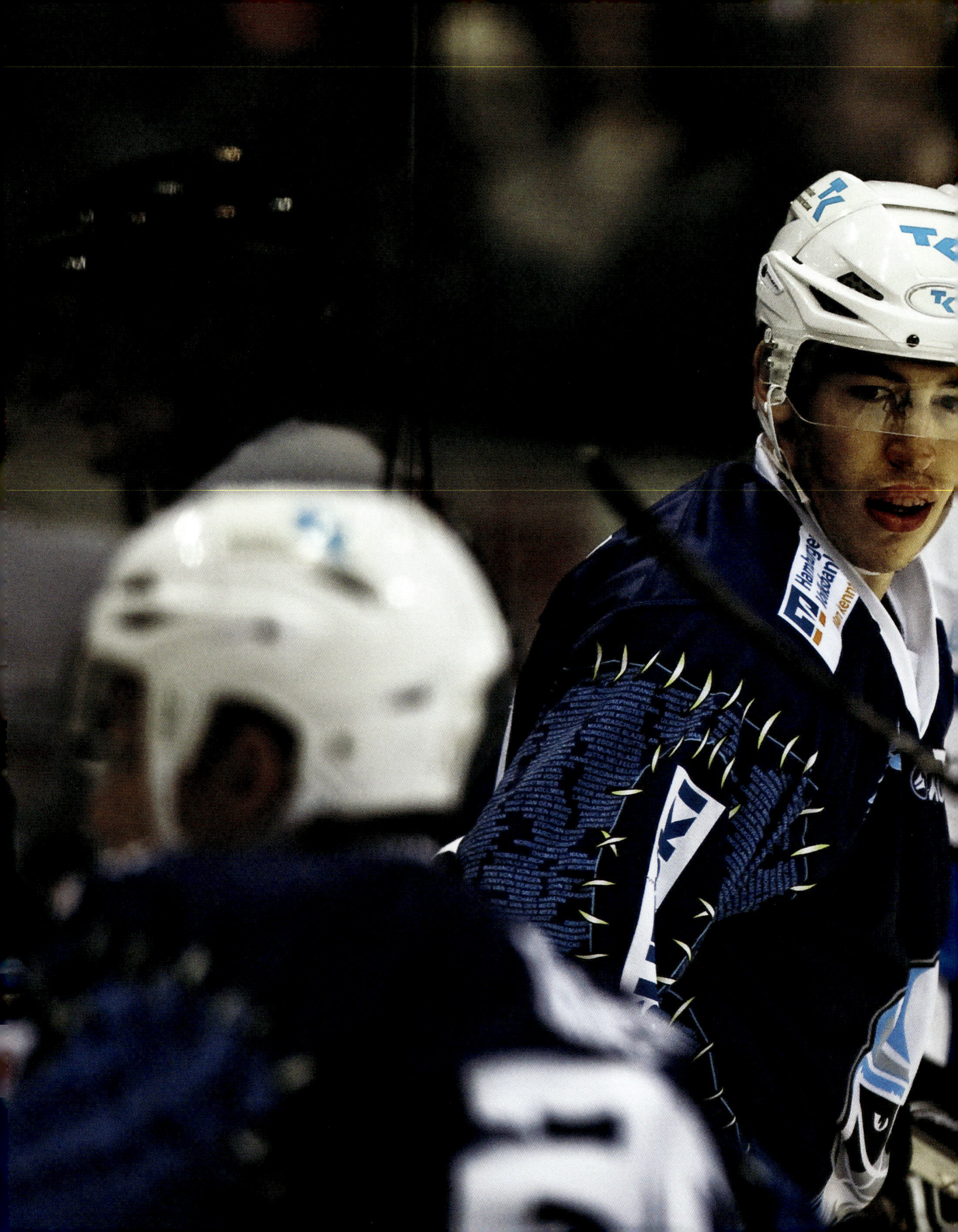
TK

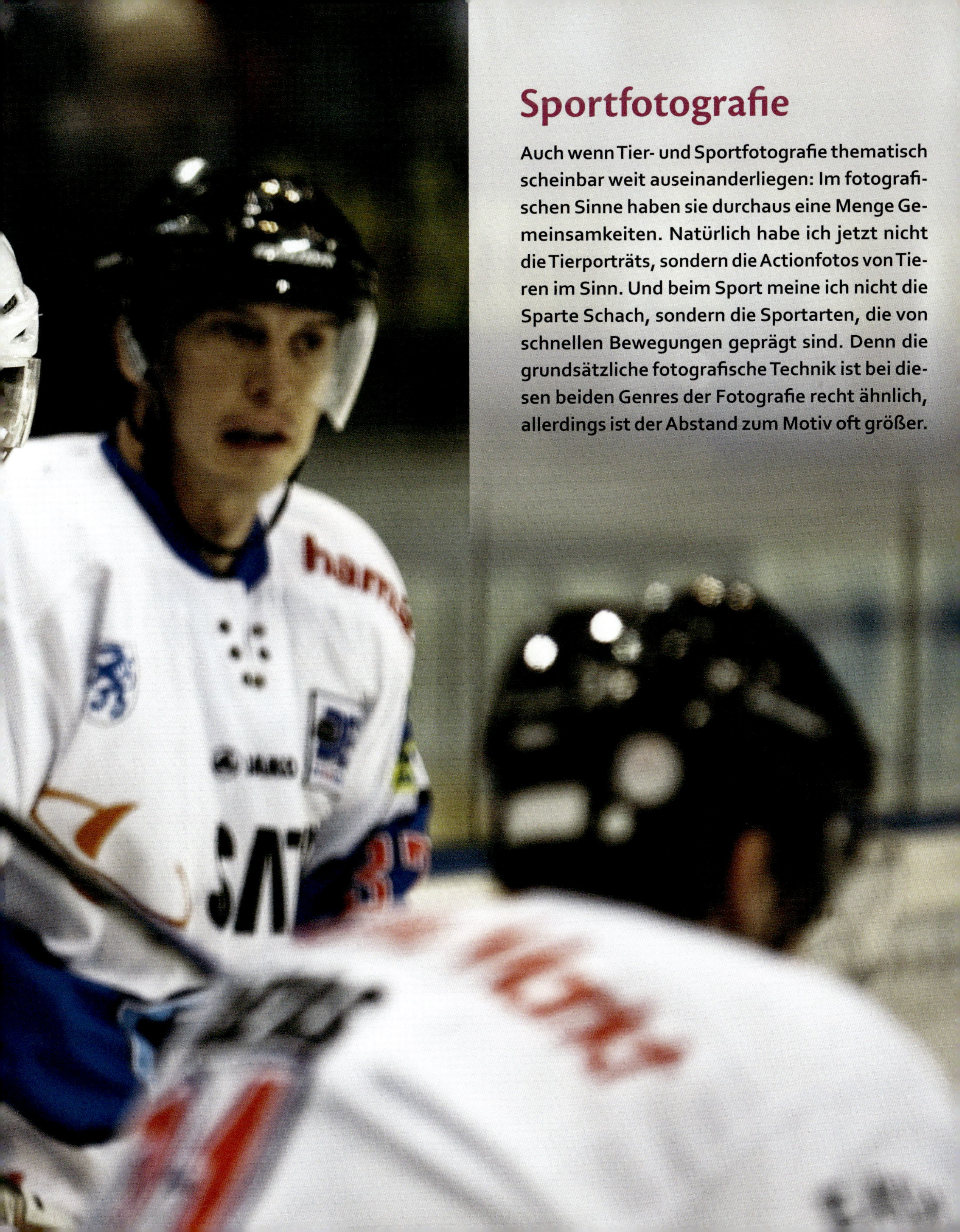

Sportfotografie

Auch wenn Tier- und Sportfotografie thematisch scheinbar weit auseinanderliegen: Im fotografischen Sinne haben sie durchaus eine Menge Gemeinsamkeiten. Natürlich habe ich jetzt nicht die Tierporträts, sondern die Actionfotos von Tieren im Sinn. Und beim Sport meine ich nicht die Sparte Schach, sondern die Sportarten, die von schnellen Bewegungen geprägt sind. Denn die grundsätzliche fotografische Technik ist bei diesen beiden Genres der Fotografie recht ähnlich, allerdings ist der Abstand zum Motiv oft größer.

7.1 Indoor-Sport

Sie haben vielleicht Kinder oder Partner, die gern Sport treiben, vielleicht auch im Verein. Dort finden Wettkämpfe oder auch Turniere statt, bei denen Sie sicher gern Ihre Lieben fotografieren möchten. Für Sie ist dieses Kapitel gedacht. Auch wenn Sie hier Beispielfotos von größeren Sportevents finden werden: Die Prinzipien der Sportfotografie gelten hier genauso wie bei einem dörflichen Kinderfußballturnier und sind somit darauf übertragbar.

Ich fotografiere am liebsten sehr schnelle Sportarten. Glücklicherweise sind es gerade die Fotos von Sportarten mit hohem Tempo, die besonders gut geeignet sind, Ihnen brauchbare Tipps für gute Sportfotos von Ihren Familienmitgliedern zu geben – auch wenn Ihr Sohn auf dem Fußballplatz nicht das Tempo eines galoppierenden Polopferdes erreicht.

Lange Brennweite einsetzen

Für praktisch jede Art von Sportfotografie brauchen Sie ein Teleobjektiv mit ordentlicher Brennweite. Nur selten kommen Sie ganz nah ans Geschehen heran. Meine Fotos hier entstanden ausschließlich mit zwei lichtstarken Teleobjektiven mit einer Anfangsblende von f/2.8. Zum einen mit einer 70–200-mm-Linse und zum anderen mit einer 300-mm-Festbrennweite.

Fangen wir gleich mit dem schwierigsten Einsatzort an, der Sporthalle. Die Lichtverhältnisse dort sind definitiv nicht für uns Fotografen gemacht – leider. Erstens ist es selbst in scheinbar gut ausgeleuchteten Hallen meistens deutlich weniger hell als im Freien, und zweitens hat die Beleuchtung keine einheitliche Farbtemperatur, was leicht zu Farbstichen führt.

RAW oder JPEG?

Sinnvoll wäre es – um später die Fotos besser bearbeiten zu können –, im RAW-Format zu fotografieren. Aber: Manche Kameramodelle lösen im RAW-Modus wesentlich langsamer aus als im JPEG-Format. Auch lassen sich im RAW-Format in der Serienbildfunktion nicht so viele Bilder hintereinander fotografieren, weil die Kamera länger braucht, die großen

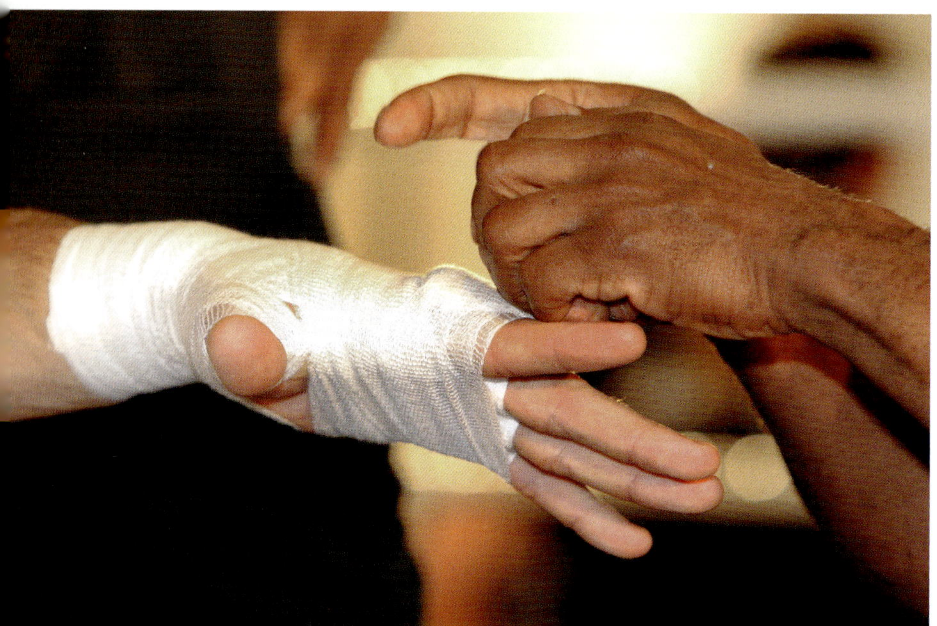

f/4.5 | 1/80 Sek. | ISO 1250 | 200 mm

Die Hände eines Boxers werden bandagiert. Sportfotografie ist mehr als „nur" das Ablichten von Spiel- oder Kampfszenen.

RAW-Fotos abzuspeichern. Ich fotografiere Sportmotive also meistens im JPEG-Format, weil ich die Fotos anschließend möglichst zeitnah an Kunden oder Agenturen schicken muss und daher sowieso keine Zeit für die Bildbearbeitung bleibt. In Hallen werden Sie den ISO-Wert auch häufiger auf 1000 oder noch höher einstellen müssen, um auf die notwendigen kurzen Belichtungszeiten um 1/1000 Sek. zu kommen.

Ist es nicht möglich, derart kurze Belichtungszeiten unter den vorhandenen Lichtbedingungen zu erreichen, dann haben Sie zwei Möglichkeiten: Fotografieren Sie Bewegungen als Mitzieher (siehe in Kapitel 7.2 den Abschnitt „Dynamische Mitzieher") oder richten Sie Ihr Augenmerk auf ruhigere oder unbewegte Details.

Zum Beispiel können Sie auf das Tornetz scharf stellen, das Spiel im Hintergrund bleibt in der Unschärfe. Oder die angespannten Gesichter der Mitspieler auf der Auswechselbank, der Torwart (wenn er gerade nichts zu tun hat), der Schiedsrichter beim Pfeifen, die Hände eines Boxers, die vor dem Sparring gewickelt werden oder, oder, oder. Die Spielszenen sind nur ein Bereich der Sportfotografie – es gibt ja noch viel mehr Motive rund um das Spielfeld!

Die Tochter meines Mannes beim Handball-Torwarttraining.

f/3.5 | 1/200 Sek. | ISO 1600 | 60 mm

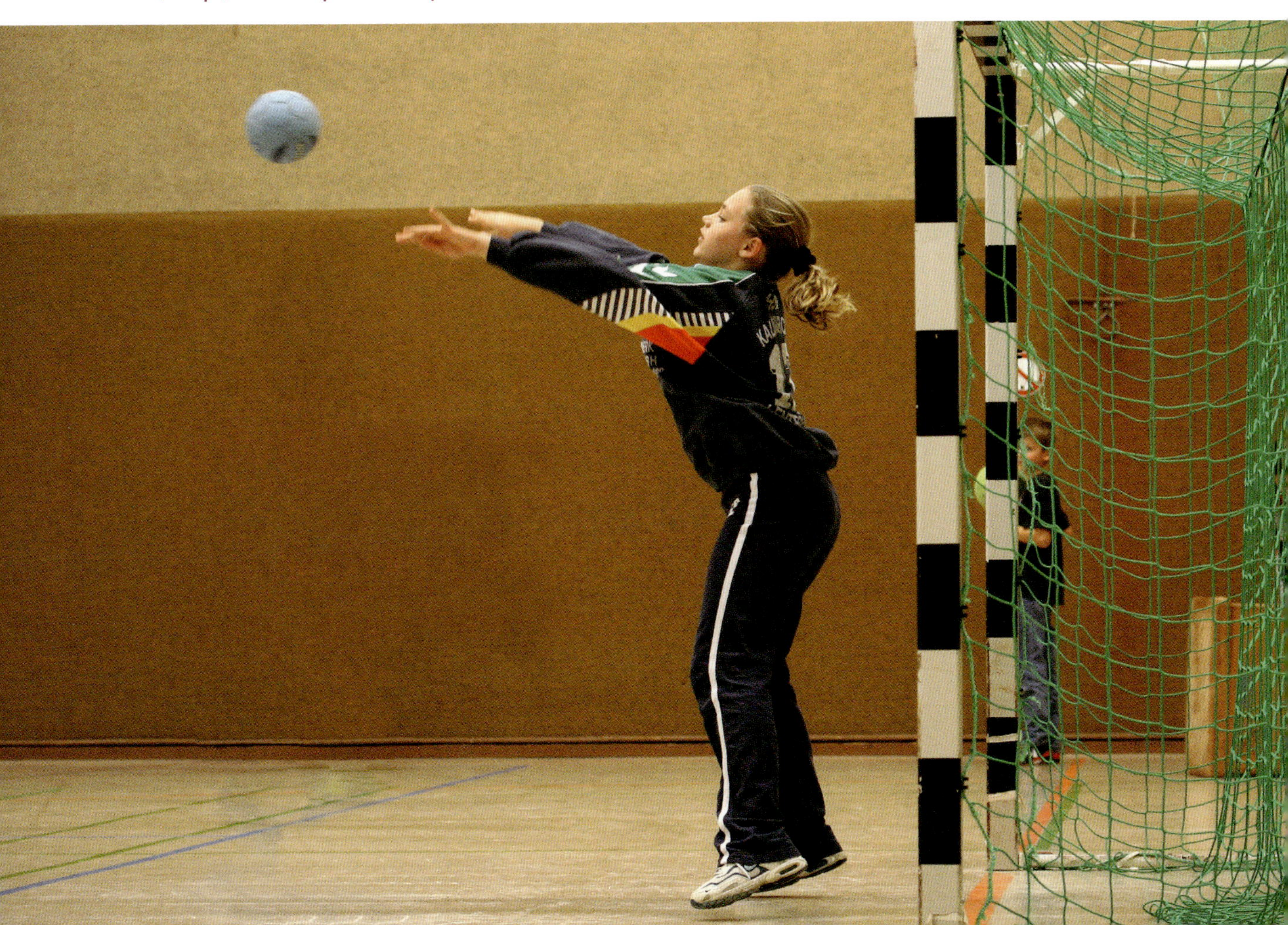

Schwierige Fotobedingungen

Trotz hoher ISO-Werte entstehen die meisten Sportfotos in Hallen selten mit Blendenöffnungen, die kleiner als f/4 sind.

Glücklicherweise spielen sich die entscheidenden Szenen auf kleinem Raum ab, sodass Sie auf eine hohe Schärfentiefe verzichten können.

Erschwert werden die Fotobedingungen – gerade bei so rasanten und nicht ganz ungefährlichen Sportarten wie Eishockey – durch Schutzmaßnahmen für die Zuschauer (und Fotografen).

Beim Handball ist es z. B. meist ein Netz hinter den Toren. Doch genau aus der Hintertorperspektive sind die besonders packenden Szenen zu fotografieren!

Beim Eishockey gibt es eine hohe Plexiglaswand, die rund um das Spielfeld gebaut ist, damit niemand von einem verirrten Puck verletzt wird. Und die ist durch die üblichen Rempeleien an der Bande oft böse zerkratzt. Die hier gezeigten Bilder wurden alle durch diese Scheibe fotografiert – es geht also, aber die Bedingungen waren wirklich eine Herausforderung.

Freezers-Spieler Matt Cohen ist an der Bande von anderen umringt, doch nur sein Gesicht ist scharf abgebildet.

f/2.8 | 1/1250 Sek. | ISO 1000 | 300 mm | 17,80 m Abstand

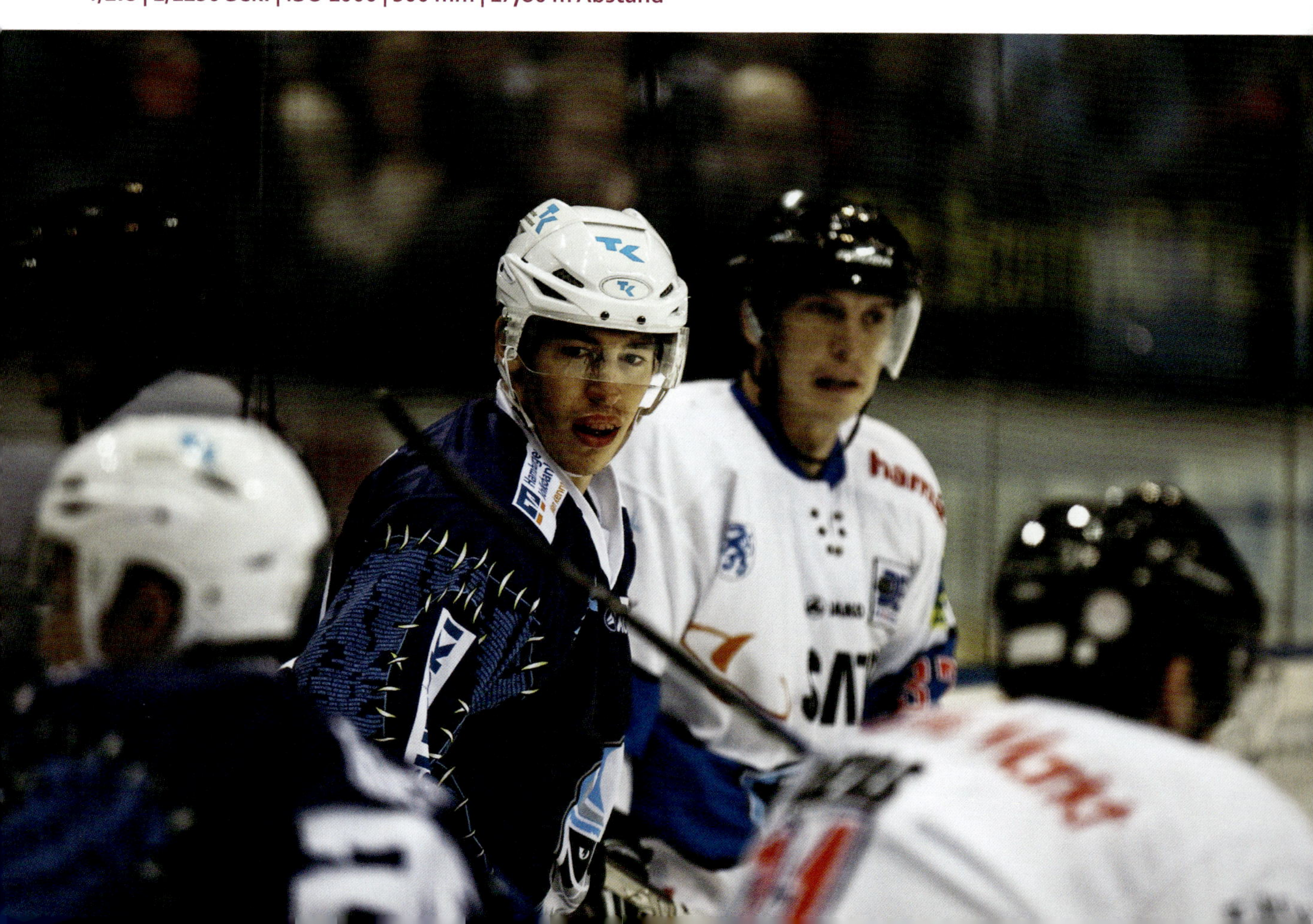

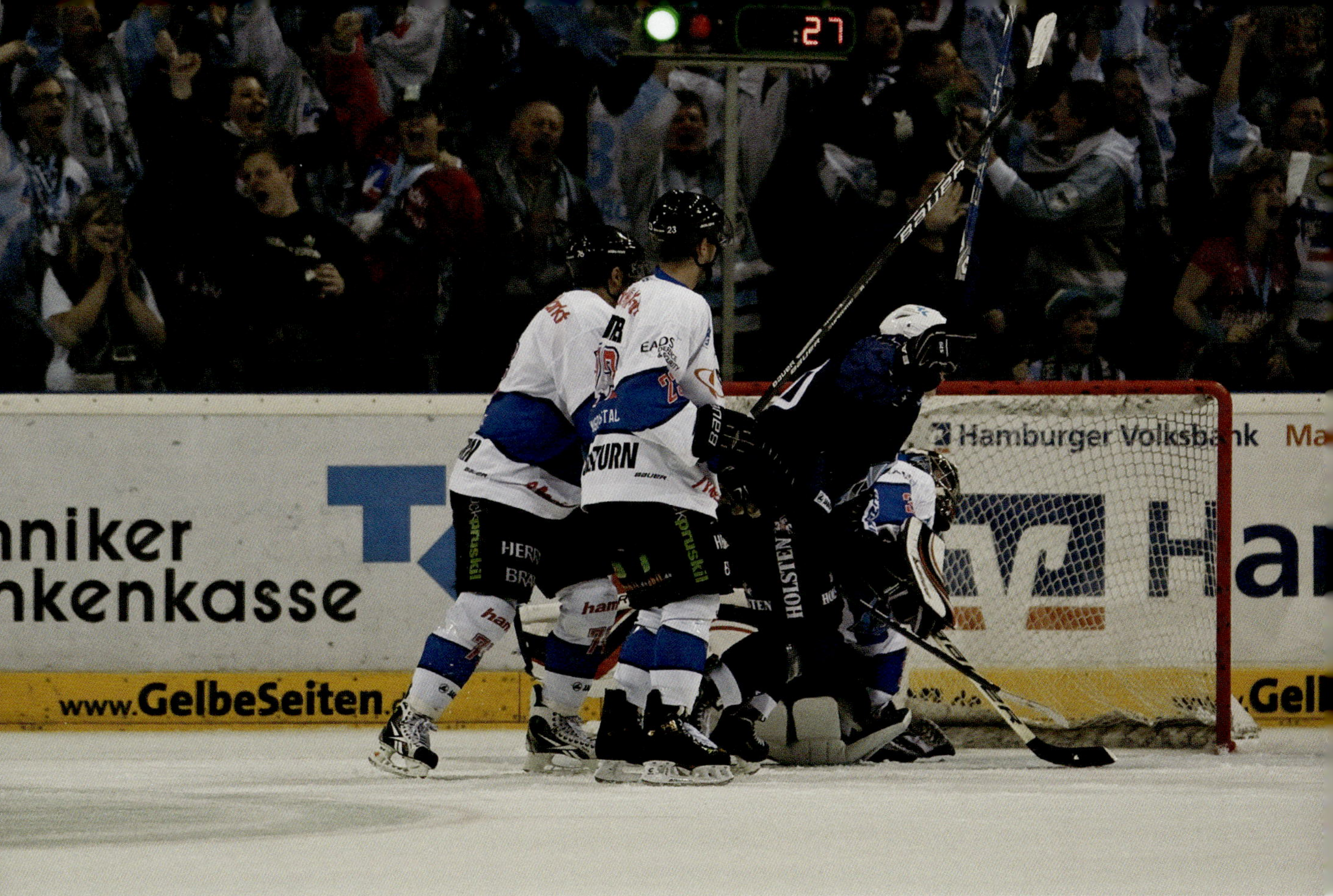

f/3.5 | 1/1000 Sek. | ISO 1000 | 300 mm | 46 m Abstand zum Motiv

In vielen Sportarten spielen die Tore eine entscheidende Rolle. Entsprechend konzentrieren sich die interessanten Spielereignisse besonders vor den Toren. Sie sollten sich bei diesen Sportarten also einen Standort seitlich vom Tor oder im Bereich des Strafraums suchen. Auf das richtige Tor zu setzen, überlasse ich allerdings Ihnen.

Zwangsweise Offenblende

Wie knapp die Schärfe beim Fotografieren in der Sporthalle sein kann, zeigt dieses Foto vom Eishockey-Bundesligaspiel der Hamburg Freezers gegen die Ingolstadt Panther, das bei Offenblende (f/2.8) entstand.

Gehen Sie also davon aus, dass Sie in den meisten Sporthallen wegen der schlechten Lichtverhältnisse gezwungenermaßen mit offener Blende fotografieren müssen – optimal ist das natürlich nicht! Liebend gern hätte ich mit Blende 8 für eine größere Schärfentiefe fotografiert. Dann hätte ich auch den Jubel in den Gesichtern der Zuschauer z. B. bei Freezers-Toren scharf ablichten können. Doch bei f/3.5 werden die natürlich unscharf – leider.

Ich habe die Eishockey-Fotos nur ausnahmsweise im RAW-Format fotografiert – weil mir eine hohe Bildqualität für dieses Buch wichtig war. Ich stand nicht unter Stress wie meine Kollegen hinter der Plexiglaswand, die ihre Bilder in den Drittelpausen direkt per Laptop in die Sportredaktionen der Zeitungen schickten und keine Sekunde Zeit für die Bildbearbeitung hatten. Grundsätzlich empfehle ich, Sportbilder im JPEG-Modus und mit der schnellen Serienbildfunktion zu fotografieren, um eine höhere Ausbeute brauchbarer Fotos zu bekommen.

Das Motiv verfolgen – Autofokus nachführen

Zusätzlich sollten Sie unbedingt den nachführbaren Autofokus aktivieren – denn sonst rutscht Ihnen Ihr Motiv bei dem hohen Tempo, in dem sich die Sportler bewegen, ständig aus dem eingestellten (und knappen!) Schärfebereich. Gerade bei Fotos, die wegen der schlechten Lichtbedingungen mit weit geöffneter Blende und dem dadurch bedingten knappen Schärfebereich entstehen. Ohne Aktivierung des nachführbaren Autofokus kann es passieren, dass Sie zu Hause am Computer feststellen, dass Sie nicht ein einziges scharfes Foto auf der Speicherkarte haben: Das wäre der Super-GAU!

Wenn Sie den nachführbaren Autofokus an Ihrer Kamera aktiviert haben, fokussieren Sie einen Sportler, ein Detail oder eine Spielszene mit halb heruntergedrücktem Auslöser. Lösen Sie aus und halten Sie ihn gedrückt. Wenn Sie jetzt gleichzeitig mit der Kamera dem Spielverlauf folgen, schießt Ihre Kamera in der Serienbildfunktion ein Foto nach dem anderen – dabei bleibt der Fokus zuverlässig auf dem verfolgten Spieler. Ergebnis: Viele Fotos sind scharf! Glückwunsch!

Ach, hier sind noch zwei Argumente, warum bei actionreicher Sportfotografie das Fotografieren im JPEG-Format einen Sinn hat: Grund Nr. 1: Die Kamera kann JPEGs wesent-

Schwierige Lichtverhältnisse in Sporthallen zwingen uns Fotografen dazu, mit höheren ISO-Werten, Offenblende und eigentlich zu langen Belichtungszeiten zu arbeiten. So entsteht Bewegungsunschärfe.

f/3.2 | 1/320 Sek. | ISO 400 | 175 mm

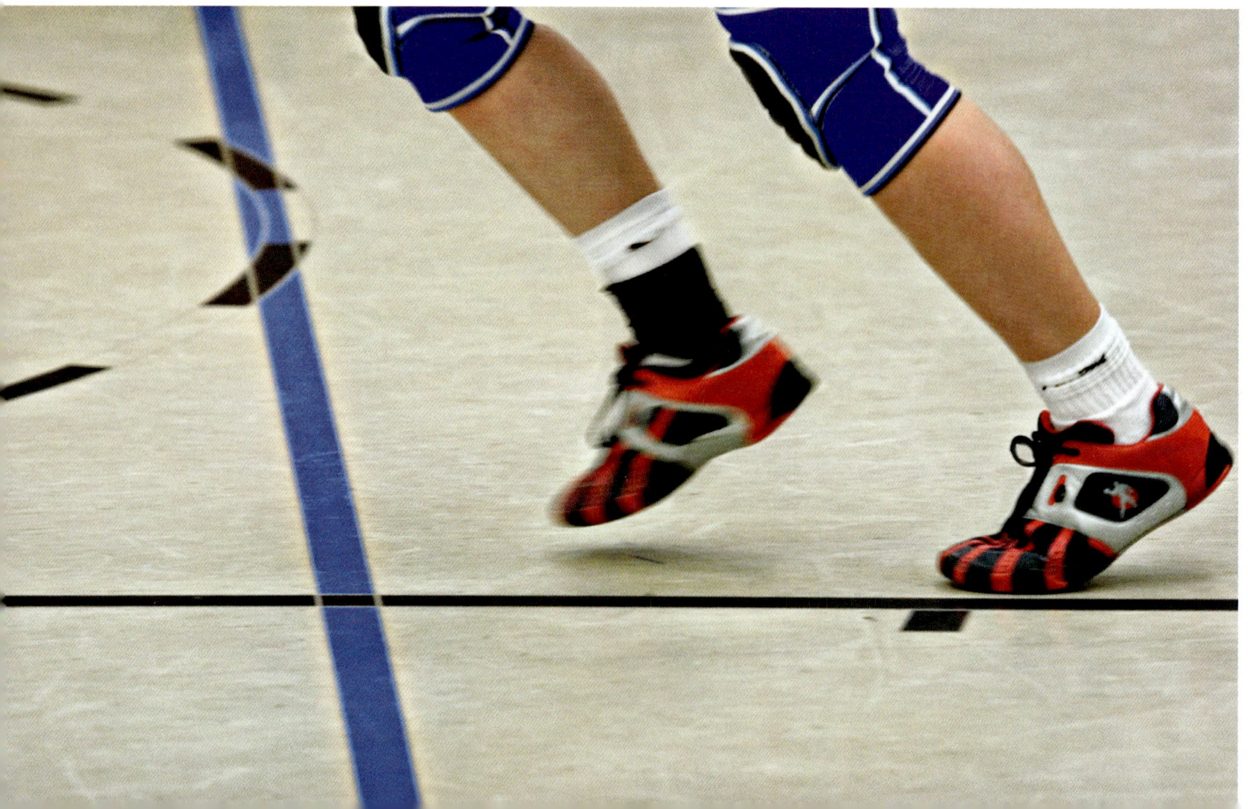

lich schneller abspeichern als RAWs und so sind viel mehr Fotos in Folge möglich. Grund Nr. 2: Es passen weit mehr Fotos auf die mitgebrachten Speicherkarten. Denn wenn Sie z. B. Spielszenen beim Fußball fotografieren, sind ganz schnell 4 oder 8 GByte Speicherplatz voll, wenn die Bilder im RAW-Format aufgenommen werden. Und es wäre doch sehr schade, wenn Sie keinen weiteren Speicherplatz für die zweite Halbzeit hätten!

Hilfsmittel Einbeinstativ

Wenn Sie zum ersten Mal mit einem Teleobjektiv eine Sportveranstaltung fotografieren, empfehle ich, ein Einbeinstativ zu nutzen. Das sorgt dafür, dass Sie das schwere Objektiv samt Kamera nicht ständig in einer bestimmten Position halten müssen. So verhindern Sie Muskelkater in den Fingern und Oberarmen. Aber das Fotografieren vom Einbeinstativ ist gewöhnungsbedürftig, weil es die Bewegungsfreiheit einschränkt. Nicht tauglich für die Sportfotografie sind Dreibeinstative – damit wären Sie viel zu unflexibel für dieses Genre der Fotografie und könnten dem rasanten Spielgeschehen nicht schnell genug mit der Kamera folgen.

Motivvielfalt im Sport nutzen

Die Motive in der Sportfotografie sind nicht weniger vielfältig als in anderen Genres der Fotografie: vom von Anstrengung und Kampfgeist gezeichneten Sportlergesicht über Spielszenen bis hin zu Detailfotos.

Detailaufnahme des Freezers-Torwarts beim Fangen des Pucks – selbst bei dieser schon extrem kurzen Belichtungszeit weist die kleine schwarze Scheibe noch eine Bewegungsunschärfe auf. Das Ding muss mindestens 100 km/h schnell gewesen sein.

f/3.5 | 1/1250 Sek. | ISO 1000 | 300 mm | 13 m Abstand zum Motiv

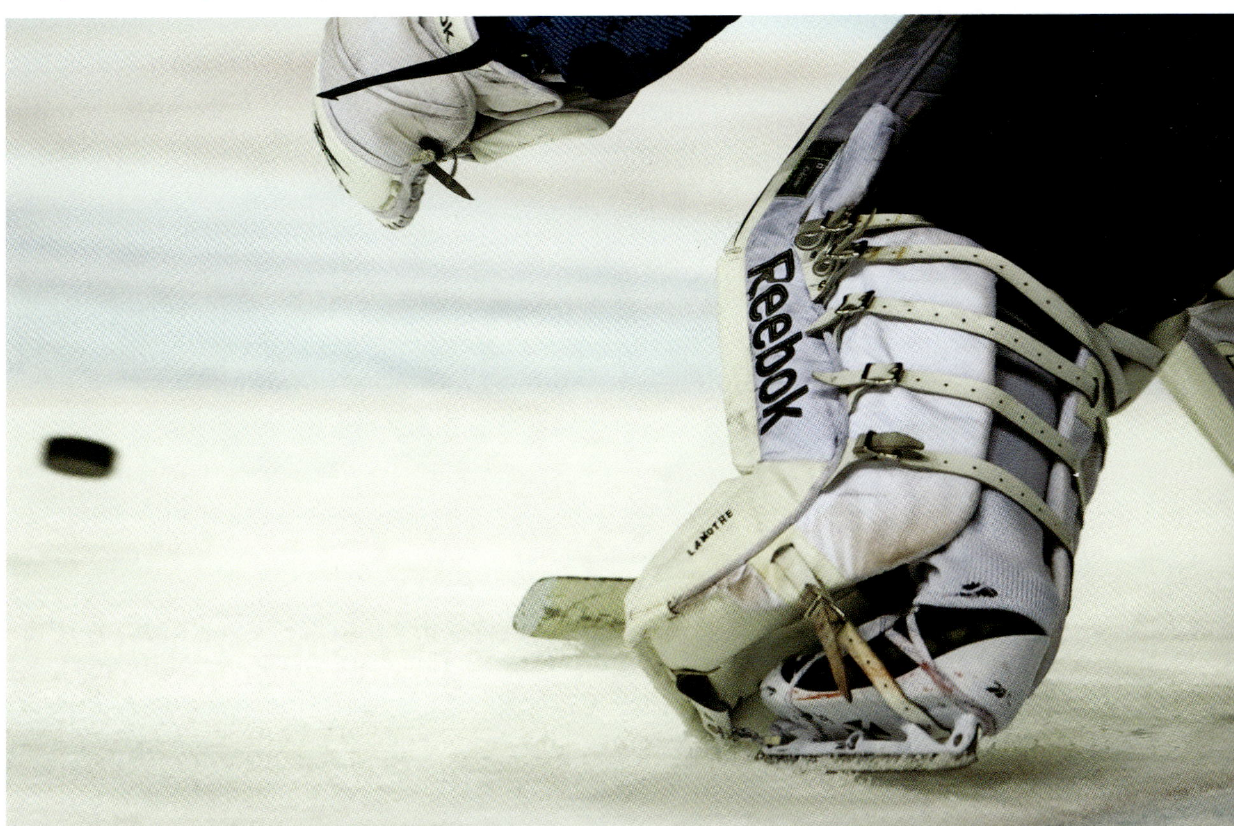

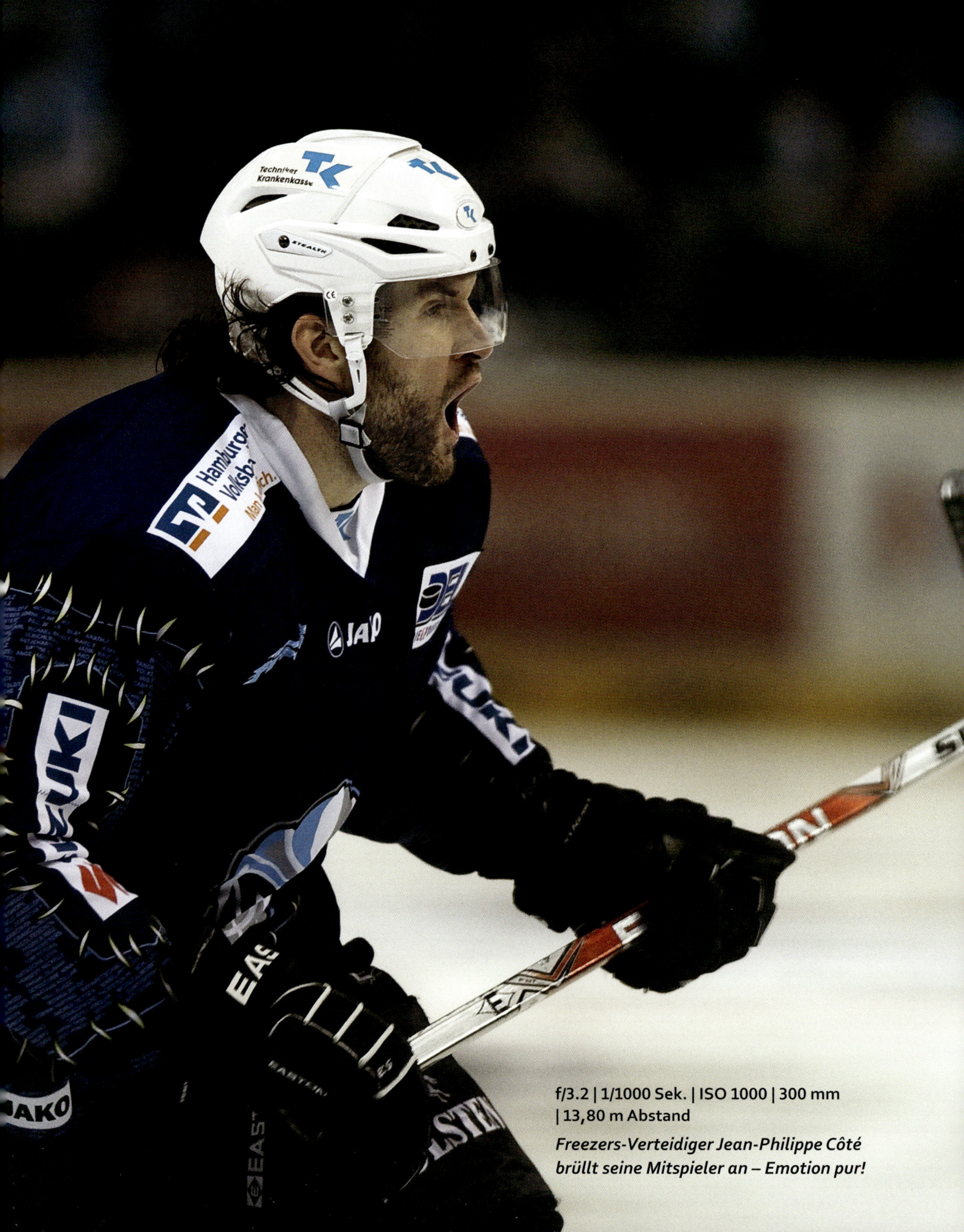

f/3.2 | 1/1000 Sek. | ISO 1000 | 300 mm | 13,80 m Abstand

Freezers-Verteidiger Jean-Philippe Côté brüllt seine Mitspieler an – Emotion pur!

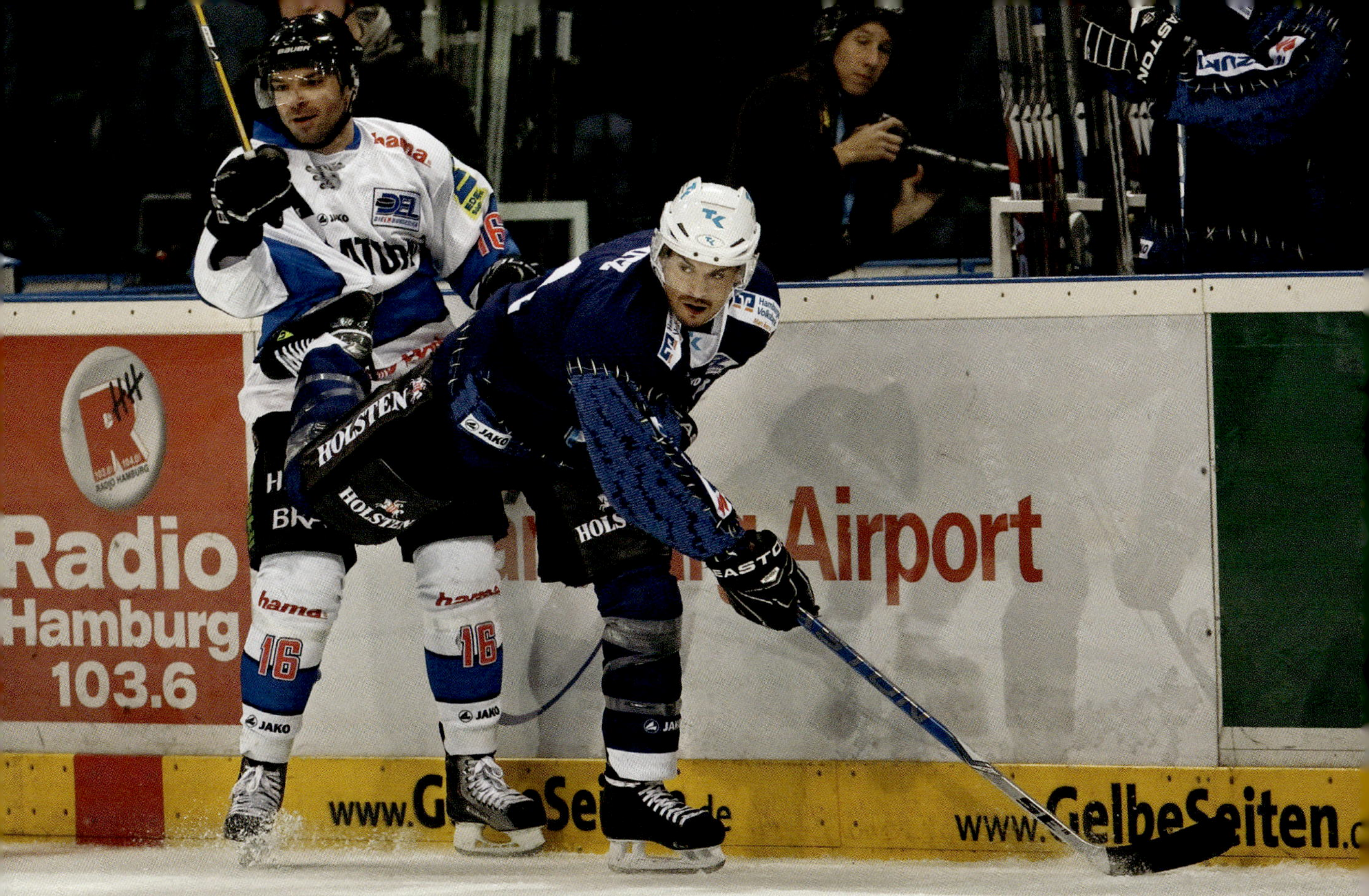

f/2.8 | 1/1250 Sek. | ISO 1000 | 300 mm | 46 m Abstand zum Motiv

Auf dem Eis geht es nicht gerade zimperlich zu. Fotografen, die an den Mannschaftsbänken (ohne die Plexiglasscheibe vor der Nase) fotografieren wollen, müssen aus Sicherheitsgründen einen Helm tragen

Wahl des Sportprogramms

Alle hier gezeigten Eishockey-Fotos entstanden im manuellen Modus – das ist aber kein Muss, wenn Sie noch unsicher im Umgang mit schnellen Kameraeinstellungen sind. Nutzen Sie statt des manuellen Modus die Blendenautomatik – hier wählen Sie die Belichtungszeit vor (mindestens 1/1000 Sek.). Die Kamera regelt dann die Blende automatisch. Auch mit dem Sportprogramm Ihrer Kamera können gute Actionbilder gelingen.

Kurzanleitung Sportfotos indoor

- Nutzen Sie ein Teleobjektiv mit mindestens 100 mm Brennweite, besser 200–300 mm – je lichtstärker, desto besser.
- Fotografieren Sie Actionbilder im Serienbildmodus und eventuell im JPEG-Format (ausreichende Menge Speicherkarten dabeihaben).
- Aktivieren Sie den nachführbaren Autofokus.
- Stellen Sie Ihre Kamera wegen der allgemein schwachen Lichtverhältnisse in Sporthallen auf einen ISO-Wert von mindestens 800–1000 ein.
- Benutzen Sie versuchsweise die Bildstabilisierung, wenn vorhanden.
- Wählen Sie mithilfe der Blendenautomatik die gewünschte Belichtungszeit vor (mindestens 1/1000 Sek.).

- Suchen Sie sich einen Kamerastandort möglichst dicht am Spielfeldrand aus (aber dennoch ungefährlich) und dann: viel Spaß!
- Ein Einbeinstativ unter dem Teleobjektiv gibt sicheren Stand und verhindert Muskelkater in den Armen am nächsten Tag. Minuspunkt: Es schränkt die Bewegungsfreiheit ein.

7.2 Action und Bewegung unter freiem Himmel

Draußen unter freiem Himmel sind die Lichtbedingungen meistens weitaus besser als in schlecht ausgeleuchteten Sporthallen. Draußen können Sie bei gutem Wetter auf derart hohe ISO-Werte wie in der Sporthalle verzichten und erreichen dennoch die notwendigen kurzen Belichtungszeiten. Vorausgesetzt natürlich, dass das Wetter für einigermaßen gutes Licht sorgt.

(Beach-)Polo bietet tolle Motive für Sportfotografen! Die Schönwetterblende 8 sorgt für so viel Schärfentiefe, dass auch noch der vor dem Ball zurückweichende Zuschauer scharf abgebildet ist.

f/8 | 1/1250 Sek. | ISO 200 | 400 mm (200 mm plus 2-fach-Konverter)

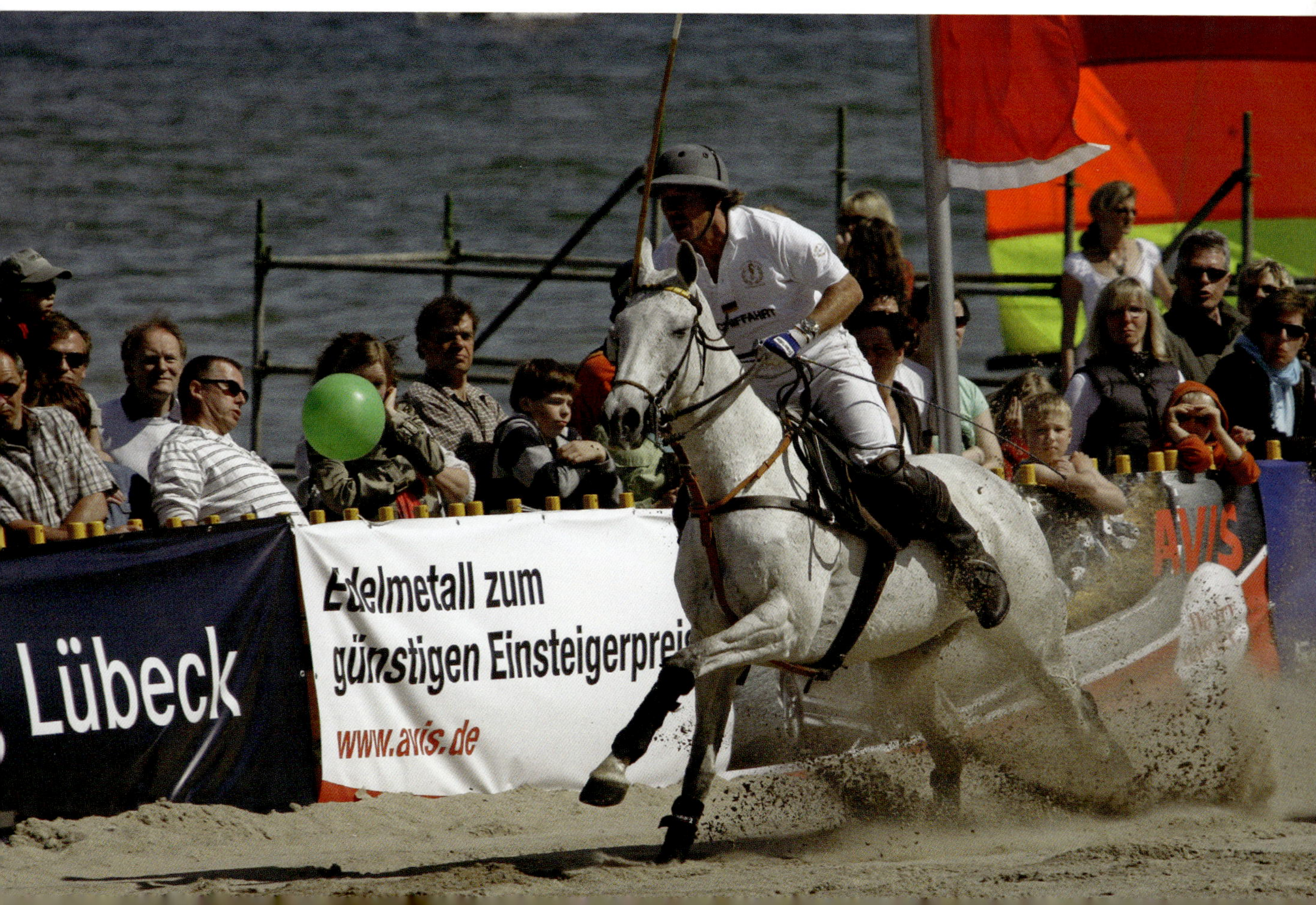

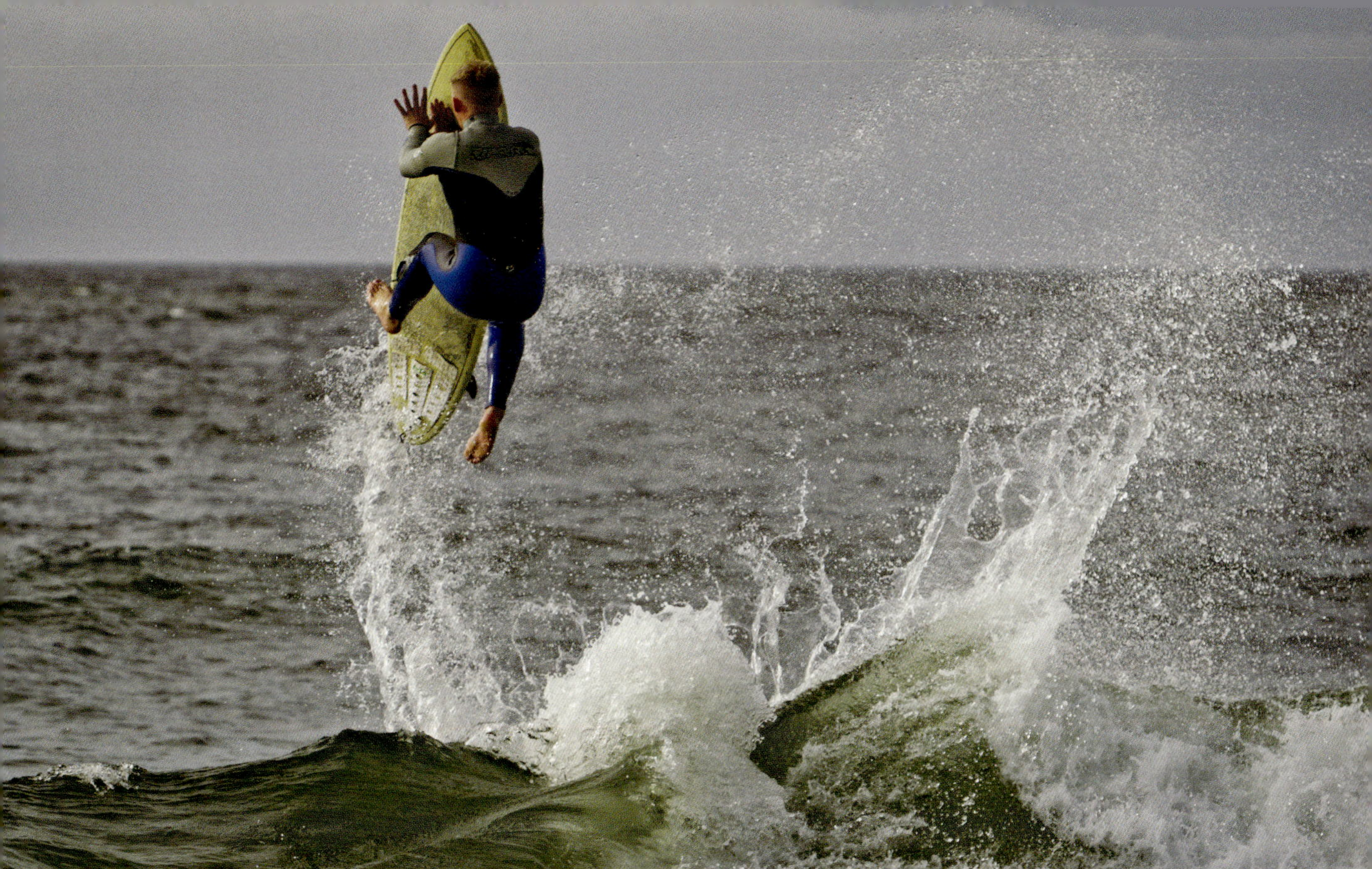

f/8 | 1/1250 Sek. | ISO 320 | 200 mm

Wie auf einer Rakete wird der Surfer aus der Welle katapultiert – das war sicher nicht von ihm so geplant, aber für mich ein tolles Motiv!

Denn nur bei diesen kurzen Zeiten ist die Kamera in der Lage, die Bewegungen so einzufrieren, dass Ihre Bilder keine Bewegungsunschärfe aufweisen.

Belichtungszeit der Sportart anpassen

Die optimale Belichtungszeit ist abhängig von den Geschwindigkeiten, die in der jeweiligen Sportart vorherrschen.

Wenn beispielsweise Ihr kleiner Sohn über das Fußballfeld spurtet, sind längere Belichtungszeiten möglich als bei einem galoppierenden Polopferd oder einem „abgehobenen" Wellenreiter.

Um Sport ohne Bewegungsunschärfen zu fotografieren, lässt sich über den Daumen gepeilt Folgendes sagen:

- Für Menschen, die sich ohne Hilfsmittel bewegen, reichen 1/500 Sek. als längste Belichtungszeit meistens aus.
- Für Menschen, die sich auf Kufen, Pferden, Surfbrettern, Motorrädern o. Ä. fortbewegen, brauchen Sie mindestens 1/1000 Sek. als Belichtungszeit.

Also: Je schneller die Bewegung des Objekts ist, das Sie fotografieren, desto kürzer muss die Belichtungszeit sein, um sie quasi einzufrieren – wie bei diesem scheinbar fliegenden Polopferd.

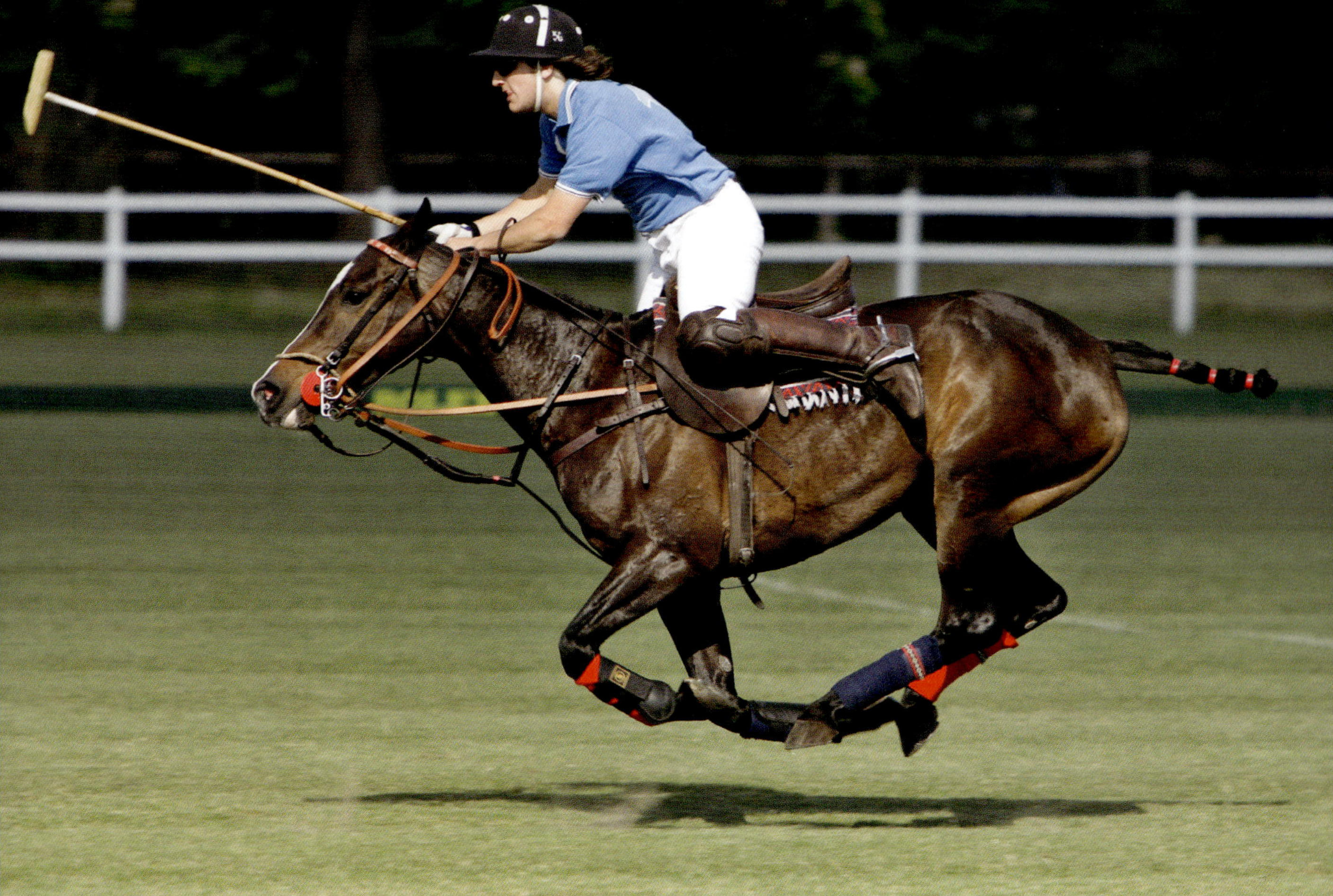

f/7.1 | 1/640 Sek. | ISO 320 | 200 mm (plus 2-fach-Konverter = 400 mm)
Der deutsche Polonationalspieler Maximilian Bosch „fliegt" auf seinem Pferd dem Ball hinterher.

Wenn Sie an Ihrer Kamera eine besonders kurze Belichtungszeit vorgeben, achten Sie darauf, ob die Kamera ein Warnsignal aussendet. An vielen Kameramodellen blinkt z. B. die Blendenzahl im Sucher, wenn die Kamera zur eingestellten Belichtungszeit keine passende Blendenöffnung mehr findet. Häufig blinkt auch ein Blitzsymbol. Diese Warnzeichen sollen signalisieren, dass ein unterbelichtetes Foto droht. Dann hilft es nur noch, die ISO-Empfindlichkeit nach oben zu schrauben. An modernen Spiegelreflex- oder Systemkameras erhält man noch eine gute Fotoqualität bei ISO 3200. Ein gutes Mittel kann auch die ISO-Automatik sein. Wenn Sie die Automatik wählen, achten Sie darauf, ob sich die automatisch gewählten Werte begrenzen lassen. So überlassen Sie der Kamera nur einen Teil der Entscheidung.

Dynamische Mitzieher

Bei Mitziehern ist es gerade die Bewegungsunschärfe, die das Foto interessant macht. Eine pauschale Faustregel lässt sich hier leider nicht so leicht aufstellen. Die Belichtungszeit ist auch abhängig von der Stärke des Mitzieheffekts, den Sie erreichen möchten. Deshalb möchte ich hier einige Beispielfotos mit unterschiedlich starken Mitzieheffekten als Orientierungshilfe zeigen. Etwas moderater ist der Mitzieheffekt auf dem Foto oben rechts auf der nächsten Seite.

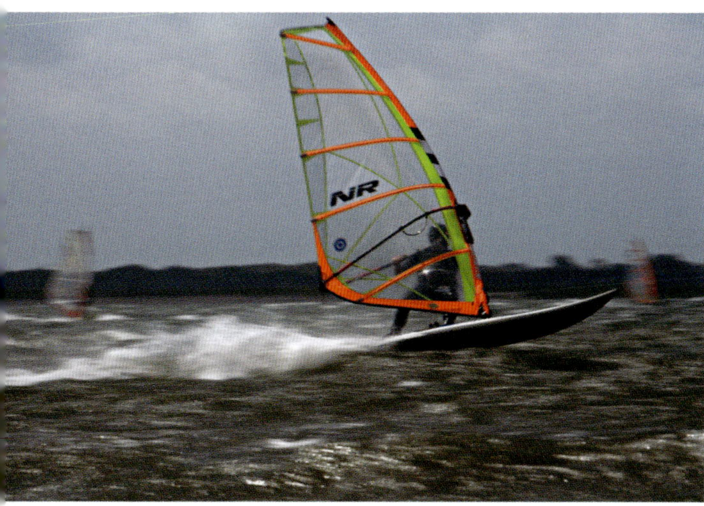

f/18 | 1/60 Sek. | ISO 100 | 330 mm

Windsurfer bei Starkwind – durch Mitziehen der Kamera gewinnt die Bewegung an Dynamik.

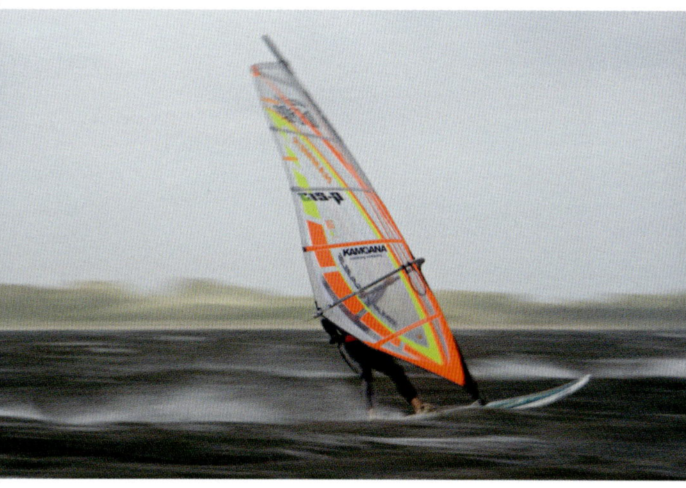

f/20 | 1/25 Sek. | ISO 100 | 330 mm (70–200 mm plus 2-fach-Konverter)

Rasender Windsurfer mit extremem Mitzieheffekt, der dem Foto eine eher künstlerische Impression verleiht.

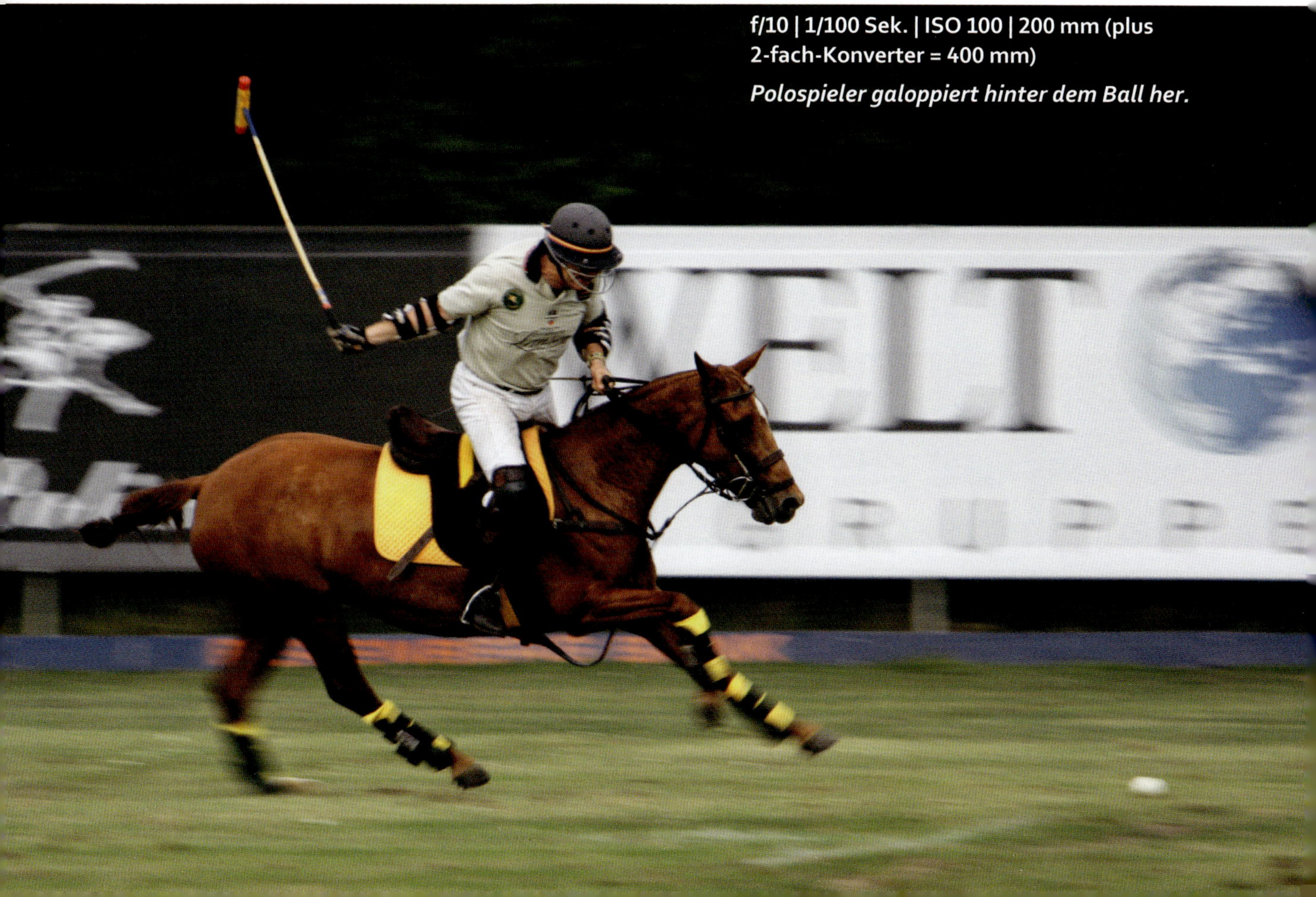

f/10 | 1/100 Sek. | ISO 100 | 200 mm (plus 2-fach-Konverter = 400 mm)

Polospieler galoppiert hinter dem Ball her.

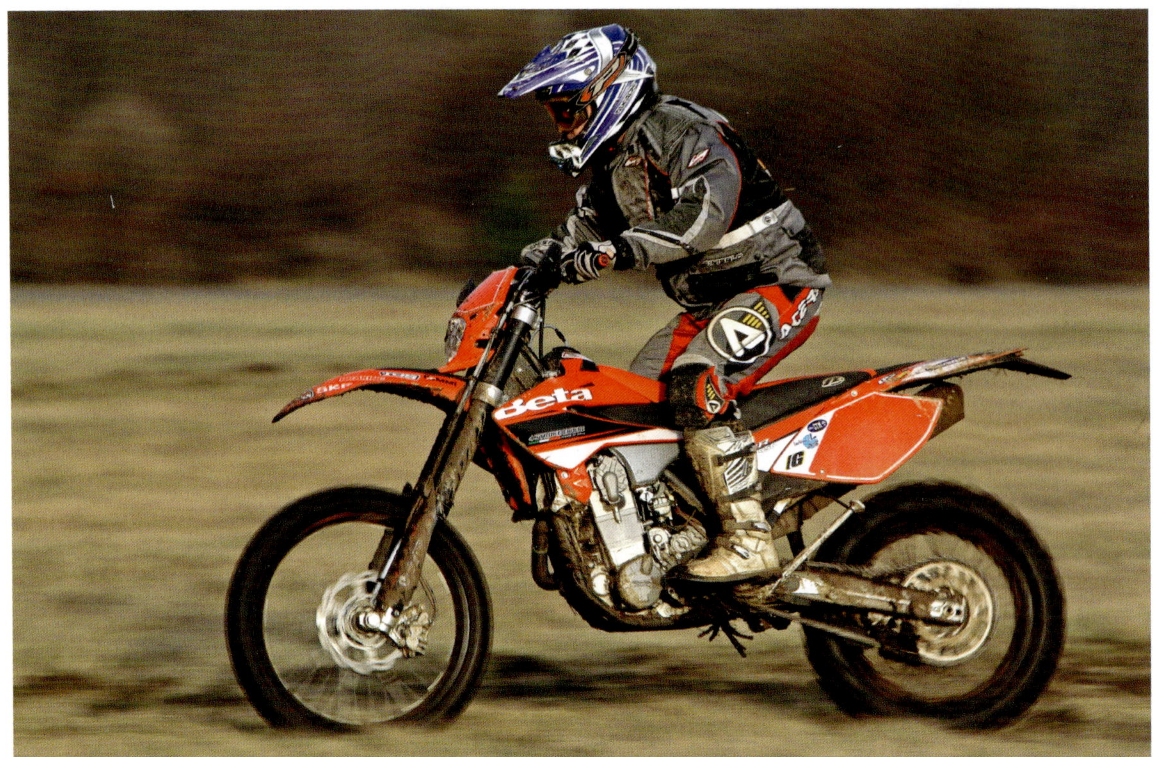

f/9 | 1/160 Sek. | ISO 320 | 200 mm (plus 2-fach-Konverter = 400 mm)
Motocrossfahrer rast auf seiner Maschine durch das Gelände.

Die vier Beispielbilder zeigen: Je stärker der Hintergrund verwischt wirken soll, desto länger müssen die Belichtungszeiten sein. Allerdings müssen diese dem Tempo des Motivs angepasst werden. Sie kommen also nicht darum herum, einige Belichtungszeiten auszutesten, bis Sie den Effekt erreichen, den Sie sich wünschen. Um überhaupt bei guten Lichtverhältnissen auf lange Belichtungszeiten zu kommen, sollten Sie mit weit geschlossener Blende arbeiten – wie bei dem extremen Mitzieher-Foto mit dem Windsurfer. Sind die Lichtverhältnisse schlecht, erreichen Sie auch bei weiter geöffneter Blende entsprechende Zeiten.

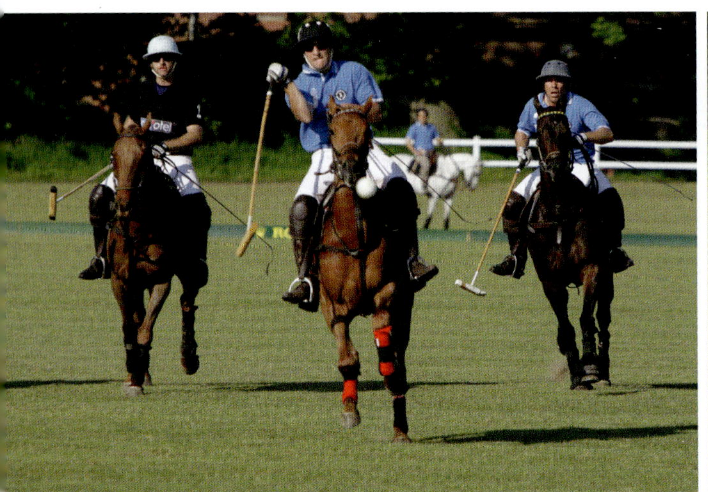

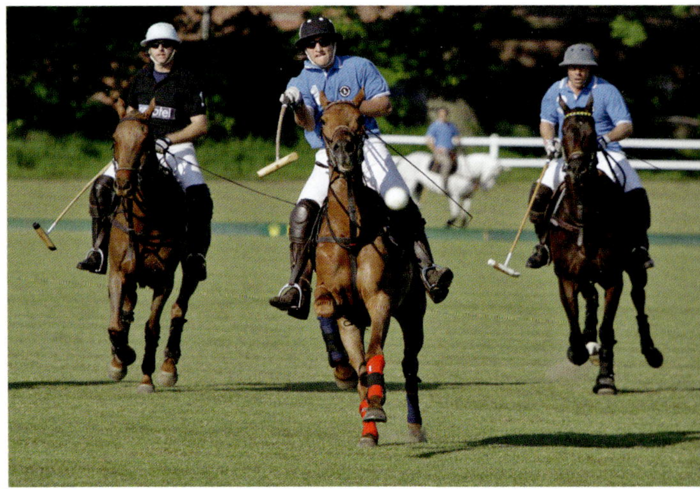

Autofokus und Serienbildfunktion

Mitzieher-Fotos gelingen allerdings nur, wenn der Autofokus so eingestellt ist, dass er dem Objekt folgen kann. Also: Schalten Sie den Nachführmodus des Autofokus ein, fokussieren Sie die Motivmitte, indem Sie den Auslöser halb herunterdrücken. Folgen Sie dem Surfer, dem Motocrossfahrer, dem Reiter, indem Sie die Kamera mitziehen, und lösen Sie dabei aus. Ein wenig Übung brauchen Sie für gelungene Mitzieher – nicht verzagen!

Neben dem nachgeführten Autofokus ist die Serienbildfunktion ein Garant für scharfe Actionfotos im Sport. Was ist besser als ein scharfes Foto von der rasanten Fahrt eines Windsurfers über das Wasser? Ganz einfach: Viele scharfe Fotos von dem Motiv! Ihre Kamera schießt in der Serienbildfunktion (je nach Kameramodell) zwischen 5 und 10 Fotos pro Sekunde im JPEG-Format ohne Verzögerung und bis zu 100 JPEGs hintereinander weg!

Schauen Sie sich die Fotos anschließend auf dem Kameradisplay an, wirken die Bilder im schnellen Durchlauf beinahe wie ein Film! Im RAW-Format schaffen die modernen Kameras allerdings nicht so viele Fotos – der Grund: Die Dateien sind größer als JPEGs und können von der Kameratechnik nicht so schnell abgespeichert werden.

Gefahren am Spielfeldrand

Die Serienbildfunktion verhalf mir auch zu folgender Bildserie, die zum Glück glimpflich für mich verlief – achten Sie bitte auf den Ball (Bildmitte), der bei diesem Polospiel direkt auf mich zuflog! Ich war so auf das Fotografieren der Spielszene konzentriert, dass ich den fliegenden, knapp 100 g schweren Ball nicht wahrnahm, der mit hoher Geschwindigkeit auf mich zuschoss – er zischte glücklicherweise knapp an mir vorbei. Polospieler Max Bosch ahnte – seiner Gesichtsmimik nach zu urteilen – auch nichts Gutes.

Tipps: Profis über die Schulter geschaut

- Die meisten Profisportfotografen in den Stadien dieser Welt arbeiten grundsätzlich

Das war denkbar knapp: Ich habe den Ball noch rechts an meinem Ohr vorbeizischen gehört.

Alle vier Fotos entstanden mit folgenden Kameraeinstellungen: f/6.3 | 1/1600 Sek. | ISO 500 | 315 mm

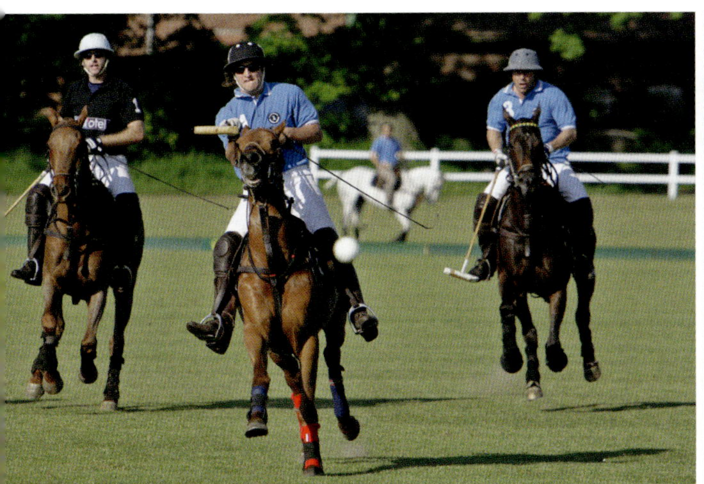

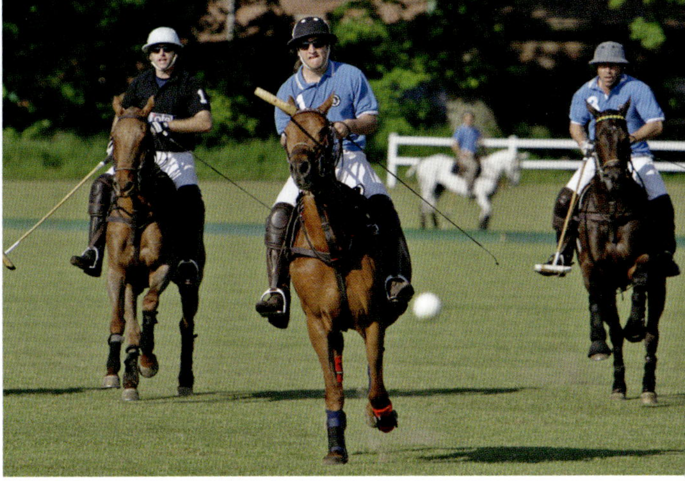

im manuellen Modus der Kamera. Sie nutzen mehrere Kameras, die jeweils mit einer anderen Brennweite bestückt sind, und wechseln nicht erst umständlich die Linsen. Sie legen einfach dafür die eine Kamera zur Seite und nehmen die andere zur Hand – Zustände, von denen ein Hobbyfotograf nur träumen kann!

- Ein netter Kollege erklärte mir beim Eishockey, dass er wegen des Fotografierens an der Plexiglaswand immer schwarze Kleidung trägt – helle Bekleidung würde auf dem Glas spiegeln und dadurch Störeffekte auf den Fotos verursachen. Stimmt: Ich hatte ein helles T-Shirt an und zog dann schnell eine dunkle Jacke über. Da muss man erst mal drauf kommen!
- Die meisten Profisportfotografen arbeiten, wenn sie lange (und superschwere) Brennweiten nutzen, mit einem Einbeinstativ und benutzen das auch als Tragegriff. Eine solche Brennweite sollte nicht mit dem Kameragurt um den Hals getragen werden. Das Gewicht des Objektivs lastet zu stark auf dem Bajonettverschluss der Kamera und kann diesen ausleiern und beschädigen. Die ganz großen Objektive mit langen Brennweiten haben einen eigenen Gurt, an dem sie getragen werden können.
- Profisportfotografen bringen oft einen kleinen Campingstuhl mit an den Spielfeldrand. Es tut gut, an einem langen Turniertag auch mal sitzend zu fotografieren!

Blendenautomatik nutzen

Für Sie als ganz normaler Amateurfotograf sind diese Informationen vielleicht interessant – aber mit einer Otto-Normalverbraucher-Ausrüstung können Sie diese Tipps kaum in die Tat umsetzen. Lediglich das Fotografieren im manuellen Modus wäre umsetzbar. Das muss aber auch nicht sein. Denn auch mithilfe der Blendenautomatik können Sie tolle und actionreiche Sportfotos machen. Wählen Sie dieses Programm und die zur Sportart passende Belichtungszeit – möglichst kurz. Damit gehen Sie auf Nummer sicher: Die Bewegungen werden eingefroren und Bewegungsunschärfe vermieden. Ihre Kamera wird dann die für die Lichtsituation passende Blende automatisch einstellen.

Die Standortfrage

Ein entscheidender Faktor für gute Sportfotos ist ein clever gewählter Kamerastandort. Bei Ballsportarten befindet sich der beste Standort in der Nähe des Tors, am besten seitlich davon. Hier spielen sich die packenden und entscheidenden Spielszenen ab, hier wird um den Ball gekämpft.

Wenn Sie jedoch die Möglichkeit haben, sich frei rund um das Spielfeld zu bewegen, dann nutzen Sie das auch bitte voll aus! Wandern Sie umher, von einem Tor zum andern, fotografieren Sie von der Seitenlinie (ideal für Mitzieher oder auch Detailaufnahmen). Bewegen Sie sich, nutzen Sie Ihren Spielraum, suchen Sie sich immer wieder einen neuen Kamerastandort – auch wenn Sie dann nach dem Spiel beinahe genauso schwitzen wie die Sportler auf dem Platz!

Dieses Schiedsrichterfoto entstand unverkennbar während eines Fußballspiels – doch die Spieler waren für die Brennweite meines Teleobjektivs in manchen Spielsituationen zu weit weg, um brauchbare Fotos zu schießen. Deshalb nutzte ich die entstehende Pause und hielt in meiner näheren Umgebung nach guten Motiven Ausschau. Originell wurde das Foto des Mannes mit der Fahne aber erst durch den Bildausschnitt. Auf die Idee, den Bildausschnitt so und nicht anders zu wählen, kam ich

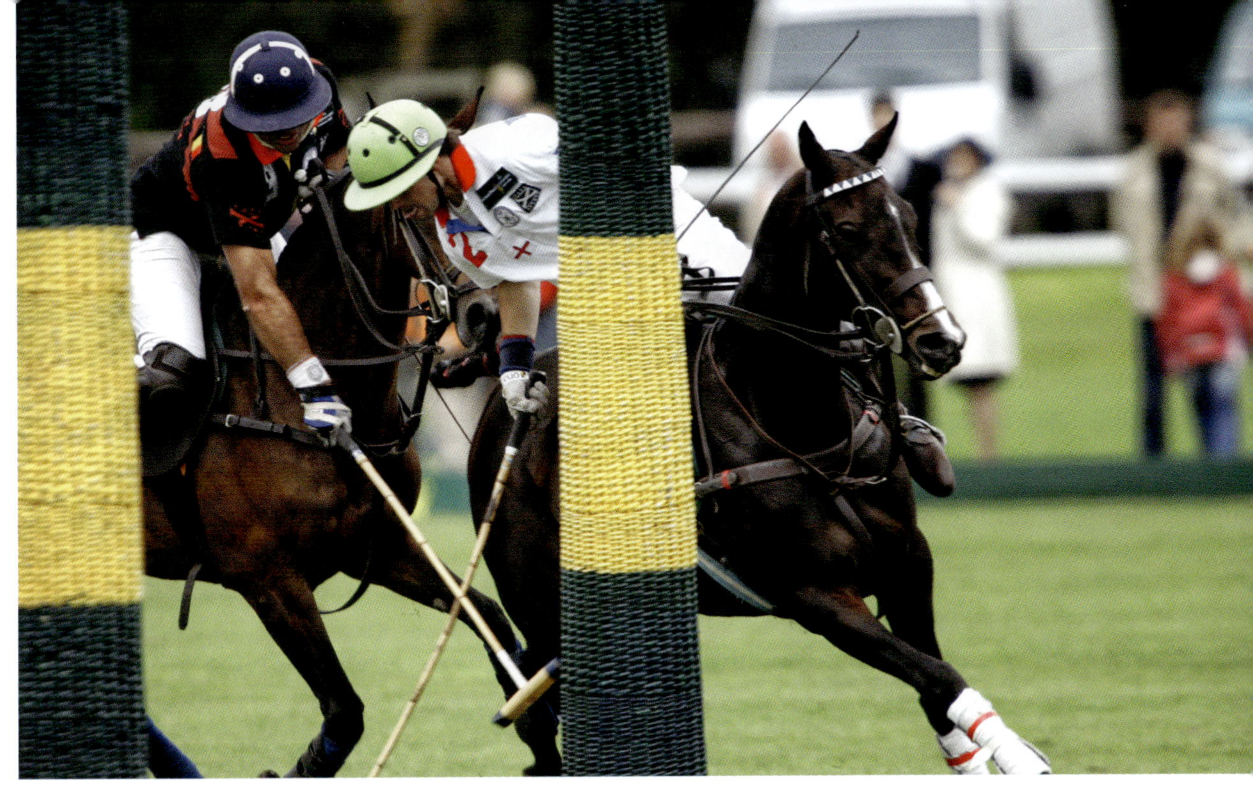

f/5.6 | 1/640 Sek. | ISO 800 | 600 mm

Packende Spielszenen auf dem Poloplatz fangen Sie am besten seitlich von einem der Tore ein.

notgedrungen: Ich wollte den Mann nicht erst nach der Genehmigung für eine mögliche Veröffentlichung des Fotos fragen – also habe ich ihn durch den Bildschnitt „nicht identifizierbar" gemacht und mir so die leidige Unterschrift unter ein Model-Release erspart. Zudem war der Rücken seines Trikots mit dem Logo einer Firma, die den Verein sponserte, verziert, was auch nicht geht, wenn das Foto via Bildagenturen vermarktet werden soll.

Not macht also manchmal erfinderisch und zwingt uns Fotografen dazu, Motive nicht auf die erstbeste sich bietende Art und Weise zu fotografieren. Die zweitbeste Variante ist eben hin und wieder die bessere und wie hier die originellere!

Um Übersichtsfotos einer Sportveranstaltung zu erstellen, sollten Sie sich einen erhöhten Standort suchen. Das Profifeld eines großen Radrennens durch Hamburg und Umgebung habe ich von einer Brücke aus fotografiert – hier ging es mir hauptsächlich darum, die schrillen Farben der Sportlertrikots abzulichten.

f/5.6 | 1/320 Sek. | ISO 640 | 200 mm

Linienrichter bei einem Fußballspiel an der Seitenlinie.

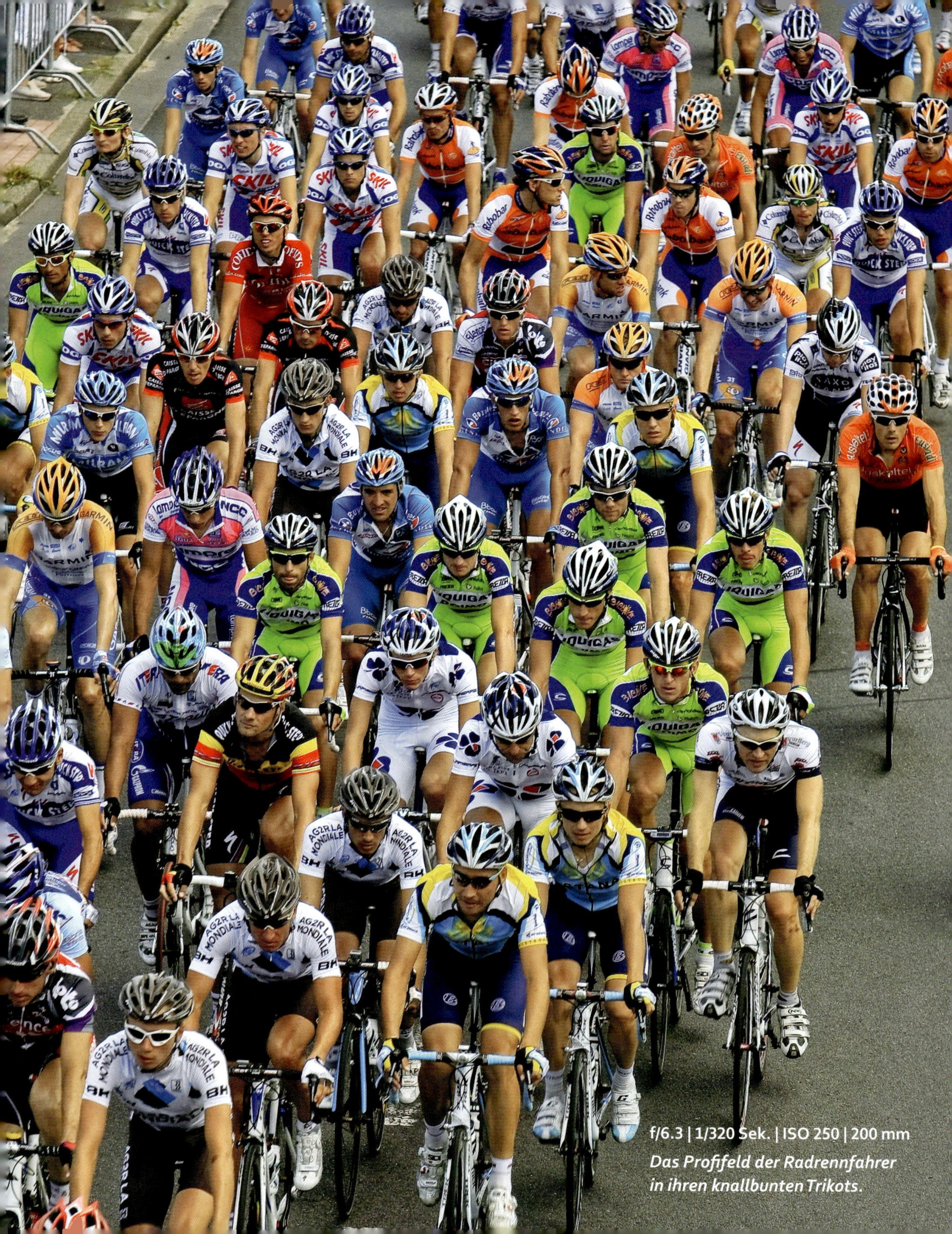

f/6.3 | 1/320 Sek. | ISO 250 | 200 mm

Das Profifeld der Radrennfahrer in ihren knallbunten Trikots.

Ich hatte nur wenige Sekunden Zeit, danach entschwanden die Radrennfahrer aus meinem Sichtfeld.

Während der langen Wartezeit auf die Sportler und mit der Gewissheit, dass ich nur wenige Sekunden Zeit haben würde, um ein paar Fotos zu machen, musste der Bildaufbau gut überlegt sein. Und so entschied ich mich für das Hochformat, um möglichst viele Fahrer (und Farben) auf den Chip zu bannen. Um trotz der kurzen Belichtungszeit und der damit verbundenen eingefrorenen Bewegung eine allzu statische Bildwirkung zu vermeiden, entschied ich mich für eine schräge Aufsicht auf das Fahrerfeld, um so eine diagonale Linie von oben rechts nach unten links im Bild entstehen zu lassen.

Geschickter Bildaufbau

Der nachführbare Autofokus verführt dazu, das Hauptmotiv in der Bildmitte zu platzieren – das ist zwar bei Sportfotos weniger verpönt als bei Landschaftsaufnahmen, aber dennoch nicht optimal! Bitte achten Sie auch bei diesem Genre der Fotografie auf einen gelungenen Bildaufbau. Haben Sie dabei ein Auge darauf, dass der Sportler ausreichend Platz in der Laufrichtung hat! Es sieht meist ziemlich unglücklich aus, wenn Sie den Sportler z. B. in der linken Bildhälfte platzieren, während er auch noch in Richtung des linken Bildrandes läuft. Es wirkt dann beinahe so, als würde er gegen eine Wand rennen … Lassen Sie also bitte „Luft" in Blick- und Laufrichtung des Sportlers – das wird Ihren Fotos guttun!

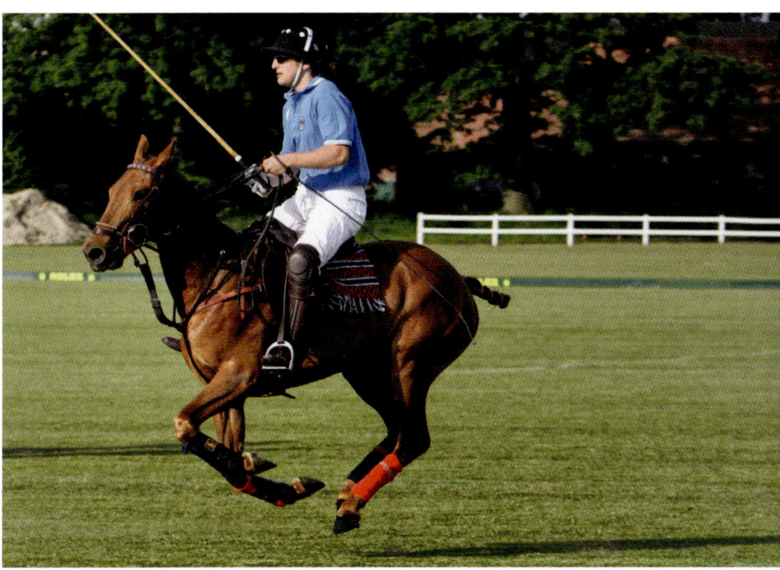

f/6.3 | 1/800 Sek. | ISO 400 | 160 mm

Die Platzierung des Polospielers in der linken Bildhälfte wirkt wie eine Bremse – der Bildrand stoppt den Blick des Betrachters.

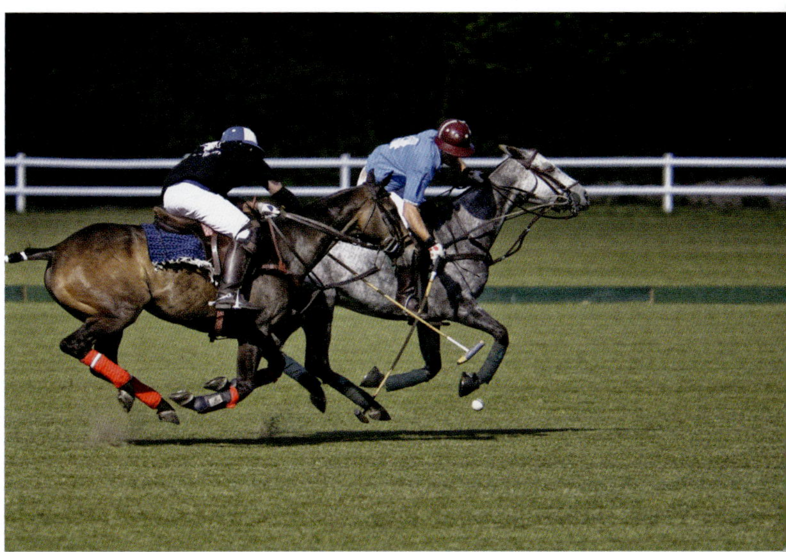

f/7.1 | 1/1000 Sek. | ISO 320 | 400 mm

Auf diesem Foto ist Platz in Laufrichtung der Pferde – der Bildaufbau lässt Platz für den Blick des Bildbetrachters.

Kurzanleitung Sportfotos outdoor

- Nutzen Sie ein Teleobjektiv mit mindestens 100 mm Brennweite.
- Fotografieren Sie im Serienbildmodus und im JPEG-Format (ausreichende Menge Speicherkarten sollten Sie dabeihaben).
- Aktivieren Sie den nachführbaren Autofokus.
- Wählen Sie einen ISO-Wert, der Ihnen kurze Belichtungszeiten ermöglicht.
- Wählen Sie mithilfe des Kameraprogramms Blendenautomatik die gewünschte Belichtungszeit vor (die Kamera wählt automatisch die für die Lichtverhältnisse passende Blende).
- Behalten Sie immer das Spielgeschehen im Auge, wenn Sie am Spielfeldrand sitzen: Dort droht Gefahr durch tief fliegende Bälle, Pucks oder Pferdehufe!

Motive, die Sie nicht vergessen sollten

Neben den Spielszenen gehört auch das Drumherum einer Sportveranstaltung dazu – Fotos von Details und Emotionen (z. B. in den Gesichtern der Sportler) runden Ihre Fotoausbeute erst ab. Oder schauen Sie sich am Spielfeldrand nach interessanten und für den Sport typischen Details um: Ähnliche Motive finden sich in jeder Sportart: Ein Netz mit Ersatzbällen, bereitliegende Schläger, die Füße oder Hände der Auswechselspieler – meine Fotos können hier nur eine Anregung für Sie sein. Schärfen Sie Ihren Blick für solche Details. Denn wenn Sie merken, dass Ihr Objektiv nicht genügend Brennweite hat, um Spiel-

Anstrengung und Konzentration spiegeln sich in den Gesichtern der Sportler wider. Hier eine Szene beim Beach-Polo am Timmendorfer Strand.

f/6.3 | 1/2000 Sek. | ISO 400 | 305 mm

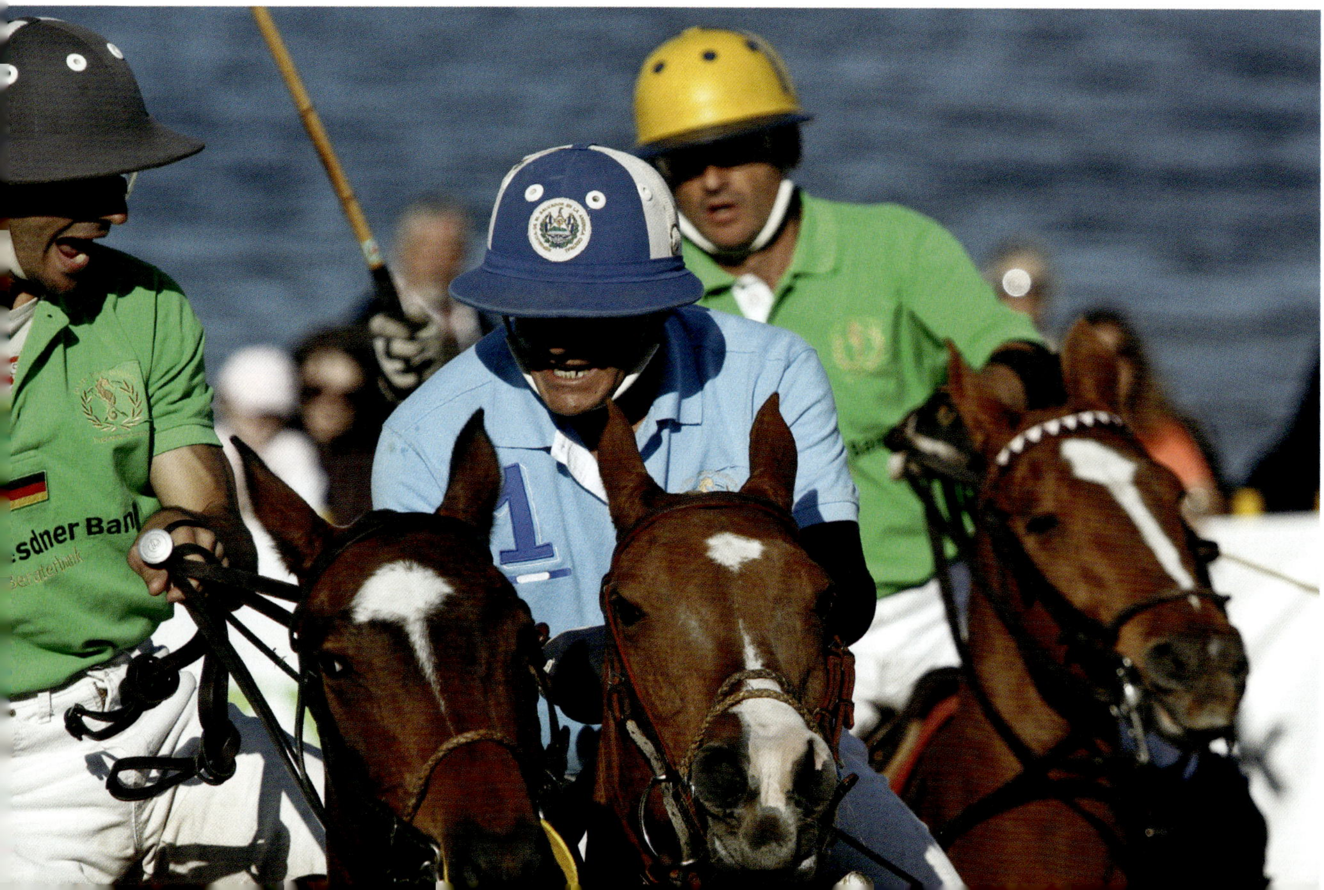

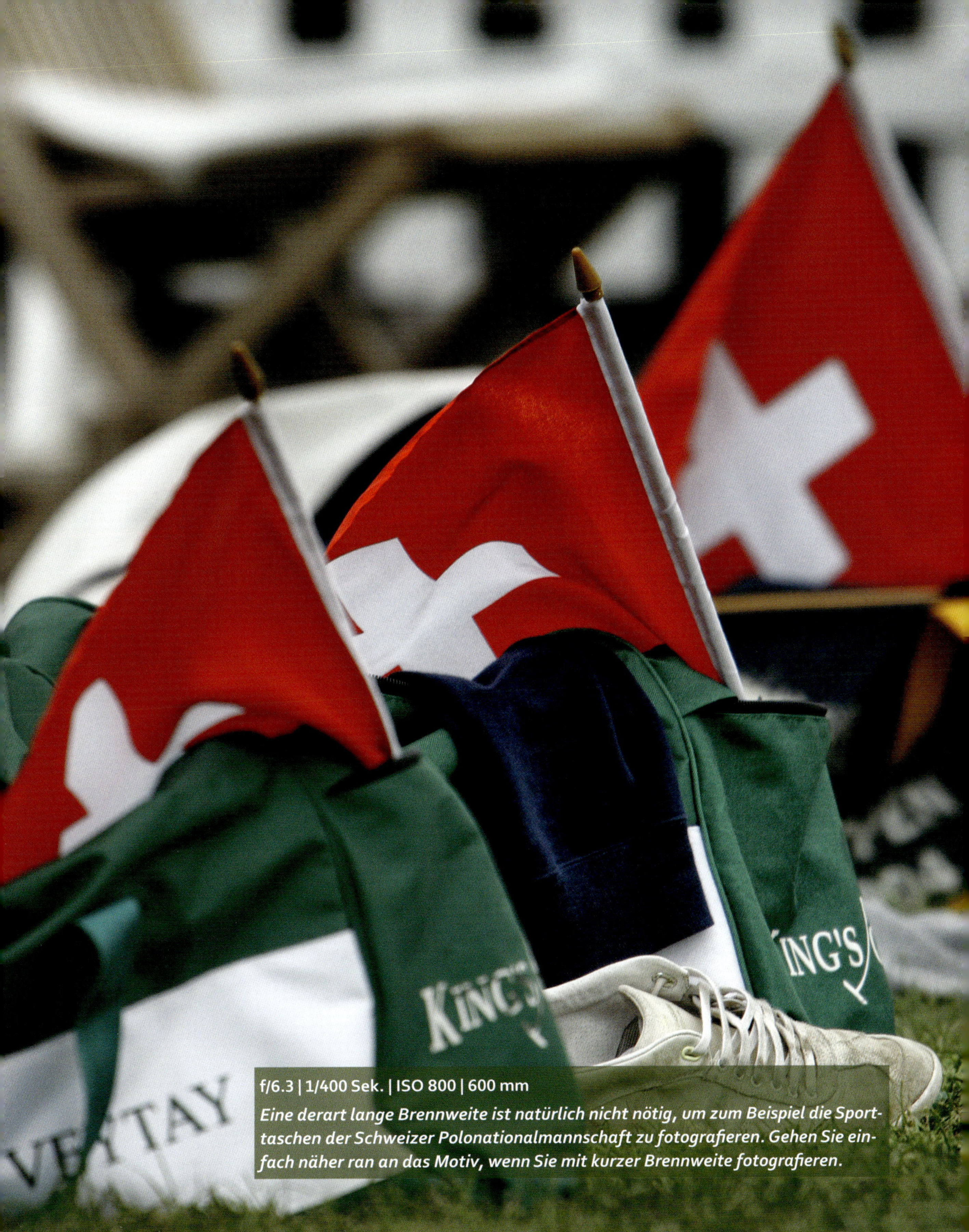

f/6.3 | 1/400 Sek. | ISO 800 | 600 mm

Eine derart lange Brennweite ist natürlich nicht nötig, um zum Beispiel die Sporttaschen der Schweizer Polonationalmannschaft zu fotografieren. Gehen Sie einfach näher ran an das Motiv, wenn Sie mit kurzer Brennweite fotografieren.

szenen zu fotografieren, weil die sich zu weit von Ihnen entfernt abspielen, können Sie mit solchen Motiven durchaus tolle Impressionen eines Turniertages einfangen! Mit ein bisschen Glück werden die Fotografen mit langen Brennweiten ein wenig neidisch Ihre Bilder betrachten und dann sagen: „Oh, das hab ich gar nicht gesehen! Prima!" Profifotografen haben oft die Verkaufbarkeit ihrer Fotos im Hinterkopf und denken nur an die nachrichtlich wichtigen Motive – an liebevoll ausgesuchte Detailmotive denken sie oft gar nicht! Das freudig strahlende Lächeln eines Siegers ist immer ein tolles Motiv – Emotion pur!

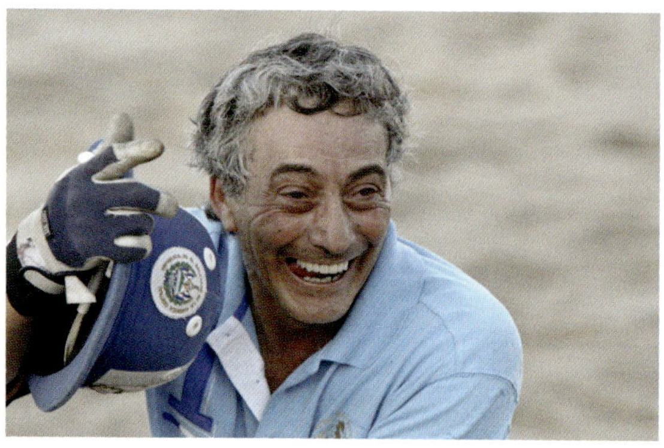

f/6.3 | 1/160 Sek. | ISO 400 | 200 mm

Nach einem gewonnenen Polospiel (auf Sand am Timmendorfer Strand) freut sich Carlos Velasquez über den Sieg seiner Mannschaft.

Auch die abschließende Siegerehrung lässt sich mit kleiner Fotoausrüstung dokumentieren: Vorsicht ist allerdings geboten, wenn es bei der Ehrung feuchtfröhlich zugeht: Champagnerduschen sind für die meisten Kameras und Objektive unbekömmlich!

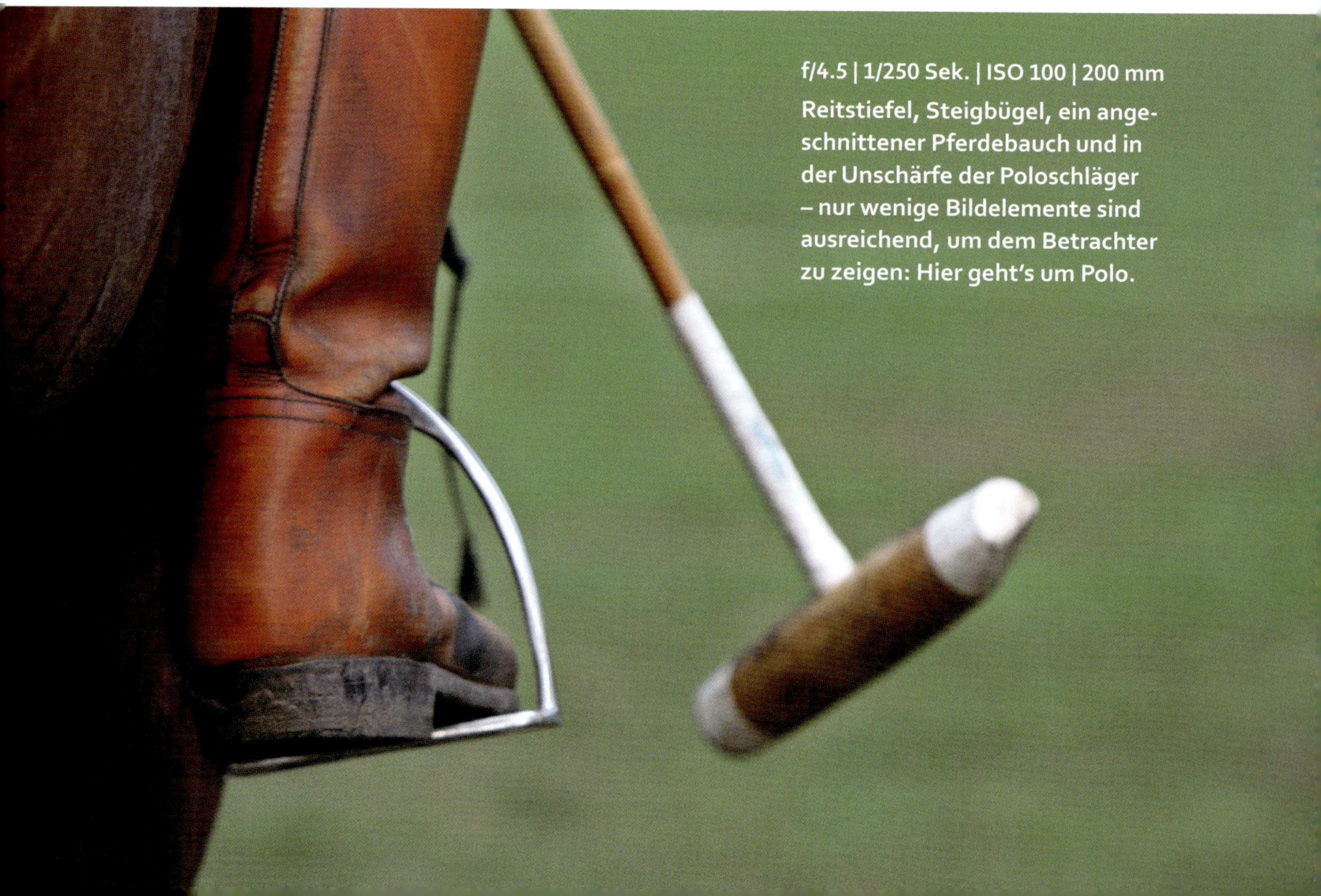

f/4.5 | 1/250 Sek. | ISO 100 | 200 mm

Reitstiefel, Steigbügel, ein angeschnittener Pferdebauch und in der Unschärfe der Poloschläger – nur wenige Bildelemente sind ausreichend, um dem Betrachter zu zeigen: Hier geht's um Polo.

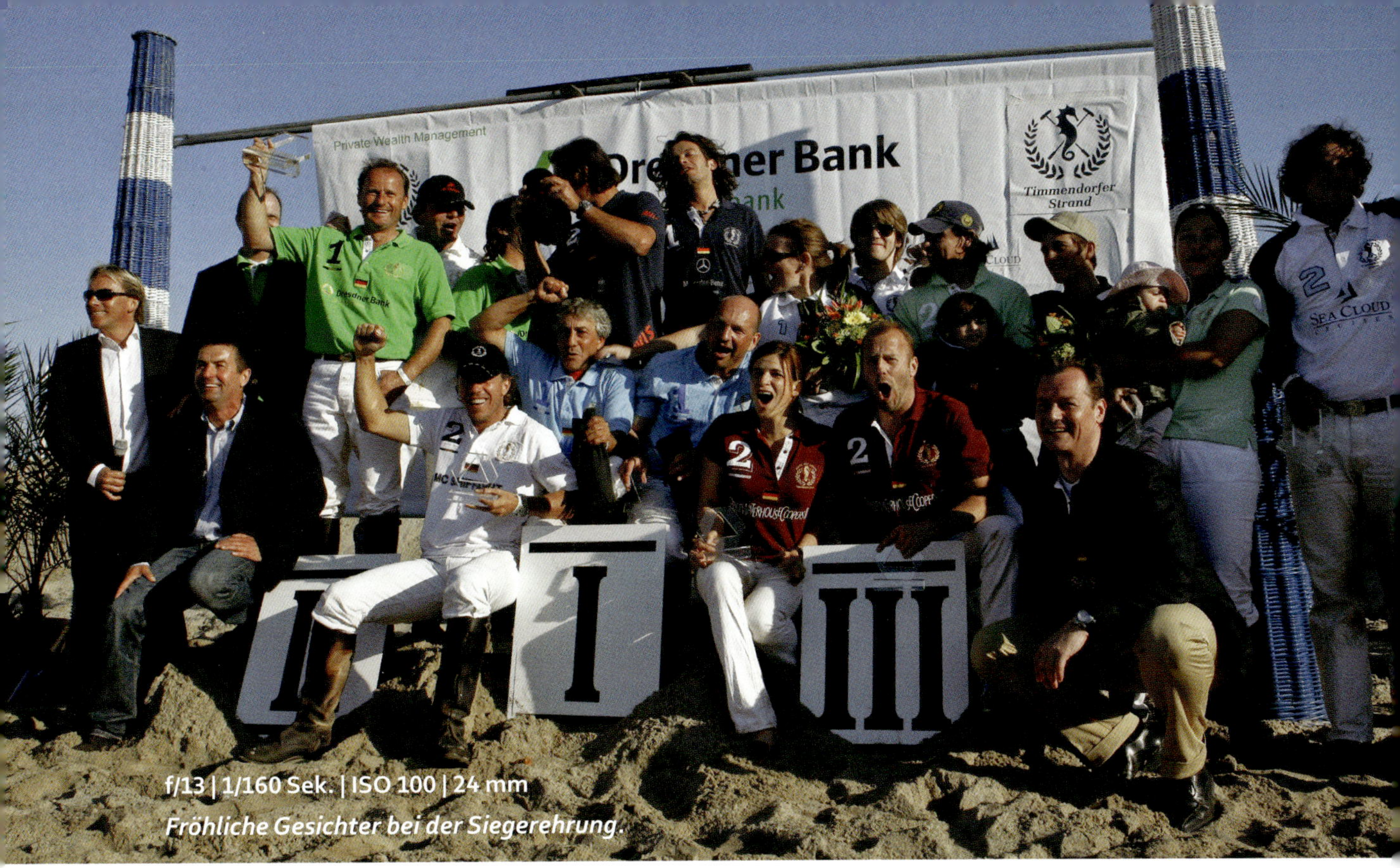

f/13 | 1/160 Sek. | ISO 100 | 24 mm

Fröhliche Gesichter bei der Siegerehrung.

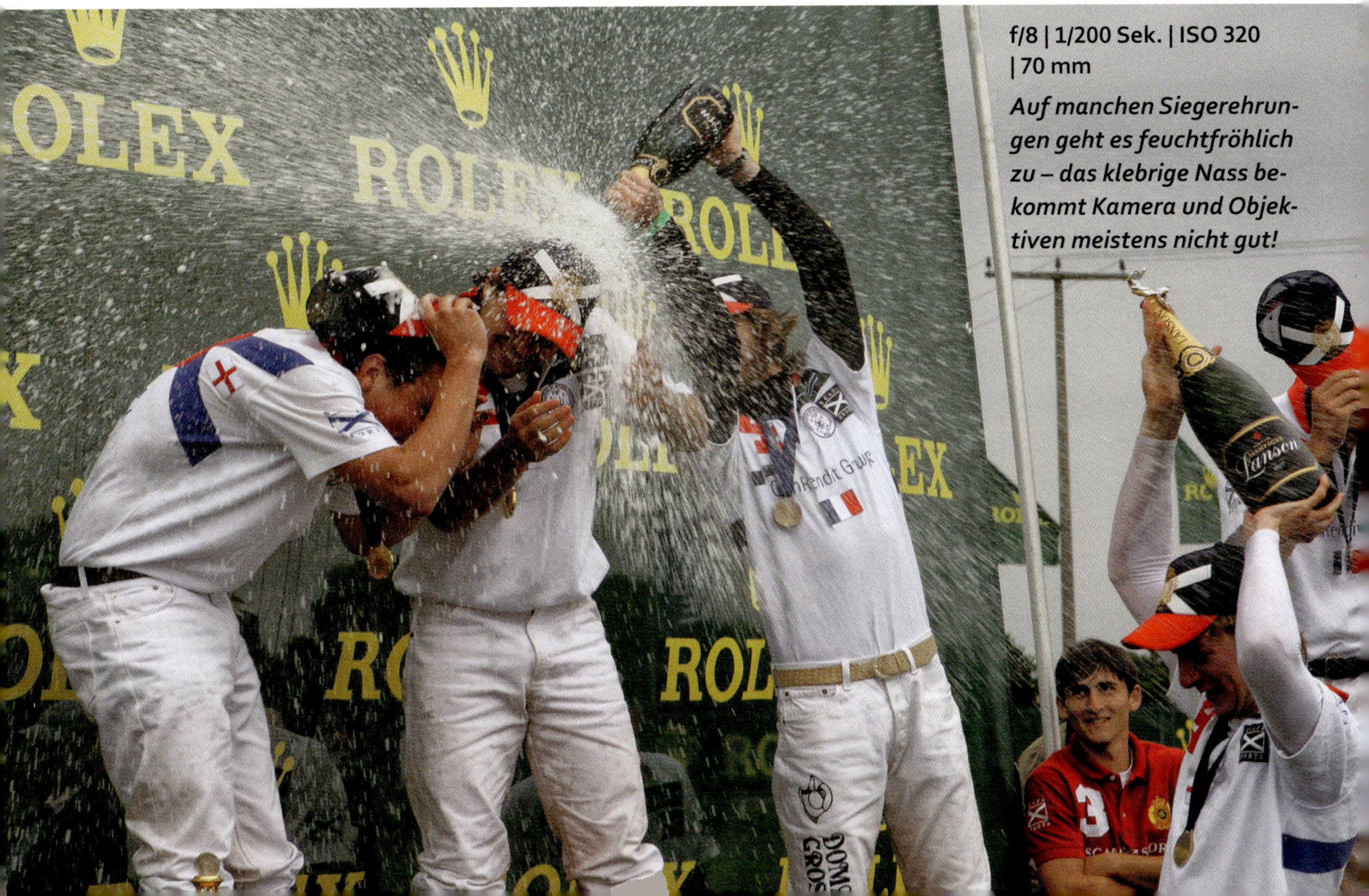

f/8 | 1/200 Sek. | ISO 320 | 70 mm

Auf manchen Siegerehrungen geht es feuchtfröhlich zu – das klebrige Nass bekommt Kamera und Objektiven meistens nicht gut!

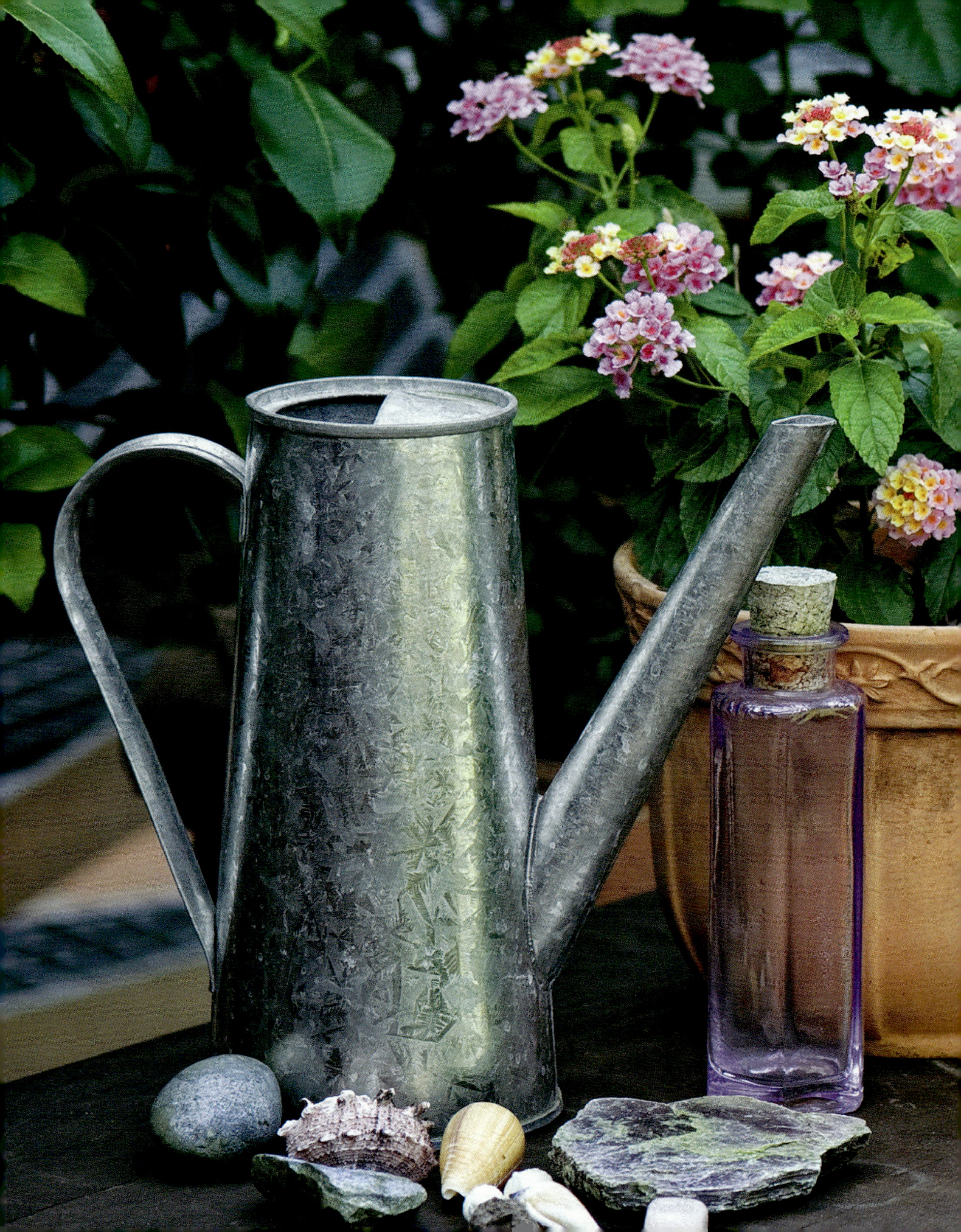

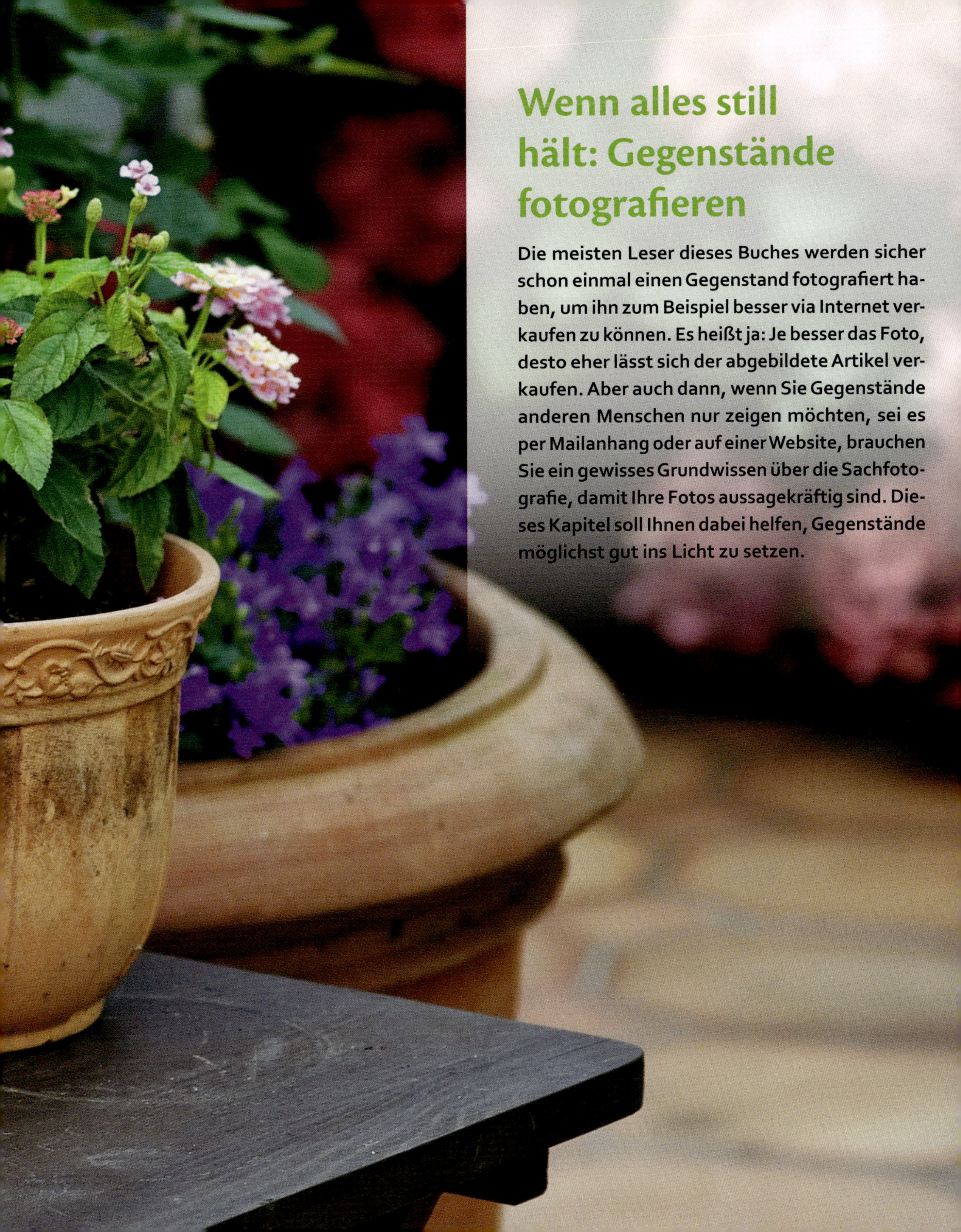

Wenn alles still hält: Gegenstände fotografieren

Die meisten Leser dieses Buches werden sicher schon einmal einen Gegenstand fotografiert haben, um ihn zum Beispiel besser via Internet verkaufen zu können. Es heißt ja: Je besser das Foto, desto eher lässt sich der abgebildete Artikel verkaufen. Aber auch dann, wenn Sie Gegenstände anderen Menschen nur zeigen möchten, sei es per Mailanhang oder auf einer Website, brauchen Sie ein gewisses Grundwissen über die Sachfotografie, damit Ihre Fotos aussagekräftig sind. Dieses Kapitel soll Ihnen dabei helfen, Gegenstände möglichst gut ins Licht zu setzen.

8.1 Von der Idee zum Foto – gute Vorbereitung ist wichtig

Das Schöne an dieser Art der Fotografie ist, dass sie bei jedem Wetter funktioniert. Gutes Licht ist zwar auch in diesem Genre nötig, aber das kann man ja auch mithilfe von künstlichem Licht selbst herstellen. Also die ideale Beschäftigung für Fotobegeisterte an

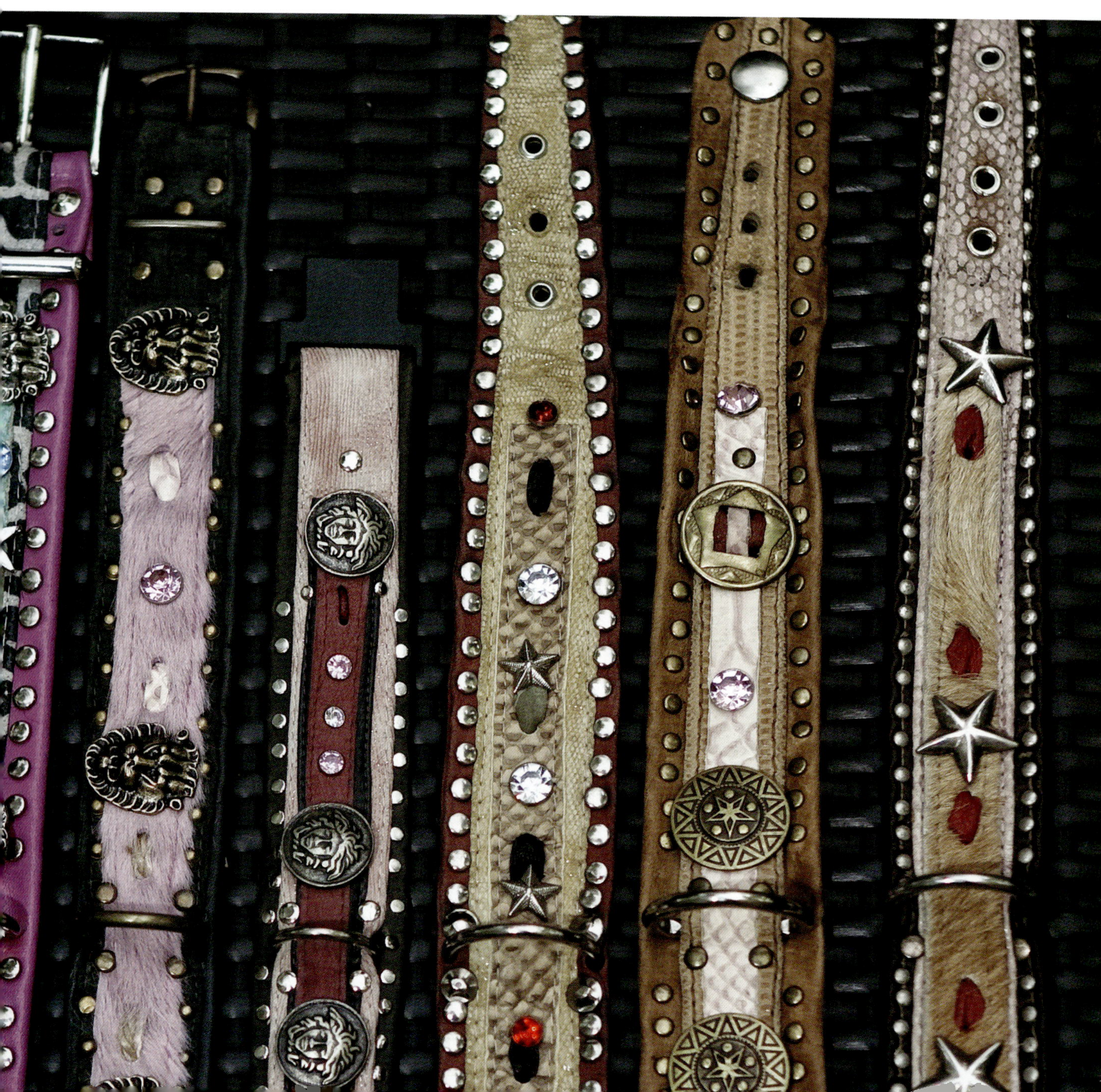

Schlechtwettertagen. Es gibt ein paar sehr praktische Hilfsmittel im Fotozubehörhandel, die Ihnen Ihr Vorhaben erleichtern.

Ich habe mir im Fachhandel einen etwa 20 cm hohen Aufnahmetisch für knapp 70 Euro gekauft, um darauf kleine Gegenstände optimal fotografieren zu können. Mit etwas handwerklichem Geschick können Sie sich einen solchen Tisch auch selbst bauen.

Dieser Tisch besteht aus einem zusammenklappbaren Metallgestell (ähnlich einer Sonnenliege, nur kleiner). Auf diesem Gestell wird eine weiße, gebogene Kunststoffplatte befestigt. Das obere gebogene Drittel wird an der „Rückenlehne" des Aufnahmetisches hochgezogen und dort festgeklemmt.

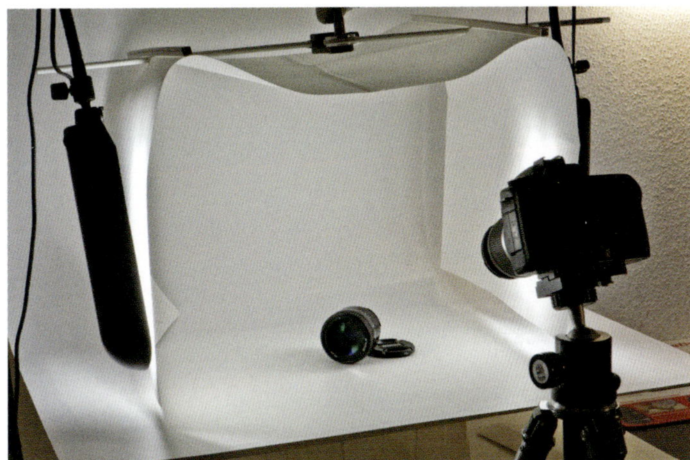

Ein Aufnahmetisch, ein über dem Tisch befestigter großer Bogen weißer Pappe, seitlich zwei kleine Tageslichtlampen – und fertig ist das Ministudio für die Sachfotografie.

Die beiden unteren Drittel bilden eine ebene Fläche, auf der die Artikel abgelegt und dort fotografiert werden. Den Tisch stelle ich in Fensternähe auf und nutze so das einfallende Tageslicht.

Der Blitzeinsatz ist dann meistens überflüssig. Diese Art der Fotografie nennt sich in der Fachsprache Tabletop-Fotografie, was übersetzt nichts anderes heißt als Tischoberfläche.

f/3.2 | 1/200 Sek. | ISO 200 | 70 mm | indirekter Blitz

Eine Auswahl handgefertigter Hundehalsbänder, fotografiert für die Website der Manufaktur.

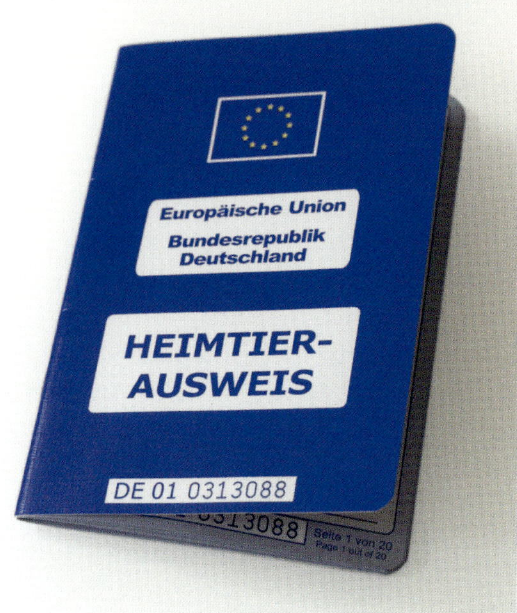

f/8 | 1/40 Sek. | ISO 200 | 60 mm | Stativ

So sieht ein Heimtierausweis aus – fotografiert auf der Kunststofffläche eines Aufnahmetisches. Durch ein Fenster fiel Tageslicht von der Seite ein. Um etwas räumliche Wirkung zu erreichen, habe ich eine Speicherkarte zwischen die Seiten gelegt, damit das dadurch leicht geöffnete Deckblatt einen Schatten wirft.

Der Untergrund

Wählen Sie einen möglichst neutralen, einfarbigen Hinter- bzw. Untergrund für eine gute Präsentation Ihres Artikels oder Ihres Produkts. Dafür eignen sich zahllose Materialien. Hier nur einige Vorschläge:

- Farbiger Bastelkarton, dickes Papier.
- Stoffe wie Samt, Molton, Baumwolle, gewebtes Tuch (Bettlaken, Tischdecke etc.). Einen zusätzlichen edlen Effekt erhalten Sie, wenn Sie auf diese Stoffe eine einfache Glasscheibe legen (z. B. aus einem Bilderrahmen).
- Acrylglas, Milchglas, Kunststoff.

Ich habe mir bei einem Glaser eine helle Milchglasscheibe mit den Maßen 50 x 50 cm zuschneiden lassen (Kostenpunkt 50 Euro), weil ich wollte, dass sich die Gegenstände auf dem Glas spiegeln – ein sehr edler Effekt ...

Die preiswerte Spontanvariante: Nehmen Sie einen Bilderrahmen auseinander und legen Sie dessen Glasscheibe auf einen großen Bogen

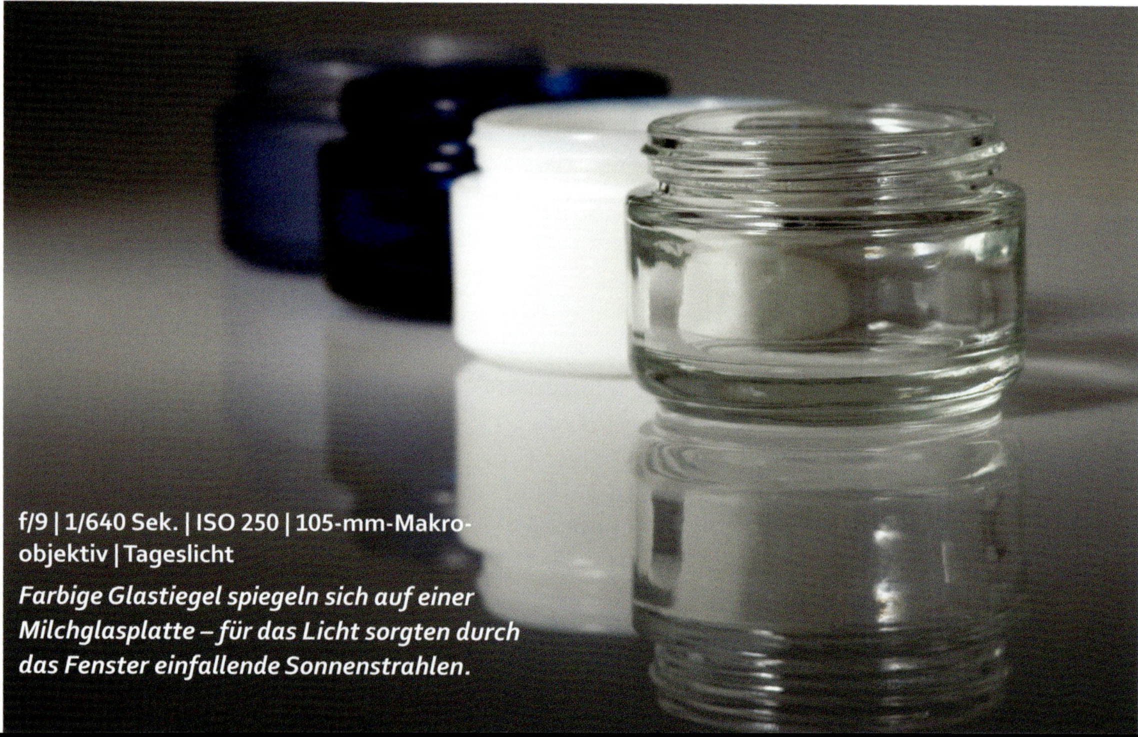

f/9 | 1/640 Sek. | ISO 250 | 105-mm-Makroobjektiv | Tageslicht

Farbige Glastiegel spiegeln sich auf einer Milchglasplatte – für das Licht sorgten durch das Fenster einfallende Sonnenstrahlen.

weißes, schwarzes oder farbiges Papier (auch andere Materialien wie z. B. Stoff sind geeignet). Auch so erreichen Sie eine Spiegelung der zu fotografierenden Gegenstände.

Sauberkeit spart Arbeit

Ganz wichtig: Reinigen Sie alle Untergründe und die Gegenstände, bevor Sie sie fotografieren, sehr gründlich: Das dünnste Haar, der kleinste Fussel und der unscheinbarste Fleck (z. B. Ihre Fingerabdrücke) sind sonst später sehr deutlich auf dem Foto zu erkennen – auf spiegelnden Glasflächen sogar doppelt! Diese störenden Elemente müssen Sie sonst am Computer in mühsamer Kleinarbeit entfernen. Am besten arbeiten Sie mit sehr dünnen Baumwollhandschuhen, damit Ihre Finger nicht immer wieder Flecken auf den glatten Oberflächen verursachen.

Räumliche Tiefe verbessert die Bildwirkung

Wenn Sie mehrere Gegenstände auf einer ebenen Fläche abbilden möchten, ist es ratsam, sich vor dem Fotografieren Gedanken über deren Anordnung zu machen. Produktfotos sehen einfach besser aus, wenn sie beim Betrachter eine räumliche Wirkung erzielen. Es gibt mehrere Möglichkeiten, das zu erreichen:

- Spiel mit Schärfe und Unschärfe: Ordnen Sie gleichförmige Dinge (wie die Glastiegel auf dem entsprechenden Beispielfoto) hintereinander an, sodass die Gefäße ganz hinten kleiner wirken, und legen Sie die Schärfe nur auf das vordere Gefäß: Der Blick des Betrachters führt in die Tiefe.
- Spiel mit Licht und Schatten: Lassen Sie das Licht nur von einer Seite auf die Gegenstände fallen – wie auf dem Beispielfoto mit den gestapelten Glastiegeln. Dadurch werfen die Tiegel auf der anderen Seite einen Schatten. So wird die Form der Gefäße unterstrichen und herausmodelliert.
- Spiel mit der Kameraperspektive: Fotografieren Sie Gegenstände am besten von schräg oben (Beispielfoto Heimtierausweis) oder gehen Sie mit der Kamera auf gleiche Höhe (Glastiegel).

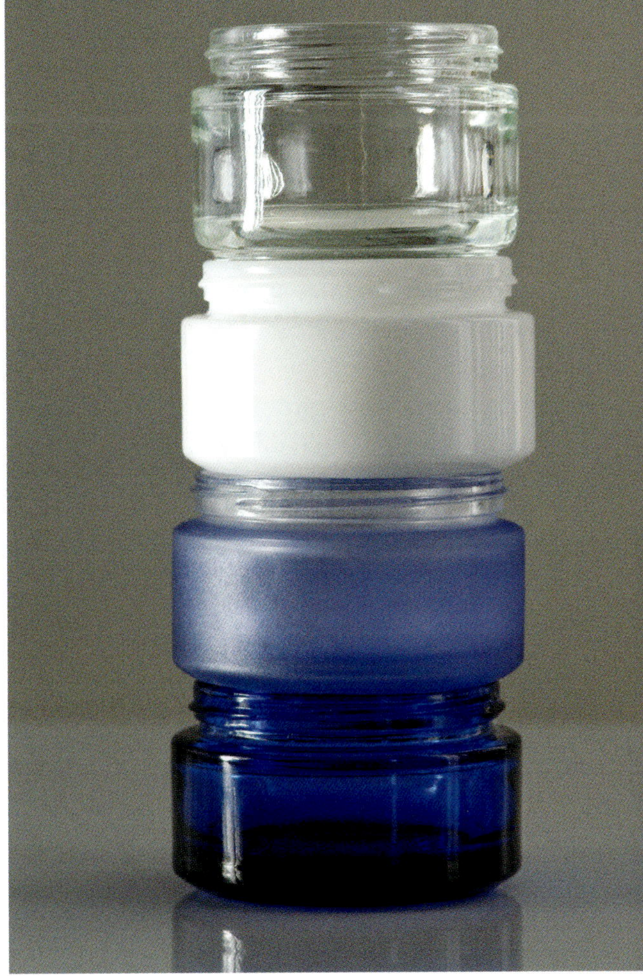

f/9 | 1/320 Sek. | ISO 500 | 105-mm-Makroobjektiv | Tageslicht

Gestapelte Glastiegel.

Die Kameraperspektive

Wenn Sie direkt von oben fotografieren, wirken die Produkte flach und zweidimensional. Aber auch diese Kameraperspektive kann sinnvoll genutzt werden – z. B. zur Reproduktion alter Fotos. Also: Fotografieren Sie von schräg oben oder gehen Sie auf gleiche Höhe mit dem Produkt, das Sie fotografieren möchten. Wählen Sie die zuletzt genannte Perspektive, ist nicht nur der Untergrund sichtbar, sondern auch der Hintergrund. Solche Fotos sollten Sie auf einem Aufnahmetisch oder in einem Lichtzelt (aus weißem, lichtdurchlässigem Textil) produzieren, damit Hintergrund und Untergrund nahtlos ineinander übergehen. Manchmal kann dennoch ein Nachbearbeiten in Photoshop nötig sein.

Zusätzliches Licht

Wenn das einfallende Tageslicht nicht ausreicht, um die Gegenstände so zu beleuchten, wie Sie es sich vorstellen, können Sie zusätzliche Lampen am Aufnahmetisch oder außerhalb des Lichtzeltes aufstellen (oder festklemmen). Dafür gibt es z. B. Fotolampen mit Tageslichtleuchten, die – wie der Name schon sagt – annähernd die gleiche Farbtemperatur wie das Tageslicht haben, nämlich etwa 5.400 Kelvin.

Zwei dieser Lampen habe ich schon für weniger als 70 Euro gesehen. Eine Tageslichtleuchte (um 10 Euro), die Sie gegen die Glühbirne Ihrer Schreibtischlampe eintauschen, kann aber durchaus den gleichen Zweck erfüllen. Wenn Sie das Stichwort „Tabletop-Fotografie" in eine Internetsuchmaschine eingeben, werden Sie zahlreiche Anbieter dieser nützlichen Zubehörteile finden. Wenn Sie künstliches Licht einsetzen, achten Sie darauf, dass Sie an der Kamera den passenden Weißabgleich einstellen (siehe in Kapitel 5.4 den Abschnitt „Der Weißabgleich" ab Seite 301).

Stativ nutzen

Nutzen Sie für Tabletop-Fotos nach Möglichkeit ein Stativ. So erhalten Sie für Ihre Kameraeinstellungen eine größere Flexibilität, können mit geschlossener Blende fotografieren und lange Belichtungszeiten riskieren – die Gegenstände laufen ja schließlich nicht weg. Ohne Stativ ist die Gefahr verwackelter Bilder relativ groß.

Das geeignete Objektiv

Die meisten kleineren Produkte lassen sich gut mit einer Normalbrennweite (ca. 50 mm) ablichten. Aber auch Makroobjektive sind gut für diese Art der Fotografie geeignet. Bedenken Sie allerdings: Je dichter Sie an das Objekt herangehen, desto geringer wird die Schärfentiefe – auch bei Blende 16! Ein Telezoom (70–200 mm) kann unter Umständen ebenfalls für die Sachfotografie eingesetzt werden. Nur müssen Sie dann mehr Abstand zum Produkt halten, weil der Autofokus erst ab einer bestimmten Distanz zum Motiv greift – bei meinem 70–200-mm-Objektiv sind das mindestens 1,40 m.

8.2 Auf los geht's los!

Alle Vorbereitungen sind getroffen, Unter- und Hintergrund sind penibel gesäubert und fusselfrei, die Kamera ist mit geeignetem Objektiv in der richtigen Position auf dem Stativ montiert, um das Produkt jetzt bei ähnlichen Bedingungen wie in einem Fotostudio zu fotografieren.

Wählen Sie nun den geringsten ISO-Wert. Die Blende wählen Sie abhängig davon, ob Sie einen großen oder kleinen Schärfebereich erreichen möchten.

Bei der Fotografie von Objekten, die Sie zum Beispiel einem Kunden zeigen möchten, empfiehlt es sich natürlich, eine große Schärfentiefe (und damit eine kleine Blendenöffnung) zu wählen, damit das Objekt auch in allen Details gut zu erkennen und von vorn bis hinten scharf abgebildet ist.

Möchten Sie hingegen ein Objekt eher künstlerisch fotografieren, können Sie mit entsprechend großer Blendenöffnung und knapper Schärfe arbeiten.

Die Wahl der Blende

Als Belichtungszeit können Sie auch Werte jenseits von 1/60 Sek. wählen, solange Sie vom Stativ fotografieren. Wenn Sie jedoch freihändig und mit Offenblende fotografieren möchten, ist die Gefahr groß, dass der anvisierte (sehr knappe) Schärfepunkt verrutscht oder das Foto verwackelt. Für eine hohe Bildqualität ist also die Stativnutzung ein Muss.

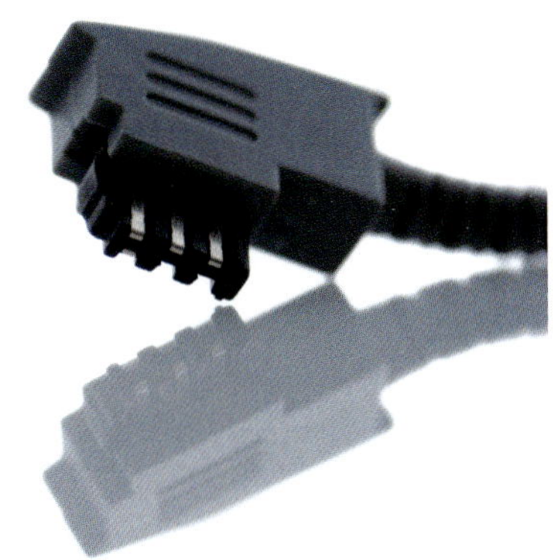

f/2.8 | 1/100 Sek. | ISO 400 | 60 mm | Tageslicht | ohne Stativ

Der Schärfebereich an diesem TAE-Stecker ist äußerst knapp durch die Offenblende.

Durchgängige Schärfe von der vorderen Glasmurmel bis zur hinteren dank kleiner Blendenöffnung.

f/18 | 1/200 Sek. | ISO 100 | 60 mm | Sonnenlicht

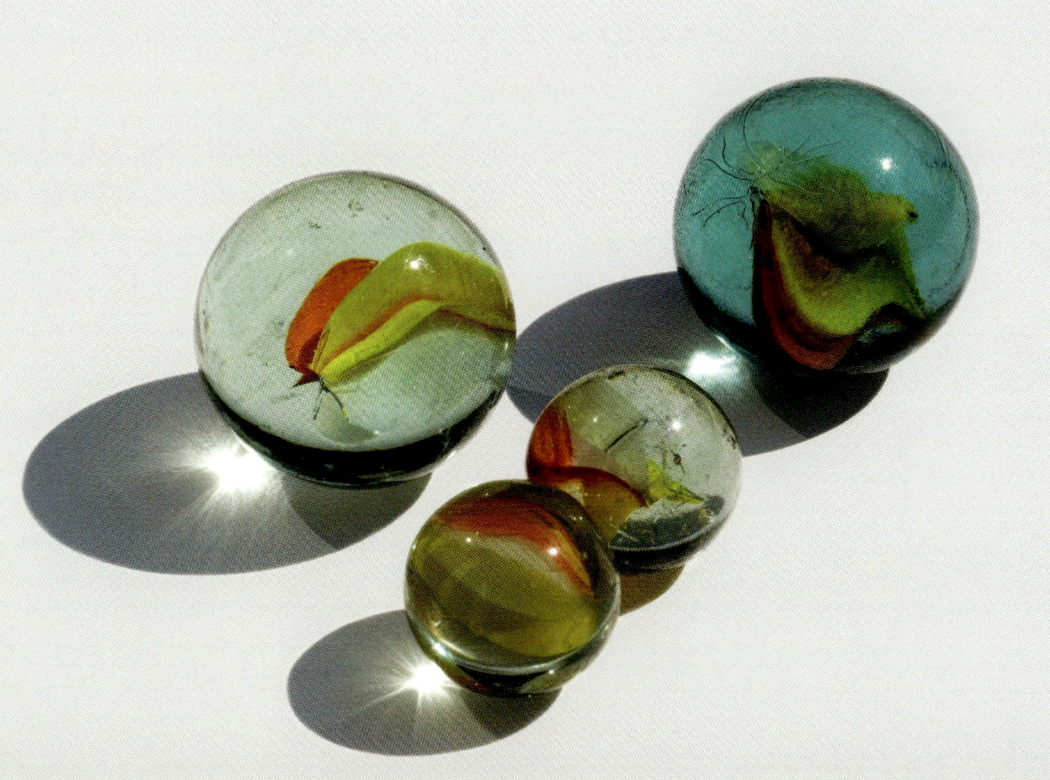

Der frontal von vorn eingesetzte Aufsteckblitz sorgt für starke Reflexionen auf dem glänzenden Porzellan – und das gleich doppelt durch die Spiegelung auf dem glatten Untergrund. Die Teekanne bildet zudem einen leichten Schlagschatten auf dem Hintergrund.

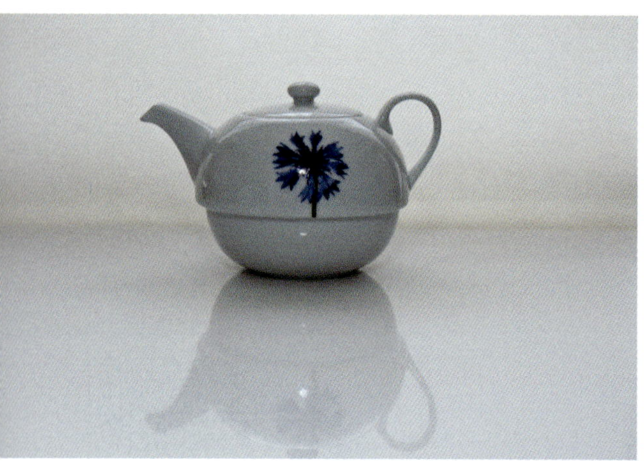

Der steil nach oben gegen die Zimmerdecke gerichtete Aufsteckblitz reflektiert ebenfalls auf dem Porzellan, aber nicht so stark wie auf dem ersten Foto. Ein Schlagschatten im Hintergrund entsteht nicht.

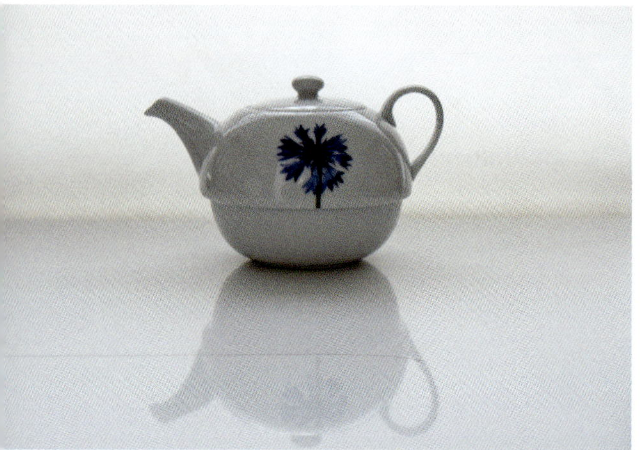

Blitzeinsatz

Natürlich sind hervorragende Tabletop-Fotos auch ohne einfallendes Tageslicht möglich. Sie können zusätzliche Lichtquellen wie z. B. Baustrahler und natürlich indirektes Blitzlicht einsetzen, um das Produkt gut auszuleuchten. Von direktem Blitzlicht aus dem Kamerablitz rate ich ab – besonders dann, wenn Sie glänzende Oberflächen oder auch einen glänzenden Hinter- bzw. Untergrund ausgesucht haben: Das Blitzlicht würde darauf als Lichtreflexion sichtbar sein. Oder es wirft einen unschönen Schlagschatten auf den Hintergrund.

Setzen Sie den Blitz indirekt ein: Richten Sie ihn zum Beispiel gegen die helle Zimmerdecke oder gar nach hinten, weg vom zu fotografierenden Objekt. Voraussetzung dafür ist ein Blitz, der sich in alle Richtungen ausrichten lässt. So können Sie die Spiegelungen – besonders auf glänzenden Oberflächen – komplett vermeiden oder wenigstens reduzieren. Die folgenden Fotos entstanden in Fensternähe bei trübem Tageslicht und zeigen die jeweilige Wirkung des Blitzes, der in verschiedene Richtungen ausgerichtet wurde: Im Prinzip gelten für die Tabletop-Fotografie mit Blitzeinsatz die gleichen Regeln wie für die Indoor-Porträtfotografie – schließlich wollen Sie im übertragenen Sinne ja nichts anderes fotografieren als ein Porträt, nur dass Sie hier einen Gegenstand porträtieren.

Entfesselt blitzen

Auch die Methode des entfesselten Blitzens eignet sich gut für die Produktfotografie. Dabei

Durch einen waagerecht nach hinten gerichteten Aufsteckblitz wurden hier Reflexionen auf dem Porzellan und Schlagschatten auf dem Hintergrund vermieden. Stattdessen spiegeln sich unsere Stuhllehnen auf der glatten Oberfläche – doch das ist das kleinere Übel.

wird der Blitz von der Kamera entfernt aufgestellt und mit einer Fernbedienung gezündet.

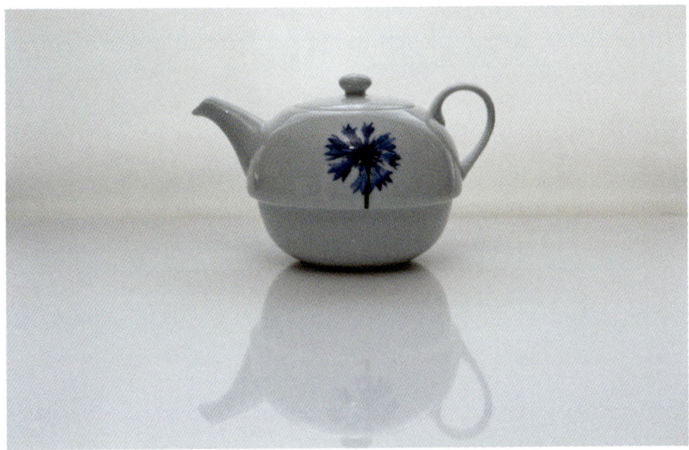

Für dieses Foto habe ich den Blitz sehr hoch über die Kanne gehalten und gegen die Zimmerdecke gerichtet – die Reflexionen auf dem Porzellan halten sich dadurch in dezenten Grenzen.

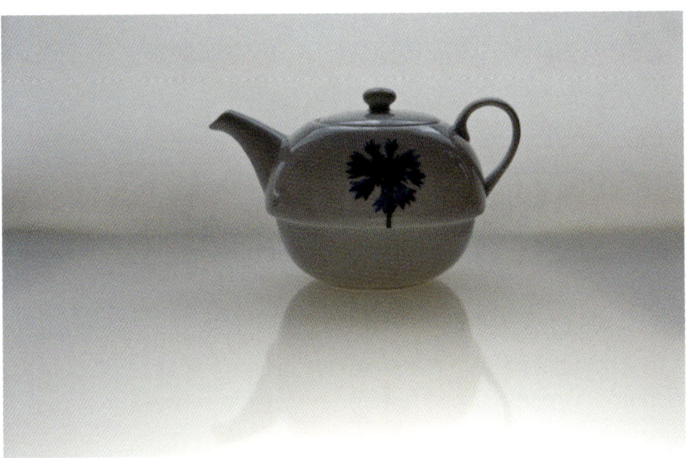

f/5 | 1/4 Sek. | ISO 100 | 43 mm | Stativ

Kleiner Gag mit dem entfesselten Blitz: Hier habe ich ihn unter den Aufnahmetisch gehalten – die leicht transparente Oberfläche lässt das Blitzlicht zum Teil durch. Für sämtliche Beispielfotos habe ich einen Aufnahmetisch als Hintergrund und eine Acrylglasplatte als Untergrund verwendet. Sie entstanden bei oben genannten Einstellungen.

Räumliche Wirkung durch Schattenwurf

Wie auch in der Porträtfotografie können Sie bei Produktfotos ebenso das Licht lenken, um z. B. einen Schattenwurf zu erreichen. Damit erzielen Sie eine bessere räumliche Wirkung des Produkts – in unseren Beispielfotos ist es eine kleine Porzellan-Teekanne. Mit Licht und Schatten modellieren Sie quasi die Form heraus. Dafür positionieren Sie den Blitz links oder rechts des Aufnahmetisches und zünden ihn über die Fernsteuerung. Für glänzende, glatte Oberflächen wie bei meiner Teekanne eignet sich diese Methode nicht so toll, weil der Blitz für unliebsame Reflexionen sorgt. Dennoch wird auf diesem Beispielfoto die Form der Kanne durch Licht auf der einen und Schattenwurf auf der anderen Seite unterstrichen. Die Reflexionen lassen sich ja auch noch in Photoshop mit ein paar Klicks entfernen. Auch können Sie den Blitz zusammen mit einem Reflektor einsetzen – vergleichen Sie dazu bitte die entsprechenden Abschnitte in Kapitel 5.4 ab Seite 300.

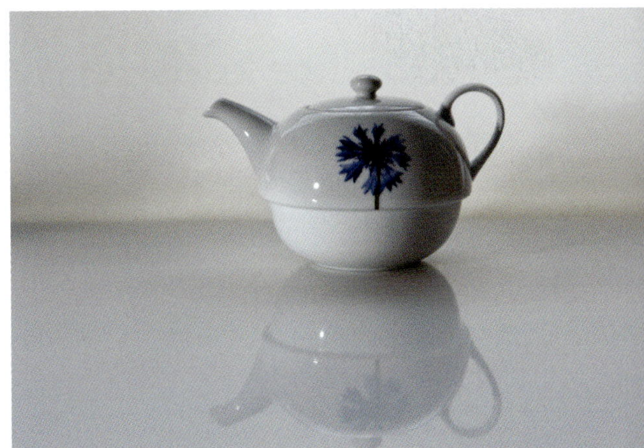

Entfesselter Blitz seitlich: Diese Methode eignet aufgrund der Blitzreflexionen nicht sonderlich gut für glänzende Oberflächen wie Porzellan, ist aber für andere Objekte gut einsetzbar, weil durch Licht und Schatten Formen gut unterstrichen werden.

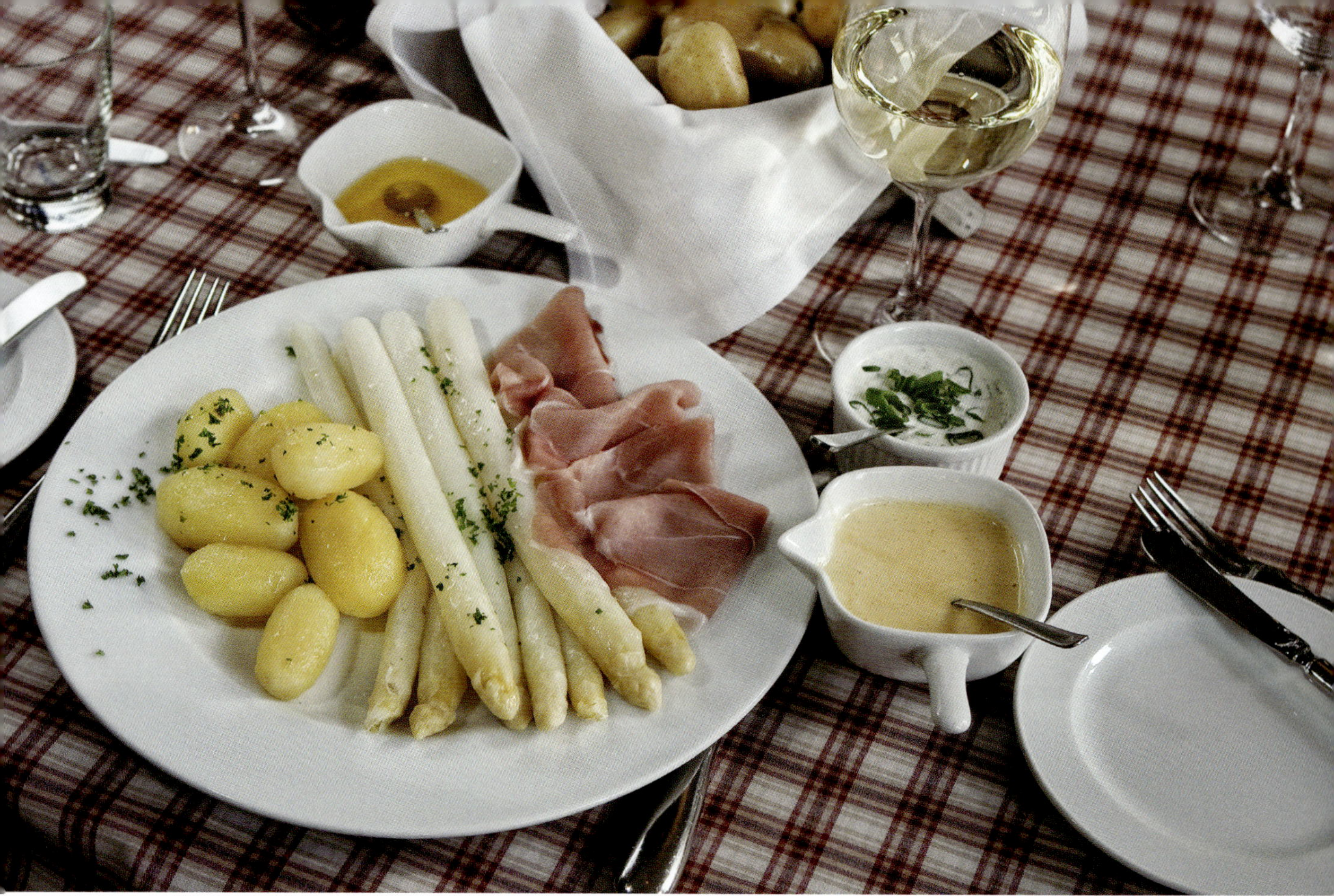

f/5.6 | 1/15 Sek. | ISO 200 | 43 mm | Stativ | indirekter Blitz und Tageslicht von rechts
Auch das ist ein Tabletop-Foto. Es entstand jedoch nicht im Studio, sondern in einem Restaurant.

8.3 Objekte künstlerisch arrangieren

Sachfotografie besteht aus weit mehr Aspekten als der reinen Produktfotografie – Letztere hat allerdings in den letzten Jahren enorm an Bedeutung gewonnen, weil mittlerweile auch viele Privatleute Dinge in irgendeiner Form online zum Verkauf anbieten. Und diese Gegenstände verkaufen sich weit besser, wenn man sie vor dem Kauf schon einmal auf einem aussagekräftigen Foto betrachten kann.

Stimmungen und Emotionen brauchen diese Fotos beim Betrachter nicht zu wecken – außer: „Will ich haben."

Stillleben mit Gefühl

Anders sieht es bei den künstlerischen Stillleben aus. Dieses Genre hat vor allem in der Malerei eine enorm große Bedeutung und lange Tradition. Die meisten von uns wurden früher als Schüler im Kunstunterricht damit konfrontiert. Dieses Spezialgebiet der gegenständlichen Fotografie soll durchaus eine Stimmung beim Bildbetrachter erzeugen. Es strahlt – wie der Name schon sagt – Ruhe und Stille aus. Es soll Emotionen wecken, zum Nachdenken anregen – oder auch schlicht und einfach nur das Herz erfreuen. Entscheidend für wirkungsvolle fotografische Stillleben ist – genau wie in der Malerei – eine gute Bildkomposition. Das bedeutet, dass wir Fotografen die einzelnen Gegenstände, die unser Motiv bilden sollen, so anordnen, dass sie auf dem Foto optimal zur Geltung kommen.

Eine logische Grundregel lautet: Kleine Gegenstände (wie auf unserem Beispielfoto die Steine und Muscheln) sollten sich im Bildvordergrund befinden, größere gehören eher in den Hintergrund und dürfen sich auch gegenseitig überlappen bzw. überschneiden. So entsteht eine räumliche Wirkung und Tiefe. Die Gegenstände sollten also nach Größe gestaffelt arrangiert werden. Hat der Bildhintergrund wie auf unserem obigen Beispielfoto einen gewissen Abstand zu unserem Hauptmotiv, darf er sich in Unschärfe auflösen, damit er den Blick des Bildbetrachters nicht zu stark ablenkt und das Bild unruhig macht. Diagonale Linien – hier ist es die Tischkante – lenken zusätzlich den Blick und erhöhen die Tiefenwirkung.

Aber das beste Arrangement schöner Gegenstände nützt nichts, wenn der Bildaufbau des Fotos nicht ausreichend durchdacht ist. Die Gegenstände sollten im Goldenen Schnitt platziert werden. Sie können natürlich ebenso beim Bildaufbau die Drittel-Regel anwenden.

Sommerliches Stillleben mit Zinkkanne, Blumen, Muscheln und Steinen auf einem Gartentisch.

f/5 | 1/100 Sek. | ISO 250 | 105 mm

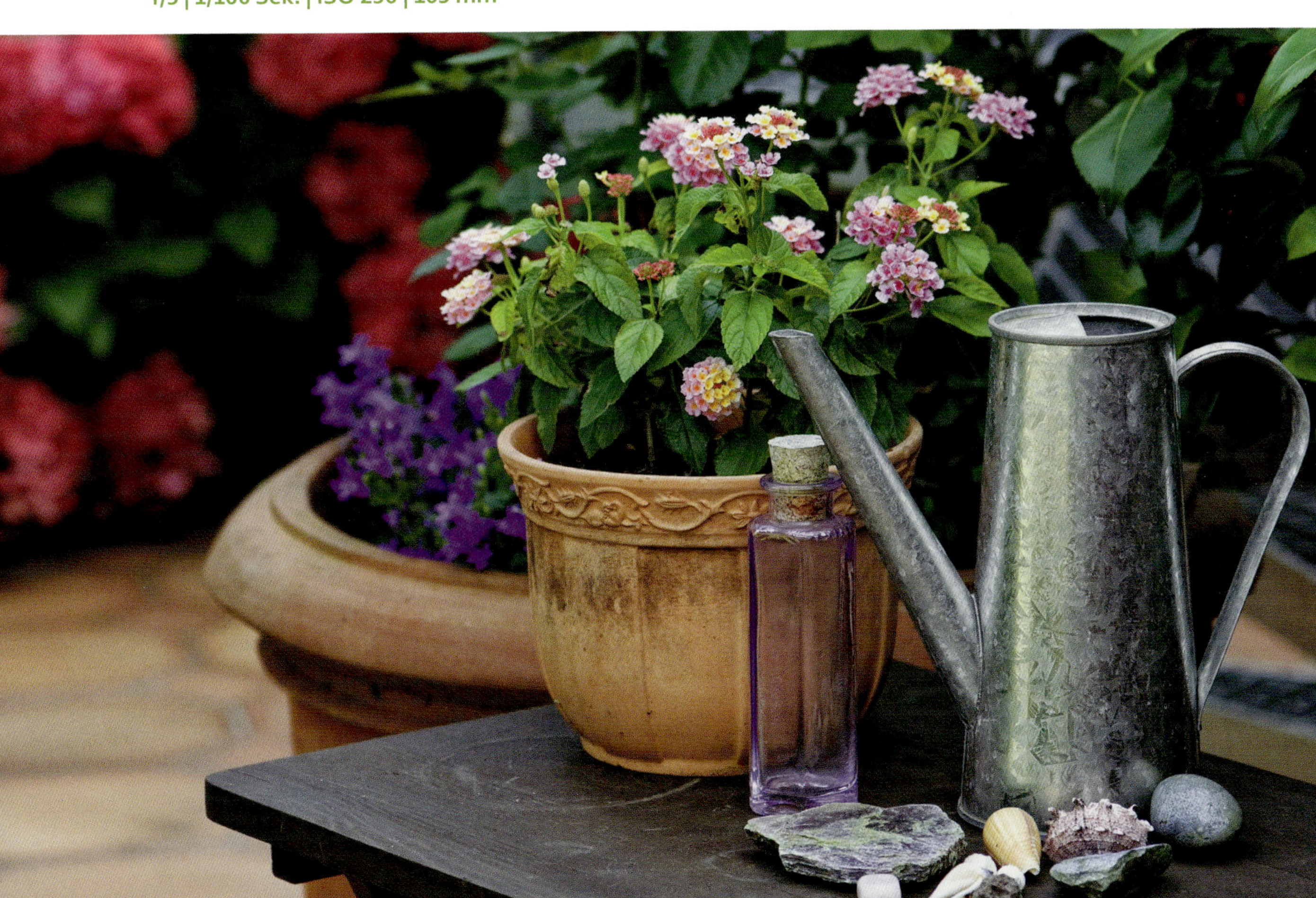

Ein weiterer wichtiger Aspekt für ein gelungenes Stillleben ist Farbe! Achten Sie darauf, dass die überwiegenden Farben Ihres Stilllebens entweder miteinander harmonieren oder in einem Komplementärkontrast zueinander stehen. Erinnern Sie sich an den Kunstunterricht? Komplementärfarben sind zum Beispiel Rot und Grün, Gelb und Violett oder Blau und Orange. Auf unserem ersten Beispielfoto unten herrschten Farben mit einem hohen Rotanteil vor, die in einem schönen Kontrast zum Grün der Blätter standen. Bei dem Beispielfoto auf der nächsten Seite oben wird auf kontrastierende Farben nahezu verzichtet – das Stillleben wirkt sehr harmonisch. Hier dominieren warme Herbstfarben: Und weil mein ehemaliger Kunstlehrer mich mit dem Thema Bildinterpretation früher sehr gequält hat, möchte ich nur wenige Worte darüber verlieren, was ich mir beim Fotografieren dieses Stilllebens gedacht habe: Ich wollte den Herbst mit seiner Vergänglichkeit und dem Verfall darstellen. Das wird erst beim zweiten Blick auf das Foto erkennbar: Die Äpfel sind wurmstichig und überreif, der Terrakotta-Kübel hat bereits Moos angesetzt, die Hortensienblüten sind verblasst und vertrocknet, das Holz der Tischplatte wirkt feucht und modrig. So viel zum Thema Bildinterpretation …

Komplementärfarben

Als Komplementärfarben werden die Farben bezeichnet, die im Farbkreis einander gegenüberliegen. Das sind:

- Rot – Grün
- Blau – Orange
- Gelb – Violett

Der Begriff ist ein wichtiges Element der Farblehre.

Spiel mit den Komplementärfarben bei diesem Netzmotiv. Blau-Grün und Orange-Rot liegen nach der Farbenlehre einander im Farbkreis gegenüber.

f/3.5 | 1/400 Sek. | ISO 250 | 170 mm

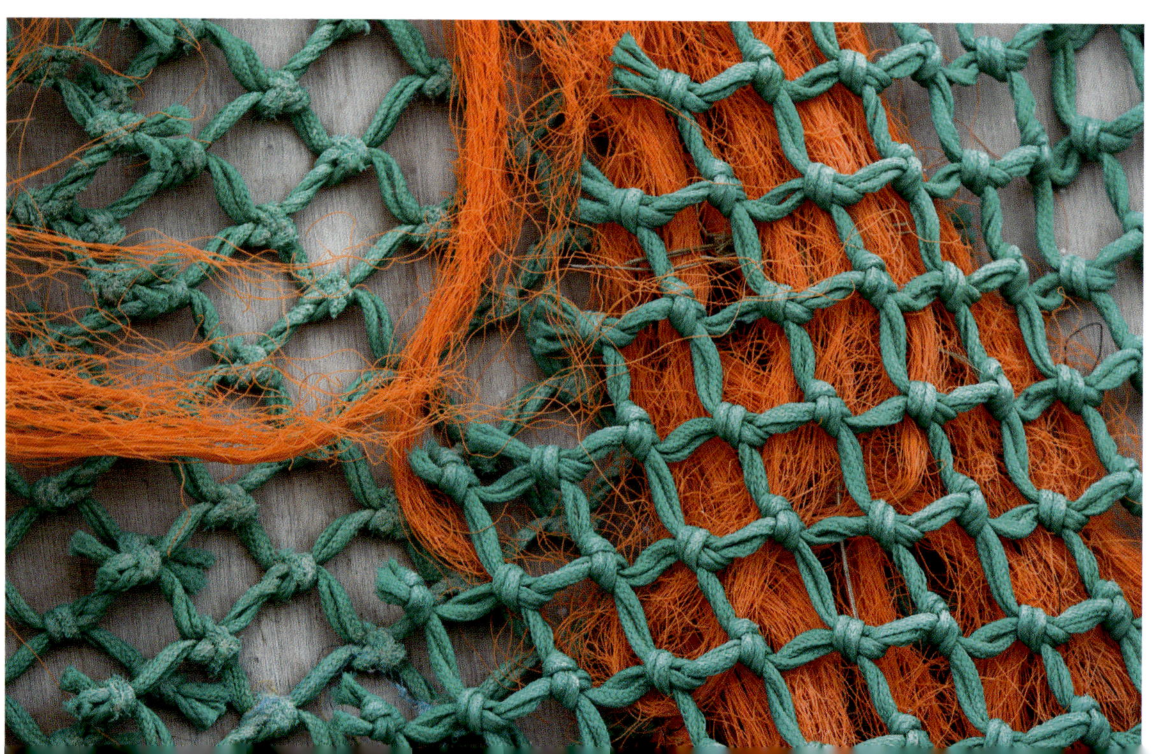

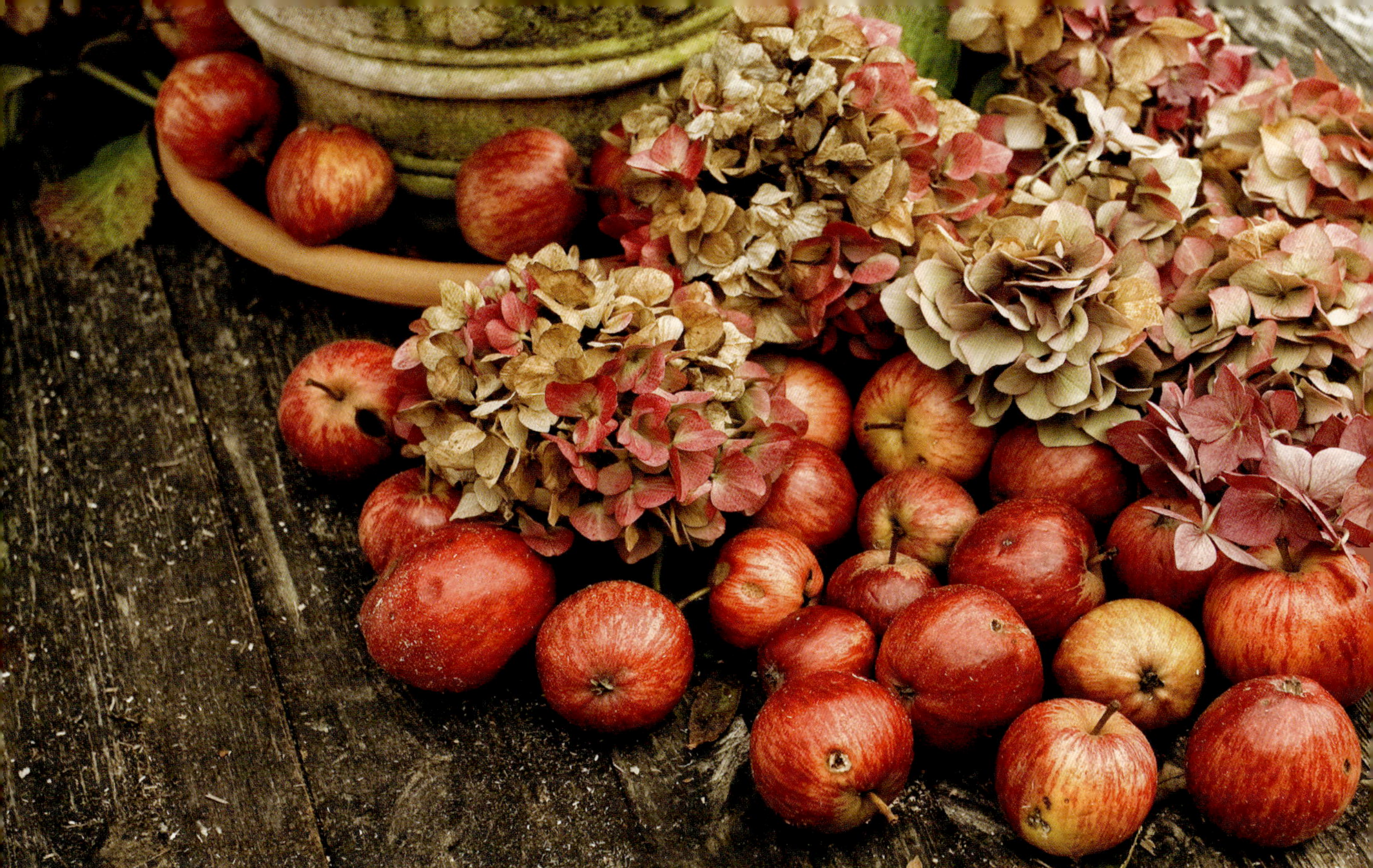

f/5.6 | 1/100 Sek. | ISO 200 | 40 mm

Herbstliches Stillleben mit Äpfeln und Hortensienblüten. Hier herrschen warme, rötliche Farbtöne vor.

Food-Fotografie

Beliebte Motive für Stillleben sind alltägliche Gebrauchsgegenstände aus dem Haushalt: Kannen, Gläser oder andere Gefäße, kombiniert mit frischen Lebensmitteln, Kräutern oder Blumen. Diese Bilder sehen wir sehr oft – nur ist es uns meistens gar nicht bewusst: Schlagen Sie irgendeine Familien- oder Frauenzeitschrift auf. Spätestens im Serviceteil mit den Kochrezepten stoßen Sie auf Stillleben, bei denen Ihnen das Wasser im Mund zusammenläuft! Die Food-Fotografie – ebenfalls ein Spezialgebiet der gegenständlichen Fotografie – könnte ohne Stillleben gar nicht existieren.

Doch diese Art der Fotografie ist ein wirklich schwieriges Feld, für das nicht nur fotografisch sehr viel Wissen und eine hochwertige Ausrüstung nötig sind, sondern möglichst auch noch ein Studio mit Küche. Food-Fotografen arbeiten oft mit Food-Stylisten (ja, das ist ein Beruf!) zusammen – diese „schminken" die zu fotografierenden Lebensmittel so, dass sie zum Anbeißen lecker aussehen. Doch sind diese mit der meist chemischen „Schminke" nicht mehr genießbar.

Aber es geht natürlich auch „ungeschminkt". Das Foto auf der nähsten Seite unten ist auf einem Weihnachtsmarkt mehr oder weniger im Vorbeigehen entstanden. Dennoch steigt einem beim Betrachten doch beinahe schon der leckere Duft von gebrannten Mandeln in die Nase, oder?

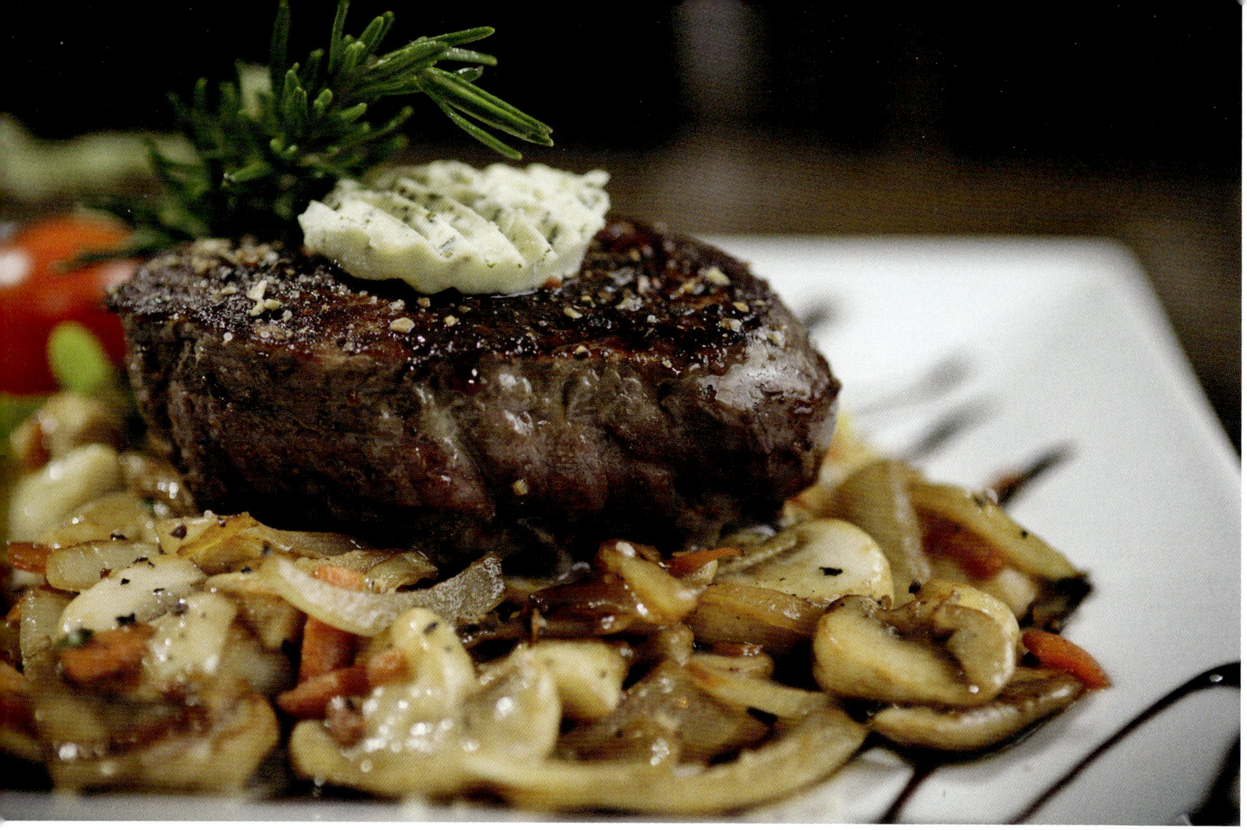

f/3.2 | 1/80 Sek. | ISO 1000 | 45 mm | indirekter Blitz, Kunst- und Tageslicht

Ohne Stillleben ist die Food-Fotografie undenkbar. Die hohe ISO-Zahl hier hat einen simplen Grund: Eigentlich wollten wir nur essen gehen, als mich der befreundete Gastronom bat, „mal eben kurz" ein Steak zu fotografieren. Kamera und Blitz hatte ich dabei – aber kein Stativ.

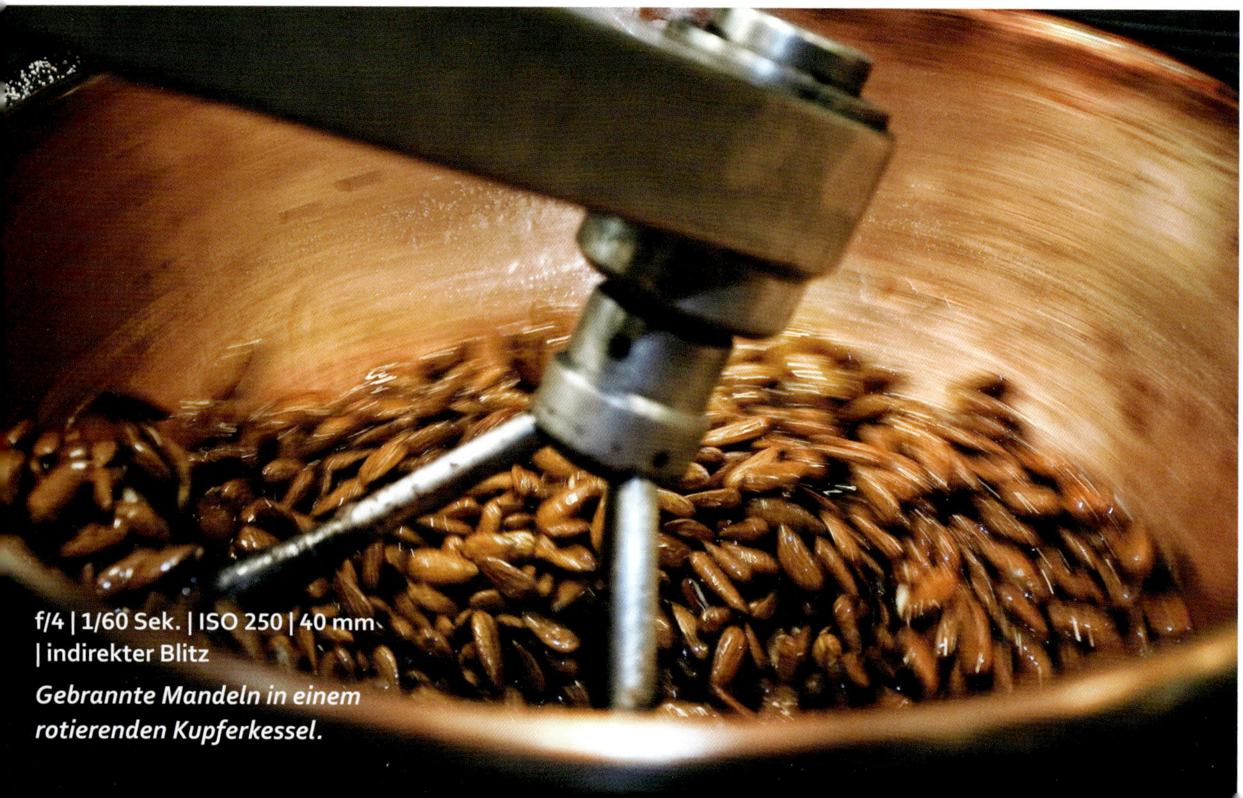

f/4 | 1/60 Sek. | ISO 250 | 40 mm | indirekter Blitz

Gebrannte Mandeln in einem rotierenden Kupferkessel.

Hier habe ich die Belichtungszeit so lang gewählt, dass die Bewegung der Mandeln und des Gefäßes noch zu sehen ist. Die Schwierigkeit war, dass sie nicht so lang sein durfte, dass die Mandeln als solche nicht mehr zu erkennen sind. Beim Bildaufbau habe ich darauf geachtet, dass der Rührarm eine Diagonale bildet, um ein bisschen mehr Dynamik ins Bild zu bekommen. Trotz der relativ guten Ausleuchtung des Marktstands habe ich zusätzlich noch meinen Blitz eingesetzt, allerdings indirekt – sein Licht wurde von der Dachfolie des Stands breitflächig reflektiert. Und wer genau hinschaut, entdeckt auch noch ein paar Zuckerkrümel oben links am Rand außerhalb des Kessels.

Andere „stille" Motive

„Stille" Motive lassen sich überall entdecken – wenn Sie die Augen offen halten. Hier vier sehr verschiedene Beispielbilder.

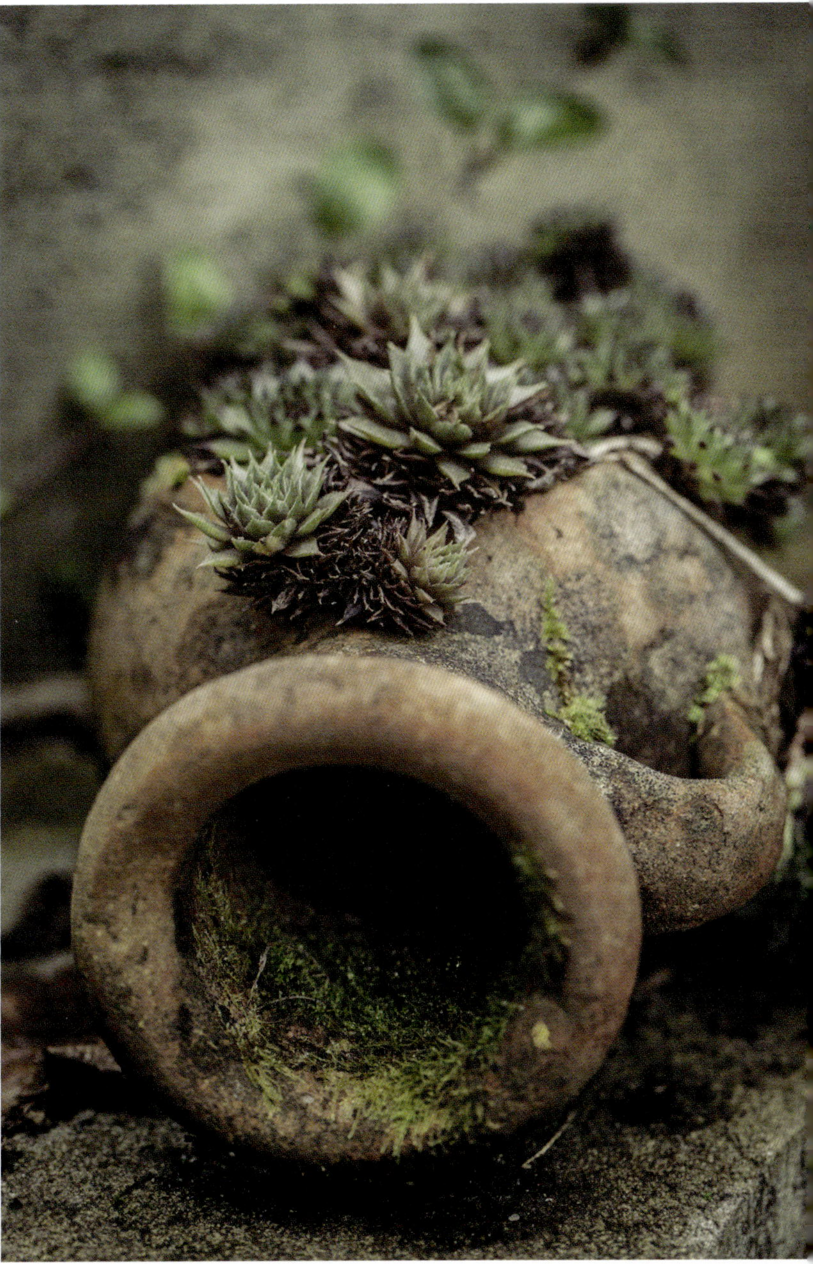

f/4 | 1/250 Sek. | ISO 640 | 100 mm

Stillleben müssen nicht immer blitzeblank geputzt sein – gerade diese mit Moos und Sukkulenten bewachsene Keramik-Amphore in einer schattigen Gartenecke wirkt erst so richtig durch die angesetzte Patina.

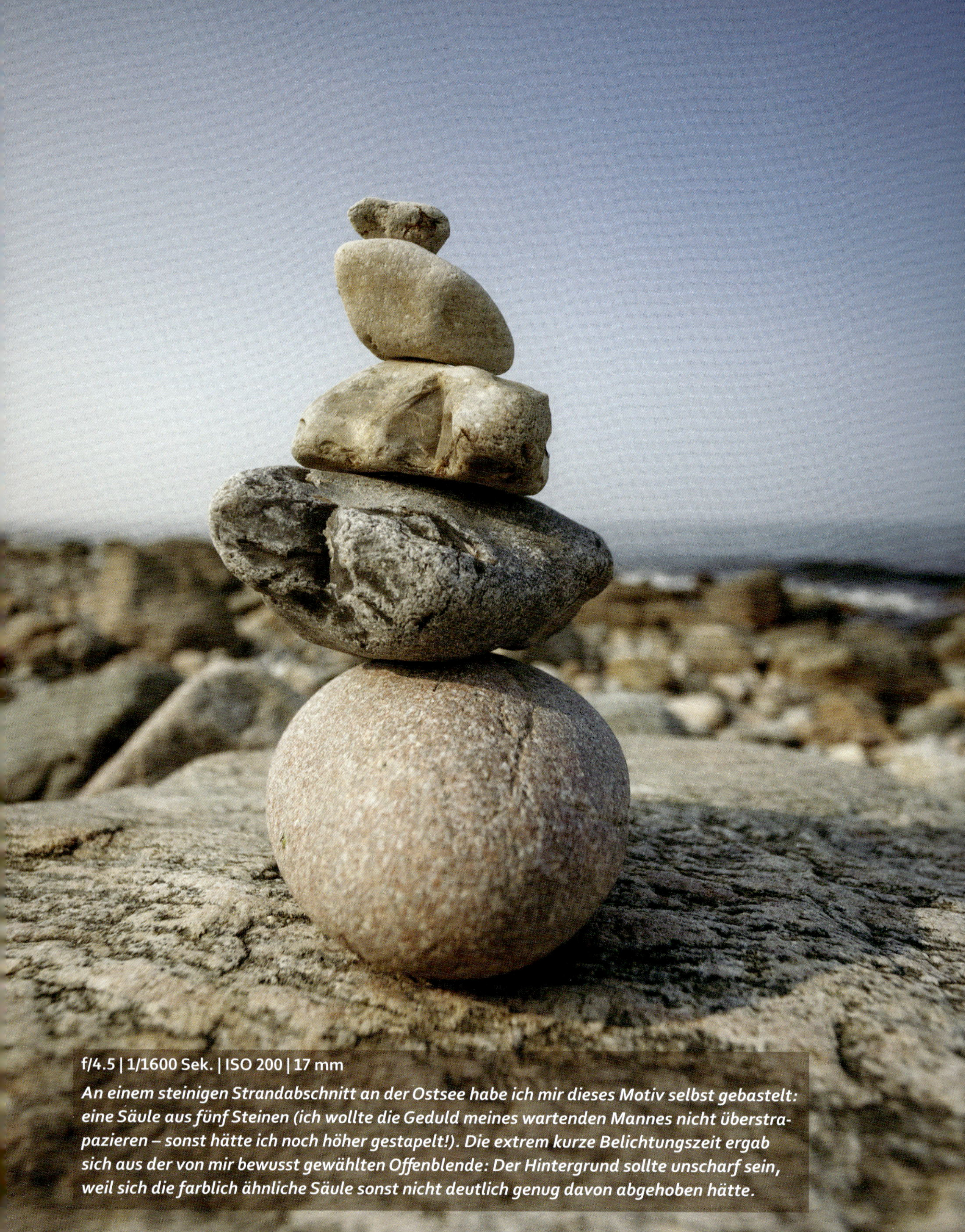

f/4.5 | 1/1600 Sek. | ISO 200 | 17 mm

An einem steinigen Strandabschnitt an der Ostsee habe ich mir dieses Motiv selbst gebastelt: eine Säule aus fünf Steinen (ich wollte die Geduld meines wartenden Mannes nicht überstrapazieren – sonst hätte ich noch höher gestapelt!). Die extrem kurze Belichtungszeit ergab sich aus der von mir bewusst gewählten Offenblende: Der Hintergrund sollte unscharf sein, weil sich die farblich ähnliche Säule sonst nicht deutlich genug davon abgehoben hätte.

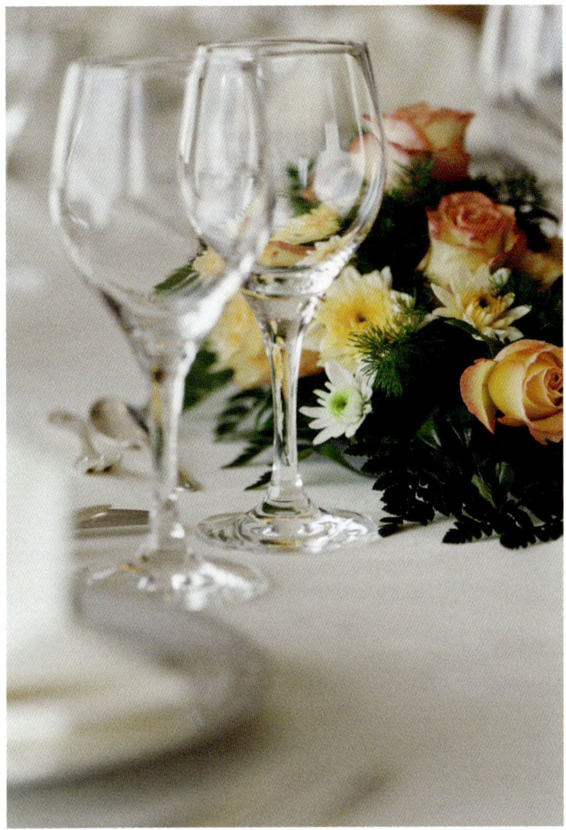

f/3.5 | 1/500 Sek. | ISO 200 | 100 mm

Festliche Tischdekoration für eine Gesellschaft in einem Restaurant. Die knappe Schärfe liegt auf der blumigen Dekoration.

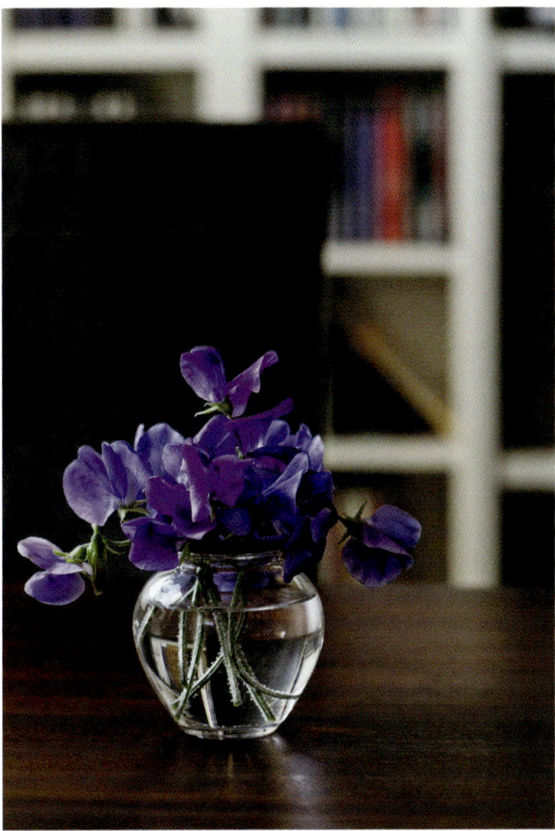

f/4.5 | 1/100 Sek. | ISO 1000 | 100 mm

Es war Ende Oktober und ich dachte, es sei eine gute Idee, die letzten Balkonblümchen lieber in die Wohnung zu holen, als sie vom ersten Frost umbringen zu lassen. Und als Fotomotiv taugten sie in der Vase auch besser.

So habe ich zum Beispiel auf einer Segeltour maritime Gegenstände fotografiert. Die Möglichkeiten, diese so zu arrangieren, wie ich sie haben wollte, waren begrenzt, weil sie im Einsatz waren. Naturgemäß ist auch die Bewegungsfreiheit eines Fotografen an Deck einer Segeljacht auf dem offenen Meer etwas eingeschränkt. Und so habe ich versucht, das Spiel von Schärfe bzw. Unschärfe als wichtiges, bildgestalterisches Element einzusetzen. Eine ebenso große Bedeutung für die Bilddramaturgie hat hier auch der wohlüberlegte Bildaufbau. Die tiefe Perspektive (ich lag der Länge nach auf dem Deck) intensiviert die Bildwirkung. Lassen Sie sich nicht von der sehr kurzen Belichtungszeit irritieren. Die ergab sich zwangsweise durch die Wahl der Offenblende am helllichten Tag und hat keine Bedeutung für die Bildwirkung – das Foto hätte bei 1/100 Sek. Belichtungszeit nicht anders ausgesehen!

Die Schärfe liegt durch die Wahl der Offenblende nur auf der Umlenkrolle, sodass sich der Blick hierhin orientiert. Alle übrigen Bildelemente liegen weitgehend in der Unschärfe

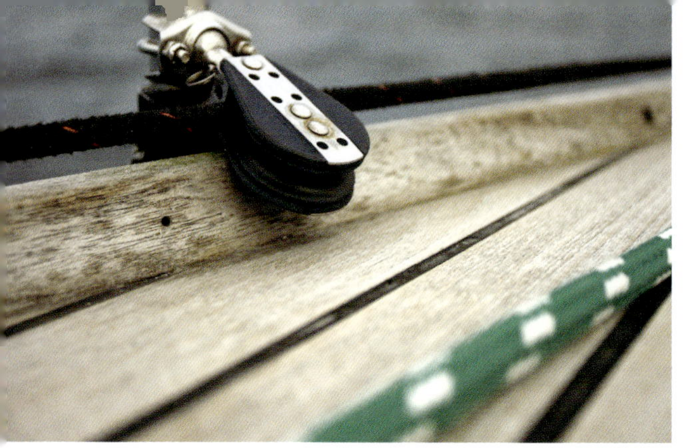

f/4 | 1/1600 Sek. | ISO 100 | 35 mm

Die knappe Schärfe auf dem Hauptmotiv (die Umlenkrolle) und diagonale Linien, die den Blick in die Tiefe führen, sorgen hier für die Bildwirkung. Das Foto entstand während einer Segeltour auf einer Jacht.

– dennoch sind sie wichtig für die Bildwirkung: Die Fugen auf dem Deck und die Taue bilden diagonale Linien, die den Blick in die Tiefe des Fotos lenken. Das gleiche Gestaltungsprinzip nutzte ich auch für dieses Foto, das ebenfalls während des Segeltörns entstand. Dank ein wenig Sonnenlicht leuchten die Farben hier jedoch stärker: Beide Fotos funktionieren gut nebeneinander als Dekoration an der Wand, bilden sie doch zusammen eine Minifotoserie. Zum Beispiel im Badezimmer?

Die Verwendungsmöglichkeiten für Stilllebenfotos, die hauptsächlich unter künstlerischen Aspekten entstanden, sind vielfältig – aber für die Versteigerung einer Umlenkrolle oder

f/4 | 1/2000 Sek. | ISO 100 | 40 mm

Dicht dran mit einem Weitwinkelobjektiv bei maximal geöffneter Blende – so gerät das Umfeld des Knotens in die Unschärfe.

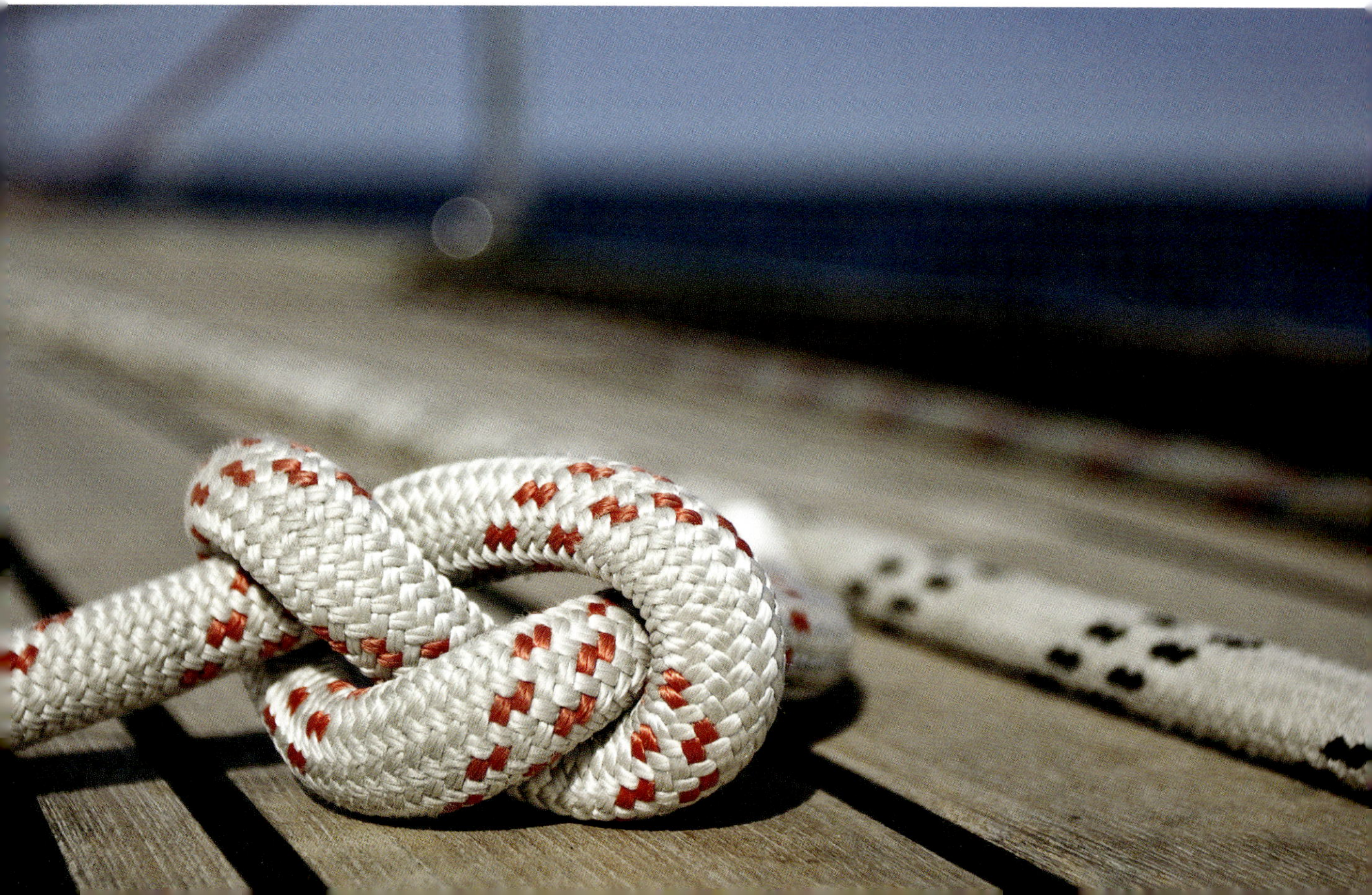

eines Segeltaus auf einem Internetportal sind sie eher ungeeignet und viel zu schade.

Banalitäten fotografieren

Selbst völlig banale Alltagsgegenstände lassen sich so fotografieren, dass sie durchaus als Druck an der Wand (natürlich nur da, wo es passt – farblich oder thematisch) etwas hermachen würden.
Viele meiner Fotos (nicht nur die Sachfotos) gebe ich zur Vermarktung an Bildagenturen – Markennamen oder -zeichen sind deshalb absolut tabu! Denn die Fotos werden für journalistische Beiträge genutzt und müssen deshalb neutral sein. Aber fotografieren Sie mal eine solche Tube, ohne dass die Herstellerfirma oder die Marke zu erkennen ist! Von der Seite geht's schon mal mit Sicherheit nicht. Vom unteren Ende ergibt auch keinen Sinn, weil eine Senftube aus der Perspektive nicht anders aussieht.

Also musste die Zahnpasta selbst mit aufs Bild – da blieb nur die Seite mit der Tubenöffnung. Als Hinter- bzw. Untergrund musste wieder meine Milchglasscheibe herhalten, weil sich darauf alles immer so schön spiegelt. Als Lichtspender diente lediglich das durch ein Fenster von rechts einfallende Tageslicht. Als Objektiv wählte ich ein 60-mm-Makroobjektiv und als Kameraeinstellung wieder eine weit geöffnete Blende. Der Grund ist naheliegend: Bei geschlossener Blende hätte ich einen größeren Schärfebereich erreicht – aber genau das Gegenteil wollte ich! Die Schärfe sollte möglichst nur auf der Tubenöffnung und auf dem ersten Teil des Pastenstrangs liegen – alles andere sollte sich in Unschärfe auflösen, der Schärfeverlauf weich sein.

Dass der Tubendeckel nach schräg oben links aufklappt, hat natürlich – Sie ahnen es schon – seinen Grund. Genau: So wirkt das Foto nicht ganz so statisch. Aus dem gleichen Grund habe ich zuvor die Zahnpasta auch nicht einfach nur gerade nach vorn ausgedrückt, sondern mit einer kleinen Kurve nach rechts (vom Betrachter aus gesehen).

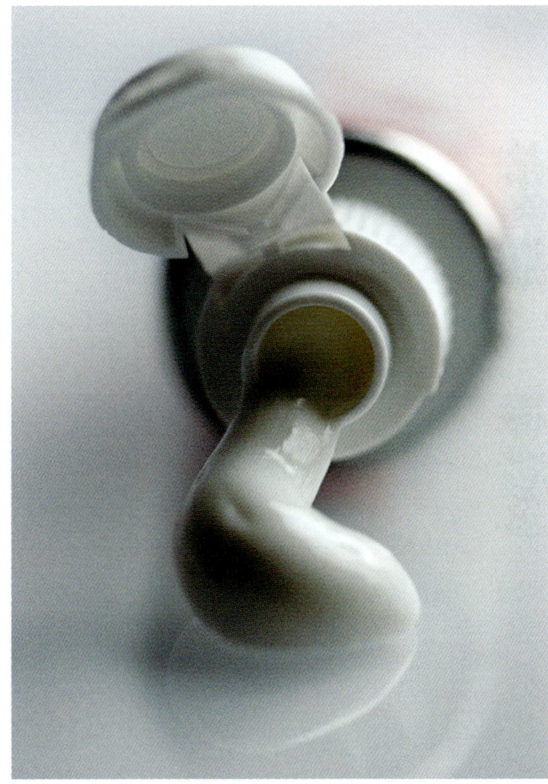

f/3.2 | 1/60 Sek. | ISO 200 | 60 mm

Eine Zahnpastatube könnte an der Wand in einer Zahnarztpraxis durchaus ein Hingucker sein.

Es braucht also einige Überlegungen, einen alltäglichen Gegenstand, den jeder im Haushalt hat und mehrfach am Tag in der Hand hält, so zu fotografieren, dass das Bild eine solche Wirkung hat, dass es sich lohnen könnte, es auszubelichten und an die Wand zu hängen.

Fotos mit Symbolcharakter

Fotos von Gegenständen mit einer Aussage oder mit Symbolcharakter finden häufig

Verwendung etwa in Zeitungen, Zeitschriften oder auf Internetseiten mit Informationscharakter. Sie sollen dem geneigten Leser auf einem Blick zeigen, um was es im folgenden Artikel geht.

Aber es ist mir im Rahmen eines redaktionellen Auftrags einmal passiert, dass ich wirklich Probleme hatte, ein schmuckes Motiv für ein Seitenfoto zu finden.

Als Seitenfoto wird ein Bild bezeichnet, das die Seite dominiert, die Blicke auf sich zieht, die Leser dazu motiviert, den dazugehörigen Artikel durchzulesen, und eben auch gleichzeitig vermittelt, was das Thema ist. Eine Menge Aufgaben für ein einziges Foto! Doch die Location, in der dieses wichtige Foto entstehen sollte, war ein Rechenzentrum. Ein riesiger Raum, lange Gänge mit seitlich aufgestellten blassbeigen Schränken voller Rechner: kahl, kühl, farblos – langweilig! Ein Gang glich dem anderen.

Schließlich hatte der mich begleitende Chef des Zentrums Erbarmen mit mir und meinem scheinbar für jedermann erkennbar suchenden Blick. Er öffnete einen Rechnerschrank und da blinkten mir hinter einem Metallgitter ein paar blaue Lämpchen entgegen – wenigstens ein bisschen Farbe in der blassen, kalten Technikwüste! Und damit hatte ich das verzweifelt gesuchte Motiv für das Seitenfoto! Um die Lämpchen wie kleine blaue Sterne wirken zu lassen, musste ich eine relativ weit geschlossene Blende wählen.

Daraus ergab sich bei der vorhandenen Beleuchtung eine relativ lange Belichtungszeit, die dazu führte, dass ich das Foto vom Stativ aus schoss (siehe Bild auf der nächsten Seite). Weshalb ich die blaue Lampenreihe nicht in der Bildmitte platziert habe, brauche ich Ihnen sicher nicht zu erklären – das wissen Sie längst. Stichwort: Goldener Schnitt!

Beliebt ist bei Symbolbildern eine auf den Punkt gesetzte Schärfe (gern knapp). Bei dem Rechenzentrum-Foto war das nicht möglich, weil es nur eine Bildebene gibt und das Foto sehr statisch aufgebaut ist. Deshalb möchte ich Ihnen hier noch ein paar Fotos zeigen, die genau von dieser Schärfesetzung leben (siehe Bild unten und auf Seite 448 oben).

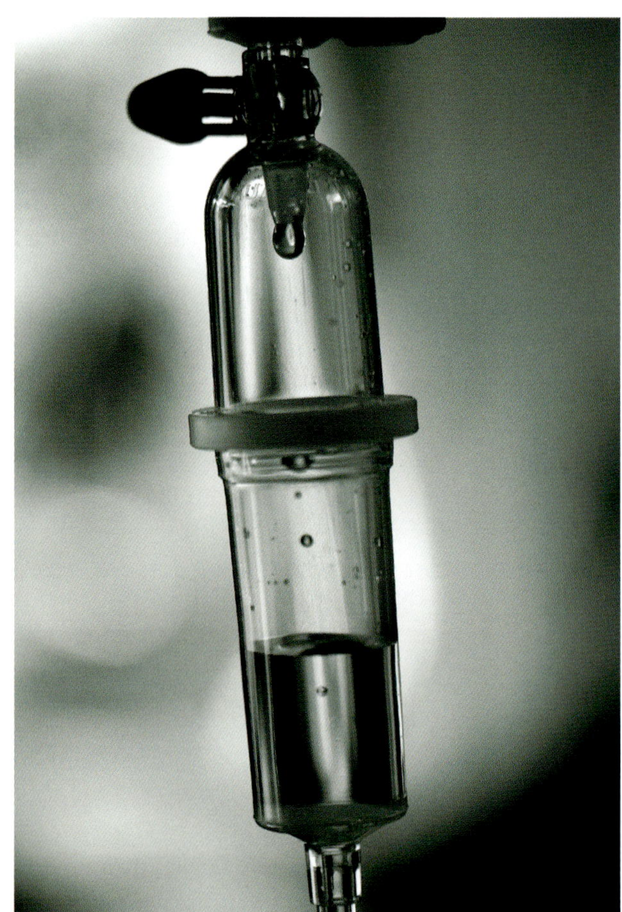

f/2.8 | 1/125 Sek. | ISO 400 | 60 mm | frei Hand fotografiert | Wandlung per Bearbeitungssoftware in Schwarz-Weiß mit anschließender Tonung

Hier geht es ganz offensichtlich um das Thema Krankheit.

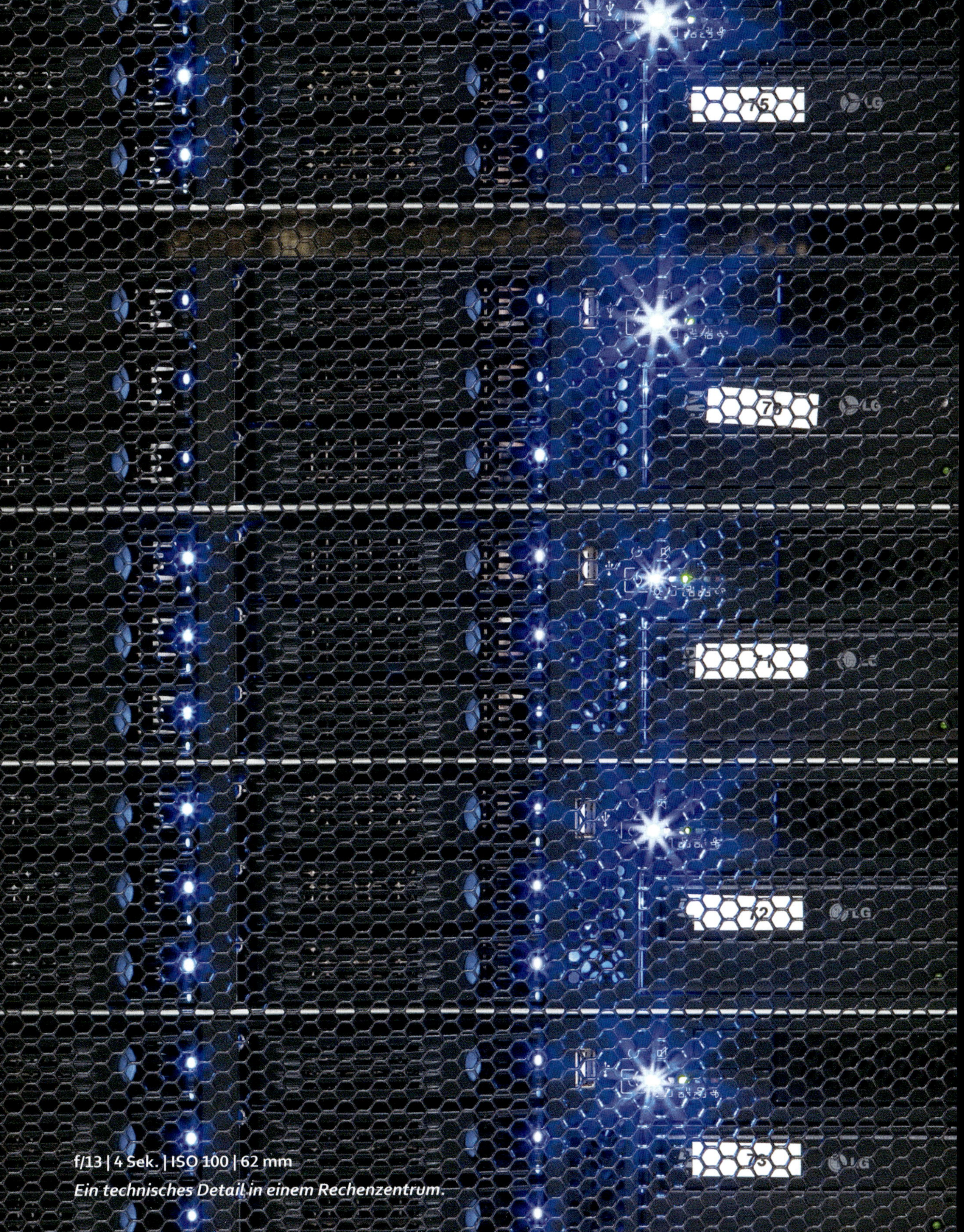

f/13 | 4 Sek. | ISO 100 | 62 mm

Ein technisches Detail in einem Rechenzentrum.

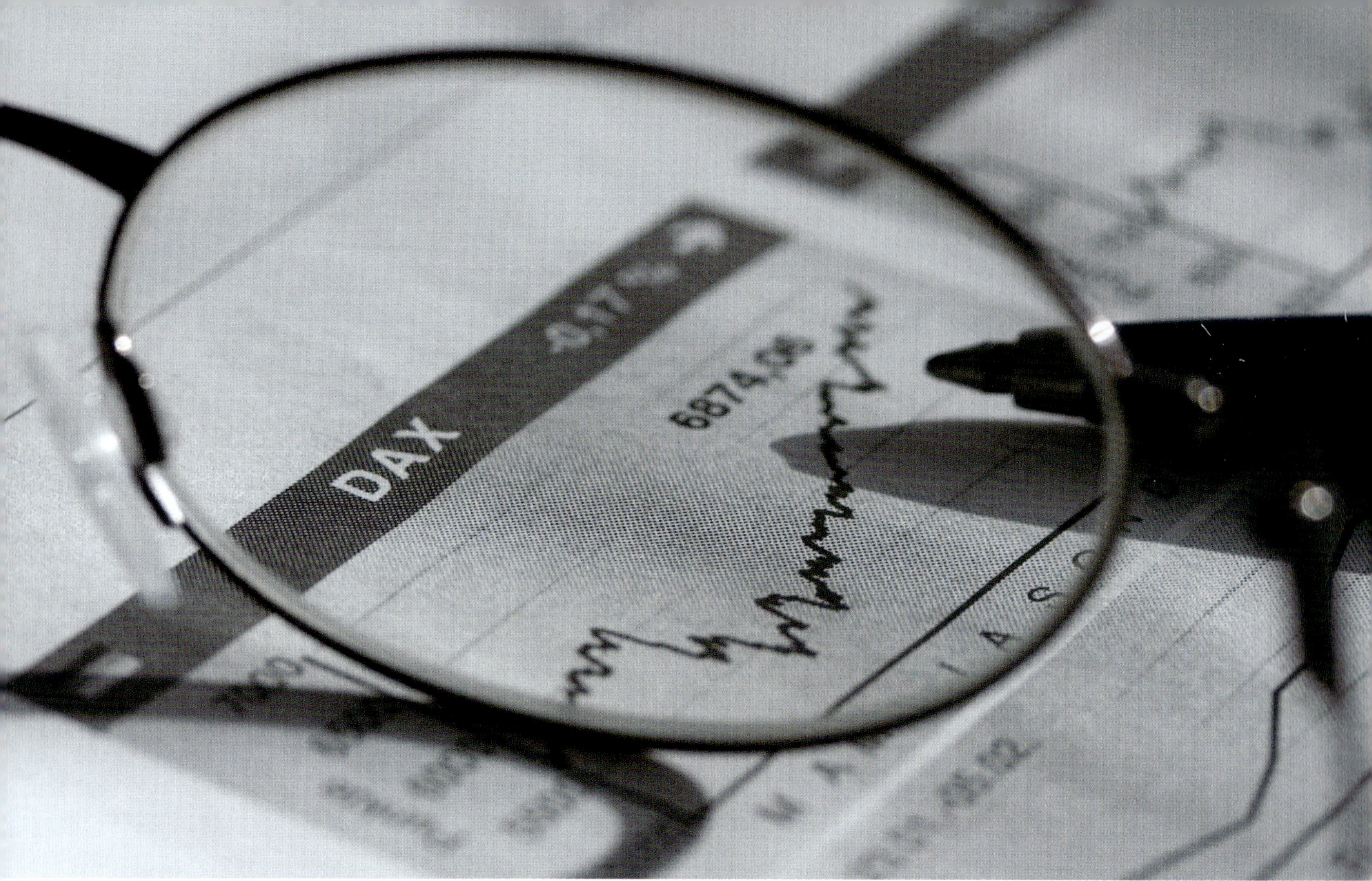

f/4.5 | 1/320 Sek. | ISO 100 | 60 mm | Tageslicht | Ausschnittvergrößerung

Der Fokus liegt auf dem Wort DAX und der dazugehörigen Kurve – verstärkt wird der Effekt durch das Brillenglas. Die Bildaussage ist klar: Es geht um die wirtschaftliche Entwicklung, um Börsenwerte.

Besonders symbolträchtige Fotothemen sind unsere höchsten christlichen Feiertage Weihnachten und Ostern: Schnee und Lichterglanz, Engel, Weihnachtsmann, Weihnachtsbaum, Stern oder eben der Osterhase und Eier.

Jeder Fotograf (egal ob Profi oder Amateur), der etwas auf sich und seine Arbeit hält, schickt zu den Festtagen Postkarten mit einem passenden Symbolfoto an die Familie oder an Freunde.

Oder postet sie (das ist wohl die moderne Variante), verbunden mit den besten Wünschen, im Internet in seinen sozialen Netzwerken, Fotoportalen oder Foren.

Das Foto auf der nächsten Seite entstand im Rahmen eines Auftrags: Ich sollte einen Hotel- und Restaurantbetrieb in weihnachtlicher Dekoration fotografieren – so stimmungsvoll wie möglich.

Es ging also nicht nur darum, den Tannenbaum im Eingangsbereich schlicht abzulichten, sondern meine Fotos sollten die Bildbetrachter in Weihnachtsstimmung versetzen.

Und so entschied ich mich, die Lichter am Tannenbaum unscharf im Hintergrund darzustellen – so wirken die kleinen elektrischen Lichter auf Fotos am besten, finde ich. Bei echten Kerzen hätte ich mich möglicherweise anders

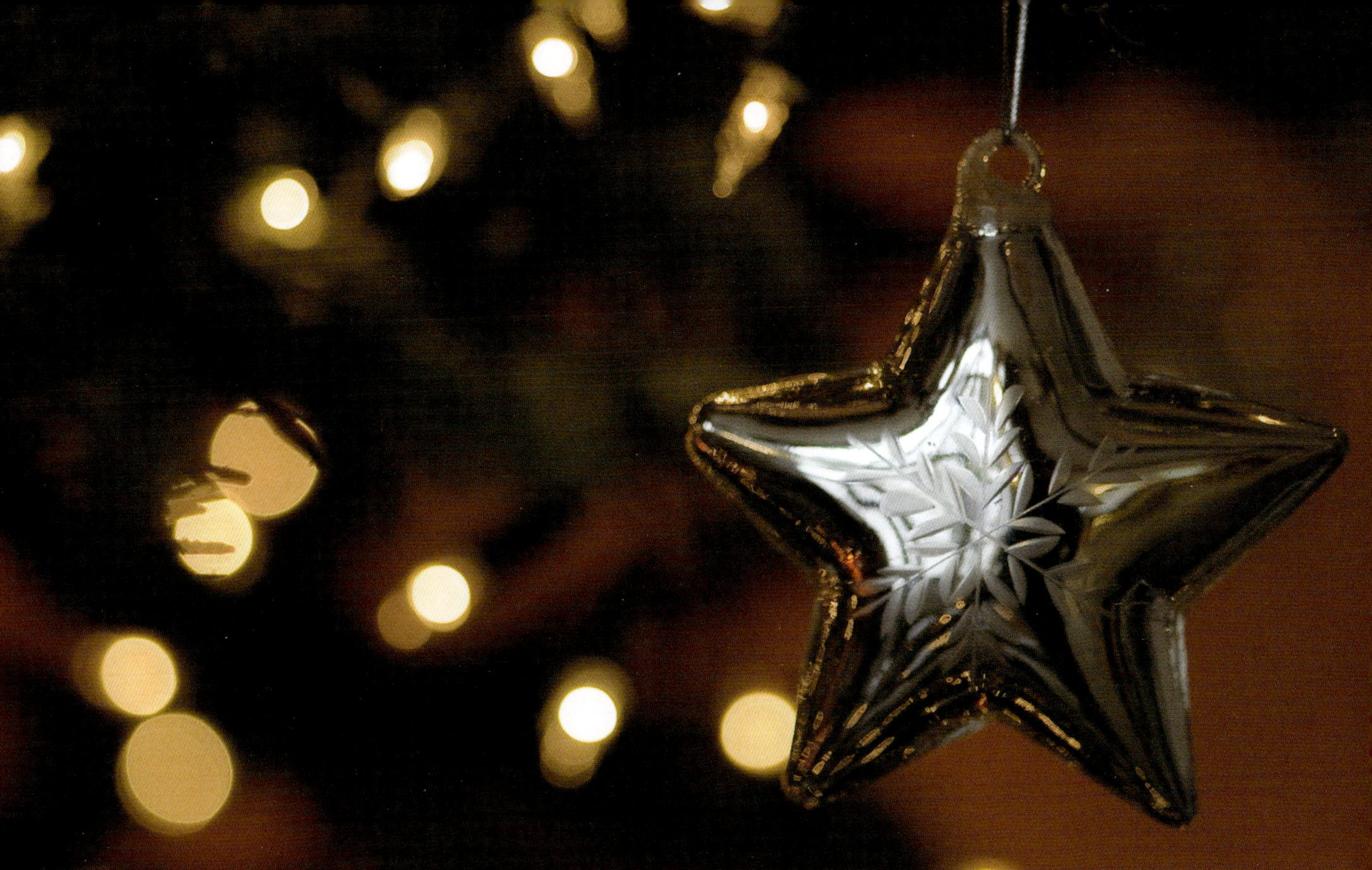

f/2.8 | 1/13 Sek. | ISO 100 | 105 mm
Stern und Lichterglanz machen auf einen Blick klar, dass es hier um Weihnachten geht.

entschieden. Und so fiel die Wahl des Fokuspunktes auf einen silbernen Glasstern.

Auf seiner Oberfläche reflektierte das Tageslicht, das durch die gläserne Eingangstür einfiel.

So ergab sich ein für die positive Bildwirkung günstiger Kontrast zwischen den warmen Farben im Hintergrund und den kühlen Farben auf dem Fokuspunkt, dem Stern.

Wegen der schlechten Lichtverhältnisse ergab sich trotz der notwendigen Offenblende (wegen der Unschärfe im Hintergrund) eine relativ lange Belichtungszeit, die den Einsatz eines Stativs nötig machte.

Etwas störend wirkte sich leider aus, dass im Restaurant während meiner Aufnahmen Hochbetrieb herrschte: Tür auf, Tür zu, Tür auf, Tür zu.

Der federleichte Glasstern bewegte sich in der kalten Zugluft ständig ein wenig hin und her – und das können Sie auf dem Foto beim ganz genauen Hinschauen auch erkennen: Er ist nicht so superscharf abgebildet, wie ich es mir gewünscht hätte – aber die minimale Bewegungsunschärfe ist noch im erträglichen Rahmen.

8.4 Fotodokumente in die Gegenwart retten

Schöne Erinnerungsfotos aus der analogen Zeit finden sich in unzähligen Fotoalben. Wenn Sie diese Bilder auch als digitale Datei auf Ihrem Computer haben möchten und sich nicht eigens einen teuren Filmscanner zulegen wollen, fotografieren Sie sie doch einfach ab!

Kamera exakt ausrichten

Dazu legen Sie das Foto auf einen entsprechenden Hintergrund an einer ausreichend hellen Stelle in Ihrer Wohnung (Fensternähe). Vorsicht bei Hochglanzfotos: Sonnenlicht kann für Reflexionen sorgen – fotografieren Sie diese besser an einer Stelle, auf die kein direktes Sonnenlicht fällt.

Positionieren Sie Ihre Kamera senkrecht direkt über dem Foto, sodass sich der Kamerasensor parallel zum Foto befindet. Denn Sie brauchen für diese Art der Fotografie keine räumliche Wirkung – im Gegenteil! Leider müssen Sie wohl meist ohne Stativ auskommen, denn nur mit wenigen Stativen können Sie die Kamera so über dem Foto positionieren. Eine preisgünstige Ausnahme ist z. B. das Manfrotto 190XProB, das über eine schwenkbare Mittelsäule verfügt.

Wenn Sie alte Fotos abfotografieren, nennt sich das Reproduktionsfotografie – Sie erstellen ein Repro. Bei der Gelegenheit können Sie mithilfe eines Bildbearbeitungsprogramms auch gleich Farbstiche und kleine Kratzer auf dem Foto entfernen oder wenigstens reduzieren. Fotografieren Sie das alte Bild jedoch von der Seite, nehmen Sie – besonders dann, wenn Sie mit weit geöffneter Blende fotografieren – Einfluss auf den ursprünglichen Schärfepunkt des Originalfotos. Außerdem verändern Sie die Form des Fotos. Hier müssen Sie folglich senkrecht von oben fotografieren.

Alte Bilder können Sie bei nicht optimalem Umgebungslicht bei offener Blende fotografieren. Auch mit Blende 2.8 wird das alte Foto mit durchgängiger Schärfe abgebildet – vorausgesetzt, Sie fotografieren direkt senkrecht von oben.

Ein kleines Neigen oder Kippen der Kamera reicht dann allerdings, um Unschärfe auf einem eigentlich scharfen Foto zu produzieren (siehe vorangestelltes Foto).

Wobei ich diesem schräg abfotografierten Bild durchaus einen gewissen Charme zusprechen muss, weil die hinzugekommene Unschärfe nicht die Gesichter von meiner Mutter und mir betrifft, sondern nur den Raum im Hintergrund partiell weichzeichnet.

Ach, kleiner Tipp noch, falls sich die Fotos, die Sie reproduzieren möchten, wölben: Legen Sie eine Glasplatte (fusselfrei, ohne Fingerabdrücke!) auf das Bild. Aber achten Sie auch darauf, dass sich keine Lichtquelle aus der Umgebung auf der Glasfläche spiegelt.

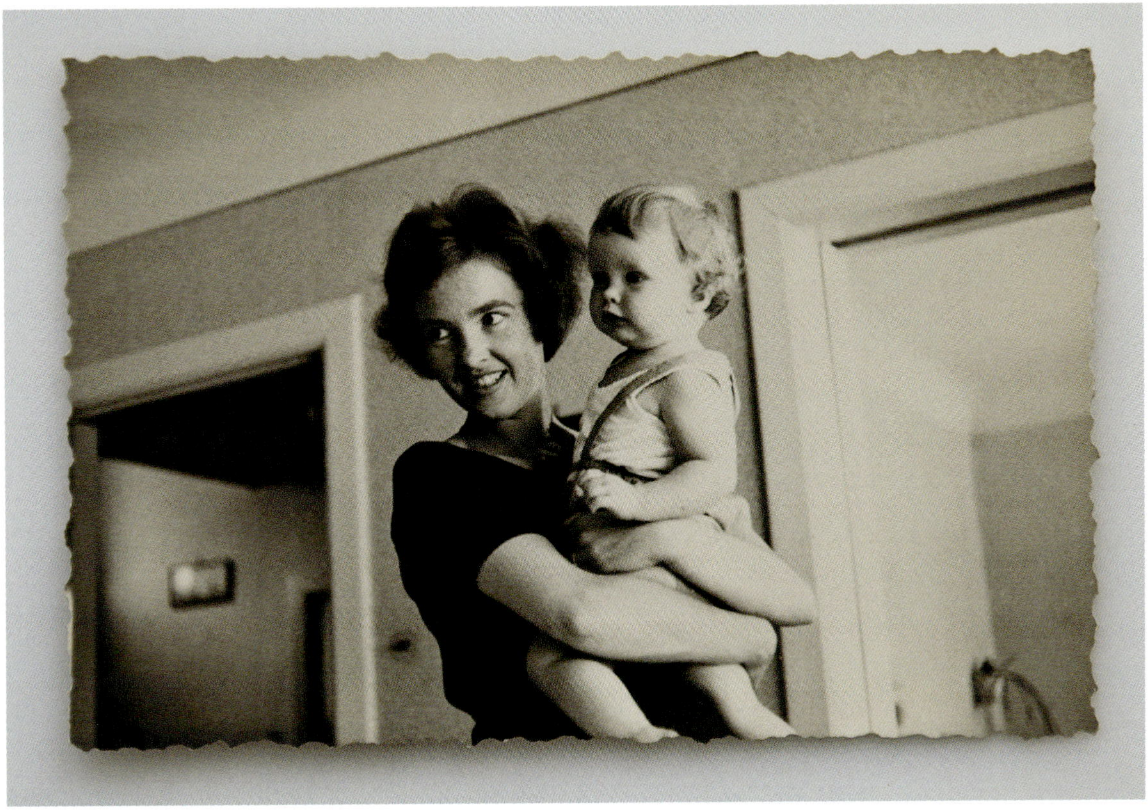

f/3.2 | 1/200 Sek. | ISO 100 | 59 mm

Meine Mutter mit mir auf dem Arm – das Foto entstand Anfang der 60er-Jahre.

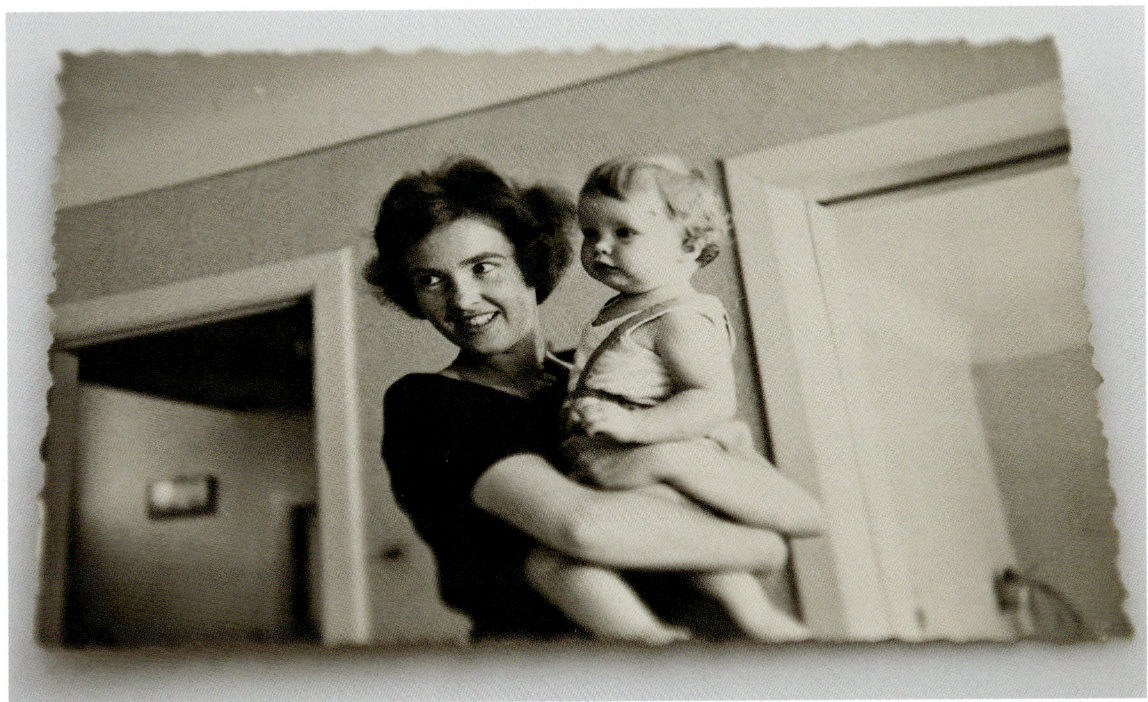

f/3.2 | 1/200 Sek. | ISO 100 | 60 mm

Der Schärfepunkt des Originalfotos und dessen ursprüngliche Form verändern sich, wenn Sie nicht senkrecht von oben fotografieren.

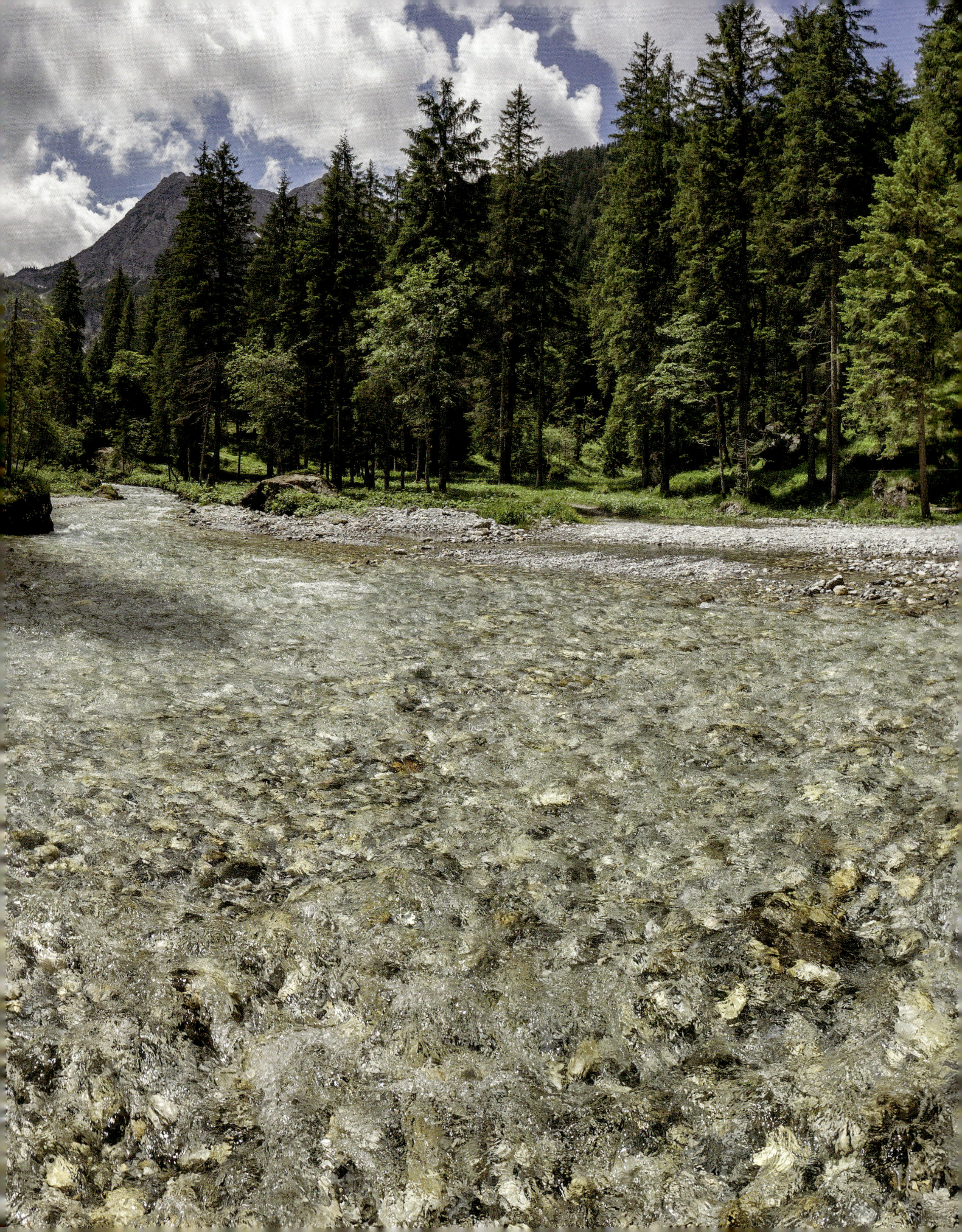

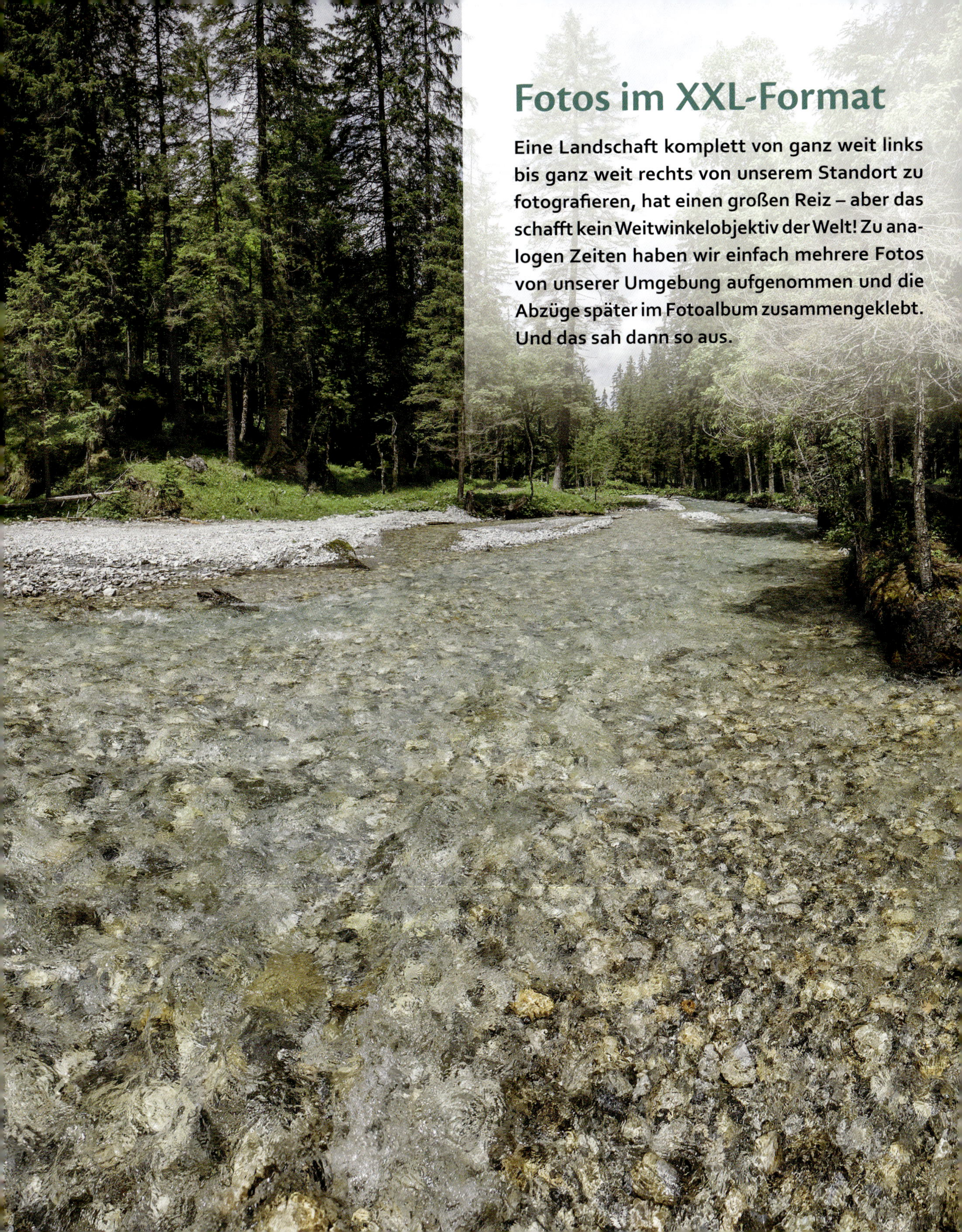

Fotos im XXL-Format

Eine Landschaft komplett von ganz weit links bis ganz weit rechts von unserem Standort zu fotografieren, hat einen großen Reiz – aber das schafft kein Weitwinkelobjektiv der Welt! Zu analogen Zeiten haben wir einfach mehrere Fotos von unserer Umgebung aufgenommen und die Abzüge später im Fotoalbum zusammengeklebt. Und das sah dann so aus.

9.1 Wie aus vielen Fotos eines wird

Aber ich bin froh, dass ich das Album unserer USA-Reise im Jahr 1980 aufbewahrt habe – zum einen wegen der unwiederbringlichen Erinnerungen an eine tolle Zeit und zum anderen eignet sich dieses Foto ganz hervorragend für dieses Buch: Es verdeutlicht das Prinzip der Panoramafotografie, das auch heute im digitalen Zeitalter noch immer Gültigkeit hat.

Panoramafotos bestehen auch heute noch aus mehreren Einzelfotos, die mithilfe einer entsprechenden Bildbearbeitung am Computer zusammengebastelt werden.

Der große Vorteil: Die Software passt die Einzelfotos einander an, sodass es nicht zu so großen Farb- und Belichtungsunterschieden kommt wie bei meinem Foto aus Jugendzeiten

Die Vorgehensweise

Am besten lassen sich Bilder, die später zu einem Panorama zusammengefügt werden sollen, vom Stativ aus fotografieren. Dabei sollten Sie aber unbedingt darauf achten, dass sich der Horizont auf jedem Bild möglichst auf der gleichen Höhe befindet. Und das ist leichter, wenn Sie ein Stativ verwenden. Zudem ist, weil es sich hier um ein Landschaftsfoto handelt, ein hohes Maß an Schärfentiefe erforderlich. Die erreichen Sie mit einer kleinen Blendenzahl. Nur dann können Sie die Landschaft auf Ihrem Foto von vorn bis zum Horizont durchgängig scharf abbilden. Bei bedecktem Himmel kann es sonst passieren, dass die Belichtungszeit so lang wird, dass Sie verwacklungsfrei nur vom Stativ aus fotografieren können.

Liegeplatz der Hafenschlepper an der Elbe, Hamburg-Neumühlen.

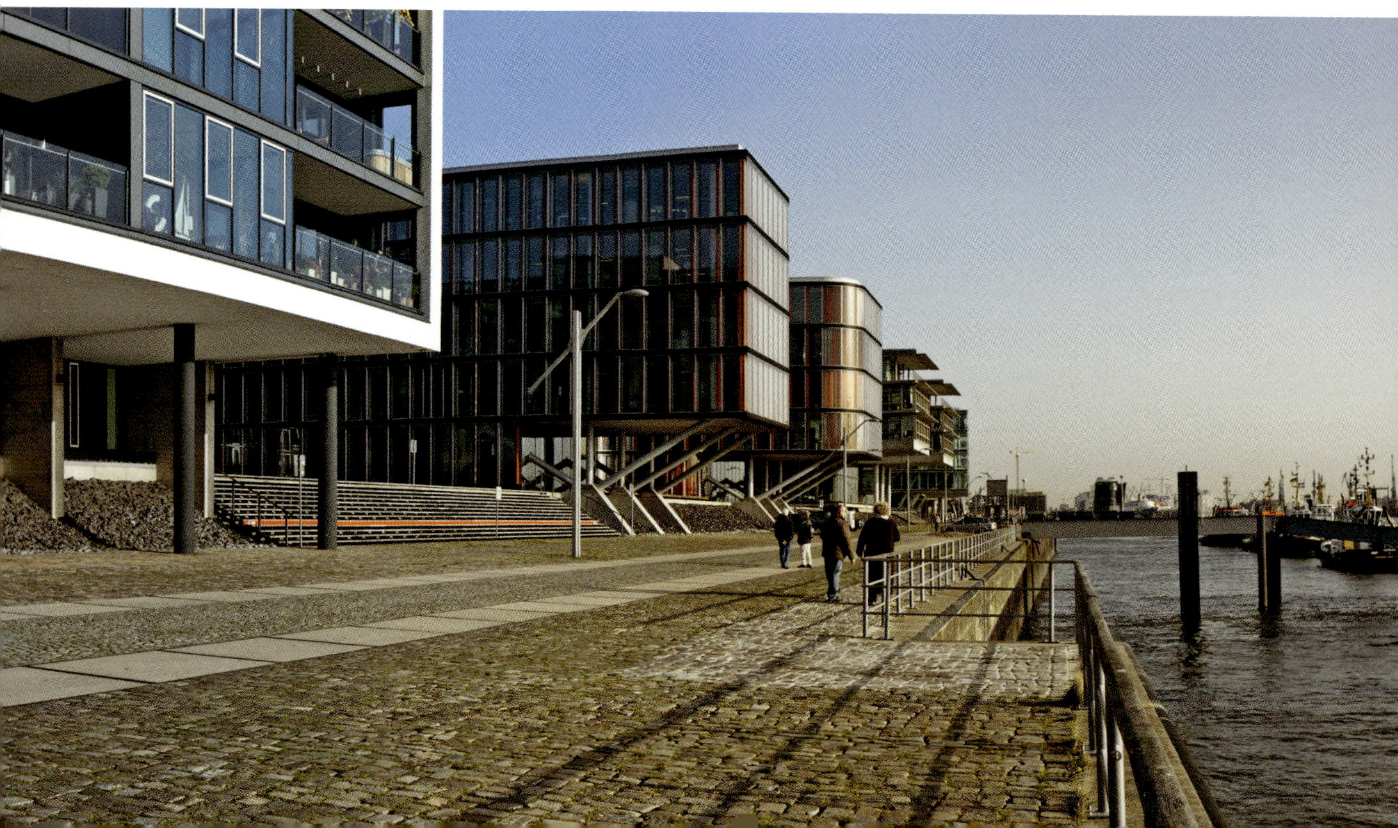

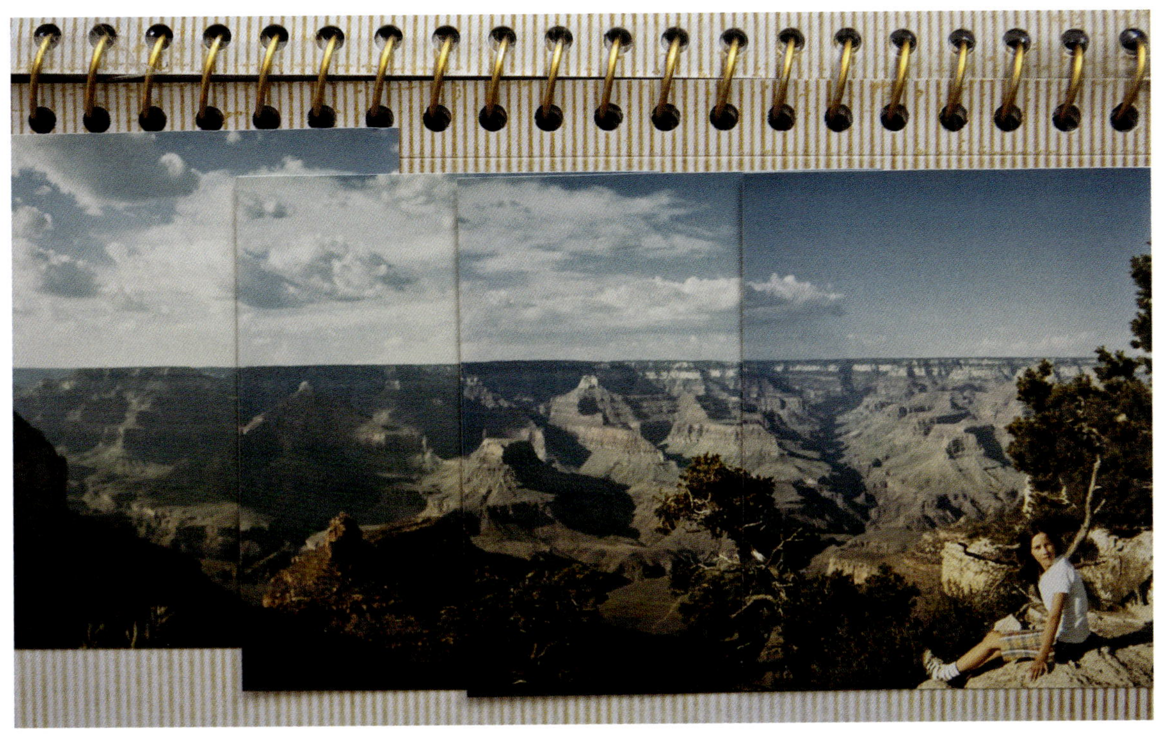

Ich war jung und hielt das zusammengeklebte Foto meiner Schwester am berühmten Grand Canyon für toll. Heute, 30 Jahre später, muss ich sehr darüber schmunzeln. Immerhin passen wenigstens drei Einzelfotos zusammen.

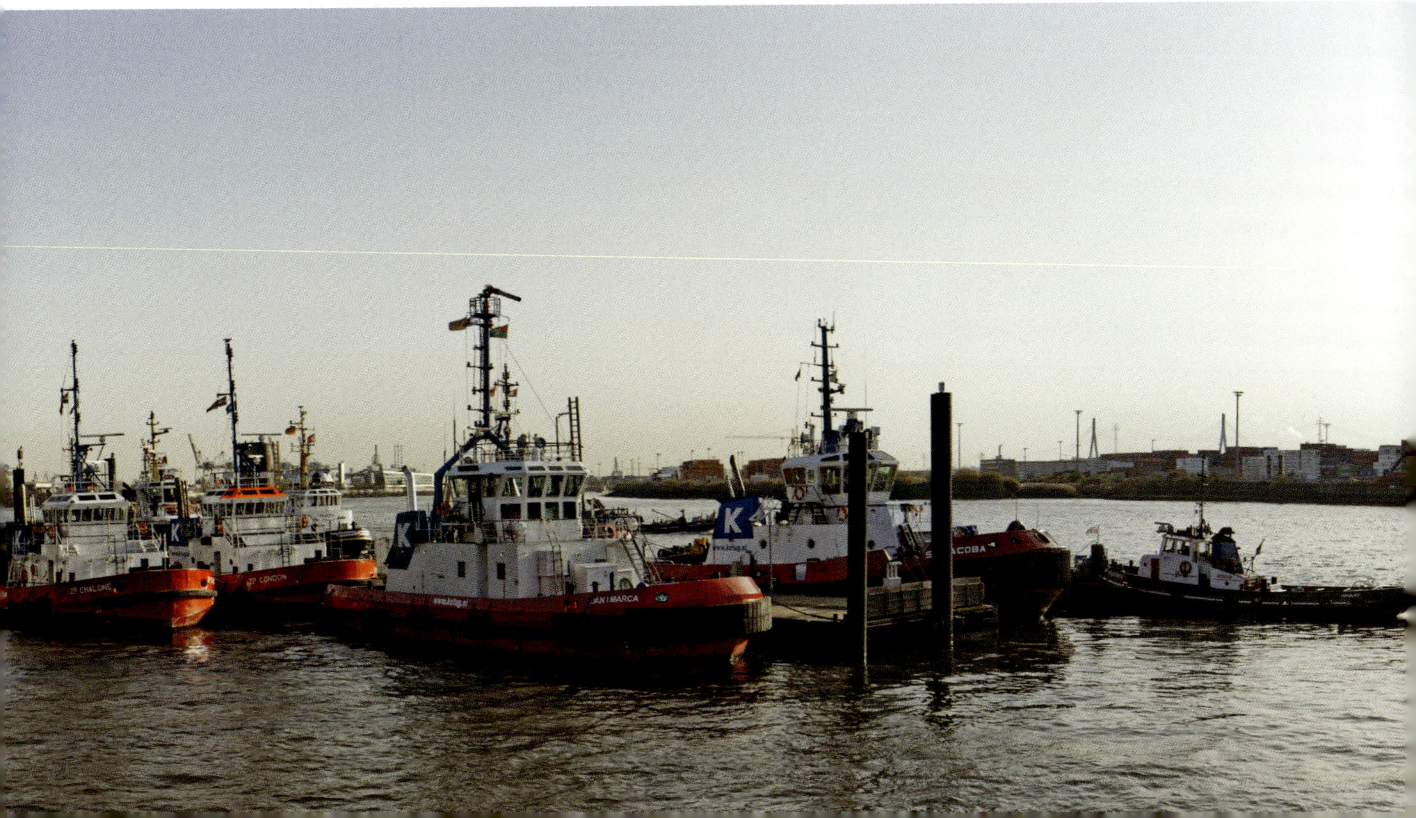

den Horizont achten, der auf allen Fotos an der gleichen Stelle sein sollte. Sondern die Einzelbilder müssen sich jeweils überlappen. Die besten Ergebnisse erzielen Sie dann, wenn Sie das vorangegangene Bild um ein Drittel vom folgenden überlappen lassen.

So können leicht zehn und mehr Einzelfotos zusammenkommen, die sich später zu einer Panoramaansicht der Landschaft zusammenfügen.

Vom Stativ aus können Sie am einfachsten die Kamera jeweils um ein paar Zentimeter weiter um die eigene Achse drehen, um ausreichend Überlappungen zu erreichen.

Fotografieren Sie ohne Stativ, dann halten Sie die Kamera durchgehend vor Ihr „Sucherauge" und drehen sich in klitzekleinen Schritten um die eigene Achse – so bleibt die Kameraperspektive immer die gleiche und die Lage des Horizonts verändert sich nicht von einer Aufnahme zur anderen. Sie sind dann quasi selbst das Stativ! Aber um eine wirklich gute Aufnahmequalität zu erhalten, sollten Sie besser auf das Stativ zurückgreifen.

Kameraperspektive

Ein weiterer, nicht weniger wichtiger Faktor für ein gelungenes Panoramafoto ist die Kameraperspektive. Sie sollte möglichst nicht geneigt sein. Achten Sie also beim Fotogra-

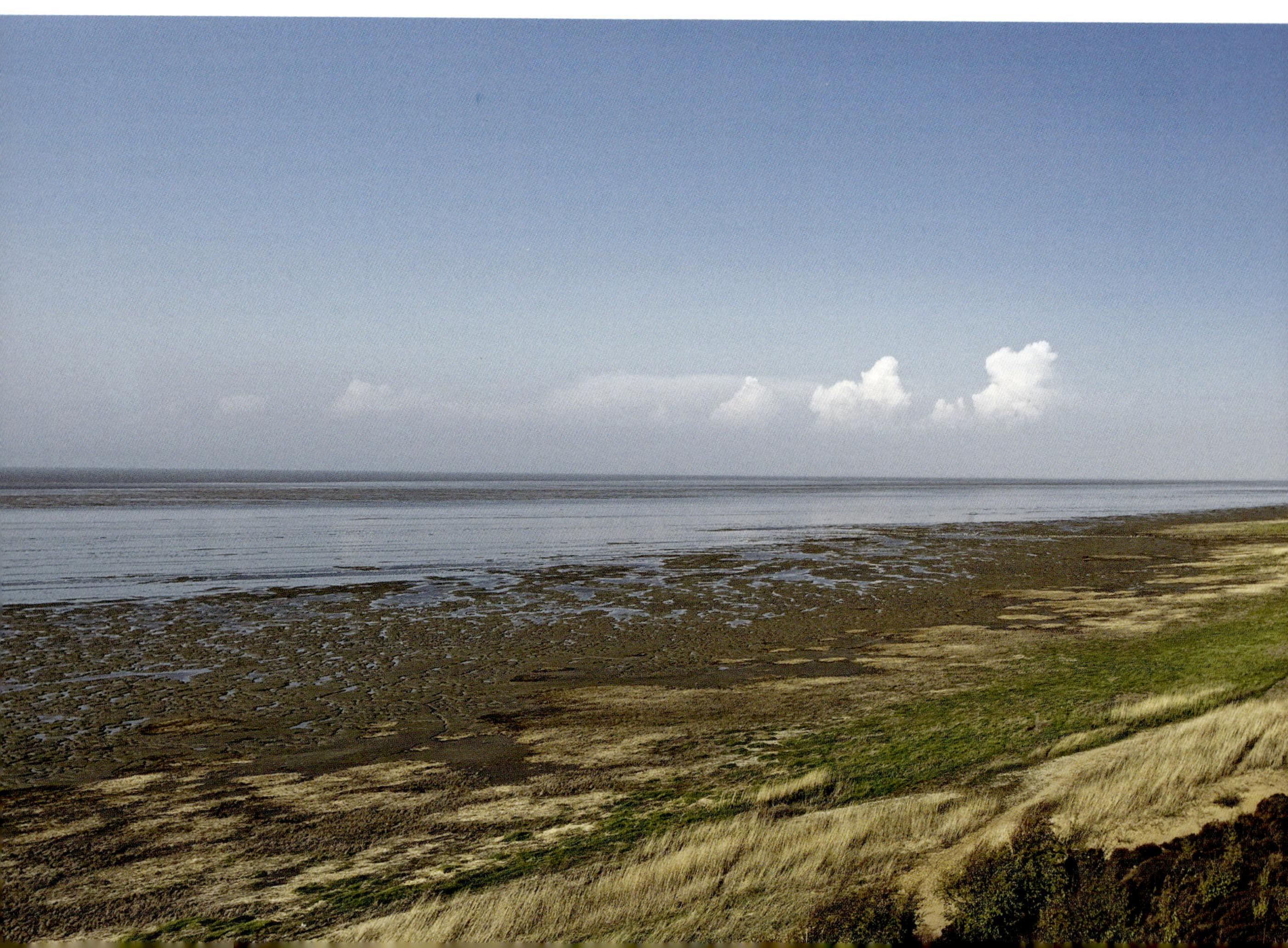

fieren darauf, dass der Kamerasensor quasi im rechten Winkel zu der vor Ihnen liegenden Landschaft steht.

Blende, Belichtungszeit und Schärfebereich

Fotografieren Sie alle Einzelfotos mit der gleichen weit geschlossenen Blende. Ziel ist es, die Landschaft auf allen Einzelfotos vom Vordergrund bis zum Horizont durchgängig scharf abzubilden, damit der Schärfebereich sich nicht von einem zum anderen Foto verändert. Schärfeunterschiede könnten sonst später auf der fertigen Panoramaaufnahme ins Auge fallen! Die Belichtungszeit können Sie von Aufnahme zu Aufnahme verändern, sofern das nötig ist, damit es auf einem Einzelfoto nicht zu einer Unter- bzw. Überbelichtung kommt.

Fotografieren Sie die Einzelfotos aber bitte so, dass der Cursor im Kamerasucher bei jedem Einzelbild an exakt der gleichen Stelle steht.

Fotografieren Sie entweder im manuellen Modus Ihrer Kamera oder mithilfe der Zeitautomatik. Damit wählen Sie die Blende vor (z. B. f/10) – die Kamera wählt dann die passende Belichtungszeit automatisch.

Das Morsum-Kliff auf Sylt – gerade das oft flache Norddeutschland bietet sich wegen der Weitsicht für Panoramafotos an.

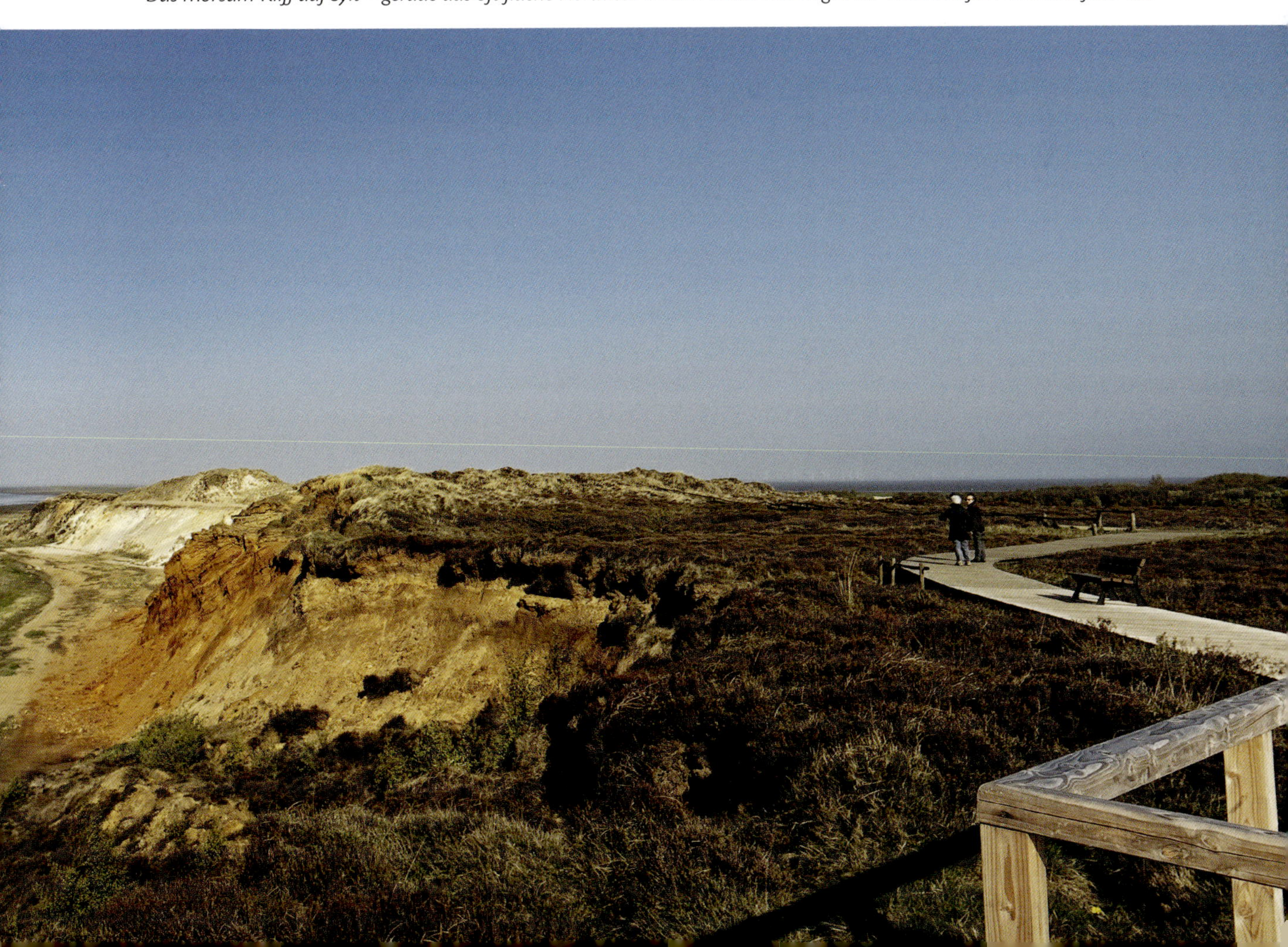

9.2 Perfekte Panoramamotive

Freie Sicht von links nach rechts – das ist die beste Voraussetzung für ein Panoramafoto. In freier Natur sind solche Motive leichter zu finden als in bebautem Umfeld. Aber auch dort können Sie fündig werden (siehe Kapitel 4.2). Wichtig ist, dass alle entscheidenden Bildelemente möglichst weit von der Kamera entfernt sind. Bei dem obigen Stadtpanorama ist das nicht der Fall: Ich musste am Brückengeländer im Vordergrund ein wenig mit dem Stempelwerkzeug basteln, weil dort die gefürchtete Parallaxenverschiebung auftrat, was bedeutet, dass die obere Kante des Geländers nicht durchgängig war, sondern unter-

Blick von einer Brücke in der Hamburger Innenstadt auf zwei große Gebäude, in denen sich jeweils eine Einkaufspassage befindet.

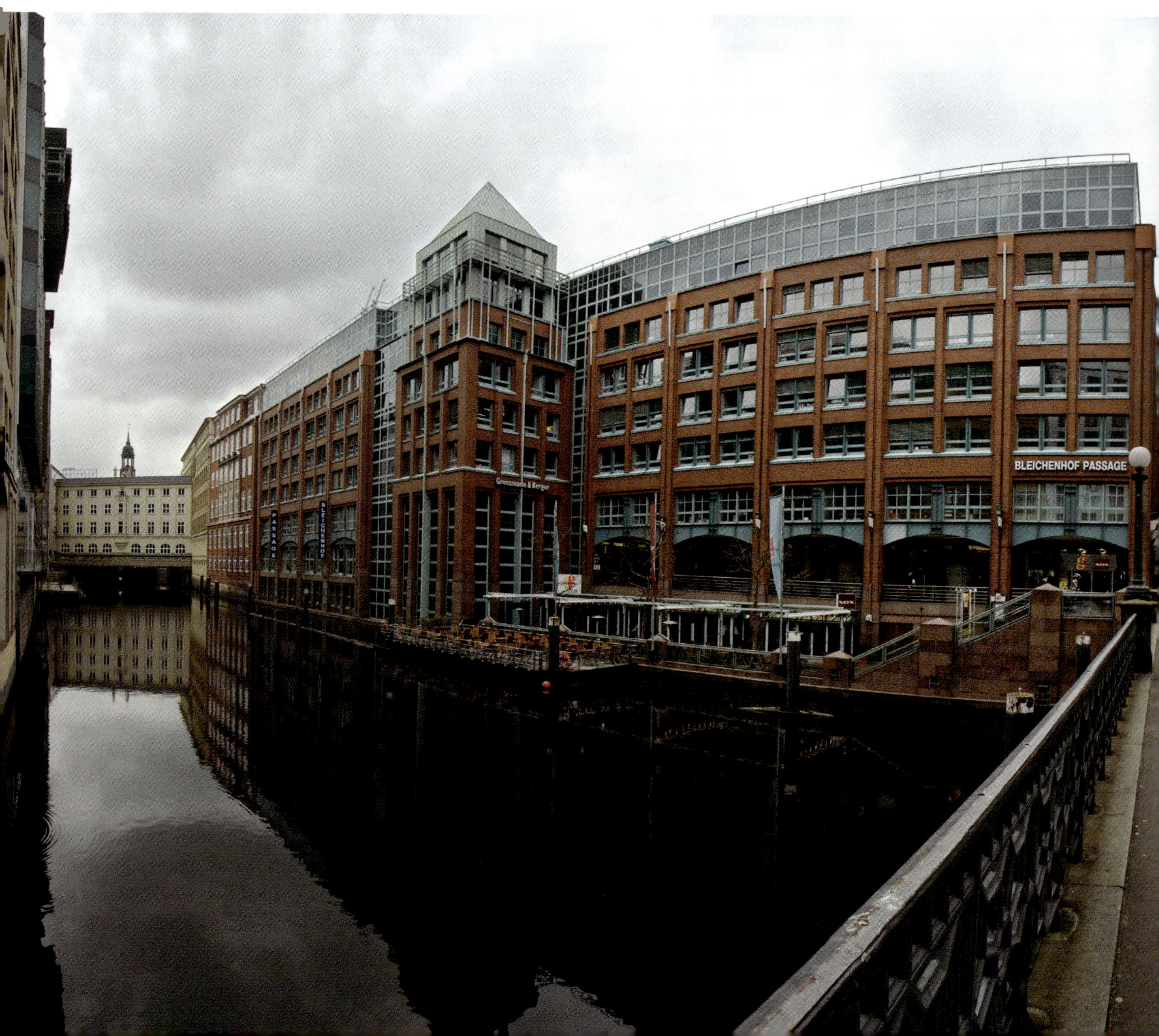

brochen. Dieser Effekt lässt sich nur mit einem weiteren Zubehör verhindern. Sie brauchen einen Nodalpunktadapter für Ihr Stativ. Ich liebe dieses Wort und wollte es schon immer mal als Vorschlag für eine Quizfrage bei „Wer wird Millionär?" einschicken.

Auf diesen Adapter montieren Sie nun die Kamera. Er sorgt – knapp erklärt – dafür, dass die Kamera auch tatsächlich um die optische Mitte gedreht wird – das gelingt mit einem normalen Stativ kaum und erst recht nicht, wenn die Einzelfotos frei Hand erstellt werden. Die Anschaffung eines solchen Adapters lohnt sich aber nur dann, wenn Sie sich wirklich intensiver mit diesem Spezialgebiet der Fotografie beschäftigen wollen. Übrigens: Ich besitze keinen Nodalpunktadapter.

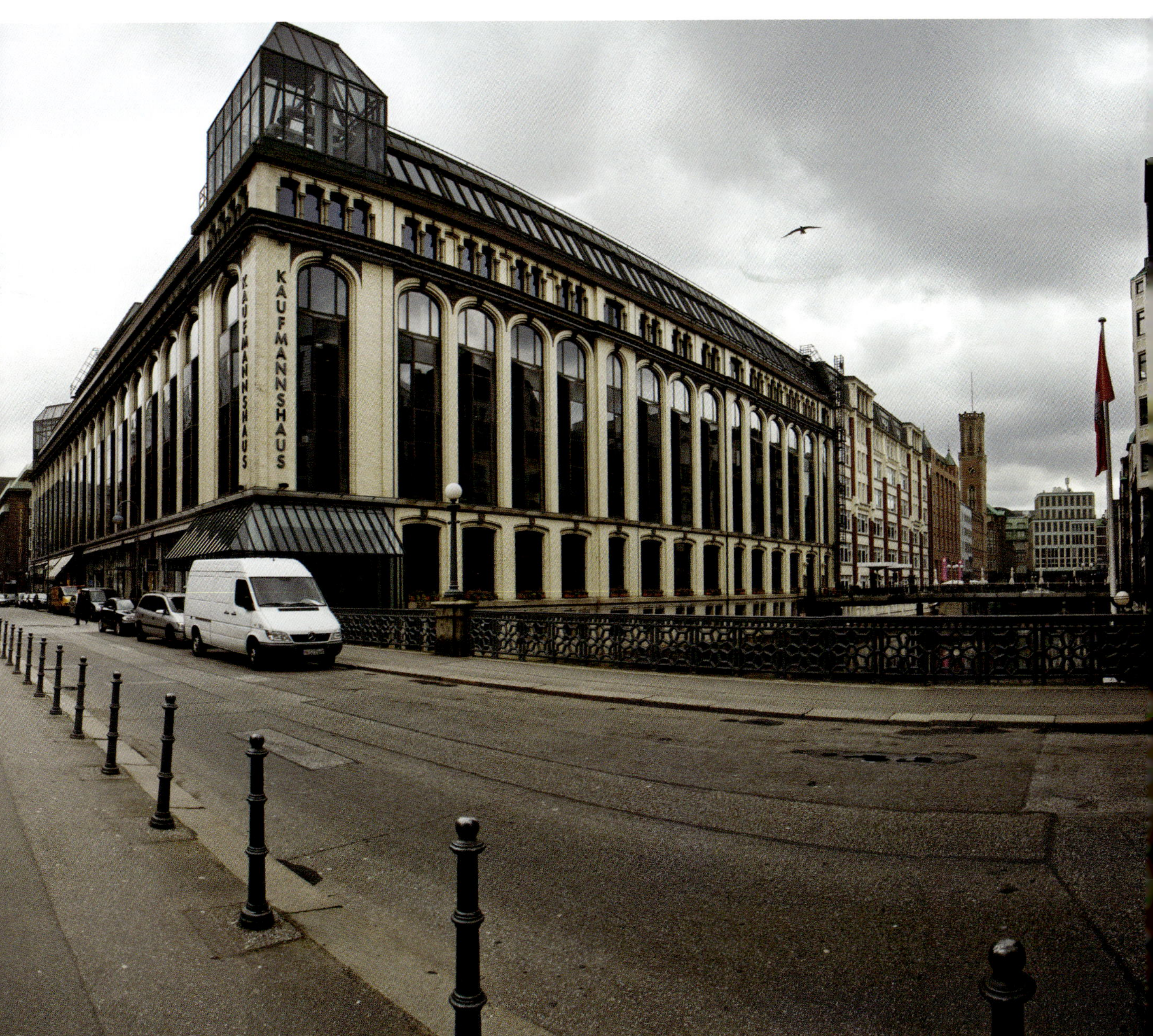

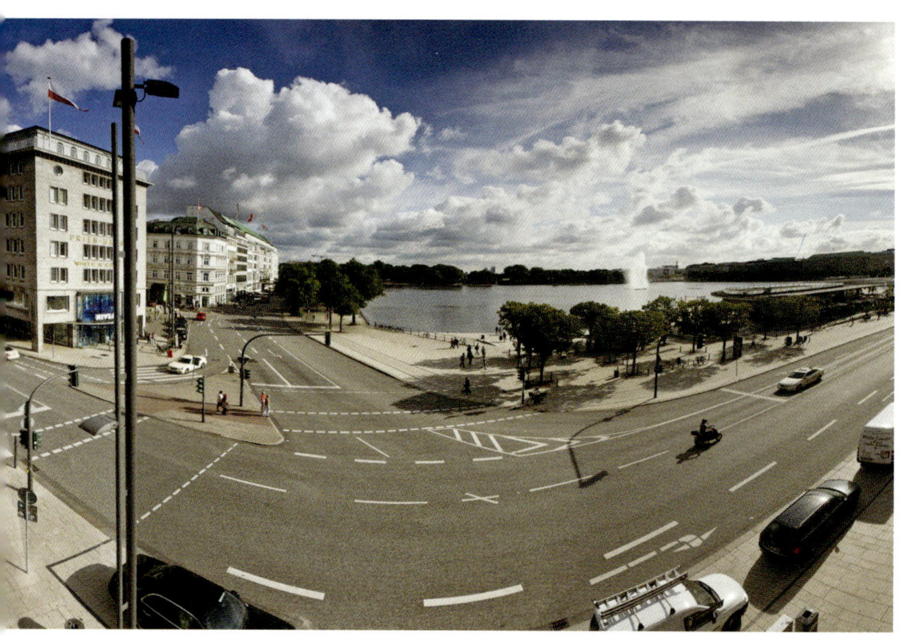

Exklusiver Blick aus dem zweiten Stock eines Bürohauses am Hamburger Jungfernstieg über die Binnenalster. Fassaden und Straßenlaternen stehen kerzengerade, aber die Straße biegt sich – da hilft nur ein radikaler Bildschnitt.

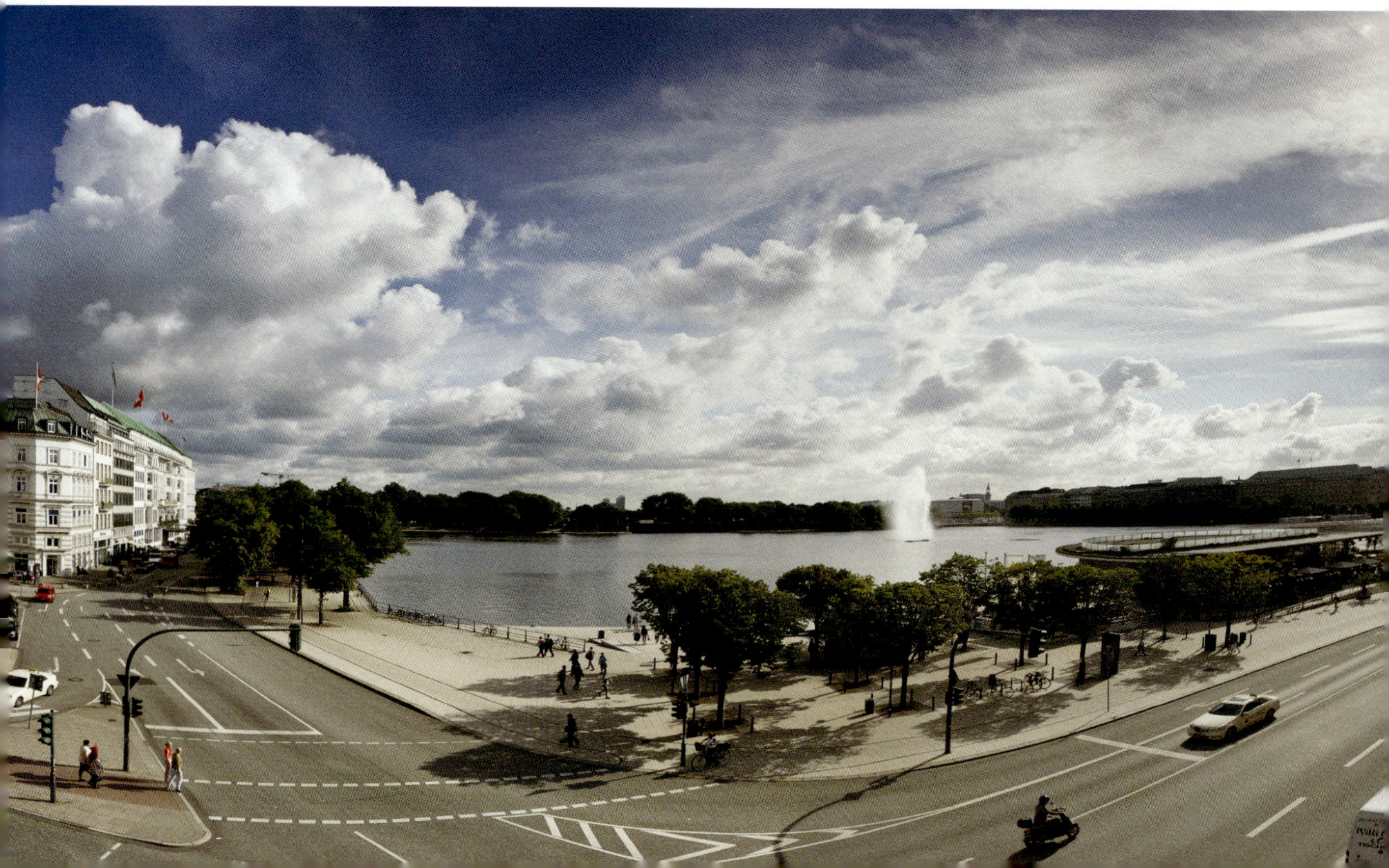

Nicht gut geeignete Motive sind zum Beispiel solche, bei denen sich am unteren Bildrand eine gerade Kante befindet: eine Kaimauer, eine Straßenbegrenzung oder Ähnliches.

Diese Kanten biegen sich nämlich, wenn man sie in seine Panoramaaufnahmen mit einbezieht. Und das sieht dann zum Beispiel wie hiergezeigt aus.

9.3 Die Programme

Im Internet stehen zahlreiche kostenlose Autostitch-Programme (oft Demos von kostenpflichtigen Programmen) für das Erstellen von Panoramen zum Download bereit. Einige ermöglichen sogar 360°-Panoramen! Stitchen (Englisch für „nähen") nennt sich das Zusammensetzen der Einzelbilder. Zum Ausprobieren sind diese Demos meist völlig ausreichend.

- *www.cs.bath.ac.uk/brown/autostitch/autostitch.html*
- *hugin.sourceforge.net*
- *research.microsoft.com/en-us/um/redmond/groups/ivm/ICE*
- *autopano.kolor.com*

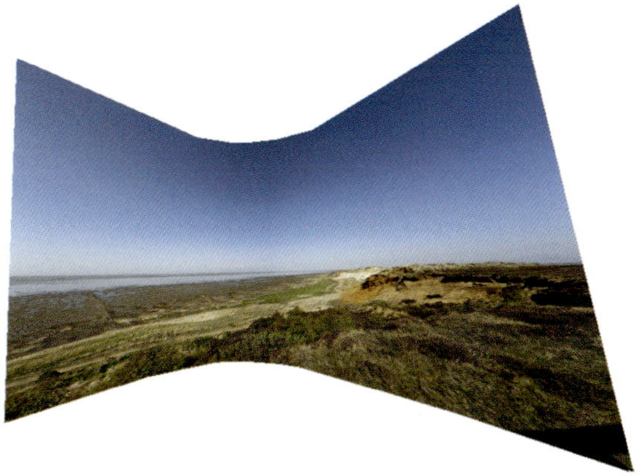

Ziemlich schräg wirkt das Panorama, nachdem es aus 15 Einzelfotos von der Software zusammengefügt wurde.

Photoshop nennt die Panoramafunktion Photomerge (ab Version Elements 2). Sie finden sie in der Menüleiste unter ***Datei/Automatisieren/Photomerge***.

Zusammenfügen, was zusammengehört

Das Zusammenfügen möchte ich hier an einem Beispiel zeigen. Dafür habe ich 15 Einzelfotos (Hochformat, ohne Stativ), die im Frühling am Morsum-Kliff auf der Insel Sylt entstanden sind, in Photoshop (Version CS3) geöffnet. Dann habe ich über die Menüleiste ***Datei/Automatisieren/Photomerge*** gewählt: Es öffnet sich ein Fenster, in dem Sie den Befehl ***Alle geöffneten Dateien*** anklicken können. Dann fängt Ihr Computer an zu rechnen ... Aufgrund der hohen Datenmenge kann das einige Minuten dauern. Danach öffnet sich

Schon besser: Das beschnittene Panorama hat jetzt in Originalgröße eine Breite von 80 cm. Der Horizont ist hier auch schon begradigt worden.

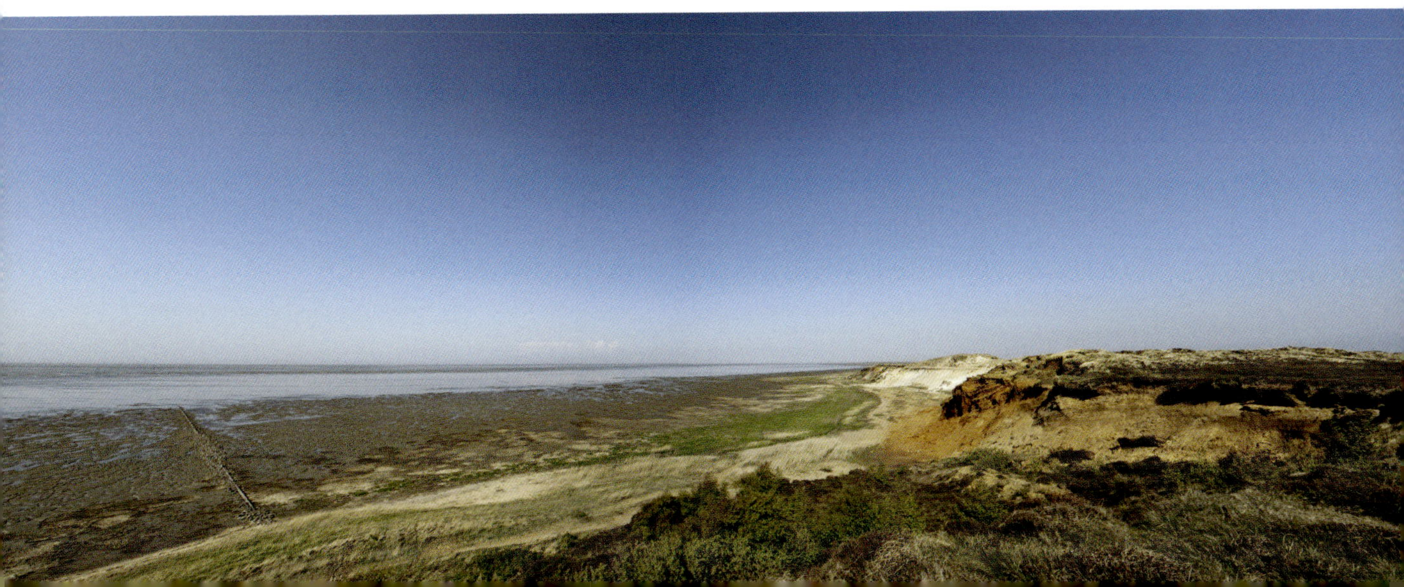

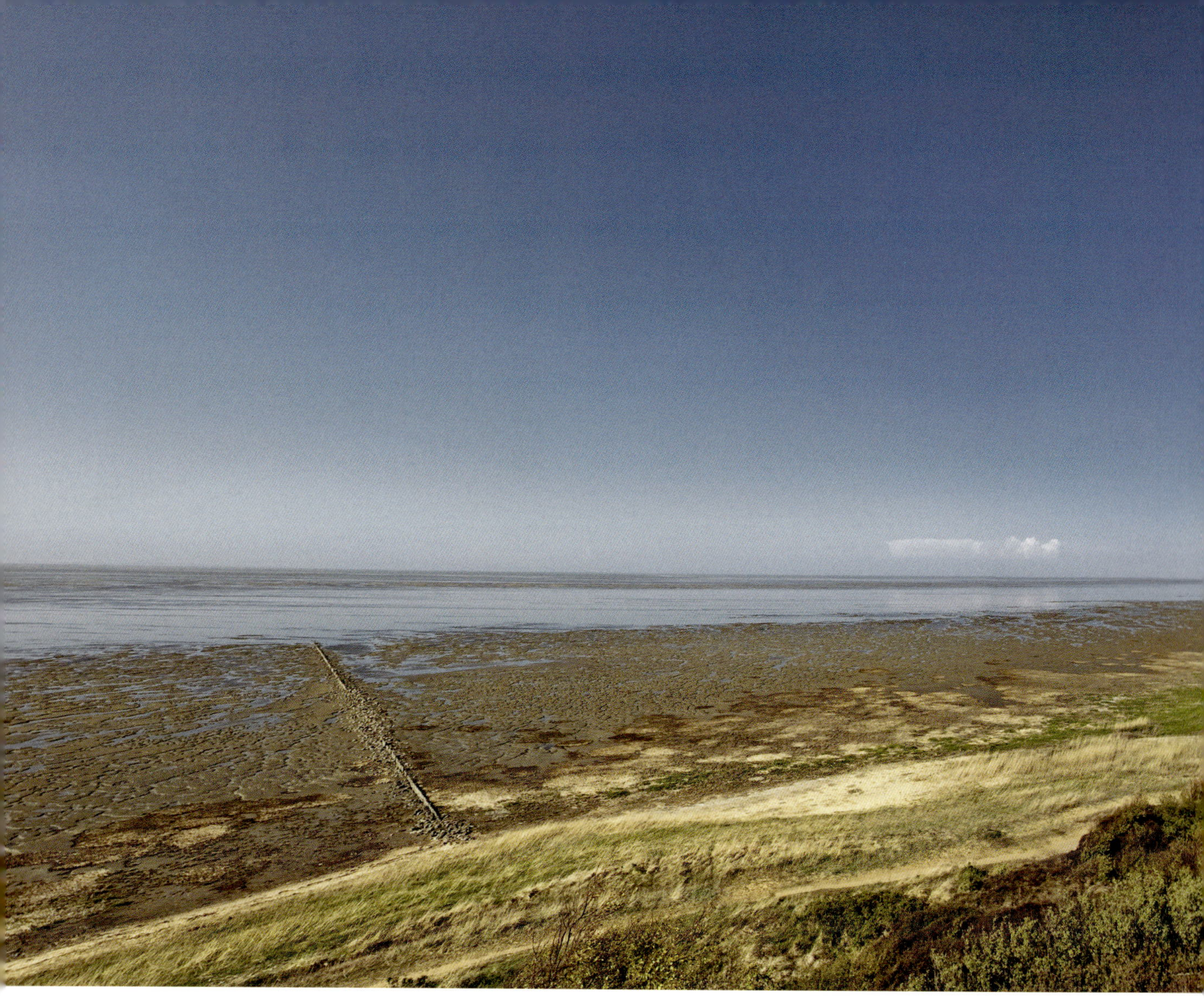

die von der Software zusammengefügte Datei – und entspricht vermutlich nicht im Geringsten Ihren Vorstellungen – in Originalgröße hätte es jetzt eine Breite von knapp 1 m! Es fehlt ja noch die eigentliche Bildbearbeitung! Das Panorama wird im nächsten Schritt beschnitten. Jetzt fehlt nur noch das Feintuning und fertig ist das Panoramafoto!

Für den Hausgebrauch sind diese Panoramatipps absolut ausreichend. Möchten Sie jedoch tiefer in die Technik der Panoramafotografie einsteigen, dann empfehle ich Ihnen das Studium der Internetseite meiner beiden Kollegen Carsten Plückhahn und Niels Heiliger: *www.panphoto.de/*.

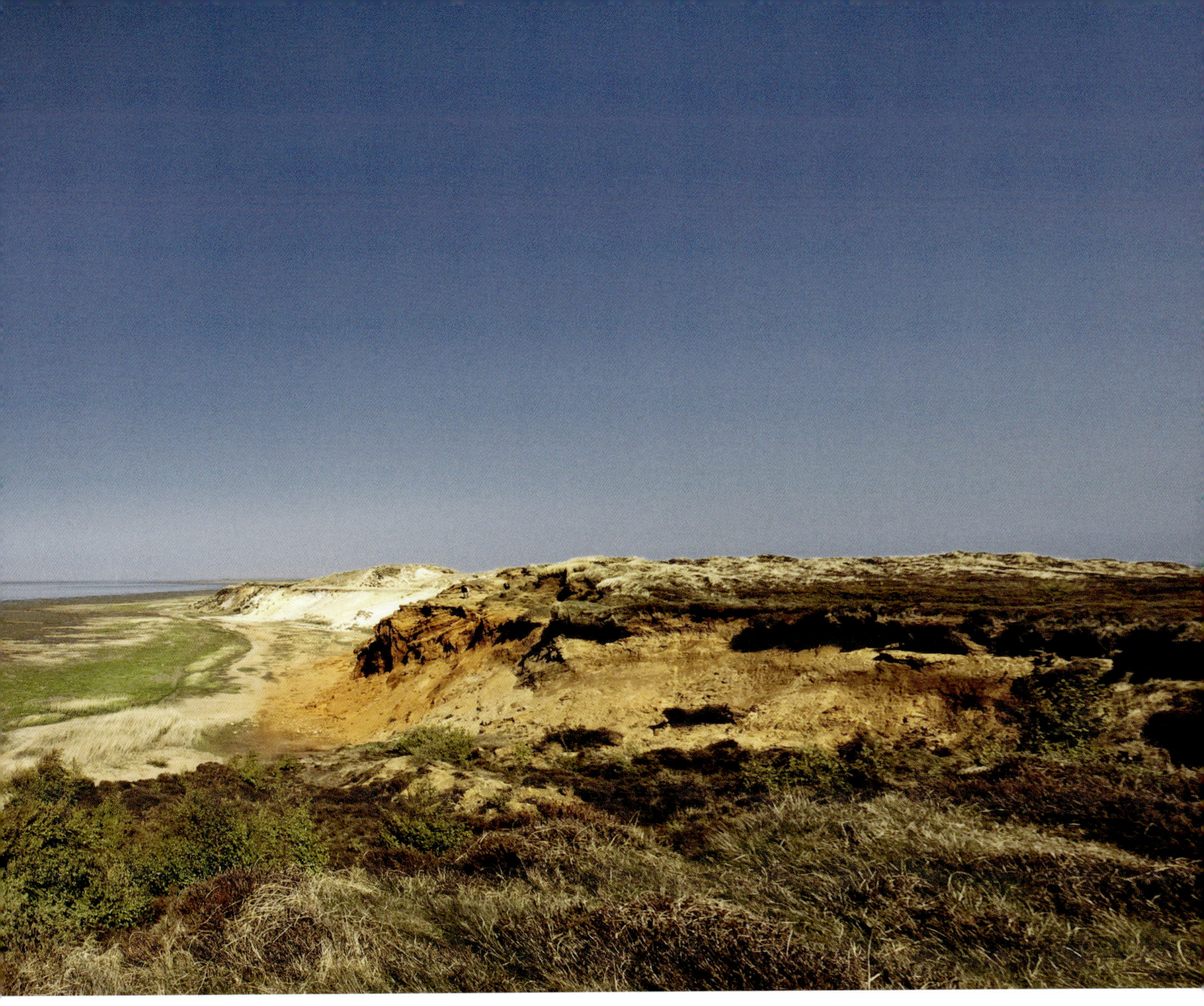

Fertig ist das Panoramafoto – vor allem der Himmel musste farblich noch ein wenig angeglichen werden.

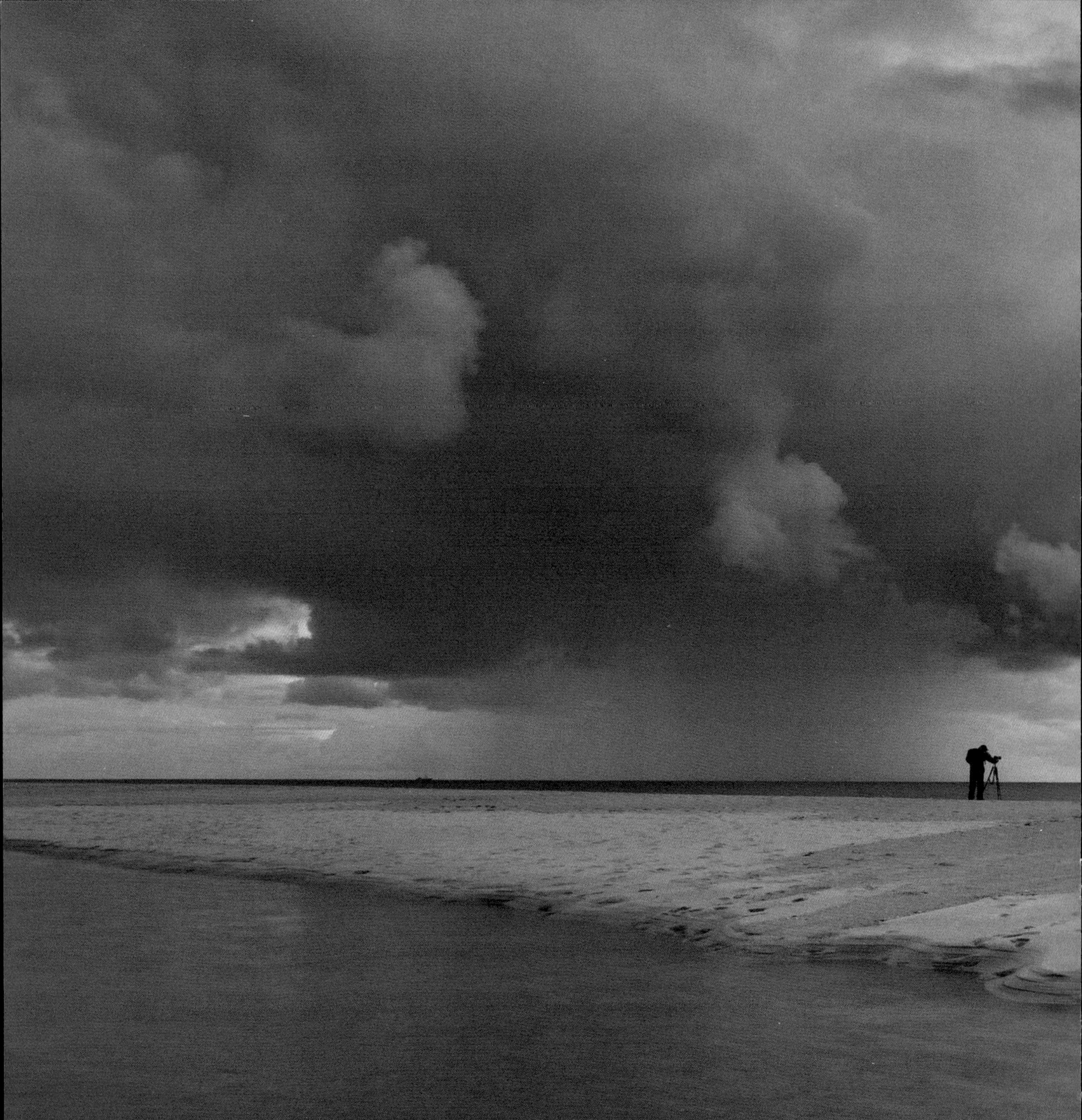

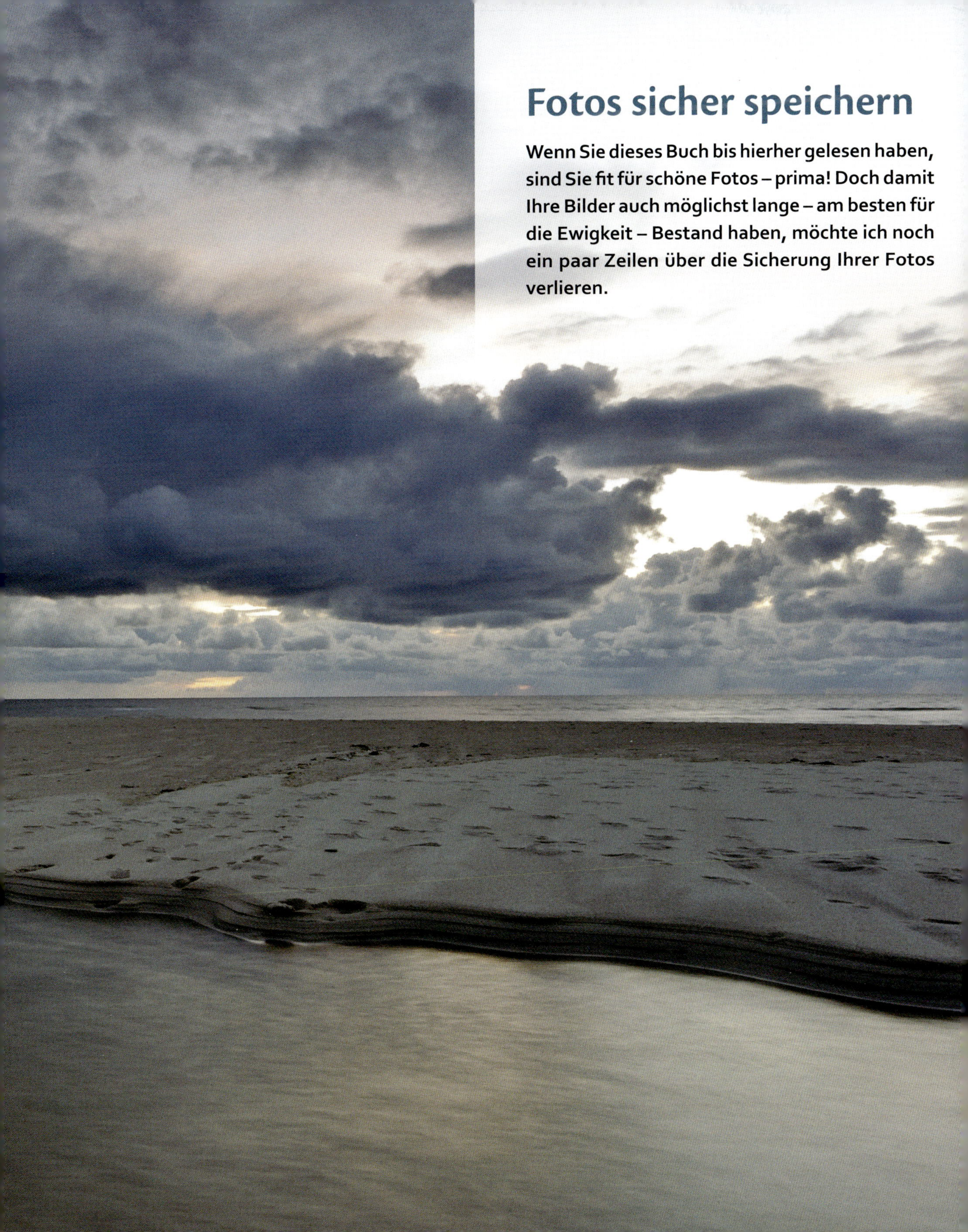

Fotos sicher speichern

Wenn Sie dieses Buch bis hierher gelesen haben, sind Sie fit für schöne Fotos – prima! Doch damit Ihre Bilder auch möglichst lange – am besten für die Ewigkeit – Bestand haben, möchte ich noch ein paar Zeilen über die Sicherung Ihrer Fotos verlieren.

10.1 Wenn die Festplatte mit allen Fotos stirbt

Zu analogen Zeiten haben wir unsere Fotonegative oder Dias in Kartons gehortet (im besten Fall nach den Anlässen und Aufnahmedaten sortiert). Und die Abzüge der Negative haben wir hübsch in Alben geklebt. Fotos, die Licht ausgesetzt waren (zum Beispiel im Bilderrahmen auf dem Schreibtisch oder an der Wand), haben sich im Laufe der Zeit farblich verändert. Jetzt – im digitalen Zeitalter – kann das nicht mehr passieren: Aber es entstehen sehr viel mehr Fotos als früher. Es kostet ja nichts, die Fotos auf dem Computer zu speichern! Und dort verbleichen sie auch nicht oder werden farbstichig. Doch die Festplatten haben nur eine begrenzte Kapazität. Und ein einziges Foto, besonders dann, wenn es im RAW-Format (vergleichbar mit dem Negativ zu Analogzeiten) aufgenommen wurde, nimmt einige MByte Speicherplatz in Anspruch.

Und so stoßen Sie, wenn Sie viel fotografieren, schnell an die Kapazitätsgrenze der Festplatte. Der Zahn der Zeit nagt zwar nicht mehr an den einzelnen Fotos und hat auch keinen negativen Einfluss mehr auf deren Qualität – aber er nagt an den mechanischen und elektronischen Bauteilen der Festplatte! Und so passiert früher oder später der Albtraum eines jeden fotografiebegeisterten Menschen: Festplattencrash! Nichts geht mehr – alle Fotos sind weg oder der Computer kann nicht mehr auf die Dateien zugreifen.

Ich bin selbst ein „gebranntes Kind" und auch die meisten meiner Kollegen kennen diese plötzlich auftretenden Schweißausbrüche inklusive Herzrasen, wenn sie sich bewusst machen müssen, dass alle Fotos futsch sind! Festplatten haben nun mal eine begrenzte Lebensdauer – das sollte Ihnen klar sein. Gegen einen Festplattencrash sind wir machtlos – aber unsere Fotos können wir retten. Und zwar, indem wir unsere Bilddateien von vornherein nicht nur auf der internen Festplatte unseres Computers abspeichern, sondern zur Sicherheit auch gleich noch auf CD oder DVD brennen.

Natürlich gibt es Firmen, die sich darauf spezialisiert haben, Daten von kaputten Festplatten zu retten. Sie waren sogar in der Lage, Daten von Festplatten wiederherzustellen, die nach dem Terroranschlag auf das New Yorker World Trade Center unter Schutt und Asche verborgen lagen. Doch die Verfahren sind sehr aufwendig und entsprechend teuer (Minimum 300 Euro). Und nicht immer lassen sich alle Daten retten.

10.2 Sicherung gegen Datenverlust

Aber auch CDs und DVDs als Speichermedien haben nur eine begrenzte Lebensdauer – maximal 15 Jahre bei optimalen Lagerungsbedingungen. Deshalb sichere ich meine Fotos zusätzlich auf externen Festplatten (aber auch die „leben" natürlich nicht unendlich lange), deren Speicherkapazität ungleich höher ist als die einer CD oder DVD. Noch vor wenigen Jahren hatten diese Festplatten mindestens Taschenbuchgröße, waren recht teuer, arbeiteten nicht gerade geräuscharm und brauchten eine zusätzliche Stromversorgung, die den Kabelsalat unter dem Schreibtisch noch chaotischer machte.

Heute gibt es kleine Festplatten von der Größe eines Smartphones mit enormer Speicherkapazität, die nahezu geräuschlos arbeiten und sich den nötigen Betriebsstrom via USB-Kabel von dem Computer abzapfen, mit dem sie gerade verbunden sind. Und die Preise für diese Festplatten sind in den letzten Jahren enorm gesunken: Selbst 1 TByte (für einen Hobbyfotografen ist das eine gigantische Speicherkapazität) gibt es mittlerweile für weniger als 70 Euro im Handel. Doch hier ist Vorsicht geboten: Wenn eine derart große Platte kaputtgeht, sind alle Daten weg! Ich empfehle, die Bilddateien auf mehreren kleinen externen Festplatten zu speichern, sodass schlimmstenfalls nur ein Teil verloren geht.

Mein Arbeitsrechner hat zwei gespiegelte Festplatten und speichert alle Daten auf beiden Platten gleichzeitig ab (RAID-System), sodass ich – im Falle eines Falles – immer eine intakte Festplatte mit sämtlichen Daten behalte, wenn die andere „abraucht". Ich brauche dann „nur" eine neue Festplatte einzubauen, und automatisch werden die Daten von der heilen Festplatte auf die neue gespiegelt und sind fortan wieder doppelt vorhanden.

Datenspeicherung in der Zukunft

Eine weitere Möglichkeit ist es, die wichtigsten Fotos auf einem Server im Internet, also virtuell abzuspeichern. E-Mail-Provider (zum Beispiel *web.de*) bieten kleinere Speicherkapazitäten schon zu recht günstigen Preisen an. Größere Mengen an Speicherplatz dürften in der Zukunft preisgünstiger als zurzeit anzumieten sein. Weitere Anbieter sind diverse Internetprovider wie 1&1 oder Back-up-Firmen wie Dropbox (*www.dropbox.com*), die einen relativ geringen Speicherplatz sogar kostenlos zur Verfügung stellen. Ich gehe davon aus, dass die virtuelle Speicherung von Daten in der Zukunft mehr und mehr an Bedeutung gewinnen wird. Natürlich immer vorausgesetzt, dass die gespeicherten Daten gut geschützt und sicher vor dem Zugriff von unberechtigten Personen sind.

Grundsätzlich ist Speicherplatz – auch virtueller – in den letzten Jahren immer preiswerter geworden. Und ich hoffe, dass sich dieser Trend auch weiterhin fortsetzt.

Doppelt hält besser

Durch Schaden bin ich klug geworden und sichere meine Bilddateien doppelt und dreifach. Mein Mann nennt das scherzhaft „manisches Sicherungsverhalten". Ich weiß jedoch von Kollegen, deren Sicherheitswahn noch weiter geht als der meine: Sie spiegeln ihre Daten auf mehreren externen Festplatten und tragen dann einen Satz davon in den Keller oder sogar in ein Bankschließfach! Denn die Daten, die sie zu Hause lagern, könnten ja durch Feuer oder Wasser beschädigt werden. Und klar: Für Fotografen, die von dem Verkauf ihrer Bilder leben, ist eine Festplatte mit Daten bares Geld! Aber wir alle wissen ja: Wirklich hundertprozentig sicher ist in diesem Leben nichts – außer der Tod!

Erst kürzlich ist es mir passiert, dass sich eine CF-Speicherkarte mit gerade erst gemachten, wichtigen Fotos nicht auslesen und auf die Rechner-Festplatte speichern ließ. Gerettet hat die Bilder schließlich das Datenrettungsprogramm PhotoRec, das ich hiermit empfehlen möchte.

Ein Rückblick motiviert

Allerdings bin ich bei Bilddateien, die älter als fünf Jahre sind, etwas nachlässiger, wenn sie für mich nicht gerade von großem ideellen und persönlichen Wert sind: Ich schaue sie höchstens noch mal an, wenn ich unzufrieden mit einer aktuell fotografierten Bildserie bin.

Wenn ich dann sehe, dass ich damals noch schlechter fotografiert habe (und mit einer aus heutiger Sicht schlechteren Kamera), bekomme ich einen tüchtigen Motivationsschub!

Den Blick auf frühere Werke empfehle ich im Übrigen jedem, der das Gefühl hat, dass seine fotografischen Fähigkeiten stagnieren, dass seine Bilder einfach nicht besser werden. Wenn Sie sich dann Ihre ersten Fotos anschauen, die Sie mit einer DSLR gemacht haben, werden Sie schmunzeln, sich dann selbst wohlwollend auf die Schulter klopfen und sich sagen: „Na, das kann ich heute aber besser!"

Der Rückblick auf vor längerer Zeit entstandene Fotos schafft eine gute Überleitung zum nächsten Thema, das ähnlich wichtig ist wie die Datensicherung: die sinnvolle Archivierung Ihrer Fotos.

10.3 Ein Fotoarchiv anlegen

Es gibt wohl nur weniges, das unsere Geduld auf eine derart harte Probe stellt, wie etwas zu suchen und nicht zu finden. Wohl wissend: Es ist da, aber wo?! Das gilt auch für Fotos. Wenn Sie gerade erst mit der Fotografie angefangen haben, können Sie sich sicher nur schwer vorstellen, dass Sie nach nur einem Jahr durchaus schon in eine solche Situation geraten können! Wo sind nur die Bilder von der goldenen Hochzeit? Oder die vom Urlaub letztes Jahr auf Mallorca?

Auf die sinnvolle Sortierung kommt es an

Es ergibt also durchaus einen Sinn, gleich zu Beginn Ihrer Karriere als Amateurfotograf eine Archivierungsmethode zu entwickeln, die ausbau- und somit zukunftsfähig ist. Nur so behalten Sie den Überblick über Ihre schnell umfangreicher werdende Fotosammlung. Legen Sie immer, wenn Sie Ihre Fotos von der Speicherkarte der Kamera auf Ihren Computer überspielen, einen neuen Ordner an, dem Sie gleich einen zum Thema passenden Namen geben, wie z. B. ***Goldene Hochzeit Jutta Wolfgang 2013*** oder ***Urlaub Mallorca September 2014***. Ich bin sicher, dass da binnen eines Jahres eine Menge Ordner zusammenkommen. Jetzt können Sie Ihr Archiv erweitern, indem Sie Oberordner schaffen. Einer könnte dann z. B. ***Familie*** heißen. Hier können Sie dann den Ordner mit den Bildern der goldenen Hochzeit hineinschieben. Vermutlich sind noch ein bis zwei Ordner von Geburtstagsfeiern Ihrer Kinder oder Ihres Partners und mindestens einer vom gemeinsamen Weihnachtsfest hinzugekommen – die finden dann ebenfalls ihren Platz im Oberordner ***Familie***. Und wenn neben dem Mallorca-Urlaub auch noch eine Städtereise nach Wien auf dem Programm stand, sollten Sie einen Oberordner mit dem Titel ***Urlaub*** anlegen und die entsprechenden Fotoordner dort einsortieren.

Ich bin mir ziemlich sicher, dass Sie nach der Lektüre dieses Buches auch in Ihrer unmittelbaren Wohnumgebung mit der Kamera auf Motivsuche waren und zum Beispiel die ersten Frühlingsblumen im Park fotografiert haben. Für solche Motive bietet sich ein Oberordner ***Natur*** an. Der ließe sich beispielsweise weiter unterteilen in die vier Jahreszeiten. Klar, das sind alles nur Beispiele einer möglichen Ordnerstruktur für Ihr Fotoarchiv. So habe ich angefangen, meine Fotos zu archivieren, als ich noch einen sehr kleinen Datenbestand hatte. Sie können sich vermutlich vorstellen, dass ich mittlerweile für meine Lieblingsfotothemen (z. B. die Insel Sylt) nicht mehr nur einen Ordner habe, sondern mehrere kleine externe Festplatten!

Es ist sinnvoll, vor allem die RAW-Dateien – also die unbearbeiteten Originale – zu archivieren. Denn ganz gewiss werden Sie mit der Zeit Fortschritte in der Bildbearbeitung machen. Und kopfschüttelnd werden Sie dann Ihre ersten „bearbeiteten" Fotos betrachten und sich sagen: „Das kann ich aber mittlerweile viel besser!"

Die speicherfressenden TIFF-Dateien, die aus der RAW-Entwicklung entstehen, lösche ich übrigens bald wieder – sie nehmen zu viel Platz ein. Wenn ich ein Foto neu bearbeite, dann komplett.

Ich greife gern und oft auf ältere RAW-Dateien zurück und bearbeite sie mit meinem heutigen Kenntnisstand und mit meinem jetzigen Bearbeitungsstil neu – oft vermitteln die Fotos in der „Neuauflage" eine völlig andere Stimmung. Es macht Spaß, so seine eigene fotografische Entwicklung zu beobachten.

Originaldatei nie überschreiben!

Wenn Sie „nur" im JPEG-Format fotografieren, achten Sie bitte peinlich genau darauf, dass Sie nach der Bildbearbeitung beim Abspeichern nicht die Originaldatei überschreiben! Geben Sie dem bearbeiteten Foto einen neuen Namen – hängen Sie zum Beispiel einfach an die Bildnummer den Buchstaben ***a***. Dann heißt die Originaldatei meinetwegen ***IMG_1234.jpg*** und die bearbeitete Version trägt den unspektakulären Namen ***IMG_1234a.jpg***. So können Sie immer zwischen Original und „Fälschung" (okay, das ist jetzt ein wenig ketzerisch formuliert) unterscheiden. Und wenn Sie in der Bildbearbeitung dazugelernt haben, schnappen Sie sich wieder die Originalversion, bearbeiten das Bild neu (und besser!) und geben ihm dann den wohlklingenden Namen ***IMG_1234b.jpg***. Wenn Sie nach diesem Prinzip vorgehen, bleiben die Originaldateien unberührt – am besten, Sie legen die bearbeiteten Fotos in einem Unterordner mit dem Titel ***bearbeitet*** ab.

Stichwörter erleichtern die Suche

Je umfangreicher Ihr Fotoarchiv wird, desto schwieriger gestaltet sich die Suche nach einem ganz bestimmten Foto. „Wo steckt bloß das witzige Foto von Tim mit Schnorchel und Taucherbrille?" Da taucht dann die Frage auf: „War das im Mallorca-Urlaub 2014 oder doch eher auf Ibiza 2013?" Im Zweifelsfall müssen Sie beide Unterordner (***Mallorca September 2014*** und ***Ibiza August 2013***) im Oberordner ***Urlaub*** mit jeweils mehreren Hundert Bildern durchsuchen. Schön ist das nur, wenn Sie die Zeit haben, um in Urlaubserinnerungen zu schwelgen. Wenn Sie das Foto schnell brauchen, ist die Suche eher nervig.

Hilfreiche Programme

Abhilfe können Sie schaffen, indem Sie eine Software zum Archivieren nutzen. Mithilfe dieser Software können Sie jedem einzelnen Foto Stich- oder Schlagwörter zuordnen (engl. „keywords"). Das gesuchte Foto könnte dann z. B. folgende Stichwörter tragen: „Tim, Taucherbrille, Meer, Schnorchel, witzig, Mallorca, Urlaub, Sonnenschein, Wasser, Balearen, Spanien, 2014, September".

Wenn Sie also in einer Archivierungssoftware suchen wollen, brauchen Sie nur noch die Stichwörter „Tim, Taucherbrille, Schnorchel" einzugeben, und auf dem Computermonitor erscheint das gesuchte Foto oder im Idealfall gleich eine ganze Bildserie des Motivs. Und Sie stellen fest: Es war doch auf Mallorca!

Es gibt viele Anbieter von Archivierungs- und Verwaltungssoftware für Fotos. Ich persönlich nutze Adobe Lightroom – denn mit diesem zugegeben nicht ganz preiswerten Programm schlage ich gleich mehrere Fliegen mit einer Klappe: Ich importiere meine Fotos von der Speicherkarte der Kamera direkt in Lightroom. Das Programm legt die Fotos dann im gewünschten Ordner ab.

Noch vor dem Import kann ich meine Fotos mit den passenden Stichwörtern versehen sowie Entstehungsort und -datum hinzufügen. Gleichzeitig dient das Programm als RAW-Konverter, d. h., ich kann meine im RAW-Format entstandenen Fotos in JPEG-Dateien umwandeln. Und das Genialste: Ich kann mit dem Programm schon einen Großteil der notwendigen Bildbearbeitung vornehmen und erledige in Photoshop nur noch das Feintuning. Ich benenne meine Fotos übrigens seit geraumer Zeit schon beim Import in Lightroom um – sie behalten zwar ihren original Dateinamen, doch davor stelle ich immer die Jahreszahl, zu der das Foto entstand, und mein Kürzel ***zoe***. So heißt dann z. B. ein Foto ***2014zoe-6031.jpg***.

Das ist auch ein kleines Hilfsmittel, um die Bilder schneller wiederzufinden. Und die Bildagenturen, mit denen ich zusammenarbeite, erkennen an meinem Kürzel sofort, dass ich ihnen neue Fotos zur Vermarktung geschickt habe. Es gibt natürlich auch Gratis-Archivierungssoftware wie z. B. Picasa für PC- und Mac-User (*www.picasa.google.de/*). Auch kleinere Bildreparaturen lassen sich damit durchführen – an RAW-Dateien scheitert das Programm jedoch.

Für den nicht sehr anspruchsvollen Hausgebrauch mag das Programm ausreichend sein. Haben Sie jedoch größere Ambitionen und möchten sich fotografisch stetig steigern, wird Picasa nicht sehr lange Ihren Ansprüchen genügen. Eine der zahlreichen günstigen Alternativen zu Adobe Lightroom (130 Euro Kaufpreis) wäre zum Beispiel RawTherapee (www.***rawtherapee.com***) oder ACDSee Pro für etwa 80 Euro – das Programm kann ebenfalls RAW-Dateien konvertieren und archivieren.

Sie sehen: Zwischen Gratissoftware und einem hochwertigen Programm wie Lightroom (mit dem die meisten Profifotografen mittlerweile arbeiten) gibt es viele Programme zur Bildbearbeitung mit unterschiedlichen Möglichkeiten, Stärken und Schwächen. Die Branche ist einem ständigen Wandel unterlegen: Softwarefirmen verkaufen ihre Produkte an die großen Global Player, Namen ändern sich, Programme verschwinden komplett aus dem Angebot, neue tauchen auf.

Möglich ist es, dass Sie in ein, zwei Jahren dieses Buch wieder zur Hand nehmen, um den Namen einer Software, die ich hier genannt hatte, nachzuschlagen, und dann feststellen, dass es die gar nicht mehr gibt oder sie jetzt unter einem anderen Namen firmiert. Das ist auch ein Grund, warum ich mich hier mit konkreten Tipps ein wenig schwertue – mein Buch soll möglichst lange in einer schnelllebigen Branche aktuell bleiben. In den großen Internet-Fotoportalen finden Sie entsprechende Empfehlungen und Tipps von anderen Hobbyfotografen.

Autorin und Fotografin

Beate Zoellner wurde 1960 in Hamburg geboren. Nach dem Abitur folgte die Ausbildung zur Verlagskauffrau im Hause Axel Springer. Anschließend volontierte sie zwei Jahre in der Redaktion der Hamburger Morgenpost und lernte das Handwerk des Nachrichtenschreibens. anach ging's zurück in den Springer-Verlag in die Redaktion der Fernsehzeitschrift „Bildwoche". Dort lernte sie nach zwei Jahren ihren ersten Ehemann Joachim, ebenfalls Redakteur, kennen. Es folgten sechs Jahre als Hausfrau und Mutter eines Sohnes.

Nach der Scheidung kehrte sie ins Berufsleben zurück und arbeitete in einer privaten Fernsehnachrichten-Agentur hauptsächlich im Bereich „Blaulicht-Journalismus" – lange zehn Jahre. Nach dem Tod des Firmengründers wurde die Nachrichtenagentur aufgelöst. Es folgte eine kurze Zeit der Arbeitslosigkeit und beruflicher Neuorientierung. Mitte 40 und alleinerziehend – das sind keine guten Voraussetzungen für eine erneute Festanstellung als Redakteurin Mitte der 2000er-Jahre. Und so folgte der mutige (und ein bisschen wahnsinnige) Entschluss, den Schritt in die Selbstständigkeit zu wagen – aber nicht als Texterin, sondern mit ihrer Fotografie.

Schon immer hatte Beate Zoellner fotografiert – aber nur hobbymäßig und ohne grundlegendes Wissen über die Fotografie. Sie hatte „nur" ein sicheres Auge für gute Motive und die Bildaufteilung. Ihr Wissen über Fotografie brachte sich die ehemalige Redakteurin selbst bei. Geholfen haben ihr dabei die guten Praxistipps, die sie von befreundeten Fotografen aus der Fotocommunity unter anderem

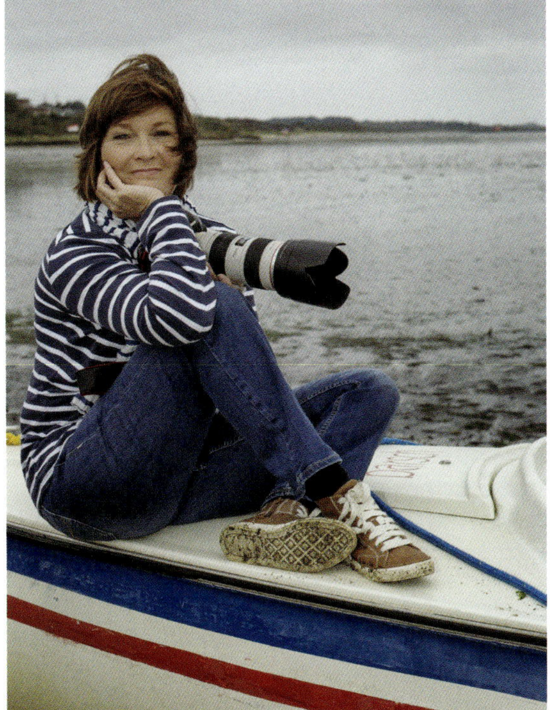

Autorin und Fotografin Beate Zoellner – fotografiert von ihrer Sylter Freundin Dagmar Clausen.
© Dagmar Clausen

Meine Ausrüstung

Die Fotos in diesem Buch entstanden mit folgenden Kameras:

- Canon EOS 1D Mark IV
- Canon EOS 5D Mark III
- Canon EOS 1D Mark III (verkauft)
- Canon EOS 5D Mark II (verkauft)

Meine meistgenutzten Objektive:

- Canon 300mm 1:2.8 L IS USM
- Canon 70-200mm 1:2.8 L IS USM
- Canon EF 100mm f/2.8 L IS USM
- Canon 16-35mm 1:4.0 L IS USM
- Canon 24-70mm 1:2.8 L USM
- Sigma 12-24mm 1:4.5-5.6 (verkauft)
- Sigma 105mm Makro (verkauft)
- Canon 17-40mm 1:4.0 (verkauft)

Einige wenige (meist ältere Fotos) entstanden noch mit meiner ersten DSLR-Kamera, einer Canon EOS 20D.

auf gemeinsamen Kamerastreifzügen durch Norddeutschland bekam. Ansonsten verließ sie sich auf die immer funktionierende Methode Trial and Error – zu Deutsch: Versuch und Irrtum. Mittlerweile – nach zehn Jahren der Selbstständigkeit – vermarktet Beate Zoellner deutlich mehr als 5.000 Fotomotive über diverse Bildagenturen im In- und Ausland.

Außerdem hat sie sich einen festen Kundenstamm erarbeitet, für den sie regelmäßig Auftragsarbeiten ausführt. Ihre Landschaftsmotive vertreibt sie als Kalender und Drucke erfolgreich über mehrere Selfpublishing-Plattformen und hat auf ihren Facebook-Seiten „Sylt-Fotos" und „NORDWEH-Bilder" mittlerweile rund 25.000 Fans!

Mit diesem Buch möchte Beate Zoellner den Menschen helfen, die zum ersten Mal eine digitale Spiegelreflexkamera in den Händen halten und für die die dazugehörige Gebrauchsanweisung ein Buch mit sieben Siegeln ist. Und zwar auf leicht verständliche Art und Weise mit konkreten Handlungsanweisungen für zahlreiche Genres der Fotografie.

Viele ihrer Beispielfotos zeigen ihre norddeutsche Heimat, die Landschaft ihrer Lieblingsinsel, ihre Familienmitglieder, Freunde und ihre beiden Hunde Socke und Hilde, das kleine Mops-Fräulein. Aus den Fotos von Beate Zoellner sprechen ihre Lebensfreude, ihr Optimismus, ihr Sinn für Natürlichkeit und ihr Humor.

Danke!

Unbedingt Danke sagen möchte ich einigen Menschen, ohne deren tatkräftige Unterstützung und liebevolle Geduld dieses Buch nicht möglich gewesen wäre. An erster Stelle möchte ich da meinen Mann Frank nennen, der es über Wochen und Monate tapfer ertragen hat, dass ich in meinem Kopf eher mit dem Buch als mit anderen ebenfalls notwendigen Dingen beschäftigt war.

Und geduldig hat er jedes Mal Modell gestanden, wenn ich „noch mal eben schnell" ein Beispielbild fotografieren wollte – und das, obwohl er sich überhaupt nicht gern fotografieren lässt und aus dem „mal eben schnell" dann doch eine gute Stunde wurde.

Danke sagen möchte ich auch all den lieben Familienmitgliedern und Freunden, die Fotos von sich für dieses Buch freigegeben haben. Danke möchte ich auch einigen Kunden sagen, die es mir erlaubt haben, Fotos, die in ihrem Auftrag entstanden sind, auch für dieses Buch zu nutzen.

Und bei meinen Bildagenturen möchte ich mich ebenfalls bedanken: Sie haben nie Druck auf mich ausgeübt, dass ich doch endlich mal wieder neues Bildmaterial schicken sollte. Sie haben Rücksicht auf diese Buchproduktion genommen.

Und last, but not least gibt's mehr als nur ein Dankeschön-Leckerli für Socke und Hilde, die mich überallhin begleiten und Fotosessions mit großer Gelassenheit über sich ergehen lassen.

Zu guter Letzt möchte ich Ihnen eine Sammlung schlauer – und auch dummer – (Merk-) Sprüche zum Thema Fotografie nicht vorenthalten:

- Die Blende auf drei und der Hintergrund ist Brei.
- Ist selbst Blende 2 zu knapp, nimm einfach den Deckel ab.
- Blende 4 im Zimmer stimmt immer.
- Zwischen 12 und 3 hat der Fotograf frei!
- Knipst du deine Fotos roh, bist später beim Bearbeiten froh!
- Auf jeden Fall aber kümmern sich die Menschen zu viel um die fotografische Technik und zu wenig um das Sehen.
  Henri Cartier-Bresson
- Das beste Zoomobjektiv sind die Beine.
  Ernst Haas
- Wer sehen kann, kann auch fotografieren. Sehen lernen kann allerdings lange dauern.
  Werbespruch der Leica AG
- Ein gutes Foto ist ein Foto, auf das man länger als eine Sekunde schaut.
  Henri Cartier-Bresson
- Der Amateur sorgt sich um die richtige Ausrüstung, der Profi sorgt sich ums Geld und der Meister sorgt sich ums Licht.
  Georg IR B.
- Wer als Anfänger die Gestaltungsregeln der Fotografie ignoriert, hat keinen Verstand. Wer sich aber fotolebenslang daran klammert, hat keine Fantasie.
  Detlev Motz
- Die Tatsache, dass eine (im konventionellen Sinn) technisch fehlerhafte Fotografie gefühlsmäßig wirksamer sein kann als ein technisch fehlerloses Bild, wird auf jene schockierend wirken, die naiv genug sind, zu glauben, dass technische Perfektion den wahren Wert eines Fotos ausmacht.
  Andreas Feininger
- Der Koch: „Ihre Fotos gefallen mir, Sie haben bestimmt eine gute Kamera!" Helmut Newton (nach dem Essen): „Das Essen war vorzüglich, Sie haben bestimmt gute Töpfe!"
  Helmut Newton
- Wenn deine Bilder nicht gut genug sind, dann warst du nicht nah genug dran.
  Robert Capa
- Talent ist wichtiger als Technik.
  Andreas Feininger

A

B

P

Q

R

S

T

U

V

W

Z